Le Routard

Nos meilleures CHAMBRES D'HÔTES en France

Directeur de collection et auteur
Philippe GLOAGUEN

Cofondateurs
Philippe GLOAGUEN et Michel DUVAL

Rédacteur en chef
Pierre JOSSE

Auteur
Thierry BROUARD

Rédacteurs en chef adjoints
Amanda KERAVEL et Benoît LUCCHINI

Directrice de la coordination
Florence CHARMETANT

Directrice administrative
Bénédicte GLOAGUEN

Direction éditoriale
Catherine JULHE

Rédaction
Hélène MERCIOT
Josette et Jean-Louis BROUARD
Olivier PAGE
Véronique de CHARDON
Isabelle AL SUBAIHI
Anne-Caroline DUMAS
Carole BORDES
André PONCELET
Marie BURIN des ROZIERS
Géraldine LEMAUF-BEAUVOIS
Anne POINSOT
Mathilde de BOISGROLLIER
Alain PALLIER
Gavin's CLEMENTE-RUÏZ
Fiona DEBRABANDER

Administration
Carole BORDES
Solenne DESCHAMPS

201

Hachet

LES RÉGIONS DE FRANCE

NOUVEAUTÉ

JURA FRANCO-SUISSE (paru)

Ce massif montagneux, à cheval sur la Suisse et la France, est coupé par une frontière. Et pourtant, ce territoire possède une identité forte et bénéficie d'une culture commune. Il suffit de jouer à saute-frontière à travers de multiples activités et de magnifiques visites pour s'en rendre compte. Alors, partez à la rencontre des grandes fermes françaises et suisses, jouez au jeu des différences en goûtant les produits régionaux, allez randonner à pied ou à vélo l'été, à skis de fond ou en raquettes l'hiver, dans les montagnes du Jura, découvrez un savoir-faire commun, au premier rang duquel, l'horlogerie. Et surtout, profitez-en pour assister à ces manifestations transfrontalières qui vous permettront de comprendre ce qui rassemble les Jurassiens des deux pays.

TABLE DES MATIÈRES

- **ALSACE** 17
Bas-Rhin (67), Haut-Rhin (68)
- **AQUITAINE** 24
Dordogne (24), Gironde (33), Landes (40), Lot-et-Garonne (47),
Pyrénées-Atlantiques (64)
- **AUVERGNE** 48
Allier (03), Cantal (15), Haute-Loire (43), Puy-de-Dôme (63)
- **BOURGOGNE** 80
Côte-d'Or (21), Nièvre (58), Saône-et-Loire (71), Yonne (89)
- **BRETAGNE** 106
Côtes-d'Armor (22), Finistère (29), Ille-et-Vilaine (35), Morbihan (56)
- **CENTRE** 132
Cher (18), Eure-et-Loir (28), Indre (36), Indre-et-Loire (37),
Loir-et-Cher (41), Loiret (45)
- **CHAMPAGNE-ARDENNE** 156
Ardennes (08), Aube (10), Marne (51), Haute-Marne (52)
- **CORSE** 169
- **FRANCHE-COMTÉ** 174
Doubs (25), Jura (39), Haute-Saône (70), Territoire de Belfort (90)
- **ÎLE-DE-FRANCE** 187
Seine-et-Marne (77), Essonne (91), Malakoff (92), Val-d'Oise (95), Yvelines (78)
- **LANGUEDOC-ROUSSILLON** 200
Aude (11), Gard (30), Hérault (34), Lozère (48), Pyrénées-Orientales (66)
- **LIMOUSIN** 220
Corrèze (19), Creuse (23), Haute-Vienne (87)
- **LORRAINE** 236
Meurthe-et-Moselle (54), Meuse (55), Moselle (57), Vosges (88)
- **MIDI-PYRÉNÉES** 246
Ariège (09), Aveyron (12), Haute-Garonne (31), Gers (32), Lot (46),
Hautes-Pyrénées (65), Tarn (81), Tarn-et-Garonne (82)
- **NORD-PAS-DE-CALAIS** 280
Nord (59), Pas-de-Calais (62)
- **BASSE-NORMANDIE** 291
Calvados (14), Manche (50), Orne (61)
- **HAUTE-NORMANDIE** 309
Eure (27), Seine-Maritime (76)
- **PAYS DE LA LOIRE** 323
Loire-Atlantique (44), Maine-et-Loire (49), Mayenne (53), Sarthe (72),
Vendée (85)
- **PICARDIE** 344
Aisne (02), Oise (60), Somme (80)
- **POITOU-CHARENTES** 358
Charente (16), Charente-Maritime (17), Deux-Sèvres (79), Vienne (86)
- **PROVENCE-ALPES-CÔTE D'AZUR** 379
Alpes-de-Haute-Provence (04), Hautes-Alpes (05), Alpes-Maritimes (06),
Bouches-du-Rhône (13), Var (83), Vaucluse (84)
- **RHÔNE-ALPES** 410
Ain (01), Ardèche (07), Drôme (26), Isère (38), Loire (42), Rhône (69),
Savoie (73), Haute-Savoie (74)
- **INDEX THÉMATIQUE** 476
  - Piscines 476
  - Œnologie 459
  - Sports 460
  - Insolite 467
- **INDEX DES LOCALITÉS** 469
- **INDEX DES ÉTABLISSEMENTS PAR DÉPARTEMENT** 484
- **OÙ TROUVER LES CARTES ET LES PLANS ?** 499

Hors-d'œuvre

Le *Routard*, ce n'est pas comme le bon vin, il vieillit mal. On ne veut pas pousser à la consommation, mais évitez de partir avec une édition ancienne. Les modifications sont souvent importantes.

> Pour que votre pub voyage autant que nos lecteurs,
> contactez nos régies publicitaires :
> - *fbrunel@hachette-livre.fr* -
> - *veronique@routard.com* -

routard.com, le voyage à portée de clics !

✓ Rejoignez la plus grande communauté francophone de voyageurs : plus de **2 millions** de visiteurs !
✓ Échangez avec les routarnautes : forums, photos, avis sur les hôtels...
✓ Retrouvez aussi toutes les informations actualisées pour choisir et préparer vos voyages : plus de 200 fiches pays, une centaine de dossiers pratiques et un magazine en ligne pour découvrir tous les secrets de votre destination.
✓ Enfin, comparez les offres pour organiser et réserver votre voyage au meilleur prix.

> Les tarifs mentionnés dans ce guide ne sont qu'indicatifs et en rien contractuels. Il s'agit de prix indiqués et pratiqués par les propriétaires, du 1er janvier au 31 décembre 2014. Les adresses signalées par le logo ⑩ accordent une réduction de 10 % sur le prix d'un séjour de 2 nuits consécutives minimum (hors repas et juillet/août), sur présentation de ce guide pendant toute l'année 2014.

Spécial copinage

> Nous tenons à remercier tout particulièrement les Gîtes de France, notre partenaire, dont bon nombre d'hébergements figurent dans nos pages. ☎ *01-49-70-75-75*. Fax : *01-42-81-28-53*. ● info@gites-de-france.fr ● gites-de-france.com ●

Les réductions accordées à nos lecteurs ne sont jamais demandées par nos rédacteurs afin de préserver leur indépendance. Les propriétaires de chambres d'hôtes sont sollicités par une société de mailing, totalement indépendante de la rédaction, qui reste libre de ses choix. Idem pour les autocollants et plaques émaillées.
Le contenu des annonces publicitaires insérées dans ce guide n'engage en rien la responsabilité de l'éditeur ni de l'auteur.

Mille excuses, on ne peut plus répondre individuellement aux centaines de CV reçus chaque année.

Le *Routard* est imprimé sur un papier issu de forêts gérées.

© **HACHETTE LIVRE (Hachette Tourisme), 2014**
Tous droits de traduction, de reproduction
et d'adaptation réservés pour tous pays.

© **Cartographie** Hachette Tourisme

I.S.B.N. 978-2-1-245816-1

COMMENT BIEN UTILISER CE GUIDE

Nous n'indiquons pas les épis et autres classements, ni ne mettons de photos. Pour ceux qui auraient du mal à comprendre notre choix, sachez que les chambres ont été sélectionnées pour la qualité de l'**accueil,** de l'**habitat,** de l'**environnement** et du **prix.**

Attention à la valeur des différents adjectifs car un accueil peut être chaleureux, convivial, discret, de qualité, authentique, bohème, sans façon, décontracté, vrai, dynamique, courtois, souriant, charmant... De même une chambre peut être élégante, lumineuse, spacieuse, agréable, sereine, coquette, champêtre, printanière, charmante, campagnarde, colorée, romantique, personnalisée... Bien sûr, ce n'est pas la même chose et encore faut-il y être allé...

Outre l'environnement, le type de maison, la personnalité des proprios, l'accueil pratiqué, on a précisé l'accès, la période d'ouverture, la nécessité de réserver à l'avance... Pour les chambres d'hôtes et gîtes d'étape : le nombre de chambres, le détail des sanitaires, le style des petits déjeuners.

On a également signalé les autres possibilités de séjour ou de services qui existent sur place : location de gîte rural, camping, location de VTT, vente de produits fermiers ou de vin, etc.

BIEN CHOISIR SON HÉBERGEMENT

Deux solutions vous sont proposées :

1 - Par l'index thématique (en fin de volume)

– *Piscines* : *index p. 455.*
– *Œnologie* : *index p. 459.* On peut déguster le vin produit sur place.
– *Sports* : *index p. 460.* Pour vos randonnées à pied, à cheval, à dos d'âne ou de dromadaire ; pour la pratique du ski alpin, de fond, sans oublier les raquettes ; mais peut-être êtes-vous plutôt spéléo, escalade, parcours d'arbre en arbre.
– *Insolite* : *index p. 467.* Dans une maison troglodytique, sur une péniche, dans une roulotte, dans une abbaye, dans un château classé...

2 - Par la destination

En partant des cartes régionales au début de chaque région, vous trouverez la **table des matières en p. 3.**

CARTES

Elles sont la clé du guide.
– *22 cartes régionales :* au début de chaque région, vous trouverez une carte sur laquelle sont signalées par une puce noire les communes où nous vous avons déniché de bonnes adresses.
– *1 carte générale :* au début du guide, vous pourrez consulter une carte de France indiquant les départements.
– *1 carte des distances :* au début du guide, vous pourrez consulter une carte de France indiquant le kilométrage entre les principales villes repères.
– *1 carte des régions :* au début du guide.

CLASSEMENT DES ADRESSES

À l'intérieur de chaque région, les communes sont classées par ordre alphabétique. Leur nom est suivi du code postal et de coordonnées renvoyant à la carte régionale, ainsi que de leur position par rapport à 1, 2 ou 3 villes dont la première est une préfecture ou sous-préfecture. (À propos, pouvez-vous citer celles du 49, 54, 70 ?... Heu !...)

INDEX

Placé en fin d'ouvrage, l'index général donne la liste de toutes les localités traitées, classées par nom ou par département. Également un index thématique pour mieux vous aider à choisir votre hébergement. Juste avant, il y a aussi une fiche pour nous faire part de vos opinions et de vos découvertes.

SYMBOLES UTILISÉS

🏠 Hébergement |●| Restauration 🐕 Chien admis ♿ Accès aux personnes à mobilité réduite 📶 Wifi

LE PETIT PLUS DU GUIDE DU ROUTARD

(10%) sur présentation du guide 2014 : toutes les adresses signalées par ce pictogramme offrent 10 % de réduction sur un séjour de 2 nuits (avec petits déjeuners) au minimum. La réduction ne s'applique pas aux repas ni durant les mois de juillet-août.

LES PRIX

Pour vous permettre de voir d'un coup d'œil le prix des chambres, nous avons ajouté un logo en début de descriptif qui correspond à une fourchette de prix :
€ : jusqu' à 50 €.
€€ : de 51 à 70 €.
€€€ : de 71 à 90 €.
€€€€ : de 91 à 110 €.
€€€€€ : au-dessus de 110 € (pour les routards fortunés !).

Les prix sont sur la base de deux personnes, petit déjeuner compris.

LA TAXE DE SÉJOUR

C'est une taxe communale qui a tendance à se généraliser en France. Dommage !... C'est encore nos lecteurs qui casquent... Certains propriétaires de chambres d'hôtes l'incluent à leur prix (merci !), d'autres la rajoutent en fin de séjour et on peut avoir des surprises... car la taxe de séjour est comme les prix, elle est libre... Seule solution ? Se renseigner lors de la réservation.

PETIT LEXIQUE CAMPAGNARD

– *La chambre d'hôtes :* c'est l'accueil chez l'habitant par excellence, c'est le contact, la découverte d'une région vécue de l'intérieur. Des chambres installées chez des particuliers (agriculteurs ou non), à des prix comprenant toujours le petit déjeuner, moment extra pour préparer la journée, profiter des bons tuyaux des patrons et déguster confitures et brioches maison. Et pour décompresser du vacarme des villes, pas d'adresses en bord de nationale, mais plutôt des coins sympas.

– *La table d'hôtes :* il est indispensable de la réserver à l'avance afin que les propriétaires puissent s'organiser. Même si toutes les adresses ne l'appliquent pas (et nous le signalons), la vraie table d'hôtes consiste à partager les repas entre hôtes et propriétaires ; les boissons sont souvent comprises. C'est là que les langues se délient, que les connaissances et les échanges se font. Superbe moment de convivialité, partagé autour d'une grande table. Certaines tables d'hôtes échappent à la règle, et nous le déplorons... mais n'oublions pas que le charme de cette formule tient à sa diversité. À la table d'hôtes, priorité est donnée aux produits frais et aux recettes traditionnelles. Elle est exclusivement réservée à ceux qui dorment sur place.

DES COUTUMES...

Que ce soit pour manger ou pour dormir, n'oubliez pas que vous vous rendez chez des particuliers et non chez des professionnels de l'hôtellerie-restauration. Ceci nous amène à vous prodiguer quelques conseils :
– les capacités d'accueil sont souvent limitées et les adresses ne sont pas toujours ouvertes toute l'année. Alors un mot d'ordre, réservez longtemps à l'avance ! Pour les retardataires invétérés, auxquels certains proprios conseilleraient des adresses de dépannage, sachez qu'elles ne correspondent par forcément aux critères de sélection de ce guide.
– Si vous avez un pépin sur la route ou que vous avez craqué pour une petite halte en chemin, pensez à passer un petit coup de fil, l'accueil n'en sera que meilleur.
– Puisque vous êtes heureux de ne pas manger de surgelé, comprenez qu'il faut à la maîtresse de maison un minimum de temps pour préparer son repas. Donc, si vous voulez dîner le soir de votre arrivée, précisez-le quand vous réservez. À noter d'ailleurs que la majorité des tables d'hôtes ne fonctionnent que le soir, et de plus en plus souvent sur réservation.
– Pensez à avertir les proprios si vous comptez emmener votre éléphant domestique ou débarquer avec vos six charmantes têtes blondes.
– Des arrhes peuvent être demandées en cas de séjour réservé à l'avance (en principe 30 %). Si on ne vous en réclame pas (veinards !) et que vous changez vos plans de vacances, prévenez les proprios de votre annulation. Cela évitera de refuser d'autres lecteurs !
– Les grooms et femmes de chambre sont des espèces rares dans nos adresses. Alors, n'ayez pas peur de porter vos bagages ou de faire votre lit le matin, comme chez la tante de Bretagne.

ENFIN, AVANT DE PARTIR

Nos adresses étant, par un choix volontaire, souvent situées en pleine campagne, avant de partir, munissez-vous d'une bonne carte routière ! Les régionales chez Michelin si vous ne possédez pas de GPS et IGN sont bien, mais l'idéal est la carte départementale IGN (plus chère).

> **Attention, suite au transfert de gestion de certaines routes de France vers les départements, les noms de routes de nos cartes et les indications données dans le guide peuvent avoir été modifiés.**

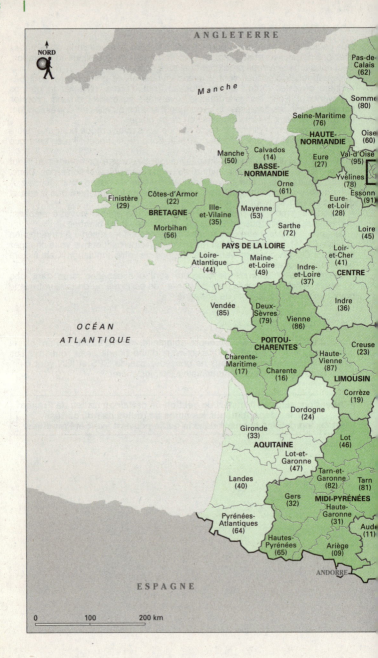

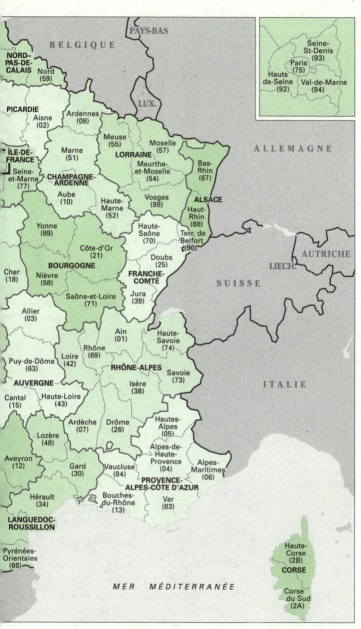

CARTE GÉNÉRALE DE LA FRANCE

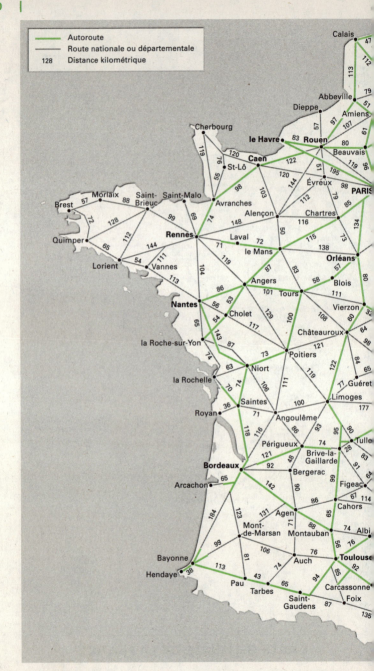

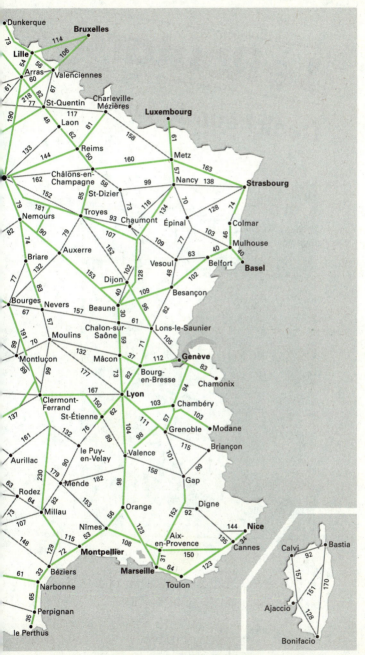

CARTE DES DISTANCES

Dénicheur de talents !

18.⁸⁰ €

- ▶ Plus de 600 adresses avec des photos
- ▶ Plein de menus à moins de 30 €

hachette
TOURISME

Préparez vos vacances ou vos week-ends sur
www.gites-de-france.com

Pour vous informer

sur nos différents produits, notre actualité, nos promotions.

Pour consulter

tous les descriptifs des adresses Gîtes de France®, via une recherche cartographique ou multicritères (région, département, commune, date,...).

Pour réserver

votre séjour en ligne pour les gîtes en centrale de réservation : disponibilités en temps réel, option ou réservation avec paiement sécurisé par carte bancaire.

Pour commander

les guides Gîtes de France®.

Gîtes de France
Et vos vacances prennent un autre sens

Note de l'Auteur
1994... 2014 !

Chers lecteurs, 20 ans que ça dure !
20 ans que je sillonne les petites routes de France à la recherche des meilleures chambres d'hôtes, dont les critères n'ont bien sûr jamais changé : accueil, charme des lieux et prix raisonnables.
20 ans que vous voyagez, grâce à ce guide et que vous m'écrivez pour m'informer de vos trouvailles ou me faire vos commentaires sur ma sélection. Je tiens ici à vous en remercier car je ne peux répondre à tout le monde.
Comme moi, vous aimez les chambres d'hôtes car elles permettent de découvrir l'âme des régions et des gens qui y vivent, mais aussi de partager les bons tuyaux touristiques et culinaires.
Je vous souhaite de belles rencontres au travers de cette édition 2014.

Thierry Brouard

Plein d'amis nous ont aidé...
Bruno Bouyer, Muriel Buvot, Nadia Djenad, Élodie Dubourg, Michelle Lacassaigne, Claudine Mercier, Geneviève et Olivier Redon.

Du côté des Routards... nos potes quoi ! Un grand merci à :
Loup-Maëlle Besançon, Thierry Bessou, Philippe Bourget, Fabrice Doumergue, Cédric Fischer, Florent Lamontagne, Fabrice de Lestang, Laurence Pinsard, Claudio Tombari.

Direction : Nathalie Pujo
Contrôle de gestion : Jérôme Boulingre et Virginie Laurent-Arnaud
Secrétariat : Catherine Maîtrepierre
Direction éditoriale : Catherine Julhe
Édition : Matthieu Devaux, Géraldine Péron, Olga Krokhina, Gia-Quy Tran, Julie Dupré, Barbara Janssens, Camille Loiseau, Béatrice Macé de Lépinay, Emmanuelle Michon, Marion Sergent et Clémence Toublanc
Préparation-lecture : Muriel Lucas
Cartographie : Frédéric Clémençon et Aurélie Huot
Fabrication : Nathalie Lautout et Audrey Detournay
Relations presse France : COM'PROD, Fred Papet. ☎ 01-70-69-04-69.
● info@comprod.fr ●
Direction marketing : Adrien de Bizemont, Lydie Firmin et Laure Illand
Contacts partenariats : André Magniez (EMD). ● andremagniez@gmail.com ●
Édition des partenariats : Élise Ernest
Informatique éditoriale : Lionel Barth
Couverture : Clément Gloaguen et Seenk
Maquette intérieure : le-bureau-des-affaires-graphiques.com, Thibault Reumaux et npeg.fr
Relations presse : Martine Levens (Belgique) et Maureen Browne (Suisse)
Régie publicitaire : Florence Brunel-Jars

Chers lecteurs, nous indiquons par le logo ♿ les établissements qui possèdent un accès ou des chambres pouvant accueillir des personnes handicapées. Certaines adresses sont parfaitement équipées selon les critères les plus modernes. D'autres, plus simples, plus anciennes aussi, sans répondre aux normes les plus récentes, favorisent leur accueil, facilitent l'accès aux chambres. Évidemment, les handicaps étant très divers, les lieux accessibles à certaines personnes ne seront pas pour d'autres. Appelez auparavant pour savoir si l'équipement de l'hébergement est compatible avec votre niveau de mobilité.
Malgré les combats menés par les nombreuses associations, l'intégration des handicapés à la vie de tous les jours est encore balbutiante en France. Il tient à chacun de nous de faire changer les choses. Une prise de conscience est nécessaire, nous sommes tous concernés.

Hertz offre 10% de réduction aux Routards

Bénéficiez de **10% de remise sur vos locations week-end et semaine***

Réservation sur hertz.fr ou au 0 825 861 861** en précisant le code CDP 967 130

* Offre valable sur les tarifs week-end et semaine, pour une location dans le pays présenté dans ce guide, jusqu'au 31/12/2014, non cumulable avec toute remise ou promotion.

** 0,15€ TTC/min.

Hertz

ALSACE

Alsace

AMMERSCHWIHR 68770

Carte régionale A2

8 km NO de Colmar

€€ 🏠 🐕 **10%** ***Chambres d'hôtes (Odile et André Thomann-Desmarest) :*** *2, rue des Ponts-en-Pierre.* ☎ *03-89-47-32-83.* • *andre.thomann@laposte.net* • *courfranche.com* • 📶 Maison alsacienne typique du XVIe s, l'une des rares à n'avoir pas été détruite pendant la dernière guerre. Dans différentes parties de la maison, 2 chambres agréables avec sanitaires privés, dont une familiale (4 personnes) avec clim. De 52 à 65 € pour 2 et de 75 à 99 € pour la familiale, petit déj compris. Pas de table d'hôtes, mais une cuisine à disposition et plusieurs restos dans le village, notamment *L'Arbre Vert*. Colmar est tout proche, avec ses maisons de couleurs vives.

Accès : *depuis Colmar, empruntez la N 83 puis la D 415 en direction de Nancy (par le col du Bonhomme) jusqu'à Ammerschwihr ; la maison est grosso modo entre la mairie et l'église.*

BERSTETT 67370

Carte régionale A1

15 km NO de Strasbourg ; 25 km Obernai

€ 🏠 ***Chambres d'hôtes Au Gîte du Bal Paysan (Doris et Jean-Daniel Freysz) :*** *1, rue d'Olwisheim.* ☎ *03-88-69-54-33.* 📱 *06-86-67-54-39.* • *freysz.gites@wanadoo.fr* • *freysz.com* • 📶 Ici, on vient avant tout pour la chaleur de l'accueil de Doris et pour plonger dans la culture alsacienne. Dans une aile indépendante de cette vieille demeure de village, 2 chambres simples, pas très grandes, avec sanitaires privés et petit coin cuisine. Une 3e est installée dans la maison des propriétaires, et composée de 2 chambres pour les familles. Selon la chambre, de 45 à 52 € pour 2, petit déj compris. Les Freysz proposent aussi 3 petits gîtes douillets de 2 à 4 personnes loués de 180 à 340 € la semaine selon la capacité et la saison. Étang de pêche privatif à 800 m de la maison si vous désirez taquiner le poisson. Une adresse nature et sans façon.

Accès : *A 4 sortie n° 48 puis direction Strasbourg jusqu'à Vendenheim puis D 61 jusqu'à Berstett ; là, direction Olwisheim au croisement à droite.*

BLAESHEIM 67113

Carte régionale A1

20 km SO de Strasbourg

€€ 🏠 🐕 **10%** ***Chambres d'hôtes L'Arc-en-Ciel (Anne Schadt) :*** *57, rue du Maréchal-Foch.* ☎ *03-88-68-93-37.* • *alarcenciel@wanadoo.net* • *alarcenciel.net* • 🍴 📶 C'est après avoir passé le portail de cette vieille ferme typiquement alsacienne que vous découvrirez tout son charme. D'ailleurs, Anne a dû se battre pour que sa

---

Nous vous rappelons que la table d'hôtes est le complément d'une formule d'hébergement (chambre d'hôtes, gîte d'étape...). Ce service n'est offert qu'aux personnes qui dorment sur place (excepté lorsqu'il est clairement écrit « ouvert aux extérieurs »).

maison ait si fière allure aujourd'hui. Cinq chambres tenues de manière irréprochable : une au rez-de-chaussée et 4 au 1er étage, auxquelles on accède en empruntant un long balcon tout de bois vêtu. De petits massifs fleuris et de vieux outils complètent le décor. Chaque chambre est vaste, personnalisée, avec de grands sanitaires privés. Une préférence pour la chambre bleue (ça tombe bien, elle est moins chère). Deux d'entre elles sont immenses (4-6 personnes), avec coin salon et lits en mezzanine. Selon la chambre, de 63 à 67 € pour 2, copieux petit déj compris. Pas de table d'hôtes, mais un resto extra en face, *Le Cygne d'Abondance*, qui propose une cuisine alsacienne traditionnelle avec des portions ultra généreuses à prix très doux. Le seul petit problème est la proximité de la route, mais le trafic est quasi nul la nuit. Accueil fait charmant.

Accès : depuis Strasbourg, A 35 vers Colmar/Saint-Dié/Molsheim et sortie Duppigheim (n° 10) ; la maison est au centre du village.

CLEEBOURG 67160

Carte régionale A1

55 km N de Strasbourg ; 7 km S de Wissembourg

€€ 🏠 10% **Chambres d'hôtes (Anne et Jean-Paul Klein)** : *56, rue Principale.* ☎ 03-88-94-50-95. 📱 06-21-35-07-91. ● annejp.klein@laposte.net ● chez.com/cleebourg ● 📶 Au cœur de Cleebourg, qui fut une enclave suédoise jusqu'en 1787 (le prince Casimir, seigneur local, avait épousé la fille du roi de Suède), maison alsacienne traditionnelle avec fenêtres chargées de fleurs. Quatre chambres campagnardes avec sanitaires privés. La plus petite a un accès direct à la salle à manger par un superbe lit clos (si ! si !). Pour 2, comptez 52 € petit déj compris. Accueil chaleureux. Plein de jolis villages à voir à proximité, dont Hunspach, Seebach, et surtout Wissembourg.

Accès : au centre du village.

ERNOLSHEIM-SUR-BRUCHE 67120

Carte régionale A1

14 km O de Strasbourg ; 6 km N de Molsheim

€€ 🏠 **Chambres d'hôtes Catheric (Catherine et Éric Jacquot)** : *9, rue Principale.* 📱 06-82-01-38-86. ● kteric@estvideo.fr ● gites-alsace-catheric.fr ● 📶 Ferme à colombages du XIXe s. L'ancienne grange a fait peau neuve et héberge au rez-de-chaussée une grande salle lumineuse avec coin détente et une salle de réunion où l'on passe aussi des films sur home-vidéo. Au 1er étage, 3 chambres charmantes avec sanitaires privés. Ambiance douillette, jolis meubles peints. 60 € pour 2, petit déj compris. Bon, la rue est assez passante, mais le double vitrage est efficace. Pas de table d'hôtes mais un resto italien dans le village. Si vous restez 3 nuits, une cuisine est à disposition. Catherine est une hôtesse chaleureuse et souriante.

Accès : au centre du bourg, juste en face de la mairie.

FALKWILLER 68210

Carte régionale A2

22 km SO de Mulhouse ; 13 km NO d'Altkirch

€ 🏠 🍽 10% **Chambres d'hôtes Il était une fois, Une maison en bois (Sophie Bigosinski)** : *24, rue Principale.* 📱 06-62-05-60-57. ● sbigosin@club-internet.fr ● iletaitunefoisunemaison.fr ● Au cœur du village mais en retrait de la route, maison tout en bois dissimulée derrière des rhododendrons. Ici, on vit au rythme de Sophie, dans son décor chargé de bibelots et de souvenirs de voyage et en compagnie de ses chats. Deux chambres aussi douillettes que chaleureuses : la petite mais cosy « Nuit de Chine » peuplée d'objets venus du pays du Soleil levant, et la spacieuse « Chambre d'antan » avec son coin salon (TV, DVD et chaîne hifi) et un accès direct sur la terrasse et le jardin. Comptez respectivement 45 et 65 € pour 2, petit déj compris. Table d'hôtes à 30 €, apéro et vin compris. Cuisine parfumée en fonction des produits du marché. Agréable jardin. Convivialité, calme et sérénité au rendez-vous.

Accès : A 36 sortie n° 15 puis direction Dannemarie et, au 2e rond-point, D 26 vers Gildwiller puis Falkwiller.

HŒRDT 67720

Carte régionale A1

20 km N de Strasbourg

€€ 🏠 **Chambres d'hôtes Le Landhome (Dorothée et René Stoll)** : *23, route de Wantzenau.* ☎ 03-88-51-72-29. 📱 06-08-25-01-51. ● stoll.rene@wanadoo.fr ●

perso.wanadoo.fr/landhome • 🛜 Au cœur du village, vous reconnaîtrez facilement cette belle maison alsacienne à la façade verte. Dorothée et René aiment la restauration, le beau et l'authentique ; aussi vous ne pourrez que tomber sous le charme de cette demeure. Cinq chambres élégantes et raffinées, avec sanitaires privés, installées aux 1er et 2e étages. 66 € pour 2, petit déj compris (avec charcuterie, céréales...). Pas de table d'hôtes, mais plusieurs restos à proximité. Ici, on ne peut pas parler de calme car la maison est un peu en bord de route, mais le trafic est restreint la nuit. Accueil de qualité. Un point de chute idéal tout proche de Strasbourg.

Accès : depuis Strasbourg, empruntez l'A 4 en direction de Nancy, puis bifurquez vers Karlsruhe, jusqu'à la sortie Hœrdt ; traversez le village jusqu'au feu tricolore, tournez à droite, la maison est en face de la place.

HUNAWIHR 68150

Carte régionale A2

15 km NO de Colmar ; 3 km S de Ribeauvillé

€ 🏠 🍴 *Chambres d'hôtes Le Clos Seiler (Frédérique et Manfred Seiler) :* 3, rue du Nord. ☎ 03-89-73-70-19. • gites-seiler@wanadoo.fr • le-clos-seiler.net • Fermé mars et nov. 🛜 Dans plusieurs petites maisons qui s'entremêlent, indépendantes de la sienne, Frédérique a installé 3 studios agréables, tous avec coin cuisine et sanitaires privés. De 41 à 47 € pour 2, sans petit déj que vous concocterez vous-même. Également 4 gîtes pour 2, 4 ou 6 personnes pour ceux qui veulent séjourner. Accueil convivial.

Accès : sur la route des Vins (D 10) entre Sigolsheim et Ribeauvillé, bifurquez vers Hunawihr et montez dans le village ; à la fourche, prenez à droite, la maison est un peu plus loin à gauche.

HUNSPACH 67250

Carte régionale A1

50 km N de Strasbourg ; 20 km NE d'Haguenau

€€ 🏠 🍴 10% *Chambres d'hôtes Maison Ungerer :* 3, rue de Hoffen. ☎ 03-88-80-59-39. 📱 06-18-95-41-37. Fax : 03-88-80-41-46. • maison-ungerer@wanadoo.fr • maison-ungerer.com • 🔑 Sur résa de préférence. 🛜 Dans un superbe village classé parmi les plus beaux de France (pratiquement toutes les maisons sont à colombages), la commune propose, dans une ancienne ferme joliment restaurée, 5 gîtes pour 2 à 6 personnes, avec 1 ou 2 chambres et coin cuisine, ainsi que 3 chambres d'hôtes avec sanitaires privés et coin cuisine. Les gîtes sont loués de 230 à 450 € la semaine ou de 135 à 200 € le week-end selon saison et capacité. Pour les chambres d'hôtes, comptez 56 € pour 2, avec le petit déj traditionnel (charcuterie, jus de fruits, fromage et céréales) et 85 € pour 4. C'est Sylvie qui s'occupe de l'accueil et son sourire rendra votre séjour encore plus agréable.

Accès : à proximité de la D 263 entre Wissembourg et Haguenau ; la maison est au centre du bourg.

HUSSEREN-WESSERLING 68470

Carte régionale A2

30 km NO de Mulhouse ; 12 km NO de Thann

€€ 🏠 *Chambres d'hôtes Aux Quatre Couronnes (Yvonne et Dominique Herrgott) :* 4, rue de la Gare. ☎ 03-89-38-79-69. • aux-4-couronnes.com • Fermé janv-mars. En plein cœur de la vallée de la Thur, quel plaisir de découvrir cet îlot de calme ! Grande maison de village avec, derrière, un grand jardin bien fleuri. Quatre chambres-studios (dont une suite de 55 m^2) avec coin cuisine et sanitaires privés. De 65 à 75 € pour 2, avec le petit déj en formule buffet. Rien que pour vous, Yvonne et Dominique ont installé une piscine couverte et chauffée (fermée de novembre à mars), une cabine sauna à infrarouges et un sauna traditionnel. Vélos à disposition pour vos balades. Accueil agréable.

Accès : par la N 66 (fléchage à partir de Wesserling).

HUTTENHEIM 67230

Carte régionale A1

35 km S de Strasbourg ; 35 km NE de Colmar

€€ 🏠 🍽 🍴 *Chambres d'hôtes Le Jardin de l'Ill (Lili et Patrice L'Hôte) :* 8, rue de l'Arbre. ☎ 03-88-74-59-98. 📱 06-85-57-56-05. • lejardindelill@wanadoo.fr • lejardindelill.fr • 🛜 Superbe maison à colombages du XVIIe s nichée dans un jardin qui ouvre sur la rivière Mulhbach. Trois chambres croquignolettes, dont une au rez-de-chaussée, une au 1er étage, la dernière sous les combles et climatisée. Toutes avec sanitaires privés, TV écran plat et connexion wifi. La déco est typiquement alsacienne avec de beaux meubles polychromes, une foultitude de bibelots et de poteries anciennes (la passion de Patrice). Atmosphère douillette et chaleureuse. Selon la chambre, de 66 à 76 € pour 2, petit déj compris (charcuterie, confitures et gâteau maison). Table d'hôtes (sauf le dimanche), partagée en famille, à 30 €, apéro, vin et café compris. À vous *baeckeoffe*, coq au riesling, jambonneau au munster, magret de canard au pinot noir, choucroute au poisson, tartes flambées... Croyez-nous, la cuisine de Lili fait des adeptes ! Il faut dire qu'avec Patrice, ils tenaient le resto du village. Trois kayaks sont gracieusement prêtés pour une petite balade sur la rivière. Une bonne adresse.

Accès : *sur la N 83 entre Strasbourg et Sélestat sortie Huttenheim (attention, avec un « h »), entrez dans le village, au rond-point tournez à gauche, c'est la 4e rue à droite après la mairie.*

KAYSERSBERG 68240

Carte régionale A2

9 km NO de Colmar ; 8 km E de Lapoutroie

€€ 🏠 10% **Chambres d'hôtes de la Weiss (Nathalie et Franck Mercier) :** *64A, rue de la Flieh.* ☎ 03-89-78-24-74. 📱 06-33-13-51-78. ● fmercier68@yahoo.fr ● leschambres-delaweiss.com ● 📶 Au pied des Vosges, à deux pas des stations de sports d'hiver, Nathalie et Franck vous accueillent dans cette maison entièrement réalisée en bois, située au cœur de la vallée verte et entourée de vignobles. Quatre jolies chambres avec sanitaires privés, ainsi qu'une roulotte au style campagnard installée dans le jardin. De 59 à 70 € pour 2, petit déj compris et 15 € par personne supplémentaire. Accueil très convivial.

Accès : *de Colmar, prenez la N 83 puis la N 415 vers Nancy (par le col du Bonhomme) jusqu'à Kaysersberg.*

KURTZENHOUSE 67240

Carte régionale A1

21 km N de Strasbourg ; 9 km S de Haguenau

€€€ 🏠 🍽️ 10% **Chambres d'hôtes La Maison Bleue (Agnès et Bernard Susan) :** *50, rue Principale.* ☎ 03-88-72-15-37. 📱 06-99-44-66-39. ● maison bleue67@sfr.fr ● maisonbleue67.fr ● *Fermé 24, 25 et 26 déc.* 📶 Si certains hommes ont des vies exceptionnelles, certaines maisons aussi... Boulangerie devenue ferme, elle se transforme en agence bancaire en 1920 ! Mais elle n'a jamais été aussi belle qu'aujourd'hui, avec une façade jaune d'un côté et bleue de l'autre. Trois suites, plus ravissantes les unes que les autres, chacune avec salon (en formule loft pour une, de 35 m²) et sanitaires privés. Murs en torchis dans l'une et partout de magnifiques armoires peintes et de belles gravures sur l'Alsace. Selon la chambre, de 74 à 78 € pour 2, petit déj compris. Immense salon installé dans l'ancienne grange et éclairé par une grande baie vitrée. De l'Art déco aux années 1960, l'ambiance est chaleureuse. Table d'hôtes à 29 €, vin compris. Accueil de qualité. Une adresse de charme.

Accès : *A 4 sortie Hœrdt ; traversez Hœrdt puis Weyersheim et Kurtzenhouse.*

LAUTENBACH 68610

Carte régionale A2

35 km SO de Colmar ; 16 km N de Markstein

€ 🏠 🍽️ **Chambres d'hôtes (Bruno Peyrelon et Christophe Ringler) :** *44, rue Principale.* ☎ 03-89-76-39-21. 📱 06-60-16-45-35. ● info@luxhof.eu ● luxhof.eu ● Ancienne maison canoniale (comprenez qui appartenait à l'Église), dont les origines remontent au XVIIe s. Trois chambres agréables au rez-de-chaussée, dont 2 avec coin cuisine. Atmosphère sereine et reposante. Sanitaires privés. De 41 à 49 € pour 2, petit déj compris, servi aux beaux jours dans un jardin ombragé et fleuri. Mais il y a aussi une superbe salle à manger au 1er étage et un joli jardin d'hiver. Pas de table d'hôtes, mais plusieurs restos dans le bourg. Bruno est guide conférencier et il pourra vous donner tous les tuyaux pour profiter de la région ou vous accompagner pour une visite personnalisée. Pour vous détendre, sauna (9 € par chambre) et bain spa pour 4 personnes (9 € par chambre). Au fond du jardin coule une dérivation de la Lauch, d'où le nom Lautenbach qui signifie « ruisseau bruyant ». Accueil très chaleureux. Une adresse pour faire des randos et s'endormir au son de l'eau vive.

Accès : *Lautenbach est à mi-chemin de la route des Vins et de la route des Crêtes, sur la route Romane ; dans le village, la maison est située derrière l'église.*

LINTHAL — 68610

Carte régionale A2

40 km SO de Colmar ; 10 km NO de Guebwiller

€ 🏠 |⚬| 🅿 🐾 ⑩% **Chambres d'hôtes (Claudie Grevet et Yves Boehm) :** 139, rue de Hilsenfirst. ☎ 03-89-74-05-23. 📱 06-87-36-24-77. ● boehm.yves@wanadoo.fr ● chambres-linthal.com ● 📶 À 550 m d'altitude, ancienne ferme traditionnelle installée dans le village. Trois chambres de 2 à 4 personnes, avec accès indépendant : 2 au rez-de-chaussée, côté cour, l'autre côté jardin. Déco simple, mobilier en bois naturel, atmosphère agréable. Deux ont un coin kitchenette (idéal pour les séjours). Sanitaires privés avec eau chaude solaire, et connexion wifi. Comptez 49 € pour 2, petit déj compris. Table d'hôtes (les lundi, mercredi et vendredi, sur réservation), partagée en famille, à 23 €, apéro et vin compris. Une cuisine régionale et des soirées tartes flambées (je craque !). Accueil convivial. Une adresse qui fait des adeptes.

> **Accès :** *au monument aux morts de Linthal, prenez direction « Ferme-auberge du Hilsenfirst » ; c'est la 4e maison à gauche, après la chapelle.*

LUPSTEIN — 67490

Carte régionale A1

27 km NO de Strasbourg ; 10 km E de Saverne

€€ 🏠 **Chambres d'hôtes (Francine Huber) :** 40, rue Principale. ☎ 03-88-91-49-96. 📱 06-26-83-59-13. ● francine.huber@sfr.fr ● La demeure de Francine, c'est la plus belle et la plus fleurie du village, et on s'y sent bien. Elle date du XVIIIe s. Bien qu'elle ne soit pas originaire de la région, mais de Belgique, Francine est alsacienne de cœur, et tous les gens du coin la connaissent pour son accueil et sa gentillesse. Au 1er étage, avec accès par un escalier assez raide qui mène sur un long balcon en bois couvert, 2 chambres champêtres avec sanitaires privés. Une avec un original mur en tuiles vernies et un plafond en bois, mais l'autre est tout aussi chaleureuse. 55 € pour 2, avec le petit déj, servi dans une salle à manger campagnarde ou sous un petit abri romantique dans le jardin intérieur. Parlons-en, car il est superbe, rempli d'essences en tout genre, mais où les clématites tiennent une place de choix. Une adresse à éviter si vous avez des problèmes de poids ou du déplacement.

Pour les autres, c'est l'adresse rêvée pour découvrir la région. Au fait, les cigognes se sont installées dans le village et vous ne pourrez pas les manquer, surtout lors de la parade nuptiale, quand leurs becs claquent à tout-va.

> **Accès :** *au centre du village.*

MAGSTATT-LE-BAS — 68510

Carte régionale A2

17 km S de Mulhouse ; 14 km E d'Altkirch

€€ 🏠 ⑩% **Chambres d'hôtes Belys (Sandrine et Claude Kieffer) :** 4, rue de l'Église. ☎ 03-89-81-68-22. 📱 06-29-36-72-40. ● sandrine.kieffer@wanadoo.fr ● belys.info ● 📶 Autrefois, dans cette ferme, on fabriquait des eaux-de-vie... Deux escaliers extérieurs mènent aux 3 chambres installées au 1er étage de l'ancienne grange. Déco agréable qui mêle harmonieusement mobilier ancien et contemporain. Sanitaires privés. De 58 à 63 € pour 2, petit déj compris. Sympathique cour fermée pour profiter d'un salon d'été couvert avec bibliothèque, canapé, jeux de société, ping-pong... Accueil souriant et attentionné. Une adresse pour ceux qui aiment l'indépendance et le son des cloches (le carillon de l'église égrène les heures).

> **Accès :** *au centre du bourg, à côté de l'église.*

MERKWILLER-PÉCHELBRONN — 67250

Carte régionale A1

45 km N de Strasbourg ; 15 km SO de Wissembourg

€ 🏠 ⑩% **Chambre d'hôtes (Anny et Alfred Haushalter) :** 12, rue de l'École. ☎ 03-88-80-90-87. 📱 06-65-37-94-43. ● a.haushalter@wanadoo.fr ● gitehaushalter.com ● 📶 Au cœur du village, jolie maison à colombages aux volets verts. Une chambre, sur deux niveaux, sous forme de petit appartement pour 2 à 4 personnes. Sanitaires, coin kitchenette et séjour avec clic-clac au rez-de-chaussée, chambre à l'étage. Atmosphère campagnarde avec murs à pans de bois. 50 € pour 2, petit déj compris, servi à la demande dans la chambre, sous la gloriette du jardin ou chez vos hôtes. Après le sauna (5 € la séance) vous pourrez profiter de l'agréable jardin. Également un petit gîte pour 2 à 4 personnes

MURBACH

(location à la semaine ou à la nuitée). Accueil chaleureux.

Accès : *A 4 sortie Haguenau et direction Wissembourg ; sortez à Surbourg et là, prenez à gauche vers Merkwiller ; la rue de l'École passe le long de l'église.*

MURBACH 68530

Carte régionale A2

30 km SO de Colmar ; 5 km NO de Guebwiller

€€€€€ 🛏 |◉| 10% **Chambres d'hôtes Le Schaeferhof (Sylvie et Robert Rothenflug) :** *6, rue de Guebwiller.* ☎ 03-89-74-98-98. Fax : 03-89-74-98-99. ● maison dhotes@schaeferhof.fr ● schaeferhof. fr ● 📶 C'est le moment de casser votre nourrain pour venir séjourner dans cette magnifique bergerie du XVIIIe s classée à l'ISMH (c'est de bon aloi Maître, n'est-il pas ?). Située à 406 m d'altitude, dans un cadre magnifique et un parc immense, avec les moutons. Imposante, cette belle demeure hébergeait autrefois une fromagerie, la menuiserie, la distillerie et la traditionnelle *stub* (le bistrot alsacien, si tu veux !). Un bel escalier extérieur et couvert dessert 4 chambres élégantes et raffinées. Elles sont sous forme de suite avec coin salon, dont une composée de 2 chambres pour familles ou amis. Partout, de beaux meubles anciens, de douces couettes en soie, TV écran plat, minibar, coffre-fort (!), téléphone, wifi, et de luxueux sanitaires privés (entre la douche à jets et la baignoire balnéo, mon cœur balance...). Comptez 190 € pour 2, généreux petit déj compris, et 290 € pour 4. Repas à 48 €, vin non compris (petite carte) pour une cuisine recherchée et généreuse à tendance régionale. Salle de fitness, sauna et spa. Accueil chaleureux et décontracté. Luxe, calme et volupté... une adresse haut de gamme au charme indéniable.

Accès : *de Guebwiller, direction Buhl puis Murbach ; c'est la 3e maison à l'entrée du village à droite.*

OLTINGUE 68480

Carte régionale A2

45 km S de Mulhouse ; 12 km de Bâle

€€ 🛏 **Chambres d'hôtes Le Moulin de Huttingue (Antoine Thomas) :** *Huttingue.* ☎ 03-89-40-72-91. 📱 06-07-64-64-20. ● huttingue@hotmail.com ● *Fermé janv-fév. Sur résa.* Dans un immense moulin au bord de l'Ill, 2 chambres sympas avec sanitaires privés. Comptez 65 € pour 2, avec le petit déj. Pour ceux qui aiment les grands espaces, un loft avec salon et coin cuisine à partir de 85 € par jour et 350 € la semaine. Accueil agréable.

Accès : *dans Oltingue, prenez la D 21B vers Kiffis.*

ORBEY-PAIRIS 68370

Carte régionale A2

25 km O de Colmar ; 15 km O de Kaysersberg

€€ 🛏 10% **Chambres d'hôtes La Ferme de Schoultzbach (Sylvie et Christophe Conreau) :** *284, Pairis.* 📱 06-80-32-41-96. ● contact@schoultzbach.fr ● schoultzbach. fr ● 📶 Entre forêts et pâturages, à 780 m d'altitude, ferme typique de la région, située à l'intersection de deux petites routes qui mènent aux cols du Calvaire et de Westeim. Dans la maison des propriétaires, bien au calme, 3 chambres sont installées au 2e étage. Elles sont vastes et coquettes. Déco chaleureuse où le bois est à l'honneur. Les nos 2 et 3 ont la plus belle vue. Selon la durée du séjour, de 45 à 65 € pour 2, petit déj compris, avec un grand choix de confitures maison. Il faut dire que les produits maison, Sylvie en connaît un rayon (facile !) ; elle a une ferme où elle fabrique tous ses fromages (munster, tomme, fromage frais et *bargkass*), ses yaourts et ses confitures (on en parlait) qu'elle vend dans son magasin. Accueil authentique, chaleureux et vrai. Une adresse nature, dans tous les sens du terme.

Accès : *sortez d'Orbey en direction du lac Blanc sur 3 km et vous ne pouvez pas manquer la ferme avec son petit magasin de produits fermiers signalé par une vache peinte.*

SEWEN 68290

Carte régionale A2

40 km O de Mulhouse ; 12 km NO de Masevaux

€€ 🛏 🐾 **Chambres d'hôtes La Villa du Lac (Yvette et Christian Rioual) :** *2, route du Ballon.* ☎ 03-89-82-98-38. ● villadulac. sewen@tv-com.net ● villa-du-lac-alsace. com ● *Fermé 9-29 janv.* Située dans le parc des Ballons d'Alsace, au carrefour de la Haute-Saône, des Vosges et du territoire de Belfort, cette originale et grande maison des années 1930 bénéficie d'une vue idyllique sur le lac de Sewen. Elle est classée « Panda » et vous pourrez à loisir contempler les oiseaux qui font halte ici.

Cinq chambres coquettes et charmantes réparties aux 1er et 2e étages. Sanitaires privés. Préférez celles qui ont vue sur le lac (avec le lit à baldaquin c'est le top). Selon la taille et la vue, comptez entre 58 et 63 € pour 2, petit déj compris. Pour vous détendre, agréable salon. Accueil agréable. Au fait, à combien culmine le Ballon d'Alsace, hein ? À 1 247 m, ignorant !

Accès : sortez de Sewen en direction du Ballon d'Alsace, la maison est 400 m après, en face du lac.

WACKENBACH 67130

Carte régionale A1

50 km SO de Strasbourg ; 3 km O de Schirmeck

€ **Chambre d'hôtes (Anne-Marie et Claude Besnard) :** *16, rue du Rain.* ☎ 03-88-97-11-08. 06-11-85-16-34. • hotes.besn@wanadoo.fr • Située dans la vallée de la Bruche, la maison d'Anne-Marie domine le village, et juste à côté, la forêt vous tend les bras (le GR 5 passe par là). Ici, on aime les randonneurs et les amoureux de la nature. Côté hébergement, 2 chambres au charme désuet, avec sanitaires privés (cabine de douche), à 40 € pour 2, petit déj compris. Pas de table d'hôtes, mais plusieurs restos à proximité. Accueil direct et cordial.

Accès : depuis Schirmeck, prenez la D 392 vers Lunéville/col du Donon ; à l'église du village, tournez à droite et montez jusqu'en haut du bourg.

WEYERSHEIM 67720

Carte régionale A1

20 km N de Strasbourg

€€ **Chambres d'hôtes La Tête dans les Étoiles (Lucienne Rudolf) :** *18, rue des Étoiles.* ☎ 03-88-68-14-94. 06-62-79-75-88. • germain.rudolf@wanadoo.fr • perso.orange.fr/tetedanslesetoiles • Dans une petite impasse très calme, belle demeure à colombages du XVIIIe s au toit en écailles de poisson dans un agréable jardin fleuri. Cinq chambres coquettes avec sanitaires privés : une au rez-de chaussée, 2 au 1er étage, les 2 autres au second, plus spacieuses. Une préférence pour la chambre « S'Paulinel » à la déco plus romantique. 69 € pour 2, petit déj compris. Table d'hôtes partagée en famille de 22 à 29 €, quart de vin compris. Cuisine traditionnelle et régionale. Pour vous détendre, belle piscine sous un abri couvert. Accueil souriant et convivial.

Accès : A 4 puis A 35 sortie n° 49 (Hœrdt) puis D 37 jusqu'à Weyersheim ; allez au centre du village, laissez l'église à votre droite, la rue des Étoiles est un peu plus loin à gauche (fléchage).

ZELLENBERG 68340

Carte régionale A2

13 km N de Colmar ; 2 km E de Riquewihr

€€€ **(10%) Chambres d'hôtes Au Nid de Cigogne (Marijo et Alain Berlenbach) :** *10, rue du Schlossberg.* ☎ 03-89-49-05-15. • auniddecigogne@wanadoo.fr • auniddecigogne.fr • Fermé janv-mars. Ici, on prend le temps de vivre et le village se découvre à pied. La maison de Marijo et d'Alain est la plus vieille de Zellenberg (elle date du XIIIe s), mais c'est aussi une des plus originales adresses de chambres d'hôtes que l'on connaisse. Ici, on oublie la culture alsacienne pour plonger dans le monde du voyage. La maison est peuplée de photos d'Alain (c'est son métier), d'objets, de costumes traditionnels glanés à travers le monde. Un vieil et noble escalier conduit aux 2 chambres spacieuses installées au 2e étage. Déco chaleureuse, murs à pans de bois, lumières tamisées et tissus chamarrés. Sanitaires privés et TV. Selon la chambre, comptez 75 ou 80 € pour 2, petit déj compris, servi dans la maison en hiver et dans le jardin exotique aux beaux jours, sous le regard bienveillant de Bouddha.

Accès : au cœur du village, à côté de l'église.

Aquitaine

ACCOUS 64490

Carte régionale A2

25 km S d'Oloron-Sainte-Marie

€€ 🏠 🐾 ⑩% **Chambres d'hôtes L'Arrayade (Isabelle et Jean-François Lesire) :** ☎ 05-59-34-53-65. 📱 06-70-71-89-45. ● arrayade@sfr.fr ● chambresdhotes-larrayade.com ● 📶 Au cœur de ce tout petit village, charmante maison béarnaise. Au 1er étage, 2 belles chambres, dont une familiale composée de 2 chambres ; 2 autres mansardées au second. Elles donnent sur un coquet jardin avec barbecue et sont abritées des regards indiscrets. Sanitaires privés. 51 € pour 2, petit déj compris, et 84 € pour 4. Pas de table d'hôtes, mais coin cuisine à disposition et plusieurs petits restos à proximité. Accueil agréable.

Accès : depuis Oloron-Sainte-Marie, empruntez la N 134 en direction de l'Espagne (par le col du Somport) ; avant Bedous, au rond-point, prenez la direction d'Accous.

AILLAS 33124

Carte régionale B1

60 km SE de Bordeaux ; 13 km S de La Réole

€€ 🏠 🍽 🐾 ⑩% **Chambres d'hôtes Janoutic (Jean-Pierre Doebele) :** 2, Le Tach. 📱 06-07-57-74-42. ● jpdoebel@club-internet.fr ● chambresdhotesja-noutic.com ● Dans un petit hameau, aux portes des Landes et à la limite du Lot-et-Garonne, jolie maison typique, tout en brique du pays. Très bien restaurée, elle est plongée dans un adorable jardin ombragé et fleuri. Trois chambres d'hôtes dont une au rez-de-chaussée, les 2 autres à l'étage. Déco originale pour la première, plus classique mais tout aussi agréable pour les deux autres. Spacieux sanitaires privés. Comptez 70 € pour 2, petit déj compris. Possibilité de table d'hôtes sur réservation, à 28 €, vin et café compris. Pittoresque salon où fourmillent de vieux outils pour travailler le bois. Accueil discret et chaleureux d'un passionné d'ornithologie et protecteur des oiseaux (des grenouilles aussi, qui chantent dans le bassin installé par Jean-Pierre). Une adresse nature et charmante.

Accès : A 62 Bordeaux/Toulouse, sortie n° 4 La Réole puis à gauche D 9 vers Aillas ; passez le château d'eau et prenez, à gauche, la D 124 vers Sigalens sur 1,3 km puis le chemin de terre à gauche.

ANGLADE 33390

Carte régionale A1

52 km N de Bordeaux ; 10 km N de Blaye

€€€ 🏠 **Chambres d'hôtes Château Le Queyroux (Dominique Léandre-Chevalier) :** 40, route de l'Estuaire. ☎ 05-57-64-46-54. 📱 06-10-80-06-44. ● contact@lhommecheval.com ● lhommecheval.

Nous vous rappelons que la table d'hôtes est le complément d'une formule d'hébergement (chambre d'hôtes, gîte d'étape...). Ce service n'est offert qu'aux personnes qui dorment sur place (excepté lorsqu'il est clairement écrit « ouvert aux extérieurs »).

com • 📶 Château Le Queyroux est la plus petite propriété viticole des côtes-de-blaye, car Dominique a décidé d'exploiter son vignoble à l'ancienne et se désigne lui-même comme artisan vigneron. Ici, pas de machine, et le cheval percheron règne en maître (vous avez dit authentique ?). Un large escalier conduit à 2 chambres superbes avec sanitaires privés, à la déco raffinée. 73 € pour 2, petit déj compris (confitures et gâteau maison). Visite des chais et dégustation de la production maison *(of course !)*. Piscine. Accueil chaleureux et décontracté. Une adresse comme on les aime, qui mêle campagne et œnologie.

Accès : A 10 sortie n° 38 et direction Blaye ; au carrefour du Pontet, tournez à droite vers Anglade ; la maison est dans le bourg, face aux courts de tennis.

ARROSÈS   64350

Carte régionale B2

45 km NE de Pau ; 15 km N de Lembeye

€€ 🏠 10% **Chambres d'hôtes Château Sauvemea (José Labat) :** ☎ et fax : 05-59-68-16-01. 📱 06-81-34-65-59. • *jose.labat@free.fr* • *sauvemea.labat.free.fr* • *Ouv de mars à mi-nov.* L'entente familiale, vous connaissez ? Eh bien, vous la trouverez dans cette demeure du XVIIIe s où José et Hélène, sa maman, vivent en parfaite harmonie. José s'occupe des 5 chambres et Hélène de la table d'hôtes. Les chambres sont spacieuses et confortables, meublées simplement, mais avec goût (la « Printanière », au rez-de-chaussée, est la plus jolie). 65 € pour 2, petit déj compris, servi dans l'ancienne étable, avec poutres, pierres apparentes et superbe cheminée, ou bien dans deux salles plus petites à l'intérieur de la maison d'habitation. José est fier de parler de cette propriété familiale dont le premier ancêtre fut Jean de Moret, écuyer de Jeanne d'Albret, la mère d'Henri IV. Côté distractions, piscine avec tonnelle ombragée, étang de pêche et promenades à cheval pour les cavaliers confirmés. Ne manquez pas, autour du 15 août, la fête du Vin de Madiran qui dure 4 jours.

Accès : à 3 km de Madiran et de la cave coopérative de Crouseilles par la D 139.

ASCAIN   64310

Carte régionale A2

20 km S de Biarritz ; 6 km E de Saint-Jean-de-Luz

€€ 🏠 **Chambres d'hôtes Haranederrea (Famille Gracy) :** ☎ et fax : 05-59-54-00-23.

• *jean-louis.gracyl@wanadoo.fr* • 📶 Grosse et authentique ferme basque abritant 4 chambres bien équipées, avec sanitaires privés, à 63 € pour 2, copieux petit déj inclus. En plus du charme de la vieille pierre, des commodités de parking, d'un jardin très agréable ou du fronton privé, vous aurez droit à un accueil très chaleureux, familial, de la grand-mère qui fabrique sa cire jusqu'à la petite-fille accordéoniste passionnée d'airs de fandango. Une bonne adresse.

Accès : à la sortie du village, en direction de Sare-la-Rhune, prenez à droite la route de Carrière ; à env 600 m, tournez à gauche vers la ferme (le fronton sert de repère).

BALANSUN   64300

Carte régionale A2

30 km NO de Pau ; 5 km E d'Orthez

€€€€€ 🏠 **Le Paradis Perdu (Jean-Luc Daugarou) :** *544, allée de Barran.* ☎ 05-59-67-80-61. • *jldbarran@aol.com* • *paradis-perdu.com* • ♿ Voilà un joli nom bien porté... sauf que, depuis, il n'est plus perdu puisqu'on l'a trouvé... et même adopté ! Dans un parc de 20 ha, Jean-Luc a eu l'idée originale d'installer, autour d'un lac, 9 superbes chalets en rondins de bois des pays Baltes complètement dissimulés dans les pins ! Très bien équipés, ils ont tous une croquignolette cheminée centrale et un barbecue à l'extérieur. Le vrai retour à la nature, avec daims, chèvres naines, paons et canards en liberté ! Le lac permet de nombreux loisirs : un coin bronzette, une partie de pêche (sans permis) ou une balade ; mais vous pourrez aussi pratiquer tennis, VTT, minigolf, et vous trouverez une aire de jeux pour vos bambins (fini le stress !). Comptez de 140 à 170 € le week-end ou de 260 à 560 € la semaine, suivant la saison. Pour trouver Jean-Luc, c'est facile, suivez le fléchage de son chalet « Réception ». Accueil chaleureux. On sent que les routards vont se disputer les places... au paradis !

Accès : 2 km après la sortie d'Orthez en direction de Pau (D 817), tournez à gauche vers le quartier Noarrieu, puis fléchage « Chalets ».

BELIN-BÉLIET   33830

Carte régionale A1

45 km S de Bordeaux

€€€ 🏠 🍴 **Chambres d'hôtes (Françoise et Philippe Clément) :** *1, rue du Stade.* ☎ et fax : 05-56-88-13-17. 📱 06-63-42-13-17.

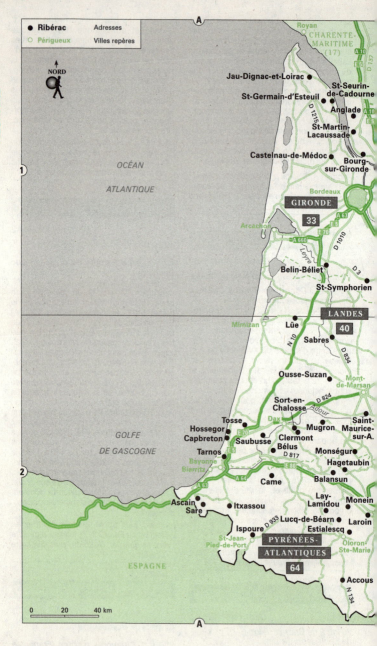

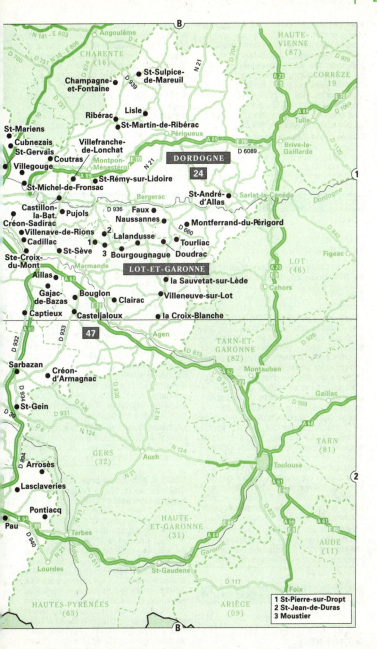

• *maison.clem@wanadoo.fr* • 📶 Au cœur du village, grande demeure bourgeoise avec un superbe parc aux essences centenaires. Un grand couloir dessert 5 chambres (dont une suite avec coin salon), spacieuses et décorées avec goût. Comptez 80 € pour 2, petit déj compris. Gentil salon avec piano et TV. Plein d'infos sur les sites, les activités sportives et bien sûr les vignobles (Françoise et Philippe vous conseilleront sur les visites de caves et les dégustations). Accueil chaleureux.

> *Accès : Belin-Béliet est la réunion de deux villages ; la maison se situe face à l'église de Béliet, celui par lequel on entre en venant du nord.*

BÉLUS — 40300

Carte régionale A2

15 km S de Dax ; 5 km N de Peyrehorade

€€ 🏠 |●| *Chambres d'hôtes Maison Bel Air (Françoise et Alain Parant) :* 1455, route de Cagnotte. ☎ 05-58-73-24-17. 📱 06-15-41-63-84. • *marie.francoise.parant@orange.fr* • *maison-belair.com* • Oh ! qu'elle a un bel air (facile !) cette maison landaise typique du pays d'Orthe, avec ses 640 m² de toiture ! L'entrée se fait par le « séou », pièce communicante et centrale entre l'habitation et le hangar où l'on garait les charrettes. C'est un véritable musée avec des tas d'objets glanés par Françoise. Cinq chambres spacieuses et charmantes avec sanitaires privés confortables : une au rez-de-chaussée, 4 à l'étage, dont une suite familiale composée de 2 chambres. Partout, pierres apparentes, vieilles poutres, beaux meubles anciens, et pour la dénommée « Cathédrale », une charpente unique et une chouette vue sur les prés et les bois. 60 € pour 2, petit déj compris, et 22 € par personne supplémentaire. Table d'hôtes (sauf le dimanche soir) à 22 € pour une cuisine basée sur les fruits et les légumes du jardin et des surprises maison. Accueil convivial.

> *Accès : de Dax, D 6 jusqu'à Saint-Lon-les-Mines, puis Peyrehorade ; au carrefour du resto Le Moulin à Vent, direction Bélus que vous traversez en direction de Cagnotte sur 1,6 km.*

BOUGLON — 47250

Carte régionale B1

15 km S de Marmande ; 8 km N de Castelljaloux

€€€€ 🏠 |●| 10% *Chambres d'hôtes Le Mas de Campech (Isabelle et Richard Andréa) :* ☎ 05-53-64-14-55. • *richard.andrea@wanadoo.fr* • *lemasdecampech.fr* • 📶 Dans un cadre idyllique, calme et reposant, superbe demeure en pierre du XVIIIᵉ siècle. Quatre chambres à l'atmosphère champêtre et romantique avec sanitaires privés. Selon la saison, de 105 à 115 € pour 2, petit déj compris. Belle piscine pour profiter du panorama. Table d'hôtes à 30 €. Accueil plein de gentillesse. Une adresse pleine de charme qui séduira votre dulcinée.

> *Accès : dans la montée du village, prenez le petit chemin sur la gauche, la maison est tout au bout.*

BOURG-SUR-GIRONDE — 33710

Carte régionale A1

35 km N de Bordeaux ; 15 km SE de Blaye

€€ 🏠 🐾 10% *Chambres d'hôtes (Annick Poissonneau) :* 5, av. François-Daleau. ☎ 05-57-68-39-73. 📱 06-62-92-50-19. Petit château du XIXᵉ s avec une jolie tourelle d'où l'on a une vue imprenable sur Bourg et la Dordogne. Bien que situées dans le village, les 4 chambres (dont une suite familiale) de cette belle demeure sont au calme. Atmosphère élégante et distinguée avec beaux meubles anciens et nombreux tableaux. Sanitaires privés. 55 € pour 2, petit déj compris, et 18 € par personne supplémentaire. Agréable jardin fleuri. Accueil vraiment adorable. Très bon rapport qualité-prix-convivialité.

> *Accès : A 10 sortie n° 40A et direction Saint-André-de-Cubzac puis D 669 vers Blaye jusqu'à Bourg-sur-Gironde ; la maison est dans le village, face au Crédit Agricole.*

€€€€ 🏠 10% *Chambres d'hôtes Le Château de la Grave (Valérie et Philippe Bassereau) :* ☎ 05-57-68-41-49. Fax : 05-57-68-49-26. • *reservation@chateaudelagrave.com* • *chateaudelagrave.com* • Fermé nov-mars et 15-31 août. 📶 C'est presque le château d'un conte de fées que celui de Philippe et Valérie, flanqué de tourelles en pierre blanche au milieu de 44 ha de vignes et appartenant à la famille depuis 1904. Vous y trouverez 3 belles chambres spacieuses, meublées en ancien et équipées de sanitaires privés (dont une avec lit à baldaquin, baignoire et douche). Selon la chambre, de 85 à 120 € pour 2, petit déj compris. Agréable salon de détente avec un billard français, et bien sûr, une piscine. La propriété produit un vin de qualité (AOC blanc, rosé, rouge ou champagnisé), vendu sur place. Pendant que vous ferez le tour des chais en compagnie de Philippe, vos chères têtes blondes pourront rendre visite aux chevaux qui paissent en toute tranquillité dans le parc. Excellent accueil.

Accès : A 10, sortie Saint-André-de-Cubzac ; prenez en direction de Bourg par la D 669 ; à la sortie du village, direction Berson, puis 2e à droite et fléchage.

€ 🛏 **Chambres d'hôtes Le Petit Brésil (Dany et Gérard Guérin) :** 26, le Pain-de-Sucre. ☎ et fax : 05-57-68-23-42. 📱 06-70-34-24-45. • guerin.gite@free.fr • guerin.gite.free.fr • 🛜 Quand on arrive, ce qui frappe le plus c'est l'incroyable panorama qui s'étend devant soi, avec la Dordogne majestueuse qui s'en va rejoindre la Garonne pour former la Gironde (voilà pour le cours de géo). Côté terre ferme, c'est le vignoble des côtes-de-bourg et la belle maison en pierre de Dany et Gérard. Cinq chambres simples et coquettes avec sanitaires privés : une au rez-de-chaussée, les autres à l'étage. De 40 à 50 € pour 2, petit déj compris. Également un gîte pour 6 personnes. Si vous aimez le bordeaux, Gérard est un fin connaisseur. Accueil sympathique et familial.

Accès : A 10 sortie n° 40A, direction Saint-André-de-Cubzac, puis D 669 vers Blaye jusqu'à Bourg ; à la sortie du village prenez la 1re à gauche vers le Pain-de-Sucre (route de la corniche).

BOURGOUGNAGUE 47410

Carte régionale B1

28 km NE de Marmande ; 5 km E de Miramont

€€€ 🛏 |●| ⑩% **Chambres d'hôtes La Vieille École (Rens et Fred Olthoff) :** Le Rigaude. ☎ 05-53-64-60-35. 📱 06-31-92-25-19. • info@lavieilleecole.eu • lavieilleecole.eu • 🛜 Amoureux de la région, ce couple de Hollandais a restauré cette ancienne école de filles et installé 4 chambres confortables avec sanitaires privés. Déco très moderne. Selon la chambre, de 70 à 80 € pour 2, petit déj compris. Amusante salle à manger installée dans l'ancien préau. Table d'hôtes à 25 €, 1/4 de vin compris. Ils ont installé aussi 4 tentes dites du Moyen Âge, qu'ils louent meublées avec de vrais lits ! Piscine pour se détendre aux beaux jours.

Accès : de Miramont D1 vers Lauzun ; la maison est à gauche à la sortie de Bourgougnague.

CADILLAC 33410

Carte régionale B1

30 km SE de Bordeaux ; 16 km NO de Langon

€€ 🛏 ⑩% **Chambres d'hôtes Château de Broustaret (M. Guillot de Suduiraut) :** Rions. ☎ 05-56-76-93-15 ou 05-56-62-96-97. • broustaret@broustaret.net • broustaret.net • Ouv Pâques-Toussaint. Sur les coteaux de la rive droite de la Garonne, château du début du XXe s, doté d'une exploitation de 40 ha, dont 4 ha de vignes. Cinq chambres avec sanitaires privés. Suivant la taille des chambres, de 58 à 65 € pour 2, petit déj compris. Pas de table d'hôtes, mais une cuisine à disposition et plusieurs restos à Cadillac. Agréable parc. Les amateurs de vin visiteront le chai et pourront déguster les nectars de la propriété.

Accès : autoroute Bordeaux/Toulouse, sortie Podensac ; à Beguey, prenez la D 13 sur 3,5 km, direction Le Broussey (D 120) ; laissez le monastère sur votre droite et faites encore 1 km.

CAME 64520

Carte régionale A2

35 km E de Biarritz

€€ 🛏 |●| **Chambres d'hôtes Ferme Hayet (Évelyne et Jean-Claude Saubot) :** ☎ et fax : 05-59-56-04-52. • jean-claude-saubot@orange.fr • fermehayet.free.fr • Ouv d'avr à mi-oct. Grande maison béarnaise avec 4 chambres, charmantes à souhait, avec sanitaires luxueux. 55 € pour 2, petit déj compris. Possibilité de prendre les repas (sauf les samedi et dimanche soirs) à la table d'hôtes pour 16 €, pour découvrir les produits de la ferme (canard, volaille, porc, etc.). Accueil extrêmement chaleureux.

Accès : A 64, sortie Peyrehorade/Bidache ; prenez la D 936, passez Came en direction d'Oloron et prenez à droite vers Arancou.

€€ 🛏 **Chambres d'hôtes Lamothe (Bernard Darracq) :** ☎ 05-59-56-02-73. 📱 06-81-72-99-29. • bdarracq@wanadoo.fr • monsite.orange.fr/darracq • À la limite du Pays basque, des Landes et du Béarn, grande ferme appartenant à la famille Darracq depuis trois siècles. Jardin joliment fleuri. Deux chambres avec sanitaires privés, à 52 € pour 2, petit déj compris. Également un gîte (6 personnes) pour ceux qui veulent séjourner. Bon accueil. Une agréable adresse au calme.

Accès : A 64, sortie Bidache/Peyrehorade, puis D 936.

CAPBRETON — 40130

Carte régionale A2

35 km O de Dax ; 28 km N de Biarritz

€€ 🐕 **Chambres d'hôtes L'Océanide (Micheline Mallet) :** 22, av. Jean-Lartigau. ☎ 05-58-72-41-40. 📱 06-82-47-90-25. • mallet.micheline@orange.fr • mallet.micheline.free.fr • *Ouv fév-nov.* 📶 À 800 m de la plage, voici une bien belle maison pour qui rêve d'un séjour au calme. Son gentil jardin descend en pente douce jusqu'à la rivière. Les chambres, avec terrasse, donnent sur ce superbe décor. Selon la saison, de 55 à 65 € pour 2, petit déj compris. Accueil convivial. Planches de body-board à disposition et accès wifi pour ceux qui souhaitent rester en contact avec leur tribu.

Accès : à 300 m du centre-ville (marché au bout de la rue).

CAPTIEUX — 33840

Carte régionale B1

46 km SO de Marmande ; 15 km S de Bazas

€€ 🏠 **10%** **Chambres d'hôtes Domaine de Londeix (Sophie et Rémi de Montbron) :** Londeix. ☎ 05-56-65-68-83. 📱 06-82-94-82-38. • s.demontbron@wanadoo.fr • londeix.com • *Fermé aux vac de Noël.* Éleveurs-cultivateurs bio, les dynamiques propriétaires ont un formidable sens de l'accueil… Deux chambres mansardées, spacieuses et de bon goût, aménagées dans le grenier d'une ancienne ferme de caractère. 65 € pour 2, petit déj compris. Jacuzzi et sauna pour un week-end sur le thème du bien-être, sans oublier la piscine ! Environnement calme et verdoyant, au milieu des champs. Également un gîte de 6 personnes loué de 400 à 1 100 € la semaine selon la saison. Une adresse comme on les aime.

Accès : de Bazas, N 524 vers Mont-de-Marsan et fléchage sur la droite.

CASTELJALOUX — 47700

Carte régionale B1

24 km S de Marmande ; 18 km O de Damazan

€€€€ 🏠 🐕 **10%** **Chambres d'hôtes La Ferme de Souliès (Sylvie et François Berson) :** Route de Villefranche - La Réunion. ☎ 05-53-79-95-54. 📱 06-46-40-96-06. • sylvieberson@lafermedesoulies.com • lafermedesoulies.com • 📶 Nichée en pleine campagne, superbe ferme du XVIIIe siècle, ancienne demeure du capitaine de Soulier de la garde d'Henri IV. Trois jolies chambres à l'atmosphère campagnarde. Murs en pierre et belle charpente apparente. Les amoureux choisiront « Les Bécasses » avec son lit à baldaquin. Selon la chambre, de 110 à 140 € pour 2, petit déj bio compris. Sylvie est artiste-céramiste, elle propose des stages et des cours de tournage et modelage, au sein de son atelier, situé dans l'ancienne grange. Une adresse de charme.

Accès : à 2 km du village, sur la route de Villefranche-du-Queyran.

CASTELNAU-DE-MÉDOC — 33480

Carte régionale A1

28 km NO de Bordeaux ; 25 km S de Pauillac

€€ 🏠 🐕 **Chambres d'hôtes Domaine de Carrat (Laurence Pery) :** 39, route de Sainte-Hélène. ☎ et fax : 05-56-58-24-80. • laujean534@orange.fr • *Fermé pdt les vac de Noël.* 📶 Au milieu d'un parc boisé, à la limite des vignes du Médoc, d'anciennes écuries du siècle dernier transformées en maison d'habitation. Quatre chambres confortables, bien arrangées, avec meubles de famille et belle vue sur la forêt. Deux d'entre elles peuvent être utilisées en suite. Cuisine avec cheminée en pierre à disposition des hôtes. De 65 à 70 € pour 2, petit déj compris. Petit supplément pour les animaux. Tranquillité garantie et agréables promenades dans la forêt de la propriété, traversée par une petite rivière.

Accès : sortez du village par la D 1215, en direction de Sainte-Hélène ; à la hauteur du panneau de sortie de la ville, prenez sur la droite le chemin marqué de 2 grosses bornes en pierre.

CASTILLON-LA-BATAILLE — 33350

Carte régionale B1

40 km O de Bergerac ; 10 km SE de Saint-Émilion

€€ 🏠 **10%** **Chambres d'hôtes Robin (Pierrette Mintet-Escalier) :** route de Belvès. ☎ et fax : 05-57-40-20-55. • pierrette.mintet@libertysurf.fr • hauts-de-castillon.fr • 📶 Tout près de Saint-Émilion, propriété viticole d'appellation côtes-de-castillon, dotée d'une belle vue sur la vallée de la Dordogne. Belle maison ancienne, avec 3 chambres coquettes : une au rez-de-chaussée, les 2 autres à l'étage. Sanitaires privés et clim. 55 € pour 2, petit déj compris. Cuisine d'été à disposition. Pour vous détendre, une superbe piscine couverte (je craque !). Prêt de vélos. Enfin, dégustation et vente du vin de la propriété. Accueil charmant. Fin juillet-début août, ne ratez pas la reconstitution historique du spectacle *La Bataille de Castillon*, épisode de la guerre de Cent Ans.

Accès : depuis le village, prenez la D 119 en direction de Belvès-de-Castillon sur 2,5 km.

CHAMPAGNE-ET-FONTAINE 24320

Carte régionale B1

45 km NO de Périgueux ; 12 km N de Verteillac

€€ ▲ |O| (10 %) *Chambres d'hôtes Domaine de Puytirel (Reine Soumagnac) :* ☎ 05-53-90-90-08. ▫ 06-78-88-92-41. ● reine@puytirel.com ● puytirel.com ● Dans un joli coin de campagne, ancienne propriété viticole du XIXe s. C'est aussi une maison de famille et chaque objet raconte une histoire. Grande entrée avec belles tomettes et un vieil escalier de bois qui conduit aux 4 chambres ; la dernière est au rez-de-chaussée. Déco agréable, sanitaires privés. Comptez 70 € pour 2, petit déj compris. Trois chaleureuses pièces, l'une avec un joli piano, une autre avec cheminée, canapés et jeux de société, et une salle à manger campagnarde. Table d'hôtes à 28 €, apéro et bergerac compris. Une cuisine parfumée faisant la part belle aux légumes et aux fruits du jardin et aux produits du terroir. Très beau parc aux nombreuses essences centenaires et une agréable piscine chauffée (veinards !) avec cuisine d'été, pour ceux qui veulent se préparer leur casse-croûte. VTT à disposition, ping-pong, terrain de badminton. Ambiance sereine et calme. Atmosphère décontractée, un rien bohème. Accueil vraiment sympa.

Accès : depuis Champagne-et-Fontaine, prenez la D 101 vers Verteillac ; en haut de la côte, tournez à gauche au panneau jaune « Domaine de Puytirel ».

CLAIRAC 47320

Carte régionale B1

25 km SE de Marmande ; 25 km O de Villeneuve-sur-Lot

€ ▲ |O| *Chambres d'hôtes Le Caussinat (Gisèle et Aimé Massias) :* ☎ et fax : 05-53-84-22-11. ▫ 06-16-28-08-86. ● chambreshoteslecaussinat@orange.fr ● *Ouv de mi-avril à fin sept ; congés courant sept.* Ici, on mélange la vie de château et de la ferme, et si vous venez faire une halte dans cette belle maison familiale du XVIIe s avec piscine, il n'en reste pas moins que c'est une ferme. Cinq chambres vastes, meublées à l'ancienne ; 3 d'entre elles disposent de sanitaires privés et 2 se partagent une salle de bains et des w-c. De 48 à 58 € pour 2, avec le petit déj. Table d'hôtes à 20 € pour goûter à une bonne cuisine familiale préparée avec les produits de la ferme.

Accès : depuis le village, en venant de Tonneins, prenez la direction de Granges-sur-Lot, c'est à 2 km.

CLERMONT 40180

Carte régionale A2

13 km SE de Dax

€€ ▲ |O| (10 %) *Chambres d'hôtes La Camiade (Marie Hébrard-Fayet) :* 1152, route de Pomarez. ☎ 05-58-89-80-17. ▫ 06-77-66-44-40. ● m.fayet@wanadoo.fr ● camiade.fr ● Marie accueille les hôtes avec beaucoup de gentillesse dans son ancienne ferme datant de la Révolution et agrandie au XIXe s (la façade a été rajoutée !). Certes, la propriété borde la route principale mais les chambres sont tournées vers l'arrière, au calme, au point qu'on en oublie l'agitation extérieure. Et puis, la demeure a vraiment du charme avec son bel escalier en bois. Quatre chambres, dont une suite familiale de 2 chambres, toutes différentes et avec du cachet, surtout celle du rez-de-chaussée, de plain-pied avec le jardin. Sanitaires privés. 54 € pour 2, petit déj compris, et 18 € par personne supplémentaire. Table d'hôtes (sauf le dimanche) à 20 €. Une belle petite adresse.

Accès : de Clermont, prenez la route de Pomarez sur 1 km et suivez le fléchage.

COUTRAS 33230

Carte régionale B1

35 km NE de Bordeaux ; 19 km NE de Libourne

€€€ ▲ (10 %) *Chambres d'hôtes (Marie-Christine et Philippe Heftre) :* 7, Le Baudou. ☎ 05-57-49-16-33. ▫ 06-11-14-73-72. ● le.baudou@wanadoo.fr ● chateaulebaudou.com ● Belle demeure du XVIIIe s en pierre et en brique, nichée dans un parc de 4 ha (un peu en bord de route, mais très peu fréquentée). Cinq chambres élégantes et spacieuses avec sanitaires privés (une au rez-de-chaussée, les autres à l'étage). Atmosphère bourgeoise. De 70 à 105 € pour 2 selon la saison, petit déj compris. Il est servi, au choix, dans la salle à manger ou dans la cuisine (qu'on préfère, car tout en pierre et avec une grande cheminée). Pas de table d'hôtes, mais plusieurs restos dans le coin. Nombreux circuits de randonnée à proximité. Accueil agréable.

Accès : A 10, sortie Saint-André-de-Cubzac ; prenez la D 10 vers Guîtres, traversez ce village et tournez à droite vers Coutras, la maison est 2,5 km plus loin.

CRÉON-D'ARMAGNAC 40240

Carte régionale B2

35 km E de Mont-de-Marsan ; 8 km N de Barbotan-les-Thermes

€€ ▲ |●| (10%) **Chambres d'hôtes (Michelle et Henri Subra) :** Le Poutic. ☎ 05-58-44-66-97. 📱 06-76-42-74-51. • lepoutic@wanadoo.fr • lepoutic.com • 🛜 Aux confins du Gers et des Landes, dans un agréable parc bordé de tilleuls, magnifique et ancienne ferme landaise en pierre blanche avec poutres et solives et de jolis volets bleus. Au 1er étage, 3 chambres originales avec sanitaires privés, à la déco élégante et soignée. Selon la chambre, de 65 à 75 € pour 2, petit déj compris. Table d'hôtes à 28 €, vin compris, pour découvrir la cuisine du Sud-Ouest ou menu spécial foie gras et canard à 45 €, boissons comprises. Si vous souhaitez approfondir la question, vos hôtes organisent même des stages sur la cuisine du canard gras. La salle à manger mélange authentique et contemporain. Accueil convivial. Une adresse pour se mettre au vert.

Accès : de Mont-de-Marsan, D 933 vers Agen/Périgueux et, à la sortie de Saint-Justin, D 35 jusqu'à Créon ; prenez ensuite à droite direction Cazaubon, la maison est à 1 km.

CRÉON-SADIRAC 33670

Carte régionale B1

20 km E de Bordeaux

€€€ ▲ **Chambres d'hôtes Le Prieuré de Mouquet (Anne Bandelier) :** 6, chemin de Mouquet. ☎ 05-56-23-26-57. 📱 06-81-94-75-32. • prieure-de-mouquet@bbox.fr • prieure-de-mouquet.com • 🐾 Encore une adresse comme on en voit peu... Remarquable prieuré du XVIe s tout en pierre. Par un porche, on entre dans un beau jardin complètement à l'écart, et les 5 chambres sont disposées tout autour. À la fois personnalisées et originales, elles restent en harmonie avec l'élégante simplicité des lieux. Sanitaires privés. Selon la saison, de 69 à 95 € pour 2, petit déj compris (pâtisseries et confitures maison, fruits du jardin en saison). Également une roulotte en bois installée dans le parc et un gîte de 4 à 6 personnes pour les séjours. Accueil convivial. Une adresse qui mêle charme et insolite.

Accès : de Créon, D 671 vers Bordeaux par Fargues ; à la sortie du bourg, après le garage Peugeot, tournez à droite chemin de Mouquet.

CUBNEZAIS 33620

Carte régionale B1

30 km NE de Bordeaux ; 8 km N de Saint-André-de-Cubzac

€€ ▲ |●| 🐴 (10%) **Chambres d'hôtes Domaine de la Gravette (Martine et Jean-Bernard Bertet) :** ☎ 05-57-68-72-47. 📱 06-22-76-12-51. • bertet.lagravette@wanadoo.fr • pagesperso.wanadoo.fr/lagravette • Fermé 30 nov-1er fév. 🛜 Au cœur du vignoble de Bordeaux, imposante et belle demeure en pierre entourée d'un grand parc ombragé où trône un joli bassin. Quatre chambres confortables avec sanitaires privés : 2 au rez-de-chaussée, dont une suite familiale pour 4 personnes, les 2 autres à l'étage. 47 € pour 2, petit déj compris. Table d'hôtes (sauf samedi, dimanche et lundi) à 20 €, vin compris. Une cuisine traditionnelle et régionale, mais toujours avec une pointe d'originalité car Martine est un vrai cordon bleu. Les repas sont servis dans une salle à manger à l'atmosphère authentique : murs en pierre et énormes poutres où viennent s'accrocher les bouquets de fleurs séchées. Accueil agréable.

Accès : A 10 sortie Libourne/Saint-André (n° 39) puis direction Angoulême par la N 10 jusqu'à la sortie Cubnezais ; la maison se trouve 500 m avt le bourg, sur la gauche.

DOUDRAC 47210

Carte régionale B1

6 km E de Castillonnès ; 6 km O de Villeréal

€€ ▲ |●| (10%) **Chambres d'hôtes Keur du Monde (Jacques Bodin) :** lieu-dit Boulègue. ☎ 05-53-71-74-08. 📱 06-66-52-54-78. • keurdumonde@orange.fr • 🛜 Jacques a vadrouillé pendant des années à travers le monde. Il en est revenu avec des souvenirs plein la tête qu'il a retranscrits à sa façon dans la déco de ses chambres. Selon votre humeur, vous aurez le choix entre la chambre Moorea à Tahiti (notre préférée), celle de Kédougou au Sénégal ou de Pondichéry en Inde. Chacune a son style, ses anecdotes. 55 € pour 2, petit déj compris. Dans l'ancienne grange, longue table pour partager les repas. Table d'hôtes à 20 €. Piscine. Bon accueil. Une adresse originale pour vous faire voyager.

> *Accès :* de Doudrac, route de VIleréal et fléchage.

ESTIALESCQ 64290

Carte régionale A2

25 km SO de Pau ; 6 km E d'Oloron-Sainte-Marie

€€ 🏠 🐾 **10%** **Chambres d'hôtes Naba (Jeanne et Jean-Michel Péricou) :** ☎ 05-59-39-99-11. • maisonnaba@aol.com • maison-naba-bearn.com • Belle ferme béarnaise, agrémentée d'un joli parc ombragé et fleuri. Pour dormir, 4 chambres agréables, installées dans l'ancienne grange entièrement restaurée. Sanitaires privés. Comptez 60 € pour 2, petit déj compris. Pas de table d'hôtes, mais coin cuisine à disposition et plusieurs petits restos à proximité. Accueil chaleureux. Une adresse qui fait des adeptes !

> *Accès :* depuis Oloron-Sainte-Marie, prenez la direction de Lasseube (D 24), puis Estialescq, et suivez le fléchage.

FAUX 24560

Carte régionale B1

20 km SE de Bergerac

€€ 🏠 **10%** **Chambres d'hôtes (Françoise et Gérard Boillin) :** *La Genèbre.* ☎ 05-53-24-30-21. • boillin.getf@orange.fr • bastides-perigord.com • *Fermé des fêtes de Noël au 5 janv.* 🌐 Dans un minuscule hameau, belle maison de caractère. Deux chambres de 2 et 3 personnes, dont une avec lit à baldaquin. 58 € pour 2 ou 75 € pour 3, petit déj compris. Piscine. Également un gîte impeccable, qui se loue de 400 à 590 € la semaine selon la saison. Plusieurs sentiers de rando sur place, et deux VTT à disposition (sympa !). Accueil agréable. Une bonne adresse à l'écart du bruit et de l'agitation.

> *Accès :* dans le village, au pied de l'église, prenez en direction de Monsac ; c'est à 2 km sur la gauche.

GAJAC-DE-BAZAS 33430

Carte régionale B1

40 km O de Marmande ; 6 km E de Bazas

€€ 🏠 **10%** **Chambres d'hôtes (Jacqueline et Xavier Dionis du Séjour) :** *Cabirol.* ☎ 05-56-25-15-29. 📱 06-12-75-23-95. • xj.dionisdusejour@cabirol.fr • cabirol.fr • 🌐 Ancienne métairie du XVIIIe s restaurée, avec 2 chambres confortables, joliment décorées, et une suite de 2 chambres pour les familles. Sanitaires privés. Compter 68 € pour 2, petit déj compris. Aux beaux jours, il est servi en terrasse, au milieu des fleurs. Salle de jeux avec ping-pong. Belle piscine. Accueil absolument adorable des proprios et bon rapport qualité-prix. Pêche au lac de la Prade à 500 m, et parc ornithologique avec une visite guidée permettant d'admirer les nids de quelque 150 hérons.

> *Accès :* depuis Langon, prenez la direction de Bazas par la D 932 ; dans Bazas, suivez les panneaux « La Réole » ; la maison est à 4 km sur la D 9 (fléchage).

HAGETAUBIN 64370

Carte régionale A2

38 km NO de Pau ; 15 km E d'Orthez

€ 🏠 **10%** **Chambres d'hôtes (Raoul Costedoat) :** *100, chemin Long.* ☎ 05-59-67-51-18. 📱 06-74-89-61-24. • raoul.costedoat@orange.fr • gitederaoul.over-blog.com • 🌐 Belle propriété familiale, admirablement restaurée par Raoul (si vous le souhaitez, il vous contera l'histoire de sa maison, dont il a retrouvé les archives). Trois chambres au décor raffiné avec de spacieux sanitaires privés. Modestement, Raoul vous déclare qu'il a aménagé un court de tennis et une piscine pour ses hôtes. Quant au prix, c'est un véritable « trou dans le mur » (comme disent nos amis d'outre-Atlantique) : 35 € pour 2, avec le petit déj, que vous prendrez dans une belle salle à manger avec un remarquable buffet deux corps. Pas de table d'hôtes, mais grande cuisine à disposition (et si vous participez au ramassage des fruits et légumes, vous ne repartirez pas les mains vides !). Vos bambins, eux, seront ravis de découvrir les canards et les petits veaux qu'élève Raoul avec le label « sous la mère ». Accueil de qualité. Une adresse qui fait des adeptes et une de nos préférées sur le département.

> *Accès :* depuis Orthez, prenez la D 933 en direction d'Hagetmau (sur 10 km), puis à droite la D 945 vers Lescar ; fléchage depuis Hagetaubin.

HOSSEGOR 40150

Carte régionale A2

29 km N de Biarritz

€€ 🏠 **Chambres d'hôtes Ty-Boni (Bab et Bernard Boniface) :** *1831, route de Capbreton, Angresse.* ☎ 05-58-43-98-75. 📱 06-26-29-44-27. ● info@ty-boni.com ● ty-boni.com ● *Résa longtemps à l'avance pour l'été.* Maison traditionnelle, mais de construction récente, dans un environnement verdoyant. Belle vue sur le parc et l'étang pour les amateurs de pêche. Quatre chambres guillerettes et douillettes, avec sanitaires privés, clim et TV, dont une suite familiale composée de 2 chambres. Selon la saison, de 65 à 85 € pour 2, petit déj compris, et de 120 à 160 € pour 4. Pas de table d'hôtes, mais cuisine d'été à disposition et plein de restos pour toutes les bourses à Hossegor et Capbreton. Piscine chauffée, avec tout le matos pour faire bronzette. Accueil souriant et agréable.

Accès : depuis Dax, empruntez la N 10 en direction de Bayonne ; à Saint-Vincent-de-Tyrosse, prenez la direction d'Angresse (D 33), puis de Capbreton (D 133) ; faites 1,8 km, la maison est à gauche.

ISPOURE 64220

Carte régionale A2

1 km NE de Saint-Jean-Pied-de-Port

€€ 🏠 **Chambres d'hôtes Ferme Exteberria (Marie-Jeanne Mourguy) :** *Domaine Mourguy.* ☎ et fax : 05-59-37-06-23. ● domainemourguy@hotmail.com ● domainemourguy.com ● *Fermé 6-30 janv.* Dans un petit village, ferme familiale tenue par Marie-Jeanne et ses enfants. Dans une partie indépendante, ouvrant sur le vignoble qui produit l'irouléguy (vin régional), 4 chambres avec mezzanine et sanitaires privés. 60 € pour 2, petit déj compris (délicieux gâteau basque et confitures maison). Pas de table d'hôtes, mais kitchenette à disposition. Pierre, le fils de Marie-Jeanne, élève des moutons, des ânes, des chevaux et possède 9 ha de vignes. D'ailleurs, vous pourrez visiter le chai de vinification et déguster le vin de la propriété. Plusieurs randos en boucle partent du village pour découvrir les « chemins de l'Arraduy ». De la ferme, vous pourrez les parcourir à pied, accompagné d'ânes bâtés. Également quatre vélos à disposition. Si vous voulez vraiment connaître la culture régionale, c'est le moment de vous initier à la pelote basque sur le fronton du village (à moins que vous ne soyez déjà un champion...) car ici on pourra vous prêter le matériel.

Accès : dans Saint-Jean-Pied-de-Port, prenez la direction de Saint-Palais ; après le pont, tournez à gauche vers Ispoure ; la maison est au bout de la petite route, à gauche de l'église.

ITXASSOU 64250

Carte régionale A2

30 km NO de Saint-Jean-Pied-de-Port ; 25 km S de Biarritz

€€ 🏠 **Chambres d'hôtes Soubeleta (Marie-Françoise Regerat) :** *chemin Soubeleta.* ☎ 05-59-29-22-34. 📱 06-23-19-70-24. ● soubeleta@orange.fr ● gites64.com/chambre-soubeleta ● *Fermé 15 nov-1ᵉʳ mars.* Mignon petit château restauré, propriété de famille. Marie-Françoise vous accueille dans les 5 chambres confortables, avec sanitaires privés. Selon la saison, de 60 à 65 € pour 2, petit déj compris (toutes sortes de pains et de délicieuses gelées de mûre et de framboise). Grande terrasse qui bénéficie d'un agréable panorama sur le village et la vallée de la Nive (si vous voulez faire du rafting, c'est le moment !). Plein de randos à faire à pied et à VTT. Pas de table d'hôtes, mais coin cuisine à disposition. Accueil souriant et décontracté. Une adresse qu'on aime bien.

Accès : n'entrez pas dans le village ; descendez vers le pont de la Nive et suivez le fléchage.

JAU-DIGNAC-ET-LOIRAC 33590

Carte régionale A1

75 km N de Bordeaux ; 8 km E de Saint-Vivien-de-Médoc

€€ 🏠 **Chambres d'hôtes Clos des Hirondelles (Nicole Martinez) :** *2, chemin de la Hille, Noaillac.* ☎ 05-56-73-97-25. 📱 06-83-51-16-46. ● clos.des.hirondelles@wanadoo.fr ● closdeshirondelles.com ● 📶 Quatre jolies chambres aménagées sous les combles d'une bâtisse du XVIIIᵉ s. 55 € pour 2, petit déj compris, et 20 € par personne supplémentaire. Tenue impeccable et plein de détails sobres tout en gardant l'atmosphère chaleureuse du bois. Jardin pour le petit déj, cuisine bien équipée et espace barbecue à disposition. Accueil pro et gentil à la fois, et calme assuré.

> *Accès :* à 14 km du rond-point situé à la sortie nord de Lesparre-Médoc (sur la N 215), prenez ensuite sur la droite (fléchage), c'est à 3 km.

LA CROIX-BLANCHE 47340

Carte régionale B1-2

15 km NE d'Agen ; 15 km S de Villeneuve-sur-Lot

€€€ 🏠 |●| (10%) **Chambres d'hôtes Domaine de Bernou (Sophie et Jean-Pascal Michez) :** ☎ 05-53-68-88-37. 📱 06-17-36-50-32. ● *domainedebernou@orange.fr* ● *domainedebernou.com* ● Résa souhaitée. Les proprios ont quitté leur Belgique natale pour venir se retirer loin du monde, dans cette superbe propriété de 25 ha, où ils élèvent des chevaux. Dans leur maison de maître du XVIIIe s, 3 chambres et une suite familiale pour 5 personnes, avec sanitaires privés. Beaux volumes et magnifique parquet. 78 € pour 2, petit déj compris. Dans une dépendance, 4 chambres supplémentaires pour l'été, plus simples et monacales, qui partagent une salle d'eau, à 38 € pour 2, petit déj compris. Table d'hôtes à 25 €. Belle et grande piscine, ping-pong, jeux pour enfants et salon de lecture avec piano à disposition des hôtes. Accueil chaleureux. Un endroit pour des vacances au vert et en famille.

> *Accès :* bon fléchage depuis la N 21 entre Agen et Villeneuve.

LA SAUVETAT-SUR-LÈDE 47150

Carte régionale B1

12 km N de Villeneuve-sur-Lot ; 6 km SO de Monflanquin

€ 🏠 |●| 🐎 **Chambres d'hôtes La Renarde (Denise et Pierre Coufignal) :** ☎ et fax : 05-53-41-90-34. Résa conseillée. Sur une exploitation agricole en pleine campagne. Dans une maison indépendante, une chambre avec salle de bains à 40 € pour 2, petit déj inclus, et 2 chambres avec lavabo à 35 € pour 2 (qu'on préfère, car plus spacieuses, mais on partage la salle de bains). Table d'hôtes à 12 €, vin compris. Repas dont la devise pourrait être : charcuterie, vin et volailles de la ferme. Tranquillité assurée. En plus, Denise, la patronne, est très avenante. Une adresse authentique.

> *Accès :* à 4 km du village ; fléchage à partir du bourg.

€€€ 🏠 |●| (10%) **Chambres d'hôtes Le Château de Saint-Sulpice (June et Frédéric Fillette) :** ☎ 05-53-01-46-44. 📱 06-84-79-03-89. ● *chateaudesaintsulpice@wanadoo.fr* ● *chateausaintsulpice.com* ● 🛜 Surplombant les environs, imposant château dont les origines remontent au XVIe siècle et modifié sous Napoléon 1er. 5 chambres dont 3 suites familiales, spacieuses avec sanitaires privés. Mobilier ancien ou de style, qui vous fait plonger dans l'histoire. Selon la chambre, de 80 à 100 € pour 2, petit déj compris. Table d'hôtes à 30 €, vin compris. Cuisine recherchée avec de nombreux produits maison. Piscine pour vous détendre. Une adresse pour revivre la vie de château.

> *Accès :* de La Sauvetat, prendre la direction de Villeneuve, pendant 1km et fléchage, c'est 2 km plus loin sur la droite.

LALANDUSSE 47330

Carte régionale B1

25 km S de Bergerac ; 8 km O de Castillonnès

€€ 🏠 |●| 🐎 (10%) **Chambres d'hôtes Le Chintre (M. et Mme Francis-André) :** ☎ 05-53-36-64-28. ● *info@lechintre.com* ● *lechintre.com* ● 🛜 Aux confins du Lot-et-Garonne et de la Dordogne, ce couple de Belges charmants ont investi cette belle ferme périgourdine, totalement perdue dans la campagne... Onze hectares certifiés en agriculture bio et dédiés à la culture du safran, à découvrir tout le mois d'octobre ! Dans le corps de ferme, 5 belles chambres, dont une suite familiale. Atmosphère rustique avec poutres apparentes et murs passés à la chaux. 60 € pour 2, petit déj compris, et 120 € pour la suite. Délicieuse table d'hôtes à 28 €, boissons comprises, avec tous les produits de la ferme. Aux beaux jours, les repas sont servis sous une superbe terrasse couverte. Enfin, après la sieste, vous pourrez piquer une tête dans la grande piscine (ça déchire !). Excellent accueil. Une adresse qui fait des adeptes !

> *Accès :* de Castillonnès, D 1 vers Lauzun ; n'entrez pas dans le village de Lalandusse ; après les grands virages en S, prenez au 1er carrefour à droite ; c'est la 1re propriété à gauche.

LAROIN 64110

Carte régionale A2

7 km O de Pau ; 4 km de Jurançon

€€ 🏠 (10%) **Chambres d'hôtes Miragou (Anne-Marie Marque) :** *chemin de Halet.*

LASCLAVERIES

☎ et fax : 05-59-83-01-19. ● annemarie marque@hotmail.com ● miragou.com ● 🛜 Ancienne ferme béarnaise typique. Anne-Marie a aménagé l'ancienne grange qu'elle occupe actuellement et reçoit ses hôtes dans l'ancienne maison d'habitation. Au rez-de-chaussée, 2 chambres, un coquet salon-salle à manger ; à l'étage, 2 autres chambres confortables, agrémentées de superbes photos de fleurs, fruits et animaux. Sanitaires privés et accès wifi. 52 € pour 2, petit déj inclus. Pas de table d'hôtes, mais un resto sympa au bord du lac de Laroin, à 1 km. Agréable prairie bordée par une petite rivière pour vous détendre après avoir visité la Cité des Abeilles ou fait le circuit des vins de Jurançon. VTT à disposition (chouette !).

Accès : sur la N 117 ; à Lescar, prenez la D 501, puis la D 2 sur 1 km.

LASCLAVERIES 64450

Carte régionale B2

20 km N de Pau ; 9 km SE d'Arzacq-Arraziguet

€ 🏠 ΙΟΙ **L'Appétit Gourmand Chez Soi (Jocelyne et Jacky Marouze) :** 9, route d'Auriac. ☎ et fax : 05-59-04-81-56. 📱 06-63-46-61-10. Les Marouze, éleveurs de canards, proposent 2 chambres à la ferme, à 50 € pour 2, petit déj compris. Situées à l'étage, elles sont simples et lumineuses, disposent d'une terrasse, de la clim, d'une baignoire balnéo pour l'une, et d'une douche hydromassante pour l'autre. Mais ce dont vous vous souviendrez ici, c'est surtout de la table d'hôtes, qui célèbre le canard sous toutes ses formes (repas de 15 à 25 €), et de la gentillesse et de la générosité des propriétaires. Et bien sûr, achat de produits de la ferme sur place.

Accès : suivez le fléchage dans le village.

LAY-LAMIDOU 64190

Carte régionale A2

15 km NO d'Oloron-Sainte-Marie ; 5 km SE de Navarrenx

€€€ 🏠 🐾 **Chambres d'hôtes (Marie-France et Bernard Desbonnet) :** L'Aubèle, 4, rue de la Hount. ☎ 05-59-66-00-44. 📱 06-86-22-02-76. ● desbonnet. bmf@infonie.fr ● laubele.fr ● Dans ce minuscule village, magnifique demeure du XVIIe s tout en pierre. L'intérieur est à la hauteur du charme de la maison : déco raffinée, meubles de style, tableaux et nombreux bibelots. Au 1er étage, 2 chambres élégantes et spacieuses, dotées de luxueux sanitaires privés. Elles ouvrent sur le parc, avec les Pyrénées en fond de décor. 75 € pour 2, avec un copieux petit déj (viennoiseries, fromage, yaourt, fruits, confitures maison...) servi dans la porcelaine et l'argenterie, s'il vous plaît ! Grand bureau avec une bibliothèque bien remplie et des tas d'infos touristiques. Le mieux, c'est quand même d'écouter Bernard parler du Béarn (c'est sa passion, et il vous en livrera tous les secrets... chut !). Pas de table d'hôtes mais plusieurs restos aux alentours. Accueil de qualité. Une adresse de charme qui fait des adeptes.

Accès : A 64 Pau/Bayonne sortie Artix ; allez jusqu'à Navarrenx puis prenez la D 2 et la D 27 vers Oloron-Sainte-Marie, jusqu'à Lay-Lamidou ; tournez à gauche dans le village et 1re rue à droite.

€€ 🏠 ΙΟΙ 🐾 **Chambres d'hôtes La Grange de Georges (Babé et Georges Laberdesque) :** 17, rue de la Hount. ☎ et fax : 05-59-66-50-45. 📱 06-82-79-65-03. ● lagrangedegeorges@wanadoo. fr ● lagrangedegeorges.fr ● *Fermé vac de Noël.* Dans une ancienne grange, indépendante de la propriété familiale, Georges a aménagé 4 chambres spacieuses et bien meublées, avec sanitaires privés, à 52 € pour 2, petit déj compris. Il élève des canards et fabrique du foie gras (on voit déjà briller les yeux de certains !). Ici, tout le monde met la main à la pâte : on cultive les légumes du jardin ; Anna, la mamie, s'occupe de la cuisine avec Babé, tandis que son frère produit du jurançon... Il ne vous reste plus qu'à vous asseoir pour partager la table d'hôtes : 18 € le repas (souvent avec confit ou magret de la ferme), apéro au jurançon compris. Vous pouvez aussi commander un repas gastronomique, avec foie gras, pour 22 €. Accueil chaleureux et authentique.

Accès : A 64 Pau/Bayonne sortie Artix ; à Navarrenx, prenez la D 2 en direction de Monein, puis la D 27 vers Oloron-Sainte-Marie jusqu'à Lay-Lamidou ; au panneau d'entrée du village, tournez à gauche, rue de la Hount.

LISLE 24350

Carte régionale B1

20 km NO de Périgueux ; 20 km SO de Brantôme

€€ 🏠 ΙΟΙ **Chambres d'hôtes La Picandine (Armelle et Olivier Lacourt) :**

☎ 05-53-03-41-93. • picandine@aol.com • picandine.com • Ouv 1er mai-30 sept. 🛜 Par une allée d'érables, on arrive jusqu'à ce magnifique logis du XVIIe s organisé autour d'une grande cour. Qui pourrait dire qu'ici Armelle et Olivier avaient installé une fromagerie ? Leur production se vendant comme des petits pains, l'entreprise a dû déménager pour s'agrandir puis a été rachetée par un gros groupe (chut !). Aujourd'hui, ils ont décidé de prendre le temps de vivre et d'accueillir des hôtes. Dans deux ailes indépendantes, 5 chambres spacieuses, décorées avec goût, dont 2 suites familiales composées de 2 chambres. On aime bien la « chambre du puits » avec son portrait de Louis XVI, et la « chambre jaune ». Sanitaires privés. 55 € pour 2 et 92 € pour 4, petit déj compris. Table d'hôtes partagée en famille à 25 €, apéro, vin et café compris. Une excellente cuisine mijotée, aux saveurs de la région. Ici, les activités ne manquent pas : billard français, vieux flipper et une superbe piscine. Accueil vraiment chaleureux. Une adresse qui fait des adeptes et une de nos préférées sur le département.

Accès : de Lisle, prenez la D 1 vers La Chapelle-Gonaguet/Périgueux sur 4 km puis tournez à droite au fléchage sur 800 m et à gauche.

LUCQ-DE-BÉARN   64360

Carte régionale A2

6 km N d'Oloron-Sainte-Marie

€ 🏠 |●| 🐴 **10%** *Chambres d'hôtes (Marie Lavie) :* quartier Auronce. ☎ 05-59-39-18-39. Fax : 05-59-36-06-48. • maison.lavie@wanadoo.fr • Fermé début nov-fin mars. 🛜 Trois chambres (dont une double composée de 2 chambres pour les familles) très bien tenues, installées dans une ancienne grange jouxtant la maison. Sanitaires privés. Comptez 50 € pour 2 et 65 € pour 4, avec le petit déj. Un petit gîte à l'étage, pour 2 personnes, et un autre pour 6 dans un corps de la ferme indépendant. Table d'hôtes (sur réservation) à partir des bons produits de la ferme et du jardin. Des exemples ? Eh bien, en voici : garbure ou omelette flambée ou pâté maison, piperade, escalope de veau au jurançon ou volaille fermière, charlotte aux fruits de saison, crème brûlée... Repas à 20 €, apéro, vin et café compris. Accueil chaleureux.

Accès : depuis Oloron-Sainte-Marie, passez Ledeuix, faites 2 km (D 110), c'est à 2 km sur la droite.

LÜE   40210

Carte régionale A1-2

20 km E de Mimizan ; 8 km O de Labouheyre

€€ 🏠 **10%** *Chambres d'hôtes Lou Pitarray (France Lamou) :* quartier Médous. ☎ 05-58-07-06-23. • france.lamou@orange.fr • 🛜 En pleine forêt landaise, dans un calme absolu, France vous reçoit dans la maison de ses arrière-grands-parents. Deux chambres décorées avec goût et ornées de belles aquarelles (réalisées par le père de France). Sanitaires privés. Selon la saison, de 58 à 69 € pour 2, petit déj compris. Pas de table d'hôtes, mais une petite auberge toute proche. Grand parc pour vous détendre ainsi qu'une piscine. Accueil chaleureux. Bon rapport qualité-prix.

Accès : depuis Labouheyre, prenez la D 626 vers Mimizan, pdt 6 km ; dans Lüe, direction Escource pdt 2 km.

€€ 🏠 **10%** *Chambres d'hôtes L'Oustau (Patricia Cassagne) :* quartier Baxentes. ☎ 05-58-07-11-58. 📱 06-24-92-68-06. Fax : 05-58-07-13-99. • cassagnepatricia@hotmail.fr • Ouv de fin mai à mi-sept, sur résa slt. Superbe maison de maître toute habillée de garluche (pierre locale) et entourée d'un parc verdoyant abritant 2 chambres coquettes et confortables, avec sanitaires privés. Comptez 54 € pour 2, petit déj compris. Beau salon avec splendide plafond à caissons. Une adresse de charme. Hôtesse accueillante et souriante.

Accès : par la D 626 ; à 1 km du village, sur la route principale qui mène à Pontenx/Mimizan.

MONEIN   64360

Carte régionale A2

25 km O de Pau

€€ 🏠 |●| 🐴 *Chambres d'hôtes Maison Cantérou (Marie-Josée Nousty) :* quartier Laquidée. ☎ 05-59-21-41-38. 📱 06-70-98-07-07. • nousty.mariejosee@wanadoo.fr • gites64.com/maison-canterou • Fermé 1re sem de sept. 🛜 Cinq belles chambres avec sanitaires privés, dont une plus grande avec balcon, dans une vieille ferme béarnaise restaurée. De 62 à 72 € pour 2, copieux petit déj compris (yaourts, pain d'épice, crêpes maison...), servi sur la terrasse ou devant la cheminée selon la saison. Table d'hôtes (3 fois par semaine) à 22 €. Dégustation et vente de jurançon (vous êtes au cœur du vignoble et vos hôtes sont... viticulteurs). Grand jardin, boulodrome, ping-pong et piscine pour se détendre. Bon accueil.

Accès : depuis le village, prenez la D 34 en direction de Lacommande (la maison est à 6 km du centre).

MONSÉGUR 40700

Carte régionale A2

32 km SO de Mont-de-Marsan ; 10 km SE d'Hagetmau

€€€€ **Chambres d'hôtes À la Vieille École (Annelies Van Haecht et Éric Carrasquet) :** *500, chemin de Moncade.* ☎ 09-64-07-47-00. • info@alavieilleecole.eu • alavieilleecole.eu • C'est l'ancienne mairie-école du village, entièrement retapée avec beaucoup de goût par un couple franco-belge en provenance d'Anvers. Éric, dont le père est du Sud-Ouest, a embarqué sa petite famille pour trouver le soleil et travaille désormais dans le foie gras. À l'intérieur, très beau mélange d'ancien et de contemporain dans les 3 chambres aux doux noms de « Géographie », « Histoire » et « Mathématiques ». Sanitaires privés. De 90 à 95 € pour 2, petit déj compris. Alors, attention, interrogation écrite à la fin du séjour pour les enfants pas sages ! Joli jardin au calme et belle piscine pour la détente.

Accès : au cœur du village.

MONTFERRAND-DU-PÉRIGORD 24440

Carte régionale B1

40 km SE de Bergerac ; 8 km N de Monpazier

€ **Chambres d'hôtes La Rivière (Sylvie Barriat) :** ☎ et fax : 05-53-63-25-25. • basy@club-internet.fr • pere-igord.com • *Ouv d'avr à mi-nov.* Belle ferme en activité tout en pierre. Trois jolies petites chambres bien tenues, avec sanitaires privés, à 46 € pour 2, petit déj compris, et 82 € pour 2 en demi-pension (repas sur réservation). Deux gîtes ruraux pour ceux qui veulent séjourner. Agréable piscine. Accueil décontracté. Une adresse nature à prix doux.

Accès : à 2 km de Montferrand sur la D 26 en direction de Bouillac ; la maison est à droite en retrait de la route.

MOUSTIER 47800

Carte régionale B1

9 km E de Duras ; 26 km NE de Marmande

€€€ **Chambres d'hôtes Aux Agapanthes (Marie-Noëlle Marie) :** *Moulin à vent.* ☎ 05-53-93-06-74. • agapanthes@orange.fr • agapanthes.free.fr • *Ouv 15 avr-15 oct.* Belle ferme du XIXe siècle à pans de bois qui jouit d'une magnifique vue sur la campagne verdoyante. Marie-Noëlle aime les fleurs et soigne son intérieur, tout comme ses 2 chambres fraîches et élégantes : une romantique, toute blanche, avec grande salle de bains, et une indienne, plus colorée et plus spacieuse. Selon la longueur du séjour, de 80 à 100 € pour 2, petit déj compris. Immense et incroyable salon installé dans l'ancienne étable. Table d'hôtes à 30 €. Agréable piscine. Accueil adorable et calme absolu.

Accès : sur la D668 entre Duras et Miramont, au niveau du hameau La-Croix-de-Moustier, prendre à gauche et faire 1 km (fléchage).

MUGRON 40250

Carte régionale A2

27 km SO de Mont-de-Marsan ; 16 km SE de Tartas

€€ **Chambres d'hôtes La Terrasse de la Grand'Rue (Marie-Hélène et Jean Dangoumau) :** *4, rue Frédéric-Bastiat.* ☎ 05-58-97-66-27. 06-64-27-00-70. • mh.dangoumau@wanadoo.fr • terrasse-grand-rue.com • Une jolie maison de maître du XVIIIe s, bien retapée, avec une magnifique vue sur les Pyrénées depuis la terrasse. À l'intérieur, 2 salons agréables et un bel escalier menant aux chambres. La suite « Coquelicot », aux tons rouge et blanc, offre 2 chambres, dont une vaste et haute de plafond. « La Fougère », aux tons verts, a 2 lits doubles, dont un niché dans une alcôve. « La Bruyère », couleur rose et lavande, possède un balcon orienté plein sud. Toutes avec vieux parquet, cheminées à l'ancienne et décoration au goût du jour. Selon la saison, de 55 à 60 € pour 2, petit déj compris, et de 95 à 100 € pour 4. Table d'hôtes à 18 € avec canard et légumes maison ou à base de produits régionaux. Accueil très gentil.

Accès : à droite du Crédit Agricole.

NAUSSANNES 24440

Carte régionale B1

23 km SE de Bergerac ; 4 km O de Beaumont-du-Périgord

€€€ 🛌 (10%) **Chambres d'hôtes Le Chant des Oiseaux (Brigitte et Christian Le Gros) :** *Le Bourg.* ☎ 05-53-27-35-09. 📱 06-17-90-10-73. • *legros. brigitte@wanadoo.fr* • *le-chant-des-oiseaux.com* • *Fermé 24 déc-2 janv.* Le Chant des Oiseaux est composé de trois maisons d'habitation tout en pierre, installées autour d'un grand jardin intérieur où siège la piscine. Trois chambres à l'atmosphère dépaysante, dont une suite familiale composée de 2 chambres. Déco sympa qui rappelle les nombreux voyages des propriétaires. Entre « La Tahitienne », « l'Anglaise », « Coquillages et Bateaux » mon cœur balance. Sanitaires privés. 72 € pour 2, petit déj compris, et 150 € pour 4. Pas de table d'hôtes, mais plusieurs restos dans un rayon de 5 km. Accueil agréable. Une bonne adresse.

> **Accès :** Naussannes se trouve sur la D 25 entre Beaumont-du-Périgord et Issigeac ; entrez dans le bourg, passez devant le monument aux morts puis prenez la D 19 (vers Saint-Léon-d'Issigeac), la maison est à 150 m à gauche.

OUSSE-SUZAN 40110

Carte régionale A2

24 km NO de Mont-de-Marsan ; 3 km S de Ygos-Saint-Saturnin

€€€€ 🛌 **Chambres d'hôtes Domaine d'Agès (Élisabeth et Patrick Haye) :** 📱 06-86-87-56-08. • *maisondages@gmail.com* • *hotes-landes.fr* • *Ouv 15 juin-15 sept.* Dans un hameau paisible, au bout d'un petit chemin, cet ancien domaine viticole a fière allure avec ses murs recouverts d'ampélopsis, dans ce parc de 5 ha peuplé d'arbres centenaires. À l'étage, une chambre et une suite (chambre + salon), avec meubles anciens et sanitaires privés. De 85 à 95 € pour 2, petit déj compris. Calme garanti, petite piscine chauffée, grand airial de chênes et de pins. Nombreux chemins de randos en VTT au départ de la maison, et une multitude d'animaux de la ferme qui raviront les enfants. La famille aime la lecture, les arts et les chevaux et vous conseillera sur les découvertes à faire dans la région.

> **Accès :** tournez à gauche à l'entrée du village et suivez le fléchage.

PAU 64000

Carte régionale B2

€€ 🛌 **Chambres d'hôtes La Ferme du Hameau de Pau (Françoise Rousset et Vincent Seger) :** *73, av. Copernic.* ☎ 05-59-84-36-85. • *la-ferme-du-hameau-de-pau@wanadoo.fr* • *gites-du-hameau-de-pau.com* • 🐕 N'ayez aucune appréhension, malgré la proximité de la ville, la ferme est tout à fait au calme. Françoise et Vincent y tiennent 3 chambres, dont 2 avec mezzanine (pour 3 personnes). Sanitaires privés. Comptez 55 € pour 2, petit déj compris (avec de bonnes confitures et le pain d'épice maison), et 15 € par personne supplémentaire. Françoise fait du tissage et donne des cours aux hôtes qui le désirent. Vincent, lui, est guide de haute montagne et peut vous organiser diverses activités, moyennant un supplément, sans oublier la cueillette des fruits et la fabrication de confitures à partir de la production de l'exploitation (figues, framboises et cassis). Pour vos séjours, 4 gîtes pour 2 personnes loués de 200 à 350 € la semaine selon la période. Accueil jeune et dynamique.

> **Accès :** au nord de Pau, en allant vers Tarbes (sortie n° 10 de l'autoroute).

PONTIACQ 64460

Carte régionale B2

30 km NE de Pau ; 25 km E de Tarbes

€ 🛌 🍽 🐎 (10%) **Chambres d'hôtes (Nicole Vignolo) :** *252, route de Montaner.* ☎ 05-59-81-91-45. 📱 06-01-73-48-85. • *nicole.vignolo@wanadoo.fr* • *gites64.com/vignolo* • On se souviendra longtemps de la gentillesse de l'accueil de Nicole... Dans sa grande ferme béarnaise en galets, elle propose 5 chambres spacieuses avec meubles de famille et sanitaires privés, à 50 € pour 2, petit déj compris. Dans la salle à manger rustique, on partage le repas avec Nicole sur une grande table de ferme. Pour 20 € : magret et confit bien sûr, mais aussi charcuterie maison, pintade aux pommes, beignets d'aubergine, crème brûlée... Une adresse chaleureuse.

> **Accès :** sur la route de Pau à Tarbes ; à Ger, tournez à gauche en direction de Montaner, puis de Pontiacq.

PUJOLS — 33350

Carte régionale B1

45 km E de Bordeaux ; 6 km S de Castillon-la-Bataille

€€€ 🛏 🍽 **Chambres d'hôtes Les Gués Rivières (Margotte et Olivier Bernard) :** *5, pl. du Général-de-Gaulle.* ☎ 05-57-40-74-73. 📱 06-70-52-32-07. Fax : 09-71-70-66-97. ● margotte.olivier@wanadoo.fr ● perso.orange.fr/margotte.olivier/ ● *Fermé 22 nov-4 janv.* 📶 Sur la place ombragée d'un joli village classé au Patrimoine de l'Unesco, belle demeure girondine tout en pierre. Du jardin-terrasse, on plonge sur les vignobles de saint-émilion et des côtes-de-castillon. Margotte et Olivier (respectivement chef de cuisine et œnologue) ont délaissé le milieu de la haute gastronomie parisienne pour s'installer à la campagne. À l'étage, 4 chambres élégantes et contemporaines, avec sanitaires privés. Selon la saison, de 75 à 80 € pour 2, petit déj compris. Table d'hôtes à 25 € (sans les vins) pour une cuisine régionale, subtile et recherchée, à ne pas manquer. Prêt de vélos. Une adresse qui mêle campagne et gastronomie.

Accès : *de Castillon, prenez la D 17 jusqu'à Pujols ; la maison est sur la place du village.*

RIBÉRAC — 24600

Carte régionale B1

37 km NO de Périgueux

€ 🛏 **Chambre d'hôtes La Borderie (Ginette Debonnière) :** ☎ 05-53-90-06-08. *Résa en hte saison.* Vous trouverez une chambre au bout de cette petite route, à 42 € pour 2, petit déj compris. Excellent accueil.

Accès : *du centre de Ribérac, prenez la direction de Montpon, puis, au rond-point, allez à droite, vers le lotissement Terradeau ; après avoir passé deux stop, continuez sur 300 m puis prenez la petite route à droite « La Borderie » ; la ferme est au fond du village.*

SABRES — 40630

Carte régionale A2

35 km NO de Mont-de-Marsan ; 19 km S de Pissos

€€ 🛏 (10 %) **Chambres d'hôtes Le Plaisy (Stéphane Bacon) :** *route de Commensacq.* ☎ 05-58-07-56-92. 📱 06-86-08-40-87. Fax : 05-58-07-50-29. ● stephane.bacon@orange.fr ● Dans une petite maison, 3 chambres bien meublées, avec sanitaires privés, à 59 € pour 2, petit déj inclus. Parc de 10 ha, avec piscine. Pas de table d'hôtes mais cuisine d'été à disposition avec frigo, cuisinière et barbecue. Bon accueil. L'écomusée de Marquèze jouxte la propriété.

Accès : *entre Sabres et Commensacq.*

SAINT-ANDRÉ-D'ALLAS — 24200

Carte régionale B1

8 km O de Sarlat

€€ 🛏 **Chambres d'hôtes Les Filolies (Adrienne et Patrick Lancauchez) :** ☎ et fax : 05-53-30-31-84. ● lesfilolies@hotmail.com ● lesfilolies.com ● *Fermé de Toussaint à Pâques.* 📶 Cette jolie demeure est un ancien relais de poste dont les origines remontent au XVIIIe s. Dans une partie indépendante, 4 chambres agréables de plain-pied, avec sanitaires privés. Selon la saison, de 63 à 69 € pour 2, petit déj compris. Agréable jardin avec belle piscine. Accueil souriant, teinté par l'accent d'Adrienne, anglaise comme son prénom ne l'indique pas ! Un point de chute idéal pour découvrir Sarlat et venir se détendre loin du bruit et de la foule.

Accès : *de Sarlat, prenez direction Bergerac puis la D 25 vers Meyrals/Saint-Cyprien sur 7 km et la maison est fléchée à gauche.*

SAINT-GEIN — 40190

Carte régionale B2

65 km N de Pau ; 18 km SE de Mont-de-Marsan

€€€ 🛏 🍽 **Chambres d'hôtes La Méniguère (Dominique et Guy Despagnet) :** *100, impasse de Méniguère.* ☎ 05-58-03-27-55. 📱 06-12-52-88-73. ● lameniguere@hotmail.fr ● lameniguere.com ● ♿ Ancien chais jaune pâle qu'on découvre depuis la petite route. Dans une partie indépendante, 3 chambres à l'atmosphère chaleureuse avec confortables sanitaires privés : une au rez-de-chaussée, les 2 autres à l'étage. Une autre chambre située dans un bâtiment indépendant dénommé « le Cabanon ». Enfin, dans une autre maisonnette, indépendante et de plain-pied, une suite familiale pouvant accueillir de 4 à 6 personnes. Toutes ouvrent sur le parc de 2 ha et l'étang éclairé la nuit par une installation subtile.

Déco originale et soignée : peintures aux doux tons pastel, bois coloré à l'honneur, tentures et tissus assortis. 80 € pour 2, petit déj compris. Table d'hôtes (mardi et jeudi) à 30 €, vin et café compris. Fin cordon bleu, Dominique vous régalera de recettes dont elle garde le secret (ah, la macaronade au foie frais et cèpes, hmm son magret de canard aux pêches ou le tournedos de canard aux cèpes !). Jolie piscine pour vous détendre avec *pool-house* et cuisine d'été. Accueil très chaleureux, teinté par l'accent du Sud-Ouest.

> *Accès :* de Mont-de-Marsan, prenez la D 30 vers Auch, puis à gauche la D 934 vers Saint-Gein ; la maison est à gauche avt le village.

SAINT-GERMAIN-D'ESTEUIL 33340

Carte régionale A1

60 km NO de Bordeaux ; 8 km SE de Lesparre

€ 🏠 ⑩% **Chambres d'hôtes du Parc (Catherine et Philippe Ledoux) :** chemin de Cambeil. ☎ 05-56-73-93-67. 📱 06-84-23-44-85. ● philyan33@yahoo.fr ● 📶 Très jolie maison blanche du Médoc dans un beau parc de 6 000 m² avec des tas de petits coins sympas où l'on peut même pique-niquer. À l'étage, 2 chambres confortables et gaies, avec sanitaires privés. 49 € pour 2, petit déj compris. Accueil chaleureux. Une demeure qui rayonne de lumière et de joie de vivre où on aurait bien posé nos sacs plus longtemps.

> *Accès :* N 215 Bordeaux/Lesparre ; passez Saint-Laurent et, à Cissac, tournez à gauche après l'entreprise Sarrazy, au niveau de l'arrêt de bus (attention c'est dangereux !), et suivez le fléchage (c'est la dernière maison au fond du chemin).

SAINT-GERVAIS 33240

Carte régionale B1

30 km NE de Bordeaux ; 4 km NO de Saint-André-de-Cubzac

€€ 🏠 ⑩% **Chambres d'hôtes Le Voisy (Mary et Philippe Cheronnet) :** 14, route de Bourg. ☎ 05-57-43-19-08. 📱 06-44-17-62-34. ● levoisy@gmail.com ● levoisy.jimdo.com ● Fermé janv-fév. 📶 Maison vigneronne centenaire toute simple, que Mary, décoratrice et peintre, a su personnaliser avec beaucoup de goût. Derrière, un grand jardin vous fera oublier la route, un peu passante. À l'étage, 2 chambres coquettes où partout le pinceau de votre hôtesse a laissé sa trace. Sanitaires privés et climatisation. Comptez 53 et 58 € pour 2, petit déj compris. Accueil hors pair.

> *Accès :* A 10 sortie n° 40A (Saint-André-de-Cubzac) puis D 669 vers Bourg-sur-Gironde jusqu'à Saint-Gervais ; la maison est sur la droite, à côté de l'arrêt de bus.

SAINT-JEAN-DE-DURAS 47120

Carte régionale B1

30 km NE de Marmande ; 35 km O de Bergerac

€€ 🏠 🍴 **Chambres d'hôtes Le Pascaud (Anne et Bernard DROSNE) :** ☎ 05-53-89-57-99. ● contact@gite-le-pascaud.fr ● gite-le-pascaud.fr ● Fermé du 2 nov-31 mars. 📶 En pleine campagne, joli mas en pierre bien restauré. 2 chambres charmantes dont une suite avec sanitaires privés. 65 € pour 2, petit déj compris. Déco soignée à partir de matériaux nobles. Beaux tissus et mobilier ancien. Table d'hôtes à 24 €, apéro et vin compris. Dans l'ancien chais, un espace détente avec sauna et jacuzzi (avec supplément), mais aussi salle de cardio-training et piscine. Un gîte de 6-8 personnes pour ceux qui veulent séjourner. Tranquillité assurée.

> *Accès :* de St-Jean-de-Duras, D 19 vers Sainte-Foy-La-Gironde et fléchage à gauche.

SAINT-MARIENS 33620

Carte régionale B1

35 km N de Bordeaux ; 36 km de Saint-Émilion

€€ 🏠 ⑩% **Chambres d'hôtes Château de Gourdet (Yvonne et Daniel Chartier) :** ☎ 05-57-58-05-37. 📱 06-62-75-41-22. ● chateaugourdet@laposte.net ● 📶 Le château est en fait une ancienne maison forte du Moyen Âge, modifiée au XVIIIe s, puis restaurée. Elle est située sur un coteau au milieu de vignes et de prairies où paissent tranquillement des chevaux. Cinq chambres confortables, avec sanitaires privés, de 60 à 65 € pour 2, petit déj inclus (plein de confitures maison, dont celle à la figue, spécialité de Daniel). Une adresse tip-top pour les amateurs de vin !

> *Accès :* depuis Bordeaux, A 10, sortie n° 39b, direction Angoulême, jusqu'à Saint-Mariens.

SAINT-MARTIN-DE-RIBÉRAC 24600

Carte régionale B1

34 km O de Périgueux ; 3 km SE de Ribérac

€€ 🏠 **Chambre d'hôtes La Chartreuse de la Veille (Anne-Marie et Jean-Paul Moncoucut) :** La Veille-Basse. ☎ 05-53-90-64-92. 📱 06-79-12-50-55. • jpam.moncel@wanadoo.fr • chartreuse-laveille.com • 📶 Belle adresse, en réalité, que cette chartreuse pour poser ses valises dans un lieu paisible. La bâtisse, totalement restaurée, allie avec réussite les témoignages du temps (cheminées monumentales, poutres multi-centenaires...) avec le confort moderne. Au final, les 2 chambres (dont une suite familiale de 2 chambres) sont vastes et agréables à vivre. 58 € pour 2 avec le petit déj. Quant à l'accueil, Anne-Marie et Jean-Paul sont comme des amis qu'on retrouve avec plaisir. On partage avec bonheur une boisson de bienvenue et un copieux petit déj. Très appréciable et superbe piscine intérieure, et salon de musique avec piano à disposition. Une vraie chartreuse de charme... elle est bonne !

Accès : de Ribérac, D 709 vers Mussidan ; 500 m après la sortie du village de Saint-Martin-de-Ribérac, tournez à gauche vers La Veille-Basse ; c'est 1,5 km plus loin (dont 200 m sur un bon chemin de terre).

SAINT-MARTIN-LACAUSSADE 33390

Carte régionale A1

45 km N de Bordeaux ; 1 km N de Blaye

€€ 🐕 🍴 **Chambres d'hôtes Château Frédignac (Nicole et Michel L'Amouller) :** 7, rue Émile-Frouard. ☎ 05-57-42-24-93. Fax : 05-64-11-08-79. • chambres@chateau-fredignac.eu • chateau-fredignac.fr • Fermé 14 fév-10 mars. Imposante demeure girondine entourée d'un agréable jardin fleuri. Un escalier extérieur conduit à un balcon qui dessert 3 chambres agréables et personnalisées, avec sanitaires privés. De 57 à 62 € pour 2 avec le petit déj, que l'on prend sous l'œil vigilant du grand-père de Michel, marin breton reconverti dans la viticulture et dont la photo trône sur la cheminée. Bien sûr, les amateurs de bordeaux seront servis... Michel et Nicole exploitent 20 ha de vignes côtes-de-blaye, alors visite de chais et dégustation sont au programme. Vélos à disposition. Une bonne adresse. Pour tout séjour de 2 nuits consécutives, nos lecteurs se verront offrir une bouteille de vin du domaine !

Accès : A 10 sortie n°s 38 ou 40B puis direction Blaye ; au rond-point de la zone commerciale, à l'entrée de Blaye, suivez le fléchage « Chambres d'hôtes » puis, au stop, prenez à gauche, traversez l'ancien passage à niveau, le château est à droite.

SAINT-MAURICE-SUR-ADOUR 40270

Carte régionale A2

12 km S de Mont-de-Marsan

€€ 🏠 🍴 🐕 **10%** **Chambres d'hôtes (Nadine et Dominique Viviane-Savary) :** Trouilh. ☎ 05-58-71-08-68. 📱 06-45-76-56-96. • trouilh.nadine@orange.fr • trouilh.fr • À l'écart du village, au cœur d'un grand parc, ancienne ferme landaise très bien restaurée. Grâce au goût subtil de Nadine et Michèle (sa maman), l'ancienne grange s'est habillée pour recevoir ses hôtes. Trois chambres charmantes avec sanitaires privés : une au rez-de-chaussée, les 2 autres à l'étage, dont une suite pour 5 personnes. Déco et atmosphère qui vous emmènent en voyage. De 52 à 60 € pour 2, petit déj inclus. Table d'hôtes à 25 €, vin compris. Les repas se partagent dans une superbe salle à manger aux murs en galets ou en larges planches de sapin. Aux beaux jours, ça se passe côté jardin et Nadine cuisine à la plancha ! Accueil sympa. Une bonne adresse.

Accès : de Mont-de-Marsan, prenez la N 124 vers Grenade ; après l'hôpital Nouvielle en direction de Saint-Maurice, tournez à droite et suivez le fléchage.

SAINT-MICHEL-DE-FRONSAC 33126

Carte régionale B1

25 km NE de Bordeaux ; 10 km O de Saint-Émilion

€€€€ 🏠 **Chambres d'hôtes La Closerie de Fronsac (Marie-Christine et Alain Aguerre) :** Lariveau. ☎ 05-57-24-95-81. 📱 06-26-15-18-20. Fax : 05-57-24-95-30. • contact@lacloseriedefronsac.com • lacloseriedefronsac.com • Au milieu des vignes, belle demeure du XVIIe s, qui vient de refaire peau neuve. Dans une aile indépendante, au 1er étage, 2 chambres avec sanitaires privés, 2 autres dans la maison. Deux agréables terrasses pour profiter du paysage. Belle salle à manger authentique et chaleureuse (réservée aux hôtes), avec grande cheminée et coin cuisine à disposition (bien pratique, car il n'y a pas de table d'hôtes). De 87 à 107 € pour 2, petit déj bio compris. Au fait, *La Closerie de Fronsac* est aussi un canon-fronsac réputé (eh oui, les proprios sont viticulteurs et font déguster leur production) ! Accueil convivial.

> *Accès :* Saint-Michel-de-Fronsac se trouve sur la D 670 entre Libourne et Saint-André-de-Cubzac ; au niveau de la poste du village, suivez le fléchage « Lariveau » sur 1,5 km.

SAINT-PIERRE-SUR-DROPT   47120

Carte régionale B1

7 km O de Monteton ; 20 km N de Marmande

€€ 🏠 🐾 **10%** **Chambre d'hôtes Moulin de Cocussotte (Dominique Olivain et Jacques Constantin) :** ☎ 05-53-83-83-44. 📱 06-74-16-46-82. ● dominique.olivain@wanadoo.fr ● moulindecocussotte.com ● 📶 Moulin familial dans un cadre enchanteur au milieu de barrages, chutes d'eau, pontons et le seul à posséder une roue à aubes sur le département. Une immense chambre suite de 90 m² au 1er étage de la maison avec un grand séjour, un hall, une loggia qui ouvre sur la rivière. Sanitaires privés. 70 € pour 2, petit déj compris et 90 € pour 4. Piscine. Possibilité de pêcher sur le site (à vos cannes !). Également 2 ravissants petits gîtes pour ceux qui veulent séjourner. À noter que le moulin se visite de mai à septembre. Accueil convivial. Bon rapport qualité-prix-convivialité.

> *Accès :* bien fléché depuis Duras situé à 3,5 km.

SAINT-RÉMY-SUR-LIDOIRE   24700

Carte régionale B1

30 km NO de Bergerac ; 8 km S de Montpon-Ménestérol

€€ 🏠 🐾 **10%** **Chambres d'hôtes Domaine de la Mouthe (Marie-Ange Guérault) :** La Mouthe. ☎ 05-53-82-15-40. 📱 06-71-52-73-42. ● lamoutheperigord@wanadoo.fr ● domainedelamouthe.com ● Après avoir sillonné l'Europe, l'Afrique et traversé le désert, Marie-Ange a décidé de revenir sur la terre familiale. Cette ancienne grange a été entièrement démontée et remontée ici, et croyez-nous, elle est belle avec ses colombages, isolée au milieu de 60 ha de pâturages et de sous-bois. Trois chambres d'hôtes adorables, dans les tons du Périgord (pourpre, blanc et vert) avec sanitaires privés, accès direct sur l'extérieur et petit salon de jardin, chacune avec frigo et TV, à 62 € pour 2, petit déj compris. Deux autres chambres (bleue et ocre), très spacieuses, avec coin salon, coin cuisine, salle d'eau, climatisation et terrasse privée couverte, à 77 €. Et pour compléter le tableau, une belle et grande piscine. Pas de table d'hôtes, mais Marie-Ange vous indiquera toutes les bonnes adresses du coin. Accueil souriant et charmant. Une de nos adresses préférées sur le département.

> *Accès :* de Montpon ou de l'A 89 (sortie n° 12), prenez la D 708 vers Saint-Rémy et, à l'entrée du village, prenez la D 33 vers Villefranche-de-Lonchat, puis la 1re route à gauche à 50 m et suivez le fléchage « La Mouthe » sur 2 km.

SAINT-SEURIN-DE-CADOURNE   33180

Carte régionale A1

16 km E de Lesparre-Médoc ; 15 km N de Pauillac

€€€ 🏠 🍽 **Chambres d'hôtes Real (Violaine et Patrick Lapeyrere) :** 6, rue Clément-Lemaignan. ☎ 05-56-59-31-04. ● real-en-medoc@wanadoo.fr ● real-en-medoc.com ● Maison girondine de 1800 entourée de 3 ha de vignobles. Violaine et Patrick sont originaires de Tarbes, mais ont décidé de prendre la route des châteaux pour redorer le blason à la belle demeure familiale et accueillir les invités. Et c'est un succès : la déco contrastant couleurs chaudes et froides, ponctuée de jolis tapis et mettant en valeur volumes et mansardes nous a conquis. Cinq chambres, dont une familiale, à 90 € pour 2, petit déj compris. Table d'hôtes à 32 €, à base des produits du potager bio, apéritif, vin de la propriété et café inclus. Cuisine traditionnelle et pain maison. Superbe parc, piscine, une adresse conviviale. Prêt de vélos pour vos balades.

> *Accès :* à Bordeaux, prenez la sortie n° 7, direction Le Verdon ; à droite au 1er embranchement, direction Pauillac ; suivez la D 2 jusqu'à Saint-Seurin-de-Cadourne ; 800 m après le château Cos d'Estournel, la D 2 tourne à droite ; au panneau « Saint-Seurin », vous êtes arrivé, c'est la 3e maison à gauche.

SAINT-SÈVE — 33190

Carte régionale B1

20 km NO de Marmande ; 3 km N de La Réole

€€ 🏠 |●| 🐾 (10%) **Chambres d'hôtes (Monique Baugé) :** au Canton. ☎ 05-56-61-04-88. 📱 06-85-10-31-95. • monique bauge@aol.com • 🌐 Au bout d'un petit chemin goudronné, vieille et noble maison rurale tout en pierre. Au rez-de-chaussée, 2 chambres spacieuses avec sanitaires privés et TV (une préférence pour celle avec les deux fenêtres et la cheminée). Comptez 60 € pour 2, petit déj compris. Belle salle à manger rustique. Table d'hôtes, pas systématiquement partagée avec les proprios, à 20 € vin et café compris. Très bonne cuisine familiale avec poulet à l'estragon, magret de canard-pommes sarladaises ou blanquette de veau. Accueil chaleureux. Bon rapport qualité-prix-convivialité.

Accès : *depuis La Réole (sortie A 62), prenez la D 670 vers Libourne, puis la D 21 vers Saint-Sève (chemin à droite après le village).*

SAINT-SULPICE-DE-MAREUIL — 24340

Carte régionale B1

18 km NO de Brantôme ; 8 km NE de Mareuil

€€€ 🏠 🐾 **Chambres d'hôtes Domaine de Beaurecueil :** ☎ 05-53-60-99-84. • bordas-sylvie@wanadoo.fr • Fermé 22 déc-4 janv. Le château de Beaurecueil c'est avant tout un bon accueil et de très belles chambres. Mais c'est également une sorte de « paddock d'hôtes » qui reçoit chevaux et cavaliers. La belle pierre blanche de Dordogne diffuse son charme dès l'escalier et jusque dans les chambres. Décoration à force de chauds tapis, meubles de style (Boule, entre autres) habillant avec une fine élégance cette noble dame du XVᵉ s. Selon la taille des chambres et le confort, de 70 à 80 € pour 2, petit déj compris. La vie de château, sans y laisser trop d'euros ! Un véritable coup de cœur.

Accès : *sur la D 708.*

SAINT-SYMPHORIEN — 33113

Carte régionale A1

45 km S de Bordeaux ; 29 km SO de Langon

€€ (10%) **Chambres d'hôtes Les Jardins de Broy (Cathy et Guy Bonneaud) :** Broy. ☎ 05-56-25-74-46. 📱 06-31-58-58-60. • lebroy9@yahoo.fr • jardins-de-broy.com • En pleine forêt, dans une maison de métayer centenaire, une jolie chambre à laquelle on accède par un auvent avec baie vitrée. Salle de bains privée. Une autre, familiale, style studio, avec un ravissant petit jardin (japonais ou chinois ? Les Chinois prétendent qu'ils ont été copiés...). 60 € pour 2, petit déj compris, et 30 € par personne supplémentaire. Très agréable parc et de belles balades à faire en forêt, où Églantine, l'ânesse, vous accompagnera volontiers. Également un gîte classé Panda, pour 4 personnes. Accueil charmant. Une adresse qu'on aime beaucoup.

Accès : *depuis Saint-Symphorien, prenez la direction d'Arcachon ; à 7 km, au lieu-dit Broy, prenez la 1ʳᵉ route à gauche, c'est la 3ᵉ maison à droite.*

SAINTE-CROIX-DU-MONT — 33410

Carte régionale B1

40 km SE de Bordeaux ; 7 km NO de Langon

€€ 🏠 (10%) **Chambres d'hôtes Château Lamarque (Sylvie et Thierry Darroman) :** ☎ 05-56-76-72-78 ou 05-56-62-01-21. 📱 06-88-95-44-51. Fax : 05-56-76-72-10. • tsdarroman@orange.fr • ch-lamarque.com • Fermé 20 déc-1ᵉʳ janv. Au cœur du vignoble, le domaine de Château Lamarque est une exploitation viticole de 21 ha dominant la vallée de la Garonne. Aux rez-de-chaussée et 1ᵉʳ étage de la maison, deux ensembles composés chacun de 2 chambres confortables avec sanitaires privés. 65 € pour 2, petit déj compris (confitures et gâteau maison). Visite du chais et dégustation du vin de la propriété (gouleyant vin blanc liquoreux). Piscine. Accueil vraiment sympa.

Accès : *depuis Langon (sortie A 62), prenez la D 10 vers Cadillac ; à Sainte-Croix-du-Mont, prenez la D 229 vers Gabarnac/Monprimblanc ; en haut de la côte, tournez à gauche vers Loupiac (D 117) et c'est le chemin à gauche à 300 m.*

SARBAZAN — 40120

Carte régionale B2

25 km NE de Mont-de-Marsan ; 2 km S de Roquefort

€€ 🏠 |●| 🐾 **Chambres d'hôtes Domaine de Pratdessus (Stéphanie Berges) :** ☎ 05-58-79-06-02 ou 09-62-14-12-35.

📱 06-47-68-96-16. • stephanie.berges@orange.fr • *Ouv avr-oct.* Située aux portes de l'Armagnac, cette adresse conjugue la chaleur de l'accueil avec la rigueur d'un équipement haut de gamme. C'est par un imposant portail encadré de deux lampadaires que vous ferez votre entrée dans ce domaine de 50 ha de prairies et de forêt. Les 4 chambres sont à la hauteur de la prestation, spacieuses et décorées avec goût. Sanitaires privés. 65 € pour 2, petit déj compris, et 15 € par personne supplémentaire. Excellente table d'hôtes à 20 €, vin compris. Pour vous détendre, sauna et piscine. Bref, une adresse où l'on n'a plus qu'une idée... y revenir !

Accès : *dans le bourg.*

SARE 64310

Carte régionale A2

27 km S de Biarritz ; 8 km de l'Espagne

€€€ 🛏 |●| **Chambres d'hôtes Olhabidea (Anne-Marie et Jean Fagoaga) :** ☎ 05-59-54-21-85. 📱 06-72-73-68-71. • olhabidea.com • *Fermé pdt les fêtes de Noël et en janv ; l'hiver, ouv les w-e sur demande. Résa conseillée.* 📶 La demeure d'Anne-Marie n'est pas très facile à trouver (le fléchage est volontairement modeste), mais persévérance et attention seront récompensées par la découverte ! Une allée bordée d'arbres conduit à une très belle propriété familiale du XVIe s (la maison de ses arrière-grands-parents) entourée d'un jardin fleuri de 4 ha. Elle y tient 3 chambres avec sanitaires privés et entrée indépendante, à 80 € pour 2, plus 5 € pour le petit déj. Chacune est personnalisée et décorée avec goût ; d'ailleurs, toute la maison regorge de bibelots anciens, de beaux meubles et de bouquets. Pour vos repas, un restaurant sur place tenu par les enfants d'Anne-Marie, avec un menu surprise à 39 €. Bon accueil. Une adresse de charme.

Accès : *depuis le village, prenez la direction de Saint-Pée-sur-Nivelle (sur 2 km) ; face à la chapelle Sainte-Catherine, tournez à droite, la propriété est au bout de la ligne droite, près du centre équestre.*

SAUBUSSE 40180

Carte régionale A2

18 km E d'Hossegor ; 15 km SO de Dax

€€€ 🛏 (10%) **Chambres d'hôtes Château de Bezincam (Claude Dourlet) :** *600, quai de Bezincam.* ☎ et fax : 05-58-57-70-27.

TARNOS | 45

• dourlet.bezincam@orange.fr • *bezincam.fr* • Au bord de l'Adour, très belle demeure bourgeoise, dans un grand parc peuplé d'arbres centenaires. À peine arrivé, on découvre la serre, domaine privilégié de Claude (comme on la comprend !). L'intérieur est superbe et, partout, toiles, aquarelles et jolis meubles anciens retiennent l'attention. Au 1er étage, 3 chambres élégantes et très vastes avec de spacieux sanitaires privés. 75 € pour 2, copieux petit déj compris, avec un large choix de confitures. Ne manquez pas les promenades le long des Barthes et la visite de l'originale église romane toute proche. Accueil stylé et raffiné.

Accès : *de Dax, N 124 vers Bayonne sortie Saubusse ; dans le village, avt le pont de l'Adour, tournez à droite et suivez le quai de Bezincam sur 800 m.*

SORT-EN-CHALOSSE 40180

Carte régionale A2

9 km E de Dax

€ 🛏 |●| 🐾 (10%) **Chambre d'hôtes (Françoise et Sébastien Bezault) :** *325, route d'Arriou-d'Agès.* ☎ 05-58-89-52-37. 📱 06-26-01-80-90. • bezault.francoise@wanadoo.fr • *pagesperso-orange.fr/labuissonniere* • Au bout d'un petit chemin, jolie maison landaise au calme d'un jardin ombragé et fleuri. On entre dans une jolie salle de séjour avec de très beaux meubles, dont certains réalisés par le papa de Françoise. Un petit couloir et hop ! nous voilà dans la petite « suite » de 2 chambres côte à côte, l'une avec lit double, l'autre avec lits jumeaux. Sanitaires privés. 49 € pour 2, copieux petit déj compris, et 98 € pour 4. Table d'hôtes partagée en famille à 19 €. Accueil agréable.

Accès : *de Dax, D 32 vers Monfort-en-Chalosse ; 3 km après Candresse, au niveau du rond-point, direction Sort-en-Chalosse sur 1,5 km et 2e route à droite (d'Arriou-d'Agès) ; c'est la 4e maison à droite.*

TARNOS 40220

Carte régionale A2

13 km NE de Biarritz ; 3 km N de Bayonne

€€€ 🛏 🐾 (10%) **Chambres d'hôtes (Hélène et André Ladeuix) :** *26, av. Salvador-Allende.* ☎ et fax : 05-59-64-13-95. 📱 06-86-89-41-10. • heleneladeuix@hotmail.com • *enaquitaine.com* • Au bout d'une allée ombragée, ensemble charmant de petites maisons basques. Grand parc de 1 ha, où vivent en harmonie canards, oies, poules et moutons. Cinq chambres confortables avec sanitaires privés. Selon la saison, de 66 à 82 € pour 2, petit déj compris. Coin cuisine à disposition. Hélène et André font partie d'un groupe folklorique et vous emmèneront volontiers faire un petit pas de danse. Ceux qui préfèrent jouer les lézards pourront aller se faire rôtir sur les plages toutes proches. Piscine. Accueil simple et convivial. Les proprios louent aussi un petit gîte pour 3 personnes. Un point de chute idéal pour découvrir la région et surtout sa culture.

Accès : depuis Bayonne, prenez la D 810 en direction de Bordeaux jusqu'à Tarnos ; dans le village, l'avenue est en face du tabac (qui nuit gravement à la santé...).

€€ 🏠 10% **Chambres d'hôtes Ferme de Honzac (Famille Hourquebie) :** *1158, chemin de l'Adour.* ☎ 05-59-55-29-23. 📱 06-60-78-21-19. Fax : 05-59-55-79-52. • ferme-de-honzac@wanadoo.fr • fermedehonzac.pagesperso-orange.fr • *Fermé en janv.* Belle ferme landaise du XVIIIe s, installée dans un parc de 10 ha. Cinq chambres agréables et confortables, avec sanitaires privés. Selon la saison et la chambre, de 57 à 73 € pour 2, copieux petit déj compris. Quand Christa et Gilles reçoivent des routards étrangers (salut !), on ne s'ennuie pas : ils parlent l'anglais, l'allemand, l'espagnol, et bien sûr, le français (on a encore des cours à prendre !). Belles balades à faire sur la propriété (à pied ou à VTT). Première plage à 8 km ; celles d'Hossegor et de Capbreton sont un peu plus loin. Accueil convivial. Un point de chute idéal pour découvrir les Landes et le Pays basque. Également, un gîte pour 4 personnes.

Accès : depuis Bayonne, prenez la D 817 en direction de Pau sur 3 km, tournez à droite au fléchage « Emmaüs » et c'est le 1er chemin à droite.

TOSSE 40230

Carte régionale A2

25 km NE de Bayonne ; 25 km O de Dax

€€ 🏠 10% **Chambres d'hôtes Le Bosquet (Monique et Jean-Pierre Arnaudin) :** *4, rue du Hazan.* ☎ 05-58-43-03-40. 📱 06-88-32-27-39. Fax : 05-58-43-04-68. • jpm.arnaudin@wanadoo.fr • lebosquetlandes.com • Belle maison landaise entourée d'un parc d'un demi-hectare. 3 chambres coquettes, avec terrasses individuelles de plain-pied, à 57 € pour 2, petit déj compris. Pas de table d'hôtes, mais plusieurs restos à proximité. Accueil agréable. Bon rapport qualité-prix-convivialité, pour une adresse située à 8 km de l'océan (préparez les maillots et la crème solaire !).

Accès : A 10 Paris/Bayonne, sortie Saint-Géours-de-Maremne en direction de Saint-Vincent-de-Tyrosse sur 6 km ; tournez vers Tosse (D 126) ; la maison est dans la 2e rue à droite, à l'entrée du village.

TOURLIAC 47210

Carte régionale B1

38 km SE de Bergerac ; 35 km N de Villeneuve-sur-Lot

€€ 🏠 **Domaine de la Pantère (M. et Mme Beyeler) :** ☎ et fax : 05-53-36-07-41. • vacances@lapantere.fr • lapantere.fr • En pleine nature, au milieu de 60 ha de forêts et de prés, vous trouverez ici deux façons de vous héberger : 3 maisons de campagne (pour 4, 6 et 11 personnes) avec cheminée, qui se louent de 250 à 1 100 € la semaine suivant la capacité et la période ; et 3 chalets pour 4 à 6 personnes, avec 2 chambres, sanitaires, séjour avec coin cuisine, pour 90 à 140 € le week-end ou 250 à 560 € la semaine selon la saison. Tous les clients ont accès à la piscine. Barbecue à disposition et possibilité de pique-niquer sur la propriété. Trois poneys sur place. Accueil agréable.

Accès : depuis Villeréal, prenez la D 676 vers Beaumont-de-Périgord ; à 3 km, tournez à droite vers Tourliac et suivez le fléchage « Bienvenue à la Ferme ».

VILLEFRANCHE-DE-LONCHAT 24610

Carte régionale B1

40 km NO de Bergerac ; 15 km NE de Castillon-la-Bataille

€€€ 🏠 🍴 10% **Chambres d'hôtes Château de Mondésir (Martine et Laurent Lutz) :** ☎ 05-53-80-87-77. 📱 06-08-12-64-28. Fax : 05-53-80-87-79. • chateaumondesir@orange.fr • chateaumondesir.com • Dans un grand domaine viticole bien connu des lecteurs du *Guide Hachette des Vins* (merci, pour le pub ! hé, c'est notre éditeur ! euh...), charmant château exotique avec tours et palmiers. 5 chambres, dont 2 familiales composées de 2 chambres, avec sanitaires privés. Pour vous détendre, une belle piscine en profitant de la vue sur l'église ; pour vous remettre en jambes, un court de tennis privé, et après, dégustation de bergerac (hips !). Tout ceci a un prix : 90 € pour 2 (120 € dans la suite), petit déj compris, et 41 € par personne supplémentaire. Sur réservation, table d'hôtes, partagée en famille, à 31 €, vin de la propriété inclus (et comme vous dormez sur place, personne n'est obligé de se dévouer, hi hi !). Également un gîte rural de 4-5 personnes pour ceux qui veulent séjourner. Accueil convivial.

Accès : dans le village, prenez en direction de Libourne jusqu'à l'église romane, puis à gauche ; le domaine est à 300 m.

VILLEGOUGE 33141

Carte régionale B1

30 km NE de Bordeaux ; 9 km NO de Libourne

€€ 🏠 **(10%) Chambres d'hôtes (M. et Mme Poux)** : *40, route de Camelot.* ☎ 05-57-84-43-08. 📱 06-08-75-48-34. ● *pouxjack@orange.fr* ● *camelot-villegouge.fr* ● Ouv mars-oct. 📶 Ancienne et belle ferme viticole tout en pierre, recouverte d'ampélopsis et agrémentée d'un coquet jardin fleuri. On se sent tout de suite bien dans la salle à manger rustique, auprès de la grande cheminée, tandis que le temps s'égrène sur l'horloge comtoise. Au 1er étage, 2 chambres personnalisées avec sanitaires privés de 62 à 65 € pour 2, petit déj compris, avec de délicieuses confitures maison. Pour les moins fortunés, un camping à la ferme. Les marcheurs trouveront un circuit de rando bien fléché qui passe à côté de la maison. Accueil charmant.

Accès : depuis Saint-André-de-Cubzac, prenez la D 670 vers Libourne jusqu'à Lugon ; là, tournez vers Villegouge, continuez sur 4 km et suivez le fléchage.

VILLENAVE-DE-RIONS 33550

Carte régionale B1

20 km N de Langon ; 12 km S de Créon

€€€ 🏠 🐴 **(10%) Chambres d'hôtes Les Batarelles (Danielle et André Tandonnet)** : *103, Deyma.* ☎ 05-56-72-16-08. ● *tandonnet.danielle@wanadoo.fr* ● *batarelles.com* ● Installé dans cette belle maison du XVIIIe s avec son étonnante façade à colonnes, au cœur du vignoble, vous n'aurez plus envie, l'hiver, de quitter la cheminée, l'été, la terrasse bordée de vignes. Une maison bien vivante, en toutes saisons. 4 chambres aux couleurs douces, dont une familiale. De 70 à 80 € pour 2, pantagruélique petit déj compris. Cuisine à disposition. En famille ou entre amis, on peut aussi louer « La Petite maison » mitoyenne, pour 6 personnes, avec séjour et cuisine américaine, et terrasse privée (150 € pour 6). Piscine hors sol à disposition. Un douillet petit nid tenu par une hôtesse pétulante.

Accès : de Langon, direction Cadillac jusqu'à Paillet ; tournez au feu à droite vers Villenave et suivez le fléchage.

VILLENEUVE-SUR-LOT

47300

Carte régionale B1

24 km SO de Fumel

€€€ 🏠 🍴 **Chambres d'hôtes Les Huguets (Gerda et Ward Poppe-Notteboom)** : ☎ 05-53-70-49-34. 📱 06-87-67-03-80. ● *ward.poppe@wanadoo.fr* ● *leshuguets.com* ● Aux portes de la ville, dans un environnement calme et reposant, ancien moulin joliment restauré. Cinq chambres spacieuses à la déco de très bon goût. Selon la chambre, de 70 à 95 € pour 2, petit déj compris. Table d'hôtes à 30 €, vin compris. Belle piscine, sauna et possibilité de massage. Accueil convivial. Un point de chute idéal pour découvrir les environs.

Accès : dans la ville, prendre la N21 vers Agen, puis direction Périgueux sur 500 m puis à droite et fléchage (environ 4 km du bourg).

Auvergne

ARDES-SUR-COUZE 63420

Carte régionale A2

55 km S de Clermont-Ferrand ; 22 km SO d'Issoire

€€ 🏠 10% **Chambres d'hôtes (Marie-Claude et Lucien Haddou) :** Montmeillant. ☎ et fax : 04-73-71-83-05. 📱 06-88-11-87-42. *Ouv avr-sept.* Dans un parc de 3 ha, ancienne ferme joliment restaurée et entourée de grands sapins. Deux chambres agréables dont une au rez-de-chaussée et l'autre à l'étage. Déco de bon goût. Sanitaires privés. 60 et 65 € pour 2, petit déj compris, et 25 € par lit supplémentaire. Pas de table d'hôtes, mais une petite cuisine à disposition. Calme et tranquillité assurés. Salle de massage. Accueil sympa. Allez faire un tour dans Ardes, c'est un adorable village. Le coin est aussi connu pour ses courses de côtes (chérie, où sont les clés du bolide ?).

Accès : A 75, sortie n° 17 ; prenez la D 214, allez jusqu'à Saint-Germain-Lembron et bifurquez vers Ardes ; à 8 km, au carrefour, tournez à gauche et, 2 km plus loin, tournez encore à gauche, la maison est à 300 m.

ARFEUILLES 03120

Carte régionale B1

35 km E de Vichy ; 18 km S de Lapalisse

€€ 🏠 |●| 🐴 10% **Chambres d'hôtes Aire les Biefs (Rudolph Bouwans et René van Hulst) :** Les Biefs. ☎ 04-77-65-78-94. ● lesbiefs@lesbiefs.eu ● lesbiefs.eu ● *Ouv de mars à fin oct.* 📶 Aux confins de l'Allier et de la Loire, dans un petit hameau situé à 770 m d'altitude. C'est dans l'ancienne école que Rudolph et René, Hollandais d'origine, ont décidé de s'installer et d'ouvrir 5 chambres, dont 2 grandes suites avec coin salon : 2 au rez-de-chaussée, les 3 autres à l'étage. Déco agréable et colorée. Sanitaires privés. Selon la chambre de 65 à 95 € pour 2 petit déj compris. Ici, c'est Rudolph qui cuisine et croyez-nous ses recettes sont nombreuses et goûteuses. Repas partagé en famille à 21 €, vin compris. Petite piscine hors sol et sauna extérieur chauffé au bois. Les randonneurs seront à l'honneur, le GR3 passe à proximité et le GR3A offre une sympathique petite boucle. Accueil convivial.

Accès : d'Arfeuilles, D 26 vers la Croix du Sud pendant 8 km jusqu'au hameau. À l'église, prenez le chemin à droite qui la contourne, la maison est à 50 m.

AUTRY-ISSARDS 03210

Carte régionale A1

20 km O de Moulins ; 8 km SE de Bourbon-l'Archambault

€ 🏠 |●| 10% **Chambres d'hôtes Chez l'gars-roux (Jean-Claude et Christiane Roux) :** ☎ 04-70-43-66-73. 📱 04-70-43-66-80. ● chez-lgars-roux@orange.fr ● chambres-gars-roux.fr ● 📶 C'est une

---

Nous vous rappelons que la table d'hôtes est le complément d'une formule d'hébergement (chambre d'hôtes, gîte d'étape...). Ce service n'est offert qu'aux personnes qui dorment sur place (excepté lorsqu'il est clairement écrit « ouvert aux extérieurs »).

adresse rigolote. Jean-Claude tient le café-tabac du village où il propose aussi le casse-croûte du midi. Quatre chambres toutes parées de bois dont 3 familiales de 3 à 5 personnes. Petits sanitaires privés. 50 € pour 2, petit déj compris et 15 € par personne supplémentaire. Table d'hôtes partagée en famille à 18 €, apéro et vin compris. Cuisine traditionnelle locale avec le pâté aux pommes de terre, le vendredi ! Si vous ne trouvez pas Jean-Claude, allez le chercher dans son jardin. Ne manquez pas de jeter un œil à la belle église du village du XII siècle qui renferme un petit trésor (c'est votre hôte qui l'ouvre). Accueil convivial.

Accès : sur la place du village, juste à côté de l'église.

€€€€ ♿ 10% *Chambres d'hôtes Domaine La Tuilière (Dominique et Sylvain Andrieu) :* ☎ 04-70-46-53-59. 📱 06-84-84-48-45. • domaine-la-tuiliere@orange.fr • domainelatuiliere.fr • *Ouv de début avr à fin sept.* 📶 Par un petit chemin gravillonné entre sous-bois et pâturages, on arrive jusqu'à cette demeure qui semble incongrue dans ce décor campagnard et installée sur un domaine de 28 ha. Elle est composée de 2 bâtiments réunis par un patio intérieur. Une fois entré on tombe sous le charme de la déco, de la luminosité des lieux et de l'atmosphère calme et sereine. Une suite au 1er étage avec un grand salon avec home cinéma et 2 chambres communicantes avec de spacieux sanitaires privés. 120 € pour 2, petit déj compris et 220 € pour 4. Dominique et Sylvain ont tout lâché pour réaliser leurs rêves. Monsieur avoir son ULM et sa piste d'atterrissage privée, Madame d'avoir sa salle de massage. Ils proposent donc à leurs hôtes un baptême en ULM (60 € les 15 mn) et des massages californiens (60 € l'heure), réflexologie plantaire (40 € l'heure),... Pour vous détendre une grande piscine. Une adresse pour retrouver la zen attitude...

Accès : à 1 km du village, fléchage depuis l'école.

AUZON 43390

Carte régionale B2

50 km SE de Clermont-Ferrand ;
11 km N de Brioude

€€ ♿ 10% *Chambres d'hôtes Le Clos Lugeac (Élisabeth et Laurent Dubranna) :* Lugeac. ☎ 04-71-76-18-37. 📱 06-62-65-14-04. • leclosdelugeac@yahoo.fr • leclosdelugeac.com • *Ouv Pâques-Toussaint.* 📶 Après avoir beaucoup voyagé, Élisabeth et Laurent ont retrouvé leurs racines dans cette ancienne ferme en pierre et brique, qu'ils ont agrémentée de souvenirs des pays traversés. Deux chambres confortables : « Papyrus », à l'étage, et « Protea », située dans une petite aile attenante, à 55 € pour 2, petit déj compris. Agréable salon de lecture en mezzanine. Plein de balades alentour.

Accès : du Puy, N 102 direction Clermont-Ferrand jusqu'à Brioude ; passez Largelier, puis D 14 vers Auzon. Ne pas aller à Auzon, prenez la direction Brassac-les-Mines et, à Lugeac, tournez dans la 1re route à gauche et fléchage.

BADAILHAC 15800

Carte régionale A2

22 km E d'Aurillac ; 12 km S
de Vic-sur-Cère

€ ♿ ⑩ *Chambres d'hôtes La Calsade (Jeanine et Jean Morzière) :* ☎ 04-71-47-40-54. • jean.morziere@orange.fr • pagesperso-orange.fr/lacalsade • Si vous aimez le grand air, la nature, le calme et la vie à la campagne, c'est la bonne adresse ! À 950 m d'altitude, grande ferme en pierre du pays. À l'étage, 3 chambres claires et coquettes avec sanitaires privés qui bénéficient d'une vue panoramique sur la vallée. 48 € pour 2, petit déj compris. Table d'hôtes à 14 € avec les légumes du jardin et les volailles de la ferme. Cuisine auvergnate à l'honneur. Chaleur et simplicité, bon rapport qualité-prix-convivialité, que demander de plus ?

Accès : de Clermont-Ferrand, N 122 vers Aurillac jusqu'à Vic-sur-Cère puis Badailhac ; traversez le bourg en direction de Loubéjac, faites 1 km puis suivez le fléchage à droite.

BAGNOLS 63810

Carte régionale A2

70 km SO de Clermont-Ferrand ;
8 km SO de La Tour-d'Auvergne

€€ ♿ ⑩ ♨ *Chambres d'hôtes Domaine de Bos (Kees et Ans van de Goor) :* ☎ 04-73-22-27-83. • domainedebos@orange.fr • domaine-de-bos.fr • ❄ *Fermé les 2 premières sem d'oct.* 📶 Aux confins du Puy-de-Dôme, du Cantal et de la Corrèze, au milieu d'un bois, une maison comme on les aime : authentique, simple et ouverte, comme ses propriétaires, deux jeunes Néerlandais courageux qui ont entrepris avec bonheur la restauration de

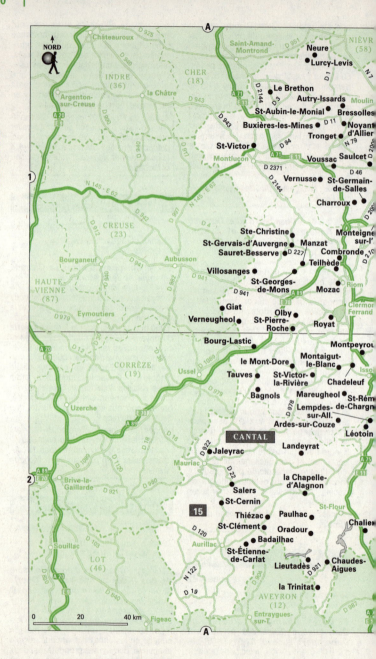

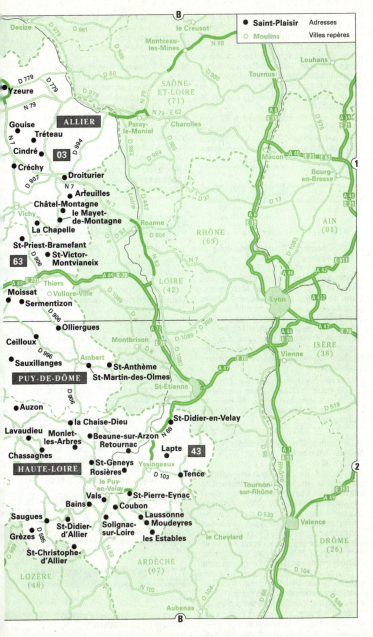

cette vieille ferme auvergnate. Cinq chambres coquettes et rustiques avec sanitaires privés, réparties dans différentes ailes de la maison. 52 € pour 2, petit déj compris. Il est servi sous un agréable tilleul quand le temps le permet. Table d'hôtes à 18 € tout compris, pour une cuisine qui conjugue accents auvergnat et néerlandais. Accueil des plus chaleureux. On peut le dire, un de nos coups de cœur !

Accès : de Clermont-Ferrand N 89 vers Bordeaux puis D 922 vers La Bourboule puis vers Bort-les-Orgues et D 25 jusqu'à Bagnols ; là, prenez direction La Tour-d'Auvergne sur 1 km, c'est la 1re ferme à droite.

BAINS 43370

Carte régionale B2

12 km O du Puy-en-Velay

€ 🏠 🐴 **Chambres d'hôtes (Monique et Marcel Pelisse) :** *Jalasset.* ☎ 04-71-57-52-72. 📱 06-72-15-00-63. *Sur résa.* C'est un accueil familial et chaleureux que vous trouverez chez Monique et Marcel, éleveurs de vaches laitières et producteurs de la célèbre... lentille verte du Puy. Trois chambres avec sanitaires privés, à 43 € pour 2, petit déj compris (avec lait, beurre, yaourt de la ferme et confitures maison). Pas de table d'hôtes mais cuisine à disposition. Adresse sympa et bon rapport qualité-prix.

Accès : du Puy, prenez la D 589 en direction de Saugues ; à Bains, tournez à droite au monument aux morts, puis de nouveau à droite à l'église et suivez le fléchage « Jalasset ».

€€ 🏠 🍽 (10 %) **Chambres d'hôtes (Caroline de Grossouvre) :** *Fay.* ☎ 04-71-57-55-19. 📱 06-81-30-98-27. ● c.derancourt@nta43.com ● *Sur résa.* Voici une adresse qui ravira les amateurs d'authenticité et de convivialité... Dans une très belle maison paysanne du milieu du XIXe s, Caroline propose 4 chambres spacieuses et confortables, avec de jolis meubles anciens et des sanitaires privés. 52 € pour 2, petit déj compris. Ne ratez pas le repas à la table d'hôtes : pour 25 € le repas, vin compris, Caroline mijote ses plats à l'ancienne dans la grande cheminée, en s'inspirant des recettes de son aïeule... Un vrai régal ! Les cavaliers apprécieront qu'on puisse héberger aussi leur monture, et les autres les randonnées alentour. Accueil chaleureux et très bon rapport qualité-prix.

Accès : du Puy, prenez la D 589 vers Saugues/Saint-Privat-d'Allier ; après Bains, prenez à droite direction Fay et suivez le fléchage.

€ 🏠 🍽 🐴 **Chambres d'hôtes La Ferme de Saint-Jacques (Patricia et Daniel Raveyre) :** *route du Puy.* ☎ 04-71-57-51-79. 📱 06-83-59-93-47. ● patricia.r43@hotmail.fr ● pagesperso-orange.fr/lafermedestjacques ● 📶 Daniel et Patricia sont agriculteurs, spécialisés dans la culture de céréales. Au 1er étage de leur ancienne maison de village, 3 chambres agréables, avec sanitaires privés, à 43 € pour 2, petit déj compris (confitures et yaourts maison). Grand salon avec cheminée. Ici, la cuisine se fait à vue... et vous pourrez converser avec Patricia tandis qu'elle s'active aux fourneaux. Table d'hôtes (sauf le dimanche) à 14 €. Accueil sympa.

Accès : du Puy, prenez la D 589 vers Saugues jusqu'à Bains ; après la pharmacie, tournez à droite.

BEAUNE-SUR-ARZON 43500

Carte régionale B2

30 km N du Puy-en-Velay ; 13 km SE de La Chaise-Dieu

€€ 🏠 🍽 🐴 (10 %) **Chambres d'hôtes Le Clos Saint-François (Karine Chouvet) :** ☎ 04-71-01-23-95. 📱 06-07-40-97-75. ● karine.chouvet@orange.fr ● leclosstfrancois.com ● *Ouv mars-nov.* 📶 Un ancien couvent du XVIIIe s dans un petit village du Livradois-Forez. Karine et ses parents l'ont restauré dans le respect le plus total des lieux. Au 1er étage, 4 chambres personnalisées, dont une familiale. Originaux sanitaires privés, imaginés par Karine, passionnée de déco. Ici tout est en harmonie ; pourtant il a fallu trois cellules pour créer une chambre (c'est ça l'austérité...). De 60 à 65 € pour 2, excellent petit déj compris (confitures et pâtisserie maison), et 15 € par personne supplémentaire. Grande cour ombragée de tilleuls et joli jardin. Possibilité de table d'hôtes (sauf en juillet-août) pour 20 €, et restos à proximité. Accueil de qualité. Une très bonne adresse.

Accès : du Puy-en-Velay, D 906 vers La Chaise-Dieu jusqu'à Bellevue-la-Montagne puis D 1 vers Craponne jusqu'à Chomelix ; à la sortie du bourg prenez direction Beaune-sur-Arzon, la maison est en face de l'église.

BOURG-LASTIC 63760

Carte régionale A2

60 km SO de Clermont-Ferrand ; 22 km N de La Bourboule

€€ 🏠 **Chambres d'hôtes (Chantal et Denis Dugat-Bony) :** *Artiges.* ☎ 04-73-21-87-39. ● chantaldugatbony@orange.fr ●

artiges-chambresdhotes.com • Fermé de début oct à fin avr. Au bout d'un petit chemin de campagne, belle ferme du XIXe s joliment restaurée. Quatre chambres agréables avec sanitaires privés. Déco chaleureuse et campagnarde, agrémentée de tableaux et de sculptures (œuvres de l'oncle des proprios). 52 € pour 2, avec le petit déj. Belle salle à manger avec poutres apparentes et grande cheminée. Pas de table d'hôtes, mais coin cuisine à disposition pour le soir et plusieurs petits restos à 2 km. Accueil agréable.

Accès : dans Bourg-Lastic, suivez le fléchage « Artiges », la maison est à 2 km.

BRESSOLLES 03000

Carte régionale A1

3 km S de Moulins

€€€€€ 🏠 (10%) **Chambres d'hôtes Domaine d'Aigrepont (Édith et Hubert de Contenson) :** Aigrepont. ☎ 04-70-44-48-07. 📱 06-80-05-51-02. • edecontenson@hotmail.com • aigrepont.com • Ouv de début mai à fin sept. 📶 Dans un joli petit coin de campagne mais à deux pas de Moulins, magnifique domaine familial composé de plusieurs bâtiments dont le plus ancien remonte au XVIIe siècle. C'est dans celui-ci que les proprios proposent 3 chambres élégantes et spacieuses à l'atmosphère champêtre, avec accès indépendant. 130 € pour 2, petit déj compris, sous forme de buffet. Des plateaux sont à disposition pour pouvoir choisir le lieu où l'on va le déguster. Le parc avec son agréable jardin paysager à la française est grand et offre de nombreux coins sympas. Grande piscine abritée des regard indiscrets et petit étang pour taquiner le poisson. Une adresse de charme pour ceux qui aiment l'indépendance et qui ont les moyens.

Accès : de Moulins, direction de Saint-Pourçain-sur-Sioule, traversez l'Allier par le pont Régemortes puis à gauche D 2009 vers St-Pourçain, faire 900 m et fléchage à droite vers Aigrepont (n'allez pas à Bressolles).

BUXIÈRES-LES-MINES 03440

Carte régionale A1

35 km NE de Montluçon ; 33 km O de Moulins

€€ 🏠 |●| (10%) **Chambres d'hôtes (Geneviève Brégeot) :** Renière. ☎ et fax : 04-70-66-00-13. • genevieve.bregeot@sfr.fr • chambres-hotes-allier.fr • Au milieu des bois et des prés, jolie ferme entièrement restaurée et aménagée par Geneviève. Deux chambres croquignolettes et gaies au 1er étage de sa maison (préférez celle avec les deux fenêtres, elle est plus lumineuse). Luxueux sanitaires privés. Deux autres chambres installées dans un ravissant bâtiment indépendant, où se trouvaient autrefois l'écurie et le poulailler. Comptez 53 € pour 2, petit déj compris (avec un gâteau maison), et 17 € par personne supplémentaire. Table d'hôtes (sur réservation), partagée avec Geneviève, à 17 €, vin compris. Une adresse vraiment nature, loin de l'agitation et du bruit.

Accès : depuis Moulins, prenez la direction de Montluçon en passant par Souvigny ; continuez sur la D 11 ; après Saint-Hilaire, laissez sur votre gauche Buxières et, dans la forêt, tournez à gauche vers Renière.

CEILLOUX 63520

Carte régionale B2

40 km SE de Clermont-Ferrand ; 6 km SE de Saint-Dier-d'Auvergne

€€€€€ 🏠 🐾 (10%) **Chambres d'hôtes Le Domaine de Gaudon (Alain et Monique Bozzo) :** Gaudon. ☎ 04-73-70-76-25. • domainedegaudon@wanadoo.fr • domainedegaudon.fr • Située dans le parc du Livradois-Forez, belle demeure bourgeoise du XIXe s, dénommée « le Château », posée au cœur d'un immense parc arboré et verdoyant agrémenté d'un ruisseau et d'un étang. Alain et Monique, les récents propriétaires, ont eu à cœur de décorer les lieux avec lustres, meubles anciens, tableaux, bibelots... Très belle salle à manger avec plafond à caissons, agréable salon et vaste parc entretenu avec amour par votre hôte. À l'étage, 5 chambres spacieuses avec sanitaires privés, à 120 € pour 2, avec un copieux petit déj. Espace bien-être avec jacuzzi, sauna et hammam. Luxe, calme et volupté...

Accès : de l'A 72 Clermont-Ferrand/Saint-Étienne, sortie Thiers-Quartier ouest/Vichy ; prenez la D 906 vers Compière, puis direction Domaize, et suivez le fléchage.

CHADELEUF 63320

Carte régionale A2

30 km S de Clermont-Ferrand ; 5 km E de Champeix

€€€ 🏠 |●| **Chambres d'hôtes de la Vigie (Véronique et Denis Pineau) :** ☎ 04-73-96-90-87. 📱 06-86-82-12-27. • lavigie.

chadeleuf@gmail.com • lavigie-chadeleuf. com • 📶 Dans une maison du XIXe s, 3 chambres agréables et spacieuses, dont une suite composée de 2 chambres, toutes avec sanitaires privés. Selon la chambre, de 70 à 80 € pour 2, petit déj compris. Il est servi devant la cheminée en hiver ou dans le jardin en été, avant d'aller piquer une tête dans la piscine. Table d'hôtes bio, sur réservation, à 25 €. Bibliothèque bien fournie.

Accès : depuis Champeix, prenez la D 229 vers Chadeleuf et suivez le fléchage.

CHALIERS 15320

Carte régionale A2

20 km SE de Saint-Flour

€€ 🏠 |●| 🍴 *Chambres d'hôtes Champ Grand Sud (M. et Mme Michel Siquier) : La Besse.* ☎ et fax : 04-71-23-48-80. 📱 06-80-05-37-85. • miksik15@yahoo.fr • *Fermé janv-avr et oct-déc.* 📶 Dans un petit coin de nature, belle demeure en vieille pierre datant de 1781, joliment rénovée et décorée avec goût. Cinq chambres spacieuses et confortables avec mezzanine et accès indépendant. Sanitaires privés. 65 € pour 2, petit déj compris (55 € à partir de 2 nuits). Cadre idéal pour les amoureux d'endroits champêtres. Tout autour, des prés à perte de vue et les animaux de la maison : chien, chevaux, volailles qui s'ébattent tranquillement... Table d'hôtes certains soirs, partagée en famille, à 21 €, vin compris. Aux beaux jours, on profite de la chouette tonnelle installée devant la maison pour prendre dîner et petit déj. Pour la digestion, le GR 4 passe juste à côté. Accueil convivial.

Accès : de l'A 75 Clermont-Ferrand/Millau, sortie n° 31, puis D 909 direction Chaliers.

CHARROUX 03140

Carte régionale A1

25 km NO de Vichy ; 10 km N de Gannat

€€ 🏠 |●| 🍴 *Chambres d'hôtes Relais de l'Orient (Susette et Albert Thys) : 7, Grande-Rue.* ☎ 04-70-56-89-93. 📱 06-61-61-39-34. • relais-orient@wanadoo.fr • relais-orient.charroux.com • *Fermé 16 déc-15 fév.* Au cœur de ce village classé parmi les plus beaux de France, agréable maison du XVIIIe s. Sous le regard bienveillant de Bouddha, on accède aux 3 chambres installées au 1er étage. Chacune décorée sur un thème différent, il y a « La Mer » qui rappelle à Albert sa passion pour la plongée, « La Jaune » plus petite et moins chère, et « L'Orientale » sous forme de suite familiale, composée de 2 chambres. Sanitaires privés. Partout, des frises au pochoir réalisées par Susy (pour les intimes) et des aquarelles d'artistes locaux. Enfin, une 4e chambre a été aménagée dans le pigeonnier, avec lit sous les toits et petit salon zen en bas. Selon la chambre, de 59 à 70 € pour 2, petit déj compris. Table d'hôtes partagée en famille à 30 €, apéro maison et saint-pourçain compris. Belle piscine dans le jardin et VTT à disposition. Enfin, le village est à découvrir avec son beffroi, son église, mais aussi son artisanat : savonnerie, moutarderie et huilerie. Accueil zen et chaleureux.

Accès : au centre du village, prenez la Grande-Rue en direction du belvédère, c'est la maison aux volets bleus.

CHASSAGNES 43230

Carte régionale B2

50 km NO du Puy-en-Velay ; 20 km SE de Brioude

€€ 🏠 |●| 🍴 *Chambre d'hôtes La P'tite Maison (Hélène et Thierry Driot) : Faveyrolles.* ☎ 04-71-76-66-61. 📱 06-77-13-97-32. • hth.driot@wanadoo.fr • la-ptite-maison.com • *Fermé entre Noël et le Jour de l'an.* Dans une petite maison indépendante, bien au calme, vous trouverez une chambre avec mezzanine, agrémentée d'un petit salon avec cheminée. Sanitaires privés. Comptez 55 € pour 2, et 15 € par personne supplémentaire, copieux petit déj compris. Celui-ci vous sera servi, comme la table d'hôtes, dans la maison des propriétaires ou sur la terrasse aux beaux jours. Pour 15 €, Hélène propose de délicieuses spécialités légères à l'estomac : tartes salées, terrines, légumes du jardin, pâtes au bleu, glace maison avec croquets aux amandes, fromage blanc avec framboises ou myrtilles, crumbles de toutes sortes. Ici, vous pourrez, selon votre humeur, suivre un sentier découverte, aller admirer les gorges de l'Allier ou de nombreux sites culturels.

Accès : du Puy-en-Velay, empruntez la N 102 en direction de Clermont-Ferrand jusqu'à Paulhaguet ; tournez à gauche devant le Crédit Agricole et prenez la D 22 jusqu'à Chassagnes ; de là, tournez à gauche vers Faveyrolles et suivez le fléchage.

CHÂTEL-MONTAGNE 03250

Carte régionale B1

30 km E de Vichy ; 19 km S de Lapalisse

€ 🏠 |●| 🍴 *Chambres d'hôtes Le Panneau Blanc (Monique et Frédéric*

Senepin) : *Le Pavillon.* ☎ 04-70-59-36-70. • *panneaublanc355@orange.fr* • *panneaublanc.fr* • *Fermé déc.-mars.* À 750 m d'altitude, 4 chambres d'hôtes de 3 et 4 personnes, installées dans une partie annexe de la maison. Elles sont simples, mais douillettes, avec sanitaires privés. Les prix sont doux : 46 € pour 2, petit déj compris, et 17 € le repas, café et vin compris. Salade de crudités, tourtes, coq à la bière, beignets aux fruits. Monique est dynamique et très souriante. Salle de jeux avec billard, échecs. Bon rapport qualité-prix-convivialité. Pour ceux qui veulent séjourner, 4 gîtes ruraux sur place. Une gentille adresse.

Accès : depuis le village, prenez la direction de Roanne (par la D 25), sur 5 km ; au carrefour de la D 25 et de la D 420, c'est sur la gauche.

CHAUDES-AIGUES 15110

Carte régionale A2

27 km S de Saint-Flour ; 11 km S de Neuvéglise

€ 🏠 |●| *Chambres d'hôtes La Fouilhouse (Agnès et Marc Chalmeton) :* ☎ 04-71-23-58-15 ou 04-71-23-51-16. 📱 06-78-78-83-19. Fax : 04-71-23-58-15. • *m.a.chalmeton@orange.fr* • *lafouilhouse-chambres-d-hotes.fr* • *Ouv avr-oct.* Dans un environnement sauvage, belle bâtisse de caractère bien rénovée qui domine la vallée de Chaudes-Aigues et offre un superbe panorama. Quatre chambres confortables, dont 2 mansardées. Sanitaires privés. 45 € pour 2, petit déj compris. Table d'hôtes à 15 €, tout compris. Les repas sont servis dans une grande salle à manger rustique. Plats régionaux au programme ! Une adresse comme on les aime, sympathique, avec un accueil simple et convivial.

Accès : à 3 km du centre de Chaudes-Aigues en direction de Rodez par la D 921 et fléchage.

CINDRÉ 03220

Carte régionale B1

35 km N de Vichy ; 15 km N de Lapalisse

€ 🏠 (10 %) *Chambres d'hôtes Obouduchemin... (Liliane et Philippe Levasseur) :* L'Étang. ☎ et fax : 04-70-57-70-52. • *obouduchemin@gmail.com* • *obouduchemin.com* • *Ouv 1ᵉʳ avr-2 nov.* Ancienne ferme restaurée avec de beaux massifs fleuris. Deux chambres simples dans une partie indépendante, avec sanitaires privés. Kitchenette et belle salle de séjour à disposition. Comptez 50 € pour 2, avec le petit déj servi dans la maison des propriétaires. Pas de table d'hôtes mais une petite auberge à 500 m. Également un gîte rural pour 5 personnes qui se loue de 225 à 330 € la semaine selon la saison (10 % de réduction pour les routards). Nombreuses petites randonnées à faire aux environs.

Accès : sur la N 7, après avoir quitté Varennes-sur-Allier en direction de Lapalisse, tournez à gauche (D 23) au niveau de l'auberge ; dans le village, tournez à droite à l'église et prenez le 1ᵉʳ chemin à gauche, c'est tt au fond.

COMBRONDE 63460

Carte régionale A1

26 km N de Clermont-Ferrand ; 10 km N de Riom

€€ 🏠 (10 %) *Chambres d'hôtes (Lise et André Chevalier) :* 105, rue Étienne-Clémentel. ☎ 04-73-97-16-20. *Ouv de mi-fév à mi-nov.* On entre par un grand porche, on traverse une cour pavée et on arrive dans la maison de Lise et André, au cœur du village. Deux chambres croquignolettes, très au calme, avec sanitaires privés. Une belle salle à manger où tout est harmonie et raffinement : meubles anciens, fauteuils capitonnés et nombreux tableaux. 55 € pour 2, pantagruélique petit déj compris (yaourt ou fromage blanc, jus de fruits pressés, compote et gâteau maison). Accueil agréable. Une adresse où nous serions bien restés plus longtemps...

Accès : sur la N 144.

COUBON 43700

Carte régionale B2

10 km SE du Puy-en-Velay

€ 🏠 |●| 🐴 (10 %) *Chambres d'hôtes Les Cabarets (Yvonne et Roger Bernard) :* ☎ et fax : 04-71-08-81-17. • *roger.bernard@orange.fr* • *Ouv Pâques-Toussaint.* À 770 m d'altitude, beau corps de ferme qui abrite 2 chambres d'hôtes, avec sanitaires privés, et une chambre spéciale randonneurs. Comptez 43 € pour 2, petit déj compris. Dans la grande salle à manger, une immense table pour prendre des repas simples, à 12 €, vin compris. Si vous continuez le chemin qui traverse la ferme, il vous conduira jusqu'à la Loire. Pour les

CRÉCHY 03150

Carte régionale B1

13 km N de Vichy ; 8 km S de Varennes-sur-Allier

€€€ 🏠 |○| 🐾 (10%) **Chambres d'hôtes Château du Sauvage (Alain Mans et Christopher Pinon) :** Le Sauvage. ☎ et fax : 04-70-48-95-64. 📱 06-15-26-72-97. ● alain.mans@orange.fr ● chateau-le-sauvage.com ● 📶 Quand Alain et Christopher ont acheté ce château du XVIᵉ siècle, il était à l'abandon... Ils ont accompli un travail colossal pour le restaurer et le résultat est magnifique ! Cinq chambres dont 3 dans la maison, les 2 autres installées dans 2 tours dont une date du XIIᵉ siècle en pierre avec créneaux. Elles sont spacieuses et élégantes. On aime bien « Améthyste », « Rubis » avec douche et baignoire et les amoureux choisiront « La Tour de garde » dans les tons noir et gris. 85 € pour 2, petit déj compris (gâteau, yaourt et confitures maison). Christopher est agriculteur et fabrique des fromages (vache et chèvre). Ils ont créé une petite ferme-auberge sur place ouverte le week-end. C'est là que vous mangerez en fin de semaine, les autres jours c'est à la table d'hôtes que vous dînerez. Cuisine à partir des produits de la ferme (veau, volailles). 22 € le repas apéro, vin compris. Trois gîtes sur place de 2 à 6 personnes pour ceux qui veulent séjourner. Une adresse de charme. Très bon rapport qualité-convivialité-prix.

Accès : de Varennes-sur-Allier N 7 vers Lapalisse puis N 209 vers Vichy, laisser Créchy à droite et panneau à gauche à 500 m le Sauvage.

DROITURIER 03120

Carte régionale B1

27 km NE de Vichy ; 7 km E de Lapalisse

€€ 🏠 |○| 🐾 (10%) **Chambres d'hôtes Carteron (Brigitte et Roland Billaud) :** ☎ 04-70-55-03-53. 📱 06-84-14-48-72. ● bri.roland.billaud@orange.fr ● *Ouv de début avr à fin oct.* 📶 On vient ici, surtout pour la personnalité de Brigitte, chaleureuse, expansive et volubile. Deux chambres bien tenues de 2 et 3 personnes avec sanitaires privés. 53 € pour 2, petit déj compris. Table d'hôtes sur réservation partagée en famille à 20 €, apéro maison, vin et tisane compris. Cuisine familiale à partir des légumes du jardin. Une adresse authentique et vraie.

Accès : à l'entrée du village sur la gauche quand on vient de la N 7 par la D 470.

GIAT 63620

Carte régionale A1

50 km O de Clermont-Ferrand ; 27 km N de Bourg-Lastic

€€ 🏠 (10%) **Chambres d'hôtes Ferme de Rozéry (Joëlle Briquet-Desbaux) :** Rozéry. 📱 07-87-91-93-02. *Sur résa.* La ferme de Joëlle est une magnifique demeure tout en pierre de la fin du XIXᵉ s. L'ambiance est authentique, les vieux meubles sentent bon la cire, et l'accueil de la proprio vient compléter le tableau... À l'étage, que dessert un escalier en pierre, vous trouverez 3 chambres confortables et personnalisées, avec de beaux meubles anciens. 52 € pour 2, copieux petit déj compris. Jetez un coup d'œil à l'ancienne écurie attenante et à l'étable, avec ses voûtes en croisées d'ogive qui datent de 1909 et sont en très bon état. Dans le grand jardin cohabitent joyeusement deux chats, le chien et la basse-cour, sans oublier le cygne qui partage l'étang avec grenouilles et canards. Pas de table d'hôtes, mais des restaurants à Giat. Accueil très chaleureux et excellent rapport qualité-prix. Un de nos coups de cœur.

Accès : depuis Clermont-Ferrand, prenez la D 941 en direction de Pontgibaud/Pontaumur ; 8 km après Pontaumur, prenez la D 108 vers Condat-en-Combraille, Giat est à 10 km ; dans le village prenez la direction de Crocq et suivez le fléchage.

€€ 🏠 (10%) **Chambres d'hôtes Le Vieux Pommier (Catherine et Gérard Dale) :** rue de la Clinique. ☎ 04-73-21-60-02. 📱 06-79-20-63-84. ● catherine.gdale@wanadoo.fr ● lvpgdale.monsite-orange.fr ● 🍴 *Ouv Pâques-15 nov. Sur résa.* 📶 Au milieu des arbres et des fleurs, maison du XIXᵉ s tout en longueur, dont Catherine et Gérard vous conteront l'histoire. Une chambre au rez-de-chaussée et 4 autres à l'étage, joliment meublées. 55 € pour 2, avec le petit déj (pain, confitures et pâtisseries maison). Pas de table d'hôtes proprement dite, mais possibilité d'assiette terroir sur demande (les dimanche et jours fériés) pour 17,50 € vin et café compris.

Située à 40 mn de Vulcania et à 30 mn d'Aubusson, célèbre pour ses tapisseries, voici une adresse qui vous permettra aussi de pratiquer de nombreuses promenades et randonnées. Accueil chaleureux. Une adresse qui fait des adeptes.

Accès : *depuis Clermont-Ferrand, prenez la D 141 en direction de Limoges jusqu'à Pontaumur ; là, prenez à gauche vers Condat/Giat ; Giat se trouve à 7 km ; à Giat, prenez la rue en face de l'hôtel Robert.*

GOUISE   03340

Carte régionale B1

22 km S de Moulins ; 14 km N de Varennes-sur-Allier

€€ ♨ (10%) **Chambres d'hôtes Les Rubis (Marie et Yves Lebrun) :** ☎ 04-70-43-12-70. 📱 06-81-16-24-03. • lesrubis.gouise@wanadoo.fr • pro.wanadoo.fr/lesrubis • ❦ *Ouv de début avr à mi-oct.* Par une allée de platanes, on arrive à cette gentille demeure du XIXe s. Dans les anciennes écuries, 4 chambres, dont une au rez-de-chaussée, les 3 autres à l'étage. Déco agréable. Sanitaires privés. 52 € pour 2, petit déj compris, servi dans une belle salle à manger avec immense cheminée. Pas de table d'hôtes mais cuisine équipée à disposition. Baby-foot pour les amateurs et grand parc avec une foultitude de fleurs que la maîtresse des lieux soigne avec amour. Accueil de qualité.

Accès : traversez Gouise en direction de Saint-Voir (D 102) ; l'accès de la maison est à 4 km à gauche.

GRÈZES   43170

Carte régionale B2

55 km SO du Puy ; 25 km NE de Saint-Chély-d'Apcher

€ ♨ |●| **Chambres d'hôtes (Martine et Paul Cubizolle) :** *Bugeac.* ☎ 04-71-74-45-30. • hotes-a-bugeac.com • *Ouv Pâques-Toussaint. Sur résa.* À 10 km de Saugues, dans un tout petit village en pleine Margeride, Martine et Paul, couple d'agriculteurs dynamiques, ont restauré une belle ferme typique : une fois passé le petit bâtiment en pierre qui abrite un four à pain, on pénètre dans l'ancienne étable. Les poutres apparentes, la cheminée voûtée monumentale et les meubles rustiques (la plupart fabriqués par Paul) dégagent une atmosphère chaleureuse. Au 1er étage, 3 chambres coquettes, et une 4e avec lits clos au second, plus vaste, qui peut accueillir jusqu'à 4 personnes. Comptez 50 € pour 2, copieux petit déj inclus (avec fromage blanc, confitures, beurre et pain maison). Martine propose aussi la table d'hôtes pour 17 €, apéro, vin et café compris. Une bonne occasion de tout apprendre sur la fameuse bête du Gévaudan, dont la légende reste bien vivante... Repas à base de produits bio et de la ferme : soupe aux légumes du jardin, charcuterie maison, veau aux girolles, potée, pot-au-feu, tartes à la rhubarbe ou aux myrtilles, poires au vin. Accueil chaleureux et authentique.

Accès : du Puy-en-Velay, prenez la direction d'Espaly, puis de Saugues (D 589) ; de Saugues, prenez la D 33 et, avt Grèzes, tournez à droite vers Bugeac, puis suivez le fléchage « Bugeac ».

JALEYRAC   15200

Carte régionale A2

50 km S d'Aurillac ; 6 km N de Mauriac

€ ♨ |●| **Chambres d'hôtes (Marie-Claire et Jean-Charles Charbonnel) :** *Bouriannes.* ☎ 04-71-69-73-75. Fax : 04-71-69-70-24. Magnifique maison de pays restaurée, où Marie-Claire propose 3 chambres meublées à l'ancienne, avec sanitaires privés (préférez la « Châtaigne », avec ses draps anciens et ses taies d'oreiller brodées). De 44 à 46 € pour 2, petit déj compris. À la table d'hôtes (sur réservation) partagée avec les proprios, pour 18 €, apéro et vin compris, produits de la ferme bio et bonnes spécialités mitonnées par Marie-Claire : charcuterie maison, patranque, pontarte, truffade, tarte à la tomme, fromage de Salers et soupe des vachers (qui se mange à la fourchette !). Pour les petits, chevaux, vaches, cochons, basse-cour. Accueil chaleureux.

Accès : depuis Mauriac, prenez la direction de Bort-les-Orgues puis, à 3 km, la route à gauche en direction d'Arches.

LA CHAISE-DIEU   43160

Carte régionale B2

45 km N du Puy-en-Velay ; 25 km E de Brioude

€€€ ♨ |●| 🐾 (10%) **Chambres d'hôtes La Jacquerolle (Jacqueline et Carole Chailly) :** *rue Marchédial.* ☎ 04-43-07-60-54. 📱 06-70-73-68-30. • lajacquerolle@hotmail.com • lajacquerolle.com • 📶 Grande maison de village en pierre, restaurée en 1823, et dont les murs faisaient sans doute

LA CHAPELLE

partie des remparts de la ville qui existent encore par endroits. Jacqueline l'a décorée avec goût, au hasard de ses trouvailles dans les brocantes de la région. Quatre chambres confortables avec des couettes bien douillettes et des sanitaires privés. De 70 à 75 € pour 2, petit déj compris. Possibilité de table d'hôtes, à 25 € : truffade, feuilleté aux cèpes, potée, chou farci, tourte aux lentilles, lapin au miel, poulet à la verveine, clafoutis aux cerises. Une adresse idéale pour les mélomanes souhaitant profiter du festival de La Chaise-Dieu... et pour les autres. Accueil discret et chaleureux.

Accès : du Puy-en-Velay, prenez la N 102 en direction de Clermont-Ferrand ; à Brioude, direction La Chaise-Dieu.

LA CHAPELLE 03300

Carte régionale B1

17 km E de Vichy ; 7 km NO du Mayet-de-Montagne

€€ 🛏 |○| 10% **Chambres d'hôtes La Maison des Collines Autour (Évelyne et Pascal Dauvergne) :** *Le Pouthier.* ☎ 04-70-41-82-20. 📱 06-62-23-35-43. • evdauv@aol.com • la-maison-des-collines-autour.fr • ⚠ *Fermé du 15 déc à début janv.* 📶 C'était la fermette des grand-parents d'Évelyne et elle a décidé d'y revenir et de créer 3 chambres coquettes et sereines avec beaux sanitaires privés. 55 € pour 2, petit déj compris. Table d'hôtes à 22 €, apéro, vin et café compris. Cuisine goûteuse où les spécialités marocaines tiennent une place de choix. Il faut dire qu'Évelyne, artiste-peintre, y expose souvent. Son atelier jouxte la maison et elle propose des ateliers de peinture à la demande. Accueil charmant. Bon rapport qualité-prix-convivialité.

Accès : au Pouthier, sur la D 62 entre Le-Mayet-de-Montagne et Vichy, prenez direction la Chapelle bourg, la maison est à 500 m à droite.

LA CHAPELLE-D'ALAGNON 15300

Carte régionale A2

20 km NO de Saint-Flour ; 4 km E de Murat

€ 🛏 |○| 🐾 **Chambres d'hôtes La Gaspardine (Joëlle et Denis Médard) :** *Gaspard.* ☎ 04-71-20-01-91. • lagaspardine@orange.fr • cantal-hote.fr • *Fermé de mi-nov à mi-janv.* 📶 Joëlle a quitté Paris et a décidé de reprendre la vieille ferme de sa grand-mère pour ouvrir des chambres d'hôtes. Au nombre de 4, elles sont printanières et colorées. Sanitaires privés. Comptez 50 € pour 2, petit déj compris, servi aux beaux jours sur une belle terrasse suspendue et gazonnée qui jouit d'une superbe vue sur la campagne environnante. Agréable salle à manger où vous découvrirez la collection de petites bouteilles de parfum de Joëlle. Table d'hôtes (sauf le dimanche soir) à 17 €, vin compris (c'est pas la ruine !). Bonne cuisine régionale. Atmosphère sereine. Accueil souriant et sympa. Un point de chute idéal pour découvrir le Cantal.

Accès : depuis Murat, prenez la N 122 en direction de Massiac et suivez le fléchage « Gaspard » à 4 km à droite (n'allez pas à La Chapelle-d'Alagnon).

LA TRINITAT 15110

Carte régionale A2

61 km S de Saint-Flour ; 17 km S de Chaudes-Aigues

€ 🛏 🐾 **Gîte et chambre d'hôtes (M. et Mme Berthou-Valadier) :** *Le Manouel.* ☎ et fax : 04-71-73-80-01. 📱 06-32-69-72-33. Grande ferme bien retapée, située au cœur du plateau de l'Aubrac, dans un environnement sauvage. Une seule chambre d'hôtes qui s'apparente bien plus à un petit appartement. Petite terrasse, chouette véranda avec une vue imprenable, coin salon, frigo et barbecue à disposition. La déco est kitsch, mais l'ensemble bien tenu et la literie impeccable. 38 € pour 2, petit déj compris. Également un gîte rural de 4 personnes, dans une petite maison en pierre accolée à la ferme, confortable et rustique, à 320 € la semaine. Et surtout, on est accueilli par un couple d'agriculteurs extrêmement chaleureux qui parlent de leur région avec amour et sauront vous indiquer de belles balades. Une adresse qui respire la simplicité et le bien-être.

Accès : de Chaudes-Aigues, prenez la D 921 vers Rodez puis la D 65 vers La Trinitat ; un panneau indique le village sur la droite, ne le suivez pas mais continuez tt droit et c'est bien fléché.

LANDEYRAT 15160

Carte régionale A2

8 km NO d'Allanche ; 15 km SE de Condat

€€€ 🛏 |○| 🐾 **Chambres d'hôtes Ferme des Prades (Françoise et Philippe Vauché) :** *Les*

Prades. ☎ 04-71-20-48-17 ou 09-79-02-55-39. 📱 06-88-30-79-67. • les-prades@wanadoo.fr • fermedesprades.com • Une superbe demeure chargée d'histoire, qui fut la propriété du célèbre abbé Pradt (puisqu'on vous l'dit !). C'est aujourd'hui une grande ferme en vieille pierre, au milieu d'un parc de 1 ha boisé et fleuri, tenue par un couple d'agriculteurs. Six chambres confortables, décorées avec beaucoup de goût. Belle hauteur sous plafond, parquet et vieilles gravures. De 68 à 90 € pour 2, petit déj compris. Table d'hôtes à 25 €. Bonne cuisine régionale et des spécialités de nos grands-mères préparées avec les produits du pays. Possibilité de visiter l'exploitation. Pour ceux qui veulent séjourner et pour les amateurs d'insolite les priprios en tranforner en gîte 2 personnes un original et ancien wagon de marchandises des années 1950 loué selon la saison de 500 à 600 €, la semaine. Accueil chaleureux. Une adresse de charme.

Accès : depuis Allanche, prenez la D 679 vers Marcenat sur 7 km et suivez le fléchage.

LAPTE 43200

Carte régionale B2

40 km NE du Puy-en-Velay ; 6 km O de Montfaucon

€ 🏠 ⦿ 🐾 **Chambres d'hôtes La Charmette (Josette et Auguste Mounier) :** Le-Brus-de-Verne. ☎ 04-71-59-38-30. 📱 06-75-83-17-54. • auguste.mounier@orange.fr • Dans l'ancien bâtiment qui hébergeait la grange et l'étable, Josette, Auguste et leurs quatre enfants (qui participent activement à la tâche) ont installé 5 chambres : une au rez-de-chaussée, les 4 autres à l'étage (dont une avec mezzanine). Agréable déco réalisée par Agnès (une des filles). Sanitaires privés. Comptez 48 € pour 2, petit déj compris (lait tiré tout juste du pis et confitures maison !), et 15 € par personne supplémentaire. Table d'hôtes (sur réservation) à 18 €. Pratiquement tous les produits sortent de la maison. Eh oui, les proprios élèvent vaches laitières, vaches à viande, porcs, moutons, volailles (et même une chèvre pour faire le fromage blanc !) et cultivent leur potager. Cela vous donne, par exemple, charcuterie maison, tourte aux pommes de terre et aux poireaux, navarin d'agneau, coq au vin, fromage blanc (mi-chèvre, mi-vache), tarte tatin, glace à la verveine du Velay ou à la gentiane... Quant aux tuyaux touristiques, vos hôtes savent se rendre disponibles. Accueil chaleureux et familial. Une adresse qui fait des adeptes.

Accès : du Puy-en-Velay, empruntez la N 88 en direction de Saint-Étienne jusqu'à Yssingeaux, puis la D 105 vers Annonay, que vous ne quittez plus jusqu'à Verne (ne tournez pas vers Lapte) ; la maison est à l'entrée du village à gauche.

LAUSSONNE 43150

Carte régionale B2

20 km SE du Puy-en-Velay

€ 🏠 ⦿ **10%** **Chambres d'hôtes Ferme du Fraisse (Isabelle et Guy Pappalardo) :** Le Fraisse. ☎ et fax : 04-71-05-04-85. 📱 06-21-89-56-11. • guypappalardo@orange.fr • fermedufraisse.com • *Fermé déc-janv. Sur résa.* Loin du bruit des voitures, au cœur du massif du Mézenc, dans un hameau de moyenne montagne (1 100 m), cette jolie ferme restaurée abrite 3 chambres de 2 à 4 personnes, avec sanitaires privés. Compter 46 € pour 2, petit déj compris, et 15 € par personne supplémentaire. Table d'hôtes, partagée en famille, à 20 €, tout compris. Accueil sympa. Une adresse pour pénétrer au cœur de la région, version nature.

Accès : dans le bourg.

LAVAUDIEU 43100

Carte régionale B2

45 km NO du Puy-en-Velay ; 10 km SE de Brioude

€€ 🏠 **Chambres d'hôtes La Buissonnière (Andrée et Michel Isabel) :** Le Bourg. ☎ 04-71-76-49-02. 📱 06-30-95-48-27. • andree.isabel@wanadoo.fr • 43labuissonniere.monsite.orange.fr • *Ouv 1er oct-30 juin.* 📶 Au bord de la Senouire, Lavaudieu est un village chargé d'histoire, classé parmi les plus beaux de France. Charmant couple de retraités, Andrée et Michel ont restauré cette ancienne maison vigneronne et ont aménagé 3 chambres coquettes, toutes différentes, à l'étage de la maison. Sanitaires privés. 58 € pour 2, petit déj compris (confitures et gâteaux maison). Aux beaux jours, il est servi sur une agréable terrasse entourée d'un jardin en pleine nature. Pas de table d'hôtes, mais trois restos dans le village. Accueil chaleureux. Et, bien sûr, plein de visites à faire dans le village (abbaye, église, maison des Arts et Traditions populaires).

Accès : A 75 sortie Brioude puis direction La Chaise-Dieu jusqu'au rond-point et direction Lavaudieu ; dans le village, suivez le fléchage (sans tenir compte des sens interdits !).

€€ 🏠 **Chambres d'hôtes La Maison d'à Côté (Marie et Pascal Robert) :** ☎ 04-71-76-45-04. • lamaisondacote@wanadoo.fr • Ouv Pâques-30 sept. Résa conseillée en hte saison. Voilà une adresse que les amoureux des vieilles pierres ne manqueront pas... Eh oui, Lavaudieu est un village classé parmi les plus beaux de France. Dans l'une des maisons, Marie et Pascal ont aménagé 4 chambres bien douillettes, tout aussi craquantes les unes que les autres. Déco raffinée (adorables petits fenestrons garnis de tentures) et sanitaires privés. 58 € pour 2, petit déj compris. Agréable terrasse intérieure, qui jouit d'une vue magnifique sur la rivière, la Senouire. Pas de table d'hôtes, mais deux petits restos dans le village. Accueil convivial. Lavaudieu recèle des joyaux, notamment une superbe abbaye du XIe s (séduisant cloître roman, gigantesques peintures murales dans l'église et le réfectoire).

Accès : depuis Le Puy-en-Velay, prenez la N 102 en direction de Brioude jusqu'à La Chomette ; tournez vers Domeyrat (D 206), puis prenez la D 20 jusqu'à Lavaudieu ; la maison est en face du pont.

LE BRETHON 03350

Carte régionale A1

50 km O de Moulins ; 30 km N de Montluçon

€€ 🏠 |●| **Chambres d'hôtes Fontarabier (Louise Baudet et Dick Van der Fluit) :** ☎ 04-70-06-81-05. 📱 06-58-61-13-67. • dvdfluit@hotmail.com • fontarabier.com • Fermé 22 déc-5 janv. 📶 En pleine campagne, ancienne ferme du début du XIXe siècle, composée de plusieurs petits bâtiments. Quatre chambres champêtres disséminées dans les lieux avec accès indépendant et sanitaires privés. Une au 1er étage accessible par un petit escalier extérieur privatif, mansardée, à l'atmosphère campagnarde, avec un croquignolet lit installé dans une charrette irlandaise, une autre à l'atmosphère plus romantique dans les tons bleu, une autre installée dans l'ancien four à pain et enfin une immense suite à l'atmosphère plus contemporaine avec coin salon et bibliothèque en mezzanine et une luxueuse douche à jets. 65 € pour 2 pour les 3 premières, petit déj compris et 80 € pour la suite. Table d'hôtes avec les produits du jardin et de producteurs locaux à 22 €, apéro maison, vin et café compris. Magnifique jardin et petit étang. Accueil chaleureux. Bon rapport qualité-prix-convivialité.

Accès : A 71, sortie n° 9 (Vallon-en-Sully), à Vallon tournez à droite au feu. Tt droit jusqu'à Le Brethon. Traversez le village (D 110 puis D 410) vers Cerilly et tournez à gauche vers Fontarabier (2e ferme à droite).

LE MAYET-DE-MONTAGNE 03250

Carte régionale B1

30 km SE de Vichy ; 8 km S de Châtel-Montagne

€€ 🏠 |●| 🐾 ⑩% **Chambres d'hôtes Le Couturon (Mireille et Christian Monat) :** La Cartonnée. ☎ 04-70-56-45-14. 📱 06-64-85-06-29. • mireille.monat@wanadoo.fr • le-couturon.com • Fermé Noël-Jour de l'an. 📶 À 500 m d'altitude, ancienne ferme tout en granit dans la montagne bourbonnaise. Au 1er étage, 5 chambres colorées à l'atmosphère sereine et campagnarde. Sanitaires privés. 55 € pour 2, petit déj compris (confitures et pain maison). Ancienne chef de cuisine, Mireille est aussi passionnée par son potager, qu'elle cultive en bio... deux bonnes raisons pour réserver la goûteuse table d'hôtes (sauf dimanche, ainsi que jeudi en juillet-août), pour 22 € le repas partagé en famille, apéro maison et vin compris. Pour les randonneurs, le GR 3 passe à proximité. Autrement, base nautique sur lac à 500 m, et pour les plus téméraires des circuits accrobranches. Accueil convivial.

Accès : au rond-point au centre du Mayet-de-Montagne, prenez direction La Loge-des-Gardes et, à 100 m, tournez dans la 1re route à gauche et suivez le fléchage sur 4 km.

LE MONT-DORE 63240

Carte régionale A2

50 km SO de Clermont-Ferrand ; 3 km E du Mont-Dore

€€€ ⑩% **Chambres d'hôtes La Closerie de Manou (Françoise Larcher) :** Le Genestoux. ☎ 04-73-65-26-81 ou 04-73-81-03-59. 📱 06-08-54-50-16. • lacloseriedemanou@orange.fr • lacloseriedemanou.com • Ouv 1er avr-15 oct. Résa conseillée. 📶 Belle demeure du XVIIIe s, avec son

LES ESTABLES | **61**

typique toit en lauze. Cinq chambres décorées avec goût et raffinement. Sanitaires privés, TV (pour les accros) et accès wifi dans chaque chambre, clim pour deux d'entre elles. De 85 à 90 € pour 2, avec un copieux petit déj (viennoiseries, coupe de fruits frais, jambon, yaourt, fromage, confitures maison...). Belle salle à manger avec cheminée, douillet salon orné de toiles et d'un ravissant poêle autrichien. Accueil chaleureux.

Accès : A 89 sortie n° 25 puis direction Le Mont-Dore ; du Mont-Dore, prenez l'av. des Belges direction A 89/Murat-le-Quaire.

LEMPDES-SUR-ALLAGNON 43410

Carte régionale A2

60 km S de Clermont-Ferrand ;
12 km NO de Brioude

€€ ♨ 🔟% **Chambres d'hôtes La Béalière (Marie-Dominique et François Donnadieu) :** *2, rue des Gorges-d'Allagnon.* ☎ 04-71-76-30-71. 📱 06-74-92-52-93. • francois.donnadieu@orange.fr • chambres-hotes-auvergne.org • ♿ 🛜 Le portail est en bord de route, mais quand on entre, le décor est tout autre. Belle maison de village, aux allures bourgeoises, dotée d'un grand parc qui vous emmène jusqu'à la rivière ! Cinq chambres accueillantes et pleines de souvenirs, dont une familiale (3 ou 4 personnes). Sanitaires privés. 62 € pour 2, copieux petit déj compris, et 25 € par personne supplémentaire. Pas de table d'hôtes, mais nombreux restos à proximité. Accueil chaleureux et discret. Une adresse où on se sent bien.

Accès : A 75 sortie n° 19, direction Lempdes, et 1 km après vous y êtes ; remontez la rue principale et prenez la 4e à droite après les halles et l'église ; la maison est face au resto 500 Bornes.

LÉOTOING 43410

Carte régionale A2

60 km S de Clermont-Ferrand ;
25 km S d'Issoire

€€€€ ♨ 🍴 🐴 **Chambres d'hôtes À la Buissonnière (Claudine Champion-Cormerais) :** *1, rue de l'École.* ☎ et fax : 04-71-76-31-41. 📱 06-18-26-82-28. • alabuissoniere.com • *Ouv 30 avr-30 sept.* Léotoing est un joli petit village médiéval avec sa forteresse qui surplombe la vallée de l'Allagnon. Claudine œuvre depuis des années pour animer son village... Ancienne et belle ferme typique du coin. On traverse un grand jardin fleuri et l'on pénètre dans le jardin d'hiver. Toute la maison s'organise autour de ce cocon chaleureux. Quatre chambres originales, dont 2 familiales, se partagent tout l'espace. La plus chère avec balcon et une vue splendide sur le village et les environs. Sanitaires privés. Selon la chambre, de 80 à 110 € pour 2, petit déj compris. Table d'hôtes à 24 €, vin compris. Accueil enthousiaste et très sympa. Pour parfaire le tout, une superbe piscine qui n'attend plus que vous. Une adresse et un village à découvrir !

Accès : A 75 sortie n° 19 (venant de Clermont ; n° 20 venant de Montpellier) ; entrez dans Lempdes-sur-Allagnon et prenez la D 653 vers Léotoing ; la maison est à gauche à l'entrée du village.

€€€ ♨ 🍴 **Chambres d'hôtes Le Moulin du Bateau (Catherine et Claude Quantin) :** *Lanau.* ☎ 04-71-76-57-07. 📱 06-73-42-58-77. • lemoulindubateau@wanadoo.fr • lemoulindubateau.com • *Fermé déc-janv.* 🛜 Catherine et Claude ont fort bien restauré cet ancien moulin situé au bord de l'Allagnon : la salle des machines est devenue une pièce à vivre spacieuse, agrémentée de murs lumineux, de vieilles poutres et de meubles campagnards. À l'étage, 4 chambres élégantes et douillettes, dont les noms rappellent l'ancienne fonction du moulin : « Comme les blés », la romantique, « Petit épeautre » et « Paille de seigle », avec mezzanine, et « Grain d'orge », la familiale. 75 € pour 2, petit déj compris, et 20 € par personne supplémentaire. Table d'hôtes à 25 €, apéro et vin compris. Joli jardin et terrasses bien fleuries pour se prélasser au bord de la rivière. Ambiance et accueil chaleureux.

Accès : du Puy, N 102 jusqu'à Lempdes (sorties A 75 nos 19 ou 20), puis D 909 ; continuez tt droit puis suivez la direction de Massiac/Blesle ; le moulin se trouve à 7 km de Lempdes.

LES ESTABLES 43150

Carte régionale B2

30 km SE du Puy-en-Velay

€€ ♨ 🍴 🔟% **Chambres d'hôtes Francillon (Marie-Josée Durand) :** ☎ et fax : 04-71-08-39-56. 📱 06-34-45-91-07. • mariejosee.durand@laposte.net • lefrancillon.com • 🛜 En pleine nature, magnifique ferme du XVIIe s, typique du Mézenc avec son lourd toit de lauze. Le cadre est somptueux et c'est un ravissement pour

AUVERGNE

les yeux. C'est aussi une maison d'artiste. À l'entrée, l'atelier de Marie-Josée, décoratrice, peintre et céramiste. À l'étage, 5 chambres plus ravissantes les unes que les autres. Meubles peints mis en valeur dans la pierre et le bois. Sanitaires privés. 70 € pour 2, petit déj compris. Table d'hôtes à 25 €, vin compris. Cuisine avec les produits du terroir. On mange dans l'ancienne étable, parée de cristal, bouquets de fleurs séchées et de tableaux, où trônent une cheminée avec son lit clos et une table sortie de l'imagination de votre hôtesse. Également un gîte de séjour de 11 personnes. Dehors, le jardin est superbe, et la fontaine originale. Accueil de qualité. Un de nos coups de cœur !

Accès : du Puy-en-Velay, D 535 vers Valence ; passez Monastier, continuez sur 4 km puis prenez la D 631 jusqu'aux Estables ; là, prenez la route du Mézenc et tournez dans la 1re à gauche (fléchage).

dont une familiale avec lits enfants en mezzanine, les 2 autres à l'étage ; 3 sont climatisées (chouette !). 60 € pour 2, petit déj compris, et 20 € par personne supplémentaire. Pas de table d'hôtes, mais coin cuisine à disposition. Ici, c'est Guy qui s'occupe des hôtes. Il prête aussi des vélos et permet aux amateurs de pêche d'aller taquiner le poisson sur son étang. S'il fait mauvais, vous pourrez profiter d'un coin fitness aménagé dans la salle de détente du 1er étage ou de l'immense salle de jeux avec billard, baby-foot, ping-pong, trampoline, etc. Si vous avez des enfants, ils pourront aussi jouer avec les quatre bouts de chou de la maison. Accueil chaleureux. Une adresse campagne, idéale pour les familles.

Accès : dans Lurcy-Levis, prenez la D 978A vers Couleuvre et, après le panneau de sortie d'agglomération, prenez la 2e route à gauche (La Manche/La Porte) et faites 1 km.

LIEUTADÈS   15110

Carte régionale A2

23 km N de Laguiole ; 15 km O de Chaudes-Aigues

€ 🏠 |●| 🐾 (10%) **Chambres d'hôtes (Denise Gilibert-Devors) :** Esclauzet. ☎ 04-71-73-83-16. 📱 06-81-61-14-34. ● denise.gilibert-devors@orange.fr ● chambres-dhote-chez-denise.wifeo.com ● 🎿 📶 Belle maison de caractère du début du XIXe s, entièrement rénovée. Quatre chambres très agréables, spacieuses et bien tenues, dont 2 familiales sous les toits qui offrent une jolie vue sur les prés alentour. 50 € pour 2, petit déj compris. Grande salle commune décorée avec soin, tout en vieille pierre et meubles en bois, et bien agréable terrasse avec vue sur la vallée. Possibilité de repas, à 14 € tout compris. Accueil tout à fait charmant.

Accès : situé entre Chaudes-Aigues et Laguiole (D 921).

MANZAT   63410

Carte régionale A1

35 km NO de Clermont-Ferrand ; 12 km NO de Châtelguyon

€ 🏠 **Chambres d'hôtes Les Oulanières (Martine Berna) :** 2, Voie Romaine. ☎ 04-73-86-96-55. 📱 06-75-87-17-35. ● berna.hotes@wanadoo.fr ● oulanieres.monsite.wanadoo.fr ● 📶 Dans un superbe parc de 2 ha, belle demeure des années 1930 qui surplombe le village. Au 2e étage, 3 chambres agréables, dont une familiale. Partout, de très belles armoires anciennes, passion de Martine. Sanitaires privés. 48 € pour 2, petit déj compris, souvent servi dans une agréable véranda pour profiter de la nature. Pas de table d'hôtes, mais les restos ne manquent pas alentour. Accueil jeune, dynamique et sympa. Une bonne adresse.

Accès : de l'A 89 Paris-Bordeaux, sortie Manzat (n° 27) ; dans le bourg, prenez la direction du collège et montez tout droit.

LURCY-LEVIS   03320

Carte régionale A1

45 km NO de Moulins ; 25 km N de Bourbon-l'Archambault

€€ 🏠 🐾 (10%) **Chambres d'hôtes (Catherine et Guy de Turckeim) :** La Porte. ☎ 04-70-67-87-28. ● contact@laporteallier.fr ● laporteallier.fr ● 🎿 📶 Grande ferme isolée dans la campagne. Dans une aile indépendante, 4 chambres agréables avec sanitaires privés : 2 au rez-de-chaussée,

MAREUGHEOL   63340

Carte régionale A2

48 km S de Clermont-Ferrand ; 15 km SO d'Issoire

€€ 🏠 (10%) **Chambre d'hôtes Les Deux Roues (Suzanne et André Bretogne) :** rue du Fort. ☎ 04-73-71-41-59. ● andre.bretogne@wanadoo.fr ● gite-les2roues.com ● 📶 Juste en face du fort de ce joli village, vous trouverez une ferme familiale restaurée par André et Suzanne, dynamiques retraités. Une chambre familiale et spacieuse, composée de 2 chambres communicantes pouvant accueillir 5 personnes, à 53 € pour 2, petit déj compris (confitures et gâteaux maison), et 18,50 € par personne supplémentaire. Table d'hôtes à 21 €. Également un gîte de 4 personnes sur place. Accueil chaleureux.

Accès : de l'A 75, prenez la sortie n° 15 direction Le Broc ; allez jusqu'à Saint-Germain-Lembron (D 909), puis prenez la D 720 à droite à l'entrée du bourg direction Gignat et fléchage (dans le village, 3ᵉ à droite, direction Antoingt).

MOISSAT 63190

Carte régionale B1

25 km E de Clermont-Ferrand ; 6 km S de Lezoux

€ 🏠 |●| **Chambres d'hôtes Le Clos de Goëlle (Valérie et Vincent Gobillard) :** ☎ 04-73-62-98-84. ● clos.goelle@orange.fr ● clos-goelle.com ● Au bout d'un long chemin rural, on arrive à cette surprenante propriété perdue au beau milieu de la campagne avec le château de Ravel en ligne de mire, dont c'était la métairie. Élégant corps de ferme du XVIᵉ s tout en pierre avec sa vieille tour, l'ancienne « blanchisserie », un puits et la vue sur le fameux château où fut tourné *Les Choristes*. D'ailleurs, une partie de l'équipe du film séjourna ici. Trois chambres soignées avec sanitaires privés (w-c communs), à 50 € pour 2, petit déj compris. Belles pièces à vivre, plusieurs terrasses pour l'apéro et un grand jardin. Table d'hôtes à 18 € ou sympathique petite *Auberge de la Forge*, à Glaine-Montaigut. Bon accueil de la petite famille.

Accès : de l'A 89, sortie Lezoux, puis à Lezoux, direction Moissat/Billom ; avt Moissat, prenez le petit chemin à gauche en suivant le fléchage.

MONLET-LES-ARBRES 43270

Carte régionale B2

32 km NO du Puy-en-Velay ; 7 km S de La Chaise-Dieu

€€ 🏠 |●| 10% **Chambres d'hôtes La Ferme Saint-Antoine (Jacqueline et Michel Zwikel) :** *Les Arbres.* ☎ et fax : 04-71-00-71-39. 📱 06-21-07-43-46. ● jacqueline@crea-vitrail.com ● crea-vitrail.com ● 📶 Séjourner chez Jacqueline et Michel, ça se mérite ! Leur maison tout en pierre aux volets bleus, ancienne ferme de 1850, se trouve après 1,5 km de route forestière (vous la reconnaîtrez à la vieille lanterne aux verres bleus eux aussi). Deux chambres à l'étage, à 70 € pour 2, petit déj compris, et à la table d'hôtes (30 € le repas, apéritif et vin compris), de bonnes terrines et tartes maison. Mais l'originalité de la maison, c'est l'atelier de Jacqueline, juste en face, où elle produit de superbes vitraux... Accueil charmant.

Accès : du Puy, prenez la N 102 direction Clermont-Ferrand, faites env 10 km puis prenez la D 906 vers Saint-Paulien/Craponne ; à Saint-Paulien, D 13 à gauche direction Allègre, et suivez la route de La Chaise-Dieu ; à Malaguet, en face du resto Le Malaguet, tournez à droite et suivez le fléchage « Vitrail ».

€€€ 🏠 |●| 10% **Chambres d'hôtes La Maison du Lac (Joëlle Le Jean et Christian Rollet) :** *lac de Malaguet.* ☎ 04-71-00-21-48. ● lacdemalaguet@wanadoo.fr ● lac-de-malaguet.com ● *Ouv mars-nov.* 📶 Subjugués par le site, Joëlle et Christian ont craqué pour cette ancienne usine toute parée de bois, installée au bord du lac... Il faut dire que le site est préservé et sauvage à souhait. Cinq chambres d'hôtes spacieuses et sereines avec de beaux sanitaires privés : 3 au rez-de-jardin, les 2 autres à l'étage (moins chères). Grands volumes et déco soignée qui mélange harmonieusement les styles. Selon la chambre, de 70 à 80 € pour 2, petit déj compris. Table d'hôtes à 28 €, vin compris. Cuisine goûteuse et recherchée. Les pêcheurs à la mouche ne manqueront pas cette adresse et trouveront des barques à leur disposition. Accueil de qualité. Une excellente adresse.

Accès : du Puy, direction Clermont-Ferrand sur 10 km puis D 906 jusqu'à Saint-Paulien puis D 13 vers Allègre puis La Chaise-Dieu ; à Monlet, descendez vers le lac en suivant le fléchage.

MONTAIGUT-LE-BLANC 63320

Carte régionale A2

25 km S de Clermont-Ferrand ; 10 km E de Saint-Nectaire

€€ 🏠 10% **Chambres d'hôtes Le Prieuré (Christiane Ziessel) :** *37, rue de l'Église.* ☎ 04-73-96-29-31. 📱 06-84-09-15-04. ● thezeiss@hotmail.com ● gite-prieure.fr ● *Fermé 10 oct-15 mars.* Vous trouverez facilement la maison de Christiane, avec ses volets bleus, juste à côté de l'église...

MONTEIGNET-SUR-L'ANDELOT — 03800

Carte régionale A1

17 km O de Vichy ; 6 km NE de Gannat

€€ 🐕 10% **Chambres d'hôtes La Marivole (Annick et Étienne Supplisson) :** Le Bourg. ☎ et fax : 04-70-90-58-53. 📱 06-07-47-36-22. ● annick.supplisson@wanadoo.fr ● 📶 Au milieu d'un grand parc, maison bourgeoise du milieu du XIXᵉ s, avec entourage de portes et fenêtres en pierre blanche sur la façade, et motifs brique sur l'arrière. Quatre chambres, dont une au rez-de-chaussée, les 3 autres à l'étage, desservies par un bel escalier en pierre de Volvic. Une plus petite (moins chère) avec mobilier en bois naturel, les autres avec un beau mobilier ancien. Respectivement 48 et 53 € pour 2, petit déj compris. Pas de table d'hôtes, mais vous pourrez prendre votre pique-nique dans le parc. Ping-pong et vélos à disposition. Pour ceux qui aiment les vieilles pierres, deux belles églises romanes à Escurolles et Biozat. Accueil de qualité.

> **Accès :** sur la N 209 entre Gannat (sortie A 71) et Vichy, prenez la D 36 vers Escurolles puis, à gauche, la D 117 jusqu'au village et suivez le fléchage.

MONTPEYROUX — 63114

Carte régionale A2

21 km S de Clermont-Ferrand ; 16 km N d'Issoire

€€ 🐕 10% **Chambres d'hôtes Le Cantou (Jacqueline et Hermann Volk) :** pl. de la Croix-du-Bras. ☎ 04-73-96-92-26. Fax : 09-79-26-29-61. ● j.volk@orange.fr ● ♿ 📶 Dans un ancien bâtiment agricole tout en pierre très bien restauré, 3 chambres spacieuses, avec sanitaires privés, de 52 à 68 € pour 2, petit déj compris. Au-dessus des chambres, au 2ᵉ étage, une vaste pièce à vivre avec terrasse et une grande bibliothèque à la disposition des hôtes, ainsi qu'une ancienne étable, avec voûte et cheminée, aménagée en pièce de séjour s'ouvrant sur une cour intérieure. Hermann, ancien professeur d'histoire et de français, connaît la région à merveille et vous aidera à bâtir vos itinéraires. Pas de table d'hôtes mais une auberge dans le village. Accueil chaleureux.

> **Accès :** A 75, sortie n° 7, Montpeyroux et suivez le fléchage.

€€€ 🐕 10% **Chambres d'hôtes Les Pradets (Édith Grenot) :** ☎ 04-73-96-63-40. ● claude.grenot@wanadoo.fr ● auvergne.maison-hotes.com ● Belle maison nichée au cœur de Montpeyroux, village classé parmi les plus beaux de France. Trois chambres agréables, au style raffiné (draps brodés !) : 2 dans la maison (préférez la rose, avec vue sur le jardin intérieur) et une dans un petit pavillon indépendant. Sanitaires privés. 80 € pour 2, petit déj compris. On le prend soit dans une agréable salle à manger voûtée, soit dans le jardin (en profitant de la vue sur le pays des Buttes). Accueil agréable. Pour les infos touristiques, pas de problème, Édith vous donnera tous les tuyaux.

> **Accès :** A 75, sortie n° 7 Montpeyroux.

MOUDEYRES — 43150

Carte régionale B2

25 km SE du Puy-en-Velay ; 16 km O de Fay-sur-Lignon

€€ 🍴 **Chambres d'hôtes Le Moulinou (Lucia et Bertrand Gaboriaud) :** ☎ 04-71-08-30-52. 📱 06-19-32-45-70. ● lucia.gaboriaud@wanadoo.fr ● lemoulinou.free.fr ● Fermé de la fin des vac de la Toussaint jusqu'à la 1ʳᵉ sem de janv. 📶 Le Moulinou est une belle ferme de 1790, superbement restaurée par Lucia et Bertrand. Quand on visite les lieux, on imagine sans peine l'énorme somme de travail qu'il a fallu pour la remettre en état, tout en respectant son authenticité. Cinq chambres avec pierres apparentes, simples mais meublées avec goût et originalité (nombreux meubles fabriqués par Bertrand). Sanitaires privés. Comptez 68 € pour 2, petit déj nordique compris (chouette !). Dans la belle salle à manger (pierres et poutres apparentes), une monumentale cheminée, dont les flammes viennent souvent rôtir le gigot d'agneau préparé par Lucia. Selon son humeur, elle vous proposera une cuisine régionale ou exotique pour 24 € le repas. En saison, un joli bâtiment indépendant, « le Grangeon », très convivial, accueille les familles pour les repas lorsque l'air est frais. Atmosphère pittoresque à souhait ! Accueil de qualité.

Plein d'activités nature à faire dans le coin : randos depuis la maison, escalade, parapente, ski de fond (à 5 km et quand il y a de la neige !), pêche... suivies d'un moment de détente avec spa, sauna et jacuzzi (possibilité de massages) ! Une excellente adresse où on aime revenir.

Accès : du Puy-en-Velay, prenez la D 535 puis la D 15 vers Valence ; aux Pandaux, D 36 vers Laussonne ; la maison se trouve à 6 km après Laussonne (entre Moudeyres et Les Estables).

MOZAC 63200

Carte régionale A1

15 km N de Clermont-Ferrand ; 1 km O de Riom

€€ **Chambres d'hôtes Le Moulin du Chassaing (Sylvia de Remacle) :** rue Jean-Zay. ☎ 04-73-38-04-68. 📱 06-79-25-53-94. • sylvia.de-remacle@wanadoo.fr • lemoulinduchassaing.over-blog.com • 📶 Certes, on est à deux roues de la grand-route mais on l'oublie immédiatement tant le cadre est enchanteur. Sylvia vous accueille chaleureusement dans son magnifique moulin restauré où domine encore le bruit de la chute d'eau. Beau salon voûté ouvert sur un grand jardin. Les 2 chambres à l'étage, accessibles par un bel escalier à vis, ne sont pas en reste. Chacune a une mezzanine et une salle de bains complète mais celle pour 5 personnes a notre préférence à cause du pigeonnier en pierre de Volvic qui surplombe le lit conjugal (idéal pour roucouler). 65 € pour 2, petit déj copieux compris (avec des produits régionaux), et 15 € par personne supplémentaire. Accueil souriant.

Accès : de Riom, allez à la zone artisanale de Mozac ; au rond-point, prenez la rocade vers Clermont et tournez tt de suite à droite, rue Jean-Zay, juste en face d'Innovinter ; c'est la 1re entrée à gauche (portail encadré de deux platanes).

NEURE 03320

Carte régionale A1

40 km NO de Moulins ; 8 km E de Lurcy-Lévis

€€ **Chambres d'hôtes Le Grand Brimerand (Camille Latour) :** ☎ 04-70-66-41-19. 📱 06-07-89-07-65. Fax : 04-70-66-43-21. • brimerand@orange.fr • brimerand.com • Jolie ferme isolée au milieu de 140 ha de pâturages et de forêt. Camille vous accueille dans 7 chambres accueillantes et douillettes, dont une au rez-de-chaussée, les 6 autres à l'étage. Sanitaires privés. Comptez 60-65 € pour 2, petit déj compris. Table d'hôtes partagée en famille à 29 €, boissons comprises. Pour vous détendre, une agréable piscine. Ambiance conviviale et atmosphère décontractée. Une adresse où le maître mot est hospitalité.

Accès : de Neure, direction La Veurdre sur 2 km, puis la maison est fléchée à gauche.

NOYANT-D'ALLIER 03210

Carte régionale A1

18 km SO de Moulins

€€ **Chambres d'hôtes Le Moulin Bassé (Christine et Thierry Eumont-Camus) :** ☎ 04-70-47-25-86. 📱 06-09-24-81-24. • thierry.eumont@wanadoo.fr • lemoulinbasse.pagesperso-orange.fr • Maison des années 1900, située juste à côté de l'ancien moulin, dont le mécanisme a été préservé. Christine aime les couleurs, et ça se voit ! Elle adore aussi chiner et les bibelots foisonnent dans toute la maison, collection de chapeaux, carafes, lampes à pétrole... Deux chambres coquettes installées au 1er étage dont 1 suite familiale composée de 2 chambres. On aime bien « Chrisalitie » dans les tons verts, et mobilier peint. Sanitaires privés. 65 € pour 2, petit déj compris. Accueil chaleureux. Un bon point de chute pour découvrir le coin.

Accès : de Moulins, D 945 vers Souvigny, continuez vers le Montet, passez Noyant-d'Allier, l'accès à la maison est à droite juste à l'entrée de Châtillon.

OLBY 63210

Carte régionale A1

20 km O de Clermont-Ferrand ; 8 km E de Saint-Pierre-Roche

€€€ **Chambre d'hôtes Le Cantou (Colette et Bernard Teyssier) :** La Gardette. ☎ et fax : 04-73-87-13-97. 📱 06-83-16-06-27. • info@gite-des-volcans.com • gite-des-volcans.com • Ouv 15 mai-15 oct. Belle maison auvergnate de caractère, tout en pierre, qui abrite dans la partie la plus ancienne une unique chambre d'hôtes, familiale, typique et confortable avec son cantou et son lit clos. Entrée indépendante et de plain-pied qui donne sur le jardin. Véranda, salon et kitchenette équipée. Superbe vue panoramique sur le Puy-de-Dôme et la chaîne des volcans. 80 € pour 2, petit déj compris (attention, séjour de 2 nuits minimum) ou 480 € la semaine. Vulcania se trouve à 6 km à peine.

Accès : depuis Clermont-Ferrand, prenez la direction du Puy-de-Dôme, puis de Ceyssat et Vulcania ; après Ceyssat, direction Pontgibaud, et prenez à gauche vers La Gardette ; la maison est à droite après la fontaine (portail blanc).

€ 🏠 **Chambres d'hôtes L'Abri du Berger (Noëlle et Paul Bony) :** Bravant. ☎ 04-73-87-12-28. 📱 06-71-34-12-18. Fax : 04-73-87-19-00. • bony.p.c@wanadoo.fr • *Ouv de mi-fév à mi-nov.* Au pied du Puy-de-Dôme, c'est dans ce qui était autrefois la ferme (écuries et maison d'habitation), que Noëlle et Paul (mère et fils) ont aménagé leurs 5 chambres (eux habitent juste à côté). Déco simple. Sanitaires privés. Selon la saison, de 45 à 48 € pour 2, petit déj compris. Paul élève quelque 400 brebis et il sera ravi de montrer les agneaux à vos petits anges. Les plus grands pourront profiter de la nature et des nombreux circuits de randonnées. Accueil chaleureux.

Accès : depuis Clermont-Ferrand, empruntez la D 2089 en direction de Bordeaux (sur 18 km) et, au carrefour des quatre routes, prenez la route à droite vers Bravant (n'allez pas à Olby).

OLLIERGUES 63880

Carte régionale B2

31 km S de Thiers ; 20 km NO d'Ambert

€ 🏠 |●| 🐾 (10 %) **Chambres d'hôtes (Annie-Paule Chalet) :** 19, rue J.-de-Lattre-de-Tassigny. ☎ 04-73-95-52-10. • hotes.annie.chalet@sfr.fr • maison-hotes-annie-paule-chalet.fr • 📶 Belle maison de village qui ouvre côté jardin sur le vieux château. Aux 1er et 2e étages, 3 chambres d'hôtes coquettes avec sanitaires privés, à 50 € pour 2, petit déj compris. Croquignolet bureau avec une foultitude de livres pour découvrir l'histoire et les trésors de la région. Nombreux tableaux peints par la tante d'Annie-Paule. Table d'hôtes à 15 €, vin compris, avec de nombreuses spécialités auvergnates (slurp !). Accueil dynamique et vraiment sympa.

Accès : Olliergues se situe sur la D 906 entre Courpière et Ambert ; la maison est dans le bourg, à côté de la pharmacie.

ORADOUR 15260

Carte régionale A2

70 km E d'Aurillac ; 25 km SO de Saint-Flour

€ 🏠 |●| (10 %) **Chambres d'hôtes Sandine (Catherine Giraud-Weil) :** Lieurac. ☎ 04-71-23-39-78. • sandine.hotes@gmail.com • sandine-hotes.com • *Fermé à Noël.* 📶 Superbe demeure ancienne en pierre apparente, décorée avec goût par la maîtresse de maison. Trois chambres en mezzanine avec accès indépendant, spacieuses et confortables, une autre au rez-de-chaussée, toutes avec sanitaires privés. Nombreux objets chinés, gravures, vieilles dentelles, meubles patinés ajoutent au charme des lieux. Comptez 50 € pour 2, petit déj compris. Table d'hôtes à 15 €, vin compris, mais aussi un coin cuisine à disposition. Selon la météo, on profite du salon de jardin dans le verger ou de la grande salle à manger traditionnelle pour prendre l'apéro. Une maison où il fait bon vivre.

Accès : dans le bourg.

PAULHAC 15430

Carte régionale A2

15 km O de Saint-Flour

€ 🏠 |●| **Chambres d'hôtes La Frêneraie (Jocelyne et Michel Lecolle-Budua) :** Ribeyrol. ☎ 04-71-73-09-38. 📱 06-74-45-99-14. • contact@chambre-hote-lafreneraie.com • chambre-hote-lafreneraie.com • *Ouv avr-oct.* À 1 200 m d'altitude, belle demeure récente en harmonie avec les maisons du pays. Elle abrite 4 chambres spacieuses, coquettes et confortables avec sanitaires privés. De 47,50 à 55 € pour 2, petit déj compris (confitures et brioches maison). Table d'hôtes (sauf le dimanche soir) à 20 €, vin compris. Cuisine à base de produits fermiers qui oscille entre les spécialités régionales et les saveurs du Sud-Ouest. Les repas sont servis dans une belle pièce de jour qui bénéficie d'une superbe vue sur la Margeride. Possibilité de skier à la station de Prat-de-Bouc et nombreuses randonnées. Accueil chaleureux.

Accès : A 75 sortie Saint-Flour puis direction Aurillac et, au rond-point du centre commercial, direction Paulhac ; la maison se trouve à gauche, juste après la salle des fêtes.

RETOURNAC 43130

Carte régionale B2

30 km NE du Puy-en-Velay ; 8 km NO d'Yssingeaux

€€ 🛏 |●| ⑩% **Chambres d'hôtes Les Revers (Béatrice et Jean-Pierre Chevalier) :** ☎ 04-71-59-42-81. 📱 06-31-24-04-20. ● lesrevers@orange.fr ● chambresdhotes-lesrevers.com ● *Ouv début avr-fin oct.* « Les Revers » signifient « terre isolée », et croyez-nous, ce n'est pas l'impression que l'on ressent quand on arrive chez Béatrice et Jean-Pierre. Au 1er étage de la ferme, 4 chambres simples et agréables (dont 2 avec mezzanine), avec sanitaires privés. Comptez 53 € pour 2, petit déj compris, et 14 € par personne supplémentaire. Possibilité de repas à 18 € (les vendredi, samedi et dimanche, pour 6 personnes minimum) ; sinon, cuisine à disposition. Les proprios sont agriculteurs ; ils cultivent les 10 ha qui entourent la ferme (ils produisent notamment des fruits rouges et de l'orgiade : un mélange d'orge et d'avoine semées au même endroit !). Jean-Pierre élève aussi des chevaux (normal quand on s'appelle Chevalier !) et propose des balades de 2h, à la journée ou au week-end pour découvrir la région (repas prévus, bien sûr). Accueil convivial.

> *Accès :* du Puy-en-Velay, prenez la N 88 vers Saint-Étienne jusqu'à Yssingeaux, puis la D 103 vers Retournac ; 2 km après Maltaverne, tournez à droite vers Mercuret/Chenebeyres, passez devant le château et suivez le fléchage à gauche.

ROSIÈRES 43800

Carte régionale B2

17 km NE du Puy-en-Velay ; 15 km O d'Yssingeaux

€ 🛏 |●| 🐴 ⑩% **Chambres d'hôtes La Colombière (Pierre Vérot) :** *Chiriac.* ☎ 04-71-57-42-30. 📱 06-87-06-53-39. Fax : 04-71-57-91-08. ● lacolombiere.43@wanadoo.fr ● lacolombiere-auvergne.fr ● ♿. Au pays du Meygal et à deux pas de la vallée de la Loire, un grand parc conduit à la ferme dans laquelle Pierre ne manque pas d'activités : production de lentilles, élevage de vaches salers, ânes... Une chambre familiale pour 5 personnes avec mezzanine, une chambre de 3 personnes et 2 doubles avec salle d'eau et w-c privés. 45 € pour 2, petit déj compris, et 15 € par personne supplémentaire. Table d'hôtes assurée par Chantal, la sœur de Pierre, pour 15 € le repas.

> *Accès :* du Puy prenez la D 103 jusqu'à Lavoulte-sur-Loire ; là, tournez à droite direction Rosières (D 7) ; dans le village, tournez à gauche près de l'église vers Chiriac.

ROYAT 63130

Carte régionale A1

8 km O de Clermont-Ferrand

€€€€ 🛏 **Chambres d'hôtes Le Château de Charade (Marie-Christine et Marc Gaba) :** ☎ 04-73-35-91-67. ● chateau-de-charade@orange.fr ● chateau-de-charade.com ● *Ouv début avr-début nov.* 📶 Royat est un peu la banlieue chicos de Clermont-Ferrand... On y trouve la station thermale, mais aussi le casino, les restos gastronomiques, le golf et, tout à côté, le circuit de Charade (les jeunes viennent s'y entraîner la nuit... n'oubliez pas qu'ici, les courses de côtes sont nombreuses !). Si vous aimez cette ambiance, on vous offre en prime la vie de château ! Belle demeure du milieu du XIXe s, entourée d'un grand parc fleuri. Cinq chambres (dont une suite) meublées et décorées avec goût. De 92 à 100 € pour 2, très copieux petit déj compris. Agréable salon avec cheminée, bibliothèque bien fournie et un billard français. Pas de table d'hôtes, mais les bons établissements ne manquent pas alentour. Si on a les moyens, une adresse idéale pour un week-end en amoureux, et une bonne situation pour découvrir Clermont-Ferrand.

> *Accès :* de Clermont-Ferrand Centre, prenez la D 68 vers Royat ; dans Royat, prenez la D 941C, puis la D 5 vers Charade.

SAINT-ANTHÈME 63660

Carte régionale B2

45 km O de Saint-Étienne ; 22 km E d'Ambert

€ 🛏 |●| ⑩% **Chambres d'hôtes (Michèle et Yvan Col) :** *Saint-Yvoix.* ☎ 04-73-95-44-63. ● yvancol@orange.fr ● chez-michele-et-yvan.com ● *Fermé la 2e quinzaine de janv.* 📶 Dans l'ancienne grange de la ferme familiale, Michèle et Yvan ont aménagé 2 chambres avec sanitaires privés. Comptez 45 € pour 2, petit déj compris. Bonne table d'hôtes avec les produits maison (charcuterie, légumes du jardin et fromages de chèvre), pour 15 € le repas. Agréable salle de détente avec billard et coin lecture. Bien sûr, vous êtes cordialement invité à assister à la traite des chèvres. Une adresse authentique qui fleure bon le terroir.

> **Accès :** dans Saint-Anthème, prenez la D 996 vers Montbrison, la ferme est à 4 km ; suivez le fléchage « Fromages de chèvre ».

SAINT-AUBIN-LE-MONIAL 03160

Carte régionale A1

28 km O de Moulins ; 7 km S de Bourbon-l'Archambault

€€ 🏠 |●| 🐴 10% *Chambres d'hôtes (Anne-Marie et Louis Mercier) : La Gare.* ☎ 04-70-67-00-20. ♿ Mignonne maison bourbonnaise où Anne-Marie propose 4 chambres (dont une au rez-de-chaussée), avec sanitaires privés, décorées avec goût à l'aide de jolis meubles et tissus (préférez la chambre qui donne sur la forêt). Comptez 52 € pour 2, petit déj inclus (avec confitures maison). Table d'hôtes (sur réservation) à 18 €, vin compris. Les spécialités d'Anne-Marie : le pâté aux pommes de terre, les choux farcis, le poulet aux girolles (en saison), le lapin à la moutarde, les tartes maison et les sorbets aux fruits du jardin. La forêt de Gros-Bois est à 200 m, les randonnées sont donc nombreuses et d'agréables chemins relient les petites communes entre elles. Accueil chaleureux.

> **Accès :** de Bourbon, prenez la D 1 en direction du Montet et, à l'intersection de Saint-Aubin, vous trouverez la maison 200 m plus loin sur votre gauche.

SAINT-CERNIN 15310

Carte régionale A2

20 km N d'Aurillac ; 20 km S de Salers

€ 🏠 10% *Chambres d'hôtes (Solange et Paul Féréol) : Lamourio.* ☎ et fax : 04-71-47-67-37. 📱 06-65-45-78-57. ● paul.ferreol15@orange.fr ● Dans un petit hameau agricole, jolie maison en pierre, entièrement rénovée. Des chambres agréables et tout confort. Poutres apparentes et belles salles de bains. 48 € pour 2, petit déj compris. Pas de table d'hôtes, mais un coin cuisine à disposition. Les propriétaires, éleveurs de vaches salers (c'qu'elles sont belles !), habitent la maison d'en face et assurent un accueil cordial.

> **Accès :** par la D 922.

SAINT-CHRISTOPHE-D'ALLIER 43340

Carte régionale B2

38 km SO du Puy-en-Velay ; 25 km SE de Saugues

€€ 🏠 |●| *Gîte de séjour La Source (Véronique Nouvel et Didier Hugoni) : Les Angles.* ☎ 04-66-69-62-61. 📱 06-83-09-03-43. ● gitelasource@orange.fr ● gitelasource.info ● ♿ À 1 000 m d'altitude, dans un cadre splendide, jolie maison du XVIIIe s au cœur d'une ferme en activité. Huit chambres de 2 à 5 personnes, pour une capacité de 27 couchages. Atmosphère rustique et campagnarde. 25 € par nuit et par personne (20 € à partir de 2 nuits) et 6 € le petit déj. Possibilité de repas (sauf en août) à 14 € pour une cuisine saine à partir des produits de la ferme. On peut aussi louer la totalité du gîte et faire sa cuisine. Grande piscine couverte chauffée, et sauna. Possibilité de randos accompagnées dans les gorges de l'Allier. Accueil très chaleureux teinté d'un accent du Midi. Une adresse pour se mettre au vert.

> **Accès :** du Puy, prenez la N 88 vers Aubenas puis la direction de Cayres/Le Trémoul et, enfin, à gauche vers Les Angles en restant sur la D 32.

SAINT-CLÉMENT 15800

Carte régionale A2

35 km E d'Aurillac ; 14 km E de Vic-sur-Cère

€€€ 🏠 |●| *Chambres d'hôtes La Roussière (Brigitte Renard et Christian Grégoir) :* ☎ 04-71-49-67-34. ● info@laroussiere.fr ● laroussiere.fr ● En pleine nature, au fond de sa jolie vallée, la ferme branlante est devenue, après plusieurs années de travaux, une bâtisse de charme, rénovée dans les règles de l'art. Matériaux et mobilier traditionnels, avec des petites touches contemporaines savamment dosées. On adore le grand salon où le feu crépite dans le cantou, et ses pupitres d'écolier qui rappellent que les enfants de la maisonnée suivaient l'école à domicile ; l'ancienne chapelle est convertie en coin télé et jeux, et les repas sont servis dans la spacieuse cuisine contemporaine. Trois chambres (dont 2 suites pour 2-3 et 3-4 personnes) splendides, sobres et luxueuses à la fois, et une belle terrasse. Selon la chambre et la période, de 75 à 110 €, petit déj compris. Table d'hôtes (sauf les mercredi et dimanche) à 28 € tout compris. Idéal pour un séjour romantique et loin du monde (la route s'arrête ici et le premier voisin n'est pas tout près...).

Accès : à Vic-sur-Cère, prenez direction Pailherols (D 54) sur 10 km, puis à gauche avt une maison abandonnée et remontez la vallée pdt 4 km (fléché à partir du col de Curebourse).

SAINT-DIDIER-D'ALLIER 43580

Carte régionale B2

30 km SO du Puy-en-Velay

€ â |●| ♂ **Chambres d'hôtes La Grangette (Jacqueline Montagne et Philippe Avoine) :** ☎ et fax : 04-71-57-24-41. 📱 06-76-18-83-96. ● avoine-montagne@wanadoo.fr ● Ouv tte l'année, mais slt sur résa l'hiver. À 800 m d'altitude, au cœur des gorges de l'Allier, agréable ferme tenue par Jacqueline et Philippe. Au 1er étage, 4 chambres agréables (dont 2 avec mezzanine), qui bénéficient toutes du paysage grandiose. Sanitaires privés. Comptez 44 € pour 2, petit déj compris. Table d'hôtes à 17 €, c'est pas ruineux ! Bonne cuisine du terroir avec, par exemple, soupe au pistou, charcuterie maison (avec la spécialité de Philippe, le jésus !), bœuf bourguignon, escargots en pâte à choux, girolles à la crème (ramassées par les proprios) et délicieuses tartes. Autour de la table d'hôtes, vous pourrez parler de leur activité de tondeur de moutons (un métier en voie de disparition... ils ne sont plus que quatre dans le département, et Jacqueline était bien sûr la seule femme !). Gentillesse au rendez-vous. La Grangette tenue par Montagne et Avoine... ça ne s'invente pas ! Un emplacement de choix pour les fondus de glisse en eaux vives. Une adresse qui fait des adeptes !

Accès : du Puy-en-Velay, prenez la D 589 jusqu'à Saint-Privat-d'Allier, puis la D 40 vers Alleyras sur 6 km (fléchage à gauche).

SAINT-DIDIER-EN-VELAY 43140

Carte régionale B2

30 km SO de Saint-Étienne ; 10 km de Sainte-Sigolène

€€ â |●| ♂ **Chambres d'hôtes Au-delà des Bois (Laura et Guy Franc) :** Montcoudiol. ☎ et fax : 04-71-61-08-09. 📱 06-24-06-54-21. ● audeladesbois43@wanadoo.fr ● chambres-hotes-audeladesbois.com ● 🛜 En lisière de forêt, superbe ferme tout en pierre, avec une immense terrasse qui surplombe la campagne. Dans les anciennes grange et étable, Laura et Guy ont aménagé 3 chambres, avec sanitaires privés. Atmosphère champêtre et déco de bon goût où se mêlent coussins, patchworks, objets peints... réalisés par Laura et sa maman. 53 € pour 2, petit déj compris. Grande salle à manger avec cheminée. Table d'hôtes à 18 €, apéritif et vin compris. Cuisine du terroir avec charcuterie maison et produits fermiers. Accueil chaleureux. Une adresse où il fait bon vivre.

Accès : sur la N 88 entre Saint-Étienne et Le Puy, sortez à Saint-Didier/La Seauve ; passez devant la mairie de Saint-Didier et suivez la direction « salle des fêtes/piscine » puis le fléchage « Montcoudiol ».

€€ â |●| **10%** **Chambres d'hôtes Les Chênelettes (Annie et Bernard Rousset) :** ☎ 04-71-61-11-67. 📱 06-30-90-32-99. ● info@chenelettes.com ● chenelettes.com ● 🛜 Belle ferme tout en pierre, en pleine nature, au milieu des prairies et des bois. Annie et Bernard y ont aménagé 4 chambres confortables et proposent des repas en table d'hôtes pour découvrir les bons produits du terroir. Comptez 53 € pour 2, avec un copieux petit déj, et 18 € le repas. Et pour ceux que cela intéresse, sur réservation, possibilité de journées sophrologie, kinésiologie ou art thérapie.

Accès : en venant du Puy par la N 88, sortez à la bretelle Saint-Ferréol-d'Auroure, entrez dans le bourg, puis à droite (D 6) vers Saint-Didier-en-Velay ; après 7 km, prenez la D 500 et tournez à droite, puis à gauche (D 12), direction Saint-Genest-Malifaux ; faites 1 km, puis fléchage à droite.

SAINT-ÉTIENNE-DE-CARLAT 15130

Carte régionale A2

15 km E d'Aurillac

€€ â |●| **Chambres d'hôtes Lou Ferradou (Francine et Jacky Balleux) :** Caizac. ☎ et fax : 04-71-62-42-37. 📱 06-65-25-49-79. ● balleux@louferradou.com ● louferradou.com ● 🛜 En pleine nature, dans une magnifique maison traditionnelle, 5 chambres confortables et meublées avec goût, à l'ancienne. Deux d'entre elles sont dans un vieux bâtiment rénové. Sanitaires privés. De 55 à 60 € pour 2, petit déj compris. Possibilité de repas pour 17 €, apéro et vin compris. Spécialités de pounti, truffade, chou farci et potée. Une salle de détente est aménagée dans l'ancienne grange avec bibliothèque et billard. Excellent accueil des dynamiques propriétaires. Une bonne adresse au calme.

Accès : d'Aurillac, prenez la D 920 jusqu'à Arpajon-sur-Cère ; à la sortie d'Arpajon, prenez la D 990 direction Mur-de-Barrez sur 10 km ; laissez la route de Saint-Étienne-de-Carlat sur la gauche et 500 m plus loin, tournez à gauche vers Caizac.

SAINT-GENEYS 43350

Carte régionale B2

25 km S de La Chaise-Dieu ; 17 km N du Puy-en-Velay

€ 🏠 🐾 **Chambres d'hôtes (Annick et Serge Chabrier)** : Bel-Air. ☎ 04-71-00-45-56. 📱 06-76-10-14-74. • belairvert@aol.com • chambresdhotesbelair.com • *Ouv du 1er mars à la fin des vac de Toussaint.* 📶 En pleine nature, ferme en pierre restaurée, toute de plain-pied. Trois chambres avec sanitaires privés, à 45 € pour 2, petit déj compris. Les amoureux de nature trouveront 120 km de circuits balisés aux alentours. Accueil convivial.

Accès : du Puy, prenez la N 102 en direction de Vichy ; à La Pierre-Plantée, tournez à droite (D 906) en direction de La Chaise-Dieu jusqu'à Saint-Paulien puis, à 2 km, prenez à gauche la D 283 en direction de Saint-Geneys et suivez le fléchage (on passe devant une adorable petite église et on continue jusqu'à Bel-Air).

SAINT-GEORGES-DE-MONS 63780

Carte régionale A1

30 km O de Châtelguyon ; 23 km S de Saint-Gervais-d'Auvergne

€€ 🏠 🍴 🐾 **10%** **Chambres d'hôtes de Genestouze (Éliane Chaumont)** : ☎ 04-73-86-77-23. 📱 06-19-93-48-14. • eliane.chaumont@orange.fr • chambreshote63.com • *Fermé 22 déc-7 janv.* Vous ne pourrez pas aller plus loin, le chemin s'arrête là... en pleine campagne, face à la vallée de la Sioule. Dans cette ancienne grange agréablement restaurée, 5 chambres coquettes et colorées avec sanitaires privés. 56 € pour 2, petit déj compris. Table d'hôtes à 17 €. Goûteuse cuisine qui varie selon l'humeur de la maîtresse de maison. Chaleureuse salle à manger avec un bar croquignolet sur lequel on découvre, peint, le village de Genestouze. Accueil très sympa. Bon rapport qualité-prix-convivialité. L'adresse idéale pour se mettre au vert, d'autant que les randos ne manquent pas.

Accès : A 71 sortie Riom ; allez jusqu'à Châtelguyon et prenez direction Loubeyrat puis Manzat ; à la sortie de ce village, direction Saint-Georges-de-Mons sur 7 km puis bifurquez vers Queuille/méandre de Queuille et suivez le fléchage vert jusqu'à Genestouze.

SAINT-GERMAIN-DE-SALLES 03140

Carte régionale A1

18 km NO de Vichy ; 10 km N de Gannat

€€€ 🏠 🍴 **10%** **Chambres d'hôtes Domaine des Gandins (Élisabeth et Bart Gielens-Hamilton)** : 1, allée des Gandins. ☎ et fax : 04-70-56-80-75. 📱 06-30-33-36-55. • info@domainelesgandins.com • domainelesgandins.com • 📶 Grande demeure toute blanche aux allures bourgeoises, dans un parc de 14 ha bordé par la Sioule. Au 1er étage, 3 chambres coquettes avec sanitaires privés. La plus petite bénéficie d'une agréable terrasse pour faire bronzette. Selon la période, de 70 à 77 € pour 2, copieux petit déj compris, avec viennoiseries, fromage et charcuterie. Les propriétaires, Néerlandais d'origine, proposent aussi 4 gîtes ruraux et une aire de camping. Tout ce petit monde se retrouve autour de la table d'hôtes à 26 €, vin et café compris. Les amateurs pourront faire trempette dans la Sioule (l'eau est très claire). Accueil convivial.

Accès : sur la N 9 entre Saint-Pourçain-sur-Sioule et Gannat, au niveau de l'étang du Vernet, prenez à droite la D 36 vers Barberier et, après le pont, prenez la 1re rue à gauche et suivez le fléchage (n'allez pas au village).

SAINT-GERVAIS-D'AUVERGNE 63390

Carte régionale A1

50 km S de Montluçon ; 18 km S de Saint-Eloy-les-Mines

€€ 🏠 🐾 **Chambres d'hôtes (Élyane et Jean-René Pelletier)** : Montarlet. ☎ et fax : 04-73-85-87-10. • contact@montarlet.chambresdhotes.com • montarlet-chambresdhotes.com • *Ouv avr-sept.* Belle bâtisse typique des Combrailles, aménagée avec goût, au milieu d'un jardin soigné. Vous y trouverez 3 chambres confortables, à l'étage, dont une familiale. 58 € pour 2, petit déj compris, et 21 € par personne supplémentaire. Nombreuses randos alentour. Une adresse au calme, en pleine nature, où l'on se sent bien.

Accès : A 71 sortie Montluçon ou Montmarault, puis N 144 vers Saint-Éloy ; à La Boule, prenez la D 987 en direction de Saint-Gervais, puis la D 532 vers Espinasse ; c'est à 3 km, à la sortie du village, sur la gauche.

€ 🏠 🐾 (10%) **Chambres d'hôtes (Marion Gauvin) :** Le Masmont. ☎ 04-73-85-80-09. ● lemasmont@wanadoo.fr ● auvergne-masmont.com ● 📶 En pleine nature, charmante petite maison en pierre recouverte de rosiers. Joli jardin paysager. Marion propose 2 chambres de grand-mère aux lits anciens en fer et dentelle blanche, avec sanitaires privés. 50 € pour 2, copieux petit déj compris (gâteau maison, yaourts, fromages frais, jus de fruits). Agréable salle de séjour dans l'ancienne étable, où les mangeoires servent aujourd'hui de placards. Pas de table d'hôtes, mais cuisine à disposition. Hôtesse tout à fait charmante et souriante qui organise aussi des stages de filage de la laine et vous fera visiter son atelier si vous le désirez. Un petit coin de paradis pour les amoureux du calme et de la nature, et l'une de nos adresses préférées. À 11 km, les gorges de la Sioule, et à 20 km, belvédère qui surplombe un des méandres.

Accès : du village, prenez la D 227 vers Pionsat, puis le 2ᵉ chemin sur la droite, c'est la dernière maison du hameau.

SAINT-MARTIN-DES-OLMES 63600

Carte régionale B2

40 km O de Montbrison ; 11 km E d'Ambert

€ 🏠 🍽 🐾 (10%) **Gîte d'étape et de séjour Chomy (Anne et Rémy Barbare) :** ☎ 04-73-82-23-65. 📱 06-12-82-26-91. ● contact@chomylegite.com ● chomylegite.com ● 📶 Dans une des plus sauvages du Forez, Anne et Rémy ont relevé quelques demeures d'un village de montagne abandonné et les ont transformées en lieu de séjour idéal pour les randonneurs de tout poil (et j'te raconte pas le panorama sur la vallée...). Dans l'habitation principale, 3 chambres doubles, dont une avec sanitaires privés (à réserver à l'avance), 3 triples et une quadruple. De 18 à 20 € par personne pour la nuitée, 6,50 € le petit déj et de 40 à 48 € en demi-pension, vin compris. Bonne cuisine familiale avec les légumes du jardin en saison. Possibilité de louer toute la structure pour le week-end ou la semaine. Salon au 1ᵉʳ étage avec bibliothèque bien fournie et salle de billard. Question nature, Anne et Rémy sont affiliés à de nombreuses associations qui défendent la faune et la flore : LPO (Ligue de protection des oiseaux, ignorant !), gîtes Panda (avec la malle au trésor !). Quant à la cueillette de champignons, framboises sauvages, myrtilles, etc., Rémy vous donnera ses coins (chut !) et tous les tuyaux pour faire de belles randos. Acheminement possible des sacs et pique-niques (c'est pas beau la vie ?). Bref, un lieu vraiment hors du temps, chaleureux et convivial, idéal pour les familles.

Accès : d'Ambert, D 996 vers Saint-Anthème, peu après Saint-Martin-des-Olmes ; dans un virage, passez un groupe de maisons à gauche, c'est à gauche à 500 m (fléchage) puis faire 4 km de pistes.

SAINT-PIERRE-EYNAC 43260

Carte régionale B2

15 km E du Puy-en-Velay ; 15 km O d'Yssingeaux

€ 🏠 🍽 **Chambres d'hôtes (Germaine et Michel Julien) :** Montoing. ☎ et fax : 04-71-03-00-39. 📱 06-81-29-89-28. ● gmjulien@orange.fr ● 🐾 Dans une ancienne ferme tout en pierre, 3 chambres d'hôtes confortables, avec sanitaires privés et accès indépendant, à 48 € pour 2, petit déj compris (lait et beurre de la ferme, miel et confitures maison) ; une chambre supplémentaire, avec cuisine équipée, à 50 € pour 2. Table d'hôtes, partagée en famille, à 16 €, vin compris. Cuisine familiale avec les légumes du jardin et les volailles maison (le fromage blanc au caramel est un vrai régal). Des prix doux, un accueil chaleureux et authentique, bref, une bonne adresse.

Accès : du Puy, prenez la N 88 vers Saint-Étienne/Yssingeaux pdt 10 km ; au rond-point des deux grosses pierres, prenez la D 26 vers Saint-Étienne-Lardeyrole et tt de suite à droite vers Montoing.

SAINT-PIERRE-ROCHE 63210

Carte régionale A1

35 km SO de Clermont-Ferrand ; 4 km N de Rochefort-Montagne

€ 🏠 🍽 **Chambres d'hôtes (Florence Cartigny et Gérard Joberton) :**

Champlaurent. ☎ 04-73-65-92-98. 📱 06-98-38-57-59. ● cartignyflor@aol.com ● cartigny.florence.free.fr ● *Ouv d'avr à mi-nov. Sur résa.* Dans un tout petit hameau, bien au calme, belle ferme restaurée avec un jardin fleuri et ombragé où paissent les quatre moutons de la maison. Au rez-de-chaussée, une agréable pièce avec cheminée. À l'étage, 3 chambres (dont une familiale) avec sanitaires privés. Selon la durée du séjour, 50 € pour 2, petit déj compris (lait de la ferme à la demande, confitures maison et miel), et de 15 à 18 € par personne supplémentaire. Sur réservation, table d'hôtes (les lundi, mercredi et vendredi) à 17 €, avec les légumes du jardin, les plats régionaux et les tartes maison. Gérard et Florence sauront vous donner de judicieux conseils pour randonner et vous faire découvrir la faune et la flore du coin (l'hébergement est classé Panda-WWF).

Accès : de Clermont-Ferrand, prenez la direction de Bordeaux ; soit par l'A 89 sortie Pontgibaud puis direction Massagettes et à droite Massages ; soit par la D 2089 en direction de Bordeaux jusqu'à Massages ; allez en Massages-Centre, puis prenez la D 80 direction Champlaurent sur 3 km et montez dans le hameau.

SAINT-PRIEST-BRAMEFANT 63310

Carte régionale B1

45 km NE de Clermont-Ferrand ; 12 km S de Vichy

€€ 🏠 🍴 🐴 (10%) ***Chambres d'hôtes La Fermette du Casson (Michèle et Francis Rembert-Roche) :*** ☎ et fax : 04-70-59-08-56. 📱 06-62-77-82-35. ● la-fermette@club-internet.fr ● rembertmichele.perso.neuf.fr ● À la limite de l'Auvergne et du Bourbonnais, dans une ancienne ferme rénovée par Francis, 5 chambres agréables avec sanitaires privés. On a craqué sur la chambre « Tournesol » avec sa jolie vue sur le château de Maulmont et sur « Orchidée » avec sa grande terrasse qui ouvre sur le parc. De 55 à 65 € pour 2, petit déj compris. Table d'hôtes à 15 €. Cuisine familiale du terroir. Si vous avez des enfants, ils pourront aller voir les ânes de la maison. Accueil convivial.

Accès : A 71 sortie Riom puis D 211 et D 210 jusqu'à Randan ; là, direction château Maulmont (D 93) ; passez le château et, au carrefour du Guerinet, suivez le fléchage « Fermette ».

SAINT-RÉMY-DE-CHARGNAT 63500

Carte régionale A2

40 km SE de Clermont-Ferrand ; 6 km SE d'Issoire

€€€ 🏠 ***Chambres d'hôtes Château de Vernède (Claude et Dominique Chauve) :*** ☎ 04-73-71-07-03. 📱 06-20-62-23-29. ● chateauvernede@orange.fr ● chateauvernedeauvergne.com ● *Ouv avr-oct.* 📶 La reine Margot, vous connaissez ? Eh bien c'était l'un de ses pavillons de chasse (tu parles du peu !). Il est superbe, flanqué de tourelles en pierre, saupoudrées de sable roux naturel. De plus, il trône dans un parc de 8 ha avec son moulin et son bief ! Une entrée majestueuse dessert une belle salle à manger, mais surtout un immense salon avec plafond à la française et billard français. Claude et Dominique ont rénové, embelli, meublé leur château de fond en comble avec un goût sûr : meubles, bibelots, tableaux semblent avoir toujours été là, et pourtant... Un imposant escalier conduit aux 5 chambres (dont une suite), toutes aussi charmantes. On a craqué pour la chambre du Moulin (la moins chère, ça tombe bien !). Les prix sont justifiés : de 70 à 100 € pour 2, petit déj compris. Accueil de qualité. Pas de table d'hôtes, mais nombreux restos à proximité. Une adresse pour conquérir sa belle.

Accès : A 75 sortie n° 13 (Issoire) puis D 996 vers Parentignat que vous traversez en direction de Varennes-sur-Usson ; là, prenez la D 123 vers Saint-Rémy, c'est à 1 km.

SAINT-VICTOR 03410

Carte régionale A1

10 km N de Montluçon

€€ 🏠 🍴 (10%) ***Chambres d'hôtes La Boudothérapie (Anne Oligner) :*** *Les Boudots.* ☎ 04-70-28-84-92. 📱 06-86-30-06-52. ● ann.oligner@yahoo.fr ● la-paysanne.cabanova.fr ● 📶 Arriver chez Anne, c'est accepter d'entrer dans un monde à la fois bohème et original, où les chats, les poules et le coq font bon ménage et où les extérieurs sont gardés sauvages. De cette ancienne grange, elle a fait sa maison, et la porcherie accueille aujourd'hui des hôtes. Deux chambres, dont une pour 4-5 personnes, avec sanitaires privés. 60 € pour 2 et 18 € par personne supplémentaire, petit déj compris. Table d'hôtes à 30 €, apéro et vin compris, pour une cuisine à tendance végétarienne. Les repas se prennent chez

Anne, où vous pourrez découvrir son autre activité : la déco florale. Il y en a partout, comme les petits messages qui ornent murs, abat-jour... Une adresse où originalité rime avec hospitalité.

Accès : à l'entrée de Saint-Victor en venant d'Estivareilles, tournez à gauche vers Thizon/Verneix et prenez la 1re route à droite vers Les Boudots puis 1re route à gauche.

SAINT-VICTOR-LA-RIVIÈRE 63790

Carte régionale A2

45 km SO de Clermont-Ferrand ;
35 km O d'Issoire

€ ≙ |●| (10 %) **Gîte de Courbanges (Catherine et Michel Bussière) :** *Volca-Flore.* ☎ 04-73-88-66-59. ▌06-16-88-00-03. ● courbanges.volcaflore@wanadoo.fr ● volcaflore.com ● À 1 196 m d'altitude, ancienne ferme transformée en gîte de séjour de 28 places réparties en 6 chambres de 4 à 6 lits, et une chambre de 2 personnes avec sanitaires privés. Superbe pièce de jour avec belle charpente dont les murs sont ornés de clichés qu'un ami photographe a réalisées. Comptez 22 € par personne avec le petit déj, 34 € par personne (40 € pour la chambre double) en demi-pension ou 41 € (48 € pour la chambre double) en pension complète. Passionnée par la montagne, Catherine organise des balades pour découvrir la flore locale. Et pour se remettre des courbatures, un espace bien-être avec sauna, balnéo, massages relaxants... Accueil chaleureux.

Accès : A 75 sortie n° 6 Champeix ; prenez la D 966 jusqu'à Murol puis la D 5 jusqu'à Saint-Victor et la D 635 jusqu'à Courbanges ; fléchage à la sortie du village.

SAINT-VICTOR-MONTVIANEIX 63550

Carte régionale B1

30 km N de Thiers ; 30 km SE de Vichy

€ ≙ |●| **Chambres d'hôtes (Michel Girard) :** *Dassaud.* ☎ et fax : 04-73-94-38-10. ● girgitedassaud@gmail.com ● gite-girard-dassaud.com ● *Fermé déc-fév.* 🛜 Par une petite route de campagne, on arrive dans ce petit hameau où Michel est venu s'installer après avoir quitté la vie trépidante de la ville. Devenu agriculteur, il a retrouvé ici le cadre d'une vie authentique. La nature magnifique est encore protégée et le panorama sur le Puy-de-Dôme et le Sancy est exceptionnel. À l'étage de l'ancienne grange, mitoyenne de sa maison, 4 chambres toutes simples mais confortables et agréables, avec sanitaires privés. 50 € pour 2, petit déj compris. Excellente table d'hôtes à partir des produits maison (chevreau, volailles, fromages). 19 € le repas, vin compris. À l'extérieur, nombreux jeux pour les enfants qui peuvent goûter le plaisir de vivre à la ferme tout en profitant du grand air en toute sécurité. Accueil vraiment chaleureux. Très bon rapport qualité-prix-convivialité. Une adresse comme on les aime.

Accès : sur la D 906 entre Vichy et Thiers, prenez la D 113 jusqu'à Châteldon puis la direction de Rongère-Montagne ; traversez quelques hameaux avt d'arriver à Dassaud.

SAINTE-CHRISTINE 63390

Carte régionale A1

45 km NO de Clermont-Ferrand ;
4 km N de Saint-Gervais-d'Auvergne

€€ ≙ **Chambres d'hôtes Le Tilleul (Nicole et Laurent Biancheri) :** *Les Abouranges.* ☎ 04-73-85-87-60. ▌06-80-53-55-94. ● laurent.biancheri@orange.fr ● pagesperso-orange.fr/lesabouranges ● Dans un petit hameau, superbe demeure tout en pierre, aux volets bleus, installée dans un grand parc ombragé de tilleuls. À l'étage, 3 jolies chambres avec sanitaires privés, à 54 € pour 2, petit déj compris (pain des Combrailles et confitures maison). Accueil très chaleureux. Une adresse qu'on aime bien.

Accès : A 71 sortie Montmarault puis direction Saint-Éloy-les-Mines ; à La Boule, prenez direction Saint-Gervais-d'Auvergne jusqu'aux Abouranges et tournez à gauche vers Sainte-Christine, la maison est à 300 m du carrefour à droite.

SALERS 15140

Carte régionale A2

40 km NE d'Aurillac ; 19 km SE de Mauriac

€€ ≙ 🏠 **Chambres d'hôtes Le Jardin du Haut Mouriol (Éliane et Jean-Pierre Vantal) :** *route du Puy-Mary.* ☎ et fax : 04-71-40-74-02. ● eliane.vantal@wanadoo.fr ● salers-chambres-hotes.com ● *Résa conseillée pour juil-août.* 🛜 Si nous avons choisi cette adresse, c'est avant tout pour l'accueil et la disponibilité d'Éliane, votre jeune hôtesse. Sa maison, bien que récente, n'en est pas moins agréable avec un adorable jardin fleuri. Quatre chambres claires et pimpantes avec sanitaires privés. Selon la saison, de 54 à 59 € pour 2, avec le petit déj. En prime, Éliane et Jean-Pierre connaissent bien Salers et sa région ; ils vous donneront tous les tuyaux pour découvrir ses richesses naturelles et ses p'tits restos. Au fait, ils sont agriculteurs mais la ferme n'est pas sur place. Accueil chaleureux et dynamique.

Accès : du village, prenez la D 680 vers le Puy-Mary sur 1 km ; c'est sur la gauche.

SAUGUES — 43170

Carte régionale B2

43 km SO du Puy-en-Velay ; 21 km S de Langeac

€€ 🏠 |●| *Chambres d'hôtes des Gabales (Pierre Gauthier) :* route du Puy. ☎ 04-71-77-86-92. 📱 06-66-66-77-77. • contact@lesgabales.com • lesgabales.com • Ouv de mi-mars à mi-nov, tlj sf dim. Sur résa slt. 🛜 C'est dans une belle bâtisse que Pierre vous reçoit. Elle date de 1932 et son architecture est aussi originale que son nom... Les Gabales étaient les habitants qui peuplaient cette région du temps de la Gaule. La maison est immense, entourée d'un agréable et vaste jardin à la française. Le petit perron vous emmènera dans un hall qui dessert de belles pièces, où les boiseries ont judicieusement été conservées par Pierre. À ce niveau, une grande chambre pour 4 personnes avec accès indépendant. Un bel escalier conduit aux 4 autres chambres, toutes dans un style différent. Sanitaires privés. Comptez 65 € pour 2 et 100 € pour 4, petit déj compris. Sur demande, demi-pension possible à partir de 47,50 € par personne. Cuisine saine avec des bons produits : charcuterie et viande de la ferme, légumes du jardin. Pour les marcheurs, un séjour de randonnée a été établi pour vous permettre de découvrir le pays (5 jours de marche sur des thèmes différents). Accueil jeune et très convivial. Saugues fut la capitale du Gévaudan. On peut y visiter le musée (du 15 juin au 15 septembre) consacré à la fameuse bête ! Brrr...

Accès : du Puy, prenez la D 589 vers Saugues, la maison est à l'entrée du village à gauche.

SAULCET — 03500

Carte régionale A1

30 km S de Moulins ; 3 km O de Saint-Pourçain-sur-Sioule

€€ 🏠 |●| 10% *Chambres d'hôtes Carpe Diem (Janine et Jacques Lesage) :* 36, pl. des Cailles. ☎ 04-70-45-31-46. • jalesage@hotmail.fr • carpediem03.fr • Ancienne maison de vigneron du début du XIXᵉ siècle, sur les coteaux St-Pourcinois. Ici, on vient découvrir le jardin de Janine et Jacques qui s'étend sur 1 ha... Pas moins de 182 arbres, 150 rosiers,... C'est aussi un refuge LPO. Deux chambres installées dans une aile indépendante dont une au rez-de-chaussée à l'atmosphère campagnarde avec vieille machine à coudre, sabots en bois... et luxueux sanitaires privés avec douche et baignoire, la seconde au 1ᵉʳ à la déco asiatique. Enduits à la chaux et production d'eau chaude par panneaux solaires. Selon la chambre de 60 à 65 € pour 2, petit déj compris (grand choix de confitures maison, jus de fruit frais pressé). Table d'hôtes partagée en famille de 12 à 20 €, vin compris. Cuisine majoritairement à partir des légumes du jardin et de l'inspiration de la maîtresse des lieux. Un jaccuzzi pour vous détendre. Atmosphère chaleureuse et ambiance décontractée.

Accès : dans le village suivre le fléchage caves Jallet, la maison est juste à côté.

SAURET-BESSERVE — 63390

Carte régionale A1

50 km SE de Montluçon ; 18 km S de Saint-Éloy-les-Mines

€€ 🏠 🐾 10% *Chambres d'hôtes de Fontvieille (Maurane et Michel Murat) :* lieu-dit La Siouve. ☎ 04-73-85-83-95. 📱 06-28-28-40-61. • gite.fermefontvieille@orange.fr • fermefontvieille.com • Ouv de mi-avr à fin oct. 🛜 C'était une ferme familiale, c'est devenu une maison de poupée ou une vraie bonbonnière... et quand on connaît Maurane, sa demeure lui ressemble. Un parfum subtil flotte dans la maison lorsqu'on ouvre la porte. À gauche, un magnifique salon, à droite, la salle à manger. Tout est adorable, bien meublé, très fleuri, confortable et douillet. Maurane a décoré certains de ses vieux meubles, et ce sont eux que l'on remarque ! À l'étage, une grande chambre familiale unique, où l'on a envie de rester tant elle est agréable (avec bien sûr tout le confort). Une seconde au 2ᵉ étage, toute vêtue de bois et mansardée, tout aussi charmante. 52 € pour 2, petit déj compris (avec les délicieux gâteaux maison), et 18 € par personne supplémentaire. Et pour le bonheur des enfants, il y a Nounours (non, c'est un âne). Michel, quant à lui, propose à ses hôtes des circuits de randos pédestres. Accueil chaleureux. Pour ceux qui souhaiteraient poser leurs valises plus longtemps, également 2 gîtes pour 2 et 4 personnes. Excellent rapport qualité-prix-convivialité.

Accès : plein de petites routes pour arriver à La Siouve (de plus, vous êtes en Auvergne et ça tourne !) ; le plus rapide, c'est d'arriver par Saint-Éloy-les-Mines (sur la N 144) ; prenez la D 987 jusqu'à Saint-Gervais, puis la D 523 vers Sauret-Besserve ; la maison est à 1,5 km après Sauret en direction du viaduc des Fades.

SAUXILLANGES 63490

Carte régionale B2

45 km SE de Clermont-Ferrand ; 15 km E d'Issoire

€ ♣ **Chambres d'hôtes (Jean-Claude et Patricia Anglaret) :** *ferme de la Haute-Limandie.* ☎ et fax : 04-73-96-84-95. 📱 06-74-85-33-48. ● limandie@wanadoo.fr ● Ouv de mi-mars à mi-oct. Aux portes de deux parcs régionaux, à l'orée d'un bois, venez découvrir la ferme familiale de Jean-Claude, Patricia et Vincent (exploitation de vaches laitières). Trois chambres coquettes avec sanitaires privés (préférez « Romance », celle du rez-de-chaussée, avec sa vue sur le Sancy). De 42 à 44 € pour 2, petit déj compris (confitures maison), servi dans une belle salle à manger rustique, avec poutres et dentelles au crochet. Pas de table d'hôtes, mais cuisine à disposition et bons restos à proximité. Accueil chaleureux.

Accès : A 75, sortie n° 13 (Parentignat/Sauxillanges) ; passez Parentignat, prenez la D 996 jusqu'à Sauxillanges, puis la direction de Sugères ; c'est à 3 km sur la droite.

SERMENTIZON 63120

Carte régionale B1

35 km E de Clermont-Ferrand ; 15 km SE de Thiers

€€ ♣ |●| ⑩% **Chambres d'hôtes Le Pré Fleuri (Marianne et Laurent Strach) :** *Lavenal.* ☎ et fax : 04-73-53-00-98. 📱 06-15-03-16-82. ● laurent.strach@orange.fr ● fermedupreflleuri.com ● Une vue panoramique sur les monts du Forez, un grand pré fleuri en pleine campagne avec une adorable maison contemporaine tout en bois et un accueil des plus chaleureux... Laurent et Marianne sont de jeunes agriculteurs dynamiques et leur exploitation se trouve dans le village (ah ! les petits veaux...).

L'entrée, abritée par un petit porche, conduit dans un agréable salon où l'on découvre les objets et meubles peints par Marianne. À l'étage, une grande chambre mansardée peut accueillir 3 personnes. Déco de fort bon goût. Sanitaires privés. Trois autres chambres sont installées dans des roulottes (de mars à octobre) au milieu du jardin. 60 € pour 2, petit déj compris, et 15 € par personne supplémentaire. Table d'hôtes à 20 € tout compris, avec de succulentes et originales spécialités auvergnates (vous connaissez la tarte à la bouillie ? Un seul mot : « géante » !). Possibilité de panier pique-nique sur demande à 15 €. Également un camping à la ferme de 6 emplacements. Une adresse idéale pour les familles, car Marianne et Laurent possèdent des poneys et des chevaux de trait. D'ailleurs, une p'tite balade en calèche ou un week-end à thème « Découverte de l'attelage » ça ne vous dirait pas ? Ici, on redécouvre la vraie vie à la campagne !

Accès : de Clermont-Ferrand, A 72 sortie Thiers Ouest puis D 906 jusqu'à Courpière et D 223 direction Lezoux ; à Coulaud, prenez le petit pont à gauche vers Lavenal et suivez le fléchage ; la maison est à 400 m.

SOLIGNAC-SUR-LOIRE 43370

Carte régionale B2

15 km S du Puy-en-Velay

€€ ♣ |●| **Chambres d'hôtes Château de la Beaume (Silvia Furrer) :** ☎ 04-71-03-14-67. Fax : 04-71-03-14-26. ● contact@chateaudelabeaume.com ● chateaudelabeaume.com ● Ouv de mi-avr à mi-nov. Dominant les gorges de la Loire, charmant château médiéval transformé en ferme équestre (une vingtaine de chevaux). Cinq chambres simples, mais agréables, avec sanitaires privés. Pour 2, comptez 60 € avec le petit déj. Possibilité de table d'hôtes à 14 €, vin et café compris. Grande salle à manger voûtée avec murs en pierre apparente et cheminée. Bonne cuisine traditionnelle avec des spécialités auvergnates. Que l'on soit cavalier ou pas, on est accueilli avec la même gentillesse. Silvia propose des stages d'éthologie (de 4 jours). Si vous venez avec votre monture, elle pourra être hébergée sur place. Une adresse vraiment nature.

Accès : de Solignac, prenez la D 27 vers Le Monastier, puis la 2e à droite et suivez le fléchage.

TAUVES — 63690

Carte régionale A2

60 km SO de Clermont-Ferrand ; 15 km SO de La Bourboule

€€ 🛏 I●I **Chambres d'hôtes Les Escladines (Sylvie Fereyrolles) :** ☎ 04-73-21-13-02 ou 04-73-21-10-53. • sylvie.fereyrolles@free.fr • escladines.fr • Fermé déc-janv. Petit village de maisons en pierre : celle de Sylvie appartenait jadis à son arrière-grand-père et vous sentirez très vite cette atmosphère des maisons de famille. Immense pièce à vivre, avec pierres apparentes, vieilles poutres et son traditionnel cantou. Cinq chambres personnalisées, avec de beaux meubles de famille. De 54 à 58 € pour 2, petit déj compris. Table d'hôtes à 20 €, où Sylvie, aidée de Paulette, sa maman, concocte de bons petits plats et de délicieux gâteaux. Accueil chaleureux, dans une maison pleine de joie de vivre.

> *Accès :* de Clermont-Ferrand, empruntez la N 89 en direction de Rochefort-Montagne, puis la D 922 vers La Bourboule ; dans Tauves, prenez la 1re petite route à droite et suivez le fléchage. De l'A 89, sortie n° 25 puis direction Saint-Sauve et Tauves puis fléchage.

TEILHÈDE — 63460

Carte régionale A1

25 km N de Clermont-Ferrand ; 8 km N de Châtelguyon

€€ 🛏 10% **Chambres d'hôtes La Grange (Renée et Guy Edieu) :** Les Plaines, route de Manzat. ☎ 04-73-63-39-00. 📱 06-61-75-31-62. • lagrange.deteilhede@wanadoo.fr • bonnenuitalagrange.com • En pleine nature, avec une vue exceptionnelle sur les monts du Forez, ancienne grange restaurée de manière contemporaine et agrémentée de jolis volets mauves. À l'étage, 3 chambres spacieuses et originales avec sanitaires privés, à 55 € pour 2, petit déj compris. Pas de table d'hôtes, mais barbecue à disposition et plusieurs restos à proximité. Accueil chaleureux. Une bonne adresse.

> *Accès :* A 71 sortie n° 12-1 « Combronde », puis suivez la D 412 jusqu'au lieu-dit Les Plaines, 1 km après la sortie de Teilhède.

TENCE — 43190

Carte régionale B2

45 km NE du Puy-en-Velay ; 45 km S de Saint-Étienne

€€ 🛏 I●I 🐾 10% **Chambres d'hôtes Les Grillons (Élyane et Gérard Deygas) :** La Pomme. ☎ 04-71-59-89-33. 📱 06-70-46-54-38. Fax : 04-71-59-83-61. • gaec.des.beaudor@orange.fr • lesgrillonslapomme.com • Ouv avr-oct ; le w-e et les vac scol le reste de l'année. À 850 m d'altitude, en pleine nature, au milieu des prés et des sapins. Jolie ferme restaurée en pierre apparente où Élyane a aménagé 4 chambres coquettes avec couettes : 2 triples au rez-de-chaussée et 2 doubles au 1er étage, les plus sympas. Comptez 50 € pour 2 et 70 € pour 3, petit déj inclus. Agréable salle de séjour avec cheminée et poutres apparentes. La maîtresse de maison est aussi une fine cuisinière, alors laissez-vous tenter par la table d'hôtes (les lundi, mercredi et vendredi). Pour 19 €, vin et café compris : charcuterie maison, salade ou gâteau de foies de volaille, gratin dauphinois aux cèpes, lapin à la moutarde, quenelles et rôti de veau, fromage blanc maison, tarte au citron, poire Belle-Hélène... Accueil réservé mais souriant. À 2,5 km, voir la roche druidique où, selon la légende, eurent lieu de nombreux sacrifices...

> *Accès :* du village, prenez la D 185 vers Saint-Agrève-les-Barandons ; au rond-point, continuez dans la même direction et, 1 km plus loin, tournez à gauche, puis suivez le fléchage.

THIÉZAC — 15800

Carte régionale A2

20 km NE d'Aurillac

€€ 🛏 I●I 10% **Chambres d'hôtes de Muret (Marie-Claude et Jean-Paul Laborie) :** Muret. ☎ et fax : 04-71-47-51-23. • m-claude.laborie@wanadoo.fr • maisondemuret.com • Fermé 19-31 déc. 📶 Au cœur du parc des volcans d'Auvergne, agréable demeure du XVIIIe s entourée d'un beau et grand parc. Quatre chambres d'hôtes avec sanitaires privés, dont 3 au 1er étage, la dernière au second. Déco soignée et de bon goût. 58 € pour 2, petit déj compris (confitures et gâteau maison). Table d'hôtes (sauf le dimanche) à 19 € pour se régaler des spécialités auvergnates. Les repas sont servis dans une belle salle à manger avec son cantou traditionnel. Accueil des plus chaleureux. Une de nos adresses préférées sur le département.

Accès : A 75 sortie n° 23 Massiac puis D 122 vers Aurillac ; entre Thiézac et Vic-sur-Cère, prenez à droite la D 359 vers Salilhes, à 600 m ; la maison est sur la gauche juste après le virage.

TRÉTEAU 03220

Carte régionale B1

25 km SE de Moulins ; 6 km O de Jaligny-sur-Besbre

€€€€ 🏠 (10 %) **Chambres d'hôtes Château de Vesset (Jean-Luc Testu et Pierre Maire) :** *La Motte-Vesset.* ☎ 04-70-34-63-67. 📱 06-15-90-84-34. ● contact@chateau-de-vesset.com ● chateau-de-vesset.com ● Superbe château dont les origines remontent au XIVe siècle, avec pigeonnier, cour intérieure ceinte de nombreux bâtiments et l'ensemble dégage un charme indéniable. Au 1er étage, auquel on accède par un bel escalier à vis, 2 chambres spacieuses et lumineuses avec sanitaires privés. Atmosphère calme et sereine. Selon la chambre, comptez 100 et 120 € pour 2, petit déj compris. Petit gîte de 2 personnes pour ceux qui veulent séjourner. Magnifique parc aux arbres centenaires avec pièce d'eau. Si vous venez à cheval, Jean-Luc et Pierre peuvent héberger votre monture. La vie de château quoi ! Accueil de qualité.

Accès : de Tréteau D 463 vers Cindré pendant 1 km et petit chemin à droite qui vous conduira jusqu'au château.

TRONGET 03240

Carte régionale A1

30 km SO de Moulins ; 13 km NE de Montmarault

€€ 🏠 |○| 🐾 (10 %) **Chambres d'hôtes Château de la Sauvatte (Dorothea Altherr et Pascal Belot) :** ☎ 04-70-47-15-28. 📱 06-60-29-71-88. ● info@sauvatte.eu ● sauvatte.eu ● 📶 Grand château du XIXe s, planté dans un parc de 4 ha auquel on accède par une allée bordée de pins. Il vous décoiffera ses trois tours côté jardin. Au 1er étage, 3 suites familiales composées chacune de 2 chambres. Sanitaires privés. Toutes sont vastes et tenues de manière irréprochable. Comptez 70 € pour 2, petit déj compris, et 22 € par personne supplémentaire. Possibilité de table d'hôtes, à 25 € tout compris. Une petite visite dans la chapelle du château s'impose : l'intérieur porte encore de jolis décors peints. Dorothea, d'origine suisse, est tombée amoureuse de la région et en connaît tous ses trésors. Accueil vraiment chaleureux.

Accès : sur la N 79 entre Moulins et Montmarault, sortie Le Montet/Tronget ; dans Le Montet prenez la D 1 vers Saint-Pourçain-sur-Sioule sur 4 km et suivez le fléchage à gauche (n'allez pas à Tronget).

VALS-PRÈS-LE-PUY 43750

Carte régionale B2

4 km SO du Puy-en-Velay

€ 🏠 |○| **Chambres d'hôtes Domaine de Bauzit (Françoise et Philippe Besse) :** *Eycenac.* ☎ 04-71-03-67-01. 📱 06-33-76-22-43. ● ch.bauzit@free.fr ● ch.bauzit.free.fr ● *Ouv avr-sept.* 📶 En voilà une adresse originale... La maison de Françoise et Philippe était une ancienne abbaye, même s'il faut en chercher les vestiges. Une partie bien restaurée abrite, au 1er étage, 2 chambres d'hôtes confortables. Dans un bâtiment annexe, 3 autres chambres tout aussi agréables. Sanitaires privés. Comptez 44 € pour 2, petit déj compris (confitures et faisselles maison). Passionnés par l'Asie, les proprios ont fait de nombreux voyages et ont bien sûr rapporté des tas de souvenirs... Ici, tapis hindous, tentures et suspensions font bon ménage avec les meubles campagnards (très beau vannoir). Table d'hôtes (de début avril à mi-septembre) à 18 €, pain maison et vin compris. Spécialités locales comme la saucisse aux lentilles ou la potée (on sait qu'y'en a d'toutes sortes, mais c'est quand même l'auvergnate qu'on préfère !). Menu végétarien sur demande. Une visite à la chapelle bouddhiste s'impose... propice à la méditation, elle a été décorée par un ami de la famille. En bref, le charme de la campagne allié à la proximité de la belle ville du Puy-en-Velay...

Accès : du Puy-en-Velay, allez jusqu'à Vals (banlieue de la ville) ; à l'hôtel Le Brivas, tournez à droite vers le groupe scolaire La Fontaine, traversez le pont à gauche et prenez de nouveau à droite ; suivez le fléchage « Domaine de Bauzit ».

VERNEUGHEOL 63470

Carte régionale A1

60 km O de Clermont-Ferrand ; 20 km NO de Bourg-Lastic

€ 🏠 |○| 🐾 **Chambres d'hôtes (Christiane et Bernard Thomas) :** *Le Glufareix.*

78 | VERNUSSE

☎ et fax : 04-73-22-11-40. 📱 06-45-26-51-16. • christiane.thomas11@wanadoo.fr • Fermé vac de Noël. Belle demeure du XVIIIe s au milieu de la ferme. Quatre chambres (dont une double pour les familles), avec sanitaires privés. 50 € pour 2, petit déj compris, et 17 € par personne supplémentaire. Pour 15 €, vin compris, ne manquez pas la bonne cuisine traditionnelle de Christiane (mais réservez à l'avance !) servie dans une salle à manger à l'atmosphère campagnarde avec une cheminée monumentale (elle occupe tout un côté de la pièce !).

Accès : sur la D 204 ; dans le village, prenez la D 564 vers Saint-Merd sur 1 km et tournez à gauche vers le Glufareix.

VERNUSSE 03390

Carte régionale A1

35 km SE de Montluçon ; 12 km S de Montmarault

€€€ 🛏 🐾 10% **Chambres d'hôtes Le Moulin Berthon (Sabrina et Michel Gorisse) :** ☎ 04-70-07-62-69. 📱 06-74-93-68-52. • moulin-berthon@live.fr • gitemoulinberthon.fr • Voilà une adresse comme on les aime : nature et décontractée. Isolé au milieu de 15 ha, joli moulin installé sur la Bouble. 3 jolies chambres chaleureuses, parées de bois avec sanitaires privés. Une au rez-de-chaussée, 2 autres à l'étage. 72 € pour 2, petit déj compris. Pas de table d'hôtes mais coin kitchenette à disposition. Pour vous détendre, les loisirs sont nombreux... Une piscine couverte (début avril à fin octobre), sauna, salle de sport, étang pour pêcher, des chemins pour randonner dont certains aménagés par Michel, et la rivière pour faire trempette. Également un gîte de 12 personnes pour ceux qui veulent séjourner. Un véritable petit coin de paradis et une de nos adresses coup de cœur.

Accès : de Montmarault (A71 sortie n° 11) D 68 vers Blomard/Bellenaves jusqu'à Vernusse, là, continuer sur la D 68 vers Louroux-de-Bouble pendant 3 km et tourner à droite juste après le pont et fléchage.

VILLOSANGES 63380

Carte régionale A1

53 km NO de Clermont-Ferrand ; 7 km NO de Pontaumur

€€ 🛏 🍽 **Chambres d'hôtes La Ferme de l'Étang (Christiane et Philippe Queyriaux) :** La Verrerie. ☎ 04-73-79-71-61. Fax : 04-73-79-71-94. • lafermedeletang.fr • Fermé fév. Sur résa. 📶 Au cœur des Combrailles (réputées pour leurs étangs et rivières), belle ferme de famille du XVIIIe s. Cinq chambres confortables avec sanitaires privés à 54 € pour 2, petit déj compris. Table d'hôtes (sauf le samedi) à 18 €, où l'on retrouve les bonnes spécialités auvergnates : la charcuterie bien sûr (jambon, pâté, saucisse sèche), mais aussi le feuilleté au cantal, le pâté aux pommes de terre et la potée (chic !). Les amateurs de pêche seront ravis : deux étangs privés feront leur bonheur. Quoi de meilleur que de déguster son poisson tout frais pêché, préparé par la main experte de Christiane ? Une adresse nature et un très bon rapport qualité-prix-convivialité.

Accès : de Pontaumur, prenez la D 206 vers Auzances ; la ferme est à 7 km à droite.

VOUSSAC 03140

Carte régionale A1

45 km SO de Moulins ; 18 km O de Saint-Pourçain-sur-Sioule

€€€€ 🛏 🍽 **Chambre d'hôtes entre Ciel et Terre (Valérie et Max Gorisse) :** ☎ 04-70-42-32-07. 📱 06-70-79-30-73. • valerie.gorisse@club-internet.fr • Ouv avr-oct. Avez-vous déjà dormi dans une cabane dans un arbre ? Non ? Eh bien ici, c'est possible... Elle est installée à 4m50 dans un chêne, au-dessus d'une petite pièce d'eau où chantent les grenouilles. Ici, tout est naturel. Une chambre à l'atmosphère romantique (draps en lin) et un coin pour faire ses ablutions matinales, avec broc d'eau et toilette sèche. Pas d'électricité, vous dormirez à la bougie, agréable terrasse pour profiter de la vue magnifique où vous pourrez prendre petit déj et repas que Valérie vous apportera. 95 € pour 2, petit déj compris et 17 € pour le plateau repas. Une adresse nature et insolite. Accueil chaleureux.

Accès : entrez dans le centre du village et au monument aux morts tournez à droite (route de Deux-Chaises), à 500 m tournez à gauche fléchage Creuziers.

YZEURE 03400

Carte régionale B1

2 km NE de Moulins

€€€ 🛏 10% **Chambres d'hôtes Le Perron (Martine et Paul Sirot) :** 29bis, rue Joseph Baudron. ☎ 04-70-44-57-75.

YZEURE | 79

☏ *06-26-03-55-44.* • *martinesirot@yahoo.fr* • *chambresdhotesleperron.e-monsite.com* • 📶 Dans un joli quartier résidentiel, belle demeure du début du XIXe s. Au 1er étage, dans une aile indépendante de la maison avec accès privatif, une grande et belle chambre sous forme de suite avec un petit salon. Jolie déco dans les tons gris, peinture à l'éponge, frises, meubles peints. 75 € pour 2, copieux petit déj compris (salade de fruits frais, petites viennoiseries et gâteau maison) servi dans une agréable véranda ou dans la salle à manger en hiver. On peut rejoindre le centre de Moulins à pied (20 mn de marche). Grande piscine pour se rafraîchir aux beaux jours. Accueil convivial.

Accès : *sur la N 7, sortie n° 46, Yzeure-centre, allez jusqu'à l'église prendre rue de Bellecroix, puis à gauche rue de la Baigneuse, jusqu'à la rue Baudron.*

Bourgogne

AIGNAY-LE-DUC 21510

Carte régionale B1

60 km NO de Dijon ; 30 km S de Châtillon-sur-Seine

€ 🏠 |●| 🍴 *Chambres d'hôtes La Demoiselle (Claude Bonnefoy) : rue Sous-les-Vieilles-Halles.* ☎ 03-80-93-90-07. ● claude.o.bonnefoy@orange.fr ● maisonlademoiselle.com ● 🛜 Dans une petite ruelle calme, belle demeure bourgeoise des XVIIIe et XIXe s. Construite contre la roche, le 2e étage d'un côté correspond au rez-de-chaussée de l'autre. Un dédale d'escaliers, de couloirs, de petits salons vous permettra de découvrir une maison bourrée de charme, où cheminées en pierre, poutres et meubles anciens lui donnent une atmosphère d'autrefois, calme et reposante. Cinq chambres agréables (dont une suite familiale), réparties dans différentes ailes de la maison. Sanitaires privés. Une petite préférence pour celle qui ouvre sur l'église à cause de la vue. 45 € pour 2, petit déj compris. Table d'hôtes, partagée avec votre hôte, à 20 €, apéro, bourgogne et café compris. Cuisine familiale et régionale. Accueil vraiment chaleureux. Bon rapport qualité-prix. Une adresse qui fait des adeptes !

Accès : très bien fléché.

€€€ 🏠 |●| *Chambres d'hôtes Manoir de Tarperon (Soisick de Champsavin) :* ☎ 03-80-93-83-74. ● manoir.de.tarperon@wanadoo.fr ● tarperon.fr ● Ouv avr-oct, pour des séjours de 2 nuits min. 🛜 Niché dans un écrin de verdure, gentil manoir du XVIIIe s remanié par l'arrière-grand-père de Soisick au XIXe s. Eh oui, c'est une demeure de famille, qui recèle les souvenirs de sa fabuleuse histoire, dont celle de Jean Bart : corsaire plein de panache, nommé lieutenant de vaisseau par Louis XIV (on rejouerait bien le rôle dans un film d'époque !). Pour ne pas abandonner ce superbe patrimoine familial, votre adorable et châtelaine hôtesse a décidé de prendre les choses en main et d'ouvrir 5 chambres plus craquantes les unes que les autres. Croquignolets sanitaires privés agrémentés de fresques réalisées par une amie de Soisick (ravissantes baignoires sur pieds). De 75 à 80 € pour 2, petit déj compris. Table d'hôtes à 30 €, boissons comprises. À l'extérieur, la nature est belle et sauvage (routards peintres, sortez vos palettes !) ; les pêcheurs trouveront un parcours. Une adresse pas vraiment donnée, mais qu'on aime vraiment beaucoup (et puis, vous aidez à la conservation du patrimoine, que diable !).

Accès : de Châtillon-sur-Seine, empruntez la N 71 en direction de Dijon, jusqu'à Saint-Marc-sur-Seine, puis la D 901 vers Aignay ; le manoir est 5 km avt le village sur la droite.

Nous vous rappelons que la table d'hôtes est le complément d'une formule d'hébergement (chambre d'hôtes, gîte d'étape...). Ce service n'est offert qu'aux personnes qui dorment sur place (excepté lorsqu'il est clairement écrit « ouvert aux extérieurs »).

ALLÉRIOT — 71380

Carte régionale B2

28 km S de Beaune ; 12 km NE de Chalon-sur-Saône

€€ ■ I●I **Chambres d'hôtes (Claudine et Alain Franck) :** *2, rue de l'Étang-Bonnot.* ☎ 03-85-47-58-58. ● franck-71380@libertysurf.fr ● nos-sens-a-table.com ● Ouv de mi-mars à fin sept. Ici, vous êtes en Bresse bourguignonne... Ancienne fermette bressane avec murs à pans de bois juste à côté de la Saône (le village est un cul-de-sac). Trois chambres spacieuses, avec clim et sanitaires privés, à 55 € pour 2, petit déj compris, avec tout plein de confitures maison. Bonne table d'hôtes à 25 €, apéro et vin compris. Cuisine assez recherchée avec un souci de présentation. Alain connaît bien les vins et aime en parler. Accueil chaleureux. Une adresse qui fait des adeptes.

Accès : A 6, sortie Chalon-Nord ou Sud ; empruntez la N 73 en direction de Dole ; après Saint-Marcel, à 6 km sur la N 73, prenez à gauche vers Allériot et suivez le fléchage.

ANZY-LE-DUC — 71110

Carte régionale A2

22 km SO de Charolles ; 20 km S de Digoin

€€ ■ I●I **Chambres d'hôtes du Lac (Isabelle et Éric Barathon) :** ☎ 03-85-25-39-93. 📱 06-79-03-07-07. ● ebarathon@wanadoo.fr ● chambres-dhotes-anzy-le-duc.fr ● ⚙ Grande ferme au milieu des pâturages où Éric et Isabelle élèvent des vaches charolaises. Dans un ancien bâtiment agricole avec pigeonnier, 5 chambres agréables à l'atmosphère champêtre, pouvant accueillir jusqu'à 7 personnes. Sanitaires privés. 62 € pour 2, petit déj compris, et 20 € par personne supplémentaire. Table d'hôtes partagée en famille à 20 €, apéro et vin compris. Cuisine familiale et traditionnelle. Coin cuisine à disposition. Accueil convivial.

Accès : sur la D 982 entre Marcigny et Digoin, prenez la D 10 jusqu'à Anzy-le-Duc et à l'entrée du village direction Sarry puis à droite vers le Lac.

APPOIGNY — 89380

Carte régionale A1

10 km N d'Auxerre ; 10 km S de Migennes

€€€€ ■ ✣ **Chambres d'hôtes Le Puits d'Athie (Pascale-Marie Siad et Bruno Fèvre) :** *1, rue de l'Abreuvoir.* ☎ et fax : 03-86-53-10-59. 📱 06-08-71-82-97. ● puitsdathie@free.fr ● puitsdathie.com ● Fermé 21 déc-1er mars. Dans la partie ancienne d'une gentille bourgade, au bord d'une petite rue peu passante, belle demeure bourguignonne du XVIIIe s, qui faisait partie des dépendances du château de Regennes. Au 1er étage, 5 chambres coquettes, dont 4 suites. Beaux sanitaires privés. Selon la taille de la chambre, de 85 à 180 € pour 2, petit déj compris, et 31 € par lit supplémentaire. Table d'hôtes, sur réservation, avec un menu festif à 49 €, vins compris. Plein de choses à faire dans le coin, comme une balade au bord de l'Yonne ou visiter la collégiale. Accueil de qualité. Une adresse de charme pour routards aisés.

Accès : A 6, sortie n° 19 (Auxerre Nord) ; prenez la direction d'Appoigny par la D 606 ; avt le 1er feu, tournez à droite.

ARGILLY — 21700

Carte régionale B2

35 km S de Dijon ; 10 km SE de Nuits-Saint-Georges

€€ ■ 10% **Chambres d'hôtes Maison de Soi (Édith et Vincent Piat) :** *16, rue de l'Église.* ☎ 03-80-62-59-83. 📱 06-64-99-97-04. Fax : 03-80-62-59-55. ● piat.vincent@wanadoo.fr ● Fermé pdt vac de fin d'année et de fév (région Dijon). 📶 Au cœur d'un joli petit village, mais bien au calme, belle et grande demeure du début du XIXe s qui devait être l'ancienne cure (maison de curé, ignorant !). Dans un bâtiment indépendant, 3 chambres de plain-pied, fraîches et colorées. Déco de bon goût qui mêle allègrement ancien et contemporain. Sanitaires privés. 65 € pour 2, petit déj compris, servi dans une vaste salle rustique, l'ancienne étable (ah bon, le curé avait des vaches ?) qui ouvre sur un immense pré où siège la piscine (veinards !). Pas de table d'hôtes mais plusieurs restos à proximité. Accueil réservé, attentionné et chaleureux.

Accès : A 31 sortie Nuits-Saint-Georges (n° 1) puis D 35 jusqu'à Gerland ; 200 m après la sortie de ce bourg, prenez à droite la D 115F jusqu'à Argilly ; la maison est près de l'église.

BARGES — 21910

Carte régionale B2

13 km S de Dijon ; 8 km E de Gevrey-Chambertin

€€ ■ I●I 10% **Chambres d'hôtes (Annie et Joël Grattard) :** *39, Grande-Rue.*

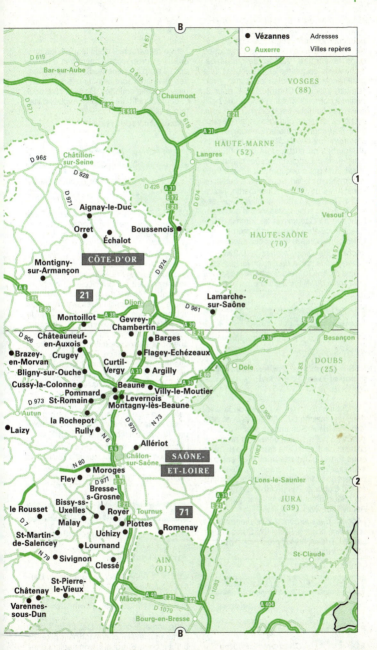

BOURGOGNE

☎ 03-80-36-66-16. 📱 06-62-35-66-16. • barges39@hotmail.fr • 📶 C'est par un petit parc joliment arboré que l'on accède à cette ferme vieille de deux siècles, nichée dans la verdure. Au rez-de-chaussée, 2 chambres coquettes et lumineuses (une préférence pour la bleu et jaune), avec sanitaires privés. Comptez 56 € pour 2, petit déj compris. C'est au coin d'une belle cheminée (la niche est d'origine) que vous prendrez les repas partagés en famille pour 24 €, bourgogne compris. Savoureuse cuisine familiale avec spécialités régionales et légumes du jardin, dont de nombreux inhabituels car anciens. Accueil chaleureux (c'est Joël qui s'occupe des hôtes). Pour les amateurs de vin, vous êtes à quelques encablures de Gevrey-Chambertin, Nuits-Saint-Georges, sans oublier Clos-de-Vougeot. Les autres passeront d'abord par l'abbaye de Cîteaux où les moines fabriquent le célèbre fromage du même nom. Une bonne adresse qui fait des adeptes !

> *Accès :* de Dijon, prenez la D 996 vers Seurre, à la sortie de Saulon-la-Rue, tournez à droite (C 1) vers Barges, la maison est à la sortie du village à gauche.

BEAUNE 21200

Carte régionale B2

45 km S de Dijon

€€€ 🏠 **Chambres d'hôtes Chez Marie (Marie et Yves Visseryrias) :** 14, rue Poissonnerie. ☎ 03-45-46-51-70. 📱 06-64-63-48-20. • marievisseyrias@yahoo.fr • chez-marieabeaune.com • Au cœur de la ville, dans une maison du XVIII° siècle avec petit jardin intérieur. 3 chambres avec sanitaires privés : 3 petites mais agréables avec une préférence pour « Côté Jardin », la dernière sous forme d'appartement avec salon et coin cuisine pour 4 personnes. Respectivement 85 et 110 € pour 2, petit déj compris et 150 € pour 4. Pas de table d'hôtes mais les restos dans la ville ne manquent pas. Accueil convivial. *NOUVEAUTÉ.*

> *Accès :* dans le centre-ville, prenez le bd circulaire et après l'hôtel Ibis Styles prenez au feu à droite, puis 2° rue à gauche, puis la 1°° rue à droite.

BISSY-SOUS-UXELLES 71460

Carte régionale B2

31 km S de Chalon-sur-Saône ;
6 km NE de Cormatin

€€€ 🏠 🍴 10% **Chambres d'hôtes La Ferme (M. et Mme de La Bussière) :** 1, rue de l'Église, ☎ et fax : 03-85-50-15-03. 📱 06-78-78-66-47. • dominique.de-la-bussiere@wanadoo.fr • bourgogne-chambres-hotes.fr • Ouv 15 mars-15 nov. Ferme de caractère dans laquelle les propriétaires proposent 4 chambres d'hôtes, dont 2 avec kitchenette. Sanitaires privés. Les chambres sont bien tenues, agrémentées de jolies couettes. De 70 à 79 € pour 2, copieux petit déj compris. Accueil dynamique et familial.

> *Accès :* à côté de l'église.

BLIGNY-SUR-OUCHE 21360

Carte régionale B2

40 km SO de Dijon ; 18 km O de Beaune

€€€€ 🏠 🍴 **Chambres d'hôtes Les Trois Faisans (Sabine Marchand et Michel Brossamain) :** 2, route d'Arnay-le-Duc. ☎ 03-80-22-21-13. 📱 06-41-71-75-12. • lestroisfaisans@gmail.com • lestroisfaisans.com • Fermé déc-janv. Ancien relais de poste au cœur du village, dont les origines remontent au XVII° siècle. Cinq chambres au 1er étage de la maison. Atmosphère de nos grand-mères avec meubles anciens ou de style et une foultitude de bibelots partout, excepté la chambre Joséphine qui invite au voyage. Il faut dire que Sabine tient aussi une petite boutique de brocante sur place. Selon la taille de la chambre 88 et 100 € pour 2, copieux petit déj compris. On adore la cuisine avec son vieux fourneau et des casseroles en cuivre. Table d'hôtes partagée en famille à 30 €, apéro, vin et café compris. Cuisine régionale. Agréable et grand jardin avec pièce d'eau et piscine chauffée de juin à septembre. Accueil chaleureux. *NOUVEAUTÉ.*

> *Accès :* A 6 sortie Pouilly-en-Auxois puis direction d'Arnay-le-Duc, jusqu'à Pouilly puis Bigny-sur-Ouche, la maison est au cœur du village, à gauche avant le pont.

BOURBON-LANCY 71140

Carte régionale A2

40 km NO de Paray-le-Monial ;
30 km NE de Moulins

€€€ 🏠 🍴 10% **Hôtel La Tourelle du Beffroi (Colette Olleval) :** 17, pl. de la Mairie. ☎ 03-85-89-39-20. 📱 06-14-86-33-59. Fax : 03-85-89-39-29. • hotellatourelle@aol.com • hotellatourelle.fr • ♿ 📶 Dans cette agréable cité thermale, au cœur de la partie médiévale, charmant petit hôtel de 8 chambres. Si nous l'avons sélectionné dans ce guide c'est que son fonctionnement et son ambiance sont tout proches de ceux des chambres d'hôtes. Toutes différentes et aussi jolies, il y en a 3 au rez-de-chaussée, les autres sont à l'étage. Également 3 chambres familiales pour 3 ou 4 personnes. Selon la chambre, de 60 à 75 € pour 2, 99 € pour les familiales, et 12 € le petit déj en formule buffet ; il est servi dans une agréable véranda ou sur la terrasse d'où vous jouirez de la vue sur le beffroi. Accueil chaleureux.

> *Accès :* à l'entrée du vieux bourg, à côté du beffroi.

BOUSSENOIS 21260

Carte régionale B1

40 km N de Dijon ; 25 km N de Bèze

€€ ♿ |●| ℋ *Chambres d'hôtes La Chamade (Sylvie et Patrick Maublanc) :* 30, Grande-Rue. ☎ 03-80-75-56-21. • sylpat.gaia@wanadoo.fr • lachamade.fr • Fermé 1re sem de juil et aux vac de la Toussaint. Aux confins de la Côte-d'Or, de la Haute-Marne et de la Haute-Saône, ancienne maison vigneronne installée au cœur du village, dernier témoin des vignes qui peuplaient la région. Deux chambres au 1er étage d'une aile de la maison. La dernière sous forme de suite familiale comprenant 2 chambres qui accèdent directement au jardin. Sanitaires privés. Déco agréable avec de vieux meubles patinés. Comptez 52 € pour 2, petit déj compris. Table d'hôtes partagée en famille à 25 €, apéro et bourgogne compris. Cuisine parfumée où poissons et légumes sont à l'honneur. Si vous avez des enfants, demandez à Sylvie qu'elle leur raconte une histoire... elle est aussi conteuse ! Accueil vraiment chaleureux. Une adresse qu'on aime bien.

> *Accès :* A 31 sortie n° 5 puis D 974 (ou D 674) vers Langres puis D 103 vers Boussenois ; la maison est au centre du bourg.

BRAZEY-EN-MORVAN 21430

Carte régionale B2

33 km N d'Autun ; 12 km S de Saulieu

€ ♿ |●| ℋ *Gîte d'étape et chalets-loisirs (Isabelle et Alain Simonot) :* La Coperie. ☎ 03-80-84-03-15. ▯ 06-71-74-33-77. Fax : 03-80-84-03-96. • lacoperie.loisirsettourisme@wanadoo.fr • perso.wanadoo.fr/lacoperie • Aux portes du Morvan, gîte d'étape dans un panorama grandiose qu'on ne se lasse pas de regarder. Quatre chambres avec sanitaires privés à 15,50 € par personne et par nuit (activités comprises), et petit déj à 5 €. Possibilité de repas entre 10 et 20 €. Également 9 petits chalets-loisirs de 35 ou 50 m², chacun loué entre 340 et 400 € la semaine selon la saison. Dans chaque chalet, cuisine, séjour avec cheminée, chambre et mezzanine, sanitaires. Parmi les loisirs : piscine, tennis, pêche (trois beaux étangs avec brochets, carpes, gardons), golf sur terrain naturel, et 4 chevaux et 2 poneys pour randonner. Isabelle et Alain élèvent des moutons et proposent une fois par semaine un repas avec gigot d'agneau cuit dans la cheminée. On peut aussi acheter les côtelettes et se les faire griller au barbecue (un par chalet). Une adresse nature.

> *Accès :* de Saulieu, prenez la direction d'Autun ; à la sortie de L'Huis-Renaud, tournez à droite en direction de Villiers-en-Morvan ; après l'entreprise de travaux publics, allez tt droit, puis tournez à droite et continuez sur 1 km.

BRESSE-SUR-GROSNE 71460

Carte régionale B2

20 km NO de Tournus ; 20 km N de Cluny

€€ ♿ ℋ 10% *Chambres d'hôtes La Griolette (Micheline et Jean Welter) :* Le Bourg. ☎ 03-85-92-62-88. ▯ 06-76-06-71-27. • la-griolette@club-internet.fr • france-bonjour.com/la-griolette • Dans une vieille maison typique du pays, au fond de leur jardin, Micheline et Jean ont aménagé une chambre et 2 suites composées de 2 chambres, pour 4 et 5 personnes. Sanitaires privés. La déco et les petits bibelots leur donnent une atmosphère douillette de bonbonnière. De 70 à 75 € pour 2 et 16 € par personne supplémentaire, petit déj compris. Il est royal et composé, entre autres, de jambon du Morvan, de fromages, de confitures maison et de jus de fruits. Micheline, ancienne libraire qui a vendu nos titres pendant des années, est une adorable mamie. Agréable piscine pour vous détendre. Accueil chaleureux et attentionné.

> *Accès :* de Tournus, prenez la D 14 puis D 215 vers Saint-Gengoux-le-National ; 500 m après Lancharre, tournez à droite vers Champagny et Bresse-sur-Grosne ; la maison est à 600 m de l'église, sur la gauche.

€€ ♿ |●| ℋ *Chambres d'hôtes Le Foineau (Mélina et Nicolas Ballon-Dervault) :* Colombier-sous-Uxelles. ☎ 03-85-92-67-22. ▯ 06-63-97-49-44. • lefoineau@orange.fr • lefoineau.fr • ♿ Le « foineau », c'est la grange à foin. Mélina et Nicolas l'ont entièrement réaménagée pour y créer 3 jolies chambres avec sanitaires privés. Une au rez-de-chaussée installée dans l'ancienne écurie, les 2 autres à l'étage, dont une très spacieuse avec douche et baignoire (un peu plus chère). Déco romantico-campagnarde et atmosphère sereine. Comptez respectivement 62 et 71 € pour 2, petit déj compris. Belle salle lumineuse avec une originale table en bois et métal. Table d'hôtes sans les propriétaires à 25 €, apéro, vin et café compris. Cuisine traditionnelle recherchée aux accents de la région. Agréable jardin avec superbe piscine et vélos à disposition. Accueil chaleureux. Excellent rapport qualité-prix-convivialité. Une de nos adresses préférées sur le département.

Accès : A6 sortie n° 27 (Tournus) puis D 14 et D 215 vers Saint-Gengoux-le-National puis D 6 vers Bresse-sur-Grosne jusqu'à Colombier ; la maison est au cœur du hameau.

CHARNY 89120

Carte régionale A1

50 km NO d'Auxerre ; 30 km SO de Joigny

€€ 🛏 |●| 10% *Chambres d'hôtes Ferme du Gué de Plénoise (Dominique et Daniel Ackermann) :* ☎ et fax : 03-86-63-63-53. 📱 06-83-31-78-47. ● mael.ack@wanadoo.fr ● fermedeplenoise.jimdo.com ● *Fermé 24 déc-2 janv.* 📶 En pleine campagne, à 5 km du village, ferme isolée où Dominique et Daniel élèvent des vaches laitières. Au 1er étage de la maison, 4 chambres, dont une familiale avec mezzanine. Déco campagnarde. Sanitaires privés. 52 € pour 2, petit déj compris. Accueil chaleureux. Bref, une adresse pour redécouvrir la vraie vie de la ferme (possibilité notamment d'assister à la traite)... sans oublier Charny, village vraiment charmant.

Accès : au niveau de la halle de Charny, prenez la D 16 vers Châtillon-Coligny et, en haut d'une côte, à droite, suivez le fléchage « Plénoise ».

CHÂTEAUNEUF-EN-AUXOIS 21320

Carte régionale B2

42 km SO de Dijon ; 30 km NO de Beaune

€€ 🛏 *Chambres d'hôtes (Annie et Jean-Michel Bagatelle) :* rue des Moutons. ☎ 03-80-49-21-00. 📱 06-85-20-20-85. ● jean-michel.bagatelle@wanadoo.fr ● chezbagatelle.fr ● *Fermé pdt les vac scol de fév.* Dominant le canal de Bourgogne, superbe village médiéval avec son château des XIIe et XVe s. Par une petite ruelle, on arrive devant une belle maison avec cour intérieure. Quatre chambres, avec accès indépendant et sanitaires privés : 2 petites (on préfère la jaune, agrémentée d'une jolie cheminée) et 2 plus grandes, avec lit en mezzanine. Pour 2, comptez 65 € pour les premières et 75 € pour les autres, petit déj compris (gâteau, miel et confitures maison). Il est servi sur des tables individuelles dans une salle agréable. Accueil sympathique.

Accès : de Pouilly, prenez la D 970 vers Vandenesse-en-Auxois, puis la D 994 jusqu'à Châteauneuf ; la maison est au cœur du village.

CHÂTENAY 71800

Carte régionale B2

40 km SE de Paray-le-Monial ; 8 km E de La Clayette

€€ 🛏 ⚐ *Chambres d'hôtes (Bernadette et Bernard Jolivet) :* Les Bassets. ☎ et fax : 03-85-28-19-51. 📱 06-33-17-29-10. ● les-bassets@orange.fr ● chambreshotes-jolivet.free.fr ● *Ouv avr-fin oct.* 📶 Ancienne ferme restaurée avec vue superbe sur le hameau. Bernadette et Bernard (artisan menuisier) y ont aménagé 3 chambres confortables, équipées de sanitaires privés, dont une suite familiale composée de 2 chambres. 59 € pour 2, petit déj compris, et 20 € par personne supplémentaire. Pas de table d'hôtes, mais coin cuisine à disposition. Les amateurs ne manqueront pas le circuit des églises romanes.

Accès : de La Clayette, prenez la direction de Mâcon par la D 987 puis, à 6 km, tournez à gauche et suivez le fléchage.

CLESSÉ 71260

Carte régionale B2

12 km N de Mâcon

€€ 🛏 10% *Chambres d'hôtes En Germolles (Gilles Maudet et Joëlle Demarthe) :* route de Germolles. ☎ 03-85-35-97-30. 📱 06-29-37-15-15. ● engermolles@orange.fr ● engermolles.fr ● 📶 Dans un petit hameau, superbe maison forte dont les origines remontent au XIIIe s. Par un noble escalier à vis du XVe installé dans la tour, on accède aux 3 chambres spacieuses installées aux 1er et 2e étages. Sanitaires privés. Une préférence pour la chambre verte avec son lit en fer 1930. 70 € pour 2, petit déj compris. Beau jardin avec pièce d'eau, la fierté de Gilles qui s'occupe aussi des hôtes. Accueil convivial.

> *Accès : A 6 sortie n° 28 (Mâcon Nord) puis D 103 vers Clessé et, à l'entrée du village, prenez à gauche la route de Germolles.*

COLLAN 89700

Carte régionale A1

30 km E d'Auxerre ; 6 km NE de Chablis

€€ 🛏 *Chambres d'hôtes La Marmotte (Élisabeth et Gilles Lecolle) :* 2, rue de l'École. ☎ 03-86-55-26-44. 📱 06-89-45-42-82. ● lamarmotte.glecolle@orange.fr ● bonadresse.com/bourgogne/collan.htm ● 📶 Dans un cadre verdoyant et calme, une belle et grosse maison au cœur du village. Trois chambres guillerettes, avec sanitaires privés, dont 2 à l'étage et une au rez-de-chaussée. Elles dégagent une atmosphère gaie et sont tenues de manière irréprochable. 55 € pour 2, avec le petit déj. Accueil souriant. N'oubliez pas de rendre une visite au lavoir de Collan. Également 2 gîtes de 7 et 18 personnes.

> *Accès : à la sortie de Chablis en direction de Tonnerre, prenez la D 150 puis la D 35 jusqu'à Collan ; la maison est au centre du village.*

COURGIS 89800

Carte régionale A1

20 km E d'Auxerre ; 6 km S de Chablis

€€ 🛏 *Chambres d'hôtes (Mathilde et Patrick Andru) :* 7, rue de Larminat. ☎ 03-86-41-48-82. 📱 06-72-92-29-47. ● pat-mat@sfr.fr ● *Fermé déc-janv.* 📶 Patrick et Mathilde misent sur l'accueil et il n'y a rien à en redire. On vous dorlote dans cette maison ancienne, avec jardin, terrasse, barbecue... que notre gentil couple a restaurée avec ses petites mains ! Au final, un rêve réalisé et 2 chambres très soignées, vert et jaune pour l'une, turquoise et vanille pour l'autre. Sanitaires privés. 55 € pour 2, petit déj compris. Servi dans la grande salle mise à disposition, il se compose d'une variété de pains différents, de confitures et d'un coin « tisanerie ». Un espace douillet dont il est difficile de s'arracher.

> *Accès : indiqué dans le village, dans une tte petite rue.*

CRONAT 71140

Carte régionale A2

58 km SE de Nevers ; 12 km N de Bourbon-Lancy

€ 🛏 10% *Chambres d'hôtes (Odile et Yves Biberon) : Les Garlauds.* ☎ 03-85-84-84-63. ● odile.biberon@wanadoo.fr ● pagesperso-orange.fr/les.garlauds ● *Ouv avr-oct.* Yves et Odile sont des éleveurs de moutons. Ils tiennent 3 chambres simples et confortables, pour 2 à 5 personnes, avec sanitaires privés. 48 € pour 2, petit déj compris, et 12 € par personne supplémentaire. Cuisine à disposition. Loisirs nautiques, véloroute, centre de remise en forme et sentiers de rando à proximité. Les proprios peuvent même vous prêter des vélos (chouette !). Accueil convivial.

> *Accès : à Cronat, suivez la D 196 direction Maltat sur 8 km.*

CRUGEY 21360

Carte régionale B2

38 km SO de Dijon ; 27 km NO de Beaune

€€ 🛏 🍴 *Chambres d'hôtes Le Pré Vert (Catherine et Roland Cartaut) :* ☎ 03-80-33-09-80. 📱 06-83-08-82-27. ● contact@leprevert-bourgogne.fr ● leprevert-bourgogne.fr ● *Fermé 20 nov-15 fév.* Ancienne et belle ferme tout en pierre dont les origines remontent au milieu du XIXe s. Quatre chambres coquettes et sereines avec sanitaires privés. Une au rez-de-chaussée composée de 2 chambres avec petit coin cuisine et terrasse privative (idéal pour les séjours) ; les 3 autres à l'étage. Selon la chambre 60 et 70 € pour 2, petit déj compris et 15 € par personne supplémentaire. Table d'hôtes pas systématiquement partagée avec les propriétaires à 25 €, apéro, vin compris. Cuisine variée avec les légumes du jardin en saison. Accueil chaleureux. *NOUVEAUTÉ.*

> *Accès : A 6 sortie Pouilly-en-Auxois, direction Arnay-le-Duc et à 800 m à gauche vers Ste-Sabine puis Vandenesse, Châteauneuf et Crugey ; la maison est dans le village.*

CRUX-LA-VILLE 58330

Carte régionale A2

45 km NE de Nevers ; 10 km N de Saint-Saulge

€€ 🛏 🍴 10% *Chambres d'hôtes Domaine des Perrières (Pascale et Benoît Cointe) :* ☎ 03-86-58-34-93.

Fax : 03-68-38-44-09. • pbcointe58@orange.fr • chambres-charme-bourgogne.com • Voilà encore une adresse comme on les aime, nature et accueillante. On passe d'abord par la ferme, où Pascale et Benoît élèvent des charolais et cultivent des céréales, pour arriver devant une belle maison bourgeoise entourée d'un joli parc fleuri. Elle date du XIXe s, mais ses origines remontent au XVIIe. Deux chambres d'hôtes au 1er étage, avec sanitaires privés, mais w-c sur le palier pour la plus grande. Parlons-en : elle est immense et claire, avec un mobilier d'inspiration Empire. 65 € pour 2, petit déj compris (plein de sortes de confitures et gâteau maison), et 20 € par personne supplémentaire. Table d'hôtes partagée en famille à 25 €, vin et café compris. Accueil chaleureux.

Accès : la maison se trouve à 4 km de Crux sur la D 34 en direction de Saint-Révérien (4 km avt si vous en venez).

CURTIL-VERGY 21220

Carte régionale B2

20 km SO de Dijon ; 8 km NO de Nuits-Saint-Georges

€€ 🏠 |●| *Chambres d'hôtes Le Val de Vergy (Brigitte et Dominique Puvis de Chavannes) :* Pellerey. ☎ 03-80-61-41-62. 📱 06-73-49-63-06. • puvis-de-chavannes@wanadoo.fr • valdevergy.com • *Fermé déc-fév.* Dans un joli coin de campagne, belle demeure de vignerons du XVIIe s, tout en pierre. Dans une aile indépendante, 2 chambres charmantes avec sanitaires privés : « La Nuptiale », réservée aux jeunes, car située au 2e étage ; l'autre avec deux ravissants lits à baldaquin. Également 2 autres chambres, « Aurélie » et « Vergy », dans la maison, mais plus chères car sous forme de suite (idéales pour les familles). Beaux meubles anciens. Pour 2, comptez 68 € pour les chambres et 75 € pour les suites, petit déj compris. Table d'hôtes occasionnelle (quand l'emploi du temps le permet) à 30 €, apéro et bourgogne compris, toujours avec deux petites entrées. Goûteuse cuisine traditionnelle, dont de nombreuses spécialités cuites à la broche dans la cheminée. Repas servis dans une superbe salle à manger, où siège encore le palan à tonneaux. Accueil de qualité. Une adresse plébiscitée par les routards !

Accès : de Nuits-Saint-Georges, prenez la D 25 vers Meuilley, puis la D 35 vers Villars-Fontaines et Messanges-la-Nourotte ; à ce carrefour, tournez à droite vers Curtil-Vergy jusqu'à Pellerey (600 m avt Curtil-Vergy).

CUSSY-LA-COLONNE 21360

Carte régionale B2

50 km SO de Dijon ; 19 km O de Beaune

€€ 🏠 *Chambres d'hôtes Une Clé dans le Pré (Nathalie et Jean-Jacques Terrand) :* rue de Montceau. ☎ 03-80-20-26-75. • cledanslepre@orange.fr • Au cœur d'un village de 67 âmes, dans une petite fermette indépendante de la maison des proprios mais dans la même cour, 4 chambres champêtres avec sanitaires privés dont une suite familiale composée de 2 chambres. Une au rez-de-chaussée, les autres à l'étage. On aime bien « Pâquerette » lumineuse, avec ciel de lit et belle poutraison. 67 € pour 2, petit déj compris et 15 € par personne supplémentaire. Pas de table d'hôtes mais coin cuisine à disposition. Accueil très sympa. Bon rapport qualité-prix-convivialité. *NOUVEAUTÉ.*

Accès : A 6 sortie Pouilly-en-Auxois, puis direction Arnay-le-Duc ; et là D 906 vers Chalon-sur-Saône et à 12 km à gauche. La maison est dans le village.

DONZY 58220

Carte régionale A1

18 km SE de Cosne-sur-Loire ; 26 km N de La Charité-sur-Loire

€€ 🏠 |●| *Chambres d'hôtes Les Jardins de Belle Rive (Laura et Billy Juste) :* Bagnaux. ☎ 03-86-39-42-18. Fax : 03-86-39-49-15. • jardinsdebellerive@free.fr • jardinsdebellerive.free.fr • *Fermé la dernière sem de sept.* Dans un écrin de verdure, Laura et Billy ont construit une petite maison indépendante qui ne manque pas de charme avec sa petite tour carrée. Intérieur lumineux, très cosy et raffiné. Laura est artiste-peintre et vous trouverez plusieurs de ses œuvres dans la décoration (toiles, reproductions, trompe-l'œil). Quatre chambres romantiques et douillettes avec de luxueux sanitaires privés (baignoire et douche pour la plus grande). Selon la taille des chambres, de 54 à 64 € pour 2, petit déj compris, servi dans la maison des propriétaires au décor rustique (meubles campagnards, poutres et cheminée) ou en terrasse aux beaux jours. Laura, votre charmante hôtesse, propose la table d'hôtes (partagée en famille), pour 24 €, vin et café ou tisane compris. Parmi ses spécialités : croustade au fromage de chèvre, canard au vin de Bourgogne, pâté de légumes, gratin de poisson, fondant au chocolat aux amandes. Piano à queue pour les amateurs et, pour ne rien gâcher, une agréable piscine est à votre disposition, ainsi qu'un bel étang avec barque. Accueil de qualité. Une de nos adresses préférées sur le département.

> Accès : de Cosne-sur-Loire, prenez la D 33 vers Donzy ; dans le bourg, juste après la pharmacie, prenez la 1re rue à droite.

ÉCHALOT 21510

Carte régionale B1

50 km NO de Dijon ; 11 km SE d'Aignay-le-Duc

€ 🏠 |●| 🍴 **Chambres d'hôtes (Rita Bonnefoy) :** 10, rue du Centre. ☎ 03-80-93-86-84. 📱 06-37-20-13-31. ● leschambresderita.com ● Résa conseillée. 📶 Maison de village qui vous dévoilera tout son charme sitôt que vous aurez franchi son seuil. Ses origines remontent au XVIIe s, mais au cours de sa longue vie, elle devint le bistrot du village (ce qui explique le peu d'attrait de la façade). Trois chambres, pour 2 ou 3 personnes, avec de jolis meubles campagnards. L'une d'elles a un accès direct sur le jardin. Sanitaires privés. Comptez 45 € pour 2, petit déj compris. Repas sur demande à 20 €, vin compris, avec un kir traditionnel pour vous mettre dans l'ambiance. Les repas et petits déj sont servis dans une belle salle à manger avec une immense cheminée où crépite le feu pratiquement tous les soirs de l'année. Rita est une hôtesse discrète qui, dès qu'on la connaît un peu, se révèle être une femme chaleureuse.

> Accès : au bas du village.

EMPURY 58140

Carte régionale A1

25 km S d'Avallon ; 20 km S de Vézelay

€€ 🏠 (10%) **Chambres d'hôtes (Karin et Patrice Rydström-Colomb) :** La Brosse. ☎ 03-86-22-34-90. 📱 06-78-75-59-11. ● labrosse.morvan@wanadoo.fr ● labrosse-morvan.com ● 📶 Dans un petit hameau au cœur du parc régional du Morvan, belle ferme en pierre et granit de la fin du XIXe s. La nature est belle et la vue dégagée. Dans une aile indépendante, 4 chambres spacieuses et coquettes avec sanitaires privés : une au rez-de-chaussée, les 3 autres à l'étage. 54 € pour 2, petit déj compris. Accueil convivial.

> Accès : en venant d'Avallon, prenez la direction Lormes par la D 944 ; en arrivant à hauteur de Saint-Martin-du-Puy, après la scierie Malviche, prenez à droite la D 128 vers Empury et, avt le village, prenez à gauche la D 141 vers Lormes jusqu'à La Brosse.

ÉPOISSES 21460

Carte régionale A1

35 km N de Saulieu ; 12 km O de Semur-en-Auxois

€€ 🏠 **Chambres d'hôtes La Ferme de Plumeron (Claudine et Bernard Virely) :** Plumeron. ☎ 03-80-96-44-66. 📱 06-31-36-23-60. Fax : 03-80-96-33-77. ● fermedeplumeron@wanadoo.fr ● fermedeplumeron.fr ● Dans une ferme en activité, 2 jolies chambres avec sanitaires privés : l'une familiale, avec une grande baie vitrée et une terrasse privative ouvrant sur le parc, et l'autre tout aussi sympa avec une belle charpente apparente. Comptez 55 € pour 2, avec le petit déj, et 16 € par personne supplémentaire. Pas de table d'hôtes, mais coin cuisine à disposition et petits restos à Époisses ou à Semur-en-Auxois, dont la visite vaut le détour. Accueil agréable. Vous êtes au pays de l'époisses (un des seuls fromages bourguignons vraiment réputés), alors allez en chercher un chez Berthaut, plus connu dans le coin, qui fabrique le vrai !

> Accès : de Montbard, prenez la D 980 puis, à Semur-en-Auxois, la N 454 vers Époisses ; dans le bourg, prenez la D 4 en direction de Montberthault, c'est à 1 km.

ÉTANG-SUR-ARROUX 71190

Carte régionale A2

20 km NO du Creusot ; 17 km SO d'Autun

€€ 🏠 (10%) **Chambres d'hôtes La Renaissance (Aline et Gauthier Jacquelin) :** hameau Velet. ☎ 03-85-82-36-97. 📱 06-73-70-22-38. ● gauthierjacquelin@hotmail.fr ● la-renaissance.fr ● 🐾 Ouv avr-sept. 📶 En pleine campagne, dans un petit hameau, ancienne ferme dont les origines remontent au XIVe s. Aline et Gauthier sont de fervents défenseurs des matériaux naturels et des énergies renouvelables... Aussi, toute la restauration de leur demeure a été pensée en fonction de ces principes. Dans une dépendance de la maison, 5 chambres d'hôtes chaleureuses avec sanitaires privés. Ceux qui aiment le dépaysement choisiront la chambre « Tibétaine » ou l'« Afghane », ceux qui préfèrent l'indépendance pencheront pour la chambre avec accès direct sur la campagne. De 49 à 52 € pour 2, petit déj compris (café bio, bon fromage de chèvre du coin, miel et confitures maison). Si vous êtes celtisant, Gauthier est intarissable sur le sujet et vous indiquera tous les lieux intéressants pour parfaire votre culture (avec Bibracte en point d'orgue, of course !). Pas de table d'hôtes, mais un bon petit resto sympa à proximité. Petite piscine pour faire trempette. Accueil volubile et convivial.

Accès : d'Étang-sur-Arroux, D 297 vers Saint-Didier-sur-Arroux sur 3,5 km et 1re route à gauche après le lycée forestier.

FLAGEY-ÉCHÉZEAUX 21640

Carte régionale B2

20 km S de Dijon ; 20 km N de Beaune

€€€ *Chambres d'hôtes Les Agnates (Agnès et Guy Détain) :* 4, rue Guillot. ☎ 03-80-62-84-17. 06-80-64-51-86. • guy.detain@orange.fr • agnates.fr • Au cœur de la région des grands crus de Bourgogne, dans un petit village bien au calme mignonnette et ancienne ferme. Dans un bâtiment indépendant de la maison, 2 chambres spacieuses avec sanitaires privés et accès direct sur le jardin (il est magnifique et c'est la fierté de Guy). 75 € pour 2, copieux petit déj compris. Pas de table d'hôtes mais un bon resto dans le village, accessible à pied. Prêt de VTT. Accueil chaleureux. *NOUVEAUTÉ.*

Accès : A 31 sortie n° 1 Nuits-St-Georges, traversez Nuits-St-Georges en direction de Dijon puis D 974 jusqu'à Vosne-Romanée et à la sortie du village à droite vers Flagey et fléchage.

FLEY 71390

Carte régionale B2

23 km SO de Chalon-sur-Saône ; 6 km S de Buxy

€€ 10% *Chambres d'hôtes La Randonnée (Françoise et André David) :* Le Bourg. ☎ 03-85-49-21-85. 06-07-09-54-81. • randonnee.fley@laposte.net • larandonneeafley.free.fr • *Ouv mars-sept.* Dissimulée au fond d'un petit jardin fleuri et verdoyant, ancienne maison de village très bien restaurée. Sur différents niveaux de la maison, 2 chambres avec accès indépendant et sanitaires privés. Déco agréable. 60 € pour 2, petit déj compris. Agréable salon avec une belle charpente et une collection de coqs. Françoise peint à ses heures perdues et réalise de superbes aquarelles. Pas de table d'hôtes, mais Françoise et André ont récupéré toutes les cartes des restos sympas du coin, et une kitchenette est à votre disposition. Accueil de qualité. Une excellente adresse.

Accès : A 6, sortie Chalon Sud ; prenez la D 977 jusqu'à Buxy, puis la D 983 direction Charolles, sur 5 km, puis tournez à gauche vers Fley et suivez le fléchage.

FONTENAILLES 89560

Carte régionale A1

20 km S d'Auxerre ; 5 km NO de Courson-les-Carrières

€€€ 10% *Chambres d'hôtes Le Relais de Fontenailles (Pierre Rovet) :* 20, rue de l'Église. ☎ 03-86-41-57-14. 06-60-41-59-63. • pierre@relaisfontenailles.com • relaisfontenailles.com • *Ouv Pâques-fin oct.* Dans un petit village de 25 âmes, ancienne ferme qui jouit d'un magnifique panorama sur la campagne environnante. Cinq chambres coquettes avec sanitaires privés. Déco qui mêle harmonieusement beaux meubles anciens et nombreuses toiles. 90 € pour 2, petit déj compris (gâteau ou pain d'épices et confitures maison). Table d'hôtes à 35 €, apéro, vin et café compris. Goûteuse cuisine parfumée avec les herbes du jardin et accompagnée du vin de la maison, car Pierre est propriétaire de quelques vignes avec des copains. Pour vous détendre, une belle piscine, un sauna et une salle de muscu. Accueil chaleureux. L'adresse idéale pour prendre le vert et se remettre en forme.

Accès : d'Auxerre, N 151 vers Nevers puis à droite D 950 vers Fontenailles ; entrez dans le village, la maison est dans la rue qui passe devant l'église (of course !).

GEVREY-CHAMBERTIN 21220

Carte régionale B1-2

11 km S de Dijon

€€€ *Chambres d'hôtes Le Clos des Roses (Geneviève et Pierre Sylvain) :* 14, rue de l'Église. ☎ 03-80-51-86-39. 06-76-22-97-96. • sylvain.pierre5@orange.fr • mrocz.com/gevrey • *Fermé en fév.* Voilà encore un nom de commune qui va faire frémir les amateurs de bourgogne... et pour cause ! Imposante maison bourgeoise au cœur du village. Un grand escalier conduit aux 2 chambres agréables avec petits sanitaires privés. 75 € pour 2, petit déj compris. Adorable jardin où Geneviève s'adonne à sa passion : les roses...

Pas moins de 150 espèces différentes. Pierre vous donnera les bonnes adresses pour déguster le célèbre nectar de Gevrey-Chambertin. Accueil convivial.

> *Accès :* de Dijon, D 974 jusqu'à Gevrey ; au feu tricolore, tournez à droite vers le centre-ville, puis au niveau de la mairie, tournez à droite puis 1re à gauche et vous y êtes (n'allez pas à l'église).

GY-L'ÉVÊQUE 89580

Carte régionale A1

8 km S d'Auxerre

€€ 🛏 *Chambres d'hôtes La Fontaine (Chantal Moyer) :* 2, rue de la Fontaine. ☎ 03-86-41-61-64. • chantal.moyer@orange.fr • chambresdegy.com • Gy est un joli petit village avec une vieille église des XIIIe et XVIe s. Au cœur du village, dans l'ancienne grange d'une exploitation agricole du XIXe, 5 chambres agréables, toutes avec sanitaires privés. Déco de bon goût. 56 € pour 2, petit déj compris (confitures, brioche et pain d'épice maison). Il est servi dans une grande salle à manger avec cheminée, murs en pierre apparente et poutres. Accueil convivial.

> *Accès :* d'Auxerre, suivez la N 151 vers Bourges/Nevers jusqu'à Gy-l'Évêque et suivez le fléchage.

IGUERANDE 71340

Carte régionale A2

**32 km S de Paray-le-Monial ;
20 km N de Roanne**

€€ 🛏 |●| (10 %) *Chambres d'hôtes La Vie en Roses (Mireille et Luc Majan) :* Le Perret. ☎ 03-85-84-06-53. 📱 06-67-99-43-75. • luc.majan@orange.fr • la-vie-en-roses.fr • Ouv de début mars à mi-nov. 🛜 Mireille et Luc, Belges d'origine, sont tombés sous le charme de cette belle ferme en silex aux ouvertures peintes en rose, située en pleine campagne aux portes de la Loire. Dans un bâtiment indépendant, 4 chambres campagnardes, dont 2 familiales. Sanitaires privés. 60 € pour 2, petit déj compris, et 15 € par personne supplémentaire. Repas partagé avec vos hôtes à 20 €, apéro, vin et café compris. Cuisine familiale avec les produits de saison. Accueil convivial. Une adresse très nature.

> *Accès :* d'Iguerande, D 982 vers Marcigny sur 2 km puis C 7 vers Les Grandes-Varennes/Le Perret et faites 3 km dans la campagne (fléchage).

€€ 🛏 |●| (10 %) *Chambres d'hôtes Le Champ de l'Être (Denise et Maurice Martin) :* Les Montées. ☎ 03-85-84-09-69. 📱 06-32-08-64-53. • mart1dmonty@gmail.com • chambresdhotes-naturopathie.fr • Ancienne ferme rénovée, jouissant d'un joli panorama sur la campagne environnante. Quatre chambres agréables, avec sanitaires privés (préférez la chambre rustique), à 70 € pour 2, petit déj compris (toutes sortes de confitures, fromage et gâteau maison). Table d'hôtes à 30 €, vin et café compris. Bonne cuisine familiale à base de produits fermiers. La vieille grange a été aménagée en espace bien-être avec spa, sauna, massages, réflexologie. Maurice est naturopathe ; si vous le souhaitez, il vous propose un accompagnement thérapeutique naturel pour une détente bienfaisante. Pour ceux qui veulent piquer une tête, vos hôtes connaissent quelques coins pour se baigner dans la Loire. Accueil familial et convivial.

> *Accès :* sur la D 982 ; dans Iguerande, suivez les fléchages « Outre-Loire », puis « Les Montées », traversez le canal et fléchage « Chambres d'hôtes ».

JOUX-LA-VILLE 89440

Carte régionale A1

38 km SE d'Auxerre ; 16 km N d'Avallon

€ 🛏 *Chambres d'hôtes Le Clos du Merry (Laurence Lamory) :* 4, rue Crété. ☎ 03-86-33-65-54. • closmerry@free.fr • leclosdumerry.jindo.com • 🌿 Ouv fév-déc. Ancienne ferme où l'écurie et la grange ont été entièrement réaménagées pour devenir une immense pièce de jour, avec un beau volume, et accueille 5 chambres d'hôtes, équipées de sanitaires privés : une au rez-de-chaussée, les 4 autres à l'étage, dont 2 familiales composées chacune de 2 chambres. 48 € pour 2 et 75 € pour 4, petit déj compris. Pas de table d'hôtes, mais cuisine à disposition et plusieurs restos à proximité.

> *Accès :* A 6, sortie Nitry ; prenez la D 944 vers Avallon jusqu'à Joux et suivez le fléchage (1re ferme à droite à l'entrée du village).

LA ROCHE-EN-BRÉNIL 21530

Carte régionale A1

20 km SE d'Avallon ; 13 km N de Saulieu

€€ 🛏 |●| *Chambres d'hôtes La Clé des Champs (Michelle et René Legrand) :* Chenesaint-le-Bas. ☎ 03-80-64-79-06. 📱 06-65-38-73-75. • courrier@cledes champs-bourgogne.com • clefdes champs-bourgogne.com • *Ouv mars-nov.* Au cœur d'un petit hameau, ancienne grange d'une agréable ferme du XIXe s. Cinq chambres fleuries, dont une double pour les familles. Sanitaires privés. Comptez 68 € pour 2, petit déj compris. Table d'hôtes, certains soirs et sur réservation, à 32 €, apéro, vin de Bourgogne et café compris. Agréable espace vert avec piscine et terrain de pétanque.

Accès : *sur la N 6, entre Avallon et Saulieu ; du village, prenez la D 15A vers Saint-Agnan et suivez le fléchage.*

LA ROCHEPOT 21340
Carte régionale B2
30 km E d'Autun ; 15 km SO de Beaune

€€ 🏠 *Chambres d'hôtes La Pauline (Lucienne et Marc Fouquerand) :* rue de l'Orme. ☎ 03-80-21-72-80. Fax : 03-80-21-74-69. *Fermé 1er sept-15 oct.* Au cœur du charmant village de La Rochepot, dominé par un superbe château romantique des XIIe et XVe s (il appartient aux descendants du président Sadi Carnot, assassiné en 1894). Dans deux petits bâtiments, 2 chambres d'hôtes installées de chaque côté de la petite rue. Une préférence pour la dernière créée. Sanitaires privés. Comptez 55 € pour 2, petit déj compris, servi dans une belle salle rustique avec cheminée. Lucienne et Marc sont vignerons (on en voit déjà qui font claquer leur palais... et ils ont raison !). Vous pourrez déguster des vins d'appellation bourgogne hautes-côtes-de-beaune, aligoté, santenay premier cru (une merveille) et un excellent volnay premier cru « Chanlins ». Une adresse que ne manqueront pas les amateurs de bourgogne (nous en sommes aussi...). Accueil authentique et chaleureux.

Accès : *de Beaune, prenez la D 973 vers Autun ; dans le village, montez vers le château et suivez le fléchage.*

LAIN 89560
Carte régionale A1
32 km SO d'Auxerre ; 17 km S de Toucy

€€ 🏠 🐾 *Chambres d'hôtes Art'Monie (Arlette et Jacques Elzière) :* 6, rue du Bourgelet. ☎ 03-86-45-20-39. 📱 06-83-59-38-43. Fax : 03-86-45-21-76. ● arlette@artmonie.net ● artmonie.net ● *Ouv 15 avr-5 oct.* Une adresse profondément calme et fleurie. Dans une aile indépendante, 5 chambres avec sanitaires privés, dont une familiale avec lits pour enfants en mezzanine. 62 € pour 2 et 17 € par personne supplémentaire, petit déj compris, servi chez Arlette et Jacques. Quelques peintures aux murs, des salons et coins repos, une bibliothèque, un jardin avec aire de jeux pour les enfants (et les grands !) complètent ce tableau. Pas de table d'hôtes mais cuisine à disposition. Accueil familial et gentil.

Accès : *de Toucy, prenez la D 950 vers Avallon jusqu'à Ouanne, puis à droite (D 85) vers Saint-Sauveur-en-Puisaye ; à l'entrée de Coulon, tournez à gauche (D 4) et allez jusqu'à Lain ; la maison est à la sortie du village en direction de Sougères.*

LAIZY 71190
Carte régionale B2
50 km NO de Chalon-sur-Saône ; 15 km SO d'Autun

€€ 🏠 🍴 10% *Chambres d'hôtes Ferme de la Chassagne (Françoise Gorlier) :* ☎ 03-85-82-39-47. 📱 06-30-00-46-65. ● francoise.gorlier@wanadoo.fr ● *Ouv de mi-mars à début nov.* Venir à *La Chassagne*, c'est entrer dans le rêve de Françoise : avoir sa ferme ! Depuis toute petite, elle voulait devenir fermière et il lui a fallu du temps... Mais quelle splendeur, sa maison est magnifique ! Elle date du XVIIIe s et est supportée par deux piliers en granit, qui devaient être en bois à l'origine. Quant au panorama sur l'Autunois, il est unique ! L'intérieur n'est pas en reste. Deux chambres au rez-de-chaussée, 2 autres à l'étage, accueillantes et décorées avec goût. Murs peints à l'éponge et frises au pochoir. 52 € pour 2, petit déj compris (avec gâteau maison). Table d'hôtes (sauf le dimanche soir et sur demande uniquement) à 19 €, apéritif, vin et café compris. C'est bien simple, tout provient de la ferme. Françoise possède trois vaches pour le lait, le beurre et la crème, six chèvres pour les fromages, tandis que lapins, volailles et légumes du jardin se transforment en plats avec accompagnements. Chaleureuse salle à manger avec un beau plafond (poutres), de vieilles tomettes et une immense cheminée. De l'autre côté, un gentil salon où trône un piano accordé et une autre cheminée (plus bourgeoise celle-là) parée de deux nymphes dont l'une dévoile pudiquement son sein. Accueil comme on les aime, chaleureux et décontracté. Excellent rapport qualité-prix-convivialité. Bref, un de nos coups de cœur.

Accès : *d'Autun, prenez la N 81 vers Luzy que vous ne quittez plus jusqu'au hameau des Quatre-Vents (à 13 km) ; ensuite, tournez à droite vers La Chassagne jusqu'au bout du sentier (n'allez pas à Laizy).*

LAMARCHE-SUR-SAÔNE 21760

Carte régionale B1

25 km E de Dijon ; 5 km S de Pontailler-sur-Saône

€€ 🏠 |●| **Chambres d'hôtes (Martine et Jean Clément) :** 15, rue du Pont. ☎ 03-80-47-17-04. Fax : 09-59-07-15-64. ● chambres-clement@free.fr ● chambresclement.supersite.fr ● 📶 En bordure de Saône, imposante et vieille maison qui était autrefois un dépendance du château aujourd'hui disparu. Quatre belles chambres avec sanitaires privés. Une préférence pour la chambre « Bleuet » qui ouvre sur le fleuve et la piscine. Comptez 63 € pour 2, petit déj compris. Sur demande, possibilité de table d'hôtes, avec de bonnes spécialités régionales, pour 26 €. Barbecue sur demande. Sinon, une cuisine d'été à disposition et plusieurs restos à proximité. Les marcheurs ne manqueront pas de parcourir la Voie bleue, un joli circuit pédestre le long des berges de la Saône qui débute à quelques pas de la maison. Accueil convivial.

> *Accès : de Dijon, prenez la D 70 vers Gray et sortez vers Pontailler-sur-Saône ; à Vonges, prenez la D 976 jusqu'à Lamarche ; au centre du village prenez la rue du Pont, la maison est juste avt le pont à gauche.*

LAVAU 89170

Carte régionale A1

55 km SO d'Auxerre ; 10 km SO de Saint-Fargeau

€€ 🏠 **Chambres d'hôtes Domaine des Beaurois (Anne-Marie et Bernard Marty) :** La Chasseuserie. ☎ et fax : 03-86-74-16-09. 📱 06-87-22-00-72. ● contact@domaine-des-beaurois.fr ● domaine-des-beaurois.fr ● Fermé à Noël et au Nouvel An. 📶 On a eu un petit coup de foudre pour l'endroit. Une clairière perdue dans la forêt et, au milieu, cette ancienne ferme devenue aujourd'hui productrice d'un vin régulièrement médaillé : les coteaux-du-giennois. Trois chambres avec sanitaires privés, dont une familiale composée de 2 chambres. Déco de bon goût, atmosphère calme et sereine. De 60 à 69 € pour 2, petit déj compris, et 109 € pour 4. Anne-Marie est une hôtesse charmante qui sait recevoir. Aux beaux jours, vous profiterez de la piscine chauffée et, pour vous faire découvrir la région, Anne-Marie a préparé un classeur tout plein d'infos bien présentées (de quoi vous donner l'envie de rester). Si vous êtes amateur de vin, Bernard vous fera visiter son chai et découvrir sa production.

> *Accès : A 6 puis A 77 direction Nevers jusqu'à Bonny-sur-Loire (sortie nº 21) ; de là, prenez la D 965 vers Auxerre sur 10 km et, à partir de Lavau, suivez le fléchage « Domaine des Beaurois » sur 3 km en direction de Bléneau (D 74).*

LE ROUSSET 71220

Carte régionale B2

45 km SO de Chalon-sur-Saône ; 15 km SE de Montceau-les-Mines

€€€ 🏠 |●| 🐴 **Chambres d'hôtes La Fontaine du Grand Fussy (Dominique Brun) :** ☎ et fax : 03-85-24-60-26. ● lafontainedugrandfussydominique-brun@orange.fr ● fontaine-grand-fussy.wix.com/bourgognedusud ● Fermé janv. 📶 S'il y a des adresses d'exception, celle-ci en fait sûrement partie... En pleine campagne, dans un petit hameau, anachronique et magnifique demeure du XVIIIe s. Après avoir exercé différents métiers, Dominique a repris des cours de déco et s'est spécialisée dans les fresques et peintures murales (elle a restauré celles de plusieurs églises). Autant dire que si la maison a du charme de l'extérieur, l'intérieur nous a complètement fait craquer. Cinq délicieuses chambres avec sanitaires privés, dont une sous forme de petit appart avec cuisine. Enduits à la chaux, glacis à l'eau, motifs au pochoir, faux marbre, trompe-l'œil se mêlent aux ferronneries et aux meubles de famille de tous styles, mais toujours avec un goût très sûr. Un salon-bibliothèque et un salon-musique complètent l'ambiance. 75 € pour 2, petit déj compris, et 82 € pour l'appartement. Repas, pas systématiquement partagé avec votre hôtesse, à 21 €, sans le vin. Cuisine goûteuse et familiale. Agréable terrasse avec tonnelle et, aux beaux jours, vous profiterez de la piscine (chéri, j'veux plus partir !). Dans la ferme attenante, un gîte pour 6 personnes, à l'ambiance datcha russe, pour ceux qui souhaitent séjourner. Accueil de qualité. Un de nos coups de cœur.

> *Accès : sur la D 980 entre Cluny et Montceau-les-Mines ; prenez la D 33 vers Le Rousset et, tt de suite à droite, la D 60 vers Ciry-le-Noble ; l'accès à la maison est à 900 m à gauche (n'allez pas au Rousset).*

BOURGOGNE

LEVERNOIS — 21200

Carte régionale B2

4 km SE de Beaune

€€ 🏠 🐾 ⑩% **Chambres d'hôtes Couettes et Capucines (Blandine d'Ardhuy) :** 3, Grande-Rue. ☎ 03-80-22-29-42. 📱 06-83-12-98-68. ● couettescapucines@free.fr ● couettescapucines.free.fr ● Au cœur de ce petit village éloigné des hordes de touristes, ancienne ferme recouverte de vigne vierge avec un petit jardin fleuri parsemé de jeux pour enfants. Dans une aile indépendante, 2 chambres pimpantes et colorées, avec sanitaires privés, installées aux 1er et 2e étages. Une dernière, spéciale famille, avec chambre enfants séparée, se trouve dans un petit pavillon campagnard indépendant. Selon la chambre, de 61 à 68 € pour 2, petit déj compris. La réputation de Blandine ? Ses confitures... de véritables créations, comme l'abricot-romarin-citron, cerise noire-verveine, pomme-gingembre (c'est le moment d'la croquer !), citron... Pas de table d'hôtes, mais les bonnes adresses ne manquent pas dans le coin. Accueil chaleureux et sans façon. Si vous êtes amateur de golf, la maison jouxte celui de Levernois (l'entrée est à 300 m à pied).

Accès : A 6 sortie Beaune-centre (sortie n° 24.1) ; au 1er rond-point, direction Verdun-sur-le-Doubs jusqu'au feu où vous tournez à droite et continuez jusqu'au village ; la maison est à côté de l'église.

€€€ 🏠 🍴 **Chambres d'hôtes La Lyseronde (Martine et Jean-Marc Lyssy) :** 2, rue du Golf. ☎ 03-80-22-36-62. 📱 06-71-00-54-08. ● contact@lalyseronde.fr ● lalyseronde.fr ● Au cœur d'un joli petit village. Trois petites chambres douillettes et charmantes avec sanitaires privés : 2 avec accès de plain-pied, installées dans un petit pavillon près de la piscine, la dernière au 1er étage de la maison accessible par un petit escalier extérieur. Selon la saison de 70 à 75 € pour 2, petit déj compris. Table d'hôtes (2 fois par semaine), partagée en famille à 35 €, apéro, vin et café compris. Accueil convivial. **NOUVEAUTÉ.**

Accès : de Beaune, direction Lons-le-Saunier pendant 1 km puis à gauche vers Levernois ; la maison est en face de la mairie.

LINDRY — 89240

Carte régionale A1

12 km O d'Auxerre

€€€€ 🏠 🐾 ⑩% **Chambres d'hôtes À la Métairie (Brigitte et Gilles Martinigol) :** 16, hameau de la Métairie. ☎ et fax : 03-86-98-20-56. ● alametairie@wanadoo.fr ● alametairie.com ● Au cœur d'un petit hameau, jolie longère du XVIIIe s. Trois chambres champêtres avec sanitaires privés : 2 à l'étage de la maison avec accès indépendant et clim, dont « Romantica » (notre préférée, avec ciel de lit et mur en pierre apparente), et la dernière dans l'ancien four à pain avec salle de bains au rez-de-chaussée et chambre à l'étage. Selon la saison et la durée du séjour, 100 € pour 2, copieux petit déj compris. Pas de table d'hôtes, mais cuisine d'été à disposition. Piscine hors sol pour les beaux jours. Accueil convivial.

Accès : d'Auxerre, direction Saint-Georges puis D 89 vers Aillant-sur-Tholon puis Lindry et fléchage dans le village jusqu'au hameau.

€€ 🏠 🐾 **Chambres d'hôtes La Védérine (Éliane et Gérard Bonfanti) :** 28, hameau de Chazelles. ☎ 03-86-47-10-86. 📱 06-82-92-02-95. ● elianegerardlavederine@orange.fr ● Éliane et Gérard ont restauré la ferme familiale et ont aménagé 3 chambres personnalisées, avec sanitaires privés à l'étage (préférez celles qui ouvrent sur le jardin). 58 € pour 2, petit déj compris. L'ancienne étable a été transformée en une agréable salle à manger. Accueil chaleureux. Si vous êtes là un samedi matin, n'oubliez pas d'aller voir le pittoresque marché de Toucy, qui est aussi un joli village fortifié.

Accès : d'Auxerre, prenez la D 965 vers Orléans/Toucy ; 4,5 km après Villefargeau, tournez à droite vers Chazelles et suivez le fléchage.

LIXY — 89140

Carte régionale A1

15 km NO de Sens ; 10 km SO de Pont-sur-Yonne

€€ 🏠 🍴 ⑩% **Chambres d'hôtes Le Clos Mélusine (Cathy et Alain Balourdet) :** 16, pl. de la Liberté. ☎ et fax : 03-86-66-11-39. 📱 06-86-65-53-87. ● clos-melusine@wanadoo.fr ● clos-melusine.com ● 📶 C'est en tant qu'utilisateurs et adeptes que Cathy et Alain ont découvert les chambres d'hôtes, puis ils ont réalisé leur rêve : créer leur propre structure. Dans l'ancienne grange de cette ferme du XIXe s construite sur les vestiges d'un prieuré du XIIe s (ne manquez pas d'aller voir la crypte qu'ils ont restaurée), ils ont aménagé 4 chambres élégantes avec de luxueux sanitaires privés : une au rez-de-chaussée avec accès direct sur le jardin, les 3 autres à l'étage. 63 € pour 2, petit déj compris (avec plein de confitures maison). Table d'hôtes, partagée en famille, à 25 €, apéro et bourgogne compris. Une cuisine recherchée qui mélange les saveurs salées et sucrées. Cathy et Alain vous ont concocté un super classeur bourré d'infos touristiques et sportives, sans oublier tous les artisans du coin. Accueil chaleureux. Une de nos adresses préférées sur le département.

> *Accès :* de Villeneuve-la-Guyard, sur la N 6 entre Fontainebleau et Sens, prenez la D 103 vers Saint-Agnan, Villethierry puis Lixy ; la maison est sur la place du village.

LOURNAND 71250

Carte régionale B2

25 km NO de Mâcon ; 5 km N de Cluny

€€ 🛏 (10%) **Chambres d'hôtes La Ronzière (Brigitte et Bernard Blanc) :** *Collonge.* ☎ *et fax : 03-85-59-14-80.* • *blanc. brigitte@hotmail.fr* • *laronziere.fr* • 🐾 *Ouv mars-nov.* 🛜 Dans un grand corps de ferme remarquablement restauré, Brigitte et Bernard, éleveurs de charolais, ont installé 5 chambres d'hôtes : 2 sont au rez-de-chaussée et 3 au 1er étage. Belle vue sur la campagne environnante. Sanitaires privés. 55 € pour 2, petit déj compris, servi dans une grande salle. Coin cuisine à disposition. Accueil agréable. Si vous n'avez pas peur de la foule, allez faire un tour à Cluny. Sinon, Brigitte et Bernard vous conseilleront des circuits de rando à partir de chez eux pour admirer Cluny de loin !

> *Accès :* de Cluny, prenez la D 981 vers Taizé ; ne prenez pas la 1re route qui va à Lournand, mais la 3e à gauche avec fléchage « Collonge-Chapelle romane », puis « Chambres d'hôtes ».

MAILLY-LE-CHÂTEAU 89660

Carte régionale A1

30 km S d'Auxerre ; 12 km E de Courson-les-Carrières

€€ 🛏 **Chambres d'hôtes El Camino (Claudine Artman) :** *8, pl. Saint-Nicolas, Bourg-du-Bas.* ☎ *et fax : 03-86-81-16-49.* • *elcamino89@free.fr* • *elcamino89. free.fr* • 🛜 Dans une maison de village, au bout d'une petite impasse, au pied d'une falaise, Claudine est férue d'art roman et de randonnée pédestre, et elle aime partager ses passions avec ses clients. Deux chambres sans prétention avec sanitaires privés, l'une au rez-de-chaussée, l'autre à l'étage (accès par un escalier assez raide), avec cuisine et petit coin salon. 60 € pour 2, petit déj compris. Accueil convivial.

> *Accès :* d'Auxerre, N 6 vers Avallon, puis D 100 vers Vézelay jusqu'à Mailly-la-Ville puis Mailly-le-Château et D 39 vers Mailly-le-Bas jusqu'au stop et c'est en face.

MALAY 71460

Carte régionale B2

35 km SO de Chalon-sur-Saône ; 15 km N de Cluny

€€ 🛏 🍽 **Chambres d'hôtes Espaces Temps (Patrick Pinard et Régine Lörscher) :** *15, rue des Vignes, Ougy.* ☎ *03-85-22-14-74.* 📱 *06-85-04-94-82.* • *regine.loerscher@online.de* • *espaces-temps-ougy.com* • 🛜 Agréable demeure installée dans un petit hameau campagnard. Deux chambres, dont une aménagée dans une jolie roulotte nichée dans un bel espace vert, l'autre au rez-de-chaussée de la maison. Sanitaires privés, mais dans la maison pour la roulotte avec accès direct depuis le jardin. 65 € pour 2, ou 75 € si vous optez pour la roulotte, petit déj compris. Belle salle à manger à l'atmosphère d'autrefois avec de beaux meubles anciens (il faut dire que Patrick les restaure, c'est son métier). Accueil agréable.

> *Accès :* sur la D 981 entre Cluny et Buxy, peu avt le hameau de La Place (venant de Cluny), tournez à droite vers Ougy ; traversez le hameau, la maison est fléchée à gauche.

€€ 🛏 **Chambres d'hôtes Le Pré Malay (Nathalie Gormand) :** *4, pl. de la Mairie.* ☎ *09-50-71-65-27.* • *contact@lepremalay. com* • *lepremalay.com* • *Fermé de Toussaint à Pâques.* Malay est composé de cinq petits hameaux dont Le Bourg est le plus important. En son cœur se trouve cette jolie demeure avec agréable jardin intérieur. Nathalie, Parisienne et ancien agent artistique d'auteurs de théâtre et cinéma, a quitté la capitale pour venir s'installer dans cette petite bourgade. Trois chambres (dont une suite familiale de 2 chambres) coquettes et colorées, avec sanitaires privés. Une au rez-de-chaussée avec accès direct sur le jardin, les 2 autres aux étages d'une petite maison indépendante. 58 € pour 2, petit déj compris, et 20 € par personne supplémentaire. Pas de table d'hôtes mais coin cuisine à disposition. Bien sûr Nathalie espère bien accueillir des auteurs en résidence... À suivre !

> *Accès :* sur la D 981 entre Buxy et Cluny, le village est fléché à droite quand on vient de Buxy, et fléchage.

MERRY-LA-VALLÉE 89110

Carte régionale A1

25 km O d'Auxerre ; 4 km N de Toucy

€€€ 🛏 ⑩% *Chambres d'hôtes (Catherine et Marc Lecoin) : hameau de Maurepas, 2, route d'Arthe.* ☎ 03-86-44-19-04. 📱 06-22-97-69-55. ● *hameaudemaurepas@yahoo.fr* ● *hameaudemaurepas.com* ● Dans un petit hameau entouré de forêts, ancienne ferme du XIX° s. Dans l'ancienne laiterie où Catherine fabriquait ses fromages de chèvre, 3 chambres spacieuses et agréables avec sanitaires privés ; une au rez-de-chaussée, les 2 autres à l'étage, dont une avec salle de bains en mezzanine (à éviter si vous avez des problèmes de motricité). Déco de bon goût et jolis meubles anciens. 75 € pour 2 et 25 € par personne supplémentaire, petit déj compris avec le chèvre bio de la famille, les confitures, les pains et le gâteau maison. Pas de table d'hôtes mais une cuisine d'été à disposition. Accueil agréable.

Accès : A6 sortie n° 18 puis D 3 vers Toucy ; au croisement avec la D 955, tournez à droite vers Toucy et c'est la 2° route à gauche (n'allez pas à Merry-la-Vallée).

MERRY-SEC 89560

Carte régionale A1

17 km S d'Auxerre ; 7 km N de Courson-les-Carrières

€€€€ 🛏 🍴 🐴 *Chambres d'hôtes Demeure de Forterre (Dominique et Luc Postic) : 9, rue du Château.* ☎ 03-86-41-61-94. 📱 06-63-97-05-59. Fax : 03-86-41-67-66. ● *lucpostic@wanadoo.fr* ● *demeure-de-forterre.com* ● Ouv de mars à mi-nov. Au cœur d'un joli petit village, ancienne maison forte des XV-XVI° s, devenue ferme par la suite, qui enserre une grande cour intérieure avec belle piscine chauffée. Quatre superbes chambres avec sanitaires privés. Déco qui mêle sobriété et élégance. Deux ouvrent côté cour, les 2 autres sur le pigeonnier. Les amoureux d'authenticité choisiront plutôt la « Muscade », les romantiques pencheront plutôt pour « Vanille ». Selon la saison et la taille des chambres, entre 85 et 105 € pour 2, petit déj compris. La table d'hôtes partagée en famille se veut gastronomique. 50 € le repas, apéro, vin et café compris. Ne manquez pas la visite de la cave voûtée que Luc se fera un plaisir de vous faire découvrir. Accueil de qualité. Une adresse au charme indéniable.

Accès : d'Auxerre, N 151 vers Clamecy puis à droite D 85 jusqu'à Merry-Sec, passez devant l'église et vous y êtes.

MONTAGNY-LES-BEAUNE 21200

Carte régionale B2

4 km S de Beaune

€€€€ 🛏 *Chambres d'hôtes Fleurs de Vignes (Emmanuel et Agnès Buffenoir) : 18, rue de l'Église.* ☎ 03-80-20-68-99. 📱 06-78-09-72-37. ● *e.buffenoir@orange.fr* ● *feursdevignes.com* ● Emmanuel a racheté la maison familiale, une ancienne ferme dont les origines remontent au XVI° s. Cinq chambres de plain-pied agréables et sereines avec sanitaires privés : 3 côté jardin qui ouvrent sur la piscine (nos préférées), les 2 dernières côté cour. 94 € pour 2, petit déj compris. Ici on vient pour se détendre et on peut profiter du spa et du hammam. On peut même compléter par des soins du corps (massage, soins, esthétique). Emmanuel est amateur de voitures anciennes et possède notamment un vieux taxi anglais. Pas de table d'hôtes mais un resto dans le village et nombre d'autres à proximité. Accueil charmant. ***NOUVEAUTÉ.***

Accès : A6 sortie n° 24-1 Beaune-centre, au 1er rond-point prendre Montagny-les-Beaune ; la maison est près de l'église.

MONTIGNY-SUR-ARMANÇON 21140

Carte régionale B1

25 km S de Montbard ; 8 km S de Semur-en-Auxois

€€ 🛏 🍴 *Chambres d'hôtes La Cheminière (Cathy et Manu Drouillon) : 4, rue de la Vie de Marigny.* ☎ 03-80-97-32-39. ● *la.cheminiere@orange.fr* ● *chambredhotes-lacheminiere.com* ● Ancienne fermette en granit au cœur du village. Ici c'est Manu qui s'occupe des hôtes, même des fourneaux. Trois chambres à l'étage de 2 à 4 personnes, spacieuses avec sanitaires privés. Déco simple mais agréable. 60 € pour 2, petit déj compris et 86 € pour 4. Table d'hôtes pas systématiquement partagée avec les proprios. 19 € le repas, vin non compris. Cuisine simple de grand-mère, souvent dans la cheminée et avec les légumes du jardin en saison. Piscine chauffée de mi-juin à mi septembre. Accueil convivial. *NOUVEAUTÉ.*

Accès : A6 sortie n° 23, Bierre-lès-Semur, direction Flée, puis Roilly et Montigny-sur-Armançon, la maison est dans le village (bon fléchage).

MONTOILLOT 21540

Carte régionale B1

36 km O de Dijon ; 11 km SE de Pouilly-en-Auxois

€€€€ 🏠 **Chambres d'hôtes Le Clos de Fougères (Catherine et Claude Beaufremez) :** ☎ 03-80-49-24-64. 📱 06-64-15-66-31. • closdefougeres@wanadoo.fr • closdefougeres.com • 📶 La campagne est belle, et cette ancienne et jolie ferme du XVIIe s, aux volets couleur amande, jouit d'une superbe vue sur le village et les environs. L'intérieur est tout aussi charmant. Dans une aile indépendante, 3 chambres d'hôtes champêtres et romantiques, dont une suite avec salon : l'une au rez-de-chaussée, l'autre à l'étage. Sanitaires privés. Pour 2, comptez 94 € pour les chambres et 106 € pour la suite, petit déj compris, servi chez vos hôtes. Respectivement prof d'économie et infirmière, Claude et Catherine ont ouvert des chambres d'hôtes avant tout pour partager et échanger. Pas de table d'hôtes, mais coin cuisine à disposition. Une agréable piscine chauffée, d'où vous apprécierez le paysage, complète le tout. Pagaille, la chienne golden retriver, fait partie intégrante de l'atmosphère chaleureuse de cette maison. Une de nos adresses préférées sur le département.

Accès : de l'A 6, prenez l'A 38 vers Dijon sortie n° 27 et direction Montoillot ; bon fléchage dans le village à droite qui vous fera monter sur les hauteurs de Montoillot.

MONTSAUCHE-LES-SETTONS 58230

Carte régionale A2

27 km O de Saulieu ; 27 km N de Château-Chinon

€€ 🏠 🍴 🐾 **Chambres d'hôtes Aux Clapotis de la Cure (Évelyne et Patrick Mourier) :** Palmaroux. ☎ et fax : 03-86-84-56-23. • auxclapotisdelacure.fr • *Fermé la 2e quinzaine de juin et sept.* À 600 m d'altitude, dans le parc régional du Morvan, ancien hôtel des années 1930 installé au bord de la rivière la Cure. Au 1er étage, 3 chambres coquettes et colorées avec sanitaires privés, dont une composée de 2 chambres pour les familles. 55 € pour 2, petit déj compris, et 98 € pour 4. Table d'hôtes partagée en famille à 22 €, vin compris. Cuisine traditionnelle où champignons et légumes du jardin tiennent une place de choix. Agréable salon à l'ambiance canadienne. Patrick est aussi apiculteur et pourra vous faire visiter sa miellerie, installée juste à côté. Pour les amateurs de baignade et autres sports nautiques, le lac des Settons est à 3 km. Accueil chaleureux.

Accès : à l'entrée du village (quand on vient d'Avallon par Dun-les-Places) tournez à gauche au 1er croisement et faites 200 m.

MOROGES 71390

Carte régionale B2

12 km SO de Chalon-sur-Saône ; 5 km N de Buxy

€€€ 🏠 🍴 **10%** **Chambres d'hôtes Le Moulin Brûlé (Françoise et Yves Paupe) :** ☎ 09-51-09-20-18. 📱 06-03-78-33-83. • moulin.brule@wanadoo.fr • moulinbrule.com • 📶 Non, il n'a pas brûlé... Le moulin est toujours là et se dresse fièrement au bord d'un petit ruisseau, au milieu d'un parc de 3 ha. Françoise et Yves ont quitté la région parisienne pour s'installer ici. Dans une aile indépendante, la partie moulin proprement dite, 4 chambres élégantes avec sanitaires privés : 2 au 1er étage, les 2 autres au second. Déco soignée. De 80 à 87 € pour 2, petit déj compris. Table d'hôtes (deux fois par semaine et pas systématiquement partagée en famille) à 30 €, apéro et vin compris. Cuisine traditionnelle et régionale. Les repas sont servis chez Françoise et Yves, dans une belle salle à manger aux allures bourgeoises avec une noble cheminée en pierre. Accueil souriant et courtois. Pour les amateurs de vélo, sachez qu'une piste cyclable de 80 km relie Buxy à Mâcon.

Accès : de Chalon, prenez la N 80 vers Montceau/Le Creusot sortie Saint-Désert ; dans Saint-Désert, la 1re route à droite (en face de l'auberge) et longez la N 80 sur 2 km env.

MOULINS-ENGILBERT 58290

Carte régionale A2

58 km E de Nevers ; 16 km SO de Château-Chinon

€€ 🏠 **Chambres d'hôtes La Grande Sauve (Dominique et Marc Derangere) :** route de Limanton. ☎ 03-86-84-36-40. 📱 06-26-64-67-45. • grandesauve@

BOURGOGNE

orange.fr • *gites-de-france-nievre.com/ grandesauve* • *Ouv mars-nov.* Encore une adresse qui ne manque pas de charme (qu'est-ce qu'on ne fait bien not' boulot !). En pleine campagne, belle demeure bourgeoise entourée d'un grand parc. Marc s'est longtemps occupé de chevaux, mais a tout lâché pour accueillir des hôtes (avec leurs montures, s'ils le souhaitent !). Au 1er étage, 3 belles chambres, vastes et claires, plus une chambre complémentaire pour les petits. Déco soignée, mobilier ancien, frises au pochoir. Spacieux sanitaires privés. 70 € pour 2 et 20 € par personne supplémentaire, petit déj compris. Pas de table d'hôtes, mais un bon resto dans le village ; sinon, barbecue et coin pique-nique à disposition. Une adresse comme on les aime, chaleureuse et sans façon.

Accès : dans le village, prenez la direction de Limanton (route perpendiculaire à celle de la gendarmerie) sur 2 km ; passez Sauve, La Grande Sauve se trouve un peu plus loin à gauche.

NOYERS-SUR-SEREIN 89310

Carte régionale A1

42 km SE d'Auxerre ; 22 km S de Tonnerre

€€€ 🏠 10% *Chambres d'hôtes Le Moulin de la Roche* (Monique Facq) : *1, route d'Auxerre.* ☎ 03-86-82-68-13. 📱 06-24-93-23-80. • facqarch@wanadoo.fr • *bonadresse.com/bourgogne/le-moulin-de-la-roche.htm* • 📶 Au bout d'un chemin, un moulin du milieu du XIXe s restauré, sis au bord du Serein, dans un parc de 4 ha. À l'étage, plusieurs chambres de goût, fraîches et plaisantes, dont une familiale composée de 2 chambres. De 75 à 90 € pour 2, petit déj compris et 140 € pour 4. À l'entrée, une salle où l'on retrouve en l'état le mécanisme du moulin, une salle à manger et une bibliothèque. Un lieu reposant et plein de charme.

Accès : à 1 km à la sortie du village en direction d'Auxerre, à droite en haut d'une côte.

ORRET 21450

Carte régionale B1

50 km NO de Dijon ; 35 km NE de Semur-en-Auxois

€€€ 🏠 |●| *Chambres d'hôtes Le Clos d'Orret* (Anne-Lise et Jacque Cavin) : *Le Bourg.* ☎ 03-80-30-27-40. 📱 06-19-30-27-40. • chambres@clos-orret.com • *clos-orret.com* • Magnifique corps de ferme en pleine campagne, dans un petit village situé sur une voie sans issue. Quatre jolies chambres campagnardes avec sanitaires privés réparties dans différentes ailes de la maison : une au rez-de-chaussée avec terrasse (la plus chère), les autres à l'étage. Mobilier ancien, belle poutraison. Selon la chambre de 70 à 78 € pour 2, petit déj compris. Table d'hôtes partagée en famille. Repas à 20 ou 30 €, apéro, vin café compris. Cuisine goûteuse à tendance régionale. Organiste, Jacques s'est aménagé un incroyable salon de musique avec orgue, épinette, piano, harmonium. Alors si vous êtes musicien, c'est l'adresse où il faut venir. Atmosphère calme et sereine. Pour les amateurs de rando, le GR2 passe à côté de la maison. Accueil chaleureux. **NOUVEAUTÉ.**

Accès : de Semur-en-Auxois D 954 vers Venarey-les-Laumes jusqu'à Baigneux-les-Juifs, puis la D 114a jusqu'à Orret.

OUANNE 89560

Carte régionale A1

25 km SO d'Auxerre ; 14 km de Courson-les-Carrières

€€ 🏠 10% *Chambres d'hôtes* (Blandine et Michel Jozon) : *2, Duenne.* ☎ 03-86-47-66-23. • blandinejozon@sfr.fr • *chambres-hotes-ouanne.com* • Fermé 25 août-5 sept. Au milieu des cultures et des pâturages, grande exploitation agricole (élevage de charolais) avec une belle demeure aux allures bourgeoises. Par une entrée indépendante, on accède aux 3 chambres spacieuses et agréables installées au 1er étage, dont une immense pouvant accueillir jusqu'à 6 personnes, idéale, donc, pour les familles. Sanitaires privés. Selon la chambre, entre 60 et 70 € pour 2 et 20 € par personne supplémentaire, petit déj compris. Pas de table d'hôtes mais cuisine avec coin salon à disposition. Une adresse nature. Accueil authentique et vrai.

Accès : sur la D 950 entre Toucy et Courson-les-Carrières, puis suivez le fléchage sur 3 km.

OUROUËR 58130

Carte régionale A2

18 km NE de Nevers

€€ 🏠 *Chambres d'hôtes* (Catherine Henry) : *Nyon.* ☎ 03-86-58-61-12. • chateaudenyon@gmail.com • *chateaudenyon.com* • Beau château du XVIIIe s que Catherine a entièrement restauré (chapeau !). Les 3 chambres sont réellement craquantes, avec un beau mobilier d'époque. Spacieux sanitaires privés. De 65 à 75 € pour 2, petit déj compris (jus de fruits pressés et confitures maison). Également 2 gîtes de 4 personnes pour ceux qui veulent séjourner. Accueil charmant pour une adresse qui l'est tout autant.

Accès : sur la D 978 entre Nevers et Châtillon-en-Bazois, prenez à gauche la D 26 vers Ourouër, puis la D 176 vers Nyon (fléchage dans le village).

PLOTTES 71700

Carte régionale B2

25 km N de Mâcon ; 5 km SO de Tournus

€€€ 🏠 10% **Chambres d'hôtes Maison Sarron (Josette Derrmann-Piguet) :** ☎ 03-85-40-52-20. 📱 06-45-24-25-21. • contact@maisonsarron.fr • maisonsarron.fr • *Ouv avr-oct.* 📶 Cette superbe demeure chargée d'histoire date du XVIe s, et si elle se nomme Sarron, c'est en l'honneur du marquis qui en a fait sa propriété au XVIIIe. Par un bel escalier à vis tout en pierre, on accède aux 3 chambres vastes, élégantes et charmantes. Deux au 1er étage, dont une romantique suite avec boudoir (faut c'qui faut !), la dernière au second. Spacieux sanitaires privés. Selon la chambre, de 68 à 78 € pour 2, petit déj compris. La passion de Josette ? la restauration de sa maison. Enduits à la chaux, lasures, stucs, décapage des tomettes... elle a tout fait et, croyez-nous, elle en connaît un rayon ! Pas de table d'hôtes, mais plein de restos à proximité pour tous les budgets. Accueil de qualité. Une adresse au charme indéniable et un point de chute idéal pour découvrir la région.

Accès : sur la N 6, dans Tournus, prenez la D 56 vers Lugny/Chardonnay (route des Vins) jusqu'à Plottes ; là, allez vers l'église, passez devant la mairie et, au stop, tournez à droite et vous y êtes.

POMMARD 21630

Carte régionale B2

43 km SO de Dijon ; 5 km SO de Beaune

€€€ 🏠 **Chambres d'hôtes Les Nuits de Saint-Jean (Estelle et Thierry Violot-Guillemard) :** *9, rue Sainte-Marguerite.* ☎ 03-80-22-49-98. Fax : 03-80-22-94-40. • contacts@violot-guillemard.fr • violot-guillemard.fr • Vous êtes sur un domaine viticole familial depuis cinq générations, veinards ! Ici, les 4 chambres portent le nom des premiers crus pommard de la maison, dont le monopole, pommard premier cru « Derrière Saint-Jean ». C'est une magnifique chambre familiale composée de 2 chambres avec coin cuisine et terrasse privative. On aime bien « Pézerolles », à l'allure provençale avec son armoire réalisée avec de vieilles persiennes. De toute façon, elles sont toutes craquantes, élégantes et spacieuses. Sanitaires privés. Comptez 90 € pour 2, petit déj compris. Pas de table d'hôtes, mais une grande cuisine bien équipée à disposition. Si vous le désirez, Thierry propose des dégustations dans son caveau qui ne manque ni d'authenticité ni de trésors à déguster sous le regard de saint Vincent (patron de la vigne, ignorant !). Enfin, pour vous détendre, une belle piscine installée dans les vignes. Un couple adorable et charmant. Une adresse coup de cœur.

Accès : allez au pied du clocher de l'église, face à l'horloge, tournez à gauche et allez juqu'au n° 9.

ROMENAY 71470

Carte régionale B2

31 km NE de Mâcon ; 19 km SE de Tournus

€€ 🏠 🍴 10% **Chambres d'hôtes (Anne et Bernard Allard) :** *191, route de Varennes.* ☎ 03-85-40-80-59 ou 09-52-20-79-58. 📱 06-02-51-21-48. • allard.bernard@free.fr • gite.romenay.free.fr • *Ouv mars-fin octobre.* Bien qu'en Bourgogne, vous êtes bien ici dans la Bresse avec cette authentique ferme bressane aux murs typiques à colombages. Anne et Bernard, Belges d'origine, sont tombés amoureux de la région et s'y sont installés il y a près de 20 ans. À l'étage de l'ancienne étable, comme en témoignent râteliers et mangeoires qui ont été conservés, 2 chambres simples à l'atmosphère campagnarde dont une familiale composée de 2 chambres. Sanitaires privés. 55 € pour 2, petit déj compris, et 17 € par personne supplémentaire. Table d'hôtes partagée en famille à 20 €, apéro, vin et café compris. Goûteuse cuisine du terroir. Authenticité et gentillesse au rendez-vous. Une adresse nature.

Accès : de Tournus, prenez la D 975 vers Cuisery puis Bourg-en-Bresse jusqu'à Romenay où vous prenez la D 12 vers Vescours ou Feurs puis à gauche vers Les Varennes ; la maison est une des dernières du hameau, sur la gauche.

ROYER — 71700

Carte régionale B2

30 km N de Mâcon ; 9 km O de Tournus

€€ 🏠 10% **Chambres d'hôtes (Sylvie et Thierry Meunier) :** Le Bourg. ☎ et fax : 03-85-51-03-42. ● thierrymeunier3@orange.fr ● dormiraroyer.com ● *Ouv de fév à mi-nov.* 🛜 Belle vue sur les coteaux environnants et extérieurs très soignés : fleurs, salon de jardin, etc. Ensemble de maisonnettes de charme avec 3 chambres d'hôtes (pour 2, 4 et 5 personnes), avec accès indépendant et sanitaires privés. 52 € pour 2, petit déj inclus (confiture de figues maison), et 11 € par personne supplémentaire. Pas de table d'hôtes, mais kitchenette à disposition et de nombreux restos à proximité. Accueil jeune et décontracté. Routards musiciens, vous serez les bienvenus : Thierry joue de la batterie, alors vous pourrez toujours faire un bœuf avec lui ! À 3 km, allez voir la petite cité médiévale de Brancion.

Accès : sur la D 14 de Tournus à Cormatin ; juste avt Ozenay, prenez à droite vers Royer (D 482) ; dans le village, tournez à droite juste avt le château.

RULLY — 71150

Carte régionale B2

18 km NO de Chalon-sur-Saône ; 18 km S de Beaune

€€€ 🏠 **Chambres d'hôtes Le Meix Cadot (Pascale et Jean-Paul Boissard) :** 1, hameau du Château. ☎ 03-85-91-20-89. 📱 06-80-32-41-54. ● contact@meix-cadot.fr ● meix-cadot.fr ● 🛜 Le « meix », c'est le mas en Provence. Il a fallu 10 ans à Jean-Paul pour restaurer cette belle demeure en pierre avec cour intérieure située au milieu des vignes. Deux chambres installées dans une aile indépendante de la maison : une au rez-de-chaussée à la déco contemporaine, l'autre à l'étage à l'atmosphère plus campagnarde avec belle poutraison, mezzanine et qui peut accueillir jusqu'à 6 personnes. TV dans chaque chambre et tout le nécessaire pour se faire thé ou café. Sanitaires privés. 72 € pour 2, petit déj compris (pâtisserie et confitures maison), et 20 € par personne supplémentaire. Le village de Rully est réputé pour son vin blanc et Jean-Paul vous donnera tous les tuyaux pour aller le découvrir. Pas de table d'hôtes mais un bon resto dans le village. Accueil chaleureux. Une bonne adresse tenue par de fidèles utilisateurs de nos guides !

Accès : A 6 sortie n° 24.1 puis direction Chagny puis Givry ; la maison est à l'orée du village, au pied du château médiéval.

SACY — 89270

Carte régionale A1

30 km SE d'Auxerre ; 22 km NO d'Avallon

€€ 🏠 🍴 **Chambres d'hôtes Les Vieilles Fontaines (Maryse et Claude Moine) :** ☎ 03-86-81-51-62. 📱 06-43-37-85-86. ● vf.cm@laposte.net ● lesvieillesfontaines.free.fr ● *Ouv avr-oct.* Au cœur de la plus vieille partie de ce petit village vigneron (plus qu'un viticulteur aujourd'hui...), charmante maison en pierre apparente. On accède chez Maryse et Claude par un escalier fleuri. Deux chambres à l'étage, dont une familiale (5 personnes) aménagée en duplex. Déco agréable. Sanitaires privés. 65 € pour 2, petit déj compris (mais 95 € si vous ne restez qu'une nuit !). Également un gîte de 4 personnes. Sacy est le village d'enfance de Claude ; il en connaît toutes les richesses et les petits chemins de campagne n'ont plus de secrets pour lui. Il a aussi les clés de la vieille église de Sacy. Elle date du XIIe s, mais a été remodelée au cours des siècles. Accueil cordial et souriant.

Accès : sur la D 11 entre la N 6 et l'A 6 (sortie Nitry).

SAINT-ÉLOI — 58000

Carte régionale A2

5 km E de Nevers

€€ 🏠 🍴 **Chambres d'hôtes (Chantal et Guy de Valmont) :** Trangy. ☎ 03-86-37-11-27. 📱 06-63-70-17-60. ● gdevalmont@free.fr ● chambrestrangy.com ● Aux portes de Nevers, superbe domaine composé de plusieurs maisons aux ouvertures en pierre blanche. Au 1er étage de la maison principale, 4 chambres charmantes à l'atmosphère rétro (vous préférez l'ambiance toile de Jouy ou lit 1930 ?), avec sanitaires privés. 57 € pour 2, petit déj compris. Table d'hôtes, partagée avec Chantal et Guy, à 26 €, vin compris. Cuisine goûteuse et recherchée. Champêtres salle à manger et cuisine, avec paniers en osier, piano et petit bureau d'écolier, et agréable salon. Pour vous détendre, une jolie piscine qui donne sur la campagne. Pour les amateurs de vin, Guy organise des week-ends dégustation. Pour les enfants, le poney-club est en face (il appartenait à Chantal qui a une passion pour les chevaux). Accueil chaleureux. Très bon rapport qualité-prix-convivialité. Bref, une bonne adresse.

Accès : de Nevers, prenez la direction de Chalon/Mâcon par la D 978 ; avt Forges, prenez la C1 vers Aubeterre jusqu'à Trangy ; la maison est au bout du hameau.

SAINT-LOUP-DES-BOIS 58200

Carte régionale A1

65 km SO d'Auxerre ; 12 km NE de Cosne-sur-Loire

€€ ≜ |●| *Chambres d'hôtes Chez Elvire (Elvire et René Duchet) :* 11, chemin de la Genetière, Chauffour. ☎ 03-86-26-20-22. Fax : 03-86-22-12-85. • elvira.duchet@hotmail.com • *Ouv d'avr à mi-oct.* Magnifique maison, dont le toit descend jusqu'au sol, qu'Elvire et René ont entièrement restaurée à l'ancienne. Poutres apparentes, tomettes anciennes, et 3 chambres très mignonnes, avec salles d'eau privées bien spacieuses. 67 € pour 2, petit déj inclus. Possibilité de repas à la table d'hôtes, à 26 €, apéro, vin et café compris : salade aux foies de volaille, tarte aux poireaux, filet de canard aux griottes, viandes et volailles à la broche, œufs au lait, tarte tatin ou aux fruits de saison. Elvire est portugaise, alors si vous le lui demandez, elle vous mitonnera quelques spécialités de là-bas. René (Dudu pour les intimes) est un ancien journaliste de *Vie ouvrière* qu'on prend plaisir à écouter quand il raconte la restauration de sa maison. Ambiance un rien bohème, accueil très agréable et authentique.

> *Accès :* de Cosne, prenez la D 114 vers Cours, puis Saint-Loup et Saint-Vérain ; c'est à 3 km de Saint-Loup.

SAINT-MARTIN-DE-SALENCEY 71220

Carte régionale B2

45 km NO de Mâcon ; 20 km NO de Cluny

€€ ≜ *Chambres d'hôtes La Bourgonnaise (Suzy Deborde et Alain Merle) :* hameau Champ des Forges. ☎ 03-85-26-40-14. ▪ 06-64-27-93-63. • contact@labourgonnaise.fr • labourgonnaise.fr • Ancienne ferme au milieu des pâturages qui jouit d'un joli point de vue sur les environs. Dans une aile indépendante, 3 croquignolettes chambres, toutes différentes, avec de spacieux sanitaires privés. La chambre « Urban » dans les tons noir et blanc à l'atmosphère très design et urbaine, la moins chère mais la plus originale (notre préférée), la « Romantique » avec son lit à baldaquin, et la « Cocoon » à l'atmosphère élégante et sereine où le bois et le béton font bon ménage. De 60 à 70 € pour 2, petit déj compris. Pas de table d'hôtes mais Suzy laisse un coin cuisine à disposition si vous voulez faire votre popote. Accueil jeune et sympa. Une petite caresse à Éden, la sympathique labrador de la maison.

> *Accès :* sur la D 983, entre Saint-Bonnet-de-Jeux et Chevagny-sur-Guy, 2 km avt Chevagny sur la gauche (n'allez pas à Saint-Martin).

SAINT-PIERRE-LE-VIEUX 71520

Carte régionale B2

35 km O de Mâcon ; 22 km SO de Cluny

€€ ≜ |●| 🍴 *Chambres d'hôtes (Marie-Noëlle et Jean Dorin) :* Écussoles. ☎ 03-85-50-40-99. *Ouv Pâques-Noël.* Petite ferme à la sortie du hameau avec une belle vue sur les monts du Beaujolais. Quatre chambres (une double et 3 familiales composées de 2 chambres attenantes) dans une petite maison indépendante. 54 € pour 2, petit déj inclus, et 16 € par personne supplémentaire. Coin cuisine à disposition, mais aussi table d'hôtes (sauf le dimanche soir) à 14,50 €, vin non compris, où vous pourrez goûter à tous les produits de la ferme. Trois VTT à disposition, ainsi que la piscine et un petit étang pour la pêche.

> *Accès :* sur la N 79 entre Mâcon et Charolles ; à Clermain, prenez la D 987 vers Matour-la-Clayette ; à Pari-Gagné, suivez la direction de Saint-Pierre-le-Vieux ; vers le monument aux morts, suivez le fléchage « Écussoles » sur 1,5 km.

SAINT-PRIX-EN-MORVAN 71990

Carte régionale A2

20 km O d'Autun ; 25 km E de Château-Chinon

€€ ≜ |●| *Chambres d'hôtes L'Eau Vive (Catherine et René Denis) :* ☎ 03-85-82-59-34. • renecat.denis@orange.fr • leau-vive.over-blog.com • *Fermé Toussaint-fin mars et 2e quinzaine de juin.* 🛜 Au cœur du parc naturel régional du Morvan. Belle vue sur les environs et petit étang. En contrebas de la petite route qui traverse le village, ancien bâtiment de ferme annexe à la maison d'habitation. Catherine et René y ont installé 4 chambres avec sanitaires privés. Ayant vécu longtemps aux Antilles et fait de nombreux voyages (en utilisant le *Routard* !), ils ont décoré la maison de nombreux objets exotiques. La chambre en rotin vert et papier jaune est la plus sympa. 53 € pour 2, petit déj compris. Catherine est, de plus, une excellente cuisinière qui vous mitonnera de délicieux repas (sur réservation). Pour 22 € (sans les boissons), de bonnes spécialités : œufs en meurette, tarte à la moutarde à l'ancienne, bœuf charolais au pain d'épice, joues de porc confites au poivre vert, champignons glacés, soupe de cerises en croûte de noix, délice au cassis... Une adresse qui fait de nombreux habitués. Pour les randonneurs, 100 km de sentiers balisés autour de la maison. À 6 km, le site archéologique de Bibracte, ancienne capitale gauloise, et Musée celtique.

Accès : en venant de Saint-Léger-sous-Beuvray, c'est à la sortie du bourg.

SAINT-ROMAIN 21190

Carte régionale B2

12 km O de Beaune ; 8 km N de Nolay

€€€€ 🛏 **Chambres d'hôtes Domaine Corgette (Véronique Moiroud-Monnot) :** *rue de la Perrière.* ☎ *03-80-21-68-08.* ● *accueil@domainecorgette.com* ● *domainecorgette.com* ● Cette belle et grande maison de vigneron a oublié son passé quand Véronique a décidé de l'acquérir pour y ouvrir des chambres d'hôtes (elle n'en est pas moins amatrice éclairée des vins de la région...). Cinq chambres spacieuses et élégantes : une au rez-de-chaussée, 3 au 1er étage, la dernière sous forme de suite familiale. Meubles patinés par Véronique et jolies toiles réalisées par sa maman. Sanitaires privés. Selon la taille des chambres, de 90 à 110 € pour 2, petit déj compris (confitures maison, pain d'épice et miel du pays, fromage...). De la terrasse, très belle vue sur les falaises du Verger. Pas de table d'hôtes, mais un resto dans le village. Accueil souriant.

Accès : A 6 sortie Beaune-Centre et direction Chalon-sur-Saône ; passez 4 ronds-points et bifurquez vers Autun ; à la sortie d'Auxey-Duresses prenez, à droite, la D 17E vers Auxey-le-Petit jusqu'à Saint-Romain ; la maison est au cœur du village.

SAINTE-MAGNANCE 89420

Carte régionale A1

13 km E d'Avallon ; 12 km S de Guillon

€€ 🛏 |●| **Chambres d'hôtes Domaine des Roches (Jean-Claude Roques et Éric Brien) :** *6, rue Chaume-Lacarre.* ☎ *03-86-33-14-87.* ● *domainedesroches* *225@orange.fr* ● *domainedesroches89. com* ● Aux portes de la Côte-d'Or, jolie longère installée dans un agréable parc. Au 1er étage, 3 chambres coquettes avec sanitaires privés, dont une plus grande pouvant accueillir 4 personnes. Les amoureux choisiront la chambre « Iris » dans les tons mauve et amande. Selon la chambre, entre 65 et 75 € pour 2, petit déj compris, et 20 € par personne supplémentaire. La passion de Jean-Claude ? Les fleurs, son potager, ses poules et ses lapins. Aussi, on retrouve souvent sur la table ses produits maison. Table d'hôtes à 26 €, boissons comprises, pas systématiquement partagée avec les proprios. Accueil chaleureux. Une bonne adresse.

Accès : A 6 sortie n° 22 puis D 606 vers Saulieu jusqu'à Sainte-Magnance ; au feu tricolore, tournez à gauche et suivez cette petite route jusqu'à la maison.

SAUVIGNY-LE-BEURÉAL 89420

Carte régionale A1

30 km de Vézelay ; 17 km E d'Avallon

€€ 🛏 |●| **Chambres d'hôtes Ferme de la Forlonge (Famille Noirot) :** *5, rue de la Vallée-de-Beauvoir.* ☎ *03-86-32-53-44.* 📱 *06-34-01-30-39.* ● *fermedelaforlonge. free.fr* ● *Fermé de mi-nov à mi-fév.* Corps de ferme joliment restauré abritant 4 chambres avec sanitaires privés : une au rez-de-chaussée, 2 au 1er étage dans une aile de la maison, la dernière avec accès extérieur par un bel escalier de bois (notre préférée). Chambres agréables, avec de jolies couettes. 53 € pour 2, petit déj compris. Table d'hôtes à 18 €, apéritif, vin et digeo compris. Les repas sont servis dans une salle avec poutres, pierres apparentes et vaste cheminée. Ping-pong et possibilité de visiter la ferme pour les amateurs.

Accès : à la hauteur de Cussy-les-Forges sur la D 606, prenez la D 954 vers Semur-en-Auxois et, juste avt le pont de l'autoroute, tournez à droite vers Sauvigny ; c'est juste en face du vieux lavoir.

SIVIGNON 71220

Carte régionale B2

37 km NO de Mâcon ; 7 km S de Saint-Bonnet-de-Joux

€€ 🛏 **Chambres d'hôtes L'Écousserie du Bas (Christiane et Jean-Claude Geoffroy) :** ☎ *03-85-59-66-66.* 📱 *06-19-*

58-70-65. • geoffroy.chjc@gmail.com • Imposante maison bourgeoise du XIXe s qui bénéficie d'un beau point de vue sur les environs. Au 1er étage, 3 chambres vastes, sobres et bien tenues, avec sanitaires privés. 50 € pour 2, petit déj compris. Agréable salon à l'ambiance très méditerranéenne avec un joli trompe-l'œil et deux nymphes qui ne se lassent pas d'être admirées. À l'opposé, un autre salon avec une immense cheminée et un beau piano quart-de-queue. Piscine. À quelques encablures de la maison, le village de Suin vous offrira une vue unique sur la région.

> *Accès : de Mâcon, prenez la N 79 en direction de Moulins/Paray-le-Monial ; à la sortie de Sainte-Cécile, tournez à droite (D 17) vers Mazille et continuez jusqu'à trouver la D 739 qui va à Sivignon ; après la mairie-école, montez à gauche vers Suin et suivez le fléchage.*

TANNERRE-EN-PUISAYE   89350

Carte régionale A1

40 km O d'Auxerre ; 12 km N de Saint-Fargeau

€€ 🏠 🐾 (10%) **Chambres d'hôtes Le Moulin de la Forge (Chantal et René Gagnot) :** ☎ 03-86-45-40-25. 📱 06-13-84-44-50. • rene.gagnot@sfr.fr • moulin-delaforge.cabanova.fr • 📶 Gentil moulin dont les origines remontent au XIVe s et transformé en scierie en 1921 par le grand-père de René. Lui a décidé d'accueillir des hôtes et a créé 5 chambres spacieuses dans une aile indépendante. Déco sobre, sanitaires privés. 54 € pour 2, petit déj compris, servi chez Chantal et René. Grande piscine et, juste derrière le moulin, un bel étang privé de plus de 1 ha où les pêcheurs munis d'une carte pourront taquiner truites, carpes, gardons et brochets. Accueil agréable.

> *Accès : d'Auxerre, prenez la D 965 vers Toucy, puis Saint-Fargeau jusqu'à Mézilles ; de là, prenez à droite (D 7) vers Tannerre ; la maison est à la sortie du village, en direction de Champignelles.*

THIL-SUR-ARROUX   71190

Carte régionale A2

35 km O du Creusot ; 27 km SO d'Autun

€€ 🏠 |●| **Chambres d'hôtes La Bruyère du Bois Droit (Germaine et Guy Develay) :** ☎ 09-85-52-35-64. 📱 06-09-47-03-27. • develay.germaine@orange.fr • gaecdevelay.fr • Dans l'ancien fournier (comprenez « soue à cochons ») de cette ferme d'élevage de charolais et volailles, Germaine et Guy ont aménagé 3 chambres avec sanitaires privés. Une plus petite au rez-de-chaussée avec accès direct sur l'extérieur, 2 autres à l'étage, plus grandes. Déco sobre mais de bon goût. 52 € pour 2, petit déj compris. Table d'hôtes partagée en famille à 24 €, apéro et vin compris. Cuisine traditionnelle avec une majorité de produits maison. Accueil chaleureux, authentique et vrai. Ici, c'est la vraie vie de la ferme, et c'est elle qu'on aime !

> *Accès : de Thil-sur-Arroux, D 114 en direction de Saint-Didier-sur-Arroux, la ferme est sur la gauche.*

TONNERRE   89700

Carte régionale A1

58 km S de Troyes ; 35 km NE d'Auxerre

€€ 🏠 |●| **Chambres d'hôtes La Ferme de la Fosse Dionne (Bernard Clément et Gilles Barjou) :** 11, rue de la Fosse-Dionne. ☎ 03-86-54-82-62. 📱 06-10-24-10-30. Fax : 09-55-79-82-62. • info@fermefossedionne.fr • fermefossedionne.fr • Fermé 15 nov-15 déc. 📶 Nous avons bien apprécié cette adresse qui, cachée en haut du village, met un peu de vie en ville. En plus, on est face au curieux site de la Fosse Dionne qui apporte sa touche de fraîcheur. Bernard court à droite et à gauche, mais pour le plus grand bonheur de ses hôtes. Trois chambres, colorées et de tout confort, se prénommant « Jaune », « Rose » ou « Bleue » ! 70 € pour 2, petit déj compris. Ici, c'est Gilles qui cuisine et propose la table d'hôtes à 24 €. Deux appartements ainsi qu'un gîte sont aussi disponibles au week-end ou à la semaine. Accueil convivial.

> *Accès : dans le centre de Tonnerre, face à la Fosse Dionne.*

UCHIZY   71700

Carte régionale B2

20 km N de Mâcon ; 10 km S de Tournus

€€ 🏠 🐾 **Chambres d'hôtes Le Clos du Bief (Colette et Pierre Carrel) :** rue du Bief. ☎ 03-85-40-52-80. 📱 06-70-74-02-15. • leclosdubief@free.fr • leclosdubief.free.fr • Ouv mars-nov. Dans un sympathique village rural, c'est dans deux petites et jolies maisons en pierre que Colette et Pierre ont aménagé 3 chambres agréables. Une indépendante sous forme de petit studio avec sanitaires au rez-de-chaussée et chambre à l'étage. Les 2 autres à l'étage de la seconde maisonnette. Grande salle de jour avec cuisine à disposition. Selon la chambre, 70 € pour 2, petit déj compris. Accueil convivial. Une adresse pour ceux qui préfèrent l'indépendance.

Accès : *A 6 sortie nº 27 (Tournus) puis N 6 vers Mâcon puis à droite D 163 vers Uchizy ; la maison est fléchée à droite à l'entrée du village.*

VALLERY 89150

Carte régionale A1
20 km O de Sens ; 6 km NE de Chéroy

€€€ 🛏 ⦿ 10% **Chambres d'hôtes Ferme de la Margottière (Colette et Didier Deligand) :** ☎ 03-86-97-70-77 ou 03-86-97-57-97. ● contact@lamargottiere.com ● lamargottiere.com ● 🐾 Grande ferme du XVIIᵉ s joliment restaurée. Cinq chambres agréables (dont 2 suites), avec sanitaires privés et téléphone, à 75 € pour 2, petit déj compris, et 15 € par personne supplémentaire. Toute nouvelle salle pour les banquets, installée dans le pavillon des Moissons. Sur réservation, repas à 25 €, apéro, vin et café compris.

Accès : *dans le village, prenez la D 26 vers Sens ; la propriété est à la sortie du bourg sur la gauche.*

VARENNES-SOUS-DUN 71800

Carte régionale B2
36 km SE de Paray-le-Monial ; 22 km S de Charolles

€€ 🛏 **Chambres d'hôtes (Michèle et Alain Desmurs) :** La Saigne. ☎ 03-85-28-12-79. 📱 06-84-67-14-81. ● michele-alain.desmurs@orange.fr ● pagesperso.orange.fr/michele.desmurs ● *Fermé dim sf résa.* Sur une exploitation agricole pratiquant l'élevage de charolais, Michèle et Alain, agriculteurs, vous proposent 4 chambres, dont 2 pour 4 personnes. Sanitaires privés. 59 € pour 2, petit déj inclus (avec plein d'originales confitures maison), et 15 € par personne supplémentaire. Les petits déj sont servis dans une belle salle rustique avec poutres, pierres apparentes et cheminée. Petit coin cuisine à votre disposition. Une adresse pour ceux qui aiment la vie de la ferme et l'accueil authentique.

Accès : *de Charolles, prenez la D 985 vers La Clayette, puis la D 987 vers Varennes ; après Varennes, 2ᵉ route à gauche (C 5) et suivez le fléchage.*

VÉZANNES 89700

Carte régionale A1
35 km NE d'Auxerre ; 10 km NE de Chablis

€€ 🛏 ⦿ **Chambres d'hôtes Domaine des Pierries (Éliane et Daniel Copin-Raoult) :** 1, Grande-Rue. ☎ 03-86-55-14-05. 📱 06-43-02-52-04. Fax : 03-86-55-35-96. ● lespierries@free.fr ● lespierries.fr ● *Ouv de Pâques à mi-sept.* Dans une petite maison récente mitoyenne avec celle des propriétaires, 3 chambres : une avec accès indépendant au rez-de-chaussée (notre préférée, mais plus chère), et 2 mansardées au 1ᵉʳ étage ; 2 sont meublées en rotin de couleur et la dernière est plus rustique. Sanitaires privés. Selon la chambre, 55 ou 60 € pour 2, avec un copieux petit déj (pâtisserie et confitures maison, biscuits duché, spécialité de Chablis). Table d'hôtes (uniquement les vendredi et samedi soir, sur réservation et pour 4 personnes minimum) à 25 €, vin compris, avec de bonnes spécialités régionales : flamiche au soumaintrain (fromage local), lasagnes au chaource, bœuf bourguignon, jambon chaud au chablis, tartes et clafoutis aux fruits de saison... Éliane et Daniel sont des viticulteurs dynamiques qui font partie de la coopérative chablisienne, donc on peut acheter des bouteilles à prix coûtant chez eux. Bon accueil.

Accès : *de Chablis, prenez la direction de Tonnerre, puis à gauche vers Fyé et Collan ; 2 km après ce village, bifurquez vers Vézannes, la maison est à l'entrée du village.*

VIEUX-CHÂTEAU 21460

Carte régionale A1
23 km E d'Avallon ; 23 km NO de Saulieu

€€ 🛏 ⦿ 10% **Chambres d'hôtes La Vigne du Pont (Christophe Berthelon et Philippe Dendrael) :** 14, rue de l'Église. ☎ 03-80-96-32-23. 📱 06-61-95-82-33. ● chberthelon@aol.com ● lavignedupont.com ● Dans une ancienne et adorable grange tout en pierre, indépendante de la maison, 2 chambres charmantes et spacieuses avec sanitaires privés. Une au rez-de-chaussée, l'autre à l'étage à l'atmosphère plus romantique avec ciel de lit. 55 € pour 2, petit déj compris, avec les confitures et le miel maison. Ici, c'est Philippe qui cuisine et qui concocte de nombreuses recettes à partir de l'époisses. Si vous n'aimez pas ce fromage, rassurez-vous, il en a des tas d'autres en magasin.

Repas à 23 €, kir, passetougrain et café compris. Espace jacuzzi (supplément 20 € par chambre). Accueil des plus chaleureux. Bon rapport qualité-prix-convivialité.

> *Accès :* *A 6 sortie Avallon puis N 6 vers Saulieu jusqu'à Saint-Magnance ; au feu tricolore tournez à gauche vers Champ-Morlin puis Vieux-Château, c'est la rue en face de l'église.*

VILLY-LE-MOUTIER 21250

Carte régionale B2

35 km S de Dijon ; 15 km E de Beaune

€€€ 🛏 |●| **Chambres d'hôtes La Closeraie (Michèle et Jean-Michel Blonde) :** *30, chemin de Marigny.* ☎ *03-80-62-57-26.* 📱 *06-12-17-81-98.* • *michele.blonde@orange.fr* • *pagesperso.orange.fr/closeraie-villy* • *Ouv mars-nov.* Belle maison de maître aux allures de logis dans un coin de campagne bien tranquille. Grand parc. Au 1er étage, 2 chambres spacieuses avec sanitaires privés. Jolis parquets, belle hauteur sous plafond. Atmosphère sereine. 75 €, petit déj compris. Goûteuse table d'hôtes à 32 €, apéro, vin et café compris, partagée en famille, où les spécialités locales sont à l'honneur. Bourguignons d'origine, les propriétaires connaissent bien tous les secrets de la région, et notamment de ses vins... Accueil de qualité. **NOUVEAUTÉ.**

> *Accès : bon fléchage depuis le village.*

Bretagne

ANTRAIN-SUR-COUESNON   35560

Carte régionale B1

25 km NO de Fougères ; 20 km S du Mont Saint-Michel

€€ 🏠 🍴 🐾 10% *Chambres d'hôtes La Cour Horlande (Christine et Pascal Delente) :* 25, rue de Pontorson. ☎ 02-99-18-09-74. 📱 06-20-33-27-41. • lacourhorlande@hotmail.fr • lacourhorlande.com • Ouv fév-déc. 📶 Curieuse histoire que celle de cette imposante bâtisse qui s'est agrandie au fil du temps. Propriété d'un sénateur puis d'un médecin, elle fut ensuite léguée à la congrégation de Fougères. Les religieuses l'ont alors transformée en école de couture et de cuisine (c'était un autre temps !). C'est dans l'ancien internat que vous séjournerez, et croyez-nous, il y a de la place... Cinq chambres agréables, dont une familiale composée de 2 chambres. Sanitaires privés. De 54 à 72 € pour 2, petit déj compris. Table d'hôtes à 21 €, apéro et vin compris. Cuisine traditionnelle et familiale. Pour vous détendre, l'immense parc bien sûr, mais aussi salle de jeux et petite salle de sport, jacuzzi et sauna (moyennant 5 €). Accueil convivial.

Accès : au cœur de la cité, à côté de l'église. Pour les voitures, l'accès à la maison est au 2, rue Moussay.

AUGAN   56800

Carte régionale B2

60 km SO de Rennes ; 7 km E de Ploërmel

€€ 🏠 *Chambres d'hôtes Cap Broceliande (Gwenola et Gilles de Saint-Jean) :* La Ville-Ruaud. ☎ et fax : 02-97-93-44-40. 📱 06-07-38-78-96. • gwen@cap-broceliande.com • cap-broceliande.com • Fermé vac de Noël. 📶 En pleine campagne, superbe ferme du XVIII° s en schiste, avec une vue dégagée sur la forêt. Trois chambres agréables avec sanitaires privés dans une maison indépendante : une au rez-de-chaussée, les 2 autres à l'étage, dont une familiale composée de 2 chambres. Les amoureux préféreront « Marine » avec son ciel de lit. 60 € pour 2, petit déj compris, et 18 € par personne supplémentaire. Agréable piscine. Accueil convivial.

Accès : sur la N 24 entre Rennes et Lorient, sortie Augan ; dans le village, D 772 vers Ploërmel sur 2,6 km et fléchage à gauche.

BELZ   56550

Carte régionale A2

10 km O d'Auray ; 10 km NO de Carnac

€€€ 🏠 🍴 10% *Chambres d'hôtes Le Hameau de Keryargon (Françoise et*

Nous vous rappelons que la table d'hôtes est le complément d'une formule d'hébergement (chambre d'hôtes, gîte d'étape...). Ce service n'est offert qu'aux personnes qui dorment sur place (excepté lorsqu'il est clairement écrit « ouvert aux extérieurs »).

Jean-Marc Leblois) : *route des Pins.* ☎ 02-97-55-94-25. 📱 06-08-21-31-47. ● keryargon@free.fr ● hameau-de-keryargon.com ● *Ouv avr-oct.* 📶 Jean-Marc a cessé toutes ses activités pour créer ce petit complexe campagno-touristique. Il a restauré, réhaussé, agrandi et réuni six petits bâtiments, et l'ensemble est charmant. Quatre chambres d'hôtes personnalisées, avec sanitaires privés. Selon votre humeur vous pourrez opter pour la chambre « Bretonne », « Gauguin », « Romantique », ou pour la suite « La Ria » si vous êtes en famille. Selon la chambre et la saison, de 70 à 85 € pour 2, petit déj compris. Également 4 gîtes de 2 à 8 personnes loués entre 360 et 1 250 € la semaine selon la capacité et la période. Tous ceux qui séjournent peuvent se retrouver autour de la table d'hôtes (sauf les dimanche, lundi et jeudi). Bon repas à 30 €, apéro et vin compris. C'est Jean-Marc qui officie derrière les fourneaux et les poissons sont à l'honneur. Cuisine goûteuse et soignée. Pour vous détendre, une piscine couverte où il vous garantit une eau à 25 °C d'avril à octobre. Accueil chaleureux. Une adresse idéale pour se ressourcer.

Accès : N 165 Vannes/Lorient sortie Auray Centre/Etel/Quiberon/Carnac puis Belz par la D 22 ; 2 km avt Belz, au lieu-dit Kerorel, tournez à gauche, traversez Kerclement et continuez tt droit jusqu'au hameau (à la sortie de la zone boisée).

BERNÉ 56240

Carte régionale A2

25 km N de Lorient ; 10 km NO de Plouay

€€ 🛏 🍴 ⑩% **Chambres d'hôtes Le Jardin d'Érables (Isabelle et Jean-Pierre Hello) :** *Marta.* ☎ 02-97-34-28-58. ● hello marta@orange.fr ● lejardinderables.com ● *Fermé dim et période de Noël.* Dans une ancienne grange de la fin du XVIII° s bien restaurée (totalement indépendante de la maison des proprios), 5 chambres avec sanitaires privés. 56 € pour 2, petit déj compris (pancakes et gâteaux maison). Table d'hôtes, sur réservation, à 20 €. Grande piscine pour vous détendre. Accueil jeune et agréable. La forêt de Pont-Calleck vous offrira de belles balades ; on ne visite pas son château, mais on peut voir le parc et l'étang. À proximité, GR 38 et site du championnat du monde de cyclisme de Plouay et des chapelles du Faouët.

Accès : sur la D 769 entre Lorient et Carhaix-Plouguer, sortez à Vallée du Scorff/ Pont-Calleck ; tournez à gauche et suivez le fléchage sur 4 km jusqu'au village de Marta.

BRASPARTS 29190

Carte régionale A1

40 km NE de Quimper ; 35 km SO de Morlaix

€€ 🛏 🍴 ⑩% **Chambres d'hôtes Domaine du Rugornou-Vras (Romy Chaussy) :** ☎ 02-98-81-46-27. 📱 06-82-91-37-36. *Fax :* 02-98-81-47-14. ● romy. chaussy@wanadoo.fr ● vacances-arree. com ● Au bout d'une petite route de campagne, en pleine nature, charmant ensemble de bâtiments d'où vous bénéficierez d'une vue imprenable sur le parc régional d'Armorique. Dans l'ancienne grange, Romy a aménagé 4 chambres coquettes et claires : 2 sur les pignons, accessibles par de petits escaliers extérieurs, et 2 dans la partie centrale (une préférence pour la bleue avec lit à baldaquin). Sanitaires privés. 52 € pour 2, petit déj compris (gâteau et confitures maison). Table d'hôtes (sauf le dimanche) à 22 €, apéro et vin compris. Bonne cuisine familiale avec des produits bio. Les repas ne sont pas partagés avec Romy, car elle ne peut être à la table et aux fourneaux... Fans de randos, les circuits sont nombreux pour partir à la découverte des monts d'Arrée. Romy, hôtesse aussi charmante que dynamique, accompagne souvent ses hôtes (quand elle n'est pas débordée) et saura de toute façon vous guider utilement. Une adresse vraiment nature. Ceux qui aiment les vieilles pierres ne manqueront pas la superbe église de Pleyben avec son remarquable calvaire.

Accès : de Quimper, prenez la direction de Pleyben/Morlaix ; traversez Brasparts en direction de Morlaix, faites 2 km et 2° fléchage à gauche.

BRÉAL-SOUS-MONTFORT 35310

Carte régionale B2

20 km O de Rennes ; 20 km E de Plélan-le-Grand

€€ 🛏 🍴 🐎 ⑩% **Chambres d'hôtes Le Grenier d'Ernestine (Michèle Menuet et Jean-Yves Catellier) :** *Les Basses-Barres.* ☎ 02-99-60-34-03. ● contact@ grenier-ernestine.com ● grenier-ernestine. com ● 🐾 📶 Ancienne ferme dans un petit hameau. Cinq chambres spacieuses, dont 2 avec mezzanine pouvant accueillir jusqu'à 5 personnes. Une au rez-de-chaussée, les 4 autres à l'étage. Sanitaires privés. Une préférence pour « Ernestine », dans les tons bleu, la plus lumineuse. 57 €

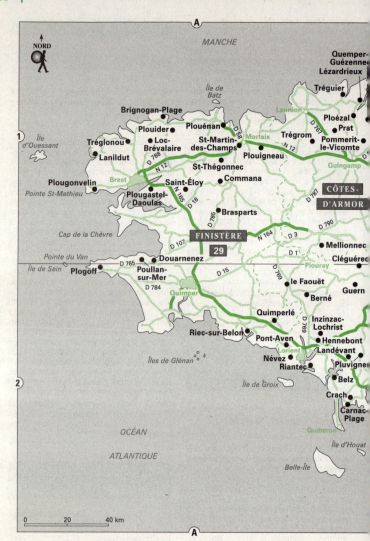

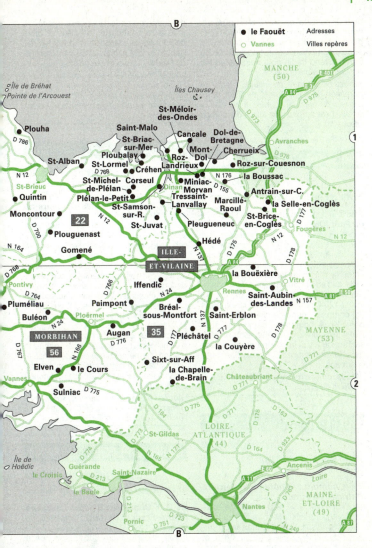

BRETAGNE

pour 2, petit déj compris, et 21,50 € par personne supplémentaire. Table d'hôtes partagée en famille à 20 €, kir breton, vin et café compris. Cuisine traditionnelle du terroir. Grand jardin pour vous détendre. Accueil agréable et discret.

Accès : du centre du village, prenez la direction de Saint-Thurial sur 3 km, et au niveau du hameau, tournez à gauche, la maison est un peu plus loin à droite (bon fléchage).

BRIGNOGAN-PLAGE 29890

Carte régionale A1

36 km NE de Brest ; 20 km O de Roscoff

€€€€ 🏠 (10%) **Chambre d'hôtes La Terre du Pont (Odile Berthoule) :** ☎ 02-98-83-58-49. 📱 06-32-26-85-56. • accueil@terredupont.com • terredupont.com • Ouv avr-oct. Ici, on est à 100 m de la plage, dans une authentique chaumière bretonne entourée d'un beau jardin fleuri. L'intérieur mêle ancien et contemporain. Une chambre agréable avec sanitaires privés. De 100 à 120 € pour 2, selon la saison, petit déj compris. Pour ceux qui souhaitent se poser plus longtemps, deux gîtes pour 2 et 4 personnes. Si l'Océan est trop froid, sachez qu'il y a la piscine et un espace détente avec sauna (15 € pour 2). Accueil charmant.

Accès : du bourg, suivez le fléchage « B & B La Terre du Pont ».

BULÉON 56420

Carte régionale B2

38 km N de Vannes ; 11 km O de Josselin

€ 🏠 **Chambres d'hôtes La Ferrière (Patricia Thresher) :** Manoir de La Ferrière. ☎ 02-97-75-35-31. • patricia.thresher@orange.fr • Ouv Pâques-fin sept ; sur résa hors saison. C'était la maison du seigneur de Lantivy... Elle date du XVIe s, et si elle a perdu deux tours, les deux dernières se dressent encore fièrement. La cour intérieure est aujourd'hui ouverte sur l'arrière et donne sur les bois et pâturages. L'intérieur est aménagé avec goût, mêlant harmonieusement meubles de style et résolument modernes. Deux chambres coquettes avec sanitaires privés : l'une installée dans un petit pavillon indépendant avec kitchenette, l'autre au 1er étage de la maison, avec deux lits de 120 (pour faire sa nuit sans réveiller l'autre...). Moquette épaisse et ambiance raffinée. 48 € pour 2, petit déj compris. Immense pièce de jour avec banquettes d'église et table de monastère rapportées d'Angleterre. Accueil sympa, teinté par l'accent (anglais) de Patricia. Une adresse de charme.

Accès : sur la N 24, entre Josselin et Locminé, sortez à Buléon ; devant l'église du village, prenez la direction de Radénac ; la propriété est située dans le virage, à 1 km du bourg.

CANCALE 35260

Carte régionale B1

10 km E de Saint-Malo

€€ 🏠 **Chambres d'hôtes Couleurs de Mer (Marc Loisel) :** 34, rue des Français-Libres, Terrelabouet. ☎ 02-99-89-73-61. 📱 06-60-89-81-54. • couleurs-de-mer@sfr.fr • cancale-vacances.com • Fermé janv. 📶 Grande maison en pierre avec une terrasse qui ouvre sur la baie. Cinq chambres agréables, dont une familiale composée de 2 chambres : une au rez-de-chaussée, 2 au 1er étage, les 2 dernières au second. Celles situées aux étages ont vue sur la mer. Sanitaires privés. Selon la chambre et la saison, de 58 à 70 € pour 2, petit déj compris. La plage de l'Aurore (une des plus belles) est accessible à pied depuis la maison, de même que le port de Cancale. Pas de table d'hôtes mais Marc connaît tous les bons restos du coin. Accueil chaleureux.

Accès : à l'entrée de Cancale, sur la D 76 venant de Rennes ou du Mont-Saint-Michel, prenez à gauche vers Terrelabouet.

CARNAC-PLAGE 56340

Carte régionale A2

47 km SE de Lorient ; 27 km O de Vannes

€€ 🏠 🍴 **Chambres d'hôtes L'Alcyone (Marie-France Balsan) :** impasse de Beaumer. ☎ 02-97-52-78-11. 📱 06-74-24-33-53. • lalcyone.blogspot.com • Fermé 2 sem en janv ou fév. 📶 Marie-France et Daniel ont aménagé 5 chambres agréables dans cette ancienne ferme joliment restaurée, avec un beau jardin où vous pourrez faire bronzette. Décoration de bon goût, où dessus-de-lit et rideaux assortis agrémentent les murs en plâtre gratté (il faut dire que le proprio est tapissier et que tous les lits sont de sa création, de même que les superbes canapés qui meublent la salle à manger). Sanitaires privés. De 68 à 70 € pour 2, petit déj compris (gâteau et confitures maison, dont celle de courgettes, miam !). Pas de table d'hôtes, mais Marie-France, ancienne restauratrice, saura utilement vous conseiller. Accueil chaleureux. Une des plus belles plages de la baie, le chemin des Douaniers et autres sentiers de rando vers la mer à 500 m de la maison seulement. Une bonne adresse.

Accès : dans Carnac-Ville, allez en direction des plages ; au rond-point des Salines, prenez l'av. des Druides jusqu'au bout, tournez à gauche, chemin de Beaumer, c'est à 500 m à gauche.

CHERRUEIX 35120

Carte régionale B1

25 km SE de Saint-Malo ; 5 km NE de Dol-de-Bretagne

€€ 🏠 🔟% **Chambres d'hôtes (Marie-Madeleine et Jean Glémot) :** 4, La Hamelinais. ☎ 02-99-48-95-26. 📱 06-17-47-53-49. ● lahamelinais@orange.fr ● lahamelinais.com ● 📶 Charmante ferme en pleine campagne tenue par une hôtesse adorable. Trois chambres croquignolettes et lumineuses avec sanitaires privés, à 52 € pour 2 avec le petit déj. Grand jardin verdoyant et fleuri. Gentillesse et hospitalité garanties.

Accès : depuis Dol, prenez la D 80 vers Saint-Broladre (sur 3 km) puis la D 85 vers Cherruiex, et suivez le fléchage à droite, à 1 km.

CLÉGUÉREC 56480

Carte régionale A1-2

7 km NO de Pontivy

€€ 🏠 🍽 🔟% **Chambres d'hôtes La Ferme de Lintéver (Claire et Nicolas Rafle) :** ☎ et fax : 02-97-38-03-95. 📱 06-71-66-27-44. ● fermedelintever@wanadoo.fr ● fermedelintever.com ● 🐾 *Fermé déc-janv.* Dans cette ferme en pierre, vivent en harmonie trois générations d'agriculteurs. Ici, on produit de l'électricité par énergie solaire (équivalente à la consommation de 25 petites maisons !). Quatre chambres spacieuses, colorées et décorées avec goût, dont 2 familiales avec chambre enfants attenante ou en mezzanine. Sanitaires privés. 54 € pour 2 et 98 € pour 4, petit déj compris, servi dans une grande salle à manger rustique avec belle poutraison ou dans le jardin aux beaux jours. Pour les amateurs de séjour insolite, également une adorable roulotte installée à l'écart, dans la verdure, à 85 € pour 2 avec le petit déj. Pas de table d'hôtes mais une formule pique-nique à emporter, ou un goûter sucré-salé au jardin, ou un casse-croûte paysan au coin du feu, pour découvrir les produits du terroir (12 €). Autrement, kitchenette à disposition. Si vous avez des enfants, ils pourront jouer avec les trois de la maison. Accueil chaleureux, authentique et vrai. Une adresse nature qui respire la campagne et la liberté !

Accès : de Pontivy, prenez la D 764, jusqu'à Pont-Fournan puis la D 15, à droite, vers Cléguérec ; Lintéver est fléché à 1,5 km à droite et la ferme est au bout du village.

COMMANA 29450

Carte régionale A1

25 km SO de Morlaix ; 13 km SE de Landivisiau

€€ 🏠 🍽 🔟% **Chambres d'hôtes (Marie-Thérèse et Michel Lancien) :** Kerveroux. ☎ 02-98-78-92-87. 📱 06-98-27-43-39. ● m-t.lancien@wanadoo.fr ● lancien-kerveroux.fr ● Perdu entre sous-bois, pâtures et cultures, ce superbe petit hameau du XVIIe s, tout en granit, abritait des tisserands qui cultivaient leur lin. Michel, lui, est sculpteur et marie métal et bois. Marie-Thérèse s'occupe des chambres. Dans une aile indépendante, elles sont 2, tout aussi élégantes : une au rez-de-chaussée, l'autre à l'étage. On a craqué pour la première, dans une harmonie de blanc et de gris et un carrelage en damier. Sanitaires privés. 62 € pour 2, petit déj compris, servi chez vos hôtes, dans la pièce principale traditionnelle avec grande cheminée et poutres apparentes. Pas de table d'hôtes, mais plusieurs restos dans un rayon de 4 à 7 km... mais quand on aime la campagne et la liberté !

Accès : de Commana, prenez la D 11 vers Landivisiau sur 2 km puis, à droite, vers Kerveroux et suivez le fléchage sur 2 km.

CORSEUL 22130

Carte régionale B1

7 km NO de Dinan

€ 🏠 🍽 🐾 🔟% **Chambres d'hôtes Beau Soleil (Michèle et Joseph Guguen) :** ☎ 02-96-82-73-42. 📱 06-76-64-44-27. ● beausoleil22130@hotmail.com ● beausoleil22130.com ● *Fermé la 4e sem de sept.* 📶 Ancienne ferme bien au calme. Trois chambres colorées et agréables dont une familiale composée de 2 chambres. De 48 à 53 € pour 2, petit déj compris, et

17 € par personne supplémentaire. Sur réservation, table d'hôtes (du jeudi au samedi, sauf jours fériés), partagée en famille, à 25 €, apéro, vin et café compris. Une goûteuse cuisine traditionnelle qui fait des adeptes. Accueil chaleureux et sans façon. Une adresse où l'on se sent bien.

Accès : de Corseul, prenez la direction de Dinan, sortez du village, la maison est fléchée à 3 km sur la droite.

CRACH 56950

Carte régionale A2

25 km O de Vannes ; 8 km S d'Auray

€€ **Chambres d'hôtes La Ferme de Kérino (Suzanne et Roger Tanguy) :** Kérino-en-Crach. ☎ et fax : 02-97-55-06-10. ● kerino@wanadoo.fr ● kerino.com ● *Ouv de mi-mars à mi-nov.* Dans une belle ferme en pleine campagne, à deux pas du bord de la rivière, 2 chambres agréables, réservées en principe aux familles, avec un bloc sanitaire privé. Comptez 99 € pour 4, petit déj compris. Les proprios ont aussi aménagé de superbes duplex tout confort, avec living spacieux et kitchenette, de 55 à 68 € la nuit pour 2 selon la période, petit déj compris, ainsi qu'une roulotte avec kitchenette à 90 € pour 2.

Accès : d'Auray, prenez la D 28 puis la D 781 vers La Trinité-sur-Mer ; au rond-point avt le pont de Kérisper, prenez la direction de Quéhan (C 203), faites 2 km et prenez la route à droite vers Kérino et suivez le fléchage.

CRÉHEN 22130

Carte régionale B1

18 km SO de Dinard ; 17 km NO de Dinan

€€€ **Chambres d'hôtes La Belle Noë (Chantal Bigot) :** ☎ 02-96-84-08-47. 📱 06-89-94-69-18. ● belle.noe@wanadoo.fr ● crehen.com ● Au bout d'une petite route de campagne, jolie longère du XIXᵉ s. Chantal était fleuriste et, de juin à septembre, vous baignerez dans un océan de roses. Elle cultive aussi des cucurbitacées pour le plaisir. Dans une aile indépendante, 3 chambres campagnardes et charmantes avec sanitaires privés : une au rez-de-chaussée avec terrasse et salon de jardin qui ouvre sur les cultures de fleurs, 2 autres à l'étage, plus grandes. Déco chaleureuse où les couleurs se mêlent aux compositions champêtres encadrées. Deux autres chambres, spacieuses et tout aussi charmantes, chacune avec accès indépendant et jardin privatif, dont une sous la forme d'un beau duplex. Selon la chambre, de 78 à 113 € pour 2, petit déj compris (avec confitures, yaourts et pâtisserie maison, pain et jus de fruits frais… hmm !). La salle à manger et la cuisine sont charmantes et remplies de bibelots aussi rigolos qu'insolites. Accueil convivial et décontracté. Une adresse qu'on aime, idéalement située si vous voulez découvrir la célèbre côte d'Émeraude.

Accès : de Saint-Malo, direction barrage de la Rance puis Ploubalay ; là, prenez la D 768 vers Saint-Brieuc et, au rond-point indiquant Créhen, faites 2,5 km et prenez la 1ʳᵉ à droite.

DOL-DE-BRETAGNE 35120

Carte régionale B1

20 km SE de Saint-Malo ; 20 km NE de Dinan

€ **Chambres d'hôtes (Maryvonne et Alain Roncier) :** L'Aunay-Bégasse. ☎ 02-99-48-16-93. 📱 06-60-59-27-44. ● roncier.launaybegasse@orange.fr ● launay-begasse.com ● *Fermé 20 déc-20 janv.* Dans une ferme pratiquant l'élevage de vaches laitières, 3 chambres campagnardes avec sanitaires privés, à 45 € pour 2, copieux petit déj compris (bonnes confitures et crêpes maison, hmm !). Un accueil authentique et très convivial. Également un gîte de 2 à 8 personnes.

Accès : dans Dol (centre-ville), direction lycée A.-Pelé et suivez le fléchage.

DOUARNENEZ 29100

Carte régionale A1-2

25 km NO de Quimper

€€ **Chambres d'hôtes Manoir de Kervent (Marie-Paule Lefloch) :** 6, chemin de Kervent. ☎ 02-98-92-04-90. 📱 06-98-90-74-16. ● famillelefloch@manoirdekervent.fr ● manoirdekervent.fr ● Jolie ferme-manoir du XIXᵉ s, recouverte d'ampélopsis, tenue par la vive et dynamique Marie-Paule Lefloch. Quatre chambres rococo dégageant un petit air d'autrefois (meubles rustiques et vieilles gravures de mode), dont une suite composée de 2 chambres pour les familles. Si vous êtes 2, demandez la rose, c'est la plus vaste. Sanitaires privés. De 52 à 54 € pour 2, petit déj compris. Pas de table d'hôtes, mais les restos ne manquent pas dans les environs. À noter que le fils de Marie-Paule est tonnelier ; son atelier se trouve dans les dépendances de la maison (un travail artisanal à découvrir). Plein de choses à faire : les amoureux de la mer et des bateaux ne manqueront pas le port-musée de Douarnenez, ceux qui préfèrent les vieilles pierres iront visiter le superbe village de Locronan (classé parmi les plus beaux de France, mais envahi en été). Les flemmards, quant à eux, trouveront la première plage (les Sables-Blancs) à 3 km. Une adresse où hospitalité rime avec personnalité (faites une bise à Marie-Paule pour nous). Bon rapport qualité-prix-convivialité.

> *Accès :* en venant de Quimper, à Douarnenez prenez la D 765 vers Audierne (sans entrer dans la ville) ; après le 2e rond-point, faites 400 m et tournez à droite ; fléchage sur 1 km.

ELVEN 56250

Carte régionale B2

15 km NE de Vannes ; 14 km NO de Questembert

€€ 🏠 (10%) **Studios d'hôtes (Nadine et Denis Frenkel) :** Kergonan. ☎ et fax : 02-97-53-37-59. 📱 06-80-23-57-05. ● frenkelkergonan@aol.com ● kergonan.fr ● Ouv mars-nov. 📶 Nichée dans un parc de 3,5 ha de prés et de forêt bordé par l'Arz (amis pêcheurs à vos cannes !), ancienne ferme traditionnelle du XVIIIe s. Nadine et Denis ont mis en place un nouveau concept : le studio d'hôtes, ou les services d'une chambre d'hôtes et l'indépendance d'un gîte ! Il y en a 2, plus une chambre complémentaire, dans une aile indépendante de la maison. Cuisine et terrasse pour chaque unité. Atmosphère rustique et champêtre. Selon le studio, de 65 à 76 € pour 2, petit déj compris. Bien sûr, une balade le long de la rivière s'impose, et Kovo, le labrador, vous montrera comment on se jette à l'eau ! Pas de table d'hôtes, mais premier resto à 2 km. Accueil cordial.

> *Accès :* de Rennes, N 164 vers Vannes sortie Elven-Centre et direction Ploërmel jusqu'à la gendarmerie puis direction Kergonan.

GOMENÉ 22230

Carte régionale B1

63 km NO de Rennes ; 20 km E de Loudéac

€€€ 🏠 🍴 **Chambres d'hôtes Château de la Hersonnière (Josette et Gérard Le Meaux) :** La Hersonnière-d'en-Haut. ☎ 02-96-28-48-67. ● gerard.lemeaux@wanadoo.fr ● gitesdarmor.com/la-herson

nière ● Assez proche de la nationale, mais dans un environnement campagnard, gentille demeure bourgeoise installée devant un bel étang et entourée d'un grand parc. Josette et Gérard ont accompli un travail remarquable pour la restaurer. L'intérieur est très personnel, original et agréable, où se mêlent couleurs, styles anciens et fleurs fraîches. Cinq chambres, dont 2 très vastes au 1er étage (nos préférées), les 3 autres au second. Beaux sanitaires privés. Selon la chambre, de 85 à 95 € pour 2, petit déj compris (avec gâteau, crêpes et confitures maison), et 40 € par personne supplémentaire. Table d'hôtes, sur réservation, à 31 €, vin compris. Cuisine familiale et traditionnelle avec les légumes du jardin. Accueil chaleureux.

> *Accès :* de Rennes, prenez la N 164 en direction de Quimper (via Loudéac) ; 5 km après Merdrignac, au garage Peugeot, tournez tt de suite à droite, la maison est en contrebas à 600 m (n'allez pas à Gomené).

GUERN 56310

Carte régionale A2

12 km O de Pontivy ; 12 km E de Guémené-sur-Scorff

€€ 🏠 🍴 🐴 (10%) **Chambres d'hôtes (Annie Pennarun) :** Kersalous. 📱 06-17-52-58-53. Fax : 02-97-27-71-77. ● kersalou@orange.fr ● kersalou.com ● 📶 Belle demeure du XVIIe s tout en granit, plantée dans un petit hameau, aménagée sur 2 niveaux. On y accède par l'avant et l'arrière comme si tout était en rez-de-chaussée. Cinq chambres au charme sûr et discret, avec sanitaires privés. Les beaux murs en pierre ont été conservés et les ouvertures agrandies pour plus de luminosité. 55 € pour 2, petit déj compris, et 18 € par personne supplémentaire. Table d'hôtes à 20 €, café compris. Annie accueille avec plaisir cavaliers et montures. Elle est aussi passionnée par l'histoire locale... Ambiance souriante et décontractée. Accueil chaleureux.

> *Accès :* de Pontivy, D 2 vers Quimperlé puis à droite D 2bis vers Guern ; la maison est 2 km avt le bourg à gauche.

HÉDÉ-BAZOUGES 35630

Carte régionale B1

40 km SE de Saint-Malo ; 25 km N de Rennes

€€ 🏠 **Chambres d'hôtes (Martine et Patrick Noblaye) :** La Parfraire. ☎ 02-99-45-52-06. 📱 06-73-31-37-17. ● pnoblaye@

neuf.fr • pnoblaye.perso.sfr.fr • 🛜 Cette ancienne ferme est constituée d'une belle longère et de ses petites dépendances. Dans une aile de la maison, 2 chambres spacieuses et charmantes à l'atmosphère sereine, avec sanitaires privés. 65 € pour 2, petit déj compris, servi dans une agréable salle à manger où crépite souvent l'authentique cheminée. Aux beaux jours, c'est dans une rigolote salle à manger d'été sous un abri couvert. Et toujours avec du pain maison (Martine continue à faire vivre le vieux four à pain)! Pas de table d'hôtes, mais plusieurs restos à Hédé. Un accueil et un couple charmants. À quelques encablures, le canal d'Ille-et-Rance et ses 11 écluses fera le bonheur des randonneurs et des cyclotouristes.

Accès : de Hédé, après le cimetière, tournez à droite et prenez la D 87 vers Bazouges-sous-Hédé ; la maison est à 800 m à droite, avt le canal d'Ille-et-Rance.

HENNEBONT   56700

Carte régionale A2

12 km E de Lorient

€ 🏠 *Chambres d'hôtes (Édyth-Charlotte Hillion) :* 24, Le Bas-Locoyarne. ☎ 02-97-36-21-66. 📱 06-45-15-53-19. • edyth.hillion@wanadoo.fr • gite-hennebont.com • Ouv Pâques-Toussaint. Au pays de la vallée du Blavet, jolie ferme fleurie d'hortensias et de géraniums, dont les origines remontent au XVIIe s. Trois chambres charmantes avec sanitaires privés. Elles sentent bon la Bretagne, avec le mobilier régional, les poutres, le plâtre gratté et les petites fenêtres en pierre apparente. 45 € pour 2, copieux petit déj compris : jus d'orange, viennoiseries, spécialités locales, dont le « pain noir », et confitures maison. Il est servi dans une vaste et belle pièce agrémentée d'un petit vitrail et d'une grande cheminée en granit. En termes d'infos sur les restos et les centres d'intérêt de la région, Édyth vous proposera du sur-mesure en fonction de vos goûts (génial !). Accueil de qualité, teinté d'un zeste d'originalité. Très bon rapport qualité-prix-convivialité. Pour ceux qui veulent séjourner, il y a aussi un petit gîte de 3 personnes, loué 330 € la semaine en haute saison. Si vous êtes là un jeudi matin, n'oubliez pas le marché pittoresque d'Hennebont, qui est aussi une sympathique ville chargée d'histoire.

Accès : de Rennes, prenez la N 24 en direction de Lorient et sortez à Port-Louis/Hennebont (10 km avt Lorient) ; continuez vers Port-Louis ; Le Bas-Locoyarne est le 1er village à droite.

IFFENDIC   35750

Carte régionale B2

28 km O de Rennes ; 15 km NE de Plélan-le-Grand

€€ 🏠 |●| 🐾 **10 %** *Chambres d'hôtes Domaine du Val Ory (Raphaëlle Talpe) :* Le Val-Ory. ☎ 02-99-09-98-27. 📱 06-80-60-23-23. • contact@levalory.com • levalory.com • 🛜 Isolée dans un petit coin de campagne, ancienne ferme, style longère, en pierre rouge de Montfort, qui jouit d'un joli point de vue sur les environs. Les chambres d'hôtes, Raphaëlle en rêvait. Alors, après avoir bourlingué en France et à l'étranger, elle a pu réaliser ce projet qui lui tenait à cœur. Trois chambres charmantes, dont une suite de 4 personnes avec grand salon au rez-de-chaussée, coin kitchenette et chambre à l'étage. Si vous êtes 2, la chambre « Safran » possède un accès direct sur le jardin, la « Gingembre » dégage une atmosphère romantique avec ciel de lit. Sanitaires privés. De 60 à 75 € pour 2, petit déj compris, et 20 € par personne supplémentaire. Table d'hôtes à 24 €, vin et café compris. Cuisine du terroir avec des produits fermiers. Plein de randos à faire dans le coin, le GR 37 passe à côté de la maison. Accueil chaleureux. Une adresse pour se mettre au vert.

Accès : d'Iffendic, D 61 vers Saint-Péran/Plélan sur 2 km et à droite vers Val-Ory ; la maison est tt au bout du chemin gravillonné.

INZINZAC-LOCHRIST   56650

Carte régionale A2

15 km NE de Lorient ; 6 km N d'Hennebont

€€€ 🏠 *Chambres d'hôtes Le Ty Mat (Catherine et Mathieu Spence) :* Penquesten. ☎ 02-97-36-89-26. 📱 06-76-05-60-55. • ty-mat@wanadoo.fr • ty-mat.fr • 🛜 Grande demeure bourgeoise du XVIIIe s, entourée d'un joli parc de 3 ha et répondant au doux nom de *Ty Mat* (bonne maison). Catherine et Mathieu ont accompli un travail colossal pour la restaurer. Quand on entre, on se sent tout de suite à l'aise... Est-ce l'accueil et le sourire de Catherine ? Le charme de la maison et du mobilier ? Quatre chambres décorées avec goût (il faut dire que Mathieu tient un magasin d'antiquités spécialisé dans les meubles anglais). Préférez la chambre « Bleue » avec une immense salle de bains, ou la chambre « Cachemire » pour son côté intime. De 69 à 79 € pour 2, petit déj compris (far maison ou crêpes, entre autres...). Pas de table d'hôtes, mais plusieurs bonnes crêperies à proximité. Une adresse de charme. Si vous êtes ici un jeudi matin, le marché typique d'Hennebont vaut une petite visite.

Accès : dans Lochrist, au 2ᵉ pont, tournez à droite vers Penquesten/Bubry (D 23) ; la maison est à 4 km sur la gauche.

LA BOUËXIÈRE 35340

Carte régionale B1-2

25 km E de Rennes ; 8 km N de Servon-sur-Vilaine

€ 🛏 |●| *Chambres d'hôtes La Ferme Gourmande (Marie-Thérèse et Joël Feugueur) :* 27, rue de Vitré, La Haye. ☎ 02-99-04-43-90. 📱 02-48-55-17-34. ● lafermegourmande@wanadoo.fr ● fermegourmande.com ● Slt sur résa. Fermé 18 déc-3 janv. 📶 Joël est cuisinier et, bien entendu, passionné par les plaisirs de la table... Il a donc décidé de les faire partager à des hôtes, en réaménageant totalement cette ancienne et jolie ferme en pierre. D'abord, la salle à manger avec cheminée ouverte, où se tiennent de petites tables accueillantes. Ambiance chaleureuse. Dans le prolongement et rejoignables par un escalier, domaine de Marie-Thérèse, 3 chambres agréables et mansardées, toutes avec sanitaires privés. La verte est plus petite et avec Velux. 50 € pour 2, petit déj compris. Pour ceux qui dorment, Joël propose une sympathique table d'hôtes à 22 €, apéro et vin compris. Piscine extérieure couverte, et billard pour les amateurs. Également 2 gîtes pour les séjours. Accueil convivial.

Accès : de La Bouëxière, prenez la direction Champeaux/Vitré jusqu'au 27, rue de Vitré (avt le panneau de sortie de l'agglomération).

LA BOUSSAC 35120

Carte régionale B1

32 km SE de Saint-Malo ; 18 km SO du Mont-Saint-Michel

€ 🛏 |●| 🐴 (10%) *Chambres d'hôtes Le Moulin du Bregain (Mary-Anne et Bernard Briand) :* ☎ 02-99-80-05-29. 📱 06-43-51-95-46. Fax : 02-99-50-05-29. ● maryannebriand@yahoo.fr ● bregain.fr ● Ouv mars-nov. Au milieu de 13 ha de nature, jolie maison en pierre apparente. Trois gentillettes chambres en soupente, dont une double pour les familles (une préférence pour la chambre orange). Sanitaires privés. Comptez 50 € pour 2, petit déj compris, et 10 € par personne supplémentaire. Table d'hôtes pour 18 €, apéro, vin et digeo compris. Une bonne cuisine familiale, toujours partagée avec les proprios. Sur place, un étang sauvage et privé de 2 ha (vous êtes pêcheur ?). Ambiance un brin bohème et décontractée.

Accès : sur la D 155 entre Trans et Dol-de-Bretagne, à 3 km sur la gauche avt La Boussac (quand on vient de Trans).

LA CHAPELLE-DE-BRAIN 35660

Carte régionale B2

60 km S de Rennes ; 18 km E de Redon

€€ 🛏 |●| 🐴 (10%) *Chambres d'hôtes La Grand' Maison (Cathy et François Bertin) :* 17, Grande-Rue, Brain-Sur-Vilaine. ☎ 02-99-70-25-81. 📱 06-22-52-58-30. ● bertinfrancois@wanadoo.fr ● la-grand-maison.com ● Fermé déc-janv. Superbe maison bourgeoise du XVIIIᵉ s qui appartenait au sénéchal de l'abbaye de Redon, qui percevait la gabelle (le percepteur des impôts quoi !). Cette demeure historique se devait d'être habitée par un auteur passionné d'histoire, et c'est le cas. Bien connu des Éditions Ouest-France, François a écrit plusieurs ouvrages dont un sur la Seconde Guerre mondiale, un autre sur les pompiers (ils le méritent bien... chapeau messieurs !), un sur la poste, un dernier sur la pub. Trois chambres au 1ᵉʳ étage, claires et distinguées, dont une suite pour les familles. La dernière est installée au second, dans l'ancien grenier à sel. Belle charpente apparente et vieilles tommettes, atmosphère plus champêtre. Luxueux sanitaires privés. De 60 à 70 € pour 2, petit déj compris. Ici, tout ce qui pouvait être conservé a été restauré avec amour : carrelages, parquets, portes, escalier... Quant aux poutres sculptées de la salle à manger, elles demandent un coup d'œil. Cathy, elle, a abandonné la pub et s'est transformée en charmante paysanne. À partir des produits de son potager et de son poulailler, elle propose une cuisine saine et familiale avec découverte des recettes régionales. Table d'hôtes partagée en famille à 25 €, apéro et vin compris. Derrière la maison, le parc ouvre sur la Vilaine et son chemin de halage. Et pour le plaisir des yeux, François possède une Oldsmobile de 1936 et une Juva 4, version gendarmerie. Accueil de qualité. Une adresse pleine de rencontres...

Accès : de Rennes, D 17 vers Redon puis D 59 vers Guémené-Penfao et D 56 vers Brain-sur-Vilaine ; la maison est au centre du bourg.

LA COUYÈRE — 35320

Carte régionale B2

28 km S de Rennes ; 25 km SO de Vitré

€€ 🛏 |●| 🐾 (10%) **Chambres d'hôtes Domaine de la Raimonderie (Claudine et Raymond Gomis) :** La Tremblais. ☎ 02-99-43-14-39. 📱 06-63-65-24-22. ● la-raimonderie@wanadoo.fr ● la-raimonderie.com ● Fermé dim soir. 📶 En quelques années, Claudine et Raymond ont restauré plusieurs délicieuses petites maisons du XVIIe s. Dans l'une, 2 superbes chambres : une immense, genre suite avec coin repas, salon avec cheminée et lit ; l'autre est plus petite, mais très sympa, avec salon particulier et cheminée. Enfin, une dernière est installée dans une adorable petite maison avec kitchenette. Selon la chambre, de 60 à 70 € pour 2 avec le petit déj, servi à votre convenance, soit dans le jardin d'hiver soit dans votre suite. Sur réservation, table d'hôtes à 20 €. Claudine est une femme charmante qui aime recevoir et dorloter ses hôtes. Elle propose une soirée pour les tourtereaux : dîner aux chandelles, feu dans la cheminée et champagne, nuit et petit déj à 180 € pour 2. Accueil très convivial.

> **Accès :** de Rennes, prenez la D 41 vers Angers (sur 23 km) ; bifurquez vers La Couyère (D 92) en direction de Châteaubriant ; au niveau des Patissiaux, tournez à gauche (D 92) vers Janzé, la maison est à 1 km.

LA SELLE-EN-COGLÈS — 35460

Carte régionale B1

45 km NE de Rennes ; 16 km NO de Fougères

€€ 🛏 (10%) **Chambres d'hôtes (Renée et Jean-François Aoustin) :** La Totinais. ☎ 02-99-98-64-69. 📱 06-79-89-12-63. ● jean-francois.aoustin@laposte.net ● Ouv Pâques-Toussaint. Belle maison bourgeoise du XVIIIe s entourée d'un joli parc de 1 ha. Deux chambres lumineuses, un brin romantiques, décorées avec beaucoup de goût. Sanitaires privés. Comptez 62 € pour 2, petit déj compris (avec, entre autres, les craquelins de Saint-Malo). Une chaleureuse salle de petit déj, exactement comme on les aime : vieilles tomettes, grande cheminée, table campagnarde, napperons au crochet et un piano qui n'attend que vos doigts agiles. Pas de table d'hôtes, mais plusieurs petits restos renommés, dont Renée vous donnera les adresses. Accueil convivial, une bonne adresse. Allez voir le château du Rocher-Portail (il ne se visite pas, mais vaut un petit coup d'œil) et faites un tour à Fougères qui est une ville charmante (pour ceux qui séjournent, le Mont-Saint-Michel est à 35 km).

> **Accès :** par la D 102 ; dans le bourg, face à l'église, tournez à droite ; au carrefour suivant (à 1,5 km), continuez tt droit ; la maison est à 300 m sur la droite.

LANDÉVANT — 56690

Carte régionale A2

20 km N de Carnac ; 10 km NO d'Auray

€€€ 🛏 |●| (10%) **Chambres d'hôtes La Ferme du Château (Christine et Patrick Gillot) :** Talvern. ☎ 02-97-56-99-80. 📱 06-16-18-08-75. ● talvern@chambre-morbihan.com ● chambre-morbihan.com ● 📶 À deux pas de la ria d'Étel, belle longère typique de la région, ancienne métairie du château de Lannouan. Cinq chambres douillettes, spacieuses et lumineuses avec sanitaires privés : une au rez-de-chaussée, 3 au 1er étage, dont une familiale composée de 2 chambres, la dernière au second. Déco sobre et de bon goût, murs en pierre apparente et enduits à l'argile. Selon la chambre, de 69 à 78 € pour 2, petit déj compris, et 123 € pour 4. Patrick était chef dans des restos gastros... autant dire qu'il soigne ses clients à la table d'hôtes. 24 € le repas, apéro, vin et café compris. Une cuisine recherchée avec les légumes du potager qui mérite qu'on s'y attarde. Une adresse chaleureuse et sans façon.

> **Accès :** au rond-point à l'entrée de Landévant, prenez la D 24 vers Baud ; à la patte-d'oie, prenez la route de droite que vous poursuivez sur 1,2 km, la maison est à gauche.

LANILDUT — 29840

Carte régionale A1

28 km NO de Brest ; 14 km O de Saint-Rénan

€€ 🛏 **Chambres d'hôtes Le Clos d'Ildut (Marie-Françoise et Jean Gourmelon) :** 13, route de Mézancou. ☎ 02-98-04-43-02. 📱 06-17-47-29-11. ● mfgourm@hotmail.com ● leclosdildut.free.fr ● Ouv avr-sept. L'histoire de cette superbe demeure du XVIIe s pourrait être racontée dans un film. C'était la maison du « maître de Barque ». Il assurait le négoce et le transport des blocs de granit vers l'Angleterre. Au passage, il conservait les plus gros pour construire sa maison où il règne aujourd'hui une atmosphère pleine de fraîcheur.

Au 1er étage, une chambre charmante, et une seconde dans un petit pavillon indépendant (pour les discrets !). Elles renferment de belles toiles, œuvres de Marie-Françoise. Sanitaires privés. 60 € pour 2, petit déj compris. Côté jardin, celui de Jean est grandiose ! Ancien pépiniériste, mais avant tout passionné, il mêle fleurs et légumes dans des massifs en forme d'immenses bouquets... Chaque chambre a son petit coin (routards peintres, sortez vos palettes !). Mais Jean a aussi plusieurs cordes à... sa gratte : il chante, joue du piano, de l'accordéon et... de la guitare ! Accueil chaleureux. Enfin, cerise sur le gâteau, la première plage est à 1 km.

Accès : en venant de Brélès par la D 27, traversez Lanildut et prenez la 2e route à droite après le panneau de sortie de l'agglomération et suivez le fléchage.

€€€ ≜ **Chambres d'hôtes Le Nid d'Iroise (Anne et Dominique Le Tarnec) :** 4, Hent-Kergaradoc. ☎ 02-98-04-38-41. ● lenidiroise@hebergement-nature-bretagne.com ● hebergement-nature-bretagne.com ● 🐾 📶 Rien qu'à lire les noms, pas de doute, on est en Bretagne... et plus particulièrement au pays des Abers. Superbe longère en granit qui ouvre sur un magnifique panorama. Quatre chambres, toutes très différentes mais sur le thème de la mer. La plus originale c'est « Coquillage », avec son mur sableux d'où pointent les coquilles, et la plus belle vue (sur la mer) est pour la chambre « Bateau », avec le lit à baldaquin. La déco d'Anne est très soignée, dans le souci du détail. Selon la saison, de 55 à 95 € pour 2, petit déj compris. La passion de Dominique : le jardin... ou comment acclimater en Bretagne palmiers, bananiers et autres essences de fleurs ! Et puis aussi, 2 cabanes nichées dans les arbres (110 €), 5 autres chambres dans un gîte en ossature bois, un sauna et un spa (20 € pour 1h), possibilité de massages, yoga... Accueil chaleureux.

Accès : en venant de Brélès (D 27), à l'entrée de Lanildut, prenez à droite la route de Kerambelec sur 800 m, puis à gauche vers le Hent Kergaradoc.

LE COURS 56230

Carte régionale B2

20 km NE de Vannes ; 12 km N de Questembert

€€ ≜ **Chambres d'hôtes Le Moulin du Pont de Molac (Véronique et Christian Restoin) :** Kermelin. ☎ et fax : 02-97-67-52-40. 📱 06-18-92-50-79. ● moulinmolac@club-internet.fr ● moulinmolac.fr.st ● Dans un joli coin de nature, charmant moulin dont vos hôtes ont préservé tous les mécanismes et qu'ils pourront remettre en route rien que pour vous ! Ancienne animatrice de FIP, Véronique est une hôtesse charmante et chaleureuse. Quatre chambres cosy et personnalisées avec goût : 2 au 1er étage, 2 au second. Selon la chambre, de 60 à 70 € pour 2, petit déj compris. Pas de table d'hôtes mais premiers restos à Elven (9 km). Pour vous détendre, vous pourrez longer le bief sur 1,5 km (une balade nature vraiment sympa). Une adresse qu'on aime bien.

Accès : N 166 entre Rennes et Vannes, sortie Le Cours ; dans le bourg, prenez direction Larré (D 139) sur 1 km.

LE FAOUËT 56320

Carte régionale A2

35 km N de Lorient ; 35 km S de Carhaix-Plouguer

€€ ≜ 🍽 🐾 (10%) **Chambres d'hôtes (Angella et Al Brown) :** Kergoff. ☎ 02-97-23-06-37. ● a.thebrowns@orange.fr ● 📶 Dans un joli coin de campagne, ancienne ferme du XIXe s qui devait être une chaumière. Angella et Al tenaient un B & B en Angleterre... Tombés amoureux de la région et surtout de ses habitants, ils ont décidé de réitérer l'expérience, mais cette fois-ci côté France. Dans la partie la plus ancienne de la maison, ils ont aménagé 4 chambres spacieuses et coquettes. Beaux volumes, lits *king size* (1,60 m ignorants !) et sanitaires privés. 55 € pour 2, petit déj compris, avec salade de fruits frais, pain et brioche maison (miam miam !). Possibilité de table d'hôtes sur réservation et kitchenette à disposition (micro-ondes). Sinon, plusieurs restos sympas dans les environs. Accueil chaleureux. Ne manquez pas la visite de l'église de Kernascleden, elle est somptueuse.

Accès : du Faouët, au rond-point prenez la D 769 vers Gourin (sur 2 km) et la 3e à droite (C 5) vers Saint-Jean, puis de nouveau à droite vers Kergoff et suivez le fléchage.

LÉZARDRIEUX 22740

Carte régionale A1

30 km N de Guingamp ; 5 km O de Paimpol

€€ ≜ **Chambres d'hôtes Lan Caradec (Édith et Toshihiko Waké) :** 6, rue des Perdrix. ☎ 02-96-20-10-25. 📱 06-61-58-96-79. ● wake.edith@gmail.com ●

lan-caradec.com • Fermé janv. Résa conseillée car l'adresse est réputée. 📶 Agréable demeure qui domine le port. Quatre chambres croquignolettes, chacune avec un balcon pour profiter de la vue magnifique. Deux sont familiales et composées de 2 chambres. Sanitaires privés. 70 € pour 2, petit déj compris. Gentil salon avec piano accordé. Ambiance chaleureuse et décontractée. Une adresse comme on les aime.

Accès : dans le village, descendre jusqu'au port que vous longez, montez la côte, c'est la petite ruelle à droite.

LOC-BRÉVALAIRE 29260

Carte régionale A1

20 km N de Brest ; 12 km E de Lannilis

€ 🏠 |●| *Chambres d'hôtes (Germaine et René Bozec) :* Pencréach. ☎ 02-98-25-50-99. 📱 06-76-61-48-58. ● bozec.rene@laposte.net ● 📶 Au pays des Abers, à quelques encablures des plages, en bordure de village, agréable maison entourée d'un jardin bien fleuri. Germaine et René, agriculteurs à la retraite, ont construit cette demeure aux encadrements en granit et toit d'ardoise, à laquelle ils viennent d'ajouter une grande véranda. Les chambres d'hôtes, Germaine en rêvait, car elle adore recevoir. Au 1er étage, 3 chambres mignonnes et campagnardes à souhait, avec sanitaires privés. Draps et serviettes brodés car c'est sa passion de votre hôtesse. 44 € pour 2, petit déj compris. Table d'hôtes, partagée en famille, à 13 €, vin ou cidre compris. Repas simple avec la soupe et les légumes du jardin, sans oublier le far breton. Si vous jardinez un peu, allez voir le potager de René. Tous les légumes sont là et les fleurs sont innombrables... et pour en avoir en toutes saisons, il a construit une grande serre. Accueil authentique, vrai et chaleureux. Hospitalité et gentillesse au rendez-vous. Une adresse qu'on aime bien.

Accès : sur la D 28, entre Lesneven et Lannilis ; prenez la D 38 jusqu'à Loc-Brévalaire ; passez entre la mairie et l'église, la maison est à 400 m à droite.

MARCILLÉ-RAOUL 35560

Carte régionale B1

39 km N de Rennes ; 11 km E de Combourg

€ 🏠 |●| (10 %) *Chambres d'hôtes Le Petit Plessis (Mélanie et Mathieu Régnier) :* ☎ 02-99-73-60-62. 📱 06-11-78-22-23. ● melieduplessis@orange.fr ● le-petit-plessis.fr ● Sur résa. 📶 Dans un grand corps de ferme du XVIe s, 5 chambres avec sanitaires privés (dont 2 composées de 2 chambres pour les familles). Une préférence pour « Écurie » qui est immense et pour « Fournil » avec son joli four à pain. Trois autres, « Le Refuge », « La Grange » et « Le Grenier », sont totalement indépendantes. Comptez 50 € pour 2, copieux petit déj inclus, et 15 € par personne supplémentaire. Hors période estivale, possibilité de table d'hôtes pour 19 €. Autrement, coin cuisine à disposition. Également à disposition, pour bébé (hébergé gratuitement jusqu'à 2 ans), chaise haute, petit lit et baignoire. Agriculteurs, vos hôtes élèvent des vaches laitières. Une adresse où l'authentique est à l'honneur, et l'accueil chaleureux.

Accès : de Combourg, prenez la D 794 vers Vitré ; la ferme est sur la gauche, 1 km avt Marcillé.

MELLIONNEC 22110

Carte régionale A1

37 km NO de Pontivy ; 8 km S de Rostrenen

€€€ 🏠 |●| (10 %) *Chambres d'hôtes Manoir du Poul (Valérie et Mike Smith) :* ☎ 02-96-24-25-99. 📱 06-43-89-56-41. ● mikeandval@wanadoo.fr ● manoir-du-poul.com ● Fermé en fév. 📶 Isolé dans la forêt, magnifique manoir du XVIIe s planté dans un domaine de 15 ha peuplé d'arbres centenaires. L'intérieur est à la hauteur du charme extérieur... Le vieux dallage est toujours là, comme les imposantes cheminées. Cette demeure appartient à des Américains et Valérie et Mike en assurent la gestion. Grâce à leur gentillesse, ils ont su s'intégrer au sein de la vie du village et Mike fait même partie de la fanfare locale ! Au 1er étage, 2 chambres romantico-campagnardes avec sanitaires privés, dont une sous forme de suite familiale composée de 3 chambres en enfilade. Selon la chambre et la saison, de 70 à 90 € pour 2, petit déj compris. Table d'hôtes partagée en famille à 22 €, apéro, vin, café et digeo compris. Hospitalité au rendez-vous. Une adresse où convivialité rime avec sérénité.

Accès : de Rostrenen, D 790 vers Plouray-Guémené puis D 23 jusqu'à Mellionnec ; là, D 76 vers Plelauff sur 800 m puis à gauche vers Le Poul et faites 1 km.

MINIAC-MORVAN 35340

Carte régionale B1

21 km S de Saint-Malo ; 12 km E de Dinan

€€ 🛏 (10%) **Chambres d'hôtes Ker Lhor (Liliane et Hugh O'Reilly) :** La Ville-Blanche. ☎ 02-96-83-33-30. • info@kerlhor.com • kerlhor.com • Ouv de mars à mi-nov. 🛜 Jolie demeure en pierre dans un grand parc. Cinq chambres agréables dont une familiale composée de 2 chambres, avec préférence pour la chambre « Jardin » dans les tons rouge. Sanitaires privés. Selon la saison, de 64 à 68 € pour 2, petit déj compris. Accueil convivial. Un bon point de chute pour découvrir la région.

Accès : de Miniac-Morvan, allez vers le vieux bourg puis prenez la D 676 vers Dinan sur 2 km puis suivez le fléchage à droite.

MONCONTOUR 22510

Carte régionale B1

23 km SE de Saint-Brieuc ; 16 km SO de Lamballe

€€ 🛏 |●| (10%) **Chambres d'hôtes À la Garde Ducale (Christiane et Roland Le Ray) :** 10, pl. de Penthièvre. ☎ 02-96-73-52-18 ou 09-65-01-60-20. Fax : 02-96-73-52-18. • alagardeducale@orange.fr • gitesdarmor.com/a-la-garde-ducale • Moncontour, village classé parmi les plus beaux de France et au cœur de cette agréable cité médiévale, vieille demeure de la fin du XVIe s. Durant sa longue histoire, elle servit notamment d'hébergement aux gardes de la ville. Christiane et Roland y ont aussi tenu un magasin de vêtements, désormais fermé, et qui sert aujourd'hui de petit salon de détente. Sur plusieurs niveaux, 4 chambres colorées avec sanitaires privés. 60 € pour 2, petit déj compris, et 100 € pour 4. Table d'hôtes partagée en famille à 25 €, boissons comprises. Accueil authentique et vrai.

Accès : en plein centre, sur la place principale de la ville.

MONT-DOL 35120

Carte régionale B1

25 km SE de Saint-Malo ; 3 km N de Dol-de-Bretagne

€€€€ 🛏 |●| **Chambres d'hôtes au Château de Mont-Dol (Jacqueline et Yannick Goulvestre) :** 1, rue de la Mairie. ☎ 02-99-80-74-24. 📱 06-24-31-87-49. • yannick.goulvestre@wanadoo.fr • chateaumontdol.com • Fermé de mi-nov à mi-déc et en janv. 🛜 Une émission de télé par-ci, un article de presse par-là, tout le monde s'arrache cette nouvelle adresse, et bien que nous aimions sortir des sentiers battus, on ne résiste pas... car nous aussi on a craqué ! Il faut dire que Yannick a travaillé avec les grands chefs et pour nombre de personnalités... mais chut ! D'abord, la maison, une belle demeure aux allures bourgeoises dont les origines remontent à 1830. Cinq chambres élégantes à la déco soignée, une en rez-de-jardin avec petite terrasse privative, 2 au 1er étage, les 2 dernières au second. Sanitaires privés. Selon la chambre et la saison, de 92 à 99 € pour 2, petit déj compris. Côté table d'hôtes, nos papilles en frémissent encore. Une cuisine recherchée en fonction du marché, où les poissons tiennent une place de choix. Repas à 36 €, apéro, vin et café compris. Beau jardin à la française. Luxe, calme, bonne chère et volupté. Une adresse de choix.

Accès : au cœur du village, juste en face de l'école.

NÉVEZ 29920

Carte régionale A2

30 km SE de Quimper ; 5 km S de Pont-Aven

€€ 🛏 **Chambres d'hôtes Le Chêne de Névez (Isabelle et Jrean-Louis Blot) :** Kerado. ☎ 02-98-06-85-89. 📱 06-10-69-73-00. • keradohote@yahoo.fr • lechene-nevez.com • À deux pas de la pointe de Trévignon, belle longère de la fin du XIXe siècle. À l'étage, 4 chambres agréables avec sanitaires privés. Selon la saison, de 53 à 63 € pour 2, petit déj compris. Agréable jardin avec piscine chauffée. Accueil convivial. **NOUVEAUTÉ.**

Accès : 500 m après la sortie du village en direction de Raguénez au lieu-dit Kerado.

PAIMPONT 35380

Carte régionale B2

40 km SO de Rennes ; 25 km NE de Ploërmel

€€ 🛏 (10%) **Chambres d'hôtes La Corne de Cerf (Annie et Robert Morvan) :** Le Cannée. ☎ 02-99-07-84-19. • corneducerf.bcld.net • Fermé 15 déc-28 fév. Très jolie maison en pierre apparente, entourée d'un romantique jardin fleuri. Ici, c'est une maison d'artistes... Ancien prof d'arts plastiques, Robert est peintre, et Annie restaure et peint des meubles mais a aussi réalisé des tapisseries très originales (qui se rapprochent de sculptures). Trois chambres originales et colorées, installées aux 1er et 2e étages. Décor raffiné, agrémenté de frises. Vraiment tout est en harmonie. Entre les trois mon cœur balance... On a bien aimé « Amaryllis », mais « Olivine », avec sa grande baie vitrée pour jouir de la vue sur le jardin, n'est pas mal non plus ! Comptez 60 € pour 2, petit déj compris, servi sur des tables individuelles, avec des services différents selon le ton des chambres. Pas de table d'hôtes, mais plusieurs restos à proximité. Une maison d'artistes bourrée de charme.

Accès : *au sud de Paimpont, après le grand rond-point, prenez la D 71 vers Beignon/Le Cannée sur 2 km et suivez le fléchage.*

€€ Chambres d'hôtes La Maison du Graal (Florence et Rodrigue Saint-Just) : 21 bis, rue du Général-de-Gaulle. ☎ et fax : 02-99-07-83-82. ● lamaisondugraal@wanadoo.fr ● lamaisondugraal.net ● La Maison du Graal, c'est d'abord un magasin qui regorge d'objets, d'armes, de casques de costumes de l'époque médiévale (reproductions s'entend). Au-dessus du magasin, 2 gentilles chambres installées aux 1er et 2e étages. Sanitaires privés. Selon la chambre (douche ou baignoire), 55 et 60 € pour 2, petit déj compris. C'est le moment où Florence, chanteuse lyrique, vous fera un petit cadeau tout personnel. Rodrigue, lui, propose des massages relaxants. Paimpont est réputé pour sa forêt et ses nombreux sentiers pédestres, sans oublier la magnifique abbaye. Une adresse originale et sympa. Bon rapport qualité-prix-convivialité.

Accès : *au cœur de la cité, passez le porche juste à côté de la poste et allez jusqu'au 21 bis.*

PLÉCHÂTEL 35470

Carte régionale B2

35 km S de Rennes ; 8 km N de Bain-de-Bretagne

€€ 10% Chambres d'hôtes (Valérie et Didier Bétail) : Tillac. ☎ 02-23-50-21-33. 06-85-57-42-69. ● vbetail@wanadoo.fr ● chambresatillac.com ● *Fermé Noël et Jour de l'an.* Isolée en pleine campagne entre cultures, forêts et pâturages, ancienne ferme style longère. Dans une aile de la maison, 3 chambres coquettes avec sanitaires privés : une au rez-de-chaussée (notre préférée), décorée sur le thème de la mer, les 2 autres à l'étage. Nécessaire pour se faire un thé dans chaque chambre. 70 € pour 2, petit déj compris. Pas de table d'hôtes mais plusieurs bons restos à proximité. Grande piscine chauffée pour vous détendre. Accueil charmant. Une adresse nature, juste comme on les aime.

Accès : *du village, D 77 vers Messac/Saint-Malo-de-Philly sur 1 km et au bout de la longue ligne droite, au niveau du virage, prenez la petite route en face puis la 1re à droite jusqu'à Tillac.*

PLÉLAN-LE-PETIT 22980

Carte régionale B1

12 km O de Dinan

€€€ Chambres d'hôtes Malik (Martine et Hubert Viannay) : 18, chemin de l'Étoupe. ☎ 02-96-27-62-71. 06-09-92-35-21. ● malikbretagne@free.fr ● malik-bretagne.com ● *Ouv de Pâques à Toussaint.* Étonnante demeure contemporaine tout en bois, installée dans un joli jardin. Deux suites en rez-de-chaussée, élégantes et raffinées, dont une composée de 2 chambres. Chacune avec une agréable véranda. Sanitaires privés. 82 € pour 2, brunch compris (pains et brioche maison, œufs brouillés, fromages du coin) et 126 € pour 4. Accueil chaleureux. Une adresse au charme indéniable. **NOUVEAUTÉ.**

Accès : *devant la mairie, prenez la D 91 vers Saint-Maudez puis la 3e rue à droite (rue des Graviers) puis la 1re rue à droite et vous y êtes.*

PLEUGUENEUC 35720

Carte régionale B1

14 km SE de Dinan ; 12 km O de Combourg

€ Chambres d'hôtes Le Lézard Tranquille (Julie de Lorgeril) : ☎ 02-99-69-40-36. 06-03-96-12-38. ● contact@lelezardtranquille.fr ● lelezardtranquille.fr ● Dépendant du château de la Bourbansais, ce bâtiment qui avait été créé par les ancêtres de Julie pour devenir une école est aujourd'hui sa maison. Quatre chambres agréables avec accès indépendant par porte-fenêtre. Sanitaires privés. Préférez les chambres qui donnent sur l'arrière, avec vue sur les prés et le bois en fond de décor. Comptez 50 € pour

2, petit déj compris. Vélos à disposition. Accueil agréable.

Accès : N 137 (sortie Pleugueneuc) ; suivez le fléchage « La Bourbansais ».

PLOÉZAL 22260

Carte régionale A1

46 km NO de Saint-Brieuc ; 20 km N de Guingamp

€ ♟ **Chambres d'hôtes (M. et Mme Jean-Louis Hervé) :** Kerléo. ☎ 02-96-95-65-78. 📱 06-45-29-88-19. Fax : 02-96-95-14-63. • kerleo.herve@wanadoo.fr • kerleo.fr • Au calme, dans une vieille ferme bretonne où les proprios élèvent des cochons. Quatre chambres spacieuses, dont 2 avec sanitaires privés (les 2 autres ont la salle d'eau et les w-c communs). Selon le confort, comptez 42 ou 49 € pour 2, petit déj inclus. Pas de table d'hôtes, mais restos et crêperies à proximité.

Accès : sur la D 787, prenez la direction du château de la Roche-Jagu ; indiqué à la sortie du village, ainsi qu'à la sortie du château.

PLOGOFF 29770

Carte régionale A1-2

50 km O de Quimper ; 5 km E de la pointe du Raz

€ ♟ 🐕 **10%** **Chambres d'hôtes (Marie-Rose et Jean-Paul Ganne) :** Kerhuret. ☎ 02-98-70-34-85. 📱 06-50-23-00-97. • fumoir.29@wanadoo.fr • chambres-gite-lapointeduraz.fr • Jolie ferme traditionnelle à deux pas de la célèbre pointe du Raz (infestée de touristes en été), où il fait bon aller voir, hors saison, le coucher du soleil sur la mer dansant autour du phare de la Vieille (à vos appareils !). Cinq mignonnettes chambres avec sanitaires privés. Elles sont toutes installées dans d'anciennes crèches (étables), chacune avec accès indépendant. Rassurez-vous, vous êtes vraiment chez l'habitant et les adorables proprios sont très présents. Comptez 45 € pour 2, petit déj compris (une véritable aubaine) avec des crêpes toute chaudes sorties de la poêle ! Table d'hôtes (sauf mercredi et dimanche) à 25 €, vin compris. Menus à base de produits de la mer (poissons, coquillages ou crustacés). Également un gîte pour 4 personnes. Les proprios vous indiqueront d'agréables sentiers qui longent la côte déchiquetée et battue par la mer, et vous pourrez aussi parcourir la lande sur les chevaux d'une ferme équestre voisine. Une adresse où l'on se sent vite comme chez soi, excellent rapport qualité-prix-convivialité. Une adresse plébiscitée par tous les Routards.

Accès : par la D 784 ; dans le village, prenez en direction de la pointe du Raz (sur 2,5 km) et tournez à gauche vers Kerhuret.

PLOUBALAY 22650

Carte régionale B1

17 km N de Dinan ; 14 km O de Saint-Malo

€€€ ♟ ⦿ **Chambres d'hôtes Clos Saint Cadreuc (Brigitte et Patrick Noel) :** Saint-Cadreuc. ☎ 02-96-27-32-43. • clos-saint-cadreuc@wanadoo.fr • clos-saint-cadreuc.com • 📶 Belle longère tout en pierre dans un joli coin de campagne. 5 chambres coquettes et personnalisées dont 2 familiales et une suite, avec sanitaires privés. 75 € pour 2, petit déj compris et 120 € pour 4. Table d'hôtes (du lundi au vendredi) partagée en famille à 28 €, vin bio compris. Accueil chaleureux. **NOUVEAUTÉ.**

Accès : de Ploubalay, D 768 vers St-Brieuc puis à gauche D 26 vers Plessix-Balisson, le hameau est à 4 km.

PLOUÉNAN 29420

Carte régionale A1

15 km NO de Morlaix ; 15 km S de Roscoff

€ ♟ 🐕 **Chambres d'hôtes (Sylvie et Allain Cazuc) :** Lopreden. ☎ 02-98-69-50-62. 📱 06-61-05-03-88. • allain.cazuc@wanadoo.fr • dormiralopreden.com • Fermé 23 déc-2 janv. 📶 Dans une ancienne crèche (comprenez étable), juste à côté de leur petite ferme, Sylvie et Allain ont aménagé 3 chambres simples avec sanitaires privés, à 50 € pour 2, copieux petit déj compris (on le prend chez Sylvie et Allain). Pas de table d'hôtes, mais un petit coin cuisine à disposition. Sylvie connaît sa région comme sa poche et vous indiquera des petits îlots à découvrir à pied à marée basse (mais chut ! il y a très peu d'initiés...). Pour ceux qui préfèrent lézarder, deux plages à 8 km : Carantec et Saint-Pol.

Accès : de Morlaix, empruntez la D 58 vers Roscoff ; tt de suite après le pont de la Corde, tournez à gauche (D 769) jusqu'à Plouénan ; dans le village, prenez la D 75 vers Plouvorn sur 2 km, puis bifurquez à gauche vers Lopreden (ouf !).

PLOUGASTEL-DAOULAS 29470

Carte régionale A1

10 km SE de Brest ; 15 km SO de Landerneau

€€ 🛏 (10%) **Chambres d'hôtes Kerbili (Jacqueline et Paul Guillemette) :** 365, chemin de Coat-Pehen. ☎ 02-98-37-80-65. 📱 06-82-58-71-77. • ker-bili@wanadoo.fr • kerbili.voila.net • 📶 Imposante demeure des années 1970 à l'architecture originale d'où sort une rotonde. Mais ce qui fait son charme c'est son panorama sur l'Elorn qui débouche dans la rade de Brest. Trois chambres agréables installées au 1er étage. Sanitaires privés (attenants pour 2 d'entre elles, dans le couloir pour la dernière, mais avec douche et baignoire). 58 € pour 2, petit déj compris. Dans le jardin, vous pourrez profiter du spa avec vue sur les flots. Ici, c'est encore l'océan, alors amis pêcheurs, c'est au bout du jardin (pas de carte de pêche, chouette !). Accueil convivial.

Accès : de Brest, N 165 vers Quimper, sortie Plougastel-Daoulas ; passez le pont qui passe sur la nationale (d'où vous venez) et, au rond-point, prenez direction « Le Passage » ; en bas d'une grande descente, après le panneau « 30 », tournez à droite et continuez jusqu'à la maison.

PLOUGONVELIN 29217

Carte régionale A1

20 km O de Brest ; 5 km SE du Conquet

€€ 🛏 (10%) **Chambres d'hôtes et camping vert (Monique et Marcel Saliou) :** Keryel. ☎ 02-98-48-33-35. 📱 06-62-06-33-35. • saliou.monique@wanadoo.fr • locations29.com • 🐕 Fermé 15 nov-15 fév. En pleine campagne, petite ferme en granit devenue une petite entreprise touristique rurale et familiale. Quatre chambres spacieuses et lumineuses, dont 2 suites familiales composées de 2 chambres : 3 sont au rez-de-chaussée avec accès indépendant (dont une dans l'ancien four à pain), la dernière est à l'étage d'une dépendance. Plein de petits plus comme petit frigo et bouilloire, TV pour les inconditionnels. De 50 à 54 € pour 2, petit déj compris, et de 90 à 95 € pour 4. Pour ceux qui préfèrent le camping, Monique et Marcel proposent 25 immenses espaces (300 m² chacun) et, pour plus de confort, des mobile homes Louisiane, bien nommés et en bois peint, et une roulotte-gîte pour 4 à 5 personnes. Pas de table d'hôtes, mais deux restos sympas au Conquet. Première plage à 3 km. On vous conseille le sentier côtier pédestre qui va de la pointe Saint-Mathieu au fort de Bertheaume (je vous en prie, passez devant Messire !). Accueil convivial. Une adresse idéale pour les familles et les copains.

Accès : du bourg, suivez la direction de la pointe Saint-Mathieu (D 85) et, après le panneau de sortie d'agglomération, prenez la 1re route à droite et suivez le fléchage sur 1 km.

PLOUGUENAST 22150

Carte régionale B1

35 km S de Saint-Brieuc ; 12 km N de Loudéac

€ 🛏 (10%) **Chambres d'hôtes La Touche d'en Bas (Rachel et Dominique Chauvin) :** ☎ et fax : 02-96-26-87-75. 📱 06-81-93-24-55. • chauvindom@aol.com • latouchedenbas.fr • Ancienne ferme avec une vue dégagée sur la campagne environnante. Deux chambres familiales aménagées en duplex, avec sanitaires privés (cabine de douche), chacune avec coin salon, frigo et micro-ondes. Déco simple et sans prétention. 45 € pour 2 et 12 € par personne supplémentaire, petit déj compris, avec, selon l'humeur de Rachel, les crêpes, le far breton ou encore la brioche maison. Pas de table d'hôtes mais plusieurs restos à Plouguenast, ou encore à Moncontour, un peu plus loin mais qui vaut bien la visite. Adresse chaleureuse, idéale pour les familles.

Accès : de Loudéac, D 700 vers Saint-Brieuc jusqu'à Plouguenast ; traversez le village en direction de Lamballe et, à la sortie du bourg, tournez à droite (en face du funérarium) et fléchage.

PLOUHA 22580

Carte régionale B1

25 km NO de Saint-Brieuc ; 18 km SE de Paimpol

€€ 🛏 **Chambres d'hôtes Les Gîtes du Goëlo (Marie-Andrée et Gérard Rosé) :** Rungagal. ☎ 02-96-22-40-20. 📱 06-30-62-29-57. • contact@lesgitesdugoelo.com • lesgitesdugoelo.com • 🐕 📶 C'est à partir des pierres (granit et schiste) d'une ancienne maison que Gérard a agrandi la sienne pour créer 3 chambres d'hôtes avec spacieux sanitaires privés : 2 au rez-de-chaussée, la dernière à l'étage. Chacune décorée sur un thème différent, entre les trois notre cœur balance... Il y a

« Marine », comme son nom l'indique, « Floralies », à l'atmosphère plus campagnarde, et « Orchidée », plus romantique avec son ciel de lit. Enfin, il y a « Régate », une suite qui peut accueillir les familles ou les couples d'amis. De 58 à 64 € pour 2, copieux petit déj compris (viennoiseries, fromages et yaourts), et de 94 à 99 € pour 4 personnes dans « Régate ». Pas de table d'hôtes, mais petit coin cuisine à disposition et plusieurs petits restos à proximité. Pour ceux qui veulent séjourner, un gîte de 5 personnes, loué de 250 à 590 € la semaine selon la saison. Accueil tout à fait charmant. Une très bonne adresse. La plage du Palus est à 2,5 km, donc accessible à pied. De là, vous êtes sur le GR 34 qui longe la côte en passant par la pointe de Plouha et par Gwin-Zégal, réputé pour ses grands troncs enfoncés dans l'eau où s'accrochent les bateaux.

Accès : de Saint-Brieuc, prenez la D 786 vers Paimpol (par la côte) ; après l'aire de pique-nique de Kérégal, que vous croisez à droite, prenez la 4e petite route à droite (2,5 km avt Plouha).

PLOUIDER   29260

Carte régionale A1

25 km NE de Brest ; 5 km N de Lesneven

€ 🛏 |●| 🐾 (10%) *Chambres d'hôtes (Claudine et Pierre Roué) :* Kersehen. ☎ 02-98-25-40-41. 📱 06-81-04-10-87. ● claudine.roue@wanadoo.fr ● hebergement-roue-plouider.wifeo.com ● Résa conseillée dès le mois de mai pour l'été. Maison moderne avec 3 chambres situées au 1er étage. Sanitaires privés. 48 € pour 2, copieux petit déj compris (avec crêpes, brioche et yaourts maison). Possibilité de repas, pour 20 € vin compris. Excellente table qui mêle cuisine traditionnelle et spécialités de la mer (selon l'inspiration de la maîtresse des lieux). Accès à la mer par de petits chemins côtiers. Accueil souriant et chaleureux.

Accès : de Lesneven, faites 5 km vers Plouider et prenez la 2e route à gauche ; après le rond-point, allez vers Kersehen sur 1 km, et suivez le fléchage.

PLOUIGNEAU   29610

Carte régionale A1

8 km SE de Morlaix

€€€ 🛏 (10%) *Chambres d'hôtes Le Manoir de Lanleya (André Marrec) :* ☎ et fax : 02-98-79-94-15. ● manoir.lanleya@wanadoo.fr ● manoir-lanleya.com ● ♿ André a cessé son activité pour rénover son petit manoir des XVIe et XIXe s, et vous propose 5 chambres spacieuses. Elles sont desservies par un bel escalier situé dans une tour. Comptez 81 € pour 2, petit déj compris. Pas de table d'hôtes, mais plusieurs restos à proximité. Si vous désirez séjourner, il y a 4 gîtes ruraux sur place (2 à 7 personnes) qui se louent de 350 à 675 € selon la capacité et la saison. Enfin, un tout récent gîte d'étape de 4 chambres, avec séjour et coin cuisine, à 23 € la nuit par personne, ou 28,50 € avec le petit déj. André connaît bien sa région et il possède une excellente bibliothèque qui vous permettra de la découvrir aussi bien du point de vue touristique que culturel (nombreux ouvrages d'auteurs bretons). Demandez-lui de vous faire visiter la charmante chapelle du manoir, située de l'autre côté de la route ; elle abrite de superbes statues. Accueil de qualité.

Accès : de Morlaix, N 12 vers Guingamp ; sortez à Plouigneau mais prenez ensuite la direction Lanneur (D 64) ; tournez à la 1re route à gauche et continuez jusqu'à Lanleya (env 4 km) ; la maison est au centre du bourg.

PLUMÉLIAU   56930

Carte régionale B2

40 km NE de Lorient ; 12 km S de Pontivy

€€ 🛏 (10%) *Chambres d'hôtes (Paulette et Léon Le Hir) :* Kerdaniel. ☎ 02-97-51-80-56. ● leon.lehir@orange.fr ● Ouv avr-nov. Belle ferme en granit du XIXe s. Au 1er étage une chambre, une chambre campagnarde et chaleureuse, avec mobilier breton traditionnel, armoire et lit avec scène de la vie rurale sculptée ; grande salle de bains et w-c privés. Et une autre chambre plus spacieuse, au mobilier Louis-Philippe, avec sanitaires privés. 60 € pour 2, copieux petit déj compris (gâteau et confitures maison, fromage blanc et charcuterie). Ici, il y a tout plein de collections : petites boîtes, flacons, fèves... Mais ce que l'on remarque, ce sont les patchworks ! Pas de table d'hôtes, mais si vous restez 4 nuits consécutives, Paulette vous offre le « krampouz », ou plus vulgairement un repas crêpes. Accueil authentique et vrai.

Accès : de Pontivy, prenez la D 768 vers Baud/Lorient ; sortez à Talvern-Menez, prenez la D 188 vers Pluméliau sur 1,5 km et tournez à gauche vers Kerdaniel.

PLUVIGNER — 56330

Carte régionale A2

26 km E de Lorient ; 13 km N d'Auray

€€ 🏠 (10%) ***Chambres d'hôtes (Jacqueline et Bernard Belin) :*** *Keraubert.* ☎ 02-97-24-93-10. 📱 06-87-46-70-75. • belin.jb@wanadoo.fr • 📶 Belle ferme des années 1930 aux volets bleus et en pierre des champs. Magnifique parc aux multiples essences, dont des palmiers et d'innombrables fleurs. Deux suites : « Les Palmiers », située au rez-de-chaussée et donnant sur le jardin, possède cuisine et salon avec télé (et se loue pour 2 nuits minimum) ; et « Les Nymphéas », toute de blanc vêtue, avec coin salon, accès indépendant et le nécessaire pour se faire un café ou un thé. Sanitaires privés. Respectivement 70 € et 65 € pour 2, copieux petit déj compris (avec pâtisserie maison), servi dans la chaleureuse et typique salle à manger des proprios ou dans la chambre. Kitchenette à disposition. Passionné de vieilles voitures, Bernard possède une belle jaguar MK2 de 1963 (intérieur bois et cuir, *English style* oblige). Accueil chaleureux.

> *Accès :* l'accès de la maison se trouve sur la D 24, entre Landévant et Baud, plus précisément entre Lambel et Malachappe (n'allez pas à Pluvigner).

POMMERIT-LE-VICOMTE — 22200

Carte régionale A1

6 km N de Guingamp

€ 🏠 🐕 🏇 ***Chambres d'hôtes Le Pigeon Voyageur (Yveline Royer) :*** *2, Glivinec.* ☎ 02-96-21-74-13. 📱 06-47-03-50-30. • yveline.royer@orange.fr • leschambresdupigeonvoyageur.com • 📶 Après avoir bourlingué à travers le monde, Yveline a décidé de retrouver la maison familiale et de prendre le temps de vivre. Deux unités familiales avec sanitaires privés : l'une, au rez-de-chaussée, composée de 2 chambres, l'autre prend tout l'étage et est composée de 3 chambres pouvant accueillir 6 personnes. 50 € pour 2, petit déj compris, avec viennoiseries et crêpes maison (chouette !), et 20 € par personne supplémentaire. Pas de table d'hôtes mais les restos à Guingamp ne manquent pas. Accueil souriant et décontracté. Une adresse chaleureuse et sans façon.

> *Accès :* à la sortie de Guingamp en direction de Pontrieux (D 787), au niveau de la zone de Bellevue, bifurquez vers Pabu, et au calvaire du Kermillon, tournez à droite, la maison est à 200 m (n'allez pas jusqu'à Pommerit).

PONT-AVEN — 29930

Carte régionale A2

30 km SE de Quimper ; 12 km E de Concarneau

€€ 🏠 ***Chambres d'hôtes Castel Braz (Hélène et Jean-Louis Poroli) :*** *12, rue du Bois d'Amour.* ☎ 02-98-06-07-81. 📱 06-85-56-12-51. • castelbraz@castelbraz.com • castelbraz.com • Original et bel hôtel particulier du XIXe siècle sur 3 étages qui lorgne sur la rivière. Cinq belles chambres toutes avec cheminées dont 2 suites composées de 2 chambres. Toutes différentes et peuplées de souvenirs de voyages. 70 € pour 2 et 80 € pour les suites, petit déj compris. 120 € pour 4. Accueil convivial. Une adresse au charme indéniable. ***NOUVEAUTÉ.***

> *Accès :* au cœur du bourg.

POULLAN-SUR-MER — 29100

Carte régionale A1-2

30 km NO de Quimper ; 5,5 km O de Douarnenez

€€€€ 🏠 (10%) ***Chambres d'hôtes Manoir de Kerdanet (Sid et Monique Durand-Nedjar) :*** ☎ 02-98-74-59-03. • manoir.kerdanet@wanadoo.fr • manoirkerdanet.com • *Ouv 15 avr-15 nov.* 📶 Encore une adresse d'exception ! Planté dans un parc boisé, magnifique manoir dont les origines remontent au XVe s. Un imposant hall au noble dallage vous emmène dans une vaste salle à manger. Plafond à la française que Monique et Sid ont nettoyé avec patience pour lui redonner sa beauté. L'escalier à vis en pierre n'est pas en reste ; il dessert 3 chambres spacieuses et élégantes, dont une suite familiale composée de 2 chambres. Toutes ont des cheminées et des lits à baldaquin (je craque !), répliques réalisées par un artisan de talent (chapeau !). Beaux meubles anciens dont une superbe armoire bigoudène cloutée. Sanitaires privés (douche et baignoire pour la suite). Pour 2, comptez 100 € la double et 120 € la suite, petit déj compris ; 30 € par personne supplémentaire. Puis c'est le moment de vous détendre dans le salon d'apparat avec ses poutres polychromes et sa monumentale cheminée sculptée. Un couple, un accueil charmant. Dans le parc, le vivier est toujours là, de même que la chapelle romane un peu plus loin. Bref, une adresse pour vivre la vie de château !

> *Accès :* de Douarnenez, allez jusqu'à Poullan-sur-Mer puis suivez les pancartes « Manoir de Kerdanet / Maner Kerdaned ».

PRAT 22140

Carte régionale A1

25 km NO de Guingamp ; 20 km SE de Lannion

€€ 🏠 **Chambres d'hôtes (Annie et Jean-François Touchais) :** 4, pl. de l'Église. ☎ 02-96-47-00-20. 📱 06-71-07-77-42. ● touchais.jf@wanadoo.fr ● gitesdarmor.com/prat ● 📶 Au cœur du village, ferme en activité où Annie et Jean-François élèvent des vaches laitières. Cinq chambres spacieuses et colorées réparties dans différents bâtiments, dont une familiale composée de 2 chambres. Sanitaires privés. 55 € pour 2, petit déj compris, et 17,50 € par personne supplémentaire. Pas de table d'hôtes mais cuisine à disposition. Ceux qui le souhaitent pourront bien sûr assister à la traite. Accueil chaleureux.

Accès : sur la D 767 entre Guingamp et Lannion, prenez la D 33 vers Tréguier puis la D 93 jusqu'à Prat ; la maison est en face de l'église.

QUEMPER-GUÉZENNEC 22260

Carte régionale A1

12 km de Paimpol ; 2,5 km E de Pontrieux

€ 🏠 🍴 **Chambres d'hôtes de Kerpuns (Jeanne et Joseph Le Marlec) :** 1, Kerpuns. ☎ et fax : 02-96-95-66-47. 📱 06-18-04-12-60. ● contact@kerpuns.com ● kerpuns.com ● *Fermé oct.* Jolie maison en granit couverte de fleurs. En tout, 5 chambres avec sanitaires privés. Comptez 47 € pour 2, petit déj compris. Pas de table d'hôtes mais cuisine à disposition. Accueil agréable.

Accès : sur la D 21 entre Pontrieux et Plouha-Lanleff.

QUIMPERLÉ 29300

Carte régionale A2

18 km NO de Lorient ; 17 km E de Pont-Aven

€€ 🏠 🍴 (10 %) **Chambres d'hôtes (Monique Moello) :** Le Petit-Lichern. ☎ 02-98-96-06-40. 📱 06-70-59-14-22. ● chambresdhotes.moello29@live.fr ● Trois mignonnes chambres avec sanitaires privés, à 52 € pour 2, petit déj compris. L'accueil est extrêmement chaleureux et Monique se fera un plaisir de vous renseigner sur Quimperlé et sa région.

Accès : par la route d'Arzano.

QUINTIN 22800

Carte régionale B1

19 km SO de Saint-Brieuc

€€€ 🏠 🍽 (10 %) **Chambres d'hôtes Le Clos du Prince (Marie-Madeleine Guilmoto) :** 10, rue des Croix-Jarrots. ☎ et fax : 02-96-74-93-03. 📱 06-82-18-86-69. ● info@leclosduprince.com ● leclosduprince.com ● Dans une belle maison de ville avec un grand jardin intérieur peuplé d'arbres centenaires, dont un superbe séquoia. Marie-Madeleine possédant un petit magasin d'antiquités au rez-de-chaussée, la décoration change souvent, mais toujours avec goût. Quatre chambres avec sanitaires privés, à 85 € pour 2, avec le petit déj. Table d'hôtes (uniquement hors saison) à 20 €, vin non compris. Accueil charmant. Quintin est une jolie cité de caractère, allez donc vous balader dans la vieille ville, elle vaut le détour !

Accès : de la mairie, prenez la rue des Douves, ensuite la rue des Forges, puis la rue Saint-Yves et vous tombez dans la rue que vous cherchez.

RIANTEC 56670

Carte régionale A2

12 km SE de Lorient ; 6 km S d'Hennebont

€€€ 🏠 (10 %) **Chambres d'hôtes La Chaumière de Kervassal (Maya Watine) :** ☎ et fax : 02-97-33-58-66. 📱 06-79-74-65-28. ● gonzague.watine@wanadoo.fr ● tymaya.com ● *Ouv mai-fin sept.* Petit hameau d'une douzaine de maisons pour une cinquantaine d'âmes. Chaumière traditionnelle dont les origines remontent au XVIIe s, mais dont le toit a refait plusieurs fois paille neuve. Trois chambres coquettes avec de croquignolets sanitaires privés qui font partie intégrante de la déco, dont une grande suite élégante avec salon et coin cuisine, terrasse et jardinet privatif. 80 € pour 2, copieux petit déj compris, et 110 € pour la suite. Bibliothèque et salon à la disposition des hôtes. Pas de table d'hôtes, mais plusieurs restos dans les environs. C'est l'occasion de découvrir Port-Louis et sa citadelle.

Accès : N 165, sortie et direction Port-Louis par la D 781 ; 1 km après le rond-point de Kernours, bifurquez vers Branroc'h jusqu'à Kervassal et suivez le fléchage.

RIEC-SUR-BELON 29340

Carte régionale A2

30 km NO de Lorient ; 6 km E de Pont-Aven

€ ▲ **Chambres d'hôtes (Martine et Rémy Guillou) :** Le Rest. ☎ 02-98-06-92-98. ▯ 06-28-28-05-88. • guillou.remy0005@orange.fr • Sur une exploitation agricole, jolies maisons de pierre bien fleuries. Dans un bâtiment annexe à leur maison, Martine et Rémy tiennent 4 chambres confortables, avec sanitaires privés, à 47 € pour 2, petit déj compris (jus de fruits, pain, confitures maison et, selon les jours, crêpes, viennoiseries, far, gâteau, etc.). Coin cuisine à disposition. Également 2 gîtes ruraux pour 2 et 5 personnes pour ceux qui souhaitent séjourner. Tranquillité garantie. Bon accueil.

> *Accès :* de Riec, prenez la direction de Quimperlé ; au château d'eau, tournez à gauche vers Le Trévoux (sur 1,1 km), puis à droite en direction de la chapelle de Saint-Gilles.

ROZ-LANDRIEUX 35120

Carte régionale B1

20 km NE de Dinan ; 6 km O de Dol-de-Bretagne

€€ ▲ |●| **Chambres d'hôtes Manoir de la Grande Mettrie (Sylvie Chapillon et Pierre Métivier) :** 101, lieu-dit La Grande-Mettrie. ☎ 02-99-48-29-21. • manoirmetrie@wanadoo.fr • manoirdelagrandemetrie.com • Manoir dont la partie centrale date du XIIIe s et la dernière du XVIe. Cinq chambres avec sanitaires privés. Déco agréable et de bon goût (on a craqué pour les chambres avec ciel de lit). Comptez 51 € pour 2, petit déj compris. Table d'hôtes (sauf le dimanche) partagée en famille à 21 €, apéro, vin et café compris. Accueil dynamique et chaleureux.

> *Accès :* prenez la N 176, sortez à Roz-Landrieux et suivez le fléchage.

ROZ-SUR-COUESNON 35610

Carte régionale B1

30 km SE de Saint-Malo

€€ ▲ 🐾 **10%** **Chambres d'hôtes Au Fief des Amis du Mont (Hildegard Monti) :** 1, les Parcs. ☎ 02-99-80-24-01. ▯ 06-78-81-53-80. • hildegard.monti@orange.fr • aufiefdesamisdumont.com • Fermé janv. 🛜 Belle demeure de 1900 qui jouit d'un beau panorama sur les environs. Au 1er étage, 3 chambres coquettes et lumineuses avec sanitaires privés, dont une familiale de 4 personnes. Atmosphère sereine. Toutes bénéficient d'une jolie vue sur le Mont-Saint-Michel. Selon la chambre, de 60 à 65 € pour 2, petit déj compris, et 89 € pour 4. Hildegard propose aussi une initiation à la géobiologie. Accueil convivial.

> *Accès :* sur la D 797 entre Pontorson et La Poultière, laissez la route vers Roz-sur-Couesnon à gauche, passez le garage, l'accès à la maison est un peu plus loin à gauche.

€ ▲ **Chambres d'hôtes Les Cotterets (Nadine et Christian Besnard) :** ☎ 02-99-80-24-50. ▯ 06-80-62-24-75. • lescotterets@wanadoo.fr • lescotterets.com • Nadine et Christian sont agriculteurs spécialisés dans la culture maraîchère (salades, carottes, navets...). Dans leur ferme isolée de la baie du Mont-Saint-Michel, 4 chambres simples et campagnardes avec sanitaires privés. Atmosphère décontractée, un brin bohème. 50 € pour 2, petit déj compris. Pas de table d'hôtes mais plusieurs restos à proximité. Une adresse à l'écart du bruit et de la foule, idéale pour découvrir le Mont-Saint-Michel situé à 8 km de là.

> *Accès :* sur la D 787 en venant de Pontorson, laissez la C 9 vers Roz-sur-Couesnon bourg et tournez à droite vers Ferme-Neuve la Rue ; après 1,2 km tournez à gauche, la maison est un peu plus loin à droite.

SAINT-ALBAN 22400

Carte régionale B1

22 km NE de Saint-Brieuc ; 11 km N de Lamballe

€€ ▲ **Chambres d'hôtes (Huguette et Robert Le Grand) :** Malido. ☎ 02-96-32-94-74. ▯ 06-82-49-64-08. Fax : 02-96-32-92-67. • legrand.malido@wanadoo.fr • malido.com • 🛜 À 4 km de la mer, dans un joli corps de ferme avec une cour intérieure très fleurie. Cinq chambres pour 2 ou 3 personnes, avec sanitaires privés. Mobilier en bois naturel, tissus dans les tons pastel. De 45 à 55 € pour 2, avec un bon petit déj. La chambre avec le balcon est à 60 €. Pas de table d'hôtes, mais coin cuisine et barbecue à disposition. Une gentille adresse. Possibilité d'accueillir des groupes (téléphoner) avec ou sans petit déj. Parc de loisirs de juillet à septembre.

> *Accès :* à 2 km de Saint-Alban par la D 786, vers Saint-Brieuc.

SAINT-AUBIN-DES-LANDES 35500

Carte régionale B2

35 km E de Rennes ; 6 km SO de Vitré

€€€ 🛏 **Chambres d'hôtes Manoir de la Gavouyère (Patricia et Didier Guillemot) :** La Gavouyère. 📱 06-83-80-93-76. ● la.gavouyere@gmail.com ● manoir-de-la-gavouyere.fr ● Fermé Noël-Jour de l'an. Joli manoir du début du XIXe s niché dans un agréable parc bordé par la Vilaine. Quatre chambres coquettes, dont une familiale composée de 2 chambres. Une plus spacieuse au 1er étage avec luxueux sanitaires privés (baignoire à remous et douche à jet), les 3 autres au second mais qui partagent le même w-c. Selon la chambre, de 70 à 90 € pour 2, petit déj compris. Court de tennis dans le parc et petite barque pour aller découvrir la rivière. Accueil souriant.

Accès : de Saint-Aubin, prenez la D 34 vers Pocé-les-Bois sur 2,5 km, puis tournez à droite juste après le passage à niveau vers La Gavouyère et allez tt au bout de cette petite route.

SAINT-BRIAC-SUR-MER 35800

Carte régionale B1

15 km O de Saint-Malo ; 6 km O de Dinard

€€€ 🛏 10% **Chambres d'hôtes Le Vieux Logis (Ginette Vautier) :** 19, rue de Pleurtuit. ☎ 02-99-88-34-78. 📱 06-10-91-42-35. ● ginette.vautier@orange.fr ● chambre-hotes-saint-briac.com ● 📶 Au cœur du village, belle demeure en pierre dont les origines remontent au XVIIe s. Quand on entre chez Ginette, on est frappé par les bouquets de fleurs qui parent la maison. C'est sa passion, comme les fruits frais que vous dégusterez au petit déj. Trois chambres charmantes, dont une au rez-de-chaussée avec accès direct sur le jardin, les 2 autres au 2e étage. Jolie déco contemporaine. Sanitaires privés. Selon la chambre, de 69 à 82 € pour 2, petit déj compris. Pas de table d'hôtes mais plusieurs bons restos dans le village. Accueil chaleureux de cette ancienne professeur. Première plage à 1 km. Une adresse au charme indéniable.

Accès : allez jusqu'à la mairie puis direction Pleurtuit, vous êtes dans la rue.

SAINT-BRICE-EN-COGLÈS 35460

Carte régionale B1

48 km NE de Rennes ; 15 km NO de Fougères

€ 🛏 **Chambres d'hôtes (Marguerite et Marcel Harlais) :** Le Guéret. ☎ 02-99-97-76-49. En pleine campagne, 3 accueillantes chambres (2 avec sanitaires communs), de 37 à 40 € pour 2, avec le petit déj. Marcel est sabotier à la retraite (son grand-père et son père l'étaient déjà) et fait partager sa passion à ses hôtes depuis des années. Son atelier est une véritable malle aux trésors où s'anime une foule d'outils insolites, dont certains ont été conçus par lui pour répondre à ses besoins. Un fascinant voyage hors du temps.

Accès : de Fougères, prenez la D 155 vers Antrain ; après avoir passé Saint-Étienne, fléchage à 800 m sur la gauche.

SAINT-ÉLOY 29460

Carte régionale A1

28 km E de Brest ; 12 km SO de Sizun

€ 🛏 **Chambres d'hôtes (Nicole et Jacques Le Lann) :** Kérivoal. ☎ 02-98-25-86-14. ● jacques.le-lann@treflevenet.fr ● locations29.com/hebergements/kerivoal-saint-eloy ● Ouv d'avr à mi-nov. 📶 Par une petite route buissonnière, on arrive à Kérivoal. La campagne est belle et vallonnée. Dans ce décor, chouette ensemble de bâtiments du XIXe s, en schiste et granit, coiffés d'ardoise (celles de l'étable sont d'origine, épaisses comme les lauzes). Nicole et Jacques l'ont acheté en ruine et l'ont restauré avec amour. Dans l'ancienne grange, 2 chambres accueillantes avec sanitaires privés. Beaux meubles locaux, dont une superbe armoire presse-lin dans l'une d'elles (notre préférée). Selon la chambre, 46 ou 51 € pour 2, petit déj compris (attention, en saison, 2 nuits minimum). Il est servi dans la salle à manger de Nicole et Jacques, avec une immense cheminée et sa niche où l'on mettait les cendres. Cuisine et lave-linge à disposition. Potager bien tenu, agréable verger et vaste jardin avec pièce d'eau où vous pourrez admirer de belles collections de rosiers, camélias, rhododendrons et autres magnolias. Accueil convivial.

Accès : sur la D 18, entre Sizun et Le Faou, prenez la D 230 jusqu'à Saint-Éloy ; bon fléchage depuis le bourg.

SAINT-ERBLON — 35230

Carte régionale B2

10 km S de Rennes

€€ **Chambres d'hôtes Le Moulin de Blochet (Nadine et Jean-Paul Morvan) :** ☎ 02-99-52-20-29. 📱 06-81-06-87-22. • lemoulindeblochet@orange.fr • chambres-hotes-rennes.com • 📶 C'est dans les dépendances d'un ancien moulin à eau que Nadine et Jean-Paul ont installé les 3 chambres. L'une au rez-de-chaussée, avec entrée indépendante et terrasse privée sur le bosquet, les 2 autres à l'étage, dont la romantique « Eugénie » avec petit balcon qui ouvre sur la pièce d'eau. Jolie déco agrémentée de meubles anciens. Sanitaires privés. Selon la chambre, de 60 à 75 € pour 2, petit déj compris. Pas de table d'hôtes, mais petite cuisine à disposition. Calme et tranquillité assurés. Accueil convivial.

Accès : de Saint-Erblon, suivez la D 82 vers Bourgbarré sur 1 km ; le moulin est fléché à gauche.

SAINT-JUVAT — 22630

Carte régionale B1

45 km S de Saint-Malo ; 12 km S de Dinan

€ **Chambres d'hôtes La Lingandière (Pierryle Dorvault et André Schetritt) :** *La Pommerais.* ☎ 02-96-88-10-47 ou 09-65-28-26-36. • lalingandiere@wanadoo.fr • perso.wanadoo.fr/alalingandiere • Ici, on dit des vers et on parle peinture et sculpture contemporaines. L'ambiance est bohème et décontractée. Pierryle et André ont quitté Paris pour rejoindre ce petit hameau, bien décidés à ouvrir cette maison aux artistes de tout poil, qu'ils soient de passage ou venus pour des stages encadrés par des professionnels. Deux chambres d'hôtes réparties dans différentes ailes de cette ancienne ferme, plus une suite de 2 chambres, toutes avec sanitaires privés attenants. 47 € pour 2, petit déj compris. Une adresse chaleureuse et sans façon.

Accès : depuis le village, prenez la D 12 vers Dinan (pdt 1,2 km) ; La Pommerais est à droite.

€€ **Chambres d'hôtes Les Effourneaux (Thierry Hadjal) :** ☎ 02-96-88-17-52. 📱 06-07-48-39-43. • effourneaux@wanadoo.fr • leseffourneaux.com • Dans un cadre campagnard, jolie maison en pierre des faluns. À l'étage, 5 chambres coquettes, dont 2 plus grandes avec sanitaires privés, 2 autres sous forme de suite qui se partagent une salle de bains (parfaites pour les familles ou les couples d'amis) et une plus petite avec salle d'eau. Selon la chambre, comptez de 60 à 75 € pour 2, petit déj compris, servi dans une agréable salle à manger avec belle poutraison et grande cheminée. Pas de table d'hôtes, mais plusieurs restos à proximité. Un couple d'ânes fera la joie des enfants. Vélos à disposition. Accueil convivial.

Accès : depuis Dinan, prenez la D 766 vers Caulnes (pdt 10 km), puis à gauche vers Saint-Juvat ; la maison se situe 1 km avt le village.

SAINT-LORMEL — 22130

Carte régionale B1

28 km SO de Saint-Malo ; 20 km NO de Dinan

€€ **Chambres d'hôtes La Pastourelle (Évelyne et Jean-Yves Ledé) :** *L'Étang-Quihois.* ☎ 02-96-84-03-77. 📱 06-87-57-78-92. • la-pastourelle-stlormel@orange.fr • chambreslapastourelle.com • *Ouv de Pâques à mi-nov.* 📶 En pleine nature, dans une belle ferme, 5 chambres, toutes différentes, avec sanitaires privés. « Clématite », avec lit à baldaquin, et « Rose », avec ciel de lit, sont nos préférées. Comptez 53 € pour 2, petit déj inclus. Table d'hôtes à 19 €, vin compris. Les repas sont servis dans une belle salle rustique. Accueil agréable.

Accès : dans Saint-Lormel, tournez à gauche en face de l'école (en venant de Plancoët) ; la maison est à 1,5 km.

SAINT-MALO — 35400

Carte régionale B1

€€€ **Chambres d'hôtes La Haute Flourie (Séverine et Pierre-Yves Loisel) :** *12, rue de Coëtquen.* ☎ 02-90-04-92-46. 📱 06-17-61-42-13. • contact@haute-flourie.com • haute-flourie.com • Belle demeure du début du XVIIe s nichée dans un agréable parc. Elle fut la propriété du célèbre capitaine corsaire René Duguay-Trouin, né à Saint-Malo, qui devint capitaine de frégate de la marine royale à 24 ans, avant d'être anobli par Louis XIV (ça le fait !). Maintenant c'est une maison d'artiste et les 4 chambres élégantes se parent des toiles que réalise Séverine. Sanitaires privés. 90 € pour 2, petit déj compris. Pas de table d'hôtes mais les bons restos ne manquent pas. Bretons tous les deux, les proprios vous donneront tous les tuyaux pour découvrir la région et surtout les petites plages tranquilles. Accueil chaleureux. Une adresse au charme indéniable.

> *Accès : en arrivant par la 4-voies, prenez la direction de Dinard puis 1re sortie Saint-Malo/Saint-Servan/Quelmer ; au stop à gauche et 1re à droite.*

SAINT-MARTIN-DES-CHAMPS 29600

Carte régionale A1

3 km O de Morlaix

€ 🏠 🍴 (10 %) **Chambres d'hôtes Kéréliza (Marie-Noëlle Aliven) :** ☎ 02-98-88-27-18. ● marie-noelle.gueguen@laposte.net ● locations29.com/hebergement/kereliza ● M. et Mme Aliven ont entièrement rénové une ancienne maison de maître. Cinq chambres agréables avec sanitaires privés, à 50 € pour 2, petit déj inclus. Grand et agréable jardin. Pas de table d'hôtes mais cuisine à disposition. Petit billard américain pour les amateurs.

> *Accès : de Saint-Martin, prenez la direction de Roscoff ; passez deux ronds-points et prenez la direction de Sainte-Sève ; au 3e rond-point, suivez le fléchage.*

SAINT-MÉLOIR-DES-ONDES 35350

Carte régionale B1

10 km E de Saint-Malo ; 6 km SO de Cancale

€€ 🏠 🍴 **Chambres d'hôtes (Sophie et Loïc Collin) :** Langavan. ☎ 02-99-89-22-92 ou 02-99-58-71-37. ● sopcollin@wanadoo.fr ● langavan.fr ● *Ouv de mi-mars à fin oct.* En bordure de la baie du Mont-Saint-Michel, dans une ancienne grange restaurée, 5 chambres de 2 à 4 personnes, avec sanitaires privés. Préférez celles qui donnent sur la mer. Comptez 56 € pour 2, avec le petit déj (plein de confitures originales), et 10 € par personne supplémentaire. Une adresse qui a des adeptes !

> *Accès : n'allez pas à Saint-Méloir ; prenez la D 155 vers Saint-Benoît, puis suivez le fléchage.*

€€ 🏠 (10 %) **Chambres d'hôtes Le Petit Porcon (Édith et Léon Fraboulet) :** ☎ 02-99-89-12-78. 📱 06-88-09-47-46. ● lepetitporcon@msn.com ● lepetitporcon.com ● *Fermé janv.* 📶 Cinq chambres coquettes dans cette ancienne ferme, dont une familiale composée de 2 chambres ; une au rez-de-chaussée, les 4 autres à l'étage. Sanitaires privés, TV et connexion wifi dans chaque chambre. 58 € pour 2, petit déj compris, et 110 € pour 5. Première plage à 5 mn à pied.

> *Accès : le hameau se trouve sur la D 76 entre les Portes Rouges et Cancale, la maison est sur la gauche (bon fléchage).*

SAINT-MICHEL-DE-PLÉLAN 22980

Carte régionale B1

34 km SO de Saint-Malo ; 17 km O de Dinan

€€ 🏠 🍴 **Chambres d'hôtes La Corbinais (Henri Beaupère) :** ☎ 02-96-27-64-81. Fax : 02-96-27-68-45. ● corbinais@corbinais.com ● corbinais.com ● *Fermé en janv.* En pleine campagne, un couple rayonnant vous accueille dans une petite maison bretonne décorée avec goût. Trois chambres avec sanitaires privés, à 65 € pour 2, petit déj inclus. Pour les amateurs d'insolite, possibilité de dormir dans un « nid » suspendu dans les arbres (112 € pour 2, petit déj et accès à l'espace sauna et spa compris). Pour un séjour prolongé, un gîte ravissant et lumineux, tout en bois, avec terrasse. Ici, on goûte la vie au rythme de la nature, des occupations artistiques de la maîtresse de maison et des activités sportives. Le golf est à l'honneur, car Henri a créé un parcours de 9 trous (cours à la journée, stages avec professeur diplômé, etc.). Possibilité de balades en mer et à VTT.

> *Accès : de Dinan, empruntez la N 176 en direction de Plélan ; sortez à Plélan-le-Petit, et prenez la D 19 jusqu'à Saint-Michel-de-Plélan et suivez le fléchage.*

SAINT-SAMSON-SUR-RANCE 22100

Carte régionale B1

7 km N de Dinan

€€ 🏠 (10 %) **Chambres d'hôtes Le Petit Châtelier (Pierrette et Pascal Papail) :** ☎ 02-96-39-47-89. 📱 06-58-48-69-58. ● pierrette@lepetitchatelier.com ● lepetitchatelier.com ● En pleine campagne, belle ferme du XVIIIe s entourée de bois et de pâturages. Pascal a réalisé tous les travaux et le résultat est superbe (enduits à la chaux et jolis parquets). Dans un bâtiment indépendant, 4 chambres spacieuses à l'atmosphère champêtre et romantique, 3 au 1er étage (dont 2 en duplex, idéales pour les familles), la dernière au second. Sanitaires privés. 66 € pour 2, petit déj compris, et 20 € par personne supplémentaire. Et si vous souhaitez poser vos valises plus longtemps, un adorable gîte pour 2 personnes aménagé dans l'ancien fournil. Accueil convivial.

> *Accès :* sur la N 176 entre Dinan et Saint-Malo, sortir à Saint-Samson-sur-Rance (D 12) puis prenez la D 57 ; n'entrez pas dans le village, mais suivez la direction de La Hisse ; l'accès à la maison est 800 m plus loin sur la gauche.

SAINT-THÉGONNEC 29410

Carte régionale A1

10 km O de Morlaix

€€ 🛏 |●| (10%) **Chambres d'hôtes Ar Presbital Koz (Christine et André Prigent) :** *18, rue Lividic.* ☎ 02-98-79-45-62. 📱 06-60-36-79-29. ● ar.presbital.koz@orange.fr ● ar.presbital.koz.free.fr ● *Fermé mars et oct.* 🛜 Dans l'ancien presbytère de Saint-Thégonnec, 4 chambres spacieuses et confortables, destinées à accueillir les férus d'enclos paroissiaux. 60 € pour 2, petit déj compris. Sur réservation, possibilité de table d'hôtes à 25 €.

> *Accès :* fléchage dans le bourg.

€ 🛏 **Chambres d'hôtes Le Moulin de Kerlaviou (M. et Mme Cornily) :** ☎ 02-98-79-60-57. *De préférence sur résa.* Petite ferme bordée d'une rivière, à côté d'un vieux moulin, dans une campagne fleurie. Deux chambres agréables, avec sanitaires privés, à 48 € pour 2, avec le petit déj. Accueil chaleureux.

> *Accès :* du bourg, prenez la D 712 vers Landivisiau, puis fléchage « Chambres d'hôtes » à gauche à 1 km.

SIXT-SUR-AFF 35550

Carte régionale B2

50 km SO de Rennes ; 15 km N de Redon

€€ 🛏 |●| (10%) **Chambres d'hôtes Le Manoir de Pommery (Frédérique et Pascal Morrier) :** ☎ 02-99-70-07-40. 📱 06-68-55-51-26. ● infos@manoir-pommery.com ● manoir-pommery.com ● *Fermé janv-fév et 1er-15 juil.* 🛜 À la limite du Morbihan, en pleine campagne, joli manoir du XVIe s installé dans un grand parc ombragé. Au 2e étage, 3 chambres champêtres avec sanitaires privés, dont 2 climatisées. La jaune donne dans le romantisme avec sa belle charpente et sa petite fenêtre côté jardin. 60 € pour 2, petit déj compris, servi dans une salle à manger agrémentée d'une remarquable cheminée qui remonte aux origines de la maison. Accueil familial et très sympa. Possibilité de déguster une bonne table d'hôtes (sur réservation) pour 22 €, et plusieurs restos dans les environs. Accueil chaleureux.

> *Accès :* du village, prenez la D 55 vers Renac puis, à 800 m, bifurquez à gauche vers Saint-Just (C 223) sur 2 km ; le manoir est fléché à gauche.

SULNIAC 56250

Carte régionale B2

14 km E de Vannes ; 8 km S d'Elven

€€ 🛏 |●| (10%) **Chambres d'hôtes (Véronique et Gilles Le Jallé-Foucher) :** *Quiban.* ☎ et fax : 02-97-53-29-05. ● gilles.lejalle@wanadoo.fr ● gites-de-france-bretagnesud.com ● *Fermé 15 déc-15 fév.* 🛜 Quand on voit cette belle maison en pierre, on a du mal à croire qu'elle date seulement de 1975. Trois chambres au rez-de-chaussée et une chambre à l'étage avec sanitaires privés. Chacune sur un thème différent, on a craqué pour la chambre « Côté jardin » qui ouvre, comme son nom l'indique, sur le parc. 62 € pour 2, petit déj compris (souvent accompagné d'un gâteau maison). Table d'hôtes, partagée en famille devant la cheminée ou dans la véranda pour profiter de la beauté du cadre, à 21 €, apéro et vin compris. Très bonne cuisine familiale et régionale. Accueil chaleureux. Une adresse qui fait des adeptes.

> *Accès :* de Sulniac, D 104 vers Trefféan jusqu'au château d'eau ; la maison est sur la gauche.

TRÉGLONOU 29870

Carte régionale A1

20 km N de Brest ; 4 km SO de Lannilis

€ 🛏 |●| (10%) **Chambres d'hôtes du Manoir de Trouzilit (Roland Stephan) :** ☎ 02-98-04-01-20. Fax : 02-98-04-17-14. ● trouzilit@wanadoo.fr ● manoir-trouzilit.com ● ✂ *Pour la crêperie, service tlj en été ; en basse saison, slt ven, sam et dim. Pour les chambres, résa dès janv pour l'été.* Cette ex-résidence du marquis de

Trouzilit est aujourd'hui gérée par la famille Stephan qui en a fait un centre de loisirs. En tout, une soixantaine de lits qui se répartissent en 5 chambres d'hôtes, des gîtes ruraux et un gîte d'étape. Comptez 48 € pour 2 pour les chambres d'hôtes, avec le petit déj. Pour vos loisirs : golf miniature et équitation. Et pour les repas, il y a une crêperie.

> Accès : depuis Brest, sortie Gouesnou (D 13) jusqu'à Lannilis ; prenez la D 28 vers Ploudalmezeau et suivez le fléchage.

TRÉGROM 22420

Carte régionale A1

20 km S de Lannion ; 20 km NO de Guingamp

€€ ä ┌ **Chambres d'hôtes L'Ancien Presbytère (Nicole de Morchoven) :** ☎ 02-96-47-94-15. • nicoledemorcho ven@orange.fr • tregrom.monsite.wana doo.fr • Ouv avr-nov. Dans un petit village très calme, ancien presbytère du XVIIIe s abritant 3 chambres agréables avec sanitaires privés. Comptez 65 € pour 2 avec le petit déj. Pour vos amis à quatre pattes, supplément de 5 € par jour. Accueil convivial et ambiance décontractée.

> Accès : de Guingamp, prenez la N 12 vers Morlaix, sortie Louargat, puis la D 33 vers Trégrom (7 km) ; la maison est face au porche ouest de l'église.

TRÉGUIER 22220

Carte régionale A1

30 km N de Guingamp ; 15 km O de Paimpol

€€ ä **Chambres d'hôtes Tara (Malou et Guy Arhant) :** 31, rue Ernest-Renan. ☎ 02-96-92-15-28. ▤ 06-70-53-28-99. • marielouise.arhant@orange.fr • cham brestarategruier.com • ✂ Fermé 3 sem en oct ; de janv à mars, prudent de réserver. Au cœur de cette jolie cité de caractère, charmante demeure classée du XVIe s, avec encorbellement et colombages. C'est par le grand jardin qu'on entre dans la maison. 5 chambres pas immenses mais coquettes avec sanitaires privés, réparties dans différentes ailes : une au rez-de-chaussée, familiale, les 4 autres à l'étage. On a une petite préférence pour celles qui sont situées dans la partie la plus ancienne avec poutres et façades de lits clos. 65 € pour 2, petit déj compris, servi dans une chaleureuse salle à manger avec cheminée en pierre. Pas de table d'hôtes, mais plusieurs restos en ville. Malou et Guy ont une véritable passion pour l'Irlande où ils se rendent régulièrement...

> Accès : allez jusqu'au port, la rue Ernest-Renan commence entre les deux portes de la ville.

TRESSAINT-LANVALLAY 22100

Carte régionale B1

30 km S de Saint-Malo ; 4 km S de Dinan

€€ ä |●| ⑩% **Domaine Arvor (Monique et Samuel Lemarchand) :** La Ville-Ameline. ☎ 02-96-39-33-69. ▤ 06-25-49-71-82. • contact@domaine-arvor.com • domaine-arvor.com • Fermé janv. Dans un petit hameau, belle maison de maître en granit datant du XIXe s. C'est aussi une ferme où Monique et Samuel vous accueillent. Six vastes chambres installées aux 1er et 2e étages de la maison. Déco sobre et atmosphère campagnarde à souhait. De 65 à 85 € pour 2, petit déj compris. Les amateurs d'insolite pourront porter leur choix sur la roulotte, la cabane dans les arbres, les tipis, yourtes et tentes caïdale ou berbère installés sur le domaine. Enfin, 3 gîtes pour ceux qui ne voudraient plus plier bagages. Pour parfaire le séjour, accès à un espace bien-être avec jaccuzzi, hammam et sauna.

> Accès : de Dinan, prenez la direction Rennes jusqu'à Lanvallay, puis la D 2 vers Évran jusqu'à l'entrée de Tressaint ; là, tournez à gauche ; la maison est à 1 km.

Centre

ARDENAIS 18170

Carte régionale B2

50 km S de Bourges ; 15 km SO de Saint-Amand-Montrond

€€ 🛏 |●| 🔟% *Chambres d'hôtes de la Folie (Annick Jacquet) :* ☎ 02-48-96-17-59. ● la.folie@wanadoo.fr ● perso.wanadoo.fr/cher.berry.la.folie ● Dans un paysage de bosquets, de forêts et de pâturages, belle ferme du XVIIIe s très bien restaurée, agrémentée par des encadrements de portes et de fenêtres en grès de Saulzais, dont les bâtiments les plus anciens datent du XVe s ! Trois chambres : 2 au rez-de-chaussée et à l'étage de la maison, spacieuses et agréables (une chambre complémentaire pour celle du 1er), la dernière en duplex dans une aile indépendante avec petit salon et coin cuisine. Sanitaires privés. De 55 à 60 € pour 2, petit déj compris. Belle salle de jour avec coin salon, piano pour les amateurs et cheminée. Souriante et charmante, Annick propose, en dépannage et sur réservation, une table d'hôtes à 15 €, vin compris. Accueil de qualité. Pour ceux qui s'adonnent à la marche, la superbe forêt de Tronçais est toute proche.

Accès : depuis Saint-Amand-Montrond, prenez la D 925 vers Châteauroux sur 1 km après le rond-point de l'autoroute, prenez à gauche la D 112 jusqu'à Marçais puis la D 38 vers Culan et fléchage à 3,5 km.

€€€ 🛏 |●| 🐾 🔟% *Chambres d'hôtes Domaine de Vilotte (Jacques Champe-*nier) : ☎ et fax : 02-48-96-04-96. 📱 06-25-59-24-51. ● tour.dev@wanadoo.fr ● domainedevilotte.com ● Fermé nov-fév, sf résa. 📶 Après avoir beaucoup roulé sa bosse, en passant par RTL et le Futuroscope (merci pour la pub !), Jacques a décidé de reprendre cette belle et grande demeure bourgeoise du XIXe s, achetée par son grand-père. On arrive côté cour, mais le plus intéressant se passe côté jardin... La maison ouvre sur une belle roseraie qui fleurit en juin et juillet et qui mène à l'étang privé. Quant à l'intérieur, c'est un véritable musée qui rassemble une collection de vieilles affiches et cartes postales, de postes de radio, ainsi que de nombreux tableaux et aquarelles. Cinq chambres d'hôtes, dont 4 ouvrant sur le jardin. Déco agréable et soignée. Sanitaires privés. De 85 à 115 € pour 2, petit déj compris, avec jus de fruits pressés et confitures maison (eh oui, Jacques a de la ressource !). C'est aussi lui qui cuisine. Table d'hôtes à 28 €, vin compris. Vous partagerez les repas (avec les légumes bio du potager) dans sa chaleureuse cuisine où trône une vieille cuisinière et pendent les casseroles en cuivre. Accueil de qualité. Les pêcheurs pourront librement aller taquiner le poisson, les autres aller piquer une tête dans la piscine. Une adresse qui ne manque pas de charme, mais pour laquelle il faudra mettre le prix.

Accès : A 71, sortie Saint-Amand/Vallon-en-Sully ; prenez la D 925 jusqu'à l'entrée de Saint-Amand ; avt le pont qui traverse le Cher, prenez la D 951 vers Culan, puis à droite vers Le Châtelet jusqu'à Ardenais et suivez le fléchage.

Nous vous rappelons que la table d'hôtes est le complément d'une formule d'hébergement (chambre d'hôtes, gîte d'étape...). Ce service n'est offert qu'aux personnes qui dorment sur place (excepté lorsqu'il est clairement écrit « ouvert aux extérieurs »).

ARNOUVILLE 28310

Carte régionale B1

40 km E de Chartres ; 4 km O d'Angerville

€ ⌂ **Chambres d'hôtes Ferme de la Basse-Cour (Claire et Pascal Garros) :** ☎ 02-37-99-53-49. • *bassecour@wanadoo.fr* • *bassecour.fr* • Cette ferme porte ce nom, non à cause de la volaille, mais parce que c'était la ferme du château situé juste à côté... Ici, on mêle harmonieusement culture et cultures ! Cultures de céréales bio (l'activité de Pascal) et culture car Claire est aussi décoratrice de théâtre et elle organise tous les 2 ans une biennale d'art contemporain, qui attire jusqu'à 1 500 personnes ! D'ailleurs, toutes les chaises de la maison sont peintes en hommage à un peintre. Dans une aile de la ferme, 3 chambres familiales avec mezzanine, dont une avec petit coin cuisine intégré ; les autres peuvent profiter de la cuisine des proprios. Sanitaires privés. 49 € pour 2, petit déj compris. Visitez le pigeonnier : il date de 1750 et tous les boulins sont encore là (poteries d'argiles insérées dans le mur pour servir de nid, ignorant !). Atmosphère bohème, accueil chaleureux et décontracté.

Accès : le hameau se trouve à 4 km d'Angerville (N 20) en direction de Chartres par la D 939.

AZAY-SUR-CHER 37270

Carte régionale A2

15 km E de Tours ; 12 km O de Bléré

€€ ⌂ |●| (10 %) **Chambres d'hôtes Le Clos des Augers (Dany et Philippe Hellio) :** Les Augers. ☎ 02-47-50-49-49. • *closdesaugers@wanadoo.fr* • *lesaugers.fr* • 🛜 Ancien rendez-vous de chasse du XVIIIe siècle. Trois jolies chambres dont 1 familiale composée de 2 chambres avec accès indépendant. 65 € pour 2, petit déj compris et 105 € pour 4. Table d'hôtes (lundi, mercredi, vendredi et dimanche sauf du 1er juillet au 31 août) à 25 €, apéro, vin et café compris. Bonne cuisine du terroir avec les légumes du jardin en saison. Accueil chaleureux.

Accès : dans la descente d'Azay (venant de Tours), prenez à droite au 2e feu vers Esvres, suivez la route communale C5 sur 2 km, traversez « La Marqueterie », « La Gitonnière » et « Le Petit Grais » ; à la croix, prenez à droite, c'est la 2e maison à droite.

AZÉ 41100

Carte régionale A1

8 km NO de Vendôme

€€ ⌂ ⊠ (10 %) **Chambres d'hôtes Crislaine (Annie et Christian Guellier) :** ☎ 02-54-72-14-09. 📱 06-07-68-59-97. Fax : 02-54-72-18-03. • *contact@crislaine.com* • *crislaine.com* • 🛜 Dans une jolie ferme recouverte de vigne vierge, 3 chambres (une double et 2 familiales) au 1er étage de la maison des propriétaires, avec accès indépendant. Grande salle de séjour avec une salle de jeux pour les enfants en mezzanine. Comptez 53 € pour 2, petit déj compris. Pas de table d'hôtes mais coin cuisine et barbecue à disposition. Un âne pour la compagnie. Piscine. Prêt de VTT et vélos de route. Une adresse idéale pour les familles. Si vous venez en train, on pourra aller vous chercher à la gare de Vendôme.

Accès : de Vendôme, prenez la D 957 vers Le Mans, c'est la 1re ferme sur la gauche, 3 km après le hameau de Galette.

€€ ⌂ |●| (10 %) **Chambres d'hôtes Ferme de Gorgeat (Nadège et Michel Boulai) :** ☎ 02-54-72-04-16. 📱 06-17-04-75-37. Fax : 02-54-72-04-94. • *michelboulai@yahoo.fr* • *fermedegorgeat.com* • 🛜 Cinq chambres d'hôtes (3 doubles et 2 familiales) colorées, avec salle d'eau et w-c (dont 2 avec baignoire balnéo), gérées par Nadège et Michel : 3 sont dans un bâtiment indépendant, mansardées et avec mezzanine, les 2 autres sont dans la maison principale. De 59 à 60 € pour 2, avec le petit déj (pain maison aux raisins-noix ou raisins-amandes). Repas, sur réservation, à 22 €, apéro, vin et café compris. Spécialités : salade au fromage de chèvre, potée maison, canard aux pommes, lapin à la menthe, charlotte au chocolat, gratin de fruits. Vente de produits fermiers et bio. Également un gîte rural pour 5 à 7 personnes, loué de 480 à 560 € la semaine selon la saison. Piscine, beau court de tennis et petit plan d'eau pour les pêcheurs. Accueil souriant et sympa. Possibilité d'aller chercher les hôtes à la gare de Vendôme ou à la gare TGV.

Accès : du village, prenez la rue de la Fontaine (au pied de la boucherie), puis suivez le panneau « Gorgeat » ; c'est à 1 km, avt les bois.

BAILLEAU-L'ÉVÊQUE 28300

Carte régionale A1

8 km NO de Chartres

€€ ⌂ |●| **Chambres d'hôtes La Ferme du Château (Nathalie et Bruno Vasseur) :** Levesville. ☎ et fax : 02-37-22-97-02. • *bnvasseur@orange.fr* • *ferme-*

134

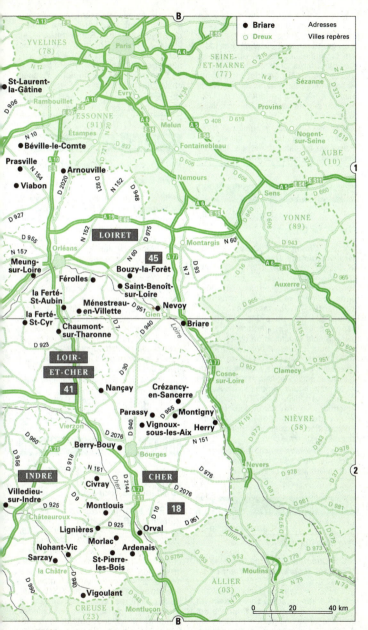

CENTRE

levesville.com • Fermé Noël-Nouvel An. Au milieu d'une immense cour fermée, jolie ferme du XIXe s, en brique et silex, et un grand jardin. Trois chambres (dont une familiale), claires et spacieuses, avec sanitaires privés. De 65 à 70 € pour 2, petit déj compris, et 20 € par personne supplémentaire. Table d'hôtes (sauf le week-end) partagée en famille à 20 €, vin et café compris. Bonne cuisine du terroir.

> *Accès :* de Chartres, empruntez la N 154 en direction de Dreux ; avt le carrefour de Poisvilliers, tournez à droite, puis à gauche vers Bailleau-l'Évêque et suivez le fléchage.

BEAUMONT-EN-VÉRON 37420

Carte régionale A2

5 km NO de Chinon

€ 🏠 (10 %) *Chambres d'hôtes La Balastière (Antoinette Degrémont) :* 5, rue de Grézille. ☎ 02-47-58-87-93. 📱 06-81-69-35-06. • balastiere@aliceadsl.fr • labalastiere.com • Fermé en janv. Dans une ferme joliment restaurée, 5 chambres charmantes, avec sanitaires privés. L'ensemble est assez dépouillé (murs blancs, poutres apparentes), donnant une agréable sensation de clarté. De 45 à 60 € pour 2, avec le petit déj. Pas de table d'hôtes, mais grand salon et cuisine à disposition des hôtes. Question nature, vous serez servi... la maison est labellisée par le parc naturel régional Loire-Anjou-Touraine et affiliée à la LPO (Ligue de protection des oiseaux) et deux sentiers découverte sont proposés. Deux vélos à disposition. Accueil très sympa. Une adresse qu'on aime bien.

> *Accès :* du village, prenez la direction La Roche-Honneur, puis à gauche vers Grézille et continuez jusqu'à La Balastière.

BERRY-BOUY 18500

Carte régionale B2

6 km O de Bourges

€€€ 🏠 *Chambres d'hôtes Domaine de L'Ermitage (Laurence et Géraud de La Farge) :* ☎ 02-48-26-87-46. Fax : 02-48-26-03-28. • domaine-ermitage@wanadoo.fr • hotes-ermitage.com • Fermé les 2 dernières sem de déc. L'Ermitage est une belle ferme bourgeoise, où Laurence et Géraud élèvent des bovins, produisent des céréales et cultivent quelques arpents de vigne grâce auxquels ils produisent un délicieux menetou-salon... Dans leur maison, ils ont aussi installé 2 jolies chambres d'hôtes : une au rez-de-chaussée (la « Romantique ») et l'autre à l'étage. Trois autres chambres dans l'ancien moulin juste à côté, tout aussi belles. Sanitaires privés. De 75 à 78 € pour 2, petit déj compris. Accueil chaleureux.

> *Accès :* la maison se trouve sur la D 60 entre Berry-Bouy et Saint-Doulchard.

BÉVILLE-LE-COMTE 28700

Carte régionale B1

18 km E de Chartres

€€ 🏠 (10 %) *Chambres d'hôtes Au Moulin Trubert (Juliet et Éric Touchard) :* 2, chemin du Portillon. ☎ 02-37-31-28-73. 📱 06-62-79-48-30. • moulin.trubert.free.fr • Le moulin n'est plus là même si Juliet, votre hôtesse anglaise, a retrouvé toutes les traces de son existence. Il n'en reste pas moins que cette demeure du début du XIXe garde beaucoup de charme. Dans une aile indépendante, 2 chambres champêtres avec sanitaires privés. Une au rez-de-chaussée avec accès direct sur le jardin, l'autre à l'étage avec un grand volume et belle charpente apparente. 60 € pour 2, petit déj compris. Pas de table d'hôtes, mais plusieurs restos à proximité. Accueil agréable, teinté par l'accent de la maîtresse des lieux.

> *Accès :* A 11 sortie Ablis continuez vers Auneau puis Rainville et suivez la D 130 jusqu'à Béville. La maison est à l'entrée du village (au niveau du sens interdit).

BOUZY-LA-FORÊT 45460

Carte régionale B1

30 km E d'Orléans ; 9 km E de Châteauneuf-sur-Loire

€€ 🏠 (10 %) *Chambres d'hôtes La Vélisière (Bernadette et Michel Beaubois) :* route départementale 88. ☎ 02-38-58-53-42. 📱 06-07-36-34-29. • bernadette.beaubois@orange.fr • chambres.com.fr/lavelisiere • 📶 On arrive par une longue allée qui laisse découvrir un beau jardin entourant une superbe maison du XIXe siècle. Deux chambres agréables situées à l'arrière de la maison avec accès indépendant. 58 € pour 2, petit déj compris. Sanitaires privés. Si vous avez des enfants, ils pourront aller rendre visite à l'âne et aux autres animaux du parc. Accueil chaleureux et plein de bons conseils sur les environs. Un point de chute idéal pour découvrir la région.

Accès : la maison se trouve sur la D 88 entre St-Benoît-sur-Loire et Lorris, juste avant la forêt quand on vient de St-Benoît.

BRIARE 45250

Carte régionale B2

4 km SE de Gien ; 4 km NO de Briare

€€ **Chambres d'hôtes Domaine de la Thiau (Bénédicte François-Ducluzeau) :** route de Gien. ☎ 06-62-43-20-92. • info@lathiau.fr • lathiau.fr • Résa conseillée. Chambres bien décorées dans une maison du XVIIIᵉ s (dont 2 suites avec coin cuisine), à côté d'un hôtel particulier, dans un parc paysager de 3 ha, avec tennis. De 64 à 74 € pour 2, avec le petit déj dans la grande véranda qui ouvre sur le parc. Ajoutez 20 € par personne supplémentaire et 7 € par jour si vous venez avec votre ami à quatre pattes.

Accès : à mi-chemin sur la route de Gien à Briare (D 952), non loin du magasin Granit Design.

CHANÇAY 37210

Carte régionale A2

15 km NE de Tours ; 8 km N de Vouvray

€€ **Chambres d'hôtes de la Vallée de Vaux (Claire et Jean-Marie Lehoreau) :** 19, rue du Château de Vaux. ☎ 02-47-52-98-63. 06-82-48-33-83. • jmc.lehoreau@aliceadsl.fr • lavalleedevaux.fr • Ouv de Pâques à Toussaint. Dans un hameau, face aux vignobles de Vouvray, ancienne ferme du XVIIIᵉ s. Trois chambres agréables, de plain-pied, réparties dans différentes ailes de la maison, certaines avec cheminée et kitchenette et une dernière installée dans une cabane dans les arbres. 65 € pour 2, petit déj compris (80 € pour la cabane). Accueil vraiment sympa.

Accès : sortir de Chançay en direction de Vernou-sur-Brenne et fléchage.

CHARGÉ 37530

Carte régionale A2

32 km E de Tours ; 7 km E d'Amboise

€€€€ **Chambres d'hôtes La Rongère (Olivia et Hervé Lefèvre) :** 17, rue de la Résistance, Artigny. ☎ 02-47-57-21-71. • larongere37@orange.fr • amboise-larongere.com • Dans une dépendance d'une jolie maison de maître du XVIIIᵉ siècle, 4 chambres spacieuses et lumineuses dont 2 familiales. Déco contemporaine. Selon la chambre et la saison de 80 à 105 € pour 2, petit déj compris. Pour vous détendre, piscine chauffée et sauna. Au bout du jardin luxuriant vous jouirez d'une belle vue sur la vallée de la Loire. Une adresse de charme.

Accès : dans la rue principale d'Artigny (fléchage depuis Chargé).

CHARTRES 28000

Carte régionale A1

€€ **Chambres d'hôtes Maunoury City Break (Anne Langiny et Gilles Tardif) :** 26, rue du Docteur-Maunoury. 06-62-52-37-98. • maunoury.citybreak@gmail.com • chambre-hotes-chartres.fr • Maison de 1902 à l'architecture originale et aux allures bourgeoises, ancienne demeure du docteur Maunoury qui a donné son nom à la rue (si, si !). Anne est photographe, passionnée par les chambres d'hôtes. Elle a donc décidé d'en ouvrir 3, élégantes et lumineuses, au 2ᵉ étage de la maison. L'une, très vaste, se présente sous forme de mini appartement avec salon et petite cuisine américaine à disposition (par un petit fenestron, on peut même voir la cathédrale). Comptez 70 € pour 2, et 85 € pour la suite, petit déj compris. Accueil agréable.

Accès : à 2 pas de la pl. des Épars (place centrale de Chartres) en direction de Luisant ou Tours.

CHÂTILLON-SUR-INDRE 36700

Carte régionale B2

23 km SE de Loches ; 25 km NO de Buzançais

€€ **Chambres d'hôtes (Geneviève et Michel Hétroy) :** 6, rue Grande. ☎ 02-54-38-70-63. 06-50-61-00-07. • hetroy.genevieve@orange.fr • maisonideelle.com • En plein centre-ville, dans une petite rue calme, belle demeure de la fin du XVIIIᵉ qui se cache des regards indiscrets. Michel, maire de la ville, et Geneviève, vice-présidente de l'office de tourisme, ont à cœur de faire découvrir les richesses de la cité. Trois belles chambres installées au 1ᵉʳ étage, spacieuses et lumineuses. « La bleue » bénéficie d'une immense terrasse privative avec vue sur le jardin, « la jaune » d'une baignoire jacuzzi et « la rose » est un peu plus petite mais moins chère. Grands sanitaires privés. 60 et 70 € pour 2, copieux petit déj compris, servi dans un agréable salon avec piano accordé. Pas de table d'hôtes mais plein de bons petits restos tout à côté. Accueil de qualité. Une adresse où il fait bon séjourner. *NOUVEAUTÉ.*

Accès : allez jusqu'au centre-ville, c'est la rue qui passe devant la mairie.

CHAUMONT-SUR-THARONNE 41600

Carte régionale B2

35 km S d'Orléans ; 6 km O de Lamotte-Beuvron

€€€ 🏠 (10 %) **Chambres d'hôtes Le Petit Clos (René Baril et Thierry Le Moing) :** 6, rue de la Folie. ☎ 02-54-88-28-17. 📱 06-86-18-47-59. • petitclos6@aol.com • lepetitclos.com • Agréable demeure au cœur du bourg. Si René a émigré du Québec pour venir s'installer avec Thierry, son accent lui ne l'a pas quitté et renforce encore la chaleur de son accueil. Cinq chambres élégantes et raffinées, avec sanitaires privés, qui répondent toutes aux noms de châteaux de la Loire. « Chenonceaux » et « Cheverny » forment une suite familiale. On a craqué pour la chambre « Chambord » qui dégage une atmosphère chaleureuse et feutrée. Ici, les beaux meubles sont légion. Il faut dire que Thierry est ébéniste et antiquaire... ça aide ! Comptez 75 € pour 2, petit déj compris. Au programme pour les amateurs : brioche dorée arrosée de sirop d'érable que René ramène dans ses valises (tabarnak ! c'que c'est bon...). Une adresse coup de cœur.

Accès : allez au centre du bourg, prenez la rue entre le resto et le salon de coiffure, la maison fait l'angle de la rue suivante.

CHEILLÉ 37190

Carte régionale A2

30 km SO de Tours ; 3,5 km O d'Azay-le-Rideau

€€ 🏠 (10 %) **Chambres d'hôtes La Grange Bleue (Élisabeth et Pascal Minier) :** 2, chemin du Grand-Vaujoint. ☎ 02-47-45-94-75. 📱 06-14-10-52-39. • lagrange minier@aol.com • lagrangebleue.com • 📶 Dans l'un des hameaux de la petite commune de Cheillé, jolie maison de maître aux volets bleus. Deux chambres coquettes avec accès direct sur le jardin, aux murs en pierre apparente, l'une avec belle poutraison et grande salle de bains (notre préférée), l'autre sous forme de suite avec petit salon-cuisine et chambre mansardée à l'étage. Sanitaires privés. Respectivement 61 et 70 € pour 2, petit déj compris, servi dans une salle à manger champêtre remplie de bibelots. Toutes les frises, meubles peints et toiles ont été réalisés par Élisabeth et donnent à la maison une atmosphère chaleureuse et colorée. Si vous désirez vous initier, Élisabeth organise d'ailleurs des stages de peinture sur bois. Accueil convivial.

Accès : depuis Azay-le-Rideau, prenez la D 17 en direction de Cheillé (sur 2,5 km) ; au panneau « La Grange Bleue », tournez à gauche, la maison est à 500 m.

€€ 🏠 **Chambres d'hôtes Le Clos de la Touche (Anne-Sophie et José Fernandes) :** La Chapelle-Saint-Blaise, 18, rue du Vieux-Chêne. ☎ 02-47-45-41-86. 📱 06-32-41-32-82. Fax : 09-57-15-86-18. • as.fernandes@free.fr • clos-la-touche.fr • 📶 Ancien corps de ferme qui dépendait du manoir de la Touche. Trois chambres d'hôtes, dont 2 de plain-pied, romantiques et colorées, avec sanitaires privés, à 57 € pour 2, petit déj compris. La dernière, la « maisonnette Iris » peut accueillir 3-4 personnes, et comporte une cuisine. Celle-ci est à 70 € pour 2, petit déj compris, et 100 € pour 4. Accueil souriant et dynamique.

Accès : d'Azay-le-Rideau, direction La Chapelle-Saint-Blaise (début de la commune de Cheillé), puis D 17 vers Rivarennes, la maison est à 150 m à droite.

€€ 🏠 (10 %) **Chambres d'hôtes Les Écureuils (Laurence et Yannick Leguerroué) :** 1, chemin du Grand-Vaujoint. ☎ 02-47-45-39-74. 📱 07-81-34-10-42. • ecureuiltouraine@yahoo.fr • chambreho tetouraine.com • Dans l'un des hameaux qui forment Cheillé, gentille demeure composée de plusieurs bâtiments des XVIIIe et XIXe s. Deux chambres agréables avec sanitaires privés, installées dans deux ailes indépendantes. Une avec accès par petit escalier extérieur, l'autre de plain-pied, sous forme de suite avec 2 chambres (dont une à l'étage pour les enfants) et une petite cuisine séparée. Comptez respectivement 58 et 66 € pour 2, petit déj (bio) compris. Si vous avez de jeunes enfants, ils pourront s'amuser avec ceux de la maison. Belle piscine chauffée. Un gîte pour 8-10 personnes avec sa propre piscine privée pour ceux qui souhaitent séjourner. Et comme vous êtes dans une fameuse région viticole, pourquoi ne pas tenter un stage de dégustation des vins de Loire avec visite des vignes ? Accueil convivial de Laurence et Yannick qui sont passionnés par l'Afrique.

Accès : par la D 17 en direction de Cheillé (sur 2,5 km) ; au panneau « Les Écureuils », tournez à gauche, la maison est à 500 m.

CIVRAY 18290

Carte régionale B2

22 km SO de Bourges ; 13 km E d'Issoudun

€€ 🛏 (10 %) **Chambres d'hôtes La Maison de Philomène (Martine et Jacques Blin) :** *4, impasse du Parc, Le Grand-Entrevins.* ☎ *02-48-26-25-63.* 📱 *06-64-71-89-41.* • *maisondephilomene@wanadoo.fr* • *maisondephilomene.wix.com/maisondephilomene* • 🐾. Cette ferme en activité était un petit hameau qui regroupait trois familles. Philomène, c'est le prénom de la dame qui habitait là, et sa maison sera entièrement pour vous, car Martine et Jacques habitent celle d'à côté. Quatre chambres décorées avec goût, charmantes et sereines, pour 2 et 3 personnes, dont une au rez-de-chaussée, les 3 autres à l'étage. Une petite préférence pour la chambre rouge. Sanitaires privés. 62 € pour 2, petit déj compris (confitures et gâteau maison). Agréable salon lumineux avec grandes baies vitrées qui ouvrent sur la piscine. Pas de table d'hôtes mais coin cuisine à disposition. Accueil charmant. Une adresse de qualité.

Accès : n'allez pas à Civray, l'accès à la maison se trouve sur la N 151 entre Chârost et Saint-Florent-sur-Cher, à 3 km à droite quand on vient de Chârost.

CIVRAY-DE-TOURAINE 37150

Carte régionale A2

23 km SE de Tours ; 10 km S d'Amboise

€€ 🛏 |○| **Chambres d'hôtes La Maison de Marie (Marie et Patrice Vah) :** *6, rue de la Tonnelle, Thoré.* ☎ *02-47-23-99-89.* 📱 *06-30-02-56-80.* • *tonnelle@wanadoo. fr* • *lamaisondemarie.net* • *Fermé 15 nov-15 mars.* 📶 Au cœur d'un petit hameau de 200 âmes, ancienne ferme agréablement restaurée. Dans une aile indépendante, 2 chambres coquettes et spacieuses, chacune avec coin salon. L'une est familiale et composée de 2 chambres sur 2 niveaux. Beaux volumes, poutres et murs en pierre apparente. Sanitaires privés. 60 € pour 2 et 92 € pour 4, petit déj compris. Table d'hôtes partagée en famille à 24 €, apéro, vin du village et café compris. Cuisine familiale à base de produits fermiers. Sinon, cuisine et salle à manger à disposition pour ceux qui préfèrent se préparer leur frichti. Accueil vraiment très chaleureux. Une bonne adresse qui fait des adeptes.

Accès : de Civray, traversez le Cher vers Bléré et, au rond-point, entrez dans Thoré et suivez le fléchage.

€€€ 🛏 |○| (10 %) **Chambres d'hôtes La Marmittière (Marie Boblet) :** *22, vallée de Mesvres.* ☎ *02-47-23-51-04.* 📱 *06-88-83-82-48.* • *marmittiere@libertysurf.fr* • *perso. libertysurf.fr/marmittiere* • *Ouv 15 mars-15 nov.* La vallée de Mesvres est une petite route qui suit la rivière du même nom. Au bout d'un petit parcours, on arrive dans cet ancien domaine viticole qui date de la fin du XVIIe s. Dans les anciennes écuries, 3 chambres décorées avec goût et dans le souci du détail : 2 chambres de plain-pied, la dernière avec escalier extérieur. Une est sous forme de suite-appartement avec 2 chambres, salle à manger-cuisine et tout le toutim. Spacieux sanitaires privés. Comptez de 70 à 77 € pour 2, copieux petit déj compris (jus de fruits pressés, viennoiserie bio, yaourt, miel, confitures et gâteau maison). Table d'hôtes bio (les lundi, mardi, jeudi et vendredi) à 30 €, apéro et vin compris. Goûteuse cuisine traditionnelle avec les légumes du jardin et produits fermiers. On partage les repas dans une belle salle à manger où les couleurs se mêlent harmonieusement. Les enfants pourront aller chercher les œufs ou faire une caresse aux ânes. Accueil de qualité. Une adresse qui fait des adeptes.

Accès : depuis Amboise, prenez la D 31 vers Bléré jusqu'à la Croix-en-Touraine, puis la D 40 vers Chenonceaux (sur 1,5 km) ; la vallée de Mesvres est à gauche, 3 km avt Civray.

CONTRES 41700

Carte régionale A2

20 km S de Blois ; 6 km S de Cheverny

€€€ 🛏 **Chambres d'hôtes La Rabouillère (Martine et Jean-Marie Thimonnier) :** *chemin de Marçon.* ☎ *02-54-79-05-14.* 📱 *06-14-47-68-59.* • *rabouillere@ wanadoo.fr* • *larabouillere.com* • *Ouv Pâques-1er nov.* 📶 Maison typiquement solognote entièrement reconstruite par Martine et Jean-Marie à partir de matériaux récupérés sur des bâtiments anciens. Cinq chambres coquettes avec sanitaires privés vous attendent. Comptez 80 € pour 2, petit déj compris. Pas de table d'hôtes, mais un petit coin cuisine à disposition. La maison se situant à l'orée de la forêt de Cheverny, les randonnées sont nombreuses ; les plus fainéants pourront simplement se détendre dans une chaise longue au bord de la pièce d'eau, ou faire une p'tite promenade au bord de l'étang, à l'ombre des arbres du parc.

> **Accès :** de Cheverny, prenez la D 102 vers Contres sur 6 km et suivez le fléchage.

COUR-CHEVERNY 41700

Carte régionale A2

14 km SE de Blois

€€ 🛌 🐾 (10 %) **Chambres d'hôtes La Flânerie (Nicole et Paul Delabarre) :** 25, route de Galerie. ☎ 02-54-79-86-28. 📱 06-75-72-28-41. • laflanerie@wanadoo.fr • laflanerie.com • 🛜 Jolie longère du XVIIIe s tout en pierre, ancienne dépendance du château de Beaumont. Deux chambres agréables de plain-pied pour 4 personnes, dont une composée de 2 chambres. Sanitaires privés. Comptez de 66 à 70 € pour 2, petit déj compris, et 17 € par personne supplémentaire. Calme et tranquillité assurés. Prêt de vélos. Accueil convivial.

> **Accès :** de Cour-Cheverny, prenez la D 765 vers Blois, sortez du bourg et fléchage à gauche à 2 km.

CRÉZANCY-EN-SANCERRE 18300

Carte régionale B2

39 km NE de Bourges ; 9 km O de Sancerre

€€ 🛌 **Chambres d'hôtes La Maison de Margot (Karine et Hubert Charlon) :** 26, rue du Lavoir, Reigny. ☎ 02-48-79-05-43. 📱 06-87-41-68-98. • contact@chambres-margot.com • chambres-margot.com • 🛜 Au cœur d'un petit hameau de 35 âmes, ancienne ferme avec petite cour fermée. La grange a été réaménagée pour y créer 5 chambres, dont une au rez-de-chaussée, les 4 autres à l'étage. Déco agréable et soignée à l'atmosphère champêtre ou tendance selon les chambres. Sanitaires privés. On aime bien « Champ de la rousse », une des moins chères, et « Vigne au vent », dans les tons bleus et climatisée. Selon la chambre, de 50 à 60 € pour 2, petit déj compris. Si vous êtes amateur de sancerre, Hubert vous donnera les bonnes adresses. Il faut dire que pratiquement toutes les familles du hameau travaillent dans la vigne ! Accueil convivial.

> **Accès :** de Crézancy-en-Sancerre, prenez la D 22 vers Sancerre, sortez du village et prenez la 2e route à droite jusqu'à Reigny.

DANZÉ 41160

Carte régionale A1

15 km N de Vendôme ; 30 km SO de Châteaudun

€€ 🛌 **Chambres d'hôtes La Borde (Florence Kamette) :** ☎ 02-54-80-68-42. Fax : 02-54-80-63-68. • f.kamette@orange.fr • la-borde.com • 🛜 Dans une maison de maître du début du XXe s sise dans un grand parc, Florence propose 5 chambres agréables (dont 2 familiales) au mobilier rustique. De 55 à 70 € pour 2, petit déj compris. Piscine couverte.

> **Accès :** de Danzé, prenez la D 24 en direction de La Ville-aux-Clercs et suivez le fléchage.

ÉCLUZELLES 28500

Carte régionale A1

7 km S de Dreux

€€€ 🛌 🍽 (10 %) **Chambres d'hôtes L'Eure et l'Étang (Gabriel Couty et Thierry Humbert) :** 5, pl. Saint-Jean. ☎ 02-37-46-42-66. 📱 06-62-86-50-39. • leureetletang@hotmail.fr • Ancienne ferme du milieu du XIXe siècle installée au bord de l'Eure et toute proche de l'étang de Mézières-Écluzelles (110 ha pour pratiquer tous sports nautiques), d'où son nom... 4 chambres avec sanitaires privés, dont une suite familiale qui permet d'accueillir jusqu'à 5 personnes. Deux donnent de plain-pied sur le jardin, les 2 autres sont à l'étage, en soupente. Beaux enduits, frises et motifs au pochoir, collages ou petites fresques... c'est charmant, gai et rafraîchissant. De 68 à 80 € pour 2, petit déj compris, et de 80 à 140 € selon le nombre de personne pour la suite. Thierry accueille les hôtes, tandis que Gabriel s'affaire derrière les fourneaux. Table d'hôtes goûteuse, servie à l'assiette, à 28 €, apéro, vin et café compris. Accueil convivial et volubile.

> **Accès :** de Dreux, D 929 vers Nogent-le-Roi jusqu'à Écluzelles ; dans le village, prenez le pont à gauche, la maison est à 100 m à gauche.

FAVEROLLES-SUR-CHER 41400

Carte régionale A2

32 km S de Blois ; 2 km S de Montrichard

€€€ ⌂ **Chambres d'hôtes La Bretesche (Michèle Destouches) :** *50, route de Saint-Aignan.* ☎ *02-54-32-02-77.* ☐ *06-80-71-89-83.* ● *labretesche@wanadoo.fr* ● *ch.dhotes-fermedelabretesche.com* ● *Ouv de mi-mars à fin oct.* 🛜 Dans une ancienne ferme viticole, 3 chambres agréables avec sanitaires privés, dont une familiale pour 3 personnes. De 75 à 85 € pour 2 et 25 € par personne supplémentaire, petit déj compris, avec d'originales confitures maison. Accueil très sympa.

> **Accès :** *au niveau du Carrefour Market, prenez la direction Saint-Julien-de-Chedon, puis à droite en face du garage Renault et suivez le fléchage.*

FEINGS 41120

Carte régionale A2

22 km S de Blois ; 5 km NO de Contres

€€ ⌂ **Chambres d'hôtes Le Petit Bois Martin (Denise Papineau) :** *Favras.* ☎ *02-54-20-27-31.* ☐ *06-74-60-28-54.* ● *lepetitboismartin.accueil-france.com* ● *Ouv de mars à mi-nov.* En pleine nature, au milieu des pâturages et des forêts, superbe demeure du XVIIIe s, avec une grande cour où se dresse un magnifique cèdre du Liban. Au 1er étage de la maison, 3 chambres, vastes, calmes et sereines, dont 2 familiales composées de 2 chambres. Déco de fort bon goût. Sanitaires privés. De 50 à 65 € pour 2, petit déj compris. Très agréable salle à manger avec piano accordé. Pas de table d'hôtes, mais coin cuisine à disposition. Denise est une hôtesse charmante, qui reçoit ses hôtes avec beaucoup de gentillesse et d'attention. À côté de la maison, un étang privé et sauvage permettra aux pêcheurs d'assouvir leur passion. Accueil de qualité. Une adresse de charme et un bon rapport qualité-prix.

> **Accès :** *de Blois, prenez la D 956 vers Châteauroux ; 1 km après Cormeray, prenez la D 52 vers Fougères ; au centre du hameau de Favras, tournez à gauche vers Fresnes et suivez le fléchage.*

FÉROLLES 45150

Carte régionale B1

20 km E d'Orléans ; 3 km S de Jargeau

€€ ⌂ **Chambres d'hôtes (Susan de Smet) :** *8, route de Martroi.* ☎ *02-38-59-79-53.* 🛜 Pour une fois, on a fait une petite exception : c'est une maison neuve... mais même si l'extérieur elle n'a pas vraiment de charme, c'est celui de la maîtresse des lieux qui nous a fait craquer. Susan, Anglaise d'origine, aime recevoir. Elle propose 3 gentillettes chambres (dont une familiale pour 4 personnes) : 2 dans la maison (au rez-de-chaussée et au 1er étage), la 3e dans un petit bâtiment indépendant. Luxueux sanitaires privés bien que petits. 53 € pour 2, avec le petit déj. Grand jardin derrière la maison avec verger. Accueil charmant, teinté par l'humour de votre hôtesse.

> **Accès :** *par la D 921 et fléchage dans le village.*

GENILLÉ 37460

Carte régionale A2

15 km S de Chenonceaux ; 10 km NE de Loches

€€ ⌂ |●| 🐾 (10 %) **Chambres d'hôtes de la Charpraie (Sébastienne de Tilly) :** ☎ *02-47-59-55-94.* ☐ *06-30-16-30-62.* En bordure de la forêt de Loches, jolie longère du XIXe s. Trois chambres « comme à la maison », avec sanitaires privés. 65 € pour 2, petit déj compris. Table d'hôtes à 30 €, vin compris, pour une cuisine tourangelle traditionnelle. Accueil chaleureux.

> **Accès :** *dans le village, prenez la route de La Bourdillière, puis suivre Le Coudray et La Charpraie.*

HERRY 18140

Carte régionale B2

10 km E de Sancerre ; 6 km NO de La Charité-sur-Loire

€€€ ⌂ (10 %) **Chambres d'hôtes Domaine des Butteaux (Jean-Christophe Graillot) :** ☐ *06-87-04-73-68.* ● *domainedesbutteaux@wanadoo.fr* ● *domainedesbutteaux.com* ● ♿ Le long des rives de la Loire. Jean-Christophe vous accueille dans sa belle ferme du XIXe s, isolée dans la campagne et composée de plusieurs bâtiments. Trois chambres colorées et champêtres avec sanitaires privés. On a craqué pour « Vol de nuit » avec sa fresque et son vieux dallage, ainsi que pour « Vétivert » dans les tons ocre et vert. 80 € pour 2, petit déj compris. Deux gîtes ruraux sur place, de 3 et 5 personnes, loués 400 et 500 € la semaine quelle que soit la saison. Draps et linge de maison fournis et pain frais gracieusement livré tous les matins. Grande piscine chauffée pour vous détendre. Accueil convivial et décontracté.

Accès : d'Herry, D 187 vers Pouilly et 2 km avt Les Vallées fléchage à droite.

INGRANDES 36300

Carte régionale A2

50 km E de Poitiers ; 10 km O de Le Blanc

€€€€ 🏠 🐾 10% *Chambres d'hôtes Château d'Ingrandes (Jacqueline Drouart) :* ☎ 02-54-37-46-01. 📱 06-09-67-27-90. • chateauingrandes.com • *Ouv Pâques-sept.* 📶 Superbe château, répertorié à l'ISMH, et dont les origines remontent au XIe s, comme en témoigne sa superbe cave voûtée. Détruit, puis reconstruit aux XIVe et XVe s, il domine aujourd'hui les rives de l'Anglin. Trois chambres (dont une grande familiale de 5 personnes sous les toits) ont une déco plutôt rustique et campagnarde. Pour la vraie vie de château, il faut passer dans le donjon, avec son sol pavé de terre cuite, ses poutres et son lit à baldaquin, ou sa suite Henry IV, dans le même style mais en duplex. Sanitaires privés. Selon la chambre et la saison, de 80 à 120 € pour 2, petit déj compris, et 120 € pour la chambre 5 personnes. Pour vous détendre, agréable piscine chauffée abritée des regards indiscrets (veinard !). Bien sûr, si vous aimez les vieilles pierres, Jacqueline vous fera visiter son château gracieusement (elle adore conter son histoire). Une adresse pour les passionnés d'histoire. Accueil de qualité.

Accès : du Blanc, empruntez la D 951 en direction de Poitiers ; au rond-point, tournez à droite ; le château se situe à gauche, juste avt de passer le pont sur l'Anglin.

LA FERTÉ-SAINT-AUBIN 45240

Carte régionale B1

40 km NE de Blois ; 21 km S d'Orléans

€€ 🏠 *Chambres d'hôtes (Marie-Françoise et Michel Ravenel) :* La Vieille-Forêt. ☎ 02-38-76-57-20. Fax : 02-38-64-82-80. • ravenel@humeo.fr • chambres-lavieilleforet.com • Isolée au milieu de la lande solognote, ancienne ferme du XIXe s. Deux chambres spacieuses, installées dans différentes ailes de la ferme, toutes deux au rez-de-chaussée avec accès indépendant. Déco agréable, mais mobilier un peu classique (pin naturel) ; une préférence cependant pour la chambre des canards. 55 € pour 2, petit déj compris (gâteau et confitures maison, dont celle de pissenlits). Pas de table d'hôtes, mais cuisine à disposition. Certains regretteront de ne pas être réellement chez l'habitant, les autres apprécieront le calme et la tranquillité des lieux. Marie-Françoise aime la nature et, avec son mari, ils ont créé un petit étang juste à côté de la maison (les pêcheurs pourront apporter leur matériel). Elle connaît aussi très bien sa région et vous donnera toutes les infos pour la découvrir. Le domaine du Ciran à Ménestreau-en-Villette, la maison du Cerf à Villeny sont des visites sympas pour ceux qui aiment le vert.

Accès : du village, prenez la D 18 vers Jouy-le-Potier (sur 4 km), puis tournez à droite sur un chemin de terre, la maison est à 400 m.

LA FERTÉ-SAINT-CYR 41120

Carte régionale B1-2

30 km E de Blois ; 15 km E de Chambord

€€ 🏠 🐾 10% *Chambres d'hôtes Althaéa (Alexandre Lavado) :* 4, route de Ligny. ☎ 02-54-87-90-05. 📱 06-15-22-82-93. • althaeachambres@aol.com • althaea.chambresetgite.perso.neuf.fr • 📶 Alexandre s'occupe et gère cette immense propriété de 5 ha qui comprend deux grands étangs (amis pêcheurs à vos cannes !). Cinq chambres vastes et agréables avec sanitaires privés ; 4 au rez-de-chaussée, dont 3 avec accès direct sur le jardin, la dernière à l'étage, composée de 2 chambres pour les familles. 65 € pour 2, petit déj compris, et 19 € par personne supplémentaire. Vous pourrez profiter de la grande piscine couverte, du court de tennis et du sauna ! Pas de table d'hôtes mais un très bon petit resto dans le village. Accueil chaleureux. Une sympathique adresse pour se mettre au vert et retrouver la forme.

Accès : à l'entrée du village, sur la droite quand on vient de Ligny-le-Ribault (l'inverse si vous venez d'une autre direction).

LA GAUDAINE — 28400

Carte régionale A1

9 km E de Nogent-le-Rotrou ; 5 km O de Thiron-Gardais

€€ 🛏 ⑩% **Chambres d'hôtes La Carillière (Michelle Brauge) :** ☎ 02-37-52-16-69. • chambresdhotes@la-carrilliere.fr • la-carrilliere.fr • Dans le parc naturel régional du Perche, magnifique longère dans un joli petit coin de campagne, labellisée gîte Panda. Michelle l'a restaurée avec amour en privilégiant les matériaux naturels. Ancienne prof, elle peint aussi de superbes aquarelles qui parent les murs de sa charmante demeure. Trois chambres à l'atmosphère romantico-campagnarde, toutes avec accès indépendant. Vieilles tomettes et belle poutraison. Une plus petite, idéale pour les amoureux au budget plus serré, une avec cheminée et salle d'eau installée dans l'ancien four à pain, la dernière avec accès par escalier extérieur. Sanitaires privés. Selon la chambre, de 54 à 65 € pour 2, petit déj compris avec une majorité de produits bio. Agréable jardin avec de nombreux arbres fruitiers. Télescope à disposition pour regarder les étoiles. Ambiance calme et sereine, accueil charmant : une adresse juste comme on les aime.

> *Accès :* A 11 sortie n° 4 Nogent-le-Rotrou ; allez jusqu'à Luigny puis prenez à droite la D 30 jusqu'à La-Croix-du-Perche et à gauche la D 110 jusqu'à La Gaudaine ; la maison est juste après la mairie en direction de Thiron (D 368).

LIGNIÈRES — 18160

Carte régionale B2

42 km SO de Bourges ; 26 km O de Saint-Amand-Montrond

€€€ 🛏 |●| 🐴 ⑩% **Chambres d'hôtes L'Ange Blanc (Odile et Alain Olaïzola) :** ☎ et fax : 02-48-60-27-70. 📱 06-14-64-76-47. • a.olaizola@free.fr • langeblanc.lignieres.free.fr • Agréable demeure dans un environnement calme et champêtre. Quatre chambres à la déco soignée, avec écran plat et lecteur DVD (prêt de films) et sanitaires privés. Selon la chambre, de 50 à 62 € pour 2, petit déj compris. Également un studio pouvant accueillir 4 personnes pour ceux qui souhaitent plus d'indépendance, à 72 € pour 2 et 20 € par lit supplémentaire. Possibilité de table d'hôtes à 20 € tout compris. Pour vous détendre, billard français, piscine couverte et chauffée et spa.

> *Accès :* de Lignières, direction Issoudun et prenez la petite route à droite (au transformateur EDF) et suivez le fléchage.

LIGRÉ — 37500

Carte régionale A2

45 km SO de Tours ; 6 km S de Chinon

€€€€ 🛏 |●| ⑩% **Chambres d'hôtes Le Clos de Ligré (Martine Descamps) :** 22, rue du Rouilly. ☎ 02-47-93-95-59. 📱 06-61-12-45-55. • mdescamps@club-internet.fr • le-clos-de-ligre.com • Fermé entre Noël et Jour de l'an. 🛜 Maison bourgeoise du milieu du XIXe s, ancienne ferme viticole, clos de murs sur 1 ha. Deux jardins dont un encadre la piscine d'eau salée et sa terrasse couverte. Cinq chambres différentes avec sanitaires privés (toutes avec baignoire). Une avec lit à baldaquin située dans un ancien pressoir. Une autre, avec salon attenant (idéale pour les familles ou amis), se trouve dans un ancien fruitier, avec vue sur la piscine et les jardins. Les autres se situent dans la maison d'habitation : l'une, très spacieuse et lumineuse, se trouve au 1er étage ; enfin, au 2e, 2 grandes chambres avec très belle poutraison et vaste volume. 110 € pour 2, petit déj compris (servi dans le jardin aux beaux jours), et 35 € par personne supplémentaire. Salon de musique avec piano à queue, bibliothèque et billard complètent le tout. Table d'hôtes (sur réservation, quelques soirs par semaine seulement) à 35 €, boissons comprises. Accueil agréable.

> *Accès :* après l'église et la mairie de Ligré (situées sur votre gauche), allez jusqu'au carrefour ; continuez tt droit, puis tournez à droite ; la maison est au bout du chemin.

MÉNESTREAU-EN-VILLETTE — 45240

Carte régionale B1

27 km SE d'Orléans ; 15 km E de La Ferté-Saint-Aubin

€€€€ 🛏 **Chambres d'hôtes Ferme des Foucault (Rosemary Beau) :** ☎ 02-38-76-94-41. 📱 06-83-39-70-94. • rbeau@wanadoo.fr • ferme-des-foucault.com • Fermé de début janv à mi-fév. 🛜 En pleine forêt, dans une grande clairière, ancienne ferme composée de plusieurs bâtiments tout de brique vêtus. Ici vous séjournerez à l'américaine, dans l'espace, le luxe et la volupté. Trois chambres immenses avec superbes sanitaires privés, la plus grande avec douche et baignoire (faut c'qui faut !) : une au rez-de-chaussée avec petit salon et poêle à bois, les 2 autres à l'étage, dont une carrément hollywoodienne qui ouvre sur trois côtés de la maison. Grand lit, moquette épaisse, beaux meubles de style, et les murs qui s'enorgueillissent des toiles réalisées par la fille de Rosemary. De 90 à 95 € pour 2, petit déj compris. Pas de table d'hôtes mais kitchenette à disposition. Si vous aimez la forêt, elle vous tend les bras, de même que la belle et grande piscine. Accueil chaleureux et décontracté. Une adresse nature, made in USA, pour ceux qui ont des dollars.

Accès : de Marcilly-en-Villette, prenez la D 64 vers Sennely (sur 6 km) et suivez le fléchage à droite « Les Foucault » (ouvrez l'œil, on le loupe facilement).

MER 41500

Carte régionale A1

16 km NE de Blois

€€ 🏠 **Chambres d'hôtes Le Clos (Joëlle et Claude Mormiche) :** *9, rue Jean-et-Guy-Dutems.* ☎ *02-54-81-17-36.* 📱 *06-21-83-67-81. Fax : 02-54-81-70-19.* • *mormiche@wanadoo.fr* • *chambres-gites-chambord.com* • *Fermé déc-fév.* C'est en passant côté jardin que l'on apprécie le charme de cette maison de village du XVIe s. Cinq chambres décorées avec goût (nombreuses aquarelles et gravures encadrées par Joëlle). Sanitaires privés. De 70 à 75 € pour 2, petit déj compris. Prêt de vélos (chouette !). Accueil jeune et convivial.

Accès : de Blois, prenez la N 152 vers Orléans ; dans Mer, la maison se trouve dans la rue à gauche de l'église.

MEUNG-SUR-LOIRE 45130

Carte régionale B1

18 km SO d'Orléans ; 25 km NE de Blois

€€ 🏠 **Chambres d'hôtes (Raymonde Béchu) :** *30, rue de la Batissière, La Nivelle.* ☎ *et fax : 02-38-44-34-38.* 📱 *06-45-35-11-78.* • *raymonde.bechu@orange.fr* • *la.nivelle.free.fr* • *Fermé entre Noël et le Jour de l'an. De préférence sur résa.* 🛜 Maison des années 1960, où Raymonde, gentille grand-mère, propose 3 petites chambres meublées rustique, dont une familiale avec chambre enfant attenante. Une adresse idéale pour les familles, car Raymonde adore les bambins, et elle vous chouchoutera pendant votre séjour. Elle connaît bien l'Asie et l'Afrique (nombreux objets rapportés de voyage sur les murs) et elle est très bavarde, ce ne sont donc pas les sujets de conversation qui manqueront. Toutes les chambres ont salle d'eau ou salle de bains et w-c privés. Comptez 55 € pour 2, avec un petit déj qui vaut le détour : jusqu'à huit confitures maison sur le plateau, corbeille de fruits, fromage, jus de fruits, yaourts et viennoiseries ! Gentillesse au rendez-vous.

Accès : juste après la pancarte Meung-sur-Loire, en venant d'Orléans, tournez à droite au 1er feu et suivez le fléchage.

€€€ 🏠 **Chambres d'hôtes La Mouche-Abeille (Jean-Jacques et Milène Perrody) :** ☎ *02-38-44-34-36.* • *perrody@chambres-hotes-loire.com* • *chambres-hotes-loire.com* • Belle demeure du XVIIIe s avec un jardin à la française qui surplombe la Loire. Trois chambres spacieuses, décorées de beaux tableaux anciens. Grands sanitaires privés. 90 € pour 2, petit déj compris. Accueil aimable et courtois.

Accès : de Meung, D 12 vers Orléans pendant 3 km et après un parking, prendre allée à droite (fléchage).

MONDOUBLEAU 41170

Carte régionale A1

28 km NO de Vendôme

€€ 🏠 |○| 🐴 **10 %** **Chambres d'hôtes (Isabelle Peyron et Alain Gaubert) :** *carrefour de l'Ormeau.* ☎ *et fax : 02-54-80-93-76.* 📱 *06-35-96-79-20.* • *isabelle@carrefour-de-lormeau.com* • *carrefour-de-lormeau.com* • 🛜 Alain était sculpteur sur bois, puis s'est orienté vers la fabrication de meubles très design. Dans sa maison de village, de la fin du XVIIe s tout en brique, 5 chambres avec sanitaires privés, mais pas systématiquement accolés à la chambre. Déco épurée, mobilier entièrement réalisé par le maître des lieux. Une préférence pour la chambre du rez-de-chaussée qui ouvre sur le jardin ; les autres sont à l'étage. De 53 à 62 € pour 2, petit déj compris (pain et confitures maison). Repas, partagé avec vos hôtes, à 26 €, vin de pays compris ; et si vous êtes un connaisseur en cet auguste breuvage, sachez qu'Alain est un passionné... Cuisine à base essentiellement de produits bio, et repas végétariens sur demande. Agréable salle de jour avec une grande et belle table (de qui ?... bon, ben, recommencez du début) et chaleureuse cuisine très champêtre. Les proprios proposent des week-ends à thème et des cours de cuisine. Au 2e étage, une immense et superbe salle avec un beau volume et une splendide charpente apparente. Elle tient lieu de salle d'expo, et parfois de spectacle (piano demi-queue accordé). Accueil chaleureux. Une bonne adresse. Juste à côté de la demeure d'Isabelle et Alain se trouve la maison dite « du gouverneur », splendide, avec ses murs à pans de bois. 6 vélos à louer sur place.

Accès : dans le bourg, prenez la rue du Pont-de-l'Horloge ; la maison se situe à proximité de la tour du XIe s.

MONTHODON 37110

Carte régionale A1-2

25 km NE de Tours ; 25 km NO d'Amboise

€ 🏠 |●| 🍴 **10%** **Chambres d'hôtes La Maréchalerie (Patricia et Danny Niedbalski) :** 6, rue des Rosiers. ☎ 02-47-29-61-66. ● info@lamarechalerie.fr ● lamarechalerie.fr ● 📶 Ancienne forge de la fin du XVIIIe s, dans laquelle Patricia et Danny ont aménagé 4 chambres d'hôtes, avec le souci que l'on s'y sente bien. Au rez-de-chaussée, une grande salle où la forge a été conservée et 5 chambres pour 2 et 3 personnes. Quatre d'entre elles ouvrent sur le jardin, mais nos préférées ont portes-fenêtres avec petite terrasse abritée et transats. Un escalier extérieur conduit à un studio pour 2 personnes avec petite cuisine et possibilité de coucher un enfant sur la mezzanine. Sanitaires privés. Déco chaleureuse et campagnarde. Comptez 45 € pour 2, avec un copieux petit déj maison. 45 € pour le studio sans le petit déj (séjour de 5 nuits minimum). Table d'hôtes le week-end, partagée en compagnie des proprios, à 15 €, apéro, vin, digestif et café compris. Ici, on peut tout faire... Une balade à vélo ? ceux de la maison sont à votre disposition. Une partie de pêche ? il y a un étang et la rivière coule au fond du jardin ; de plus, on vous prête le matériel. Une visite culturelle ? Patricia et Danny connaissent tous les châteaux de la région et vous proposeront aussi plein de randos à faire dans le coin. Enfin, on ne peut pas finir sans parler de Chouchou, le perroquet. Une adresse comme il y en a peu, où le maître mot est hospitalité.

Accès : à 4 km de Monthodon, à proximité de l'église du hameau du Sentier (qui a cessé de sonner).

MONTIGNY 18250

Carte régionale B2

30 km NE de Bourges ; 16 km SO de Sancerre

€€ 🏠 |●| 🍴 **Chambres d'hôtes (Élisabeth Gressin) :** La Reculée. ☎ 02-48-69-59-18. 📱 06-74-82-59-94. ● e.gressin@gmail.com ● domainedelareculee.fr ● Ouv du 1er avr à mi-nov. Jolie ferme berrichonne du XVIIIe s avec grande cour fermée. Cinq chambres coquettes et agréables, avec sanitaires privés, dans une aile de la maison. Ici, le bois est utilisé partout. Le fait qu'il soit neuf choque de prime abord, mais on finit par apprécier l'originalité des lieux. Comptez 70 € pour 2, avec le petit déj, et 28 € pour la table d'hôtes (sauf le dimanche), vin compris. Bon rapport qualité-prix-convivialité. Bien sûr, vous êtes au début de la zone d'appellation du sancerre pour les amateurs de vin ; pour ceux qui préfèrent l'insolite, le musée de la Sorcellerie de Blancafort est tout proche (pour les petits et les grands). Et pour vous remettre de ces pérégrinations, pourquoi pas un petit plongeon dans la piscine ?

Accès : depuis Bourges, prenez la D 955 en direction de Sancerre ; après avoir traversé Saint-Céols, prenez la D 59 vers Montigny, puis la D 44 en direction de Feux sur 4 km (suivez le fléchage).

MONTLOUIS 18160

Carte régionale B2

30 km NO de Saint-Amand-Montrond ; 9 km SO de Châteauneuf-sur-Cher

€ 🏠 |●| 🍴 **Chambres d'hôtes du Domaine de Bourdoiseau (Isabelle Hue et Eddie Ribaudeau) :** ☎ et fax : 02-48-60-06-44. ● bourdoiseau@wanadoo.fr ● Fermé en janv. Superbe ferme du XVIIe s isolée en pleine campagne (vous avez dit nature ?). Trois chambres avec sanitaires privés à 43 € pour 2, petit déj compris. Table d'hôtes, partagée en famille, à 18 €, vin compris. Une cuisine avec de nombreux produits maison. Isabelle propose une « lecture de paysage » passionnante, et Eddie a l'art de parler avec générosité de son exploitation biologique. Un GR de pays passe à côté de la ferme. Calme, repos, accueil chaleureux, simplicité... y'a pas à hésiter !

Accès : de Lignières, prenez la N 940 vers Châteauneuf-sur-Cher puis à droite vers Ineuil et suivez le fléchage.

MORAND — 37110

Carte régionale A2

35 km NE de Tours ; 6 km SE de Château-Renault

€€ 🏠 🍴 10% **Chambres d'hôtes L'Allier (Catherine et Marc Dattée) :** ☎ 02-47-56-00-14. 📱 06-83-28-48-95. ● catherine_dattee@bbox.fr ● loirevive.fr ● Au milieu des prés, gentillette ferme céréalière du début du XVIIIe s tenue par un sympathique couple d'agriculteurs à la retraite. Catherine, la maîtresse des lieux, est une hôtesse dynamique, tout feu tout flamme, qui mène son affaire avec énergie. On entre au choix par la cuisine (très chaleureuse), ou par l'arrière de la maison qui donne directement sur l'escalier desservant les 2 chambres (dont une familiale, composée de 2 chambres). Sanitaires privés et déco agréable. Comptez 55 € pour 2, petit déj compris. Magnifique pièce de séjour qui a gardé le charme d'autrefois, avec une superbe cheminée au foyer surélevé et des poutres apparentes. Ping-pong et deux vélos à disposition.

Accès : A 10, sortie Château-Renault/Amboise ; prenez à droite la D 31 vers Château-Renault puis, encore à droite, la D 73 vers Morand ; dans le bourg, continuez vers Château-Renault (D 74) et suivez le fléchage.

MORLAC — 18170

Carte régionale B2

45 km S de Bourges ; 18 km O de Saint-Amand-Montrond

€ 🏠 🍴 10% **Chambres d'hôtes La Forêtrie (Arlette Genty) :** ☎ 02-48-60-08-39. Belle ferme traditionnelle, avec entourage des portes et des fenêtres en pierre, genre tuffeau, bâtie sur une exploitation céréalière et accueillant un élevage de volailles. Une belle entrée avec murs en brique et pans de bois. Un noble escalier conduit aux 2 chambres de la maison, à l'atmosphère très douillette. Vous bénéficierez en outre de l'accès direct au billard français (six pieds, s'il vous plaît !) et dont le cadre peut se transformer pour devenir américain. Comptez 50 € pour 2, petit déj compris. Table d'hôtes (sauf le dimanche soir), partagée en famille, à 18 €, apéro local (le berrichon) et vin compris. Une bonne cuisine du terroir avec les volailles, légumes et fruits du jardin. Les pêcheurs trouveront un étang privé de 5 ha à leur disposition (chouette !). Accueil chaleureux et vrai. Une adresse nature.

Accès : de Saint-Amand-Montrond, prenez la D 925 vers Lignières ; lorsque vous croiserez la D 3 qui mène à Morlac, ignorez-la et continuez tt droit, puis tournez à droite vers Ineuil (D 144) et suivez le fléchage.

NANÇAY — 18330

Carte régionale B2

35 km NO de Bourges ; 18 km NE de Vierzon

€€ 🏠 🍽️ 🍴 10% **Chambres d'hôtes Les Crocus (Arlette Guéru) :** 7, rue du Grand-Meaulnes. ☎ 02-48-51-88-28. 📱 06-84-38-21-14. ● lescrocus@cario.fr ● lescrocus.com ● Après avoir baroudé de nombreuses années dans différents métiers et régions de France, Arlette a décidé de s'installer dans cette maison des années 1920 et d'y ouvrir 4 chambres, dont une familiale composée de 2 chambres. Une dans un petit pavillon indépendant, une au rez-de-chaussée de la maison, les autres au 1er étage. Sanitaires privés. Toutes différentes, on a craqué pour la chambre « Orientale » avec un joli drapé au plafond à l'atmosphère *Mille et Une Nuits*. 58 € pour 2, petit déj compris. Table d'hôtes à 18 €, apéro, vin, café et digeo compris. Pour votre détente, terrain de pétanque, un spa avec jacuzzi et sauna pour les amateurs. On peut aussi visiter la galerie d'Arlette, qui peint et sculpte à ses heures perdues. Une adresse sympathique et originale.

Accès : au cœur du bourg, pratiquement face à la mairie.

NAZELLES-NÉGRON — 37530

Carte régionale A2

20 km E de Tours ; 3 km N d'Amboise

€€€€€ 🏠 **Chambres d'hôtes Château de Nazelles (Véronique et Olivier Fructus) :** 16, rue Tue-la-Soif. ☎ et fax : 02-47-30-53-79. 📱 06-22-33-55-18. ● info@chateau-nazelles.com ● chateau-nazelles.com ● Fermé 24-25 et 31 déc. 📶 Rue Tue-la-Soif, il est une adresse d'exception et vous en resterez la bouche ouverte (si vous en avez les moyens...). Classé Monument historique, ce domaine du XVIe s domine la vallée de la Loire, et le point de vue est superbe. Quant à la demeure par elle-même, c'est un ravissement. Marie-Antoinette l'aurait adorée... alors on vous passe les détails ! Cinq chambres : 2 au 1er étage de la maison principale (escalier large, mais assez raide), mais dont la vue vous ravira ; une autre dans un ravissant pavillon indépendant de plain-pied pour jouir du charme des vieilles pierres ; et enfin 2 chambres troglodytiques. Toutes sont élégantes et avec sanitaires privés. Immense salon avec billard français. Côté jardin (entretenu à la française), une incroyable piscine-bassin à moitié creusée dans la roche. Selon la chambre, de 115 à 150 €, petit déj compris. Tables et cuisine d'été à disposition dans l'orangeraie. Tout en haut de la propriété, le plateau avec les vignes. Accueil de qualité. Une adresse pour séduire sa dulcinée.

Accès : le château se situe sur la rive opposée de celle du château d'Amboise (la Loire, ignorant !), et il faut encore traverser la Cisse ; la rue se trouve à gauche de la mairie du bourg.

NEVOY 45500

Carte régionale B1

5 km NO de Gien

€€€ 🏠 ⑩% **Chambres d'hôtes Le Domaine de Sainte-Barbe (Annie et Jean-Michel Le Lay) :** route de Lorris, chemin de Paillard. ☎ 02-38-67-59-53. 📱 06-73-93-10-50. • sainte.barbe@free.fr • sainte-barbe.net • *Fermé entre Noël et Jour de l'an.* Dans un joli p'tit coin de campagne, belle ferme du XVIIIe s. Annie et Jean adorent chiner, et les meubles de style, gravures, bibelots sont légion. À l'étage, 2 chambres romantico-campagnardes avec sanitaires privés. Une préférence pour la chambre avec ciel de lit et vieille baignoire sur pied. Pour les célibataires ou les familles, 2 autres petites chambres d'une personne. Gentil salon particulier au rez-de-chaussée. 75 € pour 2, petit déj compris. Pas de table d'hôtes, mais Annie pourra, sur votre demande, vous préparer une assiette anglaise ou vous indiquer de bons petits restos à proximité. Pour vous remettre en forme, un court de tennis, une belle piscine et un jacuzzi.

Accès : d'où que vous veniez, il faut vous retrouver sur la D 940 et prendre la direction de Gien-Centre, puis la D 44 vers Lorris sur 3 km et tournez à gauche au fléchage ; faites encore 1,8 km.

NOHANT-VIC 36400

Carte régionale B2

25 km SE de Châteauroux ; 7 km N de La Châtre

€€ 🏠 |●| ⑩% **Chambres d'hôtes Ripoton (Martine Colomb) :** ☎ 02-54-31-06-10. 📱 06-72-09-65-95. • colomb.martine.ripoton@orange.fr • nohant-chambres-hotes-ripoton.fr • *Fermé nov-fév.* 📶 Dans la ferme familiale qui n'est plus en activité, Martine a ouvert 4 chambres meublées rustique, décorées avec goût, toutes avec salle d'eau et w-c privés. Sur chaque porte, un petit village est peint, qui donne son nom à chaque chambre. Comptez 55 € pour 2, petit déj compris (avec gâteaux, yaourts et confitures maison). Une très belle salle de séjour avec baie vitrée, poutres apparentes et cheminée. Très bon rapport qualité-prix-convivialité. Une de nos adresses préférées sur le département. Pêche sur place. N'oubliez pas d'aller faire un tour à l'église de Vic (superbes fresques du XIIe s) et, à 2 km, à la maison de George Sand à Nohant.

Accès : tournez à droite devant l'église de Vic (et non Nohant) et suivez le fléchage (env 2 km) ; la maison est la dernière du village, sur la gauche, avt la rivière.

ORVAL 18200

Carte régionale B2

46 km S de Bourges ; 3 km O de Saint-Amand-Montrond

€€ 🏠 |●| ⑩% **Chambres d'hôtes La Trolière (Marie-Claude Dussert) :** ☎ 02-48-96-47-45. 📱 06-72-59-21-76. • marie-claude.dussert@orange.fr • 📶 Petit manoir Directoire recouvert de lierre, avec grand parc ombragé. Quatre chambres : 3 avec sanitaires privés (dont 2 avec clim), l'autre avec douche particulière mais w-c sur le palier. Déco un peu vieille France mais l'ambiance est décontractée. Selon le confort, de 52 à 73 € pour 2, petit déj compris. Marie-Claude propose aussi la table d'hôtes (sauf le mardi) préparée à partir des produits maison, 25 € tout compris. Agréable salon avec cheminée. Accueil chaleureux. Une bonne adresse.

Accès : A 71, sortie Saint-Amand-Montrond ; au 1er carrefour, tournez à gauche vers Châteauroux ; la maison est à 500 m sur la droite.

OUCHAMPS 41120

Carte régionale A2

14 km S de Blois

€€ 🏠 🐴 ⑩% **Chambres d'hôtes Ferme des Motteux (Éliane et Jean Vernon) :** Le Motteux. ☎ 02-54-70-42-62. 📱 06-82-74-19-67. • vernonjeaneteliane@orange.fr • Sur une exploitation agricole, 3 chambres avec accès indépendant : 2 plus simples, dans un petit bâtiment annexe, qui se partagent un coin cuisine, la 3e dans le prolongement de la maison des proprios avec coin cuisine ; également deux chambres à l'étage de la maison de vos hôtes. Sanitaires privés. 52 € pour 2, petit déj compris. Pas de table d'hôtes, mais coin cuisine et terrasse avec barbecue. Également un gîte rural pour 6 personnes, loué de 260 à 450 € la semaine suivant la saison. Une adresse pour ceux qui préfèrent l'indépendance et qui veulent rayonner.

Accès : de Blois, prenez la D 764 vers Montrichard et suivez le fléchage à gauche.

PARASSY 18220

Carte régionale B2

24 km NE de Bourges ; 8 km E de Ménetou-Salon

€€€ **Chambres d'hôtes La Montagne (Isabelle Auzolle et Jean Dagallier) :** ☎ 02-48-64-23-25. 📱 06-51-64-19-53. • *isabelle@archicool.net* • *lamontagnedeparassy.com* • Fermé 15 déc-15 mars. 📶 C'est dans un petit chemin empierré qui court à travers les sous-bois qu'on arrive jusqu'à cette jolie maison en silex. Trois chambres à la déco originale et à l'atmosphère raffinée et sereine. Deux dans un petit bâtiment indépendant avec accès direct sur la nature, la dernière plus monacale est située à l'étage de la maison d'Isabelle et Jean. Sanitaires privés. On aime bien la chambre à la poutre aux miroirs et sa salle de bains au plancher de bateau. 72 €, petit déj compris. Table d'hôtes partagée en famille à 32 €, apéro, vin et café compris. Accueil agréable.

Accès : dans le village, D 59 vers Morogues jusqu'au croisement avec la D 12 où vous prenez la direction d'Henrichemont à gauche, puis 1re route à droite et fléchage « La Montagne » sur 1,4 km.

PRASVILLE 28150

Carte régionale B1

23 km SE de Chartres ; 8 km E de Voves

€ **Chambres d'hôtes La Longère (Annette et Bernard Hardouin) :** 12, pl. de l'Église. ☎ 02-37-32-25-18. 📱 06-09-69-39-66. • *hardouinanne@orange.fr* • *lalongere.fr* • 📶 Dans 2 petits bâtiments indépendants de cette ancienne ferme, 2 chambres agréables de plain-pied, dont une familiale composée de 2 chambres. Sanitaires privés. 50 € pour 2, petit déj compris. Annette est une grand-mère énergique et dynamique qui se fera un plaisir de vous dorloter.

Accès : sur la N 154 entre Chartres et Artenay prenez la D 22 vers Prasville ; la maison se trouve sur la pl. de l'Église.

RESTIGNÉ 37140

Carte régionale A2

25 km E de Saumur ; 22 km N de Chinon

€€ **Chambres d'hôtes (Josiane Hudebine) :** 77, rue Basse. ☎ 02-47-97-32-93. 📱 06-21-04-70-26. • *josiane.hudebine@laposte.net* • *laruebasse.com* • Adossé à la départementale, c'est en passant son porche que vous découvrirez cet agréable domaine viticole. Au 1er étage, 2 chambres vastes, sobres et élégantes, avec sanitaires privés. Beaux sols en terre cuite et poutres apparentes. 53 € pour 2, petit déj compris (jus de fruits pressés, confitures maison et coupe de fruits), et 13 € par personne supplémentaire. Accueil attentionné et discret.

Accès : à l'église, prenez la direction de Bourgueil (vous êtes dans la rue Basse).

€€ **Chambres d'hôtes La Croix des Pierres (Annette Galbrun) :** 15, rue Croix-des-Pierres. ☎ 02-47-97-33-49. 📱 06-81-20-90-65. • *galbrun.marc@wanadoo.fr* • *perso.orange.fr/la.croix.des.pierres* • À proximité du bourg, maison en tuffeau avec petite cour. Les propriétaires exploitent 10 ha de vignes de bourgueil. Trois chambres (dont une familiale pour 4 personnes) dans une partie annexe de la maison. Sanitaires privés. Intérieur soigné et mobilier rustique. Comptez 55 € pour 2, petit déj inclus, et 20 € par personne supplémentaire. Table d'hôtes occasionnelle (et sur réservation) à 20 €, apéro et vin compris. Visite des caves et, bien sûr, vente de vins sur place. Annette se coupe en quatre pour recevoir ses hôtes, normal que cette adresse soit plébiscitée par de nombreux adeptes !

Accès : à l'église, prenez la rue Basse sur 800 m et tournez à gauche dans la rue Croix-des-Pierres.

RIVARENNES 37190

Carte régionale A2

17 km NE de Chinon ; 9 km NO d'Azay-le-Rideau

€€ **Chambres hôtes La Buronnière (Hélène Dupuy) :** 2, route des Sicots. ☎ 02-47-95-47-61. 📱 06-32-31-89-90.

● la-buronniere@wanadoo.fr ● laburon niere.com ● Ancien domaine viticole de 1850 dont la façade est parée d'un crépi rose. Ici, c'est une maison d'artiste, et vous découvrirez à l'intérieur de nombreuses œuvres de Jeff. Quatre chambres élégantes et lumineuses avec sanitaires privés ; 3 à l'étage de la maison. Une dernière est installée dans une aile indépendante. Selon la chambre de 50 à 59 € pour 2, petit déj compris. Table d'hôtes (sauf dimanche et lundi) partagée en famille à 23 €, apéro et vin du coin compris. Cuisine à tendance régionale. Accueil convivial.

Accès : à l'entrée du village, sur la gauche quand on vient de Chinon.

ROCÉ 41100

Carte régionale A1

6 km E de Vendôme

€ 🏠 🐾 (10%) **Chambres d'hôtes La Touche (Jean-Louis Nouvellon) :** ☎ 02-54-77-19-52. 📱 06-74-70-50-07. ● jeanlouis nouvelon@gmail.com ● gite.latouche.free.fr ● *Ouv de mi-mai à mi-sept.* 📶 Jean-Louis, agriculteur désormais retraité, vous accueille dans 2 chambres d'hôtes à la déco simple et fonctionnelle, chacune avec kitchenette. Comptez 50 € pour 2, petit déj compris. Ici, c'est une adresse idéale pour les sportifs, amoureux de randos pédestres, de VTT, sans oublier la piscine. La maison est une étape pour les circuits vélo et le proprio a un beau parc de VTT à vous prêter. Il vous donnera tous les itinéraires pour découvrir les petits chemins de campagne. Également, 2 gîtes de séjour pour 6 et 8 personnes.

Accès : de Vendôme, prenez la N 10 en direction de Châteaudun ; dans Saint-Ouen, tournez vers Meslay et prenez la D 92 vers Rocé puis suivez le fléchage.

ROMILLY-SUR-AIGRE 28220

Carte régionale A1

15 km S de Châteaudun

€€ 🏠 |●| (10%) **Chambre d'hôtes La Baronnerie (Béatrice et Jacques Grudet) :** lieu-dit Saint-Calais. ☎ et fax : 02-37-98-60-32. 📱 06-73-16-13-87. ● jacques.grudet@nordnet.fr ● baronnerie. fr ● *Fermé 19 janv-6 fév et 19 déc-26 déc.* 📶 Une seule chambre sous forme de suite familiale composée de 2 chambres, installée à l'étage de cette grande demeure. Déco agréable. 56 € pour 2, petit déj compris, et 100 € pour 4. Pas de table d'hôtes, mais Béatrice vous propose un panier repas à 15 € par personne, avec une bouteille de vin pour 2. Grande piscine pour vous détendre. Accueil dynamique et souriant. Une adresse pour se faire dorloter.

Accès : de Châteaudun, N 10 vers Vendôme sortie Romilly ; à l'entrée de la cité, tournez à gauche vers La-Ferté-Villeneuil jusqu'à Saint-Calais ; la maison est à la sortie du lieu-dit à gauche.

€ 🏠 **Chambre d'hôtes La Touche (Kristine et René Bourdon) :** ☎ 02-37-98-30-48. C'est par un noble porche que vous entrerez dans cette superbe ferme (ancienne seigneurie dont les origines remontent à l'époque gallo-romaine !). Deux tours marquent les angles de l'immense cour intérieure : l'une ronde, hébergeant les chouettes de la maison ; l'autre carrée, où dit-on, Émile Zola serait venu tirer une partie de son inspiration pour son roman *La Terre* (qui fit scandale à l'époque). Une seule chambre, claire et agréable, avec sanitaires privés (non attenants), à 50 € pour 2, petit déj compris. Kristine connaît bien sa région et vous indiquera toutes les balades sympas à faire dans le coin. Accueil chaleureux. Une maison de charme et un bon rapport qualité-prix. L'église du village vaut le coup d'œil ; ses deux tours, qui lui donnent une allure toute particulière, appartenaient à un château. À l'intérieur, magnifique charpente en forme de coque de bateau.

Accès : de Châteaudun, prenez la N 10 vers Tours, sortie ZI de Cloyes/Romilly ; traversez Romilly, la ferme est à 1,5 km.

€€€ 🏠 (10%) **Chambres d'hôtes Le Prieuré (Aline et Max de Pibrac) :** 5, route du Prieuré, Bouche d'Aigre. ☎ 02-37-98-30-57. 📱 06-15-32-30-84. ● depibrac@hotmail.fr ● bouchedaigre.com ● Voilà une adresse que les amoureux d'histoire et de vieilles pierres ne manqueront pas ! Planté au milieu d'un parc de 30 ha, superbe prieuré dont les origines remontent au XIIe s (si, si, les fondation de la tour !). C'est à la Renaissance qu'il prendra toute sa splendeur et au XIXe qu'il sera terminé dans le même style. Les deux façades sont très différentes. Celle de l'arrière est sculptée avec gargouilles et fenêtres à meneaux. L'intérieur est à la hauteur de nos attentes... Vaste vestibule avec colonnes et plafond à caissons. Trois chambres, dont 2 suites familiales composées de 2 chambres, une au 1er étage avec petit salon privatif, les 2 autres au second. On aime bien la chambre « Platanes ». Sanitaires privés. Selon la chambre, de 80 à 120 € pour 2, petit déj compris, et 150 € pour 4.

Propriété de la famille depuis 1830, la maison regorge de souvenirs de voyages, de mobilier de style (notamment Napoléon III) qui appartenaient à l'oncle Albert à qui l'on a dédié une des chambres. Pour compléter le tout, une agréable piscine et un superbe gîte de 10-12 personnes pour ceux qui veulent séjourner. Accueil de qualité. Une adresse qui vaut le détour.

> *Accès : de Châteaudun, N 10 vers Vendôme, sortie Romilly ; avt l'entrée du village, tournez à droite vers Bouche d'Aigre, faites 1 km et, au cœur du hameau, passez le portail en face de vous et faites 400 m sur un petit chemin.*

ROSNAY 36300

Carte régionale A2

30 km NO d'Argenton-sur-Creuse ; 15 km NE de Le Blanc

€€€ 🏠 |●| **Chambres d'hôtes Domaine de la Crapaudine (Thierry Danyaud)** : 13, rue Saint-André. ☎ 02-54-37-77-12. 📱 07-86-87-18-50. ● lacrapaudine@voila.fr ● domaine-de-la-crapaudine.fr ● Au cœur du parc naturel de la Brenne réputé pour ses nombreux étangs. Face au porche de l'église, mais en retrait de la rue, superbe demeure du XVIIIe s. Quatre chambres délicieuses et élégantes, avec sanitaires privés, à 80 € pour 2, petit déj compris. Table d'hôtes à 30 €, vin compris, pour une cuisine saine réalisée en partie avec les légumes du potager. Accueil agréable. Une adresse de charme.

> *Accès : au centre du village, face à l'église.*

SAINT-AIGNAN-SUR-CHER 41110

Carte régionale A2

38 km S de Blois

€€€ 🏠 **Chambres d'hôtes Le Sousmont (Marie-France Caillaud)** : 66, rue Maurice-Berteaux. 📱 06-66-87-40-13. ● mari-france.caillaud@orange.fr ● lesousmont.fr ● 📶 À deux pas du centre, maison de ville du XIXe s, dans laquelle vous attendent 4 chambres, dont une suite pour 4 personnes, avec sanitaires privés. Décoration soignée. C'est le côté jardin qui nous a fait craquer (Monet l'aurait adoré...) ! Bien sûr, à la française, mais surtout offrant la plus belle vue de la ville sur le château privé (72 pièces !) et la collégiale de Saint-Aignan (c'est le moment d'apporter votre chevalet). Comptez de 68 à 78 € pour 2, petit déj compris, et 20 € par personne supplémentaire. La route passe en bordure de la maison, mais le trafic est quasiment nul la nuit. Et puis faites comme nous : réservez la chambre côté jardin (c'est la dernière-née). Sourire et gentillesse au rendez-vous.

> *Accès : en venant de Blois, traversez les deux ponts à l'entrée de la ville ; au feu, tournez à gauche et au suivant à droite.*

SAINT-AUBIN-DES-BOIS 28300

Carte régionale A1

12 km O de Chartres ; 10 km E de Courville-sur-Eure

€€ 🏠 ⑩% **Chambres d'hôtes L'Érablais (Yveline et Jean-Marie Guinard)** : 38, rue Jean-Moulin, hameau Chazay. ☎ 02-37-32-80-53. 📱 06-81-34-01-71. ● jmguinard@aol.com ● erablais.com ● Fermé 23 déc-5 janv. 📶 Après avoir vécu plusieurs années au Canada, Yveline et Jean-Marie ont décidé de prendre racine en France. Ils ont acheté cette jolie ferme en pierre et brique installée autour d'une grande cour fermée qu'ils restaurent petit à petit. Dans l'ancienne étable, ils ont aménagé 3 chambres colorées et fleuries : une au rez-de-chaussée, 2 autres à l'étage, mansardées. Spacieux sanitaires privés. De 52 à 57 € pour 2, petit déj compris. Pas de table d'hôtes, premier resto sympa à 3 km. Restaurateur de mobilier ancien, Jean-Marie vous fera visiter son atelier si vous le désirez. Accueil souriant et dynamique. On aime comme on les aime. Une adresse comme on les aime.

> *Accès : de Chartres, N 23/D 923 vers Le Mans ; dans Cintray, prenez la D 123 jusqu'à Chazay (n'allez pas à Saint-Aubin).*

SAINT-BENOÎT-DU-SAULT 36170

Carte régionale A2

37 km SE de Le Blanc ; 22 km SO d'Argenton-sur-Creuse

€€ 🏠 ⑩% **Chambres d'hôtes Le Portail (Marie-France et Daniel Boyer-Barral)** : ☎ 02-54-47-57-20. 📱 06-30-37-27-16. ● leportail15eme@free.fr ● 📶 Saint-Benoît fait partie des plus beaux villages de France. Dans la porte fortifiée de la cité, 3 chambres agréables de 2 à 4 personnes installées sur différents niveaux et auxquelles on accède par un bel escalier à vis en pierre. Sanitaires privés mais w-c sur le palier pour certaines. De 60 à 70 € pour 2, petit déj compris et 106 € pour 4. Marie-France et Daniel sont artistes peintres et nombre de leurs œuvres peuplent la demeure. Pas de table d'hôtes, aussi prévoyez de dîner avant d'arriver ou de préparer votre pique-nique car il n'y a qu'un seul resto dans le village avec des horaires d'ouverture très variables. *NOUVEAUTÉ.*

Accès : à l'entrée de la cité médiévale.

SAINT-BENOÎT-SUR-LOIRE 45730

Carte régionale B1

39 km SE d'Orléans ; 6 km NO de Sully-sur-Loire

€€ 🛏 🍴 *Chambres d'hôtes Ferme de la Borde* (Mireille et Dominique Bouin) : *6, chemin de la Borde.* ☎ 02-38-35-70-53. 📱 06-85-56-63-19. *Fax : 02-38-35-10-06.* ● *mireille-dominique.bouin@wanadoo.fr* ● *fermedelaborde.com* ● 🐾 *De préférence sur résa.* 📶 La ferme de la Borde est une exploitation céréalière qui abrite 5 chambres spacieuses avec sanitaires privés. Toutes ont des lits simples (2 ou 3) : 2 au rez-de-chaussée sont plus indépendantes, une 3e est située à l'étage, enfin les 2 dernières (une suite pour 4 personnes, une autre de 3 personnes équipée pour les handicapés) sont installées dans une maison indépendante. 70 € pour 2, petit déj compris, avec tout plein de confitures, gâteau et jus de raisin maison (je craque !). Les repas se prennent en famille sur une gigantesque table, dans une véranda donnant sur un jardin fleuri. 22 € le repas, vin compris, pour une cuisine à partir de produits fermiers, de légumes du potager et fruits du jardin. Vélos à disposition. Supplément de 5 € pour l'accueil de votre compagnon à quatre pattes. Accueil agréable.

Accès : à 2 km à l'est du village par la D 148 en direction de Bonnée jusqu'à la chapelle Saint-Scholastique et fléchage.

SAINT-DENIS-LES-PONTS 28200

Carte régionale A1

3 km O de Châteaudun

€ 🛏 *Chambres d'hôtes Moulin de Segland* (Marianne et Gilles Prévost) : *54, rue de Segland.* ☎ 02-37-45-22-02. 📱 06-52-36-88-97. ● *prevost.gilles@wanadoo.fr* ● *segland-chambresdhotes.wifeo.com* ● À l'orée du village, dans un coin bien tranquille, ancien et imposant moulin installé sur le Loir. Gilles et Marianne sont agriculteurs (vaches allaitantes) et ont aménagé 4 chambres agréables, dont une familiale composée de 2 chambres. Une préférence pour « la Prairie » qui ouvre sur la rivière. Sanitaires privés. Selon la chambre, 45 ou 50 € pour 2, petit déj compris, et 15 € par personne supplémentaire. Pas de table d'hôtes mais cuisine à disposition. Les proprios prêtent une barque pour aller sur le Loir. Gentillesse, discrétion et authenticité au rendez-vous. Une adresse campagne et nature.

Accès : de Châteaudun, D 927 vers Le Mans/Saint-Denis-les-Ponts ; au feu tricolore avt le 1er pont, au niveau de la Samaritaine (si, si !), tournez à gauche, le moulin est à 800 m à droite.

SAINT-DENIS-SUR-LOIRE 41000

Carte régionale A2

7 km NE de Blois

€€ 🛏 *Chambres d'hôtes Harmonies* (Marie-Ange Chesneau et Marc Chaurin) : *46, rue du Château-d'Eau, Villeneuve.* ☎ 02-54-74-16-45. 📱 06-81-31-42-06. *Fax : 02-54-78-40-23.* ● *marieange.chesneau@nordnet.fr* ● *chambresdhotesharmonies.com* ● 🐾 *Fermé déc-janv.* Aux portes de Blois, agréable longère. Marie-Ange et Marc sont agriculteurs et proposent 4 chambres bien tenues avec sanitaires privés, dont une familiale avec lits en mezzanine pour les enfants. 68 € pour 2, petit déj compris (18 € par enfant). Sur rendez-vous, Marie-Ange propose des séances de « relax assis » et de « relax pied ». Accueil chaleureux. Une adresse pour destresser !

Accès : de Blois, D 2152 vers Orléans et, au panneau Saint-Denis sur la droite, tournez à gauche vers Villeneuve, la maison est quasiment au pied du château d'eau.

SAINT-LAURENT-LA-GÂTINE 28210

Carte régionale B1

20 km SE de Dreux ; 6 km N de Nogent-le-Roi

€€€ 🛏 (10%) *Chambres d'hôtes Clos Saint-Laurent* (Bernadette et Francis

James) : 6, rue de l'Église. ☎ 02-37-38-24-02. 📱 06-86-96-69-10. • james@clos-saint-laurent.com • clos-saint-laurent.com • Fermé à Noël et au Nouvel An. Ancienne ferme du XIXe s nichée dans une cour fermée avec un agréable jardin. Au 1er étage, avec entrée indépendante, 4 chambres romantico-campagnardes, dont une pour 3 personnes et une suite pour 4. Déco à la fois sobre et élégante, avec des poutres lazurées en blanc. Sanitaires privés. Accès wifi pour ceux qui veulent rester en contact avec leur tribu. De 87 à 98 € pour 2, petit déj compris. Pas de table d'hôtes, mais plusieurs restos sympas à Nogent. Accueil cordial.

Accès : l'accès au village se trouve sur la D 21 entre Nogent-le-Roi et Houdan ; la maison est en face de l'église.

SAINT-MAIXME-HAUTERIVE 28170

Carte régionale A1

30 km NO de Chartres

€ 🏠 10% *Chambres d'hôtes La Rondellière (Catherine et Vincent Langlois) :* 11, rue de la Mairie. ☎ et fax : 02-37-51-68-26. • jeanpaul.langlois@wanadoo.fr • ferme-rondelliere.com • 📶 Dans un petit village rural, grande ferme traditionnelle avec murs en silex et tour des portes et fenêtres en brique. Immense cour intérieure fermée par un pigeonnier. Dans une aile indépendante proche de la maison, 4 chambres vastes et bien tenues, avec sanitaires privés. 45 € pour 2, petit déj compris (gâteau et confitures maison). Catherine et Jean-Paul sont agriculteurs et produisent céréales, colza et pois secs. Accueil souriant et discret.

Accès : de Chartres, prenez la D 939 vers Verneuil jusqu'à Châteauneuf-en-Thymerais ; passez Châteauneuf et, 3 km après, tournez à gauche vers Saint-Maixme, la ferme est dans le village (bon fléchage).

SAINT-PIERRE-LES-BOIS 18170

Carte régionale B2

22 km O de Saint-Amand-Montrond ; 15 km N de Châteaumeillant

€ 🏠 ⎮●⎮ 10% *Chambres d'hôtes La Réserve (Corinne Lefrère et Philippe Aléonard) :* ☎ et fax : 02-48-56-28-64. 📱 06-80-24-65-39. • aleonard.ph@orange.fr • lareserve18.com • 📶 Superbe et ancienne ferme du XIXe s. Trois chambres vastes et champêtres avec sanitaires privés. Toutes sont de plain-pied avec accès sur le jardin et la campagne. On préfère celles qui ont le sol recouvert de tomettes anciennes. Frigo et TV pour les inconditionnels. 50 € pour 2, petit déj compris. Vous êtes dans une famille d'artistes : Philippe est prof de danse et Corinne prof de musique. C'est Philippe qui s'occupe des hôtes. Il aime la terre et élève oies, poulets et canards, tandis que son papa fournit les légumes du jardin. Aussi, la table d'hôtes ne comprend pratiquement que des produits maison. Repas partagé en famille à 18 €, apéro et vin compris. Grande et belle piscine. Gentillesse et chaleur de l'accueil au rendez-vous. Une adresse qu'on aime bien et un très bon rapport qualité-prix-convivialité.

Accès : traversez le bourg par la D 3 quand vous venez du Châtelet, l'accès à la maison est à la sortie du village à gauche.

SANTENAY 41190

Carte régionale A2

23 km O de Blois et d'Amboise

€€ 🏠 10% *Chambres d'hôtes Ferme d'Herceux (Monique et Bernard Thomas) :* ☎ 02-54-46-12-10. 📱 06-67-56-57-87. Fax : 02-54-46-18-17. • lafermedherceux@wanadoo.fr • lafermedherceux.monsite.wanadoo.fr • En pleine campagne, entre champs et forêts, ancienne ferme joliment restaurée par Monique et Bernard. Au 1er étage, une chambre à l'atmosphère et à la déco sur le thème de la mer. Dans l'ancienne grange restaurée, 2 autres chambres agréables et mansardées. Sanitaires privés. Enfin, pour ceux qui préfèrent l'originalité, une très belle roulotte à l'atmosphère gipsy, avec sanitaires privés dans la maison. De 55 à 87 € pour 2, petit déj compris. Pour les moins fortunés, un petit dortoir de 12 couchages (système bas-flancs, mais gentiment décoré) à 22 € par personne, petit déj compris, mais pas les draps (amenez votre duvet). Également, un ravissant gîte rural de 6 personnes à l'atmosphère très campagnarde, mais avec tout le confort moderne, loué de 500 à 600 € la semaine suivant la saison. Sans oublier... la piscine ! Accueil chaleureux. Une adresse qui fait des adeptes.

Accès : de Santenay, prenez la D 107 vers Dame-Marie (sur 1 km), puis à gauche vers Herceux ; continuez sur cette route sur 2,5 km et suivez le fléchage.

SARZAY 36230

Carte régionale B2

32 km SE de Châteauroux ; 7 km O de La Châtre

€€ 🏠 🍴 (10%) **Chambres d'hôtes Château de Sarzay (Françoise et Hurbain Richard) :** ☎ et fax : 02-54-31-32-25. ● sarzay@wanadoo.fr ● sarzay.net ● C'est un beau château féodal dont les origines remontent au XIVe s. À l'origine, cette forteresse comptait 38 tours ! Hurbain, les journalistes le connaissent bien… Normal, ça fait des années qu'il restaure cette douce folie pour lui conserver son âme, et sans l'aide d'aucune subvention. Tout ça parce qu'il ne suit pas à la lettre les indications des Monuments historiques (quand on voit le travail, il mériterait plus d'indulgence et d'aides financières, messieurs !). À l'intérieur de l'enceinte, dans les dépendances, 4 chambres avec sanitaires privés : une au rez-de-chaussée, les 3 autres à l'étage. Atmosphère campagnarde à souhait. 60 € pour 2, petit déj compris. Le château se visite et l'intérieur est une immense brocante. Hurbain a voulu le conserver dans son jus (sans eau, ni jus… électricité, quoi !). Accueil chaleureux. Une adresse qui sort de l'ordinaire.

> *Accès :* dans Sarzay, suivez le fléchage *« Château ».*

SEPMES 37800

Carte régionale A2

35 km S de Tours ; 7 km SE de Sainte-Maure-de-Touraine

€€ 🏠 🍽 **Chambres d'hôtes La Ferme des Berthiers (Anne-Marie Vergnaud) :** ☎ 02-47-65-50-61. ● lesberthiers@libertysurf.fr ● lafermedesberthiers.fr ● *Fermé à Noël et au Jour de l'an.* 📶 Cinq chambres simples mais confortables, avec salle de bains ou douche privée, dans une belle maison du XIXe s couverte de vigne vierge. Comptez 64 € pour 2, petit déj compris. Possibilité d'y prendre ses repas en prévenant la veille, pour 26 €, vin et café compris. Excellent accueil.

> *Accès :* de *Sainte-Maure-de-Touraine, prenez la D 59 vers Ligueil ; à la sortie de Sepmes, suivez le fléchage.*

SÉRIS 41500

Carte régionale A1

40 km SO d'Orléans ; 25 km NE de Blois

€€ 🏠 🍽 (10%) **Chambres d'hôtes (Annie et Jean-Yves Peschard) :** *10, chemin de Paris.* ☎ 02-54-81-07-83. 📱 06-03-17-14-27. Fax : 02-54-81-39-88. ● jypeschard@wanadoo.fr ● fermepeschard.free.fr ● 📶 Dans un très beau corps de ferme en U joliment restauré, 5 chambres dans des bâtiments annexes. Toutes possèdent des sanitaires privés. De 56 à 60 € pour 2, petit déj compris. Bonne table d'hôtes (sauf le dimanche soir), partagée en famille, à 21 €, apéro, vin et digeo compris. Spécialités de tarte aux asperges vertes, coq au vin, magret de canard au cassis, et de légumes originaux comme potimarron, spaghetti végétal ou igname. Location de vélos et de VTC sur place, car Annie propose des balades pour découvrir la région façon nature. Également un gîte rural pour 5 personnes pour ceux qui veulent séjourner.

> *Accès : dans le village, en direction de Talcy.*

SUÈVRES 41500

Carte régionale A1-2

12 km NE de Blois ; 5 km SO de Mer

€€€ 🏠 (10%) **Chambres d'hôtes Le Moulin des Choiseaux (Marie-Françoise et André Seguin) :** *8, rue des Choiseaux.* ☎ 02-54-87-85-01. 📱 06-80-33-50-38. ● choiseaux@wanadoo.fr ● choiseaux.com ● 📶 Joli moulin du XVIIIe s bien restauré. Son mécanisme était très particulier, car il devait accentuer le débit de l'eau (choiseaux… bon sang, mais c'est bien sûr !). Cinq chambres (dont une suite) joliment décorées, chacune avec un charme (et un prix) différent. Trois dans la maison : une au rez-de-chaussée, champêtre et rustique, avec de vieilles tomettes, et qui donne sur la roue (notre préférée et l'une des moins chères) ; une au 1er étage, l'autre au second à l'ambiance romantique (ciel de lit) et ornée de toiles et de collages réalisés par Marie-Françoise. Enfin, dans la maison du meunier, la suite (pour 3 personnes) et une petite chambre (la moins chère), croquignolette comme tout et à l'atmosphère romantico-printanière. Sanitaires privés. De 75 à 95 € pour 2, petit déj compris. Agréable salle à manger avec piano accordé. Pas de table d'hôtes, mais les restos ne manquent pas. Piscine. Accueil souriant.

> *Accès : sur la D 2152, entre Blois et Mer ; traversez Suèvres (si vous venez de Blois) et suivez le fléchage à gauche sur la nationale (500 m après la sortie du village).*

TRÔO 41800

Carte régionale A1

45 km N de Tours ; 25 km O de Vendôme

€€ 🏠 (10%) **Chambres d'hôtes Côte Sud (Dominique et Éric Calegari-Jehl) :** *7, rue Haute.* ☎ 02-54-72-61-38.

☎ 06-13-38-43-43. • cotesud-troo@wanadoo.fr • cotesud-troo.fr • *Fermé début déc-début mars.* 🛜 Au cœur du village, jolie maison du XVIIe s avec jardinet où trônent deux palmiers. Trois chambres au 1er étage douillettes et décorées sur des thèmes différents. Il y a la « Tourangelle », la « Grecque » et « l'Indienne » pour ceux qui veulent se dépayser totalement. La dernière est semi-troglodytique et installée au fond du jardin sous forme d'un petit duplex avec coin cuisine. Sanitaires privés. Comptez 65 € pour 2 pour les premières, et 70 € pour la dernière, petit déj compris. Pour prendre le frais, croquignolet salon troglodytique installé dans ce qui était une ancienne geôle. Pas de table d'hôtes, mais plein de petits restos dans le village. Accueil charmant. Une adresse qu'on aime bien.

Accès : au centre du bourg, laissez votre voiture sur la place de la mairie, prenez la petite route en face, entre les deux restos, c'est à 200 m à droite.

€€ 🏠 🍴 ⑩% **Chambres d'hôtes Escale Saint-Gabriel (Barbara et Bernard Savaete) :** *escalier Saint-Gabriel.* ☎ 02-54-72-50-34. • bandbcave@laposte.net • bandbcave.com • *Ouv du 29 mars à mi-nov.* 🛜 Le village de Trôo est réputé pour ses maisons troglodytiques. C'est dans cette atmosphère que vous allez séjourner... Ici, on les appelle des caves. Rien à voir avec le local souterrain du dico, ce sont des habitations creusées dans la pierre, situées au cœur de la colline et composées en général d'une seule pièce. Dans l'une d'elle, Barbara et Bernard ont aménagé une immense chambre lumineuse (contrairement à ce qu'on pourrait penser) avec cheminée et coin repas. Une 2e chambre, plus petite, a été aménagée pouvant faire suite (ou non) avec elle. Sanitaires privés. De 65 à 70 € pour 2, petit déj compris. Les proprios vous le descendent sur un plateau car ils habitent la « cave » du dessus. Calme absolu et atmosphère d'autrefois, proche de la carte postale jaunie où vous verrez la famille au bercail (1906). Attention, pour y accéder, il ne faut pas craindre les escaliers. Accueil chaleureux. Une adresse qui fait des adeptes !

Accès : au niveau de la place de la mairie, prenez la rue Haute (signalée voie piétonne) et montez jusqu'en haut.

VALAIRE 41120

Carte régionale A2

17 km S de Blois ; 6 km E de Chaumont-sur-Loire

€ 🏠 **Chambres d'hôtes Ferme de la Caillaudière (Muriel et Étienne Gallou) :** ☎ et fax : 02-54-44-03-04. 📱 06-99-36-98-49. • etienne.gallou@nordnet.fr • la-caillaudiere.fr • Jolie ferme du XVIIe s. Trois chambres simples, avec sanitaires privés, de 48 à 50 € pour 2, avec un copieux petit déj (jus de fruits, fromages et confitures maison). Coin cuisine à disposition. Un bon point de chute à prix doux pour découvrir les châteaux de la Loire et un accueil authentique.

Accès : depuis Blois, prenez la D 751 vers Candé-sur-Beuvron puis Amboise ; à la sortie de Candé, prenez la direction La Pieuse (sur 3 km), tournez à droite, passez le hameau et c'est la 1re maison.

VERNOU-SUR-BRENNE 37210

Carte régionale A2

15 km E de Tours

€€ 🏠 🍴 ⑩% **Chambres d'hôtes La Ferme des Landes (Roger Bellanger) :** *vallée de Cousse.* ☎ 02-47-52-10-93. 📱 06-33-88-52-35. *Fermé 15 déc-10 janv.* Jolie ferme du XVe s avec une cour bien fleurie. Dans une dépendance, Roger a aménagé 5 chambres confortables et meublées avec goût. De 60 à 65 € pour 2, avec le petit déj.

Accès : de Vernou, suivez la direction Chançay (D 46) vers la vallée de Cousse.

VIABON 28150

Carte régionale B1

30 km S de Chartres ; 8 km S de Voves

€€ 🏠 ⑩% **Chambres d'hôtes de Morais (Brigitte et Francis Henault) :** *Morais.* ☎ 02-37-99-20-55. 📱 06-09-34-54-55. • pagesperso-orange.fr/chambreshotes.morais • 🛜 Au cœur de la plaine de la Beauce, au milieu des cultures céréalières, grand corps de ferme avec vaste cour intérieure gravillonnée. Deux chambres agréables, dont une familiale composée de 2 chambres. Sanitaires privés. 55 € pour 2, petit déj compris, et 95 € pour 4. Pas de table d'hôtes mais frigo et micro-ondes pour se faire un petit frichti. Accueil convivial.

Accès : de Viabon, prenez la D 12 vers Fains-la-Folie puis fléchage à gauche vers Morais.

VIGNOUX-SOUS-LES-AIX 18110

Carte régionale B2

15 km N de Bourges ; 6 km S de Ménetou-Salon

€€ 🏠 🍽 🍴 **Chambres d'hôtes La Petite Noue (Danielle et Jean-François Gilbert) :** ☎ 02-48-64-56-55. • contact@

VILLEDIEU-SUR-INDRE | 155

lapetitenoue.fr • *lapetitenoue.fr* • Par une petite route qui serpente à travers la campagne, on arrive jusqu'à cette ancienne et jolie ferme. Depuis la véranda, on accède aux 3 chambres situées au 1er étage. Atmosphère champêtre et colorée. Nombreuses broderies au point de croix et beaux patchworks réalisés par Danielle. Sanitaires privés. 53 € pour 2, petit déj compris. Table d'hôtes (sauf le mercredi), partagée en famille, à 22 €, apéro et vin compris. Petit étang pour taquiner le poisson ou simplement se détendre au bord de l'eau. Jean-François pratique l'attelage et emmène volontiers ses hôtes pour une petite balade.

Accès : dans le village, D 186 vers Sainte-Solange sur 1 km et prenez la petite route à gauche (bon fléchage).

VIGOULANT 36160

Carte régionale B2

18 km S de La Châtre

€ 🏠 |●| ⚐ (10%) **Chambres d'hôtes La Ferme des Vacances (Anne-Marie et Félix Hyzard) :** *Les Pouges.* ☎ 02-54-30-60-60. • lafermedesvacances@gmail.com • *lafermedesvacances.fr* • 🛜 Perdue en pleine nature, jolie ferme au milieu d'un magnifique jardin avec piscine sur l'arrière et un étang pour les pêcheurs. Quatre chambres coquettes (dont 3 familiales de 3 et 4 personnes), avec sanitaires privés. 49 € pour 2, petit déj compris, et 8 € par personne supplémentaire. Table d'hôtes à 16 €, quart de vin compris. Gentillesse et disponibilité au rendez-vous, des prix doux, que demander de plus ?

Accès : de La Châtre, D 940 vers Guéret puis D 26 et D 71 vers Sazeray ; la maison est à 2 km de Vigoulant sur la D 71 en direction de Vijon, sur un petit chemin à gauche.

VILLEBAROU 41000

Carte régionale A2

5 km N de Blois

€€ 🏠 ⚐ (10%) **Chambres d'hôtes Le Retour (Agnès et Jacques Masquilier) :** *8, route de la Chaussée-Saint-Victor.* ☎ 02-54-78-40-24. • contact@leretour.fr • *leretour.fr* • 🦌 *Sur résa en hiver.* 🛜 Ancienne ferme au milieu d'un hameau avec une grande cour intérieure fermée. Deux chambres d'hôtes avec accès indépendant au rez-de-chaussée de la maison, dans les anciennes étable et écurie (ce sont nos préférées : bel enduit sable gratté et superbes dessus-de-lit en patchwork) et une chambre triple au 1er étage (un grand lit plus un lit simple). De 51 à 71 € pour 2, petit déj compris, et 15 € par personne supplémentaire. Au 2e étage de la maison, une 4e chambre climatisée, immense, avec mezzanine (parfaite pour les familles), belle charpente apparente, mobilier ancien et vieux instruments de musique en cuivre. Celle-ci est à 81 € pour 2. Pas de table d'hôtes, mais cuisine à disposition dans l'ancien fournil. Agnès et Jacques aiment les enfants (ils en ont eu huit !), alors, si vous voulez souffler un peu, ils peuvent garder les vôtres... et croyez-nous, ils s'amusent, comme en témoigne la jolie fresque de l'entrée. Derrière la maison, agréable parc avec portique et labyrinthe de buis.

Accès : dans Blois, prenez la D 924 vers Châteaudun sur 4 km et fléchage à droite (« Francillon ») ; la maison est un peu plus loin sur la droite (n'allez pas à Villebarou).

VILLEDIEU-SUR-INDRE 36320

Carte régionale B2

15 km O de Châteauroux ; 6 km SE de Buzançais

€€€ 🏠 |●| ⚐ (10%) **Chambres d'hôtes Le Bout du Monde (Catherine et Jean-François Libert-Vanlishout) :** ☎ 02-54-60-87-04. 📱 06-81-84-87-54. • info@leboutdumonde36.com • *leboutdumonde36.com* • 🛜 En pleine nature, ancienne ferme sur un domaine de 5 ha. Cinq chambres charmantes, spacieuses et lumineuses. : 2 dans une aile de la maison des propriétaires au rez-de-chaussée et 1er étage, les 3 autres dans un bâtiment indépendant dont 1 suite familiale de 4 personnes. Beaux sanitaires privés. On a craqué pour « Jacques Cartier » avec ses deux grandes baies vitrées qui ouvrent sur l'arrière de la maison et « Livingstone ». Selon la saison de 75 à 120 € pour 2, copieux petit déj compris (avec fromage et charcuterie pour les amateurs). Table d'hôtes partagée en famille à 25 € apéro, café et vin compris. Cuisine à partir de produits du terroir. Pour vous détendre Catherine et Jean-François, charmant couple belge, prête des vélos pour découvrir la région. Belle piscine. Ils ont aussi 5 chevaux pour des balades (12 € l'heure). Une adresse pour se mettre au vert. *NOUVEAUTÉ.*

Accès : de Villedieu D 943 vers Buzançais pendant 5 km et au bout de la longue ligne droite, tourner à gauche au fléchage et aller tout au bout (1 km)

Champagne-Ardenne

ATHIS 51150

Carte régionale A1

17 km O de Châlons-en-Champagne ; 13 km E d'Épernay

€€ 🏠 |●| *Chambre d'hôtes (Françoise Brun) :* 12, rue du Centre. ☎ 03-26-57-66-41. 📱 06-10-35-78-51. ● contact@giteathis.com ● giteathis.com ● 🛜 Ravissante et ancienne ferme du XVIIIe s entourée d'un charmant jardin clos. Au 1er étage, une suite élégante avec coin séjour et kitchenette, à 70 € pour 2, petit déj compris. Pas de table d'hôtes mais Françoise propose un panier gourmand avec terrine de foie gras, plat principal, fromage et dessert, servi avec une bouteille de champagne pour 2 (30 € par personne). Piscine. Accueil de qualité. Une belle adresse pour se faire dorloter.

Accès : d'Épernay, D 3 vers Châlons-en-Champagne jusqu'à Athis.

BANNAY 51270

Carte régionale A2

32 km SO d'Épernay ; 15 km E de Montmirail

€€ 🏠 |●| *Chambres d'hôtes Ferme de Bannay (Muguette et Jean-Pierre Curfs) :* 1, rue Petit-Moulin. ☎ 03-26-52-80-49. Fax : 03-26-59-47-78. ● mjpcurfs@aliceadsl.fr ● En pleine nature, dans un grand corps de ferme, 3 chambres avec sanitaires privés, dont 2 au 1er étage de la maison. La dernière pour 4 personnes, mansardée, avec de belles poutres apparentes et ambiance d'autrefois. 65 € pour 2, petit déj compris, 78 € pour celle avec kitchenette et cheminée, et 18 € par personne supplémentaire. Table d'hôtes, sans les propriétaires, à 36 €, quart de vin et café compris. Accueil agréable.

Accès : sur la D 933 de Montmirail à Châlons-en-Champagne ; à Fromentières, prenez à droite vers Bannay ; fléchage simple dans le village et partez entre prés et cultures.

BAY-SUR-AUBE 52160

Carte régionale A2

30 km O de Langres ; 3 km N d'Auberive

€€€ 🏠 |●| *Chambres d'hôtes La Maison Jaune (Marian Jansen) :* rue du Four-Banal. ☎ 03-25-84-99-42. Fax : 03-25-87-57-65. ● jwjansen@club-internet.fr ● Ouv mai-oct. Dans un joli coin de campagne vallonné, ancienne ferme située au cœur d'un ravissant village champêtre. Marian, Néerlandaise, a installé 4 chambres élégantes dans différentes ailes de la maison. La « Blanche », spacieuse et romantique, avec ses vieilles gravures, ciel de lit et une grande glace un peu coquine, la « Verte », charmante, qui ouvre sur le potager, enfin,

---

Nous vous rappelons que la table d'hôtes est le complément d'une formule d'hébergement (chambre d'hôtes, gîte d'étape...). Ce service n'est offert qu'aux personnes qui dorment sur place (excepté lorsqu'il est clairement écrit « ouvert aux extérieurs »).

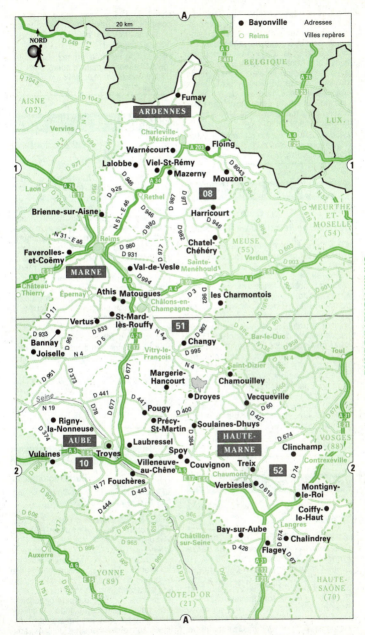

CHAMPAGNE-ARDENNE

2 autres aux couleurs chaudes. Sanitaires privés. 85 € pour 2, petit déj compris. Superbe salle à manger avec cuisine américaine et une gigantesque table pour prendre les repas, à 30 € vin compris, mais sans votre hôtesse. Cuisine traditionnelle avec des produits fermiers et les légumes du jardin. Atmosphère chaleureuse, beaux meubles anciens, portraits de famille et une collection de poteries chinées par Marian dans toute la France. Une adresse au charme indéniable.

Accès : *d'Auberive, allez jusqu'à Bay-sur-Aube puis en direction de Germaine ; allez jusqu'au lavoir et tournez à gauche.*

BRIENNE-SUR-AISNE 08190

Carte régionale A1

30 km SO de Rethel ; 20 km N de Reims

€€ 🛏 *Chambres d'hôtes (Jacqueline et Guillaume Leriche)* : *13, route de Poilcourt.* ☎ et fax : 03-24-72-94-25. 📱 06-79-96-66-89. • guillaume.leriche@free.fr • 📶 Grand corps de ferme avec 4 chambres d'hôtes, dont une chambre-studio (avec coin cuisine) : 3 très spacieuses (pour 4 personnes) avec coin salon, TV et mezzanine, et une plus petite (celle du chasseur, avec tête de biche en trophée). Sanitaires privés. De 55 à 58 € pour 2, petit déj inclus, et 15 € par personne supplémentaire. Vous êtes ici dans une famille d'agriculteurs qui défend sa corporation avec fougue. Également un petit musée sur place sur la vie rurale et les deux guerres. Pas de table d'hôtes, mais coin cuisine. Salle de jeux. Terrasses dans le jardin. Accueil authentique.

Accès : *sur la route Reims/Bruxelles ou Soissons/Vouziers.*

CHALINDREY 52600

Carte régionale A2

12 km SE de Langres

€€ 🛏 |●| 🐴 *10%* *Chambres d'hôtes Gîte des Archots (Véronique et Serge François)* : ☎ et fax : 03-25-88-93-64. En pleine campagne, dans un petit hameau entouré de champs et de forêts. Cinq chambres (pour 2 à 5 personnes), aux 1er et 2e étage de la maison. Sanitaires privés. Elles mériteraient un peu plus de déco, mais elles sont claires et fonctionnelles. Comptez 52 € pour 2, petit déj compris, et 14 € par personne supplémentaire. Table d'hôtes, partagée avec les proprios, dans une salle assez rustique avec une grande cheminée. 18 € le repas, apéro, vin et café compris. Deux ruisseaux courent devant la maison et il y a un petit étang de pêche. Accueil agréable.

Accès : *de Langres, prenez la D 17 jusqu'à Chalindrey ; dans le bourg, prenez la D 136 vers Grenant et suivez le fléchage ; c'est à 2 km.*

CHAMOUILLEY 52410

Carte régionale A2

8 km SE de Saint-Dizier

€€ 🛏 |●| 🐴 *10%* *Chambres d'hôtes Le Moulin (Sylvie et Régis Forêt)* : ☎ et fax : 03-25-55-81-93. 📱 06-83-20-92-66. • lemoulinchamouilley@wanadoo.fr • 📶 Dans un grand parc boisé, ancien moulin installé entre la Marne et le canal. Dans une aile indépendante, 5 chambres décorées avec goût dans des tons pastel, dont une suite familiale composée de 2 chambres. Spacieux sanitaires privés. TV pour les inconditionnels. Selon la chambre, de 61 à 65 € pour 2, petit déj compris, et 135 € pour 5 personnes dans la suite. Petite piscine semi-enterrée. Si vous avez des enfants, ils pourront jouer avec ceux de la maison, car Sylvie et Régis sont famille d'accueil. Également un gîte pour 3 personnes en bord de rivière pour ceux qui veulent séjourner. Restaurant sur place.

Accès : *dans Chamouilley, D 8 vers Couzances-les-Forges ; au niveau du rond-point, prenez la 3e petite route à droite, passez le pont au-dessus du canal et tournez à droite.*

CHANGY 51300

Carte régionale A2

35 km SE de Châlons-en-Champagne ; 10 km NE de Vitry-le-François

€€€€ 🛏 *10%* *Maison d'hôtes La Loge Vigneronne (Corinne et Jean-Philippe Menu-Jacquier)* : *1, rue de Bar-le-Duc.* ☎ et fax : 03-26-72-77-44. • jpmenu@landrovigne.com • landrovigne.com • 📶 C'est derrière une demeure bourgeoise en brique du XIXe s que vous découvrirez une belle grange que vos hôtes ont habillée de bois, installée dans un beau jardin avec petit bassin. Là, la suite « Suprême champagne » vous est entièrement destinée : au rez-de-chaussée, un salon spacieux avec cheminée et coin repas ouvrant sur une terrasse couverte ; à l'étage, une immense et superbe chambre pour

2 personnes avec, entre autres, un rigolo baldaquin et un mannequin ancien. Beaux sanitaires avec douche et baignoire originale. 120 € pour 2, petit déj compris. Au 1er étage de la maison familiale, 2 autres chambres, dont une suite, tout aussi charmantes : la « Brut de blanc », pour 2 personnes, avec lit à baldaquin et baignoire rétro, et la « Bois rosé », pour 3 personnes, avec salon télé privé. Celles-ci sont à 90 € pour 2, petit déj compris. La collation matinale est servie au choix en chambre ou chez vos hôtes (nous, on préfère !). Au fait, savez-vous ce qu'est une loge vigneronne ? Une cabane dans les vignes où l'on cassait la croûte et abritait le cheval. Les proprios vous les feront découvrir dans une originale balade en 4x4 à travers les vignes (offerte si vous restez 3 jours !). La maison est aussi un refuge LPO et vous trouverez sur place une piscine. Accueil charmant. Une adresse juste comme on les aime.

Accès : de Vitry-le-François, D 982 vers Sainte-Menehould jusqu'à Changy ; la maison est au centre du bourg.

CHÂTEL-CHÉHÉRY 08250

Carte régionale A1

28 km SE de Vouziers ; 24 km S de Buzancy

€€€ **Chambres d'hôtes Château de Châtel** (Simone et Jacques Huet) : ☎ 03-24-30-78-54. 📱 06-25-35-70-05. • jacques.huet9@wanadoo.fr • perso. wanadoo.fr/chateaudechatel/ • Fermé 8-29 sept. Surplombant la vallée de l'Aire, superbe château du XVIIIe s installé dans un grand parc qui jouit d'un joli panorama sur les environs. Trois chambres agréables, dont une au rez-de-chaussée, les 2 autres à l'étage. Sanitaires privés. 90 € pour 2, petit déj compris. Sur place, une agréable piscine couverte et chauffée (de mai à fin septembre). Accueil souriant.

Accès : sur la D 946 entre Granpré et Varennes-en-Argonne, prenez la D 142 vers Châtel-Chénéry et suivez le fléchage.

CLINCHAMP 52700

Carte régionale A2

30 km NE de Chaumont ; 30 km SO de Neufchâteau

€€ **Chambres d'hôtes Les Ombelles** (Anne et Yves Amour) : 40, rue des Quinze-Écus. ☎ 03-25-01-26-04. 📱 06-89-78-43-95. • yves.amour@ wanadoo.fr • relais-des-ombelles.mon site.orange.fr • Petit village isolé entre cultures et forêt. En réunissant trois petites maison dont une ancienne forge, Anne et Yves ont créé une demeure chaleureuse et charmante. Au 1er étage, 2 chambres spacieuses et agréables avec sanitaires privés. 60 € pour 2, petit déj compris (confitures, brioche et pain maison). Table d'hôtes partagée en famille à 25 €, apéro et vin compris. Cuisine traditionnelle où poissons et légumes du jardin sont à l'honneur. Salle de détente avec ping-pong, bibliothèque bien fournie, ainsi qu'une chouette collection de B.D. Agréable jardin derrière la maison avec vue dégagée sur la campagne. Un accueil hors pair... mais quand on s'appelle Amour cela n'a rien de surprenant ! Une adresse où l'on se sent bien.

Accès : sur la N 74 entre Chaumont et Neufchâteau, au niveau de Rimaucourt prenez la D 1 vers Écot-la-Combe, puis la petite route jusqu'à Clinchamp, la maison est au centre du bourg.

COIFFY-LE-HAUT 52400

Carte régionale A2

40 km E de Langres ; 8 km SO de Bourbonne-les-Bains

€€ **Chambres d'hôtes La Ferme Adrien** (Françoise Pelletier) : Les Granges-du-Vol. ☎ 03-25-90-06-76. 📱 06-10-47-84-86. • ferme-adrien@ orange.fr • fermeadrien.wifeo.com • En pleine campagne, grande ferme au milieu des prés et des forêts. Françoise a repris le flambeau et propose 3 chambres, avec sanitaires privés. 55 € pour 2, petit déj compris. Table d'hôtes partagée en famille dans une grande salle agrémentée d'une belle cheminée. Repas à 18 €, vin compris. Cuisine élaborée à partir des légumes du jardin et des animaux de la basse-cour. Calme et tranquillité assurés. Possibilité de dégustations et visite de caves. Accueil convivial.

Accès : de Bourbonne, prenez la D 26 vers Chalindrey, puis traversez Coiffy et suivez le fléchage.

COUVIGNON 10200

Carte régionale A2

7 km SO de Bar-sur-Aube

€€ **Chambres d'hôtes Le Goluret** (Véronique Leprun et Gérard Damotte) : 19, rue Gaston-Cheq. ☎ 03-25-27-90-25. 📱 06-32-30-00-12.

• legoluret@wanadoo.fr • legoluret.com •
🛜 Gérard a accompli un travail colossal pour réaménager cette ancienne maison de vigneron en pierre et brique de 1892. Enfant du pays, il vous donnera toutes les infos pour la découvrir. Les 5 chambres sont installées côté jardin, donc bien au calme. L'une est familiale avec lits enfants en mezzanine. Déco contemporaine de bon goût, agréables volumes et belle charpente apparente. Sanitaires privés. 66 € pour 2, petit déj compris (confitures, pains et viennoiseries maison). Table d'hôtes à 27 €, apéro, vin et café compris. Véronique est un fin cordon bleu et propose une cuisine goûteuse et recherchée. Agréable salon avec TV grand écran plat, ainsi qu'une ancienne cave transformée en salon pour déguster l'apéro. Au fait, « Goluret », c'est le nom des habitants de Couvignon, déformation de gai luron. Accueil des plus convivial. Une charmante adresse.

Accès : de Bar-sur-Aube, D 4 vers Bar-sur-Seine jusqu'à Couvignon ; la maison est à l'entrée du village à droite.

DROYES   52220

Carte régionale A2
28 km SO de Saint-Dizier

€€ 🏠 🐴 (10 %) **Chambres d'hôtes La Maison de Marie** (Sylvie Gravier) : 11, rue de la Motte. ☎ 03-25-04-62-30. • lamaison.marie@wanadoo.fr • la-maison-de-marie.com • *Fermé 15 déc-15 janv.* Dans une jolie maison de village à colombages, une immense suite de 2 chambres, avec une mignonnette salle de séjour et une superbe salle de bains au lavabo encastré dans une ancienne cuisinière. Accès à la chambre par un escalier extérieur et tout l'étage est à vous ! Une seconde chambre est installée dans la maison du four à pain ; petit salon et sanitaires au rez-de-chaussée et chambre avec coin bibliothèque en mezzanine ; accès indépendant par le jardin. 60 € pour 2, petit déj compris. Pas de table d'hôtes, mais des restos sympas à proximité. Petit jardin derrière la maison. Accueil jeune et agréable, atmosphère sereine. À noter que Sylvie n'est pas toujours là, mais laissez un message sur son répondeur et elle vous rappellera. Le lac du Der est à proximité, lieu idéal pour contempler les oiseaux (grues et oies cendrées), notamment d'octobre à mars (de 25 000 jusqu'à 75 000 aux bonnes périodes !), un spectacle naturel à découvrir. Également tous sports nautiques sur le lac.

Accès : dans le bourg.

€€ 🏠 (10 %) **Chambres d'hôtes Les Coccinelles** (Sandrine et Pierre-Jean Charuel) : 8, rue Papillon. ☎ 03-25-94-60-38. • sandrine.charuel@wanadoo.fr • coccinellesduder.fr • Ancienne ferme du XIXᵉ s bardée de bois côté rue et à colombages côté jardin. Dans l'ancienne étable attenante à la maison, 3 chambres au 1ᵉʳ étage, lumineuses, avec belle charpente apparente. Sanitaires privés (cabine douche). Comptez 55 € pour 2, petit déj compris (50 € dès la 2ᵉ nuit). Pierre-Jean, en plus de s'occuper de ses hôtes avec Sandrine, est aussi pédicure bovin (il taille les sabots). Dans un parc attenant à la maison, une vache, un cheval, une ânesse et son ânon feront la joie de vos bambins. Accueil convivial.

Accès : dans le village, allez jusqu'à l'église (en venant de Montier-en-Der) et à droite, la maison est à 150 m.

FAVEROLLES-ET-COËMY   51170

Carte régionale A1
18 km O de Reims ; 10 km SE de Fismes

€€ 🏠 🐴 **Chambres d'hôtes Ferme de Flancourt** (Aimée et Jean-Pierre Caillet) : 13, rue de la Cense. ☎ 03-26-97-45-70. 📱 07-85-44-24-64. • ajp.caillet@orange.fr • musee-agricole-champagne.com • *Ouv mars-oct.* 🛜 Ici est née une belle histoire d'amour, rencontre d'une ferme et d'un historien amateur, passionné du monde agricole et rural de sa région. C'était en 1997 : de passage dans la région, Aimée et Jean-Pierre découvrent cette ferme, restée pratiquement intacte depuis le milieu du XIXᵉ s. Bien sûr, il a fallu la restaurer, mais le résultat est admirable et c'est devenu un petit musée des Arts et Traditions populaires. Mais parlons hébergement : 2 chambres printanières, dont une suite composée de 2 chambres. Déco soignée. Sanitaires privés, avec une rigolote collection de pubs pour les savons. 60 € pour 2, petit déj compris, et 100 € pour 4. Pas de table d'hôtes (comptez 10 km pour un bon resto) mais possibilité de vous faire confectionner un plateau repas à 18 € sur demande. Naturellement, la visite de la demeure s'impose et vous découvrirez le cellier champenois avec l'embouteillage à ficelle, l'étable avec le lit de vacher, la laiterie... des milliers de pièces, toutes différentes. Sans oublier Lady, la jument ardennaise. Très bon rapport qualité-prix-convivialité. Une adresse pour se cultiver... ça vous changera de la télé !

Accès : le village se trouve sur la D 27 entre Reims et Fismes ; la ferme est à l'entrée du village en direction de Fismes.

FLAGEY 52250

Carte régionale A2

12 km SO de Langres

€€ 🛏 🍴 **Chambres d'hôtes La Ferme du Soleil de Langres (Sylvie et Bruno Japiot) :** ☎ 03-25-84-45-23. • sylvie.japiot@wanadoo.fr • fermedusoleildelangres.com • Maison de village en pierre apparente, avec un coquet jardin fleuri. Quatre chambres avec sanitaires privés : 2 au 1er étage, dont une avec petite terrasse privative. 60 € pour 2, petit déj inclus. Table d'hôtes, sans les proprios, à 22 €, boisson comprise, avec les produits de la ferme. Sylvie et Bruno sont agriculteurs et élèvent des vaches allaitantes. Et quand ils ne sont pas là, c'est Amélie qui s'occupe de l'accueil. Attention, la ferme se trouve à proximité d'une petite route de campagne, mais le trafic est restreint. Location de VTT.

> *Accès :* de Langres, prenez la D 428 en direction d'Auberive ; à mi-chemin, prenez la D 6 vers Flagey, la maison est au centre du village, près de l'église.

FLOING 08200

Carte régionale A1

3 km N de Sedan

€ 🛏 **Chambres d'hôtes La Maison de l'Étang (Jacqueline et Jean-François Lamberty) :** 73, route d'Illy. ☎ 03-24-29-48-25. 📱 06-86-44-87-64. • jflamberty@free.fr • lamaisondeletang.com • Dans une petite maison récente, 2 chambres d'hôtes installées au 1er étage (sous forme de suite familiale), et 4 autres dans la maison des propriétaires, avec entrée indépendante. Atmosphère campagnarde, beaux meubles anciens, vieilles gravures et tableaux. Sanitaires privés. 48 € pour 2, petit déj compris. Jacqueline est une grand-mère casse-cou... Figurez-vous qu'en 1949, elle était une des plus jeunes aviatrices du monde (mais chut !). Accueil chaleureux.

> *Accès :* dans le bourg.

FOUCHÈRES 10260

Carte régionale A2

23 km SE de Troyes ; 10 km NO de Bar-sur-Seine

€€ 🛏 🐾 10% **Chambres d'hôtes Le Prieuré (Sylvie et Gilles Berthelin) :** 1, pl. de l'Église. ☎ 03-25-40-98-09. • gilles.berthelin@wanadoo.fr • routedechampagne.com • ♿ Ancien prieuré du XIe s, transformé en exploitation agricole pendant la Révolution au profit de la famille de Gilles (ce n'est pas tout jeune !). Avec Sylvie, ils élèvent des bovins et ont une basse-cour bien fournie (la vraie vie de la ferme, quoi). Dans la maison, 3 chambres spacieuses et familiales (dont 2 avec cheminée, où vous pourrez faire une petite flambée en hiver) ; 2 autres, plus indépendantes, dans un bâtiment joliment restauré. Sanitaires privés. De 45 à 55 € pour 2, petit déj compris, avec des crêpes au sirop d'érable (chouette !). Pas de table d'hôtes mais il y a un bon resto au village ; autrement, il y a aussi la cuisine à disposition. Également un gîte aménagé dans le pigeonnier pour 3-4 personnes loué de 360 à 400 € la semaine. L'église à côté de la maison est superbe (elle abrite le tombeau de l'ancien prieur) et, soyez content, Sylvie a les clés. Ne manquez pas cette visite, ni la petite balade le long de la Seine. Accueil chaleureux et familial. Bon rapport qualité-prix-convivialité.

> *Accès :* dans Fouchères, prenez la D 81 vers Poligny ; la maison est juste à côté de l'église (rentrez dans la cour).

FUMAY 08170

Carte régionale A1

30 km N de Charleville-Mézières ; 16 km NE de Rocroi

€€ 🛏 **Chambres d'hôtes (Liliane Lorent) :** 3, rue du Dr-Bourgeois. ☎ 03-24-41-29-66 ou 09-50-83-86-74. 📱 06-89-52-22-97. • liliane.lorent@orange.fr • Superbe demeure bourgeoise, genre hôtel particulier, datant du XVIIIe s. Par un grand et noble escalier en bois, on accède aux 3 chambres. Elles sont immenses et décorées avec goût. Beaux parquets, belle hauteur sous plafond et, partout, toiles, aquarelles, sanguines, ainsi qu'une foultitude de bouquins. Préférez les chambres qui ouvrent sur la Meuse (une à quatre fenêtres). Luxueux et vastes sanitaires privés. 60 € pour 2, copieux petit déj compris (jus de fruits pressés et fromages !), et 22 € par personne supplémentaire. Accueil de qualité. Une de nos adresses préférées sur le département. Si vous aimez le chocolat, vous êtes à 2 km de la Belgique.

> *Accès :* de Charleville, prenez la direction de Givet jusqu'à Fumay ; dans le bourg, suivez Haybes, la maison est au bord de la Meuse, juste avt le pont.

CHAMPAGNE-ARDENNE

HARRICOURT — 08240

Carte régionale A1

19 km E de Vouziers ; 2 km O de Buzancy

€€€€ 🛏 🍴 10% **Chambres d'hôtes la Montgonière (Élisabeth Régnault de Montgon) :** *1, rue Saint-Georges.* ☎ et fax : 03-24-71-66-50. 📱 06-77-96-35-75. ● regnault-montgon@wanadoo.fr ● lamontgoniere.net ● 📶 Au cœur du village, belle demeure dont les origines remontent au XVIIe s et propriété de la famille d'Élisabeth depuis la Révolution ! Trois chambres élégantes, dont une suite composée de 2 chambres pour les familles. Selon la chambre, de 90 à 110 € pour 2 et 140 € pour 4, copieux petit déj compris. Table d'hôtes à 25 € sans les boissons. Agréable jardin. Une adresse et un accueil charmants.

Accès : de Buzancy, prenez la D 947 jusqu'à Harricourt et fléchage.

JOISELLE — 51310

Carte régionale A2

20 km O de Sézanne ; 7 km N d'Esternay

€ 🛏 10% **Chambres d'hôtes (Ivana et Guy Degois) :** *Champagnemay.* ☎ et fax : 03-26-81-52-13. En pleine campagne, aux confins de la Marne et de la Seine-et-Marne, petite ferme en activité au cœur d'un hameau. Ivana et Guy y élèvent une vingtaine de vaches laitières et reçoivent des hôtes dans 3 chambres, dont une familiale. Celles-ci sont campagnardes à souhait et installées dans une aile indépendante. 45 € pour 2, petit déj compris. Accueil authentique et vrai. Pas de table d'hôtes, premier resto sympa à Courgivaux, à 7 km. Une adresse pour redécouvrir la vie de la ferme.

Accès : de Paris, N 4 vers Nancy ; au niveau de Courgivaux, prenez la D 375 vers Montmirail, passez Neuvy et, 4 km après, tournez à gauche au fléchage.

LA VILLENEUVE-AU-CHÊNE — 10140

Carte régionale A2

25 km E de Troyes ; 25 km O de Bar-sur-Aube

€€ 🛏 🍴 **Chambres d'hôtes La Renouillère (Edwige et Daniel Prévot) :** *3, rue aux Chèvres.* ☎ 03-25-81-64-05. 📱 06-81-04-97-11. ● la-renouillere@orange.fr ● perso.orange.fr/la-renouillere ● *Fermé du 11 nov à fin mars.* 📶 Au cœur du parc régional de la forêt d'Orient. La maison d'Edwige et Daniel est un ancien magasin où fut installé le premier télégraphe. Aujourd'hui, on y dort dans 5 chambres spacieuses et élégantes, intallées aux 1er et 2e étages et toutes personnalisées. Vous aurez le choix entre la « Romantique » (la bien nommée), la « Pêcheur » avec un grand Velux qui ouvre sur la campagne, la « Vendange », la « Moisson » et la « Nature ». Sanitaires privés. De 54 à 60 € pour 2, petit déj compris. Table d'hôtes partagée en famille à 27 €, apéro, vin et café compris. Jacuzzi à disposition (séance offerte sur présentation de ce guide). Accueil charmant.

Accès : de Troyes, D 619 vers Bar-sur-Aube ; 6 km après Lusigny prenez, à gauche, la D 28 ; dans La Villeneuve, direction Champ-sur-Barse, la maison est à 200 m à gauche.

LALOBBE — 08460

Carte régionale A1

37 km SO de Charleville-Mézières ; 24 km N de Rethel

€€ 🛏 🍴 10% **Chambres d'hôtes (Danièle et Claude Carpentier) :** *La Besace.* ☎ 03-24-52-81-94. ● info@labesace.com ● labesace.com ● *Fermé 1re sem d'oct et Noël-Nouvel An.* 📶 Minuscule hameau dans un écrin de verdure et de fleurs. Au 1er étage d'une charmante maison typique de la région, en brique, pierre et bois, 4 chambres à l'atmosphère très cosy et très douillettes, avec sanitaires privés. De 55 à 60 € pour 2, petit déj compris. Table d'hôtes partagée en famille à 22 €, apéro et vin compris. Cuisine aux saveurs sauvages du terroir et charcuterie maison. Pour 35 €, les amateurs auront droit au repas gastronomique. Beau jardin à l'anglaise avec plein de petits espaces romantiques et intimes. Claude est retraité, mais il chante aussi dans un groupe de jazz (on en pousse une ?). Vous êtes juste à côté de la forêt de Signy qui offre de nombreuses randonnées à pied et en VTT. Vous l'avez compris, une adresse qu'on aime bien.

Accès : de Rethel, prenez la D 985 jusqu'à Signy-l'Abbaye puis Lalobbe ; au cimetière, à l'entrée du village, tournez à droite (route de plusieurs hameaux) et poursuivez jusqu'au hameau de La Besace, situé à 2 km du cimetière.

LAUBRESSEL 10270

Carte régionale A2

12 km E de Troyes

€€ 🏠 (10%) **Chambres d'hôtes (Joëlle et Didier Jeanne) :** *33, rue du Haut.* ☎ 03-25-80-27-37. ● *aux.colombages.champenois@wanadoo.fr* ● *aux-colombages-champenois.fr* ● Ancienne grange et pigeonnier à colombages joliment restaurés, avec belles baies vitrées donnant sur la campagne, à proximité de la maison des proprios. Cinq chambres : 2 au rez-de-chaussée, 3 à l'étage, mansardées, avec belle charpente apparente. Salles d'eau privées. Comptez 52 € pour 2, avec le petit déj (gâteau ou viennoiseries, fromage blanc ou yaourt de la ferme, confitures maison, jus de fruits). Pas de table d'hôtes, mais deux salles avec coin cuisine à disposition, lave-linge et barbecue à l'extérieur. Piscine. Accueil souriant, une bonne adresse.

Accès : à 4 km de la sortie 23 sur l'A 26 ; depuis Troyes, empruntez la D 2019 en direction de Chaumont ; suivez ensuite Thennelières, puis Laubressel.

LES CHARMONTOIS 51330

Carte régionale A1

30 km N de Bar-le-Duc ; 18 km S de Sainte-Menehould

€ 🏠 |○| 🐴 (10%) **Chambres d'hôtes (Nicole et Bernard Patizel) :** *5, rue Saint-Bernard.* ☎ 03-26-60-39-53. 📱 06-80-52-86-51. ● *nicole.patizel@wanadoo.fr* ● *pagesperso-orange.fr/ch.hotes.charmontois* ● Fermé pdt les fêtes de Noël et du Nouvel An. Au pays d'Argonne, dans une campagne vallonnée traversée de cours d'eau et parsemée d'étangs. Ce petit village, en partie détruit en 1940, a été entièrement reconstruit. Dans une ancienne ferme, Nicole et Bernard ont aménagé 2 chambres d'hôtes spacieuses et colorées situées au rez-de-chaussée d'une aile mitoyenne. Une double avec petit salon, l'autre peut accueillir 4 personnes. Sanitaires privés. Comptez 48 € pour 2, petit déj compris, et 13 € par personne supplémentaire. Chaleureuse salle à manger, avec un beau et imposant mobilier ancien, où l'on partage la table d'hôtes (sauf les week-ends et jours fériés, et seulement de novembre à fin mars). 20 € le repas, apéro, vin et café compris, pour une goûteuse cuisine du terroir. Accueil très chaleureux.

Accès : quand vous êtes face à la mairie du village, tournez à droite, la maison est un peu plus loin à droite, direction Le Chemin.

MARGERIE-HANCOURT 51290

Carte régionale A2

20 km S de Vitry-le-François ; 15 km O du lac du Der

€ 🏠 |○| 🐴 **Chambres d'hôtes Ferme de Hancourt (Michelle et Denis Geoffroy) :** ☎ et fax : 03-26-72-48-47. 📱 06-28-29-21-44. ● *denis.geoffroy@wanadoo.fr* ● Fermé 25 déc-31 janv. Dans une grande plaine céréalière dont les limites se perdent à l'horizon, petite ferme toute simple. Dans une aile indépendante, 4 chambres campagnardes de 2 à 4 personnes, avec sanitaires privés : 2 au 1er étage, 2 au rez-de-chaussée, dont une avec accès indépendant. Comptez 42 € pour 2 et 55 € pour 4, petit déj compris. Table d'hôtes à 15 €, vin et café compris, pas systématiquement partagée avec les propriétaires. Une cuisine traditionnelle où volailles, mouton maison et légumes du jardin tiennent une bonne place. Les repas se prennent chez Michelle et Denis qui, en dehors d'être agriculteur, est aussi sapeur-pompier bénévole (chapeau !). Accueil chaleureux.

Accès : de Vitry-le-François, D 396 vers Brienne-le-Château ; 1,5 km avt le village, tournez à gauche au fléchage « Chambres d'hôtes » ; la maison est dans le hameau de Hancourt.

MATOUGUES 51510

Carte régionale A1

35 km SE de Reims ; 10 km NO de Châlons-en-Champagne

€ 🏠 |○| **Chambres d'hôtes La Grosse Haie (Nicole et Jacques Songy) :** *chemin de Saint-Pierre.* ☎ 03-26-70-97-12 ou 09-71-20-84-52. 📱 06-75-21-49-09. Fax : 09-70-62-76-16. ● *songy.chambre@wanadoo.fr* ● Fermé janv. De préférence sur résa. 📶 Dans une maison récente au milieu d'un grand espace vert, 3 chambres au 1er étage, claires et douillettes, avec sanitaires privés. Déco soignée, tissus assortis, napperons et coussins au crochet. Comptez de 48 à 52 € pour 2, avec le petit déj (confitures et yaourts maison, jus de fruits, œufs). Table d'hôtes (sauf le dimanche soir) à 22 €, vin compris. Possibilité de repas gastronomique sur réservation, pour 29 €. Une bonne cuisine traditionnelle avec des produits fermiers issus de l'exploitation du fils de la maison qui élève des limousines (pour moi, ce sera saignant !). Accueil convivial.

Accès : A 26, sortie n° 17 (Saint-Gibrien) ; prenez la D 3 en direction d'Épernay ; c'est le 1er village, et la maison est un peu à l'écart (tournez à gauche au panneau « Chambres d'hôtes »).

MAZERNY 08430

Carte régionale A1

27 km NE de Rethel ; 12 km N de Tourteron

€€€ 🏠 |⚫| **Chambres d'hôtes Château Les Loches (Michèle et Yvon Gardan) :** ☎ et fax : 03-24-56-93-92. ● michele.gardan@gmail.com ● chateaulesloches.info ● Charmant château début XIXe s planté dans un immense domaine de 185 ha, avec petite chapelle et piscine couverte, bordé par deux rivières. Cinq chambres dont 3 suites agréables avec sanitaires privés. Comptez 90 € pour 2, petit déj compris. Table d'hôtes à 25 € sans les boissons. Accueil aimable et courtois.

Accès : A 34 sortie n° 13 Poix-Terron puis D 987 vers Attigny jusqu'à La Bascule et D 991 vers Le Chesne ; passez la Crête-Mouton et suivez le fléchage à droite.

MONTIGNY-LE-ROI 52140

Carte régionale A2

30 km SE de Chaumont ; 18 km NE de Langres

€€€€ 🏠 10% **Chambres d'hôtes Les Bluettes (Christine et Olivier Charcosset) :** 27, pl. de l'Hôtel-de-Ville. 📱 06-68-93-18-53. Fax : 03-25-84-67-80. ● lesbluettes@orange.fr ● perso.orange.fr/lesbluettes ● Fermé 15 nov-15 fév. 📶 Imposante demeure bourgeoise au cœur de la cité. Tout le 2e étage sera pour vous et comprend un grand salon avec billard et coin TV, puis les 3 chambres, sous forme de suite familiale. Déco soignée. 95 € pour 2 et 140 € pour 4, petit déj compris. Pour vous détendre, une superbe piscine couverte et chauffée et un sauna. Accueil agréable. Une adresse pour retrouver la forme ou les perdre... les formes !

Accès : au centre du bourg, sur la place en face de la mairie.

MOUZON 08210

Carte régionale A1

18 km SE de Sedan ; 7 km O de Carignan

€€€ 🏠 |⚫| 10% **Chambres d'hôtes Manoir de la Gravière (Marie-Jo Godard) :** 2, fbg Sainte-Geneviève. ☎ 03-24-57-08-08.

● lagraviere08@orange.fr ● la-graviere.fr ● 📶 Imposante demeure à colombages installée dans un agréable parc. Ancienne propriété d'un industriel du coin, la déco intérieure dégage beaucoup de charme avec ses belles boiseries, tapisseries et nombreux objets d'art. Atmosphère sereine et raffinée. Cinq chambres élégantes et lumineuses avec sanitaires privés. Selon la chambre, de 75 à 90 € pour 2, copieux petit déj compris. Table d'hôtes à 20 € (28 € le week-end), vin compris. Sauna infrarouge. Accueil de qualité. Une très bonne adresse.

Accès : le village se trouve sur la D 19 entre Carignan et Beaumont-en-Argonne puis fléchage.

POUGY 10240

Carte régionale A2

30 km NE de Troyes ; 16 km NO de Brienne-le-Château

€€ 🏠 🐎 **Chambres d'hôtes Le Château de Pougy (Antoine Morlet) :** Grande-Rue. ☎ 03-25-37-09-41. ● antoine.morlet@wanadoo.fr ● chateau-de-pougy.com ● 📶 Belle demeure du XVIIIe s entourée d'un beau parc de 1 ha. Antoine a repris cette maison de famille et y a aménagé 3 chambres, dont une double pour les familles. Elles sont spacieuses et confortables et ont gardé le charme d'autrefois. Un mignon petit salon leur est réservé. Comptez 55 € pour 2, petit déj compris. Antoine est très présent et propose de nombreux services ; vous trouverez, par exemple, tout ce qu'il faut pour vos bambins (pot, lit bébé, chauffe-biberon...). Accueil très attentionné. Une gentille adresse.

Accès : de Troyes, prenez la D 960 vers Nancy/Saint-Dizier jusqu'à Lesmont ; à l'entrée du bourg, tournez à gauche en direction de Molins-sur-Aube (D 441) ; Pougy se trouve à 2 km après Molins et la maison est au centre du village.

PRÉCY-SAINT-MARTIN 10500

Carte régionale A2

32 km NE de Troyes ; 8 km NO de Brienne-le-Château

€€ 🏠 10% **Chambres d'hôtes La Grenouillère (Bernadette et Patrice Pourrier) :** 6, rue de la Louvière. ☎ et fax : 03-25-27-16-60. 📱 06-86-57-69-05. ● ppourrier@wanadoo.fr ● chambresdhotes-lagrenouillere.com ● Dans un joli coin de campagne où se fondent vignes, prés et forêts, se cache Précy-Saint-Martin, adorable village composé de maisons hétéroclites (brique, pans de bois, pierre...) qui lui confèrent tout son charme. La maison de Bernadette et Patrice est tout aussi chaleureuse : styles et couleurs se mêlent en harmonie dans une ambiance rigolote. Cinq chambres mansardées et une suite familiale de 2 chambres, toutes avec sanitaires privés. 65 € pour 2, petit déj compris. Pas de table d'hôtes (sauf pour les marcheurs, car saint Jacques est passé par là...), mais cuisine à disposition. Autrement, premier resto à 2 km. Si vous aimez la bicyclette, une vélovoie de 42 km a été aménagée dans les environs (« Quand on partait sur les chemins... »). Piscine. Accueil convivial.

> *Accès : au lieu-dit Les Fontaines, sur la D 960 entre Troyes et Brienne, bifurquez vers Précy ; dans le village, c'est la 1re rue à gauche.*

RIGNY-LA-NONNEUSE 10290

Carte régionale A2

20 km SE de Nogent-sur-Seine ; 15 km S de Romilly-sur-Seine

€€€ 🛏 🍴 (10%) **Chambres d'hôtes Le Charme aux Fées (Agnès et Anaïs Mignot) :** *6, rue de Vauluisant.* ☎ *03-25-25-11-92 ou 03-25-21-58-73.* 📱 *06-03-75-13-85.* ● *agnesmignot@lecharmeauxfees.com* ● *lecharmeauxfees.com* ● Au cœur de ce petit village, grand corps de ferme composé, entre autres, de deux jolies maisons en pierre apparente. L'une d'elles est entièrement destinée aux hôtes. Cinq chambres charmantes avec TV et sanitaires privés, répondant chacune au nom d'une fée : une au rez-de-chaussée, très grande, avec accès indépendant (la plus chère), les 4 autres à l'étage (nous on aime la Fée baroque). 60 et 80 € pour 2, petit déj compris. Table d'hôtes à 22 €, apéro, vin et café compris. Cuisine familiale à partir des produits de la ferme (volailles) et légumes du jardin. Grand salon de détente avec billard américain et TV écran plat. Agnès et Anaïs, la mère et la fille, s'occupent des hôtes mais aussi de l'exploitation agricole... et croyez-nous, elles n'ont pas les deux pieds dans le même sabot ! Accueil agréable.

> *Accès : sur la D 619 entre Provins et Troyes, au niveau de Nogent-sur-Seine prenez la D 442 vers Saint-Aubin/Marigny-le-Châtel puis la D 440 jusqu'à Rigny-la-Nonneuse et suivez le fléchage dans le village.*

SAINT-MARD-LÈS-ROUFFY 51130

Carte régionale A1-2

22 km SE d'Épernay ; 10 km E du Mesnil-sur-Oger

€€€ 🛏 🍴 **Chambres d'hôtes (Isabelle et Bruno Mailliard) :** *38, rue de Champagne.* ☎ *03-26-66-45-03.* 📱 *06-88-96-96-30. Fax : 03-26-70-10-0.* ● *bruno-mailliard@wanadoo.fr* ● *bruno-mailliard.com* ● *Fermé janv-fév.* Bruno et Isabelle sont viticulteurs, mais quand on habite rue de Champagne, ça prend tout son sens ! Dans leur ancienne ferme, 4 coquettes chambres à la déco contemporaine, avec sanitaires privés. Selon la chambre, de 68 à 80 € pour 2, petit déj compris. Table d'hôtes à 23 €. Pour vous détendre, dans la cour intérieure, piscine chauffée et jacuzzi. Accueil souriant et décontracté.

> *Accès : au centre du village.*

SOULAINES-DHUYS 10200

Carte régionale A2

18 km N de Bar-sur-Aube ; 13 km S de Montier-en-Der

€€ 🛏 (10%) **Chambres d'hôtes La Pierre Écrite (Anny et Bernard Jeannaux) :** *4, rue des Tanneries.* ☎ *03-25-92-41-02.* 📱 *06-86-81-09-67.* ● *lapierre.ecrite@wanadoo.fr* ● Noble et vieux moulin dont Bernard vous fera découvrir tous les rouages. Les anciennes meules, elles, siègent dans le salon. Deux chambres charmantes, décorées avec beaucoup de goût : une au rez-de-chaussée, notre préférée et la moins chère (ça tombe bien !), l'autre à l'étage. Sanitaires privés. Respectivement 65 et 72 € pour 2, copieux petit déj compris, servi sur la terrasse sur l'eau aux beaux jours. Derrière le moulin vous pourrez admirer la résurgence de la Dhuys au cœur d'un grand bassin qui, à certaines heures du jour, prend une magnifique couleur bleue. Pas de table d'hôtes mais un bon resto dans le village. Une balade s'impose pour découvrir cette superbe petite cité de caractère (Anny tient un petit plan à votre disposition). Un couple chaleureux pour une adresse au charme indéniable.

> *Accès : le village se trouve au croisement de la D 384 entre Montier-en-Der et Bar-sur-Aube et de la D 960 entre Brienne-le-Château et Doulevant-le-Château ; dans le village, l'impasse est entre l'église et la gendarmerie.*

SPOY — 10200

Carte régionale A2

*15 km E de Vendeuvre-sur-Barse ;
13 km O de Bar-sur-Aube*

€€ 🛏 |●| *Chambres d'hôtes La Fontaine (Christine et Jean Herbelot) :* 8, rue de la Fontaine. ☎ et fax : 03-25-27-40-88. 📱 06-88-17-53-28. ● jeanherbelot@orange.fr ● spoy10-lafontaine.com ● Ouv mars-déc. 📶 Après avoir roulé sa bosse de nombreuses années en Afrique, Jean est revenu aux sources et s'est installé dans sa maison de famille avec sa charmante épouse d'origine ivoirienne. Ici, c'est une invitation au voyage et pratiquement tout le mobilier et les tissus chamarés viennent de Marrakech. Au 1er étage, 3 coquettes chambres avec sanitaires privés. 52 € pour 2, petit déj compris (confitures, brioche, gâteau et crêpes maison !), et 15 € par personne supplémentaire. Table d'hôtes partagée en famille à 26 €, flûte de champagne, vin et café compris. Cuisine internationale, relevée selon les goûts, avec par exemple le riz sénégalais *(tchep)*, la paella, les tajines... et bien d'autres spécialités car Christine est la reine des fourneaux. Si vous cherchez du champagne, Jean vous donnera ses bonnes adresses car il en connaît un rayon ! Accueil chaleureux, très bon rapport qualité-prix-convivialité. Bref, une adresse comme on les aime.

> *Accès :* A 5 sortie n° 22 Bar-sur-Aube/Vendeuvre-sur-Barse puis D 619 jusqu'à Magny-Pouchard puis D 113 jusqu'à Spoy ; dans le village, direction Argançon, la maison est sur la droite.

TREIX — 52000

Carte régionale A2

5 km N de Chaumont

€ 🛏 *Chambres d'hôtes (Jeanine et Jean-Claude Hullin) :* 2, pl. de la Charme. ☎ 03-25-32-26-88. 📱 06-74-49-64-63. ● jean.claude.hullin@wanadoo.fr ● 📶 Dans une jolie maison avec cour intérieure, 3 chambres claires et agréables, avec sanitaires privés, l'une au rez-de-chaussée, les 2 autres à l'étage. 42 € pour 2, avec le petit déj. Pour les amateurs d'histoire, Colombey-les-Deux-Églises est à 30 km, allez donc saluer le Général et admirer dans sa maison les cadeaux qui lui ont été offerts par des personnalités internationales.

> *Accès :* de Chaumont, N 74 vers Nancy, puis tournez à gauche (D 161).

TROYES — 10000

Carte régionale A2

€€€ 🛏 *Chambres d'hôtes L'Ambroise (Jacqueline Boidet et Laurence Moyet) :* 38, rue Ambroise-Cottet. ☎ 03-25-73-48-63. 📱 06-10-90-50-38. ● jacqueline.boidet@wanadoo.fr ● lambroise-a-troyes.com ● 📶 À deux pas du centre-ville, dans une rue calme, maison bourgeoise des années 1930 avec agréable jardin abrité des regards indiscrets. Quatre chambres vastes et agréables, avec sanitaires privés, installées aux 1er et 2e étages et une toute nouvelle dans un petit pavillon indépendant climatisé. De 85 à 98 € pour 2, petit déj compris. Accueil chaleureux. Un excellent point de chute pour découvrir la ville.

> *Accès :* du théâtre de la Madeleine, prenez la rue Diderot jusqu'à la rue Ambroise-Cottet.

VAL-DE-VESLE — 51360

Carte régionale A1

*27 km N de Châlons-en-Champagne ;
19 km SE de Reims*

€€ 🛏 🐾 ⑩% *Chambres d'hôtes Les Marronniers (Joy et Laurent Lapie) :* 1, rue Jeanne-d'Arc. ☎ 03-26-03-92-88. ● chambre@zigzagparc.fr ● zigzagparc.fr ● ⚒ Fermé de mi-déc à fin fév. 📶 Dans un petit hameau tranquille, ancienne ferme avec grande cour intérieure gravillonnée. Cinq chambres coquettes, dont 2 au rez-de-chaussée, les 3 autres à l'étage. Deux possèdent un convertible pour accueillir les familles. Sanitaires privés. 60 € pour 2, petit déj compris. Pour les enfants, le Zig Zag Parc composé de plusieurs labyrinthes végétaux est juste à côté. Accueil convivial.

> *Accès :* de Reims, prenez la D 944 vers Châlons-en-Champagne puis la D 326 jusqu'au village et suivez le fléchage.

VECQUEVILLE — 52300

Carte régionale A2

30 km S de Saint-Dizier ; 3 km N de Joinville

€€ 🛏 |●| ⑩% *Chambres d'hôtes Ferme de Sossa (Maria et Thierry Paquet) :* ☎ et fax : 03-25-94-32-18. 📱 06-87-61-21-81. ● tpaquet@wanadoo.fr ● chambre-hote-sossa.com ● Fermé 24 déc-4 janv. 📶

Ici, c'est la campagne, la vraie ! Isolée sur un plateau, grande ferme composée de plusieurs batiments dont une petite chapelle, disposés autour d'une vaste cour. Depuis des années, Maria et Thierry la restaurent avec amour en récupérant de vieux matériaux glanés dans les maisons alentour. Il en résulte une superbe demeure originale et chaleureuse. Six chambres toutes différentes, décorées avec un goût très sûr. Beaux enduits recouverts de cires colorées, tissus africains chamarrés, spacieux et croquignolets sanitaires privés. Trois chambres sont installées au 1er étage de la maison, les 3 autres de plain-pied avec accès direct sur la cour, dont 2 avec mezzanine pour les enfants. De 60 à 65 € pour 2, petit déj compris, et 15 € par personne supplémentaire. Table d'hôtes (sauf le vendredi) partagée en famille dans une gigantesque véranda qui ouvre sur la campagne. 23 € le repas, apéro et vin compris, où gibier, poissons, champignons et légumes du jardin tiennent une place de choix. À votre disposition, une salle de sport, sauna, hammam et jacuzzi (payant). La chapelle abrite des expos d'art contemporain. Un accueil hors pair. Bref, un de nos coups de cœur.

> **Accès :** en traversant Vecqueville en direction de Saint-Dizier, prenez la dernière rue à gauche (rue Ariet), montez sur 2,5 km et suivez le fléchage.

VERBIESLES 52000

Carte régionale A2

6 km SE de Chaumont

€€ 🛏 (10%) **Chambre d'hôtes (Marie-Thérèse et Bob Marusiak) :** *22, rue de la Marne.* ☎ et fax : 03-25-31-16-41. ● marusiakbob@aol.com ● marusiak-bnb.com ● Ouv Pâques-Toussaint. 🛜 Agréable maison recouverte d'ampélopsis, au milieu d'un beau jardin. C'est par le garage qu'on accède à une chambre familiale, située à l'étage et comportant 2 chambres avec coin salon. Déco soignée. 60 € pour 2 et 90 € pour 4, petit déj compris, avec jambon, œuf coque et confitures maison. Marie-Thérèse peint des œufs et vous pourrez admirer son talent. Des heures de travail pour un résultat étonnant ! Elle réalise aussi des tableaux en paille collée. Accueil souriant et courtois.

> **Accès :** de Chaumont, empruntez la D 619 en direction de Langres (sur 5 km) ; prenez la sortie Verbiesles ; la maison est à l'entrée du village à gauche.

VERTUS 51130

Carte régionale A1-2

18 km S d'Épernay

€€ 🛏 🐾 (10%) **Chambres d'hôtes La Madeleine (Huguette et René Charageat) :** ☎ 03-26-52-11-29. 📱 06-85-20-57-92. ● charageat.la.madeleine@wanadoo.fr ● En pleine campagne, sur les hauteurs de Vertus, maison récente des années 1970. Huguette et René sont retraités et proposent 3 chambres simples et sans prétention, dont 2 au 1er étage, la dernière avec accès indépendant. Petits sanitaires privés. De 55 à 62 € pour 2, petit déj compris, servi dans une belle salle à manger, avec vue sur les prés et le bois. Accueil authentique et vrai.

> **Accès :** d'Épernay, direction Villers-au-Bois ; à l'entrée du village, tournez à droite et suivez le fléchage « La Madeleine ».

VIEL-SAINT-RÉMY 08270

Carte régionale A1-2

30 km SO de Charleville-Mézières ; 20 km NE de Rethel

€ 🛏 (10%) **Chambres d'hôtes (René Turquin) :** *6, rue de la Fontaine, Margy.* ☎ 03-24-38-56-37. ● rturquin@voila.fr ● 🛜 Ancienne ferme familiale reconvertie aujourd'hui en chambres d'hôtes. Elles sont 3, au 1er étage, dont une grande familiale et 2 autres pour des couples. Pour la vue, choisissez celles qui ouvrent sur le jardin. Sanitaires privés. 49 € pour 2, petit déj compris. Grand étang où les pêcheurs pourront taquiner le poisson. Accueil convivial.

> **Accès :** par l'A 34 entre Charleville et Rethel, prenez la sortie n° 14 direction Novion-Porcien ; 1 km après le 2e rond-point, tournez à droite en direction de Margy ; à l'entrée du village, 1re rue à gauche.

VULAINES 10160

Carte régionale A2

35 km O de Troyes ; 28 km E de Sens

€€€ 🛏 **Chambres d'hôtes Le Saule Fleuri (Nelly et Daniel Fandard-Schmite) :** *7, rue de l'Ancienne-Gare.* ☎ et fax : 03-25-40-80-99. ● fandard-schmite@wanadoo.fr ● chambres-du-saule-fleuri.com ● Fermé la 1re quinzaine d'oct. 🛜 À l'écart de la nationale et donc au calme, jolie maison mi-brique mi-crépi, qui était à l'origine l'ancien hôtel de la gare aujourd'hui désaffectée (plus de problème de bruit). Quatre chambres très agréables et décorées avec goût. Sanitaires privés. 73 € pour 2, petit déj compris (jus de fruits, yaourts, fromage, confitures maison, plein de sortes de pains, viennoiseries et gâteau maison). Belle salle à manger qui sent bon la cire et l'ambiance des maisons d'autrefois, avec un superbe piano trois-quarts-de-queue accordé pour dégourdir les doigts des mélomanes. Pas de table d'hôtes, mais coin cuisine à disposition. Piscine. Nelly est une hôtesse souriante et agréable, c'est aussi madame le maire du village (heureusement, y a tout de même des femmes dans la politique). Une gentille adresse.

Accès : sur la D 660, entre Sens et Troyes, prenez la D 54 vers Saint-Florentin et suivez le fléchage.

WARNÉCOURT 08090

Carte régionale A1

6 km SO de Charleville-Mézières

€ 🏠 10% *Chambre d'hôtes (Béatrice et Bernard Perret) :* 25, rue de la Hobette.
☎ 03-24-58-08-76. 📱 06-21-63-08-08.
• chambrehotes@yahoo.fr • Bernard a de l'or dans les mains... il sait tout faire ! Pour preuve, il a entièrement construit sa maison et, croyez-nous, elle a de l'allure ! Béatrice, elle, rêvait d'une chambre d'hôtes... Alors, Bernard a construit un petit pavillon indépendant, un vrai petit nid d'amour qui héberge une charmante chambre avec mezzanine. Vieilles poutres apparentes et rateliers. Sanitaires privés. 50 € pour 2, petit déj compris, servi dans le jardin aux beaux jours, face à l'étang où s'ébattent les canards, ou dans la maison de vos hôtes. Au passage, notez la grande hotte en cuivre, les lustres, le mobilier... que des réalisations de Bernard. Ici, on est réveillé par le chant des oiseaux. Accueil chaleureux. Une adresse comme on les aime.

Accès : de Charleville, empruntez la D 3 vers Launois jusqu'à Warnécourt, la maison est à l'entrée du village.

Corse

ALÉRIA — 20270

Carte régionale A2

15 km N de Ghisonaccia

€€ 🛏 🍽 *10%* **Chambres d'hôtes di U Fiume (Jean Martinière) :** *Cateraggio.* ☎ et fax : 04-95-57-02-89. 📱 06-12-04-51-20. ● jean.martiniere@orange.fr ● di-u-fiume.com ● *Ouv avr-nov.* En retrait de la nationale et en bordure de rivière, grande maison assez récente dont toute la partie basse est en granit. À l'étage, 5 chambres climatisées, pas immenses mais agréables et claires, avec sanitaires privés. Préférez celles qui ouvrent sur la rivière. 70 € pour 2, petit déj compris, servi sur la terrasse couverte aux beaux jours. Possibilité de table d'hôtes sur réservation, et plein de restos à proximité. Accueil chaleureux.

Accès : à l'entrée d'Aléria en venant du nord, prenez la route de Corte, la maison est à 100 m à gauche.

BARBAGGIO — 20253

Carte régionale A1

17 km O de Bastia ; 5 km E de Saint-Florent

€€€€ 🛏 🍽 **Chambres d'hôtes Casa Andria-Barbaggio (Ange et Carole Mei) :** *lieu-dit Ostéria.* ☎ 04-95-58-26-07. 📱 06-67-47-55-64. ● sas.andria@orange.fr ● *Ouv tte l'année.* Domaine familial de caractère installé dans un cadre calme et arboré avec une magnifique vue sur les côteaux de Patrimonio, en plein cœur des vignobles. Carole et Ange viennent juste d'ouvrir 5 chambres personnalisées, toutes de plain-pied, avec terrasse et salon de jardin particulier, et accès à la piscine centrale. TV et climatisation. Sanitaires privés. Selon la période, de 90 € à 180 € pour 2, petit déj compris et de 150 € à 220 € pour 4. Possibilité de table d'hôtes sur réservation. Pour ceux qui veulent séjourner, un gîte, indépendant et entièrement équipé pour 4 à 6 personnes avec jardin privatif, grand salon de jardin, barbecue et accès à la piscine. Comptez de 600 € à 1 200 € la semaine (linge de lit fourni gratuitement sur demande). Accueil très chaleureux et site reposant. Une très bonne adresse en pleine nature. **NOUVEAUTÉ.**

Accès : au village de Patrimonio, en face de la poste, suivre le fléchage : chambres d'hôtes Casa Andria.

CERVIONE — 20221

Carte régionale A1

46 km S de Bastia ; 24 km N d'Aléria

€€ 🛏 *10%* **Chambres d'hôtes Casa Corsa (Anne-Marie et Jean-Jules Doumens) :** *Prunete.* ☎ 04-95-38-01-40. 📱 06-25-89-89-32. Fax : 04-95-33-39-27. ● casa-corsa1@orange.fr ● casa-corsa.

Nous vous rappelons que la table d'hôtes est le complément d'une formule d'hébergement (chambre d'hôtes, gîte d'étape...). Ce service n'est offert qu'aux personnes qui dorment sur place (excepté lorsqu'il est clairement écrit « ouvert aux extérieurs »).

net ● 🛜 En retrait de la nationale, maison récente avec 5 chambres vastes, agréables et claires : 2 à l'étage, une suite au rez-de-chaussée (composée de 2 chambres), avec accès indépendant, et 2 autres chambres dans une maison mitoyenne de celle des proprios, avec entrée indépendante. Sanitaires privés pour toutes. Comptez 70 € pour 2, petit déj compris, servi sous une agréable treille aux beaux jours. Pas de table d'hôtes, mais plusieurs restos sympas dans le village et une cuisine d'été à disposition. Au fait, pour aller à la plage, il vous suffit de traverser la route. Ambiance agréable et accueil chaleureux.

> **Accès :** *au cœur de Prunete (situé sur la N 198 entre Moriani et Aléria), prenez le petit chemin à droite en venant de Bastia, la maison est à 100 m.*

CORTE 20250

Carte régionale A1

96 km SE de Calvi ; 10 km S de Corte

€€ 🏠 |●| **Chambres d'hôtes Chez Charles et Antoinette (Antoinette et Charles Hiver) :** *Saint-Pierre-de-Venaco.* ☎ 04-95-47-07-29. 📱 06-03-92-60-83. ● antoinette.hiver@laposte.net ● antoinette.charles.free.fr ● *Ouv mars-fin oct. Résa indispensable en été, car c'est souvent complet.* Tout en haut du village, sur les contreforts d'un massif sauvage et peu connu dont les sommets dépassent les 2 000 m d'altitude, la maison tout en pierre de Charles et Antoinette vous attend pour randonner en étoile. Quatre chambres, à 64 € pour 2, petit déj compris. Sur réservation, table d'hôtes à 20 €, vin compris. Si vous le souhaitez, Charles, qui est aussi accompagnateur de moyenne montagne, vous conseillera avec compétence et gentillesse et vous racontera des tas d'histoires (corses, bien sûr). Accueil direct, familial et sans façon.

> **Accès :** *Saint-Pierre-de-Venaco se trouve à 10 km de Corte (en direction d'Ajaccio).*

LURI 20228

Carte régionale A1

34 km N de Bastia

€ 🏠 |●| **Chambres d'hôtes I Fundali (Marie-Thé et Alain Gabelle) :** *Spergane.* ☎ 04-95-35-06-15. 📱 06-80-90-78-76. ● alaingabelle@wanadoo.fr ● locationcorse-ifundali.com ● *Ouv avr-début nov. Vu le succès (légitime) de l'endroit, résa conseillée.* 🛜 Une chouette adresse toute proche du cap Corse ! Pas facile de se rendre dans cette petite enclave où rien ne parvient à troubler le silence... Dans un vallon verdoyant, imposantes ruines de tour médiévale. Au centre du décor, la maison de Marie-Thérèse et Alain, où 5 mignonnes chambres vous attendent. Selon la période, de 48 à 50 € pour 2, petit déj compris. Table d'hôtes à 17,50 €. Cuisine familiale. Pour ceux qui préfèrent l'indépendance, 2 petits gîtes (2 et 4 personnes) de 250 à 400 € la semaine. Marie-Thé et Alain sont chaleureux et ne sont pas avares de renseignements sur les environs. Prix doux pour la qualité des lieux. Une bonne adresse.

> **Accès :** *depuis le village de Piazza (un des 17 hameaux qui composent la commune de Luri), au niveau de la poste, prenez la direction de Spergane sur 3 km env et vous trouverez la maison, au pied d'une tour carrée.*

MONTICELLO 20220

Carte régionale A1

24 km NE de Calvi ; 6 km S de L'Île-Rousse

€€€ 🏠 **Chambres d'hôtes Tre Castelli (Christiane Bandini) :** 📱 06-17-96-16-66. *Ouv avr-oct.* 🛜 Sur les hauteurs de l'Île-Rousse, à l'écart de la foule, construction à l'architecture moderne et cubique, bénéficiant d'un panorama exceptionnel sur la mer et le rocher. Cinq chambres élégantes dans la maison des propriétaires. Elles possèdent climatisation, TV et sanitaires privés. Terrasse aménagée devant chaque chambre et accès indépendant pour chacune. Selon la saison, de 70 à 85 € pour 2, copieux petit déj compris. Atmosphère chaleureuse et décontractée. Accueil charmant. Une de nos adresses préférées sur le département.

> **Accès :** *de L'Île-Rousse, prenez la D 63 en direction de Monticello ; longer le village, la maison est 1,5 km plus loin à gauche.*

OLETTA 20232

Carte régionale A1

10 km SE de Saint-Florent

€€ 🏠 (10 %) **Chambres d'hôtes U Lampione (Anne Sognobezza) :** *pl. de l'Église.* ☎ 04-95-35-25-46. 📱 06-11-36-48-49. ● annesognobezza@orange.fr ● ulampione.fr ● *30 nov-1ᵉʳ avr.* 🛜 Cette maison nichée au cœur du village vous charmera par sa décoration : une cloison de chambre percée de hublots, façon bateau, des volets en guise de tête de lit, des couleurs flashy tranchant

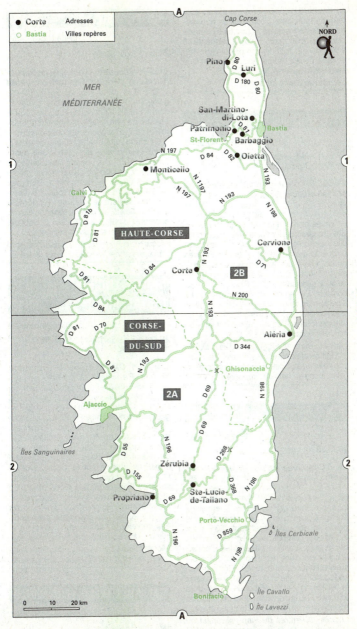

CORSE

sur des murs de pierre et autres pièces voûtées. En tout : deux chambres, un appartement transformable en 2 chambres communiquantes et un studio. Selon la saison de 60 à 90 € pour 2, petit déj compris et entre 400 et 490 € pour le studio. Accueil sympa. Une très gentille adresse. *NOUVEAUTÉ.*

Accès : au centre du bourg.

PATRIMONIO 20253

Carte régionale A1

17 km O de Bastia ; 5 km E de Saint-Florent

€€€€€ ⌂ **Chambres d'hôtes (Christiane et Pierre-Louis Ficaja) :** *lieu-dit Calvello.* ☎ et fax : 04-95-37-01-15. 📱 06-86-16-09-66. ● ucalvellu@orange.fr ● Adresse typique dans un village bien connu pour la qualité de ses vins. Impossible de rater la maison, car c'est une imposante bâtisse du XVIe s. Trois chambres à la déco classique avec sanitaires privés : une pour 2 personnes à 95 € pour 2, petit déj compris ; les 2 autres sous forme de suite avec salon, à 130 € pour 2, petit déj compris. Également un gîte simple de 4 à 6 personnes, loué de 500 à 800 € la semaine selon le nombre et la saison, draps et linge de maison fournis. Pas de table d'hôtes, mais trois restos dans le village.

Accès : dans le village, suivez les flèches « Gîte rural et chambres », mais, attention, ne vous arrêtez pas à la première adresse, allez jusqu'au bout de l'impasse.

PINO 20228

Carte régionale A1

20 km S du cap Corse

€€ ⌂ **Chambres d'hôtes (Martine Beneventi) :** *hameau de Metimo.* ☎ 04-95-35-10-42. 📱 06-19-19-21-11. ● eric.beneventi@bbox.fr ● Fermé nov-déc. Au cœur du village, parcouru par un dédale d'escaliers, Martine a ouvert 2 chambres avec sanitaires privés et accès indépendant. 58 € pour 2, petit déj compris, servi en terrasse aux beaux jours. Attention, pas de table d'hôtes ; le bar propose une petite restauration rapide, mais premier resto à 15 km. Martine possède aussi un gîte et un appartement, dans le village, de 4 et 5 personnes, loués entre 250 et 600 € la semaine, draps et linge de maison fournis. Accueil authentique et vrai.

Accès : à l'entrée de Pino en venant du nord, au bar, garez-vous, prenez l'escalier à gauche, passez sous le porche et grimpez jusqu'à la maison rose aux volets verts.

PROPRIANO 20110

Carte régionale A2

74 km SE d'Ajaccio

€€ ⌂ 🏠 **Chambres d'hôtes Île de Beauté (Gisèle et Bernard Tafanelli) :** *route de Viggianello.* ☎ et fax : 04-95-76-06-03. 📱 06-10-58-37-35. ● locations-tafanelli.com ● Sur les hauteurs de Propriano, dans un parc de 1 ha, Gisèle et Bernard ont installé 8 petites locations, chacune disposant d'un salon-kitchenette, d'une chambre, d'une salle d'eau, ainsi que d'une petite terrasse d'où l'on a une vue imprenable sur le golfe de Valinco (on ne vous parle même pas des couchers de soleil...). Comptez de 330 à 515 € la semaine (pour 2 à 4 personnes) suivant la période. Également 3 petits chalets, avec frigo, faisant office de chambres d'hôtes, à 60 € pour 2, petit déj compris (délicieuses confitures maison).

Accès : dans Propriano, allez jusqu'au rond-point du supermarché Casino et suivez les flèches.

SAINTE-LUCIE-DE-TALLANO 20112

Carte régionale A2

20 km NE de Sartène ; 20 km NE de Propriano

€ ⌂ 🍽 🏠 **Gîte d'étape U Fragnonu (Palma Piredda) :** ☎ 04-95-78-82-56 ou 09-54-19-30-68. ● piredda.palma@aliceadsl.fr ● alta-roc.fr ● Ouv avr-oct. Slt sur résa. Comme son nom l'indique (*U Fragnonu*), c'est un ancien moulin à huile tout en granit. Aux 1er et 2e étages, 7 chambres de 4 lits superposés, avec sanitaires privatifs. Mobilier réalisé par le menuisier du village. Belle pièce de jour, ornée de superbes photos sur la Corse. Comptez 45 € par personne en demi-pension, sans les boissons (mais digeo offert). Le repas comprend par exemple lasagnes au brocciu, sauté de porc aux cèpes, poulet à la myrte, flan à la châtaigne, pana cotta à la verveine... Accueil jeune, souriant et sympa. Une adresse comme on les aime.

Accès : du centre du village, prenez la route de Zoza (RD 20) sur 300 m, le gîte est à droite.

SAN-MARTINO-DI-LOTA 20200

Carte régionale A1

10 km N de Bastia

€€€€€ ⌂ 10 % **Chambres d'hôtes Château Cagninacci (Florence et Bertrand**

Cagninacci) : 06-78-29-03-94. • info@chateaucagninacci.com • chateaucagninacci.com • *Ouv 15 mai-30 sept. De préférence sur résa.* Situé sur la route de la corniche, le château Cagninacci est une superbe demeure de famille qui surplombe la mer. Au rez-de-chaussée, charmant salon avec meubles anciens à disposition des hôtes et salle à manger donnant sur un hall, avec escalier monumental en bois. Quatre chambres confortables et gaiement décorées, situées au 1er étage (2 sont climatisées, une dispose d'une petite terrasse, une autre a vue sur la mer). Sanitaires privés. Selon la période, comptez de 113 à 148 € pour 2, petit déj compris (servi dans la salle à manger ou dans le parc). Pas de table d'hôtes, mais deux restos au village. Accueil chic et chaleureux, pour un site enchanteur.

> *Accès :* de Bastia, prenez la D 80 en direction du cap Corse, puis la D 131 sur la gauche en direction de San-Martino-di-Lota, et suivez le fléchage « Hôtel de la Corniche ».

ZÉRUBIA 20116

Carte régionale A2

57 km NO de Porto-Vecchio ; 34 km NE de Propriano

€€ **Chambres d'hôtes U Rughjonu (Marie-Claire Comiti) :** ☎ 04-95-78-73-64. 06-85-33-44-88. • comiti@wanadoo.fr • chambres-dhotes-alta-rocca-corse.com • *Ouv avr-oct.* À 830 m d'altitude, maison tout en granit, vieille de plus d'un siècle. Cinq chambres à l'atmosphère campagnarde, toutes de plain-pied, avec sanitaires privés. 60 € pour 2, petit déj compris. Un peu partout, des peintures réalisées par le papa de la maîtresse des lieux vous feront découvrir les paysages et villages de Corse. Table d'hôtes à 20 €, apéro maison (vin de gentiane), vin et café ou infusion compris. Marie-Claire est née juste à côté et elle connaît tous les sentiers alentour (elle a fait un petit classeur où tout est marqué). Accueil chaleureux où l'hospitalité est de mise.

> *Accès :* de l'église du village, tournez à gauche et prenez le 1er ou le 2e chemin à droite.

Franche-Comté

ARC-SOUS-CICON   25520

Carte régionale B2

50 km SE de Besançon ; 20 km N de Pontarlier

€€ *Chambres d'hôtes La Fée Verte (Nadège et Vincent Faure) :* 12, rue du Crêt-Monniot. ☎ 03-81-69-98-84. 📱 06-82-98-61-33. • dormiralafeeverte@gmail.com • dormiralafeeverte.com • Fermé 20 juill-10 août et Noël-Nouvel An. 📶 À 800 m d'altitude, ancienne et grande ferme du début du XXᵉ s avec une belle vue sur la campagne et les crêts boisés environnants. Ancienne scripte pour une chaîne de télévision, Nadège a tout lâché pour ouvrir ses chambres d'hôtes et retrouver ses racines (comme on la comprend !). C'est par la grange qu'on accède aux 4 chambres chaleureuses et douillettes. Déco de style « montagne » où le bois est à l'honneur. Une préférence pour la chambre aux murs en tavaillons (petites planchettes de bois qui couvrent le plus souvent les murs extérieurs). Sanitaires privés. 57 € pour 2, petit déj compris. Table d'hôtes partagée en famille à 19 €, vin compris, pour une cuisine régionale et traditionnelle. En hiver, on part pour les pistes de ski de fond depuis la maison. Accueil très chaleureux. Une adresse qu'on aime bien.

Accès : sur la N 57 entre Pontarlier et Besançon, prenez la D 41 vers Arc-sous-Cicon, c'est la 1ʳᵉ rue à droite à l'entrée du village.

€€ *Chambres d'hôtes La Ferme d'Arc (Marie-Claude et Dominique Pourcelot) :* 3, rue des Frères-Vuillemein. ☎ 03-81-69-90-76. • lafermedarc@laposte.net • lafermedarc.free.fr • Fermé en déc. Marie-Claude et Dominique, anciens agriculteurs, élevaient des montbéliardes. Au 1ᵉʳ étage, un long couloir paré d'une jolie fresque représentant des vaches (faut c'qui faut) dessert 3 chambres agréables tapissées de sapin. Sanitaires privés. 50 € pour 2, petit déj compris (avec les confitures maison). Table d'hôtes (sauf le dimanche en juillet-août), partagée en famille, à 18 €, apéro et vin compris. Une goûteuse cuisine traditionnelle et régionale dont on se souvient encore... Ski de fond sur place. Accueil authentique et vrai.

Accès : sur la N 57 entre Pontarlier et Besançon, prenez la D 41 jusqu'à Arc-sous-Cicon, la ferme est dans la 1ʳᵉ rue à gauche à l'entrée du bourg.

€€ *Chambres d'hôtes La Ferme du Besongey (Sylvie et Daniel Jeannin) :* Le Besongey. ☎ et fax : 03-81-69-95-27. 📱 06-31-54-38-69. • jeannin.dansyl@wanadoo.fr • gite-ferme-doubs.com • À 950 m d'altitude, entre forêts et pâturages, Sylvie, Daniel et leurs trois filles vous accueillent dans leur ferme isolée dans la campagne. Détruite par un incendie, ils l'ont entièrement reconstruite. Ils élèvent un petit troupeau de vaches laitières ainsi que tout un tas d'autres animaux car la ferme est classée pédagogique, et les

---

Nous vous rappelons que la table d'hôtes est le complément d'une formule d'hébergement (chambre d'hôtes, gîte d'étape...). Ce service n'est offert qu'aux personnes qui dorment sur place (excepté lorsqu'il est clairement écrit « ouvert aux extérieurs »).

enfants de la ville viennent y découvrir la vie d'une exploitation agricole. Dans une aile indépendante et au calme, 2 chambres avec sanitaires privés. Ambiance chalet et atmosphère campagnarde. 52 € pour 2, petit déj compris. Table d'hôtes (seulement de début novembre à fin mars), partagée en famille, à 20 €, apéro et vin compris. Cuisine régionale à partir des produits maison. Deux gîtes de 5 et 10 personnes pour ceux qui veulent séjourner. En hiver, le ski de fond est à l'honneur et une piste passe devant la maison ; l'été c'est la rando. Pour vous remettre de vos courbatures, espace détente avec spa et sauna (payant). Accueil souriant et authentique.

Accès : de Pontarlier, N 57 vers Besançon puis D 41 jusqu'à Arc-sous-Cicon ; traversez le village puis tournez à droite vers Gillez sur 3 km et suivez le fléchage.

ARLAY — 39140

Carte régionale A2

20 km S d'Arbois ; 12 km N de Lons-le-Saunier

€€ 🛏 |●| 🐾 **Chambres d'hôtes Le Jardin de Misette (Marie-Claude et Christian Petit) :** rue Honoré-Chapuis. ☎ 03-84-85-15-72. • cmc.petit@aliceadsl.fr • sites.google.com/site/lejardindemisette • 📶 La maison de vos hôtes ? Vous ne pouvez pas la rater, elle est au centre du village, et Christian a peint une fresque sur la façade. On accède aux 3 premières chambres par un escalier extérieur, la dernière se situe dans une petite maison au fond du jardin, tandis qu'au bout du pré coule la Seille ; 2 sont composées de 2 chambres pour les familles. Déco sobre, papiers colorés, mobilier neuf ou campagnard, toutes avec sanitaires privés. Comptez 59 € pour 2, petit déj compris, et 80 € dans les familiales (pour 2 ou 3 personnes). Chaleureux salon orné d'une belle cheminée avec le four à pain. Les livres régionaux édités par les proprios, le piano et l'accordéon complètent le décor. Salle à manger où vous dînerez avec Marie-Claude et Christian en compagnie de Popaul, le gris du Gabon qui reprend en chœur les vieilles chansons françaises interprétées par son maître (si l'ambiance est là, bien entendu). 33 € le repas (sauf le dimanche soir), apéro et vin compris, pour une excellente cuisine régionale et familiale. Ambiance chaleureuse et décontractée. Le village, avec son château, son parc et les ruines de sa forteresse, mérite qu'on s'y attarde.

Accès : de Lons, prenez la N 83 vers Besançon, puis à gauche la D 120 vers Arlay ; la maison est à côté de l'église.

AUBONNE — 25520

Carte régionale B2

50 km SE de Besançon ; 15 km N de Pontarlier

€ 🛏 |●| **Chambres d'hôtes La Ferme du Château (Véronique et Xavier Lombardot) :** ☎ et fax : 03-81-69-90-56. *Fermé 15 oct-1ᵉʳ avr.* C'est un château et c'est aussi une ferme... Ancienne résidence de vacances d'un marquis du coin, cette superbe demeure date de 1706 et a été achetée en 1920 par le grand-père de Véronique qui la transforma en ferme laitière, reprise depuis de père en fils. Un grand escalier vous conduit aux 3 chambres, spacieuses et claires. Joli parquet d'époque, belle hauteur sous plafond, mobilier à l'opposé du style château et papiers colorés. Sanitaires privés. Comptez 49 € pour 2 et 10 € par personne supplémentaire, petit déj compris, avec le bon lait de la ferme, les confitures maison et plusieurs sortes de miel. Pour prendre les repas, une grande salle à manger avec une surprenante cheminée dont les piédroits sont deux imposantes colonnes. Table d'hôtes à 15 €, vin compris, partagée avec Véronique, souriante, jeune et discrète hôtesse, mais aussi avec Louis, son papa, qui participe activement à l'animation de la table. Quel plaisir de l'entendre parler des champignons et des spécialités locales que vous dégusterez en sa compagnie. Pratiquement tout ce qui est servi sort de la maison : les volailles, le veau, les légumes du jardin, la saucisse de Morteau, et même le fromage, puisque la ferme livre la coopérative qui fabrique le fameux Mont-d'Or (servi chaud certains soirs... hmm !). Une adresse comme on les aime, chaleureuse et sans façon. Bon rapport qualité-prix-convivialité. Ceux qui aiment l'ambiance château ne manqueront pas de visiter celui de Joux, au sud de Pontarlier.

Accès : de Pontarlier, empruntez la N 57 vers Besançon que vous ne quittez plus jusqu'au fléchage « Aubonne » à gauche, puis allez jusqu'au centre du village.

BOUROGNE — 90140

Carte régionale B1

11 km S de Belfort ; 11 km NE de Montbéliard

€€ 🛏 |●| 🐾 **10%** **Chambres d'hôtes Côté Grange (Marie-Claude et Jacques Bonin) :** 16, rue Bernardot. ☎ 03-84-27-74-52. 📱 06-07-11-53-79. • jacques.bonin@

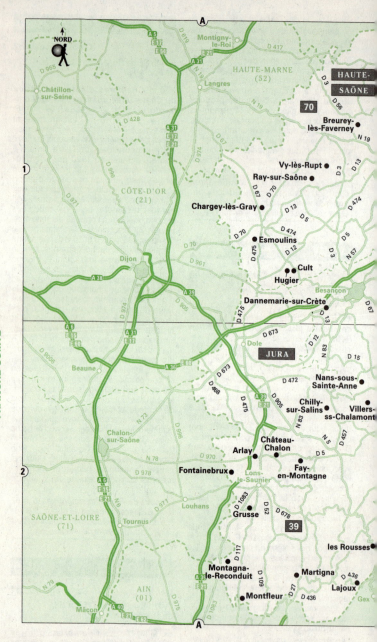

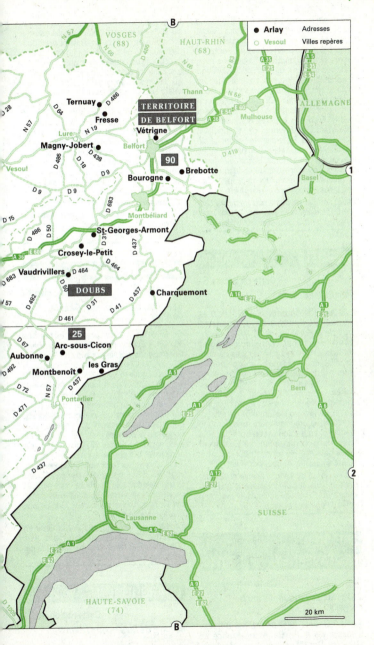

FRANCHE-COMPTÉ

wanadoo.fr • cote-grange.fr • 🛜 Anciens assureurs, Marie-Claude et Jacques ont décidé de tout lâcher pour accueillir des hôtes. Dans l'ancienne grange à côté de leur maison, 5 chambres champêtres avec sanitaires privés : 3, plus petites (façon de parler !), sont situées au 1er étage, les 2 autres, très vastes, sont au second. Déco sympa avec nombreux bibelots et collection d'appareils photo. Respectivement 58 et 68 € pour 2, petit déj compris. Table d'hôtes partagée en famille à 28 €, apéro, vin et café compris. Belle piscine dans le jardin et sauna. Une caresse à Pepsi, la chienne de la maison, et Mélodie, la chatte. Accueil chaleureux de Marie-Claude et Jacques qui se connaissent depuis l'âge de 9 ans... chapeau ! Une adresse qu'on aime bien.

> **Accès :** A 36 sortie n° 11 puis prenez la N 19 vers Delle ; entrez dans Bourogne, et juste avant la poste, tournez à droite et suivez le fléchage.

BREBOTTE   90140

Carte régionale B1

15 km SE de Belfort

€€ 🏠 🍴 (10%) *Chambres d'hôtes Les Colombages (Martine Ehret-Bouniol) :* 9, rue de la Fontaine. ☎ 03-84-23-42-91. • info@colombages.com • colombages.com • Jolie maison à colombages dans ce petit village de 280 âmes. Deux chambres agréables, dont une familiale composée de 2 chambres, installées aux 1er et 2e étages. Sanitaires privés. 62 € pour 2, petit déj compris. Table d'hôtes à 21 €, vin compris. Cuisine saine avec les légumes de saison. Les repas se prennent dans une véranda lumineuse. La maison est en bord de route mais le trafic est quasiment nul. Également 2 gîtes de 6 et 7 personnes pour ceux qui veulent séjourner. Accueil convivial.

> **Accès :** A 36 sortie n° 11, puis N 19 vers Delle et sortie Froidefontaine, que vous traversez, puis Brebotte ; c'est la 1re maison à droite à l'entrée du village.

BREUREY-LÈS-FAVERNEY   70160

Carte régionale A1

21 km SO de Luxeuil ; 19 km N de Vesoul

€€€€€ 🏠 🍴 🐴 (10%) *Chambres d'hôtes Château de la Presle (Marie-France et Geoffrey Smith) :* 3, rue Louis-Pergaud. ☎ 03-84-91-41-70. 📱 06-11-78-41-04. • resa@chateaudelapresle.com • chateau delapresle.com • Fermé janv. 🛜 Joli château du XIXe s en pierre et brique installé dans un superbe parc de 6 ha. Cinq chambres répondant au nom de poèmes de Louis Pergaud, spacieuses et décorées avec goût, dont 2 suites, chacune avec coin salon : 2 au 1er étage, les 3 autres au second. Chacune avec téléviseur LCD et lecteur DVD. On a craqué pour « Coucher du Coq », décorée sur le thème de la photographie. Sanitaires privés. De 110 à 145 € pour 2, copieux petit déj compris (formule brunch avec plateau de fromages, salade de fruits, pain maison...). Table d'hôtes à 45 €, apéro, vin et café compris, pour une cuisine gastro, souvent parfumée à l'absinthe. Côté loisirs : hammam, salle de fitness, court de tennis gazonné, vélos et gigantesque billard snooker 8 pieds. Accueil de qualité. Une adresse de charme pour séduire sa dulcinée.

> **Accès :** dans le village, direction Faverney ; en face du terrain de sport, remontez la rue à droite jusqu'à l'entrée.

CHARGEY-LÈS-GRAY   70100

Carte régionale A1

52 km NO de Besançon ; 5 km N de Gray

€€ 🏠 🍴 (10%) *Chambres d'hôtes Le Moulin à Épices (Angélique et Stéphane Geoffray) :* 55, rue Nationale. ☎ 03-84-64-87-55. Fax : 03-67-10-01-64. • contact@moulin-a-epices.com • moulin-a-epices.com • Fermé aux vac de fév et de la Toussaint. Au cœur du village mais bien au calme, le moulin à épices était un immense bâtiment de stockage des épices tout en pierre qu'Angélique et Stéphane ont entièrement restauré. Quatre chambres coquettes et colorées, pour 2 à 4 personnes, avec sanitaires privés. 63 € pour 2, petit déj compris, et 15 € par personne supplémentaire. Table d'hôtes (sur réservation), partagée avec vos hôtes, à 25 €, apéro et vin compris. Cuisine familiale et régionale à partir de bons produits du terroir et des légumes et les fruits du jardin. Piscine. Accueil chaleureux. Bon rapport qualité-prix-convivialité.

> **Accès :** sur la D 67, juste après Gray en direction de Champlitte, bifurquez vers Chargey-lès-Gray, la maison est dans la rue principale, près de l'église.

CHARQUEMONT   25140

Carte régionale B1

65 km E de Besançon ; 12 km S de Maîche

€€ 🏠 *Chambres d'hôtes Les Grillons (Sylvie Marcelpoix) :* bois de la Biche.

☎ 03-81-44-07-01. Fermé 15 j. en janv. À 1 000 m d'altitude, en pleine nature, au milieu des bois et des prés. Grande maison dans laquelle Sylvie vous propose 4 chambres, dont une composée de 2 chambres (pour 4 personnes). Sanitaires privés, et pour les inconditionnels du petit écran, TV dans chaque chambre. Comptez 58 € pour 2, avec le petit déj, et 20 € par personne supplémentaire. Pas de table d'hôtes, mais le frère de Sylvie tient un petit resto 100 m plus bas, où elle travaille d'ailleurs en saison. Accueil convivial et très souriant, bref, une gentille adresse.

Accès : de Maîche, prenez la D 464 vers Charquemont ; dans le village, prenez la D 10 vers La Combe-Saint-Pierre, puis suivez le fléchage « Bois de la Biche ».

CHÂTEAU-CHALON 39210

Carte régionale A2

17 km N de Lons-le-Saunier ; 4 km E de Voiteur

€€€ 🏠 |●| ⑩% *Chambres d'hôtes Le Relais des Abbesses (Agnès et Gérard Vidal) :* rue de la Roche. ☎ 03-84-44-98-56. 📱 06-37-37-65-03. ● contact@relais-des-abbesses.fr ● relais-des-abbesses.fr ● Ouv de fév à mi-nov. 🛜 Dominant la région et les vignobles alentours, superbe village classé parmi les plus beaux de France. Quatre chambres et une suite coquettes installées aux 1er et 2e étages de la maison (on a craqué pour la chambre « Agnès » qui jouit d'une superbe vue). Selon la chambre, de 75 à 80 € pour 2, petit déj compris, souvent servi dans un agréable jardin ombragé qui ouvre sur un magnifique panorama. Table d'hôtes à 25 €, vin et café compris. Accueil agréable.

Accès : sur la N 83 entre Poligny et Lons-le-Saunier, prenez la D 120 vers Domblans/Voiteur puis Château-Chalon ; la maison est au cœur de la cité.

CHILLY-SUR-SALINS 39110

Carte régionale A2

45 km NE de Lons-le-Saunier ; 6 km S de Salins-les-Bains

€ 🏠 |●| *Chambres d'hôtes Au P'tit Bonheur (Marie-Claude et Roger Clerc) :* rue des Tilleuls. ☎ 03-84-73-12-93. 📱 06-80-23-13-85. ● marieclaude.clerc@wanadoo.fr ● leptitbonheurdeschamps.com ● 🛜 À 640 m d'altitude, grande ferme jurassienne située sur un plateau parsemée de pâturages. Marie-Claude et Roger sont agriculteurs et élèvent des montbéliardes dont le lait part directement à la fruitière du village pour la fabrication du comté. Par un accès indépendant, on parvient aux 4 chambres, dont une au 1er étage, les 3 autres au second. Déco sans prétention et sanitaires privés. 50 € pour 2, petit déj compris (confitures et yaourts maison, sans oublier le fromage). Table d'hôtes (de septembre à avril et du lundi au jeudi uniquement) à 20 €, apéro, vin et café compris, pour déguster une bonne cuisine régionale concoctée avec les produits de la ferme et accompagnée de vin d'Arbois. Accueil chaleureux, authentique et vrai.

Accès : d'Arbois, D 107 vers Mesnay puis Chilly-sur-Salins.

CROSEY-LE-PETIT 25430

Carte régionale B1

45 km NE de Besançon ; 10 km S de Clerval

€ 🏠 |●| 🐎 ⑩% *Chambres d'hôtes La Montnoirotte (Joëlle et Alain Bouchon) :* route de Vellevans. ☎ 03-81-86-83-98. 📱 06-88-03-81-82. Fax : 03-81-86-82-53. ● bouchona@wanadoo.fr ● montnoirotte.com ● 🐾 Fermé la 2e quinzaine de sept. À 600 m d'altitude, entre prairies et sous-bois, ancienne ferme comtoise transformée aujourd'hui en ferme de séjour équestre. Trois chambres fonctionnelles et bien tenues, avec sanitaires privés. De 48 à 52 € pour 2, petit déj compris, et de 16 à 18 € par personne supplémentaire. Table d'hôtes partagée en famille à 20 €, apéro local et vin compris. Bien sûr, l'équitation s'adresse à tous (enfants, débutants et confirmés). L'occasion de découvrir le Haut-Doubs à l'heure (17 €), mais on peut faire des randos sur plusieurs jours. Ceux qui n'aiment pas avoir le derrière tanné pourront profiter de la piscine... Mais rien n'empêche de faire les deux ! Accueil chaleureux et sans façon. Une adresse nature, familiale et sportive.

Accès : la ferme se situe à 3 km de Crosey-le-Petit en direction de Villevans (D 27).

CULT 70150

Carte régionale A1

25 km NO de Besançon ; 12 km NE de Pesmes

€€€€€ 🏠 ⑩% *Chambres d'hôtes Les Égrignes (Fabienne Lego-Deiber) :* Le Château, route d'Hugier. ☎ et fax : 03-84-31-92-06. 📱 06-84-20-64-91. ● contact@

les-egrignes.com • les-egrignes.com • *Fermé de mi-nov à fin fév.* Aux confins de la Haute-Saône, de la Côte-d'Or et du Jura, cette demeure du XIXe s, classée à l'ISMH, allie avec bonheur élégance et campagne. C'est aussi une vraie maison que tous les membres de la famille fréquentent pour des vacances et pour donner un coup de main, car ici, tout est grand. Trois suites avec coin salon, spacieuses et charmantes, chacune avec des fenêtres en double orientation. Sanitaires privés. On aime bien « Iris » (la chambre, idiot !), mais « Camélia » n'est pas mal non plus (baignoire et douche). 130 € pour 2, petit déj compris, et 30 € par personne supplémentaire. Immense salle à manger couleur soleil, avec boiseries sculptées. Pas de table d'hôtes mais cuisine d'été à disposition. Vaste et agréable parc pour aller à la chasse aux papillons (vous avez votre permis ?). Accueil souriant et chaleureux, charme indéniable… bref, une adresse cult' (facile !).

Accès : l'accès au village de Cult se trouve sur la D 67 entre Langres et Besançon ; très bon fléchage dans le village.

DANNEMARIE-SUR-CRÈTE 25410

Carte régionale A1

12 km SO de Besançon ; 5 km NE de Saint-Vit

€€ 🏠 10% **Chambres d'hôtes Domaine des Chaumes (Annie Rabolin) :** 27, rue des Chanets. ☎ 03-81-58-69-68. 📱 06-99-45-69-07. • domainedeschaumes.free.fr • 📶 Au calme d'un petit village, imposante maison des années 1970, construite sur la roche, que vous pourrez d'ailleurs admirer dans le salon ou côté jardin-terrasse. Si elle s'appelle Domaine des Chaumes, c'est à cause de son toit… de chaume *(of course !)*. Au rez-de-chaussée, 4 chambres alphabétiques, lumineuses et soignées. Voilages et tissus assortis, réalisés par la mère d'Annie. Beau mobilier contemporain ou ancien selon vos goûts. Sanitaires privés. Comptez 60 € pour 2, petit déj compris. Atmosphère très « archi », avec d'originaux volumes. Accueil aimable et courtois. Un point de chute idéal pour découvrir Besançon.

Accès : sur la N 73 entre Besançon et Dole ; sortez à Dannemarie ; dans le bourg, suivez le fléchage.

ESMOULINS 70100

Carte régionale A1

40 km NO de Besançon ; 5 km S de Gray

€€ 🏠 🍽 **Chambres d'hôtes Au Hêtre Pourpre (Marie-Claude et René Vezzoli) :** 4, rue de la Ténise. ☎ 03-84-67-45-16. 📱 06-74-37-33-39. Fax : 03-84-64-89-44. • marie.vezzoli@sfr.fr • auhetrepourpre.com • 📶 Dans un agréable parc bordé par la Ténise où les amateurs pourront tremper leur bouchon, grande maison de maître dont les origines remontent au XVIIe s. L'intérieur est résolument contemporain et fonctionnel. Au 1er étage, 3 chambres pimpantes et colorées, avec sanitaires privés. 60 € pour 2, petit déj compris. Sur réservation, possibilité de partager la table avec vos hôtes, pour 35 € le repas tout compris. Accueil nature et chaleureux. Une adresse où convivialité rime avec hospitalité.

Accès : de Pesmes, D 475 vers Gray ; à la sortie de Champvans prenez à gauche vers Esmoulins ; la maison est à l'entrée du village à gauche, en contrebas de la route, après le lavoir.

FAY-EN-MONTAGNE 39800

Carte régionale A2

25 km NE de Lons-le-Saunier ; 17 km O de Champagnole

€ 🏠 🍽 🐾 **Chambres d'hôtes (Andrée et Alain Romand) :** ☎ 03-84-85-30-79. Fax : 03-84-85-39-69. Andrée, gentille mamie vit avec son fils Alain. Tous les deux s'occupent des hôtes. Trois chambres agréables avec sanitaires privés, dont une au rez-de-chaussée et 2 à l'étage. Comptez 48 € pour 2, avec le petit déj. Accueil chaleureux et authentique.

Accès : de Lons-le-Saunier, emprunter la D 471 vers Pontarlier et, à Crançot, la D 4 vers La Marre, puis vers Fay-en-Montagne ; dans le bourg, c'est la maison à la façade jaune-ocre un peu criarde.

FONTAINEBRUX 39140

Carte régionale A2

15 km O de Lons-le-Saunier ; 15 km NE de Louhans

€€ 🏠 🍽 **Chambres d'hôtes La Grange de Félix (Cécile et Laurent Cagne) :** 115, rue Derrière. ☎ 03-84-85-07-68. 📱 06-85-47-87-33. • cecile.cagne@orange.fr • gite-cagne.com • Aux confins du Jura et de la Saône-et-Loire, ancienne et grande ferme familiale.

Aujourd'hui, la grange héberge 3 jolies chambres d'hôtes desservies par un petit salon où vous pourrez admirer Félix qui se dessine sur une belle et grande fresque murale. Deux, familiales, possèdent une mezzanine et peuvent accueillir jusqu'à 5 personnes ; l'autre, avec ciel de lit, dégage une atmosphère romantique. Sanitaires privés. Comptez 60 € pour 2 et 110 € pour 5, petit déj compris. Sur demande, possibilité de table d'hôtes à 21 €. Pour votre détente, vous pourrez profiter du parc fleuri, avec salon de jardin et chaises longues, ainsi que de la belle piscine. Cécile travaille dans le tourisme, et c'est une mine d'infos pour découvrir la région. Elle propose aussi 2 petits gîtes sympas et indépendants pour ceux qui veulent séjourner. Accueil charmant. Excellent rapport qualité-prix-convivialité.

Accès : A 39 sortie n° 8 Lons-le-Saunier puis N 78 vers Beaurepaire-en-Bresse ; à l'entrée du village, prenez la D 135 jusqu'à Fontainebrux ; devant la mairie, empruntez la rue Mérin puis à droite la rue Derrière.

FRESSE 70270

Carte régionale B1

20 km NE de Lure ; 17 km N de Champagney

€ 🏠 |●| 10% **Chambres d'hôtes La Scierie (Corinne et Alain Dague) :** *254, Le Bas.* ☎ *03-84-63-33-54.* 📱 *06-76-10-37-88.* ● *la.scierie@wanadoo.fr* ● *lascierie.eu* ● 🛜 À 550 m d'altitude, cet ancien moulin, converti par la suite en scierie, accueille aujourd'hui des hôtes. Deux petites chambres mansardées, et une vaste suite familiale avec coin cuisine et salon, qui peut accueillir de 4 à 7 personnes. Sanitaires privés (mais non attenants pour une des chambres). Atmosphère bonbonnière campagnarde, où foisonnent objets et bibelots. 50 € pour 2, petit déj compris. Salle à manger dans la même ambiance, avec cheminée et four à pain ! Table d'hôtes, partagée en famille, à 20 €, apéro et vin compris. Cuisine familiale et régionale. Si vous avez des enfants, sachez que Corinne et Alain en ont deux. La route passe un peu près, mais les chambres sont sur l'arrière et le chant du ruisseau couvre souvent le bruit éventuel.

Accès : de Lure, D 486 vers Le Thillot ; passez Melisey puis prenez, à droite, la D 97 vers Fresse ; traversez le village et continuez pdt 2 km (1re route à gauche après la scierie).

GRUSSE 39190

Carte régionale A2

15 km S de Lons-le-Saunier

€ 🏠 |●| 10% **Chambres d'hôtes (Germaine et Douglas Baud) :** ☎ *et fax : 03-84-25-04-03.* 📱 *06-82-42-10-30.* ● *douglas.baud@orange.fr* ● Ici, c'est la vraie vie de la ferme, alors tombez le costard et laissez les talons aiguilles à la maison. La campagne est belle et vous aurez une vue superbe sur le Sud-Revermont avec ses coteaux parsemés de vignobles. Six chambres au charme désuet dans deux ailes de la maison, dont une avec un baldaquin neuf, 2 autres avec salon et terrasse. Sanitaires privés. Comptez 50 € pour 2, petit déj compris. Les repas (sauf le dimanche soir) se prennent en famille, dans la véranda, sous le regard des poupées en porcelaine qui forment l'importante collection de Germaine. Table d'hôtes à 22 €, apéro et vin compris. Cuisine du terroir avec des produits maison, le tout arrosé du vin sorti tout droit de la cave. Une adresse authentique, qui ne laisse pas indifférent.

Accès : de Lons-le-Saunier, empruntez la N 83 en direction de Lyon jusqu'à Sainte-Agnès (10 km), puis la D 72 vers Vincelles et Grusse et suivez le fléchage.

HUGIER 70150

Carte régionale A1

30 km NO de Besançon ; 17 km SE de Gray

€€ 🏠 |●| **Chambres d'hôtes Les Pétunias (Joëlle et Jean-Marie Dollmann-Knab) :** *19, Grande-Rue.* ☎ *03-84-31-58-30.* 📱 *06-83-27-17-81.* ● *les.petunias@orange.fr* ● *petunias.fr* ● 🛜 Dans la campagne, à l'orée d'un petit village rural d'une centaine d'âmes, imposante et ancienne ferme tout en pierre. Quatre chambres agréables, dont une au rez-de-chaussée, les 3 autres à l'étage. Sanitaires privés. 65 € pour 2, petit déj compris. Table d'hôtes à 25 €, apéro et vin compris. Cuisine à tendance régionale avec des produits du terroir majoritairement bio. D'ailleurs, pour les vins et l'apéro, Jean-Marie fait découvrir la production du viticulteur bio du village. Grand jardin fleuri et belle piscine pour se détendre. Accueil convivial.

Accès : sur la D 67 entre Gray et Besançon, allez jusqu'à Bonboillon et, au rond-point, prenez la D 187 vers Hugier et suivez le fléchage.

LAJOUX — 39310

Carte régionale A2

18 km S des Rousses ; 16 km E de Saint-Claude

€€€ 🏠 |●| **Chambres d'hôtes La Trace (Nathalie et Jean-Luc Neusel) :** Le Manon. ☎ 03-84-41-25-70. 📱 06-85-70-64-15. ● info@latracejura.com ● latracejura.com ● 📶 Ici, t'es comme à la maison, alors t'enfiles les chaussons, et si t'es randonneur, tu seras à l'honneur ! Située à 1 170 m d'altitude, à proximité de Lajoux, plus haut village du département, ancienne ferme jurassienne installée sur le tracé de la GTJ (la Grande traversée du Jura, ignorant !), reconnaissable à sa façade en tavaillons. En hiver, on part en ski de fond ou en raquettes depuis la maison ! Quatre chambres chaleureuses, toutes de bois vêtues, pour 2 à 4 personnes. Sanitaires privés (pour une ils sont sur le palier). 75 € pour 2, petit déj compris et 131 € pour 4. C'est Jean-Luc qui s'occupe principalement des hôtes. Repas à 20 €, vin compris. Cuisine familiale à tendance régionale. Accueil souriant.

> *Accès :* de Lajoux, prenez la direction Les Moussières pdt 1 km, la maison est sur la gauche.

LES GRAS — 25790

Carte régionale B2

22 km NE de Pontarlier ; 12 km SO de Morteau

€€ 🏠 |●| 🐴 **Chambres d'hôtes La Maison des Seignes (Marie-Hélène et Hervé Poulalion) :** Les Seignes. ☎ 03-81-68-82-20. 📱 06-79-16-08-78. ● lamaisondesseignes@hotmail.fr ● lamaisondesseignes.free.fr ● Fermé vac. de Noël. Par une petite route qui serpente à travers forêts et pâturages, on arrive jusqu'à cette ancienne ferme située à 1 100 m d'altitude. Deux chambres avec accès indépendant, l'une avec chambre à l'étage (toute habillée de bois, elle est champêtre et chaleureuse), l'autre sous forme d'un vaste duplex pouvant accueillir jusqu'à 6 personnes, à la déco montagnarde. Coin cuisine et sanitaires privés. 60 € pour 2, petit déj compris. Table d'hôtes à 18 €, boissons comprises. Amis randonneurs, le GR 5 passe devant la maison. Accueil très convivial. Une adresse pour se mettre au vert.

> *Accès :* sur la D 437 entre Morteau et Pontarlier, prenez la D 47 vers Grand-Combe-Châteleu puis Les Gras ; au centre du village, bifurquez vers Les Seignes et allez jusqu'au hameau (3,5 km).

LES ROUSSES — 39220

Carte régionale A2

30 km S de Saint-Claude ; 11 km SE de Morez

€€ 🏠 |●| 10% **Gîte d'étape et de séjour La Grenotte (Isabelle et Jean-Claude Feugère) :** Le Bief-de-la-Chaille. ☎ 03-84-60-54-82. 📱 06-07-64-93-23. Fax : 03-84-60-04-67. ● lagrenotte@aol.com ● lagrenotte.com ● Fermé 15 oct-15 déc env et en avr. À 1 100 m d'altitude, en pleine nature, grand gîte de 36 lits répartis en 8 chambres pour 2 à 5 personnes et un dortoir de 9 couchages. Murs lambrissés, déco gentillette, mobilier en pin naturel. Sanitaires communs. Deux formules sont proposées par Isabelle et Jean-Claude, les proprios, qui ont repris cette structure : soit en petit dortoir et vous apportez votre duvet, soit en chambre avec couette. De 22 à 26 € la nuit par personne avec le petit déj. Une petite salle d'auberge avec coin détente, ouverte aux personnes extérieures. Menu du jour à 15 € et petite carte simple pour les randonneurs : omelettes, assiette de charcuterie, tarte aux myrtilles (miam miam !), et des spécialités comme la quiche comtoise, la croûte aux morilles, fondue, raclette, morbiflette. Pour ceux qui dorment, possibilité de formules avec repas : de 36,50 à 41,50 € par personne en demi-pension et de 46 à 51,50 € en pension complète. Une adresse idéale pour les sportifs : l'hiver, le ski alpin (les remontées sont à 800 m), mais surtout le fond et les raquettes ; l'été, la randonnée (les GR 9 et 5 sont tout proches). La GTJ (Grande traversée du Jura) passe devant la maison. Circuits VTT également. Accueil équestre sur le circuit du Grand 8 et de la GTJ équestre. Accueil décontracté et chaleureux.

> *Accès :* des Rousses, empruntez la N 5 en direction de Genève ; à la sortie du bourg, prenez la D 29 (à droite) vers Lamoura et fléchage à 1,5 km. Attention, en hiver le gîte n'est pas accessible en voiture (300 m à pied).

MAGNY-JOBERT — 70200

Carte régionale B1

30 km O de Belfort ; 9 km E de Lure

€ 🏠 |●| 🐴 10% **Chambres d'hôtes La Chapelle des Cornottes (Marie-Jeanne et Thiebaud Comte) :** 3, rue du Lavoir. ☎ 03-84-63-15-81. ● thiebaud.comte@orange.fr ● site.voila.fr/cornottes ● 📶 Thiebaud a décidé de tout lâcher pour accomplir son rêve et recevoir des hôtes. Il a restauré avec ses moyens cette vieille ferme du XIXe s, mais toujours pour qu'on y soit bien. Au 1er étage, 3 chambres sobres, simples et fonctionnelles, avec sanitaires privés entièrement carrelés (c'est son œuvre) et connexion wifi. 44 € pour 2, petit déj compris. Marie-Jeanne travaille à l'extérieur mais s'active aussi derrière les fourneaux. Une savoureuse et goûteuse cuisine régionale qui fait des adeptes. Table d'hôtes à 20 €, apéro et vin compris. Certaines spécialités sortent du four à pain, l'œuvre et la fierté de Thiebaud. Accueil authentique, simple et vrai. Côté activités, les proprios vous ont concocté de sympathiques balades à pied ; ils possèdent aussi deux chevaux comtois et peuvent vous emmener en calèche à la découverte des bois et villages environnants. Une adresse qu'on aime bien.

Accès : sur la D 438 (quatre-voies) entre Lure et Belfort, sortie n° 13 Andornay/Ronchamp puis, à droite, jusqu'à Magny-Jobert ; la maison est en face d'une ancienne fontaine-abreuvoir en pierre.

MARTIGNA 39260

Carte régionale A2

40 km SE de Lons-le-Saunier ; 17 km S de Clairvaux-les-Lacs

€€ 🏠 |●| **Chambres d'hôtes La Compagnie des Ânes (Françoise et Jean-Michel Bessières) :** *hameau de Chanon.* ☎ *03-84-42-36-83.* 📱 *06-83-29-55-33.* ● *francoise@lacompagniedesanes.fr* ● *lacompagniedesanes.fr* ● *Fermé déc-fév.* 📶 Dans le parc naturel du Haut-Jura, à 600 m d'altitude, au bout d'un chemin, ancienne ferme du XVIIIe s isolée en pleine nature. Trois chambres chaleureuses et champêtres avec sanitaires privés. Déco où bois, pierre et enduits à la chaux sont à l'honnneur. La plupart des travaux ont été réalisés par Jean-Michel, artisan de son état et apiculteur à ses heures perdues. 58 € pour 2, petit déj compris (yaourts, gâteau, confitures et miel maison). Table d'hôtes partagée en famille à 21 €, apéro, vin et café compris. Cuisine goûteuse et créative. Enfin, on ne peut terminer sans parler des ânes qu'on peut aller papouiller, nourrir et promener pour les plus téméraires. Le lac de Vouglans, à 5 km, vous permettra de piquer une tête ou de pratiquer divers sports nautiques. Un couple charmant et un bon rapport qualité-prix-convivialité.

Accès : de Lons-le-Saunier, D 52 puis D 470 vers Orgelet/Saint-Claude puis Moirans et fléchage.

MONTAGNA-LE-RECONDUIT 39160

Carte régionale A2

35 km S de Lons-le-Saunier ; 6 km NE de Saint-Amour

€€ 🏠 |●| **Chambres d'hôtes Refuge de Montagna (Lise Hauger et Francis Métois) :** ☎ *03-84-48-58-02.* 📱 *06-27-27-37-76.* Francis est une vieille connaissance... Après avoir créé un gîte de séjour en Savoie qu'il a revendu, il a racheté quatre petites maisons en ruine et les a entièrement reconstruites, et croyez-nous, il a de l'or dans les mains ! Ancien Compagnon du Tour de France, il travaille la pierre et le bois. Ici, les fresques murales sont taillées dans la pierre et rappellent le milieu montagnard. Tous les meubles ont été réalisés par ses soins. Quant à la cave voûtée qui sert d'agréable salon, c'est aussi son œuvre et c'est une merveille. Deux chambres champêtres et romantiques, ainsi qu'un petit gîte qui peut aussi servir de chambre. Sanitaires privés. 65 € pour 2, copieux petit déj compris. Table d'hôtes, partagée en famille, de 18 à 22 €, apéro et vin compris. Accueil ultra chaleureux, teinté par l'accent de Lise, Norvégienne d'origine. Au fait, Francis est aussi le maire du village. Une adresse où l'on aurait bien posé nos sacs plus longtemps. En bref, notre coup de cœur sur le département.

Accès : sur la D 1083 entre Lons-le-Saunier et Bourg-en-Bresse, prenez la D 51 vers Montagna ; ne descendez pas vers le village, continuez sur cette route et, au virage suivant, garez votre voiture sur le petit parking, la maison est en contrebas.

MONTBENOÎT 25650

Carte régionale B2

15 km NE de Pontarlier ; 12 km SO de Morteau

€€€ 🏠 |●| **Chambres d'hôtes Le Crêt de l'Agneau (Liliane et Yves Jacquet-Pierroulet) :** ☎ *03-81-38-12-51.* 📱 *06-89-93-24-49.* ● *lecret.lagneau@wanadoo.fr* ● *lecret-lagneau.com* ● *Ouv tte l'année, mais sur résa slt.* Authentique ferme du XVIIe s située entre prés et forêts, à 900 m d'altitude. Ici, vous allez faire un véritable retour en arrière dans un environnement magnifique. Pratiquement toute de bois vêtue, le « thué » (comprenez séchoir à charcuteries) s'élève en son centre. Quatre chambres avec sanitaires privatifs (mais attenants pour l'une d'entre elles).

Atmosphère chaleureuse où l'authentique et le bois sont à l'honneur. De 75 à 118 € pour 2, copieux petit déj compris, avec charcuterie, confitures et pain maison. Table d'hôtes à 32 €. Ici, c'est le paradis pour la rando, que ce soit en ski de fond ou raquettes l'hiver, à pied ou à VTT l'été (un gentil circuit empierré suit l'ancienne voie ferrée entre Morteau et Pontarlier). Yves propose tout un tas d'activités, dont un séjour fond-raquettes et des séjours à thème (randonnée pédestre, VTT, découverte des champignons). Enfin, si l'histoire de l'absinthe vous passionne, Liliane possède des documents uniques sur la « fée verte ». Accueil chaleureux.

> **Accès :** de Montbenoît, prenez la route de Gilley sur 5,5 km ; au lieu-dit Les Auberges, suivez le fléchage.

MONTFLEUR 39320

Carte régionale A2

25 km NE de Bourg-en-Bresse ;
40 km S de Lons-le-Saunier

€€ 🏠 ⑩% ***Chambres d'hôtes Plume et Notes (Marie-Ella Stellfeld) :*** pl. des Marronniers. ☎ 03-84-44-37-42. 📱 07-61-23-75-02. ● *plumenotes@orange.fr* ● *plumenotes.com* ● 📶 C'est l'ancienne épicerie du village, installée sur la place à côté de la fontaine. Ici, c'est une maison d'artiste (Marie-Ella est mosaïste) et ses 4 chambres portent des noms de personnages célèbres. Elles sont immenses, lumineuses et agréablement décorées dans un mélange de styles harmonieux. Deux ouvrent sur le jardin, les 2 autres sur la place, mais la nuit, il ne passe pas un chat. Sanitaires privés. De 54 à 57 € pour 2, petit déj compris (gâteau et confitures maison). Pas de table d'hôtes mais un petit resto en face de la maison. Prêt de vélos. Accueil convivial.

> **Accès :** au centre du village.

NANS-SOUS-SAINTE-ANNE 25330

Carte régionale A2

35 km O de Pontarlier ; 15 km NE de Salins-les-Bains

€€ 🏠 🍽 ***Chambres d'hôtes Résidence de Vaux (Béatrice et Brendan Murphy) :*** 29, Grande-Rue. ☎ 03-81-86-65-87. 📱 06-63-85-52-70. ● *reservations@residencedevaux.com* ● *residencedevaux.com* ● Fermé entre Noël et le Jour de l'an. 📶 Bien que dans la Grande-Rue, ne vous y trompez pas, vous serez bien au calme dans cette belle demeure bourgeoise du XIXe s, plantée dans un agréable parc. De là, vous pourrez profiter de la vue sur le massif de la source du Lison. Au 1er étage, 5 chambres vastes et lumineuses avec sanitaires privés. Une préférence pour la chambre « Loupe d'orme » qui est moins chère (ça tombe bien !). De 65 à 85 € pour 2, petit déj compris. Possibilité de table d'hôtes sur réservation. Accueil souriant et courtois. Une adresse de charme. Avant de partir, n'oubliez pas de faire votre provision de fromages à la laiterie du village.

> **Accès :** Nans se trouve sur la D 492 entre Ornans et Salins-les-Bains ; dans le village, direction Grange-de-Vaux.

€ 🏠 🍽 ***Gîte d'étape Lison Accueil (Gérard, Marc et Michel) :*** 7, Grande-Rue. ☎ 03-81-86-50-79. Fax : 03-81-86-42-24. ● *lison.accueil@wanadoo.fr* ● *lison.accueil.free.fr* ● C'est l'amour du sport et de la nature qui a poussé Gérard, Marc et Michel (amis d'enfance) à ouvrir cette structure d'accueil comprenant 7 chambres de 2 à 4 lits (dont 6 avec douche privative) et 3 dortoirs de 4 à 8 places. Nombreux sanitaires. Comptez de 19 à 26 € la nuit par personne, de 33 à 38 € en demi-pension, et de 46 à 51 € en pension complète. Cuisine familiale, servie dans une agréable salle à manger avec une noble cheminée (spécialité : jambon cuit à l'os sauce au vin jaune) ou en terrasse. Également 2 cabanes sur pilotis installées au milieu des arbres à 3 m de haut louées entre 56 et 66 € pour 2, draps compris. Tous trois moniteurs de spéléo, mais aussi de canyoning et d'escalade, ils proposent des tas d'activités pour tous niveaux. Le gîte est situé au départ de la via ferrata des Baumes du Verneau (conseils et location de matériel sur place).

> **Accès :** au centre du bourg.

RAY-SUR-SAÔNE 70130

Carte régionale A1

35 km O de Vesoul ; 15 km NE de Dampierre-sur-Salon

€€ 🏠 🍽 ⑩% ***Chambres d'hôtes Le Tilleul de Ray (Isabelle Ladouce et Dominique d'Onghia) :*** 14, rue Sainte-Anne. ☎ 03-84-78-97-55. 📱 06-89-97-17-32. ● *letilleulderay@nordnet.fr* ● *letilleulderay.eu* ● 📶 Agréable demeure au cœur de cette jolie cité comtoise dominée par son château dont les origines remontent au XIe s. Cinq jolies chambres, dont 2 avec mezzanine pouvant accueillir 4 personnes.

Sanitaires privés. De 65 à 75 € pour 2, petit déj compris, et 105 € pour 4. Possibilité de table d'hôtes à 24 €, vin et café compris, mais aussi deux restos simples dans le village, dont *Chez Yvette* où vous pourrez croiser la comtesse qui vient souvent y boire un verre... Le dimanche, elle fait visiter son château, empli de souvenirs des seigneurs de Ray. Le parc est ouvert à tous, tous les jours : on y profite d'un joli point de vue sur les alentours, et le soir, fortifications et tours crénelées sont éclairées.

Accès : sur la D 700 entre Combeaufontaine et Gray, bifurquez vers Theuley puis Ray-sur-Saône.

SAINT-GEORGES-ARMONT 25340

Carte régionale B1

50 km NE de Besançon ; 7 km E de Clerval

€€ 🏠 I●I ⱨ 10% **Chambres d'hôtes La Ferme du Hérisson Rose (Nelly et Bernard Dunzer) :** ☎ et fax : 03-81-93-86-15. À 500 m d'altitude, au cœur d'un petit village rural de 110 âmes, ancienne ferme du XVIII° s, que Bernard a entièrement réaménagée. Une immense terrasse couverte qui domine le jardin donne accès à la maison. Deux chambres campagnardes avec sanitaires privés, à 60 € pour 2, petit déj compris. Table d'hôtes entre 20 et 25 €, quart de vin compris. La cuisine de Nelly est réputée dans la région. À la fois goûteuse et saine, à partir de nombreux produits bio, dont ceux du jardin. Accueil chaleureux de ce charmant couple de retraités. Une adresse qui est un peu la maison de campagne des grands-parents idéaux... et leurs petites-filles en profitent !

Accès : sortie n° 6 de l'A 36 L'Isle-sur-le-Doubs, puis N 83 vers Besançon pdt 2 km puis Saint-Georges ; la maison est au centre du village.

TERNUAY 70270

Carte régionale B1

25 km E de Luxeuil-les-Bains ; 18 km NE de Lure

€€ 🏠 I●I ⱨ **Chambres d'hôtes La Maison d'en Haut (Josie et Maurizio Della Fiorentina) :** hameau de Melay. ☎ et fax : 03-84-20-48-46. ● lamaisondenhaut@orange.fr ● 🛜 Quel que soit l'endroit où l'on se place, le panorama est superbe autour de cette ancienne ferme du XVIII° s en grès rose des Vosges. Quatre chambres lumineuses, éclairées par les œuvres de Maurizio, artiste-peintre et remarquable copiste, notamment de Fernand Léger. Josie, elle, malaxe la glaise et cuit ses œuvres façon raku, car vous êtes ici dans une maison d'artistes. Deux chambres au 1er étage, dont une familiale avec lits enfants en mezzanine, les 2 autres au second, dont une pour 4 personnes. Sanitaires privés. De 57 à 61 € pour 2, petit déj compris, et 20 € par personne supplémentaire. Table d'hôtes, partagée en famille, à 24 €, apéro et vin compris. Une cuisine régionale avec des accents méditerranéens. Accueil de qualité. Une de nos adresses préférées sur le département.

Accès : de Lure, D 486 vers Le Thillot jusqu'à Melisey ; au milieu du village, prenez la D 293 jusqu'à Melay. Du Thillot, D 486 vers Lure jusqu'à Ternuay ; à côté de l'église, prenez la D 266 et montez en haut du hameau.

€€ 🏠 I●I ⱨ **Chambres d'hôtes Les Contances (Muriel Laroche) :** 📱 07-60-70-50-66. ● les.contances@wanadoo.fr ● monsite.orange.fr/gite-contances ● *Ouv tte l'année, mais slt sur résa 48h avt.* Vous êtes à 450 m d'altitude, en pleine forêt, dans le parc naturel régional des Ballons des Vosges. La maison est grande et on y trouve 5 chambres de 2 à 4 personnes : une au rez-de-chaussée avec terrasse privée (la plus chère), 2 au 1er étage et 2 autres au second. Sanitaires privés. Déco et atmosphère simples et campagnardes. Selon la chambre, de 47 à 57 € pour 2, petit déj compris. Table d'hôtes à 19 €, apéro et vin compris. Accueil agréable.

Accès : de Lure, D 486 vers Le Thillot jusqu'à Ternuay ; là, entre l'église et la poste, prenez la direction de Melay ; après la sortie du village, dans un virage, direction Contances et faites 3 km dans la forêt.

VAUDRIVILLERS 25360

Carte régionale B1

35 km E de Besançon ; 15 km S de Baume-les-Dames

€ 🏠 I●I 10% **Chambres d'hôtes Chez Mizette (Mizette Philippe) :** 3, rue de l'Église. ☎ et fax : 03-81-60-45-70. ● mizette@orange.fr ● mizette.com ● 🐾 🛜 Dans une ancienne grange indépendante de la maison de votre hôtesse, grande pièce de jour avec immense table pour prendre les repas. Quatre chambres avec sanitaires privés, à 48 € pour 2, petit déj compris. Table d'hôtes partagée avec Mizette. Goûteuse cuisine familiale et régionale pour 20 €, vin compris. Accueil chaleureux.

> *Accès : A 36, sortie Baume-les-Dames ; prenez la D 50 en direction de Valdahon, puis la D 464 vers Maîche jusqu'à Vaudrivillers ; la maison est au centre du bourg, derrière l'église.*

VÉTRIGNE 90300

Carte régionale B1

40 km O de Mulhouse ; 5 km N de Belfort

€€ 🏠 ⑩% **Chambres d'hôtes Au Grès du Temps (Marie-Claude et Christian Py) :** *Grande-Rue.* ☎ 03-84-29-89-35. 📱 06-12-94-23-10. • augresdutemps@club-internet.fr • christian.py.perso.neuf.fr • 🛜 Belle maison de village aux volets bleus. Ancienne prof de physique-chimie, Marie-Claude rêvait d'ouvrir des chambres d'hôtes... C'est chose faite ! Deux jolies chambres, dont une familiale composée de 2 chambres. Sanitaires privés. De 60 à 66 € pour 2 (dégressif dès la 3ᵉ nuit), petit déj compris, et 18 € par personne supplémentaire. Agréable jardin derrière la maison pour se prélasser. Christian emmène volontiers ses hôtes pour une petite balade. Il prête aussi des VTT (chouette !). Accueil charmant.

> *Accès : A 36 sortie nº 14 ; allez à Roppe (D 83 direction Mulhouse) et au 1ᵉʳ feu à gauche D 22 vers Vétrigne ; la maison est un peu après la mairie sur la droite.*

VILLERS-SOUS-CHALAMONT 25270

Carte régionale A2

30 km O de Pontarlier ; 7 km N de Levier

€ 🏠 🐴 ⑩% **Chambres d'hôtes (Jeanne et Yves Jeunet) :** *Grande-Rue.* ☎ 03-81-49-37-51. 📱 06-84-77-21-35. • yvesetjeanne@orange.fr • yvesetjeanne.wordpress.com • 🛜 À 800 m d'altitude, Jeanne et Yves, retraités du monde agricole, ont aménagé 3 chambres : une au 1ᵉʳ étage de leur maison et 2 dans une petite maison indépendante (préférez la chambre rustique qui donne sur l'arrière). Sanitaires privés pour la première, salle d'eau privée mais w-c communs pour les deux autres. En outre, ceux qui préféreront l'indépendance auront un petit coin cuisine à disposition. Tout le monde se retrouve au petit déj dans la grande salle à manger de Jeanne (c'est le moment de lui demander des tuyaux sur la région, qu'elle connaît bien). Comptez 48 € pour 2, petit déj compris, et 10 € par personne supplémentaire. Piscine couverte avec un bassin spécialement aménagé pour les bambins. Ceux qui le désirent pourront visiter l'exploitation et la fromagerie. Accueil authentique et vrai.

> *Accès : par la D 49 ; au milieu du bourg.*

VY-LÈS-RUPT 70120

Carte régionale A1

28 km O de Vesoul ; 9 km S de Combeaufontaine

€€ 🏠 🍴 🐴 ⑩% **Chambres d'hôtes Chez Mirette (Dominique et François Arambourg) :** *9, Grande-Rue.* ☎ et fax : 03-84-92-74-81. 📱 06-88-33-46-85. • chez.mirette@gmail.com • chezmirette.fr • 🛜 Mirette, c'est la mascotte de la maison, une jument francomtoise. Passionnée par les chevaux, Dominique en a quatre et héberge aussi des chevaux de propriétaires. Dans sa maison, 4 chambres champêtres et colorées avec sanitaires privés. On aime bien « Papillon » avec ses murs tapissés de bois lazuré, et « Loulou » dans les tons mauve et blanc. 56 € pour 2, petit déj compris. Dans les pâtures, un tipi peut aussi accueillir les moins fortunés ou les enfants. Table d'hôtes à 16 €, apéro, vin et café compris. Goûteuse cuisine à tendance régionale, sans oublier les pizzas à la farine bio cuites dans le four à bois. Agréable piscine couverte pour vous détendre. Accueil hors pair. Très bon rapport qualité-prix-convivialité. Une adresse chaleureuse et sans façon, juste comme on les aime.

> *Accès : de Vesoul, N 19 jusqu'à Combeaufontaine puis D 70 vers Gray puis D 164 vers Confracourt puis Vy-lès-Rupt ; la maison est au bout de la rue qui descend entre la mairie et l'église.*

Île-de-France

ABBÉVILLE-LA-RIVIÈRE 91150

Carte régionale A2

12 km S d'Étampes

€ 🏠 10% *Chambres d'hôtes de l'Orme (Dominique et François Beaumont) :* ☎ 01-60-80-91-82. 📱 06-74-63-83-82. ● beaumont.francois@wanadoo.fr ● gitedelorme.fr ● 📶 Grand et beau corps de ferme dont un des bâtiments abrite d'un côté un confortable gîte et de l'autre 2 belles chambres et une suite familiale en duplex à la déco contemporaine. Toutes disposent de sanitaires privés, d'un grand espace salon-cuisine équipée et d'un accès indépendant sur une cour-jardin. L'ensemble est bien aménagé et décoré avec goût et simplicité. 50 € pour 2, avec le petit déj. Également un agréable gîte de 4 personnes installé dans les anciennes écuries, qui se loue de 200 à 300 € la semaine ou 160 € le week-end. On se sent ici comme à la maison, grâce à l'excellent accueil des propriétaires. Parfait pour un séjour détente à la campagne.

Accès : d'Étampes, D 721, puis D 12 direction Roinvilliers-Mespuits-Boischambault.

ACHÈRES-LA-FORÊT 77760

Carte régionale B2

18 km SO de Melun ; 12 km O de Fontainebleau

€€ 🏠 |●| *Chambres d'hôtes La Courtilière (Cidalia et François Le Bail) :* 16, rue du Closeau, Meun. ☎ 01-64-69-88-41. 📱 06-70-98-87-21. ● lacourtiliere.com ● Ancienne ferme au cœur du hameau. La maison principale est entièrement dédiée aux 3 chambres. Une au rez-de-chaussée (notre préférée, dans les tons jaunes), les 2 autres à l'étage, dont une familiale avec lit enfant en mezzanine. Sanitaires privés. 65 € pour 2, petit déj compris, et 30 € par personne supplémentaire. Cuisinier de formation, François propose la table d'hôtes. Compter autour de 20 € le repas, vin compris. Recettes traditionnelles où produits fermiers et légumes du jardin sont à l'honneur. Grand parc fleuri pour se détendre et vélos à disposition. Accueil chaleureux.

Accès : dans le bourg, prenez la direction de la mairie, vous arrivez dans Meun où vous poursuivez dans la rue principale, la maison est juste après l'écomusée (bien fléché).

AINCOURT 95510

Carte régionale A1

30 km O de Pontoise ; 11 km S de Magny-en-Vexin

€€€ 🏠 *Chambres d'hôtes La Forge de la Bucaille (Laure et Emmanuel Couesnon) :* 32, rue de la Bucaille. ☎ 01-34-76-71-03. 📱 06-72-47-97-21. ● forge.bucaille@orange.fr ● 📶 C'est

---

Nous vous rappelons que la table d'hôtes est le complément d'une formule d'hébergement (chambre d'hôtes, gîte d'étape...). Ce service n'est offert qu'aux personnes qui dorment sur place (excepté lorsqu'il est clairement écrit « ouvert aux extérieurs »).

188

ÎLE-DE-FRANCE

l'ancienne forge du village, implantée dans le parc naturel régional du Vexin. Immense pièce de jour, où vous découvrirez l'ancien foyer de la forge avec ses deux imposants réservoirs d'air. Deux chambres agréables situées aux rez-de-chaussée et 1er étage, dont une familiale composée de 2 chambres. Sanitaires privés. 72 € pour 2, petit déj compris, et 130 € pour 4. Laure a gardé de ses origines méditerranéennes l'exhubérance, la chaleur et la gentillesse de l'accueil.

Accès : de Paris, A 15 vers Cergy ; continuez et sortez à Magny-en-Vexin puis direction Mantes-la-Jolie (D 983) pdt 6 km puis à droite D 130 vers Aincourt ; dans le village, direction « Centre médical », la maison est en face du tabac.

AUFFARGIS 78610

Carte régionale A1

40 km SO de Paris ; 10 km NE de Rambouillet

€€ 🏠 🐾 (10%) **Chambre d'hôtes (Silvia Depaoli-Bejo) :** *chemin des Côtes.* ☎ 01-34-84-95-97. 📱 06-12-04-33-56. ● sdepaoli@free.fr ● On vous le dit tout de suite, on a vraiment craqué pour cette adresse... Il va falloir vous battre car, malheureusement, il n'y a qu'une seule chambre. Ancienne dépendance du château d'Auffargis, elle pourrait s'appeler « La Petite maison dans la forêt ». Silvia, américano-italienne, vous charmera par sa personnalité et son accent. On entre directement dans la chambre, romantico-campagnarde, parée de poutres et de vieilles gravures botaniques. Petits sanitaires privés. 63 € pour 2, copieux petit déj compris, avec du café *San Marco*, cela va de soi. Il vous est servi dans un ravissant salon attenant. Pour prendre un coup de vert culturo-pédestre, sachez que le chemin des Côtes est aussi le GR 1 qui passe par Dampierre, l'étang, puis l'abbaye des Vaux-de-Cernay. Un accueil de qualité, un cadre charmant, bref, un de nos coups de cœur.

Accès : de Paris, empruntez la N 10 en direction de Rambouillet, sortie N 191 direction Montfort-l'Amaury/L'Artoire ; à L'Artoire, à droite sur 500 m puis à gauche sous le pont de chemin de fer direction Auffargis/Abbaye des Vaux-de-Cernay ; traversez le village vers l'abbaye et, 600 m après l'église, prenez le chemin à gauche (juste avt les tennis) et faites 300 m, c'est la dernière maison.

AULNAY-SUR-MAULDRE 78126

Carte régionale A1

50 km NO de Paris ; 30 km NO de Versailles

€€€ 🏠 |●| **Chambre d'hôtes Les Hauts du Val (Gilberte et Jean-Pascal De Iorio) :** 24, Le Val-d'Aulnay. ☎ 01-30-90-27-33. 📱 06-87-20-75-83. ● gil-gian@wanadoo.fr ● les-hauts-du-val.monsite.orange.fr ● 📶 Quel pied de quitter l'agitation des villes pour se retrouver dans cette belle maison, dernière du village, qui ouvre sur les champs ! Elle est récente mais construite à partir de deux anciennes bergeries. Trois chambres charmantes avec luxueux sanitaires privés (douche et baignoire). Ici, on vient pour se relaxer et Gilberte et Jean-Pascal proposent bain moussant et gel douche aux différentes essences relaxantes. 80 € pour 2, petit déj compris (gâteaux, viennoiseries et confitures maison). Table d'hôtes gastronomique à 27 € apéro, vin et café compris. C'est Jean-Pascal, fin cordon bleu, qui s'active aux fourneaux et sa cuisine fait des adeptes. Pour compléter votre détente, un jacuzzi vous attend dans le jardin. Accueil de qualité. Une très bonne adresse.

Accès : sur la D 191 entre Beynes et Mantes-la-Jolie, entrez dans le village ; à l'église, tournez à gauche puis tt de suite à droite (route du Val) et montez tt en haut.

BRÉAU 77720

Carte régionale B2

15 km E de Melun

€€ 🏠 |●| 🐾 **Chambres d'hôtes La Ferme du Couvent (Nicole Legrand) :** ☎ 01-64-38-75-15. 📱 06-18-10-91-68. Fax : 01-64-38-75-75. ● ferme.couvent@wanadoo.fr ● lafermeducouvent.com ● 📶 Fermé janv. 📶 Domaine de 12 ha avec belle vue sur les prés. Dans une ancienne ferme, 13 chambres pour 2, 3, 4 ou 5 personnes, simples et agréables. 65 € pour 2, petit déj compris. Grande salle avec cheminée pour les petits déj et la table d'hôtes. Repas, sur réservation, à 20 €, apéro, vin et café compris. Pour les sportifs, court de tennis sur place. C'est à 30 mn de *Disneyland Paris*.

Accès : fléchage depuis le bourg.

BUNO-BONNEVAUX 91720

Carte régionale A2

21 km SE d'Étampes ; 8 km SO de Milly-la-Forêt

€€ 🛏 ⚐ 🔟%) **Chambre d'hôtes (Mireille et Georg Neuhoff) :** *1, chemin de la Butte-Ronde.* ☎ *01-64-99-37-59.* • *mireille.thuegaz-neuhoff@wanadoo.fr* • 📶 Georg a quitté son Allemagne natale et, avec Mireille, ils ont acheté cette vieille ferme dans un petit sous-bois. Une partie est encore en ruine mais le maître des lieux s'attache à la restaurer avec patience et goût de l'authenticité. Une seule chambre, au rez-de-chaussée, pour 3 personnes, spacieuse et campagnarde, avec poutres et vieilles tomettes. Petit coin kitchenette et sanitaires privés. 60 € pour 2 et 75 € pour 3, petit déj compris, servi dans la salle à manger des proprios avec cuisine américaine, à l'atmosphère tout aussi champêtre. Accueil convivial. Le seul petit inconvénient, c'est le passage des trains qui vous rappellent que vous êtes proche de la capitale.

> *Accès : allez jusqu'à la gare RER de Buno ; quand vous êtes face à la gare, tournez à droite, longez la ligne et, avt de passer le prochain passage à niveau, prenez le petit chemin à droite (fléchage).*

CHÂTRES 77610

Carte régionale B1

45 km SE de Paris ; 4 km O de Fontenay-Trésigny

€€€ 🛏 ●I 🔟%) **Chambres d'hôtes Le Portail Bleu (Dominique et Pierre Laurent) :** *2, route de Fontenay.* ☎ *et fax : 01-64-25-84-94.* 📱 *06-61-17-59-76.* • *leportailbleu@voila.fr* • *leportailbleu.com* • Ancienne ferme du XIXe s rénovée, avec cour intérieure gravillonnée fermée par un portail bleu (bien sûr). Cinq chambres agréables et confortables, de 2 à 5 personnes, vous accueillent dans le bâtiment principal et les dépendances. Sanitaires privés. De 72 à 80 € pour 2, petit déj compris (avec confitures, yaourts et pain maison), et 30 € par personne supplémentaire. Mignonnet jardin. Ambiance décontractée et accueil chaleureux.

> *Accès : de Paris, empruntez la N 4 en direction de Metz ; 4 km avt Fontenay-Trésigny tournez à droite (D 96) vers Châtres ; la maison est à côté de l'église.*

CHAUMONTEL 95270

Carte régionale A1

35 km N de Paris ; 9 km S de Chantilly

€€€ 🛏 🔟%) **Chambres d'hôtes (Doris et Patrick Mandy) :** *route de Baillon, Beauvilliers.* ☎ *01-30-29-99-61.* 📱 *06-81-25-28-46.* • *doris@beauvilliers.com* • *beauvilliers.com* • Ici, ça sent bon la campagne et l'on se sent très éloigné de Paris bien que l'on en soit si près... Au bout d'un petit chemin abrité par les arbres, on découvre cet ancien rendez-vous de chasse chargé d'histoire (chut !) et qui s'est agrandi avec le temps. Aujourd'hui, Doris propose 3 chambres agréables, dont une avec accès indépendant de plain-pied (à préférer si vous avez des problèmes pour monter les escaliers), les 2 autres à l'étage, dont une plus spacieuse mais plus chère. Sanitaires privés. Selon le confort des chambres, de 69 à 79 € pour 2, petit déj compris. Grand parc de 2 ha où Doris, passionnée d'équitation, vous présentera Ursie, la ponette de la maison. Nombreuses randos quel que soit votre moyen de locomotion. Sur place, un gîte rural de 2-3 personnes. Une adresse pour se mettre au vert à deux pas de la capitale.

> *Accès : de Paris, N 16 vers Chantilly ; passez un rond-point au niveau de Luzarches, laissez Chaumontel à droite, et au 2e rond-point, prenez à gauche la route de Baillon ; passez les maisons, et après le feu tricolore, prenez à gauche le chemin de terre.*

CHÉRENCE 95510

Carte régionale A1

16 km NO de Mantes ; 16 km E de Vernon

€€€ 🛏 **Chambres d'hôtes Le Saint-Denis (Andrée Bessenet-Pernelle) :** *1, rue des Cabarets.* ☎ *01-34-78-15-02.* 📱 *06-48-26-16-00.* • *andree.pernelle@orange.fr* • Ouv tte l'année, mais sur résa slt. Avant, c'était un petit hôtel de charme... Ne voulant pas prendre sa retraite trop vite, Andrée a décidé de le transformer en chambres d'hôtes. C'est une hôtesse sympathique, qui a son franc-parler et qui tient au calme et à la tranquillité de ses habitués (vous voilà prévenu ; même si elle habite rue des Cabarets, elle déteste le bruit !). Deux chambres mignonnettes à la déco rustique, avec sanitaires privés. De 70 à 85 € pour 2, copieux petit déj compris (œufs frais, yaourts et confitures maison), servi dans le jardin par beau temps. Une gentille adresse.

> *Accès : A 15 en direction de Pontoise ; prenez la N 14 en direction de Magny-en-Vexin, de Chaussy et de Chérence.*

CRÉCY-LA-CHAPELLE 77580

Carte régionale B1

15 km S de Meaux ; 15 km O de Coulommiers

€€€ 🏠 🅿️ (10%) **Chambres d'hôtes Le clos des Bergenias (Sacha Le Berre) :** 10, impasse Charles-Dullin. ☎ 01-64-63-73-65. 📱 06-08-74-46-99. ● sacha_leberre@yahoo.fr ● bergenias.fr ● Cachée derrière un grand portail en bois, ancienne ferme briarde nichée au cœur d'un agréable jardin ombragé. Deux chambres agréables, une double, avec terrasse privée, l'autre sous forme de suite familiale pour 4 personnes, chacune avec coin cuisine. Sanitaires privés. Selon la chambre, 80 et 96 € pour 2, petit déj compris, et 30 € par personne supplémentaire. Accueil convivial.

Accès : A 4 sortie n° 16 Crécy-la-Chapelle puis D 33B vers Bouleurs Centre puis D 85 jusqu'à Férolles puis tournez 2 fois à gauche (rue Charles-Dullin), l'impasse est à gauche.

DOURDAN 91410

Carte régionale A2

15 km NO d'Étampes

€€ 🏠 🅿️ (10%) **Chambres d'hôtes (Paulette et Bernard Évain) :** 4, rue de la Gambade, Rouillon. ☎ et fax : 01-64-59-84-27. À l'écart de tout, au calme, immense ferme fortifiée avec cour carrée et deux belles tours. Deux chambres meublées rustique, avec sanitaires privés, à 53 et 56 € pour 2, petit déj inclus, servi dans une agréable salle avec cheminée. Grand étang avec canards. Vente de produits fermiers. Accueil chaleureux. À proximité, circuits de randonnée, les forêts de Dourdan et de Rambouillet, la ville de Dourdan (3 km).

Accès : A 10, sortie et direction Dourdan ; à 500 m à gauche, direction Bouc-Étourdi.

ÉGREVILLE 77620

Carte régionale B2

30 km O de Sens ; 20 km SE de Nemours

€€€ 🏠 (10%) **Chambres d'hôtes Les Deux Noyers (Catherine et Jean-Pierre Latscha) :** 10, route de Villebon. ☎ 01-64-29-58-58. 📱 06-86-45-79-27. ● info@loisirsengatinais.com ● les2noyers.com ● Belle demeure dont les origines remontent au XVIIIe s et c'est côté jardin qu'elle dévoile tout son charme. Deux chambres spacieuses et lumineuses, avec sanitaires privés. Déco qui mélange les meubles de style et rustiques, mais aussi une foultitude de bibelots chinés par Catherine. Atmosphère chaleureuse. 75 € pour 2, petit déj compris, servi dans le jardin aux beaux jours ou dans une immense salle à manger où crépite la cheminée en hiver. Accueil convivial.

Accès : sur la D 225 entre Sens et Nemours, prenez la D 58 vers Égreville et continuez tt droit vers Villebon, jusqu'à La Borde.

GROSROUVRE 78490

Carte régionale A1

45 km O de Paris ; 30 km O de Versailles

€€€ 🏠 (10%) **Chambres d'hôtes Le Cèdre Bleu (Danuta et Jean-Yves Coutand) :** 20 bis, route de la Troche. ☎ 09-82-20-09-88. 📱 06-99-15-36-64. ● contact@cedrebleu.fr ● cedrebleu.fr ● 📶 Dans ce petit village tranquille, jolie maison en meulière plantée dans un grand parc avec court de tennis. Trois chambres pas immenses mais décorées avec goût. Chacune avec TV écran plat et petit nécessaire pour se faire café ou thé. Sanitaires privés. « L'Orientale » au rez-de-chaussée est notre préférée avec son lit à baldaquin. Les amoureux de B.D. choisiront la chambre « Tintin ». 78 € pour 2, petit déj compris. Pas de table d'hôtes mais plusieurs restos à proximité. Pour les amateurs, le golf des Yvelines est juste à côté. Accueil convivial teinté par l'accent polonais de Danuta.

Accès : sur la N 12 entre Paris et Dreux, sortie Grosrouvre, passez le golf, et au stop, tournez à gauche, la maison est un peu plus loin à gauche.

LA CHAPELLE-LA-REINE 77760

Carte régionale B2

12 km SO de Fontainebleau ; 12 km S de Milly-la-Forêt

€€ 🏠 🍴 **Chambres d'hôtes Le Clos du Tertre (Stéphane Dagnicourt et Valérie Simon) :** 6, chemin des Vallées. ☎ 01-64-24-37-80. 📱 06-20-14-70-17. ● leclosdutertre@wanadoo.fr ● leclosdutertre.com ● 📶 Ancienne grange du XVIIIe s, complètement anachronique au milieu d'un ensemble pavillonnaire. Toutes les ouvertures ont été conservées, voire agrandies, pour donner beaucoup de luminosité à cet ensemble au charme indéniable. Au 1er étage, 3 chambres coquettes avec sanitaires privés. Déco qui mêle agréablement rustique et moderne. 65 € pour 2, petit déj compris. Ici, c'est Stéphane qui s'occupe des hôtes et qui s'active derrière les fourneaux. Immense salle à manger lumineuse pour partager les repas en famille, pour 22 €, apéro et vin compris. Accueil dynamique et convivial. Un point de chute idéal pour les randonneurs et amateurs d'escalade.

Accès : de Fontainebleau, N 152 vers Orléans (ou A 6 sortie n° 14 Ury) jusqu'à La Chapelle-la-Reine, puis D 16 vers Nemours-Larchant et 2e à gauche.

LE MESNIL-AUBRY 95720

Carte régionale A1
20 km N de Paris ; 28 km SO de Chantilly

€€€ **Chambres d'hôtes Le GL (Marie-France Lartigau) :** *1, impasse du Parc.* ☎ *01-34-09-40-00.* 📱 *06-07-02-15-44. Fax : 01-34-09-01-40.* ● *resa@lartigau.net* ● *lartigau.net* ● C'est l'ancien presbytère du village, qui fut tour à tour maison du peuple, école et aujourd'hui chambres d'hôtes. Elles sont 2 : la « Bleue », comme son nom l'indique, spacieuse et élégante, avec grand écran plat, câble avec chaînes cinéma et système wifi. Sanitaires privés avec douche et baignoire sur pied. La « Rouge », composée de 2 chambres pour les familles, douillette et rigolote avec ses vieilles pochettes de disques vinyl en guise de frise. Sanitaires privés. Réunissant les 2 chambres, un petit couloir où vous découvrirez la collection de crocodiles de la maison (emblème de l'ancienne boîte de production de Marie-France « Microcodil »). De 75 à 85 € pour 2, petit déj compris, et 160 € pour 4. Table d'hôtes à partir de 22 €, apéro et vin compris (on peut même choisir son menu par Internet !). Privilégié que vous êtes, vous pourrez découvrir l'église du village (Marie-France a la clé) dont les vitraux sont classés Monuments historiques et admirer une rare Vierge allaitante qui découvre son sein. Vélos à disposition. Accueil convivial. Une bonne adresse pour découvrir le coin.

Accès : sur la N 16 entre Paris et Chantilly, sortez vers Le Mesnil-Aubry, la maison est juste à côté de l'église.

LES LOGES-EN-JOSAS 78350

Carte régionale A1
22 km SO de Paris ; 5 km S de Versailles

€€€ **Chambres d'hôtes Les Marronniers (Béatrice Cuzon) :** *7, Grande-Rue.* ☎ *01-39-56-65-74.* 📱 *06-62-13-65-74.* ● *marronniersdesloges@yahoo.fr* ● *marronniersdesloges.com* ● 📶 En plein cœur du village, grande demeure qui était un ancien restaurant avec vaste cour intérieure fermée. À l'étage d'une aile indépendante, 3 chambres claires et agréables avec sanitaires privés. Mélange harmonieux de meubles anciens, de style ou contemporains. 85 € pour 2, petit déj compris. Accueil convivial.

Accès : sur l'A 86 entre Paris et Versailles, sortie n° 32 Jouy-en-Josas, puis direction Les Loges-en-Josas Centre-ville.

LIVERDY-EN-BRIE 77220

Carte régionale B1
22 km NE de Melun ; 6 km O de Fontenay-Trésigny

€€ **10 % Chambres d'hôtes La Briarde de Retal (Marie-Christine et Jacques Guenancia) :** *14, rue des Chaumes, Retal.* ☎ *01-64-25-85-52.* 📱 *06-08-42-24-64.* ● *jguenancia@orange.fr* ● *briarde.com* ● 📶 Jolie maison récente tout en pierre avec belle poutraison intérieure. Deux chambres agréables, avec clim et sanitaires privés ; une au rez-de-chaussée, l'autre à l'étage, plus vaste, toute habillée de bois, qui peut recevoir 3 personnes et possède un petit coin cuisine. Comptez respectivement 65 et 75 € pour 2, petit déj compris, et 25 € par personne supplémentaire. Accueil convivial.

Accès : de Liverdy-en-Brie, prenez la D 32 vers Chaumes jusqu'au hameau de Retal, la maison est sur la gauche.

LIZINES 77650

Carte régionale B2
15 km SO de Provins

€€ **10 % Chambres d'hôtes (Christine et Jean-Claude Dormion) :** *2, rue des Glycines.* ☎ *et fax : 01-60-67-32-56.* ● *cjcdormion@gmail.com* ● *dormion.cpur.fr* ● 📶 Cinq chambres d'hôtes, pour 2 ou 3 pesonnes, avec coin cuisine, aménagées dans une maison annexe à celle des propriétaires. 58 € pour 2 et 70 € pour 3, petit déj inclus. Également 2 gîtes ruraux pour 4 et 5 personnes, loués de 260 à 440 € la semaine selon la saison.

Accès : au centre du village, prenez sur la droite la D 209 en direction de Bray-sur-Seine.

MALAKOFF 92240

Carte régionale A1

3 km SO de Paris

€€€€ 🏠 **Chambres d'hôtes La Gurinière (Micheline et Jean-Paul Barbu) :** *6, rue Raymond-Fassin.* ☎ et fax : 01-40-92-17-98. 📱 06-12-58-42-72. • *laguriniere@hotmail.com* • 🛜 Voilà une adresse de chambres d'hôtes qui devrait faire date, puisque c'est notre première adresse accessible par le métro ! Quoi de plus sympa que de découvrir Paris en séjournant dans cette jolie maison blanche aux volets bleus dont les origines remontent à 1870 ! Pour éviter que cette demeure abandonnée soit remplacée par un immeuble, Micheline et Jean-Paul l'ont achetée et ont décidé d'y accueillir des hôtes. Il faut dire qu'ils habitent la maison d'à côté... Trois chambres charmantes, à la déco sobre mais élégante, aux doux tons pastel : une au rez-de-chaussée, 2 à l'étage avec mezzanine pour accueillir les enfants. Sanitaires privés. 95 € pour 2, petit déj compris, servi sur tables individuelles dans un agréable salon ou dans le jardin aux beaux jours. Accueil volubile. Une adresse où l'on se sent bien et située à cinq stations de Montparnasse !

Accès : par le métro, ligne 13 station Malakoff-Plateau-de-Vanves ; en voiture (porte de Vanves), allez jusqu'à la pl. du 11-Novembre (« Théâtre 71 »), la rue Fassin donne dessus.

MAUCHAMPS 91730

Carte régionale A2

40 km SO de Paris ; 10 km N d'Étampes

€€ 🏠 (10%) **Chambres d'hôtes La Manounière (Françoise et Jean-Jacques Richer) :** *12, rue des Templiers.* ☎ et fax : 01-60-82-77-10. 📱 06-74-05-20-35. • *jean-jacques.richer@orange.fr* • *chambres-manouniere.com* • 🛜 Cette ancienne ferme est sûrement l'une des plus vieilles habitations de ce joli petit village. Tout en pierre, avec jardin clos, Françoise et Jean-Jacques l'ont restaurée et aménagée avec raffinement. Au 1er étage d'une aile indépendante, 4 chambres spacieuses et lumineuses. Beaux meubles anciens chinés et restaurés par ce couple charmant. Sanitaires privés, avec w-c séparés et eau chaude solaire, télé et accès wifi. 60 € pour 2, petit déj compris (avec confitures et gâteau maison). Pas de table d'hôtes, mais plusieurs restos sympas dans un rayon de 5 km. Accueil chaleureux. Une bonne adresse, idéale pour se mettre au vert tout en étant à proximité de Paris. Au fait, le village possède une superbe église templière du XIVe s !

Accès : sur la N 20 de Paris à Orléans, sortez à Mauchamps ; entrez dans le village et, au stop, tournez à gauche.

MÉRY-SUR-MARNE 77730

Carte régionale B1

25 km E de Meaux ; 7 km NE de La Ferté-sous-Jouarre

€€€ 🏠 🍽 🐴 (10%) **Chambres d'hôtes Le Russelet (Sylvie et Yves Leroy-Droller) :** *6, route du Russelet.* 📱 06-07-08-67-17. Fax : 01-60-23-54-99. • *sylvie@russelet.com* • *russelet.com* • 🛜 Belle demeure des années 1900 dans un parc de 2 ha avec un bois. Ici, on aime les animaux et ils font partie de l'accueil. Il y a Alex et Pierrot, deux gros chiens affectueux, mais aussi une ânesse et des chevaux. Au 1er étage, 2 chambres agréables avec sanitaires privés : une dans les tons ocre à l'atmosphère méditerranéenne, l'autre, composée de 2 chambres pour les familles, qui dégage une ambiance plus rustique. 78 € pour 2, petit déj compris. Enfin, la suite « Les Anges » pour ceux qui aiment le luxe et le raffinement (avec vaste baignoire, plus une douche qui se transforme en hammam !), à 150 € pour 2, petit déj compris. Table d'hôtes, sur réservation, entre 25 et 28 €. Ici, on aime aussi les couleurs, comme en témoigne la grande cuisine d'un jaune lumineux. Pour vous détendre, rien n'a été oublié : table de ping-pong et flipper, trampoline et jeux pour les enfants. Si vous aimez les vieilles voitures, Yves possède une magnifique Dedion-Bouton de 1927 et une Citroën B2 de 1921 ! Accueil chaleureux.

Accès : de Meaux, N 3 vers La Ferté-sous-Jouarre ; passez le 1er rond-point et, au 2e, tournez à gauche (D 402) vers Charly-sur-Marne jusqu'à Méry ; dans le village, prenez la 1re à droite après la petite place.

MOIGNY-SUR-ÉCOLE 91490

Carte régionale A2

21 km O de Fontainebleau ; 3 km N de Milly-la-Forêt

€ 🛏 (10%) **Chambres d'hôtes (Marie-Claude Roulon-Appel) :** *10, sentier de la Grille.* ☎ *01-64-98-49-97.* 📱 *06-81-70-27-44.* • *roulon-appel@wanadoo.fr* • *De préférence sur résa.* 📶 C'est derrière un grand mur que se cache cette charmante maison de caractère en pierre, installée dans les anciennes granges d'une ferme. Deux jolies chambres contiguës avec entrée indépendante et ouverture directe sur le jardin. Coin cuisine à disposition. Accès wifi. 49 € pour 2 et 84 € pour 4, petit déj compris, servi dans le jardin quand il fait beau. Accueil détendu et chaleureux. Une adresse qu'on aime bien.

Accès : *A 6 vers Lyon, sortie n° 11 (Auvernaux) ; vous êtes sur la D 948 en direction de Moigny ; depuis l'église, prenez à droite la rue de Verdun, c'est à 50 m à droite.*

€€ 🛏 🍴 🐕 (10%) **Chambres d'hôtes Le Clos de la Croix Blanche (Frédéric Lenoir) :** *9, rue du Souvenir.* 📱 *06-76-95-56-87.* • *la-compagnie-des-clos@orange.fr* • *compagnie-des-clos.com* • Belle fermette en pierre aux volets bleus abritant 4 chambres croquignolettes, pleines de romantisme. Ambiance douillette et chaleureuse : vieilles tomettes, toiles, gros édredon en dentelle. De 63 à 68 € pour 2, petit déj inclus. Table d'hôtes occasionnelle (sur réservation) à 18 €, vin non compris, à partir des légumes et des volailles maison. Piscine. Avant de partir, descendez la rue du Moulin près de l'église jusqu'au moulin grenat, vous découvrirez un cadre enchanteur.

Accès : *A 6, sortie n° 11 (Auvernaux/Le Coudray-Monceau) ; prenez la D 948 en direction de Milly ; fléchage dans le bourg.*

MONTIGNY-SUR-LOING 77690

Carte régionale B2

10 km S de Fontainebleau

€€ 🛏 🐕 (10%) **Chambres d'hôtes (Jean-Michel Gicquel) :** *46, rue Renée-Montgermont.* ☎ *01-64-45-87-92.* 📱 *06-85-61-06-35.* • *gicquel.jm@orange.fr* • Ancienne ferme rénovée avec goût, avec une jolie petite cour intérieure. à l'étage, 2 ravissantes et douillettes chambres avec sanitaires privés, à 65 € pour 2, petit déj inclus. Pas de table d'hôtes, mais plusieurs restos dans les alentours. Accueil vraiment charmant. Une de nos meilleures adresses sur le département.

Accès : *au carrefour de l'obélisque de Fontainebleau, prenez la D 58 vers Bourron-Marlotte, puis Montigny ; la maison se trouve au centre du village.*

MONTMACHOUX 77940

Carte régionale B2

28 km SE de Fontainebleau ; 10 km S de Montereau

€€€ 🛏 **Chambres d'hôtes La Maréchale (Catherine et Jacques Rousseau) :** *7, Grande-Rue.* ☎ *01-60-96-23-38.* 📱 *06-08-54-16-41.* • *la-marechale@orange.fr* • *cheznouschezvous.com* • Jolie maison en pierre et brique dans un village où ne vivent que 240 habitants à l'année. Dans une petite maison indépendante de la leur, qui abritait jadis le four à pain et les ateliers de cette ancienne maréchalerie, Catherine et Jacques ont aménagé 3 chambres : une au rez-de-chaussée, avec deux lits en fer 1930, les 2 autres à l'étage, vastes et mansardées, avec une belle charpente apparente (dont une familiale pour 4 personnes). Sanitaires privés. Déco agréable et beaux tissus colorés. 75 € pour 2, petit déj compris, et 25 € par personne supplémentaire. Boissons chaudes offertes dans les chambres. Accueil vraiment sympa.

Accès : *de Fontainebleau, prenez la N 6 en direction de Sens ; après avoir passé l'embranchement pour Montereau (à gauche), tournez à droite vers Montmachoux ; la maison est au centre du village.*

NEAUPHLE-LE-CHÂTEAU 78640

Carte régionale A1

18 km O de Versailles ; 10 km SE de Thoiry

€€€€ 🛏 🐕 (10%) **Chambres d'hôtes Le Clos Saint-Nicolas (Marie-France Drouelle) :** *33, rue Saint-Nicolas.* ☎ et fax : *01-34-89-76-10.* 📱 *06-84-18-58-66.* • *mariefrance.drouelle@wanadoo.fr* • *clos-saint-nicolas.com* • 📶 Au cœur de Neauphle-le-Château, belle demeure Directoire au milieu d'un agréable jardin. Tout le 1er étage est réservé aux hôtes. Trois chambres élégantes, vastes et lumineuses, avec belles tentures murales et tissus assortis. Deux autres chambres en rez-de-jardin, dans de petites structures annexes, avec kitchenette. Toutes avec sanitaires privés. 102 € pour 2, petit déj compris, servi dans un agréable salon en hiver et dans une superbe véranda en été. Accueil charmant. Une adresse pour routards aisés.

***Accès :** au centre du village.*

PARIS 75019

Carte régionale A1

€€€€ Chambres d'hôtes Couleurs Paris (Hubert Debruyne et Luc Boucey) : *19, rue des Solitaires. ☎ 09-53-41-61-48. 06-20-61-76-13. • reservations@couleursparis.fr • couleursparis.fr • Fermé un w-e par mois, la 2e quinzaine d'août et de déc.* À deux pas du parc des Buttes-Chaumont, jolie demeure avec un beau séjour véranda, ouvert sur un petit jardin clos de murs. Hubert a décidé de changer de vie et de s'occuper de ses hôtes. Trois chambres coquettes et colorées avec de spacieux sanitaires privés. « la Verte » et « la Rouge » installées au 2e étage et une grande suite lumineuse au 3e. Spécialement pour les routards selon la chambre de 100 à 130 € pour 2, copieux petit déj compris (salade de fruits, charcuterie, fromages, viennoiserie). La nuit la rue est calme et vous séjournerez dans la tranquillité. Ici, les balades sont nombreuses : les hauts de Belleville baignent dans la vie de quartier, la Mouzaïa et ses petites villas bordées de petites maisons, vous emmène en voyage, tandis que le parc des Buttes change de couleur au rythme des saisons. Un excellent point de chute pour découvrir Paris. Accueil convivial. ***NOUVEAUTÉ.***

***Accès :** au métro Jourdain passez derrière l'église par la rue de Palestine, la rue des Solitaires et au bout, la maison est à gauche.*

PARMAIN 95620

Carte régionale A1

36 km N de Paris ; 1 km O de L'Isle-Adam

€€ Chambres d'hôtes Maison Delaleu-Braunbeck (Laurent Delaleu) : *131, rue Foch. ☎ 01-34-73-02-92. Fax : 01-34-08-80-76. • chambresdhotes.parmain@wanadoo.fr •* Laurent est agriculteur céréalier et possède la dernière ferme du village encore en activité. C'est lui aussi qui a aménagé 4 chambres d'hôtes spacieuses dans sa maison des années 1960 : 2 au 1er étage, les 2 autres au second. Originaux sanitaires privés, dont 3 avec douche et baignoire. Mobilier contemporain. Belle cave voûtée avec TV et vidéo. 68 € pour 2, petit déj compris et 100 € pour 4. Bien sûr, Laurent se fait aider dans sa tâche, et Manuela s'occupe souvent des petits déj et aussi de l'entretien (en dehors des militaires, vous en connaissez qui savent faire un lit ?). Pas de table d'hôtes, mais plusieurs restos à proximité. Accueil direct et souriant.

***Accès :** après le pont de L'Isle-Adam en venant du centre et la voie ferrée, tournez à gauche (fléché).*

PRESLES 95590

Carte régionale A1

30 km N de Paris ; 4 km E de L'Isle-Adam

€€€ 10 % Chambres d'hôtes Les Gîtes de Blandine (Blandine Clément) : *12, ruelle Tortue. ☎ 01-30-34-31-72. 06-86-38-23-04. • blandine.clement1@free.fr • lesgitesdeblandine.fr •* Au cœur de cette jolie petite cité à l'orée d'une grande forêt, ensemble de deux pavillons installés dans le grand jardin d'une maison de village. Ici, c'est la formule à la carte et on privilégie l'indépendance. Quatre chambres-studios, chacune avec coin cuisine et accès indépendant, réparties dans les deux maisonnettes. 72 € pour 2, petit déj compris. Un gîte de 4-5 personnes pour ceux qui veulent séjourner. Accueil simple et décontracté. Une adresse idéale pour ceux qui veulent séjourner et découvrir le coin... la forêt, n'est pas loin !

***Accès :** de la place de la gare, traversez la voie ferrée, prenez la rue Alexandre-Prachay puis rue Étienne-d'Orves à gauche et c'est la 1re à droite.*

PROVINS 77160

Carte régionale B2

45 km E de Melun

€€€ 10 % Chambres d'hôtes (Annie et Claude Lebel) : *rue de la Citadelle. ☎ 01-64-00-10-73. 06-73-79-36-68. • fermeduchatelprovins@gmail.fr • fermeduchatelprovins •* Au cœur du village médiéval, chez l'un des cinq derniers agriculteurs, 5 chambres avec sanitaires privés dans une partie indépendante de la ferme. Elles manquent un peu de caractère, excepté une belle charpente apparente, mais sont au calme et tenues parfaitement par Annie, la maîtresse des lieux. 88 € pour 2, petit déj compris. Coin cuisine et barbecue à disposition. Une adresse idéale pour découvrir la ville haute de Provins. Attention, pour la Fête médiévale et la Fête de la moisson, réservez à l'avance car c'est bondé. Accueil agréable.

> *Accès :* suivez le fléchage « Ville haute », puis « Chambres d'hôtes », « Cité médiévale ».

SACLAS 91690

Carte régionale A2

9 km S d'Étampes

€€ 🛏 **10%** ***Chambres d'hôtes Ferme des Prés de la Cure (Françoise et André Souchard) :*** *17, rue Jean-Moulin.* ☎ *01-60-80-92-28.* 📱 *06-38-83-32-55. Fax : 09-53-94-81-61.* ● *lespresdelacure. com* ● Dans un grand et agréable corps de ferme, 4 charmantes chambres installées dans une aile indépendante de la maison. Elles sont claires et engageantes (préférez la « Graine d'ortie »), avec sanitaires privés et accès wifi. 55 € pour 2, avec un copieux petit déj. Pas de table d'hôtes, mais petit coin cuisine à disposition et traiteur dans le village. Une adresse teintée par la gentillesse de la maîtresse des lieux.

> *Accès :* d'Étampes, suivez la D 49 ; dans le bourg, prenez la D 108 ; la ferme est en face de l'école.

€€ 🛏 ***Chambres d'hôtes Les Prés de Gittonville (Igor Drigatsch) :*** *21, rue de Gittonville.* ☎ *et fax : 01-69-58-25-03.* ● *drigatschigor@gmail.com* ● *lespresdegittonville.fr* ● Jolie maison ancienne, installée au bord de la Juine, entourée d'un parc fleuri, avec étang et roseraie. Le maître des lieux, d'origine russe, est artiste : il peint sans se lasser les coins et recoins de son jardin bucolique. Une suite familiale au rez-de-chaussée, qui donne de plain-pied sur le jardin ; au 1er étage, une seconde suite, très vaste, composée de 2 chambres avec terrasse ouvrant sur le parc ; enfin, au 2e étage, une dernière chambre, mansardée. Sanitaires privés. 55 € pour 2, petit déj compris. Accès à la cuisine et possibilité de pique-nique dans le parc.

> *Accès :* en venant d'Étampes par la D 49, traversez Saclas jusqu'à la station-service ; prenez à droite la petite route face à la station-service, traversez un petit pont, tournez à gauche, puis un peu plus loin, à la fourche, prenez légèrement sur la gauche.

SAINT-CYR-SOUS-DOURDAN 91410

Carte régionale A2

5 km NE de Dourdan

€€€€ 🛏 **10%** ***Chambres d'hôtes Le Logis d'Arnière (Claude et Tae Dabasse) :*** *1, rue du Pont-Rué.* ☎ *01-64-59-14-89.* 📱 *06-86-73-59-12. Fax : 01-64-59-07-46.* ● *taeda basse@free.fr* ● *dabasse.com/arniere* ● 🛜 Dans un manoir entouré d'un parc avec des chevaux, 2 superbes suites de 2 chambres communicantes. Déco soignée. De 95 à 110 € pour 2 et 160 € pour 4, petit déj compris. La salle où sont servis les petits déj, tout en boiserie, a beaucoup de caractère. Aux beaux jours, on peut aussi profiter du jardin, abondamment fleuri. Accueil très sympa.

> *Accès :* à 5 km de Dourdan, à l'intersection de la D 838 et de la D 27.

SOINDRES 78200

Carte régionale A1

5 km SO de Mantes-la-Jolie

€€ 🛏 **10%** ***Chambres d'hôtes Ferme des Vallées (Marie-Claudine et Didier Raux-Leduff) :*** *20 bis, rue Henri-Duverdin.* ☎ *01-34-76-57-44.* 📱 *06-78-79-51-48. Fax : 01-34-76-57-83.* ● *mc.rauxleduff@ wanadoo.fr* ● *fermedesvallees.com* ● *Fermé 15-31 août.* 🛜 On oublie vite l'agitation de Mantes quand on se trouve dans ce village. Marie-Claudine et Didier sont agriculteurs. Ils ont restauré cet ancien bâtiment du XIXe s pour aménager 3 chambres d'hôtes avec sanitaires privés : une au rez-de-chaussée avec accès direct sur le jardin, les 2 autres à l'étage. Atmosphère rustico-contemporaine. 66 € pour 2, petit déj compris, avec jus de fruits frais, confitures et yaourts maison. Également un gîte de 4 personnes pour les séjours. Accueil convivial et décontracté.

> *Accès :* A 13 sortie n° 12 puis direction Dreux jusqu'à Soindres ; c'est la 3e rue à gauche après le panneau d'entrée d'agglomération.

TRILBARDOU 77450

Carte régionale B1

45 km E de Paris ; 5 km SO de Meaux

€€ 🛏 **10%** ***Chambres d'hôtes (Évelyne et Patrick Cantin) :*** *2, rue de l'Église.* ☎ *et fax : 01-60-61-08-75.* 📱 *06-11-23-87-23.* ● *cantin.evelyne@gmail.com* ● 🛜 Entre l'église et l'école, superbe demeure bourgeoise des années 1900 avec deux petits perrons. Si l'extérieur a du charme, l'intérieur tient toutes ses promesses. Les faux marbres de l'entrée vous mettent dans l'ambiance, et Évelyne et Patrick ont su mêler harmonieusement le mobilier de style avec le rustique et le moderne. Un noble escalier conduit à une suite familiale composée de 2 chambres, avec une rigolote véranda avec salon de jardin ; 2 autres chambres pour 3 et 4 personnes sont installées au rez-de-chaussée de l'ancienne maison du gardien : l'une est revêtue de marbre avec un joli plafond en brique d'origine, l'autre dégage une atmosphère plus campagnarde avec ses vieilles tomettes. 70 € pour 2 et 20 € par personne supplémentaire, petit déj compris, servi dans une pièce déguisée en troquet avec le bar en zinc, la collection de carafes Pernod-Ricard et le flipper. Deux agréables salons de détente, dont un avec fresques, l'autre doté d'un plafond à la française avec une cheminée en bois sculpté. Joli jardin qui débouche sur le canal de l'Ourcq. Enfin, Patrick collectionne de vieilles motos belges des années 1930-1940 et de vieilles BMW. Accueil de qualité. Une adresse coup de cœur.

***Accès** : de Paris, A 4 sortie n° 12.1 (Val-d'Europe) ; suivez la direction Marne-la-Vallée/Meaux et Esbly ; à la sortie d'Esbly, prenez à gauche la D 27 pour arriver à Trilbardou ; au feu, allez tt droit et vous êtes arrivé.*

VERNOU-LA-CELLE 77670

Carte régionale B2

17 km E de Fontainebleau ; 8 km NE de Moret-sur-Loing

€€ 🏠 **10%** **Chambre d'hôtes Les Quatre Saisons (Monique et Daniel Dessogne) :** 25, rue du Montoir. ☎ 06-87-08-76-19. ● daniel.dessogne@wanadoo.fr ● demeure-des4saisons.com ● 📶 Jolie maison de village tout en pierre, avec un agréable jardin fleuri. Monique et Daniel aiment accueillir. Ils ont aménagé 2 grandes suites familiales composées de 2 chambres, avec salle de bains privée. 60 € pour 2, copieux petit déj compris, et 22 € par personne supplémentaire. Beaux meubles anciens et horloge comtoise qui égrène le temps qui passe. Pour ceux qui veulent séjourner, 3 gîtes dans des dépendances de la maison, pour 3, 4 et 6 personnes. Pas de table d'hôtes, mais à deux pas, un resto très sympa en bord de Seine. Accueil vraiment chaleureux. Bon rapport qualité-prix-convivialité.

***Accès** : sur la D 210 entre Fontainebleau et Monterau, prenez la C 4 vers Le Montoir/Vernou-la-Celle et suivez le fléchage.*

VIARMES 95270

Carte régionale A1

35 km N de Paris ; 14 km SO de Chantilly

€€€ 🏠 **10%** **Chambres d'hôtes La Montcelloise (Marie-Thérèse et Dominique Pichot) :** 10, rue du Montcel. ☎ 01-30-35-36-62. 📱 06-81-55-53-26. ● mt.guillaume@hotmail.fr ● perso.orange.fr/lamontcelloise ● Fermé la dernière sem de juin et les 3 dernières de nov. 📶 Dans une petite rue bien au calme, belle et ancienne ferme en pierre dont les origines remontent à 1830. Au 1er étage, 2 chambres charmantes, calmes et sereines, dont une familiale composée de 2 chambres. Jolis meubles anciens, poutres apparentes. Elles ouvrent sur le beau jardin intérieur doté d'un grand verger aux essences variées. Sanitaires privés. 72 € pour 2, petit déj compris, et 20 € par personne supplémentaire. Pas de table d'hôtes mais plusieurs petits restos dans le village. Amis randonneurs, le GR 1 passe dans la rue. L'abbaye de Royaumont est à 3 km. Enfin, depuis la gare du village, on rejoint Paris. Accueil de qualité. Une de nos adresses préférées sur le département.

***Accès** : de Paris, N 1 jusqu'à La Croix-Verte puis direction Viarmes ; dans le village, la rue est près de l'église, en face du garage Renault (merci pour la pub !).*

VIENNE-EN-ARTHIES 95510

Carte régionale A1

12 km N de Mantes-la-Jolie ; 12 km S de Magny-en-Vexin

€€€€ 🏠 🍴 **10%** **Chambres d'hôtes La Maison des Coolheures (Patricia et Yvon Leroux) :** hameau de Chaudry, 23, chemin de la Vallée. ☎ 01-34-78-21-04. 📱 06-11-76-67-45. ● maisondescoolheures@orange.fr ● maisondescoolheures.com ● 📶 Belle demeure mitoyenne au cœur d'un petit hameau. On monte l'escalier et l'on se retrouve au rez-de-chaussée côté jardin, où siège le spa ouvert jusqu'à 20h. Quatre chambres confortables installées aux 1er et 2e étages de la maison. Sanitaires privés avec baignoires à remous. Selon la chambre, de 80 à 110 € pour 2, petit déj compris, et 150 € pour 4, et 30 € le repas en table d'hôtes. Ici, on vient aussi pour la remise en forme et la détente. Patricia possède des certificats sur tous les massages qu'on puisse imaginer, il suffit de faire votre choix : shiatsu, thaïlandais, ayurvédique... (On attend vos commentaires car on ne peut quand même pas tous les essayer !)

Yvon, lui, est passionné de vieilles voitures, notamment des tacots. Il possède quelques merveilles à aller découvrir dans le coin. Accueil convivial.

Accès : le hameau se situe à la sortie du village en direction de Villers-en-Arthies.

VILLENAUXE-LA-PETITE 77480

Carte régionale B2

20 km S de Provins ; 16 km SO de Nogent-sur-Seine

€€ 🛏 🐴 (10%) **Chambres d'hôtes (Dominique et Jean-Louis Colas) :** hameau de Toussacq. ☎ 01-64-01-82-90. 📱 06-87-04-14-05. • toudom@orange.fr • hameau-de-toussacq.com • Au pays de la Bassée, en bordure de rivière, on arrive dans une grande cour de ferme et derrière celle-ci se cache un charmant ensemble composé d'un pigeonnier, d'une petite chapelle, d'écuries, d'une forge... Ce sont les anciennes dépendances du château de Toussacq (XVIIe-XVIIIe s). Aux 1er et 2e étages, 5 chambres agréables avec sanitaires privés, pour 2 et 3 personnes. 70 € pour 2 et 80 € pour 3, petit déj compris. Le château proprement dit a été transformé en hangar à grains (il date de 1858 et a été construit par la marquise de Chérisey en remplacement d'un autre plus ancien). Pour ceux qui veulent séjourner, il y a aussi un gîte pour 9 personnes. Atmosphère d'autrefois et accueil authentique.

Accès : de Paris, prenez l'A 5 vers Troyes jusqu'à la sortie n° 18, Marolles-sur-Seine ; prenez ensuite la D 411 vers Nogent sur 24 km et fléchage à gauche après une sablière (n'allez pas à Villenauxe).

Languedoc-Roussillon

ANTUGNAC 11190
Carte régionale A2

45 km S de Carcassonne ; 15 km NE de Quillan

€€€€ ≜ (10%) *Chambres d'hôtes Domaine de Mournac (Arlette et Jean-Claude Beziau) :* ☎ 04-68-74-21-10. 📱 06-03-90-63-06. *Fax : 04-13-33-91-12.* ● *contact@mournac.com* ● *mournac.com* ● 📶 En pleine nature, dans un site grandiose d'où l'on aperçoit les Pyrénées, ancien relais de diligences parfaitement rénové. Vous y trouverez un parc arboré, une cuisine d'été, une piscine chauffée, une chapelle... et 3 chambres dont une suite familiale. Le confort et l'espace invitent à la détente, les sentiers de randonnée et les sites cathares à la découverte. Pour 2, comptez 98 € pour les chambres et 128 € pour la suite, copieux petit déj compris. Également un gîte de 10 personnes complètement indépendant et un studio.

Accès : de Carcassonne, direction Limoux, puis D 118 vers Couiza. À la sortie de Couiza, à droite direction Antugnac ; dans le village, prenez le dernier chemin à droite sur 800 m, le domaine est à gauche.

ARAMON 30390
Carte régionale B1

40 km NE de Nîmes ; 13 km SO d'Avignon

€€€ ≜ (10%) *Chambres d'hôtes Le Rocher Pointu (Annie et André Malek) :* plan de Dève. ☎ 04-66-57-41-87. ● *amk@rocherpointu.com* ● *lerocherpointu.wordpress.com* ● *Fermé en nov. De préférence sur résa.* 📶 En pleine nature, charmante bergerie qu'Annie et André ont aménagée avec beaucoup de goût. Déco personnalisée et jolis meubles anciens. Quatre chambres confortables, avec sanitaires privés. De 70 à 92 € pour 2, avec un copieux petit déj, servi en terrasse. Ambiance très provençale, jolis tissus, bois et teintes naturelles. Cuisine équipée et barbecue à disposition. Également possibilité de louer toute l'année, à la nuitée, studio ou petit appartement. Piscine avec jolie vue sur la garrigue... Accueil agréable. Alors, avis aux festivaliers aisés qui veulent sortir d'Avignon et retrouver une certaine sérénité !

Accès : d'Avignon, prenez la direction de Nîmes ; prenez ensuite la D 2 vers Aramon, la D 126 en direction de Saze (sur 3 km) et suivez le fléchage.

ARGILLIERS 30210
Carte régionale B1

8 km SE d'Uzès ; 6 km NO du Pont-du-Gard

€€€ ≜ |●| *Chambres d'hôtes La Bastide de Boisset (Philippe et Guillemette de Corneillan) :* impasse des Micocouliers. ☎ 04-66-01-24-57. 📱 06-17-17-41-11. ● *phdecorneillan@yahoo.fr* ● *bastidedeboisset.com* ● *Ouv 15 fév-15 nov.* Jolie demeure en pierre, typique de la région avec sa génoise. Ici, on aime les couleurs,

---

Nous vous rappelons que la table d'hôtes est le complément d'une formule d'hébergement (chambre d'hôtes, gîte d'étape...). Ce service n'est offert qu'aux personnes qui dorment sur place (excepté lorsqu'il est clairement écrit « ouvert aux extérieurs »).

les souvenirs de voyage, les croquis, les toiles, sans oublier de belles gravures. Cinq chambres, dont 2 suites familiales, toutes décorées sur des thèmes différents. On aime bien « Uzès » à l'atmosphère romantico-campagnarde, ou « Zanzibar » pour se dépayser dans une ambiance africaine. Selon la chambre, de 70 à 90 € pour 2, petit déj compris, et 134 € pour 4. Table d'hôtes à 23 €, vin compris. Les repas sont servis sur table commune ou individuelle car les proprios ne mangent pas toujours avec les hôtes. Belle piscine et agréable jardin aux nombreuses essences. Accueil familial.

Accès : *sur la D 981 d'Uzès à Avignon, bifurquez vers Argilliers ; la maison est au centre du bourg, près de l'église.*

ARZENC-DE-RANDON 48170

Carte régionale B1

36 km NE de Mende ; 8 km O de Châteauneuf-de-Randon

€ ≜ |●| ⋈ ⑩% **Chambres d'hôtes (Marie Amarger) :** *Le Giraldès.* ☎ et fax : 04-66-47-92-70. 📱 06-13-20-01-21. ● alexis.amarger@libertysurf.fr ● vacances-en-lozere.com ● *Fermé à Noël.* Dans une ferme d'élevage, au cœur d'une belle nature, où passe le GR Tour de Margeride. Quatre chambres simples et sympathiques avec salle de bains (w-c sur le palier), à 50 € pour 2, petit déj compris. On peut prendre les repas à la ferme : 42 € par personne en demi-pension. Bons produits maison : pain, lait, beurre, fromages, charcuterie, volailles... Marie a désormais repris l'exploitation de ses parents ; elle élève des vaches de race aubrac, mais aussi aurochs et tarpans et vous trouverez sur place un petit musée pour tout savoir de ces races primitive (visite gratuite pour nos lecteurs). Pour les randonneurs, il y a un dortoir pour groupes (13 € par personne pour la nuit et 32 € en demi-pension). Accueil chaleureux.

Accès : *A 75 sortie Saint-Chély-d'Apcher, la ferme est un peu avt Arzenc-de-Randon, sur la D 3.*

BRÉAU-ET-SALAGOSSE 30120

Carte régionale B1

69 km SO d'Alès ; 4 km O du Vigan

€ ≜ |●| ⑩% **Chambres d'hôtes Le Peloux (Suzanne Lamouroux) :** *Les Plans.* ☎ et fax : 04-67-81-76-81. 📱 06-88-09-86-67. ● lamourouxaime@orange.fr ● le-peloux.fr ● ⚡ 🛜 Chambres simples et familiales, tenues par une dame très aimable, à 50 € pour 2, petit déj compris. Sur demande, possibilité de table d'hôtes (à 15 €, vin compris), et cuisine équipée à disposition (le soir uniquement). Également un gîte d'étape de 7 places à 15 € la nuitée. Enfin, du 1er mai au 15 septembre, les campeurs trouveront ici un coin bien ombragé, avec barbecue et petit local couvert. Comptez 7 € par personne tout compris. Machine à laver à disposition et spa. Pour ceux qui veulent séjourner, également 2 gîtes pour 4 et 6 personnes.

Accès : *du Vigan, prenez la D 48 vers Aulas-Bréau.*

CARNAS 30260

Carte régionale B1

30 km N de Montpellier ; 30 km O de Nîmes

€€€ ≜ ⋈ ⑩% **Chambres d'hôtes Mas des Carnassoles (Lucie et Alain Roch) :** *rue du Château.* ☎ 04-66-77-75-20. 📱 06-12-87-54-65. ● masdescarnassoles@ wanadoo.fr ● pagesperso-orange.fr/mas descarnassoles ● 🛜 Au cœur du village, dans une ancienne magnanerie du XVIIe s entourée d'un agréable jardin paysager où vous découvrirez les ruines d'une ancienne chapelle. Quatre chambres spacieuses et charmantes avec sanitaires privés. Selon la saison, de 80 à 100 € pour 2, petit déj compris. Également 2 gîtes pour ceux qui veulent séjourner. Accueil de qualité.

Accès : *à l'entrée du village sur la gauche en venant de Sommières.*

CASCASTEL-DES-CORBIÈRES 11360

Carte régionale A2

40 km NO de Perpignan ; 6 km SO de Durban

€€€€ ≜ **Chambres d'hôtes Domaine Grand Guilhem (Séverine et Gilles Contrepois) :** *1, chemin du Col-de-la-Serre.* ☎ 04-68-45-86-67. 📱 06-88-79-26-98. Fax : 04-68-45-29-58. ● gguilhem@ aol.com ● grandguilhem.com ● ⚡ *Fermé 1 sem en fév.* 🛜 Au cœur du vignoble, cette belle demeure en pierre du pays a été entièrement retapée par la sympathique couple qui vous reçoit. Quatre superbes suites avec sanitaires privés. La déco est particulièrement soignée, avec des murs peints de couleurs chaudes, égayés de

LANGUEDOC-ROUSSILLON

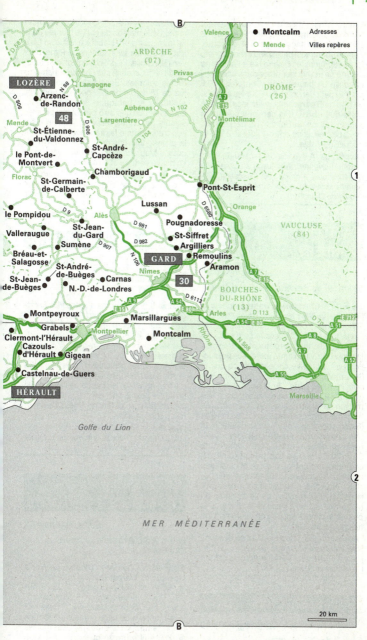

frises... Mille détails de bon goût rendent l'endroit attachant. Les meubles anciens s'intègrent de façon légère et élégante, comme dans les plus beaux magazines. Luxe suprême, les baignoires à l'ancienne ont même trouvé leur place dans une insolite salle de bains-salon. Comptez 110 € pour 2, petit déj compris. Pour les séjours, un gîte de 6 personnes, avec jacuzzi, loué entre 600 et 810 € la semaine suivant la saison, et un autre de 12 personnes, avec piscine, loué entre 1 430 et 2 100 €. Accueil agréable.

Accès : de l'A 9 (sortie Sigean) ou de l'A 61 (sortie Lézignan), allez jusqu'à Durban, Villeneuve puis à droite vers Cascastel ; traversez le village, le domaine est à la sortie (route de Quintillan).

CASTELNAU-DE-GUERS 34120

Carte régionale B2

32 km NE de Béziers ; 17 km N d'Agde

€€ 🏠 10% *Chambres d'hôtes (Michèle et Philippe Vaillé)* : domaine Saint-Paul-de-Fannelaure. ☎ 04-67-98-93-87. • contact@fannelaure.com • fannelaure.com • 📶 Philippe et Michèle perpétuent la tradition familiale : la viticulture. Toute leur production part à la cave coopérative, ce qui ne les empêche pas de faire déguster leur petit vin blanc (ah le... !) : le picpoul de Pinet (sec, idéal avec les coquillages). Dans leur maison au milieu des vignes, ils ont installé 3 chambres : 2 chambres spéciales familles (5 personnes), qui prennent tout l'étage, et une chambre au rez-de-chaussée. Sanitaires privés et climatisation. Comptez de 60 à 70 € pour 2 selon saison, petit déj compris (jus d'orange pressée et confitures maison). Piscine des propriétaires à disposition et petit sentier balisé pour découvrir la garrigue. Quel plaisir de se détendre au milieu des vignes à seulement 15 km de la première plage ! Accueil chaleureux. Une très bonne adresse.

Accès : d'Agde, prenez la D 13 en direction de Pézenas et sortez à Castelnau-de-Guers ; traversez le village en direction de Pomerols et fléchage à 4 km.

CAUX-ET-SAUZENS 11170

Carte régionale A2

5 km O de Carcassonne

€€€ 🏠 *Chambres d'hôtes Domaine des Castelles (Isabelle Bretton)* : ☎ et fax : 04-68-72-03-60. *Fermé nov-mars.* Belle maison de maître plantée dans un immense parc. Isabelle a lâché sa boutique d'art, sur les hauteurs de Paris, pour venir s'installer ici. Déco sans chichis réussie (hi hi !). On aime ces grandes chambres toutes colorées. Sanitaires privés. Comptez de 75 à 80 € pour 2, petit déj compris, et 30 € par personne supplémentaire. Également un gîte de 5 personnes pour les séjours prolongés. Isabelle, l'accueil c'est son truc, comme la randonnée, le yoga et la philosophie orientale. Une adresse qui nous a bien plu, tout près de la ville, mais en pleine verdure et au calme.

Accès : de Carcassonne, prenez la direction de l'aéroport de Salvaza puis la D 119 vers Montréal sur 4 km et suivez le fléchage à gauche.

CAZOULS-D'HÉRAULT 34120

Carte régionale B2

28 km NE de Béziers ; 6 km N de Pézenas

€€€ 🏠 10% *Chambres d'hôtes Villa Saint-Germain (Alix et Richard Guy)* : 13, route de la Grange. ☎ 04-67-25-28-06. 📱 06-20-19-82-34. • alixguy@free.fr • villa-saint-germain.com • *Fermé janv-mars.* 📶 Superbe demeure de maître installée dans un grand parc aux arbres centenaires. Trois chambres et une suite avec sanitaires privés. Jolie déco qui met en valeur le charme de l'ancien. De 90 à 95 € pour 2, petit déj compris. Agréable piscine pour se détendre. Une adresse au charme indéniable.

Accès : de Paulhan, direction Pézenas jusqu'à Cazouls ; l'accès à la maison est juste après l'entrée du village sur la gauche.

CAZOULS-LÈS-BÉZIERS 34370

Carte régionale A2

28 km N de Narbonne ; 8 km NO de Béziers

€€ 🏠 🍴 *Chambres d'hôtes La Noria (Josiane et Marcel Ramos)* : domaine de la Plaine. ☎ 04-67-93-58-27. 📱 06-76-50-96-73. • la.noria@orange.fr • pagesperso-orange.fr/la.noria/lanoria.htm • 📶 Belle histoire que celle de cette demeure, ancienne propriété viticole construite par deux moines au XIXe s (il en reste quelques vestiges). Trois coquettes chambres installées au 1er étage de la maison, et une suite (4 personnes) au rez-de-chaussée, avec accès indépendant. Spacieux sanitaires privés. Déco raffinée et campagnarde. 52 € pour 2 et 80 € pour 4, petit déj inclus. À la belle saison, vous le prendrez à l'ombre des platanes, en écoutant chanter les cigales (c'est pas beau la vie ?). Jocia et son mari font une cuisine méditerranéenne, sous l'œil averti de Josiane, la maman. Ils vous proposent une gentille table d'hôtes, pour 18,50 € tout compris. Frigo à disposition pour le pique-nique de midi (sympa !). Accueil discret, mais très très chaleureux. Bon rapport qualité-prix. Une excellente adresse.

Accès : de Béziers, empruntez la N 112 vers Mazamet jusqu'à Maureilhan, puis la D 162 vers Cazouls-lès-Béziers ; la maison est à 3 km à gauche.

CELLES-PAR-LODÈVE 34700

Carte régionale A1-2

52 km O de Montpellier ; 9 km S de Lodève

€€ ≜ ⊨ *Chambres d'hôtes La Maison du Lac (Camille Bernard) :* Les Vailhés. ☎ 04-67-44-16-33. ● contact@maisonlac.com ● maisonlac.com ● *Fermé en juill-août. Attention, 2 nuits consécutives min demandées. Résa à l'avance.* 🛜 Au bord du lac du Salagou, dans un site somptueux, ancienne bergerie tout en pierre très bien restaurée. Dans une aile de la maison, 4 chambres confortables avec vue sur le lac, à l'étage, accessibles par un escalier et un balcon. 75 € pour 2, petit déj compris. De la terrasse, la vue est magnifique, l'environnement exceptionnel et le dépaysement total. Camille vous conseillera pour vos activités ; il faut dire qu'ici, on peut tout faire : pêcher (le lac regorge de poissons), canoter, randonner et, enfin, on peut aussi se baigner. Accueil discret et très chaleureux. Une bonne adresse.

Accès : A 75, entre Clermont-Ferrand et Béziers (sorties n°s 54 ou 55, selon d'où vous venez) et direction lac du Salagou ; au rond-point de Cartels, suivez le fléchage « Vailhés-le-Lac » sur 1 km et, avt une esplanade-parking, tournez 2 fois à gauche et suivez la petite route qui grimpe jusqu'au bout du goudron (1 km) ; c'est en bas du hameau.

CHAMBORIGAUD 30530

Carte régionale B1

30 km N d'Alès ; 8 km S de Génolhac

€€ ≜ ⊨ ⊨ *Chambres d'hôtes Le Mas du Seigneur (Yvonne et Serge Hornung) :* Altayrac. ☎ et fax : 04-66-61-41-52. 📱 06-64-33-06-58. ● horsy.bike@wanadoo.fr ● mas-du-seigneur.com ● 🛜 Corps de ferme dominant une superbe vallée. Cinq chambres agréables avec sanitaires privés. Déco et atmosphère médiévales. 61 € pour 2, petit déj compris. Trois gîtes pour ceux qui veulent séjourner et un camping pour les moins fortunés. Tout ce petit monde se retrouve autour de la table d'hôtes. 22,50 € le repas, apéro et vin compris. Superbe piscine pour profiter du panorama. Accueil courtois.

Accès : bon fléchage depuis Chamborigaud par une petite route sinueuse sur 4,5 km.

CHAUCHAILLES 48310

Carte régionale A1

65 km NO de Mende ; 18 km O de Saint-Chély-d'Apcher

€ ≜ ⊨ ⊨ *Chambres d'hôtes Lou Chastel (Marie-Christine Alili) :* Boutans-Bas. ☎ et fax : 04-66-31-61-12. *Ouv juin-sept. Résa obligatoire.* Marie-Christine élève des oies. Grande bâtisse bien restaurée, avec une salle à manger accueillante : grande table de ferme, cheminée voûtée, poutres. On accède à l'ancienne grange attenante à la maison par un escalier extérieur ; là, un grand balcon dessert 4 chambres simples et indépendantes, avec coin cuisine et sanitaires. Comptez 46 € pour 2 avec le petit déj, et 77 € en demi-pension. À proximité, la station thermale de La Chaldette. Également un appartement pour 4 personnes.

Accès : A 75 jusqu'à Saint-Chély-d'Apcher ; de Saint-Chély, prenez la D 989 en direction de Saint-Juéry/Chaudes-Aigues ; à Saint-Juéry, tournez à gauche vers Boutans, c'est à l'entrée du village.

CLERMONT-L'HÉRAULT 34800

Carte régionale B2

40 km O de Montpellier ; 20 km SE de Lodève

€€ ≜ ⊨ *Chambres d'hôtes du Mas de Font Chaude (Michel Hurault et Marie-Christiana Poirier) :* Les Bories (route du lac). ☎ 04-67-96-19-77. 📱 06-20-19-81-79. ● mic.hurault@gmail.com ● mas-font-chaude.com ● *Fermé 15 nov-28 mars.* 🛜 C'est par un petit chemin ombragé qu'on arrive chez Michel et Marie-Christiane. La campagne est belle et plantée d'oliviers. On connaît Michel depuis de nombreuses années, puisqu'il tenait des chambres aux Orres dans les Hautes-Alpes. Avec Marie-Christiane, ils ont décidé de changer de région et de se relancer dans l'aventure... Dans un bâtiment indépendant, 3 chambres confortables, avec sanitaires privés, de 58 à 62 € pour 2, petit déj compris. Chaleureuse salle à manger (ancienne auberge) pour déguster la table d'hôtes (sauf dimanche soir) à 20 €, vin compris. Espace détente où Marie-Christiane propose des massages bien-être. Accueil convivial.

Accès : A 75 (Montpellier/Clermont-Ferrand), sortie Clermont-l'Hérault ; continuez vers le lac du Salagou et suivez le fléchage à droite « Les Bories ».

COLOMBIÈRES-SUR-ORB — 34390

Carte régionale A2

50 km NO de Béziers ; 7 km O de Lamalou-les-Bains

€ 🏠 |●| 🛏 (10%) **Chambres d'hôtes (Marie-José Azéma) :** Sévirac. ☎ 04-67-95-89-80. *Ouv mars-oct.* Au pied du Caroux, belle maison au cœur d'une propriété de 4 ha, traversée par un ruisseau. Dans une partie indépendante, un coin détente et 4 chambres au rez-de-chaussée. Sanitaires privés. Comptez 48 € pour 2, petit déj compris, et 10 € par personne supplémentaire. Table d'hôtes à 17 €, apéro, vin et café compris. Boulodrome et ping-pong.

Accès : de Lamalou, empruntez la D 908 vers Saint-Pons-de-Thomières ; la maison se trouve à 1 km avt Colombières.

COURNIOU — 34220

Carte régionale A2

58 km NO de Béziers ; 7 km O de Saint-Pons-de-Thomières

€€ 🏠 🛏 **Chambres d'hôtes (Éliane et Jean-Louis Lunes) :** Prouilhe. ☎ 04-67-97-21-59. 📱 06-11-38-07-68. ● info@metairie-basse.com ● metairie-basse.com ● *Ouv avr-sept ; oct-mars sur résa.* À 550 m d'altitude, gentille ferme familiale au cœur d'un petit hameau. Éliane et Jean-Louis produisent des noix et des châtaignes en bio. Dans l'ancienne grange, ils ont aménagé 2 chambres, avec sanitaires privés. Comptez 59 € pour 2, avec un copieux petit déj (délicieux gâteaux maison et du fromage de chèvre !). Pas de table d'hôtes, mais coin cuisine à disposition. Également un gîte pour 2-3 personnes. Accueil convivial. Calme et tranquillité assurés. Une adresse pour se mettre au vert !

Accès : de Saint-Pons, prenez la N 112 vers Mazamet ; traversez Courniou et, à la sortie du village, tournez à droite vers Prouilhe ; la maison est à 3 km.

DIO-ET-VALQUIÈRES — 34650

Carte régionale A1

45 km N de Béziers ; 12 km NE de Bédarieux

€€ 🏠 |●| 🛏 **Chambres d'hôtes La Bergerie des Maurelles (Michèle Lauffenburger) :** Vernazoubres. ☎ et fax : 04-67-23-00-65. 📱 06-17-97-25-19. ● maurelles@hotmail.com ● *Ouv avr-sept ; résa indispensable.* 📶 La Bergerie, c'est d'abord la montagne et le dépaysement total... On est loin de l'agitation et du bruit. Trois chambres confortables, avec sanitaires privés, dont une qui peut accueillir 4 personnes, et 2 avec accès direct sur le jardin. 70 € pour 2, petit déj compris (fromage blanc et confitures maison). Table d'hôtes à 24 €, apéritif et vin de pays compris. Piscine. Plein de randos à faire (le lac du Salagou est à 12 km).

Accès : de Bédarieux, empruntez la D 35 vers Le Bousquet-d'Orb jusqu'au Mas-Blanc, prenez à droite la D 157 vers Brenas, puis à gauche vers Vernazoubres (n'allez pas à Dio).

ELNE — 66200

Carte régionale A2

13 km SE de Perpignan

€€ 🏠 |●| 🛏 (10%) **Chambres d'hôtes du Mas de la Roubine (Régine Piquemal-Pastré) :** ☎ 04-68-22-76-72. 📱 06-26-79-00-74. ● contact@mas-roubine.com ● mas-roubine.com ● Vieux mas blotti dans une exploitation, au calme. Dans une maison indépendante, Régine a aménagé 3 chambres confortables et bien meublées, à 70 € pour 2 avec le petit déj. À sa table d'hôtes, pour 28 € le repas boissons comprises, vous dégusterez de savoureuses recettes régionales : encornets farcis, lapin à l'ariégeoise, salmis de pintade et desserts maison. Accueil agréable. Anaïs, la fille de Régine, propose des balades à cheval et des cours d'équitation à ceux qui le désirent, et différents types de massages pourront vous être prodigués par une masseuse diplômée. Une adresse qui présente en outre l'avantage d'être à 5 km de la mer et à proximité de nombreux sentiers de randonnée.

| Accès : A 9, sortie Perpignan-Sud ; prenez la rocade en direction d'Argelès-sur-Mer ; à Elne, prenez la D 40 ; à l'Intermarché, entrez dans Latour-Bas-Elne, passez devant la mairie, faites 500 m, tournez à droite, passez sur le pont, c'est à 800 m à gauche.

ESPÉRAZA 11260

Carte régionale A2

50 km S de Carcassonne ; 12 km N de Quillan

€€ 🏠 |◉| 🍴 **Chambres d'hôtes Les Pailhères (Monique et René Pons) :** ☎ et fax : 04-68-74-19-23. 📱 06-14-91-35-43. ● monique.pons.11@wanadoo.fr ● domaine-de-pailheres.fr ● Au cœur du pays cathare, on accède à la ferme de Monique et René par un petit chemin qui serpente entre champs et garrigue. Elle est dans la famille depuis plusieurs générations et ils continuent à l'exploiter : vignoble et élevage de vaches allaitantes qualifiées « Agriconfiance » (bravo !). Cinq chambres avec accès indépendant dans l'ancienne grange : 3 au rez-de-chaussée, une autre à l'étage, la dernière en contrebas de l'agréable terrasse panoramique. Sanitaires privés. Comptez 48 € pour 2, petit déj compris (avec jus de raisin maison !). Table d'hôtes servie dans la chaleureuse salle à manger des proprios, avec sa cheminée et sa vieille horloge, qui laisse entendre son tic-tac rassurant. Repas à 19 € et priorité aux produits de la ferme (hmm !). Côté intérêts touristiques, des petits classeurs vous aideront à trouver votre choix. Accueil authentique et vrai. Une bonne adresse.

| Accès : de Carcassonne, empruntez la D 118 en direction de Perpignan ; 3 km après Couiza en direction de Quillan, prenez le chemin à gauche vers Pailhères sur 2 km.

GIGEAN 34770

Carte régionale B2

20 km SO de Montpellier ; 12 km N de Sète

€€ 🏠 |◉| **Chambres d'hôtes L'Iris Bleu (Roland Niéri) :** 55, av. de la Gare. ☎ 04-67-78-39-91. 📱 06-82-66-23-11. ● liris.bleu@wanadoo.fr ● lirisbleu.com ● 📶 Belle maison vigneronne qui va bientôt fêter son bicentenaire. Au 1er étage, 2 chambres agréables (préférez celle qui donne côté jardin), avec sanitaires privésà 70 € pour 2, petit déj compris. Table d'hôtes à 20 €, apéro, vin et café compris. Grande piscine pour se rafraîchir. Une adresse au calme, pour ceux qui préfèrent être au cœur d'un village.

| Accès : du village, suivez la direction Montbazin, la maison est au centre du bourg, fléchée « Gîtes de France » (merci pour la pub).

GRABELS 34790

Carte régionale B1-2

4 km NO de Montpellier

€€ 🏠 🍴 **Chambres d'hôtes Le Mazet (Suzanne Caffin et Philippe Robardet) :** 253, chemin du Mas-de-Matour. ☎ 04-67-03-36-57. 📱 06-50-01-51-01. ● lemazet degrabels@gmail.com ● lemazetdegrabels. fr ● 🐕 📶 À proximité du village, maison languedocienne entourée d'un agréable parc ombragé et fleuri. Dans un petit bâtiment annexe, au rez-de-chaussée, 2 chambres pour 3 personnes avec mezzanine (échelle assez raide). Elles sont très coquettes et entre les deux, notre cœur balance (et vous ?). Sanitaires privés. Au fond du parc, la dernière chambre (pour 2 personnes et avec coin cuisine) est idéale pour les séjours. Comptez 60 € pour 2 et 20 € par personne supplémentaire, copieux petit déj compris (suivant les saisons, gâteau maison, crêpes ou clafoutis). Ajoutez 8 € par jour si vous venez avec votre ami à quatre pattes. Les petits déj sont servis sur la terrasse ou dans une conviviale salle à manger aux couleurs vives. Pour compléter le tout, une piscine pour faire trempette et deux VTT à disposition. Également un gîte de 6 personnes pour ceux qui veulent séjourner. Grande chaleur d'accueil. Une adresse que les routards adorent.nviviale salle à manger aux couleurs vives. Pour compléter le tout, une piscine pour faire trempette et deux VTT à disposition. Également un gîte de 6 personnes pour ceux qui veulent séjourner. Grande chaleur d'accueil. Une adresse que les routards adorent.

| Accès : de Montpellier, prenez la direction Millau, puis Mosson ; dans Grabels, suivez la direction Lodève et prenez la 1re rue à droite après le petit pont à voie unique.

LA CANOURGUE 48500

Carte régionale A1

32 km SO de Mende ; 22 km S de Marvejols

€€ 🏠 |◉| 🍴 **Chambres d'hôtes La Vialette (Franck Fages) :** La Vialette. ☎ 04-66-32-83-00. 📱 06-08-86-57-38. Fax : 04-66-32-99-63. ● domaine.delavia lette@gmail.com • gite-sauveterre.com • Fermé 10 janv-28 fév inclus. En plein causse de Sauveterre, à 850 m d'altitude. Ensemble de maisons du XIV° s restaurées, avec 5 chambres de caractère avec sanitaires privés. 66 € pour 2, petit déj compris, et 20 € le repas en table d'hôtes. pas systématiquement partagée avec les proprios Dans l'ancienne grange, sous une magnifique charpente en coque de bateau renversée, grand salon en mezzanine, salle multimédia et piscine intérieure chauffée avec nage à contre-courant et spa ! Pour vos séjours, 2 gîtes pour 2 à 5 personnes. Calme et tranquillité garantis. Accueil chaleureux. Une adresse agréable.

Accès : La Vialette est à 10 km après La Canourgue (en direction de Sainte-Énimie), en face de La Capelle, sur la D 998.

LA SALVETAT-SUR-AGOUT 34330

Carte régionale A2

72 km NO de Béziers ; 21 km N de Saint-Pons-de-Thomières

€ **Chambres d'hôtes (Famille Pistre et Cazals) :** *La Moutouse.* ☎ 04-67-97-61-63 ou 04-67-95-43-99. 📱 06-32-27-18-45. • cazals.magali@neuf.fr • loustal-lamoutouse.com • *Ouv Pâques-Toussaint.* À 870 m d'altitude, au cœur du parc naturel régional du Haut-Languedoc. La Moutouse est une ancienne ferme familiale. Trois chambres d'hôtes avec sanitaires privés, à 48 € pour 2, petit déj inclus. Table d'hôtes à 15 €. Cuisine familiale et traditionnelle avec les produits de la ferme. Nombreux sentiers de randonnée (un des chemins de Saint-Jacques-de-Compostelle passe à La Moutouse) et plusieurs lacs, qui offrent la possibilité de se baigner.

Accès : allez à la poste de La Salvetat, prenez la route de gauche sur 4 km et suivez le fléchage.

LE POMPIDOU 48110

Carte régionale B1

30 km NO de Saint-Jean-du-Gard ; 23 km SO de Florac

€€ **Chambres d'hôtes Le Poulailler des Cévennes (Jean-Marie et Catherine Causse) :** ☎ 04-66-60-31-82. 📱 06-98-28-80-96. • jm.causse@orange.fr • *Fermé 20 déc-10 janv.* Dans le village, à l'enseigne du « Poulailler », on élève des volailles et on gave des canards... Cinq chambres sympas avec sanitaires privés (demandez celle qui donne sur le pré), à 55 € pour 2, petit déj compris. Table d'hôtes à 20 €, vin et café compris, à base des produits de la ferme.

Accès : de Florac, empruntez la D 907 en direction de Saint-Laurent-de-Trèves ; à Saint-Laurent, prenez la D 9 vers Saint-Jean-du-Gard jusqu'au Pompidou.

LE PONT-DE-MONTVERT 48220

Carte régionale B1

45 km SE de Mende ; 21 km NE de Florac

€€ **Chambres d'hôtes (Jacqueline Galzin et Mario Pantel) :** *maison Victoire, Finiels.* ☎ 04-66-45-84-36. • jacqueline.galzin@free.fr • gites-mont-lozere.com • À 1 200 m d'altitude, grande maison cévenole tout en pierre et en lauze, située dans un hameau tranquille. Cinq chambres simples et spacieuses, avec sanitaires privés. Système demi-pension, à 106 € pour 2 personnes. Petit déj avec gâteau et confitures maison (demandez celle de « gratte-culs »...). Grande salle à manger avec cheminée et de beaux meubles fabriqués par Mario, menuisier-artiste. Le chemin de Stevenson passe par le village, et côté soirées, il arrive que Mario sorte son « piano à bretelles ». Une bonne adresse pour les amateurs de musique.

Accès : de Mende, prenez la direction de Bagnols-les-Bains par la D 901 ; allez jusqu'à Bleymard et prenez la route du mont Lozère (D 20) ; c'est le 1er village une fois passé le col de Finiels (en hiver, vérifiez que le col est ouvert, sinon passez par Le Pont-de-Montvert).

€€€ **Chambres d'hôtes et gîtes du Merlet (Catherine et Philippe Galzin) :** ☎ 04-66-45-82-92. Fax : 04-66-45-80-78. • lemerlet@wanadoo.fr • lemerlet.com • *Résa obligatoire.* Au carrefour des Cévennes et du mont Lozère, en pleine montagne, le hameau regroupe plusieurs maisons en granit et en lauze. Panorama de toute beauté, à perte de vue. Cinq chambres doubles, avec sanitaires privés, absolument impeccables. Déco simple. Ici, c'est le système demi-pension qui prévaut, et il vous en coûtera 114 € pour 2. Belle salle de séjour avec magnifique cheminée et four à pain. Et aussi 4 gîtes ruraux (pour 2 à 5 personnes), avec possibilité de prendre des repas à la table d'hôtes. Philippe est accompagnateur de moyenne montagne et vous aidera dans l'organisation de vos randonnées.

Accès : *du Pont-de-Montvert, prenez la direction de Génolhac et, à 5 km, suivez le fléchage.*

LE POUJOL-SUR-ORB 34600

Carte régionale A2

45 km NO de Béziers ; 2 km NE de Lamalou-les-Bains

€€ ● |●| (10 %) **La Maison d'hôtes (Chez Delphine et Richard) :** *11, pl. de l'Église.* ☎ *04-67-95-71-80.* ● *06-16-47-21-59.* ● *maisondhotes@neuf.fr* ● *la-maison-dhotes.com* ● *Fermé 15 nov-15 déc.* Qu'elle est douillette cette ancienne demeure de village retapée avec amour par un jeune couple fort sympathique ! Quatre chambres charmantes (dont 2 suites), avec sanitaires privés. Les amoureux choisiront la « suite d'Antan », très vaste, avec lit à baldaquin. Selon la chambre, de 57 à 77 € pour 2, petit déj compris, et 15 € par personne supplémentaire. Table d'hôtes à 22 €, vin compris. Dans les anciennes cuves à vin, on papote autour d'un verre, on bouquine ou on se fait une petite partie de billard. Delphine et Richard organisent aussi des stages de peinture et d'orfèvrerie. Une adresse comme on les aime.

Accès : *de Lamalou, D 908 vers Saint-Pons jusqu'à Poujol ; la maison est au cœur du village.*

LEUCATE 11370

Carte régionale A2

33 km N de Perpignan ; 14 km S de Sigean

€€€€€ ● **Chambres d'hôtes La Franqui (Nathalie Chappert-Gaujal) :** *20 bis, rue de la Fount d'Amand - La Franqui plage.* ● *06-79-18-37-30.* ● *chappert-gaujal@wanadoo.fr* ● *chambreslafranqui.com* ● Une passerelle, une porte qui s'ouvre... Et la vue apparaît dans toute sa beauté ! Les 3 chambres (accès indépendant) d'un charme fou sont là, arrimées à la terrasse qui s'étend vers le lac marin, la plage et la mer ! Des chambres luxueuses, fraîches et design, aménagées par Nathalie et décorées d'œuvres de son artiste de mari. Selon la saison, de 100 à 125 € pour 2 avec un copieux petit déj de rêve (selon la bonne humeur de la chef !), sur la terrasse. Confort douillet, vue imprenable sur l'horizon au-dessus des pins. Accueil chaleureux et plein de petites attentions pour les hôtes. Cadre d'exception. Une merveille de coup de cœur. *NOUVEAUTÉ.*

Accès : *dans le village, suivre l'av. du Languedoc, puis la rue de la Falaise (fléchage La Chapelle).*

LIMOUX 11300

Carte régionale A2

24 km SO de Carcassonne

€€€ ● **Chambre d'hôtes Domaine La Monèze Basse (Tania et Jérémy) :** ☎ *04-68-31-66-43.* ● *lamoneze@orange.fr* ● *lamoneze.com* ● Jérémy et Tania ont rénové pour notre plus grand plaisir cette vieille bâtisse vigneronne plantée sur un ancien domaine limouxin. Ils vous accueilleront de façon vraiment chaleureuse. Au salon comme dans les 5 chambres, vieux matériaux côtoient mobilier et tons contemporains au gré d'une décoration de très bon goût. Certaines chambres donnent sur la campagne, d'autres sur le parc, la plus grande ayant les deux expositions. Selon la taille et la saison, de 75 à 95 € pour 2 petit déj compris, servi dans le jardin, aux beaux jours. Quant au parc, il vous tend les bras pour un moment de détente. *NOUVEAUTÉ.*

Accès : *à 2,5 km du centre ; suivre la D 620 direction Mirepoix, puis la D 102 à droite, c'est fléché ensuite à gauche.*

LUSSAN 30580

Carte régionale B1

30 km E d'Alès ; 25 km O de Bagnols-sur-Cèze

€€ ● **Chambres d'hôtes du Mas des Garrigues (Christian Dollfus) :** *La Lèque.* ☎ *04-66-72-91-18.* ● *masdesgarrigues.com* ● *Fermé 5 janv-2 fév. De préférence sur résa.* Loin de la pollution et du bruit, La Lèque est un ravissant hameau fait de vieilles maisons en pierre. Dans l'une d'elles, vous trouverez 4 chambres personnalisées et chaleureuses, avec de beaux meubles et gravures anciennes. Comptez 65 € pour 2, petit déj compris. Également un gîte d'étape coquet de 8 lits, très bien tenu, à 12 € par personne et par nuit. Cuisine commune, piscine et tennis. Fait aussi ferme équestre avec des randonnées de 1h30 pour 22 €, ou à la journée pour 65 €.

Accès : *à 4 km au nord de Lussan par la D 979.*

MARSILLARGUES

€ 🏠 🐎 **Chambres d'hôtes et ferme équestre (M. et Mme Cailar) :** *mas de Rossière.* ☎ et fax : 04-66-72-96-57. • spectacle-equestre30.e-monsite.com • *Ouv juin-oct. Résa obligatoire.* Ferme équestre avec 2 petites chambres d'hôtes simples, avec salles de bains privées, à 45 € pour 2, petit déj compris. Une salle avec coin cuisine à disposition. Également un gîte pour 5 personnes loué 390 € la semaine. Promenades à cheval (14 € de l'heure). Une adresse pour cavaliers.

> **Accès :** *de Lussan, prenez la D 37 vers Saint-Amboix sur 3 km et suivez le fléchage à gauche.*

€€€ 🏠 |●| **Chambres d'hôtes Les Buis de Lussan (Françoise et Thierry Vieillot) :** *rue de la Ritournelle.* ☎ 04-66-72-88-93. 📱 06-79-72-53-27. • buisdelussan@free.fr • buisdelussan.free.fr • *Fermé de janv à mi-fév.* 📶 Dans l'un des plus beaux villages perchés du Gard (classé « Village de caractère »), jolie maison du XVIIIe s. Chambres charmantes avec leur déco très Sud. Sanitaires privés. 82 € pour 2, petit déj compris. Croquignolet jardin, interprétation méditerranéenne de l'art japonais de la taille, avec bassin jacuzzi pour se rafraîchir aux heures chaudes. D'ici, on domine la campagne alentour joliment vallonée. Table d'hôtes à 25 €, apéro et vin compris, pour découvrir quelques secrets de Thierry, ancien restaurateur. Cuisine parfumée tendance méditerranéenne. Aux beaux jours, petit déj et repas se prennent sous la tonnelle. Excellent accueil. Si vous séjournez ici, faites comme les locaux : le tour des remparts au soleil couchant ; vous verrez, ça remplace avantageusement la télé...

> **Accès :** *d'Uzès, D 979 jusqu'à Lussan ; la maison se trouve à l'entrée du bourg, côté rempart sud.*

MARSILLARGUES 34590

Carte régionale B1-2

26 km E de Montpellier ; 4 km SE de Lunel

€€€ 🏠 (10 %) **Chambres d'hôtes Au Soleil (Catherine Maurel) :** *9, rue Pierre-Brossolette.* ☎ 04-67-83-90-00. 📱 06-89-54-26-69. • catherine.maurel@ausoleil.info • ausoleil.info • Chiner demande du temps, mais surtout un vrai talent, dont Catherine ne manque pas. Ses trouvailles lui ont permis de décorer sa belle maison de maître avec un goût très sûr, choisissant tour à tour un style printanier, rustique ou bourgeois pour chacune de ses 3 jolies chambres climatisées, avec sanitaires privés. 79 € pour 2, petit déj compris. Un charme indéniable, renforcé par les petits déj servis dans un adorable patio.

> **Accès :** *dans le village.*

MATEMALE 66210

Carte régionale A2

90 km SO de Perpignan ; 10 km N de Mont-Louis

€€ 🏠 |●| (10 %) **Chambres d'hôtes Cal Simunot (Cathy et Jean-Pierre Vergès) :** *25, rue de la Mouline.* ☎ 04-68-04-43-17. 📱 06-73-98-72-85. • verges66@orange.fr • calsimunot.fr • 🐕 *Sur résa.* 📶 Quatre jolies chambres avec sanitaires privés que Cathy et Jean-Pierre, jeunes agriculteurs, ont aménagées dans le petit bâtiment jouxtant leur maison. 70 € pour 2, petit déj compris, servi dans la véranda des proprios, avec lait de la ferme, petits fromages et confitures maison. Table d'hôtes à 20 €, apéro, vin et café compris. Autrement, cuisine équipée avec un coin salon et TV (Canalsat). Un spa extérieur est à disposition des hôtes. Plein d'animaux en liberté feront le bonheur des enfants : lapins, chevreaux, paons, canards, oies, poules et poussins vivent ici en parfaite harmonie. Accueil chaleureux et possibilité de gîtes dans le village (Isabelle, la sœur de Jean-Pierre, en tient trois).

> **Accès :** *A 9, sortie Perpignan-Nord ; empruntez la N 116 en direction de l'Andorre ; à Mont-Louis, prenez la direction des Angles (1er rond-point à droite) et continuez la route jusqu'à Matemale, la maison est en bas du village.*

MONS-LA-TRIVALLE 34390

Carte régionale A2

47 km NO de Béziers ; 12 km O de Lamalou-les-Bains

€ 🏠 |●| **Gîte d'étape Le Presbytère (Roland Arnaud) :** 📱 06-07-56-51-69. • arnaud-roland@wanadoo.fr • *Fermé 15 déc-15 mars. De préférence sur résa.* 📶 Après avoir gravi la « rue de la Condition-Physique », on découvre un délicieux presbytère aménagé en gîte d'étape de 18 places. Superbe vue sur la vallée. Comptez 12 € par personne et par nuit, plus 6 € le petit déj. Possibilité de repas sur demande à 16 € et de panier pique-nique à 7 €. Également une chambre d'hôtes à 45 € pour 2, avec le petit déj. Accueil chaleureux des propriétaires, qui proposent des randonnées pour découvrir le coin.

> **Accès :** *dans la partie haute du village.*

MONTCALM 30600

Carte régionale B2

50 km S de Nîmes ; 10 km NE d'Aigues-Mortes

€€€ 🏠 10% **Chambre d'hôtes des Pierrades (Virginie Rutyna) :** 106, rue du Château. ☎ et fax : 04-66-73-52-72. 📱 06-76-72-90-09. • contact@lespierrades.fr • lespierrades.fr • *Fermé à Noël.* À l'ombre des ruines du château de Montcalm, au cœur de la Camargue et de ses fêtes. Une chambre, pour 2 à 4 personnes, avec sanitaires privés, à 75 € pour 2, petit déj compris. Moustiquaires aux fenêtres et eau chaude solaire. Propose aussi un appartement pour 4 à 7 personnes, entre 315 et 545 € la semaine selon la saison. Piscine. Jeux pour les enfants. Première plage à 15 km.

> *Accès :* d'Aigues-Mortes, faites 10 km en direction des Saintes-Maries-de-la-Mer et suivez le fléchage.

MONTPEYROUX 34150

Carte régionale B1

25 km E de Lodève ; 7 km N de Gignac

€€ 🏠 🍽 **Chambres d'hôtes L'Ostal del Poeta (Sylvie et Jean-Paul Creissac) :** 11, rue de l'Église. ☎ et fax : 04-67-96-64-79. • creissac@wanadoo.fr • creissac.free.fr • Dans cette maison vigneronne bien cachée au cœur du village flotte l'âme du Languedoc : les 2 chambres confortables, avec sanitaires privés, ont hérité du mobilier de famille, la jolie salle commune est remplie de bouquins sur le pays, les gâteaux du petit déj sont cuisinés par la mamet et les vers du vigneron-poète, maître de céans, sont déclamés en occitan ! 60 € pour 2, petit déj compris. Sur réservation, possibilité de table d'hôtes (sauf le dimanche) à 20 €, ou cuisine à disposition pour se préparer un frichti. Galerie à l'étage pour l'apéro, jardin de curé pour prendre le frais. Accueil chaleureux.

> *Accès :* dans le village.

MONTSÉRET 11200

Carte régionale A2

40 km SE de Carcassonne ; 18 km SO de Narbonne

€€ 🏠 **Chambres d'hôtes Domaine Sainte-Marie-des-Ollieux (Sylvette Mounié) :** ☎ 04-68-43-59-20. 📱 06-75-51-48-65. • sylvette-mounie@orange.fr • ste-marie-des-ollieux.com • 📶 Ce domaine viticole du XIXe s'est la propriété familale de Sylvette, nichée dans un vaste parc propice à la détente. Trois chambres d'hôtes agréables avec clim et sanitaires privés, à 65 € la nuit pour 2, petit déj compris. Une bonne adresse pour découvrir abbayes et châteaux du pays cathare, surtout si vous prêtez une oreille attentive à Martine, la sœur de Sylvette, qui est historienne de l'art...

> *Accès :* de Narbonne, prenez la direction de Fontfroide, le domaine est à l'intersection de la D 613 et de la D 123 (à 7 km de l'abbaye).

NASBINALS 48260

Carte régionale A1

50 km NO de Mende ; 23 km NO de Marvejols

€€ 🏠 🍽 🐾 **Chambres d'hôtes Les Puechs de l'Aubrac (Jeanine Boyer) :** Marchastel. ☎ 04-66-32-53-79. 📱 06-75-75-72-21. • location-gites-aubrac.com • *Fermé en hiver.* Au cœur de l'Aubrac et aux confins de la Lozère, du Cantal et de l'Aveyron. Dans l'ancienne grange restaurée, Jeanine et André ont aménagé 5 chambres : 2 au rez-de-chaussée et 3 à l'étage. Sanitaires privés. 54 € pour 2, petit déj compris (toujours avec une petite douceur maison : brioche, gaufres ou fouace). Goûteuse cuisine qui vous fera découvrir les spécialités du terroir (farçou, aligot, truffade, paschade...), pour 18,50 € le repas, vin compris. Accueil chaleureux. En été, belles rando dans l'Aubrac (le GR 65 passe tout près).

> *Accès :* de Marvejols, empruntez la D 900 en direction de Nasbinals ; Marchastel se trouve 5 km avt, sur la droite (fléchage).

€€€ 🏠 **Chambres d'hôtes Lô d'Ici (Laurence Rieutord) :** ☎ 04-66-32-92-69. 📱 06-80-28-51-12. • contact@lodici-aubrac.com • lodici-aubrac.com • *Fermé 11 nov-10 déc, et mer oct-avr.* Laurence, charmante fille du pays, a ouvert cette magnifique adresse dans son village natal. Déco contemporaine très réussie, structure et matériaux anciens de cette vieille grange alliés au métal et aux meubles modernes, lumière et couleurs douces en camaïeu de bleu, vert, ocre... À l'étage, 4 chambres en duplex (pour 2 à 6 personnes), toutes décorées soigneusement et inspirées par la nature de l'Aubrac (« Lô vive », « Lô rizon », « Lô dyssée » et « Lô brac »). De 28 € la nuit pour les pèlerins, chambres à partir de 75 € pour 2, petit déj à 8,50 €. Petite boutique de vente de produits régionaux, de cosmétiques, mais aussi d'objets et œuvres d'artisans de la région. Chaises longues pour buller dans le jardin, accueil tout en douceur...

Accès : dans le village.

NOTRE-DAME-DE-LONDRES 34380

Carte régionale B1

33 km N de Montpellier

€€ **Chambres d'hôtes Domaine du Pous (Patrick de Morogues) :** ☎ 04-67-55-01-36. 📱 06-30-80-38-39. • lepous@orange.fr • domainedupous.fr • *Ouv mai-sept.* Il y a différentes sortes de poux, mais croyez-nous, celui-là est loin d'être moche... (facile !). Au milieu des garrigues et des vignes, vaste domaine qui appartient à la famille d'Élisabeth depuis la Révolution (une paille !). Aujourd'hui, votre distinguée et très accueillante hôtesse, secondée par son neveu, a ouvert tous les bâtiments aux touristes. D'abord, l'ancienne demeure, où nichent 4 chambres d'hôtes confortables, avec sanitaires privés. Comptez 58 € pour 2, petit déj compris, et 10 € par personne supplémentaire. Dans le séduisant salon, quatre admirables statues (les Quatre Saisons) supportent le plafond. Ici, on apprécie le calme, ponctué par le chant des cigales. Au fait, on oubliait la chapelle... elle n'est ouverte que pour les célébrations familiales, mais si vous voulez la voir, Élisabeth fera une petite entorse à la règle... Ceux qui s'adonnent à la marche ou au VTT trouveront de nombreux chemins de randonnées.

Accès : de Montpellier, prenez la D 986 en direction de Ganges sur 30 km ; 6 km après Saint-Martin-de-Londres, tournez à droite vers Ferrières-les-Verreries et suivez le fléchage.

PLANÈS 66210

Carte régionale A2

90 km SO de Perpignan ; 5 km SE de Mont-Louis

€ **Gîte d'étape et de séjour Le Malaza (Anne-Marie Allies) :** ☎ 04-68-04-83-79. 📱 06-66-29-03-79. • malaza@orange.fr • lemalaza.com • *Fermé en nov. Sur résa.* 🛜 Le Malaza, c'est le nom de la montagne qui domine le petit village de Planès, à 1 550 m d'altitude. Anne-Marie, qui prodigue un accueil discret et chaleureux, propose 4 chambres de 2 ou 3 couchages au rez-de-chaussée (dont 3 avec sanitaires privatifs), et 2 dortoirs de 10 personnes avec sanitaires communs. Comptez de 13 à 18 € la nuitée. Possibilité de demi-pension, de 31 à 38 € par personne. Une adresse idéale pour les randonneurs et les sportifs.

Accès : A 9, sortie Perpignan-Nord, puis N 116 vers Prades/Andorre ; à Mont-Louis, prenez à gauche direction La Cabanasse/Saint-Pierre-dels-Forcats/Planès ; le gîte est en face de la mairie.

PONT-SAINT-ESPRIT 30130

Carte régionale B1

14 km S de Bourg-Saint-Andéol ; 10 km N de Bagnols-sur-Cèze

€€ **Chambres d'hôtes du domaine de Lamartine (Mme de Verduzan et M. d'Anselme) :** *636, chemin de Lamartine.* ☎ 04-66-79-20-24. 📱 06-80-36-32-72. • contact@domaine-lamartine.com • domaine-lamartine.com • 🛜 Gentilhommière ou château ? Peu importe, cette adresse a de l'allure. Allée de platanes, tours rondes, superbe parc à l'arrière avec piscine... le décor est planté. Un escalier à vis conduit à 4 belles chambres avec sanitaires privés. Déco où se mêlent portraits de famille et meubles de belle facture. 66 € pour 2, petit déj compris. Table d'hôtes à 20 €, vin compris, avec les légumes du potager. Sur place, également un gîte de 6 personnes pour les séjours, et un gîte d'étape de 15 lits. Accueil agréable.

Accès : à 3 km de Pont-Saint-Esprit, sur la route de Bourg-Saint-Andéol.

POUGNADORESSE 30330

Carte régionale B1

40 km E de Nîmes ; 18 km NE d'Uzès

€€ **Chambres d'hôtes Maison Pons (Florence et Mathieu Pons) :** *mas-Carrière.* ☎ 04-66-82-91-88. 📱 06-08-32-46-44. • maison.pons@wanadoo.fr • maisonpons.com • 🛜 Au milieu des vignobles des côtes du Rhône, cette ancienne bergerie a pu renaître de ses cendres grâce aux efforts de Florence et Mathieu. Elle abrite 3 chambres, dont une suite avec kitchenette pour 3 personnes, toutes avec sanitaires privés, climatisation et accès wifi. De 64 à 70 € pour 2, petit déj compris. Dans la maison, plein d'affiches, de photos et de CD... Florence est violoniste de jazz (elle a joué, entre autres, avec Stéphane Grappelli), mais elle a aussi à cœur de gâter ses hôtes à sa table ; les repas

(25 €, boissons et café compris) sont servis sous la tonnelle : cuisine méditerranéenne, provençale et produits du jardin biologique (ah ! les terrines de poisson, la daube aux olives, ou encore le poulet aux citrons confits...). Joli jardin arboré et piscine pour se prélasser. Également un gîte tout confort pour 2 à 5 personnes pour qui souhaite séjourner. Accueil très chaleureux.

Accès : de Bagnols-sur-Cèze, direction Cavillargues ; dans le village, prenez direction Pougnadoresse ; faites 2 km et prenez le petit chemin à gauche sur 50 m (maison ocre jaune un peu en retrait).

POUZOLS-MINERVOIS 11120
Carte régionale A2
35 km NE de Carcassonne ; 4 km O du canal du Midi

€€ 🛏 |●| 🐴 (10%) **Chambres d'hôtes Domaine de Crèva Tinas (Anne Chardonnet-Torres)** : *1, chemin de Saint-Valière.* ☎ *04-68-46-38-69.* 📱 *06-20-60-47-83.* ● *anne.chardonnet-torres@wanadoo.fr* ● *domainedecreva-tinas.gites11.com* ● *Fermé à Noël.* Au milieu des vignes et des pins, Anne est une jeune viticultrice enthousiaste, qui vous accueillera avec simplicité et naturel. Quatre chambres confortables et colorées avec salles d'eau privées, de 63 à 68 € pour 2 selon saison, petit déj compris. Possibilité de table d'hôtes (souvent servie à l'extérieur), pour 21 €. Après un séjour ici, vous saurez tout sur la vigne et le vin, sans oublier les balades à pied ou en VTT alentour (le convoyage des bagages et des voyageurs est d'ailleurs assuré depuis le canal jusqu'au domaine). Également une agréable piscine. Accueil convivial.

Accès : prenez la route de Carcassonne à Béziers, jusqu'à Pouzols ; en face de la coopérative, suivez le chemin qui s'éloigne du village, la maison est à 200 m, au pied de la pinède.

PRATS-DE-MOLLO 66230
Carte régionale A2
55 km SO de Perpignan ; 10 km de l'Espagne

€€ 🛏 **Chambres d'hôtes Mas El Casal (Jane et Patrick Maison)** : *route du col d'Arès.* ☎ *et fax : 04-89-39-76-15.* 📱 *06-72-82-28-61.* ● *elcasal66@gmail.com* ● *chambres-hotes-catalogne.com* ● *Fermé au carnaval, à Noël et au Nouvel An.* Avouez que Maison est un nom prédestiné pour accueillir des hôtes ! La leur (de maison), chaleureuse et superbement aménagée, est une ancienne étable. Elle a délaissé ses bovins mais gardé leurs attributs : mangeoires, abreuvoirs... intégrés avec goût dans la déco de 2 vastes chambres tout confort et de la grande pièce commune où se prend le petit déj. 70 € pour 2, petit déj compris. Vue imprenable sur les magnifiques montagnes environnantes. Un lieu parfait pour établir le camp à la découverte des environs.

Accès : à 5 km en direction de l'Espagne par la D 115.

PUIVERT 11230
Carte régionale A2
65 km SO de Carcassonne ; 17 km O de Quillan

€€ 🛏 |●| (10%) **Chambres d'hôtes La Cocagnière (Séverine Odin)** : *3, pl. du Pijol, hameau de Campsylvestre.* ☎ *04-68-20-81-90.* 📱 *06-72-63-76-33.* ● *lacocagniere@wanadoo.fr* ● *lacocagniere.com* ● *Ouv janv-nov.* Charmant hameau dans un site préservé où l'on prend le temps de vivre. Quatre chambres spacieuses et chaleureuses où matériaux et produits de construction écologiques ont été privilégiés. À la table d'hôtes, ce sont les produits bio ou issus du potager qui sont à l'honneur... De 55 à 65 € la nuit pour 2, et 20 € le repas. Vélos à disposition. Une adresse nature !

Accès : de Carcassonne, D 118 direction Quillan ; à Quillan, par le col du Portel, traversez Nébias, puis à 2 km à gauche direction Campsylvestre et fléchage.

REMOULINS 30210
Carte régionale B1
20 km O d'Avignon ; 17 km NE de Nîmes

€€€ 🛏 (10%) **Chambres d'hôtes Bize de la Tour (Pierre Ducruet)** : *2, pl. du Portail.* ☎ *04-66-22-39-33.* 📱 *06-46-12-63-44.* ● *contact@bizedelatour.com* ● *bizedelatour.com* ● 📶 Belle demeure de caractère avec une tour du XIIe s. Quatre chambres élégantes, avec sanitaires privés, dont une sous forme de suite de 2 chambres. Chacune avec sa couleur dominante qui décline les tentures murales, ciels de lit, rideaux, et font écrin au beau mobilier de style. 90 € pour 2, petit déj gourmet compris. Une adresse de charme.

Accès : de l'A 7, à la hauteur d'Orange, prenez l'A 9 vers Barcelone sortie Remoulins ; au rond-point, N 100 vers Nîmes puis Remoulins-Centre, et au 3e feu, à droite vers Uzès, la maison est en face de l'église.

REVENS — 30750

Carte régionale A1

21 km SO de Meyrueis ; 20 km E de Millau

€€€ 🛏 **Chambres d'hôtes de l'Ermitage Saint-Pierre (Madeleine et Hubert Macq) :** *Trèves.* ☎ 05-65-62-27-99. ● *madeleine.macq@nordnet.fr* ● *hermitage.st.pierre.site.voila.fr* ● *Ouv tte l'année, de préférence sur résa.* 📶 Dans un cadre somptueux, donnant sur la vallée de la Dourbie. Superbe ensemble de plusieurs maisons restaurées, avec une chapelle romane du XIe s. Les Macq y tiennent 5 chambres de grand confort, décorées avec infiniment de goût. Très beaux meubles anciens. Sanitaires privés. Comptez 79 € pour 2, petit déj compris. Très agréables salle à manger et salon. Four à pain à disposition pour les grillades. Baignade et pêche dans la Dourbie. Moutons, chevaux et canards sur le domaine.

> *Accès :* par la D 991 (borne 21 de Nant à Millau).

ROQUEFORT-DES-CORBIÈRES — 11540

Carte régionale A2

25 km S de Narbonne ; 13 km N de Leucate

€€ 🛏 |●| **Chambres d'hôtes Zenaïde (Anne Escalier et Bertrand Castany) :** *27, rue des Chasseurs.* ☎ 04-68-48-66-09. ● *zenaide@wanadoo.fr* ● *zenaide.net* ● 📶 Dans ce mignon village, belle et grande demeure vigneronne du XIXe s, réunion de 3 maisons dont la première fut achetée par les ancêtres d'Anne en 1870 ! Cinq chambres dont une familiale, installées aux 1er et 2nd étages. La déco élégante prend des côtés brocante avec cette antique chaise à bébé transformée en chevet, ces cadres de grands-parents au mur... Les nostalgiques du métro-dodo demanderont la chambre avec sa baignoire revêtue de carreaux façon métro parigot. Et, pour ne rien gâcher, cet aspect rétro n'empêche en rien un équipement moderne et complet, dont la clim. Selon la chambre de 55 à 58 € pour 2, petit déj compris et de 80 à 82 € pour 4. Table d'hôtes à 16 €, vin compris. Anne est un fin cordon bleu qui vous régalera de bons plats régionaux (tendance bio) servis dans l'ancien chai. Première plage à 8 km. Accueil charmant. **NOUVEAUTÉ.**

> *Accès :* au cœur du village.

SAINT-ANDRÉ-CAPCÈZE — 48800

Carte régionale B1

60 km SE de Mende ; 7 km S de Villefort

€€ 🛏 |●| **10%** **Chambres d'hôtes Au Portaou (Patricia Tholet et Hans-Dieter Röcher) :** *Valcrouzès.* ☎ 04-66-46-20-10. ● *au-portaou@wanadoo.fr* ● *au-portaou.com* ● *Fermé 15 nov-1er fév, sf entre Noël et le Nouvel An.* 📶 Cadre idyllique pour cette très belle adresse, isolée en pleine nature. Mas cévenol de la fin du XVIIIe s, superbement restauré par Patricia et Hans, un couple belgo-allemand très accueillant. Cinq chambres coquettes et confortables (accès indépendant), dont une aménagée dans l'ancienne clède et avec lit en mezzanine. Source et plan d'eau pour se rafraîchir, jardin en terrasses et tonnelle ombragée. De 52 à 67 € pour 2, avec le petit déj (pas moins de 25 confitures maison !), et savoureuse table d'hôtes à base de produits maison ou locaux, majoritairement bio, à 20 € tout compris (menu végétarien ou pour intolérants au gluten sur demande). Également un gîte de 4-6 personnes sur place et une cuisine d'été. Possibilité de stages à thème. Une adresse propice aux séjours prolongés...

> *Accès :* de Villefort, direction Saint-André-Capcèze puis Vielvic, et fléchage vers Pont-Perdu-Valcrouzès.

SAINT-ANDRÉ-DE-BUÈGES — 34190

Carte régionale B1

45 km NO de Montpellier ; 13 km SO de Ganges

€€€€ 🛏 |●| **10%** **Chambres d'hôtes Mas de Bombequiols (Anne-Marie Bouec et Rolan Dann) :** *Bombequiols.* ☎ et fax : 04-67-73-72-67. 📱 06-83-54-44-60. ● *bombequiols@wanadoo.fr* ● *masde-bombequiols.free.fr* ● *Résa obligatoire.* 📶 Magnifique bastide médiévale située dans un cadre enchanteur, restaurée avec goût. Six chambres avec salles de bains privées et déco personnalisée. Mobilier superbe et très beaux matériaux. Évidemment, tout cela n'est pas à la portée de tous... alors routards aisés, comptez de 90 à 130 € pour 2, petit déj compris. Possibilité de repas à la table d'hôtes (le soir uniquement, et sur réservation) pour 30 €, apéro et vin compris. Bons produits du terroir. Idéal pour les cadres sup' parisiens surmenés et stressés, ils trouveront ici une hôtesse qui saura les mettre au vert. Et il y a même piscine !

> *Accès :* après avoir passé le village de Brissac (entre Ganges et Saint-André-de-Buèges), Bombequiols est indiqué à 5 km sur la gauche.

SAINT-CYPRIEN 66750

Carte régionale A2

17 km SE de Perpignan ; 10 km N d'Argelès

€€ ☐ |●| ♪ **Gîte Les Aulnes (Serge Berdaguer) :** *chemin de la Varnède.* ☎ *04-68-21-97-97.* ▯ *06-30-38-97-32.* • berdaguer.gites@wanadoo.fr • giteslesaulnes.fr • À 1,5 km des plages, exploitation agricole où Serge et Michel, son frère, élèvent des chevaux. Par un escalier extérieur on accède aux 3 chambres, claires, gaies et résolument modernes. Sanitaires privés. 60 € pour 2, copieux petit déj compris, servi sur une grande terrasse aux beaux jours. Possibilité de table d'hôtes à 20 € tout compris, mais aussi coin pique-nique avec barbecue à disposition. Également des gîtes (2 à 5 personnes) pour ceux qui souhaitent séjourner. Si vous aimez l'équitation, Michel organise des balades et des circuits en poneys pour les enfants. Accueil chaleureux. Bon rapport qualité-prix-convivialité. Une gentille adresse.

> *Accès :* A 9, sortie Leucate en direction de Barcarès et Canet jusqu'à Saint-Cyprien ; traversez Saint-Cyprien-Page en direction du village puis tournez à droite en direction des Aulnes.

SAINT-ÉTIENNE-DU-VALDONNEZ 48000

Carte régionale B1

28 km SE de Mende ; 25 N de Florac

€ ☐ |●| **Chambres d'hôtes de la Fage (Madeleine et Georges Meyrueis) :** ☎ *04-66-48-05-36.* • gites-refuges.com • *Ouv de début avr à mi-nov.* En pleine nature, pour ceux qui affectionnent les adresses isolées... Hameau typique en pierre et lauze. Les Meyrueis y tiennent 2 chambres d'hôtes avec sanitaires privés. Comptez 48 € pour 2, petit déj inclus. Possibilité de repas (sauf le dimanche) en compagnie des proprios pour 18 €, vin compris. Spécialités de saucisse aux herbes, soupe aux légumes du jardin, fromages de pays. Tranquillité et calme assurés. GR 44 et proximité des GR 68 et 43.

> *Accès :* au col de Montmirat, prenez la D 35 vers Pont-de-Montvert pdt 6 km, puis tournez à gauche au fléchage « La Fage » (n'allez pas à Saint-Étienne-du-Valdonnez).

SAINT-GERMAIN-DE-CALBERTE 48370

Carte régionale B1

40 km SE de Florac ; 40 km NO d'Alès

€€ ☐ |●| ♪ **Chambres d'hôtes (Sabine et Gérard Lamy) :** *Vernet.* ☎ *04-66-45-91-94.* • gerardsabine.lamy@orange.fr • vernetcevennes.com • *Ouv 1er avr-15 nov. Slt sur résa.* Dans le parc national des Cévennes, charmant petit hameau (maisons en pierre et toits de lauze). Sabine, Gérard et leurs deux filles ont aménagé 5 chambres dans leur ferme. Déco simple, mais fonctionnelle, avec du mobilier réalisé par des artisans locaux. Sanitaires particuliers. Comptez 58 € pour 2, petit déj compris (délicieuses confitures de châtaigne et de framboise). Table d'hôtes à 19 €, apéro, vin et café inclus. Une cuisine saine à partir des produits de la ferme. Les proprios élèvent des brebis et des ânesses. Gérard est aussi hydro-biologiste ; il organise des randos sur le thème de l'eau. Accueil chaleureux.

> *Accès :* de Florac, prenez la N 106 en direction d'Alès jusqu'au col de la Jalcreste, puis la D 984 vers Saint-Germain-de-Calberte ; après Saint-André-de-Lancize, tournez à droite vers Vernet.

SAINT-HILAIRE 11250

Carte régionale A2

70 km SO de Narbonne ; 14 km S de Carcassonne

€€ ☐ (10%) **Chambres d'hôtes Aux Deux Colonnes (Joël Thevenot et Pierre Hoyos) :** *3, av. de Limoux.* ☎ *04-68-69-41-21.* ▯ *06-75-58-26-14.* • auxdeuxcolonnes@aol.com • auxdeuxcolonnes.com • *Fermé janv-fév.* Au centre du village, mais au calme, belle maison de maître restaurée avec amour par ses propriétaires. Joël est peintre et décorateur, et il se dégage de l'ensemble une atmosphère raffinée, notamment grâce aux meubles achetés au hasard de visites chez les antiquaires. Trois chambres d'hôtes élégantes et personnalisées au 1er étage et 2 autres en duplex. Sanitaires privés. Selon la chambre, de 55 à

65 € pour 2, petit déj compris. Pas de table d'hôtes, mais plusieurs restos à proximité. Accueil chaleureux. Bien sûr, l'abbaye et son cloître du VIIIe s valent une petite visite (vous n'avez que la rue à traverser).

> *Accès : de Carcassonne, ne prenez pas la D 108, mais la D 104 vers Saint-Hilaire qui passe par Cavanac et Leuc (la maison est en face de l'abbaye).*

SAINT-JEAN-DE-BUÈGES 34380

Carte régionale B1

43 km NO de Montpellier ; 18 km SO de Ganges

€€ 🏠 🐕 **10%** **Chambres d'hôtes du Grimpadou (Jean-Luc Coulet) :** ☎ 04-67-73-11-34. 📱 06-07-78-57-24. ● legrimpadou@hotmail.com ● minisite.gdf34.com/le-grimpadou ● *Fermé janv-mars.* 📶 Dans ce village médiéval, 4 chambres d'hôtes avec sanitaires privés, de 55 à 65 € pour 2, petit déj compris. Pas de table d'hôtes, mais une cuisine à disposition avec salle à manger et une auberge dans le village. Une adresse pour découvrir l'un des plus pittoresques villages de la Séranne.

> *Accès : dans le village, près du château médiéval.*

€ 🏠 🍴 🐕 **10%** **Gîte de groupe L'Aire de la Séranne (Konstanze Baade) :** ☎ 04-67-73-11-19. Fax : 04-67-73-10-84. ● horizonsseranne@libertysurf.fr ● seranne.org ● *Résa conseillée.* Au cœur d'un des villages les plus pittoresques de la haute vallée de l'Hérault, gîte tenu par une non moins pittoresque jeune Allemande et pouvant accueillir une vingtaine de personnes. Chambres et dortoirs, sobres et bien tenus. Comptez 16 € la nuit par personne, 6 € le petit déj, et 38 € en demi-pension. Cuisine familiale. Diverses activités possibles (découverte de la faune et de la flore, soirées contes, visite d'une réserve naturelle privée...).

> *Accès : à côté de la petite place aux deux platanes.*

SAINT-JEAN-DU-GARD 30270

Carte régionale B1

25 km O d'Alès

€€ 🏠 **Chambres d'hôtes Les Fromentières (Gladys Chagnolleau et Laurent Polti) :** Les Plaines. ☎ et fax : 04-66-85-10-25. ● gladys.chagnolleau@wanadoo.fr ● pagesperso-orange.fr/chambres-les-fromentieres ● *Fermé déc-mars.* En pleine nature, au milieu des bois, un petit chemin mène à la vieille ferme XVIe s de Laurent. Avec Gladys, ils cultivent des fruits, des plantes aromatiques bio et élèvent des moutons et des ânes. Dans l'ancienne bergerie, belle pièce à vivre avec poutres, cheminée et murs enduits à la chaux (et petite cuisine à disposition des hôtes). À l'étage, 4 chambres douillettes et joliment décorées de tableaux et cadres de famille, à 62 € pour 2, petit déj compris.

> *Accès : à Saint-Jean-du-Gard, dirigez-vous vers la gare du petit train ; prenez à gauche la route des Plaines devant la gare et suivez le fléchage.*

SAINT-MARTIN-LE-VIEIL 11170

Carte régionale A2

20 km E de Castelnaudary ; 4 km O de Montolieu

€€€ 🏠 **Chambres d'hôtes Abbaye de Villelongue (Jean Eloffe) :** 📱 06-61-44-36-24. ● abbaye-de-villelongue.com ● *Fermé 15 j. fin sept et 1 sem à Noël.* C'est dans une abbaye que Jean vous propose de séjourner (j'y crois pas !). Le cadre est grandiose et le travail de restauration et de décoration admirable. Les 4 chambres, toutes différentes et charmantes, respectent l'harmonie des lieux. Sanitaires privés. Comptez 75 € pour 2, petit déj compris. Plein de recoins pour installer sa chaise longue et découvrir le cloître et le jardin d'inspiration médiévale où pousse une ribambelle de courges. Vous pourrez également profiter du très mignon salon d'été installé dans l'ancien pigeonnier. Accueil très chaleureux. Un de nos coups de cœur.

> *Accès : de Montolieu par la D 64.*

€€ 🏠 🍴 🐕 **10%** **Chambres d'hôtes Villelongue Côté Jardins (Claude Antoine) :** ☎ 04-68-76-09-03. ● villelongue-cote-jardins@orange.fr ● villelongue-cote-jardin.com ● *Fermé 24-25 déc.* 📶 Cet ancien logis de l'abbaye de Villelongue, abrité par des arbres bicentenaires, est dans la famille de Claude depuis 1938. On y trouve 4 chambres spacieuses, 2 en rez-de-chaussée et 2 à l'étage, donnant sur le jardin. La salle à manger, autrefois cuisine, chaleureuse avec son mobilier Henri II, accueille les hôtes pour de copieux petits déj. Comptez 65 € pour 2 et 25 € pour le repas en table d'hôtes (du 1er septembre au 30 juin). Grand parc arrosé par les béals de l'hydraulique cistercienne.

> *Accès : de Carcassonne, D 344 puis N 113 ; après Pezens, D 629 vers Montolieu, puis D 8 et D 64 direction l'abbaye de Villelongue.*

SAINT-SIFFRET — 30700

Carte régionale B1

25 km NE de Nîmes ; 6 km E d'Uzès

€€ **Chambres d'hôtes Le Clos des Buis (Nadine et Pierre Gleyse) :** chemin des Lembertes. ☎ 04-66-22-33-19. 📱 06-71-13-65-81. ● pngleyse@wanadoo.fr ● leclosdesbuis-saint-siffret.fr ● *Ouv d'avr à oct.* Le Clos des Buis est une bastide provençale de construction récente, ocre rosé aux volets verts, joliment décorée de meubles anciens, de tableaux, avec des couleurs douces et reposantes. Deux chambres de charme avec sanitaires privés : « Soleil levant » et « Soleil couchant », à 69 € la nuit pour 2, petit déj compris. Table d'hôtes (quelques soirs par semaine seulement, et à réserver d'avance) à 22 €, servie, comme les petits déj, sur la terrasse ou dans le jardin. Bonne cuisine locale. Grand parc et piscine vous invitent à la détente.

> *Accès :* de Nîmes, D 979 direction Uzès, puis D 982 vers Bagnols ; 5 km après Uzès, prenez la D 4 sur la droite, puis la D 305.

SALLÈLES-D'AUDE — 11590

Carte régionale A2

N de Narbonne

€€€ **Chambres d'hôtes Les Volets Bleus (Famille Evans) :** 43, quai d'Alsace. ☎ 04-68-46-83-03. ● lvb.aude@gmail.com ● les-volets-bleus.com ● 📶 Maison de maître avec une mini-terrasse ombragée et des volets... bleus, installée au bord du canal de jonction qui relie le Canal du Midi à l'Aude (il est inscrit au patrimoine de l'Unesco !). Les intérieurs sont superbes avec leurs peintures murales en faux marbre, stucs aux plafonds, bel escalier monumental. Cinq grandes chambres meublées à l'ancienne de 65 à 90 € pour 2, petit déj compris. La moins chère a sa cabine de douche posée à même la pièce, juste séparée par un paravent. Les propriétaires, Écossais, sont tout bonnement adorables. Table d'hôtes à 27,50 €. Les bons dîners partagés entre tous sont souvent polyglottes, ce qui donne un charme supplémentaire aux discussions ! *NOUVEAUTÉ.*

> *Accès :* Dans le village, sur la D1626 qui longe le canal.

SUMÈNE — 30440

Carte régionale B1

50 km N de Montpellier ; 17 km E du Vigan

€€ **Chambre d'hôtes Le Cap du Mas (Françoise Delpuech) :** Sanissac. ☎ 04-67-81-41-13. 📱 06-23-97-86-22. ● delpuech.francoise@wanadoo.fr ● capdumas.com ● Un petit chemin qui grimpe doucement et, perchée sur une colline face à la vallée du Rieutord et au village de Sanissac, la maison de Françoise au milieu de terrasses fleuries. C'est en fait la ferme de sa grand-mère que Françoise a rénovée, pour y aménager une chambre avec salle de bains, à 56 € pour 2, petit déj compris. Également un gîte de 3 chambres sur place. Table d'hôtes sur réservation à 18 €, avec les bons produits des fermes de la famille. Une bonne adresse.

> *Accès :* de Montpellier, direction Ganges ; à Ganges, direction Sumène, et de Sumène, prenez vers Saint-Martial puis fléchage sur 3,5 km.

TALAIRAN — 11220

Carte régionale A2

30 km SO de Narbonne ; 10 km SE de Lagrasse

€€ **10%** **Chambres d'hôtes Domaine Degrave (Daniel Rémon) :** 7, av. du Grand-Bassin. ☎ et fax : 04-68-44-00-65. 📱 06-85-05-34-44. ● d.remon.degrave@wanadoo.fr ● louisdegrave.com ● *Ouv avr-oct. Résa obligatoire.* Dans une maison de caractère indépendante, 3 chambres avec sanitaires privés en une suite de 2 chambres attenantes. 70 € pour 2, petit déj compris, et 120 € pour la suite de 4 personnes. Sur demande, possibilité de vous faire confectionner une « assiette du terroir » pour 20 € ; autrement, cuisine d'été à disposition. Également 3 gîtes (de 4 ou 6 personnes) qui disposent de lave-linge, lave-vaisselle, micro-ondes, téléphone, TV et petit bout de jardin. Comptez de 350 à 480 € par semaine selon la saison, et entre 160 et 200 € le week-end (draps fournis). Les proprios, extrêmement chaleureux, ne manqueront pas de vous faire déguster le corbières du domaine. Une adresse à ne pas louper si vous faites la route des Châteaux cathares ou si vous vous dirigez vers l'Espagne.

> *Accès :* A 9, sortie Narbonne-Sud ; prenez en direction de l'abbaye de Fontfroide ; 5 km après Saint-Laurent-de-Cabrerisse et à 10 km de Lagrasse, vous trouverez Talairan ; bien fléché à partir du centre du village.

€€ **Chambres d'hôtes La Talayrane (Paule et Pierre Chertier) :** 12, pl. de la République. ☎ et fax : 04-68-44-09-92. 📱 06-76-86-97-88. ● p-chertier@wanadoo.fr ● *Fermé 27 déc-2 janv.* 📶 Dans un petit village pittoresque, sur une placette tranquille où gazouille une fontaine, grande demeure familiale au crépi beige rosé et aux volets verts dont une partie appartient à l'ancien château. À l'étage, 4 chambres originales et douillettes avec sanitaires privés. Beaux meubles anciens, nombreux bibelots, superbes tableaux et murs enduits à la chaux. Atmosphère remplie d'authenticité. De 60 à 70 € pour 2, petit déj compris, servi dans la belle vaisselle ancienne. Agréable patio et terrasse d'été bien abritée. Accueil de qualité. Une adresse qui ne manque pas de charme.

Accès : A 9 sortie Narbonne-Sud, puis direction abbaye de Fontfroide jusqu'à Talairan ; la maison se trouve sur la place du village, face à l'école.

TAURINYA 66500

Carte régionale A2

40 km SO de Perpignan ; 5 km S de Prades

€€ 🛏 |●| *Chambres d'hôtes Las Astrillas (Bernard Loupien) :* 12, carrer d'Avall, route du Canigou. ☎ 04-68-96-17-01. ● bernardloupien@gmail.com ● lasastrillas.com ● Ouv mars-nov. 📶 On l'a surnommée « la maison du pauvre » par dérision. Cette demeure vieille de trois siècles a été restaurée par Bernard dans le respect des vieilles pierres. Adorable jardin bien fleuri. Cinq chambres d'hôtes agréables et coquettes, dont une suite avec coin salon et terrasse privative. Sanitaires privés. Comptez 52 € pour 2 (71 € dans la suite), petit déj compris. Belle salle à manger dont les murs se sont parés de vieilles faïences et tableaux. Bernard a aussi créé un petit musée rempli de vieux outils et autres témoignages de la vie d'autrefois. Ne manquez pas l'abbaye de Saint-Michel-de-Cuxa, célèbre pour son festival, et la grimpette au pic du Canigou, situé à quelques encablures. Pour le reste, faites confiance à Bernard pour vous orienter. Accueil très chaleureux.

Accès : de Perpignan, empruntez la N 116 en direction de l'Andorre jusqu'à Prades ; là, prenez la direction de l'abbaye de Saint-Michel-de-Cuxa, puis Taurinya ; la maison est à l'entrée du village à gauche.

TERMES 48310

Carte régionale A1

60 km NO de Mende ; 8 km O de Saint-Chély-d'Apcher

€€ 🛏 |●| ⋔ *Chambres d'hôtes (Lydie et Alain Chalvet) :* La Narce. ☎ 04-66-31-64-12 ou 09-64-25-12-63. 📱 06-82-56-62-95. Fax : 04-66-31-64-12. ● lanarce@orange.fr ● picasaweb.google.fr/alain.chalvet/lanarce ● À 1 180 m d'altitude, entre Aubrac et Margeride, La Narce (ou source issue des volcans) abrite une ancienne ferme du début du XXe s, située à 500 m du village, en pleine nature. Dans l'ancienne étable et grange, 3 chambres adorables et une chambre familiale (4 personnes) sous les combles. Sanitaires privés. 55 € pour 2, petit déj inclus. Table d'hôtes familiale et goûteuse. Système de demi-pension à 88 € pour 2. Accueil prévenant et chaleureux.

Accès : A 75, sortie Saint-Chély-d'Apcher ; empruntez la D 989 en direction de Fournels ; La Narce se trouve 5 km avt Fournels ; à Termes, tournez à droite et suivez le fléchage.

VALLERAUGUE 30570

Carte régionale B1

25 km N de Ganges ; 22 km N du Vigan

€€ 🛏 |●| *Chambres d'hôtes La Coconnière (Nina et Jérôme Lopez) :* 5, rue Neuve. ☎ 04-67-82-00-13. ● contact@lacoconniere.com ● lacoconniere.com ● Au pied du mont Aigoual, au départ du sentier des 4 000 Marches, très belle maison de village avec petit balcon. Il s'agissait sans doute d'une maison de maître, à la grande époque de l'élevage des vers à soie. À l'étage, 5 chambres (très beaux carrelages des années 1930), dont 2 familiales et une suite, à 62 € pour 2, petit déj compris. Table d'hôtes entre 18 et 24 €. Cuisine à partir de produits régionaux. Au fond du parc, gîte d'étape de 40 places. 16 € par personne en gestion libre, et tout le gîte pour 550 € la nuit.

Accès : de l'A 75, sortie Le Vigan, direction Pont-d'Hérault puis Vallerauge (D 986) ; dans le village, au café, prenez le pont, c'est la 3e rue à droite.

VALMANYA 66320

Carte régionale A2

47 km SO de Perpignan ; 27 km SE de Prades

€ 🛏 |●| ⋔ (10%) *Gîte d'étape Le Roc de l'Ours (Sophie et Bernadette Mary) :* ☎ et fax : 04-68-96-25-79. 📱 07-77-94-23-40. ● sofy.l.m@wanadoo.fr ● mairie-valmanya.fr ● Ouv 1er mai-15 sept, et sur résa pour groupe de 10 pers min le reste de l'année. Au cœur du massif du Canigou,

Le Roc de l'Ours, c'est la maison familiale du père de Sophie qui reprend petit à petit le flambeau... Tout en pierre de taille, elle s'est transformée en un gîte d'étape très confortable et particulièrement accueillant. Huit chambres coquettes pouvant recevoir jusqu'à 20 personnes, presque toutes avec sanitaires privés. 15 € la nuit par personne, en gestion libre. Grande salle de détente avec TV, jeux et bibliothèque. Les randos sont nombreuses, et deux GR passent juste à côté. Hospitalité, nature et liberté au rendez-vous.

Accès : de Perpignan, prenez la N 116 en direction de l'Andorre jusqu'à Vinça ; prenez ensuite, sur la gauche, la D 36 et la D 13 vers Baillestavy, puis Valmanya ; le gîte est dans le village.

VILLARDONNEL 11600

Carte régionale A2

18 km N de Carcassonne

€€€ ≙ |●| ⚐ 10% **Chambres d'hôtes L'Abbaye de Capservy (Denise Meilhac) :** ☎ 04-68-26-61-40. 📱 06-37-88-86-75. *Fax : 04-68-26-66-90.* • daniel.meilhac@wanadoo.fr • abbayedecapservy.com • *Ouv de mi-fév à mi-nov.* Ancien prieuré du XIIe s admirablement restauré (et on pèse nos mots !). On longe le mur d'enceinte, ouvert d'arcades successives, et on pénètre dans la cour. Ambiance sereine alimentée par la taille des pièces et l'authenticité du décor. Au cœur de la bâtisse, 3 chambres, dont une avec mezzanine et une suite immense composée de 2 chambres (idéales pour les familles). Sanitaires privés. Selon la saison, comptez de 83 à 88 € pour 2, et 20 € par personne supplémentaire, petit déj compris. Table d'hôtes (3 ou 4 soirs par semaine, sur réservation) à 25 €, vin de la maison compris. Domaine de 30 ha, avec un lac (routards pêcheurs, à vos cannes !), une agréable piscine, sans oublier les 6 ha de vignes qui produisent un excellent vin de pays médaillé d'or au concours interrégional Méditerranée.

Accès : de Carcassonne, empruntez la D 118 en direction de Mazamet sur 17 km ; laissez Villardonnel sur votre droite, et prenez la 1re à gauche (en face des auberges).

Limousin

AIX — 19200
Carte régionale B2

10 km NE d'Ussel

€ 🏠 |○| 🐾 *Chambres d'hôtes Le Domaine de l'Araucaria (Cathy et Christian Laly) :* Le Bourg. ☎ 05-55-72-19-51. 📱 06-31-23-72-62. • c.laly@free.fr • domainedelarocaria.fr • Ouv mai-oct. À la frontière de la Corrèze, de la Creuse et du Puy-de-Dôme, agréable demeure familiale du début du XX° s, située en pleine nature dans un superbe parc de 3 ha bordé d'un ruisseau et d'un étang. Une chambre et 2 suites familiales décorées avec amour et bon goût. Sanitaires privés. 50 € pour 2 et 70 € pour 4, petit déj compris. Table d'hôtes partagée en famille à 20 €, vin compris. Une adresse idéale pour se mettre au vert et faire de superbes promenades dans la région. Enfin, info spéciale pour les amateurs de musique : Christian réunit régulièrement ses amis pour une jam session impromptue. Une adresse qu'on aime et un très bon rapport qualité-prix-convivialité.

Accès : à 3 km de l'A 89 (sortie n° 24) ; d'Ussel, N 89 vers Clermont-Ferrand pdt 3 km puis à gauche D 49 vers Aix que l'on traverse en direction Courteix, puis prendre le chemin à gauche 400 m plus loin.

BERSAC-SUR-RIVALIER — 87370
Carte régionale A1

37 km N de Limoges ; 22 km S de La Souterraine

€ 🏠 |○| 🐾 -10% *Chambres d'hôtes Domaine du Noyer (Anna et Jean Masdoumier) :* 📱 06-68-88-70-78. Fax : 05-55-71-51-48. • noyer.prats@free.fr • Fermé 14 nov-25 mars. Ici, en pleine nature, vous découvrirez une superbe demeure du XVI° s, avec une vue magnifique sur les monts d'Ambazac. On accède aux 4 chambres par un très bel escalier d'époque en pierre. Décoration sobre et plutôt dépouillée. Sanitaires privés. Comptez 48 € pour 2, petit déj compris. Nombreuses salles de séjour à disposition et une grande salle avec poutres et cheminée. Table d'hôtes à 18 € vin non compris ou 20 € avec les boissons : potée limousine, confit de porc, fondant aux châtaignes, etc. Menu végétarien sur demande. C'est Jean, sculpteur, qui se charge d'accueillir ses hôtes. Mais il a aussi une passion pour les chevaux et a créé un petit élevage il y a quelques années. Nombreuses activités : piscine couverte, étang privé de 1 ha, et tout au long de l'année, des week-ends thématiques organisés par les propriétaires (gastronomie régionale,

---

Nous vous rappelons que la table d'hôtes est le complément d'une formule d'hébergement (chambre d'hôtes, gîte d'étape...). Ce service n'est offert qu'aux personnes qui dorment sur place (excepté lorsqu'il est clairement écrit « ouvert aux extérieurs »).

champignons, pêche...). Excellent rapport qualité-prix-convivialité.

Accès : N 20, sortie n° 24 (en venant de Paris) direction Bersac-sur-Rivalier ; depuis le village, prenez la direction de Laurière et, tt de suite à la sortie, tournez à gauche après le pont de chemin de fer, en direction de Folles puis, à 2 km, suivez le fléchage « Le Noyer ».

€ 🏠 |●| 🐾 **Gîte d'étape (Yvonne et Maurice Forgeron) :** Galachoux. ☎ 05-55-71-44-16. 📱 06-37-42-62-66. ● gites.galachoux@gmail.com ● *Fermé janv-mars.* Au milieu d'un petit hameau, dans une maison indépendante de la leur, Yvonne et Maurice, agriculteurs à la retraite, ont installé un gîte d'étape pour 10 personnes. 15 € (20 € l'hiver) la nuit par personne et 38 € en demi-pension. Les petits déj et les repas sont pris chez Yvonne, dans un ancien moulin au bord d'une rivière. Très bonne cuisine régionale avec les produits de la ferme. Également un gîte rural, avec 6 chambres (14 personnes), mitoyen au gîte d'étape. Une gentille adresse, des prix doux et un accueil chaleureux. Idéal pour les familles (les enfants vont adorer la vie de la ferme) et pour les randonneurs (nombreux circuits).

Accès : A 20, sortie n° 24 (Bessines et Bersac).

BLOND 87300

Carte régionale A1

40 km NO de Limoges ; 4 km S de Bellac

€ 🏠 |●| 🐾 (10 %) **Chambres d'hôtes La Flambée (Myriam et Pierre Morice) :** Thoveyrat. ☎ 05-55-68-86-86. 📱 06-19-97-49-20. ● chambrehote@freesurf.fr ● laflambee.info ● Au milieu d'un petit hameau rural, ancienne et jolie ferme du XVIIIe s. Un vieil et noble escalier conduit aux 4 chambres colorées et guillerettes qui peuvent accueillir de 2 à 4 personnes. Ambiance campagnarde. Sanitaires privés. 45 € pour 2, et 65 € pour 4, petit déj compris. Table d'hôtes partagée en famille autour d'une grande table ronde à 18 €, vin et café compris. Bonne cuisine où les produits maison sont légion ! Charcuterie, volaille, agneau, sans oublier les légumes du jardin. Vos chères têtes blondes pourront jouer avec les deux enfants de la maison. Atmosphère chaleureuse, accueil souriant et charmant. Excellent rapport qualité-prix-convivialité. Une adresse pour redécouvrir la vie de la campagne.

Accès : à la sortie de Bellac en direction de Limoges, prenez à droite la D 3 vers Blond jusqu'au hameau Thoveyrat à 3 km ; la maison est un peu avt la sortie à gauche.

BOISSEUIL 87220

Carte régionale A1

10 km SE de Limoges

€ 🏠 **Chambres d'hôtes (Brigitte et Philippe Ziegler) :** domaine de Moulinard. ☎ 05-55-06-91-22. ● ph.ziegler@laposte.net ● gites-limoges.fr ● *Ouv d'avr à mi-oct.* À 10 mn du centre de Limoges et pourtant en pleine nature. Sur leur ferme d'élevage ovin et d'arboriculture, Brigitte et Philippe ont restauré une partie de la maison de maître du XIXe s, à proximité de leur habitation. Les 4 chambres sont donc indépendantes, spacieuses, et ouvrent sur un beau jardin ombragé. Elles disposent de sanitaires privés, mais les w-c sont à l'extérieur pour l'une d'entre elles. 50 € pour 2, petit déj compris. Très bon accueil. On peut pique-niquer dans le parc et plusieurs restos sont à proximité.

Accès : de Limoges, A 20 en direction de Toulouse, sortie n° 37, Boisseuil ; fléchage depuis le centre commercial.

CHÉNÉRAILLES 23120

Carte régionale B1

28 km E de Guéret ; 18 km N d'Aubusson

€€€ 🏠 |●| (10 %) **Chambres d'hôtes Le Cellier de Stéphane (Anne-Marie et Georges Pageix) :** 12, route de Peyrat. ☎ 05-55-62-14-63. ● georgespageix@orange.fr ● *Fermé 23-28 déc.* 📶 Jolie maison au cœur du village. Au 1er étage, 2 mignonnes chambres dont une familiale composée de 2 chambres. Elles sont bien au calme car elles ouvrent sur l'arrière côté jardin. Sanitaires privés. 75 € pour 2, petit déj. Table d'hôtes partagée en famille entre 20 et 25 €, apéro, vin et café compris. Cuisine familiale souvent à partir des légumes du jardin. Anne-Marie est passionnée par la broderie et la tapisserie et partout vous retrouverez les œuvres de son travail minutieux. Accueil charmant. **NOUVEAUTÉ.**

Accès : le village est situé sur la D997 entre Aubusson et Montluçon, la maison est dans le bourg.

CLERGOUX 19320

Carte régionale B2

30 km E de Tulle ; 6 km O de Marcillac-la-Croisille

€ 🏠 |●| 🐾 **Ferme équestre de Leix (Sylvie et André Soudant) :** ☎ et fax : 05-55-27-75-49. ● asoudant@wanadoo.fr ●

LIMOUSIN

NORD

- Montmorillon
- les Grands-Chézeaux
- Gençay
- VIENNE (86)
- Civray
- Peyrat-de-Bellac
- Bellac
- Blond
- St-Pardoux
- Bersac-sur-Rivalier
- Ruffec
- CHARENTE (16)
- Confolens
- HAUTE-VIENNE **87**
- Limoges
- Isle
- Boisseuil
- la Rochefoucauld
- Flavignac
- Angoulême
- la Chapelle-Montbrandeix
- St-Hilaire-les-Places
- Dournazac
- Nontron
- St-Yrieix-la-Perche
- Coussac-Bonneval
- Lubersac
- DORDOGNE (24)
- Vigeois
- Ribérac
- Segonzac
- Saint-Bonnet-l'Enfantier
- Périgueux
- Brive-la-Gaillarde
- Mussidan
- Saint-Cernin-de-Larche
- Sarlat-la-Canéda

20 km

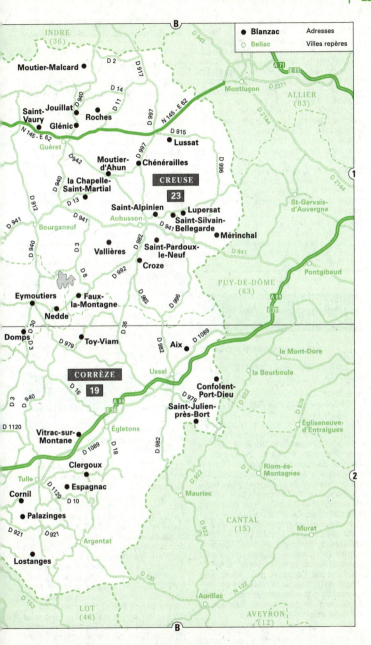

ferme-de-leix.com • *Ouv avr-sept.* La petite route qui mène jusqu'à la ferme s'arrête là. Grand corps de ferme traditionnel en pierre. Dans l'ancienne grange, 4 chambres agréables, équipées de sanitaires privés, dont 2 familiales avec lits enfants en mezzanine. Elles sont toutes de plain-pied avec accès indépendant. Comptez 48 € pour 2, petit déj compris (confitures, viennoiserie, yaourt et jus de pomme maison), et 12 € par personne supplémentaire. Table d'hôtes, partagée avec Sylvie et André, à 19 €, vin compris. Cuisine familiale préparée avec les légumes du jardin. Derrière sa forte carrure, André paraît assez bourru, mais ne vous y fiez pas, il sait être très cordial. Vous pouvez randonner à pied et vous trouverez sur place tous les itinéraires. Une adresse nature.

Accès : de Tulle, prenez la D 978 en direction d'Aurillac, puis de Mauriac sur 22 km ; à la sortie du lieu-dit Les Cambuses, tournez à droite au fléchage (3 km avt Clergoux).

CONFOLENT-PORT-DIEU — 19200

Carte régionale B2

27 km N de Bort-les-Orgues ; 20 km E d'Ussel

€€ 🏠 |○| 🐾 **Chambres d'hôtes Passion et Découverte** *(James Simonin) :* presbytère de Port-Dieu. ☎ 05-55-94-39-56. 📱 06-85-66-66-66. • *james@passionet-decouverte.com* • *passionetdecouverte.com* • 📶 Encore une adresse pour le moins insolite, située au-dessus de la retenue du barrage de Bort-les-Orgues. Le village a été détruit et inondé lors de la création du barrage et il ne reste plus que cet ancien presbytère au toit de lauzes et la chapelle. Trois chambres fonctionnelles de 2 à 4 personnes, dont 2 avec sanitaires communs. 42 € pour 2, petit déj compris, et 62 € pour 4. Table d'hôtes à 15 €, vin et café compris. James est guide randonnée en quad... alors si vous avez le vôtre, c'est le moment de l'amener pour venir à la découverte du coin. Possibilité de baignade dans la retenue, pêche... Accueil chaleureux. Une adresse authentique où calme et sérénité sont garantis.

Accès : A 89 sortie n° 24 Ussel-Est puis N 89 vers Clermont-Ferrand puis à droite D 27 vers Confolent-Port-Dieu et suivez le fléchage.

CORNIL — 19150

Carte régionale B2

21 km NE de Brive ; 6 km SO de Tulle

€€ 🏠 |○| **10 %** **Chambres d'hôtes La Lupronne** *(Marie-Pascale Lesieur) :* Le Mons. ☎ 05-55-27-26-47. • *lalupronne@free.fr* • *lalupronne.free.fr* • 📶 Grande demeure bourgeoise de style Napoléon Ier, plantée dans un agréable parc qui répond au doux nom de Lupronne (lutin de sexe féminin, ignorant !). Cinq chambres lumineuses, dont 4 au 1er étage, la dernière au second. Deux sont plus petites et moins chères, les 3 autres (dont une suite composée de 2 chambres pour les familles) sont vraiment spacieuses. Sanitaires privés. Respectivement 65 et 77 € pour 2, petit déj compris. Belle salle à manger au beau dallage en pierre avec une immense cheminée. Table d'hôtes à 25 €, apéro, vin et café compris. Cuisine à tendance régionale. Marie-Pascale propose de nombreux séjours à thème (demandez le programme !). Accueil de qualité.

Accès : sur la N 89 entre Tulle et Brive, prenez la sortie « Cornil », traversez le village par la D 1 en direction de Sainte-Fortunade pdt 2 km, le hameau est sur la gauche (bon fléchage).

COUSSAC-BONNEVAL — 87500

Carte régionale A2

40 km S de Limoges ; 12 km E de Saint-Yrieix-la-Perche

€€ 🏠 **10 %** **Chambres d'hôtes Moulin de Marsaguet** *(Valérie et Renaud Gizardin) :* ☎ 05-55-75-28-29. • *renaudvalerie.gizardin@orange.fr* • *moulin-marsaguet.com* • *Ouv d'avr à fin oct.* Superbe site au bord d'un étang de 13 ha. Renaud aime depuis toujours la sérénité de ce lieu. Il se souvient quand son arrière-grand-père, l'un des derniers meuniers du pays, libérait la grande roue et déclenchait la puissante machinerie du moulin. C'est ici qu'avec Valérie il a voulu installer sa ferme d'élevage de canards. Grande maison aux volets blancs avec 3 chambres d'hôtes, dotées de sanitaires privés, 59 € pour 2, petit déj inclus. Piscine chauffée. Possibilité de pêcher sur place (accès payant), car le lieu est réputé pour la prise de gros carnassiers, comme le brochet par exemple. Renaud pourra d'ailleurs vous initier à différents types de pêche si vous le souhaitez.

Accès : de Limoges, A 20 en direction de Brive, sortie n° 39 vers Pierre-Buffière, puis D 15 et D 19 vers Saint-Yrieix ; au carrefour de La Croix-d'Hervy, prenez la D 57 vers Coussac-Bonneval sur 6 km et longez l'étang, c'est au bout.

CROZE 23500

Carte régionale B1

15 km S d'Aubusson

€€ 🏠 |●| 🐴 ⑩% **Chambres d'hôtes La Provence (Carmen et Jean-Louis Nazon) :** Le Tarderon. ☎ 05-55-66-95-58. ● jeanlouiscarmen@hotmail.fr ● 🐾 📶 Petite maison au bord d'une petite route calme. Venir chez Carmen et Jean-Louis, c'est un peu venir dans la maison des grands-parents. Deux chambres au charme désuet : une au rez-de-chaussée plus petite et moins chère, l'autre à l'étage. Sanitaires privés. Respectivement 50 et 60 € pour 2, petit déj compris. Table d'hôtes partagée en famille à 20 €, apéro, vin compris. Goûteuse cuisine provençale ou régionale. Accueil authentique et vrai teinté par l'accent chantant de Carmen. **NOUVEAUTÉ.**

Accès : sur la D 982 entre Aubusson et La Courtine, passer Felletin et l'accès à Tarderon est à 5 km à droite (n'allez pas à Croze).

DOMPS 87120

Carte régionale B2

50 km SE de Limoges ; 12 km S d'Eymoutiers

€€ 🏠 |●| 🐴 ⑩% **Chambres d'hôtes Domaine La Borderie (Caroline Lemaire et Stephan Dijkstra) :** La Borderie. ☎ 05-55-04-54-49. 📱 06-61-01-12-27. ● dijkstra.lemaire@gmail.eu ● domainelaborderie.com ● En pleine nature, à 500 m d'altitude, ancienne ferme rénovée qui jouit d'une superbe vue sur le massif forestier du mont Gargan (730 m d'altitude, site emblématique de la Résistance limousine), et tenue par un sympathique couple de Néerlandais. Deux chambres spacieuses, à la déco contemporaine. Chacune avec coin cuisine, sanitaires privés et accès indépendant. 67 € pour 2, copieux petit déj compris, avec jambon, fromage et œufs de la maison. Table d'hôtes partagée en famille à 20 €, vin et café compris. Une adresse idéale pour se mettre au vert, profiter du charme du site, et bien sûr pour les amateurs de rando ou de VTT.

Accès : d'Eymoutiers, prenez la D 30 jusqu'à Domps que vous traverserez en direction de Chamberet et, à 1,5 km, prenez à droite la D 39A vers Mont-Gargan pdt 2 km jusqu'au hameau de La Borderie.

DOURNAZAC 87230

Carte régionale A2

40 km SO de Limoges ; 3 km SO de Châlus

€€ 🏠 |●| 🐴 ⑩% **Chambres d'hôtes Le Mas du Loup (Laurence et Philippe Chaplain) :** ☎ 05-55-78-11-59. 📱 06-60-42-89-98. ● lemasduloup@wanadoo.fr ● masduloup.monsite.wanadoo.fr ● Fermé 15 nov-fin fév. 📶 Ce petit hameau qui sent bon la campagne était un seul et unique domaine qui comprenait cette magnifique ferme fortifiée du XVIIe s avec son porche à colombages. Au 1er étage, un noble et vieil escalier conduit aux 3 chambres, dont une suite familiale composée de 2 chambres. Sanitaires privés. 55 € pour 2, petit déj compris, et 80 € pour 4 dans la suite. Table d'hôtes partagée en famille à 20 €, apéro, vin et café compris. Cuisine familiale en fonction des produits du marché. Pour vous détendre, un immense parc aux arbres centenaires avec piscine vous attend. Autrement, une voie verte relie Châlus à Oradour-sur-Vayre, et le château féodal de Dournazac vaut bien une petite visite.

Accès : à Châlus, sur la N 21 entre Limoges et Périgueux, prenez la D 6bis vers Dournazac pdt 3 km et petite route à gauche vers le hameau Le Mas-du-Loup ; la maison est au bout.

ESPAGNAC 19150

Carte régionale B2

15 km SE de Tulle ; 6 km S de Saint-Martial-de-Gimel

€€ 🏠 |●| **Chambres d'hôtes (Viviane et Hubert Rouget) :** La Traverse. ☎ 05-55-29-29-79. 📱 06-27-25-46-30. ● fae@espagnac.com ● espagnac.com ● Ouv mars-nov. 📶 Curieuse demeure du début du XVIIe s qui, après avoir servi de tour de guet et de prison, est aujourd'hui une ferme apicole. D'ailleurs, Hubert a créé une petite boutique assez rustique où il propose tous ses produits (miel, pain d'épice et hydromel). On accède aux 2 chambres par l'escalier en pierre de la tour. Déco et mobilier simples. Sanitaires privés. Comptez 55 € pour 2, petit déj compris (l'occasion de savourer la production maison). Table d'hôtes (sauf le dimanche soir), partagée avec vos hôtes, à 20 €, apéro et vin compris. Calme et tranquillité assurés. Accueil chaleureux.

Accès : dans le village, prenez la petite route entre l'église et l'école et suivez-la jusqu'au bout, c'est la dernière maison à droite.

EYMOUTIERS 87120

Carte régionale B1

45 km SE de Limoges ; 10 km S de Peyrat-le-Château

€€€ 🏠 |●| 10% **Chambres d'hôtes Le Clos des Arts (Michel et Josette Jaubert) :** La Roche. ☎ 05-55-69-61-88. ● clos.arts.free.fr ● *Ouv mai-oct.* Ancien et superbe relais de diligences, très bien restauré. Dans ce qui était autrefois les écuries, 2 chambres aux 1er et 2e étages, avec sanitaires privés. 70 € pour 2, petit déj compris, et 23 € le repas, partagé en famille, vin compris. Michel est peintre et sculpteur, et une fois qu'on passe le pas de la porte, on entre dans son monde, qui contraste totalement avec l'extérieur du site. Ses œuvres sont aussi originales que variées, mais on vous laisse les découvrir. L'autre passion de Michel, c'est les voitures anciennes (on craque !) : TR3, MGTF, Austin Healey Frog... Accueil convivial.

Accès : d'Eymoutiers, prenez la D 30 sur 7,5 km, jusqu'au hameau de La Roche.

FAUX-LA-MONTAGNE 23340

Carte régionale B1

38 km SO d'Aubusson

€€€ 🏠 |●| 10% **Chambres d'hôtes La Maison de Zulmée (Dominique Vettier-Bischoff) :** Le Bourg. ☎ 05-55-6712-55. 📱 06-12-73-37-10. ● dvettier@wanadoo.fr ● zulmee.com ● *Ouv 15 mars-15 déc.* 📶 Maison de village aux confins de la Creuse, de la Haute-Vienne et de la Corrèze. Après avoir fait toute sa carrière dans le tourisme, Dominique n'a pas résisté à l'envie de continuer dans cette voie et d'ouvrir sa maison à ses hôtes. Trois chambres dont une au 1er étage, les 2 autres au second. Sanitaires privés mais sur le pallier pour une. Selon la chambre de 78 à 88 € pour 2, petit déj compris. Fille d'antiquaire, sa maison regorge de bibelots, de meubles anciens, de tableaux, gravures,... car elle adore chiner. Table d'hôtes à 29 €, apéro, vin et café compris. Cuisine goûteuse, recherchée et toujours présentée avec soin. Accueil chaleureux et volubile. *NOUVEAUTÉ.*

Accès : au centre du bourg.

FLAVIGNAC 87230

Carte régionale A1

25 km SO de Limoges ; 12 km S d'Aixe-sur-Vienne

€ 10% **Chambres d'hôtes Clos de l'Arthonnet (Marie-France et Thierry Viviant-Morel) :** Les Mingoux. ☎ 05-55-36-08-62. 📱 06-75-89-84-74. ● th.viviant@orange.fr ● vivacesflavignac.com ● *Ouv de mi-mars à mi-nov.* 📶 Si vous aimez les plantes, ici vous serez servi... Marie-France est pépiniériste et Thierry architecte paysagiste. Pas moins de 500 variétés de plantes vivaces sont cultivées autour de la maison, dont une belle sélection de plantes mélifères et nectarifères (pour les abeilles et les papillons). Trois chambres coquettes réparties dans deux ailes de la maison. Sanitaires privés. 49 € pour 2, petit déj compris (brioche, pain, confitures et jus de pomme... le tout maison !). Pas de table d'hôtes mais une bonne ferme-auberge à proximité. Accueil convivial. Une adresse en pleine nature au cœur d'un hameau tranquille.

Accès : de Flavignac, prenez la D 59 vers Saint-Laurent-sur-Gorre pdt 3 km et, juste après un petit pont, tournez à droite et continuez jusqu'à la maison.

GLÉNIC 23380

Carte régionale B1

7 km N de Guéret

€€€€ 🏠 |●| 🛌 10% **Chambres d'hôtes Domaine du Boucheteau (Liliane et Georges Gouny) :** 2, Boucheteau. ☎ 05-55-51-21-31. 📱 06-83-03-14-44. ● liliane.gouny@wanadoo.fr ● chambre.dhote.balneo.monsite-orange.fr ● 📶 Isolée en pleine nature, dans un décor majestueux, superbe corps de ferme sur un domaine de 15 ha. Immense chambre de 4 personnes sous forme d'appartement avec cuisine, grand salon avec cheminée, baignoire à remous et hammam rien que pour vous ! 130 € pour 2, petit déj compris et 180 € pour 4. Table d'hôtes à 25 €, apéro, vin et café compris. Une piscine pour les beaux jours complète le tout.

Si vous avez les moyens, c'est l'adresse idéale pour se mettre au vert. Accueil chaleureux. *NOUVEAUTÉ.*

> *Accès : de Guéret D 940 vers La Châtre, rentrez dans le village et prendre la rue à droite avant le viaduc, montez jusqu'à l'église et poursuivre (D 63) en direction de Roche sur 4 km jusqu'au Boucheteau.*

GOUZON 23230

Carte régionale B1

30 km E de Guéret ; 17 km S de Boussac

€€ ⌂ |●| (10 %) **Chambres d'hôtes (Frédéric Messelier) :** *Lachaud.* ☎ 05-55-81-34-76. 📱 06-98-00-42-39. • frederic.messelier@sfr.fr • 🛜 Frédéric a restauré cette ancienne grange en ruine au cœur d'un petit hameau campagnard. Au 1er étage, 2 jolies chambres familiales avec lits enfants en mezzanine, spacieuses et décorées de nombreux souvenirs de voyages. Une grande pièce lumineuse avec un beau volume. 65 € pour 2, petit déj compris. Table d'hôtes 20 €, apéro, vin et café compris. Cuisine familiale et régionale. Accueil convivial. *NOUVEAUTÉ.*

> *Accès : de Gouzon D 915 vers Chambon-sur-Voueize pendant 500 m, le hameau se trouve à gauche juste après la cristallerie.*

ISLE 87170

Carte régionale A1

4 km S de Limoges

€€€ ⌂ |●| (10 %) **Chambres d'hôtes Clos Gigondas (Catherine et Ariel Fossati) :** *860, route de Gigondas.* ☎ et fax : 05-55-50-45-93. 📱 06-81-68-54-15. • clos.gigondas@gmail.com • closgigondas.com • On traverse la banlieue de Limoges pour se retrouver dans un joli coin campagnard. Ici, on entre dans le décor qu'a créé Ariel, ancien architecte de son état... Il a réalisé pratiquement tous les travaux d'agencement intérieur et de déco. Ici, le bois est à l'honneur. Quatre chambres originales, avec sanitaires privés dissimulés derrière des cloisons de bois ornées de fresques réalisées par le papa d'Ariel. Nos préférences vont à la chambre « Richard Cœur de Lion », à l'atmosphère moyenâgeuse, et à « Aliénor d'Aquitaine », à l'ambiance romantique. 74 € pour 2, petit déj compris. Les amateurs d'hébergement insolites et très « nature » choisiront « Marguerite », une authentique vache limousine, ou la « cahute Robin des Bois », à 65 € pour 2 avec le petit déj ! Table d'hôtes entre 18 € (végétarienne) et 24 € (avec viande), ainsi que des salades composées à 17 €, kir, verre de vin et café compris. Autrement, coin cuisine à disposition. Piscine à disposition. Accueil convivial.

> *Accès : A 20 sortie Limoges-Centre puis direction Périgueux puis Aixe-sur-Vienne en longeant la Vienne ; traversez Isle et, au niveau du magasin Trocadore, tournez à droite et remontez à gauche direction Limoges jusqu'au rond-point ; continuez vers Mérignac pdt 200 m et suivez le fléchage à droite.*

JOUILLAT 23220

Carte régionale B1

15 km N de Guéret ; 7 km S de Bonnat

€€€ ⌂ |●| (10 %) **Chambres d'hôtes La Maison Verte (Ann et Jean-Pierre Leclercq) :** *2-Lombarteix.* ☎ 05-55-51-93-34. 📱 06-58-24-63-46. • lamaisonvertecreuse@gmail.com • lamaisoncreuse.net • 🛜 Ancienne ferme qui bénéficie d'un joli panorama sur la campagne. Quatre chambres dont une familiale avec accès extérieur indépendant, les 3 autres à l'étage de la maison. Elles sont spacieuses et agréables avec sanitaires privés. Selon la chambre de 80 à 90 € pour 2, petit dej compris. Table d'hôtes partagée en famille à 26,50 €, apéro, vin et café compris. Cuisine régionale selon l'humeur d'Ann. Pour vous détendre, piscine et espace spa avec jaccuzzi et sauna avec supplément (35 € pour un couple). Une adresse tenue par un sympathique couple belge. *NOUVEAUTÉ.*

> *Accès : de Guéret D 940 vers La Châtre, laissez Jouilllat sur la droite, faire 1,5 km et tournez à droite vers Lombarteix, traversez le hameau, la maison est à la sortie sur la gauche.*

LA CHAPELLE-MONTBRANDEIX 87440

Carte régionale A1-2

50 km SO de Limoges ; 15 km O de Chalus

€€ ⌂ |●| (10 %) **Chambres d'hôtes Le Jardin des Oiseaux (Évelyne et Bernard Guérin) :** *Lartimache.* ☎ 05-55-78-75-65. • lartimache@orange.fr • lartimache.com • Ah, que la campagne est belle ! Au pays des feuillardiers (comprenez tailleurs de piquets), ravissant corps de ferme composé d'un ensemble de petits

LA CHAPELLE-SAINT-MARTIAL

bâtiments dont deux clédiers (séchoirs à châtaignes) et le four à pain. Quatre chambres, dont une familiale composée de 2 chambres. Sanitaires privés. Déco sans prétention qui tranche un peu avec le charme des extérieurs. 58 € pour 2 et 85 € la suite pour 4, petit déj compris (pain grillé, car le premier boulanger est à 12 km, et confitures maison). Table d'hôtes, partagée en famille, à 16 €, vin compris. Cuisine à disposition avec lave-linge (sympa !). Deux étangs pour les pêcheurs (la maison est classée « Pêche et Nature » : initiation et prêt de matériel possible) et observation des oiseaux (prêt de jumelles). Ne manquez pas le château féodal de Montbrun à 5 km (ne se visite pas, mais vaut le coup d'œil). Pour les randonneurs, le GR 4 passe dans le village. Accueil chaleureux et décontracté.

Accès : du village, prenez la direction de Marval sur 1 km puis, à droite, vers Lartimache.

LA CHAPELLE-SAINT-MARTIAL 23250

Carte régionale B1

22 km SE de Guéret

€€ 🏠 ⑩% *Chambres d'hôtes (Simone et Alain Couturier) :* ☎ et fax : 05-55-64-54-12. ● couturier.a@orange.fr ● Un peu en bord de route, jolie maison avec agréable jardin et piscine. Trois chambres confortables, à la décoration soignée, avec sanitaires privés : une dans une petite maison séparée, à côté de la piscine (notre préférée), une autre avec lit à baldaquin à 65 € pour 2 ; une dernière, mansardée, au 2e étage (tout aussi charmante) à 55 € pour 2. Mobilier de style et, pour les inconditionnels, TV dans chaque chambre. À 500 m, immense étang pour se balader.

Accès : sur la D 13, au milieu du bourg.

LES GRANDS-CHÉZEAUX 87160

Carte régionale A1

60 km N de Limoges ; 12 km NO de La Souterraine

€€ 🏠 ⑩% *Chambres d'hôtes Le Grand Moulin (Malou et Hervé Dru) :* ☎ 05-55-76-75-67. 📱 06-98-83-07-01. ● rvdru@free.fr ● Au milieu des prés, avec vue dégagée sur la campagne environnante. Dans un grand corps de ferme joliment restauré, Malou et Hervé élèvent des volailles et des moutons. Ils proposent 3 chambres champêtres (dont 2 avec accès extérieur indépendant), avec sanitaires privés : 2 doubles et une pour 4 personnes. Joli salon avec charpente apparente à la disposition des hôtes. 52 € pour 2, petit déj inclus, servi sur la terrasse.

Accès : A 20, sortie n° 21 ; prenez la direction Les Grands-Chézeaux ; c'est à 800 m après le bourg.

LOSTANGES 19500

Carte régionale B2

25 km SE de Brive ; 11 km N de Beaulieu-sur-Dordogne

€€ 🏠 |●| ⑩% *Chambres d'hôtes Les Chèvrefeuilles (Chantal et Michel Merlet) :* La Tréganie. ☎ 05-55-84-00-20. 📱 06-18-58-81-38. ● chantalmerlet19@gmail.com ● treganie.wifeo.com ● Dans un joli coin de nature, ancienne grange retapée dans les années 1960. Au 1er étage, 2 suites composée de 2 chambres pour les familles (on peut même vous fournir l'équipement bébé). Atmosphère sereine. Sanitaires privés. 65 € pour 2, petit déj compris, et 110 € pour 4. Table d'hôtes partagée en famille à 29 €, apéro maison, vin et café compris. Cuisine traditionnelle à tendance régionale. Belle piscine pour vous détendre. Accueil convivial.

Accès : sur la D 940 entre Tulle et Figeac, prenez la D 163 vers Lostanges ; passez le village en restant sur cette route, le lieu-dit est à 2 km et la maison sur la gauche (panneau « Les Chèvrefeuilles »).

LUBERSAC 19210

Carte régionale A2

60 km S de Limoges ; 8 km N de Pompadour

€€ 🏠 |●| ⑩% *Chambres d'hôtes La Panetterie (Daniel Guéroult et Sébastien Malouitre) :* ☎ et fax : 05-55-73-44-09. 📱 06-79-66-37-82. ● la.panetterie@orange.fr ● lapanetterie.over-blog.com ● 📶 Daniel et Sébastien ont quitté la vie citadine en Normandie pour venir s'installer dans cette ferme en pleine campagne, y élever des chèvres et fabriquer du fromage. Quatre chambres colorées et bien tenues, installées aux 1er et 2e étages de la maison. Sanitaires privés. 51 € pour 2, petit déj compris (pain, brioche et confitures maison). Table d'hôtes à 22 €, apéro, vin et café compris. Cuisine à partir de nombreux produits maison : poulet, chevreau, cochon, et bien sûr les fromages (feuille du limousin, pyramide cendrée, cabécou, tomme de chèvre...). Accueil convivial. Une adresse vraiment nature.

Accès : *dans Lubersac, prenez la direction Uzerche jusqu'à la sortie du village, puis la D 20 vers Benayes-Masseret pdt 1 km, puis à droite vers La Panetterie située à 2,7 km.*

LUPERSAT 23190

Carte régionale B1

18 km E d'Aubusson ; 12 km O d'Auzances

€€ ≜ |●| *Chambres d'hôtes Le Bistro d'Émile (Jean-Claude Bourdeau) :* 2, route de Sermour. ☎ 05-55-67-57-05. 📱 06-91-91-14-03. ● lebistrodemile@orange.fr ● lebistrodemile.com ● *Ouv jeu.-dim.* 🛜 Émile, c'était l'arrière-grand-père de Jean-Claude qui était négociant en vin. Avec sa fille Céline, ils ont décidé de reprendre la tradition familiale. Par un noble escalier à vis en pierre on accède aux 3 chambres, une au 1er étage (notre préférée), les 2 autres au second. Sanitaires privés. Atmosphère campagnarde et rustique à souhait. 70 € pour 2, petit déj compris servi dans le bistro à l'ambiance chaleureuse. On peut aussi y déjeuner et dîner durant les jours d'ouverture (menus entre 13,50 et 24,50 €). Un petit musée rural et un caveau dégustation complètent le tout. Accueil convivial. **NOUVEAUTÉ.**

Accès : *d'Aubusson D 941 vers Bellegarde-en-Marche puis Auzances, l'accès au village est à 5 km à droite. La maison est au centre du bourg.*

LUSSAT 23170

Carte régionale B1

35 km E de Guéret ; 8 km O de Chambon-sur-Voueize

€€€ ≜ |●| 🐴 *10%* *Chambres d'hôtes Château de Puy Haut (Nadine et Claude Ribbe) :* ☎ 05-55-82-13-07. 📱 06-60-14-96-46. ● domainedesglycines@dartybox.com ● domainedesglycines.com ● *Ouv avr-nov ; autres périodes sur résa.* Superbe domaine du XVIIe s dont les origines remontent au XIVe, avec une belle cour intérieure en partie pavée. Nadine et Claude sont agriculteurs et élèvent des vaches limousines. Un vaste hall avec un noble escalier de bois conduit aux 4 chambres : 2 très vastes, et 2 plus petites qui ouvrent sur l'arrière. Sanitaires privés. De 80 à 87 € pour 2, petit déj compris. Table d'hôtes à 28 €, apéro et vin compris. Vous craquerez sur la goûteuse cuisine de Nadine, élaborée à partir des produits maison (jambon de pays, tourte aux pommes de terre, volailles fermières). Salle de jeux et une belle piscine pour vous détendre. Accueil chaleureux, une adresse de charme. Les amoureux de la nature ne manqueront pas d'aller se promener autour de l'étang des Landes : sauvage à souhait, c'est un site somptueux qui abrite quantité d'espèces d'oiseaux.

Accès : *de Guéret, prenez la N 145 en direction de Montluçon jusqu'à la sortie Gouzon, puis la D 915 vers Lussat et 3e route à gauche (fléchage).*

MÉRINCHAL 23420

Carte régionale B1

30 km E d'Aubusson ; 18 km S d'Auzances

€ ≜ |●| 🐴 *10%* *Chambres d'hôtes Les Soleils (Jehan Leprêtre) :* Marlanges. ☎ 05-55-67-27-88. 📱 06-76-33-08-96. ● contact@lessoleils.com ● lessoleils.com ● 🛜 Proche d'un axe routier, mais en pleine campagne, ancienne ferme avec un petit étang. Quatre chambres agréables : 2 dans la maison, 2 autres dans un petit bâtiment indépendant qui ouvre sur l'étang. 40 € pour 2, petit déj compris, et 18 € par personne supplémentaire (15 € pour les enfants). Table d'hôtes à 12 €, boissons comprises, à base des produits du jardin et de plantes sauvages (à noter : les repas sont servis sans alcool). Accueil décontracté et chaleureux. Très bon rapport qualité-prix-convivialité. Camping également possible. Nombreuses randos à proximité. Un lieu de calme et de ressourcement.

Accès : *en venant de Montluçon, suivez Évaux-les-Bains/Auzances et Mérinchal jusqu'à Létrade (où l'axe Aubusson/Clermont passe de la N 141 à la D 941) ; là, en tournant à gauche au carrefour puis à droite, à la sortie de Létrade, direction Marlanges ; vous êtes à 500 m ; la maison est la dernière dans Marlanges.*

MOUTIER-D'AHUN 23150

Carte régionale B1

23 km NO d'Aubusson ; 21 km SE de Guéret

€€ ≜ |●| 🐴 *Chambres d'hôtes Ferme du Puyberaud (Thérèse et Jean-Marie Berthe) :* ☎ 05-55-62-46-20. ● thjm.berthe@orange.fr ● 🛜 Ancienne ferme toute en pierre située à 420 m d'altitude dans

LIMOUSIN

un petit hameau d'une douzaine d'âmes. Dans l'ancien four à pain indépendant de la maison une chambre sur 2 niveaux avec salon, sanitaires et coin cuisine au rez-de-chaussée et chambre à l'étage. Atmosphère campagnarde à souhait. 62 € pour 2, petit déj compris. Une autre chambre plus simple est installée au 1er étage de la maison (50 € pour 2). Table d'hôtes à 20 €, apéro, vin et digeo compris. Cuisine à partir des légumes du jardin et des lapins, agneau et cochon maison ! Les amateurs de rando trouveront de nombreux sentiers aux alentours. D'ailleurs il y a aussi un gîte d'étape familial de 8 personnes et un petit camping à la ferme de 6 emplacements. Accueil chaleureux, authentique et vrai. *NOUVEAUTÉ.*

Accès : *de Guéret, D 942 vers Aubusson jusqu'à Ahun, là bifurquez vers Moutier-d'Ahun et bon fléchage depuis le village sur 3 km.*

MOUTIER-MALCARD 23220

Carte régionale B1

25 km S de La Châtre ; 10 km N de Bonnat

€€ ♿ |o| ⛷ *Chambres d'hôtes Veï Lou Quéri (Corrie et Ron de Hoog) : 3, route de Geay.* ☎ *et fax :* 05-55-80-66-08. 📱 06-83-23-95-69. ● corrieron@wanadoo.fr ● veilouqueri.com ● 🛜 Au pays de Françoise Chandernagor, dans la maison de ce couple de Néerlandais, les chambres sont paisibles, aménagées avec goût et respirant le bien-être. Beaux matériaux, à la fois modernes tout en conservant cette pointe d'authenticité qui donne à cette vieille demeure tout son charme. Cinq chambres avec sanitaires privés, à 62 € pour 2, petit déj compris. Table d'hôtes à 23 € (11 € pour les enfants). Grand jardin peuplé d'arbres fruitiers. Pour ceux qui voudraient prolonger leur séjour, un gîte de 4 personnes a été aménagé dans la fermette annexe à la maison. Une bien belle adresse.

Accès : *dans le bourg (bon fléchage).*

NEDDE 87120

Carte régionale B1

50 km E de Limoges ; 9 km E d'Eymoutiers

€€ ♿ |o| ⑩% *Chambres d'hôtes Au Bout des Mondes (James et Régine Elliot) : La Cité des Insectes, Chaud.* ☎ 05-55-04-02-55. 📱 06-86-45-43-29. ● info@auboutdesmondes.com ● auboutdesmondes.com ● Fermé déc-janv. 🛜 Auriez-vous eu l'idée d'acheter un musée vivant dédié aux insectes ? Eh bien, James et Régine se sont lancés dans cette folle aventure, en la complétant par la création de 3 chambres chaleureuses, dont une suite familiale composée de 2 chambres. Toutes sont parées de jolies fresques réalisées par la nièce de Régine. Sanitaires privés. 65 € pour 2, petit déj compris. La maison est aussi peuplée par les œuvres de Régine, qui est plasticienne. Eh oui, ici, c'est James qui s'occupe des hôtes et prépare la cuisine. Table d'hôtes à 27 €, vin et café compris. La Cité des Insectes demande beaucoup de monde, aussi vous rencontrerez sûrement de jeunes stagiaires, ou la sympathique jardinière-paysagiste. C'est un plaisir de plonger au cœur du superbe jardin peuplé de plantes, de fleurs et d'insectes... Et c'est un pur bonheur d'aller visiter, à la tombée de la nuit, l'insectarium très rigolo, ludique et éducatif, composé de colonies d'insectes, d'une présentation des nombreux produits qui les détruisent... sans oublier la très discrète vedette de la maison, l'amie migale (oh oui !). L'entrée est gratuite pour ceux qui séjournent, veinards ! Une adresse conviviale qu'on n'oublie pas.

Accès : *dans Nedde, prenez la D 81 en suivant le fléchage « La Cité des Insectes ».*

PALAZINGES 19190

Carte régionale B2

20 km E de Brive ; 20 km S de Tulle

€ ♿ |o| *Chambres d'hôtes (Nicole et Dominique Cure) : Le Bourg.* ☎ 05-55-84-63-44. *Ouv Pâques-début nov.* Ancienne et belle ferme tout en pierre du pays qui bénéficie d'un superbe panorama sur les environs. Nicole et Dominique ont entièrement aménagé la grange pour les hôtes. Quatre chambres agréables avec sanitaires privés. La dernière, notre préférée, est installée dans un petit pavillon indépendant. 50 € pour 2, petit déj compris. Ici, c'est Dominique qui cuisine (c'était son métier !). Table d'hôtes partagée en famille à 21 €, apéro, vin et café compris. Cuisine goûteuse et recherchée en fonction du marché. Accueil chaleureux. Une petite visite à l'abbaye cistercienne d'Aubazine s'impose... c'est dans le pensionnat que Coco Chanel passa quelques années !

Accès : *sur la N 89 entre Brive et Tulle, prenez la D 48 vers Aubazine, continuez vers Le Chastang puis prenez à droite la D 175 jusqu'à Palazinges ; la maison est au centre du bourg.*

PEYRAT-DE-BELLAC 87300

Carte régionale A1

5 km NO de Bellac

€€ 🛏 ⑩‰ **Chambres d'hôtes (Marie-Simone Quesnel) :** *La Lande.* ☎ 05-55-68-00-24. 📱 06-77-90-35-90. *Ouv juin-sept.* Sur une exploitation agricole, belle maison marchoise ouvrant sur une agréable terrasse. Trois chambres, avec sanitaires privés, à 53 € pour 2, petit déj compris. Pour vous détendre, une belle piscine. À Bellac, patrie de Giraudoux, les vieux quartiers médiévaux qui dominent la rivière du Vincou sont à voir.

> *Accès : de Bellac, empruntez la direction de Poitiers (N 147) jusqu'au dépôt-vente-brocante, puis sur la gauche, petite route et fléchage.*

ROCHES 23270

Carte régionale B1

20 km NE de Guéret ; 4 km S de Châtelus-Malvaleix

€€ 🛏 🍴 ♞ ⑩‰ **Chambres d'hôtes (Nelly et Philippe Bouret) :** *La Vergnolle.* ☎ 05-55-80-81-97. 📱 06-63-42-23-14. ● bouret.philippe@wanadoo.fr ● lavergnolle.com ● 🛜 Dans un petit hameau tranquille, gentille demeure où un âne et les canards paressent près de l'étang ombragé par de vieux chênes. Cinq chambres charmantes, avec de beaux tissus et la fraîcheur des pierres de taille. Toutes avec sanitaires privés et TV. 62 € pour 2, petit déj compris. Table d'hôtes à 26 €, apéro, café et digeo compris. Une cuisine du terroir à base des volailles de la ferme ou des alentours. Piscine, et un espace spa-sauna installé dans un petit chalet en bois. Également une chambre sur pilotis, toute de bois vêtue et 2 gîtes de pêche en rondins de bois pour ceux qui veulent séjourner. Accueil adorable.

> *Accès : de Roches, direction Ajain et fléchage.*

SAINT-ALPINIEN 23200

Carte régionale B1

6 km NE d'Aubusson

€€ 🛏 ⑩‰ **Chambres d'hôtes (Maryvonne Janex-Lefort) :** *Puyboube.* ☎ 05-55-67-79-08. 📱 06-87-26-14-17. Voilà une adresse comme on les aime, chaleureuse, insolite et sans façon. Vous aurez le choix entre une superbe, charmante et authentique roulotte des années 1940 avec sanitaires privés (ouverte de début avril à fin novembre), et une petite maison en rondin, avec un toit végétal, une fuste pour jouer à Davy Crockett. Touts les tissus sont en pure laine. Baignoire à vue et toilettes sèches. Comptez 65 (pour la roulotte) et 70 € pour l'autre à 2, petit déj compris (yaourts, pain, confitures et gâteau maison) qu'on prend chez Maryvonne. Pas de table d'hôtes mais plusieurs restos à Aubusson. Accueil vraiment sympa. ***NOUVEAUTÉ.***

> *Accès : d'Aubussson D 941A vers Bellegarde-en-Marche, passez la Feuillie puis le Crouzat, la maison est à 1 km à gauche (fléchage)*

SAINT-BONNET-L'ENFANTIER 19410

Carte régionale A2

20 km N de Brive-la-Gaillarde ; 18 km SO d'Uzerche

€€ 🛏 🍴 ⑩‰ **Chambres d'hôtes (Nadine Buge) :** *La Borde.* ☎ et fax : 05-55-73-72-44. 📱 06-09-25-56-96. ● nbuge@voila.fr ● fermedelaborde.fr ● *Fermé 15 sept-15 oct. Résa souhaitée.* 🛜 Dans une grande maison des années 1930, en pierre, 5 chambres avec sanitaires privés et climatisation, à 59 € pour 2, petit déj compris. Au 1er, petite cuisine à disposition, et au second, salle de détente avec jeux de société et un sympathique choix de B.D. Nadine, jeune hôtesse dynamique, partage ses repas avec vous (table d'hôtes à 19 €), servis dans le jardin aux beaux jours. Ne manquez pas les bonnes spécialités d'Yvette, son cordon bleu de maman : potage (et ici, on fait chabrot), chapon fermier, magret d'oie aux noix, confit de porc, petit salé aux lentilles. De décembre à mars, Nadine organise des « week-ends foie gras » : forfait 2 nuits, 2 petits déj et 5 repas (du vendredi midi au dimanche) à 320 € par personne, pour tout savoir sur la découpe de l'oie grasse et la manière de cuisiner le foie ! Accueil très agréable, une très bonne adresse.

> *Accès : A 20, sortie n° 46 Perpezac-le-Noir ; allez dans le bourg puis rejoignez Saint-Bonnet par la D 156 ; c'est la 1re maison du village de La Borde.*

SAINT-CERNIN-DE-LARCHE 19600

Carte régionale A2

12 km SO de Brive-la-Gaillarde ; 6 km S de Saint-Pantaléon-de-Larche

€€€ 🛏 🍴 **Chambres d'hôtes Le Moulin de la Roche (Danielle et Michel**

Andrieux) : *La Roche.* ☎ 05-55-85-40-92. *Fax : 05-55-85-34-66.* ⚒ *Ouv avr-nov.* Bien que vous soyez en Corrèze, vous vous rapprochez franchement du Sud-Ouest et de la Dordogne. D'ailleurs, il vous suffira de connaître la personnalité et l'hospitalité de Michel pour en être définitivement convaincu. Magnifique demeure entièrement restaurée et décorée par vos hôtes. Le résultat est grandiose et l'intérieur tient toutes ses promesses. On entre dans un joli salon méditerranéo-campagnard : beau dallage du Luberon, murs peints au gant couleur soleil et poutres bleues. La salle à manger est immense avec la vieille table de ferme, le vaisselier et l'horloge comtoise qui n'en finit pas de se balancer, sans oublier les jolis vitraux dessinés par Danielle et réalisés sur mesure. Quatre chambres d'hôtes pas immenses mais ravissantes, avec de luxueux sanitaires privés. Peintures au gant, patines, frises au pochoir. Le moulin du XIIIe s héberge 2 chambres élégantes, dont une suite avec coin salon. Selon la chambre, de 70 à 90 € pour 2, petit déj compris. À l'extérieur, agréable parc qui vous réserve quelques surprises. Table d'hôtes, sur réservation, à 26 €. Accueil de qualité. Une adresse de charme. Juste à côté, le lac de Causse vous permettra de pratiquer tous sports nautiques ; on peut aussi s'y baigner.

Accès : de Brive, empruntez la N 89 en direction de Périgueux jusqu'à Larche ; au rond-point, tournez à gauche vers le lac de Causse (D 19) ; à la marbrerie du village de La Roche, 2e à droite vers Chavagnac, c'est la dernière maison à gauche.

SAINT-HILAIRE-LES-PLACES 87800

Carte régionale A1-2

30 km S de Limoges ; 20 km N de Saint-Yrieix-la-Perche

€€€ 🏠 🍴 🐴 **10%** **Chambres d'hôtes Les Drouilles Bleues (Maïthé et Paul de Bettignies) :** *La Drouille.* ☎ 05-55-58-21-26. 📱 06-80-71-73-95. ● drouillesbleues@free.fr ● drouillesbleues.free.fr ● *Fermé 20-31 déc.* 📶 Maïthé et Paul ont pris une retraite active dans leur belle longère perchée sur un éperon granitique qui domine le Pays arédien. Trois chambres, une dite dans le « logis » et 2 dans la « chaumière », toutes conçues en duplex. L'une d'elles peut même accueillir une famille nombreuse ! Un gain de place et, surtout, une notion d'espace qui fait souvent défaut en maison d'hôtes. De 70 à 93 € pour 2, petit déj compris ; 152 € la suite pour 5 personnes. Vos hôtes sont passionnés de balades, culture et autres richesses locales, qu'ils vous feront partager autour de la table d'hôtes, conçue à base de produits entièrement naturels (ceux du jardin et de fermes voisines principalement). 26 € le repas, apéritif, vin et café compris. De l'espace, il y en a aussi tout autour, dans le jardin et les prés environnants où broutent les ânes ; dans la campagne aussi, où Paul et Maïthé se feront un plaisir de vous indiquer les chemins de randonnée. Ambiance familiale et chaleureuse. Autant dire qu'on aurait bien posé là nos valises pour un bout de temps...

Accès : bon fléchage dans le village.

SAINT-JULIEN-PRÈS-BORT 19110

Carte régionale B2

20 km SE d'Ussel ; 8 km NO de Bort-les-Orgues

€€ 🏠 🍴 **10%** **Chambres d'hôtes La Garenne (Martine et Éric Mesnil) :** *Nuzéjoux.* ☎ et fax : 05-55-94-83-83. 📱 07-81-02-09-05. ● eric.mesnil0703@orange.fr ● la-garenne.net ● *Fermé 15 déc-15 mars.* 📶 À 600 m d'altitude, dans un bel environnement de nature, maison typique du pays. Quatre chambres d'hôtes coquettes et colorées (2 à 4 personnes), avec sanitaires privés. Comptez 56 € pour 2, petit déj compris. Agréable véranda où vous pourrez, sur réservation, partager le repas du soir pour 19 à 24 €, vin et café compris. Cuisine familiale et régionale. Belle piscine devant la maison, mais aussi tables de pique-nique dans le petit bois de la propriété.

Accès : sur la D 979 entre Bort-les-Orgues et Ussel (n'allez pas à Saint-Julien).

SAINT-PARDOUX 87250

Carte régionale A1

35 km N de Limoges

€€€ 🏠 🍴 **10%** **Maison d'hôtes Le Château de Vauguenige (Marick et Alain Claude) :** ☎ 05-55-76-58-55. 📱 06-70-51-65-86. *Fax : 05-55-76-57-11.* ● chateau-de-vauguenige@gmail.com ● vauguenige.com ● 📶 En prenant le chemin de Vauguenige, on passe devant une série de petits étangs de pêche, devant un centre équestre et on arrive au château. Les différentes structures peuvent travailler ensemble mais sont indépendantes.

Plus que par cette grande demeure bourgeoise, le regard est attiré par une immense cour charpentée et vitrée où loge une incroyable piscine chauffée et entièrement carrelée par Alain. Elle est immense, avec un bassin pour les petits, un confortable jacuzzi, sans oublier le sauna (!). Si vous voulez en profiter, il faudra séjourner dans l'une des 10 chambres de la maison. Installées aux 1er et 2e étages, elles sont spacieuses et claires, meublées sans prétention. Sanitaires privés. Selon la chambre et la saison, de 80 à 95 € pour 2, petit déj compris, et 25 € par personne supplémentaire. Un immense couloir pailleté dessert plusieurs salons et salles à manger conviviaux. Repas, sans les boissons, à 27 €, sans les boissons. Marick et Alain proposent aussi des stages de yoga et de remise en forme, et même des vols en montgolfière (demandez le programme !). Accueil chaleureux et ambiance décontractée.

> **Accès :** de Saint-Pardoux, allez en direction de Bessines-sur-Gartempe (sur 1 km) ; prenez à gauche la D 103, puis de nouveau à gauche (D 27) vers Saint-Symphorien-sur-Couze sur 600 m et fléchage à droite.

SAINT-PARDOUX-LE-NEUF 23200

Carte régionale B1

6 km SE d'Aubusson

€€ 🛏 |●| ⚲ ⑩% **Chambres d'hôtes (Patrick Dumontant) :** Les Vergnes. ☎ 05-55-66-23-74. 📱 06-82-48-33-29. ● patrick.dumontant@orange.fr ● les vergnes.fr ● Ouv mars-nov. En pleine nature, jolie maison typiquement creusoise, avec un étang privé juste devant. Cinq chambres décorées avec goût, dont une avec salle de bains balnéo en mezzanine (plus chère). Sanitaires privés. De 60 à 86 € pour 2, petit déj compris. Piscine couverte et jardin ombragé. Également 3 gîtes ruraux sur place : deux mitoyens et un indépendant dans une maison tricentenaire superbement restaurée et décorée. Un charme fou. Eux aussi disposent de leur propre piscine. De 580 à 690 € la semaine, suivant la saison. Sur réservation, possibilité de table d'hôtes à 25 €. Accueil jeune et chaleureux.

> **Accès :** d'Aubusson, empruntez la D 941 en direction de Clermont-Ferrand ; restez sur la D 941, sans bifurquer vers Saint-Pardoux ; 6 km plus loin, prenez le petit chemin sur la droite, en face de la route vers Bellegarde/Auzances.

SAINT-SILVAIN-BELLEGARDE 23190

Carte régionale B1

12 km NE d'Aubusson, 3 km S de Bellegarde-en-Marche

€€€ 🛏 |●| ⚲ **Chambres d'hôtes Les Trois Ponts (Gérard et Irène van Ipenburg) :** ☎ 05-55-67-12-14. 📱 06-84-59-22-93. ● info@lestroisponts.nl ● lestroisponts.nl ● ⚲ 🛜 En pleine nature, sur un domaine de 4 ha, superbe ensemble de bâtiments en pierre qui faisaient partie d'un ancien moulin disparu aujourd'hui. Dans la maison du meunier, 5 chambres spacieuses, sereines et colorées de 2 à 5 personnes. Sanitaires privés. 2 avec accès indépendant, les autres au 1er étage de la maison. L'environnement est superbe et les activités très nombreuses. Piscine, sympathique labyrinthe végétal, petit parcours de golf, sans oublier la rivière. 90 € pour 2, petit déj compris et 45 € par personne supplémentaire. Il est servi chez Gérard et Irène, charmant couple hollandais. Table d'hôtes partagée en famille à 29 €, vin et café compris. Cuisine internationale selon l'humeur d'Irène et les légumes du jardin. Chaleur de l'accueil, hospitalité, une adresse où on aurait bien posé nos sacs plus longtemps. *NOUVEAUTÉ.*

> **Accès :** d'Aubusson aller jusqu'à Bellegarde-en-Marche et prendre la D 9 vers La Villetelle pendant 3 km, la maison est sur la droite (n'allez pas au village).

SAINT-VAURY 23320

Carte régionale B1

11 km O de Guéret

€€€ 🛏 |●| ⑩% **Chambres d'hôtes Domaine de la Jarrige (Yolande et Marc Muller) :** ☎ 05-55-41-05-81. 📱 06-64-42-70-71. ● contact@domainedelajarrige.fr ● domainedelajarrige ● ⚲ 🛜 Dans un joli coin de campagne, joli domaine du XVIIe, ancienne propriété du comte de la Jarrige, s'il vous plaît ! Cinq chambres réparties dans différents petits bâtiments et un loft pour 4 personnes qui se loue uniquement pour 2 nuits. Côté chambres, elles sont spacieuses et élégantes, colorées et meublées avec goût. On aime bien « Sabot de Vénus » plus petite et moins chère et « Tilleul » dans un petit pavillon indépendant. Selon la chambre de 80 à 90 € pour 2, petit déj compris. 250 € pour le loft avec cuisine pour 2-3 personnes pour 2 nuits. Table d'hôtes partagée en famille à 25 €, apéro, vin et café compris. Pour vous relaxer, un espace détente avec jacuzzi et sauna avec supplément. Accueil teinté par l'accent alsacien des proprios. Une adresse au charme indéniable. **NOUVEAUTÉ**.

> *Accès : sur la N145 entre Guéret et la Souterraine, sortie St-Vaury et suivre le fléchage la Jarrige.*

SAINT-YRIEIX-LA-PERCHE — 87500

Carte régionale A2

37 km S de Limoges ; 11 km O de Coussac-Bonneval

€€€ 🛏 **10%** *Chambres d'hôtes Le Passé Antérieur (Mme Martin) :* 7, pl. du Président-Magnaud. ☎ 05-55-75-35-02. 📱 06-85-70-22-10. ● lepasseanterieur@yahoo.fr ● *Ouv de mi-avr à oct.* On peine à imaginer qu'ici se cache, derrière une façade anodine, une véritable demeure de charme. Et pour cause, la vaste maison bourgeoise datant du XVIIIe s a révélé d'authentiques colombages lors de sa restauration (que l'on retrouve dans l'entrée), d'anciens planchers cirés et de belles fenêtres ouvrant sur un grand jardin aménagé où est servi le petit déj aux beaux jours. Les chambres ont été décorées par Madame, antiquaire, avec le bon goût des meubles patinés et des objets qui racontent tant d'histoires... 79 € pour 2, petit déj compris. Au fait, c'est sans doute la seule chambre d'hôtes du Limousin dont on peut acheter le mobilier avant de repartir !

> *Accès : en centre-ville, face à l'hôpital.*

SEGONZAC — 19310

Carte régionale A2

30 km NO de Brive ; 13 km E d'Objat

€€ 🛏 |●| *Chambres d'hôtes Pré Laminon (Christine Payot et Jacques Derrien) :* lieu-dit Laurègie. ☎ 05-55-84-17-39. 📱 06-30-56-30-18. ● prelaminon@wanadoo.fr ● prelaminon.com ● *Ouv avr-oct.* À la frontière de la Corrèze et de la Dordogne, superbe grange à colombages et toit quatre pentes, typique de la région. Trois chambres de 2 à 6 personnes, chaleureuses et douillettes, toutes de bois vêtues. Sanitaires privés. 60 € pour 2, petit déj compris (jus de fruits frais, viennoiseries et confitures maison), et 92 € pour 4. Table d'hôtes sur réservation sans les proprios à 20 €, vin compris. Cuisine familiale à tendance régionale où le canard maison (foie gras, confit, magret, cou farci...) et les légumes du jardin sont souvent à l'honneur. Les repas se prennent dans l'ancienne étable qui a été conservée dans son jus (notamment les « cornadis » comme on dit ici !). Belle piscine. Accueil convivial. Vous êtes à deux pas du petit village de Saint-Robert, classé parmi les plus beaux villages de France.

> *Accès : dans le village, prenez la direction de Juillac jusqu'au garage et tournez à gauche vers Laurègie.*

TOY-VIAM — 19170

Carte régionale B2

52 km N de Tulle ; 7 km N de Bugeat

€€ 🛏 |●| 🍴 *Chambre d'hôtes La Ferme de Genetouse (Catherine et Lorenzo Quiroga) :* La Geneytouse. 📱 06-15-20-15-64. ● lagenetouse@orange.fr ● lagenetouse.fr ● Catherine et Lorenzo ont quitté la région parisienne pour venir s'installer sur le plateau de Millevaches, en pleine nature, dans ce petit hameau entouré de forêts et pâturages. Dans une maison indépendante de la leur, 5 chambres agréables de 2 à 4 personnes, avec sanitaires privés. 55 € pour 2, petit déj compris, et 79 € pour 4. Table d'hôtes partagée en famille à 19 €, vin et café compris. Cuisine familiale et traditionnelle. Comme rien n'a été oublié, il y a aussi une superbe piscine intérieure chauffée avec sauna et salle de sports et de jeux (accès à 10 € par chambre). Bref, une adresse pour s'éclater !

> *Accès : de Bugeat, prenez la D 97 jusqu'à Toy-Viam que vous traverserez en direction de Tarnac ; la maison est 600 m après la sortie du village.*

VALLIÈRES — 23120

Carte régionale B1

15 km SO d'Aubusson ; 4 km N de Saint-Yrieix-la-Montagne

€€ 🛏 🍴 *Chambres d'hôtes (Frédérique et Yannick Crouteix) :* La Lombrière. ☎ 05-55-66-94-41. Petite maison bourgeoise avec 4 chambres aménagées dans un goût moderne, raffiné et original. Chacune décorée sur un thème différent, on a craqué sur « La mer » (Yannick est breton d'origine, forcément...), avec sa belle vue sur la campagne. Sanitaires privés. 60 € pour 2, petit déj compris. Pas de table d'hôtes, mais cuisine à disposition. Si vous avez des enfants, ils pourront jouer avec les deux garçons de la maison. Accueil plein de gentillesse et de sincérité.

> *Accès : en arrivant sur Vallières par la route d'Aubusson, c'est la 1re maison à droite.*

VIGEOIS 19410

Carte régionale A2

40 km N de Brive ; 13 km SO d'Uzerche

€€€ 🏠 |●| ⑩% *Chambres d'hôtes Volants et Fourchettes (Jean-Paul Brunerie) :* Vial-levaleix. ☎ 05-55-73-29-40. 📱 06-80-47-03-33. ● *jean-paul.brunerie@wanadoo.fr* ● *volantsetfourchettes.fr* ● Ancienne et jolie ferme qui jouit d'un joli point de vue sur les environs. Quatre chambres meublées avec goût, à l'atmosphère romantico-campagnarde, réparties dans différentes parties de la maison : 2 au 1er étage, une dans une aile indépendante, et la dernière, plus économique, dans un petit chalet installé dans le jardin. Sanitaires privés. Selon la chambre, 55 ou 75 € pour 2, petit déj compris. Table d'hôtes à 30 €. Cuisine goûteuse et recherchée aux accents de la région. Agréable piscine pour profiter du panorama. Passionné de vieilles voitures, Jean-Paul pourra vous faire découvrir ses merveilles, dont une Triumph TR4. Accueil de qualité.

Accès : dans Vigeois, prenez la direction de Pompadour jusqu'au centre de secours et prenez à gauche la petite route touristique du vieux pont que vous traverzez ; prenez ensuite à gauche aux 2 intersections suivantes et suivez le fléchage.

VITRAC-SUR-MONTANE 19800

Carte régionale B2

20 km NE de Tulle ; 13 km SO d'Égletons

€€ 🏠 |●| *Chambres d'hôtes Domaine du Mons (Raphaëlle de Seilhac) :* Le Mons. ☎ 05-55-27-60-87. 📱 06-62-85-70-76. ● *raphaelledeseilhac@yahoo.fr* ● *vacances-en-correze.com* ● *Fermé nov-mars.* 📶 Dans un hameau de caractère, charmante demeure, propriété de la famille de Raphaëlle depuis plus de quatre siècles ! Un vieux puits et un beau pigeonnier complètent le décor. Quatre chambres rustiques et spacieuses avec sanitaires privés. Selon la chambre, de 55 à 70 € pour 2, petit déj compris. Le soir, on se retrouve devant le traditionnel cantou en pierre pour partager la table d'hôtes, pour 25 € le repas. Raphaëlle est une hôtesse chaleureuse et une routarde passionnée.

Accès : d'Égletons comme de Tulle, prenez la D 1089 jusqu'à Gare-d'Eyrein puis direction Vitrac sur 1 km.

Lorraine

ANCEMONT 55320

Carte régionale A1

43 km NE de Bar-le-Duc ; 10 km S de Verdun

€€€ 🏠 |●| *Chambres d'hôtes (Marie-José et René Eichenauer) :* château de Labessière. ☎ 03-29-85-70-21. 📱 06-08-51-17-29. ● rene.eichenauer@orange.fr ● chateau-labessiere.fr ● Fermé à Noël et au Jour de l'an. 📶 Château du XVIIIe s, mitoyen à d'autres maisons, que René a entièrement aménagé. Trois chambres doubles avec meubles de style et sanitaires privés. Préférez celle de l'arrière avec son immense salle de bains ou celle avec l'immense terrasse privée donnant sur le parc. Ici, système demi-pension de 80 à 85 € par personne, toutes boissons incluses (c'est ça la vie de château !). Agréable jardin avec piscine couverte. Une adresse pour routards aisés.

Accès : de Verdun, empruntez la D 34 ; dans le bourg.

BELLEAU 54610

Carte régionale A1

18 km N de Nancy ; 15 km SE de Pont-à-Mousson

€€€ 🏠 |●| 10% *Chambres d'hôtes Château de Morey (Famille Karst) :* Morey. ☎ 03-83-31-50-98. ● chateaudemorey@orange.fr ● chateaudemorey.com ● *Fermé le dim soir.* Il a fallu aux proprios abattre un travail de titan pour redonner vie à cet endroit après un terrible incendie en 1985. Le résultat est superbe... Cinq chambres pleines de charme, spacieuses, toutes avec petit coin salon et sanitaires privés. On aime bien la « Tourelle » pour son côté romantique, avec lit à baldaquin. 90 € pour 2, petit déj compris. Table d'hôtes à 25 €, vin compris. Cuisine régionale et familiale. Agréable piscine dans le parc. Espace détente avec spa (payant). Une adresse pour vivre la vie de château !

Accès : suivez le fléchage depuis le village.

BIONVILLE 54540

Carte régionale B2

48 km S de Sarrebourg ; 32 km N de Saint-Dié

€€ 🏠 |●| *Chambres d'hôtes Le P'tit Bonheur (Michèle et Dieudonné Hoblingre) :* Les Noires-Colas. ☎ et fax : 03-29-41-12-17. 📱 06-31-62-03-10. ● chambre@vosgespetitbonheur.fr ● vosgespetitbonheur.fr ● *Sur résa de préférence.* 📶 À 370 m d'altitude, dans le massif vosgien, jolie petite maison avec balcon de bois. Louis, qui élève des chèvres, tient 5 chambres avec sanitaires privés, à 55 € pour 2, petit déj compris. Table d'hôtes à 24 €, vin compris. Accueil vraiment sympa, ambiance décontractée et conviviale. Location

---

Nous vous rappelons que la table d'hôtes est le complément d'une formule d'hébergement (chambre d'hôtes, gîte d'étape...). Ce service n'est offert qu'aux personnes qui dorment sur place (excepté lorsqu'il est clairement écrit « ouvert aux extérieurs »).

d'ânes pour les randonnées. Une adresse qui porte bien son nom.

Accès : de Bionville, par D 183 vers Les Noires-Colas ; au centre du hameau.

BONZÉE 55160

Carte régionale A1

20 km SE de Verdun ; 3 km O de Fresnes-en-Woëvre

€ ☎ ⚘ **Chambre d'hôtes Les Écuries de Bonzée (Sybil Anzani) :** *1, rue du Château.* ☎ 03-29-87-37-77. ● *sybilanzani@gmail.com* ● *gites-de-meuse.fr* ● C'est dans la maison que Sybil a installé 2 petites chambres avec sanitaires privés. Déco simple, sans prétention. Comptez 45 € pour 2, petit déj compris. Ici, c'est l'activité équestre qui prime, et le beau-frère de Sybil possède des chevaux et des poneys pour la promenade : 15 € l'heure et 6 € le baptême poney. Pour les enfants, sa sœur propose la visite de la ferme avec tous ses animaux (cochons, moutons, chèvres et basse-cour). Accueil souriant, ambiance décontractée, un brin bohème. Si la randonnée en roulotte avec cheval de trait vous intéresse, sachez que dans le village des amis de Sybil proposent cette activité (François Biocalti : ☎ *03-29-87-30-75*).

Accès : de Verdun, empruntez les D 903 et 904 jusqu'à Fresnes-en-Woëvre, puis la D 21 vers Bonzée ; la ferme est à la sortie du village, sur votre gauche.

BRÛLEY 54200

Carte régionale A2

5 km NO de Toul

€€ ☎ **Chambres d'hôtes Domaine de la Linotte (Géraldine et Marc Laroppe) :** *90, rue Victor-Hugo.* ☎ 03-83-63-29-02. ● *domaindelalinotte@orange.fr* ● Deux chambres mignonnettes dans une petite maison de ce typique village du vignoble, situé dans le parc régional de Lorraine. Sanitaires privés. 53 € pour 2, petit déj compris. Accueillante jeune couple de vignerons, qui ne se fera pas prier pour vous faire goûter leur production.

Accès : de Toul, D 908 vers Lucey, jusqu'à Brûley.

BURTONCOURT 57220

Carte régionale B1

23 km NE de Metz ; 16 km SO de Bouzonville

€€ ☎ ⦿ ❿ **Chambres d'hôtes (Alina et Gérard Cahen) :** *51, rue de Lorraine.* ☎ et fax : 03-87-35-72-65. ● *ag.cahen@wanadoo.fr* ● *maisonlorraine.com* ● Dans ce village où les habitations s'alignent le long de la départementale, petite maison sur deux niveaux. Deux chambres mignonnettes équipées de sanitaires privés agréablement inclus dans la déco. 60 € pour 2, petit déj compris (gâteau, confitures et miel maison). Charmante cuisine avec le vieux fourneau de grand-mère et une superbe salle à manger avec de beaux volumes agrémentés par de petites tapisseries polonaises (la patrie d'Alina). Table d'hôtes à 25 €, vin compris, toujours partagée avec les propriétaires. Cuisine plutôt végétarienne, avec des spécialités polonaises, comme les *pierogi* (sortes de raviolis) ou le *bortsch* (soupe de betterave). Accueil souriant, teinté par la gentillesse d'Alina.

Accès : de Metz, prenez la D 3 en direction de Bouzonville, puis à droite la D 53A vers Burtoncourt ; la maison est au centre du bourg.

CHARENCY-VEZIN 54260

Carte régionale A1

25 km O de Longwy ; 10 km NO de Longuyon

€€ ☎ ⦿ **Chambres d'hôtes (Viviane et Miroslave Jakircevic) :** *1, Grand-Rue.* ☎ 03-82-26-66-26. ● *chambreshotes@wanadoo.fr* ● *chambreshote.com* ● Vous êtes dans une maison républicaine tout en pierre dorée, au carrefour de la Belgique et du Luxembourg... D'ailleurs, c'est marqué au-dessus de la porte (L 12 RF). Trois chambres, dont 2 familiales (avec chambres attenantes pour les enfants) : une au rez-de-chaussée avec un croquignolet phonographe, les 2 autres à l'étage. Mobilier néorustique ou moderne. Sanitaires privés. 60 € pour 2, petit déj compris, et 20 € par personne supplémentaire. Table d'hôtes partagée avec les proprios à 18 €, apéro et vin compris. Cuisine traditionnelle avec des produits fermiers et légumes du jardin. Accueil convivial. Aux abords du village, « la pelouse calcaire » offre une belle balade pour découvrir orchidées et papillons.

Accès : de Longuyon, prenez la N 43 vers Charleville/Reims sur 10 km puis la D 29 jusqu'à Charency-Vezin ; la maison est avt l'église à droite.

CIREY-SUR-VEZOUZE 54480

Carte régionale B2

30 km S de Sarrebourg

€€ ☎ ⦿ ❿ **Chambres d'hôtes (Monique et Daniel Bouvery) :** *18, rue du Val.*

238

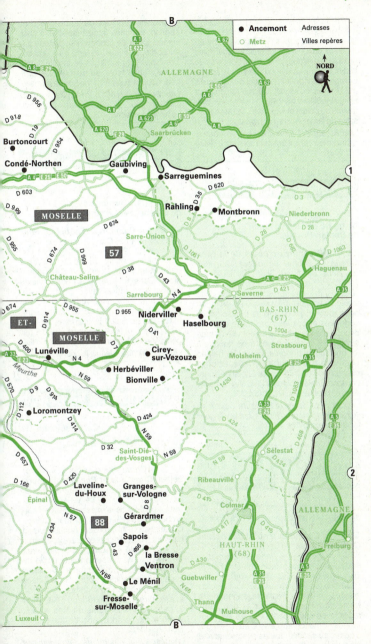

LORRAINE

☎ 03-83-42-58-38. 📱 06-14-33-25-62. ● daniel.bouvery@wanadoo.fr ● chambres-haute-vezouze.com ● 📶 Grande demeure du début du XXᵉ s avec 5 grandes chambres meublées rustique. La n° 1, qui donne sur le jardin, est la plus sympa. Sanitaires privés. Comptez 65 € pour 2, petit déj inclus. Repas à 23 € (hors boissons). Cuisine régionale et familiale. Billard français, bibliothèque bien fournie en polars et salon télé. Terrasse avec salon de jardin. Accueil convivial.

Accès : sur la N 4 de Lunéville à Sarrebourg, après avoir passé Blâmont, tournez à droite (D 993).

CONDÉ-NORTHEN 57220

Carte régionale B1

20 km NE de Metz ; 5 km SO de Boulay-Moselle

€€ 🏠 |●| *Chambres d'hôtes de la Nied (Jöelle et Michel Scholtès) :* 25, Rue du Pont de Nied. 📱 06-10-09-30-95. Fax : 03-87-79-34-86. ● s.michel195@ aliceadsl.fr ● chambresdelanied.com ● Jolie maison soigneusement restaurée, en retrait de la route. Cinq chambres très soignées coquettes et colorées car Joëlle adore la déco, 2 d'entre elles partagent une grande terrasse. Sanitaires privés avec douche à jet pour notre préférée, baignoire balnéo et douche à jets pour la familiale. Selon la chambre de 63 à 85 € pour 2, peti déjeuner compris. Table d'hôtes à 20 €, vin compris. Accueil chaleureux. ***NOUVEAUTÉ.***

Accès : Peu après la sortie de Condé en direction de Metz ou juste avant le village si vous venez de l'A 4 à 4 km.

FRESSE-SUR-MOSELLE 88160

Carte régionale B2

35 km S de Gérardmer ; 3 km E du Thillot

€ 🏠 |●| 🐎 *Chambres d'hôtes (Michèle et Georges Gross) : La Colline.* ☎ 03-29-25-83-31. ● mgi.gross@wanadoo.fr ● berge riedelacolline.monsite.orange.fr ● Fermé 1ʳᵉ quinzaine de sept et 15 déc-1ᵉʳ fév. Résa conseillée, et indispensable pdt les vac scol. À 650 m d'altitude, mignonnette ferme au milieu des forêts et des pâturages, avec une superbe vue sur les montagnes. Cinq chambres : 2 au 1ᵉʳ étage, 3 autres au second, toutes avec sanitaires privés. Couettes, ambiance très douillette. 50 € pour 2 petit déj compris, et 15 € le repas, vin compris. Parmi les spécialités de Michèle : fromage de brebis chaud au cognac, tranches farcies (spécialité alsacienne, sorte de cannellonis), pintade à la mirabelle, pommes de terre au munster... Les repas sont partagés en famille autour d'une grande table, au coin de la cheminée. Accueil souriant. Une bonne adresse.

Accès : sur la N 66 ; dans le village, suivez le fléchage « La Colline », puis « Chambres d'hôtes à la ferme ».

FUTEAU 55120

Carte régionale A1

38 km SO de Verdun ; 11 km SO de Clermont-en-Argonne

€€ 🏠 **10 %** *Chambres d'hôtes Le Four au Bois (Michel Clo) :* hameau de Bellefontaine. ☎ 03-29-88-22-08. 📱 06-81-74-53-26. ● michel-clo@wanadoo.fr ● lefou raubois.com ● 🐎 Dans un petit hameau niché dans la forêt d'Argonne, vieille demeure restaurée avec goût. Quatre belles chambres confortables, décorées avec soin, qui ouvrent sur la nature. Sanitaires privés. Selon la chambre, de 60 à 70 € pour 2, petit déj compris, et 20 € par personne supplémentaire. Accueil cordial.

Accès : fléchage depuis le bourg.

GAUBIVING 57500

Carte régionale B1

18 km Ne de Sarreguemines ; 5 km S de Forbach

€€ 🏠 |●| *Chambres d'hôtes Les Hirondelles (Christiane et Philippe Wagner) :* 6, rue de Forbach. ☎ 03-87-87-79-23. 📱 06-24-47-35-55. ● gite-les-hirondelles. fr ● La couleur de la maison a de quoi surprendre mais l'intérieur l'est tout autant... Christiane et Philippe sont agriculteurs et habitent à côté. Ils ont restauré cette ferme du XVIIᵉ siècle (eh oui !) en mélangeant les styles et en conservant une partie des ses origines. Cinq chambres agréables avec une préférence pour « Rose » dans les tons de blanc et « Marguerite » avec accès direct sur l'extérieur. 67 € pour 2, petit déj inclus. Table d'hôtes à 25 €, apéro et vin compris. Accueil chaleureux. ***NOUVEAUTÉ.***

Accès : sur la voie rapide Sarreguemines vers Folkling sortie Gaubiving, c'est la maison rouge, dans la descente.

GÉRARDMER 88400

Carte régionale B2

51 km SE d'Épinal ; 50 km SO de Colmar

€€€ 🛏 |❍| **Chambres d'hôtes Chalet L'Épinette (Claudine et Gisèle Poirot-Scherrer) :** *70, chemin de la Trinité.* ☎ et fax : 03-29-63-40-06. 📱 06-08-61-60-64. ● info@chalet-epinette.com ● chalet-epinette.com ● Fermé 16 nov-5 déc. 🛜 Claudine est une enfant du pays, fille et petite-fille de bûcherons. Elle a décidé, avec sa fille Gisèle, de faire construire un superbe chalet en bois massif, typique de la région. Cinq chambres d'hôtes chaleureuses et douillettes, avec sanitaires privés : 2 au rez-de-chaussée, les 3 autres à l'étage. On aime bien la bleue, car elle a un romantique lit à baldaquin. 78 € pour 2, petit déj compris (confitures et brioche maison). Agréable séjour qui ouvre, par de larges baies vitrées, sur la forêt d'un côté et Gérardmer de l'autre. Table d'hôtes (sauf lundi et jeudi) à 27 €, vin et café compris. Ici, on se sent bien... Est-ce le bois qui diffuse son agréable chaleur, ou toutes les photos noir et blanc qui vous conteront le travail des bûcherons (débardage, traîneau chargé de bois...), ou encore le sourire et le charme de vos deux hôtesses ? Pour vous détendre, un sauna, un hammam, un spa, et un grand billard américain. Bref, une adresse très sympa.

> *Accès :* dans Gérardmer, direction Colmar (bd de Jamagne) jusqu'au pont ; en face commence le chemin qui mène jusqu'au chalet.

GRANGES-SUR-VOLOGNE 88640

Carte régionale B2

40 km E d'Épinal ; 13 km NO de Gérardmer

€€€€ 🛏 |❍| (10%) **Chambres d'hôtes Villa des Fougères (Danièle et Christian Walter) :** *17, rue Charles-de-Gaulle.* ☎ 03-29-51-47-60. 📱 06-87-05-83-90. ● lesfougeres.granges@free.fr ● lesfougeres.granges.free.fr ● Fermé 20 déc-10 janv. 🛜 Pittoresque villa de la fin du XIXe s entourée d'un grand jardin. Deux chambres et une suite familale, charmantes avec sanitaires privés. Selon la chambre de 90 à 130 € pour 2, petit déj compris. Ambiance et déco un peu bourgeoises, un peu artistes avec une foule de bibelots, de gravures et de tableaux de la maîtresse des lieux. Table d'hôtes goûteuse à 25 €, tout compris. Accueil chaleureux.

> *Accès :* dans le bourg à côté de la poste.

HASELBOURG 57850

Carte régionale B2

22 km SE de Sarrebourg ; 18 km SO de Saverne

€€ 🛏 |❍| (10%) **Chambres d'hôtes Tibidabo (Anne et Yves Grossiord) :** *14, rue Principale.* ☎ 03-87-08-87-45. 📱 06-09-41-49-77. ● anne grossiord@orange.r ● lautreboutdumonde.fr ● 🛜 Maison de village dans une rue bien calme abritant une chambre à l'atmosphère romantique, avec de jolies boiseries pastel. Salle de bains dans la chambre, subtilement intégrée à l'espace. Deux autres chambres dans une superbe petite maison restaurée juste à côté, que l'on peut louer soit en formule gîte soit en formule chambres d'hôtes. De 60 à 80 € pour 2, petit déj compris (du yaourt aux confitures, tout est maison et servi dans de la cristallerie de Saint-Louis). Table d'hôtes sur réservation à 25 €, apéro, vin et café ou tisane compris. Accueil chaleureux.

> *Accès :* de Phalsbourg, D 38 vers Saverne puis à droite D 98 vers le plan incliné ; Haselbourg est tout en haut de la côte ; à l'entrée du village, prenez la rue à droite.

HERBÉVILLER 54450

Carte régionale B2

33 km SO de Sarrebourg ; 22 km E de Lunéville

€€ 🛏 |❍| 🐾 (10%) **Chambres d'hôtes (Brigitte et Gilbert Bregeard) :** *7, route Nationale.* ☎ 03-83-72-24-73. 📱 06-22-02-40-31. ● g2bregeard@wanadoo.fr ● Fermé 1re sem d'août. Petite maison typique que Brigitte et Gilbert ont retapée avec beaucoup de goût. Ils vous accueillent dans 2 chambres d'hôtes guillerettes, claires et agréables. Sanitaires privés. La maison est en bordure de nationale, mais comme les chambres donnent sur le jardin, à l'arrière, c'est plus au calme. 55 € pour 2, petit déj compris. Repas à 22 €, apéro et vin compris : potage, crudités, brochette de Saint-Jacques, grillades du jardin, pintade aux groseilles, savarin aux mirabelles, mille-feuille aux framboises, etc. Accueil jeune et sympa, ambiance décontractée.

> *Accès :* par la D 400 ; à la sortie du village sur la droite en direction de Blamont.

LA BRESSE 88250

Carte régionale B2

55 km SO de Colmar ; 12 km S de Gérardmer

€ 🛏 |❍| **Chambres d'hôtes Les Tannes (Line Perrin et Christian Harang) :** *6, chemin des Tannes.* ☎ 03-29-25-60-98.

☎ 06-82-62-98-58. • info@lestannes.fr • lestannes.fr • À 950 m d'altitude, grande ferme traditionnelle complètement isolée, avec une belle vue sur les montagnes environnantes. Quatre chambres, dont 2 regroupées pour les familles, avec sanitaires privés (eau chaude solaire). Décoration bois très chaleureuse, jolis tissus, beaux parquets. 50 € pour 2, avec le petit déj (*kugelhopf*, pain bio et confitures maison, entre autres !), et 15 € par personne supplémentaire. Repas (certains soirs, et sur réservation) à 20 €, apéro, vin et café compris, partagé avec vos hôtes. La maison est labellisée « Panda » et vous y trouverez une pièce détente avec bibliothèque (cartes, guides et documents sur la nature) à disposition. Avec un peu de chance, vous pourrez même voir gambader des chevreuils près de la maison. Également 2 gîtes ruraux pour ceux qui veulent séjourner. Nombreux circuits pédestres et VTT. Petit étang privé à proximité pour les pêcheurs. Accueil chaleureux.

> *Accès :* dans La Bresse, prenez la direction de Gérardmer ; à la sortie du bourg, prenez la D 34 vers La Croix-des-Moinats et, 1 200 m après, direction Le Droit, puis le chemin des Huttes et celui des Tannes.

LANDREMONT 54380

Carte régionale A1

25 km N de Nancy ; 10 km S de Pont-à-Mousson

€€ |●| ⚑ (10%) **Gîte d'étape Soléole (Alban Gigleux) :** ☎ 03-83-23-64-26. 📱 06-76-62-92-92. • info@gite-soleole.fr • gite-soleole.fr • ⚒ *Fermé 15 déc-15 fév.* Ici, on peut parler d'énergie renouvelable, et Michel était un précurseur quand il a créé ce gîte... Le chauffage de l'eau et l'électricité sont fournis par des panneaux solaires et une éolienne. Aujourd'hui, c'est Alban, son fils, qui a repris les rennes et s'occupe de cet ensemble de petites structures qui domine la vallée, mais seulement à 400 m d'altitude. Pour dormir, 3 chalets de 3, 4 et 8 lits, dont 2 avec salle de bains et w-c, les sanitaires du dernier se trouvant dans un bâtiment séparé. Également une yourte pour 2 à 4 personnes. Selon le type d'hébergement, comptez de 11 à 20 € la nuit par personne (draps non fournis) et 5 € pour un petit déj ; en formule chambre d'hôtes, comprenant draps, serviettes et petit déj, comptez 55 € pour 2 dans les petits chalets et 55 € dans la yourte. Repas à 15 €, que l'on prend dans la maison de vos hôtes. Cuisine simple et familiale. Et question nature, vous n'allez pas être déçu ; le panorama est magnifique et le site réputé pour ses orchidées (pas moins de 16 espèces !). La forêt gagnant sur les pâturages, Alban et Michel y ont installé six ânes. Accueil authentique et chaleureux. Une adresse pour les amoureux de nature et pour tous les budgets.

> *Accès :* de Metz, par l'A 31, sortez à Atton (n° 26), et prenez la direction Loisy/Bezaumont/Landremont.

LAVELINE-DU-HOUX 88640

Carte régionale B2

27 km E d'Épinal ; 18 km NO de Gérardmer

€€€ 🛏 **Chambres d'hôtes La Colline aux Loups (Éric Fialek) :** *17, route de Hérigoutte.* ☎ 03-29-67-21-49. 📱 06-87-87-31-20. • contact@la-colline-aux-loups.com • la-colline-aux-loups.com • 📶 Voilà un endroit que les amoureux de calme, de nature ne manqueront pas ! Dans cette ancienne ferme en grès rose, 3 chambres charmantes, décorées avec goût qui dégagent beaucoup de sérénité. 73 € pour 2, petit déj compris et 115 € pour la suite. Table d'hôtes à 25 € pour découvrir une cuisine savoureuse et créative. Accueil chaleureux.

> *Accès :* à l'entrée du village prenez la route à droite vers Hérigoutte et suivez le fléchage rouge.

LE MÉNIL 88160

Carte régionale B2

35 km S de Gérardmer ; 15 km NO de Saint-Maurice-sur-Moselle

€€ 🛏 |●| ⚑ (10%) **Chambres d'hôtes La Ferme des Granges (Véronique et Jean-Marie Clesse) :** *23, route des Granges.* ☎ 03-29-25-03-00. • lafermedesgranges@hotmail.com • lafermedesgranges.com • 📶 Ancienne ferme vosgienne en pleine nature, entre forêts et pâturages. Trois chambres claires et sans prétention avec sanitaires privés. 59 € pour 2, petit déj compris. Bonne table d'hôtes à 18 €. Accueil chaleureux.

> *Accès :* du Ménil prendre la route des granges (bon fléchage).

LES ISLETTES 55120

Carte régionale A1

34 km O de Verdun ; 6 km O de Clermont-en-Argonne

€€ 🛏 **Chambres d'hôtes Villa Les Roses (Marie-Jeanne Christiaens) :** *La Vignette.*

☎ 03-26-60-81-91. • gites-christiaens@wanadoo.fr • villa-les-roses.com • Charmant petit manoir du XVIIIe s entouré d'un grand jardin. Cinq chambres aux noms chantants, confortables et arrangées avec soin. Toile de Jouy aux murs et meubles anciens. Sanitaires privés. De 60 à 85 € pour 2, petit déj compris. Accueil agréable.

Accès : des Islettes, N 3 vers Sainte-Menehould sur 1 km et fléchage à droite.

LIGNY-EN-BARROIS 55500

Carte régionale A2

65 km O de Nancy ; 15 km SE de Bar-le-Duc

€€€ **Chambres d'hôtes Le Vieux Logis :** *43, rue du Général-de-Gaulle.* 06-70-54-82-82. • contact@demeureduvieuxlogis.com • demeureduvieuxlogis.com • *Fermé aux vac scol de Noël.* Vaste hôtel particulier du XVIIIe s disposant d'un agréable jardin clos. Trois chambres élégantes, lumineuses, installées au rez-de-chaussée. Déco qui mêle avec harmonie boiseries, cheminées anciennes et déco contemporaine. Sanitaires privés. Selon la chambre, de 80 à 85 € pour 2, petit déj bio compris. Accueil de qualité.

Accès : au cœur de la cité.

LOROMONTZEY 54290

Carte régionale B2

40 km SE de Nancy ; 10 km N de Charmes

€ 10% **Chambres d'hôtes Ferme de Loro (Mariam et Damien Colin) :** ☎ et fax : 03-83-72-53-73. 06-09-30-16-26. • damien.colin@loro.fr • loro.fr • *Ouv de fév à la fin des vac de la Toussaint.* Dans un petit hameau, jolie ferme avec cour intérieure fermée. Deux chambres familiales, claires et agréables, avec sanitaires privés, à 45 € pour 2, petit déj compris (avec brioche, jus de fruits et confitures, le tout fait maison), et 18 € par personne supplémentaire. Pas de table d'hôtes, mais une cuisine à disposition. Bon accueil.

Accès : de Charmes, prenez la D 55 vers Saint-Germain, puis Loromontzey (D 133), c'est un peu avt d'arriver au village.

LUNÉVILLE 54300

Carte régionale B2

30 km SE de Nancy ; 25 km NO de Baccarat

€€ **Chambres d'hôtes La Condamine (Marie-Ange Strazielle) :** *3, rue Gambetta.* ☎ 03-8375-10-03. 06-10-39-04-95. • lacondamine.fr • Belle demeure aux allures de château. Deux vastes chambres, décorées avec goût ; l'une au rez-de-chaussée, l'autre au 2e étage et sous forme de suite familiale. Comptez 65 € pour 2, petit déj compris. Grand jardin abrité des regards indiscrets. Accueil agréable.

Accès : dans le centre, à deux pas de la pl. Léopold.

MAIZIÈRES 54550

Carte régionale A2

16 km SO de Nancy

€ **Chambres d'hôtes (Laurent Cotel) :** *69, rue Carnot.* ☎ et fax : 03-83-52-75-57. 06-88-03-45-66. • laurent cotel@yahoo.fr • Demeure du XIIe s qui servait de maison forte à l'évêché de Toul, et qui appartient à la famille depuis le XVIIe s. Trois chambres rustiques et agréables : 2 au rez-de-chaussée et une à l'étage. Des chambres, belle vue sur le jardin. Préférez celle avec la salle de bains et les chapeaux accrochés aux murs. Ambiance vieille France, avec les portraits des ancêtres qui sont là pour rappeler l'histoire. Comptez 48 € pour 2, petit déj compris. Laurent vous donnera aussi de bons tuyaux pour visiter la région à partir de chez lui. Une adresse où l'on séjourne volontiers et un bon rapport qualité-prix-convivialité.

Accès : de Nancy, prenez la direction Parc-Expo puis l'A 330 direction Épinal jusqu'à la sortie n° 6 ; au rond-point, direction A 31 par la N 331, descente Maizières.

MAXEY-SUR-VAISE 55140

Carte régionale A2

43 km SO de Nancy ; 8 km S de Vaucouleurs

€€ 10% **Chambres d'hôtes (Danielle Noisette) :** ☎ 03-29-90-85-19. • daniellen@tourismerural.fr • tourismerural.fr • Dans une partie annexe de sa maison, Danielle vous propose 2 chambres meublées façon rustique, claires et agréables, avec sanitaires privés. 52 € pour 2, petit déj inclus. Pas de table d'hôtes, mais coin cuisine à disposition et quelques restos à proximité. Piscine à disposition. Accueil convivial.

Accès : sur la D 964 entre Vaucouleurs et Neufchâteau ; au centre du bourg.

MONTBRONN — 57415

Carte régionale B1

28 km SE de Sarreguemines ; 4 km O de Saint-Louis-lès-Bitche

€ 🛏 |●| **Chambres d'hôtes Havre Blanc (Christiane et Gilbert Schneider)** : 43, rue de Bitche. ☎ 03-87-96-32-22. 📱 06-32-04-66-71. ● info@havreblanc.com ● havreblanc.com ● Ce qui caractérise avant tout cette demeure c'est son superbe parc et ces 2 croquignolettes chambres « Asia » d'inspiration asiatique et « Nature » parée de jolis meubles de famille et de souvenirs de voyage. Sanitaires privés. 45 € copieux petit déj compris. Table d'hôtes à 23 €, vin compris. Cerise sur le gâteau, un sauna installé dans un petit chalet (15 € pour un couple). Accueil convivial. **NOUVEAUTÉ.**

Accès : dans la rue principale du village.

NIDERVILLER — 57565

Carte régionale B2

6 km SE de Sarrebourg

€€ 🛏 🐾 (10%) **Chambres d'hôtes Au Grenier d'Abondance (Sylvie et Vincent Schmitt-Fetter)** : 11, rue des Vosges. ☎ 03-87-23-79-96. 📱 06-71-85-00-09. ● au-grenierdabondance@orange.fr ● augrenierdabondance.wifeo.com ● 🛜 Grande maison lorraine proposant 4 chambres aux noms des services de la faïencerie de la cité. Celles du grenier dégagent plus de cachet avec leurs colombages et leurs armoires Art déco. Petits sanitaires privés. 53 € pour 2, petit déj compris. Pas de table d'hôtes mais cuisine à disposition. Accueil chaleureux.

Accès : de Sarrebourg, D 45 jusqu'à Niderviller et suivez le fléchage.

RAHLING — 57410

Carte régionale B1

25 km SE de Sarreguemines ; 20 km de Bitche

€ 🛏 (10%) **Chambres d'hôtes (Annie et Louis Bach)** : 2, rue du Vieux-Moulin. ☎ 03-87-09-86-85. 📱 06-88-64-97-08. ● louis.bach@orange.fr ● 🛜 Aux portes de l'Alsace, ancien moulin du village, dont il ne reste plus grand-chose. Au 2ᵉ étage de la maison, 2 chambres d'hôtes, avec sanitaires privés. Déco simple. Comptez 45 € pour 2, copieux petit déj compris (gâteau maison, fromages et charcuterie). Pas de table d'hôtes, mais coin cuisine à disposition. Accueil authentique et familial.

Accès : de Sarreguemines, prenez la N 662 jusqu'à Rohrbach, puis la D 35 vers Rahling ; fléchage dans le bourg.

RARÉCOURT — 55120

Carte régionale A1

45 km N de Bar-le-Duc ; 25 km SO de Verdun

€€€ 🛏 (10%) **Chambres d'hôtes La Neuve Tuilerie (Famille Amory)** : lieu-dit La Neuve-Tuilerie. 📱 06-71-00-61-56. ● laneuvetuilerie@orange.fr ● la-neuve-tuilerie.com ● Fermé de mi-nov à fin fév. À quelques enjambées de la forêt d'Argonne (50 000 ha tout de même !), ancien et imposant pavillon de chasse du XIXᵉ s, installé au beau milieu de la campagne. Trois chambres élégantes et charmantes dont une suite composée de 2 chambres pour les familles. Sanitaires privés. Selon la chambre, de 75 à 100 € pour 2, petit déj compris, et 15 € par personne supplémentaire. Accueil charmant. Une très bonne adresse.

Accès : A 4 sortie nº 29.1 puis direction Bar-le-Duc, puis Rarécourt et fléchage.

REVIGNY-SUR-ORNAIN — 55800

Carte régionale A1

60 km SO de Verdun ; 17 km NO de Bar-le-Duc

€€€€ 🛏 🐾 **Chambres d'hôtes La Maison Forte (Caroline Cheurlin)** : 6, pl. Henriot-du-Coudray. ☎ 03-29-70-78-94. 📱 06-63-46-03-26. ● caroline_cheurlin@hotmail.com ● lamaisonforte.fr ● 🍴 Fermé en déc. Belle maison forte, patinée par le temps, qui fut naguère propriété du duc de Bar puis du duc de Lorraine. Cinq chambres confortables, bien décorées, mariant la pierre ancienne et le design moderne. Sanitaires privés. On aime bien la chambre « Tour », qui ouvre sur le jardin, et la « Suite » avec son joli salon (qui peut accueillir jusqu'à 4 personnes). De 85 à 135 € pour 2, et 170 € la « Suite » pour 4, petit déj compris. Accueil très sympa.

Accès : au centre du bourg.

SAINT-AUBIN-SUR-AIRE 55500

Carte régionale A2

26 km SE de Bar-le-Duc ; 10 km E de Ligny-en-Barrois

€€ ≜ |●| ⌂ ⑩% *Chambres d'hôtes Le Domaine de Hellebore (Mr et Mme Pothier) :* 28, rue Basse. ☎ et fax : 03-29-77-06-61. ▯ 06-74-54-69-48. ● domaine.hellebore@wanadoo.fr ● perso.wanadoo.fr/domaine.hellebore ● 🛜 Imposante maison rurale bien restaurée. Trois chambres agréables, avec sanitaires privés, à 63 € pour 2, petit déj compris. Table d'hôtes à 25 €, apéro, quart de vin, café et digeo compris. Cuisine soignée. Billard américain et grand jardin pour vous détendre. Accueil chaleureux. Une gentille adresse.

Accès : le village se trouve sur la N 4, à mi-chemin entre Nancy et Saint-Dizier.

SAPOIS 88120

Carte régionale B2

18 km E de Remiremont ; 10 km SO de Gérardmer

€ ≜ |●| ⌂ *Chambres d'hôtes Les Tournées (Bernadette et Francis Fellmann) :* 1, chemin des Tournées. ☎ 03-29-61-79-98. ▯ 06-18-82-04-44. ● fellmann@lestournees.fr ● lestournees.fr ● À 550 m d'altitude, en pleine campagne, ancienne ferme accrochée aux premières pentes des Vosges. Dans l'herbeau où était engrangée la moisson, 4 chambres agréables, joliment et sobrement décorées, dont une suite familiale. Sanitaires privés. 50 € pour 2, petit déj compris. Table d'hôtes (sauf le dimanche soir) partagée en famille à 17 €, vin compris. Cuisine traditionnelle et régionale avec pain maison cuit dans le four à pain. Accueil authentique et chaleureux.

Accès : fléchage depuis le village de Rochesson (attention, l'accès est assez raide, prévoir l'équipement nécessaire en hiver).

SARREGUEMINES 57200

Carte régionale B1

70 km O de Metz ; 25 km SE de Forbach

€€ ≜ *Chambres d'hôtes Majolique (Loekie et Hubert Jager) :* 51, rue des Deux-Ponts. ☎ 03-87-95-14-54. ● contact@chambresdhotesarreguemines.fr ● chambresdhotesarreguemines.fr ● 🛜 Dans une ancienne fermette lorraine, 4 chambres confortables aux noms de faïences de Sarreguemines. Déco soignée et belles poutres. Sanitaires privés. 65 € pour 2, copieux petit déj compris. Accueil convivial.

Accès : dans le quartier de Neunkirch, dans la continuité de la rue Foch, avt de sortir de la ville.

VENTRON 88310

Carte régionale B2

26 km S de Gérardmer ; 13 km N du Thillot

€€ ≜ |●| *Chambres d'hôtes Le Chalet de Valentine (Valentine Poirot) :* 3, Sous l'Ermitage. ☎ 03-29-24-26-16. ▯ 06-15-92-01-08. ● valentine.poirot@orange.fr ● lechaletdevalentine.fr ● Ce beau et grand chalet accroché sur les hauteurs abrite 5 agréables chambres, spacieuses et confortables à l'atmosphère montagnarde. 68 € pour 2, petit déj compris. Table d'hôtes à 20 € tout compris. Cuisine traditionnelle. Accueil convivial

Accès : à 6 km au sud de Ventron par la D 43, route qui contourne l'église sur la droite, la maison se trouve à gauche, en montant vers l'Ermitage.

WOINVILLE 55300

Carte régionale A1

20 km S de Commercy ; 10 km E de Saint-Mihiel

€€ ≜ *Chambres d'hôtes Domaine de Pomone (Nicole Gérard) :* 1, ruelle de Haldat-du-Lys. ☎ et fax : 03-29-90-01-47. ▯ 06-14-93-55-92. ● ledomainedepomone@wanadoo.fr ● ledomainedepomone.com ● Dans le parc naturel régional de Lorraine, jolie maison du XVIIIe s, aux murs couverts de plantes grimpantes et entourée d'un grand parc ombragé. Trois chambres à la déco agréable, avec sanitaires privés. De 65 à 70 € pour 2, petit déj compris. Accueil convivial.

Accès : au cœur du bourg.

Midi-Pyrénées

ANSOST 65140

Carte régionale A2

25 km N de Tarbes ; 7 km NO de Rabastens

€ 🏠 |○| *Chambres d'hôtes (M. et Mme Louit) :* ☎ et fax : 05-62-96-62-63. 📱 06-26-56-29-69. ● *louit.mariemadeleine@wanadoo.fr* ● Charles et son épouse cultivent des céréales et des vignes pour leur consommation personnelle. Dans une ancienne grange à colombages, 5 chambres spacieuses, avec poutres apparentes, desservies par un immense couloir. Sanitaires privés. Comptez 40 € pour 2, petit déj inclus, et 15 € le repas en table d'hôtes pour déguster magret et confit, légumes du jardin, flan au caramel ou tartes aux fruits. Accueil charmant.

Accès : à Rabastens, prenez la D 124 vers Barbachen, puis la D 52 jusqu'à Ansost.

ARCIZANS-AVANT 65400

Carte régionale A2

15 km SO de Lourdes ; 3 km S d'Argelès-Gazost

€€ 🏠 |○| *Chambres d'hôtes Antaya (Françoise Aguillon et Alain Begarie) :* 49, camin d'Azun. ☎ 05-62-97-91-74 ou 05-62-97-13-69. 📱 06-84-54-48-95. ● *francoise-aguillon@orange.fr* ● *ferme-antaya.com* ● Au cœur du parc national des Pyrénées, en pleine nature, ancienne étable bien restaurée qui jouit d'une vue splendide sur le Val-d'Azun. À l'étage, 3 chambres originales et gaies avec sanitaires privés. 59 € pour 2, petit déj compris. Table d'hôtes à 22 € pour une cuisine saine basée sur les produits maison. Si vous venez avec des enfants, ils seront ravis de découvrir un petit monde d'animaux sympathiques : dans un enclos, quelques cochons gascons, deux ânes, deux chats, sans oublier le labrador de la maison. L'exploitation agricole de Françoise et Alain (frère et sœur) est un peu plus loin. Si ça vous intéresse, vous pourrez même accompagner le maître des lieux quand il part en estive. Accueil agréable.

Accès : au rond-point à la sortie d'Argelès-Gazost, prenez direction Arcizans-Avant ; traversez le village, prenez la route du lac d'Estaing et suivez le fléchage « Antaya ».

ASQUE 65130

Carte régionale A2

40 km SE de Tarbes ; 18 km E de Bagnères-de-Bigorre

€€€€ 🏠 |○| 10% *Chambres d'hôtes La Ferme du Buret (Cathy et Pierre Faye) :* cami de Buret. ☎ 05-62-39-19-26. 📱 06-86-77-33-71. ● *info@lafermeduburet.com* ● *lafermeduburet.com* ● ♿ Fermé de mi-nov à avr. 📶 C'est Cathy (première *recordwoman* du monde de ski de vitesse) et Pierre qui,

---

Nous vous rappelons que la table d'hôtes est le complément d'une formule d'hébergement (chambre d'hôtes, gîte d'étape...). Ce service n'est offert qu'aux personnes qui dorment sur place (excepté lorsqu'il est clairement écrit « ouvert aux extérieurs »).

avec force, courage et patience, ont redonné vie à cette ancienne ferme accrochée sur le versant dominant la vallée, dans un cadre splendide. Quatre chambres chaleureuses réparties dans différentes ailes de la maison, dont 2 de plain-pied. Ici, le bois est à l'honneur et l'authenticité au rendez-vous. Climatisation (s'il vous plaît !), frigo et sanitaires privés. Pour 2, comptez de 80 à 110 €, petit déj compris. Table d'hôtes à 25 €, vin compris. Bonne cuisine traditionnelle avec des produits du terroir. Les repas sont servis dans l'ancienne grange ornée d'une cheminée monumentale et d'un four à pain. Pour les amateurs de ski, Cathy propose du ski-safari dans les Pyrénées (séquence frisson). Une adresse nature qui respire la joie de vivre.

Accès : en venant de Bagnères, n'allez pas dans Asque, mais restez sur la D 26 en direction de Bulan ; 1,8 km plus loin, prenez le chemin à gauche (au niveau des tables de pique-nique), c'est à 700 m.

AUJOLS 46090

Carte régionale A1

17 km E de Cahors ; 8 km N de Lalbenque

€€€€€ 🏠 |●| (10 %) **Chambres d'hôtes Lou Repaou (Odile et Nano Oller-Perret) :** ☎ 05-65-22-03-47. ● odile@lourepaou.fr ● lourepaou.fr ● 🐾 *Fermé de mi-nov à mi-déc.* Après avoir fait le tour du monde, Odile et Nano se sont posés dans cette ancienne ferme quercynoise du XIXe s. Avec beaucoup de goût et de sobriété, dans le plus grand respect du lieu et de son esprit, ils ont tout restauré. Les matériaux naturels ont été privilégiés et le résultat est superbe. Cinq chambres très vastes qui évoquent les pays lointains (Pérou, Mali, Népal, Australie, sans oublier le Quercy). Beaux sanitaires privés, avec baignoires balnéo ou douche hammam ! De 110 à 130 € pour 2, petit déj compris. Table d'hôtes à 28 € ou dîner gastronomique à 38 €, vin compris. Pour compléter ce joli tableau, une chouette piscine au fond du petit jardin. Une adresse de charme pour séduire sa routarde préférée.

Accès : dans le bourg.

AUTERIVE 31190

Carte régionale A2

30 km S de Toulouse ; 9 km NO de Cintegabelle

€€€€ 🏠 🍴 **Chambres d'hôtes La Manufacture (Valérie Balansa) :** 2, rue des Docteurs-Basset. ☎ et fax : 05-61-50-08-50.

📱 06-73-01-02-82. ● manufacture@manufacture-royale.net ● manufacture-royale.net ● *Ouv avr-oct.* 📶 Vous rêvez de dormir dans de beaux draps ? Voici une occasion unique puisque vous êtes dans une ancienne Manufacture royale de draps du début du XVIIIe s ! Ceinte d'une cour à l'ancienne, au cœur du village avec piscine et jacuzzi à la place des anciens bains de rinçage, cette demeure tient toutes ses promesses. Trois chambres spacieuses, décorées de vieilles gravures et beaux meubles de famille. De 91 à 96 € pour 2, petit déj compris. Également 2 gîtes de 4 et 5 personnes pour ceux qui veulent séjourner. Accueil convivial.

Accès : au centre du village, à deux pas de la mairie.

AUZITS 12390

Carte régionale B1

30 km NO de Rodez

€ 🏠 |●| **Chambres d'hôtes (Anne-Marie et Jean-Marie Delcamp) :** Lestrunie. ☎ 05-65-63-11-40. 📱 06-52-34-45-67. ● lestrunie.fr ● *Fermé aux vac de Noël.* 📶 Dans un petit hameau, belle ferme familiale avec pigeonnier et four à pain. Anne-Marie et Jean-Marie, agriculteurs, vous y accueillent très chaleureusement. Belle salle de séjour avec meubles anciens. Trois grandes chambres indépendantes à 42 € pour 2, petit déj compris. Vous y goûterez les savoureuses confitures que prépare Anne-Marie (une vingtaine en tout !), comme celles aux fleurs de pissenlit, aux pétales de violette ou de rose, aux baies d'églantier ou à la rhubarbe. Mais ses talents culinaires ne s'arrêtent pas là puisqu'elle propose également la table d'hôtes, pour 13 €, vin compris. Spécialités de gratin au potimarron, d'estofinade et de tarte aux framboises. Possibilité de découverte des différentes activités de la ferme, classée en bio. Excellent rapport qualité-prix-convivialité. Bref, une de nos adresses préférées dans la région.

Accès : dans le triangle Villefranche/Decazeville/Rodez ; entre Rulhe et Roussenac, sur la D 525.

AVIGNONET-LAURAGAIS 31290

Carte régionale B2

40 km SE de Toulouse ; 12 km SE de Villefranche-de-Lauragais

€ 🏠 (10 %) **Chambres d'hôtes (Anne Goyet) :** en Jouty. ☎ 05-61-81-57-35.

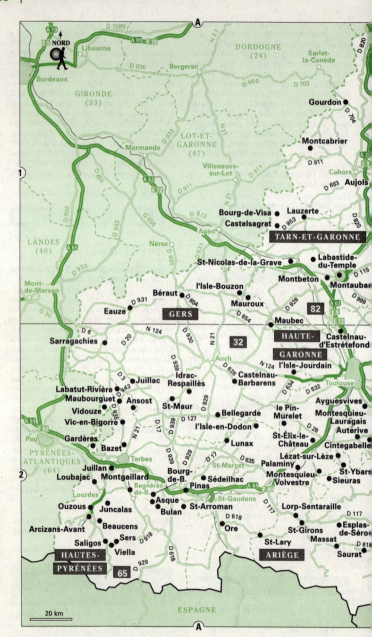

● annegoyet@orange.fr ● Ouv mars-oct. Ici, c'est une ferme familiale tenue par les femmes (production de céréales et d'asperges). Deux chambres à l'étage de la maison, et une 3e au rez-de-chaussée. Sanitaires privés. Comptez 48 € pour 2, petit déj compris. Kitchenette à disposition. Accueil convivial.

Accès : A 61 vers Montpellier, sortie Villefranche-de-Lauragais, puis N 113 jusqu'à Avignonet ; à l'entrée du village, tournez à droite vers Beauteville, passez la voie ferrée, l'autoroute, le canal du Midi et, au sommet de la côte, fléchage ; la maison est à 3 km du bourg.

AYGUESVIVES 31450

Carte régionale A2

20 km SE de Toulouse ; 12 km NO de Villefranche-de-Lauragais

€€€€ ● 10% **Chambres d'hôtes La Pradasse (Christine et Frédéric Antoine) :** *39, chemin de Toulouse.* ☎ 05-61-81-55-96. 📱 06-19-21-36-71. ● contact@lapradasse.com ● lapradasse.com ● Havre de paix tout en harmonie dans un style contemporain qui intègre l'architecture en brique de l'ancienne ferme lauragaise. Les 5 chambres climatisées, spacieuses, à la déco soignée, c'est déjà tout un film ! On a craqué pour la « Dolce Vita » et pour « Le Patient anglais ». Il y a aussi la roulotte pour 2 avec coin kitchenette. Selon la chambre de 99 à 109 € pour 2, petit déj compris. Grande piscine. Accueil convivial. Un vrai coup de cœur sur le département.

Accès : A61, sortie n° 19.1 Ayguesvives ; la maison est 2,5 km de là en direction de La Pradasse par le CD 16.

BAZET 65460

Carte régionale A2

33 km S de Marciac ; 7 km N de Tarbes

€€ ● **Chambres d'hôtes Le Clos Martel (Dominique et Jean-Claude Martel) :** *4-6, rue du 8-Mai.* ☎ 05-62-33-42-55. 📱 06-33-69-14-13. ● dominique.piersonmartel@wanadoo.fr ● leclosmartel.com ● Fermé 15 j. en oct. 🛜 Au cœur de la cité, belle demeure du XIXe s aux allures bourgeoises, entourée d'un grand jardin où siège un noble marronnier. Trois chambres, dont 2 familiales, claires et spacieuses (une au rez-de-chaussée, les 2 autres à l'étage). Déco sobre et de bon goût, atmosphère sereine et couleurs pastel. Sanitaires privés. 64 € pour 2, copieux petit déj compris. Table d'hôtes à 24 €, vin compris, pour découvrir la cuisine du Sud-Ouest. Pour aiguiser votre curiosité, sachez que Jean-Claude forge des couteaux et se fera un plaisir de vous présenter son travail. Et, sur demande, des stages d'aquarelle et de dessin peuvent être organisés en été. Accueil chaleureux. Une adresse où l'ambiance campagne se mêle au charme d'être dans le village.

Accès : A 64 sortie n° 13 Séméac, puis direction Aureilhan puis Orleix et Bazet ; dans le village, au rond-point, suivez la direction « Mairie » et c'est la 3e rue à droite.

BEAUCENS 65400

Carte régionale A2

12 km S de Lourdes ; 4 km S d'Argelès-Gazost

€€ ● **Chambres d'hôtes Eth Béryé Petit (Ione et Henri Vielle) :** *15, route de Vielle.* ☎ et fax : 05-62-97-90-02. ● contact@beryepetit.com ● beryepetit.com ● Eth Béryé Petit (« le petit verger », ignorant !) est une splendide demeure familiale du XVIIIe s située à 500 m d'altitude. Le cadre est superbe et la vue imprenable sur le donjon de Beaucens, appelé aussi donjon des Aigles. Henri est un enfant du pays... Pour preuve ? Il porte le même nom que le hameau ! Trois chambres d'hôtes raffinées, avec d'originaux sanitaires privés, occupent les 1er et 2e étages. De 59 à 64 € pour 2, copieux petit déj compris (gâteau, confitures et petits pains maison). Du 1er novembre au 30 avril, possibilité de table d'hôtes les vendredi et samedi soir (sur réservation) pour 23 € le repas, apéritif, vin et café compris. Sinon, une auberge typique dans le hameau. Pour les amateurs de balades nature, plein de randos possibles à proximité (cirque de Gavarnie, pic du Midi de Bigorre...). Accueil chaleureux et charmant. Bon rapport qualité-prix-convivialité.

Accès : de Tarbes, prenez la N 21 vers Lourdes puis Argelès-Gazost ; sur la quatre-voies, suivre les panneaux direction Beaucens ; de là, suivez le fléchage « Eth Béryé Petit ».

BELLEGARDE 32140

Carte régionale A2

30 km S d'Auch ; 4 km E de Masseube

€€ ● 10% **Chambres d'hôtes Balcon Vert des Pyrénées (Mireille et Olivier**

Courouble) : *La Garenne.* ☎ 05-62-66-03-61 et 09-71-33-25-67. 📱 06-88-71-84-49. Fax : 05-62-66-03-61. • ocourouble@wanadoo.fr • balconvertpyrenees.e-monsite.com • 📶 Belle maison typique qui était autrefois la métairie du château voisin. Deux chambres au 1er étage, avec beau balcon rustique offrant une belle vue sur les Pyrénées. Jolis bibelots et beaux meubles anciens, le tout donne une ambiance un peu bonbonnière. Comptez 70 € pour 2, petit déj compris. Table d'hôtes (sur réservation) à 20 €. Également 2 gîtes pour 4 et 6 personnes, décorés à l'ancienne avec goût. Piscine. Très bon accueil et de nombreuses infos sur la région.

| *Accès : dans Masseube, prenez la direction de Simorre (CD 27) ; après 4 km, au panneau indiquant Bellegarde, prenez le 1er chemin à gauche avt l'église et le château.*

BÉRAUT 32100

Carte régionale A1

6,5 km S de Condom

€€ 🛌 |●| 🍴 **Chambres d'hôtes Le Hour (Florence et David Bonneville) :** ☎ 05-62-68-48-33. 📱 06-85-63-96-03. • le-hour@orange.fr • le-hour.com • Fermé janv-fév. 📶 Dans une ancienne ferme au cœur d'un cadre enchanteur et paisible, 5 superbes chambres dans lesquelles Florence et David ont laissé s'exprimer toute leur créativité : déco à base d'objets de récup, de vieux outils détournés... Tout est du meilleur goût, ravissant. Sanitaires privés. 57 € pour 2, petit déj compris, servi en été dans le jardin ombragé sur fond de musique relaxante. Table d'hôtes entre 15 et 22 €, vin compris. Piscine à l'écart, ping-pong, boulodrome... Excellent accueil. Une très belle adresse en famille ou pour un week-end en amoureux.

| *Accès : de Condom, D 654 vers Saint-Puy sur 5,5 km puis tournez à gauche et suivez le fléchage.*

BOURG-DE-BIGORRE 65130

Carte régionale A2

30 km SE de Tarbes ; 15 km NE de Bagnères-de-Bigorre

€€ 🛌 |●| (10%) **Chambres d'hôtes La Caminade (Gérald Magnien) :** ☎ 05-62-39-08-63. 📱 06-44-10-40-87. • magnienlacaminade@aliceadsl.fr • chambres-hotes-lacaminade.com • 📶 Au pays de Gaston Phébus, ancienne et jolie ferme bigourdane du XIXe s, restaurée avec amour par Gérald et Nicole. On passe sous un porche pour découvrir cette demeure, sa piscine et son grand parc. Quatre chambres coquettes et chaleureuses avec accès indépendant et sanitaires privés. De 63 à 75 € pour 2, petit déj compris. Table d'hôtes à 25 € tout compris. Bonne cuisine familiale avec les produits du terroir. Excellent accueil. Un point de chute idéal pour découvrir les richesses de la région.

| *Accès : A 64 sortie Tournay puis direction L'Escaladieu/Mauvezin jusqu'à Bourg-de-Bigorre ; longez le petit terrain de sport du village, la maison est à gauche (fléchage discret).*

BOURG-DE-VISA 82190

Carte régionale A1

45 km NO de Montauban ; 20 km N de Moissac

€€ 🛌 |●| 🍴 **Chambres d'hôtes La Marquise (Michèle et Gilbert Dio) :** *Brassac.* ☎ et fax : 05-63-94-25-16. 📱 06-68-72-91-97. • mglamarquise@infonie.fr • fermelamarquise.com • Résa recommandée. 📶 Dans une ferme du Bas-Quercy, dans la vallée du château de Brassac, un couple d'agriculteurs propose 4 chambres d'hôtes confortables, agréablement décorées, avec poutres apparentes. 51 € pour 2, avec un copieux petit déj. Table d'hôtes à 22 €, apéro, vin et café compris, servie dans une véranda. Parmi les activités à pratiquer sur place : pêche en étang privé avec prêt de cannes à pêche, randonnée pédestre, et six VTT à disposition (que demander de plus, hein ?). Excellent accueil. Également un gîte pour 4 personnes, loué de 250 à 300 € la semaine.

| *Accès : de Moissac, suivez la D 7 vers Bourg-de-Visa, puis fléchage « La Marquise » avt Brassac.*

BOUZIÈS 46330

Carte régionale B1

25 E de Cahors ; 5 km NO de Saint-Cirq-Lapopie

€ 🛌 🍴 **Chambres d'hôtes Le Rucher de Pech Larive (Véronique Gault et José Girma) :** ☎ 05-65-30-20-93. 📱 06-09-23-11-17. • pechlarive@gmail.com • lerucherdepechlarive.com • 🔑 Ouv Pâques-Toussaint. 📶 Sur leur exploitation certifiée « agriculture bio » et isolée au milieu des chênes, Véronique et José produisent confitures, pain d'épices, miel, compotes, sirops... Dans une ancienne grange en pierre, légèrement à l'écart, 3 chambres agréables, dont 2 à l'étage, mansardées. Selon le confort, de 40 à 43 € pour 2, petit déj compris, et 50 € pour le studio avec cuisine équipée. Également un gîte pour 4 personnes, au milieu des vignes et des bois, loué de 250 à 300 € la semaine. L'ensemble est alimenté par l'énergie solaire. Une adresse pour se mettre au vert sans vider son porte-monnaie.

Accès : suivez le fléchage depuis le village.

BRIATEXTE 81390

Carte régionale B2

38 km NO de Castres ; 7 km O de Graulhet

€ 🏠 |●| ⑩% **Chambres d'hôtes (Geneviève Bru) :** *Engalinier.* ☎ 05-63-42-04-01. Fax : 05-63-34-49-04. *Fermé 20 déc-8 janv.* Ferme caprine proposant 2 chambres d'hôtes, à 43 € pour 2, petit déj inclus. Également un camping à la ferme de 6 emplacements à 5 € par personne. Table d'hôtes à 13 €, à base des produits de la ferme et des légumes du jardin. Spécialités de cassoulet, de veau maison et de pâtisseries. Visite de la ferme possible. Excellent accueil.

Accès : de Briatexte en venant de Toulouse, prenez la direction de Graulhet et tournez à droite entre le bureau de tabac et la pharmacie ; faites 3,6 km et vous y êtes.

BULAN 65130

Carte régionale A2

31 km SE de Tarbes ; 15 km SE de Bagnères-de-Bigorre

€ 🏠 🐎 ⑩% **Chambre d'hôtes (François Viau) :** *La Caucade.* ☎ et fax : 05-62-39-11-71. ● viau.francois@free.fr ● locationpyreneesviau.com ● *De préférence sur résa.* En moyenne montagne, avec vue superbe sur les alentours et la végétation luxuriante. Dans une maison indépendante, une chambre d'hôtes pour 4 personnes, meublée avec goût. Salon et cheminée, salle de bains et w-c privés. Comptez 49 € pour 2, avec le petit déj. Également 4 gîtes pour 4 personnes, qui se louent à la semaine mais peuvent aussi fonctionner en chambres d'hôtes. Les propriétaires font la culture de sapins de Noël et produisent la liqueur de sapin des Pyrénées. Pas de table d'hôtes, mais possibilité de se restaurer dans une auberge toute proche, à prix modérés. Bon accueil.

Accès : sur la D 26, entre Heches et Bagnères-de-Bigorre.

CAMARÈS 12360

Carte régionale B1-2

65 km SO de Millau ; 23 km S de Saint-Affrique

€ 🏠 **Gîte de séjour (Muriel Migayrou) :** *Faragous.* ☎ 05-65-99-09-51. ● gite@faragous.com ● faragous.com ● ✗ Au cœur du Rougier-de-Camarès qui se donne des allures de Colorado tant sa terre est rouge, petit gîte de séjour d'une vingtaine de places : une quinzaine dans un bâtiment annexe, réparties dans des chambres de 2, 4 et 6 lits, chacune avec sanitaires privés ; les autres dans une petite maison indépendante avec sanitaires privés et petite kitchenette. Déco simple, colorée et fonctionnelle. 22 € la nuit par personne (38 € pour 2), et 5 € le petit déj. Muriel organise des stages de danse-improvisation en formule week-end et semaine (demandez le programme !). Accueil souriant et décontracté. Nature et tranquillité assurées.

Accès : de Saint-Affrique, empruntez la D 999 en direction d'Albi ; au Moulin-Neuf, prenez la D 12 vers Camarès et, 1,5 km avt le village, tournez à gauche vers Briols sur 3 km et à droite vers Faragous (fléchage).

CASTANET 82160

Carte régionale B1

60 km NE de Montauban ; 17 km SO de Villefranche-de-Rouergue

€ 🏠 ⑩% **Chambres d'hôtes (Chantal et Jean-Claude Castagné) :** ☎ et fax : 05-63-65-75-04. ● castagne.jc@wanadoo.fr ● À la limite du Tarn-et-Garonne, à 503 m d'altitude (point culminant du département !), Jean-Claude et Chantal vous accueillent chaleureusement dans leur grande maison de village toute fleurie. Ce sont les plus vieux adhérents des Gîtes de France (merci pour la pub !), c'est dire si l'accueil ça les connaît. Pour la petite histoire, ils ont eu la médaille du tourisme en 1993 et une d'argent en 2000. Trois chambres simples, dont une avec sanitaires privés, les 2 autres avec lavabo mais sanitaires communs (un bon bain vous fera du bien, mais pensez aux suivants !). De 30 à 35 € pour 2, petit déj compris. À proximité, ils ont aussi 2 gîtes et 3 chalets. Piscine à disposition. Pour vous distraire, Jean-Claude organise des randonnées (avec pique-nique, pour ceux qui veulent la jouer cool). Les plus solitaires viendront, en automne, ramasser châtaignes et champignons. Une adresse authentique et vraie et à prix imbattable.

Accès : de Montauban, empruntez la N 20 en direction de Cahors ; à Caussade, prenez la D 926 vers Villefranche-de-Rouergue puis, à Parisot, la D 84 vers Najac, puis la V 3 jusqu'à Castanet.

CASTELNAU-BARBARENS 32450

Carte régionale A2

17 km SE d'Auch

€€ 🛏 |●| 🍴 **Chambres d'hôtes (Alice et René Cartier) :** *au Baste.* ☎ *05-62-65-97-17. Fermé déc-avr.* Belle maison du XVIIIe s, bien entretenue, sur 150 ha de terres exploitées par le fils des propriétaires. Agréable ambiance familiale et excellent accueil. Deux chambres spacieuses et confortables, à 52 € pour 2, petit déj inclus. Sanitaires privés. À la table familiale, pour 18 €, vin et café compris, les pensionnaires dégusteront des repas gascons (recettes de la grand-mère) avec tous les produits de la ferme. Par exemple, charcuterie gasconne, poulet fermier, oie flambée, confit de canard, magret grillé, croustade gasconne, lapin aux pruneaux, gâteau Alice... Accueil chaleureux.

> **Accès :** *à 800 m du village, bien indiqué ; et si d'aventure vous ne trouviez vraiment pas, demandez la maison de l'ancien maire (René a été maire de Castelnau pendant 24 ans !).*

CASTELNAU-DE-MONTMIRAL 81140

Carte régionale B1

37 km O d'Albi ; 15 km NO de Gaillac

€€€€ 🛏 (10 %) **Chambres d'hôtes Le Château de Mayragues (Laurence et Alan Geddes) :** ☎ *05-63-33-94-08.* 📱 *06-86-43-14-34.* ● *geddes@chateau-de-mayragues.com* ● *chateau-de-mayragues.com* ● *Ouv de mi-mars à mi-nov.* Remarquable château des XIIIe et XVIe s installé dans un domaine viticole spécialisé en biodynamie. Deux chambres romantiques, installées sous les toits, qui ouvrent sur l'ancien chemin de ronde. Meubles anciens, murs en chanvre, sanitaires privés. 110 € pour 2, petit déj compris. Accueil convivial. Une adresse pour découvrir la vie de château.

> **Accès :** *de Gaillac, D 964 vers Castelnau-de-Montmiral puis D 15 vers Vaour/Le Verdier sur 3 km et fléchage à gauche (n'allez pas à Castelnau, c'est à 7 km !).*

CASTELNAU-D'ESTRETEFONDS 31620

Carte régionale A2

18 km N de Toulouse ; 5 km S de Fronton

€€ 🛏 **Chambres d'hôtes Domaine de Saint-Guilhem (Esméralda et Philippe Laduguie) :** *1619, chemin de Saint-Guilhem..* ☎ *05-61-82-12-09.* 📱 *06-85-20-54-18.* ● *philippe.laduguie@orange.fr* ● *domainesaintguilhem.com* ● Dans un domaine viticole réputé, 4 chambres lumineuses et très calmes de 2 à 4 personnes, chacune avec cheminée et sanitaires privés. De 54 à 60 € pour 2, petit déj compris. Au programme : balade dans les bois et plongeon dans la piscine aux beaux jours. Accueil convivial.

> **Accès :** *de Fronton, D 4 vers Toulouse et la D 29 (à 2,5 km du village).*

CASTELSAGRAT 82400

Carte régionale A1

60 km NO de Montauban ; 18 km NO de Moissac

€€ 🛏 |●| (10 %) **Chambres d'hôtes (Julie et Mark Sellars) :** *Tondes.* ☎ *et fax : 05-63-94-52-13.* ● *willowweave@orange.fr* ● 📶 Julie et Mark sont deux éleveurs de volailles et de brebis, qui proposent 2 chambres à 55 et 60 € pour 2, petit déj compris. Table d'hôtes à 25 €, à base d'agneau, de volailles de la ferme et de légumes du jardin. Accueil attentionné et chaleureux. Une gentille adresse, propice à la détente, pour redécouvrir le sens du mot « vrai » !

> **Accès :** *A 62 Bordeaux/Toulouse, sortie n° 9 Castelsarrasin ; à Castel, prenez la direction de Moissac et, à la sortie de Moissac, la D 7 vers Bourg-de-Visa ; au rond-point de Fourquet, prenez à gauche la D 953 vers Valence, puis le chemin à 500 m sur la droite et suivez le fléchage.*

CINTEGABELLE 31550

Carte régionale A2

40 km S de Toulouse ; 8 km SE d'Auterive

€€ 🛏 **Chambres d'hôtes (Mme Deschamps-Chevrel) :** *Serres-den-Bas.* ☎ *05-61-08-41-11.* 📱 *06-61-32-69-02.* ● *danielle.chevrel@orange.fr* ● *serres-den-bas.com* ● *Ouv mai-fin sept.* 📶 Jolie ferme restaurée, lovée entre les douces collines du Lauragais, au milieu des champs, avec vue sur les Pyrénées. La propriétaire y tient 4 chambres arrangées avec goût, confortables et personnalisées, avec sanitaires privés. Comptez 55 € pour 2, petit déj compris, et 18 € par personne supplémentaire. Belle salle à manger avec poutres et cheminée. Également un gîte rural, pour ceux qui veulent séjourner. Bon accueil. Piscine chauffée, ping-pong.

> **Accès :** *à 3,5 km de Cintegabelle, direction Nailloux par la D 25.*

CONQUES — 12320

Carte régionale B1

40 km NO de Rodez ; 30 km NE de Decazeville

€ 🛏 |●| **Chambres d'hôtes (Maurya Metal et Gérard Achten) :** Montignac. ☎ 05-65-69-84-29. ● mauryametal@yahoo.fr ● *Ouv début avr-fin sept.* Conques est classé parmi les plus beaux villages de France. Dans le hameau juste à côté, superbe maison en schiste et colombages, revêtue de lauze. Quatre chambres rustico-campagnardes tenues par un couple américano-néerlandais adorable. Elles ne sont pas immenses, mais ont gardé le charme d'autrefois. Déco soignée et originale. Sanitaires privés. 48 € pour 2, petit déj compris (pain et confitures maison, fromage blanc et plateau de fromages). Table d'hôtes, pas systématiquement partagée avec les proprios, à 19 €, marcillac compris. Cuisine à partir de produits fermiers et des légumes du jardin. Le mercredi et le samedi c'est le jour du pain, doré dans le four traditionnel (ah, les bonnes odeurs !). Ambiance nature, un brin bohème. Pour les amateurs, le Lot se descend en kayak dans cette partie.

> **Accès :** de Conques-Faubourg, prenez la D 901 vers Marcillac et, juste après la sortie, prenez à gauche vers Montignac ; la maison est au centre du hameau.

EAUZE — 32800

Carte régionale A1

50 km NO d'Auch ; 28 km SO de Condom

€€€ 🛏 |●| **Chambres d'hôtes Ferme de Mounet (Monique et Bernard Molas) :** av. de Parleboscq. ☎ 05-62-09-82-85. Fax : 05-62-09-77-45. ● contact@ferme-de-mounet.com ● ferme-de-mounet.com ● *Ouv Pâques-Toussaint, de préférence sur résa.* Sur un plateau de 60 ha, charmant manoir avec deux tours en pierre et parements en brique. Monique et Bernard élèvent des oies et des canards et ont ouvert une ferme-auberge (groupes de 15 personnes minimum). On peut naturellement visiter l'exploitation, déguster et acheter des produits. Dans leur maison, 4 chambres cossues et tranquilles, avec sanitaires privés, de 75 à 80 € pour 2, petit déj gascon compris. Table d'hôtes à 28 €, apéro, vin et café compris, partagée en famille sur une grande table de monastère, dans une salle à manger chaleureuse agrémentée d'une superbe cheminée : deux entrées (potage, tourain à l'ail, garbure, crudités, charcuterie...), puis, selon les jours, magret, aiguillettes de canard, daube d'oie, confit, accompagné de gratin ou de légumes de saison, dessert (tarte maison, tourtière, millasson aux pruneaux...). Pour les séjours, un gîte de 10 personnes avec piscine et spa, et un autre pour 4 personnes. Bon accueil.

> **Accès :** de Vic-Fezensac, suivez la D 626 ; dans Eauze, suivez l'av. Parleboscq sur 4 km ; la ferme est sur la gauche.

ENTRAYGUES — 12140

Carte régionale B1

50 km N de Rodez ; 14 km S de Montsalvy

€€ 🛏 |●| 10% **Chambres d'hôtes Le Clos Saint-Georges (Catherine et Philippe Réthoré) :** 19, coteaux de Saint-Georges. ☎ 05-65-48-68-22. 📱 06-70-44-78-52. ● leclosstgeorges@orange.fr ● leclosstgeorges.com ● *Fermé 15 nov-15 fév.* Les hauteurs d'Entraygues étaient couvertes de vignes... Aujourd'hui elles ont pratiquement disparu, mais il reste le domaine. Catherine et Philippe ont accompli un travail colossal pour lui redonner une âme, lui qui n'avait plus grand intérêt (et il reste du travail !). Quatre chambres coquettes et claires, dont une avec une petite terrasse (j'la veux, j'la veux !). Sanitaires privés. 68 € pour 2, petit déj compris, avec confitures et fouace maison (hmm !). Ici, on partage des moments de convivialité dans une immense salle à manger avec une imposante cheminée traditionnelle ramenée par vos hôtes. Repas (sauf le dimanche du 15 juin à fin août), partagé en famille, à 20 €, entre le 15 juin et le 15 août. Cuisine traditionnelle, et, s'il ne fait pas encore son vin, Philippe cultive déjà un beau potager et fait sa charcuterie (chut !). Accueil chaleureux. Une adresse de charme et l'une de nos préférées sur le département.

> **Accès :** entre la poste et le Crédit Agricole d'Entraygues, prenez l'av. de Verdun sur 700 m jusqu'à la maison.

ESCOUSSENS — 81290

Carte régionale B2

45 km N de Carcassonne ; 17 km S de Castres

€€ 🛏 |●| 🐾 10% **Chambres d'hôtes du Mont Saint-Jean (Marie-Thérèse Escafre) :** ☎ 05-63-73-24-70. 📱 06-14-40-41-53. ● mj.escafre@orange.fr ● mont-st-jean.fr ● 🐾 📶 En pleine nature, au pied de la Montagne noire, la maison de Marie-Thérèse est une ancienne habitation de chartreux, sur le chemin de Saint-Jacques-de-

Compostelle. Vous y trouverez pierres et poutres apparentes, grandes cheminées, mais aussi une collection de bénitiers et de statues. Quatre chambres ravissantes, avec sanitaires privés, à 60 € pour 2, petit déj inclus, et 20 € pour un repas à la table d'hôtes. Accueil chaleureux. Allez faire un tour à Escoussens, charmant village médiéval, et demandez conseil à Marie-Thérèse pour découvrir la région.

Accès : de Castres, empruntez la D 56 en direction de Labruguière, puis la D 60 jusqu'à Escoussens, et faites 2 km en direction du Pas-du-Sant.

ESPÉRAUSSES 81260

Carte régionale B2

34 km NE de Castres ; 17 km O de Lacaune

€€ 🏠 |●| (10%) **Chambres d'hôtes La Maison de Jeanne (Florence et René Artero) :** ☎ et fax : 05-63-73-02-77. • florenceartero@wanadoo.fr • *Ouv mars-fin oct.* La Maison de Jeanne, c'est l'ancien café-restaurant du village, installé dans une maison tout en pierre (vieille de plus de trois siècles), qu'un éminent cardiologue doit bien connaître... (chut !). Florence et René l'ont admirablement restaurée et ont retrouvé toutes les archives de la maison (même le certificat d'études de Jeanne !). Au 1er étage, 4 chambres personnalisées avec sanitaires privés. Meubles rustiques et vieilles poutres. Comptez 52 € pour 2, petit déj compris. C'est René qui est derrière les fourneaux, dans sa grande cuisine avec cheminée, et croyez-nous, sa cuisine vaut le détour ! Repas à 23 €, avec de super recettes du terroir : pâté au roquefort, filet de bœuf et sa compote aux cèpes, ou encore cochon de lait ou daube de sanglier cuits dans le four à pain... Hors saison, week-end gastronomique à 140 € pour 2. Agréable séjour et salon de détente avec billard. Une petite terrasse vous permettra d'admirer le vieux lavoir alimenté par un petit ruisseau. Spa à disposition. Calme assuré. Accueil sympa. Très bon rapport qualité-prix-convivialité.

Accès : de Castres, prenez la D 622 vers Lacaune ; après Brassac, tournez à gauche vers Castelnau-de-Brassac (D 54), puis continuez jusqu'à Espérausses ; la maison est dans le village, elle a des volets rouges.

ESPLAS-DE-SÉROU 09420

Carte régionale A2

29 km SO de Foix

€€ 🏠 |●| (10%) **Chambres d'hôtes (Evelyn Murray et William Ackroyd) :** hameau de Rougé. ☎ 05-61-04-80-80-36. 📱 06-78-37-68-64. • murack@wanadoo.fr • rougeariege.com • 🛜 À 600 m d'altitude, entre forêts et pâturages, nichée dans la verdure et les fleurs, ancienne ferme typique avec son vieux séchoir tranformé en balcon et restaurée dans le respect des traditions. 2 chambres agréables, dont une familiale. Sanitaires privés. 65 € pour 2 et 20 € par personne supplémentaire, avec le petit déj servi dans une pittoresque salle à manger avec poutres et authentique cheminée. C'est là aussi que vous pourrez profiter de la table d'hôtes ; repas à 22 €, apéro et vin compris. Piano et ordinateur à disposition des hôtes. Accueil très sympa. Une adresse pour se mettre au vert, idéale pour ceux qui aiment randonner.

Accès : dans Castelnau-Durban, sur la D 117 entre Foix et St-Girons, direction Esplas-de-Sérou/Laborie ; 500 m après Laborie tournez à gauche vers Larbont et Rougé.

€€ 🏠 |●| (10%) **Chambres d'hôtes Les Terrasses de Génat (Pascale et Bernard Revolte) :** hameau de Génat. ☎ 05-34-14-56-06. 📱 06-72-59-58-95. • contact@terrasses-de-genat.fr • terrasses-de-genat.fr • 🛜 Une adresse qu'il faut mériter ! À 800 m d'altitude, au cœur du parc naturel régional des Pyrénées ariégeoises, au milieu des estives, splendide ferme restaurée en pierre et à colombages. D'ici, le paysage est magnifique ! Deux chambres très confortables, à l'atmosphère très différente. Une plus contemporaine (notre préférée), l'autre plus traditionnelle. Sanitaires privés. 60 et 70 € pour 2, petit déj compris. Table d'hôtes à 22 €, tout compris. Cuisine traditionnelle avec de bons produits du terroir. Les activités nature ne manquent pas : randonnées en tout genre, cueillette de champignons et promenade en raquettes l'hiver. Accueil chaleureux.

Accès : de Saint-Girons, D 117 vers Foix ; juste après le panneau « Castelnau-Durban », tournez à droite vers Tourné ; à la fourche après le pont, prenez à droite, suivez le ruisseau, traversez la forêt (9 km), le plateau, puis descendez vers Génat ; la maison est à l'entrée à gauche.

ESTAING 12190

Carte régionale B1

40 km NE de Rodez ; 6 km NO d'Espalion

€€ 🏠 (10%) **Chambres d'hôtes L'Oustal de Cervel (Madeleine et André Alazard) :** route de Vinnac, Cervel.

☎ et fax : 05-65-44-09-89. ● loustalde cervel.fr ● Ouv d'avr à mi-nov. 🛜 Dans leur ferme d'élevage de chèvres située à flanc de coteau, dans la vallée du Lot, Madeleine et André tiennent 4 confortables chambres meublées à l'ancienne. Sanitaires privés. Dans le salon avec cheminée, bibliothèque et piano, divers jeux sont mis à la disposition des hôtes. Comptez 60 € pour 2, copieux petit déj compris : confitures et fouace maison (un délice préparé la veille, sous vos yeux, et dont Madeleine vous confiera la recette), lait de chèvre ou de vache. André a participé activement au développement du tourisme rural ; c'est un homme chaleureux avec qui il fait bon partager une conversation. Madeleine aime les plantes et les connaît bien. Une adresse où convivialité et hospitalité sont de mise. Une adresse qui fait des adeptes.

Accès : *d'Espalion, prenez la D 920 vers Estaing pdt 5 km, puis à droite vers Vinnac et fléchage.*

FLORENTIN-LA-CAPELLE 12140

Carte régionale B1
25 km NO d'Espalion ; 17 km SO de Laguiole

€€ 🏠 |●| 🐾 **Chambres d'hôtes Les Capellous (Valérie et Lucien Veyre) :** ☎ et fax : 05-65-44-46-39. 📱 06-73-16-35-83. ● veyrevalerie@free.fr ● ferme-capellous.com ● 🛜 Au cœur du hameau, dans la ferme familiale, Valérie et Lucien ont aménagé dans une aile indépendante 2 chambres coquettes et chaleureuses, avec sanitaires privés : une au rez-de-chaussée, la 2e à l'étage. 58 € pour 2, petit déj compris (au moins 12 sortes de confitures et gâteau maison). Table d'hôtes à 19 €, apéro maison et vin de pays compris. Une cuisine savoureuse avec la charcuterie maison, les spécialités locales, les légumes du jardin et les volailles de la ferme (n'exagérez pas, pas tout à la fois !). Ici, on aime la culture régionale... Valérie joue de la cabrette dans un groupe folklorique, et ses enfants (qui pourront initier les vôtres) dansent à la Bourrio d'Olt. Accueil vraiment sympa. Une adresse idéale pour découvrir la région de l'intérieur.

Accès : *de Laguiole, empruntez la D 42 en direction d'Entraygues ; à la D 897, prenez à droite vers Saint-Amans-de-Cots, puis à droite vers La Capelle (n'allez pas à Florentin).*

FOUGAX-ET-BARRINEUF 09300

Carte régionale B2
35 km SE de Foix ; 16 km S de Lavelanet

€€€ 🏠 |●| 10% **Chambres d'hôtes Les Mijanes (Chantal et Jean-Dominique Mignot) :** ☎ 05-61-01-63-76. ● ch.lesmijanes@wanadoo.fr ● maisonhotes-lesmijanes.com ● Ouv de mi-mars à mi-nov. 🛜 Ancienne et jolie ferme tout en pierre, entourée de 2 ha de prairies et bordée par la forêt. D'ici, la vue est enchanteresse et la nature est belle. Chantal et Jean-Dominique ont restauré leur maison en respectant son authenticité et on s'y sent bien. Deux chambres toutes blanches, champêtres et confortables, avec sanitaires privés. 80 € pour 2, petit déj compris (confitures et gâteau maison). Table d'hôtes à 25 €. Cuisine du terroir avec les légumes du jardin et souvent l'agneau de la ferme. Les repas sont servis dans une chaleureuse salle à manger avec poutres, cheminée et superbe plancher en chêne. Aux beaux jours, ça se passe dans une galerie ouverte où vous pourrez jouir de la beauté du site. Agréable piscine pour se rafraîchir. Accueil chaleureux. Une adresse pour se mettre au vert.

Accès : *de Foix, D 117 vers Lavelanet/Perpignan jusqu'à Bélesta, puis D 5 direction Fougax-et-Barrineuf ; passez devant la fontaine de Fontestorbes puis tournez à gauche et prenez la petite route qui monte aux Mijanes sur 1,5 km.*

€€ 🏠 10% **Chambres d'hôtes Oh les Beaux Jours (Véronique et Maurice Birebent) :** *route de Montségur.* ☎ 05-61-01-64-42. 📱 06-75-46-58-27. ● oh.lesbeauxjours@free.fr ● oh.lesbeauxjours.free.fr ● ♿ Fermé janv. On traverse le petit pont qui enjambe le Lasset, la petite rivière pour pêcheurs heureux, et c'est là ! Véronique et Maurice élèvent des chèvres angoras et vendent leur production douce et chatoyante dans une petite boutique installée sur place. Cinq chambres coquettes, dont une au rez-de-chaussée, les autres à l'étage. Douillettes couvertures maison. Sanitaires privés. 55 € pour 2, petit déj compris (confitures et jus de pomme maison). Pas de table d'hôtes, mais cuisine et coin cheminée à disposition. Accueil des plus chaleureux. Une adresse qui porte bien son nom.

Accès : *de Foix, D 117 vers Lavelanet/Perpignan et, après Bélesta, D 5 vers Montségur ; traversez Fougax-et-Barrineuf dans cette direction, la maison est 1 km après la sortie du village sur la gauche.*

GAILLAC 81600

Carte régionale B1

22 km SO d'Albi

€€€ ≜ ⚹ ⑩% *Chambres d'hôtes Mas de Sudre (Pippa et George Richmond-Brown) :* ☎ 05-63-41-01-32. • masde sudre@wanadoo.fr • masdesudre.com • 📶 Au cœur du vignoble, grande maison de maître, tenue par un gentil couple d'Anglais. Quatre chambres : 2 dans la maison des proprios et 2 dans un bâtiment séparé (pour ceux qui préfèrent l'indépendance). Sanitaires privés. 80 € pour 2, petit déj compris. Déco raffinée : frises au pochoir (réalisées par Pippa), jolis meubles glanés sur les brocantes, nombreux tableaux et un piano (chouette !). Pour compléter le tout, un grand jardin fleuri avec piscine et court de tennis. Accueil chaleureux.

> *Accès : du centre de Gaillac, suivez la direction Cordes et, après le passage à niveau, tournez à gauche vers Castelnau-de-Montmirail (D 964) sur 1,5 km, puis de nouveau à gauche (D 18) vers Montauban, et enfin prenez à droite vers Téoulet (D 4) sur 2 km et fléchage.*

GARDÈRES 65320

Carte régionale A2

18 km O de Tarbes ; 11 km N de Pontiacq

€ ≜ |●| *Chambres d'hôtes (Josette et Joseph Laborde) :* 27, route de Séron. ☎ 05-62-32-53-86. Bien que située dans les Hautes-Pyrénées, la ferme de Josette et Joseph se trouve dans un îlot au milieu des Pyrénées-Atlantiques (pratique, quand on sait que les deux départements ne sont pas dans la même région administrative !). Dans l'ancienne étable, ils ont installé 4 chambres d'hôtes : une au rez-de-chaussée, 3 autres à l'étage. Déco simple, mais agréable. Sanitaires privés. 45 € pour 2, petit déj compris. Joseph trône à la table d'hôtes et anime les conversations. C'est l'ami des enfants et il les emmène volontiers jouer ou visiter la ferme. Repas à 15 €. Goûteuse cuisine du terroir avec les produits de la ferme : charcuterie maison, omelette au boudin (vous connaissiez ?), saucisses confites, tomates farcies, confit maison et, sur commande, la poule au pot. Ambiance chaleureuse. Accueil authentique et vrai. Une adresse idéale pour les familles.

> *Accès : de Tarbes, prenez la N 117 vers Pau jusqu'à Ger ; 1 km après le grand rond-point, prenez la D 47 jusqu'à Gardères (la maison est à 2 km du village).*

GISSAC 12360

Carte régionale B1

46 km SO de Millau ; 6 km N de Sylvanès

€€ ≜ |●| ⑩% *Chambres d'hôtes (Anne-Marie et Gilbert Bosc) :* Saint-Étienne. ☎ et fax : 05-65-99-59-27. 📱 06-84-11-38-96. • st.etienne@orange.fr • sain tetiennebosc.fr • *Fermé 1er déc-30 janv.* 📶 Superbe corps de ferme comprenant une grande bâtisse bourgeoise de la fin du XIXe s et des dépendances plus anciennes, avec des vieux four et les lessiveuses traditionnelles. Au 2e étage de la maison, 4 chambres vastes et claires avec sanitaires privés. 56 € pour 2, petit déj compris. Table d'hôtes partagée en famille dans une grande salle à manger voûtée avec un beau dallage d'origine. Repas à 20 €, apéro maison et vin compris. Une cuisine saine et naturelle avec les légumes du jardin et les volailles maison. Les fils de Gilbert ont repris l'exploitation familiale et élèvent des brebis dont le lait part à la coopérative de Roquefort. Il s'est battu pour rendre les paysans plus indépendants culturellement et économiquement. Accueil authentique et chaleureux. Bon rapport qualité-prix-convivialité.

> *Accès : suivez la direction « Abbaye de Sylvanès » puis Gissac ; 200 m après l'église, tournez à droite vers Saint-Étienne et faites 2 km.*

GOURDON 46300

Carte régionale A1

47 km N de Cahors ; 27 km S de Souillac

€€ ≜ ⑩% *Chambres d'hôtes Le Paradis (Jacquie Capy) :* route de Salviac, La Peyrugue. ☎ 05-65-41-09-73. 📱 06-72-18-05-44. • chambresduparadis@gmail.com • chambresduparadis.com • *Résa nécessaire en hte saison.* 📶 Maison récente au milieu d'un grand jardin, à deux pas de la ville. Quatre jolies chambres avec sanitaires privés et tout le nécessaire pour se préparer un petit thé ou une tisane. Comptez 56 € pour 2, copieux petit déj compris, avec brioche ou pain maison et plein de confitures originales (pastèque, tomate-courgette à la menthe, gelée de fleurs de pissenlit... hmm !). Grande piscine pour se détendre. Excellent accueil. Une adresse comme on les aime !

> *Accès : à l'entrée du village en venant de Salviac par la D 673.*

GRAMAT — 46500

Carte régionale B1

55 km NE de Cahors ; 9 km E de Rocamadour

€€€ 🏠 |⚫| 🍴 **Chambres d'hôtes Domaine du Cloucau (Francine et Alain Bougaret) :** *route de Cahors.* ☎ 05-65-33-76-18. 📱 06-30-07-44-98. ● lecloucau@orange.fr ● domaineducloucau.com ● *Ouv mars-nov.* Jolie demeure quercynoise du XVIIIe s. Quatre chambres pleines de charme, élégantes et douillettes, avec sanitaires privés. Il faut dire que Francine est décoratrice (ça aide !). Comptez 85 € pour 2, petit déj compris (confitures et pain aux noix maison). Table d'hôtes à 27 €, vin compris. Cuisine traditionnelle et régionale. Belle et grande piscine. Chaleur de l'accueil et gentillesse au rendez-vous. Une adresse pour séduire sa dulcinée.

Accès : à 4 km de Gramat par la D 807 direction Cahors.

€€€ 🏠 |⚫| (10 %) **Chambres d'hôtes Moulin de Fresquet (Claude Ramelot) :** ☎ 05-65-38-70-60. 📱 06-08-85-09-21. Fax : 05-65-33-60-13. ● info@moulindefresquet.com ● moulindefresquet.com ● *Ouv avr-oct.* Moulin à eau quercynois du XVIIe s, entièrement restauré. Cinq chambres d'hôtes, dont 2 suites, équipées de salles d'eau et w-c, et décorées dans le style du moulin avec poutres, pierres apparentes, tapisseries anciennes. Ambiance distinguée. De 69 à 118 € pour 2, petit déj compris. Cadre agréable, parc important traversé par un cours d'eau privé, canards d'ornement en liberté.

Accès : de Gramat, prenez la direction Rodez/Figeac (D 840), puis, au dernier rond-point, un chemin de 300 m de long qui finit au moulin.

GRAULHET — 81300

Carte régionale B2

31 km NO de Castres ; 20 km SE de Gaillac

€ 🏠 |⚫| 🍴 (10 %) **Chambres d'hôtes (Simone et Yves Florenchie) :** *Labouriasse.* ☎ et fax : 05-63-34-78-20. 📱 06-19-46-02-87. *Pour réserver, téléphonez de préférence avt 19h.* Ferme restaurée avec 2 chambres équipées de sanitaires privés, à 46 € pour 2, petit déj compris (cake et brioche et confitures maison). Table d'hôtes, partagée avec Simone et Yves, à 17 €, gaillac et café compris, avec de bons produits de l'exploitation. Spécialités de canard à l'orange, pintade aux raisins, cou et poule farcis, civet de canard... Calme et tranquillité assurés. Accueil vraiment chaleureux. Une gentille adresse.

Accès : sur la D 631 de Toulouse à Réalmont ; passez Graulhet, faites 6 km et tournez à gauche sur la D 30 pdt 2 km.

IDRAC-RESPAILLÈS — 32300

Carte régionale A2

25 km SO d'Auch ; 3 km E de Mirande

€ 🏠 |⚫| 🍴 (10 %) **Chambres d'hôtes Les Quatre Saisons (Alain Fillos) :** ☎ 05-62-66-60-74. 📱 06-31-17-95-01. ● alain.fillos@wanadoo.fr ● giteles4saisons.com ● *Sur résa.* 📶 Dans un petit bâtiment agrandi et complètement rénové, face à la ferme, Alain a aménagé 4 chambres de plain-pied, à 46 € pour 2, petit déj compris. Bons repas à 18 €, à base des produits de la ferme (céréales et élevage de bovins), souvent servi en terrasse, avec le spectacle reposant des prairies, des vaches qui paissent et des bois environnants. Accueil authentique et vraiment sympa, une bonne adresse pour les familles et les amateurs de nature et de repos.

Accès : de l'A 62 Bordeaux/Toulouse, sortie Aiguillon direction Auch ; 3 km avt Mirande, prenez la direction Lannemezan ; arrivé à Idrac, suivez le fléchage.

JUILLAC — 32230

Carte régionale A2

40 km N de Tarbes ; 25 km O de Mirande

€€ 🏠 |⚫| 🍴 (10 %) **Chambres d'hôtes Au Château (Hélène et Yves de Rességuier) :** ☎ 05-62-09-37-93. 📱 06-15-90-25-31. ● deresseguier@marciac.net ● auchateaujuillac.com ● *Sur résa.* Belle chartreuse du XVIIIe s, entourée d'un parc fleuri et ombragé, qui jouit d'une vue magnifique sur la campagne environnante. Dans une aile bien restaurée, 4 chambres coquettes avec sanitaires privés, dont une au rez-de-chaussée, les 3 autres à l'étage. De 60 à 65 € pour 2, petit déj compris (ah ! le bon lait de la ferme et les confitures maison...). Sur réservation, possibilité de repas à 20 €, avec des produits du terroir frais, frais, frais... Également une petite cuisine à disposition. Une bonne adresse pour les randonneurs (deux vélos peuvent être prêtés aux plus courageux !), les adeptes de la montagne (les Pyrénées sont à 1h) et les fans de jazz (Marciac est à 5 km). Accueil dynamique et chaleureux.

Accès : A 61 jusqu'à Aire-sur-l'Adour et D 935 jusqu'à Riscle ; là, prenez la D 3 vers Plaisance/Marciac, et à Marciac la D 255 direction Juillac ; traversez le village, c'est la 1ʳᵉ à gauche après la sortie de Juillac.

JUILLAN 65290

Carte régionale A2

14 km N de Lourdes ; 5 km SO de Tarbes

€€ 🏠 (10%) **Chambres d'hôtes Lou Batistou (Nathalie et Patrick Couilloux) :** 9, rue Voltaire. ☎ 05-62-32-01-06. 📱 06-81-80-28-55. • contact@loubatistou.com • loubatistou.com • *Fermé 15 oct-31 mars.* 📶 Dans un petit village, mais bien au calme, ancienne et jolie ferme bigourdane du XIXᵉ s entourée d'un grand jardin fleuri. La grange en galets apparents, où l'ancien pressoir a été conservé, abrite à l'étage 4 chambres spacieuses, chacune décorée sur un thème différent. Entre « Napoléon III », « Années 30 », « Les demoiselles » et « Le pic du Midi » mon cœur balance... Sanitaires privés. 63 € pour 2, petit déj compris. Pas de table d'hôtes, mais plusieurs restos à proximité. Jacuzzi pour vous détendre. Accueil chaleureux. Une bonne adresse aux portes de Tarbes.

Accès : de Tarbes, direction Lourdes jusqu'à Juillan ; dans le bourg, prenez la direction de la mairie, la maison est juste à côté.

JUNCALAS 65100

Carte régionale A2

26 km SO de Tarbes ; 7 km S de Lourdes

€€ 🏠 **Chambres d'hôtes Maison de Monseigneur Laurence (Arlette et Robert Assouere) :** ☎ 05-62-42-02-04. 📱 06-80-22-42-08. • robert.assouere@wanadoo.fr • maisondeleveque.com • *Ouv Pâques-nov.* Au cœur d'un petit village paisible, agréable maison datant de 1802 appartenant à la même famille depuis quatre générations. Pour la petite histoire, c'est ici que grandit Mgr Laurence, évêque de Tarbes, qui officialisa les apparitions de Lourdes ! Au 1ᵉʳ étage, 4 chambres pleines de romantisme et décorées avec goût. Sanitaires privés. De 55 à 60 € pour 2, super petit déj compris (plein de sortes de confitures et pâtisserie maison). Belle salle à manger cossue, agrémentée d'un buffet garde-manger et d'une grande cheminée ornée de bougeoirs rutilants. Coquet jardin fleuri pour se détendre. Accueil ultra chaleureux. Une bonne adresse à deux pas de Lourdes et qui fait des adeptes...

Accès : de Lourdes, empruntez la D 921 en direction d'Argelès-Gazost ; avt Le Pont-Neuf, prenez la D 13 vers Lugagnan/Ger ; l'embranchement vers Juncalas est un peu plus loin à gauche (D 26).

LA SALVETAT-PEYRALÈS 12440

Carte régionale B1

49 km SO de Rodez ; 22 km SE de Villefranche-de-Rouergue

€€ 🏠 🍽 ♂ (10%) **Ferme des Tronques (Régine et Marc Foulquier) :** ☎ et fax : 05-65-81-81-34. • lestronques.net • ⚘ *Ouv mai-oct. Résa obligatoire.* Sympathique accueil de Marc et Régine (fidèles lecteurs) qui proposent 6 chambres charmantes, avec salle d'eau privée, à 52 € pour 2, petit déj compris, ainsi qu'un gîte d'étape de 12 lits pour 17 € par personne. Pour les petits budgets, un camping à la ferme de 4 emplacements et une yourte mongole de 4 couchages (60 € pour 2 petit déj compris). Très agréable salle à manger dans l'ancienne étable. Table d'hôtes (sauf le lundi, ainsi que certains mardis) à 20 €, avec les produits de la ferme. Au menu, soupe de campagne aux croûtons, soupe à l'ortie, poule farcie, poulet au foin, grillade de veau, légumes du jardin, champignons des prés, tarte aux fruits du verger, « boulaigou » aux fleurs d'acacia... Hors juillet-août, possibilité de stage théâtre et équestre en collaboration avec l'élevage de Barthas, situé à 2 km.

Accès : à La Salvetat, prenez la direction de la vallée du Viaur et Bellecombe ; c'est à 2 km ; bien indiqué.

LA SELVE 12170

Carte régionale B1

32 km S de Rodez ; 8 km N de Requista

€€ 🏠 🍽 ♂ (10%) **Chambres d'hôtes La Maison de Marie-Jo (Marie-Jo Vernhes) :** Le Favaldou. ☎ 05-65-74-26-21. 📱 06-87-10-63-27. • marie-jo.v@orange.fr • maisondemariejo.fr • ⚘ 📶 Marie-Jo était une motarde, non pas de celles qui fréquentent les rassemblements, mais de celles qui parcourent les petites routes de campagne en solitaire, en appréciant les beautés de la nature (je n'ai besoin de personne en...). Quand on entre dans sa maison, on entre un peu dans sa famille.

C'est peut-être à cause des vieilles photos, ou grâce à Pierre, son ami, qui participe aussi à l'accueil. Au 1er étage, 3 chambres mansardées, croquignolettes et climatisées (dont une pour les familles), une dernière au rez-de-chaussée composée de 2 chambres. Sanitaires privés. Également une roulotte des années 1940 équipée de 2 lits en 140, idéale pour les familles. De 45 à 65 € pour 2, petit déj compris, avec tout plein de sortes de confitures (hmm !). Table d'hôtes à 19 €, apéro, vin et café compris. Cuisine traditionnelle et familiale à partir des légumes du jardin, et croyez-nous, le potager de Marie-Jo, c'est quelque chose ! Elle y passe tout son temps et il est peuplé de fleurs qui lui vont bien. Certaines soirées à thème, du style visite de ferme des environs et repas à l'extérieur, ou soirée chansons à l'orgue de Barbarie. Terrain de pétanque, baby-foot et vélos à disposition. Dynamisme et bonne humeur au rendez-vous et accueil de qualité.

Accès : de Rodez, prenez la D 902 vers Requista, passez La Selve, faites 2,5 km et tournez à gauche puis fléchage.

LABASTIDE-DU-TEMPLE 82100

Carte régionale A1

18 km NO de Montauban

€ 🏠 🍽 **Chambres d'hôtes Domaine du Gazania (Oliva et Gilles Colombié) :** 780, chemin de Sainte-Livrade. ☎ 05-63-30-63-24 ou 05-63-31-63-25. Fax : 05-63-31-51-02. Maison familiale entourée de vignes, et aussi de serres abritant toutes sortes de fleurs, de plantes exotiques et d'oiseaux. Vous y trouverez 2 chambres confortables, situées au rez-de-chaussée, avec entrée indépendante. Sanitaires privés. 45 € pour 2, petit déj compris (jus de fruits de l'exploitation, confitures et gâteau maison). Et aux beaux jours, vous pourrez profiter de la piscine.

Accès : de Montauban, prenez la direction de Castelsarrasin par la D 958 ; à La Ville-Dieu, à droite par la V 1 et fléchage.

LABASTIDE-ROUAIROUX 81270

Carte régionale B2

42 km SE de Castres ; 25 km E de Mazamet

€ 🏠 🍽 **Chambre d'hôtes (Gérard et Marie Bastide) :** Montplaisir. ☎ et fax : 05-63-98-05-76. • gitemonplaisir@orange.fr • gerardbastide.fr • Dans un site sauvage au milieu des bois, à mi-pente de la vallée du Merlaussou, Marie et Gérard vous reçoivent dans une ancienne fabrique textile du XVIIIe s. Une chambre d'hôtes, avec sanitaires privés, à 45 € pour 2, petit déj compris. Table d'hôtes sur demande à 13,50 €. Côté loisirs, Gérard, prof d'arts plastiques, vous propose de découvrir les sentiers à VTT (mono diplômé, il écrit même des topoguides), et Marie tient à votre disposition la panoplie du parfait naturaliste. Accueil chaleureux, ambiance un poil bohème, une adresse idéale pour les amateurs de nature.

Accès : à Labastide-Rouairoux, prenez la D 64 (route des lacs) en direction de La Salvetat/Le Soulié, puis la D 165 vers Anglès.

LABATUT-RIVIÈRE 65700

Carte régionale A2

34 km N de Tarbes ; 8 km N de Maubourguet

€€ 🏠 🍽 🍴 ⑩% **Chambres d'hôtes (Daniel Souquet) :** 5, route du Manoir. ☎ 05-62-96-34-12. 📱 06-83-33-22-61. Fax : 05-62-96-95-92. • info@manoir-souquet.fr • manoir-souquet.fr • 📶 Cette vaste et superbe propriété était en fait l'ancienne perception, jusqu'à ce qu'elle devienne la propriété familiale des Souquet en 1894. Belle cour ombragée et fleurie. Dans un bâtiment indépendant, 5 chambres, de 55 à 60 € pour 2 (selon les sanitaires), petit déj compris. Possibilité de repas, sur demande uniquement, à 18 €. Également 2 gîtes ruraux (pour 2 à 10 personnes) à louer de 300 à 820 € la semaine suivant la saison et la capacité. Grande salle d'animation pour soirées. Pêche sur mare et canal. Piscine, sauna et jacuzzi, ainsi qu'un court de tennis. Vélos et VTT à disposition. Propriétaire extrêmement dynamique.

Accès : sur la D 935 ; à Maubourguet, suivez la direction de Marciac, puis de Plaisance (D 67).

LAGARDIOLLE 81110

Carte régionale B2

25 km SO de Castres ; 16 km NE de Revel

€ 🏠 🍽 🍴 **Chambres d'hôtes (Laurence et Jean-Claude Larroque) :** En Calas. ☎ 05-63-50-38-17. 📱 06-08-63-55-15. • fermedencalas@e-kiwi.fr • fermedencalas.fr.gd • Fermé 2 janv-15 fév et 20-31 août. Dans un petit coin tranquille, Laurence et Jean-Claude habitent dans la seule maison en pierre apparente. Ils vous recevront dans l'ancienne étable restaurée, qui a conservé la mangeoire, le râtelier et quelques poutres d'origine. Deux chambres agréables, avec clim et sanitaires privés, à 45 € pour 2, petit déj compris. Table d'hôtes à 14 €, à partir de recettes locales et des produits de la ferme : soupe à l'ail, fresinat, millas, charcuterie, blanquette de chevreau, fromage de chèvre... Possibilité de repas gastronomique (avec foie gras, pigeons sur canapé, confit...) et de panier pique-nique sur demande. Si vous venez avec vos bambins, la basse-cour fera leur bonheur.

Accès : N 126 Castres/Soual, puis D 622 Soual/Revel ; à mi-chemin, prenez la D 12 jusqu'à Lagardiolle que vous traverserez ; la maison est dans le hameau suivant, sur la droite.

LAGUIOLE 12210

Carte régionale B1

56 km NE de Rodez ; 10 km S de Cassuejouls

€€€€ 🏠 🐕 *Chambres d'hôtes La Ferme de Moulhac (Claudine et Philippe Long) :* ☎ et fax : 05-65-44-33-25. 📱 06-07-30-55-77. • contact@fermedemoulhac.fr • fermedemoulhac.fr • *Fermé 2 sem fin janv et 2 sem début déc.* 📶 À 1 100 m d'altitude, au milieu des pâturages, belle ferme traditionnelle du XIXe s, coiffée de lauze. Dans l'ancienne grange, 5 chambres (dont une suite avec accès indépendant et petite terrasse privée) installées à l'étage, avec sanitaires privés. La déco est originale et mélange matériaux bruts de chantier ou naturels, cuivre martelé, bois et fer forgé. 85 € pour 2, et 130 € pour la suite, petit déj compris (fromage blanc, fruits, crêpes, fouace ou brioche, sans oublier les confitures maison), et 23 € par personne supplémentaire. Agréable pièce à vivre avec kitchenette à disposition. Pour les amateurs, petit lac poissonneux sur la propriété. Accueil convivial.

Accès : de Laguiole, prenez la direction de Saint-Flour et, à la sortie du village, juste avt la fromagerie, prenez la 1re à droite.

LAPANOUSE-DE-SÉVERAC 12150

Carte régionale B1

42 km N de Millau ; 4 km O de Séverac-le-Château

€€ 🏠 🐕 (10%) *Chambres d'hôtes Le Trèfle (Armelle et Henri Costes) :* rue des Rosiers. ☎ 05-65-71-64-40. 📱 06-18-78-34-64. • armelle.costes@gmail.com • chambres-letrefle.com • Agréable maison de village, dont une partie est installée dans l'ancienne tour de garde du château de Lapanouse. Trois chambres coquettes et colorées, installées au 1er étage de la maison, pouvant accueillir de 2 à 5 personnes. Sanitaires privés. 60 € pour 2, petit déj compris (gâteau, confitures et yaourts maison), et 20 € par personne supplémentaire. Les chambres sont classées « Accueil toboggan » et vous trouverez tout le matériel pour les plus petits. Pas de table d'hôtes, mais un bon routier dans le village (uniquement pour le déjeuner, malheureusement !). Accueil très chaleureux.

Accès : A 75, sortie n° 42 (Séverac-le-Château), puis N 88 vers Rodez jusqu'à Lapanouse ; entrez dans le village et suivez le trèfle, emblème de la maison.

LAUTREC 81440

Carte régionale B2

32 km S d'Albi ; 15 km NO de Castres

€€€€ 🏠 🐕 *Chambres d'hôtes (Alain Rouquier) :* Cadalen. ☎ 05-63-75-30-02. 📱 06-73-38-56-01. • cadalen81@aol.com • cadalen81.com • 📶 Beau corps de ferme avec deux pigeonniers. Trois grandes chambres remarquablement décorées de meubles anciens, avec de spacieux sanitaires privés. Toutes avec TV et connexion wifi. 95 € pour 2, petit déj compris. À l'extérieur, c'est un peu l'arche de Noé : pigeons, oies et poules. Un côté « bourgeois-bohème » qui nous a séduit.

Accès : de Lautrec, suivez la direction Roquecourbe et Vénès puis bien fléché (4 km du bourg).

LAUZERTE 82110

Carte régionale A1

40 km NO de Montauban ; 16 km SE de Montaigu-de-Quercy

€€€ 🏠 (10%) *Chambres d'hôtes Le Moulin de Tauran (Joséphine Chambon) :* ☎ 05-63-94-60-68. 📱 06-87-91-83-42. • moulindetauran@wanadoo.fr • moulintauran.free.fr • *Ouv avr-oct.* 📶 Tout près d'une petite rivière, à l'abri du passage et du bruit. La grange en pierre du vieux moulin abrite 3 chambres coquettes et confortables (2 doubles et une suite de 2 chambres), avec sanitaires privés. Entre 70 et

78 € pour 2, petit déj compris, et 28 € pour la table d'hôtes. Piscine sur place.

Accès : à 1,5 km du village sur la D 953 (route de Cahors) ; après le garage Renault, suivez le fléchage, le moulin se trouve sur la gauche.

LAVAUR 81500

Carte régionale B2

30 km NE de Toulouse ; 26 km SO de Gaillac

€ 🏠 🍴 **Chambres d'hôtes Le Pépil (Marie-José et Jean-Paul Raynaud) :** Giroussens. ☎ 05-63-41-62-84. 📱 06-30-20-51-13. ● jearaynaud@wanadoo.fr ● pepil.fr ● *Fermé 15-30 oct et 28 déc-4 janv.* Ancienne ferme restaurée en pierre du pays, avec un charmant pigeonnier qui inspirera peintres et photographes. Quatre chambres confortables et lumineuses, aménagées au 1er étage d'une grange, à 55 € pour 2, petit déj inclus, avec pain et confitures maison. Cuisine à disposition. Le pigeonnier, restauré, abrite un gîte pour 4 personnes. Marie-José s'occupe des ânes et de la volaille, ainsi que du jardin. Piscine pour vous rafraîchir, vélos à disposition pour une balade en forêt, ou sinon, allez faire un tour au village de Giroussens, où quelques potiers font revivre une tradition réputée depuis le XVIIIe s.

Accès : de l'A 68 Toulouse/Albi, sortie n° 7 ; faites 6 km en direction de Graulhet ; la maison est à 200 m du croisement entre la D 87 (Gaillac/Lavaur) et la D 631 (route de Giroussens).

LE BASTIT 46500

Carte régionale B1

47 km NO de Figeac ; 15 km S de Rocamadour

€€ 🏠 🍴 🍴 ⑩% **Chambres d'hôtes Domaine de Bel Air (Sébastien Chambert) :** Bel-Air. ☎ 05-65-38-77-54. 📱 06-74-41-18-38. ● info@domaine-belair.com ● domaine-belair.com ● ♨ *Fermé l'hiver sf vac scol. De préférence sur résa.* 📶 Dans sa maison située en pleine nature, Sébastien propose 6 chambres d'hôtes à 52 € pour 2, petit déj compris. Fait aussi table d'hôtes. Cuisine régionale et familiale, à base des produits du potager, du poulailler et des producteurs locaux : foie gras, confit, magret, cèpes, gâteau aux noix... Comptez 20 € le repas, vin compris, et 29 € le samedi, pour le repas « gastronomique ». Et pour digérer, il y a un circuit de randonnée.

Accès : sur la D 807, fléchage sur la droite, juste avt le bourg (en venant de Gramat).

LE PIN-MURELET 31370

Carte régionale A2

45 km SO de Toulouse ; 6 km O de Rieumes

€€ 🏠 🍴 ⑩% **Chambres d'hôtes En Jouanet (Annie et Jean-Louis Flous) :** 670, chemin Saint-Romain. ☎ 05-61-91-91-05. 📱 06-74-24-27-14. ● enjouanet.free.fr ● *Ouv juin-sept.* Les fermes nichées au bout d'un chemin sont souvent très belles et celle-ci n'y déroge pas. C'est une métairie vieille de deux siècles. L'étable s'est métamorphosée en un grand séjour avec mezzanine. Beau carrelage à l'ancienne, murs d'un bleu lumineux, grande cheminée moderne toute blanche et immense baie vitrée qui ouvre sur une terrasse fleurie. Les meubles anciens font bon ménage avec la déco plutôt moderne. Deux chambres familiales, claires, modernes et spacieuses, avec sanitaires privés. Comptez 60 € pour 2, petit déj compris. Ne manquez pas la table d'hôtes : pour 17 €, une cuisine régionale goûteuse et originale avec des produits frais. Vos hôtes pratiquent le tango argentin et proposent, un soir par semaine, une initiation-découverte de cette danse envoûtante. Pour vous détendre, il y a une piscine et les balades ne manquent pas. Accueil très sympa avec un brin d'accent du terroir.

Accès : de Toulouse, A 64 en direction de Tarbes, jusqu'à la sortie n° 34 (Rieumes) ; traversez ce village et continuez vers L'Isle-en-Dodon (D 3) pdt 6 km et, 1 km après La Grande-Carrère, tournez à gauche derrière une grande maison et continuez à gauche le chemin jusqu'au bout.

LESCURE-D'ALBIGEOIS 81380

Carte régionale B1

5 km NE d'Albi

€€ 🏠 🍴 **Chambres d'hôtes Le Pignié (Rachel et Éric Gardavoir) :** ☎ 05-63-60-44-31. 📱 06-15-73-06-90. ● lepignie@gmail.com ● lepignie.com ● 📶 À quelques encablures d'Albi, dans un joli coin de campagne, magnifique propriété. Dans l'ancienne grange, ils ont aménagé 4 chambres tout aussi originales que différentes, avec spacieux sanitaires privés.

L'ISLE-EN-DODON | 263

La dernière, tout aussi charmante, est dans la maison des propriétaires. 70 € pour 2, petit déj compris. Table d'hôtes à 24 €, apéro et vin compris. Aux beaux jours, les repas sont servis sous la terrasse couverte, face à la piscine (je craque !). Pour ceux qui préfèrent préparer leur tambouille, kitchenette à disposition. Accueil sympathique de ce couple belge.

> *Accès :* d'Albi, prenez la D 90 vers Cagnac-les-Mines et, 800 m après l'église de Notre-Dame-de-la-Drêche, tournez à droite et faites 1 km (ne rentrez pas dans Lescure).

LÉZAT-SUR-LÈZE   09210

Carte régionale A2
45 km NE de Foix ; 13 km N de Le Fossat

€€ 🛏 *Chambres d'hôtes Ferme Curnat d'en Haut (Cyril et Muriel Bouny) :* ☎ 05-61-60-38-68. 📱 06-81-94-24-26. • muriel.cyril@wanadoo.fr • ferme-curnat.perso.neuf.fr • *Fermé en hiver.* Quand on arrive ici, la vue est incroyable : la chaîne des Pyrénées sur 360° ! La maison ? Une ferme du XVIIIe s que Cyril et Muriel ont restaurée de leurs mains, où voisinent pierre, briques crues et roses. Deux chambres originales et raffinées avec sanitaires privés, à l'atmosphère romantico-campagnarde. De 55 à 65 € pour 2, copieux petit déj compris (gâteaux, yaourts et confitures maison et plusieurs sortes de pains). Si vous venez avec vos enfants, ils seront ravis de faire la connaissance de Rosalie, la truie apprivoisée, mais aussi des ânes, de la mule et du cheval... Avis aux collectionneurs de voitures anciennes : Cyril les restaure avec amour, et son atelier est tout proche. VTC à disposition. Accueil chaleureux.

> *Accès :* en venant de Toulouse par la D 919, à l'entrée du village, prenez la direction d'Esperce, passez le pont et, à la patte d'oie, continuez tout droit sur 4 km ; la maison se trouve après Ginèbre et Curnat-d'en-Bas.

LIMOGNE-EN-QUERCY 46260

Carte régionale B1
20 km O de Villefranche-de-Rouergue ; 13 km SO de Cajarc

€€ 🛏 (10%) *Chambres d'hôtes La Hulotte (Claudine et Lionel Baudin) :* lieu-dit Mas-de-Games. ☎ et fax : 05-65-31-58-51. 📱 06-17-38-84-47. • chambreslahulotte@orange.fr • chambreslahulotte.com.fr • *Fermé de mi-nov à mi-fév.* 📶 Une maison au sein d'un petit hameau perdu au beau milieu du causse, des chênes, des murets de pierre. Claudine et Lionel ont aménagé 4 chambres, dont 2 se partagent une salle de bains. Déco colorée et joyeuse. 65 € pour 2, petit déj compris. Pas de table d'hôtes mais cuisine à disposition et plusieurs restos dans un rayon de 3 km. Le jardin fleuri donne un petit côté cottage. Une adresse au charme simple à 180 pas (!) du GR 65 (le chemin de Saint-Jacques-de-Compostelle). Un p'tit coup de cœur.

> *Accès :* à 3 km du village ; prenez la direction de Cajarc, puis à 1 km, fléché sur la droite.

L'ISLE-BOUZON   32380

Carte régionale A1
11 km E de Lectoure

€€ 🛏 I●I 🐎 (10%) *Chambres d'hôtes Aux Metges :* ☎ 05-62-28-60-41. 📱 06-82-88-62-65. • aux.metges@wanadoo.fr • auxmetges.wordpress.com • *Fermé la 2e quinzaine de janv.* Dans un paysage de cultures et de forêts de chênes, charmante ferme du XVIIIe s nichée au creux d'un vallon. Quatre chambres à la déco de très bon goût : 2 dans la maison (dont une dispose d'un piano), une autre dans le pigeonnier (notre préférée), la dernière, plus indépendante, a été aménagée dans un esprit écolo (en torchis traditionnel). Atmosphère de voyage, chaleureusement entretenue par les sympathiques proprios. 55 € pour 2 (60 € pour la chambre du pigeonnier), petit déj compris. Table d'hôtes entre 16 et 24 €. Cuisine gasconne et quelques recettes venues d'ailleurs (Inde, Italie...). Bon rapport qualité-prix-convivialité.

> *Accès :* à 2 km du village en direction de Gramont.

L'ISLE-EN-DODON   31230

Carte régionale A2
65 km SO de Toulouse ; 40 km N de Saint-Gaudens

€ 🛏 I●I (10%) *Chambres d'hôtes (Nathalie et Gilles Ragu) :* Encatello. ☎ et fax : 05-61-88-67-72. 📱 06-08-56-89-67. • encatello@wanadoo.fr • encatello.fr • Nathalie et Gilles tiennent 4 chambres avec sanitaires privés, à 48 € pour 2, petit déj compris. À la table d'hôtes, pour 20 € vin et café inclus, vous goûterez tous les produits de la ferme. Les animaux raviront les petits, et les familles qui le souhaitent pourront aussi séjourner dans 3 gîtes ruraux. Une adresse tranquille et un bon rapport qualité-prix.

> *Accès :* N 124 Toulouse/Auch jusqu'à L'Isle-Jourdain, puis direction Lombez ; traversez le bourg et, à 8 km, prenez la D 17 ; à L'Isle-en-Dodon, direction Saint-Gaudens/Lannemazan et suivez le fléchage « Encatello ».

L'ISLE-JOURDAIN 32600

Carte régionale A2

50 km E d'Auch ; 25 km O de Toulouse

€€ 🛏 **Chambres d'hôtes L'Asinerie d'Embazac (Bénédicte et Jean-François Wambeke) :** *Goudourvieille.* ☎ 05-62-07-02-10. • embazac@wanadoo.fr • embazac.com • 📶 Ferme typiquement gersoise flanquée d'un pigeonnier où Bénédicte et Jean-François élèvent des ânesses laitières. Deux chambres d'hôtes avec sanitaires privés à 60 € pour 2, petit déj compris. Également un gîte d'étape de 10 lits à 25 € la nuit par personne avec le petit déj. Possibilité de profiter du jacuzzi moyennant supplément. Et pourquoi ne pas vous faire une cure au lait d'ânesse ? Pour la petite histoire, la reine d'Égypte Néfertiti s'en faisait des bains ! Les proprios produisent aussi des savons et tous les produits cosmétiques pour vous refaire une jeunesse. Ils accueillent aussi des groupes (adultes et enfants) qui viennent découvrir la ferme. Accueil chaleureux. Une adresse on ne peut plus originale !

> *Accès :* de Toulouse, N 124 vers Auch sortie 11 et direction Saint-Lys ; faites 2 km puis tournez à droite vers Goudourvieille, c'est à droite après le hameau, tt en haut de la colline.

LORP-SENTARAILLE 09190

Carte régionale A2

3 km NO de Saint-Girons ; 2 km NO de Saint-Lizier

€€ 🛏 |●| ⑩% **Chambres d'hôtes La Maison Blanche (Agnès et Alain Roques) :** *Prat-du-Ritou.* ☎ 05-61-66-48-33. 📱 06-12-52-36-00. • agnes.roques@laposte.net • couseransmaisonblanche.com • 📶 Située près de la rivière, cette maison faisait autrefois partie d'une papeterie actuellement désaffectée (c'était celle du *big boss...*). Elle est toute simple, mais l'accueil d'Agnès et d'Alain est particulièrement chaleureux. Trois chambres confortables et un studio avec cuisine équipée. Sanitaires privés. Comptez 55 € pour 2, petit déj compris. Agnès est puéricultrice et elle accueillera vos chères têtes blondes avec bonheur. C'est aussi une fine cuisinière, qui n'hésite pas à se lancer dans des recettes originales... 20 € le repas, apéro, vin et café compris. Les proprios adorent les chevaux ; ils peuvent recevoir cavaliers et montures. Possibilité de balades accompagnées pour cavaliers confirmés (et équipés de leur monture) en compagnie d'Agnès. Pour les amoureux des vieilles pierres, Saint-Lizier est tout proche et possède une belle cathédrale avec des fresques romanes et un cloître.

> *Accès :* de Saint-Girons, empruntez la D 117 en direction de Toulouse jusqu'à Lorp ; à l'église, tournez à droite, puis traversez l'ancienne voie ferrée et c'est à droite (fléchage).

LOUBAJAC 65100

Carte régionale A2

25 km SO de Tarbes ; 5 km NO de Lourdes

€€ 🛏 |●| **Chambres d'hôtes (Nadine Vivès) :** *28, route de Bartres.* ☎ 05-62-94-44-17. 📱 06-08-57-38-95. *Fax :* 05-62-42-38-58. • nadine.vives@wanadoo.fr • anousta.com • *Ouv des vac de fév au 11 nov.* 📶 Dans le village, vieille ferme restaurée avec 5 chambres bien meublées, à 51 € pour 2, petit déj compris. Nadine fait aussi table d'hôtes, à 18 € avec vin et café, et sert des produits provenant de l'exploitation : charcuterie ou crudités, viande (poulet, lapin, canard, mouton), fromage et dessert. Vente de produits fermiers. Belle salle à manger avec poutres, cheminée et meubles anciens. Joli parc arboré et piscine à disposition. Accueil convivial. Une adresse qui fait des adeptes !

> *Accès :* sur la D 3 de Bartres à Loubajac, à 500 m de la nationale pour Lourdes.

LUNAX 31350

Carte régionale A2

35 km N de Saint-Gaudens ; 6 km NE de Boulogne-sur-Gesse

€ 🛏 |●| 🐎 ⑩% **Chambres d'hôtes (Werner et Karin Mazanek) :** ☎ 05-61-88-26-06. Ancienne ferme entourée d'un jardin. Dans un bâtiment indépendant de la maison, 2 chambres coquettes et parées des toiles d'Hubert, l'ami de la famille. Chacune avec entrée indépendante et sanitaires privés. Comptez 40 € pour 2, copieux petit déj compris (charcuterie, fromages, fruits...). Repas et petit déj sont servis chez Karin et Werner, dans une cuisine-séjour agrémentée d'une agréable cheminée. Table d'hôtes à 15 €, avec une cuisine originale et internationale, avec des produits de qualité... Pour les loisirs, le lac de la Gimone est à quelques enjambées et est équipé d'une base nautique. Pour les petits budgets, il y a aussi une petite aire de camping pour planter sa tente ou même louer une grande caravane ou un mobile home tout équipés (idéal pour les familles de 4 personnes), respectivement à 20 et 30 € par jour. Accueil jeune et sympa.

> *Accès :* de Boulogne-sur-Gesse, D 632 vers Toulouse sur 6 km et sortie Lunax ; au carrefour, laissez le village à droite et tournez à gauche, c'est la 2e maison à droite.

MASSAT   09320

Carte régionale A2

27 km SE de Saint-Girons

€€ 🛏 ♂ (10%) **Chambres d'hôtes Las Paouses (Béatrice et Denis Leblon) :** ☎ et fax : 05-61-04-94-45. 📱 06-87-13-10-67. • las.paouses@wanadoo.fr • laspaouses.com • À 750 m d'altitude, agréable maison (genre grand chalet) qui bénéficie d'un magnifique panorama sur les Pyrénées et la vallée de Lers. Deux chambres confortables installées dans une partie indépendante. Sanitaires privés, eau chaude solaire. Comptez 55 € pour 2, petit déj compris. Cuisine à disposition et barbecue l'été. Denis est horticulteur, Béatrice infirmière, et c'est à deux qu'ils préparent les repas. Les fans de rando trouveront plein de circuits à faire autour de la maison. Accueil agréable.

> *Accès :* de Saint-Girons, prenez la D 618 jusqu'à Massat ; dans le bourg, suivez la direction Boates et fléchage.

MAUBEC   82500

Carte régionale A1-2

45 km SO de Montauban ; 12 km SO de Beaumont-de-Lomagne

€€ 🛏 ♂ (10%) **Chambres d'hôtes Jardin d'En Naoua (Valérie Zamora) :** ☎ et fax : 05-63-65-39-61. 📱 06-87-24-29-93. • gite@en-naoua.com • en-naoua.com • 🐾 Fermé janv. 🛜 En Naoua, c'est la propriété familiale de Valérie ; elle remonte au XVIIe s. Au rez-de-chaussée, une grande chambre familiale ; à l'étage, 4 chambres jouissant d'une belle vue sur la campagne environnante. Sanitaires privés. 70 € pour 2, petit déj compris, avec lait, confitures et gâteau maison. Également un gîte (de 5 à 25 personnes, en chambres de 2 ou 4 lits) à 26 € la nuit par personne et 3 € le petit déj. Table d'hôtes à 25 €, apéro, vin et café compris. Autrement, cuisine à disposition. Sous le grand auvent, vous pourrez apercevoir bon nombre d'outils que Maurice, le grand-père de Valérie, a remis en état et exposés. Terrain de boules, baby-foot, table de ping-pong et billard à disposition. Pour vous détendre, il y a la piscine. Si vous préférez vous dégourdir les jambes, prenez l'un des chemins qui partent de la maison, soit vers le village fortifié de Maubec, soit vers le village médiéval de Sarrant.

> *Accès :* de Montauban, prenez la route des Pyrénées direction Auch (D 928) ; passez Beaumont-de-Lomagne, allez jusqu'à Solomiac ; dans le village, prenez la D 165 sur 2 km, le lieu-dit En-Naoua est sur la gauche.

MAUBOURGUET   65700

Carte régionale A2

26 km N de Tarbes

€€ 🛏 ♨ (10%) **Chambres d'hôtes (Françoise et Henri-Paul Nouvellon) :** domaine de la Campagne. 📱 06-81-57-02-23. • hpnou@wanadou.fr • gite-la-campagne.com • Ouv Pâques-Toussaint. Belle ferme restaurée avec 4 chambres d'hôtes : 2 au rez-de-chaussée avec entrée indépendante, les 2 autres à l'étage. Sanitaires privés. 65 € pour 2, petit déj inclus. Table d'hôtes à 17 €, vin et café compris. Également un gîte pour 4 à 6 personnes à 800 € la semaine. Prêt de vélos et tuyaux sur les randos à faire dans le coin. Hamacs, piscine et terrain de pétanque pour la détente. Bon rapport qualité-convivialité-prix.

> *Accès :* de Maubourguet, prenez à gauche la direction d'Auriébat, puis le petit chemin à droite.

MAUROUX   32380

Carte régionale A1

40 km NE d'Auch ; 7 km NE de Saint-Clar

€€€ 🛏 ♨ (10%) **Chambres d'hôtes La Ferme des Étoiles (Marie et Bruno Monflier) :** ☎ 05-62-06-09-76. 📱 06-79-17-30-81. Fax : 05-62-06-24-99. • contact@fermedesetoiles.com • fermedesetoiles.com • Ouv avr-oct. 🛜 En pleine nature, sur une petite colline, belle ferme gersoise bien restaurée. Six chambres coquettes, dont une suite familiale : une au rez-de-chaussée, les 5 autres à l'étage, toutes avec sanitaires privés. Selon la chambre, de 76 à 85 € pour 2, petit déj compris. Table d'hôtes à 27 € et repas gastro à 38 €. La nuit tombée, vous comprendrez le sens de son nom... Pour la petite histoire, la maison est parrainée par Hubert Reeves (le célèbre astrophysicien). Il y a bien sûr un planétarium (ouvert au public ; droit d'entrée). L'été, quand le ciel est découvert, les proprios organisent aussi des veillées aux étoiles (payantes). Et pour les amateurs d'insolite, abritées au sein du parc, 5 originales « astrobulles » pour passer la nuit « à ciel ouvert » (76 € pour 2 avec le petit déj). Également une grande piscine pour se relaxer.

Accès : de Saint-Clar, en direction de Lavit, en bas du village, prenez la D 13 jusqu'à Mauroux ; la maison est à la sortie du bourg à gauche.

MAZÈRES 09270

Carte régionale B2

45 km N de Foix ; 15 km N de Pamiers

€€€ ▮ ▮◉▮ ⑩% ***Chambres d'hôtes Les Chambres de Bellevue (Geneviève Gérouit) :*** *route de Gaudiès, Le Freyche.* ☎ *05-61-69-41-88.* 📱 *06-16-75-03-61. Fax : 05-61-69-41-62.* ● *contact@bellevue-ariege.fr* ● *bellevue-ariege.fr* ● Ferme en galets et briques, typique de la région toulousaine (si ce n'est le moucharabieh tunisien qui remplace la porte du fenil), avec les Pyrénées en fond de décor. À l'étage, 5 chambres spacieuses et confortables, avec sanitaires privés. Selon la chambre et la période, de 70 à 79 € pour 2, petit déj compris. Table d'hôtes (sauf les vendredi et dimanche) à 25 €, vin et café compris. Cuisine familiale à base de produits du terroir. Grande piscine. Geneviève se fera un plaisir de donner tous les tuyaux pour découvrir sa région. Accueil très sympa. Une bonne adresse.

Accès : A 66 sortie n° 2 (Mazères), au rond-point tt droit vers Belpech/ZI Lacroix, puis à droite D 611 vers Gaudiès ; passez l'entreprise Lacroix et prenez le 2ᵉ chemin à droite vers Le Freyche.

MÉZENS 81800

Carte régionale B1-2

35 km NE de Toulouse ; 25 km SO de Gaillac

€ ▮ ▮◉▮ ⑩% ***Chambres d'hôtes (Régine Saulle) :*** *Le Cambou.* ☎ *05-63-41-82-66.* 📱 *06-47-75-70-47.* ● *cambou81@orange.fr* ● *perso.orange.fr/le-cambou* ● Fermé 1ᵉʳ janv-1ᵉʳ fév. 📶 Belle maison lauragaise abritant 2 jolies chambres avec sanitaires privés. Décoration personnalisée. 52 € pour 2, petit déj compris. Routards à l'âme d'artiste, n'hésitez pas, c'est ici qu'il vous faut venir ! Régine est spécialiste des tissages et tapisseries. Elle se fera un plaisir de répondre à toutes vos questions sur les différentes techniques. Elle organise d'ailleurs des stages de tissage et de sculpture (demandez le programme !). Possibilité de repas à 16 €, apéro, vin et café compris. Cuisine familiale. Nombreux sentiers de balades au départ de la maison, et si vous le souhaitez, Régine vous accompagnera pour vous faire découvrir les particularités de la faune et de la flore locales. Par une belle nuit étoilée, elle pourra vous parler des constellations. Prêt de VTT et jolie piscine. Une adresse idéale pour les amoureux de la nature et des arts.

Accès : dans le bourg.

MONTAUBAN 82000

Carte régionale A1

41 km N de Toulouse

€€€ ▮ ***Chambres d'hôtes du Ramiérou (Sabrina et Brigitte Kayser) :*** *960, chemin du Ramiérou.* ☎ *05-63-20-39-86.* ● *leramierou@gmail.com* ● *leramierou.com* ● Belle demeure de maître située au cœur de 16 ha de prés et de bois. Tout en brique, typique de la région, c'est dans un bâtiment proche du pigeonnier qu'on trouve les 2 premières chambres qui ouvrent côté jardin. Elles sont confortables, avec petit salon. La dernière se situe dans le bâtiment où l'on traiait le raisin et ouvre sur la forêt (salon avec cheminée et terrasse !). Spacieux sanitaires privés. De 75 à 80 € pour 2, petit déj compris. Accueil convivial. Un point de chute idéal aux portes de Montauban.

Accès : venant de Paris ou de Toulouse sortie n° 61 puis direction St-Étienne-de-Tulmont pendant 800 m et à droite chemin de Ferrié, au bout à droite faire encore 800 m, la maison est sur la gauche.

MONTAUT 09700

Carte régionale B2

25 km N de Foix ; 10 km SE de Saverdun

€€ ▮ ▮◉▮ ⑩% ***Chambres d'hôtes Domaine La Vernoune (Marie-Joëlle Jaumot) :*** *La Vernoune.* ☎ *05-61-69-23-12.* 📱 *06-60-20-73-62.* ● *vernoune@club.fr* ● *domainederoyat.fr* ● 📶 Belle ferme avec pigeonnier du XIXe s, plantée dans un parc de 4 ha et bénéficiant d'une magnifique vue sur la chaîne des Pyrénées. Trois jolies chambres, dont une au rez-de-chaussée avec un grand salon-bibliothèque, les 2 autres à l'étage, dont une familiale. Atmosphère calme et sereine. Sanitaires privés. Selon la chambre, de 62 à 65 € pour 2, petit déj compris, et 130 € pour 4. Table d'hôtes à 25 €, tout compris. Bonnes spécialités du terroir avec des produits de qualité. La cuisine est aussi à disposition. Également un gîte de 8 personnes pour les séjours. Piscine hors sol pour vous délasser. Ambiance conviviale et accueil vraiment chaleureux. Une très bonne adresse.

> **Accès** : de Pamiers, D 11 vers Belpech jusqu'au hameau Georges ; tournez à gauche vers Haras, passez l'intersection et continuez tt droit sur 1 km puis tournez à gauche et suivez le fléchage.

€€ 🏠 ⑩% **Chambres d'hôtes Ferme de Royat (Bernadette Gianésini) :** Royat-Montaut. ☎ 05-61-68-32-09. • gaecgianesini@orange.fr • domainederoyat.fr • 📶 On entre par une grande allée bordée de platanes et on découvre une demeure immense, au milieu d'un beau parc aux arbres centenaires. Son histoire est fabuleuse... C'est une ancienne ferme-école d'agriculture fondée en 1849 et transformée pendant la Grande Guerre en centre de réinsertion pour les Poilus (toutes les archives sont là ; la maison a même reçu la visite du général de Gaulle en 1950 !). Au 1er étage, 2 chambres claires et agréables, toutes équipées de sanitaires privés. De 62 à 65 € pour 2, petit déj compris. Pas de table d'hôtes, mais cuisine à disposition. Immense étang privé de 10 ha pour une agréable balade ou pour la pêche à la mouche de grosses truites (l'étang est né suite aux travaux de la nouvelle autoroute Toulouse-Pamiers, mais qui passe fort heureusement à 700 m de la maison). Accueil agréable.

> **Accès** : de Foix, prenez la RD 820 en direction de Toulouse jusqu'au Vernet-d'Ariège, puis tournez à droite sur la D 624 vers Mazères/Castelnaudary et fléchage à droite (1 km de la RD 820).

MONTBETON 82290

Carte régionale A1

4 km O de Montauban

€€ 🏠 ⑩% **Chambres d'hôtes Mataly (Joséphine Davicino) :** ☎ 05-63-63-42-73. 📱 06-08-57-88-48. Fax : 05-63-63-28-60. • ldavicino@wanadoo.fr • 📶 Entre ville et campagne, Mataly est un domaine arboricole. Au centre, une très belle ferme entourée d'un grand jardin. Au 1er étage, 3 chambres spacieuses et charmantes, avec sanitaires privés, dont une suite familiale pour 4 personnes qui comporte deux salons (j'y crois pas !). 60 € pour 2, petit déj compris (gâteau et confitures maison), et 25 € par personne supplémentaire. Les collations matinales sont servies dans une chaleureuse salle à manger remplie de meubles de famille ou sur la terrasse. Accueil de qualité. Une excellente adresse.

> **Accès** : de Montauban, empruntez la D 658 en direction de Castelsarrasin jusqu'au carrefour des Coulandrières et prenez le chemin à droite.

MONTBRUN 46160

Carte régionale B1

22 km SO de Figeac ; 7 km NE de Cajarc

€ 🏠 ⑩% **Chambres d'hôtes La Treille (Nathalie et Emmanuel Pradines) :** ☎ 05-65-40-77-20. 📱 06-22-49-69-91. • latreille-46@orange.fr • 🍴 Dans une ancienne grange restaurée, Nathalie et Emmanuel, jeune et sympathique couple d'agriculteurs (production de tabac, maïs, asperges et noix), ont aménagé 4 chambres avec sanitaires privés, dont une familiale. Comptez 45 € pour 2 et 55 € pour 4, avec un copieux petit déj (gâteau et confitures maison) servi sur la terrasse aux beaux jours. Pour les amateurs de pêche, le Lot coule au bout du jardin. Pas de table d'hôtes, mais plusieurs restos à proximité.

> **Accès** : de Cajarc, prenez la D 662 en direction de Figeac ; traversez Montbrun, la propriété se trouve à 1 km à droite (2e chemin en contrebas de la route).

MONTCABRIER 46700

Carte régionale A1

43 km NO de Cahors ; 9 km NO de Puy-l'Évêque

€ 🏠 🍽 ⑩% **Chambres d'hôtes (Odette et Roger Lemozy) :** Mérigou. ☎ et fax : 05-65-36-53-43. • roger.lemozy@orange.fr • gite-merigou-lot.com • Petit hameau tout mignon. Ferme perchée sur une colline boisée, totalement à l'écart de tout passage. Environnement de rêve pour les amoureux de la nature. Odette et Roger prodiguent une hospitalité hors pair et proposent leurs chambres d'hôtes à la ferme, ainsi que deux splendides et confortables gîtes ruraux dans des maisons de caractère. Un petit gîte pour 4 personnes au moins, en pleine campagne, et un plus grand disposant de 4 chambres, dans le hameau, de 350 à 1 000 € la semaine selon la capacité et la période. Piscine près du grand gîte, également accessible aux locataires de l'autre gîte. Pour les 2 chambres d'hôtes, comptez 38 € pour 2, avec le petit déj. Possibilité de repas du soir (partagé avec vos hôtes) à 14 €, apéro, vin et café compris. Du 15 septembre au 15 mai, « week-ends foie gras » (du vendredi après-midi au dimanche après-midi) pour tout savoir sur le foie gras et le confit dans le but d'épater et de régaler les copains. Une gentille adresse à prix très doux.

> *Accès :* sur la D 68 entre Montcabrier et Sauveterre.

MONTESQUIEU-LAURAGAIS 31450

Carte régionale A2

26 km SE de Toulouse ; 8 km NO de Villefranche-de-Lauragais

€€ 🛏 |●| 10% **Chambres d'hôtes (Irène et José Pinel) :** *Bigot.* ☎ et fax : 05-61-27-02-83. 📱 06-71-64-98-12. ● joseph.pinel@libertysurf.fr ● hotebigot.chez-alice.fr ● 🌐 Au cœur du Lauragais et à quelques encablures du canal du Midi, superbe ferme du XVIIe s restaurée de façon contemporaine. L'intérieur est superbe. Une cuisine moderne, où siège un poêle scandinave, avec un sympathique coin petit déj. Grand salon avec cheminée et piano. Au 1er étage, un joli hall avec poutres apparentes dessert 3 chambres douillettes, où s'exprime la passion d'Irène : le patchwork (elle organise même des stages... nous on craque !). La chambre « Nord », avec sanitaires privés, est la moins chère. La chambre « Est » est dotée d'immenses sanitaires à l'extérieur (balnéo et douche hydromassante). Trois autres chambres, dont une familiale avec coin cuisine, sont situées au-dessus d'une étable superbement rénovée. Toutes sont climatisées. Selon la chambre, comptez 70 € pour 2, petit déj compris. Table d'hôtes, sur réservation, à 20 € tout compris. Grand jardin avec piscine (ça va de soi) et un beau potager, la fierté de José. Il fait bon s'arrêter là, d'autant que c'est un excellent point de chute pour visiter la région. Délicieuses balades à faire à vélo (chouette, les proprios en prêtent !) au bord de l'eau en longeant le canal, sans compter les ravissants villages des alentours. Également 2 gîtes pour vos séjours. Accueil de qualité. Une adresse de charme. Bref, un de nos coups de cœur du département.

> *Accès :* de Toulouse, N 113 vers Villefranche-de-Lauragais ; passez Baziège et, à l'entrée de Villenouvelle, tournez à droite après l'abribus, face au garage Citroën ; suivez le chemin Bigot, traversez l'Hers par le vieux petit pont de brique, c'est la grande ferme à droite.

MONTESQUIEU-VOLVESTRE 31310

Carte régionale A2

50 km S de Toulouse ; 8 km S de Rieux

€€€ 🛏 |●| **Chambres d'hôtes La Halte du Temps (Marie-Andrée et Dominique Garcin) :** *72, rue Mage.* ☎ 05-61-97-56-10. ● lahaltedutemps@free.fr ● lahaltedutemps.com ● Superbe demeure du XVIIe siècle, ancienne propriété du marquis de La Loubère, ancien seigneur de Montesquieu. Ici, tout est beau... Un noble escalier Louis XIII mène aux 5 chambres, charmantes, spacieuses et colorées. De 75 à 80 € pour 2, petit déj compris. Table d'hôtes à 25 €, apéro, vin et café compris. Belle piscine entourée de palmiers et un espace détente avec hammam et jacuzzi. Marie-Andrée et Dominique reçoivent avec passion et donnent les meilleurs conseils pour découvrir la région. Ils organisent des soirées spectacle. Une adresse au charme indéniable et un excellent rapport qualité-prix-convivialité.

> *Accès :* à deux pas de la halle.

MONTFERRIER 09300

Carte régionale B2

30 km SE de Foix ; 8 km SO de Lavelanet

€€ 🛏 |●| **Chambres d'hôtes (Nicole et Yves Masset) :** *serre de Marou.* ☎ 05-61-01-14-75. 📱 06-82-83-33-60. ● yves.masset@wanadoo.fr ● ariege.com/serre demarou ● *Fermé pdt les fêtes de Noël.* 🌐 Au pays cathare, face au majestueux château de Montségur, mignonnette ferme de plain-pied située à 1 000 m d'altitude. De la terrasse, la vue est splendide et on n'a qu'une envie : s'y installer pour profiter de la beauté du site ! Dans une aile indépendante, 2 chambres confortables avec sanitaires privés. Déco agréable avec de nombreux meubles de famille. 55 € pour 2, petit déj compris. Bonne table d'hôtes (sauf mardi et jeudi) à 21 €, boissons comprises. Une cuisine saine et de saison avec les produits de la ferme et les légumes du jardin. Pour les amateurs de rando, le GR 7 passe à proximité. Accueil vraiment sympa. Une adresse et un panorama à découvrir.

Accès : de Foix, D 117 puis D 9 vers Montségur ; traversez Montferrier dans la même direction et, 4 km après, suivez le fléchage à gauche.

MONTGAILLARD 65200

Carte régionale A2

14 km S de Tarbes ; 6 km NO de Bagnères-de-Bigorre

€€ ≙ **Chambres d'hôtes Maison Burret (Jo et Jean-Louis Cazaux) :** *67, Le Cap-de-la-Vielle.* ☎ 05-62-91-54-29. 📱 06-11-77-87-74. • joetjl.cazaux@wanadoo.fr • maisonburret.com • *Ouv de mi-juin à fin oct.* 📶 Beau manoir bigourdan aux persiennes bleu lavande vieilli, deux fois centenaire, habité par une famille dotée d'un sens de l'hospitalité rare. Deux chambres, dont une suite composée de 2 chambres (l'une dans les tons roses style infante espagnole, l'autre avec vraie fenêtre en trompe l'œil). Sanitaires privés. De 55 à 65 € pour 2, petit déj compris (pain brioché, cake et confitures maison), et 13 € par personne supplémentaire. Pas de table d'hôtes mais possibilité de préparer vous-même votre pique-nique au barbecue. Jean-Louis viendra peut-être vous jouer un petit air de vielle... Également 2 gîtes de 2 et 4 personnes et un petit musée paysan.

Accès : en venant de Bagnères, prenez la route de Lourdes sur la gauche ; en venant de Tarbes, dépassez le village et prenez la sortie à droite.

MUR-DE-BARREZ 12600

Carte régionale B1

77 km N de Rodez ; 13 km NE d'Entraygues-sur-Truyère

€ ≙ l●l 🐎 (10%) **Centre de tourisme équestre Chemins Faisant (Christian Hervé) :** *Le Batut-de-Murols.* ☎ et fax : 05-65-66-18-61. 📱 06-50-95-14-10. • contact@le-batut.com • le-batut.com • *Ouv avr-oct.* Un centre de tourisme équestre complètement paumé, en pleine nature. Christian adore les chevaux (qui vivent en troupeau toute l'année) et les longues balades dans la campagne sur les vieux sentiers aveyronnais. Il aime faire partager aux autres cette passion « cheval-liberté ». Il propose plusieurs programmes : initiation bien sûr, mais aussi balades, sur une ou plusieurs journées. Possibilité également de randonner à pied avec un poney bâté. Nombreuses autres activités : canoë-kayak (en eau calme), baignade et pêche en rivière (à 2 mn du hameau) ou encore la piscine. Pour séjourner, là encore, le choix est large : charmants gîtes dans des maisons paysannes fort joliment restaurées et décorées avec beaucoup de goût, à 400 € la semaine ; 8 chambres d'hôtes, dont 3 avec sanitaires privés, à 40 € par personne en demi-pension et 50 € en pension complète. Pour les plus fauchés, camping avec bloc sanitaire complet. N'hésitez pas à contacter les propriétaires pour connaître les tarifs des balades et des randos. Excellent accueil, vous l'aviez deviné !

Accès : d'Entraygues, remontez la D 904, puis, à env 7 km, tournez à gauche, direction Pons et Murols ; toute petite route de montagne qui s'élève rapidement ; le hameau se trouve 4 km avt Murols et 4 km après Pons à gauche.

MURAT-SUR-VÈBRE 81320

Carte régionale B2

70 km NE de Castres ; 17 km E de Lacaune

€ ≙ (10%) **Chambres d'hôtes (Christiane et André Roques) :** *Félines.* ☎ 05-63-37-43-17. Au cœur d'un petit hameau, Christiane et André élèvent des brebis et fabriquent des fromages (slurp !). C'est dans cet univers que vous pourrez profiter de 4 chambres simples, mais agréables, toutes équipées de sanitaires privés. 40 € pour 2, petit déj compris. Accueil souriant et authentique. Bon rapport qualité-prix-convivialité.

Accès : de Castres, empruntez la D 622 jusqu'à Lacaune, puis Murat, et fléchage à droite vers Félines.

NAJAC 12270

Carte régionale B1

50 km NO d'Albi ; 15 km S de Villefranche-de-Rouergue

€ ≙ (10%) **Chambres d'hôtes (Jean-Pierre et Maïté Verdier) :** *La Prade-Basse.* ☎ et fax : 05-65-29-71-51. • jp_et_m_verdier@hotmail.com • lapradebasse.com • *Résa recommandée.* En pleine nature, dans une toute nouvelle construction à côté de la maison de Jean-Pierre et Maïté, 3 chambres agréables pour 2 ou 3 personnes, avec sanitaires privés. Comptez

43 € pour 2, petit déj compris. Séjour et coin cuisine à disposition. Camping à la ferme de 6 emplacements, près d'un petit bois de sapins. Accueil charmant.

Accès : sortez du village par la D 239 vers Saint-André-de-Najac ; à un carrefour, suivez les panneaux « Chambres d'hôtes-camping à la ferme La Prade-Basse ».

NOAILHAC 12320

Carte régionale B1

35 km NO de Rodez ; 5 km S de Conques

€ 🏠 **Chambres d'hôtes (Simone et Michel Falip) :** Montbigoux. ☎ et fax : 05-65-69-85-01. 📱 06-81-93-34-50. ● falip.michel@wanadoo.fr ● gitesdemontbigoux.fr ● Maison contemporaine construite dans le style du pays, qui bénéficie d'un magnifique point de vue sur la région environnante : on peut y admirer, à 30 km à la ronde, des points tels que le mont Lévezou ou la cathédrale de Rodez. Deux chambres en soupente, lambrissées, avec sanitaires privés, à prix doux : 46 € pour 2, petit déj compris (avec une vingtaine de sortes de confitures maison, gâteaux régionaux...). Pas de table d'hôtes, mais cuisine aménagée et barbecue à disposition dans le jardin (avec piscine !) et restaurant à 500 m. Conques, avec son abbaye, vaut bien un petit détour (5 km). Le GR 65 passe à 200 m de Montbigoux. Accueil chaleureux.

Accès : sur la D 901 de Rodez à Aurillac ; à Saint-Cyprien, tournez à gauche vers Noailhac (D 502) ; à la sortie du village, direction Firmi et fléchage.

ORE 31510

Carte régionale A2

25 km S de Saint-Gaudens ; 9 km SE de Saint-Bertrand-de-Comminges

€€ 🏠 🍽 **10%** **Chambres d'hôtes L'Oreiller d'Hadrien (Anita et Ronald Bloemen) :** ☎ 05-62-00-13-03. 📱 06-18-03-17-42. ● oreiller31@gmail.com ● oreiller31.com ● *Ouv de mi-avr à fin oct.* 📶 Belle demeure de maître installée dans un grand parc. Anita et Ronald ont longtemps séjourné à l'étranger (Italie, Indonésie, Thaïlande, Singapour,...) avant de se poser ici et d'aménager 4 magnifiques chambres spacieuses avec de beaux sanitaires privés. 65 € pour 2, petit déj compris. Beaux parquets, meubles anciens ou asiatiques et remarquable bouddha dans le salon. Table d'hôtes à 22 €, tout compris. Accueil charmant. Bon rapport qualité-prix-convivialité.

Accès : dans le village.

OUZOUS 65400

Carte régionale A2

30 km SO de Tarbes ; 3 km N d'Argelès-Gazost

€€ 🏠 🐕 **10%** **Chambres d'hôtes (Pierre Noguez) :** chemin des Écoliers. ☎ 05-62-97-24-89. 📱 06-66-09-55-55. Fax : 05-62-97-29-87. ● p.noguez@wanadoo.fr ● chambres-hotes-pyrenees.com ● *Fermé nov.* 📶 Au concours des maisons fleuries, Pierre remporterait sûrement tous les prix... Normal, il est horticulteur. Il vous accueille dans sa charmante demeure entourée d'un beau jardin, avec une agréable piscine chauffée qui ouvre sur la vallée d'Argelès et jaccuzzi (avec supplément). Six chambres, dont 2 doubles pour les familles. Déco agréable. 58 € pour 2, petit déj compris, et 100 € pour 4. Pas de table d'hôtes, mais coin cuisine à disposition. Un point de chute idéal pour ceux qui veulent se rendre à Lourdes (à 10 km). C'est surpeuplé, mais on dit qu'il faut le faire au moins une fois dans sa vie (on a encore le temps d'y aller !). Pour ceux qui préfèrent la marche, le pic de Pibeste est à 2h30. Et pour les férus d'équitation, sachez que Pierre a créé une ferme équestre et que, sur demande, il peut vous organiser un week-end complet comprenant hébergement, initiation et randonnées. À noter que le frère de Pierre a aussi des chambres d'hôtes dans le village.

Accès : par la N 21 et la D 102 ; fléchage dans le village en direction de Pibeste.

PADIÈS 81340

Carte régionale B1

30 km NE d'Albi ; 5 km N de Valence-d'Albigeois

€€ 🏠 🍽 **10%** **Chambres d'hôtes L'Amartco (Sylvie et Pierre Manesse-Dumetz) :** Saint-Marcel. ☎ 05-63-76-38-47. 📱 06-85-50-27-86. ● lamartco@wanadoo.fr ● lamartco.com ● 📶 En pleine campagne, tout près de la vallée du Tarn, ancienne fermette du XIXe s tout en pierre, bien fleurie et ombragée par une glycine. Une belle chambre campagnarde (pour 3-4 personnes), spacieuse et très claire, avec de beaux meubles et une cheminée, une suite familiale (3-4 personnes), et une dernière chambre pour 2 personnes, tout aussi sympa. Sanitaires privés. 60 € pour 2, petit déj compris, avec de délicieuses confitures maison entreposées dans l'ancien four à pain. Table d'hôtes, partagée en famille, à 20 €, apéro, vin et café compris. Bonne cuisine familiale et régionale. Sympathique cuisine avec une cheminée qui héberge un poêle Godin en céramique, un bel évier en pierre garni de faïences et de petits paniers. Piscine. Accueil vraiment chaleureux. Une adresse comme on les aime et qui fait des adeptes.

> *Accès :* d'Albi, prenez la D 903 jusqu'à Valence-d'Albigeois ; là, tournez à gauche (avt la pharmacie) vers Tanus (D 53) sur 5,5 km, puis encore à gauche vers Saint-Marcel (n'allez pas à Padiès).

PALAMINY   31220

Carte régionale A2

45 km SO de Toulouse ; 35 km NE de Saint-Gaudens

€€ ≜ |●| **Chambres d'hôtes (Brigitte Le Bris) :** Les Pesques. ☎ 05-61-97-59-28. 📱 06-15-37-90-59. • reserve@les-pesques.com • les-pesques.com • Au pied des Petites-Pyrénées, demeure de caractère, avec 2 chambres accueillantes et coquettes à souhait, disposant en plus d'une chambre d'enfants ; salle d'eau et w-c privés. 62 € pour 2, petit déj compris. Possibilité de table d'hôtes à 21 €, apéro, vin et café compris : spécialités de saucisses de Toulouse au barbecue avec haricots blancs du jardin et de légumes farcis. Superbe jardin fleuri et excellent accueil.

> *Accès :* prenez l'A 64 Toulouse/Tarbes jusqu'à Cazères (sortie n° 23) ; traversez Cazères, direction Couladère, puis traversez la Garonne et suivez la direction Mauran ; 500 m après le camping du Plantaurel, prenez la D 62 (la maison se trouve en fait sur la rive opposée de la Garonne par rapport à Palaminy).

PEYRELEAU   12720

Carte régionale B1

20 km NE de Millau

€ ≜ |●| **Gîte de séjour Évolutions (Stéphanie et Sylvain Riols) :** ☎ 05-65-62-60-93. • contact@gite-evolutions.com • gite-evolutions.com • Ouv Pâques-Toussaint. Sur résa. 🛜 Gîte de 30 places, situé merveilleusement au bord des gorges, dans un ravissant village médiéval. Six chambres pour 4 personnes, ainsi qu'un dortoir pour 6 (pensez à apporter votre duvet). Les patrons proposent des séjours en demi-pension à 40,50 € par personne en gîte et 48,50 € en chambre ; en pension complète, ajouter 10 € par personne. Repas typiques : soupes paysannes, aligot, truites, côtes de mouton, fouace, roquefort. Toutes sortes d'activités possibles (en collaboration avec la maison des guides des gorges du Tarn) : escalade, spéléo, VTT, descente de canyons, etc., mais aussi des randos accompagnées par Sylvain. Une adresse idéale pour les sportifs.

> *Accès :* à Aguessac, direction gorges du Tarn.

PINAS   65300

Carte régionale A2

43 km SE de Tarbes ; 7 km E de Lannemezan

€€ ≜ 🛏 **Chambres d'hôtes Domaine de Jean-Pierre (Marie-Sabine Colombier) :** 20, route de Villeneuve. ☎ 05-62-98-15-08. 📱 06-84-57-15-69. • marie.colombier@wanadoo.fr • domainedejeanpierre.com • Téléphoner en hiver. 🛜 Au cœur d'un véritable écrin de verdure, magnifique demeure de caractère couverte de vigne vierge et de glycine. Marie-Sabine y tient 3 chambres de charme, arrangées avec goût, mais toujours dans la sobriété. 60 € pour 2, avec un copieux petit déj, servi aux beaux jours dans le parc. Accueil chaleureux, à la fois discret et enjoué.

> *Accès :* sur la route de Montréjeau à Lannemezan ; à l'église de Pinas, prenez la D 158 sur 800 m et suivez le fléchage.

PUYCELCI   81140

Carte régionale B1

27 km SE de Caussade ; 20 km NO de Gaillac

€ ≜ |●| 🛏 **Chambres d'hôtes (Josette Roques) :** Laval. ☎ 05-63-33-11-07. Fermé déc-janv. Au calme, à l'ombre des peupliers, superbe maison ancienne en pierre apparente en bord de rivière. Trois chambres très spacieuses à 41 € pour 2, petit déj inclus. Belle salle à manger rustique avec cheminée. Pour les randonneurs, possibilité de repas à 15 €, gaillac et café compris. Pour les autres, premier resto à 3 km. Pour les moins fortunés ou les amoureux de la nature, 6 places de camping au bord de l'eau. Bon accueil. Circuit des bastides, GR 36 et 46 à proximité.

> *Accès :* sur la D 964 entre Caussade et Gaillac, prenez la D 1 vers Laval et Monclar-de-Quercy.

PUYLAROQUE — 82240

Carte régionale B1

32 km SE de Cahors ; 14 km NE de Caussade

€€ 🏠 |◉| 10% **Chambres d'hôtes Les Chimères (Lisanne Ashton) :** 23, av. Louis-Bessières. ☎ 05-63-31-25-71. 📱 06-17-53-56-00. ● aux-chimeres@orange.fr ● aux-chimeres.com ● 🛜 La maison de Lisanne a subi maintes transformations, tout en gardant les empreintes d'un de ses propriétaires, italien d'origine. Deux chambres spacieuses, chacune avec balcon : la « Romantique », avec son petit salon et sa baignoire sur pieds, et la « Rustique », avec des couleurs plus vives. Entrée indépendante par une cour ou un vieil escalier en pierre, probablement d'une ancienne tour de guet. Sanitaires privés et connexion wifi. 60 € pour 2, petit déj compris. Sur réservation, possibilité de table d'hôtes à 27 €, apéro, vin et café compris. Cuisine variée et savoureuse ; menu végétarien sur demande. Pour les séjours, 2 petits gîtes de 2 ou 3 personnes, avec entrée indépendante. Enfin, si vous êtes branché art, vous pourrez toujours vous inscrire à l'un des stages d'arts plastiques que la proprio organise.

Accès : de Cahors ou de Montauban, prenez la D 820 jusqu'à Caussade puis la D 17.

RÉALMONT — 81120

Carte régionale B2

20 km N de Castres ; 15 km S d'Albi

€ 🏠 |◉| **Chambres d'hôtes Ferme de Bellegarde (Lydie Hallet) :** route d'Albi. ☎ et fax : 05-63-45-50-83. 📱 06-83-15-48-69. ● lydie.hallet@orange.fr ● chambres-hotes-ferme-tarn.com ● Fermé 25 août-5 sept et 1er nov-1er mars. Ancienne ferme tout en pierre, vieille de deux siècles. Dans un petit bâtiment séparé, 2 chambres indépendantes avec une grande terrasse. Murs en pierre apparente et superbe charpente. L'une des chambres possède une mezzanine qui abrite 2 lits de coin anciens, l'autre a des lits jumeaux. Sanitaires privés. 49 € pour 2 et 18 € par personne supplémentaire, petit déj compris. Repas et petit déj sont servis chez vos hôtes, dans un magnifique séjour-cuisine où vous découvrirez l'ancien potager. Les poutres, la grande cheminée et le tic-tac de la veille horloge complètent l'atmosphère chaleureuse et campagnarde. Lydie et Philippe élèvent des chèvres et fabriquent du cabécou frais (hmm !). Bien sûr, vous retrouverez à la table d'hôtes beaucoup de produits maison cuisinés avec passion par Lydie : soupe à l'ail rose, tomates farcies au chèvre, blanquette de chevreau, poulet rôti, épaule de chevreau farcie, accompagnés des légumes du jardin. Les gourmets ne manqueront pas le chèvre frais au miel et aux amandes (je craque !)... 17 € le repas, vin compris. Le parc permettra à certains de faire une balade digestive, les autres pourront faire la sieste au bord du petit lac privé ou taquineront le poisson, et tout le monde profitera de la piscine pour se rafraîchir. Accueil sincère et chaleureux. Très bon rapport qualité-prix-convivialité. Un de nos coups de cœur.

Accès : 1 km avt l'entrée de Réalmont quand on vient d'Albi (N 112), tournez à gauche vers Bellegarde ; 100 m après le panneau « Le Domaine », suivez le fléchage.

RIEUCROS — 09500

Carte régionale B2

12 km E de Pamiers ; 8 km O de Mirepoix

€€€ 🏠 |◉| **Chambres d'hôtes Le Domaine de Marlas (Joëlle et Éric Chetioui) :** ☎ 05-61-69-29-88. 📱 06-73-57-18-24. ● contact@domainedemarlas.com ● domainedemarlas.com ● 🛜 Cette superbe maison de maître au crépi « rose du Lauragais » agrémentée de nombreuses fenêtres aux volets blancs fait partie d'un immense corps de ferme sur une propriété de 13 ha bordée par l'Hers. La déco intérieure est raffinée et les 5 chambres, dont une familiale, sont élégantes et charmantes. Sanitaires privés. 74 € pour 2, petit déj compris. Joëlle, fine cuisinière, propose de savoureux plats où le canard est souvent à l'honneur. Éric, lui, s'occupe des desserts et son fondant de clémentine au Grand-Marnier fait un malheur. Table d'hôtes à 25 €, tout compris. Belle piscine pour vous détendre. Les pêcheurs pourront taquiner le poisson dans l'Hers. Un magnifique havre de paix et de convivialité. Également un gîte de 6 personnes pour ceux qui veulent séjourner. Accueil discret et chaleureux. Une excellente adresse.

Accès : de Pamiers, D 119 vers Mirepoix ; passez Rieucros, faites 2 km et prenez à gauche vers Marlas ; passez le silo à grain « Arteris », faites encore 200 m puis prenez le chemin gravillonné sur 500 m.

ROCAMADOUR — 46500

Carte régionale B1

45 km NO de Figeac

€ 🏠 🐴 **Chambres d'hôtes Ferme Maisonneuve (Odette Arcoutel) :** ☎ 05-65-33-62-69. 📱 06-48-03-90-15. En plein causse, au cœur du Quercy. Trois chambres toutes

SAINT-ÉLIX-LE-CHÂTEAU | 273

simples, avec sanitaires privés. De 43 à 50 € pour 2, petit déj compris (bonnes confitures maison). Pour les petits, basse-cour et moutons de la ferme. Des prix doux, discrétion et gentillesse au rendez-vous, que demander de plus ? Ne manquez pas la visite de Rocamadour et de Padirac. Un point de chute génial pour découvrir la région.

Accès : *de Rocamadour, prenez la route C 1 vers Mayrinhac-le-Francal, la propriété est à 1 km.*

SAINT-ARROMAN 65250

Carte régionale A2

45 km SE de Tarbes ; 12 km S de Lannemezan

€€€ 🛏 🍴 (10 %) *Chambres d'hôtes Domaine Véga (Jacques et Claudie Mun) :* ☎ 05-62-98-96-77. • jacques.mun@orange.fr • domaine-vega.fr • *Ouv juin-sept. De préférence sur résa.* 📶 Par une allée ombragée, on arrive au *Domaine Véga*, havre de verdure et de fleurs ouvrant sur les Pyrénées. Les proprios ont tous les deux restauré les lieux avec amour. Jacques, qui a retrouvé les archives au grenier, pourra vous raconter l'histoire du domaine depuis 1528 (notamment les épisodes du prince russe et des moines tibétains !). Dans la grange attenante, un escalier mène d'abord dans un petit salon avec poutres apparentes, puis débouche dans un couloir aux planches façonnées à l'ancienne où nichent 5 chambres. Chacune dispose de sanitaires privés et a été décorée par Claudie, qui a peint des frises de fruits ou de fleurs au pochoir. Comptez 75 € pour 2, petit déj compris. Salle à manger avec une immense cheminée d'origine et un évier en pierre. Jacques propose une savoureuse et inventive table d'hôtes à 30 €, apéro, vin du pays et café compris. Autrement, vous pourrez utiliser une cuisine d'été pour préparer votre frichti. Piscine de rêve, avec « plage » et rochers intégrés. Une adresse qu'on conseille aux copains !

Accès : *de Lannemezan, prenez la D 929 jusqu'à La Barthe-de-Neste, puis la D 142 ; le domaine est sur la droite.*

SAINT-CIRGUE 81340

Carte régionale B1

25 km E d'Albi ; 7 km S de Valence-d'Albigeois

€€ 🛏 🍴 *Chambres d'hôtes Regain (Michèle et Alain Avet) :* ☎ 05-63-53-48-72. • avet.regain@e-kiwi.fr • chambres-hotes-regain.com • Dans une ancienne et robuste ferme en pierre qui domine la vallée du Tarn, 3 jolies chambres spacieuses et confortables à l'atmosphère rustique. Belles touches de couleurs, meubles de famille ou chinés par-ci, par-là… sans oublier une importante collection de poupées anciennes qui fait la fierté de Michèle. Sanitaires privés. Comptez 69 € pour 2, petit déj compris. Une délicieuse adresse pour poser ses valises et partir à la découverte du coin.

Accès : *dans le bourg ; fléché à partir d'Ambialet.*

SAINT-DENIS-LÈS-MARTEL 46600

Carte régionale B1

68 km NE de Cahors ; 15 km E de Souillac

€ 🛏 *Chambres d'hôtes Le Cabrejou (Famille Andrieux) :* ☎ et fax : 05-65-37-31-89. • ferme-cabrejou.com • *Résa fortement recommandée.* Superbe domaine perché au sommet de falaises surplombant la vallée de la Dordogne et entouré de 52 ha de terrain (culture de noyers). Vous l'avez compris, le calme et la tranquillité sont garantis. Ici, on reçoit en famille. Il y a a Marinette et Roger qui proposent 3 chambres avec sanitaires privés. L'une d'elles dispose d'un très joli salon. Comptez 45 € pour 2, copieux petit déj compris. Les enfants de Marinette, Josette et Jean-Paul, ont également restauré une ancienne grange, qui accueille 4 jolies chambres aux noms de fleurs (« Camélia », « Rose », « Giroflée » et « Tilleul ») donnant sur la Dordogne, avec sanitaires privés également ; même tarif. Pas de table d'hôtes mais cuisine à disposition et possibilité de se restaurer à 3 km. Dans le parc, cascade avec bassin. Une adresse qu'on aime et qui fait des adeptes !

Accès : *fléchage entre Saint-Denis-lès-Martel et Martel.*

SAINT-ÉLIX-LE-CHÂTEAU 31430

Carte régionale A2

45 km SO de Toulouse ; 45 km NE de Saint-Gaudens

€€ 🛏 🍴 🐴 (10 %) *Chambres d'hôtes (Michèle et Patrice Bouisset) : L'Enclos.* ☎ et fax : 05-61-87-61-46. 📱 06-70-93-11-09. • pbouisset@hotmail.com • lenclosgite.com • 📶 Au pied des Pyrénées, dans la région de Volvestre, belle maison

MIDI-PYRÉNÉES

de maître en brique et galet de la Garonne, sise sur une exploitation céréalière de 130 ha. Charmant pigeonnier et parc verdoyant très fleuri avec piscine. Deux coquettes chambres d'hôtes vous attendent. Sanitaires privés. Comptez 60 € pour 2, avec le petit déj. Table d'hôtes à 23 €, apéro, vin et café compris : magret grillé, pommes de terre sarladaises, filet de bœuf en croûte, cassoulet, confit, charlotte aux fruits du jardin, flan maison... Calme et tranquillité garantis.

Accès : dans le village, prenez la direction de Marignac (D 48) ; c'est la dernière maison avt le panneau signalant la fin d'agglomération.

SAINT-GIRONS 09200

Carte régionale A2

45 km O de Foix ; 10 km S de Saint-Girons

€€ 🛏 |●| 🍴 (10%) **Chambres d'hôtes L'Échappée Belle (Muriel et François Lorne) :** Lacourt. ☎ 05-61-66-62-65. • chambres-hotes-ariege-pyrenees.com • *De préférence sur résa.* Plusieurs maisons ariégeoises dans un petit hameau familial perdu entre forêts et prairies. Cinq chambres spacieuses avec sanitaires privés. Déco originale sur le thème du voyage. 48-52 € pour 2, petit déj compris (avec le miel maison, miam !). Table d'hôtes à 16 €, apéro et vin compris. Cuisine basée sur les produits maison. Accompagnateur en montagne, François pourra vous conseiller si vous voulez randonner. Une adresse idéale pour les amoureux de la nature.

Accès : de Saint-Girons, allez jusqu'à Lacourt ; à la sortie du village, prenez à droite vers Alos ; après 3 km, tournez encore à droite, et c'est à 1 km.

SAINT-LARY 09800

Carte régionale A2

25 km SO de Saint-Girons

€€ 🛏 🍴 **Chambre d'hôtes de la Calabasse (Gilberte Estaque) :** ☎ 05-61-04-71-75. 📱 06-07-11-41-90. • gilberte.estaque@orange.fr • ✗ Une seule et belle chambre d'hôtes, pour 4 personnes, avec climatisation, sanitaires privés et coin cuisine. 50 € pour 2 et 60 € pour 4, petit déj compris. Également un studio de 3 personnes loué à la nuitée (60 € pour 2 avec le petit déj) ou à la semaine. Vous aurez ici l'occasion de goûter au Pic de la Calabasse (authentique fromage des Pyrénées). Pas de table d'hôtes, mais une bonne auberge dans le village. Ski de fond au col de la Core à 15 km et ski de piste au Mourtis à 22 km.

Accès : par la D 618.

SAINT-MARTIN-LABOUVAL 46330

Carte régionale B1

45 km SO de Figeac ; 8 km NO de Limogne-en-Quercy

€€ 🛏 **Chambres d'hôtes Mas de Redoules (Marie et Antoine Drion) :** Nougayrac. 📱 06-31-79-63-86. • info@masderedoules.com • masderedoules.com • *Ouv avr-nov.* 📶 Niché dans le parc naturel régional des Causses depuis le XVIIIe s, le mas de Redoules a retrouvé une belle jeunesse avec Antoine et Marie. Ce couple franco-irlandais a transformé le four à pain, l'étable ou encore la grangette en 3 chambres intimes et confortables ; également une suite composée de 2 chambres nichée à l'étage de la maison de vos hôtes. Comptez 55 € pour 2 et 100 € pour la chambre familiale, petit déj compris. Ici, nous sommes au bord des falaises qui surplombent la vallée du Lot, à 5 km de Saint-Cirq-Lapopie (classé parmi les plus beaux villages de France), à 8 km des grottes du Pech Merle, et au cœur d'un vaste réseau de sentiers de rando ; autant dire que les activités ne manqueront pas d'occuper vos journées !

Accès : prenez la D 662 qui relie Cahors à Figeac ; dans le village de Saint-Martin-Labouval, prenez direction Sauliac-sur-Célé ; dans le hameau de Nougayrac, prenez à gauche, le mas se trouve à env 600 m.

SAINT-MAUR 32300

Carte régionale A2

32 km SO d'Auch ; 7 km S de Mirande

€ 🛏 🍴 (10%) **Chambres d'hôtes (Marthe Sabathier) :** Noailles. ☎ 05-62-67-57-57. 📱 06-04-05-83-27. Fax : 05-62-67-64-60. • perso.orange.fr/noailles • *Ouv mai-oct.* Coin sympa avec pas mal de charme. Ferme gersoise typique avec grande cheminée. Trois chambres agréables (dont une double pour les familles), équipées de sanitaires privés. Comptez 45 € pour 2, petit déj compris (servi sur la terrasse), et 20 € par personne supplémentaire. Pas de table d'hôtes, mais cuisine et barbecue à disposition. Excellent accueil.

Accès : un peu en dehors du village ; fléchage « Noailles ».

SAINT-NICOLAS-DE-LA-GRAVE 82210

Carte régionale A1

30 km NO de Montauban ; 6 km SO de Moissac

€ ≙ ⊣ 10% **Chambres d'hôtes (Christiane Valette) :** pl. de l'Église. ☎ 05-63-95-97-18. 📱 06-20-49-45-07. ● chris.valette-rodallec@laposte.net ● 🛜 Au cœur du village, au pied du château de Richard Cœur de Lion, 2 superbes chambres raffinées, avec sanitaires privés, qui disposent d'un accès indépendant, d'un salon et d'une cuisine réservés aux hôtes. Le tout est agrémenté de très beaux tableaux peints par Jean-Paul Boyé. 45 € pour 2, petit déj compris. Agréable jardin avec terrasse couverte. Pas de table d'hôtes, mais possibilité de se restaurer au village. En automne, la cure thérapeutique de raisin de chasselas vous permettra d'éliminer les toxines accumulées pendant l'année. Excellent rapport qualité-prix.

Accès : sur la N 113 de Moissac à Agen ; à Malause, prenez la D 26.

SAINT-PAUL-DE-JARRAT 09000

Carte régionale B2

6 km S de Foix

€€ ≙ 10% **Chambres d'hôtes Hélianthe (Irène et Georges Montagne) :** 31, av. de Foix. ☎ 05-61-03-69-78. ● helianthe09@free.fr ● helianthe09.free.fr ● *Ouv début juin-fin sept.* Belle demeure villageoise de 1830 aux volets bleus, dotée d'un superbe parc ombragé et fleuri (il faut dire qu'auparavant elle appartenait à un pépiniériste... ça aide !). À l'étage, 3 chambres élégantes avec sanitaires privés. Déco soignée qui rappelle que vos hôtes aiment les voyages et notamment l'Afrique. 60 € pour 2, petit déj compris (confitures et jus de pomme maison). Pas de table d'hôtes, mais cuisine d'été à disposition. Accueil chaleureux et stylé. Une adresse où il fait bon vivre.

Accès : de Foix, D 117 vers Lavelanet/Perpignan jusqu'à Saint-Paul-de-Jarrat ; la maison est à l'entrée du village à droite.

SAINT-YBARS 09210

Carte régionale A2

40 km NO de Foix ; 8 km N de Le Fossat

€€ ≙ 10% **Chambres d'hôtes Le Pech (Cécile et Antoine Peigney) :** Saint-Sernin. ☎ 05-61-69-24-93. 📱 06-72-55-49-52. ● lepech09@hotmail.fr ● chambres-hotes-lepech.fr ● 🛜 En pleine nature, jolie ferme à colombages entourée de rosiers. Partout murs blancs et poutres donnent à cette demeure un charme tout particulier. Deux chambres croquignolettes, dont une avec accès indépendant et magnifique charpente apparente qui crée le décor. Sanitaires privés. 55 € pour 2, petit déj compris. Salle de jeux avec billard. Accueil convivial.

Accès : du village, D 626 vers Pamiers/Saint-Martin-d'Oydes sur 3 km et, juste avt le hameau de Saint-Sernin, prenez à droite le chemin « Le Pech », c'est à 500 m.

SAINTE-EULALIE-DE-CERNON 12230

Carte régionale B1

25 km S de Millau

€ ≙ ⊣ **Chambres d'hôtes (Monique et Henri Vinas) :** Les Clauzets. ☎ 05-65-62-71-26. ● hmvinas@hotmail.fr ● *Résa conseillée, surtout en saison.* Grande maison aux volets bleus, seule au milieu d'un grand jardin. Trois chambres confortables, avec accès indépendant et sanitaires privés, à 45 € pour 2, petit déj compris. Monique et Henri ont préparé plusieurs petits itinéraires pour vous faire découvrir les environs. Accueil tout à fait charmant.

Accès : à quelques encablures du village, un peu en surplomb de la route ; fléchage.

SAINTE-FOI 09500

Carte régionale B2

35 km O de Carcassonne ; 3 km NE de Mirepoix

€€ ≙ |●| ⊣ **Chambres d'hôtes Domaine de la Trille (Florence et Benoît Gaillard) :** ☎ 05-61-67-89-82. 📱 06-71-21-21-33. Fax : 05-61-67-78-08. ● info@domainedelatrille.com ● domainedelatrille.com ● 🛜 Le domaine de la Trille c'est un grand corps de ferme sur une propriété de 100 ha. Là, Benoît élève des vaches limousines, tandis que son épouse gère le centre équestre. Florence, la sœur, s'occupe des hôtes. Cinq chambres spacieuses, installées dans la maison. Sanitaires privés. 60 € pour 2, petit déj compris. Table d'hôtes à 20 €, tout compris. Bonne cuisine du terroir élaborée majoritairement à partir des produits de la ferme (viande et charcuteries,...) ou de conserves (préparées sans colorants, ni conservateurs) qu'on peut aussi acheter sur place. Accueil convivial et familial. Une adresse que les randonneurs de tout poil (à pied, à vélo ou à cheval) ne manqueront pas.

Accès : de Mirepoix, D 6A vers Castelnaudary et fléchage.

SALIGOS 65120

Carte régionale A2

35 km S de Lourdes

€ 🏠 |●| **Chambres d'hôtes La Munia (Monique Labit) :** ☎ 05-62-92-84-74. 📱 06-70-55-10-72. ● auguste.labit@wanadoo.fr ● *Fermé début juin.* Le pic de la Munia a donné son nom à la maison de Monique, tout près du gave que l'on voit couler du haut du balcon. Elle y a aménagé 3 chambres avec mezzanine et sanitaires privés, à l'étage, à 44 € la nuit pour 2, petit déj compris. Possibilité de table d'hôtes (sauf le dimanche) à 14 €. Accueil agréable.

Accès : de Lourdes, prenez la N 21 et, juste avt Luz, tournez à gauche direction Saligos/Chèze par la D 12 ; à l'entrée du village, prenez à gauche direction La Munia (attention, la descente est raide !).

SANVENSA 12200

Carte régionale B1

60 km SO de Rodez ; 10 km S de Villefranche-de-Rouergue

€ 🏠 🐴 **Chambres d'hôtes (Monique et Pierre Bateson) :** Monteillet. ☎ et fax : 05-65-29-81-01. 📱 06-89-28-60-76. ● monique.bateson@orange.fr ● *Fermé 15 j. en sept.* Jolie maison bien restaurée avec jardin fleuri. Très beau four à pain à restaurer. Deux chambres au rez-de-chaussée, avec accès indépendant, à 50 € pour 2, petit déj compris. Agréable tonnelle pour prendre le frais. Propriétaires très aimables. Pour vos séjours, 2 gîtes (pour 1-2 et 5-6 personnes) sur place.

Accès : sur la D 922 de Villefranche à Albi ; à l'entrée de Sanvensa, fléchage sur la droite.

€€ 🏠 |●| **10%** **Chambres d'hôtes Ferme de Lacalm (Famille Gineste) :** Lacalm. ☎ et fax : 05-65-29-81-63. 📱 07-87-58-36-34. ● contact@ferme-lacalm.com ● ferme-lacalm.com ● ♿ Dans un petit coin de campagne, c'est un peu la vie de la ferme qu'on vient partager ici. Roselyne et Christian ont aménagé, dans une vieille maison indépendante de la leur, 4 chambres d'hôtes fonctionnelles et bien tenues : une au rez-de-chaussée, 2 à l'étage, la dernière accessible par un escalier extérieur. Sanitaires privés. 55 € pour 2, petit déj compris (avec gâteau à la broche maison, hmm !), et 13 € par personne supplémentaire. Table d'hôtes, partagée en famille, à 19 €, apéro et vin compris. Cuisine pratiquement uniquement avec des produits de la ferme ! Il faut dire que les proprios élèvent des génisses laitières, mais aussi agneaux, volailles et gavent des canards (ah ! le cou farci...). Accueil authentique et vrai.

Accès : de Sanvensa, prenez la D 922 vers Najac sur 2 km et fléchage à gauche ; la ferme est à 100 m.

SARRAGACHIES 32400

Carte régionale A2

70 km NO d'Auch ; 10 km S de Nogaro

€€ 🏠 |●| **Chambres d'hôtes La Buscasse (Fabienne et Michel Abadie) :** La Buscasse. ☎ 05-62-69-76-07. 📱 06-77-17-52-23. ● fabienne.abadie@laposte.net ● buscasse.free.fr ● 📶 Dans un joli coin de nature, belle propriété tout en pierre. Les Pyrénées s'étirent au loin. Fabienne et Michel cultivent la vigne et produisent des céréales. Trois chambres claires, aménagées dans un esprit sobre et moderne. Sanitaires privés. Comptez 60 € pour 2, petit déj inclus. Possibilité de tables d'hôtes à 20 €, le soir, en fonction des disponibilités de vos hôtes. Calme et tranquillité absolus. Piscine, prêt de vélos, barbecue et joli potager. Accueil sympa.

Accès : D 935 entre Bordeaux et Tarbes jusqu'à Riscle, puis D 3 vers Marciac sur 1 km ; dans Sarragachies, direction Termes-d'Armagnac, et fléchage.

SAURAT 09400

Carte régionale A2

23 km SO de Foix

€ 🏠 |●| **10%** **Chambre d'hôtes (Monique et Roger Robert) :** route de Cabus, Layrole. ☎ 05-61-05-73-24. 📱 06-73-51-73-57. ● robert.roger0690@orange.fr ● *Ouv 15 avr-15 oct.* En montagne, jolie maison ancienne bien entretenue. Il n'y a qu'une seule chambre mais l'accueil vaut qu'on s'y arrête. Comptez 50 € pour 2, petit déj compris, et 20 € pour un repas à la table d'hôtes. Roger a mis de nombreuses maquettes qu'il a faites en vitrine et il affectionne particulièrement les trains.

Accès : à 3 km du village, sur la route du col de Port.

SÉDEILHAC 31580

Carte régionale A2

18 km O de Saint-Gaudens ; 10 km N de Montréjeau

€€ 🛌 🍴 *Chambres d'hôtes Au Cœur du Bois (Laurence et Jean Bernier) :* ☎ 05-61-88-98-51. 📱 06-33-78-37-06. • *laurence.bernier@yahoo.fr* • *au-coeurdubois.fr* • *Fermé en janv-fév.* Dans un cadre verdoyant, entourée de forêts et de collines, ancienne ferme qui abrite aujourd'hui 2 chambres spacieuses, chacune avec petite chambre attenante pour les familles. Sanitaires privés. De 56 à 58 € pour 2, petit déj compris et 98 € pour 4. À l'écart, près d'un cours d'eau, une mignonne roulotte équipée d'une cuisine et d'une salle de bains, idéale pour une famille, louée 86 € pour 4 personnes. Table d'hôtes (sur réservation) à 20 €, vin compris, aux saveurs du jardin bio et des produits locaux. Paisible jardin ombragé avec hamacs pour faire la sieste ou prendre le frais le soir. Sur place, salle d'expo et ateliers de tournage sur bois, sculpture et restauration de meubles ; Jean vous fera partager sa passion du bois lors des stages et de ses démonstrations. Accueil convivial.

Accès : dans le village.

SERS 65120

Carte régionale A2

30 km S de Lourdes ; 7 km E de Luz-Saint-Sauveur

€€ 🛌 🐎 *Chambres d'hôtes L'Arcouli (Régine Arribet) :* ☎ 05-62-92-81-84. 📱 06-87-34-05-78. • *regine.arribet@free.fr* • *larcoulichambresdhotes.blogspot.com* • 📶 À 1 100 m d'altitude, au pied du pic du Midi et à 15 mn du légendaire col du Tourmalet, Régine, chaleureuse monitrice de ski, vous accueille dans cette ancienne et jolie bergerie. Ici, tout respire l'authenticité et dégage un charme fou : grande cheminée, vieilles poutres, beaux meubles anciens et des tas de bibelots placés avec un goût sûr. À l'étage, 2 chambres douillettes et spacieuses avec sanitaires privés. 60 € pour 2, petit déj compris. Pas de table d'hôtes, mais sympathique auberge montagnarde à deux pas. L'hiver, le ski alpin vous attend, l'été les randos et, pour les plus courageux, le vélo ou le VTT. Accueil souriant et charmant. Une adresse pour en voir de toutes les couleurs... Eh oui, *l'arcouli* veut dire « arc-en-ciel » !

Accès : de Luz-Saint-Sauveur, direction Barèges/route du Tourmalet ; le village se trouve à gauche juste avt Barèges.

SIEURAS 09130

Carte régionale A2

40 km NO de Foix ; 7 km O de Le Fossat

€€ 🛌 🍴 (10 %) *Chambres d'hôtes L'Oustal (Ena Spreij et Ruud Garama) :* ☎ 05-61-60-48-21. 📱 06-20-16-97-27. • *info@loustal.eu* • *loustal.eu* • 📶 Voilà une adresse que les fervents de nature et d'authenticité ne manqueront pas ! Originale et belle maison de maître entourée de gros châtaigniers, sur une propriété de 2,5 ha. Magnifique panorama sur les Pyrénées. Trois chambres simples et sereines avec sanitaires privés. Comptez 60 € pour 2, petit déj compris. Table d'hôtes à 27 € avec des produits majoritairement bio, servie sur la terrasse couverte ou dans la salle à manger avec son poêle ancien. Ruud a installé des nichoirs un peu partout dans le parc et vous saurez tout sur les oiseaux si vous interrogez cet amoureux de la nature. Télescope pour observer les planètes. Accueil comme les aime, chaleureux et sans façon. Une excellente adresse pour prendre le temps de vivre.

Accès : A 64 sortie n° 28 puis direction Saint-Sulpice-sur-Lèze ; traversez Lézat et prenez la D 119 vers Le Fossat sur 2 km puis tournez à droite vers Daumazan pdt 5 km et suivez le fléchage à gauche.

SORÈZE 81540

Carte régionale B2

25 km SO de Castres ; 3 km E de Revel

€ 🛌 (10 %) *Chambres d'hôtes Le Moulin du Chapitre (Véronique et Bernard Galy-Fajou) :* ☎ 05-63-74-18-18. 📱 06-46-48-47-84. • *moulin.chapitre@wanadoo.fr* • *moulinduchapitre.com* • 📶 Ancien moulin construit par les moines de l'abbaye. Vous pourrez découvrir tout le système hydraulique avec les roues et les quatre meules de pierre qui ont été conservées. Trois chambres agréables, dont une suite familiale composée de 2 chambres. Sanitaires privés. De 46 à 54 € pour 2, petit déj compris. Au beaux jours, il est servi sur la terrasse au bord de l'eau où barbotent les canards. Pas de table d'hôtes mais cuisine à disposition. Accueil chaleureux. Une gentille adresse à prix doux.

Accès : à env 2 km du village en direction de Revel (bon fléchage).

TARASCON-SUR-ARIÈGE 09400

Carte régionale B2

15 km S de Foix

€€ 🏠 *Chambres d'hôtes Domaine Fournié (Famille Marie) :* route de Sauvat. ☎ 05-61-05-54-52. Fax : 05-61-02-73-63. ● contact@domaine-fournie.com ● domaine-fournie.com ● *Fermé aux fêtes de Noël et du Nouvel An.* Belle demeure du XVIIe s plantée dans un parc de 2 ha agrémenté d'un bois « classé ». Pour la petite histoire, sachez que la maison abrita jadis un pape (mais chut !). Cinq chambres confortables avec sanitaires privés, dont 4 au rez-de-chaussée, la dernière à l'étage. Leurs noms, tirés de films célèbres, rappellent que Pierre était propriétaire d'un cinéma. De 60 à 65 € pour 2, petit déj compris. La cerise sur le gâteau ? Une grande piscine couverte, que l'on partage avec les 2 gîtes ruraux installés sur place ! Ambiance chaleureuse et familiale. Très bon rapport qualité-prix-convivialité.

Accès : de Foix, N 20 vers Andorre jusqu'à Tarascon et, au 1er rond-point, suivez Saurat/col de Port puis, à 200 m, prenez un petit chemin de terre et suivez le fléchage.

TOUR-DE-FAURE 46330

Carte régionale B1

30 km E de Cahors ; 18 km O de Cajarc

€€€ 🏠 *Chambres d'hôtes Maison Redon (Denise et Patrice Redon) :* La Combe. ☎ et fax : 05-65-30-24-13. ● patrice@maisonredon.com ● maisonredon.com ● *Ouv Pâques-Toussaint.* Belle demeure du XVIIIe s. Cinq chambres décorées avec beaucoup de goût et de soin, avec sanitaires privés. Selon la saison, de 74 à 84 € pour 2, petit déj compris. Grand parc avec belle piscine. Pas de table d'hôtes mais un resto à proximité. Accueil agréable. Une bonne adresse.

Accès : fléchage depuis le village (route avt la mairie).

VAOUR 81140

Carte régionale B1

42 km NO d'Albi ; 26 km N de Gaillac

€€ 🏠 |○| *Chambres d'hôtes (Nathalie Tweedie) :* Serène. ☎ et fax : 05-63-56-39-34. ● nathalietweedie@hotmail.com ● 🐾 *Ouv de mi-avr. à mi-oct.* Non loin de la forêt de Grésigne et à quelques encablures de tous les hauts lieux touristiques de la région (ah ! les bastides), magnifique propriété tout en pierre, juchée sur une colline, ancienne commanderie des Templiers de Vaour (waouh !). Nathalie a repris le flambeau et tient cette structure ouverte par ses parents. Quatre chambres champêtres, dont une au rez-de-chaussée, les 3 autres à l'étage (dont une familiale). Sanitaires privés. 60 € pour 2 (70 € pour la familiale), petit déj compris. Majestueuse salle à manger avec une splendide charpente où trône une belle cheminée. Table d'hôtes à 20 €, à base de nombreux produits maison. Et pour vous faire craquer, il y a aussi la piscine ! Accueil authentique et vrai. Une adresse à la ferme comme il y en a peu...

Accès : de Gaillac, prenez la D 964 en direction de Saint-Antonin-Noble-Val puis, à droite, la D 15 vers Le Verdier/Vaour ; à Vaour, direction Itzac.

VIC-EN-BIGORRE 65500

Carte régionale A2

25 km N de Tarbes ; 11 km S de Vic-en-Bigorre

€€ 🏠 |○| *Chambres d'hôtes Maison Daunat (Félix et Martine Grangé) :* Escaunets. ☎ et fax : 05-59-81-50-67. 📱 06-72-11-89-96. ● grange-martine@wanadoo.fr ● lafermedudaunat.wordpress.com ● *Accueil à partir de 18h30.* 📶 Ferme familiale en activité où Félix élève des bovins tandis que Martine s'occupe du gavage des canards. À l'étage, ils ont aménagé 2 chambres confortables (dont une double pour les familles ou amis), avec sanitaires privés, à 43 € pour 2, petit déj compris (confitures et gâteau maison). Table d'hôtes à 17 € tout compris : crudités, charcuterie maison, magret aux deux pommes, fromage du pays, dessert. Les pêcheurs, eux, se régaleront du lac situé à 500 m. Les proprios ont aussi cinq ânesses pour partir à la découverte du pays (circuit fléché). Également un petit gîte rural pour ceux qui veulent séjourner. Accueil authentique et chaleureux.

Accès : c'est à 11 km de Vic-en-Bigorre (prenez direction Pau par la D 7 puis la D 202) ; de Tarbes, direction Ger sur 18 km, puis à droite D 202 direction Ponson-Dessus ; traversez Ponson, direction Pontiacq, tournez à gauche, traversez le lac du Louet et suivez le fléchage « Escaunets » sur 1 km ; c'est à droite, à l'entrée du village, chemin du Daunat.

VIDOUZE 65700

Carte régionale A2

30 km NO de Tarbes ; 12 km O de Maubourguet

€€ 🏠 |○| *Chambres d'hôtes A Lamic (Édith et Joël Then) :* 7, cami de

Bentayou, quartier Arriagosse. ☎ et fax : 05-62-96-37-36. • joelthen@hotmail.fr • chambredhotealamic.com • 🛁 📶 Entre Béarn et Bigorre, jolie ferme typique du coin, tout en galet. L'ancienne grange a fait peau neuve et héberge 3 chambres colorées et gaies avec sanitaires privés. 58 € pour 2, petit déj compris. Table d'hôtes à 20 €, vin compris. Cuisine saine avec les produits de la ferme (Joël élève des veaux de lait) et les légumes du jardin. Aux beaux jours, les repas se prennent sous l'auvent bien abrité face à la piscine et au jardin fleuri. Les œnologues en herbe ne manqueront pas de parcourir les vignobles de Madiran. Accueil jeune, chaleureux et dynamique. Une adresse comme on les aime, simple et sans façon.

> **Accès :** A 64 sortie n° 13 puis D 935 vers Bordeaux puis Maubourguet ; traversez le pont à Maubourguet et prenez direction Lembeye ; au panneau « Vidouze », tournez à gauche et faites 4 km ; traversez le quartier Arriagosse, la maison est sur la droite, juste après la chapelle.

VIELLA   65120

Carte régionale A2

35 km S de Lourdes ; 3 km de Luz-Saint-Sauveur

€€ 🛁 |●| **Chambres d'hôtes Eslias (Jocelyne et Marcel Laporte) :** *Les Cabanes.* ☎ et fax : 05-62-92-84-58. 📱 06-86-82-04-88. • jocelyne.laporte4@orange.fr • chezlaporte.com • Au pays Toy, à 900 m d'altitude, dans un cadre montagnard à souhait, Marcel et Jocelyne élèvent des moutons de race barégeoise (les femelles portent aussi des cornes enroulées !). Dans un petit bâtiment attenant à la maison, 3 chambres coquettes avec sanitaires privés : 2 au rez-de-chaussée, la dernière à l'étage. De 50 à 55 € pour 2, petit déj compris. Jocelyne, fin cordon bleu, a pioché dans les recettes de Jeanne (sa belle-mère) pour vous faire découvrir la cuisine authentique de la région à partir des bons produits maison. Table d'hôtes (sauf le dimanche) à 17 €, vin compris. Ici, les routards sportifs seront servis : ski alpin, marche, VTT... Et après l'effort, pourquoi ne pas se payer une petite cure dans les stations thermales de Luz-Saint-Sauveur ou de Barèges ? Accueil chaleureux. Une adresse pour goûter les plaisirs de la montagne.

> **Accès :** de Luz-Saint-Sauveur, prenez la direction de Barèges/Le Tourmalet, laissez Viella sur votre droite, tournez à droite dans la suivante et suivez le fléchage « Les Cabanes ».

VILLEFRANCHE-D'ALBIGEOIS   81430

Carte régionale B1

28 km SE d'Albi

€€ 🛁 |●| **Chambres d'hôtes (Michael et Michèle Wise) :** *La Barthe.* ☎ 05-63-55-96-21. • labarthe@chezwise.com • chezwise.com • On se sent tout de suite bien dans la ferme de Michèle et Michael (adorable couple d'Anglais). Elle bénéficie d'un magnifique panorama sur la vallée du Tarn, et ils l'ont retapée en respectant son authenticité. Deux chambres agréables (dont une familiale), avec sanitaires privés. Comptez 55 € pour 2, petit déj compris. Table d'hôtes à 22 €. Repas simple, comprenant l'apéro, le vin et le café. Un point de chute idéal pour se mettre au vert et découvrir les richesses culturelles de la région. Accueil charmant.

> **Accès :** d'Albi, prenez la D 999 vers Millau jusqu'à La Croix-Blanche, puis tournez à gauche vers La Barthe (D 163) et suivez le fléchage « Chambres d'hôtes » sur 4 km.

VILLEFRANCHE-DE-ROUERGUE   12200

Carte régionale B1

61 km E de Cahors ; 54 km O de Rodez

€€ 🛁 🐾 **Chambres d'hôtes Le Mas de Comte (Agnès Jayr) :** *Les Pesquiés.* ☎ 05-65-81-16-48. 📱 06-34-12-98-35. • masdecomte@wanadoo.fr • masdecomte.free.fr • Fermé de janv à début avr et de Toussaint à fin déc. 📶 Ensemble de plusieurs maisons qui furent autrefois ferme, étable, grange, forge, four à pain et maison de maître. C'est cette dernière, restaurée avec beaucoup de goût et d'où l'on peut découvrir la vallée de l'Aveyron et le château d'Orlhonac tout proche, qui accueille les hôtes. À l'étage, une entrée indépendante, un salon avec cheminée et coin cuisine à disposition, et 3 belles chambres spacieuses et fraîches, avec sanitaires privés. Comptez 55 € pour 2, petit déj compris. Pas de table d'hôtes, mais jardin ombragé avec barbecue et plein de restos à Villefranche. Également, un gîte pour 2 personnes. Accueil chaleureux.

> **Accès :** de Villefranche, prenez la D 922 vers Albi ; à 5 km, au lieu-dit La Miroulie, prenez sur la droite vers Les Pesquiés sur 1 km.

Nord-Pas-de-Calais

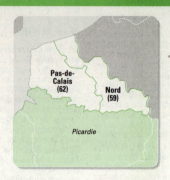

AMETTES — 62260

Carte régionale A1

40 km NO d'Arras ; 7 km SO de Lillers

€ 🏠 |●| 🏡 (10%) *Chambres d'hôtes La Ferme des Deux Tilleuls (Colette et Jean Gévas) :* 2, rue de l'Église. ☎ et fax : 03-21-27-15-02. • fermedes2tilleuls@wanadoo.fr • monsite.wanadoo.fr/fermedes2tilleuls • Voici une adresse pour ceux qui aiment l'authenticité... On passe le portail de cette ferme traditionnelle avec cour intérieure, salué par les chiens. Rassurez-vous, ceux de chasse sont en enclos et le gardien, au bout d'une chaîne. Là, on découvre une petite exploitation agricole avec vaches, cochons, lapins et volailles. Mais parlons des 2 chambres... Pour 2 et 3 personnes, elles sont situées aux 1er et 2e étages, et accessibles par un escalier assez raide. Elles ne sont pas immenses mais chaleureuses, avec petits sanitaires privés. 45 € pour 2, petit déj compris, avec plein de sortes de confitures maison (dont la rhubarbe que Colette et Jean cultivent !). Table d'hôtes à 18 €, apéro maison et bière compris (chouette !). Une cuisine familiale avec rien que des produits de la ferme... et partagée en famille, bien sûr. Accueil simple et chaleureux. Une adresse vraie, nature et campagnarde. Au fait, Amettes est le village natal de saint Benoît-Joseph Labres qui, au XVIIIe s, visita à pied les principaux sanctuaires européens (tu parles d'un routard !...). On peut visiter l'église et sa maison natale.

Accès : d'Arras, prenez la D 341 vers Boulogne/Thérouanne et tournez à gauche (D 69) jusqu'à Amettes ; la ferme est à côté de l'église.

AMFROIPRET — 59144

Carte régionale B2

15 km SE de Valenciennes ; 15 km O de Maubeuge

€€€ 🏠 |●| 🏡 *Chambres d'hôtes La Ferme du Bracmar (Catherine et Philippe Eustache) :* 284, rue du Bracmar. ☎ et fax : 03-27-66-38-82. 📱 06-72-03-14-32. • aubergedubracmar@orange.fr • 🐾 📶 Bracmar, ici, veut dire petite épée (qu'il n'y ait pas de confusion !). C'est la ferme familiale de Catherine et bien qu'elle soit devenue une adresse de standing, elle a voulu préserver son histoire et son authenticité. Tous les objets et les outils de l'exploitation sont là ! On entre par la laiterie, puis l'étable avec son joli plafond voûté en brique, ses mangeoires et rateliers. Quatre chambres charmantes sur le thème de la ferme. La chambre « Fruitier », où étaient conservées les pommes, avec sa déco réalisée à partir des caisses de stockage, est notre préférée. Sanitaires privés, avec baignoire balnéo pour 2 chambres, mais plus chères. 73 € pour 2, petit déj compris. Table d'hôtes à 22 €, apéro, vin et

---

Nous vous rappelons que la table d'hôtes est le complément d'une formule d'hébergement (chambre d'hôtes, gîte d'étape...). Ce service n'est offert qu'aux personnes qui dorment sur place (excepté lorsqu'il est clairement écrit « ouvert aux extérieurs »).

café compris. Cuisine familiale à tendance régionale avec de bons produits du terroir. Accueil convivial. Et si vous aimez le golf, c'est la porte d'à côté.

Accès : D 2049 (ex-N 49) entre Valenciennes et Maubeuge sortie Wargnies et direction Wargnies-le-Petit jusqu'au hameau de La Boiscrète où vous tournez à droite vers le golf de Mormal ; la maison est 500 m après l'entrée du golf à gauche.

ARDRES 62610

Carte régionale A1

12 km SE de Calais

€ 🏠 |●| 🚴 **Chambres d'hôtes Ardres Bridge Cottage (Alysson et Laurent Blanquart) :** *678, rue du Fort-Bâtard.* ☎ *03-21-96-63-92.* 📱 *06-82-02-13-47.* ● *blanquart.laurent@gmail.com* ● *ardres-bridge-cottage.com* ● Ancienne ferme du XIXe s installée à côté du canal de Saint-Omer au milieu d'un joli parc arboré avec une petite pièce d'eau pour les pêcheurs et les 4 ruches dont Laurent s'occupe avec amour. Deux chambres agréables avec sanitaires privés. Pour une, les sanitaires sont à l'étage inférieur, mais en contrepartie vous profiterez d'une superbe terrasse pour admirer le lever de soleil. 50 € pour 2, petit déj compris. Table d'hôtes à 20 €, vin compris (l'occaison d'écouter un petit concert car vous êtes dans une famille de musiciens d'ailleurs si vous avez des enfants, ils pourront jouer avec les deux petites filles de la maison). Ambiance et atmosphère campagnarde, accueil jeune et charmant, bon rapport qualité-prix-convivialité. Bref, une adresse chaleureuse et sans façon.

Accès : A 16 sortie n° 46 Calais, puis N 43 vers Ardres ; au niveau du pont d'Ardres, prenez la route vers Guemps puis suivez immédiatement le canal à droite pdt 1,7 km.

€€€ 🏠 (10%) **Chambres d'hôtes Le Manoir de Bois-en-Ardres (Françoise et Thierry Roger) :** *1530, rue de Saint-Quentin.* ☎ *03-21-85-97-78.* 📱 *06-15-03-06-21.* ● *roger@aumanoir.com* ● *aumanoir.com* ● 📶 Curieuse histoire que celle de cette superbe demeure, située au cœur d'un magnifique parc de 5 ha peuplé d'arbres centenaires. Ici, siègeait le château d'Ardres... Il appartenait à une famille notable de la région et brûla dans les années 1940. Les proprios décidèrent de réaménager les dépendances avec le concours d'un architecte et surtout avec les pierres du château. Le résultat est admirable et le mélange des styles charmant : des colonnes avec un bassin intérieur (ancienne piscine) lui donnent un côté méditerranéen ; la maison par elle-même, avec des pièces immenses bordées de baies vitrées, et les vieux bâtiments agricoles sont restés à l'identique... Bref, on n'a plus envie de bouger ! Pourtant, quand Françoise et Thierry l'ont achetée, cette demeure était devenue un squat, puis abandonnée. Plusieurs années ont été nécessaires pour lui redonner son visage. Au 1er étage de la maison, 4 chambres avec sanitaires privés, toutes avec accès indépendant. Une préférence pour la suite « Vigne et glycine » avec ses belles fresques réalisées par Françoise. Une 5e chambre est installée dans un ravissant pavillon à l'atmosphère très champêtre. 78 € pour 2, petit déj compris. Pas de table d'hôtes, mais nombreux restos dans les environs. Accueil souriant et décontracté. Une adresse de charme. Nombreuses randos aux alentours et tous sports nautiques sur le lac d'Ardres.

Accès : sur la N 43 entre Saint-Omer et Calais (A 26 sortie n° 2) ; traversez Ardres en direction de Calais (en venant de Saint-Omer) et, au 1er rond-point, tournez à droite dans la rue de Saint-Quentin sur 1 km et fléchage.

AUCHY-AU-BOIS 62190

Carte régionale A1

25 km SE de Saint-Omer ; 7 km O de Lillers

€ 🏠 |●| (10%) **Ferme de la Vallée (Brigitte de Saint-Laurent) :** *13, rue Neuve.* ☎ *et fax : 03-21-25-80-09.* ● *brigitte.de-saint-laurent@wanadoo.fr* ● *lafermedelavallee.com* ● 📶 Au cœur du village, ferme traditionnelle de 1828 avec grande cour intérieure. Au 1er étage de l'ancienne écurie, Brigitte a ouvert 4 chambres au charme d'antan. Toutes mansardées, l'une est composée de 2 chambres pour les familles. Sanitaires privés. 50 € pour 2, petit déj compris, et 75 € pour 4. Table d'hôtes (sur réservation), partagée avec Brigitte, à 20 €, apéro maison et vin compris. Cuisine familiale et traditionnelle. Agricultrice à la retraite, Brigitte, passionnée par les brocantes, a décoré sa maison de meubles anciens, gravures, vieilles assiettes, étains, pots, cannes... donnant à l'ensemble une atmosphère où l'on se sent bien. Accueil chaleureux.

Accès : le village se trouve sur la D 341 entre Arras et Boulogne-sur-Mer (A 26 sortie n° 5 : Lillers) et fléchage.

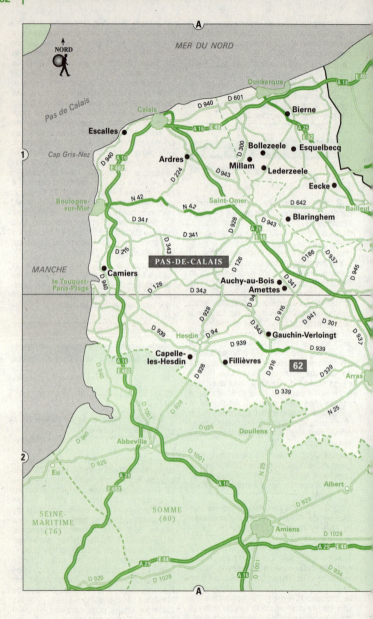

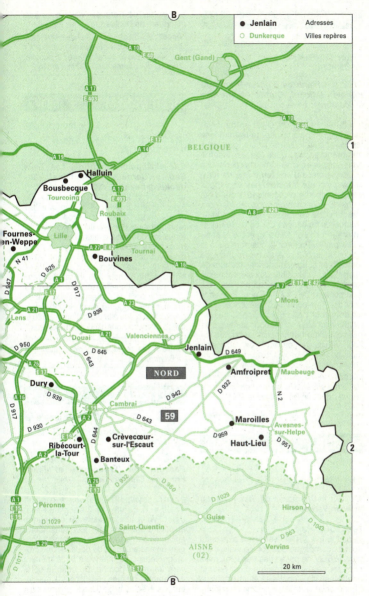

BANTEUX — 59266

Carte régionale B2

27 km N de Saint-Quentin ; 11 km SO de Cambrai

€€ 🐕 ⚑ **Chambres d'hôtes Ferme de Bonavis (Michel, Carole et Thérèse Delcambre) :** *carrefour de Bonavis.* ☎ et fax : 03-27-78-55-08. ● contact@bonavis.fr ● bonavis.fr ● C'est en franchissant le grand portail de cette immense ferme, ancien relais de poste, que vous comprendrez pourquoi elle est inscrite dans nos pages. Une immense cour et une ancienne pièce d'eau (en forme de fer à cheval) ont été transformées en espace vert. Le superbe pigeonnier d'angle a été restauré. Trois chambres spacieuses (dont une familiale composée de 2 chambres), auxquelles on accède par un vaste hall et un grand escalier. Déco agréable et sanitaires privés. Préférez la chambre qui a le balcon, et en plus, c'est la moins chère (ça tombe bien !). Également une chambre de plain-pied, accessible aux personnes à mobilité réduite, ainsi qu'un gîte pour 6 à 8 personnes. De 65 à 74 € pour 2, avec le petit déj. Très copieux, Thérèse y apporte un soin tout particulier. Michel, lui, est aviateur amateur et il adore parler de sa passion. Expo permanente de photos sur l'agriculture de nos ancêtres. Côté animations : jeu de boules, ping-pong, balançoires, volley… Accueil agréable.

> *Accès :* A 26, sortie n° 9 (Masnières) ; la ferme est à 2 km au nord du village de Banteux, au croisement de la D 917 et de la D 1044.

BIERNE — 59380

Carte régionale A1

8 km S de Dunkerque ; 2 km O de Bergues

€€ 🏠 10% **Chambres d'hôtes (Chantal et Alain Vereecke) :** *11, route de Watten.* ☎ 03-28-68-66-98. 📱 06-72-44-85-10. Fax : 03-28-68-68-03. ● ac.vereecke@wanadoo.fr ● Ce n'est pas le plus beau coin de campagne que l'on connaisse (en plus, le TGV ne passe pas très loin), mais si on a choisi cette maison c'est pour la gentillesse de Chantal et Alain ainsi que pour le charme de la déco. Cinq chambres, dont une suite, installées dans un bâtiment indépendant. Suivant votre humeur l'ambiance pourra être savane, marine, papillon, campagne ou hortensias (pour la suite). Beaucoup de soin dans les détails et beaux sanitaires privés. 55 € pour 2, petit déj compris. Un point de chute idéal aux portes de Bergues (visite à ne pas manquer), de Dunkerque et des plages.

> *Accès :* A 25 entre Lille et Dunkerque (sortie Bierne) ; traversez le village puis le pont qui surplombe le canal, tournez à gauche, l'entrée de la ferme est à 200 m à droite.

BLARINGHEM — 59173

Carte régionale A1

12 km SE de Saint-Omer ; 5 km N d'Aire-sur-la-Lys

€ 🏠 ●|● **Chambres d'hôtes Les Trois Saules (Bernadette et Michel Vandenkerckhove) :** *Le Mont-du-Pil.* ☎ et fax : 03-28-43-20-11. 📱 06-87-05-37-73. ● michel.vandenkerckove@orange.fr ● *Ouv de mi-mars à fin nov. Slt sur résa.* Anciens restaurateurs, Bernadette et Michel, préférant les contacts, avaient ouvert ici une toute petite auberge de campagne. L'heure de la retraite ayant sonné, ils ont fermé l'auberge, mais continuent d'accueillir des hôtes dans 3 chambres installées dans une maisonnette indépendante. 50 € pour 2, avec le petit déj (gâteau maison, jus de fruits). Et vous pourrez apprécier leur talent de cuistots grâce à la table d'hôtes, à 20 €, apéro et vin compris. Accueil chaleureux.

> *Accès :* la maison se trouve sur la N 43 entre Wittes et Racquinghem (n'allez pas à Blaringhem).

BOLLEZEELE — 59470

Carte régionale A1

25 km S de Dunkerque ; 17 km N de Saint-Omer

€€ 🏠 ●|● 10% **Chambres d'hôtes Le Pantgat Hof (Frédérique et Jean-François Chiloup-Gey) :** *27 bis, rue de Metz.* ☎ 03-28-68-00-87. 📱 06-18-30-75-27. ● pantgat.hof@wanadoo.fr ● pantgat.free.fr ● *Fermé les 2 premières sem d'oct.* Voilà une adresse où campagne et nature prennent tout leur sens. Cette ancienne ferme tout en brique était à l'origine un ancien poste de douane. Une croquignolette cour intérieure vous mènera vers un grand porche. De chaque côté, 4 chambres d'hôtes installées aux rez-de-chaussée et 1er étage. Une 5e chambre est installée dans la maison des propriétaires. Elles sont vastes, lumineuses et toutes très différentes. Sanitaires privés. Comme vous êtes aussi dans une maison d'artistes, la déco est empreinte des œuvres de vos hôtes. Jean-François dessine à la plume et Frédérique est brodeuse et dentellière.

65 € pour 2, petit déj compris. Chaleureuse salle à manger où bois et plantes vertes sont omniprésents. Table d'hôtes occasionnelle à 23 €, apéro et vin compris. Goûteuse cuisine teintée de spécialités régionales. Si vous voulez découvrir les Flandres, c'est ici qu'il faut faire halte. Passionnée par sa région, Frédérique est intarissable sur ses richesses. Il faut dire qu'en plus d'être sophrologue, elle est aussi guide nature et organise des randos. Elle vous fera découvrir les estaminets, ancêtres de nos bistrots de campagne, où on parle fort et où les conversations s'engagent entre les tables. Les petits ne manqueront pas d'aller voir poneys, ânes et moutons nains. Culture et traditions, sourire et hospitalité, bref, une de nos adresses préférées sur le département.

> *Accès :* sur l'A 25 entre Lille et Dunkerque (sortie n° 15) vers Wormhout puis Esquelbecq et Bollezeele ; sur la place du village, prenez la rue de la Poste qui se prolonge par la rue de Metz.

BOUSBECQUE 59166

Carte régionale B1

15 km N de Lille ; 5 km SE de Wervik

€€€€ 🛏 |●| **Chambres d'hôtes La Valandière (Martine et Frédéric Catry) :** *37, chemin du Blaton.* ☎ *03-20-98-83-66.* 📱 *06-84-04-13-36.* ● *info@lavalandiere.com* ● *lavalandiere.com* ● 📶 Aux portes de la Belgique (3 km), isolée au milieu des pâturages, grande ferme au carré, typique de la région. Une fois l'imposante porte de monastère passée, on découvre un décor et un aménagement bien loin de la vie de la ferme. La cour intérieure se donne des allures de patio andalou, si ce n'est les vieilles plaques de rue qui rappellent qu'on a pas perdu le Nord. Trois portes conduisent à chacune des chambres, dont 2 sont situées en étage. Il y a « Charme », mansardée, toute de bois vêtue, à l'atmosphère romantico-campagnarde qui ravira les amoureux, « Épura », élégante et plus spacieuse, et enfin « Chocolat », sous forme de suite familiale pour 4 personnes, avec lit à baldaquin. Écran plat LCD et lecteur DVD dans chaque chambre. Comptez 97 € pour 2, petit déj compris, et 20 € par personne supplémentaire. Table d'hôtes à 29 €, vin compris. Goûteuse et originale cuisine où se mêlent produits régionaux et saveurs subtiles (nos papilles en frémissent encore !), le tout accompagné de vins choisis. Les repas sont servis chez Martine et Frédéric, dans une belle salle à manger éclairée par une immense baie vitrée qui ouvre sur le bassin et la nature. Avant de partir, demandez à voir l'incroyable salle de séminaire dont on ne vous dévoilera pas le secret... Une hôtesse dynamique et volubile. Une adresse de charme.

> *Accès :* sur l'A 1 qui dessert Tourcoing et conduit à Gands, prenez la sortie n° 17 et à gauche vers Douanes/Halluin-CIT ; passer plusieurs ronds-points en suivant Bousbecque et, à l'église du village, allez vers Linselles ; au rond-point, prenez la route de Guimesse jusqu'au chemin du Blaton (ouf !).

BOUVINES 59830

Carte régionale B1

13 km SE de Lille ; 13 km O de Tournai

€€€ 🛏 **Chambres d'hôtes La Ferme de la Place (Nadine et François Dervaux) :** *261, rue du Maréchal-Foch.* ☎ *03-20-41-12-13.* 📱 *06-78-19-87-22.* ● *f.dervaux1@free.fr* ● *fermelaplace.fr* ● Ancienne ferme avec cour intérieure gravillonnée, dissimulée derrière un grand portail en bois. Cinq chambres coquettes avec sanitaires privés, dont 2 de plain-pied, les autres à l'étage. TV dans chaque chambre. De 85 à 95 € pour 2, petit déj compris. Possibilité d'accéder à la piscine couverte de mai à septembre. Sauna moyennant un supplément de 5 €. Accueil courtois.

> *Accès :* de Lille, autoroute Gand-Valenciennes sortie « Cité scientifique/Quatre cantons », puis direction Cysoing jusqu'à Bouvines ; tournez à gauche au feu après l'église puis au fond à gauche ; la maison est 100 m à droite.

CAMIERS 62176

Carte régionale A1

22 km S de Boulogne-sur-Mer ; 12 km N du Touquet

€€ 🛏 🐴 **Chambres d'hôtes du Rouard (Fabienne et Philippe Labarre) :** *12, rue Sainte-Gabrielle.* ☎ *03-21-84-71-81.* 📱 *06-67-14-05-37.* ● *labarre.phil@wanadoo.fr* ● *gitesdurouard.fr* ● 📶 Le Rouard (à ne pas confondre avec le *Routard* !) est le nom de la petite rivière qui longe le parc de cette ancienne et jolie ferme, nichée dans un écrin de verdure. Deux chambres coquettes, une au rez-de-chaussée, l'autre à l'étage, chacune avec coin cuisine et accès indépendant. Les romantico-bohèmes choisiront de dormir dans une des deux croquignolettes roulottes installées dans le jardin, parées à la nuit tombée de jolies guirlandes colorées (c'est pour la rime !). Pour 2, comptez de 60 à

70 € pour les chambres et de 70 à 80 € pour les roulottes, petit déj compris. Faites une caresse pour nous à Barnabé, le sympathique berger des Pyrénées. Première plage à 2 km (chouette !). Une adresse où l'on privilégie l'indépendance de chacun, sans oublier la convivialité.

Accès : la rue commence au centre du village, au niveau de la mairie.

CAPELLE-LES-HESDIN 62140

Carte régionale A2

50 km O d'Arras ; 33 km N d'Abbeville

€€ ♿ |●| 10% **Chambres d'hôtes Prévost de Courmière (Annie et André Lombardet) :** *510, rue de Crécy.* ☎ 03-21-81-16-04. 📱 06-08-28-21-66. ● *ferme-prevost-de-courmiere@wanadoo.fr* ● *ferme-prevost-de-courmiere.fr* ● 📶 Ancienne ferme de 1680 qui dévoile son charme quand on pénètre à l'intérieur car elle a subi de magnifiques transformations pour se donner des allures bourgeoises. Quatre chambres décorées avec goût, réparties dans différentes ailes de la maison. Deux au rez-de-chaussée : « Chanteclerc », plus petite et moins chère, mais qu'on aime bien, et la suite « Entre cour et jardin » avec petit salon et chambre enfants ou amis à l'étage. Deux autres à l'étage avec belle charpente apparente : « Romance » pour les plus romantiques, et « Nostalgie », immense, qui peut accueillir 4 personnes. Selon la chambre, de 60 à 75 € pour 2, petit déj compris, et 20 € par personne supplémentaire. Table d'hôtes partagée en famille à 30 €, apéro, vin et café compris. Cuisine variée et goûteuse selon l'humeur et l'inspiration d'Annie et la demande de ses clients. Superbe parc pour profiter du charme des lieux. Accueil chaleureux. Une excellente adresse.

Accès : dans le village, D 135 vers Guigny ; au calvaire, prendre à gauche, la maison est à 400 m.

CRÈVECŒUR-SUR-L'ESCAUT 59258

Carte régionale B2

15 km S de Cambrai ; 15 km O de Caudry

€€€ ♿ |●| 10% **Chambres d'hôtes Ferme de Montécouvez (Géraldine et Franck Puche) :** *hameau de Montécouvez.* ☎ 03-27-82-02-01. 📱 06-16-38-94-66. ● *franck.puche@wanadoo.fr* ● *ferme-montecouvez.com* ● 🐴 📶 Dans une dépendance de cette ferme en activité tout en brique, qui produit des céréales et du lin, 4 chambres agréables et spacieuses, dont 2 au rez-de-chaussée, les 2 autres à l'étage. Une est composée de 2 chambres, idéale pour les familles. Sanitaires privés, dont une avec baignoire balnéo (plus chère). De 65 à 78 € pour 2, petit déj compris, et 20 € par personne supplémentaire. Table d'hôtes (sauf le dimanche), partagée en famille, à 25 €, apéro, vin et café compris, pour découvrir la cuisine régionale. Accueil convivial. Une adresse pour ceux qui préfèrent l'indépendance et un point de chute idéal pour découvrir l'abbaye de Vaucelles.

Accès : A 26 sortie n° 9 Masnières et suivez le fléchage « Abbaye de Vaucelles » ; passez devant celle-ci puis prenez la D 96 vers Villers-Outréaux pdt 5 km jusqu'au hameau de Montécouvez (n'allez pas à Crèvecœur).

DURY 62156

Carte régionale B2

15 km E d'Arras ; 17 km NO de Cambrai

€€ ♿ 10% **Chambres d'hôtes Ferme de l'Abbaye (Christine Choquet) :** ☎ *et fax :* 03-21-58-98-59. 📱 06-82-96-76-00. ● *ch.n.choquet@wanadoo.fr* ● *ferme-abbaye.fr* ● 📶 Ne cherchez pas l'abbaye, il n'y en a pas ! Ancienne, belle et imposante ferme tout en brique des années 1920. Quatre chambres spacieuses et sereines avec sanitaires privés : une familiale au rez-de-chaussée, les 3 autres au 1er étage. Jolie déco qui mêle harmonieusement mobilier ancien et contemporain. La route ne passe pas très loin, mais le double vitrage efficace vous assurera le calme. 65 € pour 2, petit déj compris, et 15 € par personne supplémentaire. Petit coin cuisine à disposition. Possibilité de faire de l'équitation sur place. Accueil ouvert, souriant et décontracté.

Accès : A 1 sortie n° 15 Arras-Est puis D 939 vers Cambrai pdt 7 km et, au rond-point, D 956 vers Dury ; la ferme est à 500 m à gauche, 1 km avt le village.

EECKE 59114

Carte régionale A1

25 km E de Saint-Omer ; 8 km N d'Hazebrouck

€€ ♿ 10% **Chambres d'hôtes de Kortepoeje (Francine Lequenne) :** *357, rue des Trois-Moulins.* ☎ 03-28-40-11-56. 📱 06-73-67-62-79. ● *ferme.dekortepoeje@*

gmail.com • *Fermé 1er-15 juil.* En pleine campagne, au milieu des cultures, grande et ancienne ferme tout en brique. Trois chambres campagnardes avec sanitaires privés : 2 au 1er étage de la maison de Francine, la dernière, très vaste, est installée dans l'ancien grenier et accessible par un escalier extérieur indépendant. Atmosphère de nos grands-mères. 55 € pour 2 et 15 € par personne supplémentaire, petit déj compris. Il est servi dans une chaleureuse salle à manger remplie d'originaux bibelots et outils anciens. Une adresse qui sent bon la nature.

Accès : A 25 Lille-Dunkerque sortie n° 13 Steenvoorde ; continuez dans cette direction et, au rond-point, prenez à gauche vers Eecke puis 2e route à droite (rue de Bommaire) et suivez le fléchage.

ESCALLES 62179

Carte régionale A1

12 km O de Calais ; 1,5 km du cap Blanc-Nez

€€€ **10%** **Chambres d'hôtes La Grand'Maison (Jacqueline et Marc Boutroy) :** *hameau de La Haute-Escalles.* ☎ 03-21-85-27-75. • lagrandmaison.escalles@gmail.com • lagrandmaison-capblancnez.com • Belle ferme dont les origines remontent à 1633, avec une grande cour fleurie où se dresse un romantique pigeonnier du XVIIIe. Cinq chambres à la déco de bon goût. Comptez de 70 € (pour les deux moins chères, mais tout aussi craquantes) à 85 € pour 2, petit déj compris. Jacqueline le sert dans une agréable véranda qui ouvre sur les prés et les massifs de fleurs. Accueil agréable. Pour les séjours, il y a aussi 2 studios totalement indépendants et 4 gîtes ruraux confortables pour 4 à 10 personnes. Promenade à dos d'âne sur demande. Un point de chute idéal pour ceux qui veulent découvrir la côte d'Opale.

Accès : A 16, sorties n° 39 ou 40 vers Peuplingues que vous traversez ; continuez vers le cap Blanc-Nez (D 243), La Haute-Escalles est à 2 km avt (fléchage).

ESQUELBECQ 59470

Carte régionale A1

22 km S de Dunkerque ; 3 km O de Wormhout

€€ **Chambres d'hôtes Ferme de Guernonval (Pascale et Olivier Vanpeperstraete) :** *7, rue du Souvenir.* ☎ 03-28-65-61-29. 📱 06-66-00-57-36. Fax : 03-28-62-98-12. • opvpp@orange.fr • site.voila.fr/ferme-guernonval • Dans une aile indépendante de cette ferme en activité, 5 chambres vastes et claires avec sanitaires privés. Déco sobre. 53 € pour 2, petit déj compris. Olivier est agriculteur spécialisé dans l'élevage de poulets, mais fait aussi un peu de polyculture. À ses heures perdues, il est aussi comédien amateur, autant dire qu'il aime s'exprimer... Pascale, elle, s'occupe des chambres, et son sourire et sa gentillesse vous raviront. Pas de table d'hôtes, mais cuisine et barbecue à disposition, et un resto dans le village ainsi que plusieurs autres dans un rayon très proche. Au fait, au fond des terres, le TGV passe, mais la maison est équipée de double vitrage. Enfin, avant de partir, n'oubliez pas de déguster les bières d'Esquelbecq... sans en abuser ! Nous, on préfère l'ambrée. Accueil décontracté.

Accès : A 25 entre Lille et Dunkerque sortie Wormhout (n° 15) puis Esquelbecq ; dans le village, suivez le fléchage « Cimetière anglais » qui vous conduira à la rue du Souvenir (normal !).

FILLIÈVRES 62770

Carte régionale A2

55 km O d'Arras ; 12 km SE d'Hesdin

€€ **Chambres d'hôtes Le Moulin (Bernadette et Robert Legrand) :** *16, rue Saint-Pol.* ☎ 03-21-41-13-20. • contact@moulindefillievres.com • moulindefillievres.com • Ancien moulin situé au bord de la rivière Canche. Dans une aile indépendante, 5 chambres installées au 1er étage. Sanitaires privés, mais pour l'une d'elles, ils sont sur le palier. Elles ouvrent toutes sur la rivière, mais préférez celles qui ont un petit balcon. De 55 à 60 € pour 2, petit déj compris, servi dans la maison des proprios et dans la véranda aux beaux jours. Table d'hôtes, partagée en famille, à 24 €, apéro et vin compris. Cuisine simple et familiale. Accueil courtois.

Accès : Fillièvres se trouve sur la D 340 entre Frévent et Hesdin ; dans le village, prenez la D 101 vers Saint-Pol, la maison est au cœur du bourg.

FOURNES-EN-WEPPES 59134

Carte régionale B1

17 km SO de Lille ; 12 km NE de La Bassée

€€ **Chambres d'hôtes La Ferme de Rosembois (Francine et Emmanuel Bajeux) :** ☎ 03-20-50-25-69. 📱 06-07-24-05-06. Fax : 03-20-50-60-75. • famillebajeux@wanadoo.fr • rosembois.com • *Fermé*

GAUCHIN-VERLOINGT

22 déc-2 janv. 🛜 En pleine campagne, originale maison des années 1930 tout en brique. C'est aussi une ferme en activité où Francine et Emmanuel produisent principalement des pommes de terre. Trois chambres d'hôtes installées au 1er étage de la maison. Atmosphère d'autrefois. Sanitaires privés. Deux autres chambres, toutes pimpantes, sont installées dans un bâtiment indépendant. Très lumineuses, elles ouvrent sur la campagne. Sanitaires privés. De 51 à 55 € pour 2, petit déj compris. Ici, le sourire, la bonne humeur et la décontraction sont de mise. Aussi, ne manquez pas la table d'hôtes (sauf les samedi, dimanche et jours fériés) partagée en famille, à 20 €, apéro et vin compris. Cuisine familiale et traditionnelle. Une gentille adresse.

> **Accès :** sur la N 41 entre Lille et Béthune, sortez à Fournes-en-Weppes ; traversez le village ; au feu tricolore, tournez à droite puis, à 150 m, à gauche et suivez le fléchage.

GAUCHIN-VERLOINGT 62130

Carte régionale A2

35 km NO d'Arras ; 1 km de Saint-Pol-sur-Ternoise

€€ 🏠 🐴 (10%) **Chambres d'hôtes Le Loubarré (Marie-Christine et Philippe Vion) :** 550, rue des Montifaux. ☎ 03-21-03-05-05. 📱 06-87-40-72-71. ● mcvion.loubarre@wanadoo.fr ● loubarre.com ● 🛜 À l'orée du village, belle demeure de maître du XIXe s, entourée d'un joli parc où paissent les chèvres de la maison qui adorent la compagnie... Dans les anciennes dépendances, Marie-Christine et Philippe ont aménagé 5 chambres agréables, avec sanitaires privés : 2 grandes au rez-de-chaussée et 3 plus petites au 1er étage, dont une installée dans l'ancien pigeonnier. 56 € pour 2, petit déj compris, servi dans le manoir, et croyez-nous, l'intérieur vaut le détour ! Bien que dans la famille de votre hôtesse depuis cinq générations, c'est un artiste qui l'a fait construire et aménager. Il en résulte des pièces au décor de château : le salon de chasse avec une incroyable cheminée ornée d'un blason et de trophées de chasse ; la salle à manger, au superbe plafond, dotée d'une cheminée et d'un impressionnant et imposant buffet sculpté renfermant une collection de fèves ; et le salon « Quatre saisons » que Marie-Christine ouvre aux regards indiscrets. Pas de table d'hôtes, mais plusieurs restos à Saint-Pol, qu'on peut rejoindre par un chemin piéton en un quart d'heure (c'est l'occasion de goûter la bière locale !). Accueil très sympa. Pour ceux qui veulent séjourner, un gîte de 6 personnes. Faites pour nous une caresse à Tictac et Ulver, les adorables chiennes, et aux ânes. Une adresse qu'on aime bien.

> **Accès :** de Saint-Pol, prenez la D 343 en direction de Fruges ; bifurquez vers Gauchin-centre et suivez le fléchage.

HALLUIN 59250

Carte régionale B1

17 km N de Lille

€ 🏠 **Chambres d'hôtes Ferme du Nid de Mousse (Marie-Joseph Legai-Delesalle) :** 94, chemin du Billemont. ☎ 03-20-03-82-73. 📱 06-23-47-13-15. ● niddemousse@neuf.fr ● 🍽 Fermé 20 juil-12 août. 🛜 Toute proche de la Belgique et à 2 km du village, ferme traditionnelle vieille de deux siècles, dont deux ailes, brûlées en 1990, ont été reconstruites pour lui conserver sa cour intérieure. Dans la partie récente, 3 chambres d'hôtes, dont une au rez-de-chaussée, les autres à l'étage. L'une est composée de 2 chambres pour les familles. Déco fonctionnelle, atmosphère agréable et sanitaires privés. Selon la chambre, de 42 à 47 € pour 2 et 65 € pour 4, petit déj compris. Ici, la vraie vie de la ferme, et l'accueil se fait en famille. Marie-Joseph est aidée par son frère qui a repris la petite activité agricole. Il cultive des céréales. Également 2 petits gîtes ruraux pour ceux qui veulent séjourner. Accueil chaleureux, authentique et vrai.

> **Accès :** de Lille, empruntez l'A 22 vers Tourcoing, sortie n° 17 Halluin/Douane ; au 1er feu, tournez à droite, la ferme est un peu plus loin à gauche (bon fléchage).

HAUT-LIEU 59440

Carte régionale B2

17 km S de Maubeuge ; 7 km E de Maroilles

€€ 🏠 🍽 🐴 (10%) **Chambres d'hôtes La Citadelle d'Hututu (Pascal Laboue) :** 9, route de Cartignies, lieu-dit Hututu. ☎ 03-27-61-23-70. 📱 06-86-43-57-83. ● bienvenue@avesnois.net ● avesnois.net ● 🍽 Cette maison a une histoire originale et Pascal la perpétue... Ancien hangar à dirigeables, devenue ferme par la suite, c'est en ruine qu'il l'a achetée pour en faire une incroyable demeure tout en brique, suivant une architecture directement sortie de son imagination. Quatre jolies chambres décorées sur des thèmes différents : « Venise » avec de luxueux sanitaires privés et de jolis carreaux en verre colorés, « Bateau » avec ses murs recouverts de tôle que Pascal a patinée pour lui donner un aspect cuir et ses hublots (on s'y croirait !), « Roméo » dans les tons prune et avec lit à baldaquin, et la dernière, plus classique mais tout aussi charmante, qui bénéficie d'un croquignolet balcon. 55 € pour 2, petit déj compris. Table d'hôtes à 23 €, apéro, vin et café compris. Cuisine traditionnelle à tendance régionale. Accueil chaleureux. Une excellente adresse.

Accès : d'Avesnes-sur-Helpe, prenez la direction de Maroilles, et tt de suite après, direction Cartignies pdt 2 km et la maison est à gauche.

JENLAIN 59144

Carte régionale B2

55 km SE de Lille ; 10 km SE de Valenciennes

€€€ ☎ 10% *Chambres d'hôtes Le Château d'en Haut (Marie-Hélène et Michel Demarcq) :* 20, route Nationale. ☎ 03-27-49-71-80. 06-79-82-02-96. Fax : 03-27-35-90-17. • chateaudenhaut@free.fr • chateaudenhaut.free.fr • Il est prudent de réserver, car c'est souvent plein, et d'arriver entre 18h et 20h. Superbe petit château du XVIIIe s, entouré d'un joli parc de 2 ha magnifiquement entretenu. Cinq chambres d'hôtes plus ravissantes les unes que les autres, avec des meubles d'époque et des toiles partout (Michel est un grand amateur de peinture), toutes avec salle d'eau ou salle de bains. Selon la chambre, de 72 à 92 € pour 2, petit déj compris. Ambiance musique classique pour le petit déj (harpe et clavecin, histoire de coller à l'époque de la demeure). Goûtez la célèbre bière de Jenlain (l'abus d'...). Une très bonne adresse.

Accès : A 2, sorties n{os} 22a ou 24, en direction de Le Quesnoy jusqu'à Jenlain ; la maison est située au n{o} 20 de la grande rue du village, en face de la route qui va vers Maubeuge.

LEDERZEELE 59143

Carte régionale A1

30 km S de Dunkerque ; 10 km N de Saint-Omer

€€ ☎ 10% *Chambres d'hôtes La Ferme des Capucines (Christian et Dominique Mentel) :* 9, route de Watten. ☎ 03-28-62-40-88. 06-80-35-17-41. • christian.mentel@wanadoo.fr • christian.mentel.free.fr • Christian a décidé de lâcher le milieu bancaire pour ouvrir 4 chambres d'hôtes dans cette ancienne ferme typiquement flamande. Dans les dépendances, une grande pièce lumineuse avec deux escaliers qui mènent chacun à 2 chambres. Elles sont sympas, mansardées et colorées. Sanitaires privés. 60 € pour 2, petit déj compris. L'originalité de la maison ? Christian y a recréé un véritable estaminet dans le souci du détail et en utilisant tous les souvenirs de famille. Ambiance et atmosphère chaleureuse à souhait. Une adresse pour plonger au cœur de la culture et des traditions de la région.

Accès : autoroute Lille-Dunkerque, sortie Bergues, puis direction Socx-Bissezeele et Zegerscappel ; à Lederzeele, 1re à droite après la station-service.

MAROILLES 59550

Carte régionale B2

45 km SE de Valenciennes ; 12 km O d'Avesnes-sur-Helpe

€€ ☎ 10% *Chambres d'hôtes Vert Bocage (Marie-France Vilbas) :* 555, rue des Juifs. ☎ 03-27-77-74-22. 06-30-39-46-39. • vert-bocage@live.fr • Au cœur du village où votre nez fleurera bon la flamiche, ancienne ferme du XVIIIe s, tout en brique. Marie-France était institutrice et, avec Jean-Noël, ils participent activement à la vie associative de Maroilles. Quatre grandes chambres installées au 1er étage d'une partie indépendante, bien au calme, dont deux composées de 2 chambres pour familles ou amis. Sanitaires privés. Atmosphère lumineuse, coquette et colorée. Salon avec bibliothèque bien fournie. Grande salle à manger, où siège un poêle qui réchauffe l'ambiance s'il en était encore besoin. 55 € pour 2, petit déj compris. Accueil chaleureux, pour bébé aussi, avec tout le matériel à dispo (lit, chaise haute, matelas à langer...). Un bon petit resto dans le village. Au fait, Maroilles est aussi réputé pour son église du XVIIIe s (classée), sa course du 1er mai et sa brocante du 3e dimanche de juin... Qu'on se le dise !

Accès : exactement à 555 m du centre du village en direction de Locquignol.

MILLAM 59143

Carte régionale A1

30 km S de Dunkerque ; 16 km N de Saint-Omer

€€€ ☎ ⦁❘⦁ 10% *Chambres d'hôtes La Ferme des Saules (Cathy et Jean-Bernard Leduc) :* 337, rue de l'Église. ☎ 03-28-68-05-32. 06-03-52-72-89. • la-ferme-des-saules@wanadoo.fr • a-la-ferme-des-saules.fr • Au cœur du village, ancienne ferme en brique aux volets bleu et blanc avec cour intérieure. Quatre chambres coquettes, cosy et bien au calme, dont 3 installées dans une aile indépendante (nos préférées) ; la dernière, dans la maison des proprios, est composée de 2 chambres pour les familles, avec petit salon. Spacieux sanitaires privés. De 75 à 80 € pour 2, petit déj compris, et 120 € pour 4. Table d'hôtes de 22 à 25 €, apéro, vin et café compris. Cuisine à tendance régionale. Accueil convivial.

Accès : *A 26 Paris-Calais sortie n° 3 Saint-Omer puis D 800 vers Dunkerque ; passez plusieurs ronds-points et prenez direction Millam ; passez Millambac et, dans Millam, vous trouverez la maison à droite, 500 m avt l'église.*

RIBÉCOURT-LA-TOUR 59159

Carte régionale B2

10 km SO de Cambrai

€€ 🏠 10% **Chambres d'hôtes Le Clos Xavianne (Anne et Xavier Leriche) :** 20, rue de Marcoing. ☎ 03-27-37-52-61. 📱 06-08-93-78-56. • leclosxavianne@gmail.com • leclosxavianne.fr • 📶 Grande ferme en activité tout en brique, avec immense cour intérieure. Dans une dépendance, 3 chambres coquettes avec sanitaires privés : une au rez-de-chaussée, les 2 autres à l'étage, dont une plus grande (plus chère). De 67 à 77 € pour 2, petit déj compris. Pas de table d'hôtes mais coin cuisine à disposition. Anne et Xavier font partie de l'Association des parcs et jardins, et croyez-nous, le leur vaut vraiment le coup d'œil ! D'ailleurs, les plantes n'ont plus de secret pour le maître des lieux, qui se fait un plaisir de partager ses connaissances avec ses hôtes. Il a aussi créé un petit musée d'outils agricoles. Accueil convivial.

Accès : *Ribécourt se trouve sur la D 917 entre Cambrai et Péronne ; la maison est au cœur du village.*

Basse-Normandie

ANNEBAULT 14430

Carte régionale B1

35 km E de Caen ; 14 km SE de Cabourg

€€ 🏠 (10%) **Chambres d'hôtes Les Normandines (Barbara et Franck Jud) :** chemin du Bocage. ☎ 09-65-02-37-18. 📱 06-80-58-19-20. • lesnormandines@orange.fr • lesnormandines.com • 🛜 En pleine campagne, ancienne longère à colombages indépendante de leur maison, dans laquelle Barbara et Franck ont aménagé 3 chambres agréables, dont 2 familiales installées au 1er étage et composée de 2 espaces chambres. La dernière au rez-de-chaussée ouvre sur le jardin, idéale si vous êtes 2. Comptez 67 € pour 2, petit déj compris (confitures et viennoiserie maison), et 13 € par personne supplémentaire. Pas de table d'hôtes mais une bonne crêperie dans le village. Franck donne des cours de batterie, alors, si vous êtes musicien, dévoilez-vous... Première plage à Villers-sur-Mer, à 10 km.

Accès : A 13 sortie n° 29 La Haie-Tondue, puis allez jusqu'à Annebault ; à l'entrée du village, D 45 direction Lisieux et 500 m après la sortie du bourg prenez route à droite que vous suivez sur 2 km.

ARGANCHY 14400

Carte régionale A1

30 km O de Caen ; 5 km SO de Bayeux

€ 🏠 **Chambres d'hôtes Ferme de la Grande Abbaye (Suzanne et Michel Letouzé) :** ☎ et fax : 02-31-92-57-22. 📱 06-30-08-80-33. Ouv de mars à la Toussaint. Dans la région du Bessin, ancienne abbaye du XIIe s. Un bel escalier de pierre dessert 2 chambres spacieuses avec sanitaires privés. Comptez 45 € pour 2, avec le petit déj. Michel est producteur-récoltant de pommes à cidre (au programme, visite de la cave et dégustation). Au fait, n'oubliez pas d'aller jeter un œil à la tapisserie de Bayeux, puis de continuer par les plages du Débarquement très proches. Accueil très chaleureux.

Accès : de Bayeux, D 572 vers Saint-Lô, prenez ensuite la D 192 vers Arganchy et suivez le fléchage « Camping-Chambres d'hôtes ».

BANVILLE 14480

Carte régionale B1

20 km N de Caen ; 17 km NO de Bayeux

€€ 🏠 **Chambres d'hôtes Ferme Le Petit Val (Gérard Lesage) :** 24, rue du Camp-Romain. ☎ et fax : 02-31-37-92-18. 📱 06-87-03-85-52. • ferme-le-petitval.com • Résa conseillée, l'adresse est connue. 🛜 Dans un joli corps de ferme du XVIIIe s en pierre de Caen, 5 coquettes chambres avec sanitaires privés : 2 dans la maison des proprios et 3 (dont une suite) dans un bâtiment annexe. De 60 à 69 € pour 2, avec le petit déj, et 25 € par personne supplémentaire. Banville est un petit village très agréable, situé à 3 km des

---

Nous vous rappelons que la table d'hôtes est le complément d'une formule d'hébergement (chambre d'hôtes, gîte d'étape...). Ce service n'est offert qu'aux personnes qui dorment sur place (excepté lorsqu'il est clairement écrit « ouvert aux extérieurs »).

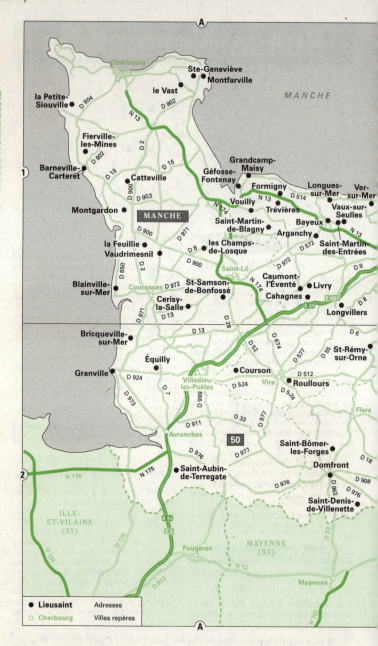

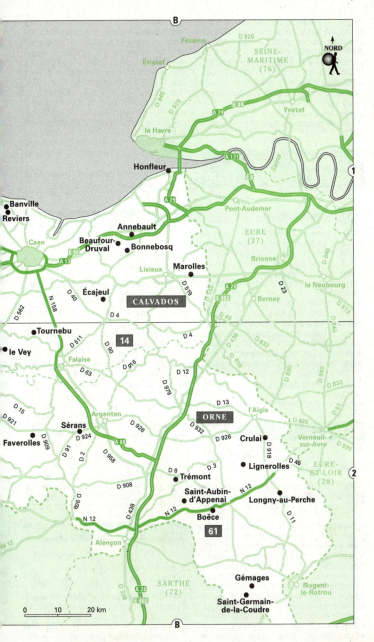

plages. Creully, qui est tout à côté, vaut aussi une petite halte pour son château (miraculeusement préservé des bombardements) et son église. Vélos et aire de pique-nique avec barbecue à disposition. Encore une très gentille adresse et un bon rapport qualité-prix-convivialité.

Accès : de Caen, prenez le périphérique nord vers Courseulles et Douvres (D 7) ; dans Courseulles prenez la direction de Creully et passez par Banville.

BARNEVILLE-CARTERET 50270

Carte régionale A1

36 km SO de Cherbourg

€€ **Chambres d'hôtes La Tourelle (Gérard Lebourgeois) :** 5, rue du Pic-Mallet. ☎ 02-33-04-90-22. 06-88-71-97-97. *Fermé en janv.* Belle maison de village dans laquelle Gérard a aménagé 5 chambres d'hôtes : 2 dans l'habitation principale et 3 dans une dépendance de la maison. Sanitaires privés avec douche ou bains. De 55 à 60 € pour 2, avec le petit déj. Gérard prend grand soin de ses hôtes, prépare des crêpes, va chercher des croissants chauds, met de la dentelle sous les tasses, sans oublier de leur faire goûter les excellentes confitures maison. Un vrai bonheur !

Accès : dans le bourg, sur le côté gauche de l'église.

BAYEUX 14400

Carte régionale A1

30 km NO de Caen

€€€€€ **Chambres d'hôtes (Sophie et Philippe Berruer) :** 32, pl. Charles-de-Gaulle. ☎ 02-31-22-41-90. 06-87-14-74-21. • contact@hotel-poppa.com • hotel-poppa.com • 🛜 Le Grand Charles a sûrement dû apprécier qu'on donne son nom à cette magnifique place bordée de 150 tilleuls et de charmantes demeures bourgeoises. Au centre de la place, la fontaine que domine Poppa, ou Popée, seconde épouse de Rollon (viking qui devint le premier duc de Normandie) et mère de Guillaume Longue Épée qui devint le second. La maison de Sophie et Philippe porte son nom. Elle est élégante et classée « Hôtel particulier » parmi 70 autres. Quatre superbes chambres, qui se différencient par la taille, mais surtout par la vue. Si vous avez les moyens, la n° 1, avec ses trois orientations, sa belle hauteur sous plafond, sa vue sur la cathédrale, la place et le jardin, et sa grande salle de bains au damier noir et blanc est à 160 € pour 2, petit déj compris. La n° 2, à 140 €, nous a séduit pour la vue ; puis la n° 3 avec son petit salon à 110 €, et enfin la n° 4 à 90 € qu'on a beaucoup aimé (salle d'eau ouverte et w-c séparés) est idéale si vous n'êtes pas en fonds, car quelle que soit la chambre, le charme est là et l'espace aussi. Piano accordé. Joli jardin intérieur clos avec de nombreuses essences. Accueil de qualité. Une adresse pour séduire sa dulcinée.

Accès : au centre de Bayeux, en suivant la signalisation de la sous-préfecture.

BEAUFOUR-DRUVAL 14340

Carte régionale B1

35 km E de Caen ; 20 km SO de Pont-l'Évêque

€€ **10%** **Chambres d'hôtes Le Pressoir des Thyllères (Danièle et Alain Charles) :** chemin des Thyllères. ☎ 02 31 64 77 96. 06-81-80-59-27. • pressoir thylleres@orange.fr • pressoirthylleres.com • *Déc-fév.* Dans l'ancien pressoir tout en brique, situé à côté de la maison de Danièle et Alain, 2 chambres spacieuses et agréables avec sanitaires privés. On aime bien la chambre « bateau » avec ses maquettes, ses vieilles malles, et surtout une belle armoire d'ancien paquebot. 65 € pour 2, petit déj compris. Pas de table d'hôtes mais plusieurs restos à proximité. Avant de partir, faites une petite caresse aux ânes de la maison. Accueil convivial.

Accès : A 13 sortie n° 29 puis direction Saint-Pierre-sur-Dives ; au stop de Valsemé, D 45 à droite vers Cabourg pendant 500 m puis à gauche vers Beaufour-Druval (D 146) ; la maison est à gauche, 700 m avt le village.

BLAINVILLE-SUR-MER 50560

Carte régionale A1

40 km O de Saint-Lô ; 12 km O de Coutances

€ **10%** **Chambres d'hôtes (Robert Sebire) :** Village-Grouchy, 11, rue du Vieux-Lavoir. ☎ tél et fax : 02-33-47-20-31. • jr.sebire@free.fr • jr.sebire.free.fr • 🛜 Au cœur de Blainville, dans une petite impasse au calme, jolie maison en pierre et granit du XVIIe s. Au 1er étage, 5 chambres avec sanitaires privés : 3 ouvrent sur le jardin avec le golf en fond de décor, les 2 autres (dont une familiale) sont orientées côté cour. Déco sobre et élégante. 48 € pour 2, petit déj compris. Robert a beaucoup voyagé et continue dès qu'il le peut à partir en escapade à travers le monde (ah, qu'est-ce qu'on aime parler voyage... on n'se refait pas !). Pas de table d'hôtes, mais cuisine d'été à disposition et petits restos à proximité. Accueil sympa. La plage est à 1 km et ils vous prêtent même les vélos. Bon rapport qualité-prix-convivialité.

> *Accès :* de Coutances, empruntez la D 44 en direction de Coutainville, puis la D 650 vers Blainville ; dans le bourg prenez la direction d'Agon-Coutainville, puis à droite la rue Village-Grouchy, puis celle du Vieux-Lavoir.

BOËCE 61560

Carte régionale B2

31 km E d'Alençon ; 6 km O de Mortagne-au-Perche

€€ 🛏 🍴 🐾 **Chambres d'hôtes La Maison Pervenche (Gilles Colard) :** *1, Le Petit-Boëce.* ☎ *02-33-83-05-16.* • *maisonpervenche@hotmail.com* • *pagesperso-orange.fr/maison.pervenche* • *Fermé 25-31 déc.* Quatre chambres toutes différentes, installées sous les toits, joliment décorées, avec vue sur le jardin fleuri de Gilles, ancien fleuriste de son état. Comptez 58 € pour 2, petit déj compris, servi dans une grande salle. Possibilité de table d'hôtes, sur réservation, à 20 € tout compris. Cuisine du terroir avec les produits du jardin. Sourire, accueil et gentillesse au rendez-vous.

> *Accès :* de la N 12, prenez la sortie Boëce-La Mesnière et suivez Boëce ; après le stop, c'est le chemin juste en face.

BONNEBOSQ 14340

Carte régionale B1

38 km E de Caen ; 18 km NO de Lisieux

€€ 🛏 **Chambres d'hôtes Le Manoir de Champ-Versant (Céline et David Letrésor) :** ☎ *02-31-65-11-07.* 📱 *06-14-28-98-20.* Fax : *02-31-64-73-20.* Résa le plus tôt possible, car vous ne serez pas les seuls à vouloir y dormir. 📶 Manoir augeron du XVIe s, à l'intérieur rustique. Deux chambres agréables avec sanitaires privés, de 65 à 67 € pour 2, avec le petit déj. Accueil convivial.

> *Accès :* suivez le fléchage depuis le village.

BRICQUEVILLE-SUR-MER 50290

Carte régionale A2

12 km NE de Granville ; 11 km S de Regnéville-sur-Mer

€€ 🛏 🐾 ⑩% **Chambres d'hôtes (Odile et Jean-Pierre Torchio) :** *32, route des Salines.* ☎ *et fax : 02-33-51-77-59.* 📱 *06-77-25-45-03.* • *odile.torchio@wanadoo.fr* • *Ouv juin-sept ; sur résa le reste de l'année.* 📶 La bleue, la rose... et pour une famille, on adjoint la verte à la rose. Des nids tout frais, dotés d'une jolie salle de bains, petite mais pratique. 53 € pour 2, petit déj compris, et 20 € par personne supplémentaire. Le petit déj et l'apéro de bienvenue sont servis dans le décor hétéroclite (bar de récup, vieux flipper) d'une salle riante et lumineuse avec baies ouvrant d'un côté sur les champs, de l'autre sur le jardin soigné. Accueil des plus convivial avec, pour une fois глиsseront certains, un monsieur plus bavard que Madame !

> *Accès :* de Bricqueville, suivez la direction des Salines, prenez la route face au resto La Passerelle, puis le 2e chemin à droite.

CAHAGNES 14240

Carte régionale A1

32 km SO de Caen ; 30 km SE de Saint-Lô

€ 🛏 **Chambres d'hôtes (Marie-Thérèse et Joseph Guilbert) :** *Le Mesnil de Benneville.* ☎ *02-31-77-58-05.* • *ferme.benneville@wanadoo.fr* • *Ouv début avr-fin oct.* Au cœur du bocage normand, dans une grande ferme recouverte d'ampélopsis, avec un beau jardin fleuri. Deux chambres d'hôtes avec sanitaires privés à l'étage de l'habitation des proprios, à 45 € pour 2, petit déj inclus. Accueil chaleureux. Une adresse nature.

> *Accès :* de Caen, A 84 en direction du Mont-Saint-Michel, sortie n° 42, puis D 675 sur 2 km et fléchage à droite.

CATTEVILLE 50390

Carte régionale A1

40 km S de Cherbourg ; 6 km SO de Saint-Sauveur-le-Vicomte

€€ 🛏 **Chambres d'hôtes Domaine du Haul (Mélanie Marande) :** ☎ *et fax : 02-33-41-64-69.* • *contact@domaine-du-haul.com* • *domaine-du-haul.com* • *Fermé*

20 déc-15 mars. Au cœur du parc régional des marais du Cotentin, ferme du milieu du XIXe s recouverte d'ampélopsis. Au 1er étage, 4 chambres avec sanitaires privés, à 62 € pour 2, avec le petit déj. Pas de table d'hôtes mais cuisine à disposition. Salle de jeux avec billard, baby-foot, ping-pong, etc. Mélanie et Jérôme élèvent des chevaux pour les concours, ils ont donc beaucoup de prés autour de chez eux, et dans l'un d'eux, ils ont installé une petite hutte près d'un étang où l'on peut admirer les oiseaux, taquiner le gardon (matos de pêche à disposition), voire pratiquer la chasse en saison. Des chemins de randonnée sillonnent le domaine. La première plage, à Denneville, est à 9 km. VTT à disposition. Accueil décontracté et nature.

Accès : sur la D 900 entre Saint-Sauveur et La Haye-du-Puits, prenez la D 215 et suivez le fléchage.

CAUMONT-L'ÉVENTÉ 14240

Carte régionale A1

35 km SO de Caen ; 11 km O de Villers-Bocage

€€€ 🏠 🍽 (10%) **Chambres d'hôtes Les Champs Français** (Adeline et Bertrand Merot) *:* 1, rue des Champs-Français. ☎ 02-31-37-38-35. 📱 06-62-17-50-60. ● adeline.merot@gmail.com ● les-champs-francais.fr ● *Fermé 5-31 janv.* 📶 Dans le bourg mais au calme, belle et grande demeure de la fin du XIXe s qui jouit d'un magnifique panorama sur les environs. Quatre chambres d'hôtes spacieuses à l'atmosphère sereine, une au rez-de-chaussée, les 3 autres à l'étage, dont une familiale composée de 2 chambres. Sanitaires privés. On aime bien « Églantine », vaste, lumineuse avec sa jolie vue. Selon la saison, de 84 à 94 € pour 2, petit déj compris, 138 € pour 4. Espace TV et wifi. Table d'hôtes à 30 €, apéro et vin compris. Souvent cuisine normande avec des produits locaux, mais aussi auvergnate, antillaise... Eh oui, Adeline et Bertrand ont beaucoup voyagé. Accueil convivial.

Accès : A 84 Caen-Rennes, sortie n° 42 ; dans le bourg, après la poste que vous laissez à droite, c'est la 1re petite rue à droite.

CERISY-LA-SALLE 50210

Carte régionale A1

25 km SO de Saint-Lô ; 15 km E de Coutances

€€ 🏠 **Chambres d'hôtes** (Nadine et Guy Osouf) *:* L'Hôtel-Goffêtre. ☎ 02-33-46-83-17. 📱 06-86-24-89-52. ● gosou@wanadoo.fr ● hotelgoffetre.fr ● 📶 Vous êtes sur le domaine du sieur Goffêtre ! Si sa demeure a été détruite par les Allemands pendant la Seconde Guerre mondiale, les dépendances sont toujours là et la maison de Nadine et Guy se trouve dans l'ancien pressoir. Au rez-de-chaussée de celui-ci, une première chambre nommée « Clair de lune ». Un bel escalier en pierre vous emmène aux 2 autres chambres, « Papillons » et « Bambous », situées au 1er étage. Déco agréable et coquette agrémentée de motifs peints par les enfants de la maison. 58 € pour 2, petit déj compris. Pas de table d'hôtes mais coin cuisine à disposition et plusieurs restos à proximité. Nadine travaillait pour le conseil général, dans l'équipe chargée de la conservation des antiquités et objets d'art... Aussi, comptez sur elle pour vous donner de bons tuyaux pour découvrir la région ! Accueil convivial.

Accès : sur la D 972 entre Coutances et Saint-Lô, prenez direction Cerisy-la-Salle ; dans le village, D 52 vers Belval-gare sur 1,5 km, la maison est sur la gauche.

COURSON 14380

Carte régionale A2

36 km NE d'Avranches ; 15 km O de Vire

€ 🏠 🐕 🍽 **Chambres d'hôtes** (Élisabeth et Daniel Guezet) *:* La Plaine-Postel. ☎ et fax : 02-31-68-83-41. 📱 06-63-21-09-87. ● daniel.guezet@wanadoo.fr ● chambresdhotes-guezet.com ● 🍴 Dans une ferme du bocage en pierre apparente, 5 chambres confortables : 3 avec sanitaires particuliers et 2 avec sanitaires communs. Comptez 50 € pour 2, petit déj inclus. Table d'hôtes à 20 €, tout compris. Repas simples à partir des produits de la ferme. Ne manquez pas la spécialité d'Élisabeth en dessert : le riz au lait à la palette. Billard et étang pour les pêcheurs. Accueil chaleureux.

Accès : de Vire, prenez la D 524 vers Granville ; à Saint-Sever, tournez à droite (D 81) vers Landelles, puis suivez les panneaux « Chambres d'hôtes ».

CRULAI 61300

Carte régionale B2

8 km S de L'Aigle

€€ 🏠 **Chambres d'hôtes La Bourdinière** (Cécile et Philippe Talpe) *:* ☎ et fax : 02-33-24-70-91. 📱 06-18-70-18-69.

● talpe.labourdiniere@orange.fr ● labour diniere.fr ● Grande maison de maître agréablement restaurée. Au 1er étage, 2 chambres, dont une spécialement aménagée pour les familles (5 personnes). Déco champêtre (parquet et meubles anciens). Sanitaires privés. 60 € pour 2, petit déj compris, et 15 € par personne supplémentaire. Philippe est agriculteur et il élève sur place des charolaises. Accueil sympa.

> *Accès :* de L'Aigle, prenez la D 918 vers Longny jusqu'à Crulai ; là, tournez à gauche vers Beaulieu sur 400 m et à gauche vers La Bourdinière.

DOMFRONT — 61700

Carte régionale A2

22 km S de Flers ; 21 km O de La Ferté-Macé

€€€ 🛏 |●| 🐾 (10%) **Chambres d'hôtes Belle Vallée (Victoria et Richard Hobson-Cossey) :** ☎ 02-33-37-05-71. 📱 07-86-99-53-09. ● info@belle-vallee.net ● belle-vallee.net ● 📶 Cinq chambres, dont 2 suites, dans une belle demeure du XVIIIe s, en pierre et colombages, aménagée dans des teintes boisées, à l'anglaise. Les salles de bains ont un petit côté rétro délicieux, avec des baignoires sur pieds. Selon la chambre, comptez entre 70 et 90 € pour 2, avec un copieux petit déj. Possibilité de table d'hôtes pour 22 €, demi-bouteille de vin comprise. Jardin aménagé pour se reposer et aussi un gîte confortable sur place. Propriétaires adorables.

> *Accès :* à la sortie de Domfront, prenez la D 21 direction Dompierre.

ÉCAJEUL — 14270

Carte régionale B1

35 km SE de Caen ; 7 km N de Saint-Pierre-sur-Dives

€€ 🛏 (10%) **Chambres d'hôtes La Vigne aux Roses (Martine et Alain Danoy) :** l'Église. ☎ 02-31-20-11-34. 📱 06-08-03-12-99. ● alain.danoy@wanadoo.fr ● vigneauxroses.fr ● 📶 Dans un petit village rural, la maison de Martine et Alain est installée dans une aile de l'ancien presbytère, en pierre d'un côté et à colombages de l'autre. Au bout de leur maison, une suite familiale composée de 2 chambres avec sanitaires au rez-de-chaussée. Elle est spacieuse, lumineuse et dégage une atmosphère douillette et romantique. 70 € pour 2, petit déj compris, servi chez les proprios ou dans le jardin aux beaux jours. Pas de table d'hôtes mais plusieurs bons restos à proximité. Accueil convivial.

> *Accès :* sur la D 16 entre Crèvecœur-en-Auge et Saint-Pierre-sur-Dives, prenez la D 47 vers Mézidon-Canon, puis à gauche la D 271 vers Écajeul ; la maison est juste après l'église.

ÉQUILLY — 50320

Carte régionale A2

20 km N d'Avranches ; 15 km E de Granville

€€€€€ 🛏 |●| **Chambres d'hôtes Le Logis d'Équilly (Christine et Marc Huline) :** ☎ 02-33-61-04-71. ● contact@lelogisdequilly.fr ● lelogisdequilly.fr ● Cette seigneurie des XIIIe et XVIIe s a l'ambiance et l'élégance des grandes demeures (escaliers de pierre et cheminées qui en imposent, grand parc avec plan d'eau), mais elle a aussi conservé son caractère rustique et médiéval. 4 chambres dont une suite, avec 2 chambres séparées par la salle de bains, plaira aux familles. La « Chambre de l'amiral », avec ses tapisseries murales et ses lambris de bois sombre, caressera votre ego (on se sent important dans un tel décor !) ; la chambre « Saint Jacques » conviendra aux romantiques. De 120 à 140 € pour 2, petit déj compris, et 180 € pour 4. Possibilité de table d'hôtes à 30 €. Ici, ni spa, ni TV écran plasma, on vient avant tout profiter d'une demeure de caractère peu à peu restaurée par ses accueillants propriétaires. Une adresse de charme.

> *Accès :* de Granville, D 924 vers Villedieu-les-Poêles puis D 7 vers Mesnil-Rogues et Gavray, puis très vite à gauche vers Équilly.

FAVEROLLES — 61600

Carte régionale B2

25 km E de Flers ; 25 km O d'Argentan

€ 🛏 |●| (10%) **Chambres d'hôtes (Sylviane et Bernard Fortin) :** Le Mont-Rôti. ☎ et fax : 02-33-37-34-72. 📱 06-60-86-99-65. ● sylvianne.fortin@orange.fr ● En pleine campagne, ancienne ferme abritant 3 chambres à l'étage (dont une familiale composée de 2 chambres), une autre, plus indépendante, avec accès direct sur l'extérieur. Déco simple, mobilier en pin naturel. Sanitaires privés (cabines de douche). 45 € pour 2, petit déj compris, et 12 € par personne supplémentaire. Agréable véranda pour prendre les repas. Bonne table d'hôtes, partagée en famille, à 17 €, cidre et vin compris. Accueil souriant, chaleureux et authentique. Une adresse pour redécouvrir le sens du mot vrai !

Accès : sur la D 924 entre Flers et Argentan, au lieu-dit Fromentel, prenez la D 19 vers La Ferté-Macé et fléchage vers Le Mont-Rôti (n'allez pas à Faverolles).

FIERVILLE-LES-MINES 50580

Carte régionale A1

35 km S de Cherbourg ; 6 km E de Barneville-Carteret

€ 🏠 ⦿ 10% **Chambres d'hôtes La Chantalière (Otello et Deanna Pedrini) :** *hameau Lucas.* ☎ et fax : 02-33-03-05-74. • otello.pedrini@club-internet.fr • lachantaliere.eu • Au cœur d'un hameau, ensemble de bâtiments dont une ancienne ferme et une demeure principale qui date du XXe s. Quatre chambres agréables et colorées avec sanitaires privés : une au rez-de-chaussée (notre préférée avec son mur en pierre apparente), 2 au 1er étage, la dernière au second. 49 € pour 2, petit déj compris. Table d'hôtes partagée en famille à 20 €, vin et café compris. Cuisine où les spécialités italiennes et les poissons sont à l'honneur. La passion d'Otello : son jardin. Vous y découvrirez des essences du monde entier, dont certaines très rares. La plage de Porbail est à 5 km. La maison est un peu en bord de route, mais le trafic est pratiquement inexistant la nuit. Accueil chaleureux teinté par l'accent italien du maître des lieux.

Accès : sur la D 50, entre Bricquebec et Porbail, 1,2 km après le village de Fierville quand on vient de Bricquebec.

FORMIGNY 14710

Carte régionale A1

45 km NO de Caen ; 16 km NO de Bayeux

€€ 🏠 10% **Chambres d'hôtes La Ferme du Lavoir (Guillaume et Miryam Capelle) :** *route de Saint-Laurent-sur-Mer.* ☎ 02-31-22-56-89. 📱 06-24-25-53-88. • contact@fermedulavoir.fr • fermedulavoir.fr • 📶 Voilà une adresse juste comme on les aime, et on est tombé sous le charme de ce jeune couple normand. C'est aussi une occasion de plonger dans la découverte d'une des spécialités de la région : le cidre. Et Guillaume se fera un plaisir de vous parler de son activité. On arrive au domaine en longeant l'un de ses vergers : 4 000 m² de pommiers et 15 variétés produites en bio s'il vous plaît ! Ici, on fabrique le cidre avec différentes variétés (minimum 4 et Guillaume en assemble 8). Au 1er étage de la maison, une charmante chambre double avec sanitaires privés. Au 2nd, une suite familiale, mansardée mais spacieuse (elle fait la surface de l'habitation !), toute de bois vêtue, composée de 2 chambres. 55 € pour 2, petit déj compris (jus de pomme, gelée de pomme et miel maison). 85 € pour 4 dans la suite. Pas de table d'hôtes mais un resto sympa dans le village, *Byn t'cheu mei* (Bienvenue chez moi !). Guillaume produit aussi du calva et du Formignon (pommeau). On peut aussi séjourner au cœur du verger en camping-car (4 emplacements 10 € par jour) et 6 places de camping sur herbe. Une adresse chaleureuse, idéale pour découvrir le département de l'intérieur et les plages du débarquement.

Accès : N 13 sortie Formigny/Trévières ; dans Formigny, traversez le village en direction de Saint-Laurent, le domaine est à 20 m à gauche.

€€ 🏠 🐴 **Chambres d'hôtes Quintefeuille (Mme Delesalle) :** *rue Simonet.* ☎ et fax : 02-31-22-51-73. 🐕 *Fermé déc.-janv.* Ancienne ferme des XVe et XVIe s avec une immense cour carrée, dans un beau cadre de verdure. Deux chambres agréables, avec sanitaires privés. Comptez 59 € pour 2, petit déj compris (avec confitures et pâtisseries maison, hmm !). Ambiance vieille France, où l'on a l'impression que le temps s'est arrêté, bercé seulement par le tic-tac de l'horloge comtoise de la salle à manger. Accueil agréable. Vous n'êtes qu'à 5 km d'Omaha Beach, la plus célèbre plage du Débarquement.

Accès : de Caen, empruntez la N 13 en direction de Cherbourg ; à la sortie Formigny, prenez la 1re route à droite (D 517) et le 1er chemin à gauche.

GÉFOSSE-FONTENAY 14230

Carte régionale A1

30 km NO de Bayeux ; 6 km N d'Isigny-sur-Mer

€€€ 🏠 10% **Chambres d'hôtes L'Hermerel (Agnès et François Lemarié) :** ☎ et fax : 02-31-22-64-12. 📱 06-79-44-58-24. • hermerel@orange.fr • manoir-hermerel.com • *Ouv 15 mars-11 nov ; sur résa slt en dehors de cette période.* Dans leur manoir du XVIIe s, Agnès et François ont aménagé 4 chambres à la décoration soignée, dont une suite composée de 2 chambres, pour 4 personnes. Chacune dans un style très différent : une familiale, mansardée, une autre dans les tons bleu et blanc, très marine... Sanitaires privés. 80 € pour 2, petit déj compris, et 20 € par lit supplémentaire. Dans la cour, un vieux pigeonnier et une sublime petite chapelle du XVe s. Grand jardin-verger d'agrément.

Accès : fléchage depuis la route de Grandcamp/Maisy.

GÉMAGES 61130

Carte régionale B2

15 km O de Nogent-le-Rotrou ; 12 km S de Bellême

€€€€ 🛏 |●| (10%) **Chambres d'hôtes Le Moulin de Gémages (Anna, Nicolas et Ivan Iannaccone) :** ☎ 02-33-25-15-72. Fax : 02-33-25-18-88. ● info@lemoulin degemages.com ● lemoulindegemages. com ● 📶 Joli moulin à eau partiellement reconstruit, au milieu d'un domaine de 15 ha. Dans les dépendances superbement restaurées (murs en chaux et chanvre, vieilles tomettes et poutres apparentes), 5 chambres de 2 ou 3 personnes, avec accès indépendant de plain-pied. Déco et atmosphère champêtres (une préférence pour « Alexandra »). Sanitaires privés. De 90 à 100 € pour 2, petit déj compris. Table d'hôtes, partagée en famille, à 35 €, vin compris. Cuisine à tendance régionale à base de produits fermiers. Ici, vous êtes sur un exceptionnel parcours de pêche à la mouche, entièrement créé par les propriétaires et dont Ivan (le fils) s'occupe avec passion. Pas moins de dix plans d'eau, 3 km de berges et huit espèces de salmonidés ! Si vous êtes un débutant, il vous en coûtera 90 € par demi-journée de formation, matériel fourni ; si vous êtes un pro, comptez 55 € la journée. Également un gîte rural de 6 personnes, installé dans l'ancienne maison du minotier, loué entre 395 et 550 € la semaine et entre 295 et 350 € le week-end selon la saison. Accueil dynamique et souriant.

Accès : sur la D 7 entre La Ferté-Bernard (A 11 sortie n° 5) et Bellême, passez Saint-Germain-de-la-Coudre et suivez le fléchage direction Bellême puis Gémages.

GRANDCAMP-MAISY 14450

Carte régionale A1

30 km NE de Bayeux ; 10 km N d'Isigny-sur-Mer

€€ 🛏 🐶 (10%) **Chambres d'hôtes de Létanville (Françoise et Éric Belloche) :** Létanville. ☎ 02-31-51-91-54. 📱 06-89-44-96-23. ● letanville@orange. fr ● chambresdhotes-bayeux-omaha-ste-mere-eglise.com ● Charmant corps de ferme, clos de murs et de dépendances en pierre. Elle était à l'abandon quand Françoise et Éric en sont devenus les maîtres, et ils la restaurent petit à petit. Trois chambres mignonnettes avec sanitaires privés dont une au rez-de-chaussée, les 2 autres à l'étage. 52 € pour 2, petit déj compris. Pas de table d'hôtes, mais trois bonnes adresses à Grandcamp pour déguster du poisson et des produits frais (Françoise vous confiera sa sélection). Et bien sûr un petit coup d'œil à la traction d'Éric. Accueil chaleureux. Une gentille adresse tout près des plages. Bon rapport qualité-prix-convivialité.

Accès : l'accès au hameau se trouve sur la D 113 à mi-chemin entre La Cambe et Grancamp, à 3,5 km sur la droite (venant de La Cambe).

GRANVILLE 50400

Carte régionale A2

26 km SO de Coutances ; 24 km NO d'Avranches

€€ 🛏 **Chambres d'hôtes Le Logis du Roc (Nadéra et Éric Buckley) :** 13, rue Saint-Michel. ☎ et fax : 02-33-50-75-71. 📱 06-18-35-87-42. ● contact@lelogis duroc.com ● lelogisduroc.com ● Derrière la devanture rouge et fleurie de cette ancienne boucherie de la haute-ville, une charmante adresse, tant dans la déco que pour l'accueil. À chaque palier de l'escalier raide et bien étroit, une des 3 belles chambres, pimpantes et lumineuses, vous attend. Selon la saison, de 55 à 60 € pour 2, petit déj compris, et 15 € par personne supplémentaire. Confort et atmosphère harmonieuse sont au rendez-vous et, à quelques pas de la maison, une vue à savourer sans modération... Pour ceux qui veulent séjourner, Nadéra propose aussi un appartement pour 2 à 4 personnes (de l'autre côté de la rue) loué entre 250 et 425 € la semaine.

Accès : au cœur de la cité.

HONFLEUR 14600

Carte régionale B1

65 km NE de Caen ; 14 km N de Pont-l'Évêque

€€€€ 🛏 (10%) **Chambres d'hôtes Rosebud (Françoise Barberi-Lecesne) :** 72, rue Saint-Léonard. ☎ 02-31-89-15-43.

📱 06-13-61-37-70. • contact@rosebud-honfleur.com • rosebud-honfleur.com • 🛜 Quand on entre, outre le charme indéniable de cette jolie maison en brique du début du XIX° s, on est attiré par le magnifique jardin de Françoise où deux palmiers et rosiers tiennent une place de choix, mais les essences sont nombreuses. Quatre chambres charmantes installées aux 1er et 2e étages de la maison. Atmosphère romantico-campagnarde, motifs peints à la main, vieilles tomettes ou parquets, et vue sur le pont de Normandie pour certaines. Sanitaires privés. Selon la chambre de 105 à 130 € pour 2, petit déj compris. Pas de table d'hôtes mais nombreux restos en ville.

Accès : venant de l'autoroute, allez jusqu'au rond-point de la gare routière, prenez la petite rue à gauche (rue Vanier), puis à gauche la rue Saint-Léonard.

LA FEUILLIE 50190

Carte régionale A1

18 km N de Coutances ; 6 km O de Périers

€ 🏠 |●| **Chambres d'hôtes Le Tertre (Chantal Lebrun) :** 3, rue de la Mer. ☎ 02-33-47-94-39. 📱 06-80-25-00-99. • gerard.lebrun8@wanadoo.fr • le-tertre.fr • 🛜 Dans cette maison de pierre du XVIII° s, à la façade croquée par le lierre, aux parquets bien cirés, aux lits douillets, au mobilier rustique mais léger et aux grandes fenêtres habillées de longs rideaux, on se sent presque revenu chez grand-mère, pour des vacances à la campagne... Certes, votre pétillante hôtesse ferait une mamie bien jeune ! Trois chambres avec sanitaires privés (non attenants pour l'une, moins chère), de 45 à 50 € pour 2, petit déj compris. Le soir, dans la salle à manger à l'imposante cheminée, elle vous régale de bons produits fermiers pour 17 € le repas, tout compris. Quant au jardin et son verger, ils sont de vrais appels à la rêverie.

Accès : à l'église du village, direction Pirou puis 1re maison sur la gauche.

LA PETITE-SIOUVILLE 50340

Carte régionale A1

20 km SO de Cherbourg ; 6 km N des Pieux

€ 🏠 **Chambres d'hôtes (Solange et Pierre Gogibu) :** ☎ 02-33-52-45-15. • pierre.gogibu@neuf.fr • lapetitesiouville.com • 🛜 Maison traditionnelle abritant 2 chambres simples avec de minuscules sanitaires privés à 35 € pour 2, avec le petit déj (une aubaine !). Pas de table d'hôtes, mais un coin cuisine à disposition. La maison est un peu en bord de route, mais le trafic est restreint. Accueil authentique et agréable. La plage de Siouville est à 3 km. Mine de rien, des plans comme ça, faut les trouver !

Accès : des Pieux, prenez la D 4 vers Diélette puis Siouville ; laissez Siouville sur la gauche et continuez la D 4, la maison est à l'entrée du hameau.

LE VAST 50630

Carte régionale A1

23 km SE de Cherbourg ; 4 km NO de Quettehou

€€ 🏠 🐾 ⑩% **Chambres d'hôtes La Dannevillerie (Dominique Daviault) :** ☎ 02-33-41-23-22. 📱 06-27-47-47-19. • ladannevillerie@live.fr • ladannevillerie.com • 🛜 Dans une ancienne ferme, 3 chambres calmes et lumineuses ; l'une à l'étage de la maison des proprios, mansardée, les 2 autres avec accès indépendant et ouvrant sur les prés où se trouve Titou, l'ânesse de la maison. L'une est décorée sur le thème de la mer, l'autre sur celui des papillons. Sanitaires privés. Comptez 52 € pour 2, petit déj compris. Avant de partir, n'oubliez pas de passer voir le boulanger du village pour acheter une brioche du Vast, une des plus réputées de la région !

Accès : de Quettehou, prenez vers Barfleur et, à la sortie du bourg, prenez, à gauche, la D 26 vers Le Vast ; faites 4 km et suivez le fléchage à droite.

LE VEY 14570

Carte régionale B2

23 km NE de Flers ; 10 km NE de Condé-sur-Noireau

€ 🏠 **Chambres d'hôtes La Ferme du Manoir (Louise Pellier) :** ☎ 02-31-69-73-81. En Suisse normande, dans un joli manoir du XVIe s, 3 chambres pour 2, 3 ou 4 personnes, avec sanitaires privés. Vous y accéderez par une mignonnette tourelle. Comptez 50 € pour 2 et 35 € par personne supplémentaire, avec le petit déj. Accueil agréable.

Accès : sur la D 562 entre Caen et Condé ; prenez la D 133 vers Clécy puis Le Vey.

LES CHAMPS-DE-LOSQUE 50620

Carte régionale A1

16 km NO de Saint-Lô ; 15 km S de Carentan

€ 🛏 |●| **Chambres d'hôtes (Irène et Georges Voisin) :** *Les Ronds-Champs.* ☎ 02-33-56-21-40. 📱 06-78-11-29-68. ● *georgesvoisin@orange.fr* ● Située dans le parc naturel des marais du Cotentin, agréable ferme avec 4 chambres équipées de sanitaires privés, à 40 € pour 2, petit déj compris. Pas de table d'hôtes, mais petite cuisine à disposition. Une adresse chaleureuse à prix doux.

Accès : de Saint-Lô, prenez la D 900 en direction de Périers, puis la D 29 vers Les Champs-de-Losque ; la maison est sur la D 92 avt d'arriver au village.

LIGNEROLLES 61190

Carte régionale B2

30 km SO de Verneuil-sur-Avre ; 10 km NE de Mortagne-au-Perche

€€ 🛏 ⑩% **Chambres d'hôtes (Marie et Richard Buxtorf) :** *Le Bois-Gerboux.* ☎ 02-33-83-68-43. 📱 06-72-14-37-11. ● *buxtorfgerboux@yahoo.fr* ● *leboisgerboux.com* ● 📶 En pleine campagne, en lisière du massif forestier du Perche et de la Trappe, ancienne ferme au milieu d'un parc de 2 ha avec deux pièces d'eau. La grange, entièrement réaménagée, abrite aujourd'hui 2 chambres spacieuses pour 3 personnes. Déco soignée, beaux meubles anciens et sols recouverts de jonc de mer. Sanitaires privés. 60 € pour 2 et 75 € pour 3, petit déj compris, servi dans le jardin aux beaux jours. Si vous aimez les modèles réduits volants, Richard est un passionné et possède un hélico et un avion. Accueil de qualité.

Accès : de Verneuil, N 12 vers Alençon sur 20 km ; sortez à Tourouvre et prenez la D 32 vers Moulins-la-Marche ; après Bubertré, prenez à gauche la D 273 vers Lignerolles jusqu'au hameau du Bois-Gerboux.

LIVRY 14240

Carte régionale A1

30 km SO de Caen ; 22 km S de Bayeux

€€ 🛏 |●| 🐴 **Chambres d'hôtes La Suhardière (Françoise et Alain Petiton) :** ☎ et fax : 02-31-77-51-02. 📱 06-25-52-46-79. ● *petiton.alain@wanadoo.fr* ● Au creux d'un petit vallon, belle ferme en pierre, du XVIIIe s. Trois chambres coquettes et agréables réparties entre le rez-de-chaussée et le 1er étage. Ambiance meubles rustiques et vieilles dentelles. Sanitaires privés. Elles ouvrent toutes sur le petit étang de la maison. Comptez 65 € pour 2, petit déj inclus. Table d'hôtes à 23 €, apéro, vin et café compris. Ceux qui aiment taquiner le poisson pourront exercer leur art sans carte ; les débutants auront même tout le matériel de base à leur disposition. Accueil authentique et agréable.

Accès : de Caen, prenez la D 9 en direction de Torigny-sur-Vire ; lorsque Livry est signalé, continuez sur cette route, la ferme est à 1 km avt Caumont-l'Éventé sur la gauche (quand on vient de Caen).

LONGNY-AU-PERCHE 61290

Carte régionale B2

65 km NE d'Alençon ; 30 km S de L'Aigle

€€ 🛏 |●| ⑩% **Chambres d'hôtes L'Orangerie (Édith et Marc Desailly-Fondeur) :** *9, rue du Dr-Vivarès.* ☎ 02-33-25-11-78. 📱 06-32-24-60-03. ● *desailly-fondeur@orange.fr* ● *lorangerie.free.fr* ● Fermé Noël-Nouvel An. Derrière la façade austère de cette maison située au cœur du village, vous découvrirez, dans un beau jardin, un adorable bâtiment aux entourages en brique et aux arcades vitrées, où les sœurs entreposaient les fruits de leur labeur. Au 1er étage, 3 chambres décorées avec goût, où l'on vous accueille avec un poème. Sanitaires privés. 56 € pour 2, petit déj compris. Immense pièce de jour avec une grande table en bois taillée et une imposante cheminée. L'horloge comtoise, la cuisinière traditionnelle et un vieux banc d'écolier complètent le décor. Table d'hôtes, partagée en famille, à 18 €, vin compris. Ici, c'est Marc qui s'active derrière les fourneaux. Goûteuse cuisine régionale avec produits du terroir et légumes du jardin. Ce dernier ouvre sur la petite école de trois classes dont Édith est directrice. Ils ont aussi cinq enfants qui participent activement à l'accueil. Une famille qui n'a pas les deux pieds dans le même sabot (d'écolier bien sûr !). Bon rapport qualité-prix-convivialité.

Accès : de Verneuil-sur-Avre (N 12), prenez la D 841 puis la D 941 vers La Ferté-Vidame puis les D 4 et D 11 jusqu'à Longny ; à l'église, prenez direction Monceaux-au-Perche, c'est en face de la maison de retraite.

LONGUES-SUR-MER 14400

Carte régionale A1
30 km NO de Caen ; 10 km N de Bayeux

€€ 🛏 🐴 **Chambres d'hôtes La Ferme de la Tourelle (Janine et Jean-Maurice Lecarpentier) :** Fontenailles. ☎ 02-31-21-78-47. Fax : 02-31-21-84-84. • *lecarpentier2@wanadoo.fr* • *fermedelatourelle.free.fr* • Ouv de mi-mars à mi-nov. Cette ferme céréalière fut construite au XVIIe s par les moines de l'abbaye voisine. On retrouve une immense cour carrée, typique du Bessin, avec aujourd'hui une grande pelouse. Les anciennes écuries ont été restaurées et abritent 5 chambres proprettes avec sanitaires privés, ainsi qu'une grande salle commune avec coin cuisine. 55 € pour 2, avec un copieux petit déj accompagné d'originales et délicieuses confitures maison. Accueil agréable.

> **Accès :** de Caen, direction Cherbourg puis Bayeux et D 104 jusqu'à Longues-sur-Mer ; dans le village, au feu, tournez vers Arromanches et 1re à droite vers Fontenailles et fléchage.

LONGVILLERS 14310

Carte régionale A1
22 km SO de Caen ; 4 km S de Villers-Bocage

€€ 🛏 **⑩%** **Chambres d'hôtes (Anne-Marie et Jean de Mathan) :** Mathan. ☎ 02-31-77-10-37. • *mathan.normandie@gmail.com* • Ouv avr-oct. Les Mathan habitent, cela tombe sous le sens, dans le hameau du même nom... En fait, il consiste en une superbe ferme-manoir et ses dépendances, dont les origines remontent au XVe s, entourée d'un magnifique domaine où nature et agriculture vivent en harmonie. Trois chambres : une au 1er étage, 2 au second. On y accède par un bel escalier en pierre installé dans une petite tour, et là, vous serez payé de votre peine... On s'y sent bien, car elles sont immenses, décorées avec goût et accompagnées de luxueux sanitaires privés. 60 € pour 2, petit déj compris, et 15 € par personne supplémentaire. Accueil vraiment chaleureux. Bon rapport qualité-prix-convivialité.

> **Accès :** de Villers-Bocage, prenez la D 6 vers Aunay-sur-Odon et, en bas d'une grande descente, tournez à droite.

MAROLLES 14100

Carte régionale B1
60 km E de Caen ; 10 km E de Lisieux

€ 🛏 🐴 **⑩%** **Chambres d'hôtes La Drouetterie (Vicky et Alain Gran) :** ☎ et fax : 02-31-62-73-93. • *ladrouetterie@orange.fr* • *ladrouetterie.monsite.orange.fr* • 📶 Dans un joli petit coin de campagne, superbe maison à pans de bois. Deux chambres immenses, dont une plus petite pour les enfants, chacune desservie par un petit escalier extérieur indépendant. TV dans chaque chambre. 50 € pour 2, petit déj compris (confitures et miel maison). Pas de table d'hôtes, mais petit resto à 2 km et nombreux autres à Lisieux pour s'en mettre plein... les yeux (facile !).

> **Accès :** sur la N 613 entre Lisieux et Évreux, bifurquez vers Marolles, puis prenez la D 75B vers Courtonne-la-Meurdrac et suivez le fléchage « La Drouetterie ».

MONTFARVILLE 50760

Carte régionale A1
30 km E de Cherbourg ; 2 km S de Barfleur

€€€ 🛏 **⑩%** **Chambres d'hôtes Clémasine (Dominique et Patrick Gancel) :** 49, rue de la Grand'Ville. ☎ 02-33-22-08-63. 📱 06-83-12-25-85. • *patrick.gancel@clemasine.fr* • *clemasine.fr* • Fermé 24 déc-2 janv. 📶 Ancienne ferme tout en granit dont les origines remontent au XVIIe s. Si l'extérieur a conservé son caractère originel, l'intérieur se veut résolument moderne et lumineux. Quatre chambres élégantes avec sanitaires privés : 2 au 1er étage de la maison avec mezzanine pouvant accueillir une personne supplémentaire, 2 autres pour 4 personnes avec mezzanine et accès direct sur le jardin. Selon la chambre et la durée du séjour, de 70 à 85 € pour 2, petit déj compris, et de 20 à 25 € par personne supplémentaire. Dominique propose régulièrement des cours et des stages de patchwork. Pas de table d'hôtes mais un petit resto sympa dans le village. Une visite à l'église s'impose avec ses fresques peintes par Guillaume Fouace. Première plage à 1 km. Accueil convivial.

> **Accès :** sur la D 902, entre Barfleur et Quettehou, entrez dans Montfarville, laissez l'église sur votre gauche, traversez le village, prenez la 2e route à droite (D 415) puis à gauche (vers la D 1) et aller jusqu'au n° 49.

MONTGARDON — 50250

Carte régionale A1

46 km S de Cherbourg ; 3 km SO de La Haye-du-Puits

€€ 🛏 |●| ⚐ **Chambres d'hôtes (Nicole et Yves Séguineau) :** *Le Mont-Scolan.* ☎ et fax : 02-33-46-11-27. 📱 06-18-94-29-12. • seguineau.yves@orange.fr • *Fermé dim.* 📶 Au calme, dans une ferme, 4 chambres d'hôtes agréables au 1ᵉʳ étage de la maison, dont 2 toutes récentes. Sanitaires privés. 56 € pour 2, avec le petit déj (confitures maison, dont une délicieuse potiron-orange). Repas (sauf le dimanche, sur réservation), partagé avec les proprios, pour 23 €, cidre compris, avec, par exemple, rôti de porc à l'andouillette et camembert, lapin au cidre, teurgoule, omelette norvégienne flambée au calva ou pavé au chocolat. Coin cuisine à disposition. La plage de Saint-Germain-sur-Ay est à 9 km. Accueil chaleureux.

> *Accès :* de La Haye-du-Puits, prenez la D 136 vers Bretteville, puis tournez à gauche à l'opposé du village sur la D 528 et suivez le fléchage.

REVIERS — 14470

Carte régionale B1

18 km N de Caen ; 18 km E de Bayeux

€€€ 🛏 ⚐ (10 %) **Chambres d'hôtes La Malposte (Patricia et Jean-Michel Blanlot) :** *15, rue des Moulins.* ☎ et fax : 02-31-37-51-29. • jean-michel.blanlot@wanadoo.fr • lamalposte.com • Au cœur d'un ravissant village rempli de vieilles maisons, c'est dans deux dépendances d'un joli moulin à eau que Patricia et Jean-Michel vous proposent de séjourner. Ici, les niveaux et accès s'enchevêtrent, permettant de rejoindre le jardin, où court une petite rivière, et 5 chambres élégantes : la chambre jaune et ses tissus écrus (notre préférée), la bleue composée de 2 chambres (pour famille ou amis)... Toutes avec TV et sanitaires privés. 82 € pour 2, petit déj compris, servi dans une agréable salle à manger aux couleurs pastel. Pas de table d'hôtes, mais cuisine à disposition. Accueil jeune et sympa. Si vous êtes de vrais amateurs de voile, Jean-Michel a créé une association de Dragons, des quillards de 8,90 m et de 1,95 m de large pour voile sportive (des bombes !). La cotise est minime. Si vous avez le mal de mer, allez plutôt voir le château de Fontaine-Henry tout proche. De style Renaissance, il appartient à la même famille depuis sa construction (si, si !). Malheureusement, il attire de nombreux touristes (choisissez le jour et l'heure de votre visite). Pour les lézards, première plage à 3 km. Ambiance bucolique et romantique à souhait.

> *Accès :* de Caen, prenez la D 7 puis la D 404 vers Courseulles-sur-Mer ; 3,5 km avt d'y arriver, tournez à gauche au carrefour vers Creully, jusqu'à Reviers ; au rond-point du village, tournez à droite, la maison est un peu plus loin à gauche.

ROULLOURS — 14500

Carte régionale A2

4 km E de Vire

€€€ 🛏 |●| ⚐ (10 %) **Chambres d'hôtes Le Domaine des Roches (Josée et Hubert Royer-Schneider) :** *lieu-dit Saillofest.* ☎ 02-31-69-97-58. • domainedesroches14@gmai.com • 📶 Au bout d'une longue allée bordée de chênes rouges d'Amérique et plantée dans un parc de 1 ha, belle demeure en granit avec tour carrée dont les origines remontent à 1830. Au 2ᵉ étage, 3 chambres élégantes et spacieuses. Sanitaires privés. TV. Déco qui mêle agréablement mobilier contemporain et ancien. On aime bien la chambre « Rubis » dans les tons gris et lie de vin, la plus lumineuse, et « Graphite » dans les tons noir, la plus grande. Comptez 90 € pour 2, petit déj compris. Josée et Hubert ont quitté l'Alsace mais en ont gardé certaines spécialités que la maîtresse mitonne à la table d'hôtes. Mais d'origine normande, elle aime faire découvrir les produits locaux, comme l'andouille. Repas à 28 €, apéro, vin et café compris. Accueil convivial.

> *Accès :* à l'entrée de Vire, venant de Caen, prenez la contournante vers Flers ; lorsque vous arrivez sur la D 524, continuez vers Flers, faites 2,8 km, l'entrée du domaine est sur la droite.

SAINT-AUBIN-D'APPENAI — 61170

Carte régionale B2

28 km NE d'Alençon ; 6 km N du Mêle-sur-Sarthe

€ 🛏 |●| ⚐ (10 %) **Séjour à la ferme Le Gué Falot (Marie-Annick Flochlay) :** ☎ et fax : 02-33-28-68-12. • leguefalot@wanadoo.fr • *Fermé déc-janv.* 📶 Ici, c'est la vraie vie de la ferme... La maison d'abord : elle est belle et ses origines remontent au XVIIIe s (encadrements de portes et fenêtres en granit et tuffeau). Marie-Annick exploite cette petite ferme bio de 15 ha. Elle possède 10 vaches, 6 chèvres accompagnées du bouc, 6 brebis, des lapins et volailles, sans oublier un superbe potager. Trois chambres de 2 à 4 personnes avec sanitaires privés : 2 au rez-de-chaussée avec accès indépendant, l'autre à l'étage, très vaste et sur deux niveaux. 50 € pour 2, petit déj compris, et 16 € par personne supplémentaire. Table d'hôtes, partagée avec votre hôtesse, à 18 €, apéro et cidre compris. Excellente cuisine traditionnelle et familiale avec plein de produits maison. Accueil chaleureux.

Accès : depuis Le Mêle-sur-Sarthe, prenez la D 4 vers Coutomer, puis la D 214 vers Boitron sur 3 km ; tournez à gauche au fléchage (n'allez pas à Saint-Aubin).

SAINT-AUBIN-DE-TERREGATE — 50240

Carte régionale A2

30 km N de Fougères ; 17 km S d'Avranches

€€ 🏠 |●| ⑩% **Chambres d'hôtes de la Ferme de la Patrais (Hélène et Jean-Pierre Carnet) :** ☎ 02-33-48-43-13. Fax : 02-33-48-59-03. ● helene.carnet@laposte.net ● fermedelapatrais.com ● ♿. Dans une ancienne ferme dont les bâtiments agricoles ont été aménagés et restaurés, 5 chambres agréables avec sanitaires privés : 2 au rez-de-chaussée, aux deux extrémités de la maison, très indépendantes, et 3 au 1er étage dont 1 familiale pour 5 personnes. 55 € pour 2, petit déj compris. Repas (sauf le dimanche) à 19 €, vin compris. Autrement, coin cuisine à disposition. Hélène et Jean-Pierre sont agriculteurs, et l'exploitation se trouve juste en face de la maison (élevage de vaches laitières). Accueil authentique et chaleureux.

Accès : de Saint-Aubin-de-Terregate, prenez la direction de Saint-Laurent ; la ferme est à 1,5 km du bourg sur la gauche.

SAINT-BÔMER-LES-FORGES — 61700

Carte régionale A2

10 km SO de Flers ; 10 km N de Domfront

€€ 🏠 **Chambres d'hôtes La Roculière (Marie-Madeleine Roussel) :** ☎ et fax : 02-33-37-60-60. 📱 06-74-06-13-00. ● rocsel@orange.fr ● En pleine campagne, une maison de ferme en grosse pierre qui hésite entre la Normandie et la Bretagne. Au 1er étage, 4 chambres pimpantes et bien tenues avec sanitaires privés. Vue sur la campagne environnante. Endroit calme. 52 € pour 2, avec le petit déj. Le vieux four à pain s'est transformé en cuisine d'été, où vous pourrez faire vos grillades. Accueil convivial.

Accès : n'allez pas à Saint-Bômer ; de Domfront, prenez la D 962 vers Flers ; 1 km après Les Forges, prenez un chemin à droite et suivez le fléchage.

SAINT-DENIS-DE-VILLENETTE — 61330

Carte régionale A2

35 km S de Flers ; 12 km SE de Domfront

€ 🏠 |●| 🐴 **Chambres d'hôtes Ferme de la Prémoudière (Marie et Pascal Brunet) :** La Prémoudière. ☎ et fax : 02-33-37-23-27. 📱 06-86-71-29-64. ● lapremoudiere@orange.fr ● lapremoudiere.com ● Dans un joli petit coin de campagne, agréable ensemble de bâtiments. Pascal et Marie élèvent une vingtaine de vaches allaitantes, cultivent des fruits (notamment rouges) et produisent cidre et poiré. Dans une belle maison en pierre et colombages (indépendant de la leur), ils ont aménagé 5 chambres coquettes et claires : une au rez-de-chaussée, les autres aux 1er et 2e étages. Cuisine aménagée dans l'une des chambres, et sanitaires privés pour toutes. 48 € pour 2, petit déj compris, avec jus de fruits maison. Table d'hôtes, partagée en famille, à 19 €, apéro, cidre et poiré compris. Ambiance décontractée. Accueil jeune et sympa. Vente des produits maison. Une adresse nature.

Accès : sur la N 176 entre Alençon et Domfront, sortie Bourg-de-la-Chapelle-d'Andaine ; prenez à gauche la D 270 jusqu'à Saint-Denis ; traversez le village et suivez le fléchage.

SAINT-GERMAIN-DE-LA-COUDRE — 61130

Carte régionale B2

10 km NO de La Ferté-Bernard ; 10 km S de Bellême

€€€ 🏠 ⑩% **Chambres d'hôtes Le Haut Buat (Isabelle et Laurent Thiéblin) :** ☎ 02-33-83-36-00. 📱 06-47-47-72-32.

● lthieblin@wanadoo.fr ● haut.buat.free.fr ● Lorsqu'on emprunte cette route buissonnière, on sent que la ferme va être belle... et elle l'est ! Ses origines remontent au XVIe s et tous les bâtiments annexes sont encore là : le poulailler, le fournil, et même la grange qui prend des airs de chapelle. Bref, un vrai dépaysement... Deux chambres champêtres à souhait, de plain-pied, avec sanitaires privés. Belles tomettes et vieux meubles campagnards. Fenêtre par porte-fermière à deux battants. Au 1er étage de la maison, une chambre familiale (6 personnes) composée de 2 chambres, accessible par une surprenante petite porte. 75 € pour 2, petit déj compris (gâteau à la peau de lait et confitures maison). Salon avec piano accordé. Accueil chaleureux, plein de conseils et tout le matériel pour découvrir le parc naturel régional du Perche. Une adresse de charme.

Accès : *de Saint-Germain-de-la-Coudre, D 211 vers Bellou-Trichard sur 2 km et prenez le petit chemin à droite.*

SAINT-MARTIN-DE-BLAGNY 14710

Carte régionale A1

25 km NE de Saint-Lô ; 20 km O de Bayeux

€ ≜ |●| ↗ *Chambres d'hôtes La Coquerie (Geneviève et Alain Pasquet) :* ☎ *et fax : 02-31-22-50-89.* 📱 *06-80-71-44-33.* À l'orée du parc naturel régional des marais du Cotentin et du Bessin, ancienne ferme du XVIIe s dont une moitié a disparu. Un superbe et noble escalier en bois dessert 3 chambres familiales aux 1er et 2e étages. Elles sont vastes et leur déco est chaleureuse : l'une avec un vieux coffre-fort et dans une autre un mignon banc d'écolier. Cette dernière est mansardée avec une belle charpente apparente. Sanitaires privés avec tout le matériel bébé à disposition (super !). Il faut dire que Geneviève a eu cinq enfants et connaît les galères des voyages avec bébé (arrête, bientôt il va nous falloir la remorque !). Comptez 45 € pour 2 et 10 € par personne supplémentaire, petit déj compris, avec corbeille de fruits et lait de la ferme. Eh oui, Geneviève et Alain sont agriculteurs et élèvent un petit troupeau de vaches (j'en connais qui vont aller voir les veaux léchouilleurs). Table d'hôtes partagée en famille à 18 €, pommeau compris. Une cuisine naturelle avec des produits maison : chaque jour un potage différent, des volailles de la ferme et la teurgoule en dessert (riz au lait de la ferme et à la cannelle, cuit dans une terrine) ou des pommes flambées au calvados. Une adresse à prix doux, chaleureuse et sans façon, où il fait bon venir avec des petits, d'autant que le parc régional est tout proche et offre bien sûr de belles balades.

Accès : *de Bayeux, prenez la D 5 vers Le Molay-Littry jusqu'à Tournières ; à l'église du village, prenez la petite route à droite, faites 2,5 km et suivez le fléchage à gauche.*

SAINT-MARTIN-DES-ENTRÉES 14400

Carte régionale A1

20 km NO de Caen ; 4 km SE de Bayeux

€€€ ≜ |●| *Chambres d'hôtes Château de Damigny (Corinne et Vincent Capon) :* ☎ *02-31-22-56-89.* 📱 *06-03-22-12-29.* ● *chateaudedamigny@yahoo.fr* ● *chateaudedamigny.fr* ● 🍴 *Fermé 3 sem début janv.* 📶 Voilà une adresse que les amoureux d'histoire ne manqueront pas... Belle demeure de 1830 construite sur les vestiges d'un ancien château médiéval dont il reste une tour de garde et les douves, si vous êtes plus curieux. Quatre chambres agréables dont 2 grandes suites installées au 1er étage de la maison. 85 € pour 2, petit déj compris, et 100 € pour les suites. Celles-ci sont composée chacune de 2 chambres et d'un salon installé dans une jolie véranda. Sanitaires privés (baignoire balnéo dans une des suites). Table d'hôtes partagée en famille à 31 €, apéro, trou normand, vin et café compris. Billard américain. Grand parc pour profiter de la nature en contemplant le potager. Une halte élégante à deux pas des plages du Débarquement.

Accès : *sur la N 13 entre Caen et Bayeux, prenez la sortie n° 36 Bayeux ou Courseulles puis direction Nonant, et au rond-point, prenez « ZA de Damigny ».*

SAINT-RÉMY-SUR-ORNE 14570

Carte régionale A2

30 km SO de Caen ; 8 km S de Thury-Harcourt

€ ≜ **10%** *Chambre d'hôtes La Grange (Valérie et Denis Hamon) : lieu-dit La Mousse.* ☎ *02-31-69-17-09.* 📱 *06-09-01-89-58.* ● *denis.hamon@nordnet.fr* ● *lagrangedelamousse.e-monsite.com* ● 📶

Sur la jolie route des Crêtes, qui domine les environs qu'on nomme la Suisse normande, grand corps de ferme au milieu des cultures et des pâturages. Une chambre de plain-pied avec accès direct sur l'extérieur. Elle est coquette, parée de bois et dégage une atmosphère chaleureuse. 50 € pour 2, petit déj compris. Pas de table d'hôtes mais un bon resto à Saint-Omer, à 1,8 km. Valérie propose dans sa petite boutique ses conserves préparées avec les produits maison (terrines, rillettes et plats cuisinés à partir des volailles, au calva, au pommeau...) ainsi que de l'artisanat qu'elle réalise elle-même. Accueil convivial.

Accès : sur la D 562 entre Thury-Harcourt et Clécy, au niveau du Pont-de-la-Mousse prenez la D 133, route des Crêtes vers Saint-Omer, jusqu'à la maison à 3,5 km.

SAINT-SAMSON-DE-BONFOSSÉ 50750

Carte régionale A1

9 km S de Saint-Lô

€€ 🏠 (10%) **Chambres d'hôtes (Myriam et Michel De Aranjo) :** *2, hameau Bernard.* ☎ 02-33-56-52-92. 📱 06-10-15-10-42. • manoirdesarts50@gmail.com • manoirdesarts.com • En pleine campagne, curieuse et imposante demeure du XVIII° s avec deux tours carrées à colombages de la fin du XIX°. Cinq chambres spacieuses et colorées, meublées 1920-1930, dont une suite familiale de 2 chambres, avec sanitaires privés. 55 € pour 2, et 85 € pour 4, petit déj compris. Pas de table d'hôtes mais coin cuisine à disposition. Calme et tranquillité assurés, parfois troublés par les vocalises des élèves de Myriam, professeur de chant de son état. Accueil chaleureux.

Accès : à la sortie du bourg en direction de Villedieu-les-Poêles, prenez la petite route à gauche de la pharmacie, tournez à gauche au 1er croisement, à gauche au suivant puis à droite vers le hameau Bernard, la maison est à 100 m à droite.

SAINTE-GENEVIÈVE 50760

Carte régionale A1

27 km E de Cherbourg ; 3 km SO de Barfleur

€€€ 🏠 🐕 (10%) **Chambres d'hôtes La Fèvrerie (Marie-France et Maurice Caillet) :** *village d'Arville.* ☎ 02-33-54-33-53. 📱 06-80-85-89-01. • lafevrerie@orange.fr • lafevrerie.fr • 📶 Ancienne et très belle ferme-manoir des XVI° et XVII° s, avec cour intérieure gravillonnée. Trois chambres meublées et décorées avec goût, auxquelles on accède par un superbe escalier en pierre à l'intérieur d'une tour. Dans une dépendance, une chambre familiale, en duplex, avec kitchenette. Sanitaires privés. De 72 à 80 € pour 2, et 120 € pour 4, petit déj compris. Très agréable salle de séjour, agrémentée d'une immense cheminée en granit, où sont servis les petits déj. Marie-France est une hôtesse charmante, qui n'a jamais quitté sa maison natale, et elle connaît toutes les balades sympas à faire dans le coin. Pas de table d'hôtes, mais plusieurs restos à Barfleur. Accueil soigné. Une adresse pour séduire sa belle.

Accès : de Barfleur, prenez la D 901 vers Cherbourg et, à 2 km, la D 10 à gauche, puis suivez le fléchage.

SÉRANS 61150

Carte régionale B2

35 km E de Flers ; 7 km O d'Argentan

€€€ 🏠 🍽 (10%) **Chambres d'hôtes Château de Sérans (Balias et Martien van Erpers Royarards) :** ☎ 02-33-36-69-42. 📱 06-86-50-40-31. • artdanslorne@hotmail.com • atelierbalias.com • 📶 Quand on parle à Balias de son château, il répond que c'est *uno palazzo*... et c'est vrai. Construite par un Italien au XIX° s, cette superbe demeure a été entièrement revisitée par son nouveau propriétaire, artiste-peintre de renom, qui en a fait l'œuvre de sa vie. Si l'extérieur s'orne de sculptures, l'intérieur foisonne de fresques, trompe-l'œil... et même le mobilier n'a pas échappé au maître des lieux ! Au 1er étage, 2 chambres élégantes et colorées avec sanitaires privés et TV. 75 € pour 2, petit déj compris. Table d'hôtes à 35 €, quart de vin compris. Cuisine traditionnelle et familiale, accompagnée d'un vin en harmonie avec le menu. Balias organise de nombreuses manifestations artistiques, dont un incroyable symposium qui réunit des artistes internationaux. Ils ont 15 jours pour réaliser une sculpture monumentale. Depuis, les statues qui ornent le jardin croissent chaque année et se dressent fièrement dans les 4 ha du parc. Durant cette période, artistes et hôtes vivent en harmonie. Accueil chaleureux. Une adresse originale, comme on en voit peu...

Accès : sur la D 924 entre Argentan et Flers ; entrez dans Écouché que vous traversez en direction de Mongaroult et, tt de suite après le pont de l'Orne, tournez à gauche, c'est à 800 m.

TOURNEBU — 14220

Carte régionale B2

30 km S de Caen ; 15 km NO de Falaise

€€ ♿ **Chambres d'hôtes (Anne et Franck Defever) :** *le bourg.* ☎ 02-31-83-27-69. 📱 06-15-15-50-18. • franckdefever@yahoo.fr • 🛜 Belle demeure en pierre au cœur du village. Trois jolies chambres champêtres, accessibles par des escaliers extérieurs, de 2 à 5 personnes, au nom des enfants de la maison. 55 € pour 2, petit déj compris (gâteau et confitures maison) et 15 € par personne supplémentaire. Pas de table d'hôtes mais plusieurs bons restos à Falaise. Grand espace vert derrière la maison. Une caresse à Gaïa, la femelle labrador de la maison. Accueil chaleureux.

> *Accès :* au centre du bourg.

TRÉMONT — 61390

Carte régionale B2

30 km NE d'Alençon ; 25 km NO de Mortagne-au-Perche

€ ♿ 🍽 **Chambres d'hôtes (Lorette et Yves Ledemay) :** *La Foleterie.* ☎ 02-33-28-72-15. • yl.ledemay@orange.fr • lafoleterie.fr • 🛜 Dans un petit hameau campagnard, jolie fermette en pierre aux entourages en brique avec une agréable treille. Deux chambres vastes et lumineuses avec sanitaires privés, dont une avec kitchenette. Déco agréable et belles frises colorées réalisées par la maîtresse des lieux, qui peint à ses heures perdues. 50 € pour 2, petit déj compris. Table d'hôtes (sauf le dimanche soir) à 20 €, apéro et cidre compris. Repas partagé en famille pour découvrir la gastronomie locale à partir de nombreux produits maison. Magnifique jardin qui mêle fleurs et légumes. Accueil convivial.

> *Accès :* de Mortagne, prenez la D 8 vers Sées sur 20 km et, 5 km après le carrefour des cinq routes, fléchage à gauche et 1re maison à gauche.

TRÉVIÈRES — 14710

Carte régionale A1

20 km O de Bayeux ; 6 km S de Saint-Laurent-sur-Mer

€€ ♿ 10% **Chambres d'hôtes Ferme du Perey-Héroult (Brigitte et Philippe Bacheley) :** ☎ 02-31-22-07-87. 📱 06-09-50-72-70. • philippe.bacheley@wanadoo.fr • 🛜 En pleine campagne, ferme en activité où Philippe élève des vaches laitières. Au 1er étage, une suite familiale composée de 2 petites chambres agréables pour les familles ou amis. Sanitaires privés. 55 € pour 2, petit déj compris, servi dans un grand jardin clos aux beaux jours. Pas de table d'hôtes mais Brigitte vous donnera toutes les bonnes adresses du coin. Une adresse pour se faire dorloter... Normal, Brigitte est une ancienne infirmière !

> *Accès :* de Trévières, prenez la D 29 vers Bricqueville/Colombières ; la maison est à 500 m à gauche après la sortie du bourg.

VAUDRIMESNIL — 50490

Carte régionale A1

31 km NO de Saint-Lô ; 3 km S de Périers

€ ♿ **Chambres d'hôtes La Rochelle (Olga et Alain Berthou) :** *12, route de Coutances.* ☎ 02-33-46-74-95. 📱 07-87-36-05-69. • bons-plans-tourisme.com • 🛜 Ancienne ferme réaménagée avec beaucoup de goût par Olga et Alain à laquelle vous accéderez par une allée de chênes. Trois chambres agréables avec sanitaires privés, dont une au rez-de-chaussée. 50 € pour 2, petit déj compris, que l'on prend en été sous une véranda ouvrant sur le parc. Pas de table d'hôtes, mais plusieurs restos à Périers. Un très joli pigeonnier héberge billard et table de ping-pong, sans oublier le petit étang. Accueil authentique et chaleureux. Une adresse qui fait des adeptes.

> *Accès :* de Périers, prenez la D 971 en direction de Coutances ; 1 km avt Vaudrimesnil, la maison est fléchée sur la droite.

VAUX-SUR-SEULLES — 14400

Carte régionale A1

20 km NO de Caen ; 6 km SE de Bayeux

€€€€ ♿ 10% **Chambres d'hôtes La Ferme du Clos Mayas (Fabienne Altenweg-Gourdon) :** ☎ 02-31-22-32-71. 📱 06-16-31-05-96. Fax : 02-31-22-51-87. • fabienne.gourdon@cegetel.net • leclosmayas.com • 🛜 Au cœur d'un verger de pommiers (Normandie oblige !), ferme du XVIIe s joliment restaurée. Deux chambres ouvertes sur la terrasse, avec sanitaires privés, à 100 € pour 2, petit déj compris. À l'arrière de la maison, les communs ont conservé un charme fou : la cave à l'odeur de cidre où trônent de superbes fûts, l'écurie avec ses mangeoires en pierre. Accueil agréable et souriant.

> *Accès :* de Caen, direction Bayeux puis Vaux-sur-Seulles et fléchage (la maison est 500 m après le village).

VER-SUR-MER 14114

Carte régionale A1

15 km NE de Bayeux ; 8 km E de Courseulles-sur-Mer

€€€ 🛏 (10%) **Chambres d'hôtes Castel Provence (Josette Bourry) :** 7, rue de la Libération. ☎ 02-31-22-22-19. 📱 06-81-19-87-63. ● josette@castelprovence.fr ● castelprovence.fr ● Belle et grande demeure à l'allure bourgeoise dont Josette vous contera l'histoire... Deux chambres, dont « Jardin », véritable petit studio avec kitchenette très bien équipée, accès direct sur le magnifique parc. L'autre, à l'étage, dégage une atmosphère plus romantique. Sanitaires privés. Respectivement 75 et 80 € pour 2, petit déj compris. La maîtresse de maison aime recevoir et réserve plein de petites attentions pour ses hôtes : sablés, thé, tisane sont à disposition. Les petits déj, servis dans une belle cuisine avec cheminée, sont véritablement délicieux ; pains, viennoiseries, jus de fruits fraîchement pressés, sans oublier les confitures maison. Accueil charmant. Une adresse comme on les aime, dans un village charmant.

> **Accès :** *juste après l'église sur la droite.*

VOUILLY 14230

Carte régionale A1

27 km NE de Saint-Lô ; 7 km SE d'Isigny-sur-Mer

€€€€ 🛏 (10%) **Chambres d'hôtes Le Château (Marie-Josée et James Hamel) :** ☎ 02-31-22-08-59. ● chateau.vouilly@wanadoo.fr ● chateau-vouilly.com ● *Fermé déc-fév.* Dans un joli château entouré de douves, initialement château fort et arrangé au XVIIIe s. Belle façade avec tour qui donne sur un grand jardin. Quatre chambres spacieuses avec sanitaires privés, à 110 € pour 2, avec le petit déj (qui se prend dans la salle à manger qui servit de QG à la presse américaine lors du Débarquement, rien que ça !). Marie-Josée vous accueille avec douceur dans cette demeure de charme et se fera un plaisir de vous aider à découvrir sa région. Étang de pêche sur place.

> **Accès :** *d'Isigny, empruntez la route de Molay-Littry/Balleroy (D 5) ; prenez à gauche, immédiatement après Vouilly-Église.*

Haute-Normandie

AUZOUVILLE-AUBERBOSC 76640

Carte régionale A1

22 km SE de Fécamp ; 30 km SE d'Étretat

€€ 🏠 ⑩% *Chambre d'hôtes Le Vert Bocage (Yvette et Pierre Levesque) :* 679, rue de la Mairie. ☎ et fax : 02-35-96-72-37. 📱 06-20-12-65-76. • yvette.levesque@wanadoo.fr • levertbocage.monsite.wanadoo.fr • 🛜 Dans un petit village du pays de Caux, petit ensemble de maisons normandes. Dans une aile de l'habitation principale, une seule et grande chambre, pour 3 personnes, avec sanitaires privés et kitchenette. Accès par un escalier extérieur. Comptez 55 € pour 2 et 65 € pour 3, avec le petit déj. Les proprios proposent aussi 2 gîtes ruraux pouvant accueillir jusqu'à 5 personnes. Machine à laver, lave-vaisselle et, surtout, cheminée. Pour les amateurs, il y a un court de tennis, alors n'oubliez pas vos raquettes. Accueil sympathique.

Accès : par la D 109 ; la maison est face à la mairie-école du village.

BERTRIMONT 76890

Carte régionale B1

30 km N de Rouen ; 30 km S de Dieppe

€€€ 🏠 🍽 ⑩% *Chambres d'hôtes Le Colombier (Alain et Marie-Louise Duval) :* ☎ 02-32-80-14-24. • duval_alain@club-internet.fr • le-colombier.net • 🛜 Au pays du lin et des colombiers, dans un grand parc aux nombreuses essences, belle ferme à colombages du début du XVIIIe s, restaurée en préservant son authenticité. Le colombier est là, orné d'un magnifique cadran solaire qui indique 1748. Aujourd'hui, il héberge une immense chambre avec salon, cheminée et canapé. Déco soignée, lit en 200 avec croquignolette façade de lit clos (souvenir de Bretagne). Une autre suite avec accès indépendant, cheminée et coin salon. La dernière chambre est située au 1er étage de la maison. Sanitaires privés. Pour 2, comptez 95 € pour la chambre du colombier, 75 € pour la suite et 60 € pour la chambre, petit déj compris (pain et gâteau maison). Marie-Louise et Alain chinent depuis des années et ont une véritable passion pour les meubles anciens. La salle à manger est superbe avec son imposante cheminée et ses cuivres rutilants. Table d'hôtes, partagée en famille, à 27 €, pommeau et cidre maison, vin et café compris. Cuisine goûteuse et simple avec de bons produits fermiers. Atmosphère raffinée, calme et volupté, accueil de qualité... bref, une adresse comme on les aime, qui fait des adeptes !

Accès : de Rouen, prenez l'A 15 en directin du Havre/Dieppe ; continuez vers Dieppe et prenez la sortie D2 Val-de-Saâne ; poursuivez dans cette direction sur 5 km et suivez le fléchage.

Nous vous rappelons que la table d'hôtes est le complément d'une formule d'hébergement (chambre d'hôtes, gîte d'étape...). Ce service n'est offert qu'aux personnes qui dorment sur place (excepté lorsqu'il est clairement écrit « ouvert aux extérieurs »).

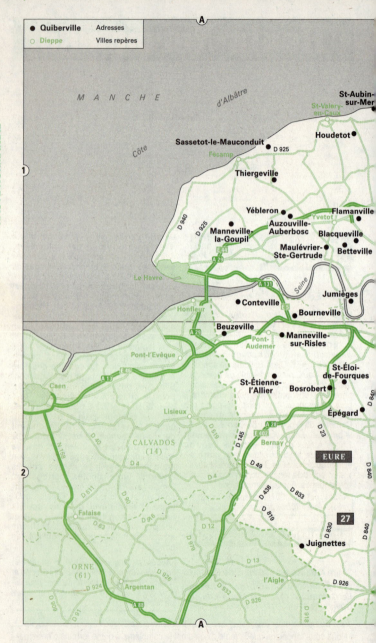

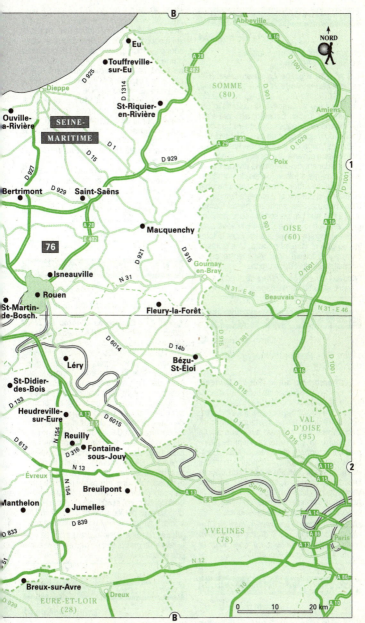

BETTEVILLE — 76190

Carte régionale A1

35 km NO de Rouen ; 5 km NE de Saint-Wandrille

€ 🛏 ⚐ **Gîte d'étape La Chaumière (Élisabeth Malheuvre) :** *217, route du Mesnil.* ☎ *02-35-92-60-69.* • *la.chaumiere.de.b@wanadoo.fr* • ⚑. Grâce à la volonté d'Élisabeth, cet ancien bâtiment agricole s'est transformé en une jolie chaumière traditionnelle avec murs à pans de bois. D'abord, une immense pièce de jour aux belles poutres, avec cuisine ouverte, cheminée, et un nombre impressionnant de collections diverses où la pub s'exprime à foison (boîtes de fromages, stylos, savonnettes, fèves...). Une chambre au rez-de-chaussée et 2 autres à l'étage, de 6 lits chacune, avec sanitaires privés. Comptez 20 € la nuit par personne (réduc pour les groupes), 4 € le petit déj, et 4 € si vous avez oublié vos draps. On peut aussi louer la totalité du gîte et faire sa popote. Une adresse campagne, idéale pour venir entre amis. Accueil souriant et décontracté.

Accès : *du village, prenez la direction du Mesnil et suivez le fléchage.*

BEUZEVILLE — 27210

Carte régionale A2

14 km O de Pont-Audemer ; 13 km SE de Honfleur

€ 🛏 **Chambres d'hôtes (Régine Bultey) :** *835, rue des Coutances.* ☎ *et fax : 02-32-57-75-54.* 📱 *06-22-63-33-81.* • *regine.bultey@yahoo.fr* • *dormirennormandie.blogspot.com* • 📶 Jolie ferme restaurée abritant 2 chambres très calmes, avec vue sur la campagne environnante, donnant de plain-pied sur la terrasse et l'agréable jardin. Sanitaires privés. Comptez 44 € pour 2, petit déj inclus. Intérieur rustique et très fleuri, décoré avec goût. Quelques jeux pour les enfants. Vente de produits fermiers (œufs, cidre...). Ambiance familiale et accueil convivial. Également un gîte rural pour 5 personnes.

Accès : *à 1 km de Beuzeville ; face au Crédit Agricole, tournez à droite, faites 50 m puis prenez à gauche sur encore 50 m, et route à gauche puis fléchage.*

BÉZU-SAINT-ÉLOI — 27660

Carte régionale B2

9 km de NO de Gisors ; 8 km E d'Étrépagny

€€€ 🛏 |◉| ⑩% **Chambres d'hôtes Domaine des Près du Hom (Caroline Boury-Erhart) :** *73, route de Gisors.* ☎ *02-32-55-61-19.* 📱 *06-70-65-09-87.* • *les presduhom@orange.fr* • *presduhom.com* • Trois vastes chambres (dont une immense suite sous combles pouvant accueillir 4 personnes), aménagées dans les dépendances d'une belle demeure bourgeoise du XIXᵉ s, en bordure d'un jardin verdoyant. De la clarté, de l'espace, de l'élégance, du charme en veux-tu, en voilà... De 75 à 85 € pour 2 pour les chambres et 110 € pour la suite, généreux petit déj compris. Cuisine goûteuse pour la table d'hôtes (35 €). Ici, vous pourrez aussi vous offrir une « Escapade bien-être » avec massages dans les chambres, une balade romantique en Citroën Traction avec chauffeur qui vous commentera la région durant 1h ou une « Escapade amoureuse » comprenant la nuitée, le champagne, les huiles essentielles pour massages et pour le bain, les bougies d'ambiance, etc. Excellent accueil. Une adresse où l'on pose ses valises les yeux fermés !

Accès : *dans le village.*

BLACQUEVILLE — 76190

Carte régionale A1

22 km NO de Rouen ; 8 km SE d'Yvetot

€ 🛏 ⚐ ⑩% **Chambres d'hôtes Le Neuf Bosc (Isabelle Lhermitte et Jean-Robert Lefebvre) :** *654, route du Neufbosc.* ☎ *et fax : 02-35-91-77-60.* • *lhermitte-lefebvre@orange.fr* • *amivac.com/chambres-dhotes-blacqueville* • Si vous êtes allergique aux poils de chat, choisissez une autre destination, car ici, ils sont trois et font partie de l'accueil... Ceux qui pourront en profiter découvriront une maison typique du pays de Caux, dont les façades sud et ouest sont recouvertes d'ardoise, de colombages sur les autres. Deux chambres, dont une familiale située dans une aile indépendante, sur 2 niveaux. Beaux enduits, réalisés par Jean-Robert, décorateur de théâtre, qui donnent à l'ensemble une atmosphère romantico-campagnarde. Sanitaires privés. 50 € pour 2, petit déj compris, et 80 € pour 4. Pas de table d'hôtes mais plusieurs restos à proximité. Une adresse sympa qui sent bon la campagne.

Accès : *de Blacqueville, prenez la D 22 vers Fréville ; la maison est un peu après la sortie du village à droite.*

BOSROBERT — 27800

Carte régionale A2

45 km SO de Rouen ; 5 km NE de Brionne

€ 🛏 |◉| ⑩% **Chambres d'hôtes Aux Deux Étangs (Marguerite et Roland**

Progin-Chopard) : *4, route du Moulin-du-Parc.* ☎ *02-32-44-87-03.* • *progin-chopard@aux2etangs.com* • *aux2etangs.com* • 📶 Marguerite et Roland ont quitté leur Suisse natale pour s'installer dans cette jolie longère à colombages. Deux chambres agréables de plain-pied, de 2 et 3 personnes, avec sanitaires privés. 50 € pour 2, petit déj compris. Table d'hôtes partagée en famille à 20 €, boissons comprises. Si vous restez plusieurs jours, Marguerite vous fera découvrir les spécialités suisses, tandis que vous prendrez l'apéro dans le « carnotzet » (caveau, en suisse) en contemplant un superbe meuble peint de 1832. Magnifique jardin que vos hôtes ont aménagé avec amour et qui comprend deux petits étangs. Accueil chaleureux et gentillesse au rendez-vous.

Accès : de Bourgtheroulde, D 438 vers Brionne ; passez l'embranchement vers Bosrobert et 1 km plus loin prenez à gauche la D 39 vers Champ-de-Bataille, la maison est à 1 km à droite.

BOURNEVILLE 27500

Carte régionale A1

40 km O de Rouen ; 10 km SO de Pont-Audemer

€€ 🛏 ⑩% **Chambres d'hôtes (Claude et Jim Brown) :** *route d'Aizier, La Grange.* ☎ *02-32-57-11-43. Ouv mars-nov.* Dans une jolie ferme en brique du début du XIXᵉ s, Claude et Jim, adorable couple de retraités, ont aménagé 2 coquettes et douillettes chambres d'hôtes, avec sanitaires privés (préférez la bleue). Comptez 55 € pour 2, petit déj compris. Pas de table d'hôtes, mais plusieurs restos à proximité et au village. Jim est anglais, ancien prof de français, et Claude, tout ce qu'il y a de plus normande. Une très gentille adresse, où il fait bon séjourner, et un accueil de qualité.

Accès : de Pont-Audemer, prenez la direction du Havre et, à la sortie de la ville, la D 139 vers Bourneville ; dans le bourg, allez en direction d'Aizier, la maison est un peu plus loin sur la gauche.

BREUILPONT 27640

Carte régionale B2

20 km SE d'Évreux ; 7 km S de Pacy-sur-Eure

€€ 🛏 ⑩% **Chambres d'hôtes Le Noyer (Anne et Jean-François Aubron) :** *6, rue des Côtes.* ☎ *et fax : 02-32-36-46-34.* 📱 *06-81-41-31-87.* • *anne.aubron@orange.fr* • *lenoyer.eu* • Depuis une dizaine d'années, Jean-François et Anne restaurent cette ancienne ferme au cœur du village et réunissent petit à petit les bâtiments, lui donnant un charme indéniable. Dans deux ailes indépendantes, 2 chambres chaleureuses avec sanitaires privés, dont une spécialement équipée pour les familles, avec lits enfants en mezzanine, l'autre avec accès par un escalier extérieur, avec petit coin salon et ravissante terrasse. 60 € pour 2, petit déj compris, et 15 € par personne supplémentaire. En haut du jardin, c'est la forêt, où les cinq enfants de la famille s'ébattent avec joie et où les randonneurs trouveront leur bonheur. Pas de table d'hôtes, mais une cuisine équipée à disposition. Accueil de qualité.

Accès : au niveau de l'église du village, prenez la D 58 vers Villiers et tt de suite à droite dans la rue des Côtes.

BREUX-SUR-AVRE 27570

Carte régionale B2

35 km SO d'Évreux ; 10 km E de Verneuil

€ 🛏 ⑩% **Chambres d'hôtes (Marie-Christine et Bruno Leroy) :** *La Troudière.* ☎ *02-32-32-50-79.* 📱 *06-69-17-76-32.* • *brunolry@aol.com* • *latroudiere.free.fr* • Dans un petit coin de campagne, charmant hameau avec de belles maisons traditionnelles. Bruno et Marie-Christine sont agriculteurs (entre autres) et produisent céréales et oléagineux. Cependant, ne croyez-pas que les animaux manquent à l'appel, car ils sont là, installés dans de jolis enclos parsemés d'arbres fruitiers. Ici, une chèvre, là, la basse-cour, avec les poules qui dorment dans les sapins pour échapper aux prédateurs ! Mais parlons des chambres : dans une aile indépendante de cette belle ferme normande (ex-maison familiale, entièrement réaménagée pour vous), elles sont 2, au rez-de-chaussée, de part et d'autre d'un petit salon chaleureux avec cheminée. Déco originale et colorée qui mélange les styles avec bonheur. Beaux sanitaires privés. Comptez 48 € pour 2, petit déj compris. Pas de table d'hôtes, mais plusieurs restos à proximité et pour tous les goûts. Bruno est très actif. Il participe à la vie de la cité et du monde agricole ; c'est aussi un routard du tourisme rural (il a effectué de nombreux voyages à l'étranger). Une adresse comme on les aime : hospitalière et sans façon. Excellent rapport qualité-prix-convivialité.

Accès : La Troudière est à 1 km de la N 12, à l'opposé de Breux-sur-Avre.

CONTEVILLE — 27210

Carte régionale A1

10 km NO de Pont-Audemer ; 13 km E de Honfleur

€€€ 🏠 |⚫| 🏵 **Chambres d'hôtes La Ferme du Pressoir (M. et Mme Anfrey) :** 1023, rue du Pottier. ☎ et fax : 02-32-57-60-79. 📱 06-87-80-91-01. ● lafermedupressoir@wanadoo.fr ● la-ferme-du-pressoir.com ● *Résa conseillée.* Maison normande dans une cour de ferme bien fleurie. Cinq petites chambres coquettes, meublées à l'ancienne, agrémentées de vieilles dentelles et de bibelots anciens, genre maison de poupée, et deux autres très vastes dans une maison annexe. Sanitaires privés. Selon la chambre, de 70 à 75 € pour 2, petit déj compris. Table d'hôtes, sur réservation, à 25 € tout compris. Bonne cuisine régionale à base de produits fermiers (tarte au camembert, poulet au calvados...). Vente de cidre fermier... et une bouteille est même offerte sur présentation de ce guide ! Vélos à disposition. Clientèle d'étrangers et d'habitués, une gentille adresse.

> *Accès : à 2 km de Conteville.*

ÉPÉGARD — 27110

Carte régionale A2

39 km SE de Pont-Audemer ; 5 km N du Neubourg

€ 🏠 🏵 **Chambres d'hôtes La Paysanne (M. et Mme Lucas) :** 8, rue de l'Église. ☎ 02-32-35-08-95. ● lmauricelucas@sfr.fr ⚒. Ancienne ferme normande du XVIIe s à colombages. Trois chambres agréables avec sanitaires privés, à 40 € pour 2, copieux petit déj compris (jus d'orange pressée, fromages, yaourts, brioche maison... pas désagréable !). Séjour spacieux avec coin cuisine. À proximité, on accède au château du Champ-de-Bataille en suivant le « Circuit des chaumières », et un peu plus loin, à celui d'Harcourt.

> *Accès : au Neubourg, suivez la direction du château du Champ-de-Bataille.*

EU — 76260

Carte régionale B1

30 km NE de Dieppe ; 4 km E du Tréport

€€ 🏠 🏵 **Chambres d'hôtes Manoir de Beaumont (Catherine et Jean-Marie Demarquet) :** ☎ 02-35-50-91-91. 📱 06-72-80-01-04. ● catherine@demarquet.eu ● demarquet.eu ● *Fermé janv.* 📶 C'est la maison d'enfance de Catherine et elle y est attachée. Le manoir comportait un pavillon de chasse, transformé en plusieurs écuries quand le domaine est devenu haras. Aujourd'hui, Catherine a aménagé 2 gîtes ruraux dans le relais de chasse et 3 jolies et spacieuses chambres d'hôtes dans la maison principale, avec sanitaires privés. Déco bourgeoise avec toile de Jouy ou plus contemporaine. Selon la chambre, de 52 à 63 € pour 2, petit déj compris. Le départ des randonnées en forêt se fait tout simplement au bout du jardin. Accueil très sympa.

> *Accès : dans Eu, empruntez la D 49 vers Ponts-et-Marais et, juste avt d'y arriver, prenez à droite la route de Beaumont sur 2 km (bon fléchage).*

FLAMANVILLE — 76970

Carte régionale A1

30 km NO de Rouen ; 7 km E d'Yvetot

€€ 🏠 🏵 **Chambres d'hôtes (Béatrice et Yves Quévilly) :** 21, rue Verte. ☎ 02-35-96-81-27. 📱 06-24-33-54-26. Dans un endroit campagnard, agréable maison du XVIIe s. Quatre chambres, dont 2 avec sanitaires privés, les 2 autres avec sanitaires communs. 55 € pour 2, petit déj compris (avec différentes sortes de pains : selon les jours, figues, céréales, lin, forestier... et des confitures maison), servi dans une belle salle rustique avec poutres et murs à pans de bois. Accueil chaleureux. Également un gîte et un camping à la ferme.

> *Accès : dans le centre ; passez derrière l'église et tournez à gauche à 300 m.*

FLEURY-LA-FORÊT — 27480

Carte régionale B1

40 km E de Rouen ; 6 km NE de Lyons-la-Forêt

€€€ 🏠 **10%** **Chambres d'hôtes Château de Fleury (Pierre Caffin) :** ☎ 02-32-49-63-91. 📱 06-12-16-13-12. Fax : 02-32-49-71-67. ● info@chateau-fleury-la-foret.com ● chateau-fleury-la-foret.com ● *Ouv de mi-mars à mi-nov.* Vous rêvez de dormir dans un château du XVIIe s, en brique et silex, classé Monument historique ? Eh bien, c'est ici qu'il faut faire halte ! Il a fallu un travail colossal pour redonner une âme à ce lieu, abandonné et dévalisé pendant de nombreuses années. On a commencé par y installer un musée de la Poupée, puis les pièces ont été restaurées et remeublées entièrement. Aujourd'hui, on revit l'histoire, de Louis XV à Napoléon III. Trois chambres vastes et claires avec sanitaires privés, installées au 2e étage : une à l'atmosphère bourgeoise, avec lit dans une alcôve, l'autre plus champêtre, avec un beau parquet, la dernière sous forme de suite (4 personnes) avec une belle charpente apparente. 85 € pour 2, petit déj compris, et 120 € pour 4. C'est le moment de découvrir la magnifique cuisine ornée de 139 pièces de cuivre ! La cuisinière, qui date de 1890, est la seule rescapée de la véritable histoire du château. Un monument à elle seule, avec robinets d'eau chaude ! Pour les hôtes, la visite est bien sûr gratuite. Accueil convivial.

Accès : à Écouis, sur la N 14 entre Magny-en-Vexin et Rouen, prenez la D 2 jusqu'à Lyons-la-Forêt puis la D 14 vers le château (bon fléchage).

FONTAINE-SOUS-JOUY 27120

Carte régionale B2

12 km NO de Pacy-sur-Eure ; 13 km NE d'Évreux

€€€ 🏠 10% **Chambres d'hôtes L'Aulnaie** (Éliane et Michel Philippe) : *29, rue de l'Aulnaie.* ☎ et fax : 02-32-36-89-05. 📱 06-03-30-55-99. • emi.philippe@worldonline.fr • aulnaie.com • Dans un grand parc, jolie longère tout en pierre aux allures bourgeoises. Deux chambres pour 2 et 3 personnes, élégantes et lumineuses, installées au 1er étage. Sanitaires privés. La verte bénéficie d'une belle vue sur le parc et la forêt et possède une belle charpente apparente. 90 € pour 2, petit déj compris. Le parc est superbe, entretenu avec amour par Éliane (tout comme c'est la passion ainsi que la peinture). Il ouvre sur une petite rivière alimentée par des sources. Pas de table d'hôtes, mais deux restos très sympas à Chambray. Accueil chaleureux. Une bonne adresse.

Accès : A 13 sortie Vernon (n° 16) ; prenez la direction Cocherel puis Chambray et enfin la D 63 jusqu'à Fontaine-sous-Jouy ; traversez le village en direction de Saint-Vigor et prenez le petit pont à côté du lavoir.

HEUDREVILLE-SUR-EURE 27400

Carte régionale B2

12 km N d'Évreux ; 12 km S de Louviers

€€ 🏠 10% **Chambres d'hôtes La Londe** (Madeleine et Bernard Gossent) : *4, sente de l'Abreuvoir.* ☎ 02-32-40-36-89. 📱 06-89-38-36-59. • madeleine.gossent@ online.fr • lalonde.online.fr • *Fermé aux fêtes de fin d'année.* Par une superbe petite route qui longe l'Eure, on arrive jusqu'à cette ancienne ferme. Au fil des ans elle s'est agrandie en réunissant ses différents bâtiments. Deux chambres, dont une suite avec petit salon. Déco agréable. Sanitaires privés. Comptez respectivement 60 et 65 € pour 2, petit déj compris, et 82 € pour 3. Au bout du jardin, 70 m de berges vous permettront d'observer les oiseaux. Accueil convivial. Faites pour nous une caresse à Platon, le sympathique chien de la maison.

Accès : sur la D 71 entre Heudreville et Saint-Vigor, peu avt Cailly-sur-Eure.

HOUDETOT 76740

Carte régionale A1

27 km O de Dieppe ; 7 km S de Veules-les-Roses

€€ 🏠 **Chambres d'hôtes Au Gré du Temps** (Sandrine et Sylvain Faucher) : *2, rue du Ruissel.* ☎ 02-35-97-58-44. • faucher-sandrine@orange.fr • Jolie maison normande à colombages bleus. Trois chambres sympathiques avec sanitaires privés : une au rez-de-chaussée, les 2 autres à l'étage, dont une suite pour 5 personnes composée de 2 chambres. De 55 à 60 € pour 2, petit déj compris, et 100 € pour 5. Pas de table d'hôtes mais petit coin kitchenette à disposition et plusieurs possibilités de restauration à Veules-les-Roses ou Saint-Valéry-en-Caux. Accueil agréable. Une adresse idéale pour découvrir la région seul, à deux ou en famille.

Accès : A 13 Rouen puis A 15 vers Barentin puis N 15 jusqu'à Croix-Mare puis D 20 vers Saint-Valéry-en-Caux ; après Sainte-Colombe, prenez la D 70 jusqu'à Houdetot ; là, allez jusqu'à l'église, prenez la route du Gré et c'est la 1re rue à gauche.

ISNEAUVILLE 76230

Carte régionale B1

10 km N de Rouen

€€€ 🏠 **Chambres d'hôtes La Muette** (Danielle et Jacques Auffret) : *1057, rue des Bosquets.* ☎ 02-35-60-57-69. 📱 06-86-78-43-91. • domainedelamuette@ gmail.com • domainedelamuette.com • *Ouv avr-oct.* 🛜 Dans un petit hameau, au milieu des pâturages, deux charmantes maisons normandes à colombages installées dans un grand parc. L'une d'elle est pour les hôtes... C'est l'ancien pressoir, que les proprios ont totalement réaménagé et agrandi avec de vieux matériaux nobles. Cinq jolies chambres, dont une au rez-de-chaussée, les autres au second. Sanitaires privés. Selon la taille de la chambre, de 72 à 88 € pour 2, petit déj compris. Grand billard *snooker* pour les amateurs. Pas de table d'hôtes mais un petit resto dans le village et, bien sûr, large choix sur Rouen. Accueil chaleureux. Une adresse qu'on aime bien.

Accès : A 13 sortie Rouen-Est puis direction Amiens sortie Isneauville ; au feu tricolore du village, prenez la direction du centre-ville jusqu'à l'église et à droite la D 47 vers La Muette pdt 1 km puis rue des Bosquets à gauche que vous remontez sur 1 km.

JUIGNETTES 27250
Carte régionale A2

48 km SO d'Évreux ; 6 km NO de Rugles

€€ 🏠 ❙●❙ 🐾 **Chambres d'hôtes de la Pommeraie (Marie-Claude et Pierre Vaudron) :** *L'Aubrière.* ☎ 02-33-34-91-84. ● la_pomme@wanadoo.fr ● gite.laubriere.free.fr ● *Sur résa de préférence.* Au milieu des vergers, dans une ancienne ferme-auberge, 3 chambres d'hôtes, avec sanitaires privés, à 43 € pour 2, petit déj compris. Possibilité de table d'hôtes à 19 €, boissons comprises. Bonne cuisine du terroir. Pour la petite histoire, le moulin à vent et le four à pain que vous découvrirez sur place ont été construits par Pierre ! Accueil authentique et vrai. Une adresse qui fait des adeptes.

Accès : sur la D 54 entre Glos-la-Ferrière et Rugles ; suivez le fléchage, l'auberge est à 2 km de Juignettes.

JUMELLES 27220
Carte régionale B2

15 km S d'Évreux ; 4 km O de Saint-André-de-l'Eure

€€ 🏠 (10 %) **Chambres d'hôtes Ferme de la Huguenoterie (Jacqueline et Daniel Poitrineau) :** ☎ 02-32-37-50-06. 📱 06-33-19-36-45. ● jpoitrineau@hotmail.com ● lahuguenoterie.fr ● Dans un grand corps de ferme avec cour intérieure, Jacqueline et Daniel, agriculteurs céréaliers, ont aménagé 5 chambres coquettes avec sanitaires privés dans une ancienne bergerie : 2 au rez-de-chaussée et 3 au 1er étage (préférez celle de gauche avec le lit double et une belle charpente apparente). 65 € pour 2, petit déj inclus. Salon avec cheminée à disposition exclusive des hôtes. Calme et tranquillité garantis. Accueil agréable.

Accès : de Saint-André, prenez la D 32 vers Conches ; la ferme est à 1 km avt Jumelles, sur la droite.

JUMIÈGES 76480
Carte régionale A1

27 km O de Rouen ; 8 km SO de Duclair

€€ 🏠 🐾 **Chambres d'hôtes (Brigitte et Patrick Chatel) :** *798, rue du Quesney.* ☎ 02-35-37-24-98. Petite ferme de style normand, aménagée avec beaucoup de goût. Quatre chambres agréables avec sanitaires privés, à 55 € pour 2, avec le petit déj. Au rez-de-chaussée, belle salle à manger. Les proprios sont toujours prêts à faire un brin de causette. Une chouette adresse.

Accès : derrière l'enceinte de l'abbaye.

€€ 🏠 ❙●❙ (10 %) **Chambres d'hôtes Au Temps des Cerises (Françoise et Joseph Houelle) :** *924, route du Mesnil.* ☎ 02-35-37-38-67. 📱 06-61-17-38-67. ● autempsdescerises76@orange.fr ● autempsdescerises76.fr ● 🍴 *Fermé 1er-15 mars et 11 nov-10 déc.* 📶 En retrait d'une route touristique de la vallée de la Seine mais dont le trafic est quasiment nul la nuit, maison récente à l'inspiration très normande. Ici, la cerise est partout. À l'extérieur, ce sont des vergers de cerisiers. À l'intérieur, vous découvrirez au fil des 4 chambres les différentes variétés de cerises. Selon votre humeur, plus classique, choisissez « Burlat », à l'atmosphère élégante ; si c'est plutôt rococo, choisissez « Bigarreau », douillette et rigolote. Sanitaires privés. TV à disposition. 60 € pour 2, petit déj compris. Excellente table d'hôtes partagée en famille à 25 €, apéro, vin et café compris. Sinon, Françoise et Joseph proposent des assiettes gourmandes à déguster en tête à tête à 16 €, vin compris. Une gentille adresse tout près de l'illustre abbaye qui, bien que largement ruinée, n'en garde pas moins sa majesté...

Accès : du centre de Jumièges, prenez la D 65 vers Mesnil-sous-Jumièges/Le golf pdt 2 km et suivez le (bon) fléchage.

LÉRY 27690
Carte régionale B2

20 km S de Rouen ; 5 km E de Pont-de-l'Arche

€€ 🏠 (10 %) **Chambres d'hôtes Les Chambres du Châtaignier (Catherine et Bernard Oisel) :** *43 ter, rue de Verdun.*

☎ 02-32-59-45-66. 📱 06-68-53-39-42. • oiselalery@aol.com • leschambresduchataignier.com • 📶 Au cœur du village, ancienne ferme en pierre et brique. L'ancienne grange en terre battue a été entièrement réaménagée et abrite aujourd'hui 2 chambres d'hôtes en rez-de-chaussée, avec accès direct sur le jardin. Sanitaires privés. Atmosphère champêtre avec du papier paille et mobilier en bois naturel. 59 € pour 2, petit déj compris. Catherine est une hôtesse souriante et dynamique. Un bon point de chute pour profiter des attractions de la région.

Accès : A 13 sortie n° 19 direction Val-de-Reuil ; dans Val-de-Reuil, au feu tricolore du Simply Market, tournez à gauche direction Pont-de-L'Arche/Rouen, puis prenez la 3e à droite, et, tt au bout de cette avenue, à gauche vous êtes dans Léry et rue de Verdun.

MANNEVILLE-LA-GOUPIL 76110

Carte régionale A1

16 km S de Fécamp ; 15 km SE Étretat

€€ 🏠 |●| **Chambres d'hôtes (Nicole et Hubert Loisel) :** 1216, route des Jonquilles, Écosse. ☎ 02-35-27-77-21. 📱 06-27-09-49-49. • loisel.nicole@wanadoo.fr • etretat.net • *Fermé 15 déc-15 janv.* 📶 Maison en pierre, de caractère, du XVIIIe s, au milieu d'un jardin que Nicole soigne avec amour. Elle vous propose 2 chambres spacieuses avec sanitaires privés. De 65 à 75 € pour 2, petit déj compris. Table d'hôtes à 24 € (sur réservation, sauf le dimanche), partagée sur la grande table familiale, incluant un excellent cidre à volonté et le calva. Les propriétaires élèvent eux-mêmes poulets, pintades et produisent plein d'autres produits. Également un gîte rural à Étretat avec vue sur la mer.

Accès : dans le village, suivez le fléchage « Chambres d'hôtes ».

MANNEVILLE-SUR-RISLES 27500

Carte régionale A2

40 km SO de Rouen ; 5 km E de Pont-Audemer

€€ 🏠 |●| 10% **Chambres d'hôtes Le Clos de la Hudraie (Michèle et Frédéric Vincent) :** Le Hudar. ☎ 06-14-41-92-81. • hudraie@gmail.com • closdelahudraie.free.fr • *Ouv les w-e et vac scol.* En pleine nature, dans un petit hameau, deux maisons à colombages dans un agréable parc. Dans l'une d'elle, 3 chambres coquettes avec sanitaires privés : une au rez-de-chaussée décorée sur le thème de l'Inde (pour ceux qui aiment voyager), les 2 autres au 1er étage, plus classiques, mais tout aussi attrayantes. 60 € pour 2, petit déj compris, servi dans une agréable pièce de jour aux beaux meubles anciens ou sur la terrasse quand le temps s'y prête. Table d'hôtes partagée en famille à 24 €, apéro, vin et café compris. Ici, c'est Frédéric qui se tient derrière les fourneaux. Cuisine familiale avec les légumes de saison. Accueil chaleureux.

Accès : A 13 sortie Bourneville (n° 26) puis D 139 jusqu'à Fourmetot ; à l'église de Fourmetot, prenez la C 11 vers Corneville-sur-Risles, passez deux stops et on arrive au hameau (1er chemin à droite).

MANTHELON 27240

Carte régionale B2

18 km SO d'Évreux ; 8 km SE de Conches

€ 🏠 10% **Chambres d'hôtes Le Nuisement (Gaël et Mélina Garnier) :** 3, route d'Évreux. ☎ 02-32-30-96-90. 📱 06-30-35-37-84. • gael.garnier@neuf.fr • Vaste gentilhommière normande avec 3 chambres confortables, une avec bain balnéo, les autres avec douche massante. Déco personnalisée, avec de beaux meubles de la région. Comptez 50 € pour 2, avec le petit déj. Sympathique salon avec billard français et vieux baby-foot ! Pas de table d'hôtes, mais plusieurs restos à Conches et Damville. Accueil dynamique et souriant.

Accès : au carrefour de la D 55 (Évreux/Breteuil) et de la D 140 (Conches/Damville).

MAULÉVRIER-SAINTE-GERTRUDE 76490

Carte régionale A1

35 km NO de Rouen ; 2 km N de Caudebec-en-Caux

€€ 🏠 10% **Chambres d'hôtes La Haie des Prés (Marthe et Patrice Florentin) :** 805, route de la Haie-des-Prés. ☎ et fax : 02-35-56-06-68. 📱 06-68-78-12-17. • lahaiedespres@orange.fr • lahaiedespres.com • Dans une maisonnette indépendante de la leur, Marthe et Patrice ont aménagé 3 chambres coquettes avec sanitaires privés, pour 2, 3 et 4 personnes. Deux au rez-de-chaussée, la plus grande est mansardée et prend tout l'étage. 54 € pour 2 et 13 € par personne supplémentaire, petit déj compris. Pas de table d'hôtes mais choix varié de bons restos à Caudebec, à 2 km. Accueil agréable.

Accès : de Paris, A 13 vers Rouen/Le Havre sortie n° 25 puis D 313 vers Caudebec-en-Caux ; passez le pont de Brotonne et prenez la D 490 vers Yvetot pdt 5 km, sortie « La Haie-des-Prés », puis suivez le fléchage (ne sortez pas vers Maulévrier).

MAUQUENCHY 76440

Carte régionale B1

42 km NE de Rouen ; 5 km O de Forges-les-Eaux

€€€ 🏠 |●| (10%) **Chambres d'hôtes Le Clos du Quesnay (Jean-François et Sabine Morisse) :** *651, route de Rouen, Le Grand-Quesnay.* ☎ 02-35-90-00-97. 📱 06-71-44-82-44. ● *info@leclosduquesnay.fr* ● *leclosduquesnay.fr* ● ♿ Bon, la route passe à proximité mais le double vitrage est efficace, et puis la gentillesse de l'accueil et l'atmosphère de la maison nous ont séduits. Il a fallu un travail colossal pour réhabiliter ce domaine en brique, pour lui redonner son air cossu et charmant. Cinq mignonnes chambres avec sanitaires privés. On aime bien « Bénédictin » pour son volume et son originale tête de lit insérée dans un joli mur de brique. « Reinette du Canada » est lumineuse et pour 3 personnes. 70 € pour 2, petit déj compris, et 20 € par personne supplémentaire. Pour un séjour plus pittoresque, 4 mignonnes roulottes-gîtes louées au week-end ou à la semaine. Table d'hôtes à 28 €, apéro, vin et trou normand compris (mais vous dormez sur place !). Jean-François a redonné vie à l'activité de la cidrerie, de la production de différentes variétés de pommes jusqu'au calvados en passant par le cidre et le pommeau. Le maître des lieux, dans ses nombreuses activités, dirige aussi un ensemble musico-vocal. Et bien sûr, si vous êtes pianiste ou que vous chantez, on sera ravi de vous écouter ou de vous accompagner car toute la famille joue d'un ou plusieurs instruments... Petit billard américain pour les amateurs. La maison est aussi classée relais-bébé et mettra à votre disposition tout le matériel nécessaire (tu veux pas que je te change ta couche ?). Une adresse de qualité.

Accès : sur la route entre Buchy et Forges-les-Eaux, n'entrez pas dans Mauquenchy, restez sur cette route jusqu'au hameau du Grand-Quesnay ; l'accès à la maison est signalé par un panonceau.

OUVILLE-LA-RIVIÈRE 76860

Carte régionale B1

20 km E de Saint-Valéry-en-Caux ; 15 km O de Dieppe

€€ 🏠 |●| **Chambres d'hôtes Manoir de Tessy (Marie-Agnès Fritsch) :** ☎ 02-32-06-34-44. 📱 06-08-22-05-93. Fax : 02-32-90-95-31. ● *reservations@lemanoirdetessy.com* ● *lemanoirdetessy.com* ● ♿ *Fermé 24-25 déc.* 📶 Quand on arrive dans ce beau domaine dont les origines remontent au XVIe s, on comprend ce que veut dire le charme de la campagne ! Manoir familial entouré de dépendances agricoles, dont une remarquable pigeonnier admirablement conservé avec ses « boulins » (niches en torchis, ignorant !) et son échelle tournante. Cinq chambres d'hôtes à l'atmosphère sereine et agréable, dont une suite familiale composée de 2 chambres. L'une est au rez-de-chaussée avec accès indépendant, les 4 autres à l'étage. Sanitaires privés. 60 € pour 2, petit déj compris, et 20 € par personne supplémentaire. Table d'hôtes à 19 €, apéro, vin et café compris. Cuisine mijotée à partir de bons produits du terroir, dont les légumes du potager en saison (hmm !). Marie-Agnès a quitté son boulot en ville pour revenir à la terre... Elle est très active et aime par-dessus tout les plantes. Elle a aménagé un arboretum avec de nombreuses essences d'arbres. Vélos à disposition. Pourquoi ne pas aller à la plage de Quiberville à 9 km ? Accueil chaleureux. Une adresse où l'on aurait bien posé nos sacs plus longtemps !

Accès : A 151 Rouen/Dieppe sortie Saint-Aubin-sur-Scie ; suivez la D 54 vers Offranville puis Ouville-la-Rivière ; 3 km avt le village, prenez la D 123 vers Ambrumésnil et fléchage à gauche à 700 m.

REUILLY 27930

Carte régionale B2

9 km NE d'Évreux

€€ 🏠 (10%) **Chambres d'hôtes Clair Matin (Amaïa et Jean-Pierre Trevisani) :** *19, rue de l'Église.* ☎ 02-32-34-71-47. ● *bienvenue@clair-matin.com* ● *clair-matin.com* ● 📶 *Résa recommandée.* Jolie maison en pierre apparente, que l'on découvre une fois passé le portail en fer forgé, avec un grand jardin fleuri. Deux chambres d'hôtes agréables avec sanitaires privés et une suite pour 2 à 4 personnes, avec petit salon. Pour 2, comptez 65 € pour les chambres et 85 € dans la suite, avec le petit déj, et 15 € par personne supplémentaire. Amaïa et Jean-Pierre ayant vécu de nombreuses années en Amérique du Sud, beaucoup de meubles de la maison témoignent de leur séjour là-bas. Également un gîte de 3 personnes pour ceux qui veulent séjourner, loué de 210 à 330 € la semaine. Accueil de qualité.

> *Accès : sur la D 316, entre Évreux et Gaillon, puis fléchage.*

ROUEN 76000

Carte régionale B1

Quartier cathédrale

€€ 🛏 *Chambres d'hôtes Abracadabrant (Annick et Philippe Aunay) :* 45, rue aux Ours. ☎ 02-35-70-99-68. Venir chez Annick et Philippe, c'est entrer dans un monde très personnel et chargé d'histoire... Au cœur de la ville historique, c'est une vieille demeure à colombages qui date du XVIIe s, et c'est la maison natale de Philippe. On entre par une des plus anciennes ruelles de la ville (aujourd'hui privée), qui mène sur l'arrière, où l'on découvre une jolie cour intérieure, restaurée par vos hôtes. Un vénérable escalier conduit à l'étage et à la première chambre, à l'atmosphère d'autrefois ; la seconde, sous forme de petit appartement (pour 5 personnes) avec salle à manger et kitchenette, est au 3e étage. Sanitaires privés. 68 € pour 2, petit déj compris, servi dans la bibliothèque où règne un capharnaüm indescriptible, rempli de souvenirs, de statues religieuses, toiles et gravures. On a craqué pour la lettre de la Reine Mère en reconnaissance du cadeau de Philippe pour son *birthday*. Quant à l'histoire de Rouen, votre hôte est incollable. Une adresse qui mêle gentillesse et insolite.

> *Accès : prendre Rouen-Centre, quai de Seine-rive droite, théâtre des Arts ; la rue aux Ours commence dans la rue Jeanne-d'Arc ; le quartier est piéton, il faut se garer parking Bourse ou Pucelle (à vous de choisir !).*

SAINT-AUBIN-SUR-MER 76740

Carte régionale A1

24 km O de Dieppe ; 5 km E de Veules-les-Roses

€€€€ *Chambres d'hôte Le Chat Chez Qui J'habite (Marie-Odile Hocquigny) :* 67, hameau de La Saline. ☎ 02-35-84-43-26. 📱 06-62-48-67-36. • lechatchezquijhabite@orange.fr • lechatchezquijhabite.com • *Fermé janv.* 📶 Une étonnante maison d'artiste où Marie-Odile, peintre exposant dans une galerie de Veules-les-Roses, a entièrement réalisé la déco de ses 3 chambres d'hôtes. Et elles sont dignes d'un véritable conte de fées pour jeunes filles en fleur, avec une féerie de couleurs agrémentée de personnages de petites filles ou du fameux chat qui a donné le nom au lieu, un vrai leitmotiv chez Marie-Odile ! Voir notamment la « Chatte blanche » ou la « Princesse aux petits pois ». Comptez 95 € pour 2, petit déj compris. De plus, même si la maison est presque en bordure de route, le bruit des voitures ne parvient pas jusqu'ici, et on bénéficie aussi de l'accès à une cuisine, à une véranda, à deux tennis ainsi qu'au petit parc. Également un meublé de tourisme composé de 2 chambres, ainsi qu'un petit gîte de 3 chambres, avec cuisine et au diapason de la tonalité générale, qui se louent au week-end ou à la semaine. Espace bien-être avec spa et hammam (payant). Accueil convivial.

> *Accès : à la sortie de Saint-Aubin, direction Ramouville, c'est à l'intersection de la D 75 et de la D 237.*

SAINT-DIDIER-DES-BOIS 27370

Carte régionale B2

30 km SO de Rouen ; 15 km O de Louviers

€ 🛏 🍴 🐴 ⑩% *Chambres d'hôtes Le Vieux Logis (Annick Auzoux) :* 1, pl. de l'Église. ☎ 02-32-50-60-93. 📱 06-70-10-35-76. • levieuxlogis5@orange.fr • levieuxlogis.fr • Charmante maison du XVIIe s, à colombages côté cour, en brique et silex côté jardin. Annick, ancienne antiquaire et sculpteur, qui habite dans une autre maison au bout du jardin, s'est attelée à la restauration de cette vieille demeure de famille et y consacre toute son énergie. Elle y propose 5 chambres agréables (préférez la bleue), campagnardes à souhait (meubles rustiques et tentures murales), avec sanitaires privés, dont 1 familiale installée dans un gîte juste à côté. 50 € pour 2, petit déj compris. Ne vous étonnez pas que les sols rustiques ne soient pas droits et que certains murs soient de travers, c'est ce qui fait tout le charme de la maison. Table d'hôtes à 17 €, vin non compris, mais la proprio ne partage pas toujours les repas avec ses hôtes.

> *Accès : sur la D 313 entre Louviers et Elbeuf ; à l'entrée de Saint-Pierre-lès-Elbeuf, ne prenez pas la D 52 à gauche mais la D 60 (la suivante) jusqu'à Saint-Didier ; la maison est en face de l'église.*

SAINT-ÉLOI-DE-FOURQUES 27800

Carte régionale A2

37 km O de Rouen ; 12 km NE de Brionne

€€€ 🏠 **10%** **Chambres d'hôtes Manoir d'Hermos (Béatrice et Patrice Noël-Windsor) :** ☎ et fax : 02-32-35-51-32. 📱 06-11-75-51-63. ● contact@hermos.fr ● hermos.fr ● 📶 C'est par un petit bois que l'on arrive à ce curieux et joli manoir chargé d'histoire (ça rime). Ses origines remontent au XVIe s ; au XVIIe on lui a ajouté une chapelle originale, suspendue au-dessus du porche d'entrée desservi par un double escalier. Pour l'anecdote, il servit de pavillon de chasse à Henri IV. Deux chambres d'hôtes au 1er étage : une petite (notre préférée et la moins chère), claire et douillette, une plus grande avec mobilier ancien. Sanitaires privés. Respectivement 69 et 98 € pour 2, petit déj compris. Trois autres chambres situées dans une dépendance près du manoir ; celles-ci sont à 58 € pour 2, petit déj compris. Devant la demeure, une immense prairie où paissent les moutons et quatre ânes. De temps en temps, Béatrice organise des soirées dîner-théâtre et loue ses salons pour des mariages et autres réceptions et, dans ces cas-là, les chambres ferment... Location de VTT. Accueil souriant et décontracté. Possibilité d'accueil pour les cavaliers l'été. Également un gîte (capacité 40 personnes).

Accès : de Rouen, A 13 puis A 28 sortie n° 13 « Domaine d'Harcourt » ; là, prenez à gauche la D 438 sur 400 m, puis à droite la D 92 sur 2 km et suivez le fléchage « Manoir d'Hermos ».

SAINT-ÉTIENNE-L'ALLIER 27450

Carte régionale A2

34 km SE de Honfleur ; 10 km S de Pont-Audemer

€€ 🏠 **10%** **Chambres d'hôtes (Annie Harou) :** 101, chemin du Bois-Carré. ☎ 02-32-42-84-21. 📱 06-29-93-37-59. ● annha27@wanadoo.fr ● perso.wanadoo.fr/annha27 ● C'est dans sa belle demeure bourgeoise en brique, construite par son arrière-grand-père en 1870, qu'Annie a aménagé 2 chambres d'hôtes. Elles sont claires et agréables. Préférez celle au papier paille qui ouvre à l'arrière sur les pâturages et les vergers. Comptez 59 € pour 2, petit déj compris. Pas de table d'hôtes, mais resto à proximité. À ses heures perdues, Annie est aussi artiste, et nombre de ses toiles parent les murs (notamment de très jolis nus). Chaleur et gentillesse au rendez-vous, une bonne adresse. Au fait, la petite église de Saint-Étienne-l'Allier renferme un magnifique retable, un jubé du XVIIe s et un gisant du XIVe.

Accès : l'accès de la maison se trouve sur la D 29 entre Pont-Audemer et Saint-Georges-de-Vièvres, 2 km à gauche après Saint-Martin-Saint-Firmin (quand on vient de Pont-Audemer).

SAINT-MARTIN-DE-BOSCHERVILLE 76840

Carte régionale B1

11 km O de Rouen

€€ 🏠 **10%** **Chambres d'hôtes Le Four à Pain (Jeanne et Jacques Chivot) :** 112, route de Brecy. ☎ 02-35-32-39-76. 📱 06-87-26-74-31. Fax : 02-35-34-97-62. ● lefourapainwanadoo.fr ● Jeanne et Jacques ont marqué de leur empreinte cette ancienne et jolie ferme en brique et colombages du XVIIe s, située à l'orée du village, entre bois, pâturages et cultures. On entre dans une spacieuse véranda sur deux niveaux, où le four à pain attend les yeux curieux. Deux chambres coquettes et lumineuses : une au rez-de-chaussée qui ouvre directement sur le jardin, l'autre au 1er étage, un peu plus grande, qui ouvre sur la campagne. 65 € pour 2, petit déj compris. Vos hôtes ont aussi aménagé un joli gîte de 3 personnes pour ceux qui veulent séjourner. Pas de table d'hôtes, mais un bon p'tit resto dans le village. Accueil charmant. Un point de chute idéal pour découvrir la vallée de la Seine et son circuit des abbayes, en commençant par l'abbaye de Saint-Martin. Sur ce site naquit, au VIIe s, une chapelle funéraire dédiée à saint Georges, patron des Chevaliers, qui devint collégiale au XIe s puis communauté de bénédictins. Les jardins sont très beaux (visite payante, horaires de bureau).

Accès : de Rouen, direction Canteleu puis Saint-Martin-de-Boscherville ; passez devant l'abbaye et, 50 m après la boulangerie, tournez à droite et continuez jusqu'au n° 112 (1 km env).

SAINT-RIQUIER-EN-RIVIÈRE 76340

Carte régionale B1

70 km NO de Rouen ; 8 km SO de Blangy-sur-Bresle

€€ 🏠 |●| 🐾 (10%) **Chambres d'hôtes La Ferme (Annabelle Jouhandeau) :** 1, impasse du Mont-Rôti. ☎ 02-35-94-46-10. 📱 06-09-88-72-80. • annabellejouhandeau@hotmail.fr • Dans la vallée de l'Yères, vieille ferme restaurée. Le torchis entre les colombages a été remplacé par des briques, et l'une des façades s'orne aujourd'hui d'une fresque campagnarde. Deux chambres sympas avec sanitaires privés. La déco est originale, composée de nombreux objets détournés. Atmosphère champêtre et rococo. 60 € pour 2, petit déj compris. Au bout de la maison, un gîte d'étape complète le tout. Table d'hôtes, partagée avec votre hôtesse, à 25 €, vin et café compris. Cuisine simple et naturelle. Accueil chaleureux, ambiance artiste, bohème et zen.

Accès : de Foucarmont, sur la N 28 entre Blangy et Neufchâtel, prenez la route de Criel-sur-Mer jusqu'à Saint-Riquier-en-Rivière.

SAINT-SAËNS 76680

Carte régionale B1

35 km NE de Rouen ; 30 km S de Dieppe

€€ 🏠 🐾 (10%) **Chambres d'hôtes Le Logis d'Eawy (Françoise Benkovsky) :** 1, rue du 31-Août-44. 📱 06-19-15-52-04. Fax : 02-35-34-60-29. • fbenkovsky@gmail.com • logisdeawy.com • ⚡ Fermé 1er déc-15 mars. 📶 Vous ne pouvez pas manquer l'adorable maison de Françoise qui prend des airs de fête avec sa façade jaune à colombages. Passé le seuil de la grande porte en bois, on découvre l'histoire de cette demeure du XIXe s qui se donne des airs d'ancien relais de poste. La cour pavée et les écuries sont là pour en témoigner, le tout prolongé par un superbe jardin clos. Toute la maison est à disposition des hôtes, Françoise habite l'autre, juste à côté. Au rez-de-chaussée, une chambre vaste et claire (notre préférée) ; au 1er étage, une suite composée de deux chambres de 2 personnes (mais moins chère) ; enfin, une suite familiale au second, mansardée. Déco de bon goût et atmosphère chaleureuse. Sanitaires privés. Selon la taille des chambres, de 66 à 76 € pour 2 et 24 € par personne supplémentaire, avec le petit déj servi dans une salle à manger parée d'une belle cheminée en bois encadrée de deux armoires. Accueil dynamique et souriant. Si vous aimez les jardins, vous pourrez en découvrir six dans un rayon de 8 km de début mai à fin septembre. Quant à la forêt domaniale d'Eawy, on la découvre à pied, à cheval ou à VTT.

Accès : à 4 km des sorties « Saint-Saëns » des autoroutes A 28 et A 29 ; au cœur du village, la rue débute devant la place de l'Église.

SASSETOT-LE-MAUCONDUIT 76540

Carte régionale A1

28 km NE d'Étretat ; 12 km NE de Fécamp

€€ 🏠 (10%) **Chambres d'hôtes Les Bruyères (Rolande et Claude Bourcier) :** route des Bruyères. ☎ 02-35-29-77-18. • chambresdhotes.lesbruyeres@wanadoo.fr • chambresdhotes-gites-lesbruyeres.eu • Ouv de mi-mars à mi-nov. Dans un joli p'tit coin de campagne, mignonne et ancienne ferme en brique et silex avec dépendances, qui devait être rattachée au château. Ici, l'accueil est à la mode québécoise, et la déco toute personnelle. Les belles poutres intérieures ont été conservées, mais le bois a pris des couleurs, mariées avec harmonie. Atmosphère chaleureuse. Tout le mobilier a été réalisé par Claude : lits, armoires, tables... et croyez-nous, il a du talent ! Quatre chambres coquettes (de 2 à 4 personnes), avec sanitaires privés ; pour 2 d'entre elles, ils se trouvent au-dessus de la chambre (attention aux gros gabarits). 62 € pour 2, petit déj compris, et 90 € pour 4. Rigolote collection de vaches qui envahit peu à peu la maison... Si vous en ramenez une à Rolande, ne dites pas tout en voyant cette vache vous avez pensé à elle, elle a horreur de ça ! Bibliothèque bien fournie à disposition. Accueil chaleureux teinté par un accent charmant. Également 2 gîtes de 4 et 6 personnes pour ceux qui souhaitent se poser plus longtemps. À 600 m, on rejoint le GR 21 qui relie Le Havre au Tréport, et la plage des Petites-Dalles (galets) est un peu plus loin. Très bon rapport qualité-prix-convivialité.

Accès : dans le village, contournez le château par la droite, longez le mur d'enceinte et suivez le fléchage (à 800 m du bourg).

HAUTE-NORMANDIE

THIERGEVILLE 76540

Carte régionale A1

10 km SE de Fécamp ; 3 km SO de Valmont

€€ 🏠 ⛽ **Chambres d'hôtes Domaine de l'Orval (Jean-Marc Craquelin) :** *20, route du Bec-de-Mortagne, hameau de L'Orval.* ☎ 06-13-63-19-64. • *domainedelorval@wanadoo.fr* • *domainedelorval.com* • ♿ Grande maison de 1850 avec cour de ferme en brique et silex et un agréable jardin clos. Quatre chambres spacieuses, aux couleurs gaies, bien décorées, avec sanitaires privés : 3 en rez-de-cour, la dernière à l'étage. 58 € pour 2, petit déj compris. Également un gîte de 12 personnes avec 3 chambres et terrasse pour ceux qui veulent séjourner. Accueil décontracté.

Accès : dans le bourg.

TOUFFREVILLE-SUR-EU 76910

Carte régionale B1

20 km NE de Dieppe ; 12 km SO du Tréport

€€ 🏠 🍴 ⛽ (10%) **Chambres d'hôtes La Demeure de Litteville (Francine Duponchel) :** *4, rue du Belvédère, Litteville.* ☎ 02-35-50-93-04. • *lademeuredelitteville@wanadoo.fr* • *lademeuredelitteville.com* • 📶 Dans une charmante maisonnette en bois, style maison californienne, 2 chambres avec sanitaires privés : l'une à l'étage de la maison, l'autre installée dans une dépendance et équipée d'une kitchenette (genre studio) et d'un petit jardin privatif. De 53 à 58 € pour 2, petit déj compris (avec pain bio, jus de pomme, yaourts et confitures maison), que l'on prend dans la salle à manger agrémentée d'un élégant bow-window. Sur demande, Francine propose une formule d'« assiette gourmande » pour 16 €. Également un grand gîte rural de 8 places (4 chambres pour 2 personnes), loué à la semaine ou au week-end. Un lieu à l'ambiance zen et reposante. On aime.

Accès : du Tréport, prenez la D 940 sur 6 km, pour rejoindre ensuite la D 925 que vous suivez sur 3 km ; prenez la D 226 à gauche, et dans Touffreville la D 454, puis suivez le fléchage.

YÉBLERON 76640

Carte régionale A1

45 km NE du Havre ; 20 km SE de Fécamp

€€€ 🏠 🍴 **Chambres d'hôtes Les Deux Portes (Danièle et Paul Jolys) :** *148, impasse des Deux-Portes.* ☎ 02-35-95-60-75. 📱 06-24-40-48-94. • *jolys76@orange.fr* • C'est une adresse qu'il faut découvrir de l'intérieur... Elle est composée de deux maisons normandes qui ont été réunies par une agréable véranda centrale. De jolies œuvres décorent les murs car Danièle peint de belles aquarelles. Deux chambres charmantes à l'atmosphère romantico-campagnarde, avec sanitaires privés ; une au rez-de-chaussée, la seconde à l'étage. Comptez respectivement 68 et 90 € pour 2, petit déj compris. Table d'hôtes partagée en famille à 30 €, apéro et vin compris. Fine cuisinière, Danièle vous fera découvrir ses recettes goûteuses et recherchées. Une adresse pour se faire dorloter ou utiliser le pinceau !

Accès : dans Yébleron, prenez direction Hattenville pdt 800 m et, à la patte d'oie, prenez la route à droite et immédiatement à droite ; la maison est à 100 m à droite.

Pays de la Loire

ANCENIS   44150

Carte régionale A2

35 km E de Nantes ; 45 km O d'Angers

€€ 🏠 (10%) *Chambres d'hôtes Castel Magnolia (Delphine et Laurent Mosset) :* 100, impasse Barême. ☎ 06-87-23-75-89. • delphinemosset@gmail.com • sites.google.com/site/castelmagnolia/ • 🛜 En plein centre-ville, belle demeure bourgeoise du XIXe entourée d'un petit jardin où siègent 2 magnolias centenaires. Trois chambres charmantes avec sanitaires privés : 2 au 1er étage, la dernière au second avec belle poutraison apparente. Jolie déco réalisée par Delphine (meubles peints, beaux parquets). Atmosphère sereine. 68 € pour 2, petit déj compris. Pas de table d'hôtes mais plein de restos à proximité. Accueil jeune et convivial. Une très gentille adresse. *NOUVEAUTÉ.*

Accès : A 11 sortie n° 20, allez jusqu'au centre-ville et, dans la montée de la rue Georges-Clemenceau, prenez à gauche vers le parking Barême, la maison est tout en bas.

€€ 🏠 (10%) *Chambres d'hôtes Loire-Séjours (Aline et Andrew Treppass) :* 196, rue du Général-Leclerc. ☎ 09-64-40-47-46. ☎ 06-75-22-30-89. • info@loire-sejours.fr • loire-sejours.fr • 🛜 Au cœur de la cité, jolie maison du XVIIIe s dans une petite rue calme. Après avoir vécu 35 ans à Londres, Aline et Andrew, Écossais d'origine, ont décidé de revenir dans cette région, patrie d'Aline. Ils ont retapé cette maison en essayant de lui garder son cachet, vieux parquets, tomettes et noble escalier dans son jus. Cinq chambres lumineuses et agréables avec sanitaires privés : 2 au 1er étage, 2 au second, la dernière dans le jardin de plain-pied. On aime bien « côté Bretagne » qui ouvre sur le jardin. 68 € pour 2, petit déj compris continental ou à l'anglaise avec petit supplément. Agréable salon avec piano quart de queue. Pas de table d'hôtes mais plusieurs restos accessibles à pied (on aime bien Le Bouche à Oreille). Vous êtes sur la route de la Loire à Vélo. Accueil chaleureux. Une adresse qu'on aime bien. *NOUVEAUTÉ.*

Accès : A 11 sortie n° 20, allez jusqu'au centre-ville puis en direction du château, et juste avt le pont qui enjambe la Loire, tournez à droite au stop, rue du Château, qui continue par la rue du Général-Leclerc.

ARTHON-EN-RETZ   44320

Carte régionale A2

36 km O de Nantes ; 25 km SE de Saint-Nazaire

€€ 🏠 (10%) *Chambres d'hôtes Le Boschet (Claudine et Bernard Chaussepie) :* La Sicaudais, 22, rue du Pas Boschet. ☎ 02-40-21-15-28. ☎ 06-83-42-76-35. • clchaussepied@yahoo.fr • leboschet.fr • 🍴 Dans un petit hameau campagnard d'une vingtaine de familles, ancienne métairie tout en pierre du XIXe, typique du coin. Dans un bâtiment indépendant,

---

Nous vous rappelons que la table d'hôtes est le complément d'une formule d'hébergement (chambre d'hôtes, gîte d'étape...). Ce service n'est offert qu'aux personnes qui dorment sur place (excepté lorsqu'il est clairement écrit « ouvert aux extérieurs »).

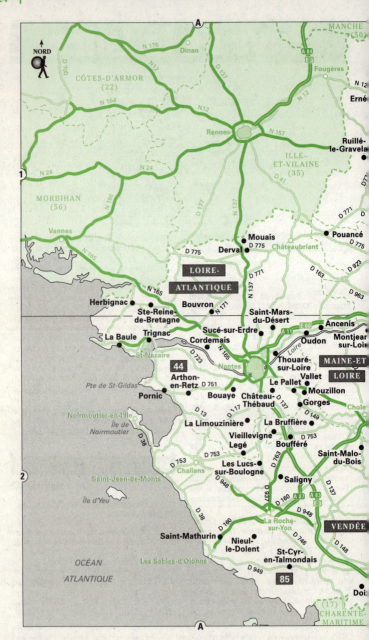

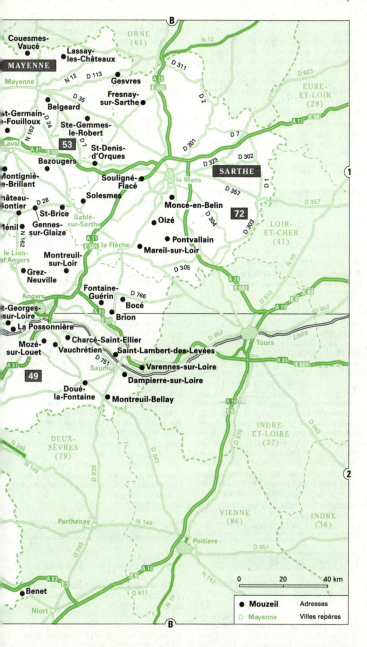

2 chambres spacieuses et agréables de plain-pied. Sanitaires privés. 65 € pour 2, copieux petit déj compris servi au bout du bâtiment, et à disposition le soir pour se faire la popote. La maison est classée éco-gîte : production d'eau chaude par panneaux solaires, qualité des matériaux dans la restauration... Joli potager médiéval. Accueil convivial. Un bon point de chute pour découvrir la région. **NOUVEAUTÉ.**

> *Accès :* La Sicaudais se trouve sur la D 58 entre Saint-Père-en-Retz et Vue. À la sortie du village, prenez la rue à droite après le passage à niveau (rue de la gare) et au stop à droite jusqu'au n° 22.

BAZOUGERS 53170
Carte régionale B1

15 km SE de Laval ; 8 km N de Meslay-du-Maine

€€ 🏠 |●| 10% ***Chambres d'hôtes Domaine de la Houzardière (Marguerite et Yves Moënner) :*** *route de Saint-Georges.* ☎ 02-43-02-37-16. 📱 06-66-08-27-66. • *marguerite@houzardiere.com* • *hourzardiere.com* • *Ouv début mars-fin déc.* 📶 Agréable domaine aux allures bourgeoises. Dans un bâtiment indépendant, 5 jolies chambres avec sanitaires privés : 3 au rez-de-chaussée, dont une avec accès indépendant et direct sur la cour, les 2 autres à l'étage, dont une immense qui peut accueillir jusqu'à 4 personnes. 58 € pour 2, petit déj compris et 17 € par personne supplémentaire. Les repas se prennent chez Marguerite et Yves dans une chaleureuse salle à manger où siègent une immense cheminée et un croquignolet « taxiphote », vieil appareil pour regarder des photos en relief sur plaque de verre. Table d'hôtes à 21 €, apéro, vin et café compris, pour une cuisine mijotée et goûteuse à partir de produits fermiers. Accueil convivial. Une adresse où l'on se sent bien.

> *Accès :* A 81, sortie n° 2, puis D 281 vers Saint-Georges-le-Fléchard ; la maison est fléchée 500 m avt Bazougers sur la droite.

BELGEARD 53440
Carte régionale B1

7 km SE de Mayenne

€ 🏠 ***Chambres d'hôtes Le Closeau de Brives (Thérèse et Pierre Lelièvre) :*** *Ancien-Bourg.* ☎ 02-43-04-14-11. Dans un petit hameau au milieu des prés, maisonnette en pierre apparente où Thérèse et Pierre, agriculteurs à la retraite, ont ouvert 2 chambres d'hôtes, situées à l'étage. Comptez 46 € pour 2, petit déj compris. Les propriétaires accueillent bien gentiment. Calme et tranquillité assurés. À 7 km, la ville gallo-romaine de Jublains.

> *Accès :* en venant de Mayenne, prenez la D 207 ; 2,5 km avt Belgeard, à Ancien-Bourg, suivez le fléchage.

BENET 85490
Carte régionale B2

25 km SE de Fontenay-le-Comte ; 15 km NO de Niort

€€ 🏠 10% ***Chambres d'hôtes Le Petit Paradis (Marie-Noëlle et Dominique Houche) :*** *La Meugne.* ☎ 02-51-00-99-10. 📱 06-64-32-26-64. • *accueil@le-petit-paradis.com* • *le-petit-paradis.com* • *Ouv avr-nov.* 📶 À la frontière des Deux-Sèvres et de la Vendée, au cœur d'un hameau bien tranquille, belle demeure typique du marais poitevin. Trois chambres à l'atmosphère champêtre installées dans les anciens bâtiments de la ferme. Deux de plain-pied, la dernière à l'étage, chacune avec petite terrasse privative, télé et sanitaires privés. On aime bien « Aurore » avec son lit à baldaquin et ses vieilles mangeoires en pierre. 65 € pour 2, petit déj compris, et 15 € par personne supplémentaire. Pas de table d'hôtes mais cuisine commune à disposition. Pour vous détendre, agréable piscine chauffée par géothermie, vélos à disposition, ainsi qu'une barque installée sur une petite conche pour découvrir le marais (c'est pas beau la vie ?). Accueil convivial. Une adresse qu'on aime bien.

> *Accès :* A 10 sortie n° 33 et direction Frontenay-Rohan-Rohan (2 fois !) puis D 1 vers Coulon que vous traversez en direction de Benet ; tt de suite après Glandes, tournez à gauche vers Le Mazeau et suivez le fléchage.

BOCÉ 49150
Carte régionale B1

34 km E d'Angers ; 5 km S de Baugé

€€ 🏠 |●| ***Chambres d'hôtes Le Chant d'Oiseau (Jannick et Jean-Pierre Gallet) :*** *Les Rues.* ☎ et fax : 02-41-82-73-14. 📱 06-86-50-35-79. • *jjp.gallet@orange.fr* • Dans un joli jardin paysager, dans l'ancienne grange bien restaurée, 3 chambres très sympas avec sanitaires privés. Une, avec mezzanine, peut accueillir 4 personnes. 57 € pour 2, petit déj compris. Table d'hôtes à 21 €, vin compris. Accueil chaleureux.

Accès : suivez le fléchage depuis le village.

BOUAYE   44830

Carte régionale A2

7 km SO de Nantes

€€€€ ■ ⚘ (10%) *Chambres d'hôtes Château du Bois de la Noé (Patricia et Philippe Gonnord) :* 8, allée de la Roseraie. ☎ 02-51-11-10-94. 📱 06-33-52-71-45. • contact@chateau-boisdelanoe.com • chateau-boisdelanoe.com • 📶 Superbe château dont les origines remontent au XVIe siècle, planté dans un grand parc aux arbres centenaires. Cinq chambres élégantes et spacieuses avec sanitaires privés. De 105 à 120 € pour 2, petit déj compris. Pour vous détendre court de tennis et piscine extérieure chauffée. Accueil de qualité. Une adresse de charme pour vivre la vie de château !

Accès : En venant de Paris, prenez le périphérique Nord direction Aéroport Nantes-Atlantique, passez le pont de Cheviré, puis sortie Pornic-Noirmoutier puis sortie Bouaye-la-Forêt. Au rond-point, D 751 vers Bouaye ; au 1er feu tricolore (carrefour du Bois-de-la Noë), prenez à gauche, puis 2e à droite.

BOUFFÉRÉ   85600

Carte régionale A2

25 km N de La Roche-sur-Yon ; 3 km SO de Montaigu

€€ ■ |●| (10%) *Chambres d'hôtes L'Ancienne École (Sylvie et Jean-Yves Fauchard) :* 21, rue Saint-Joseph. ☎ 02-51-06-32-89. 📱 06-99-67-86-88. • anciennecole@orange.fr • ancienne-ecole-bouffere.fr • ⚘ 📶 C'est l'ancienne école du village où le père et le grand-père de Jean-Yves ont usé leurs fonds de culotte, comme en témoignent les vieilles photos dans l'une des 3 chambres (notre préférée). Si l'extérieur est resté à l'identique, l'intérieur est tout autre, et on a profité du volume pour créer des chambres spacieuses et agréables, pour 2 ou 3 personnes. Toutes avec sanitaires privés (eau chaude solaire) et télé HD. Comptez de 57 à 62 € pour 2 selon saison, petit déj compris. Table d'hôtes à 17 €, apéro, vin et café compris. Cuisine familiale à tendance régionale. Accueil chaleureux.

Accès : à l'entrée du village à droite en venant de Montaigu.

BOUVRON   44130

Carte régionale A2

35 km NO de Nantes ; 28 km NE de Saint-Nazaire

€€ ■ *Chambres d'hôtes (Marie-Line et Philippe Chotard) :* La Courbelais. ☎ 02-40-56-30-04. 📱 06-32-70-67-30. • philippe.chotard44@orange.fr • Marie-Line et Philippe élèvent des vaches laitières. Dans une aile de leur ferme, 3 chambres campagnardes avec sanitaires privés. Atmosphère champêtre. Mobilier et tête de lit ont été réalisés par Philippe. 52 € pour 2, petit déj compris (gâteau, salade de fruits, lait, yaourts et jus de pomme... le tout maison. Accueil authentique et vrai. *NOUVEAUTÉ.*

Accès : sur la N 165, entre Nantes et Saint-Nazaire sortie Malville, puis N 171 jusqu'à Bouvron. Dans le village, prenez la D 16 vers Campbon pendant 2 km et tournez à gauche vers La Courbelais.

BRION   49250

Carte régionale B1-2

35 km E d'Angers ; 22 km O de Saumur

€€€ ■ *Chambres d'hôtes La Chouannière (Patricia et Gilles Patrice) :* domaine des Haye. ☎ 02-41-80-21-74. • chouanniere@loire-passion.com • loire-passion.com • ⚘ Ouv de mars à mi-nov. Ancienne et jolie ferme dissimulée dans un immense domaine où l'on trouve aussi le château (qui ne se visite pas, mais dont elle dépendait), un atelier d'artiste et une grande forêt uniquement réservée à la chasse (attention aux coups de fusil). Son croquignolet pigeonnier se dresse fièrement et abrite une chouette. Dans les autres bâtiments, 4 chambres charmantes et champêtres, toutes de plain-pied avec accès indépendant : 2 plus petites (« Ligérienne » et « Muscade »), 2 plus grandes (« Cannelle » et « Montesquiou »), avec coin salon et pouvant accueillir jusqu'à 4 personnes. De 69 à 75 € pour 2, petit déj compris (avec pain, yaourts et confitures maison). Pas de table d'hôtes mais une grande cuisine à disposition. Pour les amateurs de séjours insolites, un petit gîte pour 2 personnes dans une adorable cabane sur pilotis (comptez 89 € pour 2 ; location pour 4 nuits minimum en août, pour 2 nuits minimum le reste de l'année). Également un gîte pour 4 personnes, construit en paille de chanvre et matériaux locaux, loué de 325 à 525 € la semaine. Accueil agréable et décontracté. Dès les

CHARCÉ-SAINT-ELLIER

beaux jours, vous pourrez profitez de la grande piscine chauffée. La maison est classée « Nature et Patrimoine », alors, si vous aimez observer les oiseaux, c'est l'adresse idéale. Superbes étangs à proximité de Jumelles où on a vu plusieurs sortes de hérons. Pour les amoureux de vieilles pierres, l'église de Brion fait partie des églises accueillantes : en juillet-août, on peut la découvrir en musique (chut !).

Accès : *de la belle église du village, suivez « Toutes directions » ; à la sortie du bourg, prenez la direction de Jumelles sur 1,5 km, l'entrée est à gauche.*

CHARCÉ-SAINT-ELLIER 49320

Carte régionale B2

30 km NO de Saumur ; 20 km SE d'Angers

€€ 🏠 (10 %) **Chambres d'hôtes La Pichonnière (Martine et Jean-Claude Colibet) :** ☎ 02-41-91-29-37. ● gite-brissac@wanadoo.fr ● gite-brissac.com ● ⚡. Joli et grand corps de ferme en forme de U, tout en tuffeau, où deux familles cohabitent. La demeure de Martine et Jean-Claude est à droite, quand on entre dans la cour. Quatre chambres d'hôtes coquettes et confortables, dont 2 au rez-de-chaussée, accessibles aux personnes à mobilité réduite, les 2 autres à l'étage de la maison. Deux avec sanitaires privés, deux avec salles d'eau privatives mais w-c commun sur le palier. Murs en pierre apparente, déco agréable. De 55 à 70 € pour 2, petit déj compris, servi dans la conviviale salle à manger des propriétaires. L'occasion de découvrir un incroyable choix de produits du terroir car les proprios ont créé une association de producteurs bio. Pas de table d'hôtes, mais plusieurs petits restos à proximité. Accueil sincère et chaleureux. Une gentille adresse.

Accès : d'Angers, allez en direction de Cholet/Poitiers ; après avoir traversé la Loire, prenez la D 748 vers Poitiers sur 10 km et lorsque vous voyez Brissac sur votre droite, au rond-point, continuez sur la D 761 pdt 1,5 km ; fléchage à gauche.

CHÂTEAU-GONTIER 53200

Carte régionale B1

30 km S de Laval

€€€ 🏠 🍴 (10 %) **Chambres d'hôtes Le Chêne Vert (Caroline et Jean-Pierre Héron) :** ☎ et fax : 02-43-07-90-48. 📱 06-81-84-48-66. ● caroline.heron@wanadoo.fr ● chenevert-chateaugontier. com ● 🐾 📶 Petit château de la fin du XVIIIe s planté dans un agréable parc de 1 ha. Cinq chambres originales, colorées et spacieuses, avec sanitaires privés et accès wifi. On aime bien « Safari » avec sa déco africaine colorée, ainsi que « Tropicale » avec son lit à baldaquin en bambou et sa baignoire jacuzzi (la plus chère). 79 € pour 2 (111 € pour la « Tropicale »), petit déj compris, et 20 € par personne supplémentaire. Également une jolie roulotte-gîte qui peut accueillir 4-5 personnes pour ceux qui aiment l'originalité, à 111 € pour 2 ou 151 € pour 5, avec petit déj. Caroline est une hôtesse dynamique, charmante et souriante. Une adresse qu'on aime bien.

Accès : de Château-Gontier, D 20 vers Nantes/Segré, et après le rond-point de la gendarmerie, c'est à 400 m à gauche.

CHÂTEAU-THÉBAUD 44690

Carte régionale A2

15 km SE de Nantes ; 15 km NO de Clisson

€€ 🏠 🍴 **Chambres d'hôtes (Annick et Gérard Bousseau) :** La Pénissière. ☎ 02-40-06-51-22. 📱 06-83-01-04-47. Fax : 02-28-21-31-40. ● hotesbousseau@wanadoo.fr ● Au cœur du vignoble nantais, 3 chambres personnalisées, avec sanitaires privés, à 55 € pour 2, petit déj compris. Agréable salle à manger rustique avec cheminée. Le proprio fait déguster son muscadet, son cabernet et vous fournira tous les renseignements sur la vinification. À 400 m de la maison, un étang privé permettra aux pêcheurs d'assouvir leur passion. Très calme. Accueil familial.

Accès : de Château-Thébaud, prenez la D 58 en direction de Montbert, puis suivez le fléchage « La Pénissière » sur la gauche.

CORDEMAIS 44360

Carte régionale A2

20 km NO de Nantes ; 2 km S du Temple-de-Bretagne

€€ 🏠 🍴 (10 %) **Chambres d'hôtes La Furetterie (Laure et Jean-Luc Le Gouil) :** La Gentais. ☎ 02-40-8522-24. 📱 06-13-81-38-13. ● contact@lafuretterie.com ● lafuretterie.com ● 📶 C'est en parcourant la France à moto et en chambres d'hôtes que Laure et Jean-Luc ont décidé d'ouvrir leur maison aux hôtes, située en pleine campagne. Ils ont réalisé un travail colossal pour transformer cette ancienne ferme tombée en ruines. Le résultat est superbe et la déco charmante et élégante. Quatre jolies chambres, toutes différentes avec accès de plain-pied indépendant répartie dans différentes ailes de la maison. L'atmosphère de la 2 et de la 3 invite au voyage, mais on a craqué pour la 4 avec sa grande fenêtre qui ouvre sur la campagne. Sanitaires privés. TV et micro-ondes dans chaque chambre. 69 € pour 2, petit déj compris servi chez Laure et Jean-Luc dans une magnifique salle de jour lumineuse avec grand balcon suspendu. Accueil à la hauteur du charme de la maison. Une adresse coup de cœur ! *NOUVEAUTÉ.*

Accès : sur la N 165 entre Nantes et St-Nazaire sortie le Temple-de-Bretagne, allez jusqu'à l'église et direction Cordemais D 49 ; faites 2 km et tourner à gauche vers la Furetterie.

COUESMES-VAUCÉ   53300

Carte régionale B1

20 km N de Mayenne ; 6 km N d'Ambrières-les-Vallées

€ ♿ (10%) **Chambres d'hôtes (Thérèse et Hubert Garnier) :** *Froulay.* ☎ 02-43-04-94-17. 📱 06-75-91-44-17. • hubertgarnier@wanadoo.fr • perso.wanadoo.fr/hubert.garnier • En pleine campagne, agréable ferme abritant 3 chambres coquettes avec sanitaires privés et accès indépendant : une au rez-de-chaussée avec lits en mezzanine pour les enfants, les 2 autres au 1er étage avec accès par escalier extérieur. 47 € pour 2, petit déj compris, et 16 € par personne supplémentaire. Belle salle à manger avec imposante cheminée où les propriétaires laissent sa cuisine à disposition car ils ne font pas table d'hôtes. Dans le parc, chèvres, poules et lapins raviront vos bambins. Accueil authentique et vrai. Une adresse nature.

Accès : d'Ambrières, D 33 vers Gorron puis D 167 vers Le Pas sur 1 km puis à droite C 3 vers Soucé et suivez le fléchage jusqu'à Froulay.

DAMPIERRE-SUR-LOIRE   49400

Carte régionale B2

4 km E de Saumur

€€€ ♿ |●| 🐾 (10%) **Chambres d'hôtes Le Petit Hureau (Sophie et Christian Pommery) :** *540, route de Montsoreau.* ☎ 02-41-67-92-51. • contact@petithureau.com • petithureau.com • Encore un site étonnant sur cette route de la Loire ! Quatre chambres dans ce manoir du XVe s, résidence temporaire de Marguerite d'Anjou ; 3 chambres dans une tour, la dernière dans la maison des proprios. Sanitaires privés. 76 € pour 2, petit déj compris, servi dans une cave en troglo, ou dans le jardin lorsque le temps est au beau. Table d'hôtes sans les proprios à 25 €, apéro maison et vin compris. Accueil chaleureux. Une bonne adresse.

Accès : à la sortie de Dampierre en venant de Saumur et en direction de Fontevraud.

DERVAL   44590

Carte régionale A1

25 km O de Châteaubriant ; 12 km N de Nozay

€ ♿ |●| **Chambres d'hôtes (Annie et Jean-Yves Habay) :** *1, rue de Nantes.* ☎ 02-40-07-72-97. 📱 06-31-44-35-75. • annie.habay@wanadoo.fr • manoirdebellevue-derval.fr • Cette belle et grande maison du XVIIe s, sagement lovée derrière de grands marronniers, est un refuge bienvenu. Au 1er étage, 2 chambres agréables avec sanitaires privés, dont une suite composée de 2 chambres. Au 2e étage, 3 chambres mansardées, avec lavabo et douche mais w-c communs. De 48 à 52 € pour 2, petit déj compris, et 90 € pour 4. Table d'hôtes à 18 €, sans les boissons. Vieilles horloges comtoises, cheval à bascule, nombreuses faïences... pas moins de 7 000 pièces à découvrir dans la petite expo des proprios. Également un gîte rural de 4 personnes, installé dans les dépendances. Accueil chaleureux.

Accès : dans le village.

DOIX   85200

Carte régionale A2

9 km S de Fontenay-le-Comte ; 6 km NO de Maillezais

€ ♿ **Chambres d'hôtes Le Logis de Chalusseau (Marie-Thé et Gérard Baudry) :** *111, rue de Chalusseau.* ☎ 02-51-51-81-12. 📱 06-74-22-97-83. • chaluss@wanadoo.fr • chalusseau.jimdo.com • *Ouv 1er avr-15 nov.* Au bord d'une jolie conche du marais poitevin, superbe logis du XVIIe s qui renferme des trésors d'histoire, dont une magnifique cheminée, recouverte de fresques polychromes, classée à l'ISMH et située dans l'une des chambres (veinard !). Elles sont 2, dont l'une sous forme de petit appartement avec cuisine-salle à manger au rez-de-chaussée, et chambre et petit salon télé à l'étage. Déco soignée et de caractère. Comptez 49 et 50 € pour 2, avec un copieux petit déj composé de confitures maison, fruits, œuf, fromage, jambon, etc. Pas de table d'hôtes, mais pour la chambre sans cuisine, une immense aile de la maison est mise à disposition avec tout c'qui faut pour faire sa popote et la déguster. La pièce est campagnarde avec ses vieux chaudrons où l'on faisait la lessive et le four à pain. Cette demeure est dans la famille de Gérard depuis 1818 et croyez-nous, avec Marie-Thé, ils la bichonnent ! Un gîte pour 4 personnes pour ceux qui souhaitent poser leurs bagages plus longtemps, loué de 250 à 350 € la semaine selon la saison. Accueil chaleureux. Bon rapport qualité-prix-convivialité.

Accès : bon fléchage depuis le village.

DOUÉ-LA-FONTAINE 49700

Carte régionale B2

40 km SE d'Angers ; 15 km SO de Saumur

€ 🏠 |●| 🐴 (10%) **Chambres d'hôtes Les Roses Roses (Françoise Douet) :** *34, rue de Soulanger.* ☎ *et fax : 02-41-59-21-43.* 📱 *06-98-80-91-98.* ● *douet.f@sfr.fr* ● *lesrosesroses.com* ● 📶 Ancienne maison de vigneron abritant 2 chambres coquettes aux salles de bains rutilantes et une suite familiale composée de 2 chambres. Compter 50 € pour 2, petit déj compris, et 10 € tout compris pour la table d'hôtes, qui dit mieux ? Votre hôtesse a réalisé toutes les peintures qui ornent les murs. Atmosphère un brin bohème et accueil chaleureux.

Accès : à côté du jardin des Roses, dans le quartier du zoo.

ERNÉE 53500

Carte régionale A1

20 km O de Mayenne ; 20 km E de Fougères

€ 🏠 **Chambres d'hôtes (Catherine et Florent Gendron) :** *La Gasselinais.* ☎ *02-43-05-70-80.* ● *gendron53@yahoo.fr* ● *bienvenuealaferme.net* ● Bien que proche de la nationale, une fois arrivé chez Catherine et Florent, on oublie vite ce petit inconvénient pour entrer dans leur univers. Ici, c'est la vraie vie de la ferme comme l'imaginent les enfants. Toutes les espèces sont représentées et un petit parcours champêtre a été créé pour vous les faire découvrir (ils reçoivent d'ailleurs les enfants des écoles du coin). Trois chambres d'hôtes champêtres avec sanitaires privés. 45 € pour 2, petit déj compris, à base des produits bio de la ferme. Sur place, départ de sentiers balisés et une jolie petite rivière où les pêcheurs pourront taquiner la truite. Accueil très chaleureux.

Accès : d'Ernée, N 12 vers Mayenne sur 1 km et fléchage à droite.

€€ 🏠 |●| **Chambres d'hôtes La Rouaudière (Thérèse et Maurice Trihan) :** *Mégaudais.* ☎ *02-43-05-13-57.* 📱 *06-86-81-75-57.* ● *therese-trihan@wanadoo.fr* ● Dans une jolie ferme d'élevage (vaches laitières), 4 chambres avec sanitaires privés : 3 sont à l'étage et la dernière au rez-de-chaussée. Thérèse, qui a la passion des brocantes et des tissus (elle chine en permanence), les a décorées avec goût. Aux murs, paille de couleur qui donne une atmosphère chaleureuse. De 58 à 62 € pour 2, copieux petit déj compris (avec jambon, œufs et fromages). Repas à 25 €, apéro, vin et café compris. Accueil agréable.

Accès : sur la N 12 entre Ernée et Fougères, au niveau du hameau de Mégaudais, suivez le fléchage ; la maison est à 650 m en contrebas de la nationale.

FONTAINE-GUÉRIN 49250

Carte régionale B1

30 km E d'Angers ; 10 km SO de Baugé

€€ 🏠 🐴 (10%) **Chambres d'hôtes Moulin de Laveau (M. et Mme Charrier) :** *Gée.* ☎ *02-41-57-13-18.* 📱 *06-70-35-23-81.* ● *moulindelaveau@orange.fr* ● *moulindelaveau.com* ● 📶 Pas facile à trouver, mais des adresses comme celle-ci, ça se mérite ! Cet ancien moulin à eau installé sur le Couasnon est absolument ravissant, et les 3 chambres jolies comme tout. Déco ancienne et vue sur les nénuphars pour toutes ; la chambre rouge dispose en plus d'une terrasse. Sanitaires privés. De 68 à 75 € pour 2, petit déj compris. Les proprios élèvent aussi des ânes, et si vous le désirez, ils pourront vous accompagner pour une petite balade. Accueil convivial.

Accès : à Fontaine-Guérin, tournez à gauche vers Saint-Georges-du-Bois et après le plan d'eau, prenez la 1re route à gauche ; faites 3 km puis visez l'éolienne bleue et à gauche le panneau « Moulin de Laveau ».

FRESNAY-SUR-SARTHE 72130

Carte régionale B1

40 km NO du Mans ; 17 km NE de Sillé-le-Guillaume

€€ ≜ |●| ⑩% **Chambres d'hôtes (Thérèse Leclercq) :** *43, av. Victor-Hugo.* ☎ *02-43-34-64-71.* 📱 *06-86-16-25-84. Fax : 08-25-95-87-88.* ● *therese.leclercq@wanadoo.fr* ● *fresnay.bnb.free.fr* ● Fresnay est une petite cité médiévale à découvrir. En son sein, cette belle demeure bourgeoise du début du XIXᵉ s. C'est surtout côté parc qu'on apprécie cette adresse. Dans l'ancien four à pain, Thérèse a aménagé 2 chambres bien au calme avec de luxueux sanitaires privés. Elles sont élégantes avec leur déco sobre et meubles anciens. 60 € pour 2, petit déj compris (jus de fruits pressés et confitures maison). Table d'hôtes, partagée en famille, à 21 €, apéro et vin compris. Cuisine familiale à l'ambiance barbecue aux beaux jours. Il faut dire qu'on est bien dans le parc qui regorge de magnifiques essences, dont un cèdre et un majestueux séquoia. Pour compléter le tout, il y a aussi la piscine. Votre hôtesse est chaleureuse, lectrice de *Géo* et utilisatrice de notre bible, on ne peut que craquer !

> **Accès :** *dans le centre du bourg, en direction de Sillé-le-Guillaume et à gauche dans le virage.*

GENNES-SUR-GLAIZE 53200

Carte régionale B1

29 km SE de Laval ; 23 km O de Sablé-sur-Sarthe

€ ≜ |●| ⑩% **Chambres d'hôtes Les Maraudes (Marguerite et Alexandre Mourin) :** ☎ *02-43-70-90-81. Fermé 15-30 sept.* Dans d'anciennes étables joliment restaurées, 4 chambres : 2 avec salle de bains mais w-c communs et 2 avec sanitaires privés. 45 € pour 2, petit déj inclus. À l'extérieur, petit barbecue à disposition, dans un joli jardin fleuri. Sinon, repas à 16 €, vin compris, avec une cuisine simple et familiale. Billard. Également un gîte pour 5 personnes loué de 220 à 320 € la semaine. Les patrons, agriculteurs à la retraite, prodiguent un accueil authentique.

> **Accès :** *sur la D 28, entre Sablé et Château-Gontier ; dans le village, prenez en direction de Châtelain (D 589), c'est à 600 m sur la droite.*

GESVRES 53370

Carte régionale B1

39 km NE de Mayenne ; 20 km SO d'Alençon

€ ≜ |●| ⑩% **Chambres d'hôtes Ferme de la Tasse (Danièle et Daniel Commoy-Lenoir) :** ☎ *02-43-03-01-59.* 📱 *06-73-85-89-41.* ● *daniel.lenoir53@wanadoo.fr* ● *latasse-tourisme.over-blog.com* ● 🛜 Superbe site campagnard de prés, forêts et petits vallons. Très jolie ferme avec grande baie vitrée donnant sur le mont des Avaloirs (eh oui, à 417 m, le point culminant de l'ouest de la France !). Les propriétaires élèvent des vaches allaitantes ainsi que des ânes qu'ils proposent en location pour des randos (avec ânes bâtés). Deux chambres champêtres à souhait : une double avec sanitaires privés et une suite de 2 chambres communicantes avec sanitaires et coin salon. Comptez respectivement 45 et 55 € pour 2, petit déj compris (confitures maison, pain et beurre biologiques, fromage de chèvre), et 12 € par personne supplémentaire. Table d'hôtes à 22 € tout compris, à base des bons produits bio de l'exploitation. Pour ceux qui veulent séjourner, un gîte de 5 personnes. Accueil jeune et chaleureux. Vente de produits cidricoles bio. À 10 km, le village classé de Saint-Céneri vaut le détour.

> **Accès :** *n'allez pas jusqu'à Gesvres ; de Pré-en-Pail, sur la N 12, au milieu du bourg, prenez la D 204 vers Saint-Julien-des-Églantiers et, après le bourg, la D 255 vers Averton ; la maison est à 1 km.*

GORGES 44190

Carte régionale A2

22 km SE de Nantes ; 4 km NO de Clisson

€€ ≜ |●| ⑩% **Chambres d'hôtes La Sarmentille (Béatrice et Pascal Freuchet) :** *19, Les Beillards.* ☎ *02-40-03-96-45.* 📱 *06-22-23-43-84.* ● *lasarmentille@orange.fr* ● *la.sarmentille.free.fr* ● 🛜 Dans un ancien pressoir rénové, 2 chambres coquettes avec sanitaires privés. Une au rez-de-chaussée, l'autre mansardée à l'étage. 60 € pour 2 avec le petit déj. Bonne table d'hôtes à 23 €, tout compris. Cuisine à partir des légumes du jardin en saison. Accueil chaleureux.

> **Accès :** *le hameau se trouve sur la D 763 entre Clisson et Mouzillon.*

PAYS DE LA LOIRE

GREZ-NEUVILLE 49220

Carte régionale B1

20 km NO d'Angers ; 4 km SE du Lion-d'Angers

€€€ 🏠 |●| 🐴 (10%) **Chambres d'hôtes La Croix d'Étain (Jacqueline et Auguste Bahuaud) :** 2, rue de l'Écluse. ☎ 02-41-95-68-49. Fax : 02-41-18-02-72. • croix.etain@loire-anjou-accommodation.com • loire-anjou-accommodation.com • Ouv Pâques-Toussaint. 📶 Charmant manoir d'époque Directoire, au milieu d'un parc arboré et fleuri longeant la Mayenne. Quatre chambres d'hôtes confortables, toutes avec sanitaires privés. Déco raffinée et personnalisée, avec de beaux meubles anciens. De 85 à 100 € pour 2, petit déj compris. Possibilité de table d'hôtes sur réservation (dimanche excepté) à 30 €, boissons incluses, et crêperie à la base fluviale juste à côté.

Accès : un peu avt Le Lion-d'Angers, à 2 km de la N 162 ; au centre du village, entre la rivière et l'église.

HERBIGNAC 44410

Carte régionale A1

18 km N de La Baule ; 25 km NO de Saint-Nazaire

€€ 🏠 🐴 (10%) **Chambres d'hôtes La Noé de Marlais (Josiane Fresné) :** 12, rue Jean-de-Rieux, Marlais. ☎ 02-40-91-40-83. 📱 06-88-50-35-24. • chambres@lanoedemarlais.fr • lanoedemarlais.fr • Fermé 1er-26 oct. 📶 Jolie longère dont le toit tombe presque jusqu'au sol avec un petit jardin. À l'entrée, vous serez accueilli par les pigeons qui nichent dans un croquignolet pigeonnier. Au rez-de-chaussée et à l'étage de la maison, 3 chambres, dont 2 suites familiales de 2 chambres, avec sanitaires privés. Déco agréable, détails soignés et jolis meubles restaurés. 59 € pour 2, bon petit déj compris. Accueil chaleureux. Pas de table d'hôtes, mais plusieurs restos à proximité.

Accès : à Herbignac, prenez la D 47 vers Saint-Lyphard/Saint-André-des-Eaux ; roulez 5 km et, au rond-point, prenez à droite et entrez dans le village de Marlais ; la maison est à 400 m à droite, à la sortie du ralentisseur.

LA BAULE 44500

Carte régionale A2

10 km O de Saint-Nazaire ; 1 km O de Pornichet

€€€ 🏠 (10%) **Chambres d'hôtes Villa Aigue-Marine (Françoise et Lionel Zazzaron) :** 24, av. du Pussané. ☎ 02-40-61-89-63. 📱 06-33-79-08-06. • villa.aiguemarine@orange.fr • labaule-chambredhotes.com • 📶 À 1 500 m de la plage et à proximité immédiate de Pornichet, la villa Aigue-Marine, de style contemporain, est recouverte d'un bardage bleu dans l'esprit balnéaire et dotée d'une véranda ouvrant sur un beau jardin. Deux belles suites : « Les Mots bleus », au 1er étage, avec son balcon plein sud, dispose d'une mezzanine et d'une kitchenette, et peut accueillir 4 personnes ; « Les Muscaris », au rez-de-chaussée, bénéficie d'une petite terrasse privative en bois. De 75 à 89 € pour 2, petit déj compris, et 20 € par personne supplémentaire. Accueil de qualité.

Accès : un peu à l'écart du centre-ville, dans une rue calme.

LA BRUFFIÈRE 85530

Carte régionale A2

56 km NE de La Roche-sur-Yon ; 2 km O de Tiffauges

€ 🏠 |●| **Chambre d'hôtes du Verger (Annick et Marc Broux) :** ☎ 02-51-43-62-02. 📱 06-60-91-77-62. • broux.annick@orange.fr • pagesperso-orange.fr/leverger • Ouv avr-sept. Dans un agréable petit coin de campagne, belle et ancienne ferme tout en pierre aux volets couleur amande. Dans une aile indépendante de la maison, une seule et grande chambre familiale, sur deux niveaux. Déco chaleureuse et atmosphère sereine. Sanitaires privés. 49 € pour 2 et 79 € pour 4, petit déj compris. Table d'hôtes occasionnelle à 18 €, apéro et vin compris (devant la grande cheminée en hiver). Cuisine familiale avec les légumes du jardin en saison. Accueil convivial.

Accès : l'accès à la maison se trouve sur la D 753, à 2 km de Tiffauges en direction de Montaigu sur la droite (n'allez pas à La Bruffière).

LA LIMOUZINIÈRE 44310

Carte régionale A2

23 km S de Nantes ; 15 km N de Legé

€€ 🏠 |●| (10%) **Chambres d'hôtes du Chironet (Ghislaine Pautrault) :** La Touche Monnet - 1, rue des Marronniers. ☎ 02-40-05-52-83. 📱 06-22-05-81-38. • contact@le-chironet.com • le-chironet.com • 📶 À mi-chemin entre Nantes et la Vendée, noyée dans la végétation, 3 chambres avec accès indépendant, aménagées dans un bâtiment attenant à la longère des propriétaires.

Déco et atmosphère champêtre. De 65 à 68 € pour 2, petit déj compris. Spacieux séjour cathédrale installé dans l'ancien pressoir. Accueil chaleureux.

Accès : à gauche à l'entrée de la Limouzinière quand on vient de Machecoul.

LA POSSONNIÈRE 49170

Carte régionale B2

18 km O d'Angers

€€ ≜ *Chambres d'hôtes Ker Dame Marie (Béatrice et Rémy Bonnevialle) :* 10 rue des Filassiers - l'Allleud, ☎ 02-41-19-25-00-. 📱 06-82-81-68-28. ● kerdame marie@yahoo.fr ● kerdamemarie.com ● 📶 A l'orée de la Possonnière, très belle demeure du XVIII° à la façade rose et au curieux clocheton, à 100 m du bord de la Loire à vol d'oiseau. Environnement idéal pour profiter de la vallée de la Loire, classée au patrimoine de l'Unesco. On monte à l'étage et on est tout de suite charmé par la décoration de Béatrice. Deux suites familiales composées de 2 chambres spacieuses et très cosy. L'ambiance est délicate et les murs colorés. 65 € pour 2, copieux petit déj compris (pancakes, salade de fruit frais...). Louer un vélo, déjeuner à La Taverne, dîner à La Guinguette dite « chez les filles », écouter des concerts, nager dans la petite piscine chauffée et jouer du piano à queue dans la grande salle... Rémy et Béatrice sont prévenants et attentionnés. Ils sont aussi polyglottes. En bref, le raffinement et la douceur angevine à prix doux... Un de nos coups de cœur ! **NOUVEAUTÉ.**

Accès : d'Angers, direction Nantes par la nationale, sortie Saint-Georges, puis suivez Chalonnes. À la Possonnière prenez l'Alleud, c'est à la sortie du bourg direction Montjean par la levée.

LASSAY-LES-CHÂTEAUX 53110

Carte régionale B1

20 km NE de Mayenne ; 9 km E d'Ambrières-les-Vallées

€€ ≜ |●| ⑩% *Chambres d'hôtes Le Nouveau Gué (Florence et Jean-Pierrus Richefeu) :* 12, rue des Tilleuls, Niort-la-Fontaine. ☎ 02-43-00-16-97. ● richefeu@wanadoo.fr ● gites-de-france-mayenne.com ● Fermé de mi-déc à mi-janv. Florence et Jean-Pierrus ont restauré cet ancien presbytère situé juste à côté de l'église de Niort-la-Fontaine, dont l'horloge et les cloches égrènent les heures (rassurez-vous, seulement en journée !). Trois chambres spacieuses, aménagées avec goût. Déco exotique avec de nombreux souvenirs ramenés de la Réunion, département d'origine de Jean-Pierrus. Deux sont installées au 1er étage de la maison, la dernière est indépendante, sous forme de suite avec coin kitchenette et salon. Sanitaires privés. 52 € pour 2, petit déj compris. Table d'hôtes, sur réservation, partagée en famille à 22 €, apéro, vin et café compris. Cuisine régionale ou réunionnaise selon l'humeur de la maîtresse de maison. Accueil chaleureux et atmosphère conviviale. Une adresse qu'on aime bien.

Accès : de Lassay-les-Châteaux, D 33 vers Ambrière-les-Vallées puis Niort-la-Fontaine/ Musée du cidre ; la maison est juste à côté de l'ancien presbytère.

LE PALLET 44330

Carte régionale A2

14 km SE de Nantes ; 8 km N de Clisson

€€€€ ≜ ⋈ *Chambres d'hôtes La Sébinière (Anne Cannaférina) :* ☎ 02-40-80-49-25. 📱 06-17-35-45-33. ● info@chateau sebiniere.com ● chateausebiniere.com ● 📶 Dans un parc de 28 ha, beau manoir du XIII° s et domaine viticole. Trois chambres cossues à la déco raffinée et au beau plancher. Sanitaires privés. Entre 105 et 125 € pour 2, petit déj compris. Également un gîte installé dans une belle maison de vigneron, loué de 850 à 985 € la semaine selon la saison (ménage, draps et linge de maison compris). Agréable piscine. Un accueil charmant pour une adresse romantique.

Accès : en venant de Nantes, traversez le village du Pallet et prenez la 1re à droite après le musée du Vignoble.

LEGÉ 44650

Carte régionale A2

40 km S de Nantes ; 8 km S de Rocheservière

€€€ ≜ ⑩% *Chambres d'hôtes la Villa des Forges (Marie-Christine et Alain Michel) :* 1, les Forges. ☎ 02-40-26-36-58. ● villadesforges@yahoo.fr ● villades forges.com ● 🐾 📶 Dans un joli coin de campagne, ancienne ferme du XIX°. Dans une partie indépendante de la maison de Marie-Christine et Alain, 5 chambres toutes différentes avec luxueux sanitaires privés : 3 au 1er étage dont « Ali Baba » notre préférée (dans les tons blanc, noir et rouge et au sol en caoutchouc recyclé), les 2 autres au rez-de-chaussée dont une grande suite avec coin salon. La déco élégante est résolument contemporaine, les couleurs très présentes se mêlent en harmonie (il faut dire qu'Alain est architecte... ça aide !). 85 € pour 2, petit déj compris et 105 € pour la suite. Goûteuse table d'hôtes à 20 €, vin compris souvent réalisée avec la complicité du fils de la maison qui fait une école hôtelière. Pour vous détendre, un « home spa » avec jaccuzzi et douche écossaise (pour les courageux !) et un court de tennis. Accueil agréable. *NOUVEAUTÉ.*

Accès : sur la D 937, entre Rochesservière et les Lucs-sur-Boulogne, prenez la D 94 vers Legé pendant 3 km et après la Sorderie et fléchage les Forges (n'allez pas à Legé).

LES LUCS-SUR-BOULOGNE 85170

Carte régionale A2

20 km N de La Roche-sur-Yon ; 9 km N de Poiré-sur-Vie

€€ 🏠 10% *Chambres d'hôtes (Josiane Perrocheau) :* Le Chef-du-Pont. ☎ et fax : 02-51-31-22-42. 📱 06-37-69-62-27. ● josiane.perrocheau@wanadoo.fr ● logisduchefdupont.com ● 🛜 Superbe demeure du XIVe s et remanié au XVIe s située sur une ancienne voie romaine. Pendant la Révolution, c'est au logis du Chef-du-Pont que l'on payait le droit de passage pour traverser le gué (le pont sur la Boulogne n'existait pas). Si la maison a une histoire, l'intérieur est un véritable petit musée... Deux chambres superbes et spacieuses, chacune avec son salon particulier où sont servies les collations matinales. L'une, située au rez-de-chaussée, au décor typiquement vendéen, pour se replonger dans l'atmosphère d'autrefois ; l'autre à l'étage, avec un ravissant salon sur le thème de la mode (mannequin, collection de vieilles machines à coudre, coiffes traditionnelles...). 55 € pour 2, petit déj compris. Ambiance romantique et vieilles dentelles... Accueil de qualité. Très bon rapport qualité-prix-convivialité. Bref, un de nos coups de cœur. Pas de table d'hôtes, mais une sympathique auberge au bord du lac, juste à côté. Le soir, le mémorial est illuminé et le parc de 16 ha vous offrira une bonne balade digestive.

Accès : aux Lucs, prenez la direction de l'Historial, puis à gauche à la pancarte « Chef du Pont » et tt de suite à gauche ; la maison est pratiquement en face.

MAREIL-SUR-LOIR 72200

Carte régionale B1

8 km E de La Flèche

€€€ 🏠 *Chambres d'hôtes Logis de Sémur (Josy Partimbene) :* ☎ et fax : 02-43-45-46-84. 📱 06-72-09-13-73. ● michel.partimbene@orange.fr ● logissemur.pagesperso-orange.fr ● ♿ Dans un ancien logis du XIVe s entouré d'un paisible et ravissant parc, 2 chambres cosy et chaleureuses, avec sanitaires privés. 72 € pour 2, petit déj compris. Josy reçoit ses hôtes avec une grande disponibilité et une véritable passion pour sa région. Ancienne élève de l'École du Louvre, elle propose aussi des stages d'aquarelle et de meubles peints. Également un gîte pour 4 personnes pour ceux qui veulent séjourner.

Accès : de La Flèche, N 23 vers Le Mans puis à droite à Clermont-Créans jusqu'à Mareil et à droite à l'entrée du village (bon fléchage).

MÉNIL 53200

Carte régionale B1

40 km N d'Angers ; 38 km S de Laval

€€ 🏠 |○| 10% *Chambres d'hôtes Vallombry (Christine et Jacques Guilmineau) :* ☎ 02-43-70-05-47. 📱 06-73-51-57-72. ● christine.guilmineau@vallombry.fr ● vallombry.fr ● 🛜 Maison en bois style canadien installée tout près de la Mayenne (amis pêcheurs, à vos cannes !). Deux chambres agréables, dont une familiale composée de 2 chambres. Sanitaires privés. 65 € pour 2, petit déj compris, et 20 € par personne supplémentaire. Table d'hôtes partagée en famille à 22 €, apéro, vin et café compris, pour une cuisine familiale, tendance bio. Les amateurs de marche et de VTT ne manqueront pas de parcourir le chemin de halage qui longe la Mayenne et devrait bientôt rejoindre Angers. Accueil chaleureux.

Accès : de Château-Gontier, N 162 vers Angers sur 1 km, et après le rond-point des Charbonnières, tournez à gauche vers Ménil (C 5) et suivez le fléchage.

MONCÉ-EN-BELIN 72230

Carte régionale B1

13 km S du Mans

€€ 🏠 |○| *Chambres d'hôtes (Jacqueline et Bernard Brou) :* 3, rue du Petit-Pont. ☎ 02-43-42-03-32. 📱 06-08-25-06-60.

Fax : 02-43-42-97-95. • xavier.broux@latourdesplantes.com • latourdesplantes.com • 🛜 Dans une ancienne ferme, 6 chambres agréables avec sanitaires privés : 5 sont dans un bâtiment annexe et la 6e dans la maison des propriétaires. 70 € pour 2, petit déj compris. Table d'hôtes de 18 à 25 €, apéro, vin et café compris. Accueil authentique et ambiance familiale.

Accès : *de l'église du village, prenez la direction de Téloché, puis tournez tt de suite vers Saint-Gervais-en-Belin ; la maison est à 100 m sur la gauche.*

MONTIGNÉ-LE-BRILLANT 53970

Carte régionale B1

10 km S de Laval

€€€ 🛏 |●| 10% **Chambres d'hôtes Château de la Villatte (Isabelle Charrier, Mireille Poupault et Anne Bondon) :** *route de l'Huisserie.* ☎ et fax : 02-43-68-23-76. 📱 06-85-43-55-99. • info@lavillatte.com • lavillatte.com • Isabelle aime les châteaux, adore les restaurer et elle n'en est pas à son coup d'essai... Celui-ci date du XX° s, est élégant avec ses deux tours carrées et se niche dans un grand parc de 2,5 ha aux arbres centenaires. On entre dans un vaste hall au sol en damier avec billard anglais. À l'étage, 3 chambres spacieuses et lumineuses avec sanitaires privés. Une préférence pour la chambre « Morris », du nom du créateur de son papier peint, avec son lit en alcôve et moins chère que les autres. Selon la chambre, entre 78 et 96 € pour 2, petit déj compris. Ici, ce n'est pas une, mais trois maîtresses de maison qui s'occuperont de vous ! Sur demande, possibilité de repas sous forme de buffet à 22 €, sans les boissons et sans les propriétaires. Également une cuisine d'été à disposition si vous préférez vous faire la popote. Une adresse agréable pour se mettre au vert et découvrir la vie de château.

Accès : *de Laval, D 771 vers Saint-Nazaire puis D 283 jusqu'à Montigné ; sortez du village en direction de L'Huisserie par la D 578, l'entrée du parc du château est à 600 m à droite.*

MONTJEAN-SUR-LOIRE 49570

Carte régionale A2

42 km N de Cholet ; 24 km SO d'Angers

€€ 🛏 10% **Chambres d'hôtes Les Cèdres (Irina et Serge Millerioux) :** *17, rue du Prieuré.* ☎ 02-41-39-39-25. 📱 06-62-15-43-70. • contact@les-cedres.net • les-cedres.net • *Fermé janv.* Eh oui, depuis ses origines, le coin a champignonné, mais la maison est belle et le jardin-terrasse très agréable et abrité des regards indiscrets. Quatre chambres agréables, dont une suite parentale avec petite pièce attenante pour le couchage des enfants. On aime bien la chambre « Mahler » (au 2e étage, sous le toit), lumineuse, à l'atmosphère très zen, avec belle charpente apparente et éclairée par de grands Velux qui ouvrent sur la nature. Sanitaires privés. Selon la chambre, de 58 à 68 € pour 2, petit déj compris, et 18 € par personne supplémentaire. Pas de table d'hôtes mais plusieurs restos à proximité ; sinon, cuisine à disposition. Accueil agréable.

Accès : *de l'A 11 sortie n° 19 puis prenez à droite vers Champtocé puis à gauche vers Montjean ; traversez la Loire et, dans le bourg, passez la poste et prenez à droite la rue du Prieuré.*

MONTREUIL-BELLAY 49260

Carte régionale B2

45 km SE d'Angers ; 18 km SO de Saumur

€€ 🛏 10% **Chambres d'hôtes La Gente Dame (M. et Mme Bernay) :** *42, pl. du Marché.* ☎ 02-41-38-86-98. 📱 06-72-69-50-74. • lagentedame@gmail.com • lagentedame.com • *Ouv tte l'année, mais sur résa sit oct-avr.* Vous ne pouvez pas manquer ce superbe logis du XVIe s situé au-dessus d'un magasin de soieries (les proprios élevaient des vers... avant). Quatre belles chambres décorées avec de la soie, évidemment. La « Nénuphar » (la plus chère) possède même une terrasse. De 65 à 75 € pour 2, petit déj compris. Gentil accueil de la famille entière qui vit au rez-de-chaussée.

Accès : en plein centre-ville.

€€ 🛏 🐾 **Chambres d'hôtes Les Petits Augustins (Monique et Jacques Guezenec) :** *pl. des Augustins.* ☎ 02-41-52-33-88. • lespetitsaugustins@yahoo.fr • les-petits-augustins.com • *Ouv avr-oct.* Séduisant hôtel particulier du XVIIe s. Mignonne petite cour de caractère, couverte de lierre. Trois chambres (dont une suite) meublées d'ancien, avec sanitaires privés, à 70 € pour 2, petit déj inclus. Bon accueil.

Accès : en plein centre, près de l'église des Grands-Augustins.

MONTREUIL-SUR-LOIR 49140

Carte régionale B1

22 km NE d'Angers ; 5 km NO de Seiches-sur-le-Loir

€€€€ 🛏 |●| 10% **Chambres d'hôtes Château de Montreuil (Marie et Jacques Bailliou) :** ☎ 02-41-76-21-03. 📱 06-66-68-90-29. ● chateau.montreuil@anjou-loir.com ● anjou-loir.com ● *Ouv 15 mars-15 nov.* 📶 Sur le site d'un ancien château du XVIe s (brûlé accidentellement), belle demeure de charme, œuvre de l'architecte romantique René Hodé (précurseur de Viollet-le-Duc). Immense parc de 16 ha, bénéficiant d'une superbe vue sur la campagne environnante. Quatre chambres vastes, claires et agréables, dont une familiale, chacune pourvue de sanitaires privés et d'une connexion wifi. Mobilier de styles Louis XV et Empire. De 100 à 110 € pour 2, petit déj compris. Beau salon avec plafond et poutres peints, et chaleureuse salle à manger rustique (ancienne cuisine), agrémentée d'une monumentale cheminée. Table d'hôtes (pas toujours partagée avec les propriétaires) à 35 €, vin et café compris. Cuisine traditionnelle et familiale. Demandez à Marie de vous montrer son joyau : un salon avec de nombreuses tapisseries d'Aubusson, où trône un somptueux piano Pleyel. Enfin, allez visiter l'église du village, c'est l'ancienne chapelle du château (Marie vous prêtera les clés).

Accès : A 11, sortie Seiches-sur-le-Loir ; traversez Seiches et prenez en direction de Tiercé (D 74) ; le château se trouve à la sortie de Montreuil, sur la droite.

MOUAIS 44590

Carte régionale A1

57 km N de Nantes ; 25 km O de Châteaubriant

€€ 🛏 |●| 10% **Chambres d'hôtes La Maison du Meunier (Danielle et Jean-René Lalloué) :** 6, rue des Acacias. ☎ 02-40-07-08-07. 📱 06-26-48-38-98. ● maisondumeunier@wanadoo.fr ● maisondumeunier.fr ● *Fermé de mi-janv à mi-fév.* 📶 C'est l'ancienne maison du meunier, tout en pierre, composée de petites pièces et de recoins. Dans une aile indépendante, 3 chambres agréables, même si elles ne sont pas immenses. Sanitaires privés. 52 € pour 2, petit déj compris (confitures et gâteau maison). Table d'hôtes partagée en famille à 18 €, apéro maison et quart de vin compris. Cuisine à partir de produits frais et des légumes bio du potager. Service à l'assiette (s'il vous plaît !) dans un souci de présentation. L'occasion de bavarder sur l'histoire de la région et surtout du village, passion de Danielle, qui envisage de sortir le tome III de l'histoire de Mouais. Au bout du jardin coule la rivière, et un kayak et une barque peuvent vous être prêtés. De l'autre côté du chemin, le moulin est encore là, propriété de la mairie. Accueil convivial et loquace.

Accès : sur la N 137 Nantes/Rennes, sortez à Derval ; face à l'église du bourg, prenez la D 44 vers Mouais, la maison est à gauche, juste après le pont.

MOUZILLON 44330

Carte régionale A2

25 km E de Nantes ; 6 km N de Clisson

€€ 🛏 **Chambres d'hôtes Maison des Landes (Fabienne et Gilles Aubin) :** Les Landes. ☎ 02-40-06-96-00. 📱 06-65-06-84-85. ● aubing@orange.fr ● maisondeslandes.fr ● ♿ 📶 Au cœur des vignes, dans les anciennes caves de la propriété, 3 chambres agréables, à la déco contemporaine avec terrasse privative. Sanitaires privés avec douche à l'italienne. 59 € pour 2, petit déj compris. Pas de table d'hôtes mais salle commune avec coin cuisine à disposition. Accueil jeune et sympa.

Accès : l'accès à la maison se trouve sur la D 149 entre Clisson et le Pallet (n'allez pas à Mouzillon).

MOZÉ-SUR-LOUET 49610

Carte régionale B2

15 km S d'Angers

€€ 🛏 10% **Chambres d'hôtes Les Roches (Anita et Philippe Catrouillet) :** 34, rue des Roches. ☎ 02-41-78-84-29. 📱 06-18-04-48-34. ● catrouillet.philippe@wanadoo.fr ● accueil-anjou.com ● Belle demeure typiquement angevine avec façade en tuffeau, entourée d'un joli parc avec piscine et accès à la rivière Aubance. Deux chambres charmantes au 2e étage (poutres et pierres apparentes), avec de coquets sanitaires privés. Selon la chambre et la saison, de 56 à 59 € pour 2, petit déj compris (viennoiseries, jus de fruits et confitures maison). Agréable salle de séjour avec horloge comtoise et cheminée. Pas de table d'hôtes, mais plusieurs restos dans le coin. Ceux qui préfèrent l'indépendance choisiront le « Pavillon », avec salon, coin cuisine et repas, et lit en mezzanine (de 59 à 63 € pour 2, petit déj inclus).

Accueil vraiment sympa. Un point de chute idéal, à proximité d'Angers.

Accès : *d'Angers, prenez la D 751, mais n'allez pas jusqu'à Mozé ; la maison se trouve sur la D 751, à mi-chemin entre Mûrs-Érigné et Denée.*

NIEUL-LE-DOLENT 85430
Carte régionale A2

23 km NE des Sables-d'Olonne ;
14 km SO de La Roche-sur-Yon

€ 🏠 (10%) **Chambres d'hôtes Les Sorinières (Françoise et Patrick Bouron) :** ☎ 02-51-07-91-58 ou 02-51-07-93-46. 📱 06-85-20-88-73. Fax : 02-51-07-94-78. ● bouronp2@wanadoo.fr ● camping-les-sorinieres.com ● *Fermé 20 déc-10 janv.* En pleine campagne, agréable ferme des années 1920. Françoise et Patrick sont agriculteurs et élèvent vaches et poulets Label Rouge. Au 1er étage de la maison, 4 chambres simples, avec sanitaires privés, à 50 € pour 2, petit déj compris. Pas de table d'hôtes, mais coin cuisine aménagé. Pour les moins fortunés, aire naturelle de camping ombragée, avec des sanitaires rutilants, et une piscine avec petit bassin pour les plus jeunes. Cette dernière est bien sûr accessible à ceux qui dorment dans les chambres. Forfait camping pour 3 personnes à 20 €, et 3 € pour l'électricité. Accueil familial.

Accès : *depuis La Roche-sur-Yon, prenez la direction de La Tranche (sur 4 km), puis sortie Aubigny et Nieul-le-Dolent ; dans le village, prenez la direction des Sables-d'Olonne, puis la 2e à droite et suivez le fléchage au fond.*

OIZÉ 72330
Carte régionale B1

20 km SO du Mans ; 20 km NE de La Flèche

€€€ 🏠 🍴 🐾 (10%) **Chambres d'hôtes Château de Montaupin (Marie David) :** ☎ 02-43-87-81-70. 📱 06-83-56-60-40. ● chateaudemontaupin@wanadoo.fr ● chateau-de-montaupin.e-monsite.com ● 📶 Joli château de la fin du XVIIIe s avec un parc arboré et une agréable piscine chauffée. Marie propose 5 chambres avec sanitaires privés, dont 3 familiales composées de 2 chambres. 80 € pour 2, petit déj compris et 20 € par personne supplémentaire. Table d'hôtes, sur réservation, pour 22,50 €, apéro, vin et café compris. Également un gîte rural pour 6 personnes, avec piscine chauffée et sécurisée, loué de 300 à 580 € la semaine. Accueil agréable et souriant.

Accès : *sur la N 23 entre La Flèche et Le Mans ; à Cérans-Foulletourte, prenez la D 31 en direction de Oizé ; traversez le village et, au stop, prenez à gauche vers Yvré-le-Pôlin ; la maison est à 50 m à droite.*

OUDON 44521
Carte régionale A2

25 km NE de Nantes ; 9 km O d'Ancenis

€€€ 🏠 **Chambre d'hôtes La Maison dans les Bois (Céline et Philippe Rouquayrol) :** hameau le Vaud. ☎ 02-51-14-13-82. 📱 06-89-67-18-41. ● rouquayrol.philippe@wanadoo.fr ● lamaisondanslesbois.fr ● Au cœur d'une pinède, belle maison d'architecte à la déco très contemporaine. Une seule chambre calme et agréable avec accès indépendant. 57 € pour 2, petit déj compris. Petite terrasse avec chauffage-parasol d'où l'on peut apercevoir chevreuils et écureuils. Une deuxième chambre est en cours d'aménagement. Accueil de qualité.

Accès : *bon fléchage depuis la gare d'Oudon (2 km).*

PONTVALLAIN 72510
Carte régionale B1

30 km S du Mans ; 25 km E de La Flèche

€€ 🏠 (10%) **Chambres d'hôtes (Guy Vieillet) :** 5, pl. Jean-Graffin. ☎ 02-43-44-02-62. 📱 06-32-91-61-24. ● guy.vieillet@wanadoo.fr ● Au centre du bourg, 3 chambres agréables installées dans les anciens fours banaux, qui datent du XIIe s ! Elles ouvrent sur un croquignolet jardin intérieur, avec petit bassin et une originale terrasse d'été. 60 € pour 2, petit déj compris. Piscine.

Accès : *du Mans, prenez la N 23 en direction de La Flèche, jusqu'à Arnage ; prenez ensuite la D 307 vers Le Lude jusqu'à Pontvallain ; la maison est au centre du village.*

PORNIC 44210
Carte régionale A2

50 km O de Nantes, 30 km S de Saint-Nazaire

€€€ 🏠 **Chambres d'hôtes La Belle Verte (Christine et Dominique Charrier) :** Tabier. ☎ 02-40-64-68-21. 📱 06-86-96-02-80. ● contact@labelleverte-pornic.com ● labelleverte-pornic.com ● 🐾 📶 Dans un petit coin de campagne, ancienne ferme devenue un écogîte (production d'eau chaude et chauffage par panneaux solaires notamment). Dans l'ancienne étable, 3 chambres de plain-pied en enfilade. Elles ne sont pas immenses mais la déco est soignée (préférez Joséphine et Olympe qui ont une petite fenêtre en plus de la porte vitrée). Sanitaires privés. TV. Selon la saison de 74 à 78 € pour 2, petit déj servi dans une petite salle au bout du bâtiment et qu'on peut utiliser pour se faire un petit frichti. Accueil agréable. Une adresse pour ceux qui préfèrent l'indépendance. **NOUVEAUTÉ.**

> **Accès :** sur la D 213, entre Saint-Nazaire et Noirmoutier, sortez Pornic-Ouest puis direction Saint-Père-en-Retz pendant 3 km et dans un virage, tournez à gauche au fléchage, la maison est à 800 m.

POUANCÉ 49420

Carte régionale A1

45 km NO d'Angers ; 16 km E de Châteaubriant

€€ 🏠 |●| 🛏 (10 %) **Chambres d'hôtes La Saulnerie (Marie-Jo et Yannick Brousse) :** ☎ et fax : 02-41-92-62-66. 📱 06-81-38-45-01. ● contact@lasaulnerie.com ● lasaulnerie.com ● 🐾 📶. Située aux confins de l'Ille-et-Vilaine, de la Loire-Atlantique, de la Mayenne et du Maine-et-Loire (ouf !), *La Saulnerie* est un superbe et ancien grenier à sel qui servait d'habitation aux saulniers (nom de leur métier). Elle date du XVII° s, et des contreforts lui donnent un petit côté moyenâgeux. Il faut dire qu'on est baigné dans l'ambiance, car, d'ici, vous bénéficierez d'un point de vue unique sur le village et les ruines du château fort du XIV° s qui appartint à Du Guesclin. Dans l'ancienne grange, 4 chambres d'hôtes agréables et confortables, avec sanitaires privés, à 55 € pour 2, petit déj compris et 17 € par pers. supplémentaire. Possibilité de louer un gîte de séjour de 15 places. Piscine couverte. Yannick est passionné de tourisme rural et de théâtre. Beau sentier pédestre qui fait le tour des étangs du coin (6,5 km). Grande chaleur d'accueil. Une bonne adresse qui fait des adeptes.

> **Accès :** du village, prenez la direction de Châteaubriant ; le gîte est à 800 m du bourg à gauche, en face du garage.

RUILLÉ-LE-GRAVELAIS 53220

Carte régionale A1

18 km O de Laval

€€ 🏠 (10 %) **Chambres d'hôtes (Gianina et Marc Besnier) :** Limesle. ☎ 02-43-02-47-82. 📱 06-29-21-26-96. ● besnier-marc@hotmail.fr ● Ancienne ferme isolée dans un joli coin de nature. Dans une extension tout en bois, Gianina et Marc ont aménagé 2 chambres très spacieuses, de plain-pied avec accès direct sur le jardin. Atmosphère agréable et sereine. Chacune avec mezzanine et sanitaires privés. 62 € pour 2, petit déj compris. Belle piscine pour se détendre. Une sympathique adresse tenue par un chaleureux couple de motards, utilisateur de nos guides.

> **Accès :** à l'entrée de Ruillé-le-Gravelais venant de Loiron, prenez à gauche la VC de La Bretonnière puis la VC 1 sur 2,5 km, et au panneau « Voie sans issue » tournez à droite et faites 600 m.

SAINT-BRICE 53290

Carte régionale B1

30 km SE de Laval ; 8 km NO de Sablé-sur-Sarthe

€€€€€ 🏠 |●| (10 %) **Chambres d'hôtes Manoir des Forges (Sabine et Vincent Colombani) :** ☎ 02-43-70-84-40. 📱 06-70-14-76-11. ● contact@manoirdesforges.fr ● manoirdesforges.fr ● Fermé 14 nov-25 mars. Superbe manoir du XVI° s niché dans un parc de 7 ha. Cinq chambres élégantes et spacieuses avec sanitaires privés. Décoration soignée sur des thèmes différents. Deux dans un pavillon indépendant, dit « maison des amis », sont climatisées (on a craqué pour la chambre romantique avec sa belle poutraison blanche) ; les 3 autres sont installées aux 1er et 2e étages du manoir avec accès par l'escalier de la tour. Selon la taille de la chambre, comptez entre 108 et 138 € pour 2, petit déj compris. Table d'hôtes partagée avec Sabine et Vincent à 35 €, apéro, vin et café compris. Une cuisine qui oscille entre Provence et Corse. Pour vous détendre, les activités ne manquent pas : grande piscine chauffée, court de tennis et sauna. Bref, une adresse bourrée de charme pour se remettre en forme et pour séduire sa dulcinée.

> **Accès :** de Sablé, D 21 vers Laval jusqu'à Bouessay puis D 28 vers Château-Gontier jusqu'aux Agets puis D 212 vers Saint-Brice ; la maison est sur la droite, 50 m avt l'entrée du village.

SAINT-CYR-EN-TALMONDAIS 85540

Carte régionale A2

35 km E des Sables-d'Olonne ; 13 km O de Luçon

€ 🏠 |●| **Chambres d'hôtes L'Ardiller (Marie-France et Thierry Fauconnier) :** 8, rue de la Saunerie. ☎ 02-51-97-47-22.

SAINT-LAMBERT-DES-LEVÉES | 339

📱 06-78-07-44-62. • thfauconnier@wanadoo.fr • Ici on vient pour le naturel et l'hospitalité de la maison, et tout ça, sans se ruiner ! Thierry est agriculteur mais son exploitation n'est pas sur place. Trois sympathiques chambres de 2 et 3 personnes, chacune de plain-pied avec accès indépendant et sanitaires privés. 50 € pour 2, petit déj compris. Chaleureuse salle à manger avec cuisine ouverte pour partager les repas en famille. Table d'hôtes sur réservation à 17 €, apéro, vin et café compris. Cuisine traditionnelle réalisée à partir des légumes du jardin en saison. Accueil authentique et vrai. Un bon point de chute pour découvrir la région.

Accès : au cœur du village, prenez la petite route vers Saint-Sornin ; la maison est un peu plus bas à gauche.

SAINT-DENIS-D'ORQUES 72350

Carte régionale B1

37 km O du Mans ; 37 km E de Laval

€€€ 🛏 |●| 🐴 ⑩% **Chambres d'hôtes Le Moulin de la Chaussée (Christophe Deshayes) :** ☎ 02-43-88-43-41. • moulin.chaussee@wanadoo.fr • lemoulindelachaussee.com • Il a fière allure cet imposant moulin de 1844 perdu dans la nature ! Autour, domaine de 6 ha pour profiter des quelque 200 variétés d'arbres et d'un bel étang. Cinq chambres nettes et claires, avec sanitaires privés, à 85 € pour 2, petit déj compris. Possibilité de table d'hôtes sur réservation. Mignonnette piscine intérieure chauffée avec vue sur l'ancienne machinerie du moulin. Également un gîte pour 6 à 10 personnes pour ceux qui veulent séjourner. Accueil convivial.

Accès : à la sortie de Saint-Denis-d'Orques, direction Laval puis tt de suite à gauche (bon fléchage).

SAINT-GEORGES-SUR-LOIRE 49170

Carte régionale B1-2

15 km SO d'Angers

€€€ 🛏 |●| ⑩% **Chambres d'hôtes Le Prieuré de l'Épinay (Geneviève et Bernard Gaultier) :** ☎ et fax : 02-41-39-14-44. • bernard.gaultier3@wanadoo.fr • epinay1.monsite-orange.fr • Ouv avr-oct. 🛜 Amoureux des vieilles pierres, bonjour ! Ce magnifique prieuré du XIIIe s propose 3 suites confortables pour 2 à 5 personnes. Sanitaires privés. 80 € pour 2, petit déj compris, et 25 € par personne supplémentaire. Demandez à le prendre dans la cuisine... Une gigantesque cheminée où pend la marmite et un mystérieux escalier qui conduit à la cave. Table d'hôtes à 30 €, apéro, vin et café compris. Agréable piscine chauffée dans le parc. Accueil convivial.

Accès : à 3 km du village en direction de Nantes, au bout d'une petite route à gauche.

SAINT-GERMAIN-LE-FOUILLOUX 53240

Carte régionale B1

10 km N de Laval ; 5 km N de Changé

€ 🛏 **Chambres d'hôtes Fleurs des Champs (Thérèse et Jean-Claude Géhannin) :** L'Hommeau. ☎ 02-43-01-18-41. 📱 06-23-17-48-05. • fleurs.des.champs@online.fr • fleurs.des.champs.online.fr • En pleine campagne, jolie fermette bien fleurie avec agréable pièce d'eau. Cinq chambres coquettes avec sanitaires privés. Les romantiques préféreront les 2 chambres avec lit à baldaquin contemporain ; les amoureux de la nature pencheront pour celles avec petite terrasse et vue sur la pièce d'eau ; enfin, si vous avez des problèmes de mobilité, préférez celle du rez-de-chaussée, plus vaste, avec accès direct sur l'extérieur. 47 € pour 2, petit déj compris, et 15 € par personne supplémentaire. Pas de table d'hôtes mais possibilité de repas traiteur sur commande et cuisine à disposition. Accueil chaleureux et vrai. Une adresse nature.

Accès : de Laval, D 31 vers Fougères/Ernée puis à droite vers Saint-Germain-le-Fouilloux ; dans le village, suivez le fléchage sur 3 km.

SAINT-LAMBERT-DES-LEVÉES 49400

Carte régionale B2

47 km SE d'Angers ; 4 km NO de Saumur

€€€ 🛏 **Chambres d'hôtes La Croix de la Voulte (Helga et Jean-Pierre Minder) :** 476, rue de Boumois. ☎ et fax : 02-41-38-46-66. • hminder@hotmail.com • lacroixdelavoulte.com • Ouv de Pâques à mi-oct. Résa conseillée. 🛜 Fort jolie demeure des XVe et XVIIe s avec 3 ha de prés. Quatre chambres, équipées de sanitaires privés, dans un bâtiment annexe. Intérieur de charme, ameublement et tissus de style. Décoration soignée. Les chambres « Touraine » et « Anjou » ont de très grandes cheminées du XVe s et un lit à baldaquin. Comptez de 85 à 95 € pour 2, petit déj compris. Salon-bibliothèque, belle piscine. Accueil chaleureux.

Accès : en venant de Saumur, traversez l'île d'Offard ; puis, à partir de la gare SNCF, suivez la D 229 vers Saint-Martin-de-la-Place et le fléchage.

SAINT-MALO-DU-BOIS 85590

Carte régionale A2

16 km S de Cholet ; 16 km NE des Herbiers

€€ 🏠 10% **Chambres d'hôtes (Régina et André Fruchet) :** *Les Montys.* ☎ 02-51-92-34-12. Fax : 02-51-64-62-45. *Résa à l'avance pour juin, juil et août.* Dans une grande maison, avec des bâtiments agricoles appartenant aux fils d'André, 3 chambres avec sanitaires privés. Projet de peinture de teintes différentes suivant les chambres, meubles en pin naturel ou rustiques. 58 € pour 2, petit déj inclus. Pas de table d'hôtes, mais une cuisine à disposition. André, agriculteur à la retraite, connaît la région comme sa poche et vous donnera de bons tuyaux sur les excursions à faire. Écoutez-le aussi vous raconter l'histoire de la Vendée. Accueil authentique. Le Puy-du-Fou est à 6 km et le château de Gilles de Rais (dit « Barbe Bleue »), à Tiffauges, à 16 km.

Accès : du village, prenez la D 72 en direction de La Verrie ; à 2 km, tournez à droite, c'est à 500 m.

SAINT-MARS-DU-DÉSERT 44850

Carte régionale A2

17 km NE de Nantes ; 28 km O d'Ancenis

€€ 🏠 10% **Chambres d'hôtes (Martine et Dominique Morisseau) :** *21, Longrais.* ☎ 02-40-77-48-25. 📱 06-80-62-95-63. • longrais.accueil@wanadoo.fr • longrais.accueil-france.com • 📶 Au cœur d'un hameau, sur une petite route départementale, vieille et belle longère du XVIIIe s. Trois chambres réparties dans différentes ailes de la maison. Une au rez-de-chaussée avec accès indépendant, très grande (pour 4 personnes), avec cheminée et meubles anciens. Une dans l'ancien grenier à foin avec belle charpente apparente. La dernière dans un petit pavillon indépendant avec mezzanine et petit salon (pour 3 personnes). Selon la chambre, de 58 à 66 € pour 2, petit déj compris, et 14 € par personne supplémentaire. Le petit déj est servi dans la salle à manger de Martine et Dominique. Atmosphère campagnarde. Accueil agréable. Pas de table d'hôtes, mais grande cuisine à disposition.

Accès : de Carquefou, prenez la D 178 en direction de Châteaubriant ; prenez ensuite la D 9 vers Saint-Mars-du-Désert sur 4 km, jusqu'à Longrais, puis à droite la D 89 vers Mauves ; c'est la 5e maison à gauche.

SAINT-MATHURIN 85150

Carte régionale A2

25 km SO de La Roche-sur-Yon ; 10 km NE des Sables-d'Olonne

€€€€ 🏠 10% **Chambres d'hôtes Château de la Millière (Danielle et Claude Huneault) :** ☎ 02-51-22-73-29. 📱 06-86-81-89-97. • contact@chateau-la-milliere.com • chateau-la-milliere.com • 📶 Isolé au cœur d'un parc de 25 ha bien entretenu, cet élégant château du XIXe s est l'écrin idéal des escapades romantiques. Les propriétaires proposent 3 chambres et une suite familiale, avec sanitaires privés. 100 € pour 2 et 20 € par personne supplémentaire, petit déj compris. Possibilité de barbecue dans le parc, près de la piscine (oh oui !). Ping-pong, baby-foot et billard pour les amateurs. Golf de 18 trous à 3 km. Accueil raffiné. Une adresse pour épater sa dulcinée... (mais il faudra y mettre les moyens). Également 4 gîtes ruraux pour 4, 5 et 6 personnes.

Accès : sur l'axe La Roche-sur-Yon/Les Sables-d'Olonne (N 160), sortez à Saint-Mathurin ; faites le tour complet du rond-point et suivez le fléchage.

SAINTE-GEMMES-LE-ROBERT 53600

Carte régionale B1

24 km SE de Mayenne ; 5 km N d'Évron

€ 🏠 10% **Chambres d'hôtes Le Pisserot (Marie-Joseph et André Boisbouvier) :** ☎ 02-43-98-21-05. 📱 06-75-51-40-02. • amj.boisbouvier@wanadoo.fr • vacancesenmayenne.fr • *Fermé 20 déc-5 janv.* Au cœur du village, mais au calme, ancienne ferme joliment restaurée dont les origines remontent au XVIIIe s. Dans une aile indépendante, 2 chambres charmantes à l'atmosphère romantique, avec sanitaires privés. Une au rez-de-chaussée avec accès direct sur la cour, l'autre à l'étage avec une belle poutraison. Respectivement 45 et 48 € pour 2, petit déj compris. Pas de table d'hôtes mais plusieurs restos sympas à Évron dont la basilique vaut vraiment la visite. Accueil teinté par la gentillesse de la maîtresse des lieux. Une adresse qu'on aime bien et un très bon rapport qualité-prix-convivialité.

Accès : de Sainte-Gemmes, prenez la D 552 vers Hambers, la maison est à 100 m à gauche.

SAINTE-REINE-DE-BRETAGNE 44160

Carte régionale A1

25 km N de Saint-Nazaire ; 9 km O de Pont-Château

€€ 🏠 10% *Chambres d'hôtes La Thorelle (Françoise et Michel Pintureau) :* 27, rue René-Guy-Cadou. ☎ 02-40-01-03-50. 📱 06-03-52-33-02. • pintureau@la-thorelle.com • charmance-bretagne.fr • 📶 Dans le parc naturel de Brière, ancien presbytère des années 1930. Il a fallu toute l'énergie de Françoise pour donner une âme à ce lieu et c'est une réussite. Au 1er étage, 3 chambres spacieuses, décorées avec goût dans une belle harmonie de couleurs. Une est familiale et composée de 2 chambres. Sanitaires privés, TV et accès wifi. Selon la taille des chambres, de 60 à 65 € pour 2, et 97 € pour 4, petit déj compris. Les collations matinales se prennent dans une belle salle à manger ou dans la véranda aux beaux jours. Accueil souriant et attentionné.

Accès : dans le village, prenez la direction de Missilac, la maison se trouve juste après la mairie.

SALIGNY 85170

Carte régionale A2

17 km N de La Roche-sur-Yon ; 10 km NE du Poiré-sur-Vie

€€ 🏠 🍴 *Chambres d'hôtes (Monique et Joseph Baron) :* La Jarrie. ☎ 02-51-24-25-41. 📱 06-80-32-70-69. • monic.baron@orange.fr • la-jarrie.com • 📶 Petit hameau qui sent bon la campagne vendéenne. Monique et Joseph ont aménagé, dans une ancienne grange située face à leur maison des années 1900, 2 chambres vastes et agréables, dont une pour 3 personnes. Sanitaires privés. 56 € pour 2 et 70 € pour 3, petit déj compris. C'est dans une agréable véranda qu'on partage la table d'hôtes en leur compagnie. 23 € le repas, apéro, vin et café compris, pour une bonne et goûteuse cuisine traditionnelle. Accueil aimable et courtois.

Accès : de Belleville-sur-Vie, prenez la D 101 vers Les Essarts puis la D 98 vers La Merlatière jusqu'au 1er étang et tournez à gauche vers Saint-Denis-la-Chevasse (n'allez pas à Saligny).

SOLESMES 72300

Carte régionale B1

40 km SO du Mans ; 7 km N de Sablé-sur-Sarthe

€€ 🏠 🍴 🐴 *Chambres d'hôtes Le Fresne (Marie-Armelle et Pascal Lelièvre) :* ☎ et fax : 02-43-95-92-55. 📱 06-87-49-38-93. • le.fresne@wanadoo.fr • lefresne.com • En pleine nature, Marie-Armelle et Pascal ont aménagé, dans les anciennes soues (sortez donc votre dico !) de la ferme familiale, 3 chambres d'hôtes pour 2 à 4 personnes, coquettes et agréables ; 2 d'entre elles possèdent une petite cour privative. Sympathique crépi, mignonnes petites armoires fabriquées par un artisan du coin. Sanitaires privés, avec céramiques de la région. Comptez 62 € pour 2, petit déj inclus, et 15 € par personne supplémentaire. Les proprios sont agriculteurs et élèvent des poulets de Loué et des vaches limousines. Table d'hôtes, partagée avec les propriétaires, à 25 €, apéro, vin de Loire et café compris. Bons produits maison, dont le poulet de Loué, bien sûr. Petite salle avec coin cuisine à disposition. Petit étang privé, pour ceux qui veulent taquiner le poisson, et piscine et jacuzzi pour ceux veulent se prendre pour des poissons ! Également un gîte rural pour 11 personnes loué entre 500 et 620 € la semaine suivant la saison. Accueil convivial.

Accès : du Mans, empruntez la D 309 vers Sablé-sur-Sarthe ; 5 km après Parcé, prenez la petite route à droite et suivez le fléchage (attention, la ferme est à 4 km de Solesmes) ; de Solesmes, suivez le fléchage à partir de la pharmacie.

SOULIGNÉ-FLACÉ 72210

Carte régionale B1

18 km O du Mans ; 18 km E de Loué

€€ 🏠 🍴 🐴 *Chambres d'hôtes (Lily et Bruno Portehault) :* La Bertellière. ☎ 02-43-88-13-12. • la.bertelliere@orange.fr fr • labertelliere.net • En pleine campagne, dans un écrin de verdure, superbe longère que Lily et Bruno ont restaurée, aménagée, transformée, pour lui donner un cachet traditionnello-moderno-contemporain (ouf !). Trois chambres agréables (dont une familiale) avec sanitaires privés. Déco qui a su garder un caractère campagnard. 53 € pour 2, petit déj compris, et 18 € par personne supplémentaire. Belle salle à manger avec une immense cheminée. Table d'hôtes, partagée en famille, à 20 €, apéro, vin et café compris. Cuisine familiale avec des touches très personnelles (chut !). Les passions de Lily ? D'abord sa collection de grenouilles (vous ne pouvez pas les manquer), et surtout son jardin. Il est superbe, plein de fleurs et d'espaces. Accueil chaleureux. Bon rapport qualité-prix-convivialité.

Accès : de Souligné, empruntez la direction Vallon (D 22) et, à la sortie du bourg, la D 88 vers Coulans sur 500 m et prenez la V 8 vers Brains ; faites encore 1,5 km, La Bertellière est fléché à droite (ne pas confondre avec Les Bertellières).

SUCÉ-SUR-ERDRE 44240

Carte régionale A2

10 km N de Nantes ; 6 km N de Carquefou

€€€€€ 🏠 |●| **Chambres d'hôtes Les Arbres Rouges (Vincent Louis) :** *570, route de Carquefou.* ☎ 02-51-81-15-00. ● nfo@lesarbresrouges.com ● lesarbresrouges.com ● Dans un joli parc, une maison d'hôtes exceptionnelle au confort sans pareil ! Jacques et Vincent, amoureux d'architecture, d'art contemporain et mobilier design, vous proposent 5 chambres élégantes et raffinées dont 2 avec terrasse privative. De 112 à 119 € pour 2, petit déj compris. Un bar très chic, un superbe coin cheminée et une table d'hôtes digne d'un resto gastro à 39 €, tout compris. Le must : 2 piscines ! Une extérieure chauffée, l'autre balnéo à l'intérieur (si, si !). Une adresse de charme, où harmonie et quiétude sont des maîtres mots.

Accès : à l'entrée de Sucé, en venant de Carquefou, prenez à gauche au 1er rond-point.

THOUARÉ-SUR-LOIRE 44470

Carte régionale A2

9 km E de Nantes ; 1 km S de Carquefou

€€ 🏠 🐾 (10%) **Chambres d'hôtes l'Atelier dans la Verdure (Corinne Reignier) :** *La Verdure, route du chêne vert.* ☎ 02-40-77-59-36. 📱 06-09-72-32-57. ● corinne.reignier@orange.fr ● pagesperso-orange.fr/reignier.laverdure/ ● 🛜 Belle maison contemporaine dans un agréable jardin peuplé de chênes centenaires. Troiss chambres pour les familles ou amis décorées d'œuvres de la maîtresse de maison. 62 € pour 2, petit déj compris. Accueil convivial.

Accès : du rond-point Étoile à la sortie de Nantes, prenez la D 723 vers Ancenis puis 1re à droite D 37 vers Thouaré puis 2e route à gauche.

TRIGNAC 44570

Carte régionale A2

2 km NE de Saint-Nazaire

€€ 🏠 (10%) **Chambres d'hôtes La Milonga (Éric et Nathalie Milet) :** *52, rue Jules-Verne.* ☎ 02-40-42-65-37. 📱 06-03-92-28-49. ● lamilongabb@gmail.com ● saintnazairebb.com ● Fermé janv. 🛜 Se laisser intimider par l'environnement et l'enceinte de cette maison serait une grave erreur car lorsque vous passerez le portail, Éric et Nathalie vous emmèneront en voyage dans leur riad breton ! Quatre grandes chambres avec accès indépendant, dont 3 qui donnent de plain-pied sur un jardin engazonné planté de palmiers. Elles sont toutes bien équipées ; il y a même parfois la télé et l'une d'entre elles possède sa propre cuisine. On peut aussi loger à 3 ou 4 dans certaines. De 55 à 75 € pour 2 avec le petit déj, et 20 € par personne supplémentaire. Côté déco, comme nous sommes chez des globe-trotters devant l'éternel, les vitrines sont pleines de trucs chinés sur tous les marchés du monde, et puis des livres et encore des livres, dont de nombreux écrits par le maître des lieux qu'on salue au passage ! En hiver, un méga coin cheminée... autour duquel on tient au moins à vingt ! La cerise sur le gâteau, c'est la salle de danse. Car ici, c'est tango-tango, que vous aurez le loisir de pratiquer si le cœur vous en dit. Une base idéale pour découvrir le patrimoine industriel de Saint-Nazaire, de la Grande Brière ou de la Côte sauvage. Accueil tout simplement charmant.

Accès : de Saint-Nazaire, direction Nantes ; passez au niveau des anciennes forges, puis à droite, 1re entrée Trignac, puis 2 fois à droite, ensuite tt droit jusqu'à la rivière.

VALLET 44330

Carte régionale A2

23 km SE de Nantes ; 7 km N de Clisson

€€ 🏠 🐾 **Chambres d'hôtes La Maison Bleue (Muriel et Roland Devaux) :** *9, La Salmonière.* ☎ 02-40-46-73-66. 📱 06-89-93-64-80. ● rold2@free.fr ● pagesperso-orange.fr/rold2/maisonbleue1/ ● Ouv. de début mars à fin oct. 🛜 Vallet se prévaut du titre de capitale du muscadet et vous longerez les vignes pour arriver jusqu'à cet ancien pressoir du XIXe situé dans un petit hameau de 54 âmes. 2 chambres simples et colorées de plain-pied. Sanitaires privés. 55 € pour 2, petit déj compris. Pas de table d'hôtes mais un bon resto à Vallet. Accueil convivial. À 7 km d'ici, à Clisson, se tient chaque année le festival Helfest (musique métal) qui prend de plus en plus d'ampleur (mi-juin), mais la ville vaut aussi le détour pour son architecture d'influence italienne. *NOUVEAUTÉ.*

Accès : A 11, sortie n° 20 Ancenis puis Vallet, traversez le village en direction de Clisson puis Le Pallet, au lieu-dit l'Audigère, tournez à droite puis 1re route à 2 km.

VARENNES-SUR-LOIRE 49730

Carte régionale B2

12 km E de Saumur

€ ≜ I●I **Chambre d'hôtes Les Volubilis (Monique Vervialle) :** 15, rue de la Gare. ☎ 02-41-51-78-20. 📱 06-70-30-39-56. ● *j.mvervialle@orange.fr* ● Maison du XVe s, avec une chambre dans une partie neuve et indépendante de la maison. Très claire, avec télé, salle d'eau et w-c. 50 € pour 2, petit déj compris. Belle salle de séjour avec poutres apparentes et cheminée monumentale, où Monique sert de très bons petits déj. Elle propose aussi la table d'hôtes, sur réservation, pour 15 €, vin de Saumur compris (cuisine locale et familiale). Faites un tour au moulin de Varennes et ne manquez pas les pistes de boules de fort qui attirent de nombreux passionnés (ambiance locale assurée). Jean pourra vous parrainer pour y entrer car il y joue.

Accès : sur la N 152, en face du pont de Montsoreau, en direction de Brain/Allonnes ; c'est à 200 m sur la gauche après l'église.

VAUCHRÉTIEN 49320

Carte régionale B2

15 km S d'Angers

€€€ ≜ (10%) **Chambres d'hôtes Le Moulin de Clabeau (Famille Daviau) :** ☎ 02-41-91-22-09. 📱 06-82-31-80-27. ● *moulin-clabeau@gite-brissac.com* ● *gite-brissac.com* ● 📶 Moulin à eau superbement restauré, appartenant à la famille Daviau (viticulteurs-minotiers connus dans la région) depuis 1537. Trois chambres, décorées simplement, mais avec beaucoup de goût, certaines dans un style très british. La suite de 2 chambres conviendra aux familles. Comptez 80 € pour 2, petit déj compris. Grands espaces communs, beau mariage de poutres monumentales et d'ardoise. À côté coule l'Aubance (empruntez donc la barque pour aller à Saint-Melaine). Ici, l'hospitalité est tout sauf de la poudre (de farine !) aux yeux. Un conseil : gare à votre tête en passant les portes ! Une petite boutique de produits régionaux vient compléter le tout.

Accès : d'Angers, prenez la route de Brissac, sortez à L'Hômois et suivez le fléchage.

VIEILLEVIGNE 44116

Carte régionale A2

30 km S de Nantes ; 17 km NE de Legé

€€ ≜ **Chambres d'hôtes Le Logis du Château (Odile et Didier Roy) :** ☎ 02-40-02-05-98. ● *logisduchateau@orange.fr* ● *logisduchateau.fr* ● Aux portes de la Vendée, joli logis du XVIIIe, ancienne ferme et maison natale d'Odile, dans un petit hameau... Ici on vient avant tout pour l'accueil et la convivialité d'Odile. Trois chambres dont une suite familiale composée de 2 chambres. Déco simple, sans prétention. De 59 à 63 € pour 2, copieux petit déj compris (brioche du fils de la maison, fromages, œufs et jambon). Une adresse chaleureuse et nature, dans tous les sens du terme. *NOUVEAUTÉ.*

Accès : du village D 753, vers Noirmoutier/ Rochervière et au lieu-dit Malabrit prendre à gauche vers Bonne Fontaine et fléchage pendant 1,5 km.

Picardie

ALLONVILLE — 80260

Carte régionale A1

7 km NE d'Amiens

€€ 🛏 *Chambres d'hôtes Les Trois Plumes (Jacques Fauquemberg) : 14, Grande-Rue.* ☎ *03-22-93-01-82.* 📱 *06-25-44-39-67.* • *jacquesfauq@yahoo.fr* • *lestroisplumes.fr* • 📶 Au cœur du village, dans l'aile d'une ancienne fermette picarde, Jacques, conteur picard vous propose une agréable suite avec séjour et une chambre parée des toiles du maître des lieux. Sanitaires privés. 60 € pour 2, petit déj compris et 100 € pour 4. Jardin clos fleuri avec vigne et pommiers. Jacques est un passionné d'histoire locale, des arts vivants, de jardinage. Il vous parlera de la tradition des coupeurs de velours et des légendes du pays... Accueil courtois et volubile. *NOUVEAUTÉ.*

Accès : sur la rocade d'Amiens sortie n° 37 Amiens/St-Pierre, puis direction Albert jusqu'à « Petit Camon », au feu tricolore à gauche jusqu'à Allonville ; la maison se trouve face à la mairie.

ARGOULES — 80120

Carte régionale A1

30 km N d'Abbeville ; 20 km NE du Crotoy

€€€€ 🛏 🐕 (10%) *Chambres d'hôtes Domaine de la Vallée Saint-Pierre (Francine Duquesnoy) : chemin des Moines, Valloires.* ☎ *03-22-20-08-79.* 📱 *06-89-45-87-94.* • *francine.duquesnoy@wanadoo.fr* • *domainevalleestpierre.com* • Il vous faudra peut-être casser votre tirelire, mais vous ne le regretterez pas, car cette maison est une adresse d'exception ! Plantée au milieu d'un parc de 15 ha, de forêts, étangs et prairies, maison contemporaine tout en brique agrémentée d'une cour intérieure qu'on découvre au fil des baies vitrées. Cinq chambres spacieuses, décorées avec goût, dont 2 suites familiales composées de 2 chambres. Sanitaires privés. On aime bien « Marine » avec le capitaine Haddock en tapisserie, mille sabords ! Selon la saison, de 100 à 115 € pour 2, copieux petit déj compris, avec de succulentes confitures maison. Piquer une tête dans la piscine, suer dans le sauna, prendre un bain de bulles dans le jacuzzi en contemplant les étoiles, taquiner la carpe ou le brochet, parcourir les deux étangs de 3 ha en barque à pédales, rencontrer les chevaux miniatures... sont les différentes activités proposées par votre hôtesse. Ça n'est pas beau la vie ? Et pour terminer, l'abbaye de Valloires pour votre balade nocturne et romantique. Bon, je ne sais pas vous, mais moi, j'y retourne !

Accès : A 16 sortie 24 puis D 1001 vers Boulogne jusqu'à Vron puis suivez le fléchage « Abbaye de Valloires » ; le chemin qui mène à la maison est en face de l'entrée de l'abbaye.

Nous vous rappelons que la table d'hôtes est le complément d'une formule d'hébergement (chambre d'hôtes, gîte d'étape...). Ce service n'est offert qu'aux personnes qui dorment sur place (excepté lorsqu'il est clairement écrit « ouvert aux extérieurs »).

ARREST — 80820

Carte régionale A1

20 km O d'Abbeville ; 7 km S de Saint-Valéry-sur-Somme

€€ 🛏 |○| 🐾 **Chambres d'hôtes Arrest en Baie (Stéphanie et Sacha Weber) :** 3, rue de Drancourt. ☎ 03-22-26-13-83. 📱 06-76-17-56-11. ● contact@arrest-en-baie.com ● arrest-en-baie.com ● 🐾 🛜 Stéphanie et Sacha ont accompli un travail remarquable pour donner à cette ancienne ferme authenticité et originalité. Cinq chambres charmantes et romantico-champêtres, avec sanitaires privés. Authenticité, car tous les murs ont tous été refaits, à l'identique, en torchis s'il vous plaît ! Originalité, car certains sont parés de jolies fresques réalisées par Stéphanie. Moult détails ajoutent encore à l'atmosphère chaleureuse des lieux. Selon la chambre, de 55 à 65 € pour 2, petit déj compris. Possibilité de table d'hôtes à 26 €, boisson comprise. Accueil convivial. Bref, une adresse comme on les aime.

Accès : *de Saint-Valéry-sur-Somme, D 48 vers Arrest ; passez Estrebœuf et prenez la 1re à gauche à l'entrée du village, la maison est 100 m à gauche.*

AUGER-SAINT-VINCENT — 60800

Carte régionale B2

15 km E de Senlis ; 7 km O de Crépy-en-Valois

€€ 🛏 |○| 🐾 **Chambres d'hôtes Ferme du Raguet (Françoise et Philippe Mommelé) :** 8, rue Raguet. ☎ et fax : 03-44-59-03-61. 📱 06-13-33-40-13. ● lafermeduraguet@orange.fr ● lafermeduraguet.fr ● 🛜 Ferme céréalière en activité. Dans une aile indépendante et récente, 3 chambres spacieuses et bien tenues, installées au 1er étage. Deux autres chambres au rez-de-chaussée et à l'étage d'un bâtiment annexe. Toutes avec sanitaires privés, TV et connexion wifi. 60 € pour 2, petit déj compris, et 10 € par personne supplémentaire. Table d'hôtes, sans les propriétaires, à 22 €, boissons comprises. De mars à octobre, dans le jardin derrière la ferme, une piscine couverte par une grande serre.

Accès : *sur la N 324, entre Senlis et Crépy-en-Valois ; prenez la D 938 vers Auger-Saint-Vincent ; la ferme est dans la rue principale (pratiquement pas de passage).*

BEAUMETZ — 80370

Carte régionale A1

30 km NO d'Amiens ; 25 km E d'Abbeville

€€ 🛏 |○| **Chambres d'hôtes Les Mazures (Peter Clark et Vincent Caplier) :** 2 bis, rue de la Prairie. ☎ 03-22-32-80-52. 📱 06-98-43-25-04. ● info@lesmazures.com ● lesmazures.com ● 🛜 À mi-chemin des vallées de la Somme et de l'Authie, écologis niché dans un courtil au cœur du village. 3 belles chambres chic et personnalisées dans cette longère picarde contemporaine, respectueuse de son environnement. Toutes ont vue sur le magnifique jardin fleuri. Sanitaires privés. 62 € pour 2, petit déj compris. Table d'hôtes à 20 € à partir des légumes et fruits bio du potager en saison. Agréable parc où vous pourrez copiner avec poules, oies, moutons et chèvres. Prêt de vélos. Accueil chaleureux et amical. *NOUVEAUTÉ.*

Accès : *dans le village, prenez la rue de la Prairie en face de l'église, l'accès aux Mazures se trouve à 100 m.*

BÉHEN — 80870

Carte régionale A1

40 km NO d'Amiens ; 12 km SO d'Abbeville

€€ 🛏 |○| (10 %) **Chambres d'hôtes Le Château des Alleux (Élisabeth et René-François de Fontanges) :** Les Alleux. ☎ 03-22-31-64-88. 📱 06-81-01-19-40. ● chateaudesalleux@wanadoo.fr ● chambres-gites-somme.com ● 🛜 Au milieu d'un grand parc, belle demeure du XVIIe s avec une jolie petite tour. René-François et Élisabeth y ont aménagé 3 chambres : 2 dans leur « château » (les plus chères) et une autre dans une dépendance (avec une déco de bois blanc). De 60 à 70 € pour 2, petit déj compris. Il est servi, ainsi que les repas, dans la maison, dans une belle salle rustique agrémentée d'une immense cheminée. Table d'hôtes en commun (sur réservation) à 20 €, apéro, vin et café compris : tarte aux légumes du jardin, terrine de foies de volaille, tendrons de veau au cidre, poulet au roquefort, gâteau battu... Pour vos séjours, 2 gîtes (5 et 10 personnes) qui peuvent être loués au week-end. Poneys, moutons, et poules raviront vos bambins. Amateurs de photos, les clichés qui décorent la maison sont l'œuvre de René-François. Accueil agréable et décontracté.

Accès : *d'Abbeville, empruntez l'A 28 en direction de Rouen, sortie n° 3 Monts-Caubert ; au stop, à droite, prenez la D 928 vers Blangy ; au carrefour « Les Croisettes », tournez à droite vers Les Alleux et suivez le fléchage (n'allez pas à Béhen).*

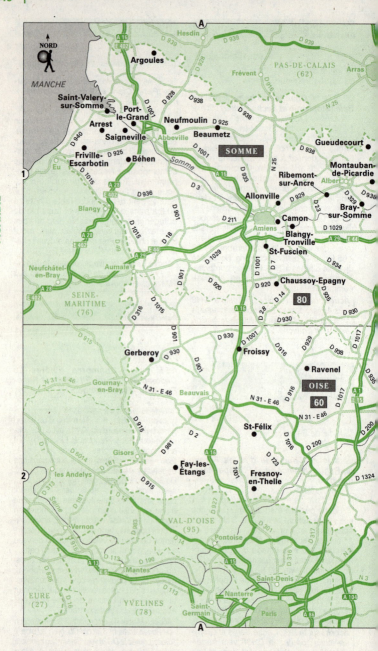

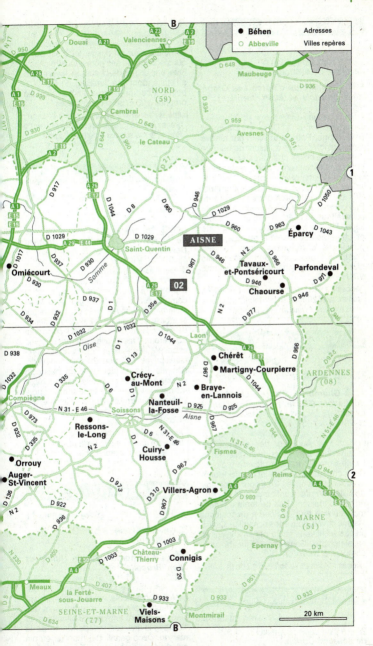

BLANGY-TRONVILLE 80440

Carte régionale A1

7 km E d'Amiens ; 5 km O de Villers-Bretonneux

€€€ ≜ **Chambres d'hôtes Les Orchidées (Patricia et Alain Corbière) :** 9, rue Edouard Ruelle. ☎ 03-22-47-50-64. ● alain.corbiere@free.fr ● chambres-orchidees.fr ● ౿ ⛢ Dans un charmant petit village, Patricia et Alain ont rénové cette grange picarde à l'esprit de bord de mer. Quatre belles chambres spacieuses et personnalisées en enfilade, recouvertes de lin blanc et aux volets bleus. Sanitaires privés. 80 € pour 2, petit déj compris. Pas de table d'hôtes mais la pétillante Patricia met à votre disposition une vaste cuisine tout équipée, lave-linge et sèche-linge. Piscine à contre-courant, couverte et chauffée, et salle de fitness. Alain, passionné d'orchidées, vous contera l'histoire et les soins prodigués à ses plantes. Accueil chaleureux et discret. ***NOUVEAUTÉ.***

Accès : à l'est d'Amiens, sortant de l'A 29, suivez la N 29 direction Villers-Bretonneux, puis tournez à gauche vers Blangy.

BRAY-SUR-SOMME 80340

Carte régionale A1

35 km E d'Amiens ; 8 km SE d'Albert

€€ ≜ **Chambres d'hôtes La Maison du Lavoir (Marie Hélène et Daniel Lagache) :** 2, rue du 1er-Septembre-1944. ☎ 03-22-76-03-63. 📱 06-11-45-27-32. ● mh.lagache@orange.fr ● lamaisondulavoir.fr ● Au cœur des champs de bataille de la Somme et de la vallée de la Haute-Somme, maison picarde typique. Deux chambres vastes et confortables avec sanitaires privés. 70 € pour 2 copieux petit déj compris (confitures, pain et viennoiseries maison). Pas de table d'hôtes, mais cuisine tout équipée à disposition. Piscine privée, couverte et chauffée. Quant à l'accueil, il vous ravira par sa chaleur et sa simplicité. Bon rapport qualité-prix-convivialité. ***NOUVEAUTÉ.***

Accès : 14 km de la sortie n° 13 de l'A 1.

BRAYE-EN-LANNOIS 02000

Carte régionale B2

20 km S de Laon ; 8 km NO de Bourg-et-Comin

€€ ≜ I●I **Chambres d'hôtes (Martine et David Kaczmarek) :** 2, rue de l'Église. ☎ 03-23-25-68-55. 📱 06-79-70-32-41. ● kaczmarekda@wanadoo.fr ● perso.wanadoo.fr/david.kaczmarek ● Ancienne ferme au cœur du village. Ici, c'est David qui s'occupe de ses hôtes. Quatre chambres, une au rez-de-chaussée, les 3 autres à l'étage (dont une familiale). 51 € pour 2, petit déj compris. Table d'hôtes sans les proprios à 23 €, boissons incluses.

Accès : sur la N 2 entre Soissons et Laon ; prenez la D 18 (chemin des Dames) jusqu'à Braye ; la maison est à côté de l'église.

CAMON 80450

Carte régionale A1

5 km d'Amiens

€€€ ≜ **Chambres d'hôtes La Grange de la Herde (Catherine et Richard Devisse) :** 32, rue Emile-Debrie. ☎ 03-22-46-07-01. 📱 06-69-03-87-24. ● grangedelaherde@orange.fr ● gite-des-hortillonnages.fr ● ⛢ Aux portes d'Amiens et à proximité des hortillonnages, c'est la campagne à la ville ; une grange picarde entièrement rénovée dont le goût ouvre sur une belle cour pavée à l'ancienne, fleurie de vivaces et de roses délicates au parfum doucereux. Deux belles chambres, avec enduits à la chaux et colombages. Sanitaires privés. 78 € pour 2, copieux petit déj compris. Pas de table d'hôtes mais coin cuisine à disposition et une auberge réputée dans le village. Une belle adresse, pour y trouver le calme champêtre, l'intimité des lieux et la gentillesse des propriétaires. ***NOUVEAUTÉ.***

Accès : devant l'hôtel de ville de Camon, prenez à droite en bas de la place ; la maison est à 150 m à droite.

CHAOURSE 02340

Carte régionale B1

35 km NE de Laon ; 2 km NO de Montcornet

€ ≜ I●I **Chambres d'hôtes (Annie et Jean Brucelle) :** 26, rue du Château. ☎ 03-23-21-30-87. Fax : 03-23-21-20-78. ● lchv@sfr.fr ● Dans le village, sur leur exploitation agricole, Annie et Jean élèvent des vaches allaitantes et produisent des céréales. Ils ont aménagé 3 chambres au 1er étage d'une aile indépendante de la maison. Déco gentillette, mobilier en pin naturel. Sanitaires privés. 45 € pour 2, petit déj compris. Table d'hôtes à 18 €, apéro et vin compris. Bonne cuisine du terroir avec les volailles de la ferme et les légumes du jardin. Accueil authentique et vrai.

Accès : de Laon, empruntez la D 977 en direction de Montcornet ; 2 km plus loin, tournez à gauche vers Chaourse, allez jusqu'à l'église et prenez la rue du Château (attention, Chaourse est partagé en deux à cause d'une zone inondable).

CHAUSSOY-ÉPAGNY 80250

Carte régionale A1

20 km S d'Amiens

€€ *Chambres d'hôtes Château de Chaussoy (Christine et Christian de Caffarelli) :* 38, rue du Château. ☎ 03-22-41-05-07. • chdecaffarelli@cegetel.net • chateaudechaussoy.com • Ouv d'avr à fin oct. C'est une pure merveille que cette « Folie » du XVIIIe s, de style Louis XVI ! Vaste château qui a traversé les siècles et connu d'illustres familles, entouré d'un parc boisé de 40 ha, véritable écrin de verdure. À l'étage, 2 magnifiques chambres personnalisées, aux grands lits avec ou sans baldaquin, situées côté jardin ou parc boisé. Conservées dans la tradition, avec les boiseries, les cheminées et les plafonds hauts. Sanitaires privés. 70 € pour 2, petit déj compris, servi dans la magnifique salle à manger de style Louis XVI, aux boiseries rechampies et cartouches champêtres au-dessus des portes. Gentillesse et disponibilité au rendez-vous. Une très belle adresse pour passer une nuit de châtelain. *NOUVEAUTÉ.*

Accès : à Ailly-sur-Noye direction Breteuil. À l'entrée de Chaussoy, prenez à droite de l'ancienne mare et fléchage « château » direction Lawarde.

CHÉRÊT 02860

Carte régionale B2

35 km NO de Reims ; 7 km SE de Laon

€€ 🏠 🍴 (10%) *Chambres d'hôtes Le Clos (Monique et Michel Simonnot) :* ☎ 03-23-24-80-64. • leclos.cheret@club-internet.fr • lapetitecampagne.com • Ouv 15 mars-15 oct. Sur résa. Immense demeure (ancien vendangeoir du XVIIe s), avec 4 chambres claires et agréables, avec sanitaires privés (pour l'une, ils sont à côté de la chambre). Déco rustique et jolie vue sur la campagne. De 50 à 60 € pour 2, petit déj compris. Également un gîte pour 2 à 4 personnes au rez-de-chaussée de la maison, à 350 € la semaine. Ambiance chaleureuse et décontractée. Pendant que vous y êtes, visitez donc Laon (remparts, abbaye et cathédrale) et profitez du GR 12 qui passe devant la maison ou des nombreux sentiers pédestres ou VTT pour faire une petite balade !

Accès : de Laon, prenez la D 967 vers Fismes ; à la sortie de Bruyères-et-Montbérault, suivez la direction de Chéret, la maison est à l'entrée du village sur la gauche.

CONNIGIS 02330

Carte régionale B2

37 km SE de Soissons ; 12 km E de Château-Thierry

€€ 🏠 🍴 *Chambres d'hôtes (Jeanine et Pierre Leclère) :* 1, rue de Launay. ☎ 03-23-71-90-51. Fax : 03-23-71-48-57. • fermeduchateau02@orange.fr • chambres-hotes-champagne-leclere.com • Fermé Noël-Jour de l'an. Dans le bourg, grande demeure aux extérieurs fleuris, donnant sur un grand parc ombragé. Cinq chambres, dont une suite installée dans une tour, avec sanitaires privés, meublées de façon rustique. Comptez 66 € pour 2, petit déj compris. Pierre est producteur de champagne (en coopérative, donc malheureusement, pas de visite de cave sur place), mais on peut déguster (ouf !) et en acheter... Repas à 25 €, apéro au champagne et vin compris, servi autour d'une grande table familiale. Spécialités de flan aux courgettes, lapin au ratafia, poulet au champagne et desserts aux fruits du jardin. Ambiance chaleureuse et authentique...

Accès : sur la N 3 entre Château-Thierry et Dormans ; à Crézancy, prenez la CD 4 jusqu'à Connigis, la maison est sur la gauche en haut du village.

CRÉCY-AU-MONT 02380

Carte régionale B2

14 km N de Soissons ; 4 km S de Coucy-le-Château

€€ 🏠 (10%) *Chambres d'hôtes L'Épi Vert (Danièle Simon) :* 15, route de la Vallée. ☎ 03-23-56-81-01. 📱 06-17-31-15-40. • dann.simon@wanadoo.fr • lepivert.fr • Nichée dans un écrin de verdure, jolie maison en pierre blanche. Au 1er étage, 2 chambres champêtres et agréables avec sanitaires privés (sur le palier pour une). De 50 à 60 € pour 2, petit déj compris. Pas de table d'hôtes mais 2 restos à 4 km. En

CUIRY-HOUSSE

juillet, ne manquez pas la fête médiévale de Coucy-le-Château. Accueil convivial.

Accès : *de Soissons, D 1 vers Saint-Quentin puis à gauche D 137 jusqu'à Crécy-au-Mont ; à l'entrée du village, prenez à droite la route de la vallée que vous suivez jusqu'à un petit hameau, la maison est à gauche.*

CUIRY-HOUSSE 02220

Carte régionale B2

18 km SE de Soissons ; 16 km N de Fère-en-Tardenois

€€ 🏠 |●| (10%) **Chambres d'hôtes Le Puits et la Girafe (Maryse Burner-Massue) :** 6, rue de Soissons. ☎ 03-23-55-01-06. 📱 06-70-68-87-75. ● maryse. burner@gmail.com ● puitsetgirafe.fr ● 📶 À l'orée du bourg, belle maison en pierre. Deux chambres au rez-de-chaussée avec accès indépendant (nos préférées), 2 autres à l'étage, dont une familiale, plus vaste. Sanitaires privés (non attenants pour une chambre). Selon la chambre, de 60 à 70 € pour 2, petit déj compris (jus de fruits frais, confitures maison et fromage). Table d'hôtes, en compagnie des proprios, à 20 €, boissons non comprises (pour les amateurs, il y a une carte des vins, passion de Jean-Louis). Cuisine traditionnelle et familiale. Accueil dynamique et courtois.

Accès : *sur la N 31 entre Soissons et Reims ; prenez la D 22 en direction de Fère-en-Tardenois puis à gauche vers Cuiry ; la maison est à l'entrée du village, à gauche.*

ÉPARCY 02500

Carte régionale B1

55 km NE de Laon ; 6 km S d'Hirson

€ 🏠 |●| (10%) **Chambres d'hôtes Villa des Tilleuls (Nathalie et Hubert Fourdrignier-Pointier) :** 7, route de Landouzy. ☎ 03-23-98-46-17. ● T141003@orange.fr ● villa-destilleuls.jimdo.com ● *Fermé la 1re quinzaine d'août.* Jolie maison tout en brique dans un beau jardin arboré. Quatre chambres à l'atmosphère de nos grands-mères, avec sanitaires privés. Deux au 1er étage, plus petites et moins chères, les 2 autres au second, plus spacieuses. De 46 à 50 € pour 2, petit déj compris. Table d'hôtes (sans les proprios) à 18 €, apéro, vin et café compris. Ambiance chaleureuse. Accueil souriant et décontracté. Une gentille adresse.

Accès : *de Laon, N 2 jusqu'à Vervins puis D 963 vers Hirson ; à la sortie de Labouteille, tournez à droite vers Landouzy-la-Ville, que vous traversez, puis Éparcy et suivez le fléchage.*

FAY-LES-ÉTANGS 60240

Carte régionale A2

30 km SO de Beauvais ; 7 km SE de Chaumont-en-Vexin

€€ 🏠 |●| 🐴 (10%) **Chambres d'hôtes Le Clos (Philippe et Chantal Vermeire) :** 3, rue du Chêne-Noir. ☎ 03-44-49-92-38. 📱 06-32-08-24-69. ● philippe.vermeire@wanadoo.fr ● leclosdefay.com ● *Fermé en janv.* 📶 Au cœur du village, superbe et ancienne ferme à colombages, vieille de trois siècles. Dans une aile indépendante, 4 chambres d'hôtes avec sanitaires privés et climatisation : 2 au rez-de-chaussée (dont une pour une personne), les 2 autres au 1er étage avec accès par un escalier extérieur. Décoration de fort bon goût. Comptez 60 € pour 2, petit déj compris. On mange dans la maison de Philippe et Chantal ; c'est monsieur qui fait la cuisine, et croyez-nous, ses spécialités sont aussi nombreuses qu'alléchantes. Repas partagé avec vos hôtes à 27 €, apéro, vin et café compris. Atmosphère campagnarde et sereine avec vieilles tomettes, poutres, mobilier ancien et cheminée. Adorable jardin verdoyant et fleuri avec une tonnelle où pousse la vigne et mûrit le raisin. Accueil chaleureux. Une adresse comme on les aime.

Accès : *de Paris, A 15 vers Beauvais, sortie Marines ; prenez la D 28 en direction de Monneville et Fleury puis, à gauche, vers Fay-les-Étangs.*

FRESNOY-EN-THELLE 60530

Carte régionale A2

45 km N de Paris ; 15 km O de Chantilly

€€€ 🏠 (10%) **Chambres d'hôtes (Élise et Marc Lamoureux) :** 41, rue de Lamberval. ☎ 03-44-26-17-33. 📱 06-89-33-60-45. Fax : 03-44-26-21-62. ● marc.lamoureux@free.fr ● lamberval.fr ● *Fermé la 1re sem de juil.* 📶 C'est à la place de l'ancien château de Fresnoy que cette grande demeure bourgeoise a été édifiée en 1826. C'est aujourd'hui une ferme en activité qui produit céréales et betteraves. Dans une aile indépendante, installées au 1er étage, 2 chambres spacieuses, avec sanitaires privés et connexion Internet. Le parquet et les meubles anciens tranchent avec les couleurs (vert ou rouge), mais l'ensemble est de bon goût. 75 € pour 2, petit déj compris, et 20 € par personne supplémentaire. Grand parc avec cheval. Accueil jeune et convivial. Les lève-tard verront un petit inconvénient à la départementale qui longe le parc, assez passante le matin.

Accès : de Paris, empruntez la D 1001 en direction de Beauvais ; passé Chambly, prenez la 1re sortie après la station et tournez à droite.

FRIVILLE-ESCARBOTIN 80130

Carte régionale A1

20 km O d'Abbeville ; 12 NE de Eu

€€ 🛏 |●| 🐎 **10%** *Centre équestre et gîte d'étape du Vimeu (Bernard et Sylvie Delabie) :* 51, rue Marius-Briet. ☎ 03-22-30-77-69. 📱 06-77-18-73-48. Fax : 03-22-30-29-36. • sylvie-delabie@hotmail.fr • centreequestreduvimeu.fr • *Fermé fin nov-début mars.* Gîte de 4 dortoirs (22 lits en tout) au-dessus des écuries, avec sanitaires, salle commune et coin cuisine. 13 € par personne et par nuit. Équitation tous niveaux (avec moniteur DE) : 16 € de l'heure pour ceux qui dorment en gîte. Également de l'attelage. Accueil sympa, une bonne adresse pour les fans d'équitation.

Accès : sur le GR arrière-littoral.

FROISSY 60480

Carte régionale A2

17 km NE de Beauvais

€€ 🛏 |●| **10%** *Chambres d'hôtes La Maison de Marie-Thérèse (Francine et Xavier Hamot) :* 13, rue du Château. ☎ 03-44-80-71-43. 📱 06-11-41-18-64. • francine.hamot@orange.fr • francineetxavier.free.fr • ♿. Plantée dans un grand parc de 1 ha, agréable demeure de famille du XIXe s en brique, située juste à côté de la ferme de Francine et Xavier. Agriculteurs, ils produisent des céréales et élèvent des moutons. Cinq chambres vastes, champêtres et lumineuses, avec sanitaires privés : une au rez-de-chaussée et 4 au 1er étage. Déco de très bon goût, chacune sur un thème différent. 55 € pour 2, petit déj compris, et 15 € par personne supplémentaire. Table d'hôtes partagée en famille à 20 €, apéro, vin et café compris. Une cuisine goûteuse et variée, rien qu'avec des produits maison. Les repas se prennent soit dans une grande salle à manger, soit dans la cuisine campagnarde du château (chut !). Gentillesse et sourire au rendez-vous. Une adresse comme on les aime.

Accès : sur la N 1 entre Beauvais et Breteuil ; dans le village, c'est la dernière rue à droite quand on vient de Beauvais.

GERBEROY 60380

Carte régionale A2

25 km NO de Beauvais ; 2 km S de Songeons

€€ 🛏 |●| *Chambres d'hôtes Le Logis de Gerberoy (Cécile et Olivier Greboval) :* 4, rue du Logis-du-Roy. ☎ 03-44-82-36-80. 📱 06-15-11-13-33. Fax : 03-44-82-40-85. • lelogisdegerberoy@free.fr • lelogisdegerberoy.free.fr • 📶 Au cœur de ce village classé parmi les plus beaux de France, belle demeure aux volets bleus qui mélange pierre, brique et enduit à la chaux. Petit hôtel devenu resto puis épicerie, cette maison a toujours eu une vocation d'accueil... Au 1er et 2e étage, 4 chambres élégantes avec de spacieux sanitaires privés (dont une avec terrasse). De 65 à 75 € pour 2, petit déj compris. Une toute dernière luxueuse est en cours d'aménagement. Belle salle à manger ancienne, toute de brique vêtue, avec poutres, cheminée et vieilles tomettes. Table d'hôtes sans les propriétaires (du dimanche au mercredi) à 18 € hors boisson. Cécile et Olivier, passionnés de photos (notamment de voyages et sur les ethnies), possèdent de vieux négatifs familiaux et refont des tirages de belles photos sépia. Elles peuplent la maison et lui donnent une atmosphère toute particulière. Accueil décontracté.

Accès : de Beauvais, D 901 vers Marseille-en-Beauvaisis puis D 133 vers Songeons jusqu'à Gerberoy ; la maison est dans la petite rue principale.

GUEUDECOURT 80360

Carte régionale A1

45 km E d'Amiens ; 20 km N de Péronne

€€ 🛏 |●| **10%** *Chambres d'hôtes Le Clos du Clocher (Sylvie et Philippe Hauwel) :* 3, rue de l'Église. ☎ 03-22-84-85-53. 📱 06-57-18-11-97. • leclosduclocher@gmail.com • leclosduclocher.com • ♿. *Fermé entre Noël et le Nouvel An.* Ne cherchez pas l'église, elle a été détruite ! On a reconstruit un petit clocher à sa place... Ancienne fermette tout en brique installée dans un agréable jardin fleuri. Dans une dépendance mitoyenne à la maison, 2 chambres coquettes de plain-pied avec sanitaires privés, à 58 € pour 2, petit déj compris (confitures, brioche et pain maison). Table d'hôtes partagée en famille à 25 €, apéro, vin et café compris pour une cuisine de saison à tendance régionale. Accueil convivial.

Accès : A 1 sortie n° 14 Bapaume puis D 1017 vers Péronne jusqu'à Beaulencourt puis Gueudecourt et bon fléchage dans le village.

MARTIGNY-COURPIERRE 02860

Carte régionale B2

45 km NO de Reims ; 12 km S de Laon

€€ 🏠 **Chambre d'hôtes Près du Tilleul (France et Éric Corcy) :** *9, rue du Montcet, hameau de Courpierre.* ☎ 03-23-24-85-15. 📱 06-83-90-28-27. • ecorci02@aol.com • pres-du-tilleul.com • 🚲 🛜 France a ouvert une seule chambre pour le plaisir de bichonner ses hôtes. Elle est de plain-pied, champêtre, composée de deux pièces, dont une avec petit coin cuisine, et peut accueillir 4 personnes. 58 € pour 2 et 95 € pour 4, petit déj bio compris (confitures, yaourts, pain et gâteau maison). Une hôtesse chaleureuse qui est intarissable sur sa région et la remarquable église Art déco classée de son village.

Accès : de Laon, prenez la direction du chemin des Dames ou lac de L'Ailette (D 967) pdt 10 km ; tournez ensuite à gauche puis à droite (D 90) vers Martigny-Courpierre puis à nouveau gauche vers le hameau de Courpierre.

MONTAUBAN-DE-PICARDIE 80300

Carte régionale A1

45 km NE d'Amiens ; 12 km E d'Albert

€ 🏠 **Chambres d'hôtes Bernafay Wood (Christine et Jean Pierre Matte) :** *55-57, Grande-Rue - Bois de Bernafay.* ☎ et fax : 03-22-85-02-47. 📱 06-11-18-05-09. • benafaywood@aol.com • Ancien guide du musée de la guerre d'Albert, Jean Pierre a repris, il y a 13 ans, avec Christine, cette ancienne gare ferroviaire qui appartenait à ses grands-parents, située au cœur de la zone de combat de la bataille de la Somme. Deux grandes chambres et une suite familiale aménagées avec soin. Sanitaires privés. 48 € pour 2 avec le petit déj continental ou à l'anglaise (avec supplément de 3 €). Pas de table d'hôtes mais cuisine à disposition. Accueil sincère et chaleureux. **NOUVEAUTÉ**.

Accès : A 1 sortie n° 13.1 Albert-Peronne ; puis D 938 sur 7 km puis D 197 jusqu'à Maricourt et direction Longueval sur 2 km puis à droite D 64 vers Guillemont ; la maison se trouve à droite.

NANTEUIL-LA-FOSSE 02880

Carte régionale B2

15 km NE de Soissons

€€ 🏠 **10 % Chambres d'hôtes (Marie-Catherine et Jacques Cornu-Langy) :** *La Quincy.* ☎ 03-23-54-67-76. 📱 07-86-99-37-95. Fax : 03-23-54-72-63. • la.quincy@yahoo.fr • laquincy.free.fr • Au milieu des bois et des pâturages, superbe petit château planté dans un grand parc peuplé d'arbres centenaires. La vieille tour est la seule rescapée des bombardements de la guerre de 1914, le reste de cette demeure date des années 1920 et lui confère un cachet tout particulier. Deux chambres (une simple, une double) avec sanitaires privés, dont une, immense et claire, au 1er étage de la tour (vernis que vous êtes !). Beau mobilier assorti et marqueté. 65 € pour 2, copieux petit déj compris (avec du jus de fruits pressés !). Marie-Catherine, charmante hôtesse, vous le servira devant la cheminée en hiver et dans une croquignolette orangerie aux beaux jours. Dehors, la nature est belle... Un étang privé attend les pêcheurs et les baigneurs qui ne craignent pas les fonds glissants (ça rafraîchit !). La nature, Jacques la connaît bien : il est gestionnaire de forêts... Il faut l'écouter parler des arbres, vous expliquer l'âge maximum qu'atteignent les différentes espèces, car contrairement aux idées reçues, un arbre naît, vit et meurt... De plus, il vous guidera utilement pour aller à la découverte des chemins alentour. Les proprios sont aussi des passionnés d'histoire, notamment sur la Première Guerre mondiale. Accueil de qualité.

Accès : de Soissons, empruntez la N 2 vers Laon, la D 536 vers Nanteuil-la-Fosse, puis la D 423 jusqu'à La Quincy ; c'est à 2 km du village.

NEUFMOULIN 80132

Carte régionale A1

7 km NE d'Abbeville

€€ 🏠 🍴 **Chambres d'hôtes La Ferme du Scardon (Élisabeth et Jean-Marie Chivot) :** *121, rue du Scardon.* ☎ et fax : 03-22-28-82-14. 📱 06-71-87-94-25. • chivot.jean-marie@orange.fr • ferme-du-scardon.fr • Fermé pdt vac de Noël. Ici, c'est la vraie vie de la ferme... Jean-Marie s'occupe de l'exploitation tandis qu'Élisabeth s'occupe des hôtes. À l'étage, dans l'ancien silo à grains attenant à la maison des proprios, 2 chambres mignonnettes et colorées, avec sanitaires privés mais w-c sur le palier. Trois autres chambres situées dans une ancienne grange rénovée, chacune avec sanitaires privés et pouvant accueillir les familles. De 50 à 60 € pour 2, petit déj compris (confitures, yaourts et gâteau maison, dont souvent la spécialité régionale : le gâteau battu). Table d'hôtes (sauf le dimanche) partagée en famille à 20 €, apéro, vin et café compris. Cuisine traditionnelle, élaborée majoritairement avec les produits de la ferme et du potager. Si vous avez des enfants, ils pourront aller nourrir les animaux de la maison (cheval, lapins, poules, biquettes...). Prêt de vélos pour parcourir l'ancienne voie ferrée transformée en piste cyclable qui mène à Abbeville. Une adresse simple et chaleureuse, des prix doux, que demander de plus ?

Accès : A 16 sortie n° 22 Saint-Riquier, direction que vous suivez par la D 925, puis à gauche vers Neufmoulin et fléchage.

OMIÉCOURT 80320

Carte régionale B1

45 km SE d'Amiens ; 13 km SO de Péronne

€€€€€ *Chambres d'hôtes Château d'Omiécourt (Véronique et Dominique de Thézy) :* route de Chaulnes. ☎ 03-22-83-01-75. 📱 06-59-35-50-53. • thezy@terre-net.fr • chateau-omiecourt.com • Si on l'appelle le château, c'est que cette noble demeure en pierre et brique a été construite dans les années 1920, en remplacement du château détruit pendant la guerre de 1914. Grand parc qui ouvre sur les prés. Quatre chambres vastes et lumineuses, dont une double composée de 2 chambres. Déco agréable (cheminée en marbre et beau parquet). Une préférence pour la chambre 1900 et la chambre merisier. Selon la chambre et la période, de 135 à 165 € pour 2, petit déj compris. Pour parfaire le tout, une piscine extérieure, une piscine intérieure chauffée, ainsi qu'un jacuzzi, un sauna et un hammam. Accueil convivial. Une adresse pour séduire sa dulcinée.

Accès : A 1, sortie n° 12, puis D 1017 vers Péronne jusqu'à Omiécourt ; dans le village, D 142 vers Chaulnes, la maison est un peu plus loin à droite.

ORROUY 60129

Carte régionale B2

16 km S de Compiègne ; 9 km N de Crépy-en-Valois

€€ 🏠 I●I ⑩% *Chambres d'hôtes La Ferme de la Chaînée (Germaine et Daniel Gage) :* 60, rue de la Forêt.

☎ 03-44-88-60-41. Fax : 03-44-88-92-09. • sca.gage@wanadoo.fr • la-ferme-de-la-chainee.com • 📶 Petite ferme avec cour intérieure qui ouvre sur une rue du village, très peu passante. La maison de Germaine, ceux qui parcourent les routes la connaissent bien. C'est un peu la Maïté des chambres d'hôtes. Elle vous accueille souvent en tablier car elle aime régaler ses clients. Cinq chambres sans prétention avec sanitaires privés (deux avec douche et baignoire !) au rez-de-chaussée ou à l'étage. 60 € pour 2, petit déj compris. Table d'hôtes, partagée en famille (avec Daniel quand il est libre, car il est aussi maire de son village), à 20 €, boissons comprises. Accueil authentique et vrai.

Accès : sur la D 332, entre Compiègne et Crépy-en-Valois ; à Gilocourt, prenez la D 123 jusqu'à Orrouy ; la ferme est sur le haut du village (fléchage).

PARFONDEVAL 02360

Carte régionale B1

50 km NE de Laon ; 15 km NE de Montcornet

€ 🏠 I●I ⑩% *Chambres d'hôtes et goûter à la ferme (Françoise et Lucien Chrétien) :* 1, rue du Chêne. ☎ et fax : 03-23-97-61-59. • francoise-chretien@orange.fr • Fermé à Noël et au Nouvel An. Résa obligatoire pour le goûter. Parfondeval est classé parmi les plus beaux villages de France. Lucien est son ancien maire et a été membre actif de cette association. Agriculteur à la retraite, épris de vieux instruments agricoles, il a installé chez lui un véritable musée qui comporte aujourd'hui plus de 2 000 pièces ! C'est dans cette atmosphère authentique et campagnarde que Françoise et Lucien vous proposent leur goûter à la ferme. Pour 6 €, vous vous régalerez d'une tarte salée (souvent au maroilles), d'une tarte aux fruits de saison, d'un gâteau maison ou d'une gaufre ; le tout arrosé de cidre ou jus de pomme maison. Si vous voulez séjourner, ils ont aménagé 2 chambres dans une ancienne maison de famille. Accès indépendant, déco simple. 45 € pour 2, petit déj compris (maroilles et gâteau maison). Pas de table d'hôtes, mais vous pouvez demander un goûter. Sinon, coin cuisine aménagé. Visitez l'église du village ; elle fait partie d'un circuit d'églises fortifiées de la Thiérache qui en comporte 65 (Lucien les connaît presque toutes !). Accueil chaleureux et vrai.

Accès : de Laon, empruntez la D 977 jusqu'à Montcornet, puis Rocroi ; au hameau de La Garde-de-Dieu, tournez à gauche vers Parfondeval ; la ferme est sur la place du village, juste devant l'église.

PORT-LE-GRAND 80132

Carte régionale A1

50 km NO d'Amiens ; 8 km NO d'Abbeville

€€€ 🏠 🍴 **Chambres d'hôtes (Myriam et Jacques Maillard) :** *bois de Bonance.* ☎ 03-22-24-11-97. 📱 06-07-66-90-03. ● contact@bonance.com ● bonance.com ● *Ouv mars-oct.* 📶 Belle maison de caractère, du XIXe s, en brique rose, avec un superbe jardin fleuri. Trois chambres, avec sanitaires privés, décorées avec beaucoup de goût, dont une suite familiale avec un ravissant escalier à l'intérieur d'une petite tour. Atmosphère romantique et fenêtres en alcôve. Préférez la chambre vert et violet qui bénéficie d'une magnifique vue sur le château. 80 € pour 2, petit déj compris, et 25 € par personne supplémentaire. Excellent accueil, une adresse de charme.

Accès : d'Abbeville, prenez la direction de Saint-Valéry-sur-Somme (D 40) ; à l'entrée de Port-le-Grand, tournez à droite et faites 2 km.

RAVENEL 60130

Carte régionale A2

18 km NO de Compiègne ; 6 km E de Saint-Just-en-Chaussée

€€€€ 🏠 🍽 🍴 **10%** **Chambres d'hôtes Le Temps d'un Rêve (Anne et Patrick Derderian) :** *37, rue du Château.* ☎ 03-44-19-05-01. 📱 06-61-16-83-79. ● anneetpatrick60130.free.fr ● 📶 On vous le dit tout de suite : c'est une adresse d'exception comme on en voit peu ! Cette jolie demeure bourgeoise du début du XIXe s est parée de rigolotes céramiques aux couleurs vives. À l'intérieur, on est tombé sous le charme de l'univers que Patrick a créé. Depuis plus de 20 ans, il chine, voyage et a accumulé une foultitude de meubles et d'objets aussi beaux qu'originaux. Ici, les lavabos sont à quille, là, un plafond s'orne d'une fresque d'une ancienne boulangerie, là encore l'aquarium est dans le sol... Quant à ses propres créations... elles valent le coup d'œil. La rampe de l'escalier qui vous emmène dans les chambres est une véritable œuvre d'art. Et que dire du lit à baldaquin de la chambre baroque (notre préférée) ? Trois chambres élégantes et soignées ainsi qu'une suite composée de 2 chambres. Luxueux sanitaires privés. 100 € pour 2, petit déj compris. Table d'hôtes à 30 €, vin compris. Cuisine gastro à tendance asiatique. Pour la détente, belle piscine. Accueil chaleureux.

Accès : au centre du bourg, prenez la D 58 vers Saint-Just-en-Chaussée, la maison est à 300 m à droite.

RESSONS-LE-LONG 02290

Carte régionale B2

20 km N de Villers-Cotterêts ; 15 km O de Soissons

€€ 🏠 **Chambres d'hôtes Ferme de la Montagne (Solange et Patrick Ferté) :** ☎ 03-23-74-23-71. ● lafermedelamontagne@gmail.fr ● lafermedelamontagne.net ● *Fermé janv-fév.* Si vous aimez l'architecture, l'histoire et les vieilles pierres, c'est ici qu'il faut descendre ! Plus qu'une ferme, c'est un gigantesque et magnifique ensemble de bâtiments (tous avec des pignons dits « à pas de moineaux » !) dont les origines remontent au XIVe s. Le premier propriétaire dont Solange et Patrick aient retrouvé la trace était avoué et gérait les terres d'une abbaye de Soissons. Elle devint une ferme au début du XIXe s. On y installa la distillerie à betteraves, une immense grange, ainsi que d'autres bâtiments. Autour de l'immense cour, il y eut jusqu'à cinq fermes ! Enfin, si elle se nomme « De la Montagne », c'est qu'elle est située sur un promontoire et domine les environs. Cinq chambres spacieuses, disséminées dans différentes ailes de la maison. Atmosphère charmante et campagnarde. Sanitaires privés. Une préférence pour « La Chambre du bureau », située au rez-de-chaussée. 58 € pour 2, petit déj compris, servi dans l'un des salons... Celui du piano à queue, celui du billard français ou celui qui bénéficie d'une vue unique sur le Soissonnais ? Pas de table d'hôtes, mais plusieurs restos sont dans un rayon de 5 km. Ambiance décontractée, un brin bohème. Accueil convivial. Question loisirs, un court de tennis et un grand parc où vous jouirez d'un magnifique coucher de soleil. Mais avant, allez voir la maison côté jardin ; elle vous dévoilera sa tourelle et ses fenêtres à meneaux.

Accès : de Paris, empruntez la N 2 en direction de Soissons jusqu'à Villers-Cotterêts puis, à gauche, la D 81 vers Vic-sur-Aisne ; 9 km plus loin, au stop, prenez en face vers Ressons et suivez le fléchage.

RIBEMONT-SUR-ANCRE 80800

Carte régionale A1

20 km NE d'Amiens ; 7 km SO d'Albert

€€ ⌂ **Chambres d'hôtes Ferme des Prés Sainte Anne (Isabelle et Vincent Lecomte)** : 2, rue du Marais. ☎ et fax : 03-22-40-65-34. ▯ 06-79-49-61-06. • vilecomte@wanadoo.fr • Dans un village situé dans la vallée de l'Ancre, tout proche du circuit touristique du Souvenir (Albert-Péronne), grand corps de ferme en brique. À proximité de la maison des propriétaires, 2 chambres familiales spacieuses et confortables, chacune avec coin cuisine. Sanitaires privés. 52 € pour 2, petit déj compris. Sur place, un magasin de produits régionaux et vins à la ferme. Location de boxes pour chevaux. Accueil souriant et chaleureux. NOUVEAUTÉ.

Accès : à la sortie d'Amiens, D 929 sur 12 km, puis traversez Querrieu. À Pont-Noyelles, continuez sur D 929/rue du 31-Août-1944 puis à droite D 452 jusqu'à Ribemont.

SAIGNEVILLE 80230

Carte régionale A1

9 km NO d'Abbeville ; 7 km SE de Saint-Valéry-sur-Somme

€€ ⌂ |●| **Chambres d'hôtes Le Presbytère (Corinne et Franck Souchon)** : 3, rue de la Falise. ☎ et fax : 03-22-60-98-34. ▯ 06-85-59-89-55. • aupresbytere@gmail.com • aupresbytere.fr • 🛜 Comme son nom l'indique, vous êtes dans un ancien presbytère. Quatre chambres coquettes et sympathiques avec sanitaires privés : 3 dans une dépendance, dont 2 de plain-pied avec d'originales têtes de lit réalisées avec les anciens bancs du lieu ; une autre, familiale (pour 2 adultes et 2 enfants), se situe à l'étage, accessible par un escalier extérieur ; la dernière est dans la maison. Agréable jardin derrière la maison où trônent 2 authentiques roulottes gitanes. Pour 2, comptez 65 € côté chambres (90 € pour la suite familiale) et 80 € en roulotte, petit déj compris (confitures et brioche maison). Possibilité de table d'hôtes, du lundi au vendredi, pour 28 € boissons comprises. Accueil souriant et charmant. Une caresse à Brad Pitt, le petit chien de la maison.

Accès : le village se trouve sur la D 3 entre Abbeville et Saint-Valéry ; là, allez jusqu'à la place, la maison est 200 m à droite (fléchage).

€€ ⌂ ⚘ **Chambres d'hôtes Le Village (Florence et Laurent Caublot)** : 2, rue Seigneur. ☎ 03-22-31-40-29. ▯ 06-43-61-72-53. • Lca9@voila.fr • le-village-site.com • 🛜 Florence et Laurent ont réalisé un travail colossal pour réaménager cette fermette picarde. Dans un petit bâtiment indépendant, 4 chambres agréables avec sanitaires privés : 2 de plain-pied, dont une décorée sur le thème de la mer (notre préférée), les 2 autres à l'étage, mansardées. Une dernière, familiale pour 3 personnes, est située dans une aile indépendante de la maison. 59 € pour 2 et 70 € pour 3, petit déj compris. Pas de table d'hôtes mais coin cuisine à disposition. Prêt de vélos pour se balader le long du canal de la Somme qui passe en bas de la rue. On peut aussi y taquiner la carpe et le brochet. Accueil chaleureux.

Accès : Saigneville se trouve sur la D 3 entre Abbeville et Saint-Valéry ; là, allez jusqu'à la place du village et suivez le fléchage.

SAINT-FÉLIX 60370

Carte régionale A2

18 km SE de Beauvais ; 10 km O de Clermont

€€€ ⌂ |●| **Chambres d'hôtes Villa des Iris (Jacqueline-Cécile Mariani et Jackie Prin)** : 100, rue des Halles. ☎ 03-44-07-00-24. • jakprin@orange.fr • villalesirisstfelix.fr • Dans une rue calme du bourg, demeure des années 1930 au milieu d'un petit parc. Cinq chambres agréables, avec TV et sanitaires privés : 2 au 1er étage, plus chères, mais nos préférées car avec terrasse, les 3 autres au second. 80 € pour 2, petit déj compris. Possibilité de table d'hôtes, sur réservation, à 30 €, apéro et vin compris. Accueil souriant.

Accès : sur la D 12 entre Montataire et Beauvais ; dans le village, c'est la 2e rue à gauche vers Heilles quand on vient de Montataire.

SAINT-FUSCIEN 80680

Carte régionale A1

3 km S d'Amiens

€€€ ⌂ **Chambres d'hôtes Le Thil (Marie-Cécile et Gérard Candelier)** : 20, rue de l'Église. ☎ 03-22-09-61-08. ▯ 06-83-09-07-02. • mcecile@lethil.com • lethil.com • Ouv d'avr à fin oct. 🛜 Marie-Cécile et Gérard, artistes tous les 2, ont passé 30 ans de leur vie à la rénovation de cette magnifique demeure du XVIIIe, dans un cadre superbe, à l'ombre des tilleuls. Deux jolies chambres avec vue sur le jardin et spacieux sanitaires privés. Selon la chambre, 69 et 74 € pour 2, petit déj compris, « salé ou sucré » avec des produits du petit potager et des confitures maison. Une belle salle avec cheminée, livres, jeux et billard, rassemble souvent les hôtes dans une convivialité non feinte. Pas de table d'hôtes mais Marie-Cécile vous donnera tous les tuyaux utiles. Accueil chaleureux et prévenant. Très bon rapport qualité-prix-convivialité. **NOUVEAUTÉ.**

Accès : dans Amiens, direction Ailly-sur-Noye, suivez la rue Saint-Fuscien, premier village après la sortie d'Amiens (3 km).

SAINT-VALÉRY-SUR-SOMME 80230

Carte régionale A1

18 km NO d'Abbeville

€€€€ 🏠 (10%) **Chambres d'hôtes Boisfontaine (Barbara et Paul Berry) :** *8, rue de la Porte-de-Nevers.* ☎ 03-22-60-83-25. 📱 06-22-36-86-26. ● booking@boisfontaine.fr ● boisfontaine.fr ● Fermé déc-janv. 📶 Dans une jolie maison tout en brique du début du XIXe s, Barbara et Paul, d'origine écossaise, ont aménagé 5 belles chambres à la déco contemporaine : 3 dans leur maison, dont une au 1er étage, 2 autres au second qui bénéficient d'une jolie vue sur la baie, les 2 dernières dans une aile mitoyenne de la maison. Atmosphère calme et sereine. Sanitaires privés. Selon la chambre, de 90 à 109 € pour 2, petit déj compris, servi sur le balcon-terrasse aux beaux jours. Accueil convivial. Un point de chute idéal pour découvrir la ville.

Accès : dans la partie historique et médiévale de la ville, à côté de l'église.

TAVAUX-ET-PONTSÉRICOURT 02250

Carte régionale B1

30 km NE de Laon ; 15 km S de Vervins

€ 🏠 (10%) **Chambres d'hôtes (Françoise et Michel Van Hyfte) :** *1, rue des Aubrevilles.* ☎ 03-23-20-72-62. 📱 06-73-63-31-53. Fax : 03-23-20-66-37. ● framivanhyfte@orange.fr ● maison-des-angelots.fr ● Françoise et Michel ont aménagé leurs chambres d'hôtes dans l'ancienne boulangerie du village ; eux habitent la maison mitoyenne. Toute de brique vêtue, elle date du milieu du XIXe s. Une chambre double au rez-de-chaussée et une chambre familiale à l'étage, composée de 2 chambres. Elles sont coquettes et équipées de sanitaires privés. Comptez 50 € pour 2, petit déj compris, et 18 € pour un lit suplémentaire. La devise de la maison pourrait être : nature, détente, culture et artisanat. Françoise donne des cours de yoga, elle peint des objets en porcelaine qui décorent la maison. Mais elle organise aussi des stages de tissage (elle possède plusieurs métiers à tisser) ; Michel, lui, s'occupe de la partie poterie. Ensemble, ils cultivent et vendent des fruits, principalement rouges, qu'ils mettent en barquette ou transforment en jus et confitures (ah, les jus de framboise et de rhubarbe !). Possibilité de profiter de la grande piscine couverte et chauffée moyennant supplément. Une gentille adresse et des proprios qui n'ont pas les deux pieds dans le même sabot !

Accès : de Laon, empruntez la N 2 en direction de Vervins jusqu'à Marle puis la D 946 vers Montcornet et, à gauche, la D 25 vers Tavaux ; traversez Pontséricourt, puis Tavaux et suivez Agnicourt ; la maison est dans la 2e rue à gauche.

VIELS-MAISONS 02540

Carte régionale B2

23 km S de Château-Thierry ; 12 km O de Montmirail

€€ 🏠 🍽 (10%) **Chambres d'hôtes Le Clos d'Anna (Anna et Bertrand Nezeys) :** *14, rue des Barres.* ☎ 03-23-82-74-53. 📱 06-32-36-16-30. ● bertrand.nezeys02@orange.fr ● le-clos.fr ● Ouv avr-oct. 📶 Imposante bâtisse toute blanche du XVIIe s, dans une rue calme du village. Italienne d'origine, devenue parisienne, Anna a quitté la capitale pour ouvrir 5 chambres d'hôtes. Installées au 2e étage, elles dégagent une atmosphère d'autrefois par le mobilier ancien ou de style et les nombreux bibelots et gravures chinés par la maîtresse des lieux. Préférez celles qui ouvrent sur les magnifiques jardins du château situé en face de la maison. Sanitaires privés. 65 € pour 2, petit déj compris, et 15 € par personne supplémentaire. Table d'hôtes à 20 €, apéro, vin et café compris. Cuisine méditerranéenne et parfumée, concoctée à l'huile d'olive (of course !). Accueil souriant et chaleureux, teinté par l'accent d'Anna.

Accès : le village se trouve sur la D 407 entre Meaux et Montmirail ; là, prenez la D 15 vers Verdelot, la maison est un peu plus bas à droite.

VILLERS-AGRON 02130

Carte régionale B2

43 km SE de Soissons ; 25 km SO de Reims

€€€ 🛏 |●| (10%) **Chambres d'hôtes Manoir de la Semoigne (Christine et Xavier Ferry) :** *chemin de la Ferme.* ☎ 03-23-71-60-67. Fax : 03-23-69-36-54. ● christine.ferry@club.fr ● manoirdelasemoigne.online.fr ● 📶 Joli petit village à la limite de la Champagne et magnifique château du XVe s. Sa façade est crépie tout en rose, mais c'est côté jardin qu'il prend tout son charme, avec sa petite tour. Quatre chambres avec sanitaires privés, spacieuses et décorées avec goût. Selon la chambre, de 80 à 99 € pour 2, petit déj inclus. Vous pourrez profiter d'une vaste pièce de jeux avec cheminée et coin cuisine, ainsi que du grand parc avec tennis et golf de 18 trous. Vélo à disposition. Accueil souriant et ambiance décontractée.

Accès : *sur l'A 4, sortie Dormans (n° 21), tournez 3 fois sur la 1re route à droite, puis suivez le fléchage.*

Poitou-Charentes

AIGRE 16140

Carte régionale B2

35 km N d'Angoulême ; 22 km SO de Ruffec

€€ 🛏 **Chambres d'hôtes Le Petit Jardin (Françoise et Jean-Jacques Calvet) :** *1 bis, route de Mons.* ☎ 05-45-91-34-47. 📱 06-80-11-41-62. • *jean-jacques.calvet0468@orange.fr* • *lepetitjardin.org* • 📶 Maison de village avec petit jardin, comme son nom l'indique. Dans une aile indépendante, 3 chambres agréables avec sanitaires privés et accès wifi. Une préférence pour la chambre qui ouvre sur les toits avec ses meubles gris. 58 € pour 2, petit déj compris (pain, cake et confitures maison). Françoise vend d'ailleurs ses produits sur les marchés, dont le fromager (gâteau local). Les proprios ont aussi deux ânes dans un pré à proximité, l'occasion de faire une petite balade. Pas de table d'hôtes mais deux restos dans le village. Accueil chaleureux.

Accès : *dans le village, direction Angoulême et, au niveau de la gendarmerie, D 120 vers Mons, la maison est tt de suite à gauche.*

AIGREFEUILLE-D'AUNIS 17290

Carte régionale A1

15 km SE de La Rochelle

€€ 🛏 **Chambres d'hôtes La Charmaie (Virginie et Patrick Raineri) :** *13, rue de la Rivière.* ☎ 05-46-35-97-84. 📱 06-75-03-14-18. • *lacharmaie17290@gmail.com* • *lacharmaie.fr* • 📶 Même s'il n'a plus l'accent de son Québec natal, Patrick a beaucoup bourlingué, comme Virginie qui a étudié et travaillé plusieurs années aux États-Unis. Ils ont décidé de poser leurs sacs après être tombés amoureux de la région. Trois chambres spacieuses et agréables dont une familiale composée de 2 chambres. 65 € pour 2, petit déj compris. Pas de table d'hôtes mais plusieurs restos dans les environs. Accueil chaleureux. ***NOUVEAUTÉ.***

Accès :

AIRVAULT 79600

Carte régionale B1

25 km N de Parthenay ; 13 km SE de Saint-Varent

€€ 🛏 |◉| 🐕 ⑩% **Chambres d'hôtes Le Vieux Château (Éric Vilain et Céline Sech) :** *6, rue Brelucan.* ☎ 05-49-64-25-78. 📱 06-09-61-85-38. • *levieuxchateau@free.fr* • *levieuxchateau-airvault.com* • *Fermé janv.* 📶 Dominant la ville de ses trois tours carrées, cette petite forteresse médiévale classée Monument historique fera le bonheur des amateurs de vieilles pierres. À l'abri derrière ses remparts moussus, le logis seigneurial abrite 5 chambres coquettes (dont une suite familiale), largement modernisées, mais dotées pour certaines de ces fameuses fenêtres munies de banquettes où les

---

Nous vous rappelons que la table d'hôtes est le complément d'une formule d'hébergement (chambre d'hôtes, gîte d'étape...). Ce service n'est offert qu'aux personnes qui dorment sur place (excepté lorsqu'il est clairement écrit « ouvert aux extérieurs »).

belles se perdaient en rêveries romantiques... Il n'y a plus guère de quenouilles, mais la vue sur le clocher de l'abbatiale les remplace avantageusement ! De 64 à 79 € pour 2 avec le petit déj. Possibilité de table d'hôtes à 22 €, boissons comprises. Accueil agréable.

Accès : fléchage dans le village.

AMAILLOUX 79350

Carte régionale A1

8 km NO de Parthenay

€€€€€ 🏠 (10%) **Chambres d'hôtes Château de Tennessus (Philippa et Nicholas Freeland) :** ☎ 05-49-95-50-60. 📱 06-81-60-36-79. Fax : 05-49-95-50-62. • ten nessus@orange.fr • chateau-medieval. com • Fermé 24-25 déc. 📶 Après plus de 20 ans de travaux, Philippa et Nicholas nous offrent un vrai bijou en plein cœur de la Gâtine. Ce château médiéval à la tour centrale carrée a traversé de nombreux conflits et vous fera voyager dans le passé. Le mobilier rappelle les films de cape et d'épée, et on hésite entre les chambres « Seigneuriale », « Du chevalier », « De la châtelaine », de « La Tour de guet » ou de « La Sentinelle », au sommet du donjon. Grandes cheminées en pierre, tissus colorés, beaux parquets et superbes charpentes font partie du décor des chambres. Sanitaires privés. Selon la chambre, de 110 à 155 € pour 2, petit déj compris. Pas de table d'hôtes mais possibilité de commander un panier pique-nique « gastronomique » pour 60 € pour 2 personnes, bouteille de vin comprise. Joli jardin médiéval agrémenté de sculptures, barque à disposition pour une balade bucolique dans les douves du château et, bien sûr, une grande piscine. Accueil charmant, teinté d'accent anglais. Une adresse de charme pour routards en fonds.

Accès : de Parthenay, prenez la N 149 en direction de Bressuire ; le hameau est fléché à droite.

ANAIS 16560

Carte régionale B2

13 km N d'Angoulême

€ 🏠 🍴 (10%) **Chambres d'hôtes Le Vieux Logis de la Clavière (Christelle Massonnet et Thomas Blanchet) :** La Clavière. ☎ 05-45-90-67-23. 📱 06-64-30-54-71. • christelle.massonnet@wanadoo. fr • la.claviere.free.fr • Christelle est la nouvelle maîtresse de ces lieux, de ce beau et noble logis, dans sa famille depuis six générations, et qui se cache derrière de hauts murs. L'atmosphère est sereine, calme et décontractée. Un noble escalier d'époque vous conduit aux 3 chambres champêtres. De nombreuses et anciennes tapisseries ont été conservées et ajoutent encore au charme de l'endroit. Sanitaires privés. 49 € pour 2, petit déj compris. Vous êtes dans une demeure d'artistes... Christelle travaille dans une maison d'édition, spécialisée dans la production de beaux livres qui mettent en valeur les innombrables trésors des Charentes, Thomas est comédien. Dans une ancienne grange, ils ont aménagé une petite salle de théâtre où répètent et se produisent des compagnies en résidence. Accueil vraiment chaleureux. Très bon rapport qualité-prix-convivialité. Une adresse comme on les aime, aux portes d'Angoulême (c'est pour la rime !).

Accès : d'Angoulême, N 10 vers Poitiers sortie Anais, puis D 11 vers Jauldes ; à la sortie du village, à gauche vers La Clavière, la maison est dans le hameau.

ANGLIERS 17540

Carte régionale A1

18 km NE de La Rochelle

€€€ 🏠 🍴 **Chambres d'hôtes Les Chouettes (Claudine et Alain Paquet) :** Les Loges - 1, rue du Puits. ☎ 05-46-37-10-09. 📱 06-61-34-37-49. • paquet.a@ wanadoo.fr • les-chouettes-angliers.com • Dans un petit hameau, dans d'anciens batiments de ferme, Claudine et Alain ont aménagé 4 jolies chambres pimpantes et colorées avec sanitaires privés : 1 au rez-de-chaussée, les autres à l'étage. Les romantiques choisiront la blanche avec lit à baldaquin. 80 € pour 2, petit déj compris. Table d'hôtes (3 fois par semaine) partagée en famille à 28 €, apéro et vin compris. Cuisine goûteuse à tendance régionale à partir de produits majoritairement bio et souvent maison. Accueil convivial. **NOUVEAUTÉ.**

Accès : sur la N 11 Niort/La-Rochelle, sortie Angliers ; à l'église du village, suivre le fléchage jusqu'au hameau les Loges.

ANNEPONT 17350

Carte régionale A2

12 km N de Saintes ; 7 km de Saint-Savinien

€€ 🏠 **Chambres d'hôtes La Rigaultière (Virginie et Olivier Rigault) :** 30, chemin de chez Merlet. ☎ 05-46-91-63-09. 📱 06-27-46-13-05. • larigaultiere@gmail.com • lari

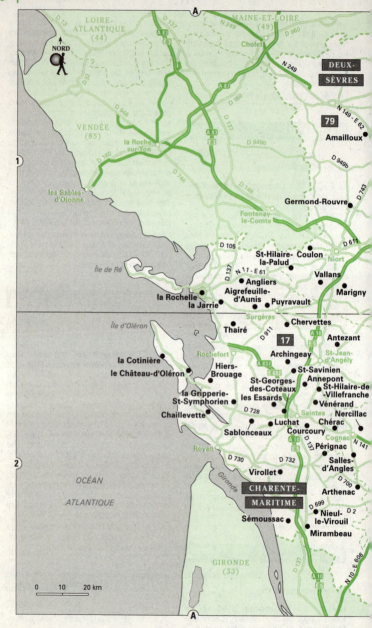

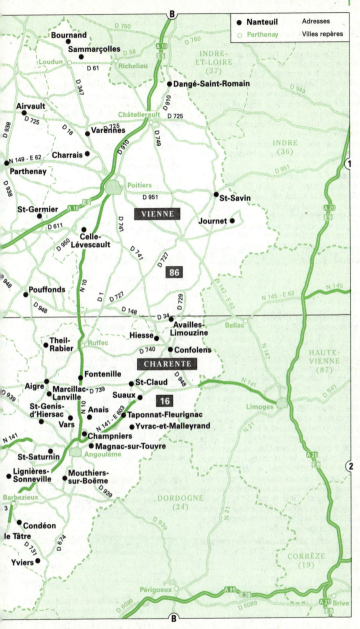

gaultiere.free.fr • *Ouv de mi-fév à mi-déc.* Belle et ancienne ferme toute en pierre dont les origines remontent au XVIIe siècle. Dans l'ancienne grange, 3 chambres charmantes avec sanitaires privés dont 2 avec mezzanine pour les familles : 2 avec accès de plain-pied, une préférence pour la chambre « bois flotté » décorée sur le thème de la mer à l'atmosphère romantique et sereine ; la dernière au 1er étage. Selon la chambre de 63 à 68 € pour 2, petit déj compris. Belle piscine chauffée pour se détendre, billard anglais et spa (avec supplément). Accueil convivial. Une adresse au charme indéniable. **NOUVEAUTÉ.**

Accès : A 10 sortie n° 34 Saint-Jean-d'Angély puis direction Cognac puis Saintes. À la sortie de Saint-Jean prenez Saint-Savinien puis D 127 vers Mazeray, et Annepont. Traversez le village, et à « la Cigogne », suivez le fléchage.

ANTEZANT 17400

Carte régionale A2

38 km S de Niort ; 7 km NE de Saint-Jean-d'Angély

€€ *Chambres d'hôtes (Marie-Claude Fallelour) : Les Moulins.* ☎ et fax : 05-46-59-94-52. 06-11-11-03-35. • marie-claude.fallelour@neuf.fr • *Fermé aux vac de Noël.* Dans une magnifique demeure du XVIIIe s avec un ancien pigeonnier, 3 chambres claires et agréables, décorées avec goût ; deux (réservées aux familles) partagent une salle de bains et des w-c et l'autre a une salle d'eau et des w-c privés. Comptez 55 € pour 2, avec le petit déj, et 20 € par personne supplémentaire. Billard français à disposition. Superbe parc ombragé avec deux petits ruisseaux. Marie-Claude, charmante grand-mère qui apprécie beaucoup nos guides et reçoit des hôtes depuis longtemps, prodigue un accueil souriant et convivial. Atmosphère sereine, calme garanti. À Aulnay (12 km), église romane du XIIe s. Si vous séjournez dans le coin, allez voir les baudets du Poitou qui étaient en voie de disparition et qui feront la joie des enfants.

Accès : dans Saint-Jean-d'Angély, prenez la direction de Dampierre (D 127) et, à Antezant, suivez le fléchage.

ARCHINGEAY 17380

Carte régionale A2

25 km E de Rochefort ; 15 km O de Saint-Jean-d'Angély

€€ |○| *Chambres d'hôtes (Marie-Thérèse Jacques) : 16, rue des Sablières.* ☎ 05-46-97-85-70. 06-50-02-05-15. • jpmt.jacques@wanadoo.fr • chambres-hotes-hortensias.com • *Fermé 20 déc-15 janv.* Ancienne ferme viticole, fleurie avec passion par Marie-Thérèse. Dans une partie de la maison, 3 chambres d'hôtes de 2 à 4 personnes, avec sanitaires privés. De 62 à 69 € pour 2, petit déj compris, et 20 € par personne supplémentaire. Grand parc ombragé et immense potager, largement sollicité pour les confitures. Accueil prévenant.

Accès : sur la D 739, entre Rochefort et Saint-Jean-d'Angély (plus exactement à Tonnay-Boutonne), prenez la D 114 vers Archingeay ; dans le bourg, direction Les Nouillers et suivez le fléchage.

ARTHENAC 17520

Carte régionale A2

20 km S de Cognac ; 15 km NE de Jonzac

€€ *Chambres d'hôtes (Nicole et Dominique Chainier) : 15, la Barde Fagnouse.* ☎ 05-46-49-12-45. Fax : 05-46-49-18-81. • info@cognacchainier.com • Isolé au milieu des vignobles, beau domaine viticole des années 1920, dont une grande partie a été conservée dans son jus. Joli parc avec agréable pièce d'eau où on peut taquiner le poisson. Au 1er étage, 3 chambres coquettes et colorées à l'atmosphère d'autrefois, dont une familiale composée de 2 chambres. 60 € pour 2, petit déj compris, servi dans une grande salle rustique avec collection d'assiettes sur les poutres. Nicole et Dominique produisent pineau, cognac et un vin de pays rouge. Visite et dégustation gratuites pour les hôtes qui en formulent le souhait. Accueil convivial et discret. **NOUVEAUTÉ.**

Accès : A 10, sortie n° 36 Pons, puis D 700 vers Archiac, juste avant Archiac au rond-point allez vers Jonzac puis suivez le fléchage « Cognac Chainier & fils ».

AVAILLES-LIMOUZINE 86460

Carte régionale B1-2

58 km SE de Poitiers ; 14 km N de Confolens

€ 10% *Chambres d'hôtes Les Écots (Line et Pierre Salvaudon) :* ☎ et fax : 05-49-48-59-17. 06-26-39-51. • pierre.salvaudon@wanadoo.fr • les-ecots.info • *Sur résa.* En pleine nature, au milieu des prés et des bois, jolie ferme en pierre où Line et Pierre, agriculteurs, élèvent des moutons. L'intérieur de leur maison est agréable et rustique, et ils ont 2 chambres mignonnettes et claires, avec salle d'eau privée mais w-c communs. 45 € pour 2, petit déj compris (yaourts et confitures maison, jus de fruits, pain et pâtisserie maison). Également un gîte rural de 5 personnes pour les séjours prolongés. Accueil sympa des patrons, qui sont aussi de fervents routards, ambiance décontractée et familiale. Vélos et canoë à disposition. Bons tuyaux sur les balades à faire dans le coin.

Accès : de Pressac (sur la D 148 entre Confolens et Civray), prenez la D 34 ; à l'entrée du village, prenez la D 100 vers Mauprévoir, c'est à 3 km sur la gauche.

BOURNAND 86120

Carte régionale B1

30 km S de Saumur ; 20 km SO de Chinon

€€ ☖ 10% *Chambres d'hôtes (Jacqueline et Joseph Thomas) :* 14, La Dorelle. ☎ 05-49-98-72-23. 📱 06-19-06-56-56. ● ladorelle@voila.fr ● ladorelle.com ● 🛜 Aux confins de l'Indre-et-Loire, du Maine-et-Loire et de la Vienne, petit hameau campagnard. Dans une jolie maison indépendante de la leur, Jacqueline et Joseph ont aménagé 4 chambres avec sanitaires privés. Une au rez-de-chaussée, les 3 autres à l'étage. Toutes en couleurs, la rose est un peu moins lumineuse. Déco soignée avec mobilier contemporain. 54 € pour 2, petit déj compris. Pas de table d'hôtes mais une bonne adresse aux environs. Amateur de vins, Joseph vous donnera ses tuyaux pour découvrir les caves alentour. L'abbaye de Fontevraud est à 12 km. Accueil chaleureux.

Accès : dans Bournand, prenez la direction du château, que vous laissez à gauche, et continuez vers La Dorelle (à 4 km du village).

CELLE-LÉVESCAULT 86600

Carte régionale B1

22 km SO de Poitiers ; 6 km NO de Vivonne

€€ ☖ *Chambres d'hôtes Château de la Livraie (Lysiane Morin) :* ☎ 05-49-43-52-59. 📱 06-64-61-56-50. ● lalivraie.com ● *Fermé déc.* Grande maison bourgeoise au milieu d'un parc arboré, où Lysiane reçoit dans 3 chambres, dont une suite de 2 chambres communicantes. Sanitaires privés. Les meubles anciens donnent une atmosphère vieille bourgeoisie française. De 58 à 60 € pour 2 et 90 € pour 4, petit déj compris (grand choix de confitures maison). Beaucoup d'animaux, car les patrons, agriculteurs, élèvent des chèvres et des moutons. Calme et tranquillité assurés. Une adresse qui fait des adeptes. Nombreux circuits pédestres, et petite rivière pour les pêcheurs à proximité. Pour les visites, la vallée des Singes n'est qu'à 16 km et le Futuroscope à 30 km.

Accès : sur la N 10 (Poitiers/Angoulême) ; à la hauteur de Vivonne, prenez la D 742 vers Lusignan sur 6 km, puis à gauche la D 97 vers Les Minières.

CHAILLEVETTE 17890

Carte régionale A2

15 km N de Royan ; 7 km SE de la Tremblade

€€€ ☖ *Chambres d'hôtes Aux Claires Fontaines (Maïthé et François de Sariac) :* 2, rue des Fontaines. ☎ 05-46-36-51-88. 📱 06-72-57-77-50. ● auxclairesfontaines@gmail.com ● auxclairesfontaines.fr ● *Ouv d'avr à fin oct.* 🛜 Sur la presqu'île d'Arvert, belle demeure aux allures bourgeoises. Au 1er étage de l'ancien chais tout en pierre, 3 chambres charmantes dont une familiale composée de 2 chambres. Une préférence pour la chambre « Salicorne » qui donne sur le petit pigeonnier ou une chouette a élu domicile. Sanitaires privés. 65 € pour 2, petit déj compris et 120 € pour 4. Pas de table d'hôtes mais nombreux restos à Mornac pour tous les goûts et tous les budgets et village classé parmi les plus beaux de France. Prêt de vélos. Première plage à 15 km. Accueil de qualité. Une bonne adresse. *NOUVEAUTÉ.*

Accès : la maison est à côté du monument aux morts, en bas de la rue de la mairie.

€€ ☖ *Chambres d'hôtes Logis de Chatressac (Geneviève et Jean-Claude Boittin) :* 13, place de Chatressac. ☎ 05-46-47-96-60. 📱 06-15-88-60-02. ● jcboittin@wanadoo.fr ● logsdechatressac.fr ● *Ouv de mi-avr à mi-oct.* 🛜 Originale demeure toute blanche construite par un armateur bordelais en 1790 et modifiée en 1920, ce qui lui donne son côté art déco notamment avec sa belle porte en verre et fer forgé et ses deux colonnes. Au 1er étage, 5 chambres agréables avec sanitaires privés : 2 plus grandes sur l'avant, 2 sur le jardin et la dernière « les Oiseaux du Marais » notre préférée. 67 € pour 2, petit déj compris. Pas de table d'hôtes mais coin cuisine à disposition avec lave-vaisselle. Prêt de vélos pour parcourir la presqu'île d'Arvert et aller sur les plages à 15 km. Accueil chaleureux. *NOUVEAUTÉ.*

Accès : dans le village allez jusqu'au port de Chatressac, la maison est sur la place.

CHAMPNIERS 16430

Carte régionale B2

7 km N d'Angoulême, 45 km E de Cognac

€€ **Chambres d'hôtes La Templerie (Claudine Richon) :** 440, rue des Lys, Denat. ☎ 05-45-68-73-89. 📱 06-87-13-14-65. Fax : 05-45-68-91-18. ● richon.jean@wanadoo.fr ● latemplerie-richon.fr ● Bien qu'aux portes d'Angoulême, vous serez ici en pleine campagne. Magnifique domaine viticole datant du XIXe s. Dans l'ancienne grange, 5 belles chambres avec de luxueux sanitaires privés : 3 au 1er étage (dont une suite familiale) et 2 au rez-de-chaussée avec accès direct à la piscine (on pique une tête ?). Claudine a réalisé toute la déco et a tapissé fauteuils et canapés. Ambiance élégante et raffinée. Comptez 58 € pour 2, petit déj compris, et 18 € par personne supplémentaire. Grande salle de jour avec beau volume, meubles campagnards, dont un superbe buffet bressan. Pas de table d'hôtes, mais coin cuisine à disposition, ainsi qu'une petite laverie (c'est pas beau la vie ?). Grande piscine pour vous détendre. Sur le domaine, production de pineau et cognac (dégustation dans un petit caveau) ; la distillerie n'est pas sur place, mais on peut vous y emmener. Amoureuse de sa région, Claudine en connaît toutes les richesses. Et bien sûr, à Angoulême, le célèbre Festival de B.D. (la 3e semaine de janvier). Il faut aussi visiter sa vieille ville, avec très agréable quartier piéton. Accueil chaleureux. Très bon rapport qualité-prix-convivialité. Une adresse juste comme on les aime. Également un gîte pour 6 personnes.

Accès : si vous venez du nord ou du sud par la N 10, quelques km avt Angoulême, prenez la sortie « Angoulême-Nord/Balzac » (D 910) puis prenez la petite rue à droite avt l'hôtel Kyriad et suivez le fléchage sur 1,5 km.

€€ **10%** **Chambres d'hôtes Logis de la Cavalerie (Claudie et Frédéric Maillard) :** 79, rue des Grives-Musiciennes. ☎ 05-45-39-74-09. 📱 06-21-54-09-26. ● logisdelacavalerie@gmail.com ● logisdelacavalerie.fr ● Au cœur du village, ancien couvent détruit à la révolution et reconstruit au milieu du XIXe s. Grande cour intérieure avec dépendances. Trois belles chambres avec sanitaires privés. Celle du 1er étage dispose d'une petite terrasse privative. Chambre à 59 € pour 2, petit déj compris. Pas de table d'hôtes mais cuisine à disposition. Billard français pour les amateurs. Accueil agréable.

Accès : sur la place du village.

CHARRAIS 86170

Carte régionale B1

18 km NO de Poitiers ; 13 km du Futuroscope

€€ **10%** **Chambres d'hôtes (Martine et Jean-Yves Martinet) :** 16, rue des Ormeaux, Charrajou. ☎ 05-49-51-14-62. ● contact@chambrehote.net ● chambrehote.net ● Voici une adresse qui est inscrite depuis de nombreuses années dans notre guide *Poitou-Charentes* et que nous avons inscrit dans nos adresses préférées sous la pression de nos lecteurs... Il faut dire que la gentillesse et l'accueil de Martine et Jean-Yves font de nombreux adeptes ! Dans un petit hameau de 70 âmes, ancienne grange restaurée. À l'étage, 4 chambres coquettes avec sanitaires privés. Les amoureux choisiront la verte avec ciel de lit, les bucoliques celle avec vue sur la campagne. 52 € pour 2, petit déj compris avec les nombreuses confitures de Martine (connaissez-vous celle de nèfles ?). Jean-Yves est menuisier et a réalisé tout le mobilier. Une adresse chaleureuse et sans façon.

Accès : sur la D 84 entre Neuville-de-Poitou et Charrais, bifurquez vers Charrajou ; la maison est au centre du hameau.

CHÉRAC 17610

Carte régionale A2

13 km SE de Saintes ; 12 km O de Cognac

€€ **Chambres d'hôtes Ferme de chez Piché (Martine et Jean-Claude Charbonneau) :** ☎ et fax : 05-46-96-30-84. 📱 06-30-18-17-25. ● fermedechezpiche@orange.fr ● chambre-hotes-chezpiche.com ● janv. Si vous voulez tout savoir du pineau et du cognac, c'est ici qu'il faut vous arrêter... Martine et Jean-Claude produisent et vendent pineau rosé et blanc, cognac cru Borderies (le plus petit des six crus de cognac, avec seulement 3 000 ha), mais aussi sauvignon et merlot. Dans une partie indépendante de leur exploitation située au milieu des vignes, ils ont ouvert 3 chambres d'hôtes. Déco simple. Sanitaires privés. 54 € pour 2, petit déj compris. Pas de table d'hôtes mais possibilité de plateau repas pour le soir, à 15 €, avec l'apéro et le vin maison. Visite du chai (pressoirs suspendus) et dégustation sont au programme. Accueil agréable.

Accès : *de Saintes, en direction d'Angoulême ; prenez Cognac par la D 24 et passez Chaniers ; la ferme est 2 km après Dompierre-sur-Charente sur la gauche (n'allez pas à Chérac).*

CHERVETTES 17380

Carte régionale A2

46 km SE de La Rochelle ; 7 km S de Surgères

€€ 🛏 **10%** *Chambres d'hôtes Les Grands Vents (Virginie Truong-Grandon) :* 20, rue Aunis-et-Saintonge. ☎ 05-46-35-92-21. 📱 06-07-96-68-73. • godebout@club-internet.com • lesgrands-vents.com • Au cœur d'un petit village champêtre, ancienne ferme viticole du XIXe s aux volets verts avec parc ombragé et piscine. Au 1er étage, 2 chambres de 2 à 4 personnes avec sanitaires privés : « Le chai », immense, avec ciel de lit, et l'autre sous forme de suite familiale composée de 2 chambres. Atmosphère campagne. 64 € pour 2, petit déj compris, et 20 € par personne supplémentaire. Salon avec jeux et livres à disposition. Également un gîte pouvant accueillir 6 à 7 personnes.

Accès : *au centre du village, pratiquement en face de la mairie.*

CONDÉON 16360

Carte régionale B2

42 km SO d'Angoulême ; 10 km S de Barbezieux

€ 🛏 🍴 🐾 *Chambres d'hôtes (Jacqueline et Guy Testard) :* Le Bois-de-Maure. ☎ 05-45-78-53-15. En pleine nature, grande maison blanche au bout d'un petit hameau. Jacqueline propose 4 chambres simples au rez-de-chaussée, toutes équipées de sanitaires particuliers. Comptez 42 € pour 2, avec un copieux petit déj : rillettes de canard maison, fromages, confitures maison, de quoi bien démarrer la journée ! Table d'hôtes partagée en famille à 16 €, apéro, vin et café compris, avec potage et salade de gésiers, magret ou confit de canard, tarte aux fruits de saison. Repas savoureux et copieux... Il faut dire que le canard est à l'honneur, car c'est la production maison. On peut aussi déguster et acheter un bon pineau des Charentes. Accueil chaleureux, auquel Véronique, la fille de la maison, participe activement. Bon rapport qualité-prix. Une adresse qui fait des adeptes.

Accès : *du village, prenez la direction de Chalais par la D 731 sur 3 km, puis tournez à gauche, en direction de Berneuil par la D 128 et 1re à gauche.*

CONFOLENS 16500

Carte régionale B2

40 km O de Limoges ; 19 km N de Chabanais

€€ 🛏 **10%** *Chambres d'hôtes Villa Les Lauriers (Jackie Depond) :* 3, rue de l'Adoue. ☎ 05-45-84-03-97. 📱 06-82-45-61-96. • jackie-depond@orange.fr • villa leslauriers.com • Fermé 15-31 déc. 📶 Au cœur de la cité, avec une vue imprenable sur la Vienne, maison de ville agréable. Un escalier assez raide conduit aux 2 chambres qui ouvrent toutes les deux sur le fleuve, dont une possède grande terrasse et transats pour profiter du panorama (plus chère). Respectivement 52 et 57 € pour 2, petit déj compris, servi dans une chaleureuse salle à manger avec grande baie vitrée, toujours pour profiter de la vue. Pas de table d'hôtes mais deux restos accessibles à pied et une kitchenette à disposition. Une adresse pour ceux qui préfèrent l'atmosphère de la ville, mais très au calme. Accueil convivial.

Accès : *la maison est au bord de la Vienne, entre les 2 ponts ; la ruelle est à droite de l'hôtel Émeraude.*

COULON 79510

Carte régionale A1

11 km O de Niort

€ 🛏 🐾 *Chambres d'hôtes La Rigole (Sergine Fabien) :* 180, route des Bords-de-Sèvre. ☎ 05-49-35-97-90. Petite maison maraîchine au cœur du Marais poitevin (« la Venise verte »), où Sergine, souriante et pimpante propriétaire, propose 4 chambres mignonnettes, avec sanitaires privés, au 1er étage. Déco personnalisée : une avec deux lits à rouleaux, une de style 1900, une romantique avec ciel de lit, et la dernière qui ouvre sur la rivière. 47 € pour 2, avec le petit déj. Petit salon à disposition. Point de chute idéal pour circuler et découvrir les conches. En résumé, une très gentille adresse et un excellent rapport qualité-prix-convivialité.

> *Accès :* dans le village, en venant de Niort, tournez au 1er feu à gauche, passez devant le syndicat d'initiative et l'école, filez tt droit, puis suivez la direction Irleau ; faites 2,5 km et, au camping, tournez à droite.

COURCOURY 17100

Carte régionale A2

5 km SE de Saintes

€€€ 🛏 (10%) **Chambres d'hôtes La Lézardière (Pascal Mineur) :** 11, rue Pierre-Schoeffer. ☎ 05-46-90-43-21. 📱 06-79-05-35-72. • lalezardiere.17@gmail.com • lalezardierechambredhote.wifeo.com • 📶 Dans un petit village tranquille, jolie maison de maître du XIXe s à la façade sculptée. Trois chambres avec sanitaires privés, dont une suite familiale, desservies par un long couloir recouvert d'un beau parquet ancien. Déco de bon goût. De 70 € à 80 € pour 2, petit déj compris, et 20 € par personne supplémentaire. Piscine dans le jardin. Accueil convivial.

> *Accès :* en face de l'église.

DANGÉ-SAINT-ROMAIN 86220

Carte régionale B1

42 km NE de Poitiers ; 14 km N de Châtellerault

€€ 🛏 🍽 (10%) **Chambres d'hôtes (Annie et Noël Braguier) :** 17, rue de la Grenouillère. ☎ 05-49-86-48-68. 📱 06-71-11-96-36. • lagrenouillere86@orange.fr • lagrenouillere86.com • ♿ 📶 À la limite de l'Indre-et-Loire, agréable maison du XIXe s avec un joli parc arboré et un petit plan d'eau, située à la sortie du bourg. Vous y trouverez 4 chambres plaisantes, toutes avec sanitaires privés (pour une, les w-c sont sur le palier) et TV : 2 dans la maison des proprios (nos préférées) et 2 dans la maison de la mère d'Annie, juste à côté (dont une accessible aux personnes à mobilité réduite). De 53 à 65 € pour 2, petit déj compris (choix incroyable de confitures maison). Table d'hôtes (sur réservation la veille ; pas de repas pendant les fêtes de fin d'année ni les dimanche et jours fériés) à 29 €, apéro et vin compris. Une cuisine inventive qui pétille pour réjouir vos papilles ! Pour vos balades, Noël a préparé des petits manuels pratiques avec itinéraires pour découvrir les environs. Pour votre détente, vous trouverez sur place un espace détente avec un spa et une piscine chauffée. Enfin, pour séjourner, une authentique yourte mongole pour 2 à 4 personnes, ainsi qu'une toue cabanée (bateau de Loire traditionnel) pour 2 personnes, qui se louent au week-end ou à la semaine. Accueil chaleureux et volubile. Une adresse qui fait des adeptes !

> *Accès :* de Châtellerault, empruntez la D 910 en direction de Tours ; dans Dangé, prenez à gauche au 2e feu et suivez le fléchage.

FONTENILLE 16030

Carte régionale B2

25 km N d'Angoulême ; 4 km N de Mansle

€€ 🛏 🍽 (10%) **Chambres d'hôtes Côté Sud (Florence et Thierry Villelégier) :** Châteaurenaud. 📱 06-81-64-52-28. • flobeaulieuvillelegier@gmail.com • gitecotesud.voila.net • 📶 Ancienne et jolie ferme de village avec un superbe jardin méditerranéen caché des regards indiscrets. Deux chambres coquettes, qui vous emmènent en voyage : la chambre « Épices », d'inspiration marocaine, et la chambre « Lavande » à l'atmosphère provençale. 64 € pour 2, petit déj compris. À l'extérieur, c'est un ravissement : les cactus, palmiers, bananiers et lavande en saison entourent une agréable piscine, parfaitement intégrée dans le décor, et qui vous tend les bras... il y a aussi le jacuzzi. Tout cela en compagnie des hôtesses du jardin : les tortues ! Pas de table d'hôtes, mais plusieurs bons restos à Mansle tout à côté. Les pêcheurs et marcheurs pourront profiter de la Charente qui traverse le hameau. Accueil charmant. Une bien belle adresse.

> *Accès :* sur la N 10 Angoulême/Poitiers, sortie Fonclaireau/Fontenille puis D 18 jusqu'à la Gagnarderie ; tournez à droite vers Fontenille puis bifurquer vers Châteaurenaud, la maison est au cœur du hameau.

GERMOND-ROUVRE 79220

Carte régionale A1

13 km N de Niort ; 8 km S de Champdeniers

€€ 🛏 🍽 🍴 (10%) **Chambres d'hôtes (Josette et Didier Blanchard) :** 40, chemin de la Minée, Breilbon. ☎ 05-49-04-05-01. 📱 06-87-41-06-60. • josette.didier@breilbon.com • breilbon.com • Fermé 1 ou 2 sem en nov. 📶 Dans un petit hameau, jolie maison en pierre apparente avec jardin clos. Trois chambres dans les dépendances (dont une familiale, pour 5 personnes), et 2 autres dans la maison avec entrée indépendante. Toutes avec sanitaires privés. De 52 à 56 € pour 2, petit déj compris (confitures et brioche maison). Table d'hôtes à 19,50 €, apéro, vin et café compris. Ici, c'est souvent Didier qui fait la cuisine à partir des produits du jardin (ces dames seront contentes d'apprendre qu'il est aussi pâtissier de métier...). Parmi ses spécialités : velouté et tarte à l'ortie, mouclade, farci poitevin, tourte au fromage, lapin à l'ail et poulet à la poitevine, crème brûlée au cognac, gratin de poire au pineau... Ping-pong. Accueil très chaleureux. Une bonne adresse.

Accès : sur la D 743 entre Niort et Parthenay, prenez la D 7 vers Germond et suivez le fléchage (n'allez pas à Germond).

HIERS-BROUAGE — 17320

Carte régionale A2

15 km SO de Rochefort

€€ 🏠 **Chambres d'hôtes La Marouette** (Magali et Jean-Philippe Remont) : *3, rue Martineau.* ☎ 05-46-76-14-01. 📱 06-31-52-19-18. • *la-marouette@neuf.fr* • *la-marouette.neuf.fr* • Quatre chambres élégantes et zen, installées autour d'une cour intérieure. Sanitaires privés, avec grandes douches ouvertes à l'italienne. 55 € pour 2, petit déj compris. Pour séjourner, également un gîte pour 2 à 4 personnes, loué à la nuitée ou à la semaine selon la disponibilité. Accueil souriant et chaleureux. Une bonne adresse.

Accès : dans Hiers, direction Rochefort-Monboileau, la rue est sur la droite et l'entrée de la maison à 100 m à gauche.

HIESSE — 16490

Carte régionale B2

62 km SE de Poitiers ; 10 km NO de Confolens

€ 🏠 |●| **Ferme-auberge La Colline Enchantée (Christophe Le Borgne) :** *L'Âge-Vieille.* ☎ 05-45-89-65-45. *Ferme-auberge ouv, sur résa slt, le w-e sept-juin ; tlj sf le soir juil-août. Ouv mai-août pour les chambres.* En pleine nature, Christophe tient un parc animalier et une ferme-auberge. Pour séjourner, il vous propose 2 chambres doubles avec salle d'eau et w-c privés, à 50 € pour 2, petit déj compris. Table d'hôtes à 15 €, vin et café compris. À la table de l'auberge, trois menus, à 21, 23 et 25 €, pour déguster les spécialités de la ferme, tels que le foie gras, le lapin au pineau ou le daim sauce grand veneur.

Accès : de Confolens, prenez la direction de Poitiers (D 148) ; au bout de 3 km, tournez à gauche vers Ruffec, puis 5 km après, à droite, en direction de L'Herbaudie et continuez sur 2 km.

JOURNET — 86290

Carte régionale B1

59 km SE de Poitiers ; 9 km E de Montmorillon

€€ 🏠 |●| ⑩% **Chambres d'hôtes Ferme du Haut Peu (Chantal et Jacques Cochin) :** ☎ 05-49-91-62-02. 📱 06-80-53-81-86. Fax : 05-49-91-22-01. • *cochin.chantal@orange.fr* • *ferme-du-haut-peu.fr* • *Fermé 15 nov-1er fév.* Au milieu des champs, superbe ferme recouverte d'ampélopsis avec un agréable parc ombragé. Chantal propose 2 chambres ravissantes et champêtres et un ensemble spécial famille (5 personnes) avec cuisine (aménagé dans l'ancienne écurie et le four à pain). Sanitaires privés. 56 € pour 2, avec le petit déj. En plus des chambres, formule table d'hôtes à 17 €, avec apéro, vin et café compris : quiche aux épinards et fromage blanc de chèvre, filet mignon de porc, lapin à la poitevine, tarte au fromage et raisins, clafoutis, tarte tatin aux noix, etc. Les enfants de Chantal et Jacques élevant des chèvres, on peut assister à la fabrication des fromages. Également un petit bois et un étang privé de 4 ha pour les amateurs de pêche. Accueil convivial et chaleureux, atmosphère calme et reposante. Avant de partir, allez voir le prieuré de Villesalem et appréciez le charme de l'endroit.

Accès : sur la D 727, 5 km après Montmorillon, en direction de La Trimouille, tournez à gauche (D 121) ; dans Journet, prenez la direction de Haims, c'est à 1 km.

LA COTINIÈRE — 17310

Carte régionale A2

Île d'Oléron ; 4 km S de Saint-Pierre-d'Oléron

€€ 🏠 ⑩% **Chambres d'hôtes Les Tranquilles d'Oléron (Gaëlle et Julien Dubois) :** *85 bis, route de La Perroche.* ☎ 05-46-85-18-26. 📱 06-78-47-42-00. • *lestranquillesdoleron@cegetel.net* •

lestranquillesdoleron.com • ♿ 📶 Gaëlle, fille d'ostréiculteur (vous sentez le bon plan !), propose 3 très belles chambres sur des thèmes que ne renierait pas un routard : Océane et Zen au rez-de-chaussée, et L'Atelier, une suite familiale situé à l'étage. Toutes sont coquettes et confortables, avec d'agréables salles de bains. De 60 à 70 € pour 2, petit déj compris, servi en terrasse aux beaux jours. Deux gîtes pour ceux qui souhaitent prolonger leur séjour. Océan à 500 m. Accueil très chaleureux.

Accès : *après le pont d'Oléron, direction Grand-Village/La Cotinière ; c'est à 1 km après La Perroche sur la droite.*

LA GRIPPERIE-SAINT-SYMPHORIEN 17620

Carte régionale A2

20 km S de Rochefort

€€€ 🛏 |●| 10% **Clambres d'hôtes Les Grandes Maisons (Véronique et Jean-Marc Vaillant-Marescaux) :** 10, Les Champs-de-la-Croix. ☎ 05-46-82-60-95. 📱 06-81-60-14-88. • info@grandes maisons.com • grandesmaisons.com • Elle est belle cette grande demeure installée sur un ancien domaine viticole de 4 ha planté de cyprès, palmiers, figuiers, bambous, vignes *(of course !)*... Trois chambres, dont une suite familiale composée de 2 chambres. Atmosphère guillerette et champêtre à souhait, avec murs en pierre apparente et belle poutraison. Sanitaires privés. 80 € pour 2, petit déj bio compris, et 18 € par personne supplémentaire. Table d'hôtes (sauf le jeudi) à 29 €, vin compris. Cuisine à tendance régionale. Accueil souriant et chaleureux. Une adresse charmante, idéale pour se ressourcer.

Accès : *de Rochefort, D 733 vers Royan puis D 18 vers La Gripperie ; à la sortie du village, tournez à droite au panneau « Viande limousine Brochard » et suivez le fléchage.*

LA JARRIE 17220

Carte régionale A1

25 km NO de Surgères ; 15 km E de La Rochelle

€€€ 🛏 |●| **Chambres d'hôtes Le Moulin de l'Abbaye (Hélène et Luc Robin) :** 27, chemin de l'Abbaye, Puyvineux. ☎ 05-46-35-85-83. Fax : 05-46-35-80-83. • moulin. abbaye17@free.fr • moulin-abbaye17. com • Ancien moulin devenu domaine viticole, cette magnifique propriété est dans la famille de Luc depuis le XVIe s (quand on parle de la terre de ses ancêtres...). Aujourd'hui, la vigne a disparu, alors le pressoir s'est reconverti en chambres d'hôtes. Elles sont 2, de plain-pied, avec accès indépendant, et ouvrent par une grande porte-fenêtre sur le jardin. Atmosphère champêtre et sereine avec de jolis meubles anciens. Chacune avec mezzanine pour accueillir les enfants. Sanitaires privés. 76 € pour 2, petit déj compris. Table d'hôtes partagée en famille à 29 €, apéro, vin et café compris. Cuisine originale où l'on retrouve des spécialités de la région. Hélène et Luc sont des hôtes charmants, et le tutoiement devient vite de rigueur. Pour vous détendre, un espace bien-être avec sauna et une superbe piscine intérieure ouverte de mars à octobre. Également 2 gîtes de 4 personnes loués de 360 à 460 € la semaine selon la saison, et 160 € le week-end (dans une formule originale comprenant les draps et le petit déj). Une adresse juste comme on les aime, chaleureuse et sans façon.

Accès : *de Surgères, D 939 vers La Rochelle puis à droite la D 113 vers Aigrefeuille puis la D 204E vers La Jarrie jusqu'à Puyvineux et fléchage dans le hameau.*

LA ROCHELLE 17000

Carte régionale A1

€€€€€ 🛏 **Chambres d'hôtes Entre Hôtes (Patrick et Patricia Lebrin) :** 8, rue Réaumur. ☎ 05-16-85-93-33. 📱 06-09-40-46-34. • contact@entre-hotes.com • entre-hotes.com • Fermé 5 janv-7 fév. 📶 Quatre chambres d'hôtes aux 1er et 2e étages d'une élégante demeure particulière du XVIIIe s, centrale et pleine de charme. Toutes différentes, avec vue sur le jardin et au calme. Décor contemporain, style design, dans des tons doux (gris, beige ou bleuté), et confort total : clim, TV écran plat, satellite... Superbes salles de bains. Et même un ascenseur ! « L'Insolite », quant à elle, porte bien son nom : située dans une dépendance au fond du jardin, elle s'abrite sous les voûtes d'une superbe cave tout en pierre, et possède une baignoire lumineuse ouverte sur la chambre. Selon la saison, de 118 à 138 € pour 2, et 168 € pour « L'Insolite », copieux petit déj compris, avec la possibilité de le prendre dans un très agréable jardin. Accueil discret et affable. Dans le genre, une de nos plus séduisantes chambres d'hôtes de ville.

Accès : *dans La Rochelle, direction Centre-ville/place de Verdun ; prenez la rue de la Noue qui se prolonge par la rue Réaumur.*

LE CHÂTEAU-D'OLÉRON 17480

Carte régionale A2

Île d'Oléron ; 10 km NO de Marennes

€€ ≜ **Chambres d'hôtes La Cabane (Vanessa Parent) :** 62, route du Viaduc, Ors. ☎ 05-46-47-48-01. 📱 06-77-75-25-55. ● vanessa@alacabane.fr ● alacabane.fr ● ♿ 📶 Dans ce joli village traditionnel, sympathique maison de famille aux volets bleus. Cinq chambres coquettes, dont une familiale, dans les tons blanc, gris ardoise, beige sable ou vert mer. 64 € pour 2, petit déj compris, et 106 € pour 4. Grand jardin. Salle de muscu. Sauna et hammam sur demande. Également 3 gîtes de 4 à 10 personnes pour ceux qui veulent séjourner. Accueil convivial.

> *Accès :* dans le village d'Ors.

LE TÂTRE 16360

Carte régionale B2

45 km SO d'Angoulême ; 3 km NE de Baignes-Sainte-Radegonde

€€ ≜ |●| **Chambres d'hôtes Les Camélias (Claudette et Michel Gilbert) :** Les Chaussades. ☎ 05-45-78-27-59. 📱 06-22-92-49-91. ● claudettegilbert30@yahoo.fr ● Maison de village avec cour intérieure. Au 1er étage, 3 chambres simples, dont une familiale composée de 2 chambres, avec sanitaires privés. Une préférence pour la chambre « Nature ». 55 € pour 2, petit déj compris. Table d'hôtes partagée avec Claudette et Michel à 18 €, apéro et vin compris. Cuisine familiale. Accueil agréable.

> *Accès :* N 10 sortie Le Tâtre, puis suivez le fléchage de l'Hôtel des Pins puis de la chambre d'hôtes sur 2 km.

LES ESSARDS 17250

Carte régionale A2

60 km SE de La Rochelle ; 10 km NO de Saintes

€€ ≜ (10%) **Chambres d'hôtes Le Pinier (Françoise Jamin) :** 10, Le Pinier. ☎ 05-46-93-91-43. 📱 06-33-71-67-43. ● jamin.francine@orange.fr ● aupinier.free.fr ● Ouv mai-sept. 📶 Belle demeure du XVIIe s. Quatre chambres très différentes, du rustique au plus moderne. Une chambre familiale (4 personnes) et 3 autres installées dans une ancienne étable joliment restaurée, avec accès indépendant. Sanitaires privés. 58 € pour 2, petit déj compris, et 15 € par personne supplémentaire. Calme et tranquillité assurés. Accueil convivial.

> *Accès :* de Saintes, N 137 vers Rochefort pdt 10 km puis à gauche D 119 et suivez le fléchage sur 2 km.

LIGNIÈRES-SONNEVILLE 16130

Carte régionale B2

33 km SO d'Angoulême ; 22 km SE de Cognac

€€ ≜ 🐴 **Chambres d'hôtes Les Collinauds (Geneviève et Roland Matignon) :** ☎ et fax : 05-45-80-51-23. 📱 06-63-97-06-41. ● matignon.les-collinauds@wanadoo.fr ● lescollinauds.fr ● 📶 Au cœur d'une jolie région vallonnée, appelée Grande Champagne (premier cru du cognac), magnifique domaine viticole du XIXe s, avec une immense cour ombragée en partie ceinte, derrière laquelle se cache la piscine (oh oui !). Geneviève et Roland sont viticulteurs ; une partie de leur production est vendue à Hennessy et Rémy Martin. Ils mettent aussi en bouteille pineau et cognac. Une chambre au 1er étage de la maison et 3 autres (nos préférées) au 2e étage, toutes avec sanitaires privés. On a craqué pour la chambre avec le lit à la duchesse (romantique, n'est-il pas mon ami ?) qui renferme un vieux potager, ainsi qu'un original chauffoir à fers. Ambiance charmante et champêtre. Comptez 60 € pour 2 et 80 € pour 4, petit déj compris. Il est servi dans une vaste salle à manger avec un incroyable buffet en enfilade (huit portes et 4,80 m de long !). Coin cuisine à disposition. Salon de détente avec TV, vidéo et jeux de société. Dans les dépendances, une scène de vendanges, une distillerie des années 1875, une machine à battre le grain ainsi que de vieux outils vous feront découvrir des scènes de la vie rurale. Accueil simple et chaleureux. Une excellente adresse avec un bon rapport qualité-prix-convivialité.

> *Accès :* sur la D 699 entre Châteauneuf-sur-Charente et Archiac ; 2 km avt Lignières (quand on vient de Châteauneuf), laissez un château sur la gauche et 500 m après, tournez à droite et suivez le fléchage.

LUCHAT 17600

Carte régionale A2

28 km NE de Royan ; 12 km O de Saintes

€€ ≜ |●| (10%) **Chambres d'hôtes La Métairie (Martine et Gérard Trentesaux) :** 17, rue de la Métairie. ☎ 05-46-92-07-73.

📱 *06-83-58-25-55.* • *m.gmetairie@akeonet. com* • *metairie-luchat.fr* • ♨ *Fermé 2 nov-14 avril.* Dans un petit hameau en pleine campagne, ancienne ferme viticole en pierre de Saintonge et enduite à la chaux. Trois chambres, avec sanitaires privés : une au rez-de-chaussée, les 2 autres à l'étage, dont une familiale. Déco agréable et ambiance reposante. 54 € pour 2, petit déj compris, et 14 € par personne supplémentaire. Table d'hôtes partagée avec Martine et Gérard (sauf le mardi soir et en juillet-août) à 20 €, boissons comprises. Cuisine régionale, mais aussi des spécialités du Nord, département d'origine des proprios. Adorable jardin avec une agréable treille et un nombre impressionnant de fleurs dont on n'a pas reconnu la moitié des espèces (l'occasion de prendre des boutures). Accueil souriant. Atmosphère très maison de campagne.

> *Accès :* de Saintes, empruntez la N 150 en direction de Royan, sortie Pisany/Luchat, puis suivez le fléchage « Chambres d'hôtes La Métairie ».

MAGNAC-SUR-TOUVRE 16600

Carte régionale B2

9 km E d'Angoulême

€€ 🏠 *Chambres d'hôtes Le Clos Saint-Georges (Nadine et Luc Jacquemin) :* rue Bel-Air. ☎ et fax : 05-45-68-54-33. 📱 *06-83-21-36-86.* • *nadjacq@voil.fr* • *le-clos-st-georges.fr* • 🌐 Aux portes d'Angoulême, isolé dans un joli coin de campagne vallonné, ancien logis auquel Nadine et Luc ont ajouté deux ailes, qu'on trouve plutôt bien intégrée (avis aux détracteurs !). Plantée dans un jardin-cour clos, une agréable piscine le prolonge (ici on descend en maillot !). Quatre chambres aux ailes opposées d'une immense salle à manger où siège un beau billard français (on a plombé Luc...). Sanitaires privés. 70 € pour 2, petit déj compris, qui se révèle être un véritable festin matinal, qu'on ne vous dévoilera pas. Un accueil et un couple charmants.

> *Accès :* du centre-ville d'Angoulême suivez la direction de Périgueux, passez plusieurs ronds-points à la sortie de la ville et après celui du Crédit Agricole, fléchage à gauche que vous suivez sur 2,5 km.

MARCILLAC-LANVILLE 16140

Carte régionale B2

27 km NO d'Angoulême ; 27 km NE de Cognac

€€ 🏠 🍴 🏇 (10%) *Chambres d'hôtes Le Logis de la Grange (Thierry Bousquet et Laurent Redon) :* ☎ *05-45-21-91-88.* 📱 *06-33-45-53-18.* • *lelogisdelagrange@hotmail.fr* • 🌐 Maison bourgeoise du milieu du XIXe s, dans la famille de Thierry depuis plusieurs générations. Trois chambres d'hôtes spacieuses à l'atmosphère vieille France, avec sanitaires privés et accès wifi. Une préférence pour « Les Cygnes » qui ouvre sur l'arrière de la maison. 60 € pour 2, petit déj compris. C'est Thierry qui s'active derrière les fourneaux. Table d'hôtes partagée avec vos hôtes à 20 €, apéro, vin et café compris. Cuisine familiale servie dans de la belle vaisselle et couverts en argent. Laurent, lui, collectionne les « dedeuches » que vous pourrez admirer dans le parc. Accueil vraiment chaleureux. Une bonne adresse.

> *Accès :* d'Aigre, D 737 vers Angoulême ; passez Lanville, la maison est à l'entrée du village de Marcillac-Lanville à gauche.

MARIGNY 79360

Carte régionale A1

16 km S de Niort ; 4 km NE de Beauvoir-sur-Niort

€€€ 🏠 🏇 *Chambres d'hôtes Le Vieux Fournil (Francine et Jean Garnaud) :* 10, rue de la Forêt, Grand-Mauduit. ☎ et fax : 05-49-09-72-20. *Ouv avr-oct.* Dans les dépendances d'un logis du XVe s, délicatement restaurées, 3 chambres d'hôtes, de 70 à 80 € pour 2, petit déj compris. Sanitaires privés. Beau jardin botanique peuplé de fleurs sauvages. Possibilité de promenade botanique guidée en forêt de Chizé, offerte aux hôtes.

> *Accès :* de Beauvoir-sur-Niort, prenez la D 101 en direction de Marigny ; à 3 km, à l'orée de la forêt, suivez une petite route sur la droite vers Grand-Mauduit.

MIRAMBEAU 17150

Carte régionale A2

46 km S de Saintes ; 34 km N de Blaye

€€ 🏠 🍴 (10%) *Chambres d'hôtes Haut Brochon (Monique et Michel Martin) :* ☎ *05-46-86-10-16.* 📱 *06-10-76-12-70.* • *martindavy@wanadoo.fr* • *haut-brochon.com* • *Fermé 20 déc-20 janv.* 🌐 À deux pas de la Gironde, ancienne ferme charentaise en pierre blanche du pays qui bénéficie d'un joli point de vue sur les environs. Au 1er étage, 4 chambres agréables, dont une suite familiale composée de 2 chambres. Sanitaires privés. De 55 € (pour la plus petite) à 65 € pour 2, petit déj compris. Table d'hôtes, pas systématiquement partagée avec les proprios, à 20 €, apéro et vin compris. Cuisine familiale avec souvent les légumes du jardin. Accueil convivial.

Accès : A 10 sortie n° 37 Mirambeau ; dans le village, D 149 vers Saint-Bonnet-sur-Gironde sur 3 km puis à gauche vers Jaury puis fléchage « Brochon » (5 km du bourg).

MOUTHIERS-SUR-BOÈME 16440

Carte régionale B2

15 km S d'Angoulême ; 13 km NE de Blanzac-Porcheresse

€€ 🛏 |●| 10% **Chambres d'hôtes Moulin du Duc (Danielle et Régis Allain) :** ☎ 05-45-67-81-57. 📱 06-29-53-29-01. ● allain-danielle@wanadoo.fr ● moulinduduc.fr ● 🛜 Superbe moulin du XVIIᵉ s, dans un cadre bucolique à souhait, installé sur la rivière Boème. Tout le mécanisme est encore là... La roue à aubes, les meules en pierre car, ici, on produisait farine et huile de noix. Trois chambres agréables au 1ᵉʳ étage, dont une familiale composée de 2 chambres. 57 € pour 2, petit déj compris, et 80 € pour 4. Bon, la ligne TGV ne passe pas loin, mais le double vitrage est efficace et on profite plutôt du bruit de l'eau. Accueil souriant.

Accès : traversez le village de Mouthiers en direction de Blanzac ; faites 2,5 km après le village et tournez à gauche au fléchage puis à droite.

NERCILLAC 16200

Carte régionale A2

6 km NE de Cognac ; 10 km NO de Jarnac

€€€ 🛏 |●| **Chambres d'hôtes La Closerie de Montour (Sylvie Dubos et Jacques Brossard) :** 400, route de Montour, Montour. ☎ 05-45-32-04-43. 📱 06-16-25-43-79. ● contact@closerie-cognac.fr ● closerie-cognac.fr ● 🛜 Jolie maison en pierre dont les origines remontent au début du XIXᵉ s. Dans une aile indépendante, 3 chambres coquettes et spacieuses avec sanitaires privés, dont une composée de 2 chambres pour famille ou amis. Déco agréable, motifs au pochoir. Tout l'étage est pour vous, avec coin salon-bibliothèque, ordi avec Internet à disposition (wifi). Comptez 73 € pour 2, petit déj compris (salade de fruits frais et confitures maison), et 117 € pour 4. Table d'hôtes partagée en famille à 25 €, apéro, vin et café compris. Cuisine en fonction du marché et de l'humeur de la maîtresse de maison. Gentil jardin intérieur avec piscine. Accueil convivial.

Accès : de Nercillac, prenez la D 159 vers Cherves jusqu'au hameau de Montour à 2 km, la maison est sur la droite.

NIEUL-LE-VIROUIL 17150

Carte régionale A2

40 km S de Saintes ; 9 km SO de Jonzac

€€ 🛏 🐴 **Chambres d'hôtes Les Brandes (Françoise Neeser-Delaere) :** 79, chemin des Brandes. ☎ 05-46-48-30-25. 📱 06-77-11-58-71. ● francoise.neeser@wanadoo.fr ● En pleine campagne, jolie maison du XVIIIᵉ s avec grand parc ombragé. Deux chambres (dont une familiale), avec sanitaires privés, à 65 € pour 2, petit déj compris. La déco est assez hétéroclite, mais de bon goût, surtout dans le salon et la salle à manger, où une multitude de bibelots encombrent avec bonheur murs et dessus de cheminée. Pas de table d'hôtes, mais cuisine équipée à disposition et plusieurs restos dans les environs. Ambiance décontractée et accueil chaleureux.

Accès : A 10 sortie n° 37 (Mirambeau) ; prenez la N 137 en direction de Saintes ; 3 km après Mirambeau, prenez la D 699 vers Jonzac, puis la 1ʳᵉ à droite (n'allez pas à Nieul qui est sur la gauche).

PARTHENAY 79200

Carte régionale B1

43 km O de Poitiers ; 37 km NE de Niort

€ 🛏 |●| 🐴 **Chambres d'hôtes (Patrick et Martine Giboury) :** 10, pl. du Vauvert. ☎ 05-49-64-12-33. 📱 06-87-76-84-39. ● mpgiboury@gmail.com ● 🛜 Au cœur de la ville médiévale, la vieille maison des Giboury dégage tout un charme fou avec son escalier raide hérité du Moyen Âge, ses chambres coquettes au confort douillet et son adorable jardin clos qu'on ne devine pas de la rue. 35 € pour 2, petit déj compris. Les salles communes pleines de cachet et la cuisine d'été à disposition ajoutent encore à l'impression de bien-être, qui participe à l'atmosphère conviviale due à l'accueil charmant des propriétaires. Possibilité de table d'hôtes à 10 €, sans le vin. Plus qu'un bon rapport qualité-prix, une véritable aubaine !

Accès : dans la vieille ville, entre la porte Saint-Jacques et la porte de l'Horloge.

PÉRIGNAC 17800

Carte régionale A2

12 km SO de Cognac ; 12 km NE de Pons

€ 🛏 |●| **Chambres d'hôtes les Glycines (Monique et Michel Guillot) :** Peugrignoux - 4, route Moulin Guillot. ☎ 05-46-96-23-17. 📱 06-89-57-59-51. ● lesglycines.guilbon@yahoo.fr ● chambres-hotes-perignac.com ● 🐾 🛜 Bon, c'est une maison récente mais nous avons fait une exception... Au cœur d'un petit hameau bien au calme. Deux chambres de plain-pied avec accès indépendant, colorées et bien tenues. TV et sanitaires privés. 50 € pour 2, petit déj compris. Table d'hôtes partagée en famille à 18 €, apéro, vin et digeo compris. Cuisine traditionnelle avec quelques recettes régionales, légumes et fruits du jardin en saison. Accueil convivial et sans façon. *NOUVEAUTÉ.*

Accès : sur la D 732 entre Cognac et Pons, 1 km avant Pérignac (venant de Cognac) fléchage à droite et faites 500 m.

POUFFONDS 79500

Carte régionale B1

35 km SE de Niort ; 7 km SE de Melle

€€ 🛏 |●| ⑩% **Chambres d'hôtes Couette et Potager d'Antan (Alain et Annie Baillargeau) :** Coubortiges. ☎ 05-49-29-95-13. 📱 06-64-50-82-30. ● couette.et.potager@orange.fr ● coubortiges-gites.com ● 🐾 Dans un petit hameau en pleine campagne. À l'origine il y avait deux fermes qu'Alain et Annie ont réunies pour donner ce magnifique ensemble tout en pierre du pays. Dans deux ailes indépendantes, 3 chambres champêtres avec sanitaires privés, dont une pour 4 personnes avec mezzanine et petit coin cuisine. De 52 à 54 € pour 2, petit déj compris, avec plein de sortes de confitures et gâteau maison (ah ! la confiture framboise-chocolat !). Table d'hôtes, partagée en famille, à 18 €, apéro maison et vin compris. Cuisine familiale où les produits bio et les... orties tiennent une place de choix (du moins en saison, autrement dit au printemps). Eh oui, le nom du hameau vient du coubortige, un outil qui sert à couper les orties ! Soupe d'orties, cake saumon et orties, quiche aux orties... mais, pour les incrédules, les spécialités d'Annie sont nombreuses autant qu'originales. Pour ceux qui veulent séjourner, petit gîte rural de 5 personnes loué entre 265 et 450 € la semaine selon la saison. Accueil et gentillesse au rendez-vous. Une adresse qu'on aime bien.

Accès : de Melle, D 948 vers Sauzé-Vaussais puis à droite vers Pouffonds et fléchage dans le village jusqu'à Coubortiges (à 2 km du bourg).

PUYRAVAULT 17700

Carte régionale A1

27 km E de La Rochelle ; 20 km NE de Rochefort

€€€ 🛏 |●| ⑩% **Chambres d'hôtes Le Clos de la Garenne (Brigitte et Patrick François) :** 9, rue de la Garenne. ☎ 05-46-35-47-71. Fax : 05-46-35-47-91. ● info@closdelagarenne.com ● closdelagarenne.com ● 🐾 *Fermé janv-fév (et parfois en déc, se renseigner).* 🛜 Datant du XVIIᵉ s, cette maison appartient à Pierre-François Audry, qui sa vie durant, fut un fervent défenseur de la République... Aujourd'hui, Brigitte et Patrick y ont aménagé 4 chambres vastes et élégantes. Une indépendante, dans un petit pavillon, composée de 2 chambres (dont une spécialement décorée pour les enfants) ; 3 autres à l'étage de la maison. Sanitaires privés. 75 € pour 2, petit déj compris, et 20 € par personne supplémentaire. Salon avec billard américain et collection de balances et pesons. Table d'hôtes (sauf les mercredi et week-end), partagée en famille, à 27 €, apéro, vin et café compris. Également un studio avec coin kitchenette pour 2 personnes. Accueil chaleureux. Grand parc de 4 ha, avec forêt, où Fanfan et Dédé (les ânes) et les moutons s'en donnent à cœur joie.

Accès : à 5 km au nord-ouest de Surgères, depuis le rond-point des pompiers, par la D 115 vers Marans/Puyravault ; la maison est au centre de Puyravault.

SABLONCEAUX 17600

Carte régionale A2

23 km O de Saintes ; 12 km NE de Royan

€€ 🛏 **Chambres d'hôtes (Hélène et Pierre Papineau) :** 54, rue de Toulon. ☎ 05-46-02-36-29. 📱 06-83-14-75-81. ● pierhelen.paps@wanadoo.fr ● chezheleneetpierre.fr ● *Ouv 15 juin-31 août.* 🛜 C'est une maison récente construite d'après les plans des proprios. Hélène et Pierre sont instits à la retraite et ont décidé d'ouvrir 2 chambres d'hôtes : une au rez-de-chaussée et l'autre à l'étage, familiale, composée de 2 pièces, car ici on aime les enfants. Déco agréable et sanitaires privés. 55 € pour 2, petit déj compris, et 18 € par personne supplémentaire. La passion de

Pierre, c'est son jardin, et il y a planté des dizaines de belles essences et une multitude de rosiers. Pas de table d'hôtes, mais plusieurs restos à proximité, pour toutes les bourses. Accueil de qualité.

Accès : sur 2x2 voies entre Saintes et Royan, à Saujon, prenez la sortie Sablonceaux ; suivez la D 117 sur 200 m, puis prenez la direction « Toulon » ; traversez le petit village de Toulon jusqu'au n° 54.

SAINT-CLAUD 16450

Carte régionale B2

40 km NE d'Angoulême ; 20 km SO de Confolens

€€€€€ 🏠 |●| (10%) *Chambres d'hôtes Le Logis de la Broue (Sylviane et Vincent Casper) : rue de l'Abbé-Rousselot.* ☎ 05-45-71-43-96. 📱 06-72-14-68-94. • *sylviane.casper@wanadoo.fr* • *logisdelabroue.com* • 📶 Ici, c'est une demeure d'exception et on prend des mots... Superbe logis du XVᵉ s planté dans un grand parc de 2 ha. Dès l'entrée, vous découvrirez un superbe sol en petites pierres de silex, typique de la région et appelé « cœur des demoiselles ». Un bel escalier à vis conduit aux 2 élégantes chambres, dont une suite familiale composée de 2 chambres. Spacieuses, décorées avec un goût très sûr, elles dégagent une atmosphère sereine. « Les matins celadon » avec une magnifique coiffeuse en loupe d'orme, la suite « Val de jour » avec ses tentures toile de Jouy. Sanitaires privés. Que dire du salon, qui recèle de splendides tapisseries d'Aubusson du XVIIᵉ s sur les quatre saisons et un plafond à la française. 120 € pour 2, petit déj compris (confitures et brioche maison), et 200 € pour 4. Table d'hôtes (un jour sur deux) à 34 €, apéro et vin compris. Cuisine du terroir goûteuse et recherchée, avec les légumes bio du potager. On suit Sylviane depuis de nombreuses années... Elle change de demeure mais garde son dynamisme et son enthousiasme. Pour vous détendre : piscine, court de tennis et billard français. Également 2 maisons d'hôtes tout aussi charmantes, celle du « maître de chais » avec un incroyable dallage composé d'ancienne plaques d'imprimerie, pour 4 personnes, et la « maison du vigneron » pour 2 personnes. De 300 à 900 € la semaine selon la maison et la saison (lits faits et linge de maison fourni, *of course !*). Mine de rien, les adresses comme ça, on n'en trouve pas tous les jours. Accueil de qualité. Notre plus belle adresse sur la région.

Accès : N 10 Poitiers/Angoulême sortie Mansle puis D 739 jusqu'à Saint-Claud ; la rue est à 400 m à droite.

SAINT-GENIS-D'HIERSAC 16570

Carte régionale B2

16 km NO d'Angoulême

€€ 🏠 |●| 🐴 *Chambres d'hôtes (Pascal Baudot) : chemin du Poué, Grosbot.* 📱 06-70-09-55-44. • *baudot.pascal@orange.fr* • Fermé la 2ᵉ quinzaine de fév. Derrière un imposant portail en bois se cache cet ancien domaine viticole du XVIIIᵉ s. Dans une aile indépendante avec accès par escalier extérieur couvert, 2 chambres à l'atmosphère marine. Originaux murs à volige et frises au pochoir. Dans la maison de Pascal, 3 autres chambres avec accès indépendant : 2 au rez-de-chaussée, la dernière à l'étage. Ambiance plus champêtre avec murs en pierre. Sanitaires privés. 60 € pour 2, petit déj compris. Possibilité de table d'hôtes sur demande à 22 €, apéro, vin compris. Dans la grande cour intérieure, vous pourrez profiter de la piscine. Accueil souriant et décontracté.

Accès : d'Angoulême, prenez la D 939 vers Saint-Jean-d'Angély ; dans le village, tournez à droite vers Grosbot et suivez le fléchage (le hameau est à 1,5 km).

SAINT-GEORGES-DES-COTEAUX 17810

Carte régionale A2

35 km NE de Royan ; 7 km O de Saintes

€€ 🏠 (10%) *Chambres d'hôtes des Bujours (Marie et Stéphane Trouvé) : 5, rue de l'Église.* ☎ *et fax :* 05-46-92-96-66. • *mstrouve@yahoo.fr* • *les-chambres-des-bujours.fr* • Ouv d'avr à mi-nov. 📶 C'est dans l'étable de cette ancienne ferme que Marie et Stéphane ont aménagé 4 chambres d'hôtes de charme, avec entrées particulières. Elles sont toutes différentes, colorées et agréables : « Lavandières », « Part des Anges », « Moulins » et « Carrières » (notre préférée, avec accès direct sur le jardin). Superbe volume de la salle de séjour aux murs en pierre apparente, avec une magnifique charpente, une grande cheminée et un billard français. Comptez 59 € pour 2, petit déj compris (gelée de pomme, confiture de rhubarbe, galette charentaise, jus de fruits). Déco très soignée et accueil agréable, une bonne adresse.

Accès : sur l'A 10, sortez à Saintes, puis prenez la direction Marennes-D'Oléron puis Saint-Georges-des-Coteaux.

SAINT-GERMIER 79340

Carte régionale B1

40 km NE de Niort ; 5 km S de Ménigoute

€ 🏠 I●I 🐾 10% **Chambres d'hôtes La Boulinière (Bertrand Poulain) :** ☎ et fax : 05-49-69-09-28. 📱 06-71-24-96-17. ● laboulinière@live.fr ● laboulinière.com ● 🍴 Fermé 1er janv-21 mars. 📶 Dans ce petit coin de nature loin de tout, voici une adresse à la bonne réputation. Cinq chambres avec kitchenette dont une sous forme de suite de 2 chambres avec cuisine et terrasse. Comptez 45 € pour 2, petit déj compris, et 75 € pour la suite. Possibilité de table d'hôtes à 20 €, tout compris, pour goûter à tous les bons produits de la ferme (vos hôtes élèvent moutons, lapins, pintades, poulets, canards...) et aux légumes du jardin. Également un gîte de 10 personnes. Accueil chaleureux.

Accès : de Ménigoute, prenez en direction de Pamproux et suivez le fléchage.

SAINT-HILAIRE-DE-VILLEFRANCHE 17770

Carte régionale A2

18 km N de Saintes ; 11 km S de Saint-Jean-d'Angély

€€ 🏠 **Chambres d'hôtes Au Moulin Brun (Florence et Régis De Loynes) :** 10, rue du Moulin-Brun. ☎ 05-46-90-12-61. 📱 06-83-16-35-39. ● au-moulinbrun@orange.fr ● au-moulinbrun.com ● Dans un joli coin de campagne vallonné, ancien moulin du XVIIIe s dont il ne reste plus rien si ce n'est la petite rivière qui coule au fond du jardin. Les bâtiments sont toujours là et ont été agrandis avec le temps. Deux chambres charmantes de plain-pied avec accès direct sur le jardin. Sanitaires privés. 65 € pour 2, petit déj compris (plusieurs gâteaux et confitures maison). Pour vous détendre, un joli parc et la piscine. Une belle adresse. Accueil convivial. NOUVEAUTÉ.

Accès : à l'église de St-Hilaire sur la N 150 entre Saintes et St-Jean-d'Angély, direction St-Savinien pendant 3 km et fléchage à droite, la maison est à 500 m.

SAINT-HILAIRE-LA-PALUD 79210

Carte régionale A1

25 km SO de Niort ; 8 km E de Courçon

€€ 🏠 **Chambres d'hôtes Les Lavandières (Catherine et Jean-Claude Desbas) :** 8, rue des Lavandières. ☎ et fax : 05-49-35-31-20. 📱 06-80-21-19-26. ● les.lavandieres@wanadoo.fr ● marais-poitevin.com/heberg-ch/les-lavandieres ● Au bout d'une petite impasse bien au calme, ancienne et belle ferme en pierre du XIXe s. L'ancienne écurie a fait peau neuve et accueille aujourd'hui les hôtes dans 3 chambres coquettes avec sanitaires privés. 65 € pour 2, petit déj compris en formule buffet, avec fromages, gâteaux et plein de confitures maison. Agréable jardin qui débouche sur une petite conche. Belle piscine. Accueil chaleureux et charmant.

Accès : au centre du bourg, allez jusqu'à l'église et prenez la petite rue qui se trouve derrière.

SAINT-SATURNIN 16290

Carte régionale B2

10 km O d'Angoulême

€€ 🏠 10% **Chambres d'hôtes Le Clos Caillet (Catherine et François Chardavoine) :** 4, impasse de l'Aiguille. ☎ 05-45-22-97-20. 📱 06-18-60-20-53. ● clos-caillet@orange.fr ● clos-caillet.fr ● 🍴 1 sem en fév, 1 sem fin août et 1 sem à Noël. Dans un petit coin de nature bien tranquille, ancienne ferme tout en pierre installée autour d'une cour intérieure. Dans une aile indépendante, 3 jolies chambres, une au rez-de-chaussée, les autres à l'étage. Sanitaires privés. Elles profitent d'une jolie vue sur la campagne. 58 € pour 2, petit déj compris. Pas de table d'hôtes mais cuisine à disposition. Sur place, un gîte de 4 personnes, loué de 300 à 450 € la semaine selon la saison. Accueil sympa. Une adresse pour ceux qui préfèrent l'indépendance.

Accès : au centre du bourg, près de la poste-tabac, direction « Château Maillou » ; la maison est un peu plus loin à gauche.

SAINT-SAVIN 86310

Carte régionale B1

40 km E de Poitiers

€ 🏠 🐾 **Chambres d'hôtes (Charline et Jacky Barbarin) :** 39, Siouvre. ☎ 05-49-48-10-19. 📱 06-08-76-18-32. ● charline@lafermeapicole.com ● lafermeapicole.com ● Ouv 1er avr-1er nov. À 5 mn du village, jolie ferme du XVIIIe s, rénovée avec passion par Charline et Jacky. Trois chambres pas immenses mais agréables avec sanitaires privés, dont une avec coin cuisine. Équipement pour les tout-petits. 50 € pour 2, petit déj compris, et 68 € pour 4. Nombreux sentiers, que vous soyez à pied ou à vélo. Charline et Jacky sont apiculteurs et ont une petite boutique bien avenante avec tous les produits issus du miel. Accueil charmant. Une bonne adresse.

> *Accès : de Saint-Savin, empruntez la N 151 en direction de Chauvigny et prenez la 2e route à droite.*

SAINT-SAVINIEN 17350

Carte régionale A2

22 km N de Saintes ; 18 km SO de Saint-Jean-d'Angély

€€ 🏠 (10%) **Chambres d'hôtes L'Éolienne (Cécile et Georges Torsello) :** Le Pontreau. ☎ et fax : 05-46-91-79-49. 📱 06-30-08-36-19. • eolienne.torsello@orange.fr • pagesperso-orange.fr/eolienne.torsello • Fermé déc-janv. Ancienne ferme en pierre du pays, toute blanche aux volets bleus, au cœur d'un gentil hameau, avec un petit jardin où tournent les éoliennes de Georges. Artisan, il fabrique des tas d'objets en bois découpé sur le thème de la mer. Au 1er étage de la maison, 2 chambres d'hôtes, pas immenses, mais très coquettes, avec sanitaires privés. Une à l'ambiance provençale, l'autre très marine avec d'amusantes lampes de chevet et une armoire en forme de cabine de plage (réalisées par Georges). 62 € pour 2, petit déj compris. Ne manquez pas de vous rendre sur le lac de Saint-Savinien ; on y loue de petits bateaux électriques, répliques exactes de plus grands (ferry, chalutier...). C'est rigolo et pas cher...

> *Accès : dans Saint-Savinien, prenez la D 114 vers Bords/Archingeay et, à la sortie du bourg, tournez à gauche vers Tonnay-Charente (D 124) ; Le Pontreau est à 2 km et c'est le 2e chemin à droite après le panneau d'entrée du hameau.*

SALLES-D'ANGLES 16130

Carte régionale A2

34 km SE de Saintes ; 12 km S de Cognac

€ 🏠 l●l (10%) **Chambres d'hôtes (Micheline et Jacky Chainier) :** 8, chemin du Chiron. ☎ 05-45-83-72-79. • mchainier@voila.fr • Magnifique maison de maître de 1850 dans une grande cour avec massifs fleuris. Cinq chambres au joli parquet et une suite pour 4-5 personnes, toutes avec sanitaires privés. On préfère les nos 1 et 5, plus petites, mais plus douillettes. Comptez 50 € pour 2, petit déj compris, et de 75 à 80 € pour la suite. À la table d'hôtes, pour 20 € apéro, vin et digeo compris, il y a toujours du potage car Jacky adore ça ; sinon, moules au pineau ou chou farci, œufs au lait et sa caramel ou gâteau de crêpes. Demandez à Jacky de vous montrer sa distillerie, elle vaut le coup d'œil. Si vous voulez voir des chais professionnels, il saura vous indiquer des adresses intéressantes. Une bonne table et un excellent accueil. Pour les petits budgets, mobile home et camping à la ferme.

> *Accès : du village, allez en direction de Celles (D 48) ; à 2,5 km, tournez à gauche (D 151) vers Saint-Fort-sur-le-Né, c'est à 1 km.*

SAMMARÇOLLES 86200

Carte régionale B1

50 km N de Poitiers ; 20 km SO de Chinon

€€ 🏠 l●l 🛏 (10%) **Chambres d'hôtes Tenue du Fougeray (Famille Saint-Mard) :** 18, rue du Stade. ☎ 05-49-22-76-48. • tenue dufougeray@free.fr • tenuedufougeray.free.fr • Dans la famille Saint-Mard, je voudrais le père : c'est Yvan, artiste-peintre, dont vous pourrez admirer les œuvres colorées, dont beaucoup de portraits et de bustes féminins qui peuplent la maison (on aime !). Il y a aussi Danielle, la mère, qui officie aux fourneaux, Joëlle, la fille, mariée avec Gilles, et Benoît, le fils. Cette adorable famille belge a quitté sa patrie d'origine pour venir s'installer dans ce petit village de 560 habitants, dans une belle demeure de maître de 1830. Cinq chambres spacieuses et lumineuses, avec sanitaires privés : 2 au 1er étage avec une double orientation, 2 au second où vous découvrirez une magnifique charpente apparente, la dernière, dans une ancienne grange restaurée, sous forme de suite familiale. 59 € pour 2, copieux petit déj compris (fromages, œufs et confitures maison). Table d'hôtes partagée en famille à 27 €, apéro, vin, café et digeo compris. Une cuisine goûteuse et recherchée qui fait la part belle aux produits du potager et aux saveurs régionales et qui a ses adeptes. Dehors, un grand parc vous attend avec une superbe piscine. Gentillesse et chaleur de l'accueil. Une adresse coup de cœur où l'on aurait bien posé nos sacs plus longtemps.

> *Accès : dans le bourg.*

SÉMOUSSAC 17150

Carte régionale A2

45 km S de Saintes ; 7 km O de Mirambeau

€ 🏠 l●l (10%) **Chambres d'hôtes Pavageau (Christiane et Claude Jarrassier) :** 11, Pavageau. ☎ 05-46-86-02-37.

● *claudejarrassier@orange.fr* ● *Fermé Noël et Jour de l'an.* Sur un petit domaine viticole, belle maison en pierre de taille. Trois chambres, pas immenses mais agréables, dont une composée de 2 chambres, et une au 1er étage de la maison mitoyenne (celle de la mère de Christiane). Comptez 48 € pour 2, petit déj compris, et 18 € par personne supplémentaire. Table d'hôtes à 18 €, apéro et vin compris. Bonne cuisine familiale, partagée avec les proprios. Si vous le souhaitez, Claude vous fera découvrir son exploitation. Accueil agréable.

Accès : de Saintes, A 10 ou N 137 en direction de Bordeaux ; sortez à Mirambeau et prenez la D 730 vers Royan, puis à gauche la D 148 jusqu'à Sémoussac ; dans le bourg, tournez à gauche au sens unique (quand vous aurez le panneau face à vous) et suivez le fléchage.

SUAUX 16260

Carte régionale B2

40 km NE d'Angoulême ; 16 km NE de La Rochefoucauld

€€ 🏠 |●| 🐴 *Chambres d'hôtes Le Relais de L'Age (Michèle Coquilleau) :* ☎ 05-45-71-19-36. 📱 06-70-53-44-43. ● *lerelaisde lagesuaux@orange.fr* ● *lerelaisdelage. com* ● Dans une ancienne ferme limousine, 4 chambres avec bains ou salle d'eau et w-c privés. Comptez 55 € pour 2, petit déj compris, servi devant un ancien four à pain ou en terrasse. Agréable piscine. Possibilité de table d'hôtes à 22 €, sinon, un resto à 6 km. Bon accueil. À 6 km, le château de Peyras.

Accès : en venant de La Rochefoucauld (en direction de Limoges), dans Suaux, prenez la 2e route à droite (D 60 vers Vitrac), puis la 2e à gauche en direction de L'Age.

TAPONNAT-FLEURIGNAC 16110

Carte régionale B2

22 km NE d'Angoulême ; 5 km NE de La Rochefoucauld

€€ 🐴 ⑩% *Chambres d'hôtes La Garde (Nellie et Frédérik Brunel) :* 203, route de Taponnat. ☎ 05-45-23-70-39. 📱 06-17-42-88-49. ● *frederik.brunel@free. fr* ● 🌐 À l'orée du village, ancienne ferme qui jouit d'une jolie vue sur la campagne environnante, tenue par un jeune et sympathique couple avec leurs trois enfants. Deux gentilles chambres de plain-pied avec sanitaires privés, à 51 € pour 2, petit déj compris. Billard américain et possibilité d'admirer les astres quand le ciel est dégagé car Nellie est passionnée d'astronomie. Pas de table d'hôtes mais plusieurs restos à proximité. Accueil chaleureux et décontracté.

Accès : d'Angoulême, N 141 vers Limoges jusqu'à La Rochefoucauld puis D 60 vers Fleurignac-Vitrac ; dans Fleurignac, 1re à gauche vers Taponnat, la maison est à 200 m à droite.

THAIRÉ 17290

Carte régionale A2

16 km SE de La Rochelle ; 7 km E de Châtelaillon

€ 🏠 *Chambres d'hôtes Le Balloir (Anne-Marie et Robert Journade) :* 4, rue de la Chapelle, Mortagne. ☎ 05-46-56-17-23. 📱 06-60-35-17-69. ● *am-journade@ orange.fr* ● *leballoir.fr* ● 🌐 Belle demeure construite par les aïeux d'Anne-Marie au XIXe s. Trois chambres d'hôtes simples mais agréables, dans la maison des propriétaires, équipées de sanitaires privés, dont une suite familiale. 50 € pour 2, petit déj compris. Grande salle de détente avec bibliothèque, table de ping-pong et un charmant métier à tisser sur lequel vous pourrez vous exercer, si le cœur vous en dit. Pas de table d'hôtes, mais coin cuisine à disposition. Première plage à 6 km. Accueil agréable.

Accès : de La Rochelle, prenez la N 137 en direction de Rochefort (sortie Châtelaillon/ Saint-Vivien) ; allez ensuite à Saint-Vivien, puis Mortagne (D 113).

THEIL-RABIER 16240

Carte régionale B2

50 km N d'Angoulême ; 15 km O de Ruffec

€€ 🏠 |●| ⑩% *Chambres d'hôtes Ferme de Chante-Oiseau (Isabelle et Jean-Luc Bossard) :* 1, rue des Tilleuls. ☎ 05-45-31-71-86. 📱 06-83-33-74-59. ● *bossard@ chanteoiseau.net* ● *chanteoiseau.net* ● Ici, c'est la vraie vie à la campagne, et l'adresse idéale quand on est en famille (les proprios ont cinq enfants). Dans cette belle ferme tout en pierre, 3 chambres familiales agréables de 3 et 4 personnes, avec sanitaires privés. Une au 1er étage, les autres au second. 68 € pour 2, petit déj compris, et 112 € pour 4. Après le petit déj, on va donner à manger aux ânes, aux chèvres naines, et on peut aussi aller visiter la ferme (élevage de vaches laitières). Table d'hôtes partagée en famille (le mardi et le vendredi) à 25 €, apéro et vin compris, ou repas campagnard (les lundi, jeudi et dimanche) à 19 €, sans les propriétaires. Cuisine familiale avec viande de la ferme (veau, bœuf, volailles, cochon) et légumes du jardin. Grande piscine couverte. Également sur place, 3 gîtes de 3 à 7 personnes. Accueil convivial.

> *Accès :* N 10 sortie Ruffec puis D 740 vers Chef-Boutonne puis à droite vers Theil-Rabier ; c'est la 1re maison à droite à l'entrée du village.

VALLANS 79270

Carte régionale A1

17 km SO de Niort ; 10 km E de Mauzé-sur-le-Mignon

€€€ 🛏 |●| 🐾 *Chambres d'hôtes Le Logis d'Antan (Annie et Bruno Di Battista) :* 140, rue Saint-Louis. ☎ 05-49-04-86-75. Fax : 05-49-32-85-05. ● info@logisdantan.com ● logisdantan.com ● *Fermé dernière sem d'oct et 1re de nov.* 🛜 Au cœur d'un grand parc, belle demeure du milieu du XIXe s. Cinq chambres d'hôtes avec sanitaires privés : 2 au rez-de-chaussée de la maison avec accès direct sur le jardin (nos préférées), 2 au 1er étage, dont une familiale composée de 2 chambres, la dernière dans un petit pavillon indépendant qui comprend 2 chambres et une petite cuisine. 72 € pour 2, petit déj compris. Table d'hôtes, sans les propriétaires, à 28 €, apéro et anjou rouge compris. Pour vos séjours, un gîte pour 4 à 6 personnes. Grande piscine pour se rafraîchir.

> *Accès :* la maison se trouve à l'entrée du village, à gauche quand on vient d'Épannes par la D 1.

VARENNES 86110

Carte régionale B1

28 km NO de Poitiers ; 5 km S de Mirebeau

€€ 🛏 (10%) *Chambres d'hôtes Manoir de Vilaines (Géraldine et Philippe Simonnet) :* Vilaines. ☎ et fax : 05-49-60-73-93. 📱 06-30-62-68-43. ● manoirdevilaines@orange.fr ● manoir-de-vilaines.com ● *Ouv mars-oct.* 🛜 Planté dans un parc de 1 ha entouré de vignes, joli manoir du XIXe s. Quatre chambres lumineuses, avec sanitaires privés : 2 au rez-de-chaussée sous forme de suites familiales composées de 2 chambres, les 2 autres au 1er étage. Atmosphère champêtre. Les amoureux choisiront celle avec lit à baldaquin qui ouvre sur les vignes. 65 € pour 2, petit déj compris, et 15 € par personne supplémentaire. Si vous avez des enfants, ceux de Géraldine et Philippe les initieront aux joies de la campagne. Pas de table d'hôtes, mais plein de possibilités à Mirebeau. Accueil convivial.

> *Accès :* de Mirebeau, D 347 vers Poitiers ; laissez Varennes sur votre gauche et, un peu plus loin, au niveau du calvaire, tournez à droite ; le domaine est au bout de la route avt le virage.

VARS 16330

Carte régionale B2

20 km de Jarnac ; 15 km N d'Angoulême

€€€€ 🛏 (10%) *Chambres d'hôtes Le Logis du Portal (Liliane et Jacques Berthommé) :* ☎ 05-45-20-38-19. Fax : 05-45-68-94-24. ● logis-du-portal@netcourrier.com ● logis-du-portal.fr ● *Fermé 1er nov-15 mars, sf résa.* Encore une demeure remarquable que ce logis du XVIIe s dissimulé derrière un grand portail flanqué de deux ravissants pigeonniers (pas étonnant qu'elle ait servie de résidence aux évêques d'Angoulême !). Si l'extérieur a du charme, l'intérieur est à la hauteur des attentes. Deux chambres raffinées, de 2 à 3 personnes, avec des draps brodés et une suite familiale composée de 2 chambres. La « Amaryllis » au style 1900 ; la « Glycine » au mobilier Louis XVI et dans de doux tons bleutés. Toutes avec sanitaires privés. De 90 à 110 € pour 2, petit déj compris et 170 € pour 4 dans la suite. Partout, beaux meubles de style, portes et cheminées d'époque, dans une harmonie de couleurs soutenues. Le parc de 2,5 ha a été scindé en différents espaces : le jardin à la française, l'espace détente sous le grand mûrier blanc, le traditionnel « bugé » où l'on faisait bouillir le linge (unique !), la piscine d'où l'on peut contempler la campagne, la roseraie et les rives de la Charente qui bordent le domaine avec l'espace pour les canards (et on oubliait les chèvres !). Accueil volubile, charmant et distingué. Bref, une adresse pour faire craquer sa gonzesse (c'est tout pour la rime !).

> *Accès :* sur la N 10 entre Poitiers et Angoulême, prenez la D 11 (sortie Vars/Montignac) ; traversez Vars en direction de Rouillac jusqu'au hameau du Portal (après les ponts à droite).

VÉNÉRAND 17100

Carte régionale A2

25 km O de Cognac ; 10 km NE de Saintes

€€ 🛏 *Chambres d'hôtes Au Point du Jour (Danielle et Jean-Pierre Galand) :* 2, chemin du Vallon. ☎ 05-46-97-79-65.

☎ 06-98-06-27-19. • aupointdujour.accueil@orange.fr • aupointdujour.net • ♿ *Fermé déc-fév.* 📶 Belle propriété du XVIIIᵉ s, située entre vignes et forêt, à proximité d'une église du XIᵉ s et d'étonnantes fontaines gallo-romaines. Dans la grange attenante, 3 belles chambres avec sanitaires privés : une vaste familiale au rez-de-chaussée, les autres à l'étage, chacune avec petite terrasse. Déco soignée, dans les tons blanc, bleu et vert. Pierres apparentes et élégant mobilier. Selon la chambre, de 66 à 76 € pour 2, petit déj-buffet compris, et 22 € par personne supplémentaire. Grand parc avec petit bois, et nombreuses randos à proximité. Accueil charmant.

Accès : face à l'église du village.

VIROLLET 17260

Carte régionale A2

10 km O de Pons

€€ 🛏 |●| ⑩% *Chambres d'hôtes La Tonnelle (Annie et Franck Renolleau) :* 10, rue du Petit-Bois, lieu-dit Chez-Bonnin. ☎ 05-46-94-52-93. 📱 06-98-76-29-44. • annie.renolleau@wanadoo.fr • *Fermé oct.* Belle ferme du XVIIIᵉ s tenue par un couple charmant. Quatre chambres de caractère avec pierres et poutres apparentes, dont 3 à l'étage et une familiale au rez-de-chaussée. Sanitaires privés. 53 € pour 2, petit déj compris, et 70 € pour 4. Table d'hôtes (sauf le dimanche soir) à 19 €. Cuisine à partir de produits fermiers, sans oublier le pineau de la maison. Agréable piscine. Accueil authentique et vrai, une adresse pour goûter les joies de la campagne.

Accès : de Virollet, D 244 vers Saint-Germain-du-Seudre et suivez le fléchage.

YVIERS 16210

Carte régionale B2

50 km S d'Angoulême ; 5 km O de Chalais

€€ 🛏 |●| ⑩% *Chambres d'hôtes La Maison de la Lime (Pascal Gauthier) :* ☎ 05-45-98-19-64. 📱 06-69-33-07-78. • maisondelalime@orange.fr • maisondelalime.com • ♿ *Fermé mer.* Aux confins de la Charente, de la Charente-Maritime et de la Dordogne, agréable maison avec pigeonnier dans un grand parc aux arbres centenaires. Quatre chambres réparties dans différentes ailes de la maison, dont 3 avec accès direct de plain-pied sur le jardin, la dernière au 1ᵉʳ étage de la maison sous forme de suite familiale pour 4 personnes, sur deux niveaux. Déco agréable et sanitaires privés. 60 € pour 2, petit déj compris. Pour dîner, rien de plus simple : votre hôte tient un resto à 80 m de là (menu à 21 €) ! Accueil convivial. Un bon point de chute pour rayonner sur la région, en n'oubliant pas Aubeterre, classé parmi les plus beaux villages de France.

Accès : à Chalais, sur la D 674 entre Angoulême et Libourne, prenez la D 731 vers Barbezieux-Saint-Hilaire puis tt de suite à droite vers Yviers ; dans le village, gardez l'église à droite, la maison est à 100 m en face.

YVRAC-ET-MALLEYRAND 16110

Carte régionale B2

32 km NE d'Angoulême ; 7 km E de la Rochefoucauld

€€ 🛏 |●| ⑩% *Chambres d'hôtes Beauséjour (Marie-Louise et Guy-Robert Fort) :* ☎ 05-45-62-24-60. 📱 06-44-81-51-90. • beausejour-chdhotes16@laposte.net • 📶 Par une grande allée bordée de tilleuls, on arrive dans cette ancienne ferme familiale aux allures bourgeoises, plantée au milieu d'un domaine de 30 ha. L'intérieur est resté dans son jus avec les vieux planchers et le noble escalier qui conduit aux 2 chambres. Déco champêtre et agréable, peintures à la chaux et spacieux sanitaires privés. 55 € pour 2, petit déj compris. Pas de table d'hôtes proprement dite mais Marie-Louise et Guy-Robert proposent un petit repas simple (genre omelette, pizza) à 10 € en dégustant le pineau et le vin maison. Accueil chaleureux de ce gentil couple de retraités.

Accès : d'Angoulême, N 141 vers Limoges jusqu'à La Rochefoucauld puis D 13 vers L'Arbre/Montembœuf puis à gauche (D 62) vers Yvrac et fléchage.

Provence-Alpes-Côte d'Azur

AIX-EN-PROVENCE 13100
Carte régionale A2

€€€€€ 🏠 *Chambres d'hôtes Le Pavillon de Beauregard (Jérôme et Jacqueline Vœux) :* chemin de Beauregard. ☎ 04-42-96-54-81. 📱 06-61-37-28-88. • pavillon.de.beauregard@wanadoo.fr • pavillon-de-beauregard.com • Aux portes d'Aix, voici une demeure chargée d'histoire... Ses origines remontent au Moyen Âge et elle appartient à la famille depuis six générations. Deux chambres spacieuses, décorées avec goût : une au rez-de-chaussée, l'autre au 2e étage avec trois orientations et une vue superbe sur les alentours et sur la ville. Spacieux sanitaires privés avec baignoire sur pieds. Et une toute dernière, « la Symphonique », suite de 60 m², pour ceux qui sont épargnés par la crise... Selon la chambre, de 110 à 230 € pour 2, petit déj compris, servi dans un croquignolet salon avec piano trois-quart-de-queue et orné de magnifiques toiles réalisées par Jacqueline (mère de Jérôme), disciple d'un élève de Matisse (excuseu du peu !). Cuisine d'été à disposition et belle piscine pour vous détendre. Accueil de qualité. Une adresse originale comme on en voit peu !

Accès : dans Aix, suivez le fléchage « Centre-ville » puis « Pont-de-Béraud » ; passez devant le lycée Cézanne et tournez à gauche tt de suite après l'Intermarché et suivez le chemin de Beauregard jusqu'au bout en passant le sans-issue.

ARLES 13200
Carte régionale A2

34 km N des Saintes-Maries-de-la-Mer

€€€€ 🏠 *Chambres d'hôtes Domaine Sainte-Cécile (Corinne et Michel Megias) :* ☎ et fax : 04-90-97-08-92. 📱 06-09-83-42-96. • infos@domainesaintececile.com • domainesaintececile.com • Ouv de mi-mars à fin oct. Ce superbe et immense mas du début du XVIIIe s. est un ancien monastère. Cinq chambres d'hôtes charmantes réparties dans différentes ailes de la maison. Trois sont sous forme de suite avec coin salon et TV. Luxueux sanitaires privés. Selon la chambre, comptez 90 ou 130 € pour 2, petit déj compris servi dans une vaste salle à manger avec de belles voûtes en pierre qui rappellent l'histoire des lieux. Piscine. Accueil agréable.

Accès : d'Arles, prenez la D 570 vers les Saintes-Maries et, au niveau de l'Auberge de la Plaine (env 8 km), tournez à gauche vers l'étang de Vaccarès ; à la patte-d'oie, tournez à droite, continuez vers l'étang, le mas est à 2 km à gauche (bref, à 12 km du centre d'Arles).

AUBIGNAN 84810
Carte régionale A1

25 km NE d'Avignon ; 7 km N de Carpentras

€€ 🏠 🐾 ⑩% *Chambres d'hôtes L'Espaze (Anne et Fernando Zepeda) :* 300, chemin

---

Nous vous rappelons que la table d'hôtes est le complément d'une formule d'hébergement (chambre d'hôtes, gîte d'étape...). Ce service n'est offert qu'aux personnes qui dorment sur place (excepté lorsqu'il est clairement écrit « ouvert aux extérieurs »).

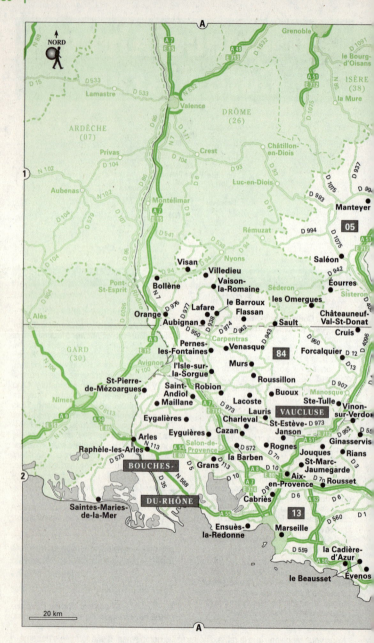

du Barroux. ☎ 04-90-62-93-09. ● ajze
peda@espaze-provence.com ● espaze-
provence.com ● Ouv Pâques-Toussaint.
🛜 Si ce joli mas du XVIIIe s s'appelle
L'Espaze, épée en provençal, c'est que
la région était réputée pour sa fabrication de rapières... Au 1er étage d'une aile
indépendante, 2 chambres spacieuses
avec une belle hauteur sous plafond.
Déco sobre sans prétention. Sanitaires
privés. 62 € pour 2, petit déj compris,
servi au rez-de-chaussée dans une salle
conviviale agrémentée d'une grande
baie vitrée. Pas de table d'hôtes, mais
coin cuisine à disposition. Outre l'accueil
chaleureux de Nando qui s'occupe des
hôtes, c'est le parc qui nous a fait craquer. Les plantes, c'est sa passion, et
vignes, fleurs, arbres fruitiers, tonnelles
offrent un véritable régal pour les yeux.
De plus, deux grands bassins vous
permettront de faire trempette, dont un
aux allures de piscine avec bonne pro-
fondeur. Excellent rapport qualité-prix-
convivialité. Une adresse qui fait des
adeptes... et comme on le comprend !

Accès : d'Aubignan, D 55 vers Caromb pdt
1,5 km ; au caveau Saint-Sauveur, tournez à
gauche et suivez le fléchage.

BOLLÈNE 84500

Carte régionale A1

*50 km N d'Avignon ; 30 km O
de Vaison-la-Romaine*

€€ 🛏 (10 %) **Chambres d'hôtes Mas Lou
Geneste (Patricia et Thierry Fernan-
dez) :** route de Suze. ☎ 04-90-40-01-
07. Fax : 09-58-34-62-71. ● fernandez@
lougeneste.com ● lougeneste.com ●
🛜 Belle et ancienne ferme tout en pierre,
du XVIIIe s. Thierry a quitté la région
parisienne à la fin des années 1980 et a
décidé d'ouvrir des chambres d'hôtes.
Elles sont 4, de 2 à 4 personnes, avec
sanitaires privés, dont une familiale
composée de 2 chambres : une au rez-
de-chaussée, les 3 autres au 1er étage.
Atmosphère champêtre. Selon la saison et la chambre, de 60 à 80 € pour 2,
petit déj compris. Agréable parc avec
piscine et un petit étang où chantent
les grenouilles, sans oublier les deux
chiens sympathiques. Accueil convivial
et décontracté.

Accès : A 7 sortie Bollène ; au rond-point,
prenez direction Suze-la-Rousse/Nyons
(D 994) sur 5 km et la maison est fléchée à
gauche (500 m après le panneau de sortie
de Bollène).

BUISSARD 05500

Carte régionale B1

*18 km N de Gap ; 8 km E
de Saint-Bonnet-en-Champsaur*

€€ 🛏 |●| (10 %) **Chambres d'hôtes Les
Chemins Verts (Nathalie et Djamal
Dubois) :** ☎ 04-92-50-57-57. ● lesche-
minsverts@free.fr ● lescheminsverts.com ●
🛜 Cette ancienne et belle ferme du XVIIIe s
bénéficie d'un magnifique panorama sur
la vallée du Drac, avec les montagnes
en fond de décor. Nathalie et Djamal ont
ouvert 4 chambres pour 2 à 4 personnes.
Déco sobre, mais agréable, mobilier en
bois naturel. Sanitaires privés. Selon la saison, de 50 à 70 € pour 2, petit déj compris
(jus d'orange pressée, c'est si rare !). Djamal est photographe, passionné de randos. C'est un accro du Népal, et nombre
de ses clichés parent les murs. Nathalie
est une hôtesse pétillante, dont le sourire
vous séduira. En leur compagnie, vous
partagerez la table d'hôtes pour 19 €, vin
compris. Cuisine traditionnelle et familiale.
Question distractions : l'hiver, plusieurs
petites stations familiales à proximité, et
Orcières-Merlette à 15 km ; l'été, le tour du
Vieux-Chaillol ne passe pas loin. Et puis,
il y a aussi la piscine... Accueil agréable.

Accès : de Gap, empruntez la N 85 en
direction de Grenoble ; après le col Bayard,
tournez à droite et prenez la D 14 vers
Orcières-Merlette ; après Forest-Saint-
Julien, prenez la D 215 vers le plan d'eau,
puis Buissard et suivez le fléchage.

BUOUX 84480

Carte régionale A2

8 km S d'Apt

€ 🛏 **Chambres d'hôtes La Sparagoule
(Odile Malbec) :** quartier de la Loube.
☎ et fax : 04-90-74-47-82. ● laspara
goule@orange.fr ● lasparagoule.com ●
Fermé en janv. Dans une ancienne ferme,
Odile propose 3 chambres d'hôtes : une
double meublée de façon rustique, une
autre double et une triple meublées en
bois blanc. Elles ont une salle d'eau privée, mais leurs toilettes sont sur le palier.
Il y a aussi un gîte d'étape (2 dortoirs pour
2 et 4 personnes). Douche dans chaque
dortoir et w-c communs. En chambre
d'hôtes, comptez 50 € pour 2, petit déj
compris, et en gîte d'étape 15 € par personne (sans les draps, qu'il vous faudra
apporter) et 6 € pour le petit déj. Pas de
table d'hôtes, mais un coin cuisine est
à disposition. Amateurs de grimpe, ne

manquez pas l'escalade de la falaise de Buoux, elle est réputée.

> *Accès :* en venant d'Apt, à la sortie du village sur la gauche.

CABRIÈS — 13480

Carte régionale A2

20 km N de Marseille ; 15 km S d'Aix-en-Provence

€€€ ▲ **Chambres d'hôtes Bastide Tara (Ghislaine Stagnitto) :** *375, route de Saint-Martin, Calas.* ☎ *04-42-58-57-78.* 📱 *06-75-30-08-38.* • *g.stagnitto@free.fr* • *bastidetara.com* • 🛜 Demeure récente aux allures de belle bastide, installée dans un parc calme et tranquille et qui porte bien son nom légendaire... La décoration intérieure est pleine de goût et de raffinement. Deux jolies chambres installées au 1er étage, avec sanitaires privés et TV. De 85 à 110 € pour 2, petit déj compris. Selon le temps, il est servi dans une grande cuisine chaleureuse au carrelage en damier, ou sur la terrasse, sous la treille, en contemplant la grande piscine. Ghislaine est une hôtesse charmante qui porte une attention toute particulière aux petits détails qui rendront votre séjour des plus agréable. Pas de table d'hôtes mais un bon resto à Calas. Accueil de qualité. Une adresse qui nous a fait craquer !

> *Accès :* de Cabriès, prenez la D 8 vers Calas (c'est la route de Saint-Martin) ; au n° 375, prenez le chemin gravillonné à droite, la maison est au bout.

CAGNES-SUR-MER — 06800

Carte régionale B2

10 km SO de Nice

€€€€€ ▲ ⑩% **Chambres d'hôtes Les Terrasses du Soleil (Catherine et Patrick Bouvet) :** *pl. Notre-Dame de la Protection.* ☎ *04-3-73-26-56.* • *catherine.bouvet@terrassesdusoleil.com* • *terrassesdusoleil.com* • *Fermé du 1er nov. au 20 déc.* 🛜 Installée au cœur du bourg médiéval du Haut-de-Cagnes, cette demeure était la résidence de Georges et Betty Ulmer, couple mythique du music-hall des années soixante. Aujourd'hui, on y séjourne dans 2 chambres et 2 suites de charme. La chambre « Betty » a une grande terrasse privative, les autres ont vue sur la mer et 3 ont la clim. Selon la chambre et la saison, de 110 à 135 € pour 2, petit déj compris. Accueil plein de gentillesse.

> *Accès :* au cœur du Haut-de-Cagnes.

CAUSSOLS — 06460

Carte régionale B2

22 km N de Grasse ; 9 km NE de Saint-Vallier

€€ ▲ |●| ⑩% **Chambres d'hôtes Le Mas des Chardons (Françoise et Pierre Dorge) :** *164, chemin des Chardons.* ☎ *04-93-09-29-93.* • *pierre.dorge1@orange.fr* • 🐾 *Ouv mars-déc.* 🛜 À 1 180 m d'altitude, en pleine nature, ancienne et charmante bergerie du début du XXe s, qui est aussi la maison d'enfance de Françoise. Cinq chambres pour 2 ou 3 personnes dans une aile de la maison, avec sanitaires privés. Déco agréable et ambiance douillette. Comptez 68 € pour 2, petit déj compris (jus de fruits pressés, gâteau et confitures maison). Chaleureuse pièce à vivre pour partager les repas en famille autour de la table d'hôtes, pour 25 €, apéro et vin compris. Cuisine traditionnelle et familiale avec de bons produits fermiers. Accueil très chaleureux. Bien sûr, les activités nature sont nombreuses. En hiver, les petites stations familiales comme Audiberge et Gréolières-les-Neiges sont proches. Aux beaux jours, le GR 4 passe tout près ; il y a également un centre équestre dans le village. Le coin est aussi réputé pour la spéléo (nombreuses rivières souterraines) et pour le CERGA, centre d'observation très connu (surtout si vous êtes un accro de la Nuit des étoiles), où l'on effectue, entre autres, des tirs laser pour mesurer les distances entre les différentes planètes (il se visite, bien sûr). Enfin, pour ceux qui préfèrent le charme des vieilles pierres, Gourdon n'est pas loin (très touristique, mais panorama splendide), ainsi que Tourrettes-sur-Loup qui garde nos préférences. Une bonne adresse qui fait des adeptes et un point de chute idéal pour découvrir le coin. Également un gîte d'étape à 50 m.

> *Accès :* de Saint-Vallier, empruntez la D 5 jusqu'à Caussols, puis la petite route en face de la mairie et le chemin à gauche (face à l'église) ; la maison est tt au bout, sur le plateau de Caussols.

CAZAN — 13116

Carte régionale A2

30 km NO d'Aix-en-Provence ; 6 km S de Mallemort

€€€ ▲ |●| ⑩% **Chambres d'hôtes Commanderie des Taillades (Évelyne et Régis Lebre) :** *rue de Charleval.* ☎ *04-90-59-76-75.* 📱 *06-12-28-63-08.* • *regis.lebre@wanadoo.fr* • *lacommanderie.info* •

C'est une adresse vraiment nature et insolite... D'abord, il vous faudra parcourir 1,5 km sur un chemin gravillonné de blanc, entretenu par Régis, en traversant une forêt de chênes et pins pour arriver jusqu'à la maison. Installée au cœur d'un domaine de 250 ha parcouru par de nombreux chemins pédestres, vous y trouverez 5 chambres spacieuses de 2 à 3 personnes, dont une au rez-de-chaussée pour personnes à mobilité réduite, les autres à l'étage. Sanitaires privés. 75 € pour 2, petit déj compris. Régis et Évelyne ont cultivé les terres du domaine pendant de nombreuses années. À la retraite, ils ont décidé d'accueillir des hôtes et de leur faire découvrir le lieu et son histoire... Car juste au-dessus de la maison se trouve une magnifique tour de guet templière du XIVe s, agrandie en pavillon de chasse au cours des siècles et qui domine les environs. Accueil simple et chaleureux.

Accès : dans Cazan, prenez la D 22 vers Charleval pdt 1 km, l'entrée du domaine est sur la droite.

CHABOTTES 05260

Carte régionale B1

20 km N de Gap ; 10 km SE de Saint-Bonnet-en-Champsaur

€€ ▲ |●| 10 % **Chambres d'hôtes La Chabottine (Catherine et Alain Dusserre) :** *Les Fangeas.* ☎ et fax : 04-92-50-72-29. ● dusserre.alain@wanadoo.fr ● lachabottine. com ● À 1 150 m d'altitude, petit hameau avec belle vue sur la montagne. Catherine et Alain sont éleveurs ovins et proposent 5 chambres claires, agréables, avec des couettes bien douillettes et un mobilier en bois naturel : 2 au 1er étage, avec accès direct sur une petite terrasse, et 3 au second, mansardées (nos préférées). Sanitaires privés. 54 € pour 2, petit déj compris. Table d'hôtes partagée avec les proprios pour 17 €, apéro, vin et café compris. Bonnes spécialités régionales comme les crouzets (pâtes fraîches, crème et fromage), les tourtons (sortes de beignets de pommes de terre), la crique en crêpe (à base de pommes de terre), les tartes du Champsaur, les glaces au génépi. Accueil très convivial. En hiver, plusieurs stations familiales à 5 km ; en été, possibilité de randos à pied ou à VTT. Ceux qui aiment les curiosités ne manqueront pas la chapelle des Pétêtes, avec sa façade constellée de petites niches dans lesquelles reposent des statuettes naïves.

Accès : de Gap, empruntez la N 85 en direction de Grenoble puis la D 944 vers Orcières ; prenez ensuite la D 43 vers Chabottes, continuez vers Saint-Michel-de-Chaillol et suivez le fléchage.

CHARLEVAL 13350

Carte régionale A2

30 km NO d'Aix-en-Provence ; 30 km SE d'Avignon

€€€ ▲ |●| **Chambres d'hôtes Le Mas du Caprier (Gine Galli et Loy Ataroff) :** *chemin des Ternes, Les Royères.* ☎ 04-42-28-49-29. 📱 06-10-24-74-87. ● lecaprier@wanadoo.fr ● lecaprier. com ● *Fermé déc-fév.* Après avoir roulé sa bosse sur et sous la mer, Loy a décidé de venir se poser dans ce joli mas situé en pleine campagne. Homme de ressources, il a réalisé toute la restauration, dont de beaux enduits à la chaux avec pigments naturels. Au 1er étage, 3 chambres vastes et colorées, avec sanitaires privés. Déco sobre et de bon goût. 80 € pour 2, petit déj compris, servi dans une agréable véranda face à la chaîne du Luberon. Table d'hôtes, pas systématiquement partagée avec les proprios, à 25 €, apéro et vin compris. Bassin de nage écologique pour se rafraîchir. Accueil agréable.

Accès : passez devant le château de Charleval et continuez jusqu'au croisement des D 22 et D 23 ; là, tournez à droite puis tt de suite à gauche vers Les Royères, puis 1re petite route à gauche ; la maison est à 200 m.

CHÂTEAU-VILLE-VIEILLE 05350

Carte régionale B1

42 km SE de Briançon ; 23 km NE de Guillestre

€€ ▲ |●| **Chambres d'hôtes Les Oules (François et Chantal Humbert) :** *Souliers.* ☎ 04-92-46-76-39. 📱 06-43-74-87-43. ● les.oules@free.fr ● les. oules.free.fr ● *Fermé 11 nov-26 déc. Sur résa.* Dans le parc naturel régional du Queyras, à 1 820 m d'altitude, maison neuve dans un hameau. Cinq chambres pour 2 ou 3 personnes, avec salles d'eau privées. Chantal et François élèvent des vaches allaitantes et reçoivent en demi-pension à leur table d'hôtes. Cuisine familiale avec les produits de la ferme et locaux. De 46 à 56 € par personne en demi-pension. Ambiance conviviale.

Accès : de Château-Queyras, prenez la direction de Souliers, à gauche, et faites 4 km.

CHÂTEAUNEUF-VAL-SAINT-DONAT 04200

Carte régionale A1

14 km S de Sisteron

€€ ≜ I●I ⚑ **Chambres d'hôtes Le Mas Saint-Joseph (Hélène et Olivier Lenoir) :** ☎ 04-92-62-47-54. 📱 06-60-40-70-66. ● contact@lemassaintjoseph.com ● lemassaintjoseph.com ● *Ouv avr-début nov.* 📶 Sur une petite route de campagne, sinueuse et tranquille, joli mas du XVIII⁰ s avec une vue magnifique sur les montagnes environnantes. Quatre chambres croquignolettes avec sanitaires privés (une dans l'ancien four à pain, une autre dans l'ancienne étable dont on a conservé les mangeoires...). Hélène et Olivier ont accompli un travail colossal pour rendre une âme à cette maison. Vous vous rendrez compte de son ampleur en contemplant photos et commentaires exposés dans les chambres. Une dernière chambre est installée dans une roulotte tout en bois et matériaux écologiques (sanitaires privés mais w-c extérieurs). 66 € pour 2, petit déj compris. Table d'hôtes (sauf le dimanche), partagée en famille, à 23 €, vin compris. Belle piscine qui regarde la montagne, ainsi qu'une salle de remise en forme avec jacuzzi et salon de massage. Amateurs de randos, Olivier pourra vous conseiller sur les balades à faire en fonction de vos goûts. Il accompagne volontiers ses hôtes à la découverte des ruines du vieux village : Saint-Donat l'invisible (tout un programme !). Accueil chaleureux et dynamique.

> *Accès :* de Sisteron, prenez la N 85 vers Digne sur 6 km puis, à droite, la D 951 vers Peipin-Saint-Étienne-les-Orgues ; à l'église de Châteauneuf, montez 1,5 km en direction de Saint-Étienne, la maison domine la route.

COLLOBRIÈRES 83610

Carte régionale B2

30 km O de Saint-Tropez ; 20 km S de Gonfaron

€ ≜ I●I ⚑ 10% **Gîte d'étape de L'Aurier (France et Jean-Charles) :** *piste des Condamines, route de Gonfaron.* ☎ 04-94-48-09-47. ● gite-de-laurier@orange.fr ● collobrieres.net/laurier ● *Fermé janv.* Un chouette bout du monde. Voilà ce qui attend les courageux au bout de cette superbe piste (délicate par temps pluvieux) sous la frondaison des châtaigniers. Une petite pépite : normal, le nom de ce gîte prend sa source dans le cours d'eau aurifère qui lui baigne les pieds. Deux dortoirs et 2 chambres. Les chambres sont simples mais on y est au large et il y a des sanitaires en quantité honorable pour les dortoirs. Électricité et eau chaude solaires. Comptez 25 € par personne avec le petit déj. Table d'hôtes à 25 €. Accueil plein de sourires et de gentillesse. Accueil possible de chevaux, à quelques enjambées du GR 9... le pied !

> *Accès :* après Collobrières, prenez la route de Grimaud, puis la D 39 à gauche vers Gonfaron ; 4 km plus haut, prenez la piste à droite sur 1 km, puis nouvelle piste qui descend à droite sur 1,5 km.

COTIGNAC 83570

Carte régionale B2

17 km N de Brignoles ; 15 km E de Barjols

€€ ≜ I●I ⚑ **Chambres d'hôtes Campagne de la Source Saint-Martin (Laurence et Sonia Allègre) :** ☎ 04-94-04-66-50. 📱 06-77-52-34-46. Fax : 04-94-04-74-21. ● sonia.laurence.allegre@orange.fr ● campagne-st-martin.com ● Elle pourrait s'appeler la maison des sœurs... Laurence et Sonia ont récupéré la ferme des aïeux et ont aménagé 5 chambres coquettes avec sanitaires privés. Atmosphère champêtre à souhait. On aime bien « La Magnanière » car dans cette pièce on élevait les vers à soie. 60 € pour 2, petit déj compris. Table d'hôtes partagée en famille à 20 €, apéro maison et vin compris. Cuisine familiale avec les légumes du jardin en saison. Quand les maîtresses des lieux ne sont pas là, c'est la maman qui fait l'accueil tandis que le père s'affaire au potager. Très bon rapport qualité-prix-convivialité. Une visite au village s'impose, et si vous aimez le vin, demandez conseil à vos hôtesses... Une adresse chaleureuse et sans façon, juste comme on les aime.

> *Accès :* en arrivant dans la ville venant de Brignols, à l'entrée du village, prenez « Toutes directions » puis la D 13 vers Barjols pdt 3 km et 2⁰ chemin à gauche.

€€€ ≜ I●I ⚑ **Chambres d'hôtes Château de Nestuby (Nathalie et Jean-François Roubaud) :** ☎ 04-94-04-60-02. 📱 06-86-16-27-93. Fax : 04-94-04-79-22. ● nestuby@wanadoo.fr ● nestuby-provence.com ● *Ouv de mars à mi-déc.* Grande bastide au milieu de 45 ha de vignes que Nathalie et Jean-François exploitent en produisant des côtes-de-provence AOC, en rouge, rosé et blanc. Dans une aile indépendante de la maison, 4 chambres plus une suite familiale, indépendante, avec salon, télé. Sanitaires privés. Comptez 85 € pour 2, petit déj compris. Table d'hôtes (pas systématiquement partagée avec les propriétaires) à 27 €, apéro et vin du domaine compris. Belle piscine, et espace de remise en forme avec jacuzzi et sauna (payant) avec possibilité de massages sur demande.

Accès : de Brignoles, prenez la D 554 vers Le Val, puis la D 22 vers Montfort ; le domaine se situe au bout d'un petit chemin sur la gauche, 5 km après Montfort et 4 km avt Cotignac.

COURMES 06620

Carte régionale B2

36 km NO de Nice ; 22 km O de Vence

€€ 🛏 |●| 🐾 *Chambres d'hôtes La Cascade (Éric Demeester et Bruno Rouganne) :* 635, chemin de la Cascade. ☎ 04-93-09-65-85. 📱 06-14-16-15-65. ● bruno.eric@wanadoo.fr ● cascade06.fr ● Fermé 15 déc-1er fév. Idéalement située au-dessus des gorges du Loup, cette belle adresse permet d'alterner farniente et tourisme vers les sites de la région. Cinq chambres aménagées dans une ancienne bergerie. Selon la chambre, de 65 à 75 € pour 2, petit déj compris. Côté détente, difficile de faire mieux : 5 ha de terrain, une piscine, un terrain de pétanque, un étang... Le soir, ambiance festive et conviviale autour de la table d'hôtes avec Éric et Bruno. Repas (sauf le mercredi soir) à 25 €, apéro et vin compris (20 € pour ceux qui sont sobres). Une adresse conciliant charme et simplicité, à prix tout doux. Et en plus, 1 € par nuit et par personne est reversé à une association caritative protégeant les droits de l'enfance. Sympa !

Accès : de Vence, direction Tourettes ; avt d'arriver au pont du Loup, direction « Gorges du Loup » et à Brama-Fan, suivez le fléchage.

CRUIS 04230

Carte régionale A1-2

25 km SO de Sisteron ; 23 km N de Forcalquier

€€ 🛏 |●| *Chambres d'hôtes Le Mas de Foulara (Odile et Richard Hartz) :* ☎ 04-92-77-07-96. 📱 06-01-73-47-34. ● foulara@free.fr ● foulara.free.fr ● Ouv début avr-début nov. Posé au milieu de 29 ha de pâturages et de cultures, superbe mas du XVIIe s, doté d'une élégante cour intérieure. Devant, un vieux bassin servait de retenue d'eau et de lavoir. Dans une aile indépendante, 5 chambres installées aux 1er et 2e étages. Sanitaires privés. Elles sont coquettes, campagnardes, avec de belles tomettes anciennes, et sentent bon la cire. 64 € pour 2, petit déj compris. Table d'hôtes à 25 €, vin de pays compris. Accueil souriant et discret. Une adresse qui fait des émules ! Une petite visite à l'église de Cruis s'impose... elle date du XIIe s et renferme un très beau retable classé !

Accès : de Sisteron, prenez la N 85 en direction de Digne, puis la D 951 vers Peipin-Saint-Étienne-les-Orgues jusqu'à Cruis ; à Cruis, tournez à gauche sur la route de Montlaux ; à 1 km, chemin carrossable et fléché.

€€ 🛏 |●| (10 %) *Chambres d'hôtes Vitaverde (Béatrice et Peter Gruber) :* Le Claus. ☎ 04-92-77-00-89. 📱 06-95-82-64-73. ● p.l.gruber@wanadoo.fr ● vitaverde-provence.com ● Noël. À l'écart du petit village de Cruis, grande bastide plantée dans un grand parc, tenue par un couple franco-allemand. Au 1er étage, 4 chambres agréables avec sanitaires privés. Beaux enduits colorés et frises au pochoir. Selon la chambre, de 62 à 65 € pour 2, petit déj compris. Table d'hôtes à 25 €, apéro et vin compris. Cuisine traditionnelle concoctée par Peter à partir de produits locaux et des légumes du jardin. Grand bassin avec fontaine pour se rafraîchir. Pour les amateurs, deux postes d'observation pour scruter les étoiles. Pour les adeptes de la rando, cartes et topoguides à disposition et plein de conseils pour partir à la découverte de la montagne de Lure. Pour les séjours, 6 gîtes ruraux de 2 à 5 personnes, loués de 320 à 500 € la semaine selon le gîte et la saison. Accueil agréable.

Accès : traversez le village de Cruis (venant de Mallefougasse), l'accès à la maison est 100 m après à droite (fléchage).

ENSUÈS-LA-REDONNE 13820

Carte régionale A2

16 km O de Marseille ; 11 km S de Marignane

€€€ 🛏 🐾 *Gîtes ruraux Guitare et la Mer (Patricia et Bruno Marserou) :* 7, chemin de la Madrague. ☎ 04-42-45-96-50. ● patricia.ottenheimer@wanadoo.fr ● patricia.ottenheimer.free.fr ● 📶 C'est dans un ancien hôtel (dont ils ont gardé le nom mélodieux), niché dans une petite calanque (miraculée de la période béton), que Patricia et Bruno ont ouvert 5 petits gîtes ruraux, loués à la semaine de 290 à 820 € selon la saison, ou à la nuit hors saison (de 70 à 85 € selon le gîte). Si vous le souhaitez, Bruno vous fera découvrir sa calanque et notamment les anciens chemins douaniers, qui mènent jusqu'à l'entrée de Marseille. C'est aussi un endroit idéal pour les amateurs de plongée et les pêcheurs d'oursins.

Accès : sur la D 9 entre Marignane et Cap-Couronne, prenez la D 5 jusqu'à Ensuès ; à la sortie du bourg, tournez à droite vers les calanques et la mer (la Madrague de Gignac est indiquée sur la droite) et descendez jusqu'en bas.

ÉOURRES 05300

Carte régionale A1

36 km O de Sisteron ; 25 km SO de Laragne

€€ 🏠 |●| 🍴 (10 %) **Chambres d'hôtes et gîte d'étape (Caroline et Rob Yaffee) :** *hameau des Damias.* ☎ *et fax : 04-92-65-20-50.* • *lesdamias@lesdamias.com* • *lesdamias.com* • *Ouv 15 mars-15 nov.* Voici une adresse que les amoureux de nature (dans tous les sens du terme) ne manqueront pas. Dans ce jolie vallée parcourue par un torrent et encadrée par de petites montagnes recouvertes de garrigue, un petit hameau complètement isolé. Eh oui, on s'approche de la Provence... Ici, on vient partager une tranche de vie, au rythme de la ferme. Rob, Américain d'origine, est principalement branché cultures bio (potimarrons, brocolis...), mais il élève aussi des moutons. Anciens membres d'une communauté qui avait élu domicile dans le coin, Caroline et Rob en ont gardé le sens du partage et proposent des formules pour toutes les bourses. D'abord 3 chambres d'hôtes, à 60 € pour 2, petit déj compris. Ensuite, pour les groupes, un petit gîte de 14 places en 2 dortoirs de 6 et 8 lits pour 16 € par personne et par nuit, et des petites chambres pour 2 à 20 € la nuitée par personne ; 5 € en plus si vous n'avez pas vos draps. Enfin, un studio de 2 à 4 personnes et un appartement pour 4 à 6 personnes qui se louent à la semaine. Repas à 18 €, préparé avec les produits de la ferme. Caroline organise aussi, tout l'été, des camps pour enfants, en tipis et yourtes. Les activités sont nombreuses, notamment les randos pédestres et équestres, de l'escalade, et vous pourrez aussi piquer une tête dans la réserve d'eau de l'exploitation (chut !). Une adresse pour trouver nature, convivialité, chaleur et authenticité.

Accès : de Laragne, prenez la D 942 vers Barret-sur-Méouge qui se prolonge par la D 542 vers Séderon ; après Salérans, prenez, à gauche, la D 24 vers Éourres et suivez le fléchage (sur 4 km).

ÉVENOS 83330

Carte régionale A2

12 km NO de Toulon

€€€ 🏠 |●| **Chambres d'hôtes Mas du Cimaï (Isabelle et Frédéric Cerdan) :** *2473, route d'Évenos.* ☎ *04-94-25-28-41.* 📱 *06-68-13-42-75.* • *cerdanfrederic@hotmail.com* • *masducimai.com* • 📶 Cette ancienne ferme devenue auberge était à l'abandon quand Isabelle et Frédéric en ont fait leur demeure. Elle abrite aujourd'hui 5 chambres d'hôtes mignonnettes et champêtres, avec sanitaires privés et TV, réparties dans différentes ailes de la maison : 3 au rez-de-chaussée, 2 au 1er étage. Selon la taille des chambres, de 70 à 75 € pour 2, petit déj compris. Table d'hôtes sans les propriétaires à 24 €, apéro, vin et café compris. Cuisine méditerranéenne préparée par Frédéric (amis routards, prenez-en de la graine !). Coin kitchenette à disposition. Agréable piscine ombragée. Également 2 gîtes pour ceux qui veulent séjourner. Accueil agréable.

Accès : au feu tricolore de Sainte-Anne-d'Évenos (sur la N 8 entre Aubagne et Toulon), prenez la D 462 vers Évenos sur 2,5 km ; la maison est sur la gauche.

EYGALIÈRES 13810

Carte régionale A2

25 km SE d'Avignon ; 12 km E de Saint-Rémy-de-Provence

€€ 🏠 **Chambres d'hôtes (Danielle et Maurice Pernix) :** *quartier du Contras.* ☎ *04-90-95-04-89.* 📱 *06-19-01-28-77.* • *pernix.maurice@orange.fr* • *chambre-hote-eygalieres.fr* • *Ouv de Pâques au 30 sept.* 📶 Danielle et Maurice étaient agriculteurs et produisaient des fruits et légumes. Leur maison a été construite par le grand-père de Maurice en 1928. Cinq chambres toutes simples, avec sanitaires privés : 3 au 1er étage et 2 au rez-de-chaussée, situées dans une partie indépendante (plus chères). Comptez de 55 à 60 € pour 2, petit déj compris (toujours avec gâteau maison), servi aux beaux jours à l'ombre du vieux mûrier de Chine. Pas de table d'hôtes, mais plein de petits

EYGUIÈRES 13430

Carte régionale A2

15 km O de Mallemort ; 8 km NO de Salon-de-Provence

€€€€ 🏠 🐕 **10%** *Chambres d'hôtes La Demeure (Isabelle et Philippe Piferrer)* : 2, rue du Fossé-Meyrol. ☎ 04-90-57-85-05. 📱 06-68-18-02-11. Fax : 04-90-57-84-22. ● lademeurezz@wanadoo.fr ● lademeure-desalpilles.free.fr ● 📶 Pour la petite histoire, c'est Georges Moustaki qui a réuni ces deux maisons de village et cette bergerie pour en faire un magnifique ensemble avec grand jardin intérieur où vous découvrirez une agréable piscine. La déco intérieure qu'ont réalisée Isabelle et Philippe est superbe. Trois chambres élégantes, vastes et d'un joli volume. Poutres, vieilles tomettes, coin salon, TV et spacieux sanitaires privés pour toutes, cheminée et terrasse privée pour la suite. Une possède une petite chambre complémentaire à l'étage. Comptez 95 € pour 2 et 120 € pour la suite, petit déj compris, servi dans une grande salle à manger avec cuisine ouverte. Au programme : jus de fruits frais, confitures maison, corbeille de fruits... Accueil convivial. Une adresse de charme.

Accès : allez jusqu'à la mairie du village, prenez le petit chemin qui se trouve juste en face et c'est le 2e portail à gauche.

€€ 🏠 *Chambres d'hôtes Le Mas de la Grande Roubine (Sylvie et Bruno Paillet)* : av. René-Cassin. ☎ 04-90-59-83-85. 📱 06-50-71-99-22. ● sylvie13430@hotmail.fr ● masdelagranderoubine.com ● 📶 Bon, la demeure est dans un environnement de zone commerciale... Mais quand on passe le portail, la rangée d'arbres qui dissimule partiellement ce vieux mas de la fin du XIXe s, qu'on rencontre Sylvie, on craque... et les habitués sont nombreux ! Deux chambres coquettes avec accès direct sur le jardin et petit coin terrasse sympa où Sylvie vous servira le petit déj aux beaux jours (les mauvais, ça se passe dans sa sympathique cuisine). Sanitaires privés. 60 € pour 2, petit déj compris. Pas de table d'hôtes mais cuisine d'été à disposition (et pour les courses, c'est en face... comme quoi, des fois, ça peut servir !). Accueil vraiment chaleureux. Très bon rapport qualité-prix-convivvialité.

Accès : la maison est juste en face de l'Intermarché d'Eyguières.

restos dans le coin. Accueil authentique et chaleureux, qui sent bon l'accent du Midi.

Accès : du village, direction Mollèges sur 3,5 km et suivez le fléchage à droite.

ÈZE 06360

Carte régionale B2

12 km E de Nice ; 10 km O de Monaco

€€€€€ 🏠 *Chambres d'hôtes La Bastide aux Camélias (Fred et Sylviane Mathieu)* : 23C, route de l'Adret. ☎ et fax : 04-93-41-13-68. 📱 06-22-33-15-45. ● bastidecamelias@gmail.com ● bastideauxcamelias.com ● Fermé de mi-nov à fin janv. 📶 Après avoir quitté la restauration, Fred a décidé d'ouvrir des chambres d'hôtes et d'offrir à ses clients des prestations dignes des plus grands hôtels de la région (et, entre Nice et Menton, ça ne manque pas !). Quatre chambres spacieuses et élégantes, avec luxueux sanitaires privés. Déco soignée où chaque détail a été réfléchi. On a particulièrement aimé « Carambole » et « Yuka », à l'atmosphère chinoise. Selon la chambre et la saison, comptez entre 120 et 160 € pour 2, avec le petit déj, servi dans une agréable véranda. Pour vous détendre, une belle piscine, jacuzzi, sauna et hammam (un must !). Pour les visites et bons restos, Sylviane vous donnera tous les tuyaux utiles (elle a été directrice de l'office de tourisme d'Èze... ça aide !). Accueil de qualité. Une adresse de prestige, comme on en voit peu.

Accès : du village, prenez la route du col d'Èze ; au stop qui croise la D 2564 (route de la Grande-Corniche), la route de l'Adret est juste en face ; faites 20 m et prenez le 1er chemin à gauche.

FAUCON-DE-BARCELONNETTE 04400

Carte régionale B1

3 km E de Barcelonnette

€€ 🏠 🐕 *Chambres d'hôtes (Annie Sackreuter)* : Les Iscles. ☎ 04-92-81-31-22. Ouv 1er avr-30 sept. À l'orée d'une forêt, agréable maison entourée d'un joli parc bien fleuri. Deux coquettes chambres au 1er étage, avec sanitaires privés (dans le couloir), à 52 € pour 2, petit déj inclus, servi dans une agréable cuisine blanc et rouge. Pas de table d'hôtes, mais plusieurs restos à Barcelonnette. Accueil agréable.

Accès : de Barcelonnette, empruntez la D 900 vers Jausiers, puis la D 709 vers Faucon ; à l'église du village, prenez la direction du couvent sur 1 km, c'est la 1re maison à gauche, après le pont en bois.

FAYENCE — 83440

Carte régionale B2

25 km O de Grasse ; 25 km E de Draguignan

€€€ 🛏 |●| 🐾 Chambres d'hôtes L'Albatros (Nathalie et Jacques Virolle) : *1434, ancienne route de Draguignan.* ☎ 04-94-47-65-58. 📱 06-81-54-69-54. ● *jv.lalbatros@wanadoo.fr* ● *lalbatros83.com* ● En pleine nature, grande et jolie maison en bois style chalet. Trois chambres chaleureuses avec clim et sanitaires privés, dont une familiale pour 4 personnes. Selon la saison et la durée du séjour, de 54 à 80 € pour 2, petit déj compris (pain, confitures et crêpes maison), et de 78 à 115 € pour 4. Table d'hôtes partagée en famille à 28 €, apéro, vin et café compris. Cuisine provençale. Également une yourte mongole de 5 places tout confort, qui se loue en formule gîte ou chambre d'hôtes. Cuisine d'été à disposition. Question loisirs, Nathalie et Jacques ont pensé à tout : grande piscine avec jacuzzi et nage à contre-courant, trampoline, billard, jeux de fléchettes, prêt de vélos... Accueil chaleureux.

> *Accès : la maison se trouve sur la D 562 entre Draguignan et Fayence, 2 km après le carrefour qui mène à Fayence (D 563), sur la droite.*

FLASSAN — 84410

Carte régionale A1

20 km NE de Carpentras ; 9 km SE de Bédoin

€€ 🛏 Chambres d'hôtes du Collet (Françoise Duc-Pages) : *impasse de la Seigneurie.* ☎ 04-90-61-87-46. 📱 06-09-20-23-30. ● *badeine@orange.fr* ● *chambresducollet.fr* ● Fermé 1er oct-31 mars. 🛜 Superbe village provençal desservi par une petite route qui serpente au pied du Ventoux. Au cœur d'une ravissante impasse ombragée, qui pourrait dire que derrière l'une des portes de ces nobles maisons mitoyennes se cache une adresse absolument charmante ? Dès l'entrée, la palette de couleurs de Françoise donne le ton et l'affiche ne croit pas si bien dire : vous allez connaître l'ivresse... Deux chambres sereines et ravissantes avec sanitaires privés : une plus petite, mansardée, à l'atmosphère champêtre ; l'autre, immense, avec baie vitrée, terrasse et hamac pour prendre le temps de vivre, peut accueillir les familles. Beaux enduits à la chaux dans les tons ocre et terre.

Comptez respectivement 50 et 80 € pour 2, petit déj compris, et 20 € par personne supplémentaire. Le jardin, lui, est composé de petites terrasses (restanques en provençal) : la première avec la treille recouverte de glycine, la suivante avec salon de détente, hamac et piscine, puis l'espace vert avec la cabane. L'accueil est à la hauteur du charme de la maison, tout en étant décontracté et sans façon. Bref, un de nos coups de cœur !

> *Accès : près de la fontaine au centre du village, remontez la rue du Collet, c'est la 1re petite impasse à droite.*

FONTAN — 06540

Carte régionale B1-2

30 km N de Sospel ; 12 km S de Tende

€€ 🛏 |●| Chambres d'hôtes Le Berghon (Jean-Michel Diesnis) : *hameau de Berghe Inférieur.* ☎ 04-93-04-54-65. 📱 06-70-48-46-91. ● *jeanmidies@gmail.com* ● *leberghon.com* ● Ouv mai-oct. 🛜 Belle demeure en pierre du pays et au toit de lauze au cœur d'un joli petit village perché. Trois chambres coquettes et colorées. Sanitaires privés. 58 € pour 2, petit déj compris. Table d'hôtes à 22 €, vin compris. Randonneur, protecteur de la nature et comédien, Jean-Michel souhaite faire de sa maison un endroit de partage et de bien-être. Également un gîte de 12 personnes pour ceux qui veulent séjourner. Une adresse authentique, nature et pleine de charme. Accueil chaleureux.

> *Accès : à 1 km au nord de Fontan, prenez à gauche, petite route sinueuse jusqu'à Berghe-inférieur (env 4 km).*

FORCALQUIER — 04300

Carte régionale A2

20 km N de Manosque

€€ 🛏 |●| Chambres d'hôtes La Bergerie de Beaudine (Malou Pagliano et Virginie Bonnabel) : *route de Limans.* ☎ 04-92-75-01-52. 📱 06-80-28-15-92. ● *labeaudine@gmail.com* ● *gite-labeaudine.com* ● Magnifique bastide traditionnelle avec son balcon-terrasse abrité et supporté par de jolies colonnes. Ici, c'est une maison de femmes et vous serez accueilli par Malou ou Virginie, sa fille, sans oublier les deux sympathiques petites chiennes et la chatte. Cinq chambres charmantes et champêtres, dont 3 au rez-de-chaussée avec accès indépendant, les autres à l'étage. Toutes répondent à des noms de variétés d'olives et on a craqué pour « Colombale », dans les tons rose. Sanitaires privés. 66 € pour 2, petit déj compris, et 22 € par personne supplémentaire. Possibilité de table d'hôtes à partir de 4 personnes à 22 €, apéro et vin compris. Grand parc pour se prélasser avec piscine couverte. Cuisine d'été à disposition. Virginie propose aussi des séances de remise en forme avec sauna et massages effectués par une pro. Accueil charmant teinté par l'accent de la maîtresse de maison. Un point de chute idéal pour plonger au cœur de la Provence... Bref, une adresse qu'on aime.

Accès : de Forcalquier, D 950 vers Banon pdt 1 km et fléchage à droite.

FRÉJUS 83600

Carte régionale B2

42 km SO de Cannes ; 8 km E de Saint-Raphaël

€€ **Chambres d'hôtes Les Vergers de Montourey (Famille Artaud) :** 996, av. Jean-Lachenaud. ☎ 04-94-40-85-76. 📱 06-23-21-06-85. • gaelleartaud@sfr.fr • perso.wanadoo.fr/vergers.montourey • *Ouv fév-Toussaint.* 📶 On quitte l'autoroute et, à 800 m, on se retrouve dans la nature entre vergers et forêt (attention, l'accès jusqu'à la maison n'est pas génial...). Dans l'ancienne bergerie tout en pierre, située à côté de l'habitation des proprios, 6 chambres pimpantes, avec sanitaires privés et TV, qui répondent aux noms des fruits que la famille produit. On aime bien « Prune » pour son côté plus rustique. 68 € pour 2, petit déj compris (plein de sortes de confitures et gâteau maison), servi sur la terrasse en été. Ici, c'est l'accueil en famille, mais plus particulièrement de Gaëlle. Accueil convivial.

Accès : A 8 sortie n° 38 Fréjus-Centre ; au 1er rond-point, prenez à droite en direction de Caïs, puis, à 10 m, tournez à gauche au (petit) panneau vert « Les Vergers de Montourey », et faites 500 m jusqu'au portail noir.

GINASSERVIS 83560

Carte régionale A2

25 km S de Manosque ; 30 km N de Saint-Maximin

€€ 🏠 10% *Chambres d'hôtes La Garonne (Sibylle de Maisonseul et Joël Nicolas) :* chemin de la Roque. ☎ 04-94-80-14-00. 📱 06-75-07-14-84. • s.demaisonseul@wanadoo.fr • gite-la-garonne.fr • En pleine campagne, ancienne bergerie peuplée de souvenirs de voyages car Sybille et Joël sont des routards de longue date. Deux chambres chaleureuses et spacieuses au rez-de-chaussée et au 1er étage de la maison. Sanitaires privés. 70 € pour 2, petit déj compris. Pas de table d'hôtes mais deux restos sympas dans le village. Joli parc paysager avec plein de petits coins pour se détendre. Un gîte de 5 personnes pour ceux qui veulent séjourner. Accueil convivial. Une adresse pour retrouver calme et tranquillité.

Accès : dans Ginasservis, prenez la D 36 vers Saint-Paul-les-Durance pdt 2,5 km puis petite route à gauche pdt 800 m, la maison est sur la gauche.

GRANS 13450

Carte régionale A2

6 km S de Salon-de-Provence

€€€ 🏠 *Chambres d'hôtes Domaine du Bois Vert (Véronique et Jean-Pierre Richard) :* 474, chemin de la Transhumance. ☎ 04-90-55-82-98. 📱 06-81-99-06-14. • leboisvert@hotmail.com • domainedubois vert.com • *Ouv fin mars-fin oct.* 📶 Amoureux des demeures anciennes, Véronique et Jean-Pierre ont fait construire cette maison en 1984 en essayant de lui donner un cachet rustique et régional (opération réussie !). Trois chambres d'hôtes de plain-pied, dont 2 avec portes-fenêtres qui ouvrent directement sur le jardin. Une préférence pour la chambre « Frédéric Mistral » à l'atmosphère rustico-provençale. Selon la chambre, de 82 à 89 € pour 2, petit déj compris. Pas de table d'hôtes, mais un bon p'tit resto dans le village. Grande piscine pour se rafraîchir. Accueil très chaleureux.

Accès : de Salon-de-Provence, empruntez la N 113 en direction de Marseille ; au rond-point de Lançon, prenez la D 19 vers Grans ; 1 km avt le village, tournez à droite après l'abri bus et suivez le fléchage.

€€€ 🏠 10% *Chambres d'hôtes Mon Moulin (Marie-Jehanne et Alain Martini) :* 12, rue des Moulins. ☎ tel et fax : 04-90-55-86-46. • monmoulin@aol.com • mon-moulin-en-provence.net • *Ouv mai-sept.* 📶 Ancien moulin à huile, installé au milieu du village, dont il ne reste que très peu de traces aujourd'hui. Après avoir laissé sa voiture dans une petite cour, on entre dans une immense pièce (180 m²... ma parole !) avec huit arches, cuisine à l'américaine, salon, salle à manger et une insolite cheminée installée sur une ancienne meule. Par un bel escalier en bois, on accède aux 3 chambres. Déco agréable, sanitaires privés. Comptez 75 € pour 2, petit déj compris. Au même niveau que les chambres, il y a une curieuse piscine, installée sur une petite terrasse extérieure, mais ceinte. Ne comptez pas faire des longueurs, mais c'est agréable pour se rafraîchir. Pas de table d'hôtes, mais plusieurs restos dans le village. Accueil agréable.

Accès : de Salon-de-Provence, empruntez la D 69 en direction de Miramas, puis la D 19 jusqu'à Grans ; à la poste du village, prenez la petite rue qui la longe sur le côté, au bout tournez à gauche, la maison est dans la petite rue qui grimpe.

JOUQUES 13490

Carte régionale A2

27 km NE d'Aix-en-Provence ; 12 km SE de Pertuis

€€€ 🛏 (10%) **Chambres d'hôtes La Roseraie (Francine Kratz) :** 34, bd de la République. ☎ 04-42-63-37-25. 📱 06-28-75-93-69. ● catcinette@orange.fr ● chambres-dhotes-provence-jouques.com ● 📶 Maison au cœur du vieux village qui dissimule un grand jardin avec piscine. Au 1er étage, 3 chambres agréables avec sanitaires privés (sur le palier pour l'une d'elles). Préférez les deux qui ouvrent sur le jardin, plus au calme en saison. 80 € pour 2, petit déj compris (juillet et août), 70 € si vous restez 2 jours (dit oui chéri !). Accueil agréable. Également un gîte rural, pour ceux qui veulent séjourner.

Accès : dans la rue principale du village.

€€€ 🛏 🍴 (10%) **Chambres d'hôtes Le Catalan (Magalie et Philippe Mary) :** ☎ et fax : 04-42-67-69-43. 📱 06-14-13-20-05. ● philippe.mary@libertysurf.fr ● le-catalan.com ● 📶 Perdu au milieu de 38 ha de bois et de cultures, superbe mas orné d'un blason, dont les origines remontent au XVIIe s. Cinq chambres avec de beaux volumes, charpente apparente et à l'atmosphère provençale (jolies peintures frottées à la chaux et teintées aux ocres du Luberon). Une préférence pour la « Chambre de Pierre ». Croquignolets sanitaires privés. 80 € pour 2, petit déj compris. Table d'hôtes occasionnelle (quand les travaux de la ferme le permettent) à 25 €, apéro, côteaux-d'aix-en-provence et café compris. Philippe produit des céréales et fait partie de la coopérative de plantes aromatiques : thym, romarin, sarriette. Belle piscine au milieu de la campagne. Si vous êtes amateur de VTT, vous pourrez rejoindre la Sainte-Victoire en n'empruntant que des chemins de traverse (une seule route à franchir). Accueil jeune et très chaleureux. Bref, un de nos coups de cœur... D'ailleurs plus nature que ça, tu meurs !

Accès : sur la N 96 entre Aix-en-Provence et Manosque ; à Peyrolles, prenez la D 561 vers Jouques ; 1 km avt le village (après le panneau d'entrée dans Jouques) tournez à droite et faites 2 km sur un chemin empierré.

€€€ 🛏 🍴 **Chambres d'hôtes Le Vieux Moulin (Rita et Jacques Doller) :** chemin de l'Ancienne-Forge. ☎ 04-42-92-67-83. 📱 06-24-32-60-68. ● jacques.doller@free.fr ● notrevieuxmoulin.com ● 📶 Vieux moulin à huile du début du XIXe s. Rita et Jacques ont préservé son histoire et vous découvrirez la grosse meule en pierre ainsi que le pressoir en pénétrant dans la maison. Quatre chambres agréables installées au 1er étage, avec clim et sanitaires privés. On aime bien « Sainte-Victoire » et « Luberon ». 85 € pour 2, petit déj compris. À 48 ans, juste pour le plaisir, Jacques avait passé un CAP de cuisinier. Aujourd'hui, il met ses connaissances en pratique (on attend vos commentaires !). Table d'hôtes à 33 €, apéro, vin et café compris. Elle est partagée autour d'une grande table de monastère et élaborée avec des produits locaux. Dehors, on entend la cascade qui couvre le bruit de la circulation (en haute saison) du village tout proche. Accueil convivial.

Accès : venant d'Aix par la D 561, après le pont à l'entrée du village, tournez à droite à la fontaine, et de nouveau à droite, la maison est en contrebas.

LA BARBEN 13330

Carte régionale A2

30 km NO d'Aix-en-Provence ; 8 km E de Salon-de-Provence

€€€ 🛏 **Chambres d'hôtes Le Mas de Raiponce (Catherine et François Arnaud) :** quartier d'Adane. ☎ 04-90-55-31-70. 📱 06-11-60-01-74. ● masderaiponce@orange.fr ● masderaiponce.com ● En pleine campagne, au milieu des prés et des cultures, vieux mas disposant de 3 chambres avec sanitaires privés : 2 dans la maison et une plus indépendante, installée dans l'ancien four à pain et avec coin cuisine. Déco provençale et campagnarde. De 70 à 85 € pour 2, petit déj inclus. Également un gîte pour 6 personnes pour ceux qui veulent séjourner.

Accès : d'Aix, prenez la N 7 en direction d'Avignon, jusqu'à Lambesc, puis la D 15 vers Pelissanne ; 6 km après, tournez à gauche (D 22) vers le château de La Barben et, à 50 m, suivez le fléchage à droite.

LA CADIÈRE-D'AZUR 83740

Carte régionale A2

21 km NO de Toulon ; 6 km N de Bandol

€€€ **Chambres d'hôtes La Cypriado (Marie-Odile et Jean-Claude Maurin) :** *605, chemin de Fontanieu.* ☎ 04-94-98-64-32. 📱 06-09-06-10-32. • la.cypriado@infonie.fr • lacypriado.com • 📶 Ne manquez pas cette ancienne ferme du XIXe s, idéalement située au milieu des vignes, des pins, des oliviers et des amandiers, dans un vrai décor préservé. Deux chambres à l'atmosphère provençale, joliment aménagées, dont une sous forme de suite composée de 2 chambres. Sanitaires privés. 90 € pour 2, petit déj compris, et 160 € pour 4. Votre compagnon à quatre pattes sera accueilli moyennant 5 €. Accueil convivial. Pour se rafraîchir, une jolie piscine. Une adresse pour se ressourcer.

Accès : A 50 sortie n° 11 La Cadière-d'Azur ; à 500 m, prenez la route à gauche (chemin de l'Argile) sur 1,4 km puis, en face, chemin de Fontanieu ; la maison est à 650 m à gauche, en contrebas, dans les vignes (à 3 km du village).

LA COLLE-SUR-LOUP 06480

Carte régionale B2

18 km O de NICE ; 8 km S de Vence

€€€€€ **Chambres d'hôtes la Bastide Fleur de Pierre (Daniel et Lulu Rechichi) :** *26, chemin du Pré du Bar.* ☎ 09-53-07-39-43. 📱 06-21-06-63-69. • contact@bastidefleurdepierre.com • bastidefleurdepierre.com • D'une bastide du XVIe siècle en ruine, Lulu et Daniel ont réalisé de leurs mains une demeure high-tech avec des matériaux nobles. Il en résulte 5 chambres élégantes, vastes, voire immenses pour certaines, avec vue sur le village de Saint-Paul... Selon la chambre et la saison de 115 à 225 € pour 2, petit déj compris. Belle piscine. Accueil convivial.

Accès : fléché depuis le dernier rond-point sur la route de St-Paul.

€€€ **Chambres d'hôtes La Bastide Saint-Donat (Yvonne et Alphonse Rosso) :** *1179, route du Pont-de-Pierre.* ☎ 04-93-32-93-41. • infos@bastide-saint-donat.com • bastide-saint-donat.com • 📶 Dans un petit vallon où coule le Loup, ancienne bergerie du XIXe s. Cinq chambres décorées avec goût. Sanitaires privés. Selon la chambre, de 65 à 95 € pour 2, petit déj compris et 15 € par pers. supplémentaire. Accueil teinté de gentillesse.

Accès : à 2 km du village, en direction du Rouret.

€€€ 10% **Chambres d'hôtes Un Ange Passe (Martine et Hervé Kersalé) :** *419, av. Jean Léonardi.* ☎ 04-93-32-60-39. • contac@unangepasse.fr • unangepasse.fr • 15 oct-15 fév. 📶 Petit paradis des plus agréable, blotti en pleine verdure, loin des foules, juste perturbé par le chant des cigales ou des grenouilles ! Cinq chambres charmantes dont 3 suites. Selon la chambre et la saison, de 85 à 120 € pour 2, petit déj compris. Belle piscine. Accueil chaleureux. Une adresse pour se ressourcer.

Accès : du centre-ville direction Pont-de-Loup ; au stade prendre à droite vers la pharmacie ; suivre le fléchage « cimetière » puis « chambres d'hôtes » c'est à 1 km.

LACOSTE 84480

Carte régionale A2

42 km SE d'Avignon ; 21 km E de Cavaillon

€€€€ **Chambres d'hôtes Domaine de Layaude Basse (Lydia et Olivier Mazel) :** *chemin de Saint-Jean.* ☎ 04-90-75-90-06. 📱 06-42-21-35-73. • domainedelayaude@wanadoo.fr • domainedelayaude.com • Ouv mars-nov. Layaude Basse est un domaine qui jouit d'une vue imprenable sur le Ventoux. 5 chambres d'hôtes lumineuses et colorées, avec sanitaires privés. Selon la période, de 80 à 125 € pour 2, petit déj compris. Agréable piscine, avec bain romain. Si vous êtes amateur de 4x4, sachez que vous êtes ici dans l'un des centres d'initiation labellisés par Rover.

Accès : d'Avignon, empruntez la D 900 en direction d'Apt ; au niveau de Lumières, prenez la D 106 vers Lacoste ; 1 km avt le village, prenez la D 108 vers Roussillon ; l'accès au domaine est à 200 m à gauche (bon fléchage).

LAFARE 84190

Carte régionale A1

32 km NE d'Avignon ; 13 km N de Carpentras

€ 10% **Gîte d'étape (André Charmetant) :** *pl. de la Fontaine.* ☎ 04-90-82-20-72. 📱 06-65-51-70-89. • andre@charmetant.org • gitelafare.free.fr • André est guide de haute montagne et sa passion, c'est l'escalade. Si vous voulez toucher de près les Dentelles de Montmirail, il faut descendre ici. Il propose des stages d'une semaine d'avril à octobre (26 stages en tout). Mais parlons Dentelles : on peut les escalader suivant les saisons, par les faces nord ou sud (elles débutent à 1 km du gîte). Pas moins de 400 voies différentes, toutes équipées, dont la moitié accessibles à des débutants (accompagnés bien sûr !). Le programme est complété par des stages dans les gorges du Verdon, de la Jonte, les calanques de Cassis et le rocher Saint-Julien (maxi 4 personnes). Prix du stage : 360 € par personne pour la semaine. On peut aussi réserver pour une ou deux journées : André demande 260 € par jour, à diviser par le nombre de participants (maxi 8). Les simples randonneurs et autres routards égarés peuvent aussi venir dormir dans le gîte d'étape composé d'une chambre double et de 3 dortoirs (de 4 lits superposés) et de 3 blocs sanitaires. 15 € par personne et par nuit en dortoir et 40 € pour la chambre. Pas de petit déj ni de repas, mais cuisine à disposition. Accueil chaleureux. Une adresse idéale pour une escapade (pardon !... escalade) entre copains.

Accès : d'Avignon, prenez la D 942 en direction de Carpentras, jusqu'au Monteux, puis à gauche la D 31 vers Sarrians, et la D 21 vers Beaumes-de-Venise et Lafare ; la maison est sur la place du village.

LAURIS 84360

Carte régionale A2

25 km SE de Cavaillon

€€€€ ✿ ⚑ **Chambres d'hôtes La Maison des Sources (Martine Collart) :** chemin des Fraisses. ☎ 04-90-08-22-19. ▪ 06-08-33-06-40. • contact@maison-des-sources.com • maison-des-sources.com • *Ouv d'avr à fin sept.* Vieux et noble mas provençal accroché à flanc de colline. Quatre chambres aguichantes, aménagées avec goût, qui dégagent beaucoup de charme et une atmosphère paisible. Une avec une belle charpente apparente accompagnée d'une grande salle de bains verte. La suivante, surnommée le « Dortoir des nonnes », composée de 4 lits une place, à la déco très originale, genre baldaquin et prie-dieu en guise de tables de chevet. Les deux dernières sont moins pittoresques, mais tout aussi coquettes. De 95 à 99 € pour 2, petit déj compris, et 20 € par personne supplémentaire. Le petit déj est servi, ainsi que les repas, sous une gentille terrasse couverte ou dans une belle salle à manger. Vos amis à quatre pattes seront accueillis contre 15 € le jour du départ. Accueil souriant et chaleureux.

Accès : de Cavaillon, prenez la D 973 en direction de Pertuis jusqu'à Lauris ; au grand rond-point avt le village, remontez vers le centre et prenez tt de suite le petit chemin à gauche que vous suivez jusqu'au bout.

LE BARROUX 84330

Carte régionale A1

45 km NE d'Avignon ; 15 km N de Carpentras

€€ ✿ 10% **Les Gîtes du Clairier (Marie-Joëlle et Michel Canet) :** 925, chemin de l'Acqueduc. ☎ 04-90-65-10-84. ▪ 06-28-46-55-41. • contact@clairier.com • clairier.com • *Ouv de Pâques à mi-oct.* ⚐ À l'écart de ce superbe village haut perché, dominé par son château aux allures moyenâgeuses, c'est par une petite route qui serpente à travers les vignes, les vergers et les oliviers qu'on arrive chez Marie-Joëlle et Michel, agriculteurs à la retraite. Ici, c'est un peu la formule à la carte et vous trouverez 3 chambres d'hôtes coquettes et 3 mini-gîtes de 4 personnes pour ceux qui veulent séjourner. Selon la taille des chambres et la saison, de 60 à 65 € pour 2, petit déj compris, et de 350 à 535 € la semaine selon la saison pour les gîtes. Grande piscine pour se rafraîchir. Calme et sérénité absolues. Il faut dire que l'exploitation s'étend sur 20 ha autour de la maison... ça fait de l'espace ! Accueil chaleureux. Une adresse pour prendre le temps d'écouter les cigales.

Accès : du Barroux, prenez la D 938 vers Malaucène pdt 2 km puis prenez la petite route à gauche pdt 1,5 km (fléchage).

LE BEAUSSET 83330

Carte régionale A2

12 km NO de Toulon

€€ ✿ **Chambre d'hôtes La Gaillotière (Andrée et Claude Maillet) :** 1376, chemin Grenadière. ☎ 04-94-25-23-23. ▪ 06-99-39-49-05. Dominant la route nationale, mais au calme, ancienne maison de vigneron, construite par le grand-père de Claude qui est né ici. Une chambre toute simple, à l'étage, avec coin terrasse. Déco sans prétention, sanitaires privés. 60 € pour 2, petit déj compris (jus de fruit frais pressé, gâteau maison et viennoiserie), servi sous le platane aux beaux jours (ici, ils sont nombreux !). Accueil authentique et chaleureux. Une caresse à Snoopy, la gentille petite bouledogue française. Une adresse pour se faire dorloter comme si on était chez les grands-parents.

Accès : du Beausset, N 8 vers Sainte-Anne-d'Évenos pdt 3 km et prenez le 1er chemin à droite après les pépinières « Villa Verde ».

LE BRUSQUET 04420

Carte régionale B1

8 km N de Digne

€€ 🏠 |●| ⑩% *Chambres d'hôtes Au Jardin de Flore (Françoise et Gérard Deroeck) :* Le Plan. ☎ 04-92-36-31-04. 📱 06-07-09-03-19. ● info@aujardindeflore.net ● aujardindeflore.net ● 📶 En pleine nature, ancien cabanon qui s'est agrandi au fil des années pour devenir une agréable demeure. Au 1er étage, 2 coquettes chambres, dont une familiale pour 4 personnes. Sanitaires privés. Selon la chambre, de 60 à 70 € pour 2, petit déj compris, et 100 € pour 4 (originales confitures et pain frais bio maison). Table d'hôtes (le mercredi et le dimanche) partagée en famille à 25 €, apéro maison et vin de pays compris. Cuisine à base des légumes, de plantes sauvages et de fleurs du jardin. Il faut dire que le jardin de Françoise vaut le détour. Passionnée par les plantes, elle cultive plantes à manger mais aussi les médicinales. Elle propose d'ailleurs des stages et des ateliers autour des plantes médicinales. Accueil chaleureux. Une adresse juste comme on les aime.

Accès : depuis la sortie de Digne, D 900 vers Seyne/Barcelonnette comptez 7 km et, au panneau de limitation à 70 km, prenez le 2e chemin à droite et faites 800 m sur un chemin gravillonné (l'accès à la maison est 2 km avt le village).

LE THORONET 83340

Carte régionale B2

24 km SO de Draguignan ; 10 km N du Cannet-des-Maures

€€€ 🏠 |●| *Chambres d'hôtes Bastide Saint-Bernard (Valérie et Georges Geoffroy) :* 370, chemin de La Gourgue-de-Blanc. ☎ 04-94-73-83-39. 📱 06-74-35-63-00. ● bastide.saint.bernard@wanadoo.fr ● bastide-saint-bernard.com ● Fermé 20 déc-5 janv. 📶 A deux pas de l'abbaye du Thoronet (un des lieux les plus visités de la région), dans un petit hameau, grande maison récente, genre bastide, qui jouit d'un magnifique point de vue sur les environs. Juste en face, les anciennes carrières de bauxite égayent le décor par leur couleur rouge qui change selon la luminosité. Cinq chambres de plain-pied, climatisées (c'est pas beau la vie ?), avec sanitaires privés. Déco sans fioritures, mais atmosphère agréable. 75 € pour 2, petit déj compris. Table d'hôtes (3 fois par semaine, en haute saison), partagée en famille, à 25 €, apéro, vin et café compris. Cuisine à tendance régionale avec les produits du marché. Belle piscine en contrebas de la maison. Varois depuis des générations, Valérie et Georges vous feront des itinéraires sur mesure pour découvrir le département. Accueil chaleureux.

Accès : A 8, sortie Le Cannet-des-Maures puis D 17 vers Le Thoronet ; 1 km avt le village, prenez la D 84 vers Vidauban sur 1,5 km et suivez le fléchage à droite (chemin empierré sur 500 m).

LE VAL 83143

Carte régionale B2

40 km O de Draguignan ; 6 km N de Brignoles

€€ 🏠 |●| ⑩% *Chambres d'hôtes Les Jeannets (Dominique Pouzin et Dominique Magliocca) :* 1542, route de Bras. ☎ 04-94-86-47-78. 📱 06-17-11-43-45. ● dominique.pouzin@wanadoo.fr ● chambres-d-hotes-les-jeannets.com ● Fermé 20 déc-15 janv. 📶 Grande demeure récente qui domine la route et l'oliveraie. Deux chambres spacieuses et lumineuses, dont une familiale composée de 2 chambres. Sanitaires privés. Selon la saison, de 65 à 75 € pour 2, petit déj compris. Également un gîte-studio qui se loue à la nuitée ou à la semaine selon les saisons. Table d'hôtes (sauf en juillet-août), partagée en famille, à 25 €, apéro et vin compris. Cuisine traditionnelle avec les légumes du jardin en saison. Grande piscine. Accueil convivial.

Accès : de l'autoroute A 8, sortie Brignoles/ Le Val, passez 3 ronds-points en tournant à gauche et vous êtes sur la route de Bras (D 28) et allez jusqu'au n° 1542.

LES ARCS-SUR-ARGENS 83460

Carte régionale B2

8 km S de Draguignan

€€ 🏠 |●| *Chambres d'hôtes Lou Nièu (Martine et Valter Tognelli) :* 919, route des Croisières, quartier des Plaines. ☎ 04-94-85-28-15. 📱 06-14-30-71-66.

● martine.tognelli@wanadoo.fr ● lou-nieu.com ● Maison récente à l'architecture résolument moderne. Trois chambres bien tenues avec accès indépendant et sanitaires privés. Préférez les deux avec portes-fenêtres qui ouvrent directement sur une petite terrasse privative et le jardin. 65 € pour 2, petit déj compris. Table d'hôtes, partagée en famille, à 22 €, apéro, vin du pays et café compris. Les repas sont servis dans une chaleureuse cuisine aux murs recouverts de cigales (fausses, bien entendu) ou sur la terrasse. Belle piscine au milieu du jardin.

Accès : sur la D 555 entre Draguignan et Les Arcs-sur-Argens, après la boucherie Sotravi, tournez à droite (venant de Draguignan) et continuez sur 900 m ; la maison est à gauche.

LES MÉES 04190
Carte régionale B2

30 km SO de Digne ; 22 km NO de Manosque

€€ 🏠 I●I **Chambres d'hôtes Campagne Éole (Christiane Pélissier et Pierre Barbier) :** *chemin des Petits-Champs, Les Pourcelles.* ☎ 04-92-34-14-88. 📱 06-19-36-94-87. ● info@campagne-eole.com ● campagne-eole.com ● *Ouv mai-oct.* En pleine campagne, ancienne bastide que Pierre et Christiane ont restaurée avec amour. Quatre chambres chaleureuses, dont 2 familiales pour 4 personnes. Une au rez-de-chaussée, les 3 autres à l'étage, mansardées, avec belle charpente apparente et vieilles tomettes. Atmosphère champêtre et sereine. Sanitaires privés. 64 € pour 2, petit déj compris, et 104 € pour 4. Table d'hôtes partagée en famille à 22 €, apéro et vin compris. Belle piscine pour vous détendre. Accueil convivial et décontracté.

Accès : des Mées, direction Oraison pdt 10 km puis à gauche vers Les Pourcelles ; à l'entrée du hameau, au niveau des 4 embranchements, prenez celui le plus à gauche et faites 1 km.

LES OMERGUES 04200
Carte régionale A1

35 km O de Sisteron

€€€ 🏠 **10%** **Chambres d'hôtes Le Moulin de la Viorme (Nanou et Claude Colonna-Boutterin) :** ☎ 04-92-62-01-65. 📱 06-60-20-32-39. ● moulindelaviorme@free.fr ● moulindelaviorme.com ● *Ouv Pâques-Toussaint.* 📶 Dans un joli coin de campagne, superbe moulin templier du XVIIe s, qui appartenait à une commanderie d'Avignon et dont la façade arbore un vieux cadran solaire. C'est aujourd'hui une maison d'artiste, car du côté de Claude, on est peintre de père en fils... Trois chambres charmantes, à l'atmosphère méditerranéenne, avec entrée indépendante. Élégantes, chacune possède une touche contemporaine amenée par les toiles de Claude. La plus grande (plus chère) a un petit coin salon. Sanitaires privés. Selon la chambre, de 75 à 85 € pour 2, copieux petit déj compris (confitures et yaourts maison, gâteau d'épeautre, fromage de chèvre bio...). Belle piscine pour vous détendre. Accueil de qualité.

Accès : de Sisteron, prenez la D 946 vers Montbrun-les-Bains ; le moulin est 1 km à droite avt Les Omergues.

LES SAINTES-MARIES-DE-LA-MER 13460
Carte régionale A2

75 km SO d'Avignon ; 39 km SO d'Arles

€€€ 🏠 **Chambres d'hôtes Le Mazet du Maréchal-Ferrant (Babeth Serre) :** ☎ et fax : 04-90-97-84-60. 📱 06-18-18-80-83. ● babethandre@aol.com ● chambrescamargue.com ● 📶 Mazet typiquement camarguais de plain-pied où Babeth propose 3 chambres gentillettes et claires, avec sanitaires privés. Murs blancs, lits en bois coloré, mais surtout une déco réservée au cheval. Comptez 75 € pour 2, petit déj compris. Malgré le temps qui passe, il ne semble pas avoir d'empreinte sur Babeth, dont l'accueil reste toujours aussi dynamique, chaleureux et sans façon. Ne vous attendez pas à une maison où chaque chose aurait sa place. Ici, les objets s'entassent joyeusement un peu partout et contribuent à l'ambiance bon enfant. Son fils est un remarquable cavalier qui se produit en France et à l'étranger et elle aussi est passionnée par le cheval et connaît toutes les bonnes adresses pour monter. Pour ceux qui aiment la nature, ne manquez pas le parc ornithologique, il est vraiment intéressant.

Accès : sur la D 570, après être passé devant le parc ornithologique, prenez la petite route du bac (D 85), c'est à 900 m sur la droite.

L'ISLE-SUR-LA-SORGUE 84800
Carte régionale A2

18 km E d'Avignon

€€€ 🏠 **Chambres d'hôtes Le Pont des Aubes (Martine et Patrice Aubert) :** *189, route d'Apt.* ☎ 04-90-38-13-75. 📱 06-89-14-54-68. ● lepontdesaubes@yahoo.fr ●

lepontdesaubes.com • Jolie bâtisse posée dans un vaste jardin donnant sur la Sorgue. De plus, la maison est proche du centre mais à l'abri de la foule. Deux chambres à l'étage, dont une côté Sorgue, avec une déco à la bonne franquette sympathique. Selon la chambre et la saison de 75 à 90 € pour 2, petit déj inclus. On le prend dans la belle grange restaurée avec pierres apparentes et baie vitrée en fer forgé. Également un gîte dans le jardin. Accueil souriant.

Accès : dans le village, prenez la D 901 vers Apt sur 1 km puis tournez à gauche juste après la boulangerie Le Pain d'Avant.

LORGUES 83510
Carte régionale B2

15 km SE de Salernes ; 12 km SO de Draguignan

€€ 🛏 *Chambre d'hôtes Les Chardons Bleus (Éliane Peyrard) : 571, chemin de Pommeret.* ☎ 04-94-73-22-60. 📱 06-60-40-29-05. • eliane.peyrard@gmail.com • chardonsbleus.chez-alice.fr • *Fermé 15 déc-15 janv.* 📶 Dans un ensemble de belles maisons disséminées au milieu des oliviers, celle d'Éliane et Daniel a été construite en respectant le style du pays. Une seule chambre double (à 2 lits), lumineuse, à l'atmosphère provençale, avec sanitaires privés. 63 € pour 2, petit déj compris. Pas de table d'hôtes, mais plusieurs restos pour tous les budgets à Lorgues, et l'occasion de découvrir le village sympathique. Passionnée de randos, Éliane a arpenté la région et vous donnera tous les tuyaux pour la découvrir en dehors des sentiers battus. Piscine hors sol pour se rafraîchir. Accueil chaleureux. Une adresse pour se faire cocooner.

Accès : A 8 sortie Le Luc/Le Cannet-des-Maures puis D 17 vers Le Thoronet puis à droite vers Lorgues ; au rond-point, à l'entrée du village, prenez à droite le chemin de la Martinette sur 1,5 km puis à droite le chemin de Pommeret.

MAILLANE 13910
Carte régionale A2

20 km N d'Arles ; 15 km S d'Avignon

€€€ 🛏 *Chambres d'hôtes Le Mas de la Christine (Caroline et Christian Crestin) : chemin du Mas-des-Gantes.* ☎ 09-88-99-38-48. 📱 06-50-47-51-34. • info@masdelachristine.com • masdelachristine.com • *Ouv de Pâques à la Toussaint.* 📶 Au pays de Frédéric Mistral, joli mas de 1929 construit par l'arrière-grand-père de Caroline sur 25 ha de cultures et de pâturages. Cinq chambres coquettes de 2 et 3 personnes, avec sanitaires privés et climatisation (s'il vous plaît !). Toutes décorées sur des thèmes différents, 2 sont au rez-de-chaussée, les 3 autres à l'étage. 75 € pour 2, petit déj compris (plein de sortes de confitures maison). Pas de table d'hôtes mais petite cuisine d'été à disposition. Belle piscine pour vous détendre. Accueil chaleureux. Une bonne adresse pour découvrir la région de l'intérieur.

Accès : en venant du village, direction Tarascon par la D 32 ; 2,5 km après, tournez à gauche au fléchage, la maison est à 800 m.

MANTEYER 05400
Carte régionale A1

15 km O de Gap

€€ 🛏 🍴 *10%* *Chambres d'hôtes La Bergerie du Forest (Jean-Pierre et Jocelyne Aussourd) : Bramefaim.* ☎ 04-92-45-27-91. • labergerieduforest@aliceadsl.fr • labergerieduforest.com • 🐾 *Fermé de mi-nov à mi-déc.* Jean-Pierre a tout lâché pour venir s'installer dans cette superbe et ancienne bergerie dont les origines remontent au XVe s. Cinq jolies chambres de 2 à 3 personnes, une au rez-de-chaussée, les autres à l'étage, toutes avec sanitaires privés. On aime bien « Buech », avec vue sur l'église du village, ou celles avec balcon. 60 € pour 2, petit déj compris, et 75 € pour 3. Table d'hôtes partagée en famille à 21 €, apéro, vin et café compris, servie dans une superbe salle à manger voûtée. Jean-Pierre est un bon vivant, très actif sur sa petite commune de 400 âmes. Musicien à ses heures perdues, il organise la fête de la musique ! Pour les randonneurs, le GR 94 passe à proximité, et pour les skieurs, la petite station de Céüse est à quelques kilomètres. Accueil chaleureux. Une bonne adresse.

Accès : de Gap, D 994 vers Valence/Veynes et, 300 m après Freissinouse, prenez la D 118L vers Manteyer ; la maison est 1 km avt le village sur la droite.

MARSEILLE 13008
Carte régionale A2

€€€€ 🛏 🍴 *Chambres d'hôtes La Petite Maison (Alix Arnaud) : 23, rue Jean-Mermoz.* ☎ 04-91-31-74-63. 📱 06-12-59-12-00. • petitemaisonamarseille@numeri

cable.fr • petitemaisonamarseille.com •
🛜 Alix est une Marseillaise, une vraie ! Née ici, elle n'a jamais voulu quitter sa ville car elle s'y sent bien. Dans son bel hôtel particulier, niché dans une petite rue calme, 3 grandes et jolies chambres installées aux 1er et 2e étages. Deux donnent sur un joli petit jardin intérieur (nos préférées), la dernière sur la rue. Spacieux sanitaires privés. Déco agréable qui mélange les styles. 100 € pour 2, petit déj compris. Possibilité de table d'hôtes entre 25 et 30 €, apéro et vin compris, pour une bonne cuisine provençale. Un point de chute idéal pour découvrir la ville. Pas de parking, mais on trouve souvent de la place dans la rue (stationnement payant). Accueil convivial.

Accès : de la pl. Castellane, descendez le Prado ; au niveau du bd Perrier, prenez la contre-allée et la petite rue en biais, la maison est à 100 m à gauche (métro Perrier).

MÉOLANS-REVEL   04340

Carte régionale B1

10 km NO de Barcelonnette

€€€ 🏠 (10%) **Chambres d'hôtes Les Méans (Élisabeth et Frédéric Millet) :** *La Fresquière.* ☎ 04-92-81-03-91. 📱 06-50-19-10-58. • elisabeth@les-means.com • les-means.com • 🛜 À 1 000 m d'altitude, ancienne et imposante ferme dont les origines remontent au XVIe s. 2 chambres d'hôtes charmantes, ainsi que 3 suites avec cuisine équipée, toutes avec sanitaires privés (eau chaude solaire). On a craqué pour la chambre « Côté Ubaye », toute bleue et avec ciel de lit. Comptez entre 75 à 85 € pour 2 (de 98 à 118 € les suites pour 2 et 135 € les suites pour 4), petit déj-buffet compris. Attention, les séjours à la semaine sont privilégiés. Accueil convivial.

Accès : de Barcelonnette, D 900 vers Gap et, 1 km avt La Fresquière, tournez à droite vers Les Méans, la maison est à 200 m (à 2 km de Méolans).

MONTFORT   04600

Carte régionale B1-2

25 km O de Digne

€€€€€ 🏠 |●| ⌂ (10%) **Chambre d'hôtes Les Vieux Murs (Cathy et Pierre Laroche) :** *traverse du Cabaret.* ☎ 04-88-16-60-27. 📱 06-25-58-42-78. • laroche1948@yahoo.fr • vieuxmurs.com • 🛜 Au cœur de cette jolie cité de caractère de 400 âmes, immense et élégante suite dans une petite maison indépendante. Décorée avec beaucoup de goût, elle dégage un charme et une sérénité indéniables. Elle dispose d'un salon avec TV et de spacieux sanitaires privés. Dans le petit patio privatif, salon de jardin, transats et piscinette (on a bien le droit d'inventer des mots !) pour se rafraîchir. Selon la saison, de 110 à 145 € pour 2, petit déj compris. Table d'hôtes servie chez Cathy et Pierre, qui habitent la maison juste à côté, à 35 €, apéro, vin et café compris. Cuisine familiale aux accents provençaux et des produits locaux majoritairement bio. Accueil convivial. Une adresse pour séduire sa dulcinée.

Accès : grimpez dans le village et, avt le porche, garez votre voiture sur le petit parking ; descendez l'escalier, prenez à droite et c'est la 1re maison à gauche.

MONTFORT-SUR-ARGENS   83570

Carte régionale B2

12 km NE de Brignoles ; 8 km SO de Cotignac

€€ 🏠 |●| ⌂ (10%) **Chambres d'hôtes Le Chat Luthier (Pierre Mitrano et Fabrice Doumergue) :** *4, rue du Barri.* ☎ et fax : 04-94-59-51-01. • le.chat.luthier@wanadoo.fr • perso.wanadoo.fr/le.chat.luthier • 🛜 Routards devant l'éternel, Fabrice et Pierre ont décidé d'ouvrir leur maison pour notre plus grand plaisir. Dans l'escalier le doute n'est plus possible, une foultitude de cadres sympas avec billets, flyers, prospectus de chacun de leur voyage à travers le monde. 3 chambres d'hôtes originales dans cette jolie demeure de maître du XVIIIe s. Deux dégagent une atmosphère bourgeoise, dont une napoléonienne avec de beaux meubles anciens, la dernière, située au 2e étage, vous emmènera en voyage à la façon de Tintin. Sanitaires privés (à l'étage inférieur pour la dernière chambre). Selon la taille de la chambre et le confort, comptez 40 ou 60 € pour 2, petit déj compris. Croquignolette salle à manger installée dans une ancienne cave voûtée (de plain-pied !), avec un très original jardin intérieur. Table d'hôtes partagée en compagnie de vos hôtes à 25 €, apéro, vin et café compris. Cuisine qui sent bon la Provence. Également un petit gîte pour ceux qui veulent séjourner. Chaleur de l'accueil, prix hyper raisonnables pour la région, une adresse comme on les aime.

Accès : au centre du village, prenez la rue qui monte entre le platane et la fontaine (le sens interdit s'applique après la maison) et suivez le fléchage.

MOUSTIERS-SAINTE-MARIE 04360

Carte régionale B2

40 km S de Digne ; 15 km E de Riez

€€€ 🏠 |●| *Chambres d'hôtes Le Petit Ségriès (Sylvie et Noël Voyer) :* ☎ et fax : 04-92-74-68-83. 📱 06-11-53-34-48. ● contact@gite-segries.fr ● gite-segries.fr ● *Ouv de début avr à mi-nov.* 📶 Il a fallu un travail colossal pour restaurer cette ancienne ferme située dans un environnement calme et agréable. Cinq chambres champêtres et colorées, toutes au rez-de-chaussée, avec sanitaires privés. Selon la taille de la chambre, de 74 à 84 € pour 2 avec le petit déj, ou de 60 à 65 € par personne si vous souhaitez dîner sur place (sauf les mercredi et dimanche). Sylvie et Noël élèvent des moutons, aussi l'agneau maison compose souvent les repas. Cuisine traditionnelle qui sent bon la Provence. Location de VTT et possibilité de partir en rando avec les proprios avec supplément. Un grand gîte sur place de 12 personnes. Accueil convivial.

Accès : l'accès à la maison se trouve sur la D 952, 5 km avt le village en venant de Roumoules.

MURS 84220

Carte régionale A2

55 km E d'Avignon ; 5 km NE de Gordes

€€€€€ 🏠 |●| 10% *Chambres d'hôtes La Vie en Douce (Joëlle et Fred Ruillier) :* route de Gordes. ☎ 04-90-72-64-73. ● frederic.ruillier874@orange.fr ● lavieendouce.com ● *Fermé janv-fév.* Loin de la foule qui peuple la région en été, voici une adresse qui chante la Provence ! Ensemble de petites maisonnettes, mitoyennes ou indépendantes, tout en pierre, dans un joli parc planté de chênes et de pins. Partout de beaux tableaux réalisés par Fred représentant la vie provençale. Quatre chambres au charme indéniable, chacune avec petite terrasse privative et chaises longues. Une est familiale, avec mezzanine. Beaux sanitaires privés avec douche à l'italienne. Selon la saison, de 110 à 130 € pour 2, copieux petit déj compris (avec tout plein de confitures et de surprises maison), et 25 € par personne supplémentaire. Table d'hôtes (les lundi, mercredi et vendredi seulement, sur réservation) à 35 €, apéro, vin et café ou tisane compris. Goûteuse cuisine qui mélange les saveurs, à partir des produits de la saison. Agréable piscine pour vous détendre. Accueil charmant.

Accès : de Gordes, prenez la direction de Murs ; la maison est à 5 km de Gordes sur la gauche (bon fléchage).

ORANGE 84100

Carte régionale A1

22 km N d'Avignon ; 21 km NO de Carpentras

€€€€€ 🏠 🛏 10% *Maison d'hôtes Justin de Provence (Isabelle et Philippe Berbudeau) :* chemin Mercadier, quartier des Crémades. ☎ 04-90-69-57-94. 📱 06-20-46-71-40. ● contact@justin-de-provence.com ● justin-de-provence.com ● Il était une fois une ancienne bergerie, achetée par Justin en 1927, que la petite-fille dudit monsieur, Isabelle, restaura entièrement avec l'aide de son mari. En chinant à gauche à droite, en restaurant du vieux mobilier, en ajoutant du carrelage de Tarifa qui semble avoir toujours été là, Isabelle a su reconstituer un décor d'antan exceptionnel, où l'ancien et le moderne « à l'ancienne » se fondent merveilleusement dans le tout. Cinq chambres aux prénoms d'ancêtres, toutes très différentes, de la romantique à la suite avec lit à baldaquin et baignoire sur pieds, en passant par la chambre Art déco. Selon le confort et la saison, de 125 à 205 € pour 2, petit déj compris. Et puis, que dire du parc de 7 ha, du vieux bistrot reconstitué dans le jardin, des deux superbes piscines (extérieure et intérieure), du hammam et du jacuzzi ? Côté accueil, Isabelle a le chic pour mettre les gens à l'aise. Quant à Philippe, son mari, il saura vous parler des vins de la région puisque c'est son métier.

Accès : dans Orange, D 975 vers Camaret/Vaison ; après le panneau de sortie de ville, prenez la 1re route à droite puis suivez les panneaux roses « Justin de Provence ».

PERNES-LES-FONTAINES 84210

Carte régionale A2

15 km NE d'Avignon ; 10 km S de Carpentras

€€ 🏠 *Chambres d'hôtes Lou Cigalou (Marie et Philippe Grollier) :* 3854, route d'Avignon. ☎ 04-90-21-57-07. ● lou_cigalou@yahoo.fr ● loucigalou-provence.fr ● 📶 En retrait de la départementale mais au calme, petit mas du début du XXe s. Trois chambres d'hôtes agréables avec sanitaires privés : 2 au 1er étage, dont une plus petite, la dernière au second. Selon la taille de la chambre, comptez 55 ou 70 € pour 2, petit déj compris. Pas de table d'hôtes, mais petite cuisine d'été à disposition. Ici, on se sent bien, entouré des collections de petites voitures et de petits soldats de l'armée napoléonienne de Philippe. Belle piscine et prêt de vélos. Une gentille adresse, chaleureuse et sans façon.

Accès : de Pernes-les-Fontaines, D 28 vers Avignon pdt 3 km, le chemin qui mène à la maison est à droite.

PEYMEINADE 06530

Carte régionale B2

9 km SO de Grasse ; 20 km NO de Cannes

€€€ ≜ **Chambres d'hôtes Le Mas des Arts (Josette et Philippe Bernard) :** 219, av. de Peygros. ☎ 04-93-09-95-19. • home@bab33.com • bab33.com • Ouv avr-sept. Cette maison des années 1960 a brûlé en 1986... La famille Bernard l'a reconstruite en y installant 3 chambres d'hôtes sympas avec climatisation (faut c'qui faut !). Belles portes et atmosphère agréable. Selon la chambre et la durée du séjour, de 82 à 95 € pour 2, petit déj compris. Il est servi dans la salle à manger, d'où vous bénéficierez d'une vue imprenable sur les environs. Superbe piscine aux contours arrondis de 18 m de long. Accueil chaleureux. Une adresse qui fait des adeptes.

Accès : de Draguignan, empruntez la D 562 vers Le Val-de-Tignet ; après Le Val-de-Tignet, 200 m avt l'entrée de Peymeinade, prenez à droite l'av. de Peygros que vous suivez sur 2 km.

PONTEVÈS 83670

Carte régionale B2

25 km NE de Saint-Maximin ; 3 km E de Barjols

€€€ ≜ (10%) **Chambres d'hôtes Domaine de Saint-Ferréol (Armelle et Guillaume de Jerphanion) :** ☎ 04-94-77-10-42. ▯ 06-73-72-40-52. Fax : 04-94-77-19-04. • saint-ferreol@wanadoo.fr • domaine-de-saint-ferreol.fr • Ouv mars-nov. Superbe ferme du XVIIIe s entourée de vignes et ouvrant sur deux petites collines qui semblent avoir été plantées là par hasard, et répondant aux noms de Petit et Grand Bessillon. On accède aux 3 chambres par une mignonnette cour intérieure (les propriétaires habitent dans une aile indépendante). Situées au 1er étage, l'une est très grande (suite pour 4 personnes), avec accès indépendant et petite terrasse qui donne sur l'arrière ; les 2 plus petites ouvrent sur les ruines du château de Pontevès. Ambiance agréable. Sanitaires privés. De 75 à 90 € pour 2 et 105 € pour 4, petit déj compris, servi dans une salle sobre au rez-de-chaussée. Pas de table d'hôtes, mais coin cuisine à disposition. Un peu à l'écart de la ferme, le vieux pigeonnier cache une belle piscine (super !). Armelle et Guillaume sont vignerons et vous pourrez déguster la production maison. Accueil agréable. Également un gîte pour 4 personnes pour vos séjours.

Accès : de Barjols, prenez la D 560 vers Draguignan/Pontevès ; ne tournez pas vers le village signalé à droite, continuez tt droit ; le chemin qui mène au domaine est à gauche, juste après le panneau « Pontevès-Centre ancien ».

PUIMOISSON 04410

Carte régionale B2

15 km E de Valensole ; 13 km O de Moustiers-Sainte-Marie

€€€€ ≜ **Chambres d'hôtes Le Pigeonnier des Banons (Jocelyne et Gérard Tanga) :** plaine de Laval. ☎ 04-92-74-32-05. ▯ 06-87-22-47-92. • gerard.tanga@sfr.fr • Ouv Pâques-sept. 🛜 En pleine campagne, au milieu des truffières, ancien pigeonnier tout en pierre auquel Gérard et Jocelyne ont accolé leur maison. La maîtresse des lieux est décoratrice d'intérieur et aquarelliste, et ça se voit... Une suite romantico-campagnarde avec petit salon privatif et terrasse. Frises, écritures au pochoir, collection de cages anciennes, de brocs... tout est élégant, harmonieux, et plein de petites attentions ajoutent encore à la chaleur des lieux. Sanitaires privés. 95 € pour 2, petit déj compris. Pour les amoureux, également une jolie roulotte, colorée et douillette, à l'atmosphère bonbonnière, avec clim et sanitaires privés, à 80 € pour 2, petit déj compris. Accueil convivial avec l'accent. Une adresse au charme indéniable.

Accès : de Puimoisson, prenez la D 56 vers Valensole pdt 2 km et prenez le petit chemin à gauche qui descend jusqu'à la maison.

RAPHÈLE-LES-ARLES 13280

Carte régionale A2

40 km S d'Avignon ; 8 km E d'Arles

€€€ ≜ **Chambres d'hôtes Mas l'Oustal (Dominique et Thierry Oustalet) :** 384, route de Fontvieille. ☎ et fax : 04-90-98-04-71. ▯ 06-17-40-61-41. • contact@mas *loustal.com* • *masloustal.com* • 📶 Joli mas traditionnel planté dans un grand parc avec belle piscine. Quatre chambres à l'atmosphère champêtre, une au rez-de-chaussée, notre préférée, les 3 autres à l'étage, dont une familiale pour 4 personnes. Sanitaires privés. 76 € pour 2, petit déj compris, et 103 € pour 4. Ici, c'est Thierry qui s'occupe des hôtes. Il est aussi comédien et fait partie d'une troupe locale. Pas de table d'hôtes, mais un bon resto dans le village. Accueil chaleureux. Un bon point de chute pour découvrir la région.

Accès : dans le village, au niveau du feu tricolore, prenez la D 33 vers Fontvieille pdt 1,8 km, la maison est à droite.

RÉALLON 05160

Carte régionale B1

35 km E de Gap ; 12 km O d'Embrun

€€ 🏠 |●| *Maison d'hôtes La Vertelongue (Véronique et Michel Charaud) : rue Charriera, Sainte-Luce.* ☎ 04-92-51-67-92. • *vertelongue@yahoo.fr* • *lavertelongue.fr* • 📶 À l'orée du parc des Écrins, au cœur du village, c'est dans l'ancien presbytère que Véronique et Michel ont aménagé 4 chambres charmantes et chaleureuses. Deux au 1er étage avec balcon (pour admirer les aiguilles de Chabrières), 2 autres au second avec superbe charpente apparente. Sanitaires privés. Michel a réalisé une grande partie des travaux en privilégiant les matériaux naturels. Murs recouverts d'argile et paille, jonc de mer au sol. 60 € pour 2, petit déj compris. Table d'hôtes partagée en famille à 18 €, apéro et vin compris. Pour les amateurs de rando, le GR 50 passe le long de la maison. Pour le ski alpin et de fond, la station de Réallon est à 8 km. Accueil agréable.

Accès : dans Réallon (chef-lieu, pas la station), la maison est à côté de l'église.

RIANS 83560

Carte régionale A2

45 NE d'Aix-en-Provence ; 22 km N de Saint-Maximin

€€€ 🏠 |●| 🔟% *Chambres d'hôtes La Margottière (Anne Durand et Brendan Hughes) : chemin du Passet.* 📱 06-12-86-94-91. • *reservations@lamargottiere.fr* • *lamargottiere.fr* • ♿ 📶 En pleine campagne, maison des années 1950 aux allures de mas provençal. Quatre jolies chambres de plain-pied avec sanitaires privés et accès direct sur la nature. Déco chaleureuse avec collection de vieilles photos en noir et blanc, abécédaires brodés et un petit nécessaire pour se faire thé ou café. 80 € pour 2, petit déj compris. Table d'hôtes (sauf le dimanche), pas systématiquement partagée avec Anne et Brendan, à 30 €, apéro, vin et café compris. Cuisine familiale. Accueil convivial. Une adresse pour se mettre au vert.

Accès : d'Aix-en-Provence, au 1er rond-point de Rians, tournez à droite puis 2e chemin à droite, la maison est à 800 m (fléchage).

RISOUL 05600

Carte régionale B1

35 km S de Briançon ; 3 km SO de Guillestre

€€ 🏠 |●| 🐾 🔟% *Chambres d'hôtes La Maison de Joséphine (Yolaine et Philippe Maurel) : hameau de L'Église.* ☎ 04-92-45-28-01. 📱 06-30-01-75-97. Fax : 09-54-56-63-23. • *maisonjosephine@yahoo.fr* • *maisonjosephine.com* • Fermé d'oct à mi-déc. À 1 100 m d'altitude, grande demeure au cœur du village. Ici, c'est Philippe, enfant du pays, qui s'occupe des hôtes. Cinq chambres simples avec sanitaires privés. Selon la saison, de 61 à 66 € pour 2, petit déj compris, et de 49 à 53 € par personne en demi-pension, vin et infusion compris. Cuisine bio-végétarienne que l'on partage en famille. Sauna sur place et possibilité d'utiliser la piscine de l'hôtel à 300 m de là. La station de ski est à 10 km, mais une navette gratuite s'arrête dans le village. Accueil convivial et décontracté.

Accès : de Gap, direction Embrun puis Guillestre-Risoul ; montez jusqu'au village, la maison est juste à côté de l'église.

ROBION 84440

Carte régionale A2

26 km SE d'Avignon ; 9 km S de L'Isle-sur-Sorgue

€€€ 🏠 *Chambres d'hôtes Domaine de Canfier (Catherine et Michel Charvet) : 260, route de L'Isle-sur-Sorgue.* ☎ 04-90-76-51-54. • *info@domainedecanfier.fr* • *domainedecanfier.fr* • 📶 Vieux mas de famille, dont la partie la plus ancienne remonte au XVIIe s, entouré de 12 ha d'oliviers. Deux chambres au 1er étage, avec douche et w-c séparés, et deux autres au 2e étage, champêtres et agréables, avec sanitaires privés. Comptez de 84 à 95 € pour 2, petit déj compris, et 10 € de plus en juillet et août. Cuisine d'été à disposition. Grande piscine pour vous détendre. Accueil chaleureux, teinté par l'accent provençal.

> *Accès : la maison se trouve à 1 km de Robion, en direction de L'Isle-sur-Sorgue (D 31).*

ROGNES 13840
Carte régionale A2

18 km NO d'Aix-en-Provence ; 7 km E de Lambesc

€€€ 🛌 ⑩% **Chambres d'hôtes Le Moulin du Rossignol (Béatrice et Jean-Marc Paranque-Luna) :** ☎ 04-42-50-16-29. 📱 06-87-11-52-77. ● lerossignol@free.fr ● moulindurossignol.com ● 📶 Construit juste après la Révolution, réquisitionné par les Allemands pendant la Seconde Guerre mondiale, la vie de ce vieux moulin semblait devoir s'arrêter là, jusqu'à ce que Béatrice et Jean-Marc réinvestissent les lieux et l'ouvrent au tourisme. Trois chambres romantico-campagnardes installées au 2e étage (attention, l'escalier est un peu difficile, donc réservé aux routards alertes). Sanitaires privés. Selon la période, de 75 à 85 € pour 2, petit déj compris (jus de fruits frais et confitures maison). Il est servi dans une adorable pièce de jour (jolie cheminée et belle poutraison dans les tons ocre rouge) ou sur la terrasse aux beaux jours. Béatrice est une hôtesse souriante et charmante et quand on connaît la maison, on n'a qu'une envie : y revenir ! On oubliait aussi Bambou, le sympathique chien de la maison. Mignonne piscine dans un écrin de verdure pour se prélasser. Nature, calme et convivialité, une adresse coup de cœur.

> *Accès : dans Rognes, allez jusqu'à la chapelle Saint-Denis, prenez la petite route qui passe devant et c'est le 2e chemin à gauche, la maison est en bas.*

ROUSSET 13790
Carte régionale A2

15 km E d'Aix-en-Provence

€€€€ 🛌 **Chambres d'hôtes Le Clos des Mools (Sylvie Moulaire) :** ☎ 09-50-64-29-13. 📱 06-48-29-65-37. ● contact@leclosdesmools.fr ● leclosdesmools.fr ● *Fermé 1 sem à Noël.* 📶 Au pied de la Sainte-Victoire, jolie demeure, chaleureuse, avec un grand parc où plusieurs lieux aménagés permettent de s'isoler ou au contraire d'être avec les autres. Deux chambres agréables dont une familiale composée de 2 chambres. Sanitaires privés. De 110 € pour 2 à 160 € pour 4, petit déj compris. Grande piscine pour vous détendre. Accueil vraiment sympa. Bon rapport qualité-convivialité-prix. ***NOUVEAUTÉ.***

> *Accès : A 8 sortie N° 32 Trets/Rousset/Fuveau, au rond-point, DN 7 direction Saint-Maximin, passez Châteauneuf-le-Rouge, continuez sur la D N7, 300 m après le lieu-dit « Les Bannettes », au sommet d'une côte, prenez le chemin à gauche, puis à gauche derrière le cabanon en pierre, la maison est juste après.*

ROUSSILLON 84220
Carte régionale A2

7 km SE de Gordes

€€€€ 🛌 **Chambres d'hôtes Les Tilleuls (Jean-Pascal Naudet) :** 📱 06-31-18-40-56. ● tilleulsroussillon@free.fr ● tilleulsroussillon.free.fr ● *Ouv tte l'année, mais slt sur résa.* Très joli mas aux ocres roussillonnais d'origine qui bénéficie d'un point de vue unique sur les environs, avec Gordes en fond de décor. Cadre campagnard à souhait, où cultures, sous-bois et vignes font bon ménage. Jean-Pascal est un ami et il a investi beaucoup de temps, de travail et de réflexion pour aménager cette ancienne ferme en lui donnant une touche « maison d'architecte ». Une belle pièce de jour lumineuse avec un grand escalier suspendu dessert une agréable véranda d'où vous jouirez d'une vue encore plus remarquable. Deux chambres charmantes avec sanitaires privés à l'étage, dont la « Marocaine » avec ses superbes esquisses et croquis à 95 € pour 2, petit déj compris. À l'extérieur, une cour dallée se donne des airs de patio à l'italienne. Plusieurs terrasses ombragées par des tilleuls, où l'on peut pique-niquer, et une belle piscine complètent le tout. Accueil de qualité. Calme, nature et sérénité au rendez-vous.

> *Accès : de Gordes, prenez la D 2 vers Saint-Saturnin, puis la D 102 vers Roussillon sur 3 km ; prenez ensuite la D 169 vers Saint-Pantaléon sur 200 m, puis à droite le chemin goudronné (« Le Colombier ») qui mène à la maison à 900 m sur la gauche (attention aux dos-d'âne).*

SAINT-ANDIOL 13670
Carte régionale A2

20 km NE de Saint-Rémy-de-Provence

€€€€€ 🛌 **Chambres d'hôtes Le 7 Mas Provençal (Cath Paradis) :** *route des*

Agasses. ☎ 09.61.34.80.99. 📱 06-07-96-59-33. • contact@mas-le7.com • mas-le7.com • Ancien haras du XIXe siècle installé dans un grand parc de 7 ha avec platanes centenaires. À l'étage, 5 chambres élégantes dont une suite familiale. Sanitaires privés (douche et baignoire pour les plus luxueuses). Selon la chambre et la saison de 110 à 170 € pour 2, petit déj compris. Grande piscine avec jacuzzi extérieur pour vous détendre. Billard pour les amateurs. Prêt de vélos. Accueil agréable. Une adresse au charme indéniable. *NOUVEAUTÉ.*

Accès : au feu tricolore de Saint-Andiol sur la N 7 tournez à gauche (venant d'Avignon), traversez la vieille voie ferrée et tournez à droite ; la maison est à 1,1 km à droite.

SAINT-ANDRÉ-D'EMBRUN   05200

Carte régionale B1

36 km E de Gap ; 8 km NE d'Embrun

🏠 🍴 10% *Chambres d'hôtes Le Moulin Ollivier (Patricia et Bernard Galle) :* Le Villard. ☎ 04-92-43-65.78. 📱 06-84-70-58-11. • contact@lemoulinollivier.com • lemoulinollivier.com • Fermé en avr et nov. À 1 100 m d'altitude, superbe grange en pierre et bois installée à proximité du torrent et de l'ancien moulin qui est encore là. Cinq chambres agréables de 2 à 5 personnes, toutes avec balcon pour jouir du magnifique point de vue sur les environs. Sanitaires privés. 85 € pour 2, petit déj compris, et 150 € pour 4. Table d'hôtes sans les proprios à 25 €, apéro, vin et café compris. Cuisine familiale. Pour les amateurs, une cage de swing et deux postes d'approche à 70 et 90 m. D'ailleurs, Bernard organise des séjours golf. La station familiale de ski de Crévoux est à 7 km. En été, le lac de Serre-Ponçon vous permettra de piquer une tête. Une bonne adresse, tenue par un sympathique couple flamand-wallon (comme quoi !).

Accès : d'Embrun, direction Crévoux ; laissez Saint-André-d'Embrun sur la gauche, continuez tt droit, passez le lieu-dit Le Villard et tt de suite après prenez la petite route à droite qui descend.

SAINT-BLAISE   06670

Carte régionale B2

13 km N de Nice ; 9 km S de Levens

€€€€ 🏠 🍴 10% *Chambres d'hôtes Le Mas de Beauplan (Jean-Claude Plancheron) :* 250, chemin du Collet-du-Couvent. ☎ 04-93-08-57-39. 📱 06-25-53-85-10. • masdebeauplan@aol.com • masdebeauplan.fr • 📶 C'est une adresse qu'il faut mériter ! Au bout d'un chemin, tout juste carrossable entre vignes et garrigue, vous découvrirez ce mas provençal du XVIIIe s, situé dans un splendide site protégé. Trois belles chambres dont une suite familiale. Sanitaires et terrasse privés. Selon la chambre et la saison de 82 à 142 € pour 2, petit déj compris. Table d'hôtes à 32 €, rosé compris. Piscine. Un cadre idyllique, un accueil chaleureux... Bref, un de nos coups de cœur !

Accès : A8, sortie n° 52 Saint-Isidore puis direction Digne par la D 6202 bis. À Castagniers, direction Saint-Blaise village, route de la Loubière. À l'arrêt de bus Collet-du-Couvent, descendez le chemin jusqu'au bout.

SAINT-BONNET-EN-CHAMPSAUR   05500

Carte régionale B1

23 km NO de Gap

€ 🏠 🍴 🐴 10% *Chambres d'hôtes Le Cairn (Brigitte et Bernard Gourdou) :* Charbillac. ☎ et fax : 04-92-50-54-87. 📱 06-61-55-31-31. • infos@chambres-hotes-le-cairn.com • chambres-hotes-le-cairn.com • À 1 150 m d'altitude, au cœur d'un petit hameau, ferme du XVIIIe s, avec toit aux tuiles en « écailles de poisson », mitoyenne à d'autres habitations. Quatre chambres aux couettes bien douillettes, dont une familiale pour 3 personnes ; si vous êtes 2, préférez la « Chambre Féraud ». Équipées de Velux, elles n'en sont pas moins claires. Sanitaires privés. Comptez 50 € pour 2, copieux petit déj compris. Table d'hôtes à 16 €. Plein de spécialités traditionnelles : tourte aux pommes de terre, pâté de Pâques, soupe aux orties, gigot chamoisé, blanquette à l'ancienne, ravioles, oreilles d'âne (qui n'en sont pas), faisselle au miel chaud, tarte à l'orange... Les repas se prennent dans une grande salle voûtée avec cheminée. Jardin d'agrément. Accueil jeune, décontracté et sportif.

Accès : de Gap, prenez la N 85 en direction de Grenoble jusqu'à Saint-Bonnet-en-Champsaur, puis la D 23 vers La Motte sur 5 km et à droite vers Charbillac (fléchage).

SAINT-ESTÈVE-JANSON 13610

Carte régionale A2

23 km N d'Aix-en-Provence ; 7 km S de Cadenet

€€ ♿ 10% **Chambres d'hôtes La Maison du Papé (Marielle et Philippe Canavese) :** *rue Grande.* ☎ 04-42-50-04-60. 📱 06-17-64-69-30. • lamaisondupape@free.fr • lamaisondupape.free.fr • Aux portes du Vaucluse, dans un petit village calme de 350 âmes, ancienne ferme qui appartenait au grand-père de Marielle. Une chambre indépendante installée dans l'ancienne écurie à l'atmosphère campagnarde, avec poutres et murs en pierre apparente qui gardent la fraîcheur en été. Une seconde aménagée sous forme de gîte-studio, avec cuisine équipée, salon, petite terrasse et entrée indépendante, située à proximité de la maison de vos hôtes. Sanitaires privés. Respectivement 60 et 70 € pour 2, petit déj compris (jus de fruits et confitures maison bio). Grande piscine pour vous détendre. Pas de table d'hôtes mais un bon resto à Cadenet. Accueil chaleureux. Une adresse pour plonger au cœur de la région.

Accès : sur la D 561 entre Cadenet et Le Puy-Sainte-Réparade, montez dans le village ; la maison est face à vous en haut de la côte.

SAINT-JEAN-SAINT-NICOLAS 05260

Carte régionale B1

27 km NE de Gap ; 10 km O d'Orcières

€€ ♿ |●| **Chambres d'hôtes L'Abondance (Delphine et Frédéric Degril) :** *ruisseau de la Cour.* ☎ et fax : 04-92-55-98-73. 📱 06-60-74-23-12. • info@labondance.com • labondance.com • *Fermé la dernière sem d'août.* 📶 Agréable ferme installée dans un petit coin de campagne. Delphine et Frédéric élèvent des vaches laitières, mais l'exploitation est à 3 km de là (visite gracieuse sur demande). Au 1er étage, 4 chambres spacieuses et sympas avec sanitaires privés. Chacune avec espace salon et TV. Trois sont familiales, avec lits enfants en mezzanine. 64 € pour 2 et 93 € pour 4, petit déj compris. Table d'hôtes partagée en famille à 18 €, apéro, vin, café et digeo compris. Cuisine familiale et régionale avec légumes du jardin en saison et produits locaux. Jacuzzi (4-5 places) en plein air de 17h à 19h. L'hiver, la petite station familiale de Saint-Léger-les-Mélèzes est à 3 km, l'été, le GR 50 passe juste à côté. Accueil souriant, décontracté et chaleureux.

Accès : sur la D 944 entre Chabottes et Orcières, passez le village de Pont-du-Fossé et, après le feu tricolore, tournez à gauche (D 481), la maison est un peu plus loin à droite.

SAINT-MARC-JAUMEGARDE 13100

Carte régionale A2

4 km E d'Aix-en-Provence ; 30 km N de Marseille

€€€€ ♿ 10% **Chambres d'hôtes Les Mimosas (Christel et Christophe Lasserre) :** *875, Route Départementale 10.* ☎ 04-42-67-24-89. 📱 0616-67-67-70. • 875alamaison@orange.fr • lesmimosas13.com • 📶 Anciens hôteliers marseillais, Christel et Christophe ont tout lâché pour ouvrir cette belle bastide installée dans un magnifique parc paysager avec piscine sous les pins et jardin potager bio. Christel est artiste-peintre et réalise des toiles très colorées, très joyeuses, avec comme thème... la sardine ! Elle joue sur les associations de sujets, sur les jeux de mots, c'est vraiment très sympa. Quatre chambres à l'atmosphère un peu « délire » : la chambre 70, avec anciennes pochettes de disque de Clo-Clo, luminaires très « vintage », des couleurs très flashy... même le salon de jardin n'y résiste pas ! La chambre scandinave, branchée « nordique » avec moquette épaisse, gros coussins, fauteuils en peau de vache, luminaire en corne... très belle salle de bains/toilettes. Et enfin la suite parentale « 875 » plutôt décoration zen à l'ambiance cinéma. Sanitaires privés. Selon la saison, de 90 à 170 €, petit déj compris., servi dans un Immense salon avec cheminée, au mobilier « décalé » (sièges de coiffeur...). Pour vous détendre, un incroyable salon cinéma avec de vrais fauteuils de ciné, grand écran + lecteur DVD. Coin « business » avec ordinateur, scanner, imprimante à disposition. Grande terrasse extérieure ombragée... Une atmosphère chaleureuse et un accueil très sympa. Une adresse qui vaut le détour et plus abordable si vous venez en basse saison mais vous êtes chez Lasserre. *NOUVEAUTÉ.*

Accès : à la sortie d'Aix, en direction de la Sainte-Victoire.

SAINT-MARTIN-DE-QUEYRIÈRES 05120

Carte régionale B1

6 km S de Briançon

€€ 🏠 |●| (10%) **Chambres d'hôtes Brin de Paille (Lydie et David Monnet) :** *Les Casses, Prelles.* ☎ 04-92-24-77-83. 📱 06-67-81-46-84. ● *d.monnet1@libertysurf.fr* ● *brindepaille.com* ● 🐕 📶 C'est une maison récente mais très originale puisqu'elle est construite en paille ! Rassurez-vous, celle-ci est ensuite recouverte de chaux et de sable... Quatre chambres agréables, de 2 à 4 personnes, dont 3 au rez-de-chaussée (2 avec lit en mezzanine et coin salon, une avec terrasse privative), la dernière à l'étage. Sanitaires privés. 57 € pour 2, petit déj compris. Table d'hôtes à 19 €, apéro, vin et tisane compris. Cuisine familiale à base de produits locaux et pain maison cuit dans le four de la salle à manger. Pour vous détendre, un bain norvégien (sorte de jacuzzi en bois, chauffé par un poêle), très agréable en hiver... Première station de ski de piste à 5 km. Ambiance décontractée et accueil convivial. Bon rapport qualité-prix-convivialité.

Accès : *de Briançon, N 94 vers Gap jusqu'à Prelles ; montez dans le village jusqu'à l'église et suivez le fléchage (n'allez pas à Saint-Martin).*

SAINT-PAUL-SUR-UBAYE 04530

Carte régionale B1

35 km NE de Barcelonnette

€€ 🏠 |●| **Maison d'hôtes Les Zélés (Léa et Lucas Siméoni) :** *hameau de Maljasset.* ☎ 04-92-84-37-64. ● *leszeles@yahoo.com* ● *leszeles.com* ● *Ouv juin-fin août et de fév à mi-avr.* Ici, on n'est pas au bout du monde, mais presque... Aussi, si vous n'êtes pas randonneur, passez votre chemin ! Superbe et vieille ferme en pierre avec toit de lauzes au cœur du hameau situé à 1 900 m d'altitude. Cinq chambres pas immenses mais champêtres et chaleureuses, avec sanitaires privés (sur le palier pour l'une d'entre elles). Comptez 54 € pour 2 avec le petit déj, ou 45 € par personne en demi-pension, apéro, vin et tisane compris. Cuisine familiale et traditionnelle. Belle pièce de jour pour prendre les repas et se détendre. Question nature, vous serez servi... Le GR 5 passe à côté de la maison. L'hiver, c'est raquettes et ski de fond pour la découverte. Accueil chaleureux.

Accès : *de Saint-Paul-sur-Ubaye, prenez la petite route jusqu'au hameau de Maljasset situé à 13 km de là.*

SAINT-PIERRE-DE-MÉZOARGUES 13150

Carte régionale A2

20 km SO d'Avignon ; 8 km N de Tarascon

€€ 🏠 (10%) **Chambres d'hôtes Le Mas des Demoiselles (Séverine et Tito Audibert) :** ☎ 04-90-43-91-59. 📱 06-77-95-57-63. ● *jc.tito13@gmail.com* ● *lemasdesdemoiselles.fr* ● *Fermé fin déc et fév.* 📶 C'est un mas familial qui appartenait aux grands-tantes de Séverine, d'où le nom « des Demoiselles ». Trois chambres à l'atmosphère campagnarde. Une au 1er étage de la maison, une avec accès indépendant par un petit escalier extérieur (notre préférée), la dernière, familiale, au rez-de-chaussée, composée de 2 chambres. Sanitaires privés. Selon la chambre, de 50 à 65 € pour 2, et 15 € par personne supplémentaire, petit déj compris. Il est servi dans une chaleureuse salle à manger ou sous la treille aux beaux jours. Pas de table d'hôtes, mais plusieurs restos dans le village voisin, à 2 km. Piscine hors sol en bois à disposition. Accueil jeune et vraiment sympa. Une très bonne adresse.

Accès : *d'Avignon, direction Nîmes puis Villeneuve-les-Avignon puis Aramon ; traversez le Rhône et, au 2e rond-point, allez jusqu'à Saint-Pierre-de-Mézoargues ; là, direction Vallabrègues, la maison est à 150 m à gauche.*

SAINT-RAPHAËL 83530

Carte régionale B2

35 km SO de Cannes ; 4 km E de Fréjus

€€€ 🏠 (10%) **Chambres d'hôtes Villa Mélodie (Francesca Barilli) :** *1779, bd de la 36e-Division-du-Texas.* ☎ 04-94-82-06-65. 📱 06-41-66-09-38. ● *info@villa-melodie.com* ● *villa-melodie.com* ● *Ouv d'avr à mi-nov.* 📶 Dans un ancien hôtel des années 1920, 5 chambres tranquilles, simples, meublées et décorées avec goût, certaines avec terrasse. Frigo et petit office à disposition pour préparer son petit frichti froid, qu'on déguste sur place sous les ombrages du joli jardin. Selon la chambre et la saison, de 64 à 94 € pour 2, petit déj compris. La plage est à deux pas. Francesca, une charmante Italienne, propose également des massages shiatsu.

Accès : sur la côte, entre Le Dramont et Agay.

SAINTE-MAXIME 83120

Carte régionale B2

12 km NO de Sainte-Maxime-Plage ; 5 km E du Plan-de-la-Tour

€€€ 🏠 10% **Chambres d'hôtes Le Bastidon Saint-Michel (Bernard Nouvel) :** *quartier Le Baucas, D 44.* ☎ *et fax : 04-94-43-72-95.* 📱 *06-89-63-76-96.* ● *bastidon-saintmichel@orange.fr* ● *bastidon-saint michel.com* ● Dans le massif des Maures, sur les hauteurs de Sainte-Maxime, c'est un véritable petit paradis qui vous attend... Isolée au milieu de 5 ha de chênes-lièges et d'arbousiers, la maison de Bernard est une ancienne fromagerie tout en pierre dont les origines remontent au XVIIe s. Trois chambres d'hôtes agrémentées de beaux meubles anciens. Deux plus petites qui peuvent se réunir sous forme de suite (moins chères) et une plus grande. Entrée indépendante et sanitaires privés. Respectivement 80 et 95 € pour 2, petit déj compris. Ici, Bernard s'occupe de tout et sait se rendre disponible pour ses hôtes. Pour vous détendre, une agréable piscine aux formes arrondies entourée de végétation. Pas de table d'hôtes, mais kitchenette à disposition et plusieurs restos au Plan-de-la-Tour, pour tous les budgets. Accueil chaleureux.

Accès : A 8 sortie n° 36 Le Muy, puis D 25 vers Sainte-Maxime/Saint-Tropez sur 13 km, puis à gauche D 44 vers Le Plan-de-la-Tour et fléchage (très discret).

SAINTE-TULLE 04220

Carte régionale A2

5 km S de Manosque

€€ 🏠 🐾 10% **Chambres d'hôtes Villa Pondy (Pierre Gondran et Thierry Grit) :** *l'Esplanade, 41, av. Yves-Farges.* ☎ *04-92-78-25-20.* 📱 *06-03-66-03-58.* ● *villapondy@yahoo.fr* ● *villapondy.fr* ● 🐕 📶 Maison des années 1930 au cœur du village. Tout le rez-de-chaussée est destiné aux hôtes. Trois chambres colorées et climatisées, dont une dans un style Art déco, les autres sur le thème des voyages car Pitou (pour les intimes) et Thierry sont de grands voyageurs, amoureux de l'Inde. Sanitaires privés. 57 € pour 2, petit déj compris. Pas de table d'hôtes mais cuisine à disposition et plusieurs restos dans le village. Accueil hors pair. Très bon rapport qualité-prix-convivialité.

Accès : sur l'esplanade du village, un peu avt la poste.

SALÉON 05300

Carte régionale A1

11 km SE de Serres ; 6 km NO de Laragne-Montgélin

€€ 🏠 🍴 10% **Chambres d'hôtes La Tête en l'Air :** *La Combe.* ☎ *04-92-21-93-61.* 📱 *06-60-02-12-73.* ● *la-tete-en-lair@orange.fr* ● *la-tete-en-lair.com* ● *Ouv 1er avr-15 oct.* 📶 Marlène et Georges aiment les voyages et les rencontres humaines. Tous deux retraités, ils ont aménagé 3 chambres agréables avec accès indépendant et sanitaires privés. Déco sobre, inspirée par leurs nombreuses pérégrinations, notamment la chambre asiatique à l'atmosphère très zen. De 58 à 63 € pour 2, petit déj compris. Table d'hôtes à 22 €, vin compris. Agréable jardin d'où l'on contemple les parapentes la tête en l'air... Accueil dynamique et souriant.

Accès : face à la mairie du village.

SAULT 84390

Carte régionale A1

38 km E de Carpentras ; 37 km N d'Apt

€€ 🏠 **Chambres d'hôtes La Bastide des Bourguets (Claudine et Stéphane Jamet) :** ☎ *04-90-64-11-90.* 📱 *06-09-95-04-69.* ● *bastidedesbourguets@hotmail.com* ● *bastidedesbourguets.com* ● *Ouv avr-sept.* Ancienne et superbe ferme tout en pierre installée au milieu des champs de lavande (voilà pour le cadre !). Au 1er étage, 4 chambres vastes, coquettes et colorées, avec sanitaires privés. 70 € pour 2, petit déj compris (plusieurs sortes de miel, confitures et gâteau maison). Piscine pour vous détendre. Accueil chaleureux.

Accès : de Sault, direction Carpentras par les gorges de la Nesque/Monieux ; la maison est à 3 km à gauche.

SOLEILHAS 04120

Carte régionale B2

75 km SE de Digne ; 22 km E de Castellane

€ 🏠 🍴 **Gîte d'étape de Bayles (Bénédicte et Jean-Michel Dufour) :** *rue des Bayles.* ☎ *04-93-60-40-17.* 📱 *06-85-26-04-87.* ● *bjm.gourette@gmail.com* ● *gite* desbayles.perso.sfr.fr • *Fermé 15 nov-26 déc. Slt sur résa.* Au cœur de la vallée, à 1 100 m d'altitude, petit gîte d'étape de 15 places réparties en 4 chambres pour 3 et 4 personnes. Comptez 14 € par nuit. Cuisine équipée. Bénédicte et Jean-Michel font de l'élevage de chèvres... Fromages en vente sur place (eh oui, ça existe encore, heureusement !). Accueil jeune et décontracté. Pour les routards randonneurs, le GR 4 passe à proximité.

> *Accès : de Castellane, prenez la D 102 vers Demandolx puis Soleilhas ; le gîte est pratiquement à la sortie du village.*

TOURRETTES 83440

Carte régionale B2

30 km O de Grasse ; 2 km E de Fayence

€€€€ **Chambres d'hôtes Escale Provençale (Ghislaine et Richard Toison) :** *682, route de Tourrettes, Le Pavillon.* ☎ 04-94-50-49-57. 📱 06-02-23-52-17. • maisondhotes@yahoo.fr • chambresdhotes-provence.com • *Fermé de mi-nov à fin fév.* 📶 C'était « le mazet », la maison de famille de Ghislaine. Trois chambres élégantes, immenses, décorées avec goût et dotées de spacieux sanitaires privés, installées aux 1er et 2e étages. Clim et TV écran plat dans chaque chambre. Selon la saison, de 89 à 99 € pour 2, petit déj compris (jus de fruit frais pressé, salade de fruits, viennoiseries et confitures maison), que vous prendrez en compagnie de Gaston, l'ara de la maison. Grande piscine pour vous détendre. Accueil chaleureux. Une adresse de charme.

> *Accès : sur la D 219 vers Tourrettes-Village, la maison est sur la gauche.*

TRANS-EN-PROVENCE 83720

Carte régionale B2

4 km S de Draguignan

€€€€ **Chambres d'hôtes Saint-Amour (Marie-Camille et René Wahl) :** *986, route de la Motte.* ☎ et fax : 04-94-70-88-92. 📱 06-81-33-43-80. • wahl@domainedesaintamour.com • domainedesaintamour.com • *Ouv avr-sept.* 📶 Avec un nom pareil, cette adresse se devait d'avoir du charme... et elle en a, grâce à l'imagination du maître des lieux. Passionné de voyages, de marine et de nature, d'un trou d'eau René a créé un charmant petit étang où vivent canards (tout plein d'espèces aux couleurs chatoyantes), cygnes, oies et tous ceux qui veulent faire une courte halte : poules d'eau, hérons... Sur le plan d'eau stationne aussi le petit bateau qu'il avait sur le lac Majeur. Côté hébergement, ça n'est pas mal non plus. Trois chambres d'hôtes installées dans deux maisons, dont la plus ancienne date du XVIIIe s. Déco originale. L'une style cabine de bateau, tout en bois, où le moindre détail porte sur la mer, l'autre à l'ambiance africaine, et la dernière romantico-rustique avec murs en pierre apparente et lit à baldaquin. De 89 à 99 € pour 2, petit déj compris, que Marie-Camille vous sert soit dans le salon (superbes meubles en provenance de tous les pays et nombreux objets d'art) soit, le plus souvent, sur la terrasse couverte qui domine l'étang (où l'on entend chanter, le soir, grenouilles et crapauds). Également 2 gîtes ruraux (2 et 4 personnes) au rez-de-chaussée. Belle piscine paysagée, à forme libre. Accueil de qualité.

> *Accès : de Draguignan, empruntez la N 555 en direction de Fréjus ; entrez dans Trans et, à l'église, prenez à droite la D 47 vers La Motte ; à 1 km, panneau fin d'agglomération, l'entrée est à 30 m à droite (fléchage « Saint-Amour »).*

UVERNET-FOURS 04400

Carte régionale B1

6 km SO de Barcelonnette

€€€ **Chambres d'hôtes Le Rozet (Marie-Claire et Philippe Dauphin) :** *route du col d'Allos.* ☎ 04-92-81-10-64. 📱 06-16-91-29-60. • lerozet@club-internet.fr • guideweb.com/provence/bb/rozet • 📶 Aux portes du parc du Mercantour, superbe et ancienne bergerie tout en pierre, installée à 1 300 m d'altitude, dans un beau coin de nature et profitant d'un panorama unique sur le Pain de Sucre et le Chapeau de Gendarme. On devine aussi le Bachelard qui coule au fond de la vallée. Cinq chambres agréables, à 71 € pour 2, petit déj compris. Bonne table d'hôtes à 25 €, apéro et vin compris. Cuisine goûteuse et soignée. Pour votre détente, espace salon-bibliothèque au rez-de-chaussée, salon télé au 1er étage, et un bain scandinave avec hydrojets installé en plein air. Marie-Claire et Philippe ont vécu 16 ans en Afrique de l'Ouest comme en témoignent les nombreux souvenirs qui peuplent la maison. Première station de ski à 8 km. Accueil aimable et courtois.

> *Accès : d'Uvernet-Fours, prenez la route du col d'Allos pdt 1400 m, l'accès à la maison est sur la gauche.*

VAISON-LA-ROMAINE 84110

Carte régionale A1

30 km O d'Orange ; 45 km S d'Avignon

€€€ ♿ ⚐ **Chambres d'hôtes Au Coquin de Sort (Anne et Christian Launay) :** *1242, chemin de Saume-Longue.* ☎ 04-90-35-03-11. 📱 06-07-42-03-57. • cokin2sor@orange.fr • aucoquindesort.com • 🛜 Vous recherchez l'originalité ? Alors réservez dans cette maison d'hôtes tout droit sortie d'une bande dessinée ou d'un décor de théâtre... Le couple de proprios orléanais a conçu 3 chambres vraiment étonnantes, mélange de coins et de recoins, de vieilles pierres et d'arrondis champignonnesques, avec un escalier en fer forgé par ici, une tête de lit dessinée comme une horloge par là, et puis des tas de détails que vous découvrirez par vous-même... Selon la durée du séjour, de 65 à 85 € pour 2, excellent petit déj compris. Pour prolonger l'esprit bohème, il y a même une roulotte dans le jardin croquignolet, pouvant servir d'appoint pour les enfants... ou de chambre pour les couples très amoureux. Bon accueil.

> **Accès :** *dans Vaison, suivez le fléchage « Saume Longue » puis, juste après le village-vacances, quittez la route goudronnée et suivez à droite le chemin de terre bordé de cyprès jusqu'à la maison.*

€€€ ♿ **Chambres d'hôtes Le Mas de la Combe (Catherine et Jean Ditta) :** *chemin de la Combe.* ☎ 04-90-36-12-01. • masdelacombe@orange.fr • masdelacombe.pagesperso-orange.fr • 🛜 En surplomb du village, dans un grand jardin en terrasses doté d'une piscine avec une très belle vue au sud sur le village et le massif des Dentelles de Montmirail. On ne dirait pas, mais cette jolie maison en pierre du pays n'a qu'une trentaine d'années et elle ne dépareille vraiment pas dans le paysage. Une chambre d'hôtes, ainsi qu'un studio 2 personnes (qui se loue à partir de 2 nuitées, selon saison), impeccables, modernes et fonctionnels, avec sanitaires privés. De 70 à 73 € la nuit pour 2 (petit déj compris pour la chambre). Également un gîte de 5 personnes, loué de 480 à 760 € la semaine selon la saison. Charmant accueil de la famille Ditta et atmosphère tranquille.

> **Accès :** *à env 2 km au nord du centre-ville, par l'av. Gabriel-Péri puis, à droite, le chemin de Sainte-Croix et à gauche à la patte-d'oie.*

€€€ ♿ **Chambres d'hôtes L'Évêché (Aude Verdier) :** *Haute-Ville, rue de l'Évêché.* ☎ 04-90-36-13-46. 📱 06-03-03-21-42. Fax : 04-90-36-32-43. • eveche@aol.com • eveche.free.fr • *Résa impérative.* 🛜 Au cœur de la cité médiévale, 3 jolies chambres doubles et 2 suites dans une demeure du XVIIe s, ancien hôtel épiscopal. Pour 2, comptez de 78 à 93 € pour les chambres et de 100 à 140 € pour les suites, petit déj compris, servi sur les terrasses. Bibliothèque et salons à disposition. Accueil familial. Pas de table d'hôtes mais plusieurs restos à proximité. Vue imprenable sur la plaine. Deux vélos à disposition (« Quand on partait sur les chemins... »).

> **Accès :** *20 m après l'Hostellerie du Beffroi.*

VALDEBLORE 06420

Carte régionale B1

8 km O de Saint-Martin-Vésubie ;
12 km E de Saint-Sauveur-sur-Tinée

€€ ♿ |●| ⚐ **Chambres d'hôtes Le Grand Chalet (Christine et Luc Van Wynsberghe) :** *route de la Colmiane.* ☎ et fax : 04-93-02-83-50. 📱 06-18-26-76-39. • chalet@grand-chalet.com • grand-chalet.com • 🛜 À 1 400 m d'altitude, face au pic de la Colmiane, grand chalet où il fait bon vivre. Venus du nord, exilés à Toulon, Luc et Christine ont tout lâché pour venir s'installer dans ce magnifique coin de nature, aux portes du parc du Mercantour. Cinq chambres coquettes, à l'atmosphère montagnarde, toutes avec balcon pour profiter du paysage. Sanitaires privés. 63 € pour 2, petit déj compris (confitures et gâteau maison). Table d'hôtes, partagée en famille, à 24 €, apéro, vin et café compris. Ici les activités ne manquent pas... Dans la maison : salle de muscu, ping-pong et sauna. L'hiver, c'est le ski, la station est à 1 km (22 km de pistes), l'été, c'est la rando avec les GR 5 et 52. Une adresse nature, comme on les aime, un accueil chaleureux et sans façon.

> **Accès :** *passez les trois hameaux de Valdeblore (Bolline, Roche et Saint-Dalmas), continuez vers La Colmiane pdt 2 km et c'est le grand chalet à gauche après le 2e lacet.*

VALLAURIS-GOLFE-JUAN 06220

Carte régionale B2

7 km NE de Cannes ; 8 km O d'Antibes

€€€€€ ♿ **Chambres d'hôtes Mas Samarcande (Mireille et Pierre Diot) :** *138, Grand-Boulevard-du-Super-Cannes.* ☎ et fax : 04-93-63-97-73. 📱 06-50-62-95-49. • mireille.diot@wanadoo.fr •

mas-samarcande.com • Fermé déc-janv. 📶 Rassurez-vous, le « Grand-Boulevard » est une petite rue calme bordée de belles demeures bourgeoises. Au n° 138 vous entrerez dans le secret de l'une d'entre elles, magnifique, et qui jouit d'une superbe vue sur la ville, la baie des Anges et les Alpes italiennes. Cinq chambres spacieuses et élégantes, dont 3 ouvrent directement sur le jardin. Originaux et luxueux sanitaires privés. Selon la saison, de 120 à 135 € pour 2, copieux petit déj compris (en formule buffet). Pas de table d'hôtes, mais les restos ne manquent pas dans le coin. Calme, charme et volupté, accueil de qualité... bref, de quoi ravir sa dulcinée si l'on est un routard aisé.

Accès : A 8, sortie Vallauris puis D 435 jusqu'à Vallauris que vous traversez en direction de Golfe-Juan ; au rond-point à la sortie de la ville, prenez le bd de l'Horizon et la 1re route à droite.

VARAGES 83670

Carte régionale B2

35 km N de Brignoles ; 8 km O de Tavernes

€€€ 🏠 🐴 10% *Chambres d'hôtes Domaine de la Blaque (Jean-Luc et Caroline Plouvier) :* ☎ et fax : 04-94-77-86-91. • la.blaque@gmail.com • lablaque.com • 📶 Ancien relais de poste du XVIIIe s, isolé en pleine campagne, au milieu d'un domaine de 300 ha de prairies, forêts et maquis ! Deux chambres champêtres avec sanitaires privés. Atmosphère qui sent bon la Provence avec de beaux enduits à la chaux. Chacune avec coin kitchenette. Selon la saison, de 85 à 98 € pour 2, petit déj compris. Également 3 gîtes de 3 à 6 personnes pour ceux qui veulent séjourner de 340 à 1 150 € selon la période et la capacité. Grande piscine pour vous détendre. Passionné d'astronomie, Jean-Luc a installé des postes d'observation dans les anciennes soues à cochon. Accueil chaleureux. Une adresse vraiment nature pour se ressourcer et tenue par un sympathique couple de Belges.

Accès : dans Varages, direction Tavernes, et après la place, 1re rue à gauche (en face de l'abribus), faites 2 km sur cette route goudronnée puis chemin à gauche en terre sur 800 m.

VENASQUE 84210

Carte régionale A2

30 km NE d'Avignon ; 10 km SE de Carpentras

€€€ 🏠 10% *Chambres d'hôtes Le Mas des Pierres Blanches (Laurence et Alain Lubiato) :* chemin de la Peirière. ☎ 04-90-66-60-71 ou 04-7800-25-99. 📱 06-17-98-43-83. • contact@pierresblanches84.com • pierresblanches84.com • Ouv de Pâques à mi-oct. 📶 Au cœur de Venasque, classé parmi les plus beaux villages de France, superbe demeure entièrement construite par Alain et Laurence, où poutres et troncs ajoutent encore au charme des lieux. Laurence travaillait à Lyon dans le milieu médical mais elle a tout lâché pour réaliser son rêve dans cette région, dont elle est tombée amoureuse. Quatre chambres élégantes, décorées avec un goût très sûr, chacune avec petite terrasse privative et salon de jardin et sanitaires privés. De 69 à 85 € pour 2, petit déj compris, et de 85 à 100 € pour la plus grande (qui peut accueillir 3 personnes). Splendide piscine très large. Accueil souriant et charmant. Très bon rapport qualité-prix-convivialité. Bref, une excellente adresse qui fait des adeptes.

Accès : montez dans Venasque, visez l'hôtel La Garrigue, la maison est 300 m plus haut (prendre le sens interdit).

VENCE 06140

Carte régionale B2

26 km NO de Nice ; 12 km N de Cagnes-sur-Mer

€€€€€ 🏠 *Chambres d'hôtes La Colline de Vence (Kristin et Frédéric Bronchard) :* 808, chemin des Salles. ☎ 04-93-24-03-66. • collinevence@gmail.com • colline-vence.com • Ouvert de mi-fév à mi-nov. 📶 Le plus dur est d'y arriver car ça grimpe sec ! Authentique mas auquel Frédéric et Kristin ont rendu vie et couleurs. Trois chambres coquettes, lumineuses et gaies, chacune avec accès indépendant dont une suite vraiment spacieuse. Selon la chambre et la saison, de 87 à 155 € pour 2, petit déj compris. Agréable piscine. Accueil charmant teinté par l'accent de la maîtresse des lieux.

Accès : de Vence, D2 vers Coursegoule s/ Col de Vence, passez devant les resto Les Templiers, fait es 800 m (av. h.-Giraud), tournez à gauche Chemin des Salles puis montez encore 800 m (fléchage).

VILLAR-SAINT-PANCRACE 05100

Carte régionale B1

1 km S de Briançon

€ 🏠 |●| 10% *Chambres d'hôtes La Riolette (Nadine et Thierry Moya) :* 38, rue du Melezin. ☎ et fax : 04-92-20-58-68.

📱 06-73-69-90-20. • riolette@free.fr • riolette.fr • Fermé 4 nov-22 déc. À 1 300 m d'altitude, maison de village avec 5 chambres d'hôtes. Toutes installées au 1er étage, elles sont simples mais fonctionnelles, avec sanitaires privés. Selon la saison et la durée du séjour, comptez de 46 à 52 € pour 2, petit déj compris. Table d'hôtes (en saison, sauf le dimanche) à 17 €, apéro et vin compris, systématiquement partagée avec les proprios. Si la vie de la ferme vous intéresse, l'exploitation de Nadine et Thierry est à proximité (vaches allaitantes). Les amoureux du ski de fond seront servis : le départ des pistes se trouve dans le village (si Thierry est disponible, il se fera une joie de vous accompagner). Accueil décontracté.

Accès : de Briançon, prenez la N 94 vers Embrun, puis la D 136A jusqu'à Villar-Saint-Pancrace ; fléchage dans le village.

VILLEDIEU 84110

Carte régionale A1

7 km N de Vaison-la-Romaine

€€ 🛏 🍴 ⑩% **Chambres d'hôtes Soleil et Ombre (Agnès Brunet) :** *rue de la Bourgade.* ☎ 09-50-54-72-17. 📱 06-60-90-65-68. • harz@free.fr • soleil-et-ombre.fr • *Ouv de mi-avr à fin oct.* 📶 Un charmant petit village provençal comme on l'imagine, avec un café sans âge sur la terrasse envahit la placette et, au fond, une terrasse-tonnelle pour se protéger de la chaleur accablante en été. C'est celle d'Agnès, une dame charmante qui a toujours le sourire aux lèvres, même lorsqu'elle égare ses clés en rentrant des courses... Deux chambres colorées, spacieuses, et en un mot impeccables, à 65 € pour 2, petit déj compris (55 € dès la 2e nuit). Petit jardin clos à l'arrière, très mignon.

Accès : au cœur du village.

VINON-SUR-VERDON 83560

Carte régionale A2

48 km NE d'Aix-en-Provence ; 15 km S de Manosque

€€ 🛏 🍴 🐾 **Chambres d'hôtes La Clape (Veerle et Thierry Gillet) :** *735, chemin de la Clape.* ☎ 04-92-78-86-78. 📱 06-65-16-18-34. • t.v.gillet@orange.fr • la_clape_vinonsurverdon.pages perso-orange.fr • *Ouv de début mars à la Toussaint.* Aux confins des Alpes-de-Haute-Provence, du Vaucluse, des Bouches-du-Rhône et du Var... Dans un bâtiment indépendant de la maison de Veerle et Thierry, qui garde la fraîcheur en été, 5 chambres à l'atmosphère campagnarde. Sanitaires privés. 56 € pour 2, petit déj compris. Table d'hôtes partagée en famille à 20 €, apéro maison, vin et café compris. Si vous préférez faire votre popote, cuisine et barbecue à disposition. Trois gîtes de 5 personnes loués de 370 à 520 € la semaine selon la saison. La maison est proche d'un petit aérodrome et vous pourrez admirer les planeurs évoluer dans les alentours... L'occasion idéale pour faire un baptême de l'air. Accueil chaleureux.

Accès : de Vinon-sur-Verdon, direction Manosque, et 800 m après le dernier rond-point, tournez à gauche, chemin de la Clape.

VISAN 84820

Carte régionale A1

18 km E de Bollène ; 9 km S de Valréas

€€€ 🛏 🍴 ⑩% **Chambres d'hôtes Le Château Vert (Josiane et Christian Tortel) :** ☎ 04-90-41-91-21. Fax : 04-90-41-94-63. • contact@hebergement-chateau-vert.com • hebergement-chateau-vert.com • *Fermé oct.* Au cœur de l'enclave des Papes, au milieu de 55 ha de vignes, pâturages et chênes truffiers, croquignolet château avec deux tours crénelées dont les origines remontent au XIIIe s. Cinq chambres d'hôtes coquettes et colorées, avec TV et sanitaires privés : 2 au rez-de-chaussée, les 3 autres à l'étage. On aime bien les nos 2, 3 et 5 avec leurs trois fenêtres et sanitaires installés dans une mini-tourelle. 75 € pour 2, petit déj compris. Sur réservation, table d'hôtes, partagée en famille, à 25 €, apéro et côtes-du-rhône compris. Belle piscine pour vous détendre. Tous les week-ends de fin novembre à début mars, du vendredi soir au dimanche matin, Josiane et Christian vous proposent de découvrir la truffe. Ça commence par une dégustation de vins, suivie d'une visite du marché aux truffes de Richerenches, puis on enchaîne sur la recherche des truffes sur le domaine avec le chien de la maison et, pour finir, on réalise les recettes de Josiane pour accommoder la truffe. Comptez 500 € pour un couple pour 2 nuits avec p'tit déj et trois repas à la truffe (400 € pour les individuels). Gentillesse et authenticité au rendez-vous.

Accès : de Visan, prenez la D 976 vers Valréas sur 4 km puis tournez à gauche au fléchage et faites encore 2 km.

Rhône-Alpes

ABONDANCE — 74360

Carte régionale B1

30 km SE de Thonon-les-Bains

€€ 🛏 I●I *Chambres d'hôtes Le Vieux Chalet (Liliane et Pierrot Berthet) :* Charmy-l'Envers. ☎ et fax : 04-50-73-02-79. ● lillianeberthet@orange.fr ● Fermé oct.-déc. 📶 À 1 000 m d'altitude, superbe chalet du XVIIIe s. Quatre chambres d'hôtes, simples et campagnardes, avec sanitaires privés. 54 € pour 2, avec le petit déj et 92 € pour 4. Liliane et Pierrot élèvent des vaches et des chèvres et fabriquent des fromages (chevrotin, fromage d'Abondance). Table d'hôtes (sans les proprios) avec les bons produits maison : sauté de lapin polenta, berthoud (fromage d'Abondance, madère, charcuterie et pommes), poêlée montagnarde (pommes de terre, fromage et vin blanc)... 17 € le repas, vin compris. On peut regretter de ne pas vivre plus chez l'habitant, mais l'accueil de Liliane (un peu réservé au départ) se révèle chaleureux et elle devient vite Lili pour les habitués.

Accès : de Thonon-les-Bains, prenez la D 902 vers Morzine, puis à gauche la D 22 jusqu'à Abondance et suivez le fléchage.

ALBA-LA-ROMAINE — 07400

Carte régionale A2

25 km SE d'Aubenas ; 19 km O de Montélimar

€€ 🛏 10% *Chambres d'hôtes La Grange au Nègre (Jennyfer et Gilles Collet-Nott) :* Saint-Philippe. ☎ 04-75-52-44-67. 📱 06-82-33-51-98. ● grangenegre@gmail.com ● lagrangeaunegre.sitew.com ● 📶 Cernée par les vignes, les champs et la garrigue, ancienne ferme en pierre que Gilles et Jennyfer ont entièrement retapée. Trois chambres lumineuses et agréables. Que ce soit « La Méditerranéenne », « L'Africaine » ou « L'Ardéchoise », elles sont décorées avec sobriété et bon goût. Toutes avec sanitaires privés et clim. 64 € pour 2, petit déj compris. Également un gîte pour 5 personnes pour les séjours prolongés. Accueil attentionné et discret. Et si vous aimez le jazz, alors là...

Accès : d'Alba, prenez la direction de Valvignère sur 2 km et suivez le fléchage à droite ; à la patte-d'oie suivante, prenez à droite.

ARCENS — 07310

Carte régionale A2

60 km NO de Privas ; 15 km O du Cheylard

€€ 🛏 I●I *Chambres d'hôtes L'Ayga (Céline Leynaud et Alain Heudhuin) :*

Nous vous rappelons que la table d'hôtes est le complément d'une formule d'hébergement (chambre d'hôtes, gîte d'étape...). Ce service n'est offert qu'aux personnes qui dorment sur place (excepté lorsqu'il est clairement écrit « ouvert aux extérieurs »).

hameau de Mayas. ☎ 04-75-30-80-73. 📱 06-12-16-60-98. • ayga07@aol.com • ayga.net • Fermé de mi-nov à mi-mars. 📶 Céline et Alain ont tout quitté pour retaper cette ancienne ferme située dans la montagne ardéchoise à 780 m d'altitude. Quatre chambres chaleureuses de 3 et 4 personnes, réparties dans différentes ailes de la maison. Sanitaires privés. 52 € pour 2, petit déj compris, 8 € par personne supplémentaire. Table d'hôtes partagée en famille à 18 €, apéro maison, vin et café compris. Cuisine à tendance régionale à partir des légumes du jardin et de la production des fermes des environs. Faites pour nous une caresse aux deux sympathiques chiennes de la maison. Accueil convivial. Une adresse qu'on aime bien.

> Accès : dans le village, entre le tabac et la boucherie, prenez la direction Mayas, la maison est après le hameau sur la gauche (3 km du village).

AUTRANS 38880

Carte régionale B2

35 km O de Grenoble

€€ 🛏 🍴 ⛑ **Chambres d'hôtes La Fayolle (Denis et Patricia Chabert) :** Eybertière. ☎ 04-76-95-31-41. Ouv aux vac scol slt. Deux chambres avec sanitaires privés dans une grande maison avec jardin ombragé. Comptez 54 € pour 2, copieux petit déj inclus. Patricia, agricultrice, propose la table d'hôtes (le soir) à base de produits fermiers : 20 € le repas, vin compris, composé essentiellement des produits de l'exploitation. Cuisine traditionnelle et variée. Bibliothèque bien fournie. Accueil chaleureux.

> Accès : à 2 km du centre.

AVENAS 69430

Carte régionale A1

35 km SO de Mâcon ; 10 km N de Beaujeu-en-Beaujolais

€€ 🛏 ⛑ **Chambres d'hôtes (Florence et Patrick Vacher) :** La Croix-du-Py. ☎ 04-74-04-76-92. 📱 06-85-95-06-83. • croixdupy@orange.fr • croixdupy.com • Ouv avr-oct. 📶 On quitte une petite départementale pour emprunter une route forestière qui traverse des résineux puis des feuillus, pour découvrir cette belle ferme du XIXe s. Située entre forêts et pâturages, à 762 m d'altitude, elle jouit d'un superbe panorama sur la vallée de la Grosne. Dans un joli bâtiment indépendant, avec un préau couvert et un balcon en bois taillé par Florence, 2 chambres à l'étage pouvant accueillir 3 personnes (dont une avec mezzanine, « Ébène », qui a une très belle vue). Sanitaires privés. Toute la déco (sur le thème du Maroc pour l'une, du Sénégal pour l'autre) est l'œuvre de Florence, de même que les enduits à l'ancienne et les peintures à l'éponge. Atmosphère douillette et campagnarde à la fois, où le bois est très présent. Les amateurs d'insolite opteront pour les 3 superbes Airstream installées dans le pré. Longues de 7 et 8 m, ces caravanes américaines des années 1970, avec sanitaires privés, peuvent accueillir 2 et 4 personnes. L'une déco seventies, l'autre ambiance cinéma, la dernière sur le thème du Far West. Pour 2, comptez 60 € pour les chambres et 70 € pour les caravanes, petit déj compris. Dans l'ancien four à pain restauré, un petit séjour (avec TV et wifi) et un coin cuisine est à votre disposition. Ambiance décontractée et accueil chaleureux. Une adresse qu'on aime et un très bon rapport qualité-prix-convivialité.

> Accès : d'Avenas, prenez la D 18 vers Monsols (sur 3 km) et, à gauche, vers La Croix-du-Py et faites encore 800 m dans les bois.

BEAUJEU-EN-BEAUJOLAIS 69430

Carte régionale A1

58 km NO de Lyon ; 30 km S de Mâcon

€€ 🛏 🍴 ⛑ **10%** **Chambres d'hôtes (Marie et Philippe Laprun) :** Chantemerle-en-Morne. ☎ 04-74-04-89-26. • marie@chantemerle-en-morne.com • chantemerle-en-morne.com • 🍷 Fermé 24-30 déc. Au calme, petite maison vigneronne face aux vignobles d'appellation beaujolais-village. Marie peint, sculpte, jardine et confectionne de bonnes confitures pour ses hôtes. Philippe, lui, est œnologue ; il vous donnera tous les tuyaux pour vous faire une bonne cave. Trois chambres champêtres, aux douces couleurs pastel, équipées de sanitaires privés : une familiale (4 personnes) en duplex et 2 doubles (dont une de plain-pied accessible aux personnes à mobilité réduite). Ambiance un brin romantique, qui ravira ces dames. 53 € pour 2, petit déj compris, servi sous la tonnelle ; 16 € par personne supplémentaire. Tables d'hôtes (sur réservation) à 22 € et possibilité de repas-dégustation œnologique animé par Philippe pour 45 € (minimum 6 personnes). Accueil chaleureux et bon rapport qualité-prix. Routards

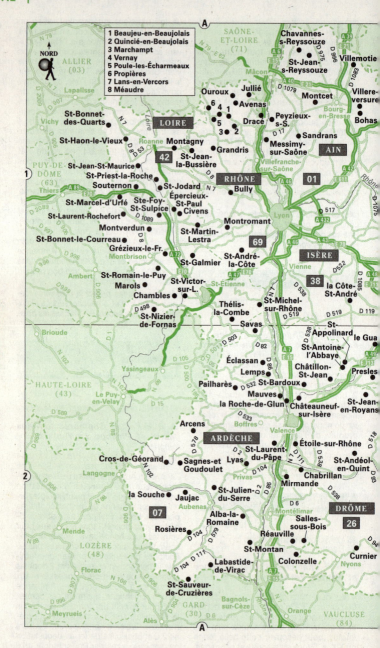

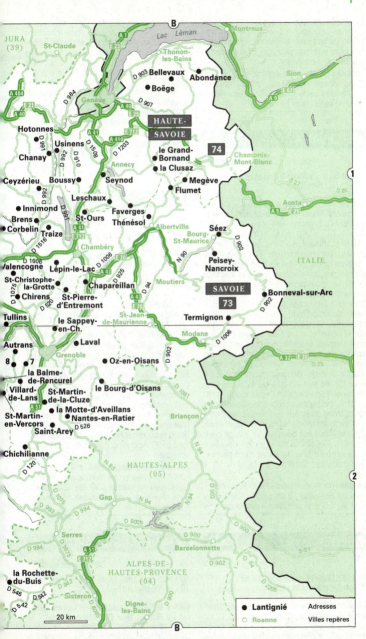

RHÔNE-ALPES

randonneurs, plein de circuits à faire, comme celui qui mène au petit village d'Avenas avec sa ravissante église. Enfin, n'oubliez pas non plus que Beaujeu est la capitale du beaujolais...

Accès : de Beaujeu, prenez la D 26 vers Saint-Joseph/Juliénas ; allez dans le 1er hameau sur la gauche (Chantemerle-en-Morne) et suivez le fléchage.

BELLEVAUX 74470

Carte régionale B1

18 km S de Thonon-les-Bains ; 45 km NO de Genève

€ 🏠 |●| 🐴 (10 %) **Gîte d'étape Le Chalet (Édouard Illand et Anne-Marie Felisaz-Denis) :** *La Cressonnière.* ☎ et fax : 04-50-73-70-13. ● lechalet74@free.fr ● 📶 À 850 m d'altitude, au fond de la vallée du Brevon, en pleine nature. Cinq chambres dans un grand chalet en bois, entouré de montagnes, où l'accueil est une tradition familiale, puisqu'on y reçoit des hôtes depuis... les années 1960 ! Toutes sont situées au 1er étage (dont 3 avec balcon, celles qu'on préfère) ; lavabo et bidet dans chacune, et douche et w-c communs sur le palier et au rez-de-chaussée. Elles sont simples, mais le bois crée une atmosphère chaleureuse, et du balcon on a une très belle vue sur les alentours. Beaucoup d'outils anciens décorent la maison. 50 € pour 2 avec le petit déj, ou 40 € par personne en demi-pension (repas entre 20h30 et 21h), boissons comprises. Spécialités savoyardes cuisinées au feu de bois. Outre ses sympathiques labradors, la maison d'Anne-Marie est devenue un refuge pour équidés. Possibilité de loger les cavaliers dans un petit gîte équestre de 6 places. Petite station familiale (piste et fond) à 7 km.

Accès : de Thonon, prenez la D 26 en direction de Bellevaux ; 2 km avt le village, tournez à gauche, puis suivez le fléchage.

BOËGE 74420

Carte régionale B1

28 km SO de Thonon-les-Bains ; 18 km SE d'Annemasse

€€ 🏠 |●| 🐴 **Chambres d'hôtes du Chalet (Françoise et Gérard Novel) :** *Chez Novelly.* ☎ 04-50-39-12-35. Fax : 04-50-39-17-20. ● chambreduchalet@hotmail.fr ● À 860 m d'altitude, jolie ferme-chalet, où l'on fait l'élevage de vaches laitières et où l'on fabrique du fromage d'Abondance et de la tomme. Belle vue sur la campagne environnante. Une chambre d'hôtes dans la maison et une autre installée dans un petit chalet séparé. Sanitaires privés. Pour 2, de 55 à 60 €, copieux petit déj compris. Possibilité de table d'hôtes pour 18 €, vin compris. Prêt de raquettes (l'hiver). Vente de fromages sur place, *of course !* Également un gîte rural de 2 personnes loué de 250 à 300 € la semaine, selon la saison. Excellent accueil.

Accès : d'Annemasse, empruntez la route de Tanninges ; avt le pont de Fillinges, prenez la direction de Boëge et, avt le village, tournez à gauche puis suivez le fléchage.

BOHAS 01250

Carte régionale A1

15 km E de Bourg-en-Bresse

€ 🏠 |●| (10 %) **Chambres d'hôtes (Danièle et Pierre Dubourget) :** *Le Château, 237, route de Bourg.* ☎ 04-74-51-86-11. 📱 06-16-15-62-75. ● pdubourget01@orange.fr ● Pierre a repris ce beau domaine, la ferme et le patrimoine familial, et a décidé de l'ouvrir au tourisme. Dans une des maisons en pierre, indépendant de la sienne, 5 chambres fonctionnelles avec sanitaires privés. 47 € pour 2, petit déj compris. Immense salle à manger commune et cuisine professionnelle au rez-de-chaussée. Pierre y prépare les repas pour la table d'hôtes à 18 €, vin compris (partagée en famille). Dans une autre maison, il y a un petit gîte rural. Enfin, il y a les ruines de château et elles ne manquent pas de romantisme (qu'attend donc le cousin d'Amérique, pour restaurer tout ça ?). Accueil chaleureux. Une bonne adresse.

Accès : de Bourg-en-Bresse, prenez la D 979 en direction de Nantua, via Ceyzériat, que vous ne quittez plus jusqu'à Bohas ; une allée à gauche conduit vers les ruines du château.

BONNEVAL-SUR-ARC 73480

Carte régionale B1

80 km E de Saint-Jean-de-Maurienne ; 19 km NE de Lanslebourg

€€€€ 🏠 (10 %) **Chambres d'hôtes Chalet La Rosa (Olga Cavatore) :** *Vieux Village.* ☎ et fax : 04-79-05-95-66. ● chambresdhote-la.rosa@orange.fr ● la-rosa.fr ● Fermé mai-juin et 15 sept-15 déc. 📶 Situé à 1 800 m d'altitude, Bonneval est classé à juste titre parmi les plus beaux villages de France. La plupart des maisons sont en pierre avec d'imposants toits de lauzes. Dans l'une d'elles, 4 chambres de 2 à 4 personnes, douillettes et chaleureuses, avec sanitaires privés ; 2 possèdent un balcon, 2 autres une mezzanine. Déco montagnarde où le bois est à l'honneur. 92 € pour 2, petit déj compris, et 20 € par personne supplémentaire. Pour les amateurs de ski alpin, la navette passe devant la maison. L'été, le GR 5 traverse le village ainsi que la GTA. Accueil convivial.

| *Accès : dans le vieux village.*

BOUSSY 74150

Carte régionale B1
20 km SO d'Annecy ; 5 km SE de Rumilly

€€ 🏠 🍴 ⑩% **Chambres d'hôtes Château de Lupigny (Robert Routex) :** ☎ 04-50-01-12-01. 📱 06-13-81-31-49. ● chateaudelupigny@aol.com ● chateau delupigny.com ● 📶 À 400 m d'altitude, dans un écrin de verdure, imposante et belle maison forte dont les origines remontent au XVIe s. Dans la partie la plus ancienne, accessibles par un bel escalier à vis, 2 chambres vastes installées aux 1er et 2e étages. Sanitaires privés. Déco agréable. 62 € pour 2, petit déj compris. Robert adore chiner et sa cuisine est une véritable brocante. Pas de table d'hôtes, mais plusieurs restos à proximité. Accueil chaleureux. Une adresse qui ne manque pas de charme.

| *Accès : sur la D 16, entre Annecy et Rumilly ; prenez la D 31 vers Boussy, que vous ne quittez plus, en suivant la direction Saint-Sylvestre, jusqu'au fléchage « Lupigny ».*

BRENS 01300

Carte régionale B1
32 km NO de Chambéry ; 3 km S de Belley

€ 🏠 🍽 **Chambres d'hôtes Ferme des Grands Hautains (Monique et Noël Veyron) :** *37, sentier de la Conche, Le Petit-Brens.* ☎ 04-79-81-90-95. 📱 06-23-03-38-89. ● noel.monique.veyron@sfr.fr ● Fermé 15 nov-15 déc. 📶 C'est dans une aile de leur ferme que Monique, Noël et leur fils Philippe ont installé 4 chambres : 2 au 1er étage et 2 au second, mansardées. Déco rustique. Choisissez celles du haut, car elles disposent d'un salon avec coin cuisine. Sanitaires privés. Comptez 49 € pour 2, avec le petit déj, et 19 € par personne supplémentaire. Possibilité de table d'hôtes, sur réservation, à 18 €. Accueil souriant et chaleureux. À proximité, le marais de Lavours (1 000 ha de réserve naturelle) offre de superbes balades le long de sentiers sur pilotis. Amateurs, à vous la faune et la flore, si vous pensez à vous munir de bonnes jumelles !

| *Accès : sur la N 504 entre Belley et Chambéry, prenez la D 31A vers Brens et suivez le fléchage.*

BULLY 69210

Carte régionale A1
25 km NO de Lyon ; 15 km SE de Tarare

€€ 🏠 🍽 ⑩% **Domaine du Chêne Patouillard (Michel Biron) :** *chemin du Chêne-Patouillard.* ☎ 04-74-26-89-50. 📱 06-10-98-04-16. ● mjp.biron@ gmail.com ● gite-de-france-au-chene-patouillard.com ● Fermé 19 déc-2 janv. 📶 Au milieu des prés et des cultures, grande bâtisse campagnarde. Dans une aile indépendante, 5 chambres installées aux 1er et 2e étages. Sanitaires privés avec eau chaude solaire. 66 € pour 2, petit déj compris. Table d'hôtes à 26 €, apéro, vin et café compris (pas systématiquement partagée avec votre hôte). Et pour vous détendre, une agréable piscine.

| *Accès : de Lyon, empruntez la N 7 vers Tarare ; laissez le village sur votre droite, faites 1 km ; 150 m après le garage Renault, prenez le chemin à droite et suivez le fléchage.*

CEYZÉRIEU 01350

Carte régionale B1
40 km NO de Chambéry ; 10 km N de Belley

€€ 🏠 ⑩% **Chambres d'hôtes (Jacques Bosso) :** *27, rue de la Traverse, Avrissieu le Haut..* ☎ 04-79-87-92-56. 📱 06-71-94-88-96. ● jacques.bosso@wanadoo. fr ● Ouv début avr-fin nov. Ici, c'est dans deux maisonnettes de village que Jacques vous propose de séjourner. L'une était l'ancienne forge du hameau, l'autre, l'ancien pressoir. Il les a aménagées avec le souci d'en préserver le caractère authentique, et l'atmosphère est campagnarde à souhait. D'abord « La Forge », pour 4 personnes, avec petit salon où trône le traditionnel Godin, puis coin cuisine et salle de bains ; 2 autres chambres à l'étage. « Le Pressoir » est pour les amoureux, avec canapé et cheminée, coin cuisine. La dernière chambre a ses sanitaires à l'étage. 52 € pour 2, avec le petit déj servi chez Jacques qui habite l'ancienne ferme mitoyenne à la forge. Aux beaux jours, vous le prendrez dans son superbe jardin intérieur en compagnie des tortues de votre hôte qui en héberge toute une colonie ! Accueil de qualité. Très bon rapport qualité-convivialité-prix. Une de nos adresses préférées sur le département.

Accès : au niveau de l'église, prenez la rue entre le bar et l'épicerie, traversez le village en direction de Belley/Vongnes ; c'est la 3e rue à gauche.

CHABRILLAN 26400

Carte régionale A2

26 km S de Valence ; 15 km E de Loriol

€€ 🏠 |●| (10 %) *Chambres d'hôtes La Benjianne (Marie-Odile Petiot et Jean-Philip Reynier) :* Les Sabarots. ☎ 04-75-62-76-25. 📱 06-83-03-85-49. ● info@la-benjianne.com ● la-benjianne.com ● Ouv avr-oct. En pleine campagne, entre cultures, vergers et sous-bois, ancienne ferme tout en pierre que Marie-Odile et Jean-Philip ont bien restaurée. Trois chambres coquettes de 2 à 4 personnes, réparties dans différentes ailes de la maison, chacune avec accès indépendant et sanitaires privés. 65 € pour 2, petit déj compris, et 23 € par personne supplémentaire. Table d'hôtes partagée en famille à 23 €, apéro, vin et café compris. Cuisine traditionnelle avec les légumes du jardin en saison. Marie-Odile défend sa région avec ferveur et vous donnera tous les tuyaux pour la découvrir. Accueil dynamique et souriant.

Accès : sur la D 104 entre Loriol et Crest, bifurquez à gauche vers Les Sabarots (venant de Loriol) pdt 1 km ; l'entrée de la maison est à droite (n'allez pas au village).

CHAMBLES 42170

Carte régionale A1

25 km O de Saint-Étienne

€€ 🏠 |●| *Chambres d'hôtes La Grange aux Hirondelles (Christine et Pascal Jousserand) :* Meyrieux. ☎ 04-77-52-95-12. 📱 06-23-43-67-28. ● jousserand.pascal@wanadoo.fr ● la-grange-aux-hirondelles.com ● 🚲 🛜 À deux pas du barrage de Grangent, au cœur d'un petit hameau, Christine et Pascal vous accueillent sur leur ferme où ils élèvent des vaches laitières. L'ancienne grange a fait peau neuve et héberge maintenant 5 chambres claires et gaies avec sanitaires privés. 52 € pour 2, petit déj compris, avec de délicieuses confitures maison (dont celle au lait et la cramaillote de pissenlit, hmm !). Ancienne élève de l'école hôtelière, Christine vous propose une savoureuse table d'hôtes (sauf le dimanche soir) pour 18 €, vin compris. Cuisine naturelle et originale où les produits maison sont à l'honneur. Les proprios sont une mine d'infos pour découvrir la région. Accueil hors pair. Une de nos adresses préférées sur le département.

Accès : de Saint-Étienne, N 88 jusqu'à Firminy puis D 3 vers Unieux jusqu'au pont de Pertuiset ; là, traversez la Loire et prenez à droite la D 108 vers Chambles que vous traversez et, à 1,5 km, D 32 à gauche vers Meyrieux ; la maison est au bout du hameau.

CHANAY 01420

Carte régionale B1

40 km NO d'Annecy ; 15 km S de Bellegarde

€€ 🏠 (10 %) *Chambres d'hôtes Les Fustes d'Izernore (Karine Min Tung et Yvon Bachelet) :* ☎ 04-50-59-54-66. 📱 06-81-12-20-27. ● izernore@wanadoo.fr ● chanay.free.fr ● 🛜 On les croirait tout droit sorties de *La Petite maison dans la prairie*, et pour cause ! Elles sont deux, entièrement construites en fûts de mélèze, sans clous ni chevilles (Yvon vous l'expliquera et vous racontera aussi les soucis qu'il a eus pour obtenir les diverses autorisations... merci la mairie !). Dans l'une d'elles, 3 chambres croquignolettes et chaleureuses, avec accès indépendant de plain-pied. Sanitaires privés. 52 € pour 2, copieux petit déj compris (une aubaine !), servi sur la terrasse ou dans la maison des proprios. Karine est infirmière, et comme elle s'occupe des autres, c'est Yvon qui s'occupe des hôtes. Accueil convivial et décontracté. Calme et tranquillité assurés, et comme aime à le dire Yvon : « Si ton médecin ne peut plus rien pour toi, habite une maison en bois. »

Accès : dans le village, empruntez la rue face au monument aux morts sur 50 m, entrez dans le parc à gauche et allez tt au bout.

CHAPAREILLAN 38530

Carte régionale B1

20 km S de Chambéry ; 10 km NO de Pontcharra

€€ 🏠 (10 %) *Chambres d'hôtes Chalet L'Épervière (Marie-Jo Favrichon-Michel) :* Bellecombette. ☎ et fax : 04-76-45-59-74. 📱 06-14-26-38-09. ● leperviere@hotmail.

com ● *chalet.eperviere.free.fr* ● *Fermé 1er-15 oct.* 🛜 Petit hameau d'altitude dans le parc régional de la Chartreuse. Un chalet ? Marie-Jo en rêvait... Alors, elle l'a fait construire pour le décorer à son goût avec plein de petites peintures murales (normal, elle est aussi prof de peinture sur bois). 2 chambres chaleureuses et douillettes, avec sanitaires privés, à 62 € pour 2, petit déj compris. Pas de table d'hôtes, mais kitchenette et coin repas à disposition. Accueil discret et souriant. Possibilité d'aller taquiner le poisson ou de faire trempette dans le joli lac de Saint-André (à 6 km).

> *Accès :* de Chapareillan, prenez la direction du col du Granier, jusqu'à La Palud ; tournez à gauche vers Bellecombette et suivez le fléchage.

CHÂTEAUNEUF-SUR-ISÈRE   26300

Carte régionale A2

10 km N de Valence

€€ 🛏 🍽 **10%** *Chambres d'hôtes Nature d'Eaux (Sylvie et Gérard Combet) :* Les Communaux. ☎ 04-75-84-58-88. 📱 06-16-66-35-87. ● *contact@naturedeaux.com* ● *naturedeaux.com* ● 🛜 Alors, c'est une adresse très atypique dans notre sélection, mais l'accueil et la maison nous ont séduits ! C'est un véritable centre de remise en forme avec hammam, jacuzzi, cabine de massages et, bien sûr, des chambres d'hôtes. Elles sont 4, toutes aussi charmantes les unes que les autres. On a craqué pour « Lit de vin » avec son lit à baldaquin, à l'atmosphère romantique. 70 € pour 2, petit déj compris. Pas de table d'hôtes proprement dite, mais possibilité de restauration livrée par un traiteur. La table est dressée dans la chambre ou sous une tonnelle. Question spa, l'heure avec hammam et jacuzzi est à 20 €. Accueil chaleureux. Une adresse pour prendre soin de son corps.

> *Accès :* de l'A 7, sortie 14 « Valence Nord » ; au 1er rond point, prenez à droite la RN 7 direction Pont-de-l'Isère, continuez sur 2,5 km, puis prenez à droite la D 877 ; poursuivez sur 1,5 km puis chemin à gauche.

CHÂTILLON-SAINT-JEAN 26750

Carte régionale A2

25 km NE de Valence ; 10 km E de Romans

€€€ 🛏 **10%** *Chambres d'hôtes La Maison Forte de Clérivaux (Anne et Pierre Josquin) :* ☎ 04-75-45-32-53. ● *contact@clerivaux.fr* ● *clerivaux.fr* ● *Fermé 3 janv-3 mars.* 🛜 Anciennes ruines d'une maison forte du XIIIe et ses communs (XVIIe-XIXe s), patiemment restaurée depuis plus de 30 ans... Anne et Pierre vous parleront de leurs années de travaux, du souci qu'ils ont eu à retrouver les techniques des artisans d'antan, les matériaux et les couleurs des bâtiments originels... Le résultat est superbe et les 4 chambres sont parfaites, cela va sans dire. Compter 75 € pour 2, copieux petit déj compris (65 € si séjour de plus d'une nuit). Site splendide, préservé et isolé, petit jardin de curé en terrasses, une roseraie ancienne, un jardin d'eau... un lieu enchanteur et hors du temps ! Et pour ceux qui tomberont définitivement sous le charme, un appartement haut de gamme (4-5 personnes) loué 490 € la semaine.

> *Accès :* au rond-point à l'entrée de Châtillon, suivez le fléchage « Chapelle de Gillons » ; la maison se trouve à 2,5 km.

CHAVANNES-SUR-REYSSOUZE   01190

Carte régionale A1

35 km NO de Bourg-en-Bresse ; 5 km E de Pont-de-Vaux

€€€ 🛏 🍽 **10%** *Chambres d'hôtes Les Darbonnets (Dominique et Charles Caclin) :* ☎ 03-85-36-48-75. ● *dominique@darbonnets.fr* ● *darbonnets.fr* ● Dans un petit hameau campagnard, au milieu d'un agréable parc avec petit étang privatif, imposante bâtisse du XIXe s. Au 1er étage, 3 chambres spacieuses décorées avec goût. Sanitaires privés. Entre les chambres « Cécile » et « Rose », notre cœur balance. 78 € pour 2, petit déj compris et 20 € par personne supplémentaire. Salon bibliothèque avec cheminée ouvert aux hôtes. Dominique et Charles sont d'anciens archéologues reconvertis en apiculteurs et artisans confiseurs. Ils fabriquent notamment de délicieux fondants aux différents parfums (miel, chartreuse...). Bien sûr, ils vous feront découvrir l'atelier de fabrication avec notamment la machine à empaqueter les fondants (les enfants vont adorer !). Vélos à disposition. Accueil convivial.

> *Accès :* A 6 sorties nos 27 ou 28 et direction Pont-de-Vaux, puis D 2 vers Saint-Trivier-de-Courtes sur 5 km ; ne tournez pas vers Chavannes et 300 m après suivez le fléchage à droite.

RHÔNE-ALPES

CHICHILIANNE 38930

Carte régionale B2

45 km S de Grenoble ; 5 km O de Clelles

€€ 🛏 🍽 🐕 (10%) **Chambres d'hôtes La Ferme de Ruthières (Florence et Jean-Luc Sauze) :** *hameau de Ruthières.* ☎ *et fax : 04-76-34-45-98.* 📱 *06-87-73-78-42.* ● *fsauze@gmail.com* ● *fermederuthieres. com* ● *Fermé 20-28 déc. Résa conseillée.* Dans l'ancienne ferme familiale, Jean-Luc et Florence ont transformé avec bonheur une très belle bergerie voûtée. Confortables chambres avec mobilier de bois blond et couettes bien douillettes. Comptez 51 € pour 2, petit déj compris, et 17 € pour le repas en table d'hôtes (sauf les mercredi et vendredi, et uniquement sur réservation). Calme et tranquillité garantis. Si vous êtes passionné de nature, vous pourrez découvrir le parc régional du Vercors en empruntant une boucle de 5 km qui comprend 11 arrêts thématiques.

Accès : de Grenoble, prenez la N 75 ; 20 km après Monestier-de-Clermont, prenez la D 7 à droite, puis la 1re à droite et enfin la 2e à droite.

CHIRENS 38850

Carte régionale B1

30 km NO de Grenoble ; 6 km N de Voiron

€€€ 🛏 🍽 (10%) **Chambres d'hôtes La Maison de Joanny (Béatrice et Claude Micoud-Terreaud) :** *1490, route de La Guilletière.* ☎ *04-76-91-04-67.* 📱 *06-70-06-23-34.* ● *contacts@maison-de-joanny. com* ● *maison-de-joanny.com* ● À l'écart de l'agitation de la ville. Joanny, c'était le grand-oncle de Claude, ancien propriétaire de cette ancienne ferme familiale vieille de plus de deux siècles. L'ancienne grange a été entièrement réaménagée pour accueillir des hôtes. Quatre chambres charmantes avec sanitaires privés. Ici, on a osé les couleurs, et le nom des chambres dépend de la couleur des poutres. On aime bien la verte avec son lit à baldaquin. Sanitaires privés, TV et système wifi. 76 € pour 2, petit déj compris. Excellente et inventive table d'hôtes (sauf le dimanche de mi-juin à mi-septembre) à 25 €, apéro, vin, café et digeo compris. Accueil chaleureux teinté par le rire de Béatrice.

Accès : venant de Voiron, traversez le village, passez l'église et à la sortie du virage prenez la 2e rue à gauche vers Clermont/ La Guilletière pdt 300 m puis à droite la route de la Guilletière sur 1,5 km et suivez le fléchage.

CIVENS 42110

Carte régionale A1

40 km N de Saint-Étienne ; 2 km NE de Feurs

€ 🛏 🍽 **Chambres d'hôtes (Simone et Bernard Palais) :** *Les Rivières.* ☎ *04-77-26-11-93.* 📱 *06-26-12-15-74.* ● *bernard. palais@orange.fr* ● 📶 Simone et Bernard, agriculteurs à la retraite, vous accueillent dans leur ferme située en pleine campagne. Au 1er étage de la maison, 3 chambres toutes simples avec sanitaires privés, à 46 € pour 2, petit déj compris, avec un bon choix de confitures maison. Table d'hôtes à 16 €, vin compris. Cuisine traditionnelle et familiale avec les volailles et les légumes de la ferme (vous avez dit frais ?). Les moins fortunés trouveront un petit camping à la ferme de 6 emplacements (10,40 € pour 2 tout compris sauf l'électricité). Accueil souriant et authentique. Une adresse nature.

Accès : de Feurs, empruntez la D 1082 en direction de Roanne, traversez la Loise et prenez à droite l'allée de la Loise ; au bout tournez à gauche, puis à droite (D 113) vers Salvizinet et suivez le fléchage (n'allez pas à Civens).

COLONZELLE 26230

Carte régionale A2

32 km SE de Montélimar ; 4 km S de Grignan

€€ 🐕 🐎 (10%) **Chambres d'hôtes Le Moulin de l'Aulière (Marie et Guy Béraud) :** ☎ *04-75-91-10-49.* ● *lemoulin delauliere@orange.fr* ● *moulindelauliere.fr* ● *Ouv 15 mars-15 nov.* 📶 Belle maison bourgeoise construite par l'arrière-grand-père de Marie et entourée d'un agréable parc où coule l'Aulière. Cinq chambres spacieuses situées aux 1er et 2e étages (une préférence pour la blanche avec petite terrasse et douche extérieure pour les beaux jours), toutes avec sanitaires privés. Comptez 70 € pour 2, petit déj compris, avec œufs bio, jus de fruits pressés, et tout plein de bonnes confitures maison ! Belle cuisine à l'ancienne à disposition, avec l'horloge comtoise qui égrène les secondes. Atmosphère calme et reposante. Accueil chaleureux et souriant. Pas de table d'hôtes mais plusieurs restos aux alentours. La visite du château de Grignan s'impose (propriété de la fille de Mme de Sévigné). Ceux qui préfèrent parcourir la campagne pourront emprunter le sentier des bories. Quant aux adeptes du farniente, la piscine (chauffée) leur tend les bras.

Accès : A 7, sortie Montélimar Sud ; prenez la N 7 puis la D 541 jusqu'à Grignan, continuez vers Valréas sur 2 km et, après le pont du Lez, tournez à droite vers Colonzelle et suivez le fléchage.

CORBELIN 38630

Carte régionale B1

40 km O de Chambéry ; 15 km E de La Tour-du-Pin

€€ 🏠 |●| (10 %) **Chambres d'hôtes Château Gaillard (Gabriela et Claude Delcey) :** *530, route du Timon.* ☎ *04-74-83-78-73.* 📱 *06-82-86-92-67.* ● *gabriela.delcey@yahoo.fr* ● *chateau-gaillard.net* ● 🛜 Dans un petit hameau bien tranquille, grande et imposante demeure aux allures bourgeoises de la fin du XIXe s. Quatre chambres installées aux différents niveaux de la maison, dont une suite familiale. Atmosphère romantico-campagnarde et jolis meubles anciens. Sanitaires privés. 65 € pour 2 et 25 € par personne supplémentaire, petit déj compris, avec plein de sortes de confitures maison. Table d'hôtes à 25 €, apéro, vin et café roumain compris (extra !). Gabriela, ancien prof d'origine roumaine élève des volailles et bêche son potager (comme quoi !). Cuisine familiale et traditionnelle avec une majorité de produits maison et des spécialités roumaines que la grand-mère de Gabriela lui a confiées. Accueil des plus chaleureux.

Accès : A 43 sortie n° 9 La Tour-du-Pin puis D 1516 Chambéry/Saint-Genix puis D 1075 vers Morestel pdt 2,5 km ; au niveau des transports Sainton, tournez à droite et suivez le fléchage sur 1,8 km.

€€ 🏠 |●| (10 %) **Chambres d'hôtes La Paumanelle (Corinne et Rémi Chavanon) :** *498, route de Saint-Martin.* ☎ *04-74-83-77-72.* ● *lapaumanelle@lapaumanelle.com* ● *lapaumanelle.com* ● *Fermé 25 sept-17 oct.* Ancienne ferme installée au bord d'une petite route. Dans l'ancienne grange, 3 chambres agréables, de plain-pied, qui ouvrent sur la piscine. Sanitaires privés. 61 € pour 2, petit déj compris. Ici, c'est une maison de musiciens... Un piano et un synthé attendent vos doigts agiles. Grand salon de détente au 1er étage de la maison avec une bibliothèque bien achalandée, une belle collection de B.D., de nombreux jeux de société et un ordi à disposition pour consulter vos e-mails. Table d'hôtes (sauf les lundi et jeudi de septembre à juin, les mardi, jeudi et dimanche en juillet-août) à 24 €, apéro, vin et café compris. Une goûteuse cuisine traditionnelle ou créative selon l'humeur de la maîtresse des lieux. Accueil chaleureux.

Accès : A 43 sortie n° 10 Chimilin puis D 592 vers Aoste puis D 82 vers Chimilin-Village puis Corbelin ; traversez le village et, au rond-point de la D 1075, prenez la D 82i vers Dolomieu et suivez le fléchage.

CROS-DE-GÉORAND 07510

Carte régionale A2

50 km NO d'Aubenas ; 25 km E de Coucouron

€€ 🏠 |●| 🐴 **Chambres d'hôtes Brin d'Air (Domithilde et Pierre-Jean Tocheprax) :** *Beauregard.* ☎ *04-75-38-93-62.* 📱 *06-27-83-18-50.* ● *contact@brindair.com* ● *brindair.com* ● À 1 220 m d'altitude, au cœur de la montagne ardéchoise, grande ferme isolée, plantée au milieu des pâturages et des genêts. L'intérieur dégage une atmosphère montagnarde car la déco est basée sur le bois. Ici, on enfile les chaussons pour être comme à la maison. Cinq chambres douillettes avec sanitaires privés, à 60 € pour 2, petit déj compris. Table d'hôtes partagée en famille à 22 €, apéro, vin et café compris. Cuisine familiale du terroir. Pierre-Jean propose différents circuits pour découvrir les environs, à pied ou en vélo. L'hiver, il faudra chausser les raquettes. Accueil convivial.

Accès : dans le village, au niveau du lavoir et du resto, prenez la petite route qui monte et faites 2 km (bon fléchage).

CURNIER 26110

Carte régionale A2

10 km NE de Nyons ; 25 km N de Vaison-la-Romaine

€€ 🏠 |●| 🐴 (10 %) **Chambres d'hôtes La Fenière (Claudine Michot) :** *2, pl. de la Mairie.* ☎ *et fax : 04-75-27-43-90.* 📱 *06-25-80-31-26.* ● *cl.michot@wanadoo.fr* ● *sejour-autreprovence.com* ● *Ouv avr-sept.* 🛜 Claudine mène deux vies entre la Suisse et la France ; aux beaux jours, elle migre vers la Provence pour s'occuper de ses hôtes. Sa devise est très simple : hygiène et propreté vous donnent la santé (c'est pour la rime !). Alors, sa maison de village est toute simple, et ses 4 chambres sont fonctionnelles et tenues de manière irréprochable. Choisissez-en une côté jardin car la vue est magnifique (une a même une petite terrasse). 62 € pour 2, petit déj compris. Table d'hôtes (sauf juillet-août), partagée en famille, à 28 €. Souvent, les amies de Claudine viennent séjourner chez elle et lui donner un coup de main... Elles se réunissent souvent et, croyez-nous, elles savent faire la fête ! Claudine connaît très bien la région et vous donnera tous les tuyaux pour la découvrir. Chaleur de l'accueil et gentillesse au rendez-vous.

Accès : au centre du village, en face de la fontaine.

DRACÉ 69220

Carte régionale A1

16 km N de Villefranche-sur-Saône ; 16 km S de Mâcon

€€€ 🏠 |●| *Chambres d'hôtes La Ferme de Valpierre (Michèle et Henri Parnet) :* 292, route des Tillerets. ☎ 06-84-63-89-10. ● fermevalpierre.info ● 🌐 Belle ferme du milieu du XIXᵉ s avec une grande pièce d'eau où coassent les grenouilles. Si la maison a du charme, on vient surtout ici pour l'hospitalité hors pair et la personnalité des propriétaires. On aime écouter les histoires d'Henri, et déguster les spécialités de Mimi qui tenait un petit bouchon à Lyon. Dans un bâtiment indépendant, 2 grandes suites, chacune composée d'un salon au rez-de-chaussée et chambre à l'étage, avec sanitaires privés. La chambre dite « du curé », rigolote comme tout, et la « chambre des voyages ». La déco est soignée et chaque détail a été pensé en fonction du thème de la chambre. Atmosphère chaleureuse et douillette. 80 € pour 2, petit déj compris. Table d'hôtes partagée en famille à 25 €, apéro, vin et café compris, servie sous un grand tilleul aux beaux jours ou dans la salle à manger de Mimi où vous découvrirez sa batterie de cuisine en cuivre et sa collection de vieilles boîtes publicitaires. Rocker, motard... Henri vous montrera sa collection de vinyles, son billard américain, sans oublier sa superbe Austin Healey. Vélos à disposition et deux solex. Et pour les mauvais jours, salle de jeux avec ping-pong, billard anglais, ainsi qu'une riche bibliothèque et plusieurs centaines de films et de CD musicaux... Une adresse qu'on n'oublie pas.

Accès : A 6, sortie n° 30 Belleville, puis D 37 vers Thoissey/Beaujeu puis D 109 vers Taponas jusqu'au hameau des Tillerets, c'est la dernière maison à gauche (n'allez pas à Dracé).

ÉCLASSAN 07370

Carte régionale A2

42 km N de Valence ; 18 km SE d'Annonay

€€€ 🏠 |●| *Chambres d'hôtes Le Grand Chaléat (Danielle Filiberto) :* ☎ 04-75-34-35-14. ● contact@grandchaleat.com ● grandchaleat.com ● *1ᵉʳ oct-1ᵉʳ avr.* 🌐 Il ne reste qu'une noble ruine de cet ancien moulin du XVIIᵉ s installé au bord de la rivière dans un joli coin de nature... Par contre, la maison a été entièrement réaménagée et superbement restaurée. Cinq chambres charmantes avec sanitaires privés. On a craqué pour « Edénia » et « Soleillade ». De 78 à 86 € pour 2, petit déj compris. Table d'hôtes partagée en famille à 25 €, apéro, vin et café compris. Les repas sont servis dans une agréable pièce de jour avec belle hauteur sous plafond et coin bibliothèque en mezzanine. Une grande piscine pour vous détendre ou la rivière pour ceux qui préfèrent le côté nature. Accueil chaleureux. Une adresse au charme indéniable.

Accès : au feu tricolore de Sarras, prenez la D 6 vers Saint-Jeure-d'Ay ; laissez Éclassan sur la gauche, passez devant la carrière, et au croisement suivant (au niveau de la croix), tournez à droite et suivez la piste sur 2 km.

ÉPERCIEUX-SAINT-PAUL 42110

Carte régionale A1

35 km SE de Roanne ; 6 km N de Feurs

€ 🏠 |●| *Chambres d'hôtes (Pascale et Hervé Gardon) :* Les Barges. ☎ 04-77-26-54-40. ● gardonpascale@wanadoo.fr ● pagesperso-orange.fr/la-vesne ● 🌐 Ferme familiale forézienne qu'Hervé a restaurée en grande partie lui-même. Cinq chambres agréables avec sanitaires privés. 45 € pour 2, petit déj compris. Table d'hôtes partagée en famille à 17 €, vin compris. Cuisine traditionnelle où les légumes du jardin tiennent une place de choix. Agréable promenade à faire en bord de Loire à proximité. Accueil chaleureux. Bon rapport qualité-prix-convivialité.

Accès : A 72, sortie n° 6 Feurs, puis D 1082 vers Roanne jusqu'à Épercieux ; là, prenez à gauche le chemin de la Loire puis à droite celui de la Diligence (bon fléchage).

ÉTOILE-SUR-RHÔNE 26800

Carte régionale A2

12 km S de Valence

€€ 🏠 *Chambres d'hôtes (Famille Chaix) :* 3480, route de Montmeyrand, La Mare. ☎ 04-75-59-33-79. 📱 06-78-30-41-48. ● la.mare.free.fr ● En pleine campagne, au milieu des cultures, grande ferme composée de plusieurs bâtiments restaurés et aménagés par Marcel. Trois chambres, dont une familiale composée de 2 chambres, avec sanitaires privés. Comptez 60 € pour 2 avec le petit déj.

Accès : *de Valence, prenez la D 111 vers Gap ; au 2e rond-point, laissez Étoile sur la droite et continuez vers Montmeyran, à gauche, sur 3,5 km (D 111b) ; la ferme est sur la droite (volets bleus).*

FAVERGES 74210

Carte régionale B1

25 km S d'Annecy ; 20 km NO d'Albertville

€ 🛏 |○| **Gîte d'étape de l'École de Glaise (Bernard Gerlier) :** *2623, route de Saint-Ruph.* ☎ *04-50-44-43-41 ou 09-52-32-93-42.* • *gite.glaise@libertysurf.fr* • *giteglaise. chez-alice.fr* • *Fermé 1re sem de nov. De préférence sur résa.* Au pied du massif des Bauges, dans une ancienne école, gîte d'étape proposant 3 chambres avec lits superposés (2 pour 4 personnes et une pour 6). Sanitaires privés. Selon le confort, de 18 à 19 € la nuit par personne, 3,50 € le petit déj. Si vous le souhaitez, Bernard propose aussi la table d'hôtes, midi et soir : demi-pension entre 30 et 33 € par personne et pension complète entre 38 et 40 €. Vous mangerez par exemple un pain de courgettes, une escalope forestière aux chanterelles, des fromages de Savoie et une tarte aux poires amandine. À 12 km, la station familiale de Seythenex permet la pratique du ski de piste et de fond. Nombreux sentiers et sites d'escalade à proximité. Et, à une petite heure de marche, la fosse à Ours, grand piège qu'utilisaient les paysans qui les chassaient autrefois.

Accès : *en venant de Faverges, suivez la D 12 en direction du col de Tamié, puis Le Villaret, et tournez à droite au petit pont où l'adresse est indiquée (montez encore sur 2,5 km).*

FLUMET 73590

Carte régionale B1

25 km N d'Albertville ; 14 km SO de Megève

€€€ 🛏 |○| 🐾 ⑩% **Chambres d'hôtes Cœur de Marie (Marie-Pierre et Roland Ouvier) :** *Les Glières.* ☎ *et fax : 04-79-31-38-84.* 📱 *06-87-34-01-32.* • *contact@ chalet-marie.com* • *chalet-marie.com* • 📶 À 1 000 m d'altitude, ancienne ferme du XIXe s qui jouit d'une belle vue sur la chaîne des Aravis. Cinq chambres charmantes et douillettes, à l'atmosphère champêtre et montagnarde, avec sanitaires privés. Deux sont familiales dont une composée de 2 chambres avec coin cuisine. TV écran plat dans chaque chambre. De 69 à 86 € pour 2, petit déj compris. Table d'hôtes partagée en famille à 25 €, apéro, vin et café compris. Cuisine familiale et régionale. Sur place, espace détente avec spa, jacuzzi et sauna. L'hiver, on peut faire du ski à Flumet ou à La Giettaz, l'été, baignade au plan d'eau de Flumet, VTT et randos pédestres seront à l'honneur.

Accès : *de Flumet, prenez la D 909 vers le col des Aravis/La Giettaz, la maison est à 3 km à droite.*

GRANDRIS 69870

Carte régionale A1

35 km O de Villefranche-sur-Saône ; 10 km de Lamure-sur-Azergue

€€ 🛏 |○| 🐾 ⑩% **Chambres d'hôtes Domaine des Mollières (Nadine Fiorda-Pasquier) :** *Le Bruley.* ☎ *04-74-60-13-59.* • *domainedesmollieres@orange.fr* • *ledomai nedesmollieres.org* • 📶 À 600 m d'altitude, isolée en pleine nature (et c'est peu dire !), cette ancienne ferme devenue colonie de vacances a fait peau neuve grâce au travail colossal qu'a réalisé Frédéric. Dans un bâtiment indépendant, 5 chambres immenses et charmantes, avec sanitaires privés, de 2 à 4 personnes. Peintures à la pomme de terre, plafond en pâte à papier, glacis, mosaïques, couleurs et matières se marient avec harmonie pour former un décor original où l'on se sent bien. Selon la chambre, entre 60 et 70 € pour 2, petit déj compris ; 22 € par personne supplémentaire. Les repas se prennent chez Nadine et Fred. Table d'hôtes partagée en famille à 25 €, apéro, vin et café compris. Ici c'est le paradis des randonneurs à pied, vélo, cheval... et le GR 7 passe juste à côté de la maison. Accueil chaleureux. Une adresse où l'on aurait bien posé nos sacs plus longtemps.

Accès : *au rond-point au centre du village, prenez la route qui descend vers Saint-Just-d'Avray sur 700 m puis tournez à droite et faites 3,3 km sur une petite route qui serpente à travers sous-bois et pâturages.*

GRÉZIEUX-LE-FROMENTAL 42600

Carte régionale A1

10 km E de Montbrison

€ 🛏 🐾 **Chambres d'hôtes (Françoise et Jean-Marc Farjon) :** *Le Thévenon.* ☎ *04-77-76-12-93.* 📱 *06-71-99-63-11.* • *ffarjon@free.fr* • *chambre-hote-theve*

RHÔNE-ALPES

non.info ● Ferme familiale bien restaurée. Françoise et Jean-Marc y ont aménagé 4 confortables et jolies chambres (la plus sympa est celle avec la voûte en brique). Comptez 46 € pour 2, petit déj inclus (avec confitures maison et lait de ferme). Pas de table d'hôtes mais kitchenette tout équipée à disposition. Très bon rapport qualité-prix et accueil chaleureux et charmant. Terrains de jeux : volley, tennis, basket, pétanque. Si vous voulez vous balader, ne manquez pas la visite du prieuré roman de Saint-Romain-le-Puy.

Accès : sur la N 82, à Montrond-les-Bains, prenez la direction de Montbrison puis la D 496 jusqu'à Grézieux-le-Fromental et suivez le fléchage ; c'est à la sortie du village.

HOTONNES 01260

Carte régionale B1

65 km SE de Bourg-en-Bresse ; 30 km S de Nantua

€ 🏠 |●| 🐾 ⑩% **Gîte de séjour Les Pelaz (Jean-Jacques Bianchi) :** Les Plans. ☎ 04-79-87-65-73. 📱 06-64-66-49-42. ● lespelaz@wanadoo.fr ● gite-jura-lespelaz.com ● 🚴 📶 À 1 100 m d'altitude, dans le massif du Jura, c'est une ancienne ferme (genre chalet) que Jean-Jacques a transformée en gîte d'étape et de séjour de 17 lits. Quatre chambres de 2 à 6 lits avec salle de bains privée. Immense salle de jour chaleureuse avec poutres, cheminée et un petit coin détente. Comptez 18 € par personne sans les draps, 2,50 € si vous êtes tête en l'air, et un copieux petit déj (céréales, yaourts, jus de fruits, fromages, pain bio et confitures maison) à 6 €. On peut aussi y dîner pour 15 €, sans les vins, et déguster une bonne cuisine familiale et traditionnelle (végétarienne sur demande) : soupe aux orties, chou aux châtaignes, rôti de porc à la sauge, cake à la mélisse… Accueil dynamique, décontracté et sans façon. L'hiver, ski de fond et ski alpin, raquettes et chiens de traîneau sur Les Plans-d'Hotonnes (70 km de pistes) ; l'été, le GR 9 passe tout à côté de la maison. Une adresse idéale pour les familles (tout l'équipement des petits est à disposition) et les groupes de copains, surtout quand on sait qu'on peut louer tout le gîte en gestion libre, pour 430 € le week-end. Également 2 gîtes (2-4 et 4-6 personnes) pour des séjours prolongés.

Accès : A 40, sortie n° 8 vers Saint-Martin-du-Frêne ; prenez la D 31 vers Les Plans-d'Hotonnes, puis la D 39A et suivez le fléchage.

INNIMOND 01680

Carte régionale B1

50 km NO de Chambéry ; 21 km O de Belley

€€ 🏠 |●| 🐾 ⑩% **Chambres d'hôtes La Ferme du Gorgin (Geneviève et Alain Nambotin) :** rue du Belvédère. ☎ 04-74-40-92-00. ● genevieve.nambotin@wanadoo.fr ● lafermedugorgin.fr ● Dernier petit village du massif du Jura, isolé à 850 m d'altitude. Ancien horloger, Alain a décidé de tout lâcher pour fabriquer son pain dans la plus pure tradition et ouvrir des chambres d'hôtes. Sa maman, Geneviève, participe activement à l'accueil. Cinq chambres bien tenues dont une familiale composée de 2 chambres. Sanitaires privés. 55 € pour 2, petit déj compris (confitures, pain et croissants maison). Table d'hôtes partagée en famille à 19 €, apéro et vin compris. En hiver on peut louer des raquettes dans le village pour découvrir le coin, l'été, le GR 59 passe dans Innimont (avec un T ou un D, les élus n'ont jamais pu se décider !). Accueil authentique et vrai.

Accès : on peut arriver au village par Lhuis, Belley ou Ordonnaz ; la ferme est dans le village (bon fléchage).

JAUJAC 07380

Carte régionale A2

16 km O d'Aubenas

€€€ 🏠 🐾 **Chambres d'hôtes (Marie et Gil Florence) :** Les Roudils. ☎ et fax : 04-75-93-21-11. 📱 06-40-41-46-40. ● le-rucher-des-roudils@wanadoo.fr ● lesroudils.com ● *Ouv avr-fin nov.* 📶 En pleine nature, avec une vue imprenable sur la chaîne du Tanargue (« dieu du tonnerre », en celte), belle ferme du XVIIIe s. Quatre chambres coquettes aux teintes douces, dont une familiale pour 4 personnes (une préférence pour celles avec petite terrasse privée pour prendre le soleil). Sanitaires privés. 75 € pour 2 et 20 € par personne supplémentaire, toujours petit déj (bio) compris (crêpes à la farine de châtaignes, œufs pochés au paprika, charcuterie du pays, pain d'épice et plein de miels maison !), servi dans une superbe et lumineuse pièce de jour (ancienne fenière). Pas de table d'hôtes, mais cuisine à disposition. Les amateurs de randos trouveront tous les itinéraires sur place.

Accès : d'Aubenas, prenez la N 102 vers Le Puy, puis la D 5 vers Jaujac ; dans le village, sur la place Saint-Bonnet, tournez à droite, passez le petit pont, tournez à gauche, la maison est à 4 km.

€€ 🛌 |●| ⑩% *Chambres d'hôtes La Ferme du Monteil (Catherine Brun et Alain Maréchal)* : Le Monteil. ☎ 04-75-93-28-56. • contactct@la-ferme-du-monteil.com • la-ferme-du-monteil.com • Ouv avr-oct. 📶 Dans leur ferme en pierre qui surplombe la vallée du Lignon, Catherine et Alain ont aménagé 4 chambres à la déco toute simple. 59 € pour 2, petit déj compris. Ici, l'agriculture intensive n'a vraiment pas sa place... Ce sympathique couple d'agriculteurs cultive, sur de minuscules terrasses, une pléiade de légumes qui finissent pour notre plus grand bonheur dans les assiettes. Table d'hôtes à 22 €, boissons comprises. Une cuisine pour mettre vos papilles gustatives à l'épreuve... pas moins de 40 variétés de tomates ! Une halte reposante et pleine de découvertes culinaires.

> *Accès* : dans Jaujac, tournez à droite avt la boulangerie et la pharmacie, passez le pont du Chastelas, tournez encore à droite et suivez Le Monteil ; c'est à 3,5 km au bout d'une route qui ne va pas plus loin.

JULLIÉ 69840

Carte régionale A1

60 km N de Lyon ; 20 km SO de Mâcon

€€ 🛌 |●| ⑩% *Chambres d'hôtes La Gloriette (Antoinette et Jean-Luc Bazin)* : Le Bourg. ☎ 04-74-06-70-95. 📱 06-86-46-31-70. • lagloriette@lagloriette.fr • lagloriette.fr • Ouv mars au 30 nov. 📶 Jullié est un petit village de 400 habitants, dont une centaine travaille dans la vigne... Plusieurs vignerons vous feront déguster les célèbres juliénas et saint-amour. En son sein, ensemble de trois petites maisons dont une avec grand escalier et perron, où des tables sont installées. Trois chambres de 2 à 6 personnes, avec sanitaires privés et eau chaude solaire. Elles sont lumineuses, accueillantes et dégagent une atmosphère guillerette. 60 € pour 2, petit déj compris, et 15 € par personne supplémentaire. Table d'hôtes, à tendance bio, à 25 € tout compris (menu végétarien le mardi sur demande). Agréable jardin de curé. Accueil chaleureux.

> *Accès* : laissez votre voiture sur la place du village et prenez la rue à droite du café (sur 30 m) puis la 1ʳᵉ impasse à gauche.

LA CLUSAZ 74220

Carte régionale B1

35 km O de Chamonix ; 31 km E d'Annecy

€€€€ 🛌 |●| *Gîte de séjour Aux Quatre Vents (Danielle Aussedat)* : ☎ 04-50-02-41-14. 📱 06-21-39-28-20. • gite4vents.dan@orange.fr • gite4vents-clusaz.com • Fermé 20 avr-10 mai. Avec une vue imprenable sur la chaîne des Aravis, joli chalet traditionnel à 1 300 m d'altitude offrant 25 places réparties en 8 chambres de 2 à 5 places. Sanitaires privés. Décoration simple, mobilier en bois naturel. Ici, on pratique le système demi-pension (draps fournis, mais prévoyez vos serviettes) : de 46 à 55 € par personne selon la saison. Danielle se tient derrière les fourneaux et elle vous fera déguster de bonnes spécialités comme les diots, la tartiflette, le civet de porc, les tartes, et bien sûr le biscuit de Savoie. Vous êtes à 1,5 km des premières remontées mécaniques, alors... à vos skis ! L'été, c'est escalade, randos et une via ferrata à côté du gîte. Dany, pour les intimes, est une hôtesse charmante et souriante. Adresse idéale pour les familles et les sportifs.

> *Accès* : de La Clusaz, prenez la direction du col des Aravis ; entre la 2ᵉ et la 3ᵉ épingle, tournez à gauche.

LA CÔTE-SAINT-ANDRÉ 38260

Carte régionale A1

50 km NO de Grenoble ; 26 km S de Bourgoin-Jallieu

€€ 🛌 |●| 🐾 ⑩% *Chambres d'hôtes La Villa Jeannette (Martine et Daniel Gérard)* : 63, av. Camille-Rocher. ☎ 04-74-20-20-96. 📱 06-74-82-18-20. • villajeannette@orange.fr • villa-jeannette.fr • 📶 Installée dans un grand parc, imposante demeure aux allures bourgeoises qui, après avoir été maternité, reçoit aujourd'hui des hôtes. Au 1ᵉʳ étage, 3 chambres agréables dont une suite familiale composée de 2 chambres. Si vous êtes 2, choisissez la chambre « Albizia », si vous êtes 4 la suite est vraiment séduisante avec son lit à baldaquin. 62 € pour 2 et 110 € pour 4, petit déj compris. Ici, c'est Daniel qui s'occupe des hôtes et qui cuisine. Table d'hôtes partagée en famille à 25 €, apéro et vin compris. Spécialités traditionnelles et régionales. La ville est réputée pour son festival Berlioz, enfant du pays, ainsi que pour son musée installé dans sa maison familiale. Accueil agréable.

> *Accès* : A 43 sortie n° 8 Nivolas puis N 85 vers La-Côte-Saint-André ; la maison est à la sortie du village en direction de Grenoble, en face du garage Renault.

LA MOTTE-D'AVEILLANS 38770

Carte régionale B2

40 km S de Grenoble ; 7 km N de La Mure

€€ 🏠 10% Chambres d'hôtes (Cathy Martinasso) : Les Signaraux. ☎ 04-76-30-79-71. 📱 06-81-60-70-80. ● b.martinasso@wanadoo.fr ● gite-chambre-signaraux.weoneafr ● À 1 200 m d'altitude, dans un petit hameau isolé au bout d'un cul de sac. Vieille ferme avec une vue magnifique sur les environs abritant 3 chambres chaleureuses et douillettes avec accès indépendant : 2 sont installées dans deux petits chalets tout en bois, la dernière au 1er étage de la maison avec accès par escalier extérieur. Sanitaires privés. 55 € pour 2, petit déj compris. Pas de table d'hôtes mais coin cuisine à disposition, ou alors il faudra redescendre à 4 km pour trouver un resto. Vous êtes sur la plus petite station de ski de France avec quatre pistes (un téleski tenu par des bénévoles). En revanche, en ski nordique, la station offre un beau domaine, sans oublier les balades en raquettes. L'été, c'est la rando et Cathy reçoit aussi cavaliers et montures. Accueil chaleureux complété par celui de deux chiens sympathiques malgré leur taille impressionnante (saint-bernard et bas-rouge).

Accès : de Grenoble, N 85 vers Gap jusqu'à Pierre-Châtel puis direction Les Signaraux ; la maison est tt au bout à droite.

LA ROCHE-DE-GLUN 26600

Carte régionale A2

15 km N de Valence ; 7 km S de Tournon-sur-Rhône

€€ 🏠 |○| 10% Chambres d'hôtes Le Tinal de l'Hermitage (Géraldine Clot et Cédric Maurice) : 280, chemin des Limites, Les Hauts-Saviaux. ☎ 04-75-08-98-12. 📱 06-87-11-96-38. ● letinal@orange.fr ● le-tinal.com ● 📶 Le tinal c'est l'équivalent du chais ici, le lieu où l'on fabriquait le vin. Vous êtes sur une exploitation agricole qui produit des fruits : cerises, pêches, abricots, pommes, kiwis, raisins. Dans les anciennes dépendances (écurie et tinal), 4 chambres coquettes, décorées avec goût sur des thèmes différents. On aime bien « Vigne et vin », et « Mille et une nuits » à l'ambiance marocaine et à l'atmosphère romantique. Les familles (jusqu'à 5 personnes) choisiront « Fleurs des champs », avec mezzanine et un petit pont suspendu qui ravira les petits. 65 € pour 2, petit déj compris (plein de sortes de confitures maison, des gâteaux et un super jus de kiwi), et 20 € par personne supplémentaire. Table d'hôtes partagée en famille à 25 €, apéro, vin et café compris. Cuisine régionale où les légumes du jardin sont à l'honneur. Une gentille adresse tenue par un couple jeune et sympa.

Accès : A 7 sortie n° 13 Tain-l'Hermitage ; passez 3 ronds-points en direction de Saint-Vallier et au 4e rond-point direction Valence (N 7), puis 1re route à droite vers Les Saviaux et fléchage sur 1 km.

LA ROCHETTE-DU-BUIS 26170

Carte régionale B2

45 km SE de Nyons ; 22 km E de Buis-les-Baronnies

€€€ 🏠 |○| 🐎 Chambres d'hôtes La Honas (Cathy et Pascal Ducros) : ☎ et fax : 04-75-28-55-11. 📱 06-67-38-39-76. ● lahonas@club-internet.fr ● lahonas.com ● 📶 Aux pays des Baronnies, en pleine nature et à 850 m d'altitude, belle ferme du XVIIe s qui ouvre sur les montagnes environnantes. Six chambres champêtres vous attendent, dont une installée dans l'ancien pigeonnier (réservée aux tourtereaux) et une, vaste et sereine, qui ouvre sur la cour intérieure. Sanitaires privés. Déco dépouillée d'un goût sûr. De 70 à 90 € pour 2, petit déj compris (avec pain, miel et confitures maison). Table d'hôtes à 28 €, apéro et vin compris. Agréable salle voûtée pour prendre les repas. En moyenne saison, Cathy et Pascal organisent des soirées concert, théâtre, contes... Accueil jeune, chaleureux et décontracté. Ne manquez pas la visite du château d'Aulan, à deux pas de là. Au fait, on a failli oublier de vous parler de la piscine et de la cave voûtée dans laquelle se niche un billard !

Accès : de Buis-les-Baronnies, prenez la D 546 vers Séderon jusqu'à La Rochette (que vous traversez) ; passez le hameau des Granges et, 1 km après, tournez à droite (D 359) vers Aulan et panneau à 500 m.

LA SOUCHE 07380

Carte régionale A2

24 km O d'Aubenas ; 7 km O de Jaujac

€€ 🏠 |○| Chambres d'hôtes Le Mas du Val (Marja et Hervé Delon) : Grandval. ☎ 04-75-37-93-40. ● masduval@hotmail.fr ● lemasduval.com ● Fermé 16 nov-9 fév. Ancienne et belle ferme du XVIIIe s toute en pierre, qui jouit d'un joli panorama sur les environs. Deux chambres à l'atmosphère campagnarde, dont une familiale pour 4 personnes. Sanitaires privés. De 60 à 65 € pour 2, petit déj compris (avec confitures maison), et 20 € par personne supplémentaire. Table d'hôtes partagée en famille à 23 €, apéro, vin et café compris. Marja et Hervé vous mijotent des plats avec de bons produits du terroir. Belle piscine pour se rafraîchir. Un gîte rural de 4 personnes, loué de 250 à 720 € la semaine selon la saison. Vos hôtes ont créé une safranière que vous pourrez visiter en période de récolte (octobre/novembre). Accueil convivial.

Accès : sur la D 19 entre Jaujac et Saint-Étienne-de-Lugdares, passez La Souche (venant de Jaujac), faites encore 2,5 km et l'accès au hameau est à droite.

LABASTIDE-DE-VIRAC 07150

Carte régionale A2

45 km S d'Aubenas ; 10 km S de Vallon-Pont-d'Arc

€€€€€ 🛏 **Chambres d'hôtes Le Mas Rêvé :** ☎ 04-75-38-69-13. • info@lemasreve.com • lemasreve.com • *Ouv 30 avr-1ᵉʳ oct.* 📶 Vous voulez du rêve, du calme et de la douceur ? Eh bien, en voilà ! Au cœur des vignobles, ravissant mas du XVIIᵉ s. Quatre chambres décorées avec goût, avec accès indépendant et sanitaires privés. Ici un lit à baldaquin, là des voilages assortis, là encore une voûte élégante... Également une ravissante suite avec cheminée Renaissance, plafond à la française, fenêtres à menaux, meubles d'époque et terrasse panoramique. De 110 à 160 € pour 2, petit déj compris. Dans le jardin paysager, une grande piscine avec bains à remous et *pool-house*. Et, en guise de cerise sur le gâteau, le mas est situé à 500 m de gorges auxquelles on accède par des sentiers qui vous mèneront à de petites plages presques désertes !

Accès : de Labastide, prenez D 217 vers Orgnac-l'Aven sur 500 m et suivez le fléchage à gauche.

LANS-EN-VERCORS 38250

Carte régionale B2

25 km SO de Grenoble ; 7 km N de Villard-de-Lans

€€ 🛏 |●| **Chambres d'hôtes À la Crecia (Véronique et Pascal Ravix) :** Les Cléments. ☎ 04-76-95-46-98. Fax : 04-76-94-35-44. • postmaster@gite-en-vercors.com • gite-en-vercors.com • À 1 100 m d'altitude, vieille ferme traditionnelle classée « gîte Panda » car vous êtes au cœur du parc naturel du Vercors. Cinq chambres charmantes et douillettes, toutes de bois vêtues (on aime bien la « Bacha » et la « Cirisère ») : 4 sont installées au 1ᵉʳ étage ; la dernière, au second, est plus petite et moins chère. Sanitaires privés avec eau chaude solaire. Respectivement 63 et 53 € pour 2, copieux petit déj compris. Véronique et Pascal élèvent des brebis, aussi ne manquez pas la table d'hôtes pour découvrir les produits maison. Repas partagé en famille à 19 €, vin et café compris. Cuisine traditionnelle et régionale (l'agneau bien sûr, mais aussi le cochon et les volailles... tout est maison, sans oublier les légumes aux beaux jours). L'hiver, le ski est à l'honneur (4 km de Lans et 7 km de Villard), l'été, c'est la rando. Accueil chaleureux. Une adresse juste comme on les aime.

Accès : au rond-point à l'entrée du village venant de Grenoble, prenez direction Villard-de-Lans sur 1 km puis à gauche vers Le Peuil ; dans ce hameau, tournez à droite puis à 100 m prenez à gauche vers Les Cléments.

LAVAL 38190

Carte régionale B2

25 km NE de Grenoble ; 7 km E de Villard-Bonnot

€€ 🛏 **10%** **Chambres d'hôtes Les Chambres de Belledonne (Éliane et Jean-Louis Rebuffet) :** Le Mollard. ☎ 04-76-45-64-34. 📱 06-87-24-70-52. • eliane.rebuffet@wanadoo.fr • chambrebelledonne.fr • 📶 Prof de biologie animale à la retraite, Jean-Louis est aussi un incroyable bricoleur... Il a réalisé pratiquement tous les travaux en privilégiant les énergies renouvelables. Deux chambres spacieuses et chaleureuses installées dans un chalet indépendant de la maison qui ouvre sur le massif de Belledonne. Sanitaires privés, TV et accès Internet. 65 € pour 2, petit déj compris (gâteau et confitures maison et, certains jours, délicieuse brioche dont Éliane garde le secret), servi chez les proprios. Pas de table d'hôtes mais coin cuisine à disposition pour faire une petite popote. Et pour compléter le tout, piscine chauffée par l'énergie solaire. Accueil très chaleureux.

Accès : A 41 sortie n° 24b Brignoud ; entrez dans le village et prenez direction Laval ; là, direction Les 7 Laux jusqu'au hameau Le Mollard (à 1 km).

LE BOURG-D'OISANS 38520

Carte régionale B2

47 km SE de Grenoble

€€€ 🏠 |●| 🍴 *Chambres d'hôtes Les Petites Sources (Pauline et Éric Durdan) :* Le Vert. ☎ 04-76-80-13-92. ● lespetitessources@wanadoo.fr ● les-petites-sources.com ● *Fermé 1er oct-15 déc et 1er-15 mai. Résa recommandée.* Dans leur chalet typique de l'Oisans, Pauline et Éric ont aménagé 5 belles chambres qui sentent bon le bois : 4 aux 1er et 2e étages de la maison ouvrent sur de jolis balcons ouvragés, une autre est installée dans les combles (moins chère). Selon la chambre et la vue, de 58 à 78 € pour 2, petit déj compris. Table d'hôtes (sauf le mardi) à 22 €, vin compris. Légumes du jardin et bons desserts maison. Éric est guide de haute montagne et vous donnera tous les tuyaux pour effectuer de belles randonnées... Ambiance simple et chaleureuse, agrémentée de la douceur et du sourire de la maîtresse de maison.

Accès : dans le bourg, suivez la direction Le Vert.

LE GRAND-BORNAND 74450

Carte régionale B1

31 km NE d'Annecy ; 6 km N de La Clusaz

€€€ 🏠 |●| 🍴 *Chambres d'hôtes La Chèvrerie (Jacqueline et Dominique Verney) :* Grand-Champ. ☎ 04-50-02-31-43. 📱 06-30-35-07-74. ● contact@chevrerie-grandbornand.com ● chevrerie-grandbornand.com ● 🛜 À 1 200 m d'altitude, dans un joli chalet en bois dominant la vallée du Bouchet avec magnifique vue sur la chaîne des Aravis. Dominique et Jacqueline, anciens chevriers, proposent 6 chambres d'hôtes avec sanitaires privés. Les chambres sont simples, mansardées, pour 2 à 5 personnes. Elles se louent en demi-pension, de 42 à 50 € par personne (réducs pour enfants et à partir de 3 nuits), mais pensez à amener votre linge de toilette, qui n'est pas fourni. À la table d'hôtes (boisson comprise), bonne cuisine familiale : tarte au reblochon, tartiflette, raclette, diots au vin blanc, beignets de pommes de terre... Les propriétaires sont très accueillants. Ils aiment et pratiquent rando, vélo et ski, et Dominique se fera un plaisir de vous conseiller pour vos balades. L'hiver, l'accès aux pistes se fait en 15 mn à pied et l'on peut redescendre skis aux pieds (pour les plus sportifs). Le domaine du Grand-Bornand regroupe 42 pistes de descente et un grand foyer de fond (53 km de pistes).

Accès : du Grand-Bornand, au départ des télécabines, prenez la route du Nant-Robert, puis direction Le Croix ; c'est sur la droite avt d'arriver au Croix.

LE GUA 38450

Carte régionale A2

25 km O de Grenoble

€€ 🏠 |●| (10 %) *Chambres d'hôtes Le Jonier (Isabelle et Christian Goudin) :* 627, route de la Fontaine-Ardente, Saint-Barthélémy. ☎ 04-76-13-43-99. 📱 06-71-56-06-99. ● lejonier@wanadoo.fr ● lejonier.com ● 🛜 À 620 m d'altitude, maison récente située dans un petit hameau du parc naturel du Vercors. Trois chambres de 3 personnes, bien tenues, avec sanitaires privés. 65 € pour 2, petit déj compris (confitures, gâteau et pain maison). Table d'hôtes (sauf le samedi en juillet-août), partagée en famille, que l'on prend sur la terrasse aux beaux jours. Cuisine familiale et traditionnelle qui peut prendre des accents italiens ou méditerranéens selon l'humeur d'Isabelle. 23 € le repas, apéro, vin et café compris. Si vous venez avec des tout-petits, sachez que la maison est labellisée accueil bébé, donc tout le matériel nécessaire est sur place. Accueil chaleureux et hospitalité au rendez-vous.

Accès : A 51 sortie n° 12 Vif puis D 8 jusqu'au Gua ; dans le village, direction Miribel jusqu'à Saint-Barthélémy puis suivez le fléchage.

LE SAPPEY-EN-CHARTREUSE 38700

Carte régionale B1-2

12 km N de Grenoble

€€ 🏠 |●| (10 %) *Chambres d'hôtes du Chant de l'Eau (Colette et Bruno Charles) :* Mollard-Giroud. ☎ et fax : 04-76-88-83-16. 📱 06-81-36-86-07. ● gitechantdeleau@free.fr ● gitechantdeleau.free.fr ● Le Sappey, c'est une petite station de ski installée sur les hauteurs de Grenoble (cinq tire-fesses !), réputée surtout pour son foyer de fond (40 km). Bruno en fait partie, il faut dire que c'est un enfant du cru... Il a accompli un travail colossal pour reconstruire une aile de l'ancienne grange et l'écurie d'une vieille ferme familiale. Il est allé couper ses arbres lui-même, et l'atmosphère rendue par le bois est chaude et agréable. Cinq chambres simples et douillettes, avec sanitaires privés. Comptez 62 € pour 2, petit déj compris (55 € à partir de 2 nuits). Repas partagé avec vos hôtes à 22 €, vin et café compris. Cuisine familiale avec pratiquement que des produits maison : volailles, lapins ou agneaux proviennent du petit élevage familial, et les légumes, du jardin. Ingénieur agro, Bruno pourra vous faire découvrir la faune, la flore et l'histoire de la région. Dans la salle à manger, il a installé deux petits nichoirs où vous pourrez observer les oisillons au printemps. Du Sappey partaient les « marocains » (fagots de bois) destinés au boulanger (il vous montrera les photos). En parlant de pain, il pourra aussi vous emmener voir son chaleureux papa, qui fait le sien dans le vieux four à bois (il est excellent, et question conservation...). Accueil convivial. Une adresse pour découvrir la région de l'intérieur.

> **Accès :** de Grenoble, direction La Tronche puis Le Sappey ; 50 m avt l'église du village, tournez à droite, faites 200 m, puis tournez à nouveau à droite et suivez le fléchage.

€€ ≜ ⑩% **Chambres d'hôtes La Souris Verte (Roger et Nadine Caracache) :** Le Gouillat. ☎ 04-76-88-84-91. ▯ 06-30-08-72-49. • roger.caracache@wanadoo.fr • gitesdefrance-lasourisverte.com • 🛜 Le Sappey, c'est la station la plus proche de Grenoble, où les petits Grenoblois viennent chausser leurs spatules pour la première fois... Maison de pays entièrement restaurée, avec grand jardin planté d'arbres fruitiers. Tout le 2ᵉ étage, composé d'une suite de 2 chambres (une immense et une plus petite), est à vous ! Un original store-écran, commandé électriquement depuis votre lit, vous permettra de découvrir la montagne au petit matin. Pour votre confort, une grande salle de bains avec une baignoire jacuzzi et une immense douche ; w-c séparés. Une autre chambre en rez-de-jardin, équipée d'une kitchenette. Comptez 70 € pour 2, petit déj compris, et 25 € par personne supplémentaire. La Souris Verte, c'est aussi une maison d'artistes. Partout des clichés de spectacles, comme cet immense ours blanc qui vous contemple gueule ouverte, ou ces vieilles photos noir et blanc sur le cirque, ou encore cette belle collection de masques vénitiens en papier mâché. Accueil de qualité. Une bonne adresse.

> **Accès :** depuis Grenoble, prenez en direction du quartier Saint-Laurent, puis la D 512 vers La Tronche et Le Sappey ; à l'entrée du village, prenez la 1ʳᵉ à droite, c'est la 1ʳᵉ maison à droite.

LEMPS 07610

Carte régionale A2

35 km NO de Valence ; 12 km NO de Tournon-sur-Rhône

€€ ≜ I●I **Chambres d'hôtes Le Château de Lemps (Nicole et Paul Du Trémolet de Lacheisserie) :** 100, rue de l'Église. ☎ 04-75-06-80-08. • nicole.dutremolet@free.fr • chateaudelemps.com • Ouv 1ᵉʳ avr-fin sept. Voici une adresse chargée d'histoire... Dans ce petit village peuplé de cinq familles, le château d'Iserand s'élevait depuis le IXᵉ s. Il fut rasé par la suite, et sa ferme, rescapée de l'histoire, est devenue le château de Lemps et appartient à la famille de vos hôtes depuis deux siècles. Maintenant, ne rêvez pas, il ne s'agit pas d'un palace... et beaucoup de pièces (et elles sont nombreuses !) sont restées dans leur jus : la salle à manger aux voûtes peintes de fleurs de lys avec une immense cheminée en pierre, le salon avec les portraits de famille. À l'étage, 4 chambres avec sanitaires privés : une ouvre sur le parc de 2 ha, 2 autres sont familiales, composées de 2 chambres. 60 € pour 2, 98 € pour 4 dans les familiales, petit déj compris. C'est là que vous découvrirez les confitures de Nicole... Pas moins de huit sortes de confitures et gelées, comme serpolet ou lavande ! Table d'hôtes à 25 €, apéro maison, vin et café compris. En général, salade ardéchoise ou charcuterie du pays, gougère, gratin de légumes, fromages du pays, tarte ou nougat glacé. Accueil nature et convivial. Une adresse que les maniaques éviteront, mais qui réjouira les amateurs d'ambiance d'autrefois.

> **Accès :** de Tournon-sur-Rhône, prenez la D 532 vers Lamastre, puis à droite vers Saint-Victor ; continuez la D 532 et prenez de nouveau à droite jusqu'à Lemps ; la demeure est en face de l'église.

LÉPIN-LE-LAC 73610

Carte régionale B1

25 km SO de Chambéry

€€ ≜ I●I **Chambres d'hôtes La Grange du Rossignolet (Patricia et Marcel Dufresne) :** ☎ 04-79-36-09-62. ▯ 06-30-10-68-92. • patricia.dufresne@wanadoo.fr • lagrangedurossignolet.com • Sur les hauteurs du village, ancienne grange du début du XXᵉ s. Trois chambres habillées de bois, coquettes, avec sanitaires privés. 65 € pour 2, petit déj compris. Table d'hôtes (sauf le dimanche), partagée en famille, à 24 €, vin et café compris. Cuisine régionale à partir de produits du terroir. Les repas se prennent dans une belle salle de jour couleur soleil avec baie vitrée. Grands voyageurs devant l'Éternel, Patricia et Marcel vous donneront tous les tuyaux pour découvrir la région. Bien sûr, allez piquer une tête au lac d'Aiguebelette, l'eau y est d'une qualité rare et sa température remarquable… C'est l'un des lacs les plus chauds d'Europe ! Accueil chaleureux. Une de nos adresses préférées sur le département et un très bon rapport qualité-prix-convivialité.

> *Accès : allez jusqu'à Lépin-le-Lac (chef-lieu), montez vers la mairie et suivez « Le Rossignolet » sur 1 km.*

LESCHAUX 74320

Carte régionale B1

18 km S d'Annecy

€ ⌂ (10%) **Gîte d'étape et de séjour La Biolette (Danielle Daurelle et Jean-Luc Baudin) :** ☎ 04-50-32-01-87. 📱 06-14-09-22-60. Fax : 04-50-32-03-42. ● gite@biolette.com ● biolette.com ● À la limite de la Savoie et de la Haute-Savoie, à 800 m d'altitude, entre forêts et pâturages et située dans le Géopark des Bauges, ancienne ferme montagnarde. Danielle et Jean-Luc accueillent jusqu'à 19 personnes en 6 chambres de 2 à 5 lits ; 3 ont des sanitaires privés, les autres ont des sanitaires collectifs. Atmosphère chaleureuse : beaucoup de bois et mobilier réalisé par un artisan régional. Ici, bien sûr, on débarque avec son duvet ou son sac à viande. La nuit à 24 € par personne. Ici, on parle et on vient pour la nature. Vos hôtes ont créé une petite boutique et un sentier « Si j'étais un arbre », l'occasion de faire une grande balade et de découvrir 35 essences d'arbres et d'arbustes qui peuplent le parc du massif des Bauges. On peut aussi louer l'ensemble du gîte et profiter de la cuisine. Pour les stages, il y a une grande salle à disposition. Pour les randonneurs, le GR du tour du Lac passe à proximité. Une adresse où riment air pur et liberté.

> *Accès : par la D 912 entre Annecy et Chambéry en passant par le massif des Bauges ; le gîte est à droite, juste après le col de Leschaux (en venant d'Annecy).*

LYAS 07000

Carte régionale A2

8 km N de Privas

€€€ ⌂ |○| **Château de Liviers (Jean-Luc Humbert) :** ☎ 04-75-64-64-00. Fax : 04-75-64-38-00. ● chateau.liviers@wanadoo.fr ● chateau-de-liviers.com ● Ancienne place forte des chevaliers de Malte, dont les origines remontent au XIIe siècle, qui domine une magnifique vallée avec en fond de décor le Ventoux et le Vercors (c'est pas pour la rime !). Jean-Luc, le maître des lieux vous accueille dans 5 chambres agréables toutes différentes. Deux lorgnent la vallée comme « la Bleue » avec ses poutres colorées ; la chambre de la chapelle vous plongera dans l'histoire de la bâtisse avec ses voûtes croisées et corniches… Sanitaires privés. Superbe terrasse avec vue sur le parc de 14 ha (si, si !). De 72 à 76 € pour 2, petit déj compris. Table d'hôtes à 24 €, vin compris. Pour ceux qui ont un budget plus modeste, mais qui veulent profiter du côté nature des lieux, il y a un gîte d'étape de 20 couchages à 22 € par personne, petit déj compris (idéal pour un week-end entre copains !). Et si c'est encore trop cher, on peut aussi camper… Accueil chaleureux. **NOUVEAUTÉ.**

> *Accès : de Privas, route des Ollières pendant 6,5 km et fléchage à gauche.*

MARCHAMPT 69430

Carte régionale A1

24 km NO de Villefranche-sur-Saône ; 10 km S de Beaujeu

€€ ⌂ |○| **Chambres d'hôtes Les Fées du Fay (Valérie et Roger Parseihian) :** Le Fay. ☎ 04-74-69-02-59. ● contact@lesfeesdufay.com ● lesfeesdufay.com ● En pleine nature, à 650 m d'altitude, ancienne ferme qui jouit d'une vue majestueuse sur les landes du haut Beaujolais, avec le mont Blanc en fond de décor par vent du sud. Deux chambres au rez-de-chaussée ouvrant sur la terrasse et décorées sur le thème des voyages, pour 2-3 personnes. Deux autres chambres à l'atmosphère montagnarde : une au 1er étage de la maison, en duplex, la dernière dans l'ancien cuvage et qui peut accueillir 6 personnes. Selon la chambre, de 59 à 70 € pour 2 et 20 € par personne supplémentaire, petit déj compris. Table d'hôtes à 24 €, apéro, vin et café compris, pour une cuisine à base de produits bio et fermiers. Avis aux randonneurs : le GR 76 passe à côté de la maison. Accueil des plus chaleureux. Une adresse nature, jours ouvrables sur rdv.

> *Accès : de Marchampt, D 9 vers le col de la Croix-Marchampt sur 3,5 km et, au niveau d'un énorme châtaignier pétrifié, prenez à droite la route du Fay qui traverse la forêt sur 1 km puis débouche sur la ferme et les pâturages.*

MAROLS 42560

Carte régionale A1

38 km O de Saint-Étienne ; 9 km N de Saint-Bonnet-le-Château

€€ 🏠 🐾 **Chambres d'hôtes L'Écusson (Josiane Frachey) :** ☎ 04-77-76-70-38. *Ouv 1er mai-30 oct ; hors saison sur résa slt.* Dans cette maison de village qu'un grand portail abrite des regards indiscrets, vous trouverez 4 chambres agréables auxquelles on accède par un escalier monumental. Partout un mélange de vieilles poutres et de pierres apparentes. Comptez 55 € pour 2, petit déj compris. Accueil convivial.

Accès : *A 75 jusqu'à Andrézieux ; prenez la D 498 vers Saint-Bonnet-le-Château et, à Luriecq, la D 5 jusqu'à Marols ; la maison est dans le village.*

MAUVES 07300

Carte régionale A2

18 km N de Valence ; 4 km S de Tournon

€ 🏠 🍽 **Chambres d'hôtes Roure Soleil (Monique Conrad) :** ☎ 04-75-07-61-52. 📱 06-88-39-32-89. *Fermé 15 nov-15 fév.* 📶 En pleine campagne, jolie et ancienne ferme viticole ouvrant sur le Vercors (on distingue même le mont Blanc par temps clair). Cela fait de nombreuses années que Monique reçoit des hôtes, et croyez-nous, les habitués sont nombreux. Il faut dire que sa gentillesse et sa spontanéité font merveille. Trois chambres agréables à 50 € pour 2, avec un copieux petit déj (plein de sortes de confitures maison, fromages, corbeille de fruits...). Monique vient du Tarn et elle adore cuisiner... Aussi, on vous conseille de réserver la table d'hôtes, pour 19 €, vin compris. Cassoulet en hiver, caillettes maison, ravioles de Romans, tarte aux noix sont quelques-unes de ses spécialités. Plein de randos à faire dans les environs : le GR 42 ne passe pas très loin. Une adresse qui pourrait avoir pour sous-titre : « Le bonheur de se faire dorloter par Monique » et croyez-nous, y'en a qui aiment !...

Accès : *A 7 sortie Tain-l'Hermitage ; traversez le pont puis tournez vers le sud en direction de Saint-Péray ; à l'entrée de Mauves, à droite, prendre la route de Plats sur 700 m, puis prenez à gauche vers Roure-Soleil, pdt 2 km.*

MÉAUDRE 38112

Carte régionale B2

35 km SO de Grenoble ; 2 km S d'Autrans

€€ 🏠 (10 %) **Chambres d'hôtes La Maison aux Volets Bleus (Jeanne et Alain Coiffard) :** Perrinière. ☎ 04-76-94-79-33. • jeanne.alain.coiffard@wanadoo.fr • Ici, on enlève ses chaussures et on vous prête les chaussons. Trois chambres bien tenues avec sanitaires privés : une au 1er étage, les 2 autres (nos préférées), mansardées et toutes de bois vêtues sont au second. 58 € pour 2, petit déj compris (48 € dès la 2e nuit). Pas de table d'hôtes mais kitchenette à disposition. Ski de piste et de fond à proximité. Accueil agréable.

Accès : *de Lans-en-Vercors, direction Autrans ; passez le col de la Croix-Perrin, redescendez et c'est la 1re maison à droite face à la route qui mène à Méaudre (la maison est plus proche d'Autrans que de Méaudre).*

€€ 🏠 🍽 **Chambres d'hôtes Les Patous (Patricia et Patrick Orioli) :** Les Tranchants. ☎ 04-76-27-36-61. 📱 07-86-85-26-23. • patriciaorioli@wanadoo.fr • Maison récente bien intégrée dans le paysage où le bois est à l'honneur. Trois chambres coquettes et colorées avec sanitaires privés. Selon la chambre, de 60 à 75 € pour 2, petit déj compris. Patrick est passionné par la moto. Il en a trois, rutilantes, dont une vieille Moto Guzzi qui a l'air de sortir du magasin... alors, si vous en êtes, n'hésitez pas. Autrement, Méaudre est une petite station familiale, mais réputée pour son domaine de ski de fond et de balades en raquettes. Accueil chaleureux.

Accès : *A 3 km de Méaudre et 2 km d'Autrans ; d'Autrans, D 106 vers Méaudre et, au 2e rond-point, bifurquez vers Les Tranchants et suivez le fléchage jusqu'au hameau (c'est l'avant-dernière maison).*

MEGÈVE 74120

Carte régionale B1

33 km SO de Chamonix ; 32 km NE d'Albertville

€€ 🏠 🍽 (10 %) **Le Refuge de Margot et Léon (Nathalie et Guillaume Fontaine) :** 32, route du Tour. ☎ 04-50-18-52-02. 📱 06-64-67-25-49. • megeve@refuge-margot-leon.com • refuge-margot-leon.com • *Fermé courant mai et courant oct-nov.* Une grange retapée avec ardeur par un jeune couple qui propose, sous les combles, 4 chambres sobres mais chaleureuses, toutes de bois blond et avec des couettes bien rebondies. Certaines, idéales pour les familles, ont des lits en mezzanine. 66 € pour 2, petit déj compris, 18 € par personne supplémentaire, et 21 € le repas en table d'hôtes (proposée tous les soirs aux vacances de Noël et de février, seulement les vendredi et samedi soirs le reste du temps). Soucieux de leur environnement, Nathalie et Guillaume ont mis en place des panneaux solaires et un système de récupération de l'eau de pluie. Petit déj, un peu frugal, pris sur la grande table de la salle à manger. Cela dit, il est toujours possible de se mitonner un petit complément dans la cuisine toute neuve mise à la disposition des hôtes.

Accès : prenez la route de Côte 2000 et de l'altiport, puis à droite direction Le Maz/Le Tour.

MESSIMY-SUR-SAÔNE 01480

Carte régionale A1

15 km NE de Villefranche-sur-Saône

€€ 🏠 |O| 🐴 10% *Chambres d'hôtes Le Pigeonnier du Val de Saône (Michel Gutierrez) :* 46, chemin Presnois. ☎ 04-74-67-97-73. 📱 06-60-31-64-58. ● michel@le-pigeonnier.com ● le-pigeonnier.com ● *Fermé 3 nov-10 avr.* 📶 Michel a consacré plusieurs années de sa vie à restaurer cette grande demeure en pisé ! Et ce n'est pas terminé... Au 2e étage, avec un beau volume, 4 chambres à la déco soignée (dont une vaste suite familiale), climatisées et avec sanitaires privés. Pour 2, comptez 62 € pour les chambres et 77 € pour la suite, petit déj compris, et 23 € si vous désirez profiter de la table d'hôtes. Grande cour intérieure avec un beau pigeonnier. Accueil convivial.

Accès : dans le village, face à l'épicerie, prenez la rue en direction de la Saône ; la maison est un peu plus bas à droite.

MIRMANDE 26270

Carte régionale A2

30 km S de Valence

€€ 🏠 *Chambres d'hôtes (Marinette et Tieno Goriou) :* ☎ 04-75-63-01-15. 📱 06-15-67-24-55. Fax : 04-75-63-11-54. ● tienogoriou@aol.com ● lamaisondemarinette.com ● *Fermé de début janv à mi-fév.* 📶 Quand ils ont acheté leur maison, c'était une ruine... aujourd'hui c'est un très bel ensemble en pierre apparente. Ici, c'est une famille d'artistes, et de nombreuses sculptures de Tieno ornent la maison et le jardin. Trois chambres d'hôtes, vastes et agréables, installées dans une aile indépendante. Sanitaires privés. Très beau dallage et un chouette crépi blanc réalisé par Tieno. Comptez 66 € pour 2, petit déj compris (toujours avec un gâteau maison). Pas de table d'hôtes, mais plusieurs petits restos à Mirmande, qui mérite de toute façon une petite visite (médiéval, le village est classé parmi les plus beaux de France). Pour vous détendre, la piscine. Accueil agréable.

Accès : A 7, sortie Montélimar-Nord ; remontez la N 7 vers Valence puis, à droite, prenez la D 204 en direction de Mirmande ; le chemin qui mène à la maison est juste à l'entrée du village, sur votre droite.

MONTAGNY 42840

Carte régionale A1

70 km NO de Lyon ; 18 km E de Roanne

€€ 🏠 |O| 🐴 10% *Chambres d'hôtes La Vache sur le Toit (Denise et Pascal Cauwe-Vernay) :* Parcelly. ☎ 04-77-66-13-61. 📱 06-40-57-57-40. ● parcelly@free.fr ● parcelly.free.fr ● 📶 En pleine campagne, à la frontière de la Loire et du Rhône, cette ancienne ferme bicentenaire comporte sur sa gauche un joli petit bâtiment tout en pierre aux volets verts. Vous y trouverez 2 chambres personnalisées, avec sanitaires privés. À droite, dans la maison de Denise et Pascal, une 3e chambre, également avec sanitaires privés. De 42 à 52 € pour 2, petit déj compris. Table d'hôtes à 16 €, servie sur la terrasse aux beaux jours. Également un gîte pour 3 personnes sur place. Excellent accueil.

Accès : dans Montagny (D 504 entre Perreux et Thizy), prenez à gauche, à la pharmacie, la D 45 direction La Gresle sur 3 km.

MONTCET 01310

Carte régionale A1

60 km NE de Lyon ; 10 km O de Bourg-en-Bresse

€€ 🏠 |O| 10% *Chambres d'hôtes des Vignes (Éliane et Jean-Louis Gayet) :* 661, chemin des Vignes. ☎ et fax : 04-74-24-23-13. 📱 06-72-75-13-32. ● gayet-esperanto@wanadoo.fr ● chambres-hotes-lesvignes.com ● Voici une adresse à l'ambiance toute particulière due aux personnalités de Jean-Louis et d'Éliane. Dans une ancienne ferme restaurée, entourée d'un beau parc arboré, ils ont ouvert 4 chambres guillerettes et chaleureuses. Bibliothèque bien fournie et sanitaires privés. Préférez celle avec le lit double ou bien la chambre rose, dont le mur brique et bois donne un aspect cabine de bateau. Comptez 63 € pour 2, petit déj compris. Table d'hôtes à 24 €, vin compris. Ici, l'ambiance est très « nature » : jardin bio, repas végétariens, pain maison, vin biologique, sans oublier que Jean-Louis et Éliane parlent l'espéranto et peuvent vous parler de l'art roman dans la région. Vous y trouverez aussi plein d'activités : étang de pêche, barque, piscine et terrain de volley.

Accès : sur la D 936 entre Bourg-en-Bresse et Châtillon ; prenez, à Corgenon, la D 45 vers Buellas, puis Montcet ; dans le village, suivez la direction de Vandeins et le fléchage.

MONTROMANT 69610

Carte régionale A1

30 km O de Lyon ; 2 km O d'Yzeron

€€ 🏠 🍴 **Chambres d'hôtes Ferme du Thiollet (Christine et Marcel Radix) :** Le Thiollet. ☎ et fax : 04-78-81-00-93. 📱 06-16-49-91-46. • mc.radix@wanadoo.fr • ferme.thiollet.free.fr • 📶 Marcel et Christine ont racheté la ferme où travaillait la famille depuis plusieurs générations. Située à 850 m d'altitude, il faut dire qu'elle est belle avec ses volets verts et son point de vue unique sur les monts alentour. Quatre chambres coquettes, dont 2 de 4 personnes, installées au 1er étage, les 2 autres de plain-pied. Toutes au nom d'un continent, on aime bien « L'Amérique », plus petite, mais rigolote car installée dans l'ancien poulailler où les proprios ont conservé les pondoirs. Sanitaires privés. 54 € pour 2, petit déj compris. Lac de 3 ha à proximité avec location de barques à pédales et pêche. Accueil chaleureux. Une adresse qui fait des adeptes.

Accès : d'Yzeron, suivez la direction de Duerne/Le plan d'eau, puis prenez le 1er chemin à gauche, vers Le Thiollet.

MONTVERDUN 42130

Carte régionale A1

45 km NO de Saint-Étienne ; 16 km N de Montbrison

€€ 🏠 ⑩% **Chambres d'hôtes Domaine de la Loge (Juliette-Dominique Thiollier) :** route de Poncins. ☎ 04-77-97-56-96. • domainedelaloge@free.fr • domai nedelaloge.free.fr • *Fermé de mi-nov à fin mars.* 📶 La maison de Juliette, qui appartient à la famille depuis six générations, est située au bord d'une petite route et entourée d'un grand jardin. Au fond de celui-ci, 4 chambres d'hôtes (dont une familiale) et un gîte ont été aménagés dans une ancienne ferme forézienne. De 55 à 75 € la nuit pour 2 et de 100 à 110 € pour 4, petit déj compris. Pas de table d'hôtes, mais possibilité de commander un « dîner casse-croûte » pour 12 €, et sinon, cuisine à disposition. Une adresse agréable, propice au repos.

Accès : A 72 sortie Feurs, puis direction Boën par la N 89 et tt de suite à gauche vers Poncins ; dans Poncins, en face de la mairie, prenez à droite vers Montverdun (C 2) pdt 3 km, la maison est à moins de 100 m du panneau « La Loge ».

NANTES-EN-RATIER 38350

Carte régionale B2

40 km S de Grenoble ; 3 km NE de La Mure

€€ 🏠 🍽 **Chambres d'hôtes La Voûte de Séraphin (Fabienne et Marcel Bard) :** 105, impasse du Champat, Serbouvet. ☎ et fax : 04-76-81-21-46. 📱 06-70-17-46-83. • marcel-et-fabienne.bard@wanadoo.fr • lavoute38.free.fr • 📶 En pleine campagne, au bout d'un hameau entouré de montagnes, jolie ferme restaurée. Fabienne et Marcel y ont aménagé 4 chambres (dont une familiale avec coin cuisine et salon), avec sanitaires privés. Installées aux 1er et 2e étages de la maison, elles sont spacieuses, chaleureuses et confortables. 61 € pour 2, petit déj compris. Magnifique salle à manger voûtée avec piliers en granit, coin salon et cheminée. Table d'hôtes (sauf en juillet-août, sur réservation) partagée en famille à 21 €, vin compris. Vos hôtes aiment leur campagne et ils pourront vous orienter sur tous les chemins de traverse. Accueil agréable.

Accès : de Grenoble, empruntez la N 85 en direction de Gap ; avt La Mure, au niveau de l'Intermarché, prenez à gauche la D 114D et suivez le fléchage sur 2 km jusqu'au hameau de Serbouvet.

OUROUX 69860

Carte régionale A1

27 km NO de Belleville-sur-Saône ; 25 km S de Cluny

€€ 🏠 🍽 🍴 ⑩% **Chambres d'hôtes Ferme du Planet (Valérie et Laurent**

Combier) : ☎ 04-74-04-64-89. 📱 06-79-88-30-04. • combierl@wanadoo.fr • ferme-du-planet.com • *Fermé 2 janv-14 fév.* Ici, c'est un peu la ferme qu'on imaginait quand nous étions enfants... Tout en pierre, elle bénéficie d'une belle vue sur les environs, mais surtout, pratiquement toutes les espèces d'animaux sont représentées en petit nombre : vaches, oies, cochons, moutons, ânes, chevaux, oies, poulets, lapins (qui se baladent en liberté). Trois chambres douillettes et chaleureuses, décorées sur le thème de la ferme, de 2 et jusqu'à 8 personnes car ici on privilégie les familles. Déco croquignolette où chaque détail a été pensé et bois omniprésent. Sanitaires privés. De 58 € pour 2, petit déj compris (pas moins de 10 sortes de confitures, sans oublier pains et jus de fruits maison). Salle à manger conviviale avec cheminée et four à pain. Table d'hôtes (sauf le mercredi et le dimanche, excepté juillet-août) à 23 €, apéro et vin compris. Pratiquement tout ce qui est servi à table sort de la maison : charcuteries, viandes, fromages, légumes. Cuisine du terroir copieuse et mijotée. Un vrai retour à la campagne. Accueil des plus chaleureux. Salle de jeux avec ping-pong, billard et fléchettes, salle de détente avec spa et sauna, terrain de pétanque, pêche dans l'étang, et nombreux sentiers de randonnée agrémenteront votre séjour. Une adresse que petits et grands vont adorer... Enfin, nous, on a été conquis !

Accès : d'Ouroux, D 32 vers Monsols sur 1,5 km et la ferme est à droite.

€€ 🏠 ➤ (10%) **Chambres d'hôtes Les Folies de la Serve (Pascaline et Pascal Patin) :** La Serve. ☎ 04-74-04-76-40. • lesfolies.delaserve@gmail.com • lesroulottes.com • *Ouv 1er avr-1er nov.* Encore une adresse originale pour passer un séjour qui ne le sera pas moins... Pascaline et Pascal restaurent des roulottes... et y accueillent des hôtes ! La première, « La roulotte des étoiles » est la plus grande et la plus ancienne (de la fin du XIXe s). Avec chambre et salon, elle est décorée sur le thème de l'Inde. La seconde, des années 1930, est baptisée « La roulotte des manèges » ; elle est grande, avec salon. Atmosphère rétro sur le thème des vieux manèges. La dernière, celle « des amoureux », date des années 1950. Colorée, toute habillée de bois sculpté, douillette, avec des petits napperons au crochet, elle dégage une ambiance très gipsy. L'électricité est là, mais pour les sanitaires, il faudra aller dans une partie indépendante de la maison, non loin des roulottes (deux salles d'eau avec douche et deux w-c), où vous trouverez également un séjour et une cuisine à votre disposition. Comptez 64 € pour 2, petit déj compris (confitures et pain maison). Pour ceux qui préféreraient un séjour plus « classique », également 2 chambres d'hôtes tout aussi dépaysantes dans la maison des proprios. Celles-ci sont à 110 € pour 2 avec le petit déj. Accueil décontracté et chaleureux. Une adresse qu'on aime, à la fois insolite et un brin bohème.

Accès : d'Avenas, prenez la D 18 vers Monsols, jusqu'au col de la Serve, puis tournez à droite vers Ouroux (sur 50 m) et suivez le fléchage à droite (n'allez pas à Ouroux situé à 5 km).

OZ-EN-OISANS 38114

Carte régionale B2

47 km E de Grenoble ; 13 km N du Bourg-d'Oisans

€€ 🏠 |●| ➤ **Gîte d'étape et de groupe Le Sardonnier (Gillian Fabre) :** Sardonne. ☎ 04-76-80-76-93. 📱 06-11-95-90-31. • lesardonnier@gmail.com • le-sardonnier.com • *Résa conseillée.* 📶 Maison montagnarde au charme rustique, face au massif des Grandes-Rousses. Une chambre de 2 personnes, une de 3, une de 6 et la dernière de 4. Au rez-de-chaussée, très belle salle voûtée avec cheminée. Comptez 28 € par personne avec le petit déj, et 42 € en demi-pension. Bons petits plats de Gillian, une Anglaise, comme les tartiflettes ou les gratins de framboise. Ambiance décontractée et remplie de la joie de vivre de votre hôtesse.

Accès : de Grenoble, empruntez la N 85 en direction du Bourg-d'Oisans puis, à Rochetaillée, prenez à gauche la D 526 vers Allemont, et à droite en direction de Villard-Reculas.

PAILHARÈS 07410

Carte régionale A2

60 km NO de Valence ; 25 km S d'Annonay

€€ 🏠 |●| ➤ **Chambres d'hôtes Le Petit Marchand (Régine et Jacques Andry) :** col du Marchand. ☎ 04-75-06-06-80. • petit.marchand@orange.fr • petitmarchand-ardeche.fr • *Résa conseillée juin-sept.* 📶 À 900 m d'altitude, jolie ferme ouvrant sur des monts boisés. Dans une petite maison indépendante (un peu au bord de la route) qui comporte aussi un gîte rural, 4 chambres claires et spacieuses avec sanitaires privés, joliment décorées de meubles en rotin coloré.

Comptez 58 € pour 2, petit déj inclus. Table d'hôtes commune à 23 €, apéro, vin et café compris : chèvre chaud à l'huile de chou, terrine de courgettes et des spécialités alsaciennes et ardéchoises... Pour les séjours d'au moins 3 jours, possibilité de tarifs demi-pension. Piscine hors sol pour piquer une tête et profiter du paysage. Adresse idéale pour les amateurs de nature et de marche ; Jacques, randonneur lui-même, connaît parfaitement les circuits et vous donnera des infos utiles. Accueil chaleureux. Une adresse qui fait des adeptes.

> *Accès : d'Annonay, empruntez la D 578 vers Satillieu/Lalouvesc ; passez Lalouvesc puis prenez la D 532 vers Saint-Félicien ; 500 m après le col, la maison est sur la droite (n'allez pas jusqu'à Pailharès).*

PEISEY-NANCROIX 73210

Carte régionale B1

60 km SE d'Albertville ; 15 km S de Bourg-Saint-Maurice

€€ 🛏 |●| ⛺ ⑩% **Chambres d'hôtes Maison Coutin (Claude Coutin) :** *hameau de Peisey.* ☎ 04-79-07-93-05. 📱 06-14-11-54-65. ● *maison.coutin@orange.fr* ● *maison-coutin.fr* ● 🛜 À 1 300 m d'altitude, aux portes du parc de la Vanoise et un peu à l'écart du village, vieille ferme de 1851, très jolie, avec son toit de lauze et sa façade tout en bois. Cinq chambres, dont 2 suites pour les familles ou amis. Déco rustique, fait main : du bois à profusion, des couvre-lits à carreaux. Un vrai charme, et de vieux balcons pour profiter de la vue sur le massif de Bellecôte. Sanitaires privés. Selon la saison, de 60 à 66 € pour 2, petit déj compris, et de 19 à 23 € par personne supplémentaire. Table d'hôtes (sauf le mercredi l'hiver, le jeudi l'été) à 21 €, apéro, vin et café ou tisane inclus. Cuisine du terroir avec les légumes du jardin, œufs et produits fermiers. Excellent accueil.

> *Accès : suivez le fléchage dans le village.*

PEYZIEUX-SUR-SAÔNE 01140

Carte régionale A1

46 km SO de Bourg-en-Bresse ; 15 km O de Châtillon-sur-Chalaronne

€€ 🛏 ⛺ ⑩% **Chambres d'hôtes Les Maisons Neuves (Marie et Noël Crozier) :** ☎ 04-74-04-03-42. 📱 06-82-29-80-11. ● *noeletmariecrozier@gmail.fr* ● *chezma rie01.fr* ● 🛜 En pleine campagne, exploitation agricole où Marie et Noël élèvent 40 vaches laitières. Dans une aile indépendante de la ferme, 4 chambres colorées et agréables : une au rez-de-chaussée, les 3 autres à l'étage. Déco simple et sans prétention. Sanitaires privés. 52 € pour 2, petit déj compris, avec saucisson, bresse bleu, gâteau et confitures maison (vous avez dit copieux ?). Pas de table d'hôtes, mais une cuisine à disposition et plusieurs restos à proximité ainsi qu'une charcuterie fermière à deux pas (si vous avez un peu de place dans le coffre...). Accueil authentique et vrai. Une adresse nature idéale pour les amateurs de rando et de vie à la ferme. Au fait, Noël est passionné par les chiens de chasse à courre et passe son temps libre dans son petit élevage.

> *Accès : de Belleville-sur-Saône, sur la D 933 entre Mâcon et Villefranche-sur-Saône, bifurquez vers Peyzieux et suivez le fléchage (sur 3 km).*

POULE-LES-ÉCHARMEAUX 69870

Carte régionale A1

35 km NO de Villefranche-sur-Saône ; 10 km N de Lamure-sur-Azergues

€€ 🛏 |●| **Chambres d'hôtes La Cime Beaujolaise (Anne et Gilles Piegay) :** *Le Bourg.* ☎ 04-74-03-37-49. 📱 06-87-11-74-14. ● *lacimebeaujolaise@msn.com* ● *lacimebeaujolaise.fr* ● À l'orée du village, ancienne ferme bénéficiant d'un joli point de vue sur les crêtes environnantes. Quatre chambres chaleureuses avec sanitaires privés. Déco qui mêle pierre apparente, bois et enduits à la chaux. Trois sont familiales avec mezzanine, la dernière est composée de 2 chambres. 62 € pour 2, petit déj compris, et 22 € par personne supplémentaire. Table d'hôtes à 25 €, apéro, vin et café compris. Espace balnéo (payant) pour les amateurs. Accueil convivial.

> *Accès : à la sortie du village sur la gauche (bon fléchage).*

PRESLES 38680

Carte régionale A2

58 km SO de Grenoble ; 13 km NE de Pont-en-Royans

€€ 🛏 |●| **Chambres d'hôtes Les Fauries (Carmen Wintzenrieth) :** ☎ et fax : 04-76-36-10-50. ● *lesfauries.fr* ● Fermé après la Toussaint jusqu'au 1er fév et 10 mars-12 avr. À 950 m d'altitude, au cœur du parc régional du Vercors, et plus particulièrement en lisière de la forêt des Coulmes, ancienne ferme tout en pierre qui jouit d'un superbe panorama. Son heureuse propriétaire, Carmen, est une hôtesse charmante. Elle y a ouvert 4 chambres avec sanitaires privés, dont une familiale composée de 2 chambres. Toutes portent des noms d'oiseaux. Pas étonnant qu'elles soient pimpantes et lumineuses ! Comptez 52 € pour 2, petit déj compris. À la table de Carmen, vous découvrirez en sa compagnie (si vous n'êtes pas une colonie !) les spécialités régionales et traditionnelles à partir de produits fermiers. 20 € le repas, apéro et vin compris. Atmosphère sans façon et décontractée. Un bon rapport qualité-prix-convivialité. Au fait, Presles est réputé pour son site d'escalade (pas moins de 300 voies différentes !) ; les moins téméraires se rabattront sur les randos et autres activités : ski de fond, raquettes...

Accès : A 49, Grenoble/Valence, sortie Saint-Marcellin ; prenez la direction de Saint-Romans ; après avoir traversé l'Isère, suivez Saint-Pierre-de-Cherennes, puis Presles par Le Faz ; au lieu-dit Les Fauries, prenez la 1re route à gauche, la maison est à 50 m (bon fléchage).

PROPIÈRES 69790

Carte régionale A1

45 km NO de Villefranche-sur-Saône ; 20 km O de Beaujeu

€€ 🏠 |●| 🐕 10% **Chambres d'hôtes La Musardière (Geneviève Diot) :** lieu-dit La Fabrique. ☎ 04-74-03-68-25. 📱 06-99-72-32-04. • gene.diot@orange.fr • maisonhote.net • 🛜 Au bout d'une petite route de campagne, on découvre cette ancienne ferme nichée dans la verdure, véritable havre de paix. Trois chambres champêtres, charmantes et colorées, avec sanitaires privés, à 52 € pour 2, petit déj compris, avec un tas de spécialités maison concoctées par Geneviève selon son humeur (cakes, pancakes, pains, sans oublier d'originales confitures comme banane-lavande, poivron jaune-gingembre, banane-thym...). Elle s'occupe aussi de son potager et aime remettre les vieux légumes à l'honneur, qui tiennent selon la saison une place de choix dans ses repas. Table d'hôtes à 18 €, apéro, vin et café compris. Ambulancière, apicultrice, Geneviève organise aussi des stages de développement personnel. Accueil chaleureux. Une adresse où l'on se sent bien.

Accès : sortez de Propières en direction de La Clayette (D 10), faites 2 km et tournez à droite au panneau « La Fabrique » puis suivez « La Musardière ».

QUINCIÉ-EN-BEAUJOLAIS 69430

Carte régionale A1

50 km NO de Lyon ; 20 km NO de Villefranche-sur-Saône

€€€ 🏠 |●| 🐕 10% **Chambres d'hôtes Domaine de Romarand (Annie et Jean Berthelot) :** ☎ 04-74-04-34-49. • berthelot.romarand@orange.fr • domainederomarand.com • Fermé entre Noël et le Jour de l'an. 🛜 Au milieu des vignes, Jean et Annie, viticulteurs, ont une superbe maison en pierre offrant 4 chambres d'hôtes spacieuses avec sanitaires privés. De 70 à 72 € pour 2, petit déj compris. Grande salle de séjour avec cheminée, charpente et pierres apparentes. Table d'hôtes à 27 €, vin de la propriété compris : salade lyonnaise, saucisson brioché, volailles fermières, tatin de pommes de terre et pâtisseries maison. Grande piscine à l'arrière de la maison. Ambiance et accueil raffinés. Vente des vins de la propriété et caveau de dégustation.

Accès : du village, prenez la direction de Marchampt (D 9) sur 2,5 km, et tournez à droite juste après Le Vitry ; suivez le fléchage sur 1,5 km.

RÉAUVILLE 26230

Carte régionale A2

30 km NO de Nyons ; 25 km S de Montélimar

€€€€ 🏠 |●| 🐕 10% **Chambres d'hôtes Mas de Pantaï (Sergio Chiorino) :** ☎ 04-75-98-51-10. 📱 06-09-82-04-84. • sergio.chiorino@wanadoo.fr • masdepantai.com • ✂ Ouv de mars à mi-nov (tte l'année pour les loc). Situé sur une petite colline boisée, superbe mas provençal dont certaines parties remontent au XVIe s. Si vous en faites le tour, il vous dévoilera tout son charme. La personnalité de Sergio n'en manque pas non plus... Il propose 4 chambres ravissantes, qui sentent bon la Provence. Sanitaires privés. Comptez 100 € pour 2, petit déj compris. Table d'hôtes (à partir de 8 personnes), partagée avec le maître des lieux, pour 35 € tout compris, de l'apéro avec les canapés jusqu'au café. Bonne cuisine régionale aux saveurs multiples. En contrebas de la maison, la piscine, puis les champs de lavande du voisin. En haut de la colline, magnifique panorama sur les Dentelles de Montmirail. Entre les deux, une chênaie qui abrite 3 petits gîtes, de construction

SAINT-ANDÉOL-EN-QUINT | 435

simple mais très bien équipés, ainsi que 3 ravissants bastidons en dur. Une adresse pour bons vivants.

> *Accès : A 7, sortie Montélimar-Sud ; prenez la N 7 en direction d'Avignon (sur 2 km), tournez ensuite à gauche vers Grignan (sur 10 km), puis de nouveau à gauche vers Réauville ; le Mas de Pantaï est à 600 m à droite, juste avt l'entrée du village.*

RENCUREL — 38680

Carte régionale B2

35 km SO de Grenoble ; 10 km O de Villard-de-Lans

€€ 🏠 |●| 🔟 **Chambres d'hôtes de la Valette (Chantal Bonici) :** 1885, route de Villard-de-Lans. ☎ 04-76-38-96-95. 📱 06-67-63-54-90. • gite.valette@wanadoo.fr • gitelavalette.fr • 📶 À 700 m d'altitude, ancienne maison EDF, au bord des gorges de la Bourne, véritable paradis pour les pêcheurs à la truite (de mars à octobre) et les randonneurs de tout poil... Trois chambres dont une familiale composée de 2 chambres, avec sanitaires privés. Déco agréable. 55 € pour 2, petit déj compris. Table d'hôtes partagée en famille à 20 €. Cuisine familiale d'ici et d'ailleurs. Vous pourrez faire la rando du pas des Rages (7h de marche), en passant à l'aller par le Gros-Martel (1 400 m) et au retour par le haut des gorges de la Bourne. En hiver, ski de fond, raquettes et pistes à 10 km. La maison est en bord de départementale, mais le trafic est restreint la nuit. Accueil convivial.

> *Accès : de Grenoble prenez la N 532 vers Sassenage, puis la D 531 jusqu'à Villard-de-Lans ; continuez vers Pont-en-Royans et suivez le fléchage juste avt La Balme-de-Rencurel.*

ROSIÈRES — 07260

Carte régionale A2

24 km SO d'Aubenas

€€€ 🏠 |●| **Chambres d'hôtes L'Oustalou (Véronique et Philippe Alcade) :** Augnac. ☎ 04-75-39-57-05. 📱 06-07-91-28-62. • loustalou@wanadoo.fr • loustalou-ardeche.com • Fermé de mi-nov à fin fév. 📶 Voici un beau mas perché au sommet d'une petite colline entourée de conifères, où l'on n'entend que le chant des oiseaux et des cigales. Cinq chambres toutes belles, toutes fraîches et avec sanitaires privés. Déco sobre et assurément de bon goût. Selon la saison, de 72 € pour 2, petit déj compris. Possibilité de table d'hôtes sur réservation à 26 €, apéro, vin et café compris, avec de bonnes spécialités à la châtaigne (soupe, pain, cailles farcies à la châtaigne...) et aux plantes sauvages (salade arc-en-ciel, soupe à l'ortie et à la consoude...). Piscine. Accueil vraiment très sympa. Une adresse idéale pour se ressourcer.

> *Accès : du village, direction Laurac sur 1 km puis direction Augnac et fléchage (3 km de Rosières).*

SAGNES-ET-GOUDOULET — 07450

Carte régionale A2

45 km NO d'Aubenas ; 35 km SO du Cheylard

€€ 🏠 |●| **Chambres d'hôtes Ferme de Suchasson (Claire Thomas et Pierre Chanéac) :** Suchasson. ☎ 04-75-38-85-56. 📱 06-07-81-14-86. • cthomas.suchasson@orange.fr • suchasson.fr • Fermé 15 nov-15 janv. 📶 Isolée sur le plateau ardéchois à 1 230 m d'altitude, avec une vue imprenable sur le suc de Coux, superbe ferme en pierre au toit de lauze. Pierre élève des vaches de race limousine en bio. Au 1er étage de la maison, 5 chambres de 2 à 4 personnes à l'atmosphère guillerette et campagnarde. Murs en pierre apparente, enduits colorés à la chaux. Sanitaires privés. 55 € pour 2, petit déj compris (jus de fruits bio, confitures et gâteau maison). Table d'hôtes à 20 €, vin et café compris. Une cuisine saine élaborée avec des produits de la ferme ou des plantes sauvages (orties, épinards...). Peut-être aurez-vous la chance de découvrir la *maôche*, ou estomac de porc farci. Ici, c'est le paradis de la randonnée : le GR 73 passe à 50 m de la maison ; l'hiver ce sera en raquettes. Accueil vrai et chaleureux. Une adresse comme on les aime, nature et sans façon.

> *Accès : du village, D 209 vers Sainte-Eulalie ; l'accès à la maison est à 1,2 km à droite.*

SAINT-ANDÉOL-EN-QUINT — 26150

Carte régionale A2

12 km NO de Die

€€ 🏠 |●| 🔟 **Chambres d'hôtes La Lune en Bouche (Françoise Bronchart et Jean-Claude Mengoni) :** hameau de Ribière. ☎ 04-75-21-26-34. Fax : 09-51-21-26-34. • laluneenbouche@free.fr •

RHÔNE-ALPES

valleedequint.com/hebergement.htm • *Ouv avr-nov.* À l'écart du village, dans le parc naturel régional du Vercors, ancienne ferme dissimulée dans un joli coin de campagne. Elle a été entièrement restaurée et aménagée en privilégiant les énergies propres (chauffage et eau chaude par énergie solaire) et les matériaux naturels. Cinq chambres sereines, à la déco sobre, avec sanitaires privés. Enduits à la chaux, murs en terre et paille d'orge. Comptez 59 € pour 2, petit déj compris, servi dans une immense et accueillante pièce de jour avec un mur chauffant en terre (si, si !). Table d'hôtes le soir à 20 €, tout compris ; et cuisine à disposition si vous préférez préparer votre frichti. Les plus téméraires pourront piquer une tête dans l'étang de la maison alimenté par une source. Et bien sûr, les randos dans le coin ne manquent pas. Accueil convivial.

Accès : à Sainte-Croix, prenez à gauche D 129 vers Saint-Julien-en-Quint puis à gauche vers Saint-Andéol et suivez la fléchage « La Lune en Bouche ».

SAINT-ANDRÉ-LA-CÔTE 69440

Carte régionale A1

35 km SO de Lyon ; 8 km O de Mornant

€ 🏠 |●| 🐾 **Chambres d'hôtes Là-Haut sur la Montagne (Anne et Marc Guyot) :** *Le Petit-Bois-des-Terres.* ☎ 04-78-81-61-16. 📱 06-73-94-56-80. • *nanou.guyot@laposte.net* • *lahautsurlamontagne.com* • 🚲 À 850 m d'altitude, dominant les environs et les monts du Forez en fond de décor, belle demeure tout en bois, style chalet montagnard. Anne et Marc sont producteurs de fruits rouges (fraises, framboises, groseilles...) et pour peu que vous restiez quelques jours, vous découvrirez les confitures, sorbets et sirops maison. Trois chambres chaleureuses, vêtues de bois, pouvant accueillir de 3 à 7 personnes. 49 € pour 2, petit déj compris, et 15 € par personne supplémentaire. Table d'hôtes à 20 €, apéro, vin et café compris (9 € pour les enfants). Pour les amateurs de rando, le GR 7 passe dans le village. Accueil convivial et familial. Très bon rapport qualité-convivialité-prix.

Accès : de Saint-André-la-Côte, direction Saint-Martin-en-Haut sur 600 m puis tournez à gauche au fléchage.

SAINT-ANTOINE-L'ABBAYE 38160

Carte régionale A2

41 km NE de Valence ; 25 km NE de Romans-sur-Isère

€€ 🏠 |●| 🐾 ⑩% **Chambres d'hôtes (Marie-Thérèse et Henri Philibert) :** *montée de la Maladière, Les Voureys.* ☎ 04-76-36-41-65. • *voureyhote@orange.fr* • *chambrehote.site.voila.fr* • Au milieu des champs, jolie ferme du XIXe s, dont la plus vieille partie date du XVIIe : superbes séchoir à noix et grenier à foin. Trois chambres simples, mais spacieuses, avec sanitaires privés. 52 € pour 2, petit déj compris, avec pogne ou brioche. Table d'hôtes (les lundi et vendredi, sur réservation) à 20 €, vin et café compris. Bonne cuisine traditionnelle avec gâteau de foie, ravioles (on adore), civet de lapin, poule à la crème, tarte aux noix maison, flan au lait... Ici, c'est la vraie vie de la ferme et vos bambins seront ravis (nous aussi !) : des poules, des lapins, des canards, des vaches, et un ravissant potager qui mérite vraiment une visite. Marie-Thérèse et Henri cultivent aussi les noix et fabriquent également du saint-marcellin (à table !). Une adresse qui fleure bon le terroir et l'authenticité, la vraie vie de la ferme, quoi ! N'oubliez pas d'aller à Saint-Antoine, pour son abbaye bien sûr, mais aussi pour ses très nombreux artisans, tous installés sur la superbe place.

Accès : sur la N 92, entre Romans et Voiron ; à Saint-Marcellin (célèbre pour son délicieux fromage), prenez la D 27 vers Saint-Antoine ; 2,5 km avt d'arriver au village, tournez à gauche au fléchage « Les Voureys/La Maladière ».

SAINT-APPOLINARD 38160

Carte régionale A2

60 km O de Grenoble ; 12 km NO de Saint-Marcellin

€€ 🏠 |●| 🐾 ⑩% **Chambres d'hôtes (Monique et Henry Pain) :** *885, montée de Fréduret, La Combe-de-Mouze.* ☎ 04-76-64-10-52. • *chambrehote.monique.monsite.orange.fr* • *Ouv Pâques-Toussaint.* En pleine campagne, jolie ferme traditionnelle (en galets roulés) en activité (vaches laitières, noix), jouissant d'une vue superbe sur le pays antonin (l'abbaye de Saint-Antoine datant du XIIIe s est à proximité). Vous y trouverez 4 chambres simples mais agréables, avec sanitaires privés. Comptez 52 € pour 2, petit déj compris (avec le célèbre fromage de Saint-Marcellin, de la pogne de Romans et du pain maison). Également une chambre-studio pour ceux qui préfèrent poser leur valises un peu plus longtemps. Possibilité de repas à 18 €, vin et café compris, servi en terrasse aux beaux jours. Cuisine familiale avec de bonnes spécialités, comme le gratin raviolé, la viande sauce aux noix, les légumes du jardin, le flan à la lavande... Accueil authentique et convivial. Circuit des églises romanes et plein de randos aux alentours. Également un lac pour pratiquer la pêche et la baignade à 8 km.

Accès : *sur la N 92, de Grenoble à Saint-Marcellin ; dans Saint-Marcellin, prenez la direction de Chatte (D 27) et, de là, la direction de Chevrière (D 20A) ; avt Chevrière, prenez la direction de Bessins, puis suivez le fléchage « La Combe-de-Mouze » (n'allez pas à Saint-Appolinard).*

SAINT-AREY 38350

Carte régionale B2

50 km S de Grenoble ; 7 km SO de La Mure

€€€ ≜ |●| 🐾 ⑩% *Chalets-loisirs Domaine des Genevreys (Laurence et Bernard Gluszyk) :* Pellenfrey. ☎ et fax : 04-76-81-26-27. ● *domainedesgenevreys.com* ● *Ouv mai-sept. Résa conseillée, surtout en hte saison.* En pleine nature, dans un superbe site avec vue sur le mont Aiguille, 5 petits chalets pour 2 à 6 personnes. Système de demi-pension à 44 € par personne, activités comprises (piscine, tennis). Laurence et Bernard, les adorables propriétaires, servent souvent petit déj et repas sous une sorte de paillote très sympa. Une adresse idéale pour les amoureux de sport et de nature. Accueil décontracté et chaleureux.

Accès : *de Grenoble, empruntez la N 85 en direction de Gap ; dans La Mure, prenez la D 116 vers Prunières/plage de Savel ; 4 km après Prunières, prenez la petite route à droite et continuez sur 2 km.*

SAINT-BARDOUX 26260

Carte régionale A2

25 km N de Valence ; 10 km NO de Romans

€€ ≜ |●| ⑩% *Chambres d'hôtes La Miellerie (Élisabeth Faisant et Daniel Brulebois) :* quartier Pize. ☎ 04-75-45-25-06. 📱 06-23-38-53-84. ● *contact@lamiellerie.eu* ● *lamiellerie.eu* ● 🛜 Le chemin s'arrête là, et aux beaux jours, vous séjournerez dans cette ancienne ferme au chant des cigales en contemplant la campagne. Trois chambres agréables réparties dans différentes parties de la maison. Une familiale composée de 2 chambres avec sanitaires privés au rez-de-chaussée, les 2 autres au 1er étage d'une aile indépendante. 55 € pour 2, petit déj compris, avec le miel maison (Daniel est apiculteur amateur). Table d'hôtes à 20 €, apéro, vin et café compris. Cuisine traditionnelle à partir de bons produits du terroir. Piscine à disposition. Accueil convivial.

Accès : *de Saint-Donat-sur-l'Herbasse, prenez la D 53 vers Romans-sur-Isère et à 1,5 km tournez à droite au fléchage « Pize-Picot » et suivez le fléchage pdt 1,2 km (petite route semi-goudronnée).*

SAINT-BONNET-DES-QUARTS 42310

Carte régionale A1

25 km NO de Roanne ; 10 km S de La Pacaudière

€ ≜ |●| 🐾 ⑩% *Chambres d'hôtes (Alice et Joël Charrondière) :* Pont-Demain. ☎ et fax : 04-77-64-16-22. 📱 06-72-90-67-88. ● *joel.charrondiere@wanadoo.fr* ● *chambre-hote-charrondiere.info* ● 🛜 Agréable ferme en pierre du pays dans un joli coin de campagne. Trois chambres coquettes avec sanitaires privés, dont une au rez-de-chaussée, les 2 autres à l'étage. De 46 à 52 € pour 2, petit déj compris (avec les confitures d'Alice). La table d'hôtes vous permettra de découvrir les produits de la ferme, notamment la viande (élevage de charolais), sans oublier les légumes du jardin. 16,50 € le repas, vin compris. Une adresse où riment authenticité, simplicité et convivialité.

Accès : *de Roanne, N 7 jusqu'à Changy, puis D 41 vers Saint-Bonnet-des-Quarts jusqu'au lieu-dit Pont-Demain ; c'est la dernière maison à droite.*

SAINT-BONNET-LE-COURREAU 42940

Carte régionale A1

52 km NO de Saint-Étienne ; 16 km NO de Montbrison

€ ≜ *Chambres d'hôtes Chez Marie et Rosalie (Janine et Pierre Marcoux) :* La Chaize. ☎ 04-77-76-81-05. *Ouv avr-sept.* En pleine nature, à 1 000 m d'altitude, jolie ferme en pierre, avec 2 chambres simples, mais agréables (dont une pour 4 personnes), avec sanitaires privés. Coin cuisine à disposition. De 45 à 49 € pour 2, petit déj compris. Janine et Pierre habitent une autre maison à 100 m. Hôtes agréables, ils vous tuyauteront sur les visites à faire dans le coin. Vente de produits fermiers (foie gras, confits, rillettes).

> **Accès :** de Montbrison, prenez la D 69 vers Saint-Bonnet-le-Courreau ; à Fraisse, bifurquez vers la D 101 jusqu'à Saint-Bonnet, traversez le bourg et prenez la D 20 en direction de Boën sur 1 km ; ensuite, suivez le fléchage.

SAINT-CHRISTOPHE-LA-GROTTE 73360

Carte régionale B1

20 km SO de Chambéry ; 20 km NE de Voiron

€€€ ▲ I●I **Chambres d'hôtes Ferme Bonne de la Grotte (Astrid et René Amayenc) :** ☎ 04-79-36-59-05. 📱 06-67-02-98-68. Fax : 04-79-36-59-31. ● info@ferme-bonne.com ● gites-savoie.com ● Dans le parc de la Chartreuse, magnifique ferme du XVIIIe s aux volets amande. Venir chez René et Astrid, c'est un peu plonger dans l'histoire de la Savoie, aussi bien sur un plan historique que folklorique, œnologique qu'artisanal (ah, les traditions !). Quatre chambres champêtres et charmantes, pour 2 à 6 personnes. Sanitaires privés (non attenants pour 2 des chambres). Comptez 85 € pour 2, petit déj compris. Atmosphère chaleureuse et bois sculpté à l'honneur. Table d'hôtes, pas systématiquement partagée avec les propriétaires, à 22 €, vin et café compris. La maison est classée « Panda », et le GR 9 passe juste à côté. Accueil cordial. Une adresse de charme.

> **Accès :** de Chambéry, empruntez la N 6 en direction de Lyon par Les Échelles ; passez le tunnel des Échelles et prenez à gauche la D 46 vers Saint-Christophe ; traversez le village, la maison est au pied de la falaise et du site historique.

SAINT-GALMIER 42330

Carte régionale A1

25 km N de Saint-Étienne ; 20 km E de Montbrison

€€€€ ▲ I●I (10 %) **Chambres d'hôtes Maison Dieu (Martine et Yves Peycelon) :** 3, rue Dupuy. ☎ 04-77-54-03-03. 📱 06-25-80-07-51. ● martine.peycelon@wanadoo.fr ● la-maison-dieu.com ● *Fermé 10 déc-10 janv.* Vous voici dans un pays qui pétille, et plus précisément dans l'ancienne propriété de mademoiselle Badoit, fille de ! Cette grande bâtisse de 700 m² regorge de surprises : beau patio extérieur avec jardin et vue sur la région, l'escalier à vis, la chapelle (demandez à jeter un œil), sans oublier la piscine (je craque !). Quatre chambres, fraîches et spacieuses, dont une suite composée de 2 chambres. Sanitaires privés. Martine collectionne les points de croix que les couloirs arborent fièrement. Comptez 100 € pour 2, petit déj compris, et 150 € pour 4. Accueil chaleureux. Une adresse pour se ressourcer, en découvrant l'histoire de la fameuse eau pétillante !

> **Accès :** dans le centre-ville, entre le restaurant La Chaumière et la pharmacie.

SAINT-HAON-LE-VIEUX 42370

Carte régionale A1

80 km NO de Saint-Étienne ; 15 km O de Roanne

€ ▲ 🐾 **Chambres d'hôtes (Claude et Jean-François Pras) :** ☎ 04-77-64-45-56. 📱 06-27-60-40-22. ● jfpras@la-cote-roannaise.com ● la-cote-roannaise.com ● *Ouv de mi-mars à mi-nov.* Dans leur ferme aux volets bleus située à la sortie du village, Claude et Jean-François ont aménagé 2 chambres confortables, avec une kitchenette à disposition des hôtes. 45 € pour 2, petit déj compris. Comme Jean-François est viticulteur, vous pourrez visiter la cave, contiguë à la maison d'habitation. Pas de table d'hôtes, mais plusieurs restos à proximité, et plein de sentiers balisés pour les amateurs de rando. Une bonne petite adresse.

> **Accès :** N 7, sortie n° 60 ; prenez la D 8 direction Renaison-Ambierle après 8 km, au rond-point, montez vers Saint-Haon-le-Vieux.

SAINT-JEAN-EN-ROYANS 26190

Carte régionale A2

40 km NE de Valence ; 27 km E de Romans

€€€ ▲ I●I (10 %) **Chambres d'hôtes L'Estapade des Tourelons (Corinne et Renaud Crayton) :** 37, route de la Forêt-de-Lente. ☎ 04-75-48-63-96. ● corinne@estapade.

com • estapade.com • 🛜 Ancienne et belle ferme en pierre du pays soigneusement restaurée. Au 1er étage, 3 chambres coquettes, ornées de jolies fresques murales et dotées de sanitaires privés. 75 € pour 2, petit déj compris. Chaleureuse salle à manger installée dans l'ancienne écurie où les mangeoires ont été conservées et qui dégage une atmosphère campagnarde avec ses paniers en osier et ses cuivres. Table d'hôtes à 20 €, apéro, vin et café compris. Piscine hors sol pour faire trempette. Une adresse où il fait bon faire une estape (étape, en vieux français).

Accès : dans le bourg, prenez la direction de Lente ; la maison est à la sortie du village à gauche.

SAINT-JEAN-LA-BUSSIÈRE 69550

Carte régionale A1

3 km S de Thizy ; 4 km N d'Amplepuis

€ 🏠 |●| **Chambres d'hôtes La Clef des Champs (Brigitte Villaverde) :** *La Fédollière.* ☎ 04-74-89-52-18. 📱 06-87-53-16-94. • brigitte.villaverde@wanadoo.fr • 🛜 En pleine campagne, maison récente qui n'en finit pas de s'agrandir... Dans une aile indépendante, à l'étage, 4 chambres accueillantes et colorées, avec sanitaires privés. 48 € pour 2, petit déj compris. Table d'hôtes à 19 €, vin et café compris. Salon avec billard. Agréable piscine chauffée pour piquer une tête. Accueil agréable.

Accès : de Saint-Jean, direction Cublize/ lac des Sapins (sur 3 km), jusqu'au hameau (c'est la dernière maison).

SAINT-JEAN-SAINT-MAURICE 42155

Carte régionale A1

14 km S de Roanne

€€€ 🏠 **Chambres d'hôtes L'Échauguette (Michèle et Didier Alex) :** *ruelle Guy-de-la-Mure.* ☎ 04-77-63-15-89. 📱 06-63-85-35-35. • contact@echauguette-alex.com • echauguette-alex.com • 🛜 Au cœur du charmant village de Saint-Jean-Saint-Maurice, dont le centre est entièrement piéton, Michèle et Didier ont aménagé 2 superbes chambres, réparties dans deux maisons bénéficiant d'une superbe vue sur un méandre de la Loire. Elles sont immenses, chacune possédant un petit coin salon. Déco élégante et raffinée qui réjouira les couples en mal de romantisme. Sanitaires privés. Comptez 79 € pour 2, petit déj compris, servi chez vos hôtes (installés juste à côté), soit sur le petit balcon ouvrant sur le lac de Villerest, soit dans la chaleureuse cuisine. De toute façon, il se dégage de toutes les pièces une ambiance absolument enchanteresse. En bref, charme et volupté prennent ici tout leur sens. On vous conseille aussi de visiter le village et de monter jusqu'au donjon du XIIe s.

Accès : de Roanne, prenez la D 53 vers Thiers/Saint-Just-en-Chevalet, puis, à gauche, la D 203 vers Saint-Jean-Saint-Maurice ; la maison est dans le village.

SAINT-JEAN-SUR-REYSSOUZE 01560

Carte régionale A1

23 km N de Bourg-en-Bresse ; 15 km SE de Pont-de-Vaux

€€ 🏠 |●| ⑩% **Chambres d'hôtes (Jacqueline et Guy Clément) :** *Montéfanty.* ☎ et fax : 04-74-30-88-43. 📱 06-12-51-31-33. • guy.clement@luxinet.fr • chezguyetjacqueline.fr • 🛜 En pleine campagne, superbe ferme typique de la Bresse datant du XVIIe s. Elle est belle avec ses murs qui alternent pan de bois et brique. Au 1er étage, 3 chambres d'hôtes avec sanitaires privés. Mansardées et coquettes, chacune avec petite fenêtre et Velux. De 55 à 60 € pour 2 selon saison, petit déj compris, servi dans la salle commune ou dans le jardin en contemplant la piscine (on pique une tête ?). Ici, vous êtes chez de vrais routards, et les souvenirs et anecdotes de voyages sont nombreux (ah... l'Indonésie !). Table d'hôtes, d'octobre à avril, à 20 € ; sinon, petit coin cuisine à disposition et plusieurs restos sympas à proximité. Les petits ne manqueront pas d'aller voir les chèvres naines et les canards. Excellent rapport qualité-prix-convivialité. Bref, un de nos coups de cœur.

Accès : de Bourg-en-Bresse, prenez la D 975 vers Tournus jusqu'à Jayat puis la D 80A vers Béréziat jusqu'au hameau Montéfanty.

SAINT-JODARD 42590

Carte régionale A1

28 km S de Roanne ; 14 km SO de Saint-Symphorien-de-Lay

€ 🏠 **Chambres d'hôtes (Claudie et Philippe Durel) :** *Daguet.* ☎ et fax : 04-77-63-45-34. 📱 06-82-14-59-67. • durel.

philippe@wanadoo.fr • En pleine campagne, jolie ferme dite en cour fermée. Dans un beau bâtiment en pierre, 3 chambres spacieuses et charmantes avec sanitaires privés. 43 € pour 2, petit déj compris (confitures maison, lait de la ferme et jus d'abricot du Pilat). À noter qu'ici on utilise l'énergie solaire pour le chauffage et l'eau chaude. Pas de table d'hôtes, mais coin cuisine à disposition et plusieurs restos à proximité. Accueil des plus chaleureux. Excellent rapport qualité-prix-convivialité.

Accès : A 72, sortie Balbigny puis, à Balbigny, direction Saint-Georges-de-Baroilles jusqu'à Saint-Jodard et suivez le fléchage sur 700 m depuis la place du village.

SAINT-JULIEN-DU-SERRE 07200

Carte régionale A2

8 km N d'Aubenas ; 8 km E de Vals-les-Bains

€€ **Chambres d'hôtes (Dorothée et Thierry Ventalon) :** Bourlenc. ☎ et fax : 04-75-37-69-95. 06-06-86-88-58. • bourlenc07@orange.fr • bourlenc.com • Très belle maison ouverte sur la nature, entourée d'acacias, avec terrasses et une tonnelle recouverte de vigne. Thierry, apiculteur, y tient 5 chambres agréables qui dégagent une atmosphère chaleureuse, sans oublier une superbe piscine d'où vous jouirez du panorama sur les environs. Comptez de 68 € à 75 € pour 2 en pleine saison, petit déj inclus, avec miel et confitures maison. Table d'hôtes bio, sur réservation, à 25 €, apéro, vin et dessert compris, avec d'appétissantes spécialités à base des légumes du jardin, comme les flans de légumes ou la salade aux herbes sauvages. Vallon-Pont-d'Arc, le départ pour la descente de l'Ardèche, est à 35 km, et deux petites rivières passent à proximité de la maison. Accueil décontracté.

Accès : d'Aubenas, prenez la N 102 vers LePuy/ Mende puis direction Saint-Andéol-de-Vals/ Saint-Julien-du-Serre (D 218) ; n'entrez pas dans Saint-Julien mais continuez vers Saint-Andéol sur 4 km, la maison est sur la droite.

SAINT-LAURENT-DU-PAPE 07800

Carte régionale A2

25 km NE de Privas ; 5 km O de La Voulte-sur-Rhône

€€ **Chambres d'hôtes (Danièle Reghem et Thierry Abrial) :** Les Chambauds. ☎ 04-75-60-80-98. 06-08-95-20-30. • accueil@chambauds.com • chambauds.com • *Ouv de mi-mars à mi-nov.* Isolée sur le plateau avec un superbe panorama sur la campagne, voici une adresse que les amoureux de nature et de randos ne manqueront pas. Cette ancienne et belle ferme tout en pierre du pays est plantée au milieu de 50 ha de landes et de bois. Trois chambres sereines à l'atmosphère champêtre, dont 2 au rez-de-chaussée, la dernière à l'étage. Sanitaires privés. 55 € pour 2, petit déj compris. Table d'hôtes partagée avec Danièle et Thierry à 18 €, apéro, vin et café compris. Cuisine régionale avec les légumes du jardin et les volailles de la basse-cour. Pour ceux qui veulent séjourner, un gîte rural de 6-8 personnes sur place. Accueil de qualité. Une adresse pour prendre le vert.

Accès : ne pas aller à Saint-Laurent mais partir du centre de la vieille ville de La Voulte-sur-Rhône où vous prenez la D 265a vers Saint-Cierge-la-Serre ; montez jusqu'au plateau, tournez à droite et faites 1,7 km sur une piste en terre.

SAINT-LAURENT-ROCHEFORT 42130

Carte régionale A1

60 km NO de Saint-Étienne ; 24 km NO de Montbrison

€ **Chambres d'hôtes (Josette Reynaud) :** Dardes. ☎ 04-77-24-51-52. 06-72-34-93-16. À 720 m d'altitude, au milieu des forêts, petite ferme avec 3 chambres (dont 2 doubles avec kitchenette), simples mais avec sanitaires privés. Comptez 42 € pour 2, petit déj inclus. Table d'hôtes partagée en famille à 12 €, vin compris. À 30 mn de marche, le village de Palogneux : volcan avec orgues basaltiques et jolie église romane. Des prix doux pour une adresse nature et conviviale.

Accès : sur la N 89 en venant de Thiers, après avoir passé Hôpital-Rochefort et Varenne, tournez à droite, direction Débats-Rivière-d'Orpra et faites 6 km de chemin de montagne en suivant Dardes.

SAINT-MARCEL-D'URFÉ 42430

Carte régionale A1

70 km NO de Saint-Étienne ; 45 km SO de Roanne

€€€ **Chambres d'hôtes Il Fut un Temps (Julien Perbet) :** Les Gouttes. ☎ 04-77-62-52-19. 06-03-55-86-13.

• contact@ilfutuntemps.com • ilfutun temps.com • 📶 Superbe maison en pierre de la fin du XIXe s, avec de jolis volets bleu lavande, qui abrite 5 chambres confortables, toutes différentes, dont 2 avec coin salon. Partout, de beaux meubles anciens, un mélange de poutres, pierres apparentes et bois qui donnent une ambiance douillette et feutrée. De 70 à 88 € pour 2, petit déj compris, et 25 € pour la table d'hôtes, vin et café compris. Bonnes spécialités maison, telles que le caviar d'aubergine, le gratin de pommes de terre-betteraves, la tarte tatin ou le tiramisù ; possibilité de repas végétarien. Espace bien-être avec bain chaud en extérieur, sauna et salle de massages. Accueil soigné et chaleureux.

Accès : A 89, sortie n° 31, Noirétable/Les Salles ; allez à Champoly, en direction de Saint-Marcel-d'Urfé par la D 24 ; de Saint-Marcel, prenez la D 20 vers Saint-Martin-la-Sauveté et, après 1,7 km, tournez à droite en direction des Gouttes et suivez le fléchage.

SAINT-MARTIN-DE-LA-CLUZE 38650

Carte régionale B2

25 km S de Grenoble ; 12 km N de Monestier-de-Clermont

€€€ 🛏 |●| **Chambres d'hôtes Le Château de Pâquier (Hélène et Jacques Rossi) :** ☎ 04-76-72-77-33. • chateau. de.paquier@free.fr • chateau.de.paquier. free.fr • *Ouv mars-oct ; sur résa le reste de l'année.* Dans un site majestueux composé de forêts, de pâturages et de cultures, magnifique maison forte du XVIe s, avec des fenêtres à meneaux. L'escalier à vis de la jolie tour centrale mène aux 5 chambres vastes (dont une suite pour 4 ou 5 personnes), claires et décorées avec goût (plafonds à la française). Elles sont toutes aussi craquantes, l'une avec sa cheminée qui fonctionne (quel pied !), une autre, la plus originale, située dans l'ancienne chapelle... Beaux sanitaires privés. 82 € pour 2, petit déj compris (avec, entre autres, une délicieuse brioche maison). Table d'hôtes (sur réservation) en compagnie d'Hélène et Jacques à 27 €, apéro, vin et café compris. Goûteuse cuisine traditionnelle. Viandes ou volailles maison sont souvent cuites à la broche dans la cheminée (hmm !) et accompagnées des légumes du jardin. Une adresse de charme.

Accès : de Grenoble, empruntez la D 1075 ou l'A 51 (sortie n° 12) en direction de Sisteron ; 10 km après Vif, au rond-point, bifurquez sur la D 110 vers Saint-Martin ; le château est à 1 km du village, bien fléché.

SAINT-MARTIN-EN-VERCORS 26420

Carte régionale B2

45 km SO de Grenoble ; 10 km N de La Chapelle-en-Vercors

€€€ 🛏 |●| 🐴 (10%) **Chambres d'hôtes La Ferme du Château (Christiane Pitaval) :** ☎ 04-75-48-50-47. 📱 06-23-33-17-58. • pitaval.christiane@wanadoo.fr • alafer meduchateau.com • *Fermé 11 nov-vac de Noël.* 📶 Amoureuse du Vercors depuis son enfance, Christiane a tout plaqué pour acheter cette belle et imposante ferme installée au pied des falaises de Roche-Rousse. Elle jouit d'un magnifique panorama sur les montagnes environnantes. Cinq chambres charmantes et douillettes à l'atmosphère montagnarde. Sanitaires privés. 80 € pour 2, petit déj compris. Plusieurs salons de détente et de lecture, ainsi qu'une chaleureuse salle à manger pour prendre les repas. Table d'hôtes partagée avec votre hôtesse à 27 €, apéro, vin et café compris. Goûteuse et copieuse cuisine régionale. Bien sûr, ici c'est le paradis des randonneurs de tout poil : à pied, à ski (en hiver) ou en VTT. Accueil de qualité. Une adresse où l'on aurait bien posé nos sacs plus longtemps...

Accès : au niveau de l'église du village, prenez la petite rue qui descend, la maison est plus haut à droite quand on remonte.

SAINT-MARTIN-LESTRA 42110

Carte régionale A1

45 km N de Saint-Étienne ; 13 km de Feurs

€ 🛏 |●| (10%) **Chambres d'hôtes Le Madinot (Monique et Michel Berthet) :** Montmézard. ☎ 04-77-28-55-06. 📱 06-13-42-15-51. • madinot@orange.fr • lemadinot.fr • *Fermé 22 déc-5 janv.* Aux portes du Rhône, dans un joli coin de campagne, ancienne et mignonnette ferme aux volets bleus. Dans une aile indépendante de la maison, 2 chambres sereines, dont une suite familiale composée de 2 chambres. Sanitaires privés. 47 € pour 2, petit déj compris (confitures, gâteau et pain maison). Table d'hôtes partagée en famille à 16 €, vin compris. Cuisine familiale à partir des légumes du jardin et des produits du terroir. Nombreuses randos à faire dans les environs. Accueil chaleureux. Une adresse pour prendre le temps de vivre.

Accès : de Feurs, direction Lyon jusqu'à Saint-Martin-Lestra ; au niveau de l'église, prenez la D 103 vers Essertines pdt 3 km puis à gauche après le pont ; la maison est à 200 m.

€€ 🏠 |●| ⑩﹪ *Chambres d'hôtes Les Blés d'Or (Christine et Denis Peralta) :* Bouchala. ☎ 04-77-28-58-76. 📱 06-80-88-66-64. ● contact@blesdor.com ● *blesdor. com* ● ♿ Connaissez-vous les montagnes du Matin ? Eh bien, vous y êtes ! Et vous pourrez séjourner dans l'une des 4 chambres de cette ancienne ferme forézienne. Elles sont coquettes et colorées, avec sanitaires privés. 55 € pour 2, petit déj compris (confitures et brioche maison). Les dimanche, lundi et mardi soir, possibilité de table d'hôtes à 22,50 €, vin compris, où produits du terroir et légumes du jardin sont à l'honneur. Les autres jours, les repas se prennent dans l'auberge des proprios, *L'École,* située à 150 m de là ; menus de 17 à 25 € pour une cuisine traditionnelle de Lyon et du Forez. Christine et Denis, les enthousiastes proprios proposent des séjours de tricot, balades... alors, demandez le programme ! Accueil convivial. Une bonne adresse.

Accès : A 72 sortie Feurs que vous traversez en direction de Lyon puis Saint-Barthélemy et Saint-Martin-Lestra ; à la sortie du bourg, tournez à gauche vers Bouchala sur 3,5 km.

SAINT-MICHEL-SUR-RHÔNE 42410

Carte régionale A1

45 km E de Saint-Étienne ; 12 km SO de Vienne

€€ 🏠 🏡 *Chambres d'hôtes (Claudette Bonnet) :* L'Ollagnière. ☎ 04-74-59-51-01. 📱 06-74-98-32-15. C'est dans une maison mitoyenne à celle de sa maman (réservée exclusivement aux hôtes), que Claudette a installé 3 chambres équipées de sanitaires privés (mais 2 chambres ont les w-c sur le palier). Déco simple. Comptez 48 € pour 2, petit déj compris. Pas de table d'hôtes, mais petit coin cuisine et barbecue à disposition. Accueil chaleureux.

Accès : depuis Vienne, prenez la N 86 vers Tournon ; traversez Condrieu, passez sous la voie de chemin de fer, faites 3 km et tournez à droite vers Saint-Michel, puis suivez le fléchage.

SAINT-MONTAN 07220

Carte régionale A2

18 km SO de Montélimar ; 8 km NO de Viviers

€€ 🏠 |●| ⑩﹪ *Chambres d'hôtes La Pacha (Isabelle Million) :* quartier d'Eylieux. ☎ et fax : 04-75-52-57-41. ● lapacha.lemoure@wanadoo.fr ● *lapacha. fr* ● *Ouv de mi-mars à mi-nov.* 📶 Au bout d'une petite route qui grimpe au cœur d'un vallon ombragé, la maison et son cyprès vous attendent pour vous offrir une vue dégagée. Quatre chambres à la belle déco fraîche, toutes de plain-pied, avec accès indépendant et terrasse privée, à 68 € pour 2, petit déj compris. Salon commun avec TV. Table d'hôtes à 28 €, apéro, vin et café compris. Piscine à l'écart de la maison et en pleine nature ! Une adresse pour se ressourcer.

Accès : depuis Saint-Montan, prenez l'ancienne route de Viviers et suivez le fléchage ; la maison est à 3 km du village médiéval.

SAINT-NIZIER-DE-FORNAS 42380

Carte régionale A1

38 km O de Saint-Étienne ; 2 km S de Saint-Bonnet-le-Château

€€ 🏠 |●| 🏡 *Chambres d'hôtes La Campagnarde (Marie-Paule et Jean-Louis Chamblas) :* route d'Estivareilles. ☎ 04-77-50-71-19. 📱 06-68-40-75-86. ● lacampagnarde@wanadoo.fr ● *lacampagnarde.fr.tc* ● À côté de leur ancienne ferme tout en pierre, Marie-Paule et Jean-Louis ont aménagé 4 chambres avec sanitaires privés, dont une double dans un petit bâtiment attenant. Comptez 53 € pour 2, avec le petit déj, et 18 € le repas en table d'hôtes. Derrière la maison, les amateurs trouveront un étang pour taquiner la truite, que la maîtresse de maison préparera ensuite. Accueil chaleureux.

Accès : de l'A 72, sortez à Andrézieux ; à Andrézieux, prenez la direction de Saint-Bonnet-le-Château par la D 498 ; à Saint-Bonnet, direction Estivareilles sur 2 km ; la maison est sur la gauche au bord de la route.

SAINT-OURS 73410

Carte régionale B1

25 km N de Chambéry ; 22 km SO d'Annecy

€€ 🏠 ⑩﹪ *Chambres d'hôtes La Vigne sur le Foin (Nathalie et Jérôme Alexandre) :* Chef-Lieu. ☎ 04-79-52-35-72. 📱 06-84-49-70-45. ● lavignesurlefoin73@orange.fr ● *lavignesurlefoin. com* ● 📶 Ancienne grange au cœur du village mais bien au calme. Les proprios prônent les énergies renouvelables aussi l'eau chaude est fournie par les panneaux solaires et le chauffage par chaudière aux granulés de bois. Au 1er étage, 3 chambres sympathiques, vêtues de bois et d'enduits à la chaux. Sanitaires privés. Mobilier contemporain. 65 € pour 2, petit déj compris et 100 € pour 4. Pas de table d'hôtes mais plusieurs restos à proximité. Pour faire trempette aux beaux jours, la plage d'Aix-les-Bains est à 10 km.

Accès : A 41, sortie n°s 14 ou 15 en venant de Chambéry ou d'Annecy, puis D 911 vers le massif des Bauges jusqu'à Saint-Ours ; tournez à gauche vers Chef-Lieu, allez jusqu'à l'église, la maison est à côté du cimetière.

SAINT-PIERRE-D'ENTREMONT 73670

Carte régionale B1

40 km N de Grenoble ; 25 km S de Chambéry

€€€ 🏠 |●| 🍴 **Chalet du cirque de Saint-Même (Myriam et Joël Georges) :** ☎ 04-79-65-89-28. • chaletducirque@wanadoo.fr • chalet-hotel.com • ✕ Slt sur résa. 📶 S'il est des endroits naturels et grandioses, celui-ci en fait partie. À 860 m d'altitude, vous êtes au pied du cirque de Saint-Même où grondent les quatre cascades du Guiers (quatre dénivelées, comptez 1h30 de balade). Ici, c'est un mélange gîte-hôtel : 14 chambres de 2 à 4 personnes, dont 6 au rez-de-chaussée et 8 à l'étage. Sanitaires privés. Préférez les chambres avec balcon. Chambre seule à 60 € pour 2 (petit déj à 7 €) ou système de demi-pension à 52 € par personne (on peut même commander les spécialités régionales : raclette, tartiflette, diots, reblochonnade, fricassée de caillon...). On peut aussi y manger sans y dormir : menu à 21 €. Pour les randonneurs, le GR 9 (tour de la Chartreuse) passe ici. En hiver, il faudra chausser les raquettes. Accueil chaleureux.

Accès : de Saint-Pierre, prenez la direction du cirque de Saint-Même (jusqu'au bout) ; là, poussez la barrière, que vous refermez derrière vous, et continuez jusqu'au chalet.

SAINT-PRIEST-LA-ROCHE 42590

Carte régionale A1

15 km SE de Roanne

€ 🏠 |●| 🍴 **Chambres d'hôtes Carpe Diem (Odile et André Roche-Mercier) :** Prévieux. ☎ et fax : 04-77-64-92-12. 📱 06-61- 08-66-03. Sur une exploitation agricole en activité (vaches à viande), gentillette ferme en pierre, toute fleurie grâce aux bons soins d'Odile. Trois chambres d'hôtes installées au 1er étage, dont 2 disposant d'un accès indépendant par un escalier extérieur. Déco simple. Sanitaires privés. De 36 à 43 € pour 2, petit déj compris. Bonne table d'hôtes, partagée avec les proprios et préparée à partir des produits maison, à 16 €, vin compris. Pour les moins fortunés, un camping à la ferme à 3 € par personne et 3 € l'emplacement. Accueil authentique et chaleureux. Une adresse pour redécouvrir la vraie vie de la ferme.

Accès : de Roanne, empruntez la N 82 en direction de Saint-Étienne, jusqu'à Vendranges ; tournez à droite vers Saint-Priest ; faites 1,3 km, la ferme est sur la gauche.

SAINT-ROMAIN-LE-PUY 42610

Carte régionale A1

30 km NO de Saint-Étienne ; 7 km SE de Montbrison

€€€ 🏠 **10%** **Chambres d'hôtes Sous le Pic (Dominique Perol) :** 20, rue Jean-Moulin. ☎ et fax : 04-77-76-97-10. 📱 06-64-13-85-49. • contact@laperoliere.com • laperoliere.com • ✕ Ouv Pâques-Noël. 📶 Charmante et ancienne ferme forézienne, joliment restaurée, recouverte d'ampélopsis, aux ouvertures aujourd'hui revêtues de bleu. Joli point de vue sur le prieuré et le pic de Saint-Romain. Deux bâtiments séparés par un porche, et dans l'un d'eux 3 chambres, l'une au rez-de-chaussée, les 2 autres à l'étage. Déco mêlant originalité et élégance, où fer forgé, meubles et objets chinés sont à l'honneur. 74 € pour 2, copieux petit déj compris, servi sous le figuier aux beaux jours. Séjour et bibliothèque à disposition des hôtes. Pas de table d'hôtes, mais restos à proximité.

Accès : en venant de Précieux, au carrefour entre la D 8 et la D 107, continuez tt droit, direction Saint-Romain ; au rond-point, prenez direction Saint-Romain, puis de suite la 1re rue à gauche (bon fléchage).

SAINT-SAUVEUR-DE-CRUZIÈRES 07460

Carte régionale A2

60 km SO d'Aubenas ; 21 km SO de Vallon-Pont-d'Arc

€€€ 🏠 |●| **Chambres d'hôtes Le Mas des Molières (Danielle et Richard Reuther) :** ☎ 04-75-39-08-75. 📱 06-37-59-77-43.

- reservation@masdesmolieres.com • masdesmolieres.com • *Ouv de mi-mars à mi-nov.* Superbe mas en pierre dont les origines remontent au XVIe s avec cour intérieure et composé de nombreux bâtiments. L'environnement et la maison sont splendides et on se laisse volontiers bercer par le chant des cigales, en contemplant les vignes. Ça sent le début de la Provence... Cinq chambres, dont 2 suites installées dans des petites bergeries indépendantes, 2 autres au 1er étage avec accès indépendant par un bel escalier qui dessert un couloir semi-ouvert, et la dernière sous les combles, toute de bois vêtue. Atmosphère sereine. Selon la chambre et la période, de 70 à 105 € pour 2, petit déj compris (avec fromage, yaourts, gâteau et confitures maison), et 25 € par personne supplémentaire. Table d'hôtes à 25 €, apéro, vin et café compris. Les repas se prennent dans un grand séjour avec vue sur le jardin. Salon détente, et belle piscine. Accueil agréable.

Accès : de Saint-Sauveur, prenez la D 255 vers Bessas (sur 800 m) et, à droite, vers Molières ; la maison est à 1 km (fléchage).

SAINT-VICTOR-SUR-LOIRE — 42230

Carte régionale A1

5 km O de Saint-Étienne

€€ **Chambres d'hôtes L'Ancienne Ferme de Pracoin (Colette Grimand) :** Pracoin. ☎ 04-77-90-37-95. • colette.grimand@orange.fr • chambre-hotes-loire.com • *Fermé aux fêtes de fin d'année.* Attenante à la maison des propriétaires, l'ancienne grange comporte une grande salle avec poutres apparentes et 3 chambres d'hôtes personnalisées et confortables. Comptez 55 € pour 2, petit déj compris. Pas de table d'hôtes, mais plusieurs petits restos à proximité.

Accès : A 72, sortie n° 10 Firminy/Le Puy ; sur la rocade, sortez à Saint-Victor/Roche-la-Molière ; la maison se trouve à la sortie de Roche-la-Molière, après la miellerie et avt le garage Renault.

SAINTE-FOY-SAINT-SULPICE — 42110

Carte régionale A1

45 km NO de Saint-Étienne

€ **Chambres d'hôtes (Lucette et René Clair) :** Saint-Sulpice. ☎ 04-77-27-81-08. ☎ 06-78-78-78-70. • reneclair@hotmail.fr • stsulpice.ifrance.com • Trois chambres coquettes et indépendantes dans cette ferme qui appartient à la famille depuis trois générations. René y cultive céréales et élève un troupeau de vaches allaitantes, tandis que Lucette s'occupe de ses hôtes. Comptez 48 € pour 2, avec le petit déj (confitures maison). Bon rapport qualité-prix et accueil chaleureux. À 6 km, ne manquez pas la visite du château de la Bastie d'Urfé et celle du prieuré de Pommiers.

Accès : de l'A 72, sortie Feurs et direction de Boën-sur-Lignon ; au 2e carrefour, prenez à droite vers Pommiers jusqu'au lieu-dit Saint-Sulpice ; c'est la ferme avec une chapelle (ne pas quitter la D 94).

SALLES-SOUS-BOIS — 26770

Carte régionale A2

25 km SE de Montélimar ; 8 km N de Grignan

€€ **Chambres d'hôtes Ferme Tushita (Valérie et Matthieu Bohl) :** route d'Aleyrac. ☎ 06-81-75-34-83. • valerie.bohl@gmail.com • tushita.fr • *Ouv Pâques-Toussaint.* Tushita en tibétain signifie « petite terre de joie »... Et c'est ce qu'on ressent quand on arrive dans cette superbe et ancienne ferme tout en pierre aux volets bleus et qui jouit d'une incomparable vue sur le Ventoux. Valérie a tout lâché pour venir élever des chevaux et accueillir des hôtes, avec ou sans montures. Trois chambres croquignolettes décorées sur des thèmes originaux. On aime bien « Coquillages » et « Indiens ». « Africaine » est la plus grande, idéale pour les familles. 60 € pour 2, petit déj compris, et 16 € par personne supplémentaire. Pour les budgets serrés et les groupes constitués (4 personnes minimum), Valérie a aménagé un petit gîte dans un joli chalet en bois niché dans les chênes, qui comprend 7 lits en 2 chambres : 500-550 € par semaine. Table d'hôtes partagée en famille à 22 €, apéro, vin et café compris. Cuisine imaginative avec des produits locaux. Une hôtesse souriante et charmante, une belle piscine pour parfaire le tout : un de nos coups de cœur sur le département.

Accès : du village, D 9 vers Aleyrac ; la maison est à 3,5 km sur la gauche.

SANDRANS — 01400

Carte régionale A1

28 km SO de Bourg-en-Bresse ; 10 km NO de Villars-les-Dombes

€ **Chambres d'hôtes Le Petit Bessay (Sylvie et Hubert Bouvier) :** ☎ 04-74-55-45-82. ☎ 06-79-04-79-86.

● lepetitbessay@wanadoo.fr ● perso.orange.fr/hubert.bouvier ● *Fermé 3 sem en hiver.* 🛜 Sylvie et Hubert ont entièrement restauré cette ancienne ferme pour y ouvrir 3 chambres, dont 2 au 1er étage, la dernière de plain-pied composée de 2 chambres. Sanitaires privés. Déco agréable avec de nombreux patchworks réalisés par Sylvie. 50 € pour 2, petit déj compris, et 15 € par personne supplémentaire. Table d'hôtes sans les proprios à 17,50 €, apéro et vin compris. Cuisine saine et goûteuse avec produits fermiers et légumes du jardin. Accueil chaleureux.

Accès : de Châtillon-sur-Chalaronne, D 2 vers Villars-les-Dombes, et 3 km après, tournez à gauche au fléchage « Centre équestre » puis allez à droite vers Le Petit Bessay.

SAVAS — 07430
Carte régionale A2
9 km N d'Annonay

€€ 🏠 ⑩% *Chambres d'hôtes La Ferme du Riou (Laurence et Daniel Badin) :* ☎ 04-75-69-00-87. 📱 06-67-28-62-22. ● contact@fermeduriou.fr ● fermeduriou.fr ● *Ouv avr-nov.* 🛜 À 700 m d'altitude, aux confins de la Loire, de l'Isère, de la Drôme et de l'Ardèche (rien que ça !), ancienne ferme plantée dans un agréable parc avec piscine, cachée derrière un grand portail électrique. Trois superbes chambres, plus craquantes les unes que les autres. Beaux enduits, souci du détail et déco soignée, dont de magnifiques encadrements réalisés par Laurence. 60 € pour 2, petit déj compris. Billard snooker pour les amateurs. Accueil chaleureux. Excellent rapport qualité-prix-convivialité. Une de nos adresses préférées sur le département.

Accès : à Saint-Marcel-lès-Annonay, au feu tricolore, direction Saint-Julien-Molin-Molette ; passez devant le lac du Ternay puis prenez à droite vers Bontemps ; traversez le hameau, et au stop prenez à droite la D 109 ; la maison est un peu plus loin à gauche.

SÉEZ — 73700
Carte régionale B1
51 km E d'Albertville ; 27 km NE de Moutiers

€€ 🏠 |●| 🐴 ⑩% *Chambres d'hôtes Molliebon (Catherine Adin-Lenoir) :* ☎ et fax : 04-79-41-06-33. 📱 06-09-02-12-64. ● gites@molliebon.fr ● molliebon.fr ● 🛜 À 1 100 m d'altitude, vieille maison savoyarde avec balcons de bois, une fontaine qui glougloute, une vue sans équivalent sur Séez et Bourg-Saint-Maurice qu'on admire depuis la terrasse. Cinq chambres rustiques, dont 2 familiales pour 4 personnes. Sanitaires privés. De 67 à 75 € pour 2, petit déj compris. Table d'hôtes à 25 € tout compris, pour une bonne cuisine du terroir. Sinon, possibilité de casse-croûte pour 15 €. Deux gîtes pour ceux qui veulent se poser et se délecter des environs. Pour les amateurs de ski, liaison gratuite avec La Rosière (3 km) et Les Arcs (8 km). Très bon accueil.

Accès : à 4,5 km de Séez par la N 90 en direction du col du Petit-Saint-Bernard, puis par un court chemin à droite.

SEYNOD — 74600
Carte régionale B1
5 km SO d'Annecy

€€ 🏠 *Chambres d'hôtes La Ferme de Vergloz (Nicole et Philippe Martel) :* 46, route de Vergloz. ☎ et fax : 04-50-46-71-98. ● fermedevergloz@free.fr ● fermedevergloz.free.fr ● *Fermé 15 nov-15 déc.* Aux portes d'Annecy, au cœur d'une grande ferme où sont élevées des vaches laitières. Dans une partie indépendante, mais mitoyenne de leur maison, Nicole et Philippe ont installé 5 belles chambres d'hôtes. On entre dans la salle à manger très champêtre : vieux outils agricoles accrochés aux murs, immense table de ferme, cheminée... Au 1er étage, on passe par un salon agréable qui jouit d'une vue imprenable sur Annecy. La déco est tout autre et l'ambiance nettement plus design : vieux bois, éclairage en mini-spots très métal, fer forgé, meubles anciens, quelquefois peints, vivent en harmonie. Les chambres sont vastes, toutes avec mezzanine pour les enfants et avec sanitaires privés. Selon la saison, de 66 à 72 € pour 2, petit déj compris. Pas de table d'hôtes, mais plusieurs restos à proximité. Accueil sympa. Un bon point de chute pour découvrir Annecy et ses environs.

Accès : A 41, sortie Annecy-Sud, direction Chambéry ; passez sous les deux ponts et prenez la direction de la ZI de Vovray et ensuite la D 5 vers Quintal/Seynod ; au 3e rond-point, laissez Seynod-Centre à droite ; continuez sur 2,5 km direction Vieugy et, au monument aux morts, tournez tt de suite à droite.

SOUTERNON — 42260
Carte régionale A1
21 km SO de Roanne

€€€ 🏠 |●| ⑩% *Chambres d'hôtes (Sabine et Alain Mirimanoff) :* Le Grapiaud. ☎ et fax : 04-77-65-25-76. 📱 06-09-45-07-05. ● legrapiaud@wanadoo.fr ●

legrapiaud.com • *Fermé déc-mars.* Ancienne ferme centenaire plantée dans un immense parc de 12 ha d'où vous jouirez d'une belle vue sur les environs. La déco intérieure mêle avec harmonie ancien et contemporain dans une élégante simplicité. Deux chambres charmantes et spacieuses, avec sanitaires privés, dont une avec immense salle de bains rétro. 75 € pour 2, copieux petit déj inclus (confitures et pain maison, œufs...). Également une suite familiale de 2 chambres meublées Louis XV à 140 € pour 4. Table d'hôtes à 25 €, vin compris. Cuisine goûteuse à partir de produits du terroir qui cultive originalité et tradition. Piscine chauffée. Accueil chaleureux. Une adresse où l'on aurait bien posé nos sacs plus longtemps.

Accès : *A 89, sortie n° 5 et direction Saint-Germain-Laval sur 100 m puis, à droite, petite route que vous suivez sur 4,5 km (fléchage).*

TERMIGNON 73500

Carte régionale B1

20 km E de Modane

€€ 🏠 |●| (10%) ***Chambres d'hôtes Le Chalet du Lys*** *(Élise Legras et Fred Delille) :* lieu-dit Le Lièvre. ☎ 04-79-20-18-25. 📱 06-68-48-44-19. • chalet-du-lys@orange.fr • chaletdulys.com • 🎿 *Fermé 1er nov-18 déc.* 📶 Aux portes du parc national de la Vanoise, à 1 370 m d'altitude. Pas moins de 45 t de pierres, sans parler du bois, c'est ce qu'il a fallu à Fred pour construire cette superbe demeure. Tout l'ensemble a été conçu en pensant écologie et énergies renouvelables. Chauffage solaire, électricité fournie par panneaux photovoltaïques (revendue à EDF), sans oublier l'eau de pluie pour alimenter les chasses d'eau... Le résultat est remarquable ! Cinq chambres de 2 à 4 personnes, petites et douillettes, à l'atmosphère montagnarde, avec sanitaires privés. Bien sûr, tout le mobilier a été fabriqué par Fred (chéri, quand te mets-tu au bricolage ?). 65 € pour 2, copieux petit déj compris (yaourts, cake, confitures maison et pain cuit dans le four à pain). Table d'hôtes le week-end uniquement partagée en famille à 23 €, apéro, vin, café et génépi compris. Cuisine du terroir parfumée avec, en saison, la spécialité du chef : la fondue aux cèpes ! Salle de muscu, sauna et jacuzzi (15 € pour 2), prêt de raquettes... rien n'a été oublié pour vous permettre de passer un bon séjour. La première station de ski alpin est à 5 mn en voiture. Accueil chaleureux. Une de nos adresses préférées sur le département.

Accès : *de Termignon, direction col du Mont-Cenis/Bonneval sur 1 km et fléchage à gauche.*

THÉLIS-LA-COMBE 42220

Carte régionale A1

20 km S de Saint-Étienne ; 7 km N de Bourg-Argental

€€€ 🏠 (10%) ***Chambres d'hôtes La Comboursière*** *(Roselyne et François Tourny) :* ☎ 04-77-39-77-97. 📱 06-86-30-06-04. • info@lacomboursiere.com • lacomboursiere.com • Au cœur du parc du Pilat, à 900 m d'altitude, domaine de 12 ha où se dresse une superbe ferme du XIXe s tout en pierre aux volets verts. Au 1er étage, 2 chambres spacieuses à la déco charmante qui ouvrent sur les Alpes. Sanitaires privés. 71 € pour 2, petit déj compris. Pas de table d'hôtes mais plusieurs restos sympas à proximité. Ici, les randos ne manquent pas et on vous propose aussi un sauna pour vous détendre. Accueil chaleureux. Une bonne adresse pour se mettre au vert.

Accès : *de Saint-Étienne, D 1082 vers Annonay jusqu'à La Versanne ; entrez dans le village, laissez l'église sur votre gauche et prenez à droite puis continuez tt droit sur 800 m.*

THÉNÉSOL 73200

Carte régionale B1

9 km N d'Albertville

€€ 🏠 |●| (10%) ***Auberge et chambres d'hôtes Le Carnabé*** *(Alain Bocklandt et Vinh Bao) :* ☎ 04-79-37-78-07. 📱 06-29-58-13-66. • carnabe@orange.fr • lecarnabe.fr • *Slt sur résa.* 📶 À 1 000 m d'altitude dans le parc naturel du massif des Bauges, jolie ferme du début du XIXe s. L'environnement est magnifique, la nature superbe et le calme parfait. Lassés par le monde de l'entreprise, Alain et Vinh ont décidé de venir s'installer dans ce petit paradis montagnard et d'y ouvrir une petite auberge chaleureuse et 3 chambres d'hôtes spacieuses, toutes de bois vernis vêtues et avec sanitaires privés. 70 € pour 2, petit déj compris. Vingt places seulement dans l'auberge (agréable terrasse aux beaux jours) pour découvrir un menu traditionnel ou gastro qui oscille entre 20 et 25 € sans les boissons. C'est le premier qui réserve qui fixe le menu du jour. Les spécialités peuvent être françaises, typiquement savoyardes ou vietnamiennes. S'il n'y a pas de client à l'auberge, le repas est partagé avec vos hôtes, pour 25 €, vin compris. Ici, les randonneurs de tout poil ne seront pas déçus. Alain et Vinh prêtent même les raquettes en hiver. Accueil chaleureux.

Accès : de Thénésol, continuez vers Allondaz que vous traversez et continuez en suivant le fléchage (4 km du bourg).

TRAIZE 73170

Carte régionale B1
28 km NO de Chambéry ; 8 km S de Yenne

€€€€ 🛏 |●| ⑩% ***Chambres d'hôtes La Grange de mon Père (Odette Exertier) :*** lieu-dit Soirin. ☎ 04-79-26-23-59. 📱 06-74-31-91-66. • info@lagrangedemonpere.com • lagrangedemonpere.com • *Ouv mai-oct.* 📶 Odette a racheté la grange de son père qui avait quitté la famille et était dans un triste état. Elle l'a restaurée avec amour et le résultat est superbe. Si l'extérieur de loin retrouvé son visage originel, l'intérieur est résolument moderne et les volumes magnifiques. Un bel escalier suspendu conduit aux 3 chambres élégantes et spacieuses, chacune avec TV écran plat et sanitaires privés. Selon la taille de la chambre et la saison, comptez entre 95 et 100 € pour 2, petit déj compris. Table d'hôtes à 25 €, vin compris. Cuisine traditionnelle de nos grands-mères. Piscine pour vous détendre. Accueil agréable. Une adresse chic.

Accès : sur la D 921, entre Yenne et Novalaise, prenez la D 40E jusqu'au hameau Soirin, la maison est sur la gauche.

€€ 🛏 |●| 🐾 ⑩% ***Chambres d'hôtes Les Balcons du Chat (Pierre Vidal-Rosset) :*** hameau de Soirin. ☎ 04-79-36-99-96. • info@lesbalconsduchat.fr • lesbalconsduchat.fr • Ancien ingénieur chimiste, Pierre a tout lâché pour réaménager cette ancienne ferme composée de trois bâtiments et qui bénéficie d'une jolie vue sur la Dent du Chat. Tous les travaux ont été réalisés par ses soins. Il s'occupe de l'accueil mais aussi de la cuisine. Cinq chambres champêtres et colorées, dont 2 de plain-pied, avec terrasse privative. Sanitaires privés. 60 € pour 2, petit déj compris. Table d'hôtes à 20 €, apéro, vin, café et digeo compris. Cuisine familiale à partir des légumes du jardin. Une adresse comme on les aime : conviviale, nature et décontractée.

Accès : sur la D 921, entre Yenne et Novalaise, prenez la D 40E jusqu'au hameau Soirin, et suivez le fléchage.

TULLINS 38210

Carte régionale B1-2
30 km NO de Grenoble ; 12 km SO de Voiron

€€ 🛏 🐾 ⑩% ***Chambres d'hôtes Les Amarres (Michelle et Richard Armand) :*** 252, La Méarie. ☎ 04-76-07-88-80. 📱 06-16-13-86-42. • michelle.brun-armand@wanadoo.fr • lesamarres.fr • Sur les hauteurs du village, dans un joli coin de campagne avec une vue imprenable sur le Vercors et la Chartreuse, superbe séchoir à noix en pisé et galets du début du XXe s. Quatre chambres d'hôtes sympathiques parées des nombreuses œuvres de Michelle, artiste-peintre et écrivain. Sanitaires privés. 60 € pour 2, petit déj compris. Agréable et immense salon de détente où Michelle organise des stages d'écriture associée à la peinture, de yoga... Pas de table d'hôtes mais coin cuisine à disposition. Belle piscine. Accueil de qualité. Calme et tranquillité absolus, une adresse pour se ressourcer parmi nos préférées sur le département.

Accès : de Tullins, direction Morette ; c'est la 3e route à droite et la maison est à 250 m à gauche.

USINENS 74910

Carte régionale B1
34 km NO d'Annecy ; 8 km SO de Frangy

€ 🛏 ⑩% ***Chambres d'hôtes (Monique et Bernard Bornens) :*** 51, impasse de la Voûte. ☎ et fax : 04-50-77-90-08. *Fermé aux fêtes de fin d'année.* Dans une ancienne ferme, 4 chambres d'hôtes, dont 2 avec sanitaires privés. Les chambres sont simples mais claires, et l'une d'elles a une jolie vue sur le massif du Mont-Blanc. De 37 à 47 € pour 2, petit déj compris. Joli jardin ombragé et calme assuré. Très bon rapport qualité-prix-convivialité. Une adresse qui fait des adeptes. À 2 km du village, magnifique point de vue sur la vallée du Rhône et les Alpes.

Accès : par l'A 40, sortie n° 11, Annecy/Frangy ; faites 200 m sur la N 508 vers Annecy, puis prenez à droite, direction Aix-les-Bains/Seyssel par la D 14 sur 3 km ; tournez à gauche vers Usinens puis suivez le fléchage (entrez dans la cour).

VALENCOGNE 38730

Carte régionale B1
45 km NO de Grenoble ; 2 km N du Pin

€€ 🛏 |●| ⑩% ***Chambres d'hôtes La Ferme du Marais (Véronique et Patrice***

Tardy) : *99, chemin de Brézin.* ☎ *04-37-05-29-33.* 📱 *06-73-79-19-64.* ● *lafermedumarais@hotmail.fr* ● *lafermedumarais.com* ● 🐾 📶 Dans un joli coin de campagne, au milieu des pâturages, superbe et ancienne ferme traditionnelle abritant 5 chambres spacieuses et colorées, avec de beaux enduits à la chaux, chaleureuse poutraison et plafonds à volige. Une au rez-de-chaussée, les 4 autres à l'étage. Sanitaires privés. 69 € pour 2, petit déj compris. Table d'hôtes à 22 €, apéro, vin, café et digeo compris, pour une cuisine parfumée, traditionnelle, composée à partir de bons produits du terroir. Devant la maison, une petite pièce d'eau permettra aux pêcheurs de taquiner le poisson. Piscine hors sol pour se rafraîchir, sauna et jacuzzi pour se remettre en forme, ping-pong et baby-foot pour taper dans la balle. À 5 km, au lac de Paladru, vous pourrez faire trempette et pratiquer tous sports nautiques. Accueil charmant et souriant. Une bonne adresse.

Accès : du Pin, D 73 vers Valencogne et empruntez un chemin à droite 2 km avt Valancogne.

VERNAY 69430

Carte régionale A1

27 km NO de Villefranche-sur-Saône ; 20 km O de Belleville-sur-Saône

€€€€ 🏠 |●| 10% *Chambres d'hôtes Hameau d'Amignié (Sylvie et Philippe Perret) :* 📱 *06-62-52-30-50.* ● *hameaudamignie@gmail.com* ● *hameaudamignie.com* ● 📶 Voilà encore une adresse qui ne vous laissera pas indifférent... Ensemble de petites maisons tout en pierre du pays, restaurées avec amour par Sylvie et Philippe et disséminées dans un splendide jardin paysager. Dans l'une d'elles, 4 chambres charmantes, décorées avec un goût sûr, chacune avec petit salon et terrasse privative. L'une d'entre elle est très vaste et possède une grande pièce à vivre avec écran géant home cinéma, bibliothèque et vaste terrasse. Sanitaires privés. De 95 à 110 € pour 2, petit déj compris. Les repas se prennent dans une autre maison, en compagnie de Sylvie et Philippe, près de la cheminée ou dans une agréable véranda pour jouir de la vue sur les environs (on voit même le mont Blanc par temps clair !). Table d'hôtes à 25 €, apéro, vin et café compris. L'apéro, lui, est servi dans une magnifique cave où vous pourrez découvrir, entre autres, les différents crus du Beaujolais. Pour vous détendre, Sylvie vous propose aussi une petite séance de spa. Accueil de qualité. Une adresse pour séduire sa dulcinée.

Accès : A 6, sortie n° 30 puis D 37 vers Beaujeu puis Chénelette ; passez Les Dépôts, laissez la 1re route vers Vernay et prenez la 2e à gauche après le resto Le Reposoir et faites 2,5 km.

VILLARD-DE-LANS 38250

Carte régionale B2

37 km SO de Grenoble

€€ 🏠 |●| *Chambres d'hôtes Le Val Sainte-Marie (Agnès et Dominique Bon) : Bois-Barbu.* ☎ *04-76-95-92-80.* 📱 *06-77-79-53-76.* ● *levalsaintemarie@orange.fr* ● *levalsaintemarie.villard-de-lans.fr* ● *Résa conseillée.* 📶 Voici une adresse au milieu des champs et des sapins qu'on connaît depuis longtemps... mais Agnès accueille ses hôtes avec toujours autant de gentillesse et de plaisir. Ferme traditionnelle restaurée, située dans le Vercors et au départ des pistes de ski de fond et de VTT. Les 3 chambres sont petites, mais très confortables et cosy. Agnès est une hôtesse raffinée et charmante qui vous concoctera de délicieux repas à sa table d'hôtes : gâteau de courgettes à la menthe, gratin dauphinois, fromage blanc à la cramaillotte, tarte à la rhubarbe et aux noix, etc. Comptez 66 € pour 2, petit déj compris, et 23 € le repas en table d'hôtes. Nombreuses balades dans les environs.

Accès : A 48, sortie 14 Villard-de-Lans ; empruntez la N 532 et la D 531 en direction de Villard-de-Lans puis Bois-Barbu, et le centre de ski de fond « La Glisse » ; le dépasser de quelques mètres et prenez le chemin à gauche.

VILLEMOTIER 01270

Carte régionale A1

20 km N de Bourg-en-Bresse ; 12 km NO de Treffort

€€ 🏠 10% *Chambres d'hôtes Le Moulin du Fay (Christelle et Thierry Perrin-Hudry) : Le Fay.* ☎ *04-74-42-01-48.* 📱 *06-37-07-30-27.* ● *perrin.thierry430@orange.fr* ● *moulin-du-fay.com* ● Dans un joli coin de campagne vallonné, ravissant moulin à eau tout en pierre du XIXe s. Thierry et Christelle ont essayé de le garder dans son jus en préservant tous les mécanismes existants. Au 1er étage, 5 chambres champêtres et accueillantes avec sanitaires privés. La chambre du meunier est la plus originale, avec son lit installé sur l'ancienne batteuse (à éviter si vous avez le vertige... non, on plaisante !). 60 € pour 2, copieux petit déj compris, avec le pain et les brioches cuits au feu de bois et les fromages du coin. Accueil vraiment sympa et décontracté. Une adresse où l'on aurait bien posé notre sac plus longtemps.

Accès : A 40, sortie n° 6 et direction Lons-le-Saunier jusqu'à Villemotier que vous traversez, puis suivez le fléchage à gauche sur 1,6 km.

VILLEREVERSURE   01250

Carte régionale A1

15 km E de Bourg-en-Bresse

€ ≘ l●l ⌂ (10%) *Chambres d'hôtes L'Agnoblens (Annie et Éric Guillermin) :* Noblens. ☎ 04-74-30-60-50. 📱 06-78-07-27-98. ● *lagnoblens.guillermin@wanadoo.fr* ● *agnoblens.fr* ● 📶 Sur les contreforts du Revermont, cadre verdoyant, calme et reposant. Jolie ferme restaurée, où Annie et Éric tiennent 6 chambres, simples mais agréables. Sanitaires privés. Comptez 49 € pour 2, petit déj compris. Table d'hôtes (sauf le dimanche) à 19 €, vin compris, avec spécialités d'agneau maison et de galettes. Piscine. Accueil nature et sans chichis.

Accès : de Bourg-en-Bresse, prenez la D 979 ; arrivé à Bohas, tournez à gauche (D 42 vers Lons-le-Saunier), prenez le 3ᵉ chemin à gauche, c'est la 1ʳᵉ maison sur la droite.

les ROUTARDS sur la FRANCE 2014-2015

(dates de parution sur • routard.com •)

DÉCOUPAGE de la FRANCE par le ROUTARD

Autres guides nationaux

- Les grands chefs du Routard
- Nos meilleures chambres d'hôtes en France
- Nos meilleurs campings en France
- Nos meilleurs hôtels et restos en France
- Nos meilleurs sites pour observer les oiseaux en France
- Tourisme responsable

Autres guides sur Paris

- Paris
- Paris à vélo
- Paris balades
- Restos et bistrots de Paris
- Le Routard des amoureux à Paris
- Week-ends autour de Paris

les ROUTARDS sur l'ÉTRANGER 2014-2015

(dates de parution sur • *routard.com* •)

Europe

DÉCOUPAGE de l'ESPAGNE par le ROUTARD

DÉCOUPAGE de l'ITALIE par le ROUTARD

Autres pays européens

- Allemagne
- Angleterre, Pays de Galles
- Autriche
- Belgique
- Budapest, Hongrie
- Crète
- Croatie
- Danemark, Suède
- Écosse
- Finlande
- Grèce continentale
- Îles grecques et Athènes
- Irlande
- Islande
- Malte
- Norvège
- Pologne
- Portugal
- République tchèque, Slovaquie
- Roumanie, Bulgarie
- Suisse

Villes européennes

- Amsterdam et ses environs
- Berlin
- Bruxelles
- Copenhague
- Dublin
- Lisbonne
- Londres
- Moscou
- Prague
- Saint-Pétersbourg
- Stockholm
- Vienne

les ROUTARDS sur l'ÉTRANGER 2014-2015

(dates de parution sur • routard.com •)

Amériques

DÉCOUPAGE des ÉTATS-UNIS par le ROUTARD

Autres pays d'Amérique

- Argentine
- Brésil
- Chili et île de Pâques
- Équateur et les îles Galápagos
- Guatemala, Yucatán et Chiapas
- Mexique
- Montréal
- Pérou, Bolivie
- Québec, Ontario et Provinces maritimes

Asie

- Bali, Lombok
- Bangkok
- Birmanie (Myanmar)
- Cambodge, Laos
- Chine
- Hong-Kong, Macao, Canton (avril 2014)
- Inde du Nord
- Inde du Sud
- Israël, Palestine
- Istanbul
- Jordanie
- Malaisie, Singapour
- Népal, Tibet
- Shanghai
- Sri Lanka (Ceylan)
- Thaïlande
- Tokyo, Kyoto et environs
- Turquie
- Vietnam

Afrique

- Afrique de l'Ouest
- Afrique du Sud
- Égypte
- Kenya, Tanzanie et Zanzibar
- Maroc
- Marrakech
- Sénégal, Gambie
- Tunisie

Îles Caraïbes et océan Indien

- Cuba
- Guadeloupe, Saint-Martin, Saint-Barth
- Île Maurice, Rodrigues
- Madagascar
- Martinique
- République dominicaine (Saint-Domingue)
- Réunion

Guides de conversation

- Allemand
- Anglais
- Arabe du Maghreb
- Arabe du Proche-Orient
- Chinois
- Croate
- Espagnol
- Grec
- Italien
- Japonais
- Portugais
- Russe
- G'palémo (conversation par l'image)

VOTRE AVIS NOUS INTÉRESSE

Merci de nous faire part de vos remarques et critiques, sur notre sélection d'adresses, et de nous les retourner à l'adresse suivante :
**LE ROUTARD - « Nos meilleures chambres d'hôtes en France »
33, rue des Annelets - 75019 Paris**

NOM : .... Prénom : ....
Adresse : ....
....
E-mail : .... Ch. 2013

1 - VOUS ÊTES :

1 - ☐ Un homme ☐ Une femme

2 - Votre âge : _____ ans

3 - Votre profession : _____

4 - Quels journaux ou magazines lisez-vous ? *Indiquez les titres.*

5 - Quelles radios écoutez-vous ? *Précisez.*

6 - Combien de séjours de 3 jours au moins faites-vous dans l'année ?
- en France ? _____
Précisez vos 3 dernières destinations :

- à l'étranger ? _____
Précisez vos 3 dernières destinations :

2 - VOUS ET VOTRE GUIDE :

7 - Comment avez-vous connu *Nos meilleures chambres d'hôtes en France* ?
- ☐ par hasard dans une librairie ☐ par mon libraire ☐ par « bouche-à-oreille »
- ☐ par un article de journal : lequel ? _____
- ☐ par une émission de TV ou de radio : laquelle ? _____
- ☐ autres : _____

8 - Où avez-vous acheté l'édition 2013 de *Nos meilleures chambres d'hôtes en France* ?
- ☐ Librairie ☐ Fnac / Virgin / Grands magasins. ☐ Hypermarchés ☐ Supermarchés
- ☐ Relais H : ○ aéroport ○ gare ☐ Ailleurs ☐ on vous l'a offerte

9 - À quelle date avez-vous acheté l'édition 2013 de *Nos meilleures chambres d'hôtes en France* ?
mois : _____ 2013

10 - Vous arrive-t-il d'acheter d'autres guides sur les chambres d'hôtes en France ?
☐ oui ☐ non Si oui, lesquels (éditeur, titre, prix) ? _____

11 - Quelle opinion générale avez-vous de ce guide ? *Entourez la réponse correspondante.*

+ + +   + +   + / −   − −   − − −

12 - Quels sont :
- ses principales qualités ? _____
- ses principaux inconvénients ? _____

13 - Êtes-vous globalement satisfait des adresses proposées dans le guide ? _____
- si non pourquoi ? _____

14 - Avez-vous utilisé l'offre proposée dans le guide « 10 % de réduction à nos lecteur sur le prix d'un séjour de 2 nuits consécutives minimum » ?

- ☐ non → pourquoi ? _____
  → avez-vous l'intention de le faire cette année ? _____
- ☐ oui → combien de fois environ dans l'année ? _____
  → en avez-vous été satisfait ? _____
  → remarques : _____

Adresse 1

Commune : .... Code postal : ....

Nom du propriétaire : .... N° page : ....

Remarques : ....

....

....

Adresse 2

Commune : .... Code postal : ....

Nom du propriétaire : .... N° page : ....

Remarques : ....

....

....

Adresse 3

Commune : .... Code postal : ....

Nom du propriétaire : .... N° page : ....

Remarques : ....

....

....

Adresse 4

Commune : .... Code postal : ....

Nom du propriétaire : .... N° page : ....

Remarques : ....

....

....

• **Votre avis sur :**

	Très bon	Bon	Moyen	Mauvais
- Adresses	1 2 3 4	1 2 3 4	1 2 3 4	1 2 3 4
- Accueil	❏ ❏ ❏ ❏	❏ ❏ ❏ ❏	❏ ❏ ❏ ❏	❏ ❏ ❏ ❏
- Cuisine	❏ ❏ ❏ ❏	❏ ❏ ❏ ❏	❏ ❏ ❏ ❏	❏ ❏ ❏ ❏
- Rapport qualité/prix	❏ ❏ ❏ ❏	❏ ❏ ❏ ❏	❏ ❏ ❏ ❏	❏ ❏ ❏ ❏
- Confort	❏ ❏ ❏ ❏	❏ ❏ ❏ ❏	❏ ❏ ❏ ❏	❏ ❏ ❏ ❏
- Service	❏ ❏ ❏ ❏	❏ ❏ ❏ ❏	❏ ❏ ❏ ❏	❏ ❏ ❏ ❏
- Calme	❏ ❏ ❏ ❏	❏ ❏ ❏ ❏	❏ ❏ ❏ ❏	❏ ❏ ❏ ❏
- Cadre	❏ ❏ ❏ ❏	❏ ❏ ❏ ❏	❏ ❏ ❏ ❏	❏ ❏ ❏ ❏
- Ambiance	❏ ❏ ❏ ❏	❏ ❏ ❏ ❏	❏ ❏ ❏ ❏	❏ ❏ ❏ ❏

LES BONNES ADRESSES DU ROUTARD

Nos meilleurs hôtels et restos en France

+ de 3500 établissements de qualité sélectionnés pour leur originalité et leur convivialité.

- des cartes régionales en couleur
- des symboles, devant chaque établissement, détaillant les adresses avec terrasse, piscine et parking.

18,50 €

Index thématique

PISCINES

ALSACE

Husseren-Wesserling (68)........... 19
Weyersheim (67) 23

AQUITAINE

Anglade (33) 24
Arrosès (64) 25
Bouglon (47) 28
Bourg-sur-Gironde (33)............... 28
Bourgougnague (47).................... 29
Captieux (33) 30
Castillon-la-Bataille (33) 30
Champagne-et-Fontaine (24) 31
Clairac (47) 31
Doudrac (47) 32
Gajac-de-Bazas (33).................... 33
Hagetaubin (64) 33
Hossegor (40) 34
La Croix-Blanche (47).................. 35
La Sauvetat-sur-Lède (47) 35
Lalandusse (47) 35
Lisle (24) 36
Lüe (40) 37
Monein (64).................................. 37
Monségur (40) 38
Montferrand-du-Périgord (24) 38
Moustier (47)............................... 38
Naussannes (24) 39
Ousse-Suzan (40) 39
Sabres (40) 40
Saint-André-d'Allas (24) 40
Saint-Gein (40)............................ 40
Saint-Jean-de-Duras (47) 41
Saint-Martin-de-Ribérac (24)...... 42
Saint-Pierre-sur-Dropt (47) 43
Saint-Rémy-sur-Lidoire (24) 43
Saint-Seurin-de-Cadourne (33) .. 43
Sainte-Croix-du-Mont (33) 44
Sarbazan (40) 44
Tarnos (40).................................. 45
Tourliac (47) 46
Villefranche-de-Lonchat (24) 46
Villeneuve-sur-Lot (47)............... 47

AUVERGNE

Autry-Issards (03) 48
Bressolles (03) 53
Chadeleuf (63) 53
Charroux (03) 54
Léotoing (43)............................... 61
Neure (03) 65
Olby (63) 65
Saint-Christophe-d'Allier (43) 68
Vernusse (03).............................. 78
Yzeure (03).................................. 78

BOURGOGNE

Argilly (21) 81
Bligny-sur-Ouche (21)................. 84
Brazey-en-Morvan (21)............... 85
Bresse-sur-Grosne (71) 85
Donzy (58) 88
Étang-sur-Arroux (71) 89
Fontenailles (89) 90
La Roche-en-Brénil (21).............. 91
Lamarche-sur-Saône (21)........... 93
Lavau (89) 93
Le Rousset (71)........................... 93
Levernois (21) 94
Lindry (89).................................... 94
Malay (71) 95
Merry-Sec (89) 96
Montagny-les-Beaune (21) 96
Montigny-sur-Armançon (21)...... 96
Montoillot (21).............................. 97
Pommard (21) 99
Saint-Éloi (58) 100
Saint-Pierre-le-Vieux (71) 101
Sivignon (71)............................... 102
Tannerre-en-Puisaye (89).......... 103

BRETAGNE

Augan (56) 106
Belz (56)...................................... 106
Berné (56) 107
Brignogan-Plage (29)................... 110

La Bouëxière (35) 115
Pléchâtel (35) 120

CENTRE

Ardenais (18) 132
Azé (41) 133
Cheillé (37) 138
Civray (18) 139
Danzé (41) 140
Herry (18) 141
Ingrandes (36) 142
La Ferté-Saint-Cyr (41) 142
Lignières (18) 143
Ligré (37) 143
Ménestreau-en-Villette (45) 143
Montigny (18) 145
Nazelles-Négron (37) 146
Nevoy (45) 147
Rocé (41) 149
Romilly-sur-Aigre (28) 149
Saint-Pierre-les-Bois (18) 152
Santenay (41) 152
Suèvres (41) 153
Vigoulant (36) 155
Villedieu-sur-Indre (36) 155

CHAMPAGNE-ARDENNE

Athis (51) 156
Chamouilley (52) 158
Changy (51) 158
Châtel-Chéhéry (08) 159
Laubressel (10) 163
Mazerny (08) 164
Montigny-le-Roi (52) 164
Précy-Saint-Martin (10) 164
Saint-Mard-lès-Rouffy (51) 165
Vulaines (10) 167

CORSE

Barbaggio (20) 169

FRANCHE-COMTÉ

Bourogne (90) 175
Chargey-lès-Gray (70) 178
Crosey-le-Petit (25) 179
Fontainebrux (39) 180
Hugier (70) 181
Villers-sous-Chalamont (25) 186
Vy-lès-Rupt (70) 186

ÎLE-DE-FRANCE

Moigny-sur-École (91) 195

LANGUEDOC-ROUSSILLON

Antugnac (11) 200
Aramon (30) 200
Argilliers (30) 200
Cascastel-des-Corbières (11) ... 201
Castelnau-de-Guers (34) 204
Cazouls-d'Hérault (34) 204
Chamborigaud (30) 205
Dio-et-Valquières (34) 206
Gigean (34) 207
Grabels (34) 207
La Canourgue (48) 207
Lussan (30) 209
Montcalm (30) 211
Pont-Saint-Esprit (30) 212
Pougnadoresse (30) 212
Pouzols-Minervois (11) 213
Saint-André-de-Buèges (34) 214
Saint-Siffret (30) 217
Villardonnel (11) 219

LIMOUSIN

Bersac-sur-Rivalier (87) 220
Coussac-Bonneval (87) 224
Dournazac (87) 225
Isle (87) 227
Jouillat (23) 227
La Chapelle-Saint-Martial (23) .. 228
Lostanges (19) 228
Lussat (23) 229
Peyrat-de-Bellac (87) 231
Roches (23) 231
Saint-Julien-près-Bort (19) 232
Saint-Pardoux (87) 232
Saint-Pardoux-le-Neuf (23) 233
Saint-Silvain-Bellegarde (23) 233
Segonzac (19) 234
Toy-Viam (19) 234
Vigeois (19) 235

LORRAINE

Ancemont (55) 236
Belleau (54) 236
Maxey-sur-Vaise (55) 243

MIDI-PYRÉNÉES

Aujols (46) 247
Auterive (31) 247
Ayguesvives (31) 250
Bellegarde (32) 250
Béraut (32) 251
Bourg-de-Bigorre (65) 251
Castanet (82) 252
Castelnau-d'Estretefonds (31) .. 253
Cintegabelle (31) 253

Fougax-et-Barrineuf (09) 256
Gaillac (81).................................. 257
Gourdon (46)............................... 257
Gramat (46).................................. 258
Labastide-du-Temple (82) 260
Labatut-Rivière (65) 260
Lauzerte (82)............................... 261
Lavaur (81).................................. 262
Le Pin-Murelet (31) 262
Lescure-d'Albigeois (81)............. 262
Loubajac (65) 264
Maubec (82)................................ 265
Maubourguet (65) 265
Mauroux (32)................................ 265
Mazères (09)................................ 266
Mézens (81) 266
Montaut (09) 266
Montcabrier (46) 267
Montesquieu-Lauragais (31)..... 268
Montesquieu-Volvestre (31)....... 268
Noailhac (12)................................ 270
Ouzous (65) 270
Padiès (81).................................... 270
Réalmont (81) 272
Rieucros (09)................................ 272
Saint-Arroman (65) 273
Saint-Élix-le-Château (31) 273
Sarragachies (32)........................ 276
Tarascon-sur-Ariège (09) 278
Tour-de-Faure (46) 278
Vaour (81) 278
Vidouze (65) 278

NORD-PAS-DE-CALAIS

Bouvines (59)............................... 285

PAYS DE LA LOIRE

Benet (85) 326
Brion (49) 327
Château-Gontier (53)................. 328
Fresnay-sur-Sarthe (72)............. 331
La Possonnière (49).................... 333
Le Pallet (44) 333
Mozé-sur-Louet (49).................... 336
Nieul-le-Dolent (85)..................... 337
Oizé (72) 337
Pontvallain (72)............................ 337
Pouancé (49) 338
Ruillé-le-Gravelais (53) 338
Saint-Brice (53)............................ 338
Saint-Denis-d'Orques (72)......... 339
Saint-Georges-sur-Loire (49).... 339
Saint-Lambert-des-Levées (49).. 339
Saint-Mathurin (85)...................... 340
Solesmes (72).............................. 341

PICARDIE

Argoules (80)............................... 344
Auger-Saint-Vincent (60) 345
Blangy-Tronville 348
Bray-sur-Somme (80) 348
Omiécourt (80)............................. 353
Ravenel (60)................................ 354

POITOU-CHARENTES

Amailloux (79) 359
Annepont (17) 359
Champniers (16) 364
Chervettes (17) 365
Courcoury (17)............................. 366
Dangé-Saint-Romain (86).......... 366
Fontenille (16) 366
La Jarrie (17)............................... 368
Lignières-Sonneville (16) 369
Magnac-sur-Touvre (16) 370
Nercillac (16)................................ 371
Saint-Claud (16)........................... 373
Saint-Genis-d'Hiersac (16) 373
Saint-Hilaire-de-
 Villefranche (17)...................... 374
Saint-Hilaire-la-Palud (79) 374
Sammarçolles (86)...................... 375
Suaux (16) 376
Theil-Rabier (16) 376
Vallans (79) 377
Vars (16)....................................... 377
Virollet (17) 378

PROVENCE-ALPES-CÔTE D'AZUR

Aix-en-Provence (13)................. 379
Arles (13)...................................... 379
Aubignan (84) 379
Bollène (84).................................. 380
Buissard (05) 382
Cabriès (13) 383
Charleval (13).............................. 384
Châteauneuf-
 Val-Saint-Donat (04) 385
Cotignac (83) 385
Courmes (06) 386
Évenos (83) 387
Eyguières (13) 388
Èze (06).. 388
Fayence (83) 389
Flassan (84) 389
Forcalquier (04)........................... 389
Grans (13) 390
Jouques (13)................................ 391
La Cadière-d'Azur (83)............... 392
La Colle-sur-Loup (06)............... 392
Lacoste (84)................................. 392

Le Barroux (84) 393
Le Thoronet (83) 394
Le Val (83) 394
Les Arcs-sur-Argens (83) 394
Les Mées (04) 395
Les Omergues (04) 395
Maillane (13) 396
Montfort (04) 397
Murs (84) 398
Orange (84) 398
Pernes-les-Fontaines (84) 398
Peymeinade (06) 399
Pontevès (83) 399
Raphèle-les-Arles (13) 399
Risoul (05) 400
Robion (84) 400
Rognes (13) 401
Rousset (13) 401
Roussillon (84) 401
Saint-Andiol 401
Saint-Blaise (06) 402
Saint-Estève-Janson (13) 403
Saint-Marc-Jaumegarde (13) 403
Saint-Pierre-
de-Mézoargues (13) 404
Sainte-Maxime (83) 405
Sault (84) 405
Tourrettes (83) 406
Trans-en-Provence (83) 406
Vaison-la-Romaine (84) 407
Varages (83) 408
Venasque (84) 408
Vence (06) 408
Visan (84) 409

ŒNOLOGIE

AQUITAINE

Anglade (33) 24
Arrosès (64) 25
Bourg-sur-Gironde (33) 28
Cadillac (33) 29
Castillon-la-Bataille (33) 30
Ispoure (64) 34
Monein (64) 37
Saint-Mariens (33) 41
Saint-Martin-Lacaussade (33) 42
Saint-Michel-de-Fronsac (33) 42
Sainte-Croix-du-Mont (33) 44
Villefranche-de-Lonchat (24) 46

BOURGOGNE

La Rochepot (21) 92
Lavau (89) 93
Pommard (21) 99
Vézannes (89) 104

RHÔNE-ALPES

Bully (69) 415
Colonzelle (26) 418
Corbelin (38) 419
Curnier (26) 419
Dracé (69) 420
Éclassan (07) 420
La Rochette-du-Buis (26) 424
La Souche (07) 424
Labastide-de-Virac (07) 425
Laval (38) 425
Mirmande (26) 430
Montcet (01) 430
Pailharès (07) 432
Quincié-en-Beaujolais (69) 434
Réauville (26) 434
Rosières (07) 435
Saint-Arey (38) 437
Saint-Bardoux (26) 437
Saint-Galmier (42) 438
Saint-Jean-la-Bussière (69) 439
Saint-Jean-sur-Reyssouze (01) ... 439
Saint-Julien-du-Serre (07) 440
Saint-Montan (07) 442
Saint-Sauveur-
de-Cruzières (07) 443
Savas (07) 445
Souternon (42) 445
Traize (73) 447
Tullins (38) 447
Vernay (69) 448
Villereversure (01) 449

CENTRE

Berry-Bouy (18) 136
Restigné (37) 148

CHAMPAGNE-ARDENNE

Saint-Mard-lès-Rouffy (51) 165

FRANCHE-COMTÉ

Grusse (39) 181

LANGUEDOC-ROUSSILLON

Cascastel-
des-Corbières (11) 201
Castelnau-de-Guers (34) 204
Pouzols-Minervois (11) 213
Talairan (11) 217
Villardonnel (11) 219

LORRAINE
Brûley (54) 237

MIDI-PYRÉNÉES
Ansost (65).............................. 246
Castelnau-de-Montmiral (81).... 253
La Salvetat-Peyralès (12).......... 259

NORD-PAS-DE-CALAIS
Blaringhem (59) 284

PAYS DE LA LOIRE
Château-Thébaud (44).............. 328

POITOU-CHARENTES
Champniers (16) 364
Chérac (17)............................... 364
Hiesse (16) 367
Sémoussac (17)........................ 375

PROVENCE-ALPES-CÔTE D'AZUR
Cotignac (83) 385
Pontevès (83)............................ 399

RHÔNE-ALPES
Beaujeu-en-Beaujolais (69) 411
Quincié-en-Beaujolais (69) 434
Saint-Haon-le-Vieux (42) 438
Saint-Pierre-d'Entremont (73)... 443

SPORTS

CANOE-KAYAK

FRANCHE-COMTÉ
Nans-sous-Sainte-Anne (25) 184

LANGUEDOC-ROUSSILLON
Celles-Par-Lodève (34)............. 205

MIDI-PYRÉNÉES
Conques (12) 254
Mur-de-Barrez (12) 269
Peyreleau (12)........................... 271

PAYS DE LA LOIRE
Le Pallet (44)............................. 333

RHÔNE-ALPES
Avenas (69)............................... 411

CANYONING

FRANCHE-COMTÉ
Nans-sous-Sainte-Anne (25) 184

ÉQUITATION

AQUITAINE
Arrosès (64) 25

AUVERGNE
Retournac (43)............................ 67
Saugues (43)............................... 74
Solignac-sur-Loire (43) 75

BOURGOGNE
Brazey-en-Morvan (21)............... 85

BRETAGNE
Tréglonou (29)........................... 130

CENTRE
Villedieu-sur-Indre (36).............. 155

FRANCHE-COMTÉ
Crosey-le-Petit (25)................... 179

LANGUEDOC-ROUSSILLON
Elne (66).................................... 206
Lussan (30) 209
Saint-Cyprien (66)..................... 215
Termes (48) 218

LIMOUSIN
Clergoux (19) 221
Saint-Pardoux (87).................... 232

LORRAINE
Bonzée (55)............................... 237

MIDI-PYRÉNÉES

Lorp-Sentaraille (09) 264
Mur-de-Barrez (12) 269
Ouzous (65) 270
Sainte-Foi (09) 275

NORD-PAS-DE-CALAIS

Dury (62) 286

PICARDIE

Friville-Escarbotin (80) 351

ESCALADE

AUVERGNE

Moudeyres (43) 64

FRANCHE-COMTÉ

Nans-sous-Sainte-Anne (25) 184

ÎLE-DE-FRANCE

La Chapelle-la-Reine (77) 192

MIDI-PYRÉNÉES

Peyreleau (12) 271

PROVENCE-ALPES-CÔTE D'AZUR

Buoux (84) 382
Lafare (84) 392

RHÔNE-ALPES

La Clusaz (74) 423
Presles (38) 433

GOLF

BOURGOGNE

Levernois (21) 94

BRETAGNE

Saint-Michel-de-Plélan (22) 129

PICARDIE

Villers-Agron (02) 357

PÊCHE

ALSACE

Berstett (67) 17

AQUITAINE

Arrosès (64) 25
Balansun (64) 25
Gajac-de-Bazas (33) 33

AUVERGNE

Monlet-les-Arbres (43) 63
Moudeyres (43) 64
Villosanges (63) 78

BOURGOGNE

Aignay-le-Duc (21) 80
Brazey-en-Morvan (21) 85
Saint-Pierre-le-Vieux (71) 101
Tannerre-en-Puisaye (89) 103

BRETAGNE

Gomené (22) 113
La Boussac (35) 115
Plougastel-Daoulas (29) 122

CENTRE

Ardenais (18) 132
Azé (41) 133
La Ferté-Saint-Aubin (45) 142
La Ferté-Saint-Cyr (41) 142
Monthodon (37) 145
Vigoulant (36) 155

CHAMPAGNE-ARDENNE

Chalindrey (52) 158
Flagey (52) 161
Viel-Saint-Rémy (08) 167

FRANCHE-COMTÉ

Esmoulins (70) 180

LANGUEDOC-ROUSSILLON

Celles-Par-Lodève (34) 205
Villardonnel (11) 219

LIMOUSIN

Bersac-sur-Rivalier (87) 220
Coussac-Bonneval (87) 224
La Chapelle-Montbrandeix (87) .. 227
Saint-Pardoux (87) 232

LORRAINE
La Bresse (88) 241

MIDI-PYRÉNÉES
Bourg-de-Visa (82) 251
Labatut-Rivière (65) 260
Laguiole (12) 261
Montaut (09) 266
Montbrun (46) 267
Mur-de-Barrez (12) 269
Réalmont (81) 272
Rieucros (09) 272
Vic-en-Bigorre (65) 278

BASSE-NORMANDIE
Catteville (50) 295
Courson (14) 296
Gémages (61) 299
Livry (14) 301
Vouilly (14) 308

PAYS DE LA LOIRE
Château-Thébaud (44) 328
Ernée (53) 330
Ménil (53) 334
Solesmes (72) 341

PICARDIE
Argoules (80) 344
Saigneville (80) 355

POITOU-CHARENTES
Celle-Lévescault (86) 363
Dangé-Saint-Romain (86) 366
Journet (86) 367

RHÔNE-ALPES
Montromant (69) 431
Ouroux (69) 431
Saint-Nizier-de-Fornas (42) 442
Valencogne (38) 447

RANDONNÉES À DOS D'ÂNE

AQUITAINE
Ispoure (64) 34

CENTRE
Azé (41) 133
Monthodon (37) 145

LIMOUSIN
Mérinchal (23) 229

LORRAINE
Bionville (54) 236

MIDI-PYRÉNÉES
Vic-en-Bigorre (65) 278

PAYS DE LA LOIRE
Fontaine-Guérin (49) 330
Gesvres (53) 331

POITOU-CHARENTES
Aigre (16) 358

RHÔNE-ALPES
Saint-Pierre-d'Entremont (73)... 443

RANDONNÉES À DROMADAIRE

BRETAGNE
Névez (29) 119
Pont-Aven (29) 124

LORRAINE
Montbronn (57) 244

RHÔNE-ALPES
Lyas (07) 428

RANDONNÉES PÉDESTRES

ALSACE
Wackenbach (67) 23

AQUITAINE
Faux (24) 33
Ispoure (64) 34
Itxassou (64) 34
Ousse-Suzan (40) 39
Pau (64) 39

AUVERGNE
Auzon (43) 49
Chaliers (15) 54

Chassagnes (43) 54	
Giat (63) 56	
Laussonne (43) 59	
Moudeyres (43) 64	
Olby (63) 65	
Saint-Christophe-d'Allier (43) 68	
Saint-Geneys (43) 70	
Saint-Georges-de-Mons (63) 70	
Saint-Gervais-d'Auvergne (63) ... 70	
Saint-Martin-des-Olmes (63) 71	
Saint-Pierre-Roche (63) 71	
Saint-Victor-la-Rivière (63) 73	
Saugues (43) 74	
Sauret-Besserve (63) 74	

BOURGOGNE

Cronat (71) 87
Joux-la-Ville (89) 91
Lamarche-sur-Saône (21) 93
Lournand (71) 95
Mailly-le-Château (89) 95
Orret (21) 98
Saint-Prix-en-Morvan (71) 101

BRETAGNE

Berné (56) 107
Brasparts (29) 107
Carnac-Plage (56) 110
Iffendic (35) 114
Plogoff (29) 121
Plouha (22) 122

CENTRE

Contres (41) 139
Montlouis (18) 145

CORSE

Corte (20) 170
Zérubia (20) 173

FRANCHE-COMTÉ

Arc-sous-Cicon (25) 174
Lajoux (39) 182
Les Gras (25) 182
Les Rousses (39) 182
Montbenoît (25) 183
Vétrigne (90) 186

ÎLE-DE-FRANCE

Auffargis (78) 190
Dourdan (91) 192
La Chapelle-la-Reine (77) 192

LANGUEDOC-ROUSSILLON

Antugnac (11) 200
Arzenc-de-Randon (48) 201
Celles-Par-Lodève (34) 205
Elne (66) 206
La Salvetat-sur-Agout (34) 208
Mons-la-Trivalle (34) 210
Nasbinals (48) 211
Planès (66) 212
Pouzols-Minervois (11) 213
Saint-André-Capcèze (48) 214
Saint-Étienne-du-
  Valdonnez (48) 215
Saint-Germain-de-Calberte (48) ...215
Saint-Jean-de-Buèges (34) 216
Valleraugue (30) 218
Valmanya (66) 218

LIMOUSIN

Bersac-sur-Rivalier (87) 220
Domps (87) 225
La Chapelle-Montbrandeix (87) ... 227
Mérinchal (23) 229
Saint-Hilaire-les-Places (87) 232

LORRAINE

La Bresse (88) 241
Landremont (54) 242

MIDI-PYRÉNÉES

Beaucens (65) 250
Bourg-de-Visa (82) 251
Castanet (82) 252
Esplas-de-Sérou (09) 255
Juillac (32) 258
Labastide-Rouairoux (81) 260
Le Bastit (46) 262
Limogne-en-Quercy (46) 263
Massat (09) 265
Maubourguet (65) 265
Montferrier (09) 268
Noailhac (12) 270
Ouzous (65) 270
Peyreleau (12) 271
Puycelci (81) 271
Saint-Girons (09) 274
Sainte-Foi (09) 275
Sers (65) 277
Viella (65) 279

NORD-PAS-DE-CALAIS

Ardres (62) 281
Bollezeele (59) 284

BASSE-NORMANDIE

Catteville (50) 295

HAUTE-NORMANDIE

Breuilpont (27) 313
Eu (76) 314
Saint-Saëns (76) 321
Sassetot-le-Mauconduit (76).... 321

PAYS DE LA LOIRE

Ernée (53) 330
Herbignac (44) 332
Ménil (53) 334
Pouancé (49) 338

POITOU-CHARENTES

Celle-Lévescault (86) 363
Dangé-Saint-Romain (86) 366
Saint-Savin (86) 374
Vénérand (17) 377

PROVENCE-ALPES-CÔTE D'AZUR

Caussols (06) 383
Chabottes (05) 384
Châteauneuf-Val-Saint-
  Donat (04) 385
Collobrières (83) 385
Éourres (05) 387
Lafare (84) 392
Lorgues (83) 396
Manteyer (05) 396
Réallon (05) 400
Saint-Paul-sur-Ubaye (04) 404
Soleilhas (04) 405

RHÔNE-ALPES

Beaujeu-en-Beaujolais (69) 411
Bonneval-sur-Arc (73) 414
Chichilianne (38) 418
Cros-de-Géorand (07) 419
Faverges (74) 421
Flumet (73) 421
Grandris (69) 421
Hotonnes (01) 422
Innimond (01) 422
La Clusaz (74) 423
La Motte-d'Aveillans (38) 424
Lans-en-Vercors (38) 425
Le Bourg-d'Oisans (38) 426
Le Sappey-en-Chartreuse (38).... 426
Leschaux (74) 428
Marchampt (69) 428
Ouroux (69) 431
Oz-en-Oisans (38) 432
Pailharès (07) 432
Presles (38) 433
Rencurel (38) 435
Sagnes-et-Goudoulet (07) 435
Saint-Andéol-en-Quint (26) 435
Saint-André-la-Côte (69) 436
Saint-Christophe-la-Grotte (73) .. 438
Saint-Laurent-du-Pape (07) 440
Saint-Laurent-Rochefort (42).... 440
Saint-Martin-en-Vercors (26) 441
Saint-Martin-Lestra (42) 441
Saint-Pierre-d'Entremont (73) ... 443
Termignon (73) 446
Thélis-la-Combe (42) 446
Thénésol (73) 446

RAQUETTES

FRANCHE-COMTÉ

Lajoux (39) 182
Montbenoît (25) 183

MIDI-PYRÉNÉES

Esplas-de-Sérou (09) 255

PROVENCE-ALPES-CÔTE D'AZUR

Saint-Paul-sur-Ubaye (04) 404

RHÔNE-ALPES

Boëge (74) 414
Cros-de-Géorand (07) 419
Innimond (01) 422
La Motte-d'Aveillans (38) 424
Le Bourg-d'Oisans (38) 426
Méaudre (38) 429
Rencurel (38) 435
Sagnes-et-Goudoulet (07) 435
Termignon (73) 446
Thénésol (73) 446

SKI ALPIN

ALSACE

Murbach (68) 22

AQUITAINE

Captieux (33) 30

AUVERGNE

Ceilloux (63) 53

CHAMPAGNE-ARDENNE

Mouzon (08) 164

FRANCHE-COMTÉ

Les Rousses (39) 182

LIMOUSIN

Jouillat (23) 227

MIDI-PYRÉNÉES

Sers (65) 277
Viella (65) 279

NORD-PAS-DE-CALAIS

Bouvines (59) 285

PAYS DE LA LOIRE

Saint-Brice (53) 338

PICARDIE

Argoules (80) 344

PROVENCE-ALPES-CÔTE D'AZUR

Èze (06) 388
Manteyer (05) 396
Réallon (05) 400
Risoul (05) 400
Saint-André-d'Embrun (05) 402
Valdeblore (06) 407

RHÔNE-ALPES

Bellevaux (74) 414
Bonneval-sur-Arc (73) 414
Faverges (74) 421
La Motte-d'Aveillans (38) 424
Le Grand-Bornand (74) 426
Peisey-Nancroix (73) 433
Saint-Marcel-d'Urfé (42) 440
Séez (73) 445

SKI DE FOND

AUVERGNE

Moudeyres (43) 64

FRANCHE-COMTÉ

Arc-sous-Cicon (25) 174
Lajoux (39) 182
Les Rousses (39) 182
Montbenoît (25) 183

LANGUEDOC-ROUSSILLON

Termes (48) 218

PROVENCE-ALPES-CÔTE D'AZUR

Villar-Saint-Pancrace (05) 408

RHÔNE-ALPES

Autrans (38) 411
Bellevaux (74) 414
Faverges (74) 421
Hotonnes (01) 422
La Clusaz (74) 423
La Motte-d'Aveillans (38) 424
Lans-en-Vercors (38) 425
Le Grand-Bornand (74) 426
Le Sappey-en-Chartreuse (38) .. 426
Méaudre (38) 429
Oz-en-Oisans (38) 432
Presles (38) 433
Rencurel (38) 435
Termignon (73) 446
Villard-de-Lans (38) 448

SPÉLÉO

FRANCHE-COMTÉ

Nans-sous-Sainte-Anne (25) 184

TENNIS

AQUITAINE

Balansun (64) 25
Hagetaubin (64) 33

BRETAGNE

Saint-Aubin-des-Landes (35) ... 127

CENTRE

Azé (41) 133
Briare (45) 137
La Ferté-Saint-Cyr (41) 142
Nevoy (45) 147

CHAMPAGNE-ARDENNE
Montigny-le-Roi (52) 164

FRANCHE-COMTÉ
Breurey-lès-Faverney (70) 178

ÎLE-DE-FRANCE
Bréau (77) 190
Grosrouvre (78) 192

LANGUEDOC-ROUSSILLON
Lussan (30) 209

MIDI-PYRÉNÉES
Gaillac (81) 257
Labatut-Rivière (65) 260

HAUTE-NORMANDIE
Auzouville-Auberbosc (76) 309

PAYS DE LA LOIRE
Saint-Brice (53) 338

PICARDIE
Villers-Agron (02) 357

POITOU-CHARENTES
Saint-Claud (16) 373

RHÔNE-ALPES
Saint-Arey (38) 437

TIR À L'ARC

CENTRE
Rocé (41) 149

VÉLO

BOURGOGNE
Bresse-sur-Grosne (71) 85
Cronat (71) 87

CENTRE
Monthodon (37) 145

ÎLE-DE-FRANCE
Le Mesnil-Aubry (95) 193

LANGUEDOC-ROUSSILLON
Saint-Jean-de-Buèges (34) 216

MIDI-PYRÉNÉES
Lavaur (81) 262

HAUTE-NORMANDIE
Ouville-la-Rivière (76) 318

PAYS DE LA LOIRE
Benet (85) 326

POITOU-CHARENTES
Availles-Limouzine (86) 362
Chaillevette (17) 363
Saint-Savin (86) 374

RHÔNE-ALPES
Dracé (69) 420

VOILE

BASSE-NORMANDIE
Reviers (14) 303

VTT

AQUITAINE
Balansun (64) 25
Itxassou (64) 34
Laroin (64) 35
Ousse-Suzan (40) 39

BOURGOGNE
Brazey-en-Morvan (21) 85
Flagey-Échézeaux (21) 90

CENTRE
Azé (41) 133
Rocé (41) 149
Séris (41) 153

FRANCHE-COMTÉ
Montbenoît (25) 183
Vétrigne (90) 186

LORRAINE
La Bresse (88) 241

MIDI-PYRÉNÉES

Bourg-de-Visa (82) 251
Labastide-Rouairoux (81) 260
Labatut-Rivière (65) 260
Mézens (81) 266
Sers (65) 277
Viella (65) 279

PAYS DE LA LOIRE

Ménil (53) 334

PROVENCE-ALPES-CÔTE D'AZUR

Moustiers-Sainte-Marie (04) 398

RHÔNE-ALPES

Flumet (73) 421
Villard-de-Lans (38) 448

INSOLITE

ALSACE

Zellenberg (68) 23

AQUITAINE

Créon-Sadirac (33) 32

AUVERGNE

Sermentizon (63) 75
Vals-près-le-Puy (43) 77
Voussac (03) 78

BOURGOGNE

Malay (71) 95

BRETAGNE

La Chapelle-de-Brain (35) 115
Lanildut (29) 116
Paimpont (35) 119
Saint-Michel-de-Plélan (22) 129
Saint-Thégonnec (29) 130
Tressaint-Lanvallay (22) 131

CENTRE

Ingrandes (36) 142
Romilly-sur-Aigre (28) 149
Sarzay (36) 153
Trôo (41) 153

CHAMPAGNE-ARDENNE

Faverolles-et-Coëmy (51) 160

ÎLE-DE-FRANCE

Provins (77) 196

LANGUEDOC-ROUSSILLON

Arzenc-de-Randon (48) 201
Notre-Dame-de-Londres (34) ... 212
Saint-Martin-le-Vieil (11) 216

LIMOUSIN

Confolent-Port-Dieu (19) 224
Isle (87) 227
Nedde (87) 230
Saint-Alpinien (23) 231

MIDI-PYRÉNÉES

Fougax-et-Barrineuf (09) 256
Juncalas (65) 259
L'Isle-Jourdain (32) 264
Mauroux (32) 265
Montaut (09) 266

NORD-PAS-DE-CALAIS

Camiers (62) 285
Lederzeele (59) 289

HAUTE-NORMANDIE

Fleury-la-Forêt (27) 314
Rouen (76) 319

PICARDIE

Saigneville (80) 355

POITOU-CHARENTES

Amailloux (79) 359
Lignières-Sonneville (16) 369
Vars (16) 377

PROVENCE-ALPES-CÔTE D'AZUR

Aix-en-Provence (13) 379
Cazan (13) 383
Visan (84) 409

RHÔNE-ALPES

Avenas (69) 411
Châteauneuf-sur-Isère (26) 417
Châtillon-Saint-Jean (26) 417
Lemps (07) 427
Ouroux (69) 431

Index des localités

A

ABBÉVILLE-LA-RIVIÈRE 187	ARTHON-EN-RETZ 323
ABONDANCE 410	ARDES-SUR-COUZE 48
ACCOUS 24	ARDRES 281
ACHÈRES-LA-FORÊT 187	ARFEUILLES 48
AIGNAY-LE-DUC 80	ARGANCHY............................. 291
AIGRE 358	ARGILLIERS 200
AIGREFEUILLE-D'AUNIS 358	ARGILLY 81
AILLAS....................................... 24	ARGOULES 344
AINCOURT 187	ARLAY 175
AIRVAULT 358	ARLES 379
AIX 220	ARNOUVILLE 133
AIX-EN-PROVENCE 379	ARREST 345
ALBA-LA-ROMAINE................. 410	ARROSÈS 25
ALÉRIA 169	ARTHENAC 362
ALLÉRIOT 81	ARTHON-EN-RETZ 323
ALLONVILLE............................. 344	ARZENC-DE-RANDON 201
AMAILLOUX 359	ASCAIN 25
AMETTES 280	ASQUE 246
AMFROIPRET........................... 280	ATHIS...................................... 156
AMMERSCHWIHR 17	AUBIGNAN 379
ANAIS....................................... 359	AUBONNE 175
ANCEMONT 236	AUCHY-AU-BOIS 281
ANCENIS 323	AUFFARGIS 190
ANGLADE 24	AUGAN 106
ANGLIERS 359	AUGER-SAINT-VINCENT 345
ANNEBAULT............................. 291	AUJOLS.................................... 247
ANNEPONT 359	AULNAY-SUR-MAULDRE......... 190
ANSOST 246	AUTERIVE 247
ANTEZANT 362	AUTRANS 411
ANTRAIN-SUR-COUESNON.... 106	AUTRY-ISSARDS...................... 48
ANTUGNAC 200	AUZITS 247
ANZY-LE-DUC............................ 81	AUZON 49
APPOIGNY................................. 81	AUZOUVILLE-AUBERBOSC 309
ARAMON 200	AVAILLES-LIMOUZINE............. 362
ARC-SOUS-CICON 174	AVENAS 411
ARCENS 410	AVIGNONET-LAURAGAIS 247
ARCHINGEAY........................... 362	AYGUESVIVES 250
ARCIZANS-AVANT 246	AZAY-SUR-CHER..................... 133
ARDENAIS................................ 132	AZÉ... 133

B

BADAILHAC 49	BAINS.. 52
BAGNOLS 49	BALANSUN 25
BAILLEAU-L'ÉVÊQUE 133	BANNAY 156

BANTEUX	284
BANVILLE	291
BARBAGGIO	169
BARGES	81
BARNEVILLE-CARTERET	294
BAY-SUR-AUBE	156
BAYEUX	294
BAZET	250
BAZOUGERS	326
BEAUCENS	250
BEAUFOUR-DRUVAL	294
BEAUJEU-EN-BEAUJOLAIS	411
BEAUMETZ	345
BEAUMONT-EN-VÉRON	136
BEAUNE	84
BEAUNE-SUR-ARZON	52
BÉHEN	345
BELGEARD	326
BELIN-BÉLIET	25
BELLEAU	236
BELLEGARDE	250
BELLEVAUX	414
BÉLUS	28
BELZ	106
BENET	326
BÉRAUT	251
BERNÉ	107
BERRY-BOUY	136
BERSAC-SUR-RIVALIER	220
BERSTETT	17
BERTRIMONT	309
BETTEVILLE	312
BEUZEVILLE	312
BÉVILLE-LE-COMTE	136
BÉZU-SAINT-ÉLOI	312
BIERNE	284
BIONVILLE	236
BISSY-SOUS-UXELLES	84
BLACQUEVILLE	312
BLAESHEIM	17
BLAINVILLE-SUR-MER	294
BLANGY-TRONVILLE	348
BLARINGHEM	284
BLIGNY-SUR-OUCHE	84
BLOND	221
BOCÉ	326
BOËCE	295
BOËGE	414
BOHAS	414
BOISSEUIL	221
BOLLÈNE	382
BOLLEZEELE	284
BONNEBOSQ	295
BONNEVAL-SUR-ARC	414
BONZÉE	237
BOSROBERT	312
BOUAYE	327
BOUFFÉRÉ	327
BOUGLON	28
BOURBON-LANCY	84
BOURG-DE-BIGORRE	251
BOURG-DE-VISA	251
BOURG-LASTIC	52
BOURG-SUR-GIRONDE	28
BOURGOUGNAGUE	29
BOURNAND	363
BOURNEVILLE	313
BOUROGNE	175
BOUSBECQUE	285
BOUSSENOIS	85
BOUSSY	415
BOUVINES	285
BOUVRON	327
BOUZIÈS	251
BOUZY-LA-FORÊT	136
BRASPARTS	107
BRAY-SUR-SOMME	348
BRAYE-EN-LAONNOIS	348
BRAZEY-EN-MORVAN	85
BRÉAL-SOUS-MONTFORT	107
BRÉAU	190
BRÉAU-ET-SALAGOSSE	201
BREBOTTE	178
BRENS	415
BRESSE-SUR-GROSNE	85
BRESSOLLES	53
BREUILPONT	313
BREUREY-LÈS-FAVERNEY	178
BREUX-SUR-AVRE	313
BRIARE	137
BRIATEXTE	252
BRICQUEVILLE-SUR-MER	295
BRIENNE-SUR-AISNE	158
BRIGNOGAN-PLAGE	110
BRION	327
BRÛLEY	237
BUISSARD	382
BULAN	252
BULÉON	110
BULLY	415
BUNO-BONNEVAUX	191
BUOUX	382
BURTONCOURT	237
BUXIÈRES-LES-MINES	53

C

CABRIÈS	383
CADILLAC	29
CAGNES-SUR-MER	383
CAHAGNES	295

INDEX DES LOCALITÉS | 471

CAMARÈS 252	CHARNY 86
CAME 29	CHARQUEMONT 178
CAMIERS 285	CHARRAIS 364
CAMON 348	CHARROUX 54
CANCALE 110	CHARTRES 137
CAPBRETON 30	CHASSAGNES 54
CAPELLE-LES-HESDIN 286	CHÂTEAU-CHALON 179
CAPTIEUX 30	CHÂTEAU-GONTIER 328
CARNAC-PLAGE 110	CHÂTEAU-THÉBAUD 328
CARNAS 201	CHÂTEAU-VILLE-VIEILLE 384
CASCASTEL-	CHÂTEAUNEUF-EN-AUXOIS 86
DES-CORBIÈRES 201	CHÂTEAUNEUF-SUR-ISÈRE ... 417
CASTANET 252	CHÂTEAUNEUF-
CASTELJALOUX 30	VAL-SAINT-DONAT 385
CASTELNAU-BARBARENS 253	CHÂTEL-CHÉHÉRY 159
CASTELNAU-DE-GUERS 204	CHÂTEL-MONTAGNE 54
CASTELNAU-DE-MÉDOC 30	CHÂTENAY 86
CASTELNAU-	CHÂTILLON-SAINT-JEAN 417
DE-MONTMIRAL 253	CHÂTILLON-SUR-INDRE 137
CASTELNAU-	CHÂTRES 191
D'ESTRETEFONDS 253	CHAUCHAILLES 205
CASTELSAGRAT 253	CHAUDES-AIGUES 55
CASTILLON-LA-BATAILLE 30	CHAUMONT-
CATTEVILLE 295	SUR-THARONNE 138
CAUMONT-L'ÉVENTÉ 296	CHAUMONTEL 191
CAUSSOLS 383	CHAUSSOY-ÉPAGNY 349
CAUX-ET-SAUZENS 204	CHAVANNES-SUR-
CAZAN 383	REYSSOUZE 417
CAZOULS-D'HÉRAULT 204	CHEILLÉ 138
CAZOULS-LÈS-BÉZIERS 204	CHÉNÉRAILLES 221
CEILLOUX 53	CHÉRAC 364
CELLE-LÉVESCAULT 363	CHÉRENCE 191
CELLES-PAR-LODÈVE 205	CHÉRÊT 349
CERISY-LA-SALLE 296	CHERRUEIX 111
CERVIONE 169	CHERVETTES 365
CEYZÉRIEU 415	CHICHILIANNE 418
CHABOTTES 384	CHILLY-SUR-SALINS 179
CHABRILLAN 416	CHIRENS 418
CHADELEUF 53	CINDRÉ 55
CHAILLEVETTE 363	CINTEGABELLE 253
CHALIERS 54	CIREY-SUR-VEZOUZE 237
CHALINDREY 158	CIVENS 418
CHAMBLES 416	CIVRAY 139
CHAMBORIGAUD 205	CIVRAY-DE-TOURAINE 139
CHAMOUILLEY 158	CLAIRAC 31
CHAMPAGNE-ET-FONTAINE 31	CLEEBOURG 18
CHAMPNIERS 364	CLÉGUÉREC 111
CHANAY 416	CLERGOUX 221
CHANÇAY 137	CLERMONT 31
CHANGY 158	CLERMONT-L'HÉRAULT 205
CHAOURSE 348	CLESSÉ 86
CHAPAREILLAN 416	CLINCHAMP 159
CHARCÉ-SAINT-ELLIER 328	COIFFY-LE-HAUT 159
CHARENCY-VEZIN 237	COLLAN 87
CHARGÉ 137	COLLOBRIÈRES 385
CHARGEY-LÈS-GRAY 178	COLOMBIÈRES-SUR-ORB 206
CHARLEVAL 384	COLONZELLE 418

INDEX DES LOCALITÉS

COMBRONDE	55
COMMANA	111
CONDÉ-NORTHEN	240
CONDÉON	365
CONFOLENS	365
CONFOLENT-PORT-DIEU	224
CONNIGIS	349
CONQUES	254
CONTEVILLE	314
CONTRES	139
CORBELIN	419
CORDEMAIS	328
CORNIL	224
CORSEUL	111
CORTE	170
COTIGNAC	385
COUBON	55
COUESMES-VAUCÉ	329
COULON	365
COUR-CHEVERNY	140
COURCOURY	366
COURGIS	87
COURMES	386
COURNIOU	206
COURSON	296
COUSSAC-BONNEVAL	224
COUTRAS	31
COUVIGNON	159
CRACH	112
CRÉCHY	56
CRÉCY-AU-MONT	349
CRÉCY-LA-CHAPELLE	192
CRÉHEN	112
CRÉON-D'ARMAGNAC	32
CRÉON-SADIRAC	32
CRÈVECŒUR-SUR-L'ESCAUT	286
CRÉZANCY-EN-SANCERRE	140
CRONAT	87
CROS-DE-GÉORAND	419
CROSEY-LE-PETIT	179
CROZE	225
CRUGEY	87
CRUIS	386
CRULAI	296
CRUX-LA-VILLE	87
CUBNEZAIS	32
CUIRY-HOUSSE	350
CULT	179
CURNIER	419
CURTIL-VERGY	88
CUSSY-LA-COLONNE	88

D

DAMPIERRE-SUR-LOIRE	329
DANGÉ-SAINT-ROMAIN	366
DANNEMARIE-SUR-CRÈTE	180
DANZÉ	140
DERVAL	329
DIO-ET-VALQUIÈRES	206
DOIX	329
DOL-DE-BRETAGNE	112
DOMFRONT	297
DOMPS	225
DONZY	88
DOUARNENEZ	112
DOUDRAC	32
DOUÉ-LA-FONTAINE	330
DOURDAN	192
DOURNAZAC	225
DRACÉ	420
DROITURIER	56
DROYES	160
DURY	286

E

EAUZE	254
ÉCAJEUL	297
ÉCHALOT	89
ÉCLASSAN	420
ÉCLUZELLES	140
EECKE	286
ÉGREVILLE	192
ELNE	206
ELVEN	113
EMPURY	89
ENSUÈS-LA-REDONNE	386
ENTRAYGUES	254
ÉOURRES	387
ÉPARCY	350
ÉPÉGARD	314
ÉPERCIEUX-SAINT-PAUL	420
ÉPOISSES	89
ÉQUILLY	297
ERNÉE	330
ERNOLSHEIM-SUR-BRUCHE	18
ESCALLES	287
ESCOUSSENS	254
ESMOULINS	180
ESPAGNAC	225
ESPÉRAUSSES	255
ESPÉRAZA	207

INDEX DES LOCALITÉS

ESPLAS-DE-SÉROU 255
ESQUELBECQ 287
ESTAING.................................. 255
ESTIALESCQ 33
ÉTANG-SUR-ARROUX 89
ÉTOILE-SUR-RHÔNE............... 420

EU.. 314
ÉVENOS 387
EYGALIÈRES............................ 387
EYGUIÈRES............................. 388
EYMOUTIERS........................... 226
ÈZE... 388

F

FALKWILLER 18
FAUCON-DE-BARCELON-
  NETTE 388
FAUX.. 33
FAUX-LA-MONTAGNE 226
FAVERGES 421
FAVEROLLES 297
FAVEROLLES-ET-COËMY........ 160
FAVEROLLES-SUR-CHER 141
FAY-EN-MONTAGNE 180
FAY-LES-ÉTANGS 350
FAYENCE................................. 389
FEINGS.................................... 141
FÉROLLES................................ 141
FIERVILLE-LES-MINES 298
FILLIÈVRES 287
FLAGEY 161
FLAGEY-ÉCHÉZEAUX 90
FLAMANVILLE.......................... 314
FLASSAN................................. 389
FLAVIGNAC 226
FLEURY-LA-FORÊT 314
FLEY 90

FLOING 161
FLORENTIN-LA-CAPELLE 256
FLUMET 421
FONTAINE-GUÉRIN 330
FONTAINE-SOUS-JOUY 315
FONTAINEBRUX....................... 180
FONTAN 389
FONTENAILLES 90
FONTENILLE 366
FORCALQUIER 389
FORMIGNY............................... 298
FOUCHÈRES............................ 161
FOUGAX-ET-BARRINEUF 256
FOURNES-EN-WEPPES 287
FRÉJUS 390
FRESNAY-SUR-SARTHE......... 331
FRESNOY-EN-THELLE............ 350
FRESSE 181
FRESSE-SUR-MOSELLE 240
FRIVILLE-ESCARBOTIN........... 351
FROISSY 351
FUMAY 161
FUTEAU 240

G

GAILLAC................................... 257
GAJAC-DE-BAZAS..................... 33
GARDÈRES 257
GAUBIVING 240
GAUCHIN-VERLOINGT............ 288
GÉFOSSE-FONTENAY 298
GÉMAGES................................ 299
GENILLÉ 141
GENNES-SUR-GLAIZE 331
GÉRARDMER 241
GERBEROY 351
GERMOND-ROUVRE............... 366
GESVRES 331
GEVREY-CHAMBERTIN 90
GIAT 56
GIGEAN 207
GINASSERVIS 390
GISSAC 257
GLÉNIC 226
GOMENÉ.................................. 113

GORGES 331
GOUISE 57
GOURDON 257
GOUZON 227
GRABELS 207
GRAMAT 258
GRANDCAMP-MAISY 299
GRANDRIS 421
GRANGES-SUR-VOLOGNE..... 241
GRANS 390
GRANVILLE 299
GRAULHET 258
GREZ-NEUVILLE...................... 332
GRÈZES 57
GRÉZIEUX-LE-FROMENTAL.... 421
GROSROUVRE......................... 192
GRUSSE 181
GUERN 113
GUEUDECOURT 351
GY-L'ÉVÊQUE............................ 91

H

HAGETAUBIN	33
HALLUIN	288
HARRICOURT	162
HASELBOURG	241
HAUT-LIEU	288
HÉDÉ-BAZOUGES	113
HENNEBONT	114
HERBÉVILLER	241
HERBIGNAC	332
HERRY	141
HEUDREVILLE-SUR-EURE	315
HIERS-BROUAGE	367
HIESSE	367
HŒRDT	18
HONFLEUR	299
HOSSEGOR	34
HOTONNES	422
HOUDETOT	315
HUGIER	181
HUNAWIHR	19
HUNSPACH	19
HUSSEREN-WESSERLING	19
HUTTENHEIM	19

I

IDRAC-RESPAILLÈS	258
IFFENDIC	114
IGUERANDE	91
INGRANDES	142
INNIMOND	422
INZINZAC-LOCHRIST	114
ISLE	227
ISNEAUVILLE	315
ISPOURE	34
ITXASSOU	34

J

JALEYRAC	57
JAU-DIGNAC-ET-LOIRAC	34
JAUJAC	422
JENLAIN	289
JOISELLE	162
JOUILLAT	227
JOUQUES	391
JOURNET	367
JOUX-LA-VILLE	91
JUIGNETTES	316
JUILLAC	258
JUILLAN	259
JULLIÉ	423
JUMELLES	316
JUMIÈGES	316
JUNCALAS	259

K

KAYSERSBERG	20
KURTZENHOUSE	20

L

LA BARBEN	391
LA BAULE	332
LA BOUËXIÈRE	115
LA BOUSSAC	115
LA BRESSE	241
LA BRUFFIÈRE	332
LA CADIÈRE-D'AZUR	392
LA CANOURGUE	207
LA CHAISE-DIEU	57
LA CHAPELLE	58
LA CHAPELLE-D'ALAGNON	58
LA CHAPELLE-DE-BRAIN	115
LA CHAPELLE-LA-REINE	192
LA CHAPELLE-MONTBRANDEIX	227
LA CHAPELLE-SAINT-MARTIAL	228
LA CLUSAZ	423
LA COLLE-SUR-LOUP	392
LA CÔTE-SAINT-ANDRÉ	423
LA COTINIÈRE	367
LA COUYÈRE	116
LA CROIX-BLANCHE	35
LA FERTÉ-SAINT-AUBIN	142
LA FERTÉ-SAINT-CYR	142
LA FEUILLIE	300

LA GAUDAINE	143
LA GRIPPERIE-SAINT-SYMPHORIEN	368
LA JARRIE	368
LA LIMOUZINIÈRE	332
LA MOTTE-D'AVEILLANS	424
LA PETITE-SIOUVILLE	300
LA POSSONNIÈRE	333
LA ROCHE-DE-GLUN	424
LA ROCHE-EN-BRÉNIL	91
LA ROCHELLE	368
LA ROCHEPOT	92
LA ROCHETTE-DU-BUIS	424
LA SALVETAT-PEYRALÈS	259
LA SALVETAT-SUR-AGOUT	208
LA SAUVETAT-SUR-LÈDE	35
LA SELLE-EN-COGLÈS	116
LA SELVE	259
LA SOUCHE	424
LA TRINITAT	58
LA VILLENEUVE-AU-CHÊNE	162
LABASTIDE-DE-VIRAC	425
LABASTIDE-DU-TEMPLE	260
LABASTIDE-ROUAIROUX	260
LABATUT-RIVIÈRE	260
LACOSTE	392
LAFARE	392
LAGARDIOLLE	260
LAGUIOLE	261
LAIN	92
LAIZY	92
LAJOUX	182
LALANDUSSE	35
LALOBBE	162
LAMARCHE-SUR-SAÔNE	93
LANDÉVANT	116
LANDEYRAT	58
LANDREMONT	242
LANILDUT	116
LANS-EN-VERCORS	425
LAPANOUSE-DE-SÉVERAC	261
LAPTE	59
LAROIN	35
LASCLAVERIES	36
LASSAY-LES-CHÂTEAUX	333
LAUBRESSEL	163
LAURIS	393
LAUSSONNE	59
LAUTENBACH	20
LAUTREC	261
LAUZERTE	261
LAVAL	425
LAVAU	93
LAVAUDIEU	59
LAVAUR	262
LAVELINE-DU-HOUX	242
LAY-LAMIDOU	36
LE BARROUX	393
LE BASTIT	262
LE BEAUSSET	393
LE BOURG-D'OISANS	426
LE BRETHON	60
LE BRUSQUET	394
LE CHÂTEAU-D'OLÉRON	369
LE COURS	117
LE FAOUËT	117
LE GRAND-BORNAND	426
LE GUA	426
LE MAYET-DE-MONTAGNE	60
LE MÉNIL	242
LE MESNIL-AUBRY	193
LE MONT-DORE	60
LE PALLET	333
LE PIN-MURELET	262
LE POMPIDOU	208
LE PONT-DE-MONTVERT	208
LE POUJOL-SUR-ORB	209
LE ROUSSET	93
LE SAPPEY-EN-CHARTREUSE	426
LE TÂTRE	369
LE THORONET	394
LE VAL	394
LE VAST	300
LE VEY	300
LEDERZEELE	289
LEGÉ	333
LEMPDES-SUR-ALLAGNON	61
LEMPS	427
LÉOTOING	61
LÉPIN-LE-LAC	427
LÉRY	316
LES ARCS-SUR-ARGENS	394
LES CHAMPS-DE-LOSQUE	301
LES CHARMONTOIS	163
LES ESSARDS	369
LES ESTABLES	61
LES GRANDS-CHÉZEAUX	228
LES GRAS	182
LES ISLETTES	242
LES LOGES-EN-JOSAS	193
LES LUCS-SUR-BOULOGNE	334
LES MÉES	395
LES OMERGUES	395
LES ROUSSES	182
LES SAINTES-MARIES-DE-LA-MER	395
LESCHAUX	428
LESCURE-D'ALBIGEOIS	262
LEUCATE	209
LEVERNOIS	94
LÉZARDRIEUX	117
LÉZAT-SUR-LÈZE	263
LIEUTADÈS	62

INDEX DES LOCALITÉS

LIGNEROLLES 301
LIGNIÈRES 143
LIGNIÈRES-SONNEVILLE 369
LIGNY-EN-BARROIS 243
LIGRÉ 143
LIMOGNE-EN-QUERCY 263
LIMOUX 209
LINDRY 94
LINTHAL 21
LISLE 36
L'ISLE-BOUZON 263
L'ISLE-EN-DODON 263
L'ISLE-JOURDAIN 264
L'ISLE-SUR-LA-SORGUE 395
LIVERDY-EN-BRIE 193
LIVRY 301
LIXY 94
LIZINES 193
LOC-BRÉVALAIRE 118
LONGNY-AU-PERCHE 301
LONGUES-SUR-MER 302
LONGVILLERS 302
LORGUES 396
LOROMONTZEY 243
LORP-SENTARAILLE 264
LOSTANGES 228
LOUBAJAC 264
LOURNAND 95
LUBERSAC 228
LUCHAT 369
LUCQ-DE-BÉARN 37
LÜE 37
LUNAX 264
LUNÉVILLE 243
LUPERSAT 229
LUPSTEIN 21
LURCY-LEVIS 62
LURI 170
LUSSAN 209
LUSSAT 229
LYAS 428

M

MAGNAC-SUR-TOUVRE 370
MAGNY-JOBERT 182
MAGSTATT-LE-BAS 21
MAILLANE 396
MAILLY-LE-CHÂTEAU 95
MAIZIÈRES 243
MALAKOFF 194
MALAY 95
MANNEVILLE-LA-GOUPIL 317
MANNEVILLE-SUR-RISLES 317
MANTEYER 396
MANTHELON 317
MANZAT 62
MARCHAMPT 428
MARCILLAC-LANVILLE 370
MARCILLÉ-RAOUL 118
MAREIL-SUR-LOIR 334
MAREUGHEOL 62
MARGERIE-HANCOURT 163
MARIGNY 370
MAROILLES 289
MAROLLES 302
MAROLS 429
MARSEILLE 396
MARSILLARGUES 210
MARTIGNA 183
MARTIGNY-COURPIERRE 352
MASSAT 265
MATEMALE 210
MATOUGUES 163
MAUBEC 265
MAUBOURGUET 265
MAUCHAMPS 194
MAULÉVRIER-
  SAINTE-GERTRUDE 317
MAUQUENCHY 318
MAUROUX 265
MAUVES 429
MAXEY-SUR-VAISE 243
MAZÈRES 266
MAZERNY 164
MÉAUDRE 429
MEGÈVE 429
MELLIONNEC 118
MÉNESTREAU-EN-VILLETTE .. 143
MÉNIL 334
MÉOLANS-REVEL 397
MER 144
MÉRINCHAL 229
MERKWILLER-
  PÉCHELBRONN 21
MERRY-LA-VALLÉE 96
MERRY-SEC 96
MÉRY-SUR-MARNE 194
MESSIMY-SUR-SAÔNE 430
MEUNG-SUR-LOIRE 144
MÉZENS 266
MILLAM 289
MINIAC-MORVAN 119
MIRAMBEAU 370
MIRMANDE 430
MOIGNY-SUR-ÉCOLE 195
MOISSAT 63
MONCÉ-EN-BELIN 334

INDEX DES LOCALITÉS | 477

MONCONTOUR	119
MONDOUBLEAU	144
MONEIN	37
MONLET-LES-ARBRES	63
MONS-LA-TRIVALLE	210
MONSÉGUR	38
MONT-DOL	119
MONTAGNA-LE-RECONDUIT	183
MONTAGNY	430
MONTAGNY-LES-BEAUNE	96
MONTAIGUT-LE-BLANC	63
MONTAUBAN	266
MONTAUBAN-DE-PICARDIE	352
MONTAUT	266
MONTBENOÎT	183
MONTBETON	267
MONTBRONN	244
MONTBRUN	267
MONTCABRIER	267
MONTCALM	211
MONTCET	430
MONTEIGNET-SUR-L'ANDELOT	64
MONTESQUIEU-LAURAGAIS	268
MONTESQUIEU-VOLVESTRE	268
MONTFARVILLE	302
MONTFERRAND-DU-PÉRIGORD	38
MONTFERRIER	268
MONTFLEUR	184
MONTFORT	397
MONTFORT-SUR-ARGENS	397
MONTGAILLARD	269
MONTGARDON	303
MONTHODON	145
MONTICELLO	170
MONTIGNÉ-LE-BRILLANT	335
MONTIGNY	145
MONTIGNY-LE-ROI	164
MONTIGNY-SUR-ARMANÇON	96
MONTIGNY-SUR-LOING	195
MONTJEAN-SUR-LOIRE	335
MONTLOUIS	145
MONTMACHOUX	195
MONTOILLOT	97
MONTPEYROUX	64
MONTPEYROUX	64
MONTREUIL-BELLAY	335
MONTREUIL-SUR-LOIR	336
MONTROMANT	431
MONTSAUCHE-LES-SETTONS	97
MONTSÉRET	211
MONTVERDUN	431
MORAND	146
MORLAC	146
MOROGES	97
MOUAIS	336
MOUDEYRES	64
MOULINS-ENGILBERT	97
MOUSTIER	38
MOUSTIERS-SAINTE-MARIE	398
MOUTHIERS-SUR-BOËME	371
MOUTIER-D'AHUN	229
MOUTIER-MALCARD	230
MOUZILLON	336
MOUZON	164
MOZAC	65
MOZÉ-SUR-LOUET	336
MUGRON	38
MUR-DE-BARREZ	269
MURAT-SUR-VÈBRE	269
MURBACH	22
MURS	398

N

NAJAC	269
NANÇAY	146
NANS-SOUS-SAINTE-ANNE	184
NANTES-EN-RATIER	431
NANTEUIL-LA-FOSSE	352
NASBINALS	211
NAUSSANNES	39
NAZELLES-NÉGRON	146
NEAUPHLE-LE-CHÂTEAU	195
NEDDE	230
NERCILLAC	371
NEUFMOULIN	352
NEURE	65
NÉVEZ	119
NEVOY	147
NIDERVILLER	244
NIEUL-LE-DOLENT	337
NIEUL-LE-VIROUIL	371
NOAILHAC	270
NOHANT-VIC	147
NOTRE-DAME-DE-LONDRES	212
NOYANT-D'ALLIER	65
NOYERS-SUR-SEREIN	98

O

OIZÉ	337
OLBY	65
OLETTA	170
OLLIERGUES	66

OLTINGUE	22
OMIÉCOURT	353
ORADOUR	66
ORANGE	398
ORBEY-PAIRIS	22
ORE	270
ORRET	98
ORROUY	353
ORVAL	147
OUANNE	98
OUCHAMPS	147
OUDON	337
OUROUËR	98
OUROUX	431
OUSSE-SUZAN	39
OUVILLE-LA-RIVIÈRE	318
OUZOUS	270
OZ-EN-OISANS	432

P

PADIÈS	270
PAILHARÈS	432
PAIMPONT	119
PALAMINY	271
PALAZINGES	230
PARASSY	148
PARFONDEVAL	353
PARIS	196
PARMAIN	196
PARTHENAY	371
PATRIMONIO	172
PAU	39
PAULHAC	66
PEISEY-NANCROIX	433
PÉRIGNAC	372
PERNES-LES-FONTAINES	398
PEYMEINADE	399
PEYRAT-DE-BELLAC	231
PEYRELEAU	271
PEYZIEUX-SUR-SAÔNE	433
PINAS	271
PINO	172
PLANÈS	212
PLÉCHÂTEL	120
PLÉLAN-LE-PETIT	120
PLEUGUENEUC	120
PLOÉZAL	121
PLOGOFF	121
PLOTTES	99
PLOUBALAY	121
PLOUÉNAN	121
PLOUGASTEL-DAOULAS	122
PLOUGONVELIN	122
PLOUGUENAST	122
PLOUHA	122
PLOUIDER	123
PLOUIGNEAU	123
PLUMÉLIAU	123
PLUVIGNER	124
POMMARD	99
POMMERIT-LE-VICOMTE	124
PONT-AVEN	124
PONT-SAINT-ESPRIT	212
PONTEVÈS	399
PONTIACQ	39
PONTVALLAIN	337
PORNIC	337
PORT-LE-GRAND	354
POUANCÉ	338
POUFFONDS	372
POUGNADORESSE	212
POUGY	164
POULE-LES-ÉCHARMEAUX	433
POULLAN-SUR-MER	124
POUZOLS-MINERVOIS	213
PRASVILLE	148
PRAT	125
PRATS-DE-MOLLO	213
PRÉCY-SAINT-MARTIN	164
PRESLES	196
PRESLES	433
PROPIÈRES	434
PROPRIANO	172
PROVINS	196
PUIMOISSON	399
PUIVERT	213
PUJOLS	40
PUYCELCI	271
PUYLAROQUE	272
PUYRAVAULT	372

Q

QUEMPER-GUÉZENNEC	125
QUIMPERLÉ	125
QUINCIÉ-EN-BEAUJOLAIS	434
QUINTIN	125

R

RAHLING	244
RAPHÈLE-LES-ARLES	399
RARÉCOURT	244
RAVENEL	354

INDEX DES LOCALITÉS | 479

RAY-SUR-SAÔNE 184
RÉALLON 400
RÉALMONT 272
RÉAUVILLE.............................. 434
REMOULINS............................. 213
RENCUREL 435
RESSONS-LE-LONG................ 354
RESTIGNÉ 148
RETOURNAC 67
REUILLY 318
REVENS 214
REVIERS 303
REVIGNY-SUR-ORNAIN........... 244
RIANS 400
RIANTEC 125
RIBÉCOURT-LA-TOUR............. 290
RIBEMONT-SUR-ANCRE 355
RIBÉRAC 40
RIEC-SUR-BELON 126
RIEUCROS 272
RIGNY-LA-NONNEUSE 165
RISOUL 400
RIVARENNES 148

ROBION 400
ROCAMADOUR 272
ROCÉ 149
ROCHES 231
ROGNES 401
ROMENAY 99
ROMILLY-SUR-AIGRE 149
ROQUEFORT-
  DES-CORBIÈRES................... 214
ROSIÈRES 67
ROSIÈRES 67
ROSNAY 150
ROUEN 319
ROULLOURS............................ 303
ROUSSET 401
ROUSSILLON 401
ROYAT 67
ROYER 100
ROZ-LANDRIEUX 126
ROZ-SUR-COUESNON............ 126
RUILLÉ-LE-GRAVELAIS 338
RULLY 100

S

SABLONCEAUX 372
SABRES 40
SACLAS 197
SACY 100
SAGNES-ET-GOUDOULET 435
SAIGNEVILLE 355
SAINT-AIGNAN-SUR-CHER 150
SAINT-ALBAN 126
SAINT-ALPINIEN 231
SAINT-ANDÉOL-EN-QUINT 435
SAINT-ANDIOL 401
SAINT-ANDRÉ-CAPCÈZE 214
SAINT-ANDRÉ-D'ALLAS 40
SAINT-ANDRÉ-DE-BUÈGES 214
SAINT-ANDRÉ-D'EMBRUN 402
SAINT-ANDRÉ-LA-CÔTE.......... 436
SAINT-ANTHÈME 67
SAINT-ANTOINE-L'ABBAYE 436
SAINT-APPOLINARD................ 436
SAINT-AREY 437
SAINT-ARROMAN 273
SAINT-AUBIN-D'APPENAI 303
SAINT-AUBIN-DE-TERREGATE.... 304
SAINT-AUBIN-DES-BOIS 150
SAINT-AUBIN-DES-LANDES.... 127
SAINT-AUBIN-LE-MONIAL......... 68
SAINT-AUBIN-SUR-AIRE 245
SAINT-AUBIN-SUR-MER 319
SAINT-BARDOUX 437
SAINT-BENOÎT-DU-SAULT 150

SAINT-BENOÎT-SUR-LOIRE 151
SAINT-BLAISE 402
SAINT-BÔMER-LES-FORGES.. 304
SAINT-BONNET-DES-QUARTS.. 437
SAINT-BONNET-
  EN-CHAMPSAUR 402
SAINT-BONNET-
  LE-COURREAU 437
SAINT-BONNET-L'ENFANTIER... 231
SAINT-BRIAC-SUR-MER.......... 127
SAINT-BRICE 338
SAINT-BRICE-EN-COGLÈS 127
SAINT-CERNIN 68
SAINT-CERNIN-DE-LARCHE ... 231
SAINT-CHRISTOPHE-D'ALLIER....68
SAINT-CHRISTOPHE-
  LA-GROTTE 438
SAINT-CIRGUE 273
SAINT-CLAUD 373
SAINT-CLÉMENT....................... 68
SAINT-CYPRIEN 215
SAINT-CYR-EN-TALMONDAIS... 338
SAINT-CYR-SOUS-DOURDAN .. 197
SAINT-DENIS-DE-VILLENETTE.. 304
SAINT-DENIS-D'ORQUES 339
SAINT-DENIS-LÈS-MARTEL 273
SAINT-DENIS-LES-PONTS 151
SAINT-DENIS-SUR-LOIRE 151
SAINT-DIDIER-D'ALLIER............ 69
SAINT-DIDIER-DES-BOIS 319

INDEX DES LOCALITÉS

SAINT-DIDIER-EN-VELAY 69
SAINT-ÉLIX-LE-CHÂTEAU 273
SAINT-ÉLOI 100
SAINT-ÉLOI-DE-FOURQUES ... 320
SAINT-ÉLOY 127
SAINT-ERBLON 128
SAINT-ESTÈVE-JANSON 403
SAINT-ÉTIENNE-DE-CARLAT 69
SAINT-ÉTIENNE-DU-
  VALDONNEZ 215
SAINT-ÉTIENNE-L'ALLIER 320
SAINT-FÉLIX 355
SAINT-FUSCIEN 355
SAINT-GALMIER 438
SAINT-GEIN 40
SAINT-GENEYS 70
SAINT-GENIS-D'HIERSAC 373
SAINT-GEORGES-ARMONT 185
SAINT-GEORGES-DE-MONS 70
SAINT-GEORGES-
  DES-COTEAUX 373
SAINT-GEORGES-SUR-LOIRE .. 339
SAINT-GERMAIN-
  DE-CALBERTE 215
SAINT-GERMAIN-
  DE-LA-COUDRE 304
SAINT-GERMAIN-DE-SALLES ... 70
SAINT-GERMAIN-D'ESTEUIL 41
SAINT-GERMAIN-
  LE-FOUILLOUX 339
SAINT-GERMIER 374
SAINT-GERVAIS 41
SAINT-GERVAIS-D'AUVERGNE 70
SAINT-GIRONS 274
SAINT-HAON-LE-VIEUX 438
SAINT-HILAIRE 215
SAINT-HILAIRE-
  DE-VILLEFRANCHE 374
SAINT-HILAIRE-LA-PALUD 374
SAINT-HILAIRE-LES-PLACES .. 232
SAINT-JEAN-DE-BUÈGES 216
SAINT-JEAN-DE-DURAS 41
SAINT-JEAN-DU-GARD 216
SAINT-JEAN-EN-ROYANS 438
SAINT-JEAN-LA-BUSSIÈRE 439
SAINT-JEAN-SAINT-MAURICE ... 439
SAINT-JEAN-SAINT-NICOLAS ... 403
SAINT-JEAN-SUR-REYSSOUZE .. 439
SAINT-JODARD 439
SAINT-JULIEN-DU-SERRE 440
SAINT-JULIEN-PRÈS-BORT 232
SAINT-JUVAT 128
SAINT-LAMBERT-DES-LEVÉES 339
SAINT-LARY 274
SAINT-LAURENT-DU-PAPE 440
SAINT-LAURENT-LA-GÂTINE ... 151
SAINT-LAURENT-ROCHEFORT ... 440

SAINT-LORMEL 128
SAINT-LOUP-DES-BOIS 101
SAINT-MAIXME-HAUTERIVE ... 152
SAINT-MALO 128
SAINT-MALO-DU-BOIS 340
SAINT-MARC-JAUMEGARDE .. 403
SAINT-MARCEL-D'URFÉ 440
SAINT-MARD-LÈS-ROUFFY 165
SAINT-MARIENS 41
SAINT-MARS-DU-DÉSERT 340
SAINT-MARTIN-DE-BLAGNY ... 305
SAINT-MARTIN-DE-
  BOSCHERVILLE 320
SAINT-MARTIN-DE-LA-CLUZE 441
SAINT-MARTIN-
  DE-QUEYRIÈRES 404
SAINT-MARTIN-DE-RIBÉRAC 42
SAINT-MARTIN-DE-SALENCEY .. 101
SAINT-MARTIN-DES-CHAMPS .. 129
SAINT-MARTIN-DES-ENTRÉES .. 305
SAINT-MARTIN-DES-OLMES 71
SAINT-MARTIN-EN-VERCORS ... 441
SAINT-MARTIN-LABOUVAL 274
SAINT-MARTIN-LACAUSSADE .. 42
SAINT-MARTIN-LE-VIEIL 216
SAINT-MARTIN-LESTRA 441
SAINT-MATHURIN 340
SAINT-MAUR 274
SAINT-MAURICE-SUR-ADOUR 42
SAINT-MÉLOIR-DES-ONDES ... 129
SAINT-MICHEL-DE-FRONSAC .. 42
SAINT-MICHEL-DE-PLÉLAN ... 129
SAINT-MICHEL-SUR-RHÔNE .. 442
SAINT-MONTAN 442
SAINT-NICOLAS-DE-LA-GRAVE .. 275
SAINT-NIZIER-DE-FORNAS 442
SAINT-OURS 442
SAINT-PARDOUX 232
SAINT-PARDOUX-LE-NEUF 233
SAINT-PAUL-DE-JARRAT 275
SAINT-PAUL-SUR-UBAYE 404
SAINT-PIERRE-
  DE-MÉZOARGUES 404
SAINT-PIERRE-
  D'ENTREMONT 443
SAINT-PIERRE-EYNAC 71
SAINT-PIERRE-LE-VIEUX 101
SAINT-PIERRE-LES-BOIS 152
SAINT-PIERRE-ROCHE 71
SAINT-PIERRE-SUR-DROPT 43
SAINT-PRIEST-BRAMEFANT 72
SAINT-PRIEST-LA-ROCHE 443
SAINT-PRIX-EN-MORVAN 101
SAINT-RAPHAËL 404
SAINT-RÉMY-DE-CHARGNAT ... 72
SAINT-RÉMY-SUR-LIDOIRE 43
SAINT-RÉMY-SUR-ORNE 305

SAINT-RIQUIER-EN-RIVIÈRE ... 321	SAN-MARTINO-DI-LOTA 172
SAINT-ROMAIN 102	SANDRANS 444
SAINT-ROMAIN-LE-PUY 443	SANTENAY 152
SAINT-SAËNS 321	SANVENSA 276
SAINT-SAMSON-DE-BONFOSSÉ 306	SAPOIS 245
SAINT-SAMSON-SUR-RANCE .. 129	SARBAZAN 44
SAINT-SATURNIN 374	SARE 45
SAINT-SAUVEUR-DE-CRUZIÈRES 443	SARRAGACHIES 276
SAINT-SAVIN 374	SARREGUEMINES 245
SAINT-SAVINIEN 375	SARZAY 153
SAINT-SEURIN-DE-CADOURNE 43	SASSETOT-LE-MAUCONDUIT .. 321
SAINT-SÈVE 44	SAUBUSSE 45
SAINT-SIFFRET 217	SAUGUES 74
SAINT-SILVAIN-BELLEGARDE ... 233	SAULCET 74
SAINT-SULPICE-DE-MAREUIL .. 44	SAULT 405
SAINT-SYMPHORIEN 44	SAURAT 276
SAINT-THÉGONNEC 130	SAURET-BESSERVE 74
SAINT-VALÉRY-SUR-SOMME .. 356	SAUVIGNY-LE-BEURÉAL 102
SAINT-VAURY 233	SAUXILLANGES 75
SAINT-VICTOR 72	SAVAS 445
SAINT-VICTOR-LA-RIVIÈRE 73	SÉDEILHAC 277
SAINT-VICTOR-MONTVIANEIX .. 73	SÉEZ 445
SAINT-VICTOR-SUR-LOIRE 444	SEGONZAC 234
SAINT-YBARS 275	SÉMOUSSAC 375
SAINT-YRIEIX-LA-PERCHE 234	SEPMES 153
SAINTE-CHRISTINE 73	SÉRANS 306
SAINTE-CROIX-DU-MONT 44	SÉRIS 153
SAINTE-EULALIE-DE-CERNON 275	SERMENTIZON 75
SAINTE-FOI 275	SERS 277
SAINTE-FOY-SAINT-SULPICE 444	SEWEN 22
SAINTE-GEMMES-LE-ROBERT 340	SEYNOD 445
SAINTE-GENEVIÈVE 306	SIEURAS 277
SAINTE-LUCIE-DE-TALLANO .. 172	SIVIGNON 102
SAINTE-MAGNANCE 102	SIXT-SUR-AFF 130
SAINTE-MAXIME 405	SOINDRES 197
SAINTE-REINE-DE-BRETAGNE .. 341	SOLEILHAS 405
SAINTE-TULLE 405	SOLESMES 341
SALÉON 405	SOLIGNAC-SUR-LOIRE 75
SALERS 73	SORÈZE 277
SALIGNY 341	SORT-EN-CHALOSSE 45
SALIGOS 276	SOULAINES-DHUYS 165
SALLÈLES-D'AUDE 217	SOULIGNÉ-FLACÉ 341
SALLES-D'ANGLES 375	SOUTERNON 445
SALLES-SOUS-BOIS 444	SPOY 166
SAMMARÇOLLES 375	SUAUX 376
	SUCÉ-SUR-ERDRE 342
	SUÈVRES 153
	SULNIAC 130
	SUMÈNE 217

T

TALAIRAN 217	TARNOS 45
TANNERRE-EN-PUISAYE 103	TAURINYA 218
TAPONNAT-FLEURIGNAC 376	TAUVES 76
TARASCON-SUR-ARIÈGE 278	TAVAUX-ET-PONTSÉRICOURT .. 356

TEILHÈDE 76	TOURRETTES 406
TENCE 76	TOY-VIAM 234
TERMES 218	TRAIZE 447
TERMIGNON 446	TRANS-EN-PROVENCE 406
TERNUAY 185	TRÉGLONOU 130
THAIRÉ 376	TRÉGROM 131
THEIL-RABIER 376	TRÉGUIER 131
THÉLIS-LA-COMBE 446	TREIX 166
THÉNÉSOL 446	TRÉMONT 307
THIERGEVILLE 322	TRESSAINT-LANVALLAY 131
THIÉZAC 76	TRÉTEAU 77
THIL-SUR-ARROUX 103	TRÉVIÈRES 307
THOUARÉ-SUR-LOIRE 342	TRIGNAC 342
TONNERRE 103	TRILBARDOU 197
TOSSE 46	TRONGET 77
TOUFFREVILLE-SUR-EU 322	TRÔO 153
TOUR-DE-FAURE 278	TROYES 166
TOURLIAC 46	TULLINS 447
TOURNEBU 307	

U

UCHIZY 103	UVERNET-FOURS 406
USINENS 447	

V

VAISON-LA-ROMAINE 407	VER-SUR-MER 308
VAL-DE-VESLE 166	VERBIESLES 167
VALAIRE 154	VERNAY 448
VALDEBLORE 407	VERNEUGHEOL 77
VALENCOGNE 447	VERNOU-LA-CELLE 198
VALLANS 377	VERNOU-SUR-BRENNE 154
VALLAURIS-GOLFE-JUAN 407	VERNUSSE 78
VALLERAUGUE 218	VERTUS 167
VALLERY 104	VÉTRIGNE 186
VALLET 342	VÉZANNES 104
VALLIÈRES 234	VIABON 154
VALMANYA 218	VIARMES 198
VALS-PRÈS-LE-PUY 77	VIC-EN-BIGORRE 278
VAOUR 278	VIDOUZE 278
VARAGES 408	VIEILLEVIGNE 343
VARENNES 377	VIEL-SAINT-RÉMY 167
VARENNES-SOUS-DUN 104	VIELLA 279
VARENNES-SUR-LOIRE 343	VIELS-MAISONS 356
VARS 377	VIENNE-EN-ARTHIES 198
VAUCHRÉTIEN 343	VIEUX-CHÂTEAU 104
VAUDRIMESNIL 307	VIGEOIS 235
VAUDRIVILLERS 185	VIGNOUX-SOUS-LES-AIX 154
VAUX-SUR-SEULLES 307	VIGOULANT 155
VECQUEVILLE 166	VILLAR-SAINT-PANCRACE 408
VENASQUE 408	VILLARD-DE-LANS 448
VENCE 408	VILLARDONNEL 219
VÉNÉRAND 377	VILLEBAROU 155
VENTRON 245	VILLEDIEU 409

INDEX DES LOCALITÉS | 483

VILLEDIEU-SUR-INDRE 155
VILLEFRANCHE-D'ALBIGEOIS .. 279
VILLEFRANCHE-DE-LONCHAT 46
VILLEFRANCHE-
DE-ROUERGUE 279
VILLEGOUGE 47
VILLEMOTIER 448
VILLENAUXE-LA-PETITE 199
VILLENAVE-DE-RIONS 47
VILLENEUVE-SUR-LOT 47
VILLEREVERSURE 449
VILLERS-AGRON 357
VILLERS-SOUS-CHALAMONT .. 186
VILLOSANGES 78
VILLY-LE-MOUTIER 105
VINON-SUR-VERDON 409
VIROLLET 378
VISAN 409
VITRAC-SUR-MONTANE 235
VOUILLY 308
VOUSSAC 78
VULAINES 167
VY-LÈS-RUPT 186

W

WACKENBACH 23
WARNÉCOURT 168
WEYERSHEIM 23
WOINVILLE 245

Y

YÉBLERON 322
YVIERS 378
YVRAC-ET-MALLEYRAND 378
YZEURE 78

Z

ZELLENBERG 23
ZÉRUBIA 173

Index des établissements par département

01 AIN (RHÔNE-ALPES)

Bohas 414
Brens 415
Ceyzérieu 415
Chanay 416
Chavannes-sur-Reyssouze 417
Hotonnes 422
Innimond 422
Messimy-sur-Saône 430
Montcet 430
Peyzieux-sur-Saône 433
Saint-Jean-sur-Reyssouze 439
Sandrans 444
Villemotier 448
Villereversure 449

02 AISNE (PICARDIE)

Braye-en-Lannois 348
Chaourse 348
Chérêt 349
Connigis 349
Crécy-au-Mont 349
Cuiry-Housse 350
Éparcy 350
Martigny-Courpierre 352
Nanteuil-la-Fosse 352
Parfondeval 353
Ressons-le-Long 354
Tavaux-et-Pontséricourt 356
Viels-Maisons 356
Villers-Agron 357

03 ALLIER (AUVERGNE)

Arfeuilles 48
Autry-Issards 48
Bressolles 53
Buxières-les-Mines 53
Charroux 54
Châtel-Montagne 54
Cindré 55
Créchy 56
Droiturier 56
Gouise 57
La Chapelle 58
Le Brethon 60
Le Mayet-de-Montagne 60
Lurcy-Levis 62
Monteignet-sur-l'Andelot 64
Neure 65
Noyant-d'Allier 65
Saint-Aubin-le-Monial 68
Saint-Germain-de-Salles 70
Saint-Victor 72
Saulcet 74
Tréteau 77
Tronget 77
Vernusse 78
Voussac 78
Yzeure 78

04 ALPES-DE-HAUTE-PROVENCE (PROVENCE-ALPES-CÔTE D'AZUR)

Châteauneuf-Val-Saint-Donat .. 385
Cruis 386
Faucon-de-Barcelonnette 388
Forcalquier 389
Le Brusquet 394
Les Mées 395
Les Omergues 395
Méolans-Revel 397
Montfort 397
Moustiers-Sainte-Marie 398
Puimoisson 399
Saint-Paul-sur-Ubaye 404
Sainte-Tulle 405
Soleilhas 405
Uvernet-Fours 406

05 HAUTES-ALPES (PROVENCE-ALPES-CÔTE D'AZUR)

Buissard 382
Chabottes 384
Château-Ville-Vieille 384

Éourres 387
Manteyer 396
Réallon 400
Risoul 400
Saint-André-d'Embrun 402
Saint-Bonnet-en-Champsaur ... 402
Saint-Jean-Saint-Nicolas 403
Saint-Martin-de-Queyrières 404
Saléon 405
Villar-Saint-Pancrace 408

06 ALPES-MARITIMES (PROVENCE-ALPES-CÔTE D'AZUR)

Cagnes-sur-Mer 383
Caussols 383
Courmes 386
Èze 388
Fontan 389
La Colle-sur-Loup 392
Peymeinade 399
Saint-Blaise 402
Valdeblore 407
Vallauris-Golfe-Juan 407
Vence 408

07 ARDÈCHE (RHÔNE-ALPES)

Alba-la-Romaine 410
Arcens 410
Cros-de-Géorand 419
Éclassan 420
Jaujac 422
La Souche 424
Labastide-de-Virac 425
Lemps 427
Lyas 428
Mauves 429
Pailharès 432
Rosières 435
Sagnes-et-Goudoulet 435
Saint-Julien-du-Serre 440
Saint-Laurent-du-Pape 440
Saint-Montan 442
Saint-Sauveur-de-Cruzières 443
Savas 445

08 ARDENNES (CHAMPAGNE-ARDENNE)

Brienne-sur-Aisne 158
Châtel-Chéhéry 159
Floing 161
Fumay 161
Harricourt 162
Lalobbe 162
Mazerny 164
Mouzon 164
Viel-Saint-Rémy 167
Warnécourt 168

09 ARIÈGE (MIDI-PYRÉNÉES)

Esplas-de-Sérou 255
Fougax-et-Barrineuf 256
Lézat-sur-Lèze 263
Lorp-Sentaraille 264
Massat 265
Mazères 266
Montaut 266
Montferrier 268
Rieucros 272
Saint-Girons 274
Saint-Lary 274
Saint-Paul-de-Jarrat 275
Saint-Ybars 275
Sainte-Foi 275
Saurat 276
Sieuras 277
Tarascon-sur-Ariège 278

10 AUBE (CHAMPAGNE-ARDENNE)

Couvignon 159
Fouchères 161
La Villeneuve-au-Chêne 162
Laubressel 163
Pougy 164
Précy-Saint-Martin 164
Rigny-la-Nonneuse 165
Soulaines-Dhuys 165
Spoy 166
Troyes 166
Vulaines 167

11 AUDE (LANGUEDOC-ROUSSILLON)

Antugnac 200
Cascastel-des-Corbières 201
Caux-et-Sauzens 204
Espéraza 207
Leucate .,................................. 209
Limoux 209
Montséret 211
Pouzols-Minervois 213
Puivert 213
Roquefort-des-Corbières 214
Saint-Hilaire 215
Saint-Martin-le-Vieil 216
Sallèles-d'Aude 217

INDEX DES ÉTABLISSEMENTS PAR DÉPARTEMENT

Talairan 217
Villardonnel 219

12 AVEYRON (MIDI-PYRÉNÉES)

Auzits 247
Camarès 252
Conques 254
Entraygues 254
Estaing 255
Florentin-la-Capelle 256
Gissac 257
La Salvetat-Peyralès 259
La Selve 259
Laguiole 261
Lapanouse-de-Séverac 261
Mur-de-Barrez 269
Najac 269
Noailhac 270
Peyreleau 271
Sainte-Eulalie-de-Cernon 275
Sanvensa 276
Villefranche-de-Rouergue 279

13 BOUCHES-DU-RHÔNE (PROVENCE-ALPES-CÔTE D'AZUR)

Aix-en-Provence 379
Arles 379
Cabriès 383
Cazan 383
Charleval 384
Ensuès-la-Redonne 386
Eygalières 387
Eyguières 388
Grans 390
Jouques 391
La Barben 391
Les Saintes-Maries-de-la-Mer . 395
Maillane 396
Marseille 396
Raphèle-les-Arles 399
Rognes 401
Rousset 401
Saint-Andiol 401
Saint-Estève-Janson 403
Saint-Marc-Jaumegarde 403
Saint-Pierre-de-Mézoargues 404

14 CALVADOS (BASSE-NORMANDIE)

Annebault 291
Arganchy 291
Banville 291
Bayeux 292
Beaufour-Druval 294
Bonnebosq 295
Cahagnes 295
Caumont-l'Éventé 296
Courson 296
Écajeul 297
Formigny 298
Géfosse-Fontenay 298
Grandcamp-Maisy 299
Honfleur 299
Le Vey 300
Livry 301
Longues-sur-Mer 302
Longvillers 302
Marolles 302
Reviers 303
Roullours 303
Saint-Martin-de-Blagny 305
Saint-Martin-des-Entrées 305
Saint-Rémy-sur-Orne 305
Tournebu 307
Trévières 307
Vaux-sur-Seulles 307
Ver-sur-Mer 308
Vouilly 308

15 CANTAL (AUVERGNE)

Badailhac 49
Chaliers 54
Chaudes-Aigues 55
Jaleyrac 57
La Chapelle-d'Alagnon 58
La Trinitat 58
Landeyrat 58
Lieutadès 62
Oradour 66
Paulhac 66
Saint-Cernin 68
Saint-Clément 68
Saint-Étienne-de-Carlat 69
Salers 73
Thiézac 76

16 CHARENTE (POITOU-CHARENTES)

Aigre 358
Anais 359
Champniers 364
Condéon 365
Confolens 365
Fontenille 366
Hiesse 367
Le Tâtre 369
Lignières-Sonneville 369
Magnac-sur-Touvre 370

Marcillac-Lanville	370
Mouthiers-sur-Boëme	371
Nercillac	371
Saint-Claud	373
Saint-Genis-d'Hiersac	373
Saint-Saturnin	374
Salles-d'Angles	375
Suaux	376
Taponnat-Fleurignac	376
Theil-Rabier	376
Vars	377
Yviers	378
Yvrac-et-Malleyrand	378

17 CHARENTE-MARITIME (POITOU-CHARENTES)

Aigrefeuille-d'Aunis	358
Angliers	359
Annepont	359
Antezant	362
Archingeay	362
Arthenac	362
Chaillevette	363
Chérac	364
Chervettes	365
Courcoury	366
Hiers-Brouage	367
la Cotinière	367
La Gripperie-Saint-Symphorien	368
La Jarrie	368
La Rochelle	368
Le Château-d'Oléron	369
Les Essards	369
Luchat	369
Mirambeau	370
Nieul-le-Virouil	371
Pérignac	372
Puyravault	372
Sablonceaux	372
Saint-Georges-des-Coteaux	373
Saint-Hilaire-de-Villefranche	374
Saint-Savinien	375
Sémoussac	375
Thairé	376
Vénérand	377
Virollet	378

18 CHER (CENTRE)

Ardenais	132
Berry-Bouy	136
Civray	139
Crézancy-en-Sancerre	140
Herry	141
Lignières	143
Montigny	145
Montlouis	145
Morlac	146
Nançay	146
Orval	147
Parassy	148
Saint-Pierre-les-Bois	152
Vignoux-sous-les-Aix	154

19 CORRÈZE (LIMOUSIN)

Aix	220
Clergoux	221
Confolent-Port-Dieu	222
Cornil	224
Espagnac	225
Lostanges	228
Lubersac	228
Palazinges	230
Saint-Bonnet-l'Enfantier	231
Saint-Cernin-de-Larche	231
Saint-Julien-près-Bort	232
Segonzac	234
Toy-Viam	234
Vigeois	235
Vitrac-sur-Montane	235

20 CORSE (CORSE)

Aléria	169
Barbaggio	169
Cervione	169
Corte	170
Luri	170
Monticello	170
Oletta	170
Patrimonio	172
Pino	172
Propriano	172
Sainte-Lucie-de-Tallano	172
San-Martino-di-Lota	172
Zérubia	173

21 CÔTE-D'OR (BOURGOGNE)

Aignay-le-Duc	80
Argilly	81
Barges	81
Beaune	84
Bligny-sur-Ouche	84
Boussenois	85
Brazey-en-Morvan	85
Châteauneuf-en-Auxois	86
Crugey	87
Curtil-Vergy	88
Cussy-la-Colonne	88
Échalot	89
Époisses	89
Flagey-Échézeaux	90

Gevrey-Chambertin 90
La Roche-en-Brénil 91
La Rochepot 92
Lamarche-sur-Saône 93
Levernois 94
Montagny-les-Beaune 96
Montigny-sur-Armançon 96
Montoillot 97
Orret 98
Pommard 99
Saint-Romain 102
Vieux-Château 104
Villy-le-Moutier 105

22 CÔTES-D'ARMOR (BRETAGNE)

Corseul 111
Créhen 112
Gomené 113
Lézardrieux 117
Mellionnec 118
Moncontour 119
Plélan-le-Petit 120
Ploézal 121
Ploubalay 121
Plouguenast 122
Plouha 122
Pommerit-le-Vicomte 124
Prat 125
Quemper-Guézennec 125
Quintin 125
Saint-Alban 126
Saint-Juvat 128
Saint-Lormel 128
Saint-Michel-de-Plélan 129
Saint-Samson-sur-Rance 129
Trégrom 131
Tréguier 131
Tressaint-Lanvallay 131

23 CREUSE (LIMOUSIN)

Chénérailles 221
Croze 225
Faux-la-Montagne 226
Glénic 226
Gouzon 227
Jouillat 227
La Chapelle-Saint-Martial 228
Lupersat 229
Lussat 229
Mérinchal 229
Moutier-d'Ahun 229
Moutier-Malcard 230
Roches 231
Saint-Alpinien 231
Saint-Pardoux-le-Neuf 233

Saint-Silvain-Bellegarde 233
Saint-Vaury 233
Vallières 234

24 DORDOGNE (AQUITAINE)

Champagne-et-Fontaine 31
Faux 33
Lisle 36
Montferrand-du-Périgord 38
Naussannes 39
Ribérac 40
Saint-André-d'Allas 40
Saint-Martin-de-Ribérac 42
Saint-Rémy-sur-Lidoire 43
Saint-Sulpice-de-Mareuil 44
Villefranche-de-Lonchat 46

25 DOUBS (FRANCHE-COMTÉ)

Arc-sous-Cicon 174
Aubonne 175
Charquemont 178
Crosey-le-Petit 179
Dannemarie-sur-Crète 180
Les Gras 182
Montbenoît 183
Nans-sous-Sainte-Anne 184
Saint-Georges-Armont 185
Vaudrivillers 185
Villers-sous-Chalamont 186

26 DRÔME (RHÔNE-ALPES)

Chabrillan 416
Châteauneuf-sur-Isère 417
Châtillon-Saint-Jean 417
Colonzelle 418
Curnier 419
Étoile-sur-Rhône 420
La Roche-de-Glun 424
La Rochette-du-Buis 424
Mirmande 430
Réauville 434
Saint-Andéol-en-Quint 435
Saint-Bardoux 437
Saint-Jean-en-Royans 438
Saint-Martin-en-Vercors 441
Salles-sous-Bois 444

27 EURE (HAUTE-NORMANDIE)

Beuzeville 312
Bézu-Saint-Éloi 312

INDEX DES ÉTABLISSEMENTS PAR DÉPARTEMENT

Bosrobert.................................... 312
Bourneville................................. 313
Breuilpont.................................. 313
Breux-sur-Avre 313
Conteville................................... 314
Épégard...................................... 314
Fleury-la-Forêt........................... 314
Fontaine-sous-Jouy 315
Heudreville-sur-Eure................ 315
Juignettes.................................. 316
Jumelles 316
Léry... 316
Manneville-sur-Risles 317
Manthelon.................................. 317
Reuilly.. 318
Saint-Didier-des-Bois............... 319
Saint-Éloi-de-Fourques 320
Saint-Étienne-l'Allier................. 320

28 EURE-ET-LOIRE (CENTRE)

Arnouville................................... 133
Bailleau-l'Évêque...................... 133
Béville-le-Comte....................... 136
Chartres..................................... 137
Écluzelles.................................. 140
La Gaudaine.............................. 143
Prasville..................................... 148
Romilly-sur-Aigre...................... 149
Saint-Aubin-des-Bois............... 150
Saint-Denis-les-Ponts.............. 151
Saint-Laurent-la-Gâtine........... 151
Saint-Maixme-Hauterive.......... 152
Viabon 154

29 FINISTÈRE (BRETAGNE)

Brasparts................................... 107
Brignogan-Plage....................... 110
Commana 111
Douarnenez............................... 112
Lanildut....................................... 116
Loc-Brévalaire 118
Névez... 119
Plogoff 121
Plouénan 121
Plougastel-Daoulas 122
Plougonvelin.............................. 122
Plouider 123
Plouigneau................................ 123
Pont-Aven 124
Poullan-sur-Mer........................ 124
Quimperlé.................................. 125
Riec-sur-Belon.......................... 126
Saint-Éloy.................................. 127
Saint-Martin-des-Champs....... 129
Saint-Thégonnec...................... 130

Tréglonou................................... 130

30 GARD (LANGUEDOC-ROUSSILLON)

Aramon...................................... 200
Argilliers..................................... 200
Bréau-et-Salagosse................. 201
Carnas 201
Chamborigaud........................... 205
Lussan 209
Montcalm 211
Pont-Saint-Esprit...................... 212
Pougnadoresse 212
Remoulins.................................. 213
Revens....................................... 214
Saint-Jean-du-Gard 216
Saint-Siffret................................ 217
Sumène 217
Valleraugue................................ 218

31 HAUTE-GARONNE (MIDI-PYRÉNÉES)

Auterive 247
Avignonet-Lauragais 247
Ayguesvives.............................. 250
Castelnau-d'Estretefonds......... 253
Cintegabelle.............................. 253
Le Pin-Murelet........................... 262
L'Isle-en-Dodon 263
Lunax.. 264
Montesquieu-Lauragais........... 268
Montesquieu-Volvestre............ 268
Ore.. 270
Palaminy.................................... 271
Saint-Élix-le-Château 273
Sédeilhac................................... 277

32 GERS (MIDI-PYRÉNÉES)

Bellegarde 250
Béraut... 251
Castelnau-Barbarens............... 253
Eauze... 254
Idrac-Respaillès........................ 258
Juillac 258
L'Isle-Bouzon............................. 263
L'Isle-Jourdain........................... 264
Mauroux 265
Saint-Maur................................. 274
Sarragachies 276

33 GIRONDE (AQUITAINE)

Aillas.. 24
Anglade....................................... 24
Belin-Béliet................................. 25

Bourg-sur-Gironde 28
Cadillac.................................... 29
Captieux 30
Castelnau-de-Médoc 30
Castillon-la-Bataille 30
Coutras 31
Créon-Sadirac 32
Cubnezais................................ 32
Gajac-de-Bazas 33
Jau-Dignac-et-Loirac 34
Pujols 40
Saint-Germain-d'Esteuil 41
Saint-Gervais........................... 41
Saint-Mariens 41
Saint-Martin-Lacaussade 42
Saint-Michel-de-Fronsac.......... 42
Saint-Seurin-de-Cadourne 43
Saint-Sève 44
Saint-Symphorien..................... 44
Sainte-Croix-du-Mont 44
Villegouge 47
Villenave-de-Rions 47

34 HÉRAULT (LANGUEDOC-ROUSSILLON)

Castelnau-de-Guers................ 204
Cazouls-d'Hérault.................... 204
Cazouls-lès-Béziers 204
Celles-Par-Lodève................... 205
Clermont-l'Hérault.................... 205
Colombières-sur-Orb............... 206
Courniou 206
Dio-et-Valquières..................... 206
Gigean 207
Grabels 207
La Salvetat-sur-Agout 208
Le Poujol-sur-Orb 209
Marsillargues 210
Mons-la-Trivalle 210
Montpeyroux 211
Notre-Dame-de-Londres 212
Saint-André-de-Buèges 214
Saint-Jean-de-Buèges 216

35 ILLE-ET-VILAINE (BRETAGNE)

Antrain-sur-Couesnon 106
Bréal-sous-Montfort 107
Cancale 110
Cherrueix 111
Dol-de-Bretagne 112
Hédé-Bazouges........................ 113
Iffendic..................................... 114
La Bouëxière 115
La Boussac.............................. 115
La Chapelle-de-Brain 115
La Couyère 116
La Selle-en-Coglès 116
Marcillé-Raoul 118
Miniac-Morvan 119
Mont-Dol 119
Paimpont 119
Pléchâtel 120
Pleugueneuc............................ 120
Roz-Landrieux 126
Roz-sur-Couesnon 126
Saint-Aubin-des-Landes 127
Saint-Briac-sur-Mer.................. 127
Saint-Brice-en-Coglès............. 127
Saint-Erblon............................. 128
Saint-Malo................................ 128
Saint-Méloir-des-Ondes........... 129
Sixt-sur-Aff 130

36 INDRE (CENTRE)

Châtillon-sur-Indre.................... 137
Ingrandes................................. 142
Nohant-Vic 147
Rosnay 150
Saint-Benoît-du-Sault 150
Sarzay..................................... 153
Vigoulant.................................. 155
Villedieu-sur-Indre 155

37 INDRE-ET-LOIRE (CENTRE)

Azay-sur-Cher 133
Beaumont-en-Véron 136
Chançay 137
Chargé 137
Cheillé 138
Civray-de-Touraine 139
Genillé..................................... 141
Ligré.. 143
Monthodon 145
Morand 146
Nazelles-Négron 146
Restigné 148
Rivarennes............................... 148
Sepmes 153
Vernou-sur-Brenne 154

38 ISÈRE (RHÔNE-ALPES)

Autrans 411
Chapareillan 416
Chichilianne 418
Chirens 418
Corbelin 419
La Côte-Saint-André 423
La Motte-d'Aveillans................. 424
Lans-en-Vercors 425

Laval	425
Le Bourg-d'Oisans	426
Le Gua	426
Le Sappey-en-Chartreuse	426
Méaudre	429
Nantes-en-Ratier	431
Oz-en-Oisans	432
Presles	433
Rencurel	435
Saint-Antoine-l'Abbaye	436
Saint-Appolinard	436
Saint-Arey	437
Saint-Martin-de-la-Cluze	441
Tullins	447
Valencogne	447
Villard-de-Lans	448

39 JURA (FRANCHE-COMTÉ)

Arlay	175
Château-Chalon	179
Chilly-sur-Salins	179
Fay-en-Montagne	180
Fontainebrux	180
Grusse	181
Lajoux	182
Les Rousses	182
Martigna	183
Montagna-le-Reconduit	183
Montfleur	184

40 LANDES (AQUITAINE)

Bélus	28
Capbreton	30
Clermont	31
Créon-d'Armagnac	32
Hossegor	34
Lüe	37
Monségur	38
Mugron	38
Ousse-Suzan	39
Sabres	40
Saint-Gein	40
Saint-Maurice-sur-Adour	42
Sarbazan	44
Saubusse	45
Sort-en-Chalosse	45
Tarnos	45
Tosse	46

41 LOIRE-ET-CHER (CENTRE)

Azé	133
Chaumont-sur-Tharonne	138
Contres	139
Cour-Cheverny	140
Danzé	140
Faverolles-sur-Cher	141
Feings	141
La Ferté-Saint-Cyr	142
Mer	144
Mondoubleau	144
Ouchamps	147
Rocé	149
Saint-Aignan-sur-Cher	150
Saint-Denis-sur-Loire	151
Santenay	152
Séris	153
Suèvres	153
Trôo	153
Valaire	154
Villebarou	155

42 LOIRE (RHÔNE-ALPES)

Chambles	416
Civens	418
Épercieux-Saint-Paul	420
Grézieux-le-Fromental	421
Marols	429
Montagny	430
Montverdun	431
Saint-Bonnet-des-Quarts	437
Saint-Bonnet-le-Courreau	437
Saint-Galmier	438
Saint-Haon-le-Vieux	438
Saint-Jean-Saint-Maurice	439
Saint-Jodard	439
Saint-Laurent-Rochefort	440
Saint-Marcel-d'Urfé	440
Saint-Martin-Lestra	441
Saint-Michel-sur-Rhône	442
Saint-Nizier-de-Fornas	442
Saint-Priest-la-Roche	443
Saint-Romain-le-Puy	443
Saint-Victor-sur-Loire	444
Sainte-Foy-Saint-Sulpice	444
Souternon	445
Thélis-la-Combe	446

43 HAUTE-LOIRE (AUVERGNE)

Auzon	49
Bains	52
Beaune-sur-Arzon	52
Chassagnes	54
Coubon	55
Grèzes	57
La Chaise-Dieu	57
Lapte	59
Laussonne	59
Lavaudieu	59

Lempdes-sur-Allagnon 61
Léotoing 61
Les Estables 61
Monlet-les-Arbres..................... 63
Moudeyres 64
Retournac................................. 67
Rosières................................... 67
Saint-Christophe-d'Allier 68
Saint-Didier-d'Allier 69
Saint-Didier-en-Velay................ 69
Saint-Geneys............................ 70
Saint-Pierre-Eynac 71
Saugues 74
Solignac-sur-Loire 75
Tence 76
Vals-près-le-Puy 77

44 LOIRE-ATLANTIQUE (PAYS DE LA LOIRE)

Ancenis.................................. 323
Arthon-en-Retz 323
Bouaye 327
Bouvron 327
Château-Thébaud 328
Cordemais 328
Derval 329
Gorges 331
Herbignac 332
La Baule 332
La Limouzinière 332
Le Pallet................................. 333
Legé....................................... 333
Mouais 336
Mouzillon 336
Oudon.................................... 337
Pornic 337
Saint-Mars-du-Désert 340
Sainte-Reine-de-Bretagne 341
Sucé-sur-Erdre 342
Thouaré-sur-Loire 342
Trignac................................... 342
Vallet 342
Vieillevigne............................. 343

45 LOIRET (CENTRE)

Bouzy-la-Forêt........................ 136
Briare..................................... 137
Férolles.................................. 141
La Ferté-Saint-Aubin 142
Ménestreau-en-Villette 143
Meung-sur-Loire 144
Nevoy..................................... 147
Saint-Benoît-sur-Loire 151

46 LOT (MIDI-PYRÉNÉES)

Aujols 247
Bouziès.................................. 251
Gourdon 257
Gramat................................... 258
Le Bastit 262
Limogne-en-Quercy 263
Montbrun................................ 267
Montcabrier............................ 267
Rocamadour........................... 272
Saint-Denis-lès-Martel 273
Saint-Martin-Labouval............ 274
Tour-de-Faure........................ 278

47 LOT-ET-GARONNE (AQUITAINE)

Bouglon 28
Bourgougnague........................ 29
Casteljaloux............................. 30
Clairac 31
Doudrac................................... 32
La Croix-Blanche 35
La Sauvetat-sur-Lède............... 35
Lalandusse 35
Moustier 38
Saint-Jean-de-Duras................ 41
Saint-Pierre-sur-Dropt 43
Tourliac 46
Villeneuve-sur-Lot.................... 47

48 LOZÈRE (LANGUEDOC-ROUSSILLON)

Arzenc-de-Randon.................. 201
Chauchailles 205
La Canourgue......................... 207
Le Pompidou 208
Le Pont-de-Montvert 208
Nasbinals............................... 211
Saint-André-Capcèze............. 214
Saint-Étienne-du-Valdonnez 215
Saint-Germain-de-Calberte...... 215
Termes................................... 218

49 MAINE-ET-LOIRE (PAYS DE LA LOIRE)

Bocé 326
Brion 327
Charcé-Saint-Ellier 328
Dampierre-sur-Loire 329
Doué-la-Fontaine.................... 330
Fontaine-Guérin...................... 330
Grez-Neuville 332
La Possonnière...................... 333
Montjean-sur-Loire 335
Montreuil-Bellay 335
Montreuil-sur-Loir 336
Mozé-sur-Louet 336
Pouancé 338

Saint-Georges-sur-Loire 339
Saint-Lambert-des-Levées 339
Varennes-sur-Loire 343
Vauchrétien 343

50 MANCHE
(BASSE-NORMANDIE)

Barneville-Carteret 294
Blainville-sur-Mer 294
Bricqueville-sur-Mer 295
Catteville 295
Cerisy-la-Salle 296
Équilly 297
Fierville-les-Mines 298
Granville 299
La Feuillie 300
La Petite-Siouville 300
Le Vast 300
Les Champs-de-Losque 301
Montfarville 302
Montgardon 303
Saint-Aubin-de-Terregate 304
Saint-Samson-de-Bonfossé 306
Sainte-Geneviève 306
Vaudrimesnil 307

51 MARNE
(CHAMPAGNE-ARDENNE)

Athis 156
Bannay 156
Changy 158
Faverolles-et-Coëmy 160
Joiselle 162
Les Charmontois 163
Margerie-Hancourt 163
Matougues 163
Saint-Mard-lès-Rouffy 165
Val-de-Vesle 166
Vertus 167

52 HAUTE-MARNE
(CHAMPAGNE-ARDENNE)

Bay-sur-Aube 156
Chalindrey 158
Chamouilley 158
Clinchamp 159
Coiffy-le-Haut 159
Droyes 160
Flagey 161
Montigny-le-Roi 164
Treix 166
Vecqueville 166
Verbiesles 167

53 MAYENNE
(PAYS DE LA LOIRE)

Bazougers 326
Belgeard 326
Château-Gontier 328
Couesmes-Vaucé 329
Ernée 330
Gennes-sur-Glaize 331
Gesvres 331
Lassay-les-Châteaux 333
Ménil 334
Montigné-le-Brillant 335
Ruillé-le-Gravelais 338
Saint-Brice 338
Saint-Germain-le-Fouilloux 339
Sainte-Gemmes-le-Robert 340

54 MEURTHE-ET-MOSELLE
(LORRAINE)

Belleau 236
Bionville 236
Brûley 237
Charency-Vezin 237
Cirey-sur-Vezouze 237
Herbéviller 241
Landremont 242
Loromontzey 243
Lunéville 243
Maizières 243

55 MEUSE (LORRAINE)

Ancemont 236
Bonzée 237
Futeau 240
Les Islettes 242
Ligny-en-Barrois 243
Maxey-sur-Vaise 243
Rarécourt 244
Revigny-sur-Ornain 244
Saint-Aubin-sur-Aire 245
Woinville 245

56 MORBIHAN
(BRETAGNE)

Augan 106
Belz 106
Berné 107
Buléon 110
Carnac-Plage 110
Cléguérec 111
Crach 112
Elven 113
Guern 113
Hennebont 114

Inzinzac-Lochrist 114
Landévant................................ 116
Le Cours 117
Le Faouët 117
Pluméliau................................ 123
Pluvigner................................. 124
Riantec 125
Sulniac.................................... 130

57 MOSELLE (LORRAINE)

Burtoncourt 237
Condé-Northen 240
Gaubiving 240
Haselbourg 241
Montbronn............................... 244
Niderviller............................... 244
Rahling 244
Sarreguemines 245

58 NIÈVRE (BOURGOGNE)

Crux-la-Ville.............................. 87
Donzy 88
Empury 89
Montsauche-les-Settons............ 97
Moulins-Engilbert 97
Ourouër 98
Saint-Éloi 100
Saint-Loup-des-Bois................ 101

59 NORD (NORD-PAS-DE-CALAIS)

Amfroipret............................... 280
Banteux 284
Bierne 284
Blaringhem 284
Bollezeele............................... 284
Bousbecque 285
Bouvines................................. 285
Crèvecœur-sur-l'Escaut........... 286
Eecke...................................... 286
Esquelbecq............................. 287
Fournes-en-Weppes................ 287
Halluin.................................... 288
Haut-Lieu................................ 288
Jenlain 289
Lederzeele.............................. 289
Maroilles 289
Millam..................................... 289
Ribécourt-la-Tour 290

60 OISE (PICARDIE)

Auger-Saint-Vincent 345
Fay-les-Étangs 350
Fresnoy-en-Thelle 350
Froissy 351
Gerberoy 351
Orrouy..................................... 353
Ravenel 354
Saint-Félix 355

61 ORNE (BASSE-NORMANDIE)

Boëce 295
Crulai 296
Domfront 297
Faverolles............................... 297
Gémages 299
Lignerolles 301
Longny-au-Perche................... 301
Saint-Aubin-d'Appenai 303
Saint-Bômer-les-Forges 304
Saint-Denis-de-Villenette 304
Saint-Germain-de-la-Coudre ... 304
Sérans 306
Trémont 307

62 PAS-DE-CALAIS (NORD-PAS-DE-CALAIS)

Amettes 280
Ardres 281
Auchy-au-Bois......................... 281
Camiers 285
Capelle-les-Hesdin.................. 286
Dury.. 286
Escalles 287
Fillièvres................................. 287
Gauchin-Verloingt.................... 288

63 PUY-DE-DÔME (AUVERGNE)

Ardes-sur-Couze 48
Bagnols.................................... 49
Bourg-Lastic............................. 52
Ceilloux.................................... 53
Chadeleuf 53
Combronde 55
Giat.. 56
Le Mont-Dore 60
Manzat 62
Mareugheol.............................. 62
Moissat 63
Montaigut-le-Blanc.................... 63
Montpeyroux 64
Mozac 65
Olby 65
Olliergues................................. 66
Royal 67
Saint-Anthème.......................... 67
Saint-Georges-de-Mons 70
Saint-Gervais-d'Auvergne 70

Saint-Martin-des-Olmes 71	Vic-en-Bigorre 278
Saint-Pierre-Roche 71	Vidouze 278
Saint-Priest-Bramefant 72	Viella 279
Saint-Rémy-de-Chargnat 72	
Saint-Victor-la-Rivière 73	
Saint-Victor-Montvianeix 73	

66 PYRÉNÉES-ORIENTALES (LANGUEDOC-ROUSSILLON)

Sainte-Christine 73	Elne 206
Sauret-Besserve 74	Matemale 210
Sauxillanges 75	Planès 212
Sermentizon 75	Prats-de-Mollo 213
Tauves 76	Saint-Cyprien 215
Teilhède 76	Taurinya 218
Verneugheol 77	Valmanya 218
Villosanges 78	

64 PYRÉNÉES-ATLANTIQUES (AQUITAINE)

67 BAS-RHIN (ALSACE)

Accous 24	Berstett 17
Arrosès 25	Blaesheim 17
Ascain 25	Cleebourg 18
Balansun 25	Ernolsheim-sur-Bruche 18
Came 29	Hœrdt 18
Estialescq 33	Hunspach 19
Hagetaubin 33	Huttenheim 19
Ispoure 34	Kurtzenhouse 20
Itxassou 34	Lupstein 21
Laroin 35	Merkwiller-Péchelbronn 21
Lasclaveries 36	Wackenbach 23
Lay-Lamidou 36	Weyersheim 23
Lucq-de-Béarn 37	
Monein 37	

68 HAUT-RHIN (ALSACE)

Pau 39	Ammerschwihr 17
Pontiacq 39	Falkwiller 18
Sare 45	Hunawihr 19

65 HAUTES-PYRÉNÉES (MIDI-PYRÉNÉES)

	Husseren-Wesserling 19
	Kaysersberg 20
	Lautenbach 20
Ansost 246	Linthal 21
Arcizans-Avant 246	Magstatt-le-Bas 21
Asque 246	Murbach 22
Bazet 250	Oltingue 22
Beaucens 250	Orbey-Pairis 22
Bourg-de-Bigorre 251	Sewen 22
Bulan 252	Zellenberg 23
Gardères 257	
Juillan 259	

69 RHÔNE (RHÔNE-ALPES)

Juncalas 259	Avenas 411
Labatut-Rivière 260	Beaujeu-en-Beaujolais 411
Loubajac 264	Bully 415
Maubourguet 265	Dracé 420
Montgaillard 269	Grandris 421
Ouzous 270	Jullié 423
Pinas 271	Marchampt 428
Saint-Arroman 273	Montromant 431
Saligos 276	Ouroux 431
Sers 277	Poule-les-Écharmeaux 433
	Propières 434

Quincié-en-Beaujolais 434	Saint-Denis-d'Orques 339
Saint-André-la-Côte 436	Solesmes 341
Saint-Jean-la-Bussière 439	Souligné-Flacé 341
Vernay 448	

70 HAUTE-SAÔNE (FRANCHE-COMTÉ)

73 SAVOIE (RHÔNE-ALPES)

Breurey-lès-Faverney 178	Bonneval-sur-Arc 414
Chargey-lès-Gray 178	Flumet 421
Cult 179	Lépin-le-Lac 427
Esmoulins 180	Peisey-Nancroix 433
Fresse 181	Saint-Christophe-la-Grotte 438
Hugier 181	Saint-Ours 442
Magny-Jobert 182	Saint-Pierre-d'Entremont 443
Ray-sur-Saône 184	Séez 445
Ternuay 185	Termignon 446
Vy-lès-Rupt 186	Thénésol 446
	Traize 447

71 SAÔNE-ET-LOIRE (BOURGOGNE)

74 HAUTE-SAVOIE (RHÔNE-ALPES)

Allériot 81	Abondance 410
Anzy-le-Duc 81	Bellevaux 414
Bissy-sous-Uxelles 84	Boëge 414
Bourbon-Lancy 84	Boussy 415
Bresse-sur-Grosne 85	Faverges 421
Châtenay 86	La Clusaz 423
Clessé 86	Le Grand-Bornand 426
Cronat 87	Leschaux 428
Étang-sur-Arroux 89	Megève 429
Fley 90	Seynod 445
Iguerande 91	Usinens 447
Laizy 92	

75 PARIS (ÎLE-DE-FRANCE)

Le Rousset 93	Paris 196
Lournand 95	
Malay 95	
Moroges 97	

76 SEINE-MARITIME (HAUTE-NORMANDIE)

Plottes 99	Auzouville-Auberbosc 309
Romenay 99	Bertrimont 309
Royer 100	Betteville 312
Rully 100	Blacqueville 312
Saint-Martin-de-Salencey 101	Eu 314
Saint-Pierre-le-Vieux 101	Flamanville 314
Saint-Prix-en-Morvan 101	Houdetot 315
Sivignon 102	Isneauville 315
Thil-sur-Arroux 103	Jumièges 316
Uchizy 103	Manneville-la-Goupil 317
Varennes-sous-Dun 104	Maulévrier-Sainte-Gertrude 317
	Mauquenchy 318

72 SARTHE (PAYS DE LA LOIRE)

	Ouville-la-Rivière 318
Fresnay-sur-Sarthe 331	Rouen 319
Mareil-sur-Loir 334	Saint-Aubin-sur-Mer 319
Moncé-en-Belin 334	Saint-Martin-de-Boscherville ... 320
Oizé 337	Saint-Riquier-en-Rivière 321
Pontvallain 337	

Saint-Saëns	321
Sassetot-le-Mauconduit	321
Thiergeville	322
Touffreville-sur-Eu	322
Yébleron	322

77 SEINE-ET-MARNE (ÎLE-DE-FRANCE)

Achères-la-Forêt	187
Bréau	190
Châtres	191
Crécy-la-Chapelle	192
Égreville	192
La Chapelle-la-Reine	192
Liverdy-en-Brie	193
Lizines	193
Méry-sur-Marne	194
Montigny-sur-Loing	195
Montmachoux	195
Provins	196
Trilbardou	197
Vernou-la-Celle	198
Villenauxe-la-Petite	199

78 YVELINES (ÎLE-DE-FRANCE)

Auffargis	190
Aulnay-sur-Mauldre	190
Grosrouvre	192
Les Loges-en-Josas	193
Neauphle-le-Château	195
Soindres	197

79 DEUX-SÈVRES (POITOU-CHARENTES)

Airvault	358
Amailloux	359
Coulon	365
Germond-Rouvre	366
Marigny	370
Parthenay	371
Pouffonds	372
Saint-Germier	374
Saint-Hilaire-la-Palud	374
Vallans	377

80 SOMME (PICARDIE)

Allonville	344
Argoules	344
Arrest	345
Beaumetz	345
Béhen	345
Blangy-Tronville	348
Bray-sur-Somme	348
Camon	348
Chaussoy-Épagny	349
Friville-Escarbotin	351
Gueudecourt	351
Montauban-de-Picardie	352
Neufmoulin	352
Omiécourt	353
Port-le-Grand	354
Ribemont-sur-Ancre	355
Saigneville	355
Saint-Fuscien	355
Saint-Valéry-sur-Somme	356

81 TARN (MIDI-PYRÉNÉES)

Briatexte	252
Castelnau-de-Montmiral	253
Escoussens	254
Espérausses	255
Gaillac	257
Graulhet	258
Labastide-Rouairoux	260
Lagardiolle	260
Lautrec	261
Lavaur	262
Lescure-d'Albigeois	262
Mézens	266
Murat-sur-Vèbre	269
Padiès	270
Puycelci	271
Réalmont	272
Saint-Cirgue	273
Sorèze	277
Vaour	278
Villefranche-d'Albigeois	279

82 TARN-ET-GARONNE (MIDI-PYRÉNÉES)

Bourg-de-Visa	251
Castanet	252
Castelsagrat	253
Labastide-du-Temple	260
Lauzerte	261
Maubec	265
Montauban	266
Montbeton	267
Puylaroque	272
Saint-Nicolas-de-la-Grave	275

83 VAR (PROVENCE-ALPES-CÔTE D'AZUR)

Collobrières	385
Cotignac	385
Évenos	387
Fayence	389
Fréjus	390
Ginasservis	390

La Cadière-d'Azur	392
Le Beausset	393
Le Thoronet	394
Le Val	394
Les Arcs-sur-Argens	394
Lorgues	396
Montfort-sur-Argens	397
Pontevès	399
Rians	400
Saint-Raphaël	404
Sainte-Maxime	405
Tourrettes	406
Trans-en-Provence	406
Varages	408
Vinon-sur-Verdon	409

84 VAUCLUSE (PROVENCE-ALPES-CÔTE D'AZUR)

Aubignan	379
Bollène	382
Buoux	382
Flassan	389
Lacoste	392
Lafare	392
Lauris	393
Le Barroux	393
L'Isle-sur-la-Sorgue	395
Murs	398
Orange	398
Pernes-les-Fontaines	398
Robion	400
Roussillon	401
Sault	405
Vaison-la-Romaine	407
Venasque	408
Villedieu	409
Visan	409

85 VENDÉE (PAYS DE LA LOIRE)

Benet	326
Boufféré	327
Doix	329
La Bruffière	332
Les Lucs-sur-Boulogne	334
Nieul-le-Dolent	337
Saint-Cyr-en-Talmondais	338
Saint-Malo-du-Bois	340
Saint-Mathurin	340
Saligny	341

86 VIENNE (POITOU-CHARENTES)

Availles-Limouzine	362
Bournand	363
Celle-Lévescault	363
Charrais	364
Dangé-Saint-Romain	366
Journet	367
Saint-Savin	374
Sammarçolles	375
Varennes	377

87 HAUTE-VIENNE (LIMOUSIN)

Bersac-sur-Rivalier	220
Blond	221
Boisseuil	221
Coussac-Bonneval	224
Domps	225
Dournazac	225
Eymoutiers	226
Flavignac	226
Isle	227
La Chapelle-Montbrandeix	227
Les Grands-Chézeaux	228
Nedde	230
Peyrat-de-Bellac	231
Saint-Hilaire-les-Places	232
Saint-Pardoux	232
Saint-Yrieix-la-Perche	234

88 VOSGES (LORRAINE)

Fresse-sur-Moselle	240
Gérardmer	241
Granges-sur-Vologne	241
La Bresse	241
Laveline-du-Houx	242
Le Ménil	242
Sapois	245
Ventron	245

89 YONNE (BOURGOGNE)

Appoigny	81
Charny	86
Collan	87
Courgis	87
Fontenailles	90
Gy-l'Évêque	91
Joux-la-Ville	91
Lain	92
Lavau	93
Lindry	94
Lixy	94
Mailly-le-Château	95
Merry-la-Vallée	96
Merry-Sec	96
Noyers-sur-Serein	98
Ouanne	98
Sacy	100
Sainte-Magnance	102